周易图像汇编

第一册

陈居渊 刘舫 编撰

国家社会科学基金重大项目「周易图学史研究」（17ZDA011）阶段性成果

图书在版编目(CIP)数据

周易图像汇编:全5册/陈居渊,刘舫编撰.—上海:复旦大学出版社,2023.5
ISBN 978-7-309-16328-5

Ⅰ.①周⋯ Ⅱ.①陈⋯ ②刘⋯ Ⅲ.①《周易》-图集 Ⅳ.①B221-64

中国版本图书馆 CIP 数据核字(2022)第 134069 号

周易图像汇编(全5册)
陈居渊 刘 舫 编撰
责任编辑/胡欣轩

复旦大学出版社有限公司出版发行
上海市国权路 579 号 邮编:200433
网址:fupnet@fudanpress.com   http://www.fudanpress.com
门市零售:86-21-65102580   团体订购:86-21-65104505
出版部电话:86-21-65642845
江阴市机关印刷服务有限公司

开本 890 毫米×1240 毫米 1/16 印张 176.5 字数 1 679 千字
2023 年 5 月第 1 版
2023 年 5 月第 1 版第 1 次印刷

ISBN 978-7-309-16328-5/B·758
定价:880.00 元

如有印装质量问题,请向复旦大学出版社有限公司出版部调换。
版权所有　　侵权必究

前　言

《易·系辞》中说"八卦成列,象在其中矣",又说"象也者,像也",所谓"成列",即是一种展示,试想《周易》中如果没有图像,何以"成列",又何以理解"象在其中"?或者有人认为《周易》所载六十四卦本身就是《周易》的图像,这也是见仁见智而没有定说。事实上,《周易》中的图像,是涵泳于中国古代民族心灵印记与文化生态的产物,也是中国古代民族哲学思考的易学投射,从而形成了其自身发展、演化的独特轨迹。古代学人在长期的《周易》研究实践过程中,每每因为相关史料文献的不足,文字语言的晦涩不详等原因,都十分重视《周易》图像以及所蕴含的史料价值,借此来比较完整地表达自己对《周易》的理解与诠释。由于图像比文字更为直观,内涵更为丰富,更容易得到理解和传播,所以《周易》所表达的"易有太极,是生两仪,两仪生四象,四象生八卦""大衍之数""天地之数""阴阳静动"等宇宙发生、衍化的原理和主题,更加接近古人所说的"天道",因此展现出所谓"左图右书""上图下文""下图上文""前图后文""后图前文"等图文相互陪衬、相得益彰的书写习惯。宋人郑樵《通志·总叙》说:"河出图,天地有自然之象,图谱之学由此而生;洛出书,天地有自然之文,书籍之学由此而生。图成经,文成纬;一经一纬,错综成文。古之学者,左图右书,不可偏废。刘氏作《七略》,收书不收图,班固即其书为《艺文志》。自此以远,图谱日亡,书籍日冗,所以困后学而堕良材者,皆由于此。即图而求,易;即书而求,难;舍易从难,成功者少。……图谱之学,学术之大者。天下之事,不务行,而务说,不用图谱可也。若欲成天下之事业,未有无图谱而可行于世者。"这说明古代《周易》的图像,不仅与古代经学的"注疏之学""章句之学"并列,而且还成为一种叫"图谱之学"的学问。也正因此,人们习惯上称它为"易图学"或"图书易学",其实就是"周易图像学"。

《周易》的图像,是整个中国古代象数易学发展史上一个不能忽略的重要环节,虽然常常被视为"易外别传",但它却是古代象数易学遮蔽下的一种易学形态,它既有传承、整合,又有扬弃、拓展。其透视出来的《周易》思想倾向和价值取向并非千篇一律和毫无学术价值,它是对传统象数易学的传承与回应,凸显出象数易学衍化过程中的一种自我辩护、自我肯定的新的象数易学话语,不仅已经具有了对《周易》加以经典化的明确意识,而且为传统象数易学注入了新的时代因素和美学因素,从而彰显出《周易》的真实面貌和多元的易学生态,有利于我们今天重新思考和评估古代象数易学的哲学蕴义与学术价值。

《周易》的图像,所体现的各类象征意义,展示了其由具象而不断抽象化的过程,较为成功地应对了汉代象数易学以及王弼对于汉代象数易学的批评:不仅使"象"不再支离、繁琐,反而使之逻辑化、系统化,更使"象"成为可以直观的理与道、理念世界与经验世界间必不可缺的桥梁。《周易》的图像并没有所谓的象数与义理的区别,而是通过图像进一步对二者作解读,既揭示了象数中所蕴含的义

理。义理通过图像来表达，而图像本身也在此基础上表达了其特有的义理，以其特有的方式讨论了《周易》中的主要概念与范畴。

《周易》的图像，是基于对中国古代形上学中的道器观念的重新认识，强调图像重于文字，直探《周易》本源的一种哲学思想在《周易》研究中的反映。特别是从宋代迄晚清，易学研习者借助描绘《周易》图像的不同图型，无论在理论批评还是在图像创作上，都跳出了象数易学或义理易学的畛域，其诠释也就不断地被重新解读。就图像本身而言，曾经被僵硬地封闭在其图像中的话语，通过每一幅图像的改制更新，被再次鲜活地"书写"。因此理解《周易》的图像，并不完全意味着回溯到原初易图的过程中，而是仅仅通过图像的变化，解构图像与文本之间的互相依存的联系，并且在它不断再现的过程中予以摒弃，为研究传统象数易学打开了一个崭新的图像世界，成为近现代学者研究"科学易"的起点。

《周易》的图像，是一种历史文化现象，总结了历史上各个不同时代的学者持续性地以图象解释世界本源的经验，探索与重新认识《周易》所体现的人文关怀，即远古时期形成的最主要的社会因素，包括家庭关系、共同文化以及传统习俗等，尤其关注的是构建和谐社会的人伦关系等，都具有重要的历史与现实意义。

《周易》的图像，作为研究《周易》的重要文献，保存了丰富而又原始的易学图象资料。不同的图像背后，都有对《周易》的不同理解与诠释，它也从一个方面反映了古代学人心理的微妙变化与易学生态的变化，具有多方面的文献价值与研究价值。目前可以考知的《周易》的图像，最早可以追溯到先秦时期，这些图像较为简略，图式也比较随意。如西安半坡出土的先秦陶器上的鱼纹，与《周易》符号及《河图》《洛书》《太极图》等极为相似。秦汉时期的瓦器、钱币、铜镜等所显现的易图图案，如秦瓦中便有配以"与天无极"等文字，类似宋人自创的太极图。传世纬书中所提供的各类《周易》的图像，有"商卦象卣""清华简人体八卦图"等。隋唐时期，《周易》图像也往往镌刻在各式铁鉴上，如"隋十六符铁鉴图""唐八卦铁鉴图""唐凤龟八卦铁鉴"等。事实上，从汉代至北宋前的《周易》研究中，以图诠释《周易》不仅是一种常态，而且还呈现出多元的趋势。如汉代用"卦气图""纳甲图""卦变图""爻辰图"等来诠释《周易》便是证明。根据《隋书·经籍志》的记载，当时专门以图像诠释《周易》的就有《周易新图》《周易谱玄图》《河图》《洛书》与《河图龙文》等，子部类著作则有《八卦斗内图》《周易八卦五行图》《周易斗中八卦绝命图》《周易斗中八卦推游年图》《周易分野星图》《易通统图》等，这不仅说明宋代以前的《周易》研究与图像始终是紧密联系在一起的，更可证《周易》的图像历史，同样是源远流长的。

不过，从古代《周易》发展的实态而言，《周易》图像的创作及其诠释，则始于北宋时期。当时的《周易》研究呈现出一个新的取向，学者突破了以文字为主体的传统注释《周易》的方式，跳出汉代象数易学家法师法的局限，另辟新途，采用文字与图像相结合的方式研究《周易》，绘制"河图""洛书""太极图""先天图""后天图""卦变图"等图像，开创了新的象数易学范式，成为《周易》研究领域中的一门"显学"。如北宋学者刘牧、朱震、张行成，南宋朱元昇、丁易东、杨甲，元代学者俞琰、张理，明代学者韩邦奇、章潢、胡世安、郑疏，清代学者胡煦、杨方达、汪洢、万年淳、冯道立等所作《周易》的图像，少则几十幅，多则几百幅，这些"穷神变，测幽微""象天则地"来源于对《周易》理解而精心描绘出的图像，不仅绘出了"圣人立象以尽意""书不尽言，言不尽意"的哲理观照，也绘出了"观象系辞焉而明吉

凶"的阴阳、刚柔卦爻象的变化和吉凶悔吝的含义。可以说,《周易》的图像历经宋、元、明、清等不同时期持续性地创作与研究,已成为研究《周易》不可分割的重要的组成部分,如江河之水一脉流贯、混融交互,表现出像中有易、易中有像的《周易》本原文化属性,在传承接续数千年《周易》历史文化发展轨迹中,呈现出自己独特的品格,为我们今天的《周易》图像研究,提供了重要的资料信息与图像信息。

在中国古代的《周易》研究史上,学者每每借助《易传》中庖牺氏"仰则观象于天,俯则观法于地"的话来论证八卦与六十四卦卦象起源与产生,然而对其由来则语焉不详。于是通过画图结合爻辞内容进行观察总结,再加上个人的比附发挥,虽然带有明显的牵强附会的痕迹,但终究提升了人们探索易学象征宇宙自然在阴阳化育沟通中生生不息的古代宇宙图式演化的思维。《周易》的"以图书意"与传统的"立象取意"具有相同的思维模式与易学价值,这意味着它们不仅是历史的,同时也是现在和将来的。

这部《周易图像汇编》在图像收集范围上,不局限于古代《周易》著作中的图像,而是基本上汇集了古代文献(经史子集)包括道家作品中具有《周易》特征的图像,尽可能做到应收尽收。从先秦到清为止,在近千种历史文献中,采集图像6000余幅。为了展现历史上《周易》图像创作的实际传衍脉络,此次汇编,按朝代先后,分为"宋以前""宋元""明清"三个时期,每个时期下按图像作者,汇集编排,图像作者以生卒年先后排序,生卒年不可考者,以其生活年代先后排入。各图像作者附有简略的小传,以清眉目。编末附有"周易图像名称索引""周易图像作者姓名索引""周易图像引书书名索引",以利通检。需要说明的是,汇编的图像中,不包括历代学者探索《周易》阴阳平衡,仅有冗长且又重叠或翻新的文字表述,而未能比照图式制成的"变卦图"。

《周易图像汇编》的编撰、复核、定稿的工作,都是在安徽大学徽学研究中心完成的,得到了复旦大学哲学学院研究生和安徽大学徽学研究中心老师及研究生的热忱相助,编辑胡欣轩先生为该书的出版不辞辛劳,认真踏实地工作,审读了全部书稿,在此一并表示衷心的感谢!

限于学识,本编尚存错漏或不妥之处,敬希读者不吝指正。

陈居渊
2023年3月于安徽大学磬苑校区蕙园

总 目

前言	1
周易图像目录	1
周易图像汇编	1
宋元以前	1
宋元时期	27
明清时期	533
道藏所载周易图像	2515
附录	2669
周易图像名称索引	2671
周易图像作者姓名索引	2717
周易图像引书书名索引	2722

周易图像目录

宋元以前

关朗 …… 3
- 图1 叙本论并图 …… 3
- 图2 明变论并图 …… 3
- 图3 次为论并图 …… 4
- 图4 关子明拟玄洞极经图 …… 4
- 图5 太玄准易图 …… 5

宇文邕 …… 6
- 图1 坛图 …… 6

袁天罡 …… 7
- 图1 龙马载河图 …… 7
- 图2 神龟负洛书 …… 7
- 图3 彩凤衔天书 …… 8

吕岩 …… 9
- 图1 河图 …… 9
- 图2 洛书 …… 9
- 图3 混极图 …… 10
- 图4 元极图 …… 10
- 图5 灵极图 …… 11
- 图6 太极图 …… 11
- 图7 中极图 …… 12
- 图8 少极图 …… 12
- 图9 太阳图 …… 13
- 图10 太阴图 …… 13
- 图11 象明图 …… 14
- 图12 三才图 …… 14
- 图13 八卦合洛书图 …… 14
- 图14 八卦合河图数图 …… 14
- 图15 阳奇图 …… 15
- 图16 阴偶图 …… 15
- 图17 两仪生四象图 …… 16
- 图18 四象生八卦图 …… 16
- 图19 乾坤阖辟图 …… 16
- 图20 伏羲则河图以作易图 …… 16
- 图21 大禹则洛书以作洪范图 …… 17
- 图22 太极中分八卦图 …… 17
- 图23 伏羲八卦方位图 …… 18
- 图24 伏羲八卦次序图 …… 18
- 图25 文王八卦方位图 …… 18
- 图26 文王八卦次序图 …… 18
- 图27 六十四卦方圆图 …… 18
- 图28 六十四卦刚柔相摩图 …… 19
- 图29 六十四卦节气图 …… 19
- 图30 阴阳律吕生生图 …… 20
- 图31 三分损益之图 …… 20
- 图32 天根月窟图 …… 20
- 图33 上经之初图 …… 20
- 图34 上经之中阴阳之交图 …… 21
- 图35 上经之终图 …… 21
- 图36 下经之初阴中之阳图 …… 21
- 图37 下经之中图 …… 21
- 图38 下经之终图 …… 22
- 图39 第一品图 …… 22
- 图40 第二品图 …… 22
- 图41 第三品图 …… 22
- 图42 第四品图 …… 22
- 图43 第五品图 …… 23
- 图44 第八品图 …… 23
- 图45 三才一气之图 …… 23

彭晓 …… 24
- 图1 明镜图 …… 24
- 图2 明镜之图 …… 25
- 图3 月象图 …… 25
- 图4 日象图 …… 25

附：简帛易图 ················· 26
    图1 清华简人体八卦图一 ········· 26
    图2 清华简人体八卦图二 ········· 26

宋元时期

聂崇义 ························ 29
    图1 筮具三图 ················ 29
王洙 ·························· 30
    图1 乾来甲向图 ·············· 30
    图2 兑来丁向图 ·············· 30
    图3 坤来乙向图 ·············· 30
    图4 离来壬向图 ·············· 30
    图5 巽来辛向图 ·············· 31
    图6 震来庚向图 ·············· 31
    图7 艮来丙向图 ·············· 31
    图8 坎来癸向图 ·············· 31
杨维德 ······················· 32
    图1 九宫八卦图局图 ··········· 32
    图2 真人闭六戊法图 ··········· 32
李觏 ·························· 33
    图1 河图 ···················· 33
    图2 洛书 ···················· 33
    图3 八卦图 ·················· 34
邵雍 ·························· 35
    图1 八卦次序之图 ············ 35
    图2 八卦方位之图 ············ 36
    图3 六十四卦次序之图 ········ 36
    图4 六十四卦圆方位图 ········ 37
    图5 方图四分四层图 ·········· 37
    图6 卦气图 ·················· 38
    图7 经世衍易图 ·············· 38
    图8 经世天地四象图 ·········· 39
    图9 经世卦一图 ·············· 40
刘牧 ·························· 42
    图1 太极图 ·················· 42
    图2 太极生两仪图 ············ 42
    图3 天五图 ·················· 43
    图4 天地数十有五图 ·········· 43
    图5 天一下生地六图 ·········· 43
    图6 地二上生天七图 ·········· 43
    图7 天三左生地八图 ·········· 44
    图8 地四右生天九图 ·········· 44
    图9 两仪生四象图 ············ 44
    图10 四象生八卦图 ············ 44
    图11 二仪得十成变化图 ········ 45
    图12 天数图 ·················· 45
    图13 地数图 ·················· 45
    图14 天地之数图 ·············· 45
    图15 大衍之数图 ·············· 46
    图16 其用四十有九图 ·········· 46
    图17 少阳图 ·················· 46
    图18 少阴图 ·················· 46
    图19 老阳图 ·················· 47
    图20 老阴图 ·················· 47
    图21 七八九六合数图 ·········· 47
    图22 乾画三位图 ·············· 47
    图23 坤画三位图 ·············· 48
    图24 阳中阴图 ················ 48
    图25 阴中阳图 ················ 48
    图26 乾独阳图 ················ 48
    图27 坤独阴图 ················ 49
    图28 离为火图 ················ 49
    图29 坎为水图 ················ 49
    图30 震为木图 ················ 49
    图31 兑为金图 ················ 50
    图32 天五合地十为土图 ········ 50
    图33 人禀五行图 ·············· 50
    图34 乾坤生六子图 ············ 50
    图35 乾下交坤图 ·············· 51
    图36 坤上交乾图 ·············· 51
    图37 震为长男图 ·············· 51
    图38 巽为长女图 ·············· 51
    图39 坎为中男图 ·············· 52
    图40 离为中女图 ·············· 52
    图41 艮为少男图 ·············· 52
    图42 兑为少女图 ·············· 52
    图43 坎生复卦图 ·············· 53
    图44 离生姤卦图 ·············· 53
    图45 三才图 ·················· 53
    图46 七日来复图 ·············· 53
    图47 临卦图 ·················· 54
    图48 遁卦图 ·················· 54

图49 河图 …… 54
图50 河图天地数图 …… 54
图51 河图四象图 …… 55
图52 河图八卦图 …… 55
图53 洛书五行生数图 …… 55
图54 洛书五行成数图 …… 55
图55 十日生五行并相生图 …… 56
图56 太皞氏授龙马负图 …… 56
图57 重六十四卦推荡诀图 …… 56
图58 大衍之数五十图 …… 56
图59 辨阴阳卦图 …… 57
图60 复见天地之心图 …… 57
图61 卦终未济图 …… 57
图62 阴阳律吕图 …… 58
图63 蓍数揲法图 …… 58
图64 八卦变六十四图 …… 58

周敦颐 …… 59
图1 太极图 …… 59

石泰 …… 60
图1 金丹火候诀图 …… 60
图2 金丹大药诀图 …… 60
图3 性命图 …… 61

朱长文 …… 62
图1 河图 …… 62
图2 洛书 …… 62
图3 伏羲八卦次序图 …… 63
图4 伏羲八卦方位图 …… 63
图5 伏羲六十四卦方位图 …… 64
图6 伏羲六十四卦次序图 …… 64
图7 文王八卦次序图 …… 65
图8 文王八卦方位图 …… 65

释慧洪 …… 66
图1 离卦偏正回互图 …… 66

朱震 …… 68
图1 河图 …… 68
图2 洛书 …… 68
图3 伏羲八卦图 …… 69
图4 文王八卦图 …… 69
图5 李溉卦气图 …… 70
图6 乾坤交错成六十四卦图 …… 70
图7 天之运行图 …… 71

图8 爻数图 …… 71
图9 天道以节气相交图 …… 71
图10 斗建乾坤终始图 …… 72
图11 日行十二位图 …… 72
图12 月之盈虚图 …… 72
图13 纳甲图 …… 73
图14 坎离天地之中图 …… 73
图15 临八月有凶图 …… 73
图16 复七日来复图 …… 74
图17 坤上六天地玄黄图 …… 74
图18 乾六爻图 …… 74
图19 乾甲图 …… 74
图20 消息卦图 …… 75
图21 乾坤六位图 …… 75
图22 震坎艮六位图 …… 75
图23 巽离兑六位图 …… 75
图24 震庚图 …… 76
图25 虞氏义图 …… 76
图26 天壬地癸会于北方图 …… 76
图27 乾用九坤用六图 …… 76
图28 坤初六图 …… 77
图29 天文图 …… 77
图30 日之出入图 …… 77
图31 北辰左行图 …… 77
图32 日行二十八舍图 …… 78
图33 五行数图 …… 78
图34 十二辰数图 …… 78
图35 十日数图 …… 78
图36 卦数图 …… 79
图37 律吕起于冬至之气图 …… 79
图38 阳律阴吕合声图 …… 80
图39 十二律相生图 …… 80
图40 六十律相生图 …… 81
图41 十二律通五行八正之气图 …… 81
图42 五声十二律数图 …… 82
图43 太玄准易图 …… 82

刘温舒 …… 83
图1 日刻之图 …… 83
图2 五天气图 …… 84
图3 九宫分野所司之图 …… 84

潘植 …… 85

图 1　十数图 …… 85
图 2　又十数图 …… 85
图 3　蓍数图 …… 85
图 4　卦数图 …… 85
图 5　河图数图 …… 86
图 6　元数玄图 …… 86
图 7　洛书数图 …… 86
王霆震 …… 87
图 1　河图象数图 …… 87
图 2　洛书范数图 …… 87
图 3　九畴本大衍数之图 …… 88
图 4　太极贯一图 …… 88
图 5　伏羲始画八卦之图 …… 89
图 6　伏羲八卦正位图 …… 89
图 7　八卦重为六十四卦之图 …… 90
图 8　先天六十四卦方圆图 …… 91
图 9　经世衍易图 …… 91
图 10　经世天地四象图 …… 91
王湜 …… 92
图 1　先天图 …… 92
图 2　八卦河图数图 …… 93
图 3　文王八卦图 …… 93
图 4　伏羲八卦图 …… 93
图 5　论两仪图 …… 93
图 6　论四象图 …… 94
图 7　论八卦图 …… 94
图 8　易专考图 …… 94
王黼 …… 95
图 1　商卦象卣 …… 95
图 2　隋十六符铁鉴图 …… 96
图 3　唐二十八宿铁鉴图 …… 96
图 4　唐八卦铁鉴一图 …… 97
图 5　唐八卦铁鉴二图 …… 97
图 6　唐十二辰铁鉴图 …… 97
图 7　唐日月铁鉴图 …… 97
图 8　唐凤龟八卦铁鉴图 …… 98
图 9　唐八卦龟凤铁鉴图 …… 98
图 10　唐四灵八卦铁鉴图 …… 98
图 11　唐八卦方铁鉴图 …… 98
图 12　唐八角八卦铁鉴图 …… 99
图 13　唐千秋万岁铁鉴图 …… 99
王俅 …… 100
图 1　商卦象卣图 …… 100
杨甲 …… 101
图 1　河图数图 …… 101
图 2　洛书数图 …… 101
图 3　河图百六数图 …… 102
图 4　伏羲先天图 …… 102
图 5　伏羲八卦图 …… 103
图 6　文王八卦图 …… 103
图 7　乾坤大父母图 …… 103
图 8　复姤小父母图 …… 104
图 9　六十四卦卦气图 …… 104
图 10　皇极经世全数图 …… 105
图 11　邵氏皇极经世图 …… 107
图 12　八卦纳甲图 …… 108
图 13　伏羲八卦次序图 …… 108
图 14　旧有此图(太极) …… 108
图 15　六位图 …… 108
图 16　帝出震图 …… 109
图 17　六爻三极图 …… 109
图 18　乾坤之策图 …… 109
图 19　三变大成图 …… 110
图 20　刚柔相摩图 …… 110
图 21　八卦相荡图 …… 110
图 22　序上下经图 …… 111
图 23　重易六爻图 …… 111
图 24　八卦生六十四卦图 …… 112
图 25　八卦变六十四卦图 …… 113
图 26　阳卦顺生图 …… 114
图 27　阴卦逆生图 …… 114
图 28　复姤临遁泰否六卦生六十四卦图 …… 114
图 29　六十四卦反对变图 …… 116
图 30　十三卦取象图 …… 116
图 31　三陈九卦之图 …… 117
图 32　十有八变图 …… 117
图 33　阴阳君民图 …… 117
图 34　阴阳奇偶图 …… 118
图 35　八卦司化图 …… 118
图 36　序卦图 …… 118
图 37　杂卦图 …… 118

图 38　天尊地卑图 …………………………… 119
图 39　参天两地图 …………………………… 119
图 40　参伍以变图 …………………………… 119
图 41　二仪得十变化图 ……………………… 120
图 42　十日五行相生图 ……………………… 120
图 43　五位相合图 …………………………… 120
图 44　八卦象数图 …………………………… 120
图 45　八卦取象图 …………………………… 121
图 46　方圆相生图 …………………………… 121
图 47　六子图 ………………………………… 121
图 48　乾知太始图 …………………………… 121
图 49　坤作成物图 …………………………… 122
图 50　日月为易图 …………………………… 122
图 51　运会历数图 …………………………… 123
图 52　一阴一阳图 …………………………… 123
图 53　先甲后甲图 …………………………… 124
图 54　类聚群分图 …………………………… 124
图 55　通乎昼夜图 …………………………… 124
图 56　阳中阴图 ……………………………… 124
图 57　阴中阳图 ……………………………… 125
图 58　仰观天文图 …………………………… 125
图 59　俯察地理图 …………………………… 125
图 60　天地之数图 …………………………… 125
图 61　六十四卦万物数图 …………………… 126
图 62　六十四卦天地数图 …………………… 126
图 63　大衍之数图 …………………………… 127
图 64　四卦合律图 …………………………… 127
图 65　卦爻律吕图 …………………………… 127
图 66　蓍卦之德图 …………………………… 128
图 67　揲蓍之法图 …………………………… 128
图 68　古今易学传授图 ……………………… 129
图 69　太玄准易卦名图 ……………………… 129
图 70　太玄准易卦气图 ……………………… 130
图 71　温公潜虚拟玄图(气图) ……………… 130
图 72　温公潜虚拟玄图(名图) ……………… 130
图 73　温公潜虚拟玄图(体图) ……………… 131
张行成 ………………………………………… 132
图 1　有极图 ………………………………… 132
图 2　分两图 ………………………………… 132
图 3　河图洛书与先天合一图………………… 133
图 4　太极六变反生图 ……………………… 133
图 5　元气五变相交图 ……………………… 133
图 6　右行四十八卦图 ……………………… 133
图 7　左行五十六卦图 ……………………… 134
图 8　八正卦图 ……………………………… 134
图 9　十六卦交不交图 ……………………… 134
图 10　乾坤十六卦图 ……………………… 134
图 11　坎离四位互体成十六卦合先天图 …… 135
图 12　坎离十六卦图………………………… 135
图 13　四象用数图…………………………… 135
图 14　八卦子数图…………………………… 135
图 15　分长二数图…………………………… 136
图 16　群数祖先天图………………………… 136
图 17　乾坤消长图…………………………… 136
图 18　胎育图………………………………… 137
图 19　先天纳甲图…………………………… 137
图 20　四象变十六象图……………………… 137
图 21　阴阳刚柔生人体器官图……………… 137
图 22　交泰图………………………………… 138
图 23　春分图………………………………… 138
图 24　秋分图………………………………… 138
图 25　地上春秋二分图……………………… 138
图 26　四象运行图…………………………… 139
图 27　挂一图………………………………… 139
图 28　气候图………………………………… 147
图 29　卦配天度图…………………………… 148
图 30　卦配地理图…………………………… 148
图 31　万象未然之图………………………… 148
图 32　十二辰用于十六位地常晦一图…… 149
图 33　既济图………………………………… 149
图 34　阳图…………………………………… 149
图 35　阴图…………………………………… 153
图 36　先天造物图…………………………… 156
图 37　阳数二百五十六位撮要图…………… 157
图 38　阴数二百五十六位撮要图…………… 157
图 39　经世卦气图以四变二百五十六卦图
………………………………………………… 157
图 40　皇极经世图…………………………… 157
图 41　皇极经世全变图……………………… 158
图 42　皇极经世十六位析为五百一十二位
数图………………………………………… 158
图 43　皇极经世再变图……………………… 159

图44　大运数分于既济图数图………… 159
　　图45　先天图……………………………… 162
　　图46　先天图……………………………… 162
　　图47　先天方图数变图一………………… 163
　　图48　先天方图数变图二………………… 163
　　图49　先天方图数变图三………………… 164
　　图50　先天方图数变图四………………… 164
　　图51　先天方图数变图五………………… 164
　　图52　先天方图数变图六………………… 164
　　图53　先天方图数变图七………………… 165
　　图54　先天方图数变图八………………… 165
　　图55　八卦相交用数图…………………… 165
　　图56　地以九九制会图…………………… 165
程迥 ……………………………………………… 166
　　图1　乾坤六爻新图 ……………………… 166
　　图2　天地生成数配律吕图 ……………… 167
魏了翁 …………………………………………… 168
　　图1　方圆相生图 ………………………… 168
　　图2　先天环中图 ………………………… 169
郑樵 ……………………………………………… 170
　　图1　河图之数图 ………………………… 170
　　图2　洛书 ………………………………… 170
　　图3　禹叙九畴图 ………………………… 171
　　图4　河图七八九六之数图 ……………… 171
　　图5　蓍用七八九六图 …………………… 171
　　图6　先天图 ……………………………… 171
　　图7　宓羲画八卦图 ……………………… 172
　　图8　文王画八卦图 ……………………… 172
林栗 ……………………………………………… 173
　　图1　河图 ………………………………… 173
　　图2　洛书 ………………………………… 173
　　图3　河洛八卦图 ………………………… 174
　　图4　旋转立成六十四卦图 ……………… 174
程大昌 …………………………………………… 175
　　图1　河图 ………………………………… 175
　　图2　洛书 ………………………………… 175
　　图3　河图五行相克之图 ………………… 176
　　图4　汉志五行生克应河图之图 ………… 176
　　图5　乾坤之卦图 ………………………… 176
　　图6　复姤之卦图 ………………………… 177
　　图7　列子九变图 ………………………… 177

　　图8　九六生七八图 ……………………… 178
　　图9　八卦配四时图 ……………………… 178
　　图10　五行相生遇三致克之图 ………… 178
　　图11　揲蓍第一图 ……………………… 179
　　图12　揲蓍第二图 ……………………… 179
　　图13　揲蓍第三图 ……………………… 179
　　图14　孔颖达拱图 ……………………… 180
　　图15　毕中和揲蓍图 …………………… 180
朱熹 ……………………………………………… 181
　　图1　河图 ………………………………… 181
　　图2　洛书 ………………………………… 181
　　图3　伏羲六十四卦次序图 ……………… 182
　　图4　伏羲八卦次序图 …………………… 183
　　图5　伏羲八卦方位图 …………………… 183
　　图6　伏羲六十四卦方位图 ……………… 183
　　图7　文王八卦次序图 …………………… 184
唐仲友 …………………………………………… 185
　　图1　河图本数图 ………………………… 185
　　图2　洛书本数图 ………………………… 186
　　图3　易纳甲图 …………………………… 186
　　图4　卦候之图 …………………………… 187
　　图5　阴阳老少图 ………………………… 187
　　图6　大易阖辟往来图 …………………… 188
　　图7　六十四卦阴阳交错无非阖辟之往来图
　　　　………………………………………… 188
　　图8　易变卦图 …………………………… 189
　　图9　易阴阳消长之图 …………………… 189
　　图10　易六画六位六龙之图 …………… 190
　　图11　坤卦履霜之图 …………………… 190
　　图12　乾坤寒暑消长之图 ……………… 190
　　图13　八卦配象之图 …………………… 190
　　图14　六十四卦配象谱图 ……………… 191
　　图15　易乾卦四德图 …………………… 191
　　图16　四德旁通谱图 …………………… 191
　　图17　大衍新图 ………………………… 192
　　图18　大衍揲蓍之图 …………………… 192
　　图19　稽疑卜筮图 ……………………… 193
　　图20　卜筮旁通图 ……………………… 194
吴仁杰 …………………………………………… 196
　　图1　洛书河图大衍五行全数图 ………… 196
林至 ……………………………………………… 197

图1　易有太极法象图 …… 197
图2　太极一变图 …… 198
图3　太极再变图 …… 198
图4　太极三变图 …… 199
图5　文王后天八卦图 …… 199
图6　包牺氏先天八卦图 …… 199
图7　太极六变图 …… 199

朱端章 …… 200
图1　逐月安产藏衣并十三神行游法图 …… 200

王道 …… 204
图1　攒簇周天火候之图 …… 204
图2　金火相交生药之图 …… 205

李元纲 …… 206
图1　聚散常理图 …… 206

章如愚 …… 207
图1　河图象数图 …… 207
图2　洛书范数图 …… 207
图3　伏羲八卦次序图 …… 208
图4　伏羲八卦方位图 …… 208
图5　伏羲六十四卦次序图 …… 208
图6　伏羲六十四卦方位图 …… 209
图7　伏羲六十四卦圆图 …… 210
图8　伏羲六十卦方圆图 …… 210

萧应叟 …… 211
图1　太极妙化神灵混洞赤文图 …… 211

萧廷芝 …… 212
图1　无极图 …… 212
图2　玄牝图 …… 212
图3　既济鼎图 …… 213
图4　周天火候图 …… 213
图5　周天火候图 …… 213
图6　六十卦火候图 …… 213
图7　大衍数图 …… 214

方实孙 …… 215
图1　河图数 …… 215
图2　洛书图 …… 215
图3　先天卦象乾南坤北图 …… 216
图4　后天卦象离南坎北图 …… 216

税与权 …… 217
图1　河图 …… 217
图2　洛书 …… 217

图3　上古初经八卦图 …… 218
图4　中古演经八卦图 …… 218
图5　先天图 …… 218
图6　乾坤大父母图 …… 219
图7　乾坤交索图 …… 219
图8　后天反对八卦实六卦图 …… 219
图9　后天周易序卦图 …… 220
图10　奇偶图 …… 220
图11　上下篇互变造物生物卦图 …… 220
图12　生成图 …… 221
图13　周易古经上篇图 …… 221
图14　九为究数图 …… 222
图15　大衍本数五位究于九图 …… 223

林自然 …… 224
图1　金丹合潮候图 …… 224

朱元昇 …… 226
图1　河图 …… 226
图2　洛书 …… 226
图3　河图交九数之图 …… 227
图4　洛书联十数之图 …… 227
图5　伏羲则河图之数定卦位图 …… 227
图6　伏羲则洛书之数定卦位图 …… 227
图7　河图交八卦之图 …… 228
图8　洛书交八卦之图 …… 228
图9　河图序乾父坤母六子之图 …… 229
图10　洛书序乾父坤母六子之图 …… 229
图11　河图用九各拱太极之图 …… 229
图12　洛书用十各拱太极之图 …… 230
图13　周易互卦合河图变数之图 …… 230
图14　周易互卦合洛书变数之图 …… 231
图15　伏羲始画六十四卦之图 …… 231
图16　邵子传授先天图 …… 232
图17　伏羲八卦属五行例图 …… 233
图18　伏羲六十四卦属五行例图 …… 233
图19　黄帝六甲入伏羲六十四卦例图 …… 235
图20　后天复对准先天变对之图 …… 237
图21　后天复对准先天变对之横图 …… 238
图22　后天六宫交图 …… 240
图23　交图两位相对衍三百六十数图 …… 240
图24　周易上经序卦例图 …… 241

图25	周易下经序卦例图	241
图26	交图三十六卦分隶上下经例图	242
图27	交图三十六卦分隶六宫之图	243
图28	六十四卦各拱太极之图	244
图29	周易反对取则河图之图	245
图30	周易上下经各十八卦之图	245
图31	周易上经首乾一下经首兑二之图	246
图32	乾坤司八节之图	246
图33	黄帝六甲纳音一例图	247
图34	黄帝六甲纳音二例图	247
图35	黄帝六甲纳音三例图	248
图36	连山应中星之图	248
图37	连山易卦位合河图图	249
图38	连山易卦位合洛书图	249
图39	连山易图书卦位合一之图	250
图40	夏时首纯艮之图	250
图41	归藏坤乾之图	251
图42	归藏坤乾图二	251
图43	坤乾象数合一之图	252
图44	归藏气左旋象右转之图	252
图45	归藏用卦四十八本八卦四十八爻图	253
图46	归藏五行每行各具五行图	253
图47	六甲隔八生律吕入卦图	254

王栢 ······ 255
- 图1 洪范并义图 ······ 255
- 图2 易原图 ······ 255
- 图3 易道交明图 ······ 256
- 图4 易象三极图 ······ 256
- 图5 观玩图 ······ 256
- 图6 阳显阴藏图 ······ 256
- 图7 爻象动迹图 ······ 257
- 图8 四尚三至图 ······ 257
- 图9 策数图 ······ 257
- 图10 四营成卦图 ······ 257
- 图11 圣人作易用易图 ······ 257
- 图12 穷理尽性至命图 ······ 258
- 图13 动静分配图 ······ 258
- 图14 成性存存图 ······ 258
- 图15 易道开合图 ······ 258

图16	朱子辩古图	259
图17	得合图	259
图18	吉凶图	259
图19	稽类图	259
图20	太极造化之关图	260
图21	是万为一图	260
图22	阴静图	260
图23	卦数涵老阳图	260
图24	卦数涵畴数图	261

窦默 ······ 262
- 图1 痘始形图 ······ 262
- 图2 痘交会图 ······ 262
- 图3 痘成功图 ······ 263
- 图4 血气亏盈图 ······ 263
- 图5 血气交会不足图 ······ 263
- 图6 保元济会图 ······ 263
- 图7 荣卫相生图 ······ 264

赵汝楳 ······ 265
- 图1 数体图 ······ 265
- 图2 数用图 ······ 265
- 图3 象体图 ······ 266
- 图4 象用图 ······ 266

邓有功 ······ 267
- 图1 大禹凿龙门长阵斗罡图 ······ 267
- 图2 紫微咒步罡图 ······ 268

刘秉忠 ······ 269
- 图1 补七十二龙纳音图 ······ 269
- 图2 坎离小父母图 ······ 269
- 图3 补戴九履一洛书之图 ······ 270
- 图4 太极动静两仪四象五行之图 ······ 270

李道纯 ······ 271
- 图1 安炉、立鼎、还丹、返本图 ······ 271
- 图2 口诀图 ······ 272
- 图3 譬喻图 ······ 272
- 图4 外药图 ······ 272
- 图5 内药图 ······ 272
- 图6 火候图 ······ 273
- 图7 外药图 ······ 273
- 图8 内药图 ······ 273
- 图9 逆图 ······ 274
- 图10 三炼图 ······ 274

图 11 无极而太极、太极生两仪 …………… 275
图 12 两仪生四象、四象生八卦 …………… 275
图 13 八卦方位图 …………… 276
图 14 乾坤生六子图 …………… 276
图 15 天干纳甲图 …………… 276
图 16 支干纳音图 …………… 277
图 17 五子归元图 …………… 277
图 18 太极图 …………… 277
郝经 …………… 278
图 1 一贯图 …………… 278
董楷 …………… 279
图 1 河图 …………… 279
图 2 洛书 …………… 279
图 3 伏羲八卦次序图 …………… 280
图 4 伏羲八卦方位图 …………… 280
图 5 文王八卦次序图 …………… 280
图 6 文王八卦方位图 …………… 281
图 7 伏羲六十四卦次序图 …………… 281
图 8 伏羲六十四卦方位图 …………… 282
雷思齐 …………… 283
图 1 河图四十征误之图 …………… 283
图 2 参天两地倚数之图 …………… 284
图 3 参伍以变错综数图 …………… 284
图 4 参两错综会变总图 …………… 285
祝泌 …………… 286
图 1 乾一位八卦当第一变图 …………… 286
图 2 四象入十六位之图 …………… 286
图 3 八卦交为十二辰图 …………… 287
图 4 十二辰交为十六位图 …………… 287
图 5 太极图 …………… 287
图 6 人物统于太极图 …………… 288
黄超然 …………… 289
图 1 后天八卦方位之图 …………… 289
图 2 阴阳升降之图 …………… 290
图 3 天圆地方之图 …………… 290
图 4 六十四卦反对图 …………… 291
林光世 …………… 292
图 1 离宫星象图 …………… 292
图 2 紫宫天厨养民之象图 …………… 293
图 3 兑宫佃渔网罟之象图 …………… 293
图 4 益卦诸星应农具图 …………… 293
图 5 西方秋成诸星应仓廪图 …………… 294
图 6 震宫诸星应狱市图 …………… 294
图 7 离宫诸星应狱市图 …………… 295
图 8 太微垣合乾坤之象图 …………… 295
图 9 紫微垣合乾坤之象图 …………… 295
图 10 天船积水垂象之图 …………… 296
图 11 仰观俯察图 …………… 296
图 12 坎宫天津渡河汉图 …………… 296
图 13 巽宫翼轸济不通图 …………… 296
图 14 震宫诸星之图 …………… 297
图 15 兑宫诸星之图 …………… 297
图 16 离宫室宿下兵卫之图 …………… 297
图 17 紫微阊阖门兵卫图 …………… 297
图 18 太微端门兵卫之图 …………… 298
图 19 震宫天门兵卫之图 …………… 298
图 20 坤宫天关兵卫之图 …………… 298
图 21 天津辇道兵卫之图 …………… 298
图 22 震艮二宫箕杵星象图 …………… 299
图 23 坎宫杵臼之象图 …………… 299
图 24 离宫弧矢之象图 …………… 299
图 25 兑宫天弓之象图 …………… 299
图 26 乾宫室壁宫室之图 …………… 300
图 27 震宫房心宫室之图 …………… 300
图 28 兑宫大陵诸星图 …………… 300
图 29 巽宫长沙诸星图 …………… 300
图 30 坎宫虚危哭泣诸星图 …………… 301
图 31 兑宫卷舌主口舌象图 …………… 301
图 32 乾宫奎壁图书之象图 …………… 301
熊朋来 …………… 302
图 1 河图四象即河图图 …………… 302
图 2 河图天数二十五即洛书图 …………… 302
图 3 先天后天图 …………… 303
胡一桂 …………… 304
图 1 河图 …………… 304
图 2 洛书 …………… 304
图 3 伏羲始作八卦图 …………… 305
图 4 伏羲重卦图上 …………… 305
图 5 伏羲重卦图下 …………… 306
图 6 伏羲八卦方位图 …………… 306
图 7 伏羲六十四卦方圆图 …………… 307
图 8 文王八卦方位图 …………… 307

图 9　文王改易先天为后天图 …………… 307
图 10　文王六十四卦反对图 …………… 308
图 11　文王六十四卦次序图 …………… 308
图 12　文王十二月卦气图 …………… 310
图 13　纳甲法图 …………… 311
图 14　浑天六位图 …………… 311
图 15　卦气直日图 …………… 311
图 16　文王十二月卦气图 …………… 312
图 17　卦象图 …………… 312
图 18　爻象图 …………… 315
图 19　伏羲神农黄帝尧舜十三卦制器尚象图 …………… 316
图 20　日月为易图 …………… 316
图 21　揲蓍所得挂扐之策图 …………… 317
图 22　老少挂扐过揲进退图 …………… 317
图 23　二老二少过揲当期物数图 …………… 318
图 24　太玄拟卦日星节候图 …………… 319
图 25　性图 …………… 322
图 26　名图 …………… 322
图 27　行图变图与解图 …………… 323
图 28　命图 …………… 323
图 29　八十一数名图 …………… 324
图 30　原元吉几君子有庆图 …………… 325
图 31　卦序图 …………… 325
熊禾 …………… 326
图 1　河图 …………… 326
图 2　洛书 …………… 326
图 3　河图位数交生先天八卦图 …………… 327
图 4　先天圆图配河图图 …………… 327
图 5　先天圆图配洛书图 …………… 327
图 6　后天八卦合河图四象图 …………… 327
图 7　文王八卦次序合河图四象图 …………… 328
图 8　先天六十四卦方图 …………… 328
图 9　雷风相薄图 …………… 329
图 10　水火不相射图 …………… 329
图 11　山泽通气图 …………… 330
图 12　天地定位图 …………… 330
图 13　四象相交成十六事图 …………… 331
图 14　后天相次先天相对图 …………… 331
图 15　十二月卦气图 …………… 332
图 16　先天变后天图 …………… 332
图 17　后天方位合五行相生图 …………… 332
图 18　后天方位合五行相克图 …………… 333
图 19　易有太极图 …………… 333
图 20　太极六十四卦圆图 …………… 333
图 21　三互图 …………… 334
图 22　日月为易图 …………… 334
图 23　纳甲纳音之图 …………… 335
图 24　挂扐简图 …………… 335
图 25　挂扐阴阳进退之图 …………… 336
图 26　过揲阴阳进退之图 …………… 336
图 27　过揲阴阳老少之图 …………… 337
胡方平 …………… 338
图 1　伏羲则河图以作易图 …………… 338
图 2　大禹则洛书以作范图 …………… 338
图 3　先天八卦合洛书数图 …………… 339
图 4　后天八卦合河图数图 …………… 339
图 5　交图三十六卦策数循环图 …………… 339
图 6　伏羲六十四卦图 …………… 340
图 7　伏羲六十四卦节气图 …………… 340
图 8　伏羲六十四卦方图 …………… 341
图 9　邵子天地四象图 …………… 341
图 10　挂扐过揲总图 …………… 342
图 11　近世揲蓍后二变不挂图 …………… 342
霍济之 …………… 343
图 1　三五一图 …………… 343
丁易东 …………… 344
图 1　河图五十五数衍成五十位图 …………… 344
图 2　洛书四十五数衍四十九用图 …………… 344
图 3　洛书四十五数衍四十九位图上 …………… 345
图 4　洛书四十五数衍四十九位图下 …………… 345
图 5　洛书四十九位得大衍五十数图 …………… 345
图 6　河图十位自乘之图 …………… 345
图 7　河图十位成大衍数用图 …………… 346
图 8　洛书九位自乘之图 …………… 346
图 9　洛书九位成大衍数用图 …………… 347
图 10　河图五位用生成相配图 …………… 347
图 11　河图五十五数乘为四十九图 …………… 347
图 12　洛书五位用天数图 …………… 348
图 13　洛书天数二十五乘为四十九图 …………… 348
图 14　洛书九数乘为八十一图 …………… 348

图 15　九宫八卦综成七十二数合洛书图 …… 348
图 16　阴阳变易成洛书图 …… 349
图 17　先天图合大衍数五十用四十九图 …… 349
图 18　大衍天一生地二图 …… 349
图 19　大衍地二生天三图 …… 349
图 20　大衍天三生地四图 …… 350
图 21　大衍地四生天五图 …… 350
图 22　大衍天五生地六图 …… 350
图 23　大衍地六生天七图 …… 350
图 24　大衍天七生地八图 …… 351
图 25　大衍地八生天九图 …… 351
图 26　大衍天九生地十图 …… 351
图 27　大衍生老阳奇数图 …… 351
图 28　大衍生少阴奇数图 …… 352
图 29　大衍生少阳奇数图 …… 352
图 30　大衍生老阴奇数策数图 …… 352
图 31　大衍生少阳策数图 …… 352
图 32　大衍生少阴策数图 …… 353
图 33　大衍生老阳策数图 …… 353
图 34　大衍虚中得四象奇数图 …… 353
图 35　大衍虚中得四象策数图 …… 353
图 36　一章十九岁七闰辨一闰再闰数图 …… 354
图 37　大衍之数五十其用四十有九图 …… 354
图 38　大衍合数生四象图 …… 354
图 39　大衍乘数生四象图 …… 354
图 40　大衍合数得乘数图 …… 355
图 41　大衍合数得乘数生四象图 …… 355
图 42　大衍参天两地得老阴老阳互变图 …… 355
图 43　大衍生成合卦数图 …… 355
图 44　大衍乘数生爻复得合数之图 …… 356
图 45　大衍用数得策本体数图 …… 356
图 46　大衍挂一生二篇策数图 …… 356
图 47　大衍合数之图 …… 356
图 48　大衍生乘数平方图 …… 357
图 49　大衍生乘数圭方图 …… 357
图 50　大衍廉隅周数总图 …… 357
图 51　大衍乘数开方总图 …… 357
图 52　大衍乘数四方各得合数之图 …… 358
图 53　大衍一百八十一数得三百八十五数图 …… 358
图 54　大衍生章图 …… 358
图 55　大衍用四十九合成五十数图 …… 358
图 56　大衍五十位数合用四十九图 …… 359
图 57　大衍除挂四十八蓍合成四十九图 …… 359
图 58　大衍四十九用数合分至黄赤道图 …… 359
图 59　大衍数四十九用得五十数变图上 …… 359
图 60　大衍数四十九用得五十数变图下 …… 360
图 61　大衍相得有合生闰数图 …… 360
图 62　大衍四十九蓍分奇挂策数图 …… 360
图 63　大衍四十九蓍均奇挂策数图 …… 360
图 64　大衍归奇于扐以象闰图 …… 361
图 65　洪范合大衍数五十用四十九图 …… 361
史崧 …… 362
图 1　九宫八风图 …… 362
陈元靓 …… 363
图 1　太极图 …… 363
图 2　河图 …… 363
图 3　洛书 …… 363
图 4　河图 …… 364
图 5　洛书 …… 364
图 6　伏羲八卦图 …… 364
图 7　大禹九畴图 …… 364
李简 …… 365
图 1　河图 …… 365
图 2　洛书 …… 365
图 3　先天则河图图 …… 366
图 4　后天则洛书图 …… 366
图 5　伏羲八卦次序图 …… 366
图 6　重卦图 …… 367
图 7　先天衍河图万物数图 …… 369
图 8　易有太极图 …… 370
图 9　洪紫微迈六十四卦生自两仪图 …… 371
吴澄 …… 372
图 1　河图 …… 372

图 2　洛书 372
图 3　伏羲八卦图 373
图 4　伏羲六十四卦图 373
图 5　先天气行图 374
图 6　星之五宫与土之九区方图 374
图 7　先天方图 374
俞琰 375
图 1　先天天根月窟图 375
图 2　先天六十四卦直图 376
图 3　地承天气图 376
图 4　月受日光图 376
图 5　先天卦乾上坤下图 377
图 6　后天卦离南坎北图 377
图 7　乾坤坎离图 377
图 8　天地日月图 377
图 9　八七九六图 377
图 10　木火金水图 377
图 11　乾坤交变十二卦循环升降图 377
图 12　坎离交变十二卦循环升降图 378
图 13　屯蒙二卦反对一升一降图 378
图 14　既济未济反对一升一降图 378
图 15　金丹鼎器药物火候万殊一本图 378
图 16　太极图 379
图 17　乾坤首上篇屯蒙以三男继乾父坤母图 379
图 18　咸恒首下篇以二长二少继坎离图 379
图 19　阳无十阴无一图 380
图 20　九宫纵横斜十五图 380
图 21　九宫纵横斜十八图 380
图 22　四季内体外用图 380
图 23　聊陈两象图 381
图 24　中宫戊已之功图 381
图 25　日父月母乾坤图 381
图 26　乾甲图 381
图 27　震庚图 381
图 28　兑丁图 381
图 29　巽辛图 381
图 30　艮丙图 382
图 31　坤乙图 382
图 32　纳甲图 382
图 33　河图四象图 382
图 34　日月合璧图 382
图 35　子午三合图 382
图 36　金水炼丹图 383
图 37　推演五行数图 383
图 38　六卦月象图 383
图 39　元气流布图 383
图 40　龙阳虎阴图 384
图 41　南北互为纲纪图 384
图 42　九一周流不息图 384
图 43　鼎器歌图 384
图 44　文武火候图 384
李鹏飞 385
图 1　生阴姹女 385
图 2　生阳婴儿图 385
图 3　道心人欲图 385
图 4　行天之健、应地无疆图 386
陈显微 387
图 1　五行相得各有合图 387
图 2　鼎器三五图 387
图 3　阴阳得其配图 388
图 4　寅申阴阳出入图 388
图 5　刚柔迭兴图 389
图 6　法象图 389
李驯 390
图 1　天地阴阳升降始终之图 390
图 2　手足阴阳流注始终之图 390
图 3　尺寸阴阳随呼吸出入上引始终图 391
图 4　双手诊候图 391
余洞真 393
图 1　悟玄图 393
图 2　采团图 394
杨辉 395
图 1　河图 395
图 2　洛书 395
图 3　衍数图及阴图 395
图 4　易数图及阴图 395
陈冲素 396
图 1　攒簇火候图 396
图 2　玄牝图 398
图 3　药物图 398

图4　火候图 …………………………… 398
牧常晁 ……………………………………… 399
　　图1　无极太极图 ……………………… 399
　　图2　佛氏卍字心轮图 ………………… 400
卫琪 ………………………………………… 401
　　图1　无极图 …………………………… 401
保巴 ………………………………………… 402
　　图1　太极合德图 ……………………… 402
　　图2　先天数图 ………………………… 403
　　图3　先天图 …………………………… 403
　　图4　中天图 …………………………… 404
　　图5　后天图 …………………………… 404
　　图6　太极图 …………………………… 405
　　图7　大横图 …………………………… 405
　　图8　气形质生五行图 ………………… 406
黄公望 ……………………………………… 407
　　图1　造化玄机复归无极之图 ………… 407
　　图2　伏羲先天始画之图 ……………… 407
　　图3　造化生成之数图 ………………… 408
　　图4　成除造化之图 …………………… 408
　　图5　五行颠倒之图 …………………… 409
　　图6　坎离互用之图 …………………… 409
　　图7　造化玄机复归无极之图 ………… 409
　　图8　元气始终阴阳升降之图 ………… 409
　　图9　龙虎交媾火候图 ………………… 409
王申子 ……………………………………… 410
　　图1　周濂溪太极图 …………………… 410
　　图2　河图 ……………………………… 410
　　图3　洛书 ……………………………… 410
　　图4　后天位卦图 ……………………… 411
　　图5　希夷先天卦图 …………………… 411
　　图6　往顺来逆图 ……………………… 411
　　图7　太极生八卦图 …………………… 411
　　图8　反对图 …………………………… 412
　　图9　演极图 …………………………… 412
　　图10　演极后图 ………………………… 412
　　图11　倍乘重卦之图 …………………… 412
　　图12　秀灵图 …………………………… 413
　　图13　主静图 …………………………… 413
　　图14　太极图 …………………………… 414
　　图15　倚数图 …………………………… 414

　　图16　衍数图 …………………………… 414
　　图17　揲蓍图 …………………………… 415
　　图18　取策图 …………………………… 415
萧汉中 ……………………………………… 416
　　图1　三十六宫图 ……………………… 416
陈致虚 ……………………………………… 417
　　图1　太极顺逆之图 …………………… 417
　　图2　太极图 …………………………… 418
　　图3　太极分判图 ……………………… 418
　　图4　先天太极图 ……………………… 418
　　图5　后天太极图 ……………………… 418
　　图6　金丹五行之图 …………………… 418
　　图7　金丹三五一图 …………………… 418
　　图8　清浊动静之图 …………………… 419
　　图9　宝珠之图 ………………………… 419
　　图10　金丹四象之图 …………………… 419
　　图11　金丹八卦之图 …………………… 420
　　图12　形物相感之图 …………………… 420
　　图13　明镜之图 ………………………… 421
　　图14　紫阳丹房宝鉴之图 ……………… 421
　　图15　紫清金丹火候之诀图 …………… 421
陈应润 ……………………………………… 422
　　图1　河图 ……………………………… 422
　　图2　洛书 ……………………………… 422
　　图3　易有太极图 ……………………… 423
　　图4　八卦方位图 ……………………… 423
王元晖 ……………………………………… 424
　　图1　道生万物图 ……………………… 424
　　图2　无极大道图 ……………………… 425
张理 ………………………………………… 426
　　图1　河图数图 ………………………… 426
　　图2　洛书数图 ………………………… 427
　　图3　河图四象之图 …………………… 427
　　图4　河图天地十五数图 ……………… 427
　　图5　河图八卦图 ……………………… 428
　　图6　河图始数益洛书成数图 ………… 428
　　图7　龙图天地未合之数图 …………… 428
　　图8　龙图天地已合之位图 …………… 428
　　图9　龙图天地生成数图 ……………… 429
　　图10　洛书天地交午数图 ……………… 429
　　图11　洛书纵横十五数图 ……………… 429

图 12	九宫之图	429
图 13	河洛十五生成之象图	430
图 14	天地设位图	430
图 15	乾坤成列图	430
图 16	八卦成列图	430
图 17	先天八卦对待之图	431
图 18	六十四卦变通图	431
图 19	后天八卦流行之图	432
图 20	先后八卦德合之图	432
图 21	六十四卦循环之图	432
图 22	六十四卦因重之图	433
图 23	卦画图	433
图 24	旧有此图	434
图 25	太极之图	434
图 26	太极贯一之图	435
图 27	说卦八方之图	435
图 28	乾坤易简之图	436
图 29	屯象之图	437
图 30	蒙象养正图	437
图 31	需须之图	437
图 32	讼象之图	437
图 33	师比御众图	438
图 34	大小畜吉凶图	438
图 35	履虎尾之图	438
图 36	否泰往来图	438
图 37	同人之图	439
图 38	大有守位图	439
图 39	谦象之图	439
图 40	豫象之图	439
图 41	随卦系失图	440
图 42	蛊象之图	440
图 43	临象之图	440
图 44	观国之光图	440
图 45	噬嗑身口象图	441
图 46	贲天文之图	441
图 47	剥为阳气种图	441
图 48	复七日图	441
图 49	无妄本中孚图	442
图 50	颐灵龟图	442
图 51	大过栋隆桡图	442
图 52	习坎行险图	442
图 53	离继明图	443
图 54	咸朋从图	443
图 55	恒久之图	443
图 56	遁象之图	443
图 57	大壮羊藩图	444
图 58	晋康侯之图	444
图 59	明夷箕子图	444
图 60	家人象图	444
图 61	睽卦象图	445
图 62	蹇往来之图	445
图 63	解出坎险图	445
图 64	损益用中图	445
图 65	夬决之图	446
图 66	姤遇之图	446
图 67	萃聚之图	446
图 68	升阶之图	446
图 69	困蒺藜葛藟株木图	447
图 70	井鼎水火二用之图	447
图 71	革卦炉鞴鼓铸图	448
图 72	震动心迹之图	448
图 73	艮背象之图	448
图 74	鸿渐南北图	448
图 75	归妹君娣之袂图	449
图 76	丰日见斗之图	449
图 77	旅次舍图	449
图 78	巽床下图	449
图 79	兑象之图	450
图 80	涣躬之图	450
图 81	节气之图	450
图 82	中孚小过卵翼生成图	450
图 83	既济未济合律之图	451
图 84	六十四卦反对变图	451
图 85	十三卦取象图	453
图 86	浑天位图	454
图 87	重易六爻图	454
图 88	阳卦顺生图	455
图 89	复姤临遁泰否六卦生六十四卦图	455
图 90	帝出震图	456
图 91	六爻三极图	457
图 92	刚柔相摩图	457

图93	说卦配方图	457
图94	四象八卦六位之图	458
图95	四时八卦六节之图	458
图96	四象八卦六体之图	458
图97	四象八卦六脉之图	458
图98	四象八卦六经之图	459
图99	四象八卦六律之图	459
图100	四象八卦六典之图	459
图101	四象八卦六师之图	459
图102	太极函三自然奇偶之图	460
图103	五位相合图	460
图104	德事相因皆本奇偶之图	461
图105	方圆相生图	461
图106	六位三极图	462
图107	乾元用九坤元用六图	462
图108	乾坤六子图	463
图109	三才之图	463
图110	五气之图	463
图111	七始之图	464
图112	仰观天文图	464
图113	俯察地理图	465
图114	度数一图	465
图115	度数二图	466
图116	万夫之图	466
图117	一成之图	467
图118	天地之数图	467
图119	大衍之数图	468
图120	其用四十有九图	468
图121	蓍卦之德图	469
图122	明蓍策图	469
图123	分两挂一图	469
图124	揲四归奇图	469
图125	三变八卦之策图	470
图126	三变成少阳图	470
图127	三变成少阴图	471
图128	三变成老阳图	471
图129	三变成老阴图	471
图130	考变占乾坤图	472
图131	八卦纳甲图	472
图132	日月运行一寒一暑卦气之图	473
图133	六十四卦卦气图	473
图134	易有太极图	474
图135	乾知大始图	474
图136	坤作成物图	474
图137	天尊地卑图	474
图138	参天两地图	475
图139	日月为易图	475
图140	乾坤之策图	476
图141	伏羲先天图	476
图142	八卦取象图	477
图143	伏羲八卦图	477
图144	文王八卦图	477
图145	八卦象数图	477
图146	四卦合律图	478
图147	八卦相荡图	478
图148	序上下经图	479
图149	三变大成图	479
图150	六十四卦天地数图	480
图151	六十四卦万物数图	480
图152	卦爻律吕图	481
图153	运会历数图	481
图154	乾坤大父母图	482
图155	复姤小父母图	482
图156	八卦生六十四卦图	483
图157	阴卦逆生图	484
图158	一阴一阳图	484
图159	阴阳君民图	485
图160	阴阳奇偶图	485
图161	二仪得十变化图	485
图162	河图百六数图	486
图163	八卦司化图	486
图164	类聚群分图	487
图165	阳中阴阴中阳图	487
图166	序卦图	488
图167	太玄准易卦名图	488
图168	太玄准易卦气图	489
图169	邵氏皇极经世图	489
图170	温公潜虚拟玄图	490
图171	周天历象节气之图	491

钱义方 492

图1	河图	492
图2	伏羲太极两仪四象八卦横图	493

- 图3 六十四卦横图 …… 493
- 图4 邵子六十四卦方图 …… 494
- 图5 孔子八卦性情图 …… 494
- 图6 八卦帝出乎震圆图 …… 495
- 图7 八卦天地定位圆图 …… 495
- 图8 六十四卦八卦相错圆图 …… 495
- 图9 十二卦月分图 …… 496
- 图10 六十四卦节气图 …… 496
- 图11 八卦象图 …… 497
- 图12 八卦父母生六子图 …… 497
- 图13 八卦四象四卦先阳后阴图 …… 497
- 图14 六卦乾坤之神图 …… 498
- 图15 文王上下经六十四卦次序图 …… 498
- 图16 文王周公孔子六十四卦卦爻象图 …… 499
- 图17 互体图 …… 501
- 图18 八卦三才图 …… 501
- 图19 六十四卦三才图 …… 502
- 图20 六虚分阴阳图 …… 502
- 图21 六十四卦反对图 …… 503
- 图22 六卦阳君阴民图 …… 503
- 图23 蓍变奇偶图 …… 503
- 图24 蓍变得爻图 …… 504
- 图25 阴阳爻老变少不变图 …… 504

朱升 …… 505
- 图1 河图 …… 505
- 图2 洛书 …… 505
- 图3 河图洛书合一图 …… 506
- 图4 交午取用图 …… 506
- 图5 五位内外相合为河图 …… 506
- 图6 平衡取用图 …… 506
- 图7 八宫交午相对为洛书图 …… 506
- 图8 先天后天合一图 …… 506
- 图9 先天后天尊用图 …… 507
- 图10 八卦纳甲图 …… 507
- 图11 三十六宫图 …… 507
- 图12 周易卦序图 …… 508
- 图13 卦数图 …… 509
- 图14 卦位图 …… 509
- 图15 上经下经阴阳交会图 …… 510
- 图16 揲蓍求卦用策用变占图 …… 511
- 图17 变卦图 …… 512
- 图18 蓍七卦八方圆图 …… 513

王国端 …… 514
- 图1 九宫尻神禁忌图 …… 514
- 图2 九部人神禁忌图 …… 514

刘惟永 …… 515
- 图1 道生德畜图 …… 515
- 图2 太虚肇一图 …… 515
- 图3 四始图 …… 516
- 图4 道生一图 …… 516
- 图5 十有三摄生无死图 …… 517

王惟一 …… 518
- 图1 先天一炁图 …… 518
- 图2 攒簇五行图 …… 519
- 图3 归根复命图 …… 519
- 图4 雷霆得中图 …… 520
- 图5 阴阳变化图 …… 520

陆森 …… 521
- 图1 伏羲作卦图 …… 521
- 图2 大禹治水神龟负文图 …… 521
- 图3 洛书本文图 …… 522
- 图4 八风龟图 …… 522

王玠 …… 523
- 图1 大道化生二图 …… 523

熊良辅 …… 524
- 图1 河图 …… 524
- 图2 洛书 …… 524
- 图3 伏羲八卦次序图 …… 525
- 图4 伏羲六十四卦次序图 …… 525
- 图5 伏羲八卦方位图 …… 526
- 图6 伏羲六十四卦方位图 …… 527
- 图7 文王八卦次序图 …… 527
- 图8 文王八卦方位图 …… 528
- 图9 周子太极图 …… 528
- 图10 杨氏太极图 …… 528
- 图11 熊氏太极图 …… 529
- 图12 大衍天一至地十图 …… 529

张宇初 …… 530
- 图1 太极妙化神灵混洞赤文图 …… 530
- 图2 河图象数之图 …… 531
- 图3 雷霆一窍之图 …… 531

附：题太乙真人正传《内传天皇鳌极镇世神书》 …… 532
图 1　天皇鳌极图 …… 532
图 2　洛书配先天卦位定二十四山净阴阳之图 …… 532

明清时期

赵谦 …… 535
图 1　天地自然河图 …… 535
图 2　伏羲始画八卦为文字祖图 …… 535
胡广 …… 536
图 1　河图之图 …… 536
图 2　九畴本洛书数图 …… 536
图 3　伏羲则河图以作易图 …… 537
图 4　后天八卦合河图数图 …… 537
图 5　大禹则洛书作范图 …… 537
图 6　先天八卦合洛书数图 …… 537
图 7　先天卦气图 …… 538
图 8　邵子天地四象图 …… 538
图 9　朱子天地四象图 …… 538
图 10　近世揲蓍后二变不挂图 …… 539
图 11　挂扐过揲总图 …… 539
图 12　河图 …… 540
图 13　洛图 …… 540
图 14　伏羲八卦次序之图 …… 541
图 15　伏羲八卦方位之图 …… 541
图 16　伏羲六十四卦次序图 …… 541
图 17　伏羲六十四卦方位图 …… 542
图 18　文王八卦次序图 …… 542
图 19　文王八卦方位图 …… 542
图 20　五声八音图 …… 543
图 21　洛书之图 …… 543
图 22　九畴本洛书数图 …… 543
图 23　伏羲始画八卦图 …… 544
图 24　八卦正位图 …… 544
图 25　八卦重为六十四卦图 …… 544
图 26　六十四卦方圆图 …… 547
图 27　经世六十四卦数图 …… 547
图 28　经世一元消长之数图 …… 548
图 29　伏羲八卦图 …… 548
图 30　伏羲六十四卦图 …… 549
图 31　文王八卦图 …… 549
图 32　六十四卦方图 …… 550
图 33　洛书 …… 550
图 34　易象之图 …… 551
曹端 …… 552
图 1　太极图 …… 552
王一宁 …… 553
图 1　河图 …… 553
图 2　洛书 …… 553
图 3　太元经卦图 …… 554
图 4　亭侯卦图 …… 554
图 5　周天子太极图 …… 554
图 6　灵光图 …… 554
图 7　会这个么图 …… 554
图 8　河图 …… 555
图 9　洛书 …… 555
刘定之 …… 556
图 1　伏羲六十四卦圆图 …… 556
熊宗立 …… 557
图 1　河图象数图 …… 557
图 2　洛书范数图 …… 557
图 3　易象之图 …… 558
图 4　范数之图 …… 558
图 5　大衍洪范数图 …… 559
图 6　九畴吉凶悔吝图 …… 559
图 7　九畴本洛书数图 …… 559
图 8　九畴相乘得数图 …… 559
图 9　皇极居次五图 …… 560
图 10　九畴虚五用十之图 …… 560
图 11　九畴合八畴数之图 …… 560
图 12　大衍洪范本数图 …… 560
图 13　箕子洪范九畴之图 …… 560
图 14　变数之图 …… 561
图 15　奇偶成数图 …… 561
图 16　纲目成式图 …… 561
图 17　九数吉凶立成图 …… 561
陈真晟 …… 562
图 1　天地圣人之图 …… 562
图 2　君子法天之图 …… 562
韩万钟 …… 563
图 1　河图 …… 563

图 2　洛书 …………………………………… 563
图 3　河图 …………………………………… 564
图 4　洛书 …………………………………… 564
图 5　河图生克图 ………………………… 564
图 6　洛书生克图 ………………………… 564
图 7　则河图画卦图 ……………………… 565
图 8　则洛书作范图 ……………………… 565
图 9　易有太极、是生两仪、两仪生四象、四象生八卦、八卦分奇偶图………… 565
图 10　伏羲八卦图……………………… 572
图 11　伏羲六十四卦图………………… 572
图 12　春夏秋冬图……………………… 573
图 13　昼夜百刻之图…………………… 573
图 14　晦朔弦望图……………………… 574
图 15　文王八卦图……………………… 574
图 16　洪范皇极图……………………… 574
图 17　蔡子范数图……………………… 575
图 18　九九圆数图……………………… 575
图 19　九九方数图……………………… 575
图 20　洛书数九用十图………………… 576
图 21　洛书配八卦序八节图…………… 576
图 22　八数周流图……………………… 576
图 23　指掌图…………………………… 576
图 24　六十四卦方圆图………………… 577
图 25　八十一卦方圆图………………… 577
汪敬 ……………………………………… 578
图 1　卦画象数会通图 ………………… 578
图 2　先天数衍图 ……………………… 579
图 3　五行参两数图 …………………… 579
图 4　卦气象数图释图 ………………… 579
图 5　八卦纳甲象数体用图 …………… 580
图 6　三十六宫图 ……………………… 580
图 7　先天太极象数会通图释图 ……… 581
图 8　八干配卦象数图释图 …………… 581
图 9　先天太极象数会通图释图 ……… 581
胡居仁 …………………………………… 582
图 1　马图 ……………………………… 582
图 2　龟书 ……………………………… 582
图 3　十二月卦之图 …………………… 583
图 4　一中分造化方图(先天原图) …… 583
图 5　一中分造化方图(先天重定图) …… 583
图 6　一中分造化方图(后天补定图) …… 583
图 7　一中分造化圆图(先天) ………… 584
图 8　一中分造化圆图(先天重定) ……… 584
图 9　一中分造化圆图(后天补定) ……… 584
图 10　四象珓图………………………… 585
图 11　四象珓卦全图…………………… 585
图 12　易有太极图一…………………… 585
图 13　易有太极图二…………………… 585
图 14　体用一源卦图…………………… 586
图 15　河洛卦位合图…………………… 586
图 16　一阴一阳谓道之图……………… 587
图 17　全体心天之图…………………… 587
图 18　通知昼夜之图…………………… 587
图 19　竖图……………………………… 587
图 20　文序先后一原图………………… 588
图 21　八卦上下相综全图……………… 588
图 22　阳生自下阴消自上全图………… 589
图 23　重卦先天后天消息全图………… 589
图 24　八卦变游归宫之图……………… 590
图 25　先天八卦往顺来逆图…………… 590
鲍宁 ……………………………………… 591
图 1　伏羲则图作易图 ………………… 591
图 2　河图之图 ………………………… 591
图 3　洛书之图 ………………………… 592
图 4　伏羲八卦方位图 ………………… 592
图 5　伏羲六十四卦圆图 ……………… 592
图 6　伏羲六十四卦方图 ……………… 592
图 7　十二月卦气图 …………………… 593
图 8　文王八卦次序图 ………………… 593
图 9　文王八卦方位图 ………………… 593
图 10　文王六十四卦次序图…………… 594
图 11　周子太极图……………………… 594
图 12　周子太极图与《易系辞》表里相合图 ………………………………… 594
图 13　天地四象之图…………………… 595
图 14　明魄朔望图……………………… 595
图 15　闰月定时成岁图………………… 595
图 16　日月会辰图……………………… 595
图 17　日月九道图……………………… 596
图 18　五声八音图……………………… 596
图 19　六律六吕图……………………… 596

图 20　洪范九畴图 …… 596
文林 …… 597
图 1　洛书古图 …… 597
图 2　蔡先生新图 …… 598
蔡清 …… 599
图 1　伏羲则河图以作《易》图 …… 599
图 2　伏羲画卦易一生二至有八卦图 …… 599
图 3　大禹则洛书以作《范》之图 …… 600
图 4　先天八卦合洛书数之图 …… 600
图 5　后天八卦合河图数之图 …… 600
图 6　圆图 …… 600
图 7　伏羲六十四卦方图 …… 600
图 8　邵子天地四象之图 …… 601
图 9　朱子天地四象之图 …… 601
图 10　卦扐过揲总图 …… 601
图 11　太极图 …… 602
图 12　八卦相荡图意图 …… 602
黎温 …… 603
图 1　洛书之图 …… 603
图 2　伏羲八卦之图 …… 603
图 3　先天六十四卦方圆之图 …… 604
图 4　洪范九畴总图 …… 604
图 5　文王八卦之图 …… 604
图 6　通书太极图 …… 605
王九思 …… 606
图 1　天地阴阳升降始终之图 …… 606
图 2　手足阴阳流注始终之图 …… 606
图 3　尺寸阴阳随呼吸出入上下始终图 …… 607
图 4　三难画图 …… 607
赵本学　俞大猷 …… 608
图 1　伏羲师卦图 …… 608
图 2　师卦九军阵图 …… 608
图 3　伏羲纵布八卦图 …… 609
图 4　河图后天内外四层图 …… 609
图 5　伏羲六十四卦分内外层图 …… 609
图 6　乘之阵方为四层配合伏羲方卦图 …… 609
图 7　洛书九宫图 …… 610
图 8　文王后天八卦方位图 …… 610
图 9　太乙八阵图 …… 610
图 10　诸葛亮八阵下营图 …… 610
图 11　八卦阵图 …… 611
韩邦奇 …… 612
图 1　河图 …… 612
图 2　洛书 …… 612
图 3　五行四季图春 …… 613
图 4　五行四季图夏 …… 613
图 5　五行四季图秋 …… 613
图 6　五行四季图冬 …… 613
图 7　五生数统五成数图 …… 614
图 8　河图数偶图 …… 614
图 9　墨书朱书生数成数图 …… 614
图 10　生数阳居下左者图 …… 614
图 11　成数阴居下左者图 …… 615
图 12　洛书数奇图 …… 615
图 13　图之可以为书图 …… 615
图 14　书之可以为图图 …… 615
图 15　五奇统五偶数图 …… 616
图 16　河图虚中图 …… 616
图 17　洛书虚中图 …… 616
图 18　河图运行图 …… 616
图 19　洛书运行图 …… 617
图 20　河图洛书十与十五常相连图 …… 617
图 21　九畴本洛书数图 …… 618
图 22　太极六十四卦图 …… 618
图 23　伏羲六十四卦图 …… 620
图 24　圣人之心图 …… 620
图 25　维天之命图 …… 620
图 26　太极生八卦图 …… 621
图 27　所以成变化图 …… 621
图 28　阴阳总会图 …… 622
图 29　阴阳之原图 …… 622
图 30　阴阳之合图 …… 622
图 31　四象之位图 …… 622
图 32　四象之数图 …… 623
图 33　五之左右上下中一点图 …… 623
图 34　阴阳互藏其宅图之一 …… 624
图 35　阴阳互藏其宅图之二 …… 624
图 36　阴阳互藏其宅图之三 …… 624
图 37　天地之数图一 …… 624
图 38　天地之数图二、三 …… 625
图 39　天地之数图四 …… 625
图 40　天地之数图五 …… 625

图41	天地之数图六、七	625
图42	天地之数图八	626
图43	一三五积为九反退为七　二四积为六反进为八图	626
图44	奇乏偶赢图	626
图45	上下四方数各共十图	626
图46	奇多偶少图	627
图47	五行配性图	627
图48	皇建其极图	627
图49	庶八征图	627
图50	易有太极是生两仪、两仪生四象、四象生八卦图	628
图51	乾上八卦、兑上八卦图	628
图52	离上八卦、震上八卦、巽上八卦、坎上八卦图	628
图53	艮上八卦、坤上八卦图	629
图54	爻变图	629
图55	洛书范数图	633
图56	箕子洪范九畴之图	634
图57	皇极居次五图	634
图58	九畴虚五用十之图	634
图59	九畴合八畴数之图	634
图60	大衍洪范本数图	634
图61	九畴本洛书数图	635
图62	九畴相乘得数图	635
图63	洪范九畴名数行成之图	635
图64	九九圆数循环之图	638
图65	范数之图	638
图66	九九方数图、九九积数图	639
图67	左右上下中一点图	639
图68	伏羲八卦图	640
图69	文王八卦图	640
图70	文王六十四卦图	640

左辅 ……………………………………… 641
| 图1 | 太极后图 | 641 |

余本 ……………………………………… 642
图1	先天八卦用六图	642
图2	先天六十四卦用三十六图	643
图3	先天乾坤十六卦方圆图	643
图4	天数左行圆图	643
图5	天数左行方图	644
图6	地数右行圆图	644
图7	地数右行方图	644
图8	乾七子兑六子图	644
图9	乾七子坤六子图	645
图10	四象变数图	645
图11	四象用数图	645
图12	四象十六位图	645
图13	天地各四变图	646
图14	僻数祖先天图	646
图15	河图	646
图16	洛书	646
图17	伏羲则图作易图	647
图18	大禹叙书作范图	647
图19	八卦相交曲行乾位图	647
图20	乾长数图	648
图21	坤消数图	648
图22	伏羲六十四卦方圆图	648
图23	伏羲八卦横图	649
图24	伏羲六十四卦横图	649
图25	伏羲八卦圆图	650
图26	文王八卦次序图	650
图27	文王八卦方位图	650
图28	文王六十四卦次序图	651
图29	先天四象错综藏府配合之图	651
图30	藏府出生次序本八卦图	651
图31	藏府既成配十六卦之图	652
图32	卦气图	652

黄芹 ……………………………………… 655
图1	伏羲则河图作易图	655
图2	大禹则洛书作范图	655
图3	先天八卦合洛书数图	656
图4	后天八卦合河图数图	656
图5	新画八卦圆图	656
图6	新画六十四卦圆图	656
图7	观天文察时变之图	657
图8	天地一元之数图	657
图9	天地圣人之图	657
图10	君子法天之图	657
图11	阳动阴静图	658
图12	六十四卦阳动阴静图	658
图13	箕子洪范九畴之图	658

鲍泰 ·· 659
　图1　河图 ······························ 659
　图2　先天卦配洛书图 ············ 659
　图3　后天致用卦图 ················ 660
　图4　周天卦候乘建六十甲子图 ·· 660

舒宏谔 ···································· 661
　图1　河图解图 ························ 661
　图2　洛书解图 ························ 661
　图3　太极图意图 ···················· 662
　图4　伏羲八卦次序图 ············ 662
　图5　伏羲八卦次序图 ············ 662
　图6　伏羲六十四卦次序图 ···· 663
　图7　方圆图 ···························· 663
　图8　伏羲八卦各生序图 ········ 664
　图9　文王八卦次序图 ············ 664
　图10　文王八卦方位图 ·········· 664
　图11　文王八卦天文图 ·········· 665
　图12　文王八卦地理图 ·········· 665
　图13　八卦取象图 ·················· 665

方献夫 ···································· 666
　图1　伏羲始作八卦图 ············ 666
　图2　文王八卦应天图 ············ 667
　图3　文王八卦应地图 ············ 667
　图4　文王十二月卦气图 ········ 668
　图5　文王八卦父母六子图 ···· 668
　图6　文王则河图图 ················ 669
　图7　文王则洛书图 ················ 669

季本 ·· 670
　图1　今拟六十四卦圆图 ········ 670
　图2　文王十二月卦气图 ········ 671
　图3　邵子卦气直日图 ············ 671
　图4　焦延寿卦气直日图 ········ 672
　图5　京房卦气直日图 ············ 672
　图6　纳甲图 ···························· 673
　图7　浑天六位图 ···················· 673
　图8　卦象立成图 ···················· 673
　图9　邵子皇极经世衍易图 ···· 673
　图10　经世天地四象图 ·········· 674
　图11　经世天地始终之数图 ·· 674
　图12　太极图 ·························· 677
　图13　龙马真象图 ·················· 677
　图14　天地自然河图 ·············· 677
　图15　卦序内反对卦图 ·········· 678
　图16　经世律吕声音变化图 ·· 678
　图17　扬雄卦气图 ·················· 679
　图18　蔡沈九九数图 ·············· 680
　图19　五行分属六气图 ·········· 680
　图20　五行人体性情图 ·········· 680
　图21　五行植物属图 ·············· 681
　图22　五行动物属图 ·············· 681
　图23　五行用物属图 ·············· 681
　图24　五行事类吉图 ·············· 681
　图25　五行事类凶图 ·············· 682
　图26　五行支干之图 ·············· 682

薛侃 ·· 683
　图1　先天卦位、后天卦位图 ·· 683
　图2　河图 ································ 683
　图3　太极先天图 ···················· 684
　图4　太极后天图 ···················· 684
　图5　横图 ································ 684
　图6　中生图 ···························· 684
　图7　洛书 ································ 684
　图8　洛书合河图先天卦图 ···· 685
　图9　洛书合河图后天卦图 ···· 685
　图10　周子太极原一图 ·········· 685
　图11　古太极图 ······················ 685
　图12　亦古太极图 ·················· 685
　图13　循环图 ·························· 686
　图14　心性图 ·························· 686

叶良佩 ···································· 687
　图1　河图序数图 ···················· 687
　图2　洛书序数图 ···················· 687
　图3　先天则河图生数图 ········ 688
　图4　先天则河图方位图 ········ 688
　图5　先天合洛书图 ················ 688
　图6　先天变后天图 ················ 688
　图7　太玄准京氏卦气图 ········ 689

刘濂 ·· 690
　图1　伏羲八卦方位图 ············ 690
　图2　文王重卦方位图 ············ 691

丰坊 ·· 692
　图1　河图 ································ 692

图 2 洛书 …………………………… 692
图 3 人皇卦图 ……………………… 693
马一龙 ………………………………… 696
图 1 元气胞图 ……………………… 696
图 2 先天八卦小横图 ……………… 696
图 3 乾坤合体图 …………………… 697
陈言 …………………………………… 698
图 1 河图 …………………………… 698
图 2 洛书 …………………………… 698
图 3 伏羲八卦次序之图 …………… 699
图 4 伏羲八卦方位之图 …………… 699
图 5 伏羲六十四卦圆图 …………… 699
图 6 伏羲六十四卦次序之图 ……… 700
图 7 两仪、四象、八卦图 ………… 700
图 8 伏羲八卦方位之图 …………… 700
图 9 文王八卦次序之图 …………… 701
图 10 文王八卦方位之图…………… 701
李开先 ………………………………… 702
图 1 太极图 ………………………… 702
图 2 河图 …………………………… 702
图 3 洛书 …………………………… 703
图 4 伏羲八卦次序图 ……………… 703
图 5 伏羲六十四卦次序图 ………… 703
图 6 伏羲八卦方位图 ……………… 704
图 7 伏羲六十四卦圆图 …………… 705
图 8 伏羲六十四卦方图 …………… 705
图 9 文王八卦次序图 ……………… 705
图 10 文王八卦方位图……………… 705
图 11 伏羲圆图(相错一左一右谓之错)、文王卦图(相综一上一下谓之综) ……………………………… 706
归有光 ………………………………… 708
图 1 圆本于横图 …………………… 708
图 2 八卦次序图 …………………… 708
图 3 先天后天图 …………………… 708
杨向春 ………………………………… 709
图 1 伏羲太极图 …………………… 709
图 2 河图 …………………………… 709
图 3 洛书 …………………………… 710
图 4 洪范九畴图 …………………… 710
图 5 先天八卦图 …………………… 711
图 6 后天八卦图 …………………… 711
图 7 经世衍易图 …………………… 711
图 8 天地四象之图 ………………… 711
图 9 元会运世图 …………………… 712
图 10 伏羲六十四卦圆图…………… 712
图 11 伏羲六十四卦方图…………… 712
图 12 六十四卦方圆图……………… 712
图 13 乾旋坤转图…………………… 713
图 14 八卦方位图…………………… 713
图 15 归元还元图…………………… 713
图 16 文王重易图…………………… 714
图 17 八卦取象图…………………… 714
图 18 天根月窟图…………………… 715
图 19 八卦纳甲图…………………… 715
徐爌 …………………………………… 716
图 1 太极之祖图 …………………… 716
图 2 伏羲一画而圆 ………………… 716
图 3 周子图 ………………………… 717
图 4 古太极图 ……………………… 717
图 5 古太极图 ……………………… 717
图 6 古太极图六 …………………… 717
图 7 古太极图校图 ………………… 718
图 8 先天八卦对待中含应天之象图 …… 718
图 9 后天八卦流行中含应地之象图 …… 718
图 10 六阴六阳卦位之象图………… 718
图 11 天地定位阴阳妙合之象图…… 719
图 12 五行成象之象图……………… 719
图 13 五行相生之象图……………… 719
图 14 五行相克之象图……………… 719
图 15 消息之象图…………………… 720
图 16 鬼神之象图…………………… 720
图 17 天地气质之象图……………… 720
图 18 四府之象图…………………… 720
图 19 世道升降之象图……………… 721
图 20 阴逊阳之象图………………… 721
图 21 阴抗阳之象图………………… 721
图 22 几微过中之象图……………… 721
图 23 灾祥倚伏之象图……………… 722
图 24 心体之象图…………………… 722
图 25 四德之象图…………………… 722
图 26 性之之象图…………………… 722

图 27　身之之象图 …………………… 723
图 28　上达之象图 …………………… 723
图 29　下达之象图 …………………… 723
图 30　中人之象图 …………………… 723
图 31　中人以下之象图 ………………… 724
图 32　遮隔之象图 …………………… 724
图 33　落陷之象图 …………………… 724
图 34　沦溺之象图 …………………… 724
图 35　圣学之象图 …………………… 725
图 36　良知之象图 …………………… 725
图 37　敦化之象图 …………………… 725
图 38　川流之象图 …………………… 725
图 39　位育之象图 …………………… 726
图 40　无极之象图 …………………… 726
张元谕 ……………………………… 727
图 1　六书本义天地自然河图 ………… 727
林应龙 ……………………………… 728
图 1　卦象图 ………………………… 728
图 2　范数图 ………………………… 729
徐体乾 ……………………………… 730
图 1　希夷龙图 ……………………… 730
程宗舜 ……………………………… 731
图 1　太极图、一阳图、二阴图、阴阳三交图 …………………………… 731
图 2　太中图 ………………………… 732
图 3　二气图 ………………………… 732
图 4　河图天地之象图 ……………… 732
图 5　洛书天地之象图 ……………… 732
图 6　太极生两仪图 ………………… 733
图 7　四象生八卦图 ………………… 733
图 8　太极生三章图 ………………… 733
图 9　三章生九仪图 ………………… 733
图 10　九畴图仪图 …………………… 734
图 11　伏羲则河图作易图 …………… 734
图 12　禹则洛书叙畴图 ……………… 734
图 13　河图先天图 …………………… 734
图 14　河图后天图 …………………… 734
图 15　洛书先天图 …………………… 735
图 16　洛书后天图 …………………… 735
图 17　九畴生八十一畴图 …………… 735
图 18　九仪圆图 ……………………… 738
图 19　九仪方图 ……………………… 738
孙从龙 ……………………………… 739
图 1　河图 …………………………… 739
图 2　洛书 …………………………… 739
图 3　伏羲六十四卦圆图 …………… 740
图 4　太极图 ………………………… 740
卢翰 ………………………………… 741
图 1　圣人则洛书作范图 …………… 741
图 2　洛书之图 ……………………… 741
图 3　河图亦可为范之图 …………… 742
图 4　洛书固可为易之图 …………… 742
图 5　立卦而作易之图 ……………… 742
图 6　圣人则图生仪生象图 ………… 742
图 7　易具日月运行之图 …………… 743
图 8　易卦变化成象之图 …………… 743
图 9　易卦变化成日月寒暑之象之图 …… 743
图 10　八卦交错而成六十四卦方位图 …… 744
图 11　伏羲八卦方位之图 …………… 744
图 12　阴阳消长图 …………………… 744
图 13　先天卦气运行之图 …………… 744
图 14　伏羲八卦方位之图 …………… 745
图 15　文王八卦方位之图 …………… 745
图 16　后天流行图 …………………… 745
图 17　先天对待图 …………………… 745
图 18　文王八卦次序之图 …………… 745
图 19　易具一寒一暑之图 …………… 746
图 20　太极生仪生象生卦之图 ……… 746
图 21　三才一太极易有太极合一之图 …… 746
图 22　两仪生四象之图 ……………… 746
图 23　太极化生圆图 ………………… 747
图 24　签易位次图 …………………… 747
图 25　卦爻命义四图 ………………… 748
图 26　乾卦圆图 ……………………… 748
图 27　一元流行之图 ………………… 748
图 28　元亨利贞图 …………………… 748
图 29　天道万物图 …………………… 748
图 30　君子尽性之图 ………………… 749
图 31　四德循环无端之图 …………… 749
图 32　天人之分之殊之图 …………… 749
图 33　性命之理则一之图 …………… 750
图 34　君子明易之图 ………………… 750

图 35	天人授受之图	750
图 36	明乾图	751
图 37	刚柔相摩之图	751
图 38	八卦相荡之图	752
图 39	吉凶悔吝相为循环之图	753
图 40	易卦变化成形之图	753
图 41	象变具造化影图	753
图 42	象变中具造化之象之图	754
图 43	辞占中具人事之象之图	754
图 44	圣人作易君子学易之图	754
图 45	三才之图	754
图 46	二四位说图	754
图 47	本节文势图	754
图 48	参天两地倚数之图	755
图 49	径围合天地图	755
图 50	洪范九畴之图	755
图 51	先天卦位图	756
图 52	后天卦位图	756
图 53	七十九签目录图	757

徐师曾 ········· 760
- 图 1 河图 ········· 760
- 图 2 洛书 ········· 760
- 图 3 伏羲八卦横图 ········· 761
- 图 4 伏羲六十四卦横图 ········· 761
- 图 5 伏羲八卦圆图 ········· 762
- 图 6 伏羲六十四卦圆图 ········· 762
- 图 7 伏羲八卦方图 ········· 762
- 图 8 伏羲六十四卦方图 ········· 762
- 图 9 文王八卦方位图 ········· 763
- 图 10 文王八卦次序图 ········· 763
- 图 11 周易传受大略之图 ········· 764

冯柯 ········· 765
- 图 1 三极肇生之图 ········· 765
- 图 2 三极定位之图 ········· 766
- 图 3 三极流行之图 ········· 766

孙一奎 ········· 767
- 图 1 太极图 ········· 767
- 图 2 命门图 ········· 767

田艺蘅 ········· 768
- 图 1 元极图 ········· 768
- 图 2 灵极图 ········· 768
- 图 3 太极图 ········· 768
- 图 4 动静图 ········· 769
- 图 5 少极图 ········· 769
- 图 6 三才图 ········· 769
- 图 7 阳奇图 ········· 769
- 图 8 阴偶图 ········· 769
- 图 9 太阳图 ········· 769
- 图 10 太阴图 ········· 769
- 图 11 象明图 ········· 770
- 图 12 易象图 ········· 770

来知德 ········· 771
- 图 1 伏羲八卦方位之图 ········· 771
- 图 2 文王八卦方位之图 ········· 771
- 图 3 伏羲六十四卦圆图 ········· 772
- 图 4 来知德圆图 ········· 772
- 图 5 太极图 ········· 773
- 图 6 伏羲卦图 ········· 773
- 图 7 伏羲八卦方位图 ········· 773
- 图 8 两仪图 ········· 773
- 图 9 四象图 ········· 774
- 图 10 八卦图 ········· 774
- 图 11 八卦通皆乾坤之数图 ········· 775
- 图 12 阳直图 ········· 775
- 图 13 阴直图 ········· 775
- 图 14 盈缺图 ········· 775
- 图 15 文王八卦方位图 ········· 776
- 图 16 一年气象图 ········· 776
- 图 17 一日气象图 ········· 776
- 图 18 天地形象图 ········· 777
- 图 19 帝王图 ········· 777
- 图 20 历代文章图 ········· 777
- 图 21 以周家论图 ········· 777
- 图 22 历代人材图 ········· 778
- 图 23 以秦始皇论图 ········· 778
- 图 24 日混沌图 ········· 778
- 图 25 三教图 ········· 779
- 图 26 河图 ········· 779
- 图 27 洛书 ········· 779

王世贞 ········· 780
- 图 1 河图 ········· 780
- 图 2 洛书 ········· 780

图 3　伏羲则图作易图 …………………… 781
图 4　周子太极合易系太极图 ……………… 781
图 5　伏羲八卦横图 ……………………… 781
图 6　伏羲六十四卦横图 ………………… 782
图 7　伏羲八卦圆图 ……………………… 782
图 8　伏羲六十四卦圆图 ………………… 782
图 9　伏羲六十四卦方图 ………………… 783
图 10　十二月卦气图……………………… 783
图 11　六十四卦配二十四气图…………… 783
图 12　文王八卦次序图…………………… 783
图 13　文王八卦方位图…………………… 784
图 14　文王六十四卦次序图……………… 784
图 15　邵子天地四象之图………………… 785
图 16　□子一元消长之图………………… 785
图 17　洪范九畴图………………………… 785
图 18　扬子太玄拟易之图………………… 785
图 19　蔡氏洪范皇极之图………………… 786
图 20　律吕配卦图………………………… 786
图 21　太极图……………………………… 786
戚继光 ……………………………………… 787
图 1　中军坐纛图 ………………………… 787
骆问礼 ……………………………………… 788
图 1　二十四向图 ………………………… 788
图 2　十二向图 …………………………… 788
图 3　十二向图 …………………………… 789
章潢 ………………………………………… 790
图 1　古河图 ……………………………… 790
图 2　古洛书 ……………………………… 790
图 3　河图 ………………………………… 791
图 4　洛书 ………………………………… 791
图 5　河图八卦图 ………………………… 791
图 6　河图天地交图 ……………………… 791
图 7　洛书日月交图 ……………………… 792
图 8　河图奇与偶合图 …………………… 792
图 9　洛书奇多偶少图 …………………… 792
图 10　河图参两参伍图…………………… 792
图 11　洛书参伍参两图…………………… 793
图 12　伏羲则河图以作易图……………… 793
图 13　大禹则洛书以作范图……………… 793
图 14　后天八卦合河图数图……………… 793
图 15　先天八卦合洛书数图……………… 794
图 16　河图八卦五行位数图……………… 794
图 17　河图五行相生图…………………… 794
图 18　河图之数图………………………… 794
图 19　洛书之数图………………………… 795
图 20　河图数起一六图…………………… 795
图 21　洛书九一相生数图………………… 795
图 22　河图洛书十五生成之象图………… 795
图 23　河图具数之图……………………… 796
图 24　河图数起止图……………………… 796
图 25　河图数图…………………………… 796
图 26　春夏秋冬四季图…………………… 797
图 27　河图支干位数图…………………… 798
图 28　洛书五行十二支方位图…………… 798
图 29　九畴阵图…………………………… 798
图 30　先天八卦方位图…………………… 798
图 31　先天画卦图………………………… 799
图 32　先天六十四卦圆图………………… 799
图 33　先天六十四卦方位之图…………… 799
图 34　后天八卦方图……………………… 800
图 35　先天以圆涵方图…………………… 800
图 36　后天以方涵圆图…………………… 800
图 37　外先天内后天八卦图……………… 800
图 38　先后中天总图……………………… 801
图 39　太极先天后天总图………………… 801
图 40　六十四卦循环之图………………… 801
图 41　六十四卦生自两仪图……………… 802
图 42　先天八卦对待之图………………… 802
图 43　十二月卦气图……………………… 803
图 44　先天乾上坤下图…………………… 803
图 45　后天离南坎北图…………………… 803
图 46　经世八卦正位图…………………… 803
图 47　经世天地四象图…………………… 804
图 48　皇极经世先天数图………………… 804
图 49　邵子皇极经世衍易图……………… 804
图 50　六卦生六十四卦图………………… 804
图 51　先天八卦次图……………………… 805
图 52　伏羲六十四卦次序横图…………… 805
图 53　先天八卦横图……………………… 806
图 54　焦延寿卦气直日图………………… 806
图 55　京房卦气直日图…………………… 806
图 56　周子太极图………………………… 807

图57	古太极图	807
图58	古大极图	807
图59	易逆数图	807
图60	太极五行图	808
图61	易知来数往图	808
图62	先天画卦图	808
图63	太极先天内外顺逆之图	808
图64	太极河图	809
图65	二气化生万物图	809
图66	造化象数体用之图	809
图67	太极图	809
图68	太极六十四卦图	810
图69	八卦竖图	810
图70	六十四卦反对图	810
图71	易卦八宫阖辟往来之图	811
图72	八宫六十四卦阖辟往来之图	811
图73	八卦相推之图	813
图74	八卦生六十四卦图	813
图75	八卦成列象爻变动图	814
图76	六十四卦变通之图	814
图77	六十四卦致用之图	814
图78	六十四卦阴阳倍乘之图	815
图79	乾坤函三引六之图	815
图80	乾坤易简图	815
图81	卦象天地图	816
图82	帝出震图	816
图83	八卦物象图	816
图84	卦配方图	816
图85	八卦身象图	817
图86	六阴六阳消长卦图	817
图87	阴阳君民图	817
图88	阴阳奇偶图	817
图89	参伍以变图	818
图90	复见天地之心图	818
图91	造化之几图	818
图92	六十四卦万物数图	818
图93	八卦司化图	819
图94	八卦五行图	819
图95	容民畜众卦图	819
图96	一三九图	819
图97	二四八图	819
图98	三才之图	820
图99	日月为易图	820
图100	八卦加八卦图	820
图101	天地气交之图	821
图102	五气之图	821
图103	乾坤六子之图	822
图104	乾知大始图	822
图105	坤作成物图	822
图106	方以类聚图	823
图107	物以群分图	823
图108	阴阳五行变化图	823
图109	通乎昼夜图	824
图110	五圣制器尚象图	824
图111	阴阳总会图	824
图112	阴阳之原图	824
图113	阴阳之合图	825
图114	四象位图	825
图115	四象数图	825
图116	仰观天文图	825
图117	俯察地理图	826
图118	周天历象节气之图	826
图119	周天日月节候卦律分野总图	826
图120	大衍之数图	827
图121	河图数图	827
图122	邵子经世六十四卦数图	829
图123	荣卫相生图	829
图124	九道脉之图	829
图125	王脉之图	830
图126	男女有相反图	830
图127	经脉合天文流注之图	830
图128	人面耐寒之图	830
图129	八卦司化图	831
图130	五运五天南北政图	831
图131	五运五星图	831
图132	五运二十八宿图	831
图133	六气司天在泉图	832
图134	每年主气之图	832
图135	六气司天图	832
图136	五运配五音图	832
图137	十二年客气之图	833
图138	蓍之德圆而神图	834

图 139　扬雄太玄方州部家八十一首图 …… 834
图 140　太玄准易卦名图 …… 835
图 141　太玄准易卦气图 …… 835
图 142　关子明拟玄洞极经图 …… 835
图 143　次为图论图 …… 835
图 144　明变图论图 …… 836
图 145　洞极真经叙本论图 …… 836
图 146　蔡九峰皇极八十一名数图 …… 837
图 147　范数之图 …… 837
图 148　九九圆数图 …… 838
图 149　九九方数图 …… 838
图 150　心象图 …… 838
图 151　五岳真形图 …… 839
图 152　序卦反对图 …… 839
图 153　六十四卦方图 …… 840
图 154　六十四卦内方外圆图 …… 840
图 155　后天八卦次序图 …… 840
图 156　后天八卦方位图 …… 840
图 157　周易序卦图 …… 841
图 158　乾坤成列图 …… 842
图 159　四象生八卦图 …… 842
图 160　八卦成列之图 …… 842
图 161　乾坤大父母图 …… 843
图 162　复姤小父母图 …… 843
图 163　三陈九卦图 …… 843
图 164　揲蓍所得掛扐之策图 …… 843
图 165　老少挂扐定九八七六之数图 …… 844
图 166　老少挂扐过揲进退图 …… 844
图 167　明蓍策图 …… 845
图 168　分而为二图 …… 845
图 169　揲之以四以象四时图 …… 845
图 170　三变再变初变归奇过揲爻图 …… 845
图 171　考变占图 …… 847
图 172　太极两仪四象八卦象数图 …… 847
图 173　复姤临遁泰否六卦生六十四卦图 …… 847
图 174　原卦画图 …… 848
图 175　三易图 …… 848
图 176　卦之德方以知图 …… 849
图 177　太阴盈虚之图 …… 849
图 178　四时配属之图 …… 849
图 179　岁月日时图 …… 850
图 180　治历明时图 …… 850
图 181　六十四卦气候图 …… 850
图 182　人肖天图 …… 851
图 183　肾与命门之图 …… 851
图 184　阴海阳海图 …… 852
图 185　四端人心配合图 …… 852
图 186　家人卦图 …… 852
图 187　天地自然之礼图 …… 852
图 188　天地自然之乐图 …… 853
图 189　河图五声图 …… 853
图 190　太极元气图 …… 853
图 191　洛书八音图 …… 853
图 192　五声八音图 …… 854
图 193　十二律阴阳辰位次第相生图 …… 854
图 194　奇门总图 …… 854
赵台鼎 …… 855
图 1　篑中书三关图 …… 855
图 2　篑中书三关图 …… 856
图 3　篑中书三关图 …… 856
王圻 …… 857
图 1　河图生十天干图 …… 857
图 2　洛书生十二地支图 …… 857
图 3　太乙所居九宫图 …… 858
图 4　阴阳变合消长图 …… 858
图 5　四易之易图 …… 858
图 6　咸艮取诸身图 …… 858
图 7　井鼎取诸物图 …… 859
图 8　日月为易图 …… 859
图 9　九畴本洛书数图 …… 859
杨时乔 …… 860
图 1　河图 …… 860
图 2　河图中五中央一图 …… 860
图 3　河图中五前后左右四图 …… 861
图 4　河图中十图 …… 861
图 5　河图四方一三七九图 …… 861
图 6　河图四方二四六八图 …… 861
图 7　天一至地十图 …… 862
图 8　天地之数四图 …… 862
图 9　行鬼神图 …… 863
图 10　成变化图 …… 864

图11	中五阴阳统会图	864
图12	中十阴阳总并图	864
图13	中五与十阴阳配合图	865
图14	阴阳太少位数图	865
图15	阴阳互藏其宅图	865
图16	五十五积数图	866
图17	阴阳生成配合图	866
图18	阴阳生成先始图	866
图19	河图中五一〇函太极两仪四象八卦图	867
图20	河图中五一〇含天地阴阳五行图	867
图21	河图五十五〇函太极两仪四象八卦图	867
图22	河图画卦从中生于五成于十图	867
图23	洛书	868
图24	洪范九畴则洛书图	868
图25	皇极次五九畴虚五用十图	868
图26	九畴合大衍数图	868
图27	阴阳太少位数图	869
图28	阴阳互藏其宅图	869
图29	阴阳生数之图	870
图30	洛书十图	870
图31	洛书十五图	870
图32	河图对待为流行图	871
图33	洛书流行为对待图	871
图34	河图生数统成数图	871
图35	洛书奇数统偶数图	871
图36	河图数偶合奇图	871
图37	洛书数奇合偶图	872
图38	河图洛书阴阳生成纯杂图	872
图39	河图奇乏偶赢图	872
图40	洛书奇赢偶乏图	872
图41	河图洛书十与十五常相连图	873
图42	图书虚其中皆四十五图	873
图43	河图洛书皆中五图	873
图44	河图相生寓相克图	873
图45	洛书相克寓相生图	874
图46	图书可以相通图	874
图47	河图洛书阴阳太少五行分配图	874
图48	洛书同河图画卦图	874
图49	河图洛书合一图	875
图50	洛书画卦从中生于五成于十图	875
图51	河图交午相合图	875
图52	洛书平衡相对图	875
图53	龙马图	876
图54	先天八卦合五行变化图	876
图55	后天八卦合五行变化图	876
图56	先后天则图书画卦皆四对图	876
图57	先天乾尊后天震用图	877
图58	先天六十四卦圆方象数图	877
图59	先天八卦圆图	877
图60	先天六十四卦生成次序圆图	878
图61	先天刚柔摩荡圆图	878
图62	先天雷霆风雨日月寒暑圆图	879
图63	先天六十四卦男女圆图	879
图64	先天乾坤大父母图	879
图65	先天复姤小父母图	880
图66	先天六十四卦生成次序方图	880
图67	先天八卦方图	880
图68	先天雷霆风雨日月寒暑方图	880
图69	先天摩荡方图	881
图70	先天男女方图	881
图71	先天六十四卦摩荡横图	881
图72	先天六十四卦雷霆风雨日月寒暑横图	882
图73	先天六十四卦男女横图	882
图74	后天八卦本先天方圆图	883
图75	后天八卦图	883
图76	先后天八卦圆图	883
图77	后天八卦次序图	883
图78	先后天六十四卦圆图	884
图79	先后天八卦方图	884
图80	先后天六十四卦方图	884
图81	先后天八卦横图	884
图82	先后天六十四卦横图	885
图83	本天枢即南北二极易有太极之图	885
图84	十二月日行天圆图	885
图85	天与日会圆图	886
图86	地与月会方图	886
图87	三十六宫八卦方图	886
图88	三十六宫六十四卦方图	886

图89　卦象互包图 ……………………… 887
图90　十二辟卦上圆下方图 …………… 887
图91　卦气直日图 ……………………… 887
图92　卦气图 …………………………… 888
图93　纳甲图 …………………………… 888
图94　地上五行图 ……………………… 888
图95　土旺四季图 ……………………… 889
图96　易有太极图 ……………………… 889
图97　太极阴阳兼体图 ………………… 889
图98　序卦见互图 ……………………… 890
图99　杂互一源图 ……………………… 890
图100　逐日受病图 …………………… 891
图101　五运六气图 …………………… 891

姜震阳 …………………………………… 892
图1　自乾至讼为上经之初、自师至豫为上经之中、自随至离为上经之终图 …… 892
图2　自咸至益为下经之初、自夬至鼎为下经之中、自震至未济为下经之终图 …… 893

程大位 …………………………………… 894
图1　龙马负图图 ……………………… 894
图2　河图 ……………………………… 894

林绍周 …………………………………… 895
图1　太极图 …………………………… 895
图2　太极四生图 ……………………… 895
图3　天地定位之图 …………………… 896
图4　八门调坛图 ……………………… 896

陈第 ……………………………………… 897
图1　伏羲画卦次序图 ………………… 897
图2　新创文王卦序图 ………………… 900
图3　古篆易从日从月图 ……………… 901

钱一本 …………………………………… 902
图1　马图 ……………………………… 902
图2　龟书 ……………………………… 902
图3　易有太极图一 …………………… 903
图4　易有太极图二 …………………… 903
图5　体用一源卦图 …………………… 903
图6　重定一中分造化圆图 …………… 903
图7　补定一中分造化圆图 …………… 904
图8　河图 ……………………………… 904
图9　洛书 ……………………………… 904
图10　大禹则洛书以作范图 ………… 904

王肯堂 …………………………………… 905
图1　先天圆图 ………………………… 905
图2　紫微卦座即先天图之变图 ……… 905

朱谋㙔 …………………………………… 906
图1　河图 ……………………………… 906

陈实功 …………………………………… 907
图1　尻神图 …………………………… 907

岳元声 …………………………………… 908
图1　圣学范围天地法象之图 ………… 908
图2　圣学范围释氏法象之图 ………… 909
图3　圣学范围老氏法象之图 ………… 910
图4　六十四卦圆图 …………………… 911

郝敬 ……………………………………… 912
图1　河图 ……………………………… 912
图2　洛书 ……………………………… 912
图3　八卦相错之图 …………………… 913
图4　八卦往来之图 …………………… 914
图5　八卦方位图 ……………………… 914
图6　八卦相生之序图 ………………… 914

李本固 …………………………………… 915
图1　河图象图 ………………………… 915
图2　洛书象图 ………………………… 915
图3　伏羲生卦次第图 ………………… 916
图4　伏羲先天因重六十四卦生成次第衡图 …… 916
图5　伏羲先天圆函方图 ……………… 918
图6　伏羲先天小成圆图 ……………… 919
图7　神农连山中成圆图 ……………… 919
图8　黄帝归藏大成方图 ……………… 919
图9　文王周易方位图 ………………… 919
图10　文王周易次第图 ……………… 920
图11　胡杨大衍图 …………………… 920
图12　丁氏大衍图 …………………… 920

张介宾 …………………………………… 921
图1　太虚二图 ………………………… 921
图2　阴阳图 …………………………… 921
图3　五行成数图 ……………………… 922
图4　二十四向八刻二十分图 ………… 922
图5　九宫分野图 ……………………… 922
图6　五天五运图 ……………………… 922

图7	河图	923
图8	洛书	923
图9	太极八卦方圆图	924
图10	先天八卦方位属象图	924
图11	太极六十四卦圆图	925
图12	六十四卦方图	925
图13	乾父坤母图	925
图14	后天八卦图	926
图15	九宫八风图	926
图16	律吕相生卦气图	926

李奇玉 …… 927
图1	河图合太极生两仪四象八卦图	927
图2	洛书合生生八卦图	927
图3	先天合图书八卦生生图	928
图4	后天合生生八卦图	928
图5	河图错综参伍图	928
图6	洛书错综参伍图	928
图7	河图合八卦对待图	929
图8	河图合八卦流行图	929
图9	河图进退变化图	929
图10	洛书进退变化图	929
图11	小成方位圆图	930
图12	六十四卦归藏方图	930
图13	连山小成图	930
图14	六十四卦连山圆图	930
图15	卦变合先天图	931
图16	卦变合后天图	931
图17	八卦纳甲图	931
图18	纳甲配五气图	932
图19	先天太极生生方位图	932
图20	卦变图	932
图21	卦变合连山图	933
图22	卦变合归藏图	933

徐之镆 …… 934
图1	补八卦纳甲坎离小父母图	934
图2	天干原于河图	934
图3	地支原于洛书图	934
图4	补干支配纳六十之图	935
图5	八卦乾坤大父母取配纳音之图	935
图6	太极五行图	935
图7	先天河图之数图	936

图8	后天洛书之数图	936
图9	伏羲先天八卦卦序并方位图	936
图10	文王后天八卦卦序并方位图	936
图11	正对诀、斜对诀、隔对诀、联对诀、横对诀、直对诀、互对诀例图	937
图12	八卦统八节之图	937

李长茂 …… 938
图1	河图	938
图2	洛书	938
图3	易有太极、太极生两仪、两仪生四象、四象生八卦图	939
图4	洛书释数图	939
图5	九宫八卦图	939

徐三重 …… 940
图1	太极无象之体图	940
图2	阴阳三种消长图	940
图3	河图太极之全体图	941
图4	周子太极图	941
图5	周子太极阴阳五行图	941
图6	周子气化形化图	941
图7	五行一阴阳，阴阳一太极图	942
图8	阳变阴合而生五行图	942
图9	伏羲八卦方位图	942
图10	文王八卦方位图	942
图11	四德图	943

汪邦柱 江柟 …… 944
图1	河图	944
图2	八卦次序图	944
图3	洛书	945
图4	成列因重次序图	945
图5	伏羲八卦圆图	946
图6	逆数图	946
图7	伏羲八卦方图	946
图8	文王八卦方位图	946
图9	万物随帝出入图	947
图10	文王八卦次序图	947

吴惟顺 …… 948
图1	师卦九军阵图	948
图2	伏羲纵布八卦图	948
图3	河图体用营阵奇正图	949

傅文兆 …… 950

图 1　河图 …………………………… 950
图 2　洛书 …………………………… 950
图 3　犠画 …………………………… 951
图 4　大衍图(则河图揲蓍) ………… 951
图 5　参两图 ………………………… 951
图 6　制蓍图一 ……………………… 951
图 7　大衍之数五图 ………………… 952
图 8　大衍之数十图 ………………… 952
图 9　揲法图二 ……………………… 952
图 10　分而为二以象两图 ………… 952
图 11　掛一以象三图 ……………… 953
图 12　揲之以四以象四时图 ……… 953
图 13　成爻三图 …………………… 953
图 14　初六图 ……………………… 953
图 15　初七图 ……………………… 954
图 16　初八图 ……………………… 954
图 17　初九图 ……………………… 954
图 18　用九图 ……………………… 954
图 19　用六图 ……………………… 955
图 20　洪范图 ……………………… 955
图 21　成列图 ……………………… 955
图 22　先天易图 …………………… 955
图 23　归藏易图 …………………… 956
图 24　连山易图 …………………… 956
图 25　后天易图 …………………… 956
图 26　文王观先天象以设卦图 …… 956
图 27　文王观归藏象以设卦图 …… 957
图 28　文王观连山象以设卦图 …… 957
图 29　文王观后天象以设卦图 …… 957
程君房 ………………………………… 958
图 1　太极图 ………………………… 958
图 2　太极图 ………………………… 959
图 3　根阴根阳图 …………………… 959
图 4　易有太极图 …………………… 959
图 5　河图 …………………………… 960
图 6　洛书 …………………………… 960
图 7　丛蓍图 ………………………… 961
图 8　伏羲八卦方位图 ……………… 961
图 9　伏羲六十四卦方位图 ………… 961
图 10　乾卦图 ……………………… 962
图 11　坤卦图 ……………………… 962
图 12　离卦图 ……………………… 963
图 13　坎卦图 ……………………… 963
图 14　巽卦图 ……………………… 964
图 15　震卦图 ……………………… 964
图 16　艮卦图 ……………………… 965
图 17　兑卦图 ……………………… 965
图 18　解卦图 ……………………… 966
图 19　鼎卦图 ……………………… 966
图 20　渐卦图 ……………………… 967
图 21　中孚卦图 …………………… 967
图 22　革卦图 ……………………… 968
图 23　三变大成图 ………………… 968
李修吉 ………………………………… 969
图 1　河图配天干图 ………………… 969
图 2　洛书配地支图 ………………… 970
图 3　先天八卦纵横之图 …………… 970
图 4　后天八卦纵横之图 …………… 970
图 5　太极图 ………………………… 971
图 6　两仪四象八卦图 ……………… 971
乔中和 ………………………………… 972
图 1　河图位数图 …………………… 972
图 2　洛书位数图 …………………… 972
图 3　河图循环反复图 ……………… 973
图 4　洛书循环反复图 ……………… 973
图 5　河图九宫七色图 ……………… 973
图 6　洛书五兆九畴图 ……………… 973
图 7　洛书十干图 …………………… 974
图 8　先天位次图 …………………… 974
图 9　后天位次图 …………………… 974
图 10　河图先天后天洛书变化总图 … 974
图 11　先天后天易位图 …………… 975
图 12　先天变后天图 ……………… 975
图 13　古纳甲图 …………………… 976
图 14　汉律历志纳甲图 …………… 976
图 15　今纳甲图 …………………… 976
图 16　纳甲合数图 ………………… 976
图 17　浑天六位图 ………………… 977
图 18　四卦配十二月图 …………… 977
图 19　八卦应二十四气图 ………… 977
图 20　古太极图 …………………… 978
图 21　周子太极图 ………………… 978

图22　乔中和太极图 …………… 978
　　图23　两仪四象八卦图 ………… 979
　　图24　太极两仪四象八卦总图 … 980
　　图25　太极河图图 ……………… 980
　　图26　太极洛书图 ……………… 980
胡献忠 ……………………………… 981
　　图1　飞跳往来之图 ……………… 981
　　图2　八卦法象图 ………………… 981
　　图3　三十六宫序卦图 …………… 982
　　图4　十二月卦气图 ……………… 982
马莳 ………………………………… 983
　　图1　九宫八风图 ………………… 983
方于鲁 ……………………………… 984
　　图1　乾之大有图 ………………… 984
　　图2　乾之同人图 ………………… 984
　　图3　革卦图 ……………………… 985
　　图4　肇鉴图 ……………………… 985
涵蟾子 ……………………………… 986
　　图1　原本法象图 ………………… 986
　　图2　乾坤法象图 ………………… 986
　　图3　金丹火候诀图 ……………… 987
　　图4　金丹大药诀图 ……………… 987
　　图5　天地交乾之图 ……………… 987
　　图6　无极图说 …………………… 987
　　图7　玄牝图 ……………………… 988
　　图8　既济鼎之图 ………………… 988
　　图9　泄天符火候图 ……………… 988
　　图10　六十卦火候图 …………… 989
　　图11　大衍数图 ………………… 989
王鸣鹤 ……………………………… 990
　　图1　师卦九军阵图 ……………… 990
　　图2　伏羲纵布八卦图 …………… 990
张元蒙 ……………………………… 991
　　图1　周氏太极图 ………………… 991
刘宗周 ……………………………… 992
　　图1　六十四卦圆图 ……………… 992
　　图2　六十四卦方图 ……………… 993
释元贤 ……………………………… 994
　　图1　五位总图 …………………… 994
林迈佳 ……………………………… 995
　　图1　环中一元之图 ……………… 995

　　图2　元中一会之图 ……………… 995
　　图3　会中一运之图 ……………… 996
　　图4　环中一世之图 ……………… 996
　　图5　世中一年之图 ……………… 996
　　图6　年中一月之图 ……………… 996
　　图7　七月中一日之图 …………… 997
　　图8　一元消归之图 ……………… 997
　　图9　太极图 ……………………… 997
　　图10　两仪、四象之图 ………… 998
　　图11　八卦之图 ………………… 998
　　图12　先天八卦之图 …………… 998
　　图13　后天八卦图 ……………… 999
　　图14　吉凶悔吝循环之图 ……… 999
　　图15　一气回环以成岁功之图 … 1000
　　图16　环中七十二变由中生出之位图 …… 1002
　　图17　环中七十二变由中生出之数图 …… 1003
　　图18　环中七十二变由下生上五积之位图
　　　　　　………………………… 1003
　　图19　环中七十二变由下生上五积之数图
　　　　　　………………………… 1004
　　图20　环中七十二变由中生出之德图
　　　　　　………………………… 1004
　　图21　易一生二积数一生一之图 … 1005
　　图22　纲卦图 …………………… 1005
　　图23　环中七十二变经卦命爻之图 …… 1006
　　图24　经环五积图 ……………… 1006
　　图25　寅宫六经用卦之图 ……… 1009
　　图26　卯宫六经用卦之图 ……… 1009
　　图27　辰宫六经用卦之图 ……… 1010
　　图28　巳宫六经用卦之图 ……… 1010
　　图29　午宫六经用卦之图 ……… 1011
　　图30　未宫六经用卦之图 ……… 1011
　　图31　申宫六经用卦之图 ……… 1012
　　图32　酉宫六经用卦之图 ……… 1012
　　图33　戌宫六经用卦之图 ……… 1013
　　图34　亥宫六经用卦之图 ……… 1013
　　图35　子宫六经用卦之图 ……… 1014
　　图36　丑宫六经用卦之图 ……… 1014
　　图37　寅宫六变五涵之图 ……… 1015
　　图38　卯宫六变五涵之图 ……… 1015
　　图39　辰宫六变五涵之图 ……… 1016

图 40　巳宫六变五涵之图 …………………… 1016
图 41　午宫六变五涵之图 …………………… 1017
图 42　未宫六变五涵之图 …………………… 1017
图 43　申宫六变五涵之图 …………………… 1018
图 44　酉宫六变五涵之图 …………………… 1018
图 45　戌宫六变五涵之图 …………………… 1019
图 46　亥宫六变五涵之图 …………………… 1019
图 47　子宫六变五涵之图 …………………… 1020
图 48　丑宫六变五涵之图 …………………… 1020
黄端伯 …………………………………………… 1021
图 1　河图…………………………………… 1021
图 2　洛书…………………………………… 1021
图 3　阴符遁甲河图………………………… 1022
图 4　阴符遁甲洛书………………………… 1022
图 5　河图洛书□□图……………………… 1022
图 6　先天图………………………………… 1023
图 7　帝出震图……………………………… 1023
图 8　阳始于亥形于丑图…………………… 1023
图 9　四正卦正对反对图…………………… 1023
图 10　八卦顺行图 ……………………… 1024
图 11　八卦逆行图 ……………………… 1024
图 12　八卦顺对图 ……………………… 1024
图 13　分金图附 ………………………… 1024
图 14　揲蓍一变中八卦图 ……………… 1025
图 15　卦变圆图 ………………………… 1026
图 16　卦气图 …………………………… 1026
黄道周 …………………………………………… 1027
图 1　大象本河图…………………………… 1027
图 2　畴象合图……………………………… 1028
图 3　先天初成图…………………………… 1028
图 4　先天再成图…………………………… 1029
图 5　先天三成图…………………………… 1029
图 6　中天卦次图…………………………… 1030
图 7　后天卦次图…………………………… 1030
图 8　先天历年图…………………………… 1031
图 9　先天通期历年图……………………… 1031
图 10　六十四体卦初终定序图 ………… 1032
图 11　六十四体卦上下定位图 ………… 1032
图 12　六十四体卦上下分次图 ………… 1033
图 13　六十四体卦上下衡交图 ………… 1033
图 14　六十四体卦左右倚交图 ………… 1034
图 15　六十四体卦上下圜图 …………… 1034
图 16　卦体外嬴日闰追象图 …………… 1035
图 17　卦体内嬴月闰追数图 …………… 1035
图 18　七十二用卦上下定序图 ………… 1036
图 19　七十二用卦上下衡交图 ………… 1036
图 20　七十二用卦左右倚交图 ………… 1037
图 21　七十二用卦左右圜交图 ………… 1037
图 22　六十四体卦定序历年圜图 ……… 1038
图 23　又六十四体卦定位历年图 ……… 1038
图 24　六十三体卦反对历年图 ………… 1039
图 25　六十四体卦对积历年图 ………… 1039
图 26　七十二限乘体卦本数定序历年图
…………………………………………… 1040
图 27　七十二限乘体卦本数定位历年图
…………………………………………… 1040
图 28　六十四限行体用兼乘历年衡图 …… 1041
图 29　七十二限行体用兼乘历年衡图 …… 1041
图 30　六十四限行用卦自乘历年衡图 …… 1042
图 31　七十二限行体卦自乘历年衡图 …… 1042
图 32　七十二卦反对体用定闰图 ……… 1043
图 33　七十二卦反对积实历年图 ……… 1043
图 34　杂卦次序图 ……………………… 1044
图 35　杂卦定序历年图 ………………… 1044
图 36　杂卦定位历年图 ………………… 1045
图 37　天方图 …………………………… 1045
图 38　第一畴八十一象图 ……………… 1046
图 39　诗斗差图 ………………………… 1046
图 40　春秋元差图 ……………………… 1047
图 41　经世历年图一 …………………… 1047
图 42　经世历年图二 …………………… 1048
图 43　七十二限行春秋体卦图 ………… 1048
图 44　七十二限诗用卦图 ……………… 1049
图 45　六十四事图 ……………………… 1049
图 46　洛书原图 ………………………… 1050
图 47　先天序卦政官之位 ……………… 1050
图 48　后天序卦政官之位 ……………… 1050
蔡鼎 …………………………………………… 1051
图 1　成列因重之图………………………… 1051
图 2　伏羲先天八卦图……………………… 1052
图 3　逆数图………………………………… 1052
图 4　文王后天八卦图……………………… 1052

洪守美 …………………………………… 1053
图 1 伏羲八卦方位图………………… 1053
图 2 文王八卦方位图………………… 1053
萧云从 …………………………………… 1054
图 1 互卯先天卦序故卜无不验图……… 1054
图 2 河图……………………………… 1054
图 3 洛书……………………………… 1054
图 4 先天、后天、五行、律吕损益图 …… 1055
图 5 洛书图合方卦位算数图………… 1055
图 6 五位相得相合图………………… 1055
图 7 圆图六十四卦四分图…………… 1055
图 8 一一本一图……………………… 1056
图 9 相对皆九图……………………… 1056
图 10 十五位图 ……………………… 1056
图 11 十二地支图 …………………… 1056
图 12 六合七曜图 …………………… 1057
图 13 复姤图 ………………………… 1057
图 14 日法合岁差图 ………………… 1058
图 15 卦气乐律图 …………………… 1058
文安之 …………………………………… 1059
图 1 伏羲八卦方位之图……………… 1059
图 2 文王八卦方位之图……………… 1060
图 3 伏羲六十四卦相错圆图………… 1060
图 4 羲易左右相错图………………… 1061
图 5 文王序卦相综圆图……………… 1063
倪元璐 …………………………………… 1064
图 1 易则图之三图…………………… 1064
图 2 易衍图…………………………… 1065
图 3 易列图…………………………… 1065
图 4 易数图…………………………… 1065
图 5 易兼图…………………………… 1065
图 6 易索图…………………………… 1066
图 7 易制图…………………………… 1066
图 8 无极太极卦爻图(部分)………… 1066
贺登选 …………………………………… 1067
图 1 河图……………………………… 1067
图 2 洛书……………………………… 1067
图 3 伏羲八卦次序之图……………… 1068
图 4 伏羲八卦方位之图……………… 1068
图 5 伏羲六十四卦次序横图………… 1068
图 6 伏羲六十四卦方位图…………… 1069
图 7 文王八卦次序图………………… 1069
图 8 文王八卦方位图………………… 1069
胡世安 …………………………………… 1070
图 1 古河图…………………………… 1070
图 2 易以点图………………………… 1070
图 3 古洛书…………………………… 1071
图 4 易以画图………………………… 1071
图 5 河图天地交图…………………… 1071
图 6 洛书日月交图…………………… 1071
图 7 河图参两参伍之图……………… 1072
图 8 洛书参伍参两之图……………… 1072
图 9 后天八卦合河图数图…………… 1072
图 10 先天八卦合洛书数图 ………… 1072
图 11 河图配八卦五行图 …………… 1072
图 12 河洛卦位层布图 ……………… 1072
图 13 先天变后天图 ………………… 1073
图 14 后天八卦方图 ………………… 1073
图 15 八卦三图 ……………………… 1073
图 16 伏横员二图 …………………… 1074
图 17 伏横文员二图 ………………… 1074
图 18 伏员与文员图 ………………… 1074
图 19 羲文二卦合综图 ……………… 1074
图 20 文序先后一原图 ……………… 1075
图 21 先后天八卦配元亨利贞图 …… 1075
图 22 月令图 ………………………… 1075
图 23 又衍月令图 …………………… 1075
图 24 方图错四图 …………………… 1076
图 25 综图八图 ……………………… 1077
图 26 方图分二分四图 ……………… 1079
图 27 方图分八图 …………………… 1079
图 28 纳甲图 ………………………… 1079
图 29 后天太极图 …………………… 1079
图 30 古太极图 ……………………… 1080
图 31 古太极图 ……………………… 1080
图 32 太极先天内外顺逆之图 ……… 1080
图 33 易知来数往图 ………………… 1080
图 34 参伍错综图 …………………… 1081
图 35 太极河图 ……………………… 1081
图 36 易有太极图一 ………………… 1081
图 37 易有太极图二 ………………… 1081
图 38 太极阴阳中辨图 ……………… 1082

图 39　太极函生图 …………………… 1082
图 40　太极函三图 …………………… 1082
图 41　太极函八卦竖图 ……………… 1082
图 42　太极先天后天总图 …………… 1083
图 43　太极枢纽图 …………………… 1083
图 44　体用一原卦图 ………………… 1084
图 45　八卦上下相综全图 …………… 1084
图 46　四隅互卦图 …………………… 1085
图 47　方维错综图 …………………… 1085
图 48　六十四卦致用图 ……………… 1085
图 49　反对卦竖图 …………………… 1086
图 50　文序上下相准之图 …………… 1086
图 51　参伍以变图 …………………… 1087
图 52　六爻三极图 …………………… 1087
图 53　三十六宫都是春图 …………… 1087
图 54　六十四卦循环图 ……………… 1087
图 55　六十四卦推荡图 ……………… 1088
图 56　日月为易图 …………………… 1088
图 57　乾坤六子之图 ………………… 1088
图 58　类聚群分图 …………………… 1088
图 59　方以类聚图 …………………… 1089
图 60　物以群分图 …………………… 1089
图 61　易知来数往图 ………………… 1089
图 62　参天两地图 …………………… 1089
图 63　参伍以变图 …………………… 1090
图 64　通知昼夜之图 ………………… 1090
图 65　通知昼夜图二 ………………… 1090
图 66　通知昼夜图三 ………………… 1090
图 67　参伍错综图 …………………… 1091
图 68　以日分四时测天乾卦象升图 …… 1091
图 69　以日分四时测天乾卦象降图 …… 1091
图 70　以日行分昼夜南北出入测天乾卦象图 …………………… 1091
图 71　以月行测天乾爻象图 ………… 1092
图 72　先后天仰观天文图 …………… 1092
图 73　先后天俯察地理图 …………… 1092
图 74　大衍之数图 …………………… 1092
图 75　天地之数五位相合图 ………… 1093
图 76　人身卦气干气前图 …………… 1093
图 77　人身卦气干气后图 …………… 1093
图 78　巽象人身前后图 ……………… 1094
图 79　揲法六图 ……………………… 1094
图 80　蓍数揲法图 …………………… 1096
图 81　蓍卦之图 ……………………… 1096
图 82　八卦变六十四卦图 …………… 1096
图 83　八卦相推图 …………………… 1096
图 84　八卦因重图 …………………… 1097
图 85　乾坤生六卦图 ………………… 1097
图 86　六卦生六十四卦总图 ………… 1097
图 87　六十四卦反对变图 …………… 1098
图 88　六十四卦变通之图 …………… 1099
茅元仪 ………………………………… 1100
图 1　伏羲师卦图 …………………… 1100
图 2　师卦九军阵图 ………………… 1100
图 3　乘之阵方为四层配合伏羲方卦图 …………………… 1101
图 4　乘之分八阵配合河图数图 …… 1101
图 5　许洞八卦阵图 ………………… 1101
图 6　八卦阵图 ……………………… 1101
图 7　中军坐纛图 …………………… 1102
图 8　八卦旗图 ……………………… 1102
图 9　八节三奇图 …………………… 1105
图 10　阴阳局顺逆图 ……………… 1105
图 11　地盘图 ……………………… 1105
图 12　两仪阵变图 ………………… 1105
图 13　八宫图 ……………………… 1106
图 14　宋神宗一图 ………………… 1106
图 15　宋神宗二图 ………………… 1106
图 16　宋神宗三图 ………………… 1106
图 17　宋神宗车图 ………………… 1107
图 18　太乙八阵图 ………………… 1107
图 19　禹步罡图 …………………… 1107
图 20　杂兵家奇变八门阵图 ……… 1107
文翔凤 ………………………………… 1108
图 1　太微生四为图 ………………… 1108
图 2　四为本先天图 ………………… 1108
图 3　为生十六罡图 ………………… 1109
图 4　罡生六十四□图 ……………… 1109
图 5　役天序图 ……………………… 1111
图 6　先天位图 ……………………… 1111
图 7　后天位图 ……………………… 1112
图 8　配图书图 ……………………… 1112

图 9 配先天卦图 …… 1114
图 10 配后天卦图 …… 1116
图 11 配十二辟卦图 …… 1118
图 12 太微御三十六宫图 …… 1119
图 13 三十六宫配卦图 …… 1121
图 14 三十六宫配星图 …… 1122
图 15 先天环中图 …… 1122
图 16 后天环中图 …… 1123
图 17 四行生数图 …… 1123
图 18 四行克数图 …… 1123
图 19 四纯图 …… 1123
图 20 十二载图 …… 1124
图 21 十二函图 …… 1124
图 22 十二覆图 …… 1124
图 23 二十四参图 …… 1125
图 24 体四用三图 …… 1125
图 25 参天两地图 …… 1125
图 26 三十六篸图 …… 1126
图 27 四参图 …… 1126
图 28 四参画图 …… 1126
图 29 六稽图 …… 1127
图 30 爻十六端图 …… 1127
图 31 爻六十四端图 …… 1128
图 32 一两七参图 …… 1128
图 33 准易变图 …… 1132
图 34 律月生图 …… 1132
图 35 十二世经运图 …… 1133
图 36 三十运经会图 …… 1133
图 37 十二会经元图 …… 1133
图 38 五亿元图 …… 1133
图 39 参两倚数图 …… 1134
图 40 同数宙图 …… 1134
图 41 同数宇图 …… 1134
郑敷教 …… 1135
图 1 河图 …… 1135
图 2 洛书 …… 1135
图 3 伏羲八卦次序图 …… 1136
图 4 伏羲八卦方位图 …… 1136
图 5 伏羲六十四卦次序图 …… 1136
图 6 伏羲六十四卦方位图 …… 1137
图 7 文王八卦次序、文王八卦方位图 …… 1137
沈泓 …… 1138
图 1 河图 …… 1138
图 2 洛书 …… 1138
图 3 伏羲八卦次序图 …… 1139
图 4 伏羲八卦方位图 …… 1139
图 5 伏羲六十四卦次序图 …… 1139
图 6 伏羲六十四卦方位图 …… 1140
图 7 文王八卦次序图 …… 1140
图 8 文王八卦方位图 …… 1140
罗明祖 …… 1141
图 1 师出以律图 …… 1141
图 2 在师中图 …… 1142
图 3 师或舆尸图 …… 1142
图 4 师左次图 …… 1142
图 5 田有禽图 …… 1142
图 6 二宿图 …… 1143
图 7 日圆图 …… 1143
图 8 九卦图 …… 1144
傅仁宇 …… 1145
图 1 五脏所司兼五行所属图 …… 1145
刁包 …… 1146
图 1 河图 …… 1146
图 2 洛书 …… 1146
图 3 先天圆图 …… 1147
图 4 三十六宫图 …… 1147
图 5 伏羲八卦图 …… 1148
图 6 文王八卦图 …… 1148
图 7 卦数之图 …… 1148
图 8 周易上经序卦图 …… 1149
图 9 周易下经序卦图 …… 1150
贺贻孙 …… 1151
图 1 伏羲八卦圆图 …… 1151
图 2 伏羲八卦中起生卦圆图 …… 1151
图 3 卦位相对图 …… 1152
图 4 后天圆图 …… 1152
来集之 …… 1153
图 1 图书内外相加两奇成偶之图 …… 1153
图 2 两图险阻图 …… 1153
图 3 先后两图同取横图之图 …… 1154
图 4 先天层数取于横图图 …… 1154
图 5 后天层数取于横图图 …… 1154

图 6　先后天卦义合一图…………………… 1154
图 7　先天卦阴阳横图…………………… 1154
图 8　先天卦阴阳纵图…………………… 1155
图 9　后天卦阴阳横图…………………… 1155
图 10　后天卦阴阳纵图 ………………… 1155
图 11　先后天卦数相加东南皆阴西北皆阳之图 ………………………………… 1155
图 12　先天卦数加河图东南皆阴西北皆阳之图 ………………………………… 1156
图 13　序卦大圆图 ……………………… 1156
图 14　序卦大方图 ……………………… 1157
图 15　泰否左右翼卦全图 ……………… 1157
图 16　坎离左右翼卦全图 ……………… 1157
图 17　震艮左右翼卦全图 ……………… 1158
图 18　泰否左右翼全卦细分图 ………… 1158
图 19　坎离左右翼全卦细分之图 ……… 1159
图 20　震艮左右翼全卦细分之图 ……… 1159
图 21　周易序卦上下经纪纲总图 ……… 1160
图 22　序卦次第乾坤相对全图 ………… 1161
图 23　序卦次第坎离相对全图 ………… 1161
图 24　序卦四正次第合为方图 ………… 1162
图 25　序卦四偏次第合为圆图 ………… 1162
图 26　偏正合外圆内方之图 …………… 1163
图 27　七卦次序之图 …………………… 1163
图 28　三陈九卦全图 …………………… 1163
图 29　九卦又一图 ……………………… 1164
图 30　萃升左右翼卦全图 ……………… 1164
图 31　咸恒左右翼卦全图 ……………… 1164
图 32　丰旅左右翼卦全图 ……………… 1164
图 33　杂卦次序萃升左右翼卦细分之图 ……………………………………… 1165
图 34　杂卦次序咸恒左右翼卦细分之图 ……………………………………… 1165
图 35　杂卦次序丰旅左右翼卦细分之图 ……………………………………… 1166
朱朝瑛 ……………………………… 1167
图 1　八卦圆图…………………………… 1167
图 2　先天八卦图………………………… 1167
图 3　八卦平衡交午之图………………… 1168
图 4　后天八卦图………………………… 1168
图 5　先天八卦□化成后天八卦图……… 1168
图 6　洛书八卦图………………………… 1168
图 7　河图八卦图………………………… 1169
吴脉鬯 ……………………………… 1170
图 1　古河图……………………………… 1170
图 2　河图………………………………… 1171
图 3　古洛书……………………………… 1171
图 4　洛书………………………………… 1172
图 5　洛书………………………………… 1172
图 6　先天八卦次序之图………………… 1172
图 7　伏羲则河图作易图………………… 1173
图 8　伏羲先天卦值小圆图……………… 1173
图 9　伏羲六十四卦次序图……………… 1173
图 10　伏羲六十四卦方位其圆图布象天图 ……………………………………… 1174
图 11　羲图方列象地图 ………………… 1174
图 12　羲图竖起象人图 ………………… 1175
图 13　邵子三十六宫图 ………………… 1175
图 14　文王则河图作易图 ……………… 1175
图 15　文王后天卦位小圆图 …………… 1175
图 16　文王八卦乾坤生六子图 ………… 1176
图 17　上下经不对反对分篇序卦之图 …… 1176
图 18　岁十二月卦运图 ………………… 1177
方芬 ………………………………… 1178
图 1　河图………………………………… 1178
图 2　洛书………………………………… 1178
图 3　伏羲八卦次序图…………………… 1179
图 4　伏羲八卦方位图…………………… 1179
图 5　伏羲六十四卦次序图……………… 1179
图 6　伏羲六十四卦方位图……………… 1180
图 7　文王八卦次序图…………………… 1180
图 8　文王八卦方位图…………………… 1180
王命岳 ……………………………… 1181
图 1　杂卦牖中天易图…………………… 1181
黄宗羲 ……………………………… 1184
图 1　龙图上下位四图…………………… 1184
图 2　魏伯阳月体纳甲图………………… 1185
图 3　沈存中纳甲胎育图………………… 1185
图 4　纯卦纳十二辰图…………………… 1185
图 5　纳辰成卦图………………………… 1185
图 6　京氏月建图………………………… 1186
图 7　吴草庐互先天图…………………… 1187

图8　先天卦气图……………… 1187	图9　洛书数变八图……………… 1199
图9　周敦颐太极图……………… 1187	图10　洛书九州图………………… 1199
图10　八宫世应图………………… 1188	图11　干支维正河图图…………… 1199
图11　内经纳音图………………… 1188	图12　阴符遁甲洛书图…………… 1199
图12　葛洪纳音图………………… 1189	图13　皇极老人图………………… 1199
图13　扬雄积数纳音图…………… 1189	图14　唐尧朔易图………………… 1200
图14　洪范吉凶排法八数相对图… 1190	图15　天门据始图………………… 1200
图15　六壬地盘图………………… 1190	图16　河洛数合变十二图………… 1200
图16　六壬天盘图………………… 1190	图17　九六变卦十一图…………… 1201
图17　六壬贵人一图……………… 1190	图18　四象八卦适值数位图……… 1201
图18　六壬贵人二图……………… 1191	图19　陈策分六层为六图………… 1202
图19　六壬占诸一图……………… 1191	图20　八际峙望中分互取图……… 1202
图20　六壬占诸二图……………… 1191	图21　邵子本图…………………… 1202
图21　六壬占诸三图……………… 1191	图22　日月运行图………………… 1202
图22　六壬占诸四图……………… 1192	图23　明生岁成纳甲气朔之图…… 1203
图23　六壬占诸五图……………… 1192	图24　卦起中孚归奇象闰图……… 1203
图24　六壬占诸六图……………… 1192	图25　三天图……………………… 1203
图25　六壬占诸七图……………… 1192	图26　先天八卦图………………… 1203
图26　六壬占诸八图……………… 1193	图27　后天方位图………………… 1203
图27　六壬占诸九图……………… 1193	图28　先天三纵一衡图…………… 1204
图28　六壬占诸十图……………… 1193	图29　后天三纵一衡图…………… 1204
图29　六壬占诸十一图…………… 1193	图30　先后天内卦十六图………… 1204
图30　六壬占诸十二图…………… 1194	图31　纳甲分卦图………………… 1205
图31　六壬占诸十三图…………… 1194	图32　卦气直日图………………… 1205
图32　六壬占诸十四图…………… 1194	图33　纳虚图……………………… 1205
图33　六壬占诸十五图…………… 1194	图34　周氏五行图………………… 1205
图34　六壬占诸十六图…………… 1195	图35　诸家易示十四图…………… 1205
图35　遁甲占地盘图……………… 1195	图36　十六卦环中交用图………… 1206
图36　遁甲占天盘九星图………… 1195	图37　四正四隅正对颠对合文王卦位图
图37　遁甲占天盘八门图………… 1195	……………………………………… 1206
图38　遁甲占八诈门阳图………… 1196	图38　二老包少中长图…………… 1206
图39　遁甲占八诈门阴图………… 1196	图39　八卦八宫八图……………… 1206
方以智……………………………… 1197	图40　序卦互见图………………… 1207
图1　河图…………………………… 1197	图41　后天卦变序衍图…………… 1207
图2　洛书…………………………… 1197	图42　三十二卦前后圆图………… 1207
图3　密行河图洛书十一图………… 1198	图43　三互图……………………… 1207
图4　四象卦数图…………………… 1198	图44　文王卦序横图……………… 1208
图5　四象浑分图…………………… 1198	图45　易卦飞伏图………………… 1208
图6　图书生左右旋规之图………… 1198	图46　四分四层图………………… 1209
图7　书数飞宫图…………………… 1198	图47　明堂方图…………………… 1209
图8　方分图………………………… 1199	图48　震巽居中方图……………… 1210

图49	四阳四阴变五图	1210
图50	四正四偏图	1210
图51	八卦九道图	1210
图52	天方图	1211
图53	宿度图	1211
图54	分野图	1211
图55	三轮六合八觚图	1211
图56	大衍天地数十五图	1212
图57	河图洛书数用图	1212
图58	十二会图	1212
图59	四十八数图	1213
图60	方圆围加图	1213
图61	参天两地数图	1213
图62	商高积矩图	1213
图63	六甲六子纳音图	1214
图64	卦序方圆律气图	1214
图65	五行变化图	1215
图66	律应卦气相生图	1215
图67	黄钟空围九分图	1215
图68	先天近取诸身图	1216
图69	后天六气图	1216
图70	五运约图	1216
图71	十二经脉图	1216
图72	十二经脉配六十四卦圆图	1216
图73	启蒙蓍衍图	1217
图74	十八变策六十四状图	1218
图75	金精鳌极五行图	1218
图76	八卦变曜五行图	1218
图77	洪范九畴图	1218

孙宗彝 ················· 1219
图1	先天八卦图	1219
图2	后天八卦图	1219
图3	伏羲先天之易节候图	1220
图4	文王后天之易宫位图	1220
图5	孔子中天之易历数图	1221
图6	六十二卦小运图	1221
图7	太极生两仪图	1222
图8	两仪生四象图	1222
图9	一索二索三索图	1222

钱澄之 ················· 1224
图1	后天纳卦图	1224
图2	奇门遁甲用后天图	1224
图3	文王卦序反对圆图	1225
图4	文王十二卦气图	1225
图5	十二辟卦图	1225
图6	阴阳二气如环图	1225
图7	日月运行图	1226
图8	邵子卦气图	1226
图9	纳甲法图	1226
图10	纳甲图	1226
图11	三互图	1227
图12	乾坤神用六子图	1227
图13	八宫游归卦变图	1227
图14	人身合天地图	1228
图15	月行九道图	1228
图16	律应卦气相生图	1228
图17	纳音图	1228
图18	蓍变奇偶图	1229
图19	伏羲八卦次序之图	1229
图20	伏羲八卦方位之图	1229
图21	伏羲六十四卦次序图	1230
图22	伏羲六十四卦方位图	1230
图23	方圆四分四层图	1231
图24	文王八卦次序图	1231
图25	文王八卦方位图	1231
图26	反对图	1231
图27	河图	1232
图28	洛书	1232

邱维屏 ················· 1233
图1	始末图	1233
图2	始尾末尾图	1233
图3	小直图	1233
图4	帝出两仪图	1234
图5	帝出两仪生四象图	1234
图6	帝出两仪生四象生八卦图	1234
图7	偏正、监辟图	1234
图8	七三六四合十图	1234
图9	巳后三次、寅前三次图	1234
图10	丑、午、未重首图	1234
图11	丑、午、未首重图	1234
图12	四爵多卿大夫图	1235
图13	无图名	1235

图14	卯、酉、辰、戌首图	1235
图15	无图名	1235
图16	定限今交图	1235
图17	无图名	1236
图18	卦气每月五卦阳画图	1236
图19	卦气每月五卦阴画图	1236
图20	阳起阴起图	1236
图21	阳、阴图	1236
图22	阳夏、阳春、阴冬、阴秋图	1237
图23	阳、阴图	1237
图24	乾坤、坎兑、震离、艮巽图	1237
图25	乾、坤、艮、兑、离、震、坎、巽图	1238
图26	无图名	1238

王建常 …… 1239
图1 五声八音图 …… 1239

董养性 …… 1240
图1 订疑河图 …… 1240

黄宗炎 …… 1241
图1 河图 …… 1241
图2 洛书 …… 1241
图3 先天图 …… 1242
图4 陈图南本图 …… 1242
图5 周茂叔图 …… 1242
图6 八卦既立图 …… 1243
图7 六十四卦方圆图 …… 1243
图8 黄晦木原图 …… 1244

董说 …… 1245
图1 天易图 …… 1245
图2 地易图 …… 1246
图3 人易图 …… 1246
图4 出震图 …… 1247
图5 出震西北乾变图 …… 1247
图6 出震西南坤变图 …… 1248
图7 洛书用九图 …… 1248
图8 洛书用六图 …… 1248
图9 河图顺运图 …… 1249
图10 洛书逆运图 …… 1249
图11 河图一六释图 …… 1249
图12 洛书有五无十释图 …… 1249
图13 八卦生灭图 …… 1250
图14 八卦离明用九图 …… 1250

图15 八卦用六诚明图 …… 1250
图16 八卦游魂为变图 …… 1250
图17 洛书具河图体数图 …… 1251
图18 河图具洛书用数图 …… 1251
图19 天易八卦三际略图 …… 1251
图20 地易八卦时位略图 …… 1251
图21 八卦原始反终图 …… 1252
图22 用九重卦八图 …… 1253
图23 天易八卦律吕徵图 …… 1255
图24 地易八卦律吕徵图 …… 1255
图25 尧典仲春图 …… 1256
图26 尧典仲夏图 …… 1256
图27 尧典仲秋图 …… 1257
图28 尧典仲冬图 …… 1257

王弘撰 …… 1258
图1 日月为易图 …… 1258
图2 古河图图 …… 1258
图3 河图 …… 1259
图4 古洛书图 …… 1259
图5 洛书 …… 1259
图6 河图 …… 1259
图7 洛书 …… 1260
图8 河图数起一六图 …… 1260
图9 洛书九一相生图 …… 1260
图10 太极两仪四象八卦图 …… 1260
图11 参天两地图 …… 1261
图12 河图天地交图 …… 1261
图13 洛书日月交图 …… 1261
图14 天地气交之图 …… 1261
图15 五气之图 …… 1261
图16 图书合一图 …… 1261
图17 河图方百数母图 …… 1262
图18 两天两地相合图 …… 1262
图19 太衍著原图 …… 1262
图20 八卦用六图 …… 1262
图21 龙图天地未合之数图 …… 1263
图22 龙图天地已合之位图 …… 1263
图23 象体图 …… 1263
图24 象用图 …… 1264
图25 数体图 …… 1264
图26 数用图 …… 1264

图27	河图四象图	1264
图28	河图天数地数全图	1265
图29	伏羲八卦次序图	1265
图30	伏羲八卦方位图	1265
图31	伏羲六十四卦次序图	1265
图32	八宫卦图	1266
图33	伏羲横图卦位图	1267
图34	伏羲六十四卦方位图	1267
图35	两仪四象图	1267
图36	互卦图	1268
图37	六十四卦方图	1268
图38	八卦圆图	1268
图39	六十四卦方图	1269
图40	文王八卦次序图	1269
图41	文王八卦方位图	1269
图42	三极图	1270
图43	八卦正位图	1270
图44	坎离天地之中图	1270
图45	孔子三陈九卦图	1270
图46	六十四卦反对变图	1271
图47	六十四卦天地数图	1271
图48	中爻互体图	1271
图49	天尊地卑图	1271
图50	乾坤之策图	1272
图51	天地之数图	1272
图52	六十四卦天地数图	1272
图53	六十四卦万物数图	1272
图54	参天两地图	1273
图55	坎离相交图	1273
图56	大衍数图	1273
图57	卦八方图	1273
图58	蓍七圆图	1273
图59	古太极图	1274
图60	太极图	1274
图61	太极河图合图	1274
图62	圆图	1274
图63	周子太极图	1274
图64	六十四卦阴阳倍乘之图	1274
图65	运会历数图	1275
图66	天地日月时候与人参同图	1275
图67	卦爻律吕图	1275
图68	十二月卦图	1276
图69	八卦符洛书图	1276
图70	奕图	1276
图71	卦变图	1277
图72	八卦生六十四卦图	1277
图73	八卦变六十四卦图	1277
图74	浑天六位图	1277

毛奇龄 1278
图1	大衍图	1278
图2	大衍配八卦图	1278
图3	改正黑白点位图	1279
图4	太一下九宫图	1279
图5	九宫配卦数图	1279
图6	阴阳合十五数图	1279
图7	明堂九室图	1280
图8	朱熹所传周敦颐太极新图	1280
图9	汉魏伯阳《参同契》图	1280
图10	宋绍兴间所进周子太极原图	1281
图11	唐真元品太极先天合一之图	1281

汪婉 1282
图1	卦对图解一图	1282
图2	卦对图解二图	1283
图3	卦对横图	1285
图4	卦对竖图	1285
图5	十二辟卦阴阳进退图	1286

汤秀琦 1287
图1	河图中宫图	1287
图2	河图分衍图	1287
图3	河图大衍图	1288
图4	洛书	1288
图5	伏羲八卦方位配河图	1288
图6	文王八卦方位配河图	1288
图7	揲蓍倚数本河图	1289
图8	伏羲六十四卦圆图	1289
图9	方图分层次图	1290
图10	方图分统类图	1290
图11	八卦纳甲方位图	1290
图12	周子太极图	1291
图13	八卦分三才图	1291
图14	互位图	1291

王艮 1292

图 1　不庵学易图…………………………… 1292
杨履泰 ………………………………………… 1293
图 1　爻辰图………………………………… 1293
图 2　积数叠法图…………………………… 1293
释行策 ………………………………………… 1294
图 1　宝镜三昧图…………………………… 1294
图 2　正偏回互图…………………………… 1295
图 3　三叠分卦图…………………………… 1295
图 4　五变成位图…………………………… 1296
图 5　二喻显法图…………………………… 1296
图 6　六爻摄义图…………………………… 1297
李国木 ………………………………………… 1298
图 1　太极图………………………………… 1298
图 2　河图…………………………………… 1298
图 3　洛书…………………………………… 1299
图 4　太极变卦……………………………… 1299
图 5　□□□□………………………………… 1299
图 6　□书变卦图…………………………… 1299
图 7　□□八卦次序图……………………… 1300
图 8　文王八卦次序图……………………… 1300
图 9　□□反对之图………………………… 1300
图 10　易有太极图 ………………………… 1300
图 11　四象生八卦图 ……………………… 1301
图 12　是生两仪、两仪生四象图………… 1301
图 13　八卦分奇耦图 ……………………… 1302
图 14　伏羲八卦方位图 …………………… 1302
图 15　文王八卦方位图 …………………… 1302
图 16　原天干生于河图图 ………………… 1303
图 17　原地支生于洛书图 ………………… 1303
图 18　原支干配为六十甲图 ……………… 1304
图 19　原八卦纳甲取象太阴图 …………… 1304
图 20　原支干纳卦图 ……………………… 1304
图 21　后天八卦辅天干地支以定二十四位图 ………………………………… 1304
图 22　洛书配先天卦位以定净阴净阳图 ……………………………………… 1305
图 23　二十四位所属阴阳图 ……………… 1305
郑旒 …………………………………………… 1306
图 1　一气图………………………………… 1306
图 2　河图…………………………………… 1306
图 3　参天两地图…………………………… 1307
图 4　五生数积二老图……………………… 1307
图 5　五生数含四象图……………………… 1307
图 6　中五胞孕河图全体图………………… 1307
图 7　生成数各类朝拱中央五点图………… 1308
图 8　四面环拱中央五点图………………… 1308
图 9　一二三四含五与十图………………… 1308
图 10　五行一阴阳图 ……………………… 1308
图 11　天一图 ……………………………… 1309
图 12　阴阳始生互根图 …………………… 1309
图 13　阴阳气质异序图 …………………… 1309
图 14　神鬼二关图 ………………………… 1309
图 15　神关转鬼鬼关转神图 ……………… 1310
图 16　洛书对位皆十图 …………………… 1310
图 17　洛书八位合五图 …………………… 1310
图 18　河图左旋相生洛书右旋相克图 …… 1310
图 19　河图对待反克洛书对待反生图 …… 1311
图 20　河图阴阳迭进图 …………………… 1311
图 21　生成配合图 ………………………… 1311
图 22　阳方奇合偶阴方偶合奇图 ………… 1311
图 23　四象位连外朝内图 ………………… 1312
图 24　天干五分数图 ……………………… 1312
图 25　地支六分数图 ……………………… 1312
图 26　洛书天干河图地支所属图 ………… 1312
图 27　龙虎图 ……………………………… 1312
图 28　五运图 ……………………………… 1313
图 29　六气图 ……………………………… 1313
图 30　河图含历闰法图 …………………… 1313
图 31　南北阴阳图 ………………………… 1313
图 32　五行成数图 ………………………… 1313
图 33　河图百六数图 ……………………… 1314
图 34　聚六图 ……………………………… 1314
图 35　贞元会馆图 ………………………… 1314
图 36　伏羲八卦次序图 …………………… 1314
图 37　河图生出八卦图 …………………… 1314
图 38　河图流行八卦图 …………………… 1315
图 39　雷风中央起化图 …………………… 1315
图 40　阳中阴阴中阳图 …………………… 1315
图 41　位与画皆对九图 …………………… 1315
图 42　不易反易图 ………………………… 1316
图 43　天地絪緼图 ………………………… 1316
图 44　参两数图 …………………………… 1316

图 45　洛书八卦次序图 …………………… 1316
图 46　八卦范围次序图 …………………… 1317
图 47　乾坤始于奇偶图 …………………… 1317
图 48　上中下爻变成卦图 ………………… 1317
图 49　天地自然图 ………………………… 1318
图 50　伏羲八卦方位图 …………………… 1318
图 51　顺逆图 ……………………………… 1318
图 52　天地阖辟图 ………………………… 1319
图 53　一日百刻八卦图 …………………… 1319
图 54　二十四气昼夜刻数消长图 ……… 1319
图 55　月体明魄图 ………………………… 1319
图 56　潮水应月图 ………………………… 1320
图 57　阴阳消长图 ………………………… 1320
图 58　二老六子闲居图 …………………… 1320
图 59　阴阳闲居图 ………………………… 1320
图 60　八卦对宫交象之卦图 …………… 1321
图 61　八卦对宫反易卦图 ……………… 1321
图 62　八卦六宫图 ………………………… 1321
图 63　四隅卦交泰尊卑图 ……………… 1321
图 64　四隅卦含大关窍图 ……………… 1322
图 65　四隅交象八卦图 …………………… 1322
图 66　相对皆九图 ………………………… 1322
图 67　邵子经世书图 ……………………… 1322
图 68　内炼图 ……………………………… 1323
图 69　先天生气二吉图 …………………… 1323
图 70　先天相克凶图 ……………………… 1323
图 71　伏羲六十四卦次序图 …………… 1324
图 72　八卦相荡图 ………………………… 1324
图 73　互卦归根图 ………………………… 1325
图 74　天根月窟图 ………………………… 1325
图 75　伏羲六十四卦方位图 …………… 1326
图 76　伏羲六十四卦方圆图 …………… 1326
图 77　大圆图子午走半位图 …………… 1327
图 78　节气分爻图 ………………………… 1327
图 79　羲皇全图气朔正闰定象图 ……… 1327
图 80　复姤图 ……………………………… 1328
图 81　世运治乱定局图 …………………… 1328
图 82　初上二爻相易图 …………………… 1328
图 83　方圆分四层图 ……………………… 1329
图 84　四层包裹图 ………………………… 1329
图 85　四角图 ……………………………… 1329
图 86　六十四卦直图 ……………………… 1330
图 87　文王八卦次序图 …………………… 1330
图 88　文王八卦方位图 …………………… 1330
图 89　文王易伏羲卦图妙旨图 ………… 1331
图 90　后天卦皆居旺地图 ……………… 1331
图 91　后天八卦图 ………………………… 1331
图 92　乾知大始图 ………………………… 1331
图 93　坤作成物图 ………………………… 1332
图 94　乾知图 ……………………………… 1332
图 95　坤作图 ……………………………… 1332
图 96　后天四正卦合河图四正点图 …… 1332
图 97　后天卦合河图生成图 …………… 1333
图 98　后天八卦合洛书图 ……………… 1333
图 99　后天八卦月令图 …………………… 1333
图 100　八卦分洛书九畴图……………… 1333
图 101　仰观天文图……………………… 1334
图 102　俯察地理、律吕图 ……………… 1334
图 103　八风八音图……………………… 1334
图 104　后天八卦十二月二十四气图…… 1335
图 105　冬三月维干支位图……………… 1335
图 106　八卦生克图……………………… 1335
图 107　艮中玄秘图……………………… 1336
图 108　上下经首尾图…………………… 1336
图 109　周易水火结局图………………… 1336
图 110　陈希夷传授李挺之图…………… 1337
图 111　象辞相类图……………………… 1337
图 112　老阴老阳十二辟卦策图………… 1338
图 113　乾坤分管四时策数盈亏图……… 1338
图 114　九卦说图………………………… 1338
图 115　邵子经世衍易图………………… 1339
图 116　宋邵康节六十卦气图…………… 1339
图 117　二至二分日出日入卦爻图……… 1340
图 118　天地之交十之三图……………… 1340
图 119　六十卦大小篑运总图…………… 1340
图 120　午会三十运卦图………………… 1342
图 121　算事物成败声音起卦数例图…… 1342
图 122　汉京房六十卦气今规圆作图…… 1343
图 123　四监司官分管二十四气图……… 1343
图 124　十二月辟卦图…………………… 1343
图 125　八卦纳甲皆由乾坤来图………… 1344
图 126　纳甲于合数亦合图……………… 1344

图127 飞伏图 …… 1344	图19 渐归妹图 …… 1363
图128 十二辟卦循环升降图 …… 1345	图20 中孚抱卵图 …… 1364
图129 坎离升降图 …… 1345	图21 小过飞鸟图 …… 1364
图130 火候图 …… 1345	图22 既济包未济图 …… 1364
图131 杨雄太玄八十一家应六十四卦图 …… 1346	图23 未济包既济图 …… 1364
图132 后天六十四卦起涣图 …… 1348	图24 八卦归太极图 …… 1364
	图25 太极本无极图 …… 1364

顾懋樊 …… 1349

汪三益 …… 1365

图1 河图 …… 1349
图2 洛书 …… 1350
图3 伏羲八卦次序图 …… 1350
图4 伏羲八卦方位图 …… 1351
图5 伏羲六十四卦次序图 …… 1351
图6 伏羲六十四卦方位图 …… 1352
图7 文王八卦次序图 …… 1352
图8 文王八卦方位图 …… 1353
图9 伏羲规方为圆图 …… 1353
图10 伏羲大方图 …… 1354
图11 六十四卦纵横八卦图 …… 1354
图12 八卦承乘图 …… 1357
图13 月令图 …… 1359
图14 又衍月令图 …… 1359

图1 阴阳动静图 …… 1365
图2 二至还乡图 …… 1365
图3 九宫八卦图 …… 1366
图4 阴阳一十八局图 …… 1366

程子颐 …… 1371

图1 太乙九星图 …… 1371
图2 阴阳遁太乙图 …… 1371
图3 出兵日断图 …… 1372

黄慎 …… 1402

图1 太极图 …… 1402
图2 河图之图 …… 1402
图3 洛书之图 …… 1403
图4 伏羲先天卦位图 …… 1403
图5 文王后天卦位图 …… 1403
图6 纳甲之图 …… 1403
图7 天星四垣图 …… 1404
图8 九星图 …… 1404
图9 仰观天文图 …… 1404

秦镛 …… 1360

图1 合先后天乾坤图 …… 1360
图2 乾坤元西亨南利东贞北总图 …… 1360
图3 乾坤包六子图 …… 1360
图4 坤卦包六子图 …… 1360
图5 乾坤配天干图 …… 1360
图6 乾坤配地支二图 …… 1360
图7 地支阳顺阴运纳甲流行变图 …… 1360
图8 屯蒙至履卦八卦图 …… 1361
图9 泰否至随蛊八卦图 …… 1361
图10 临观至大畜八卦图 …… 1361
图11 颐卦至坎离四卦图 …… 1362
图12 咸恒第一图 …… 1362
图13 咸恒第二图 …… 1362
图14 咸恒第三图 …… 1362
图15 遁壮至蹇解八卦图 …… 1362
图16 泰否变损益图 …… 1363
图17 夬姤至革鼎八卦图 …… 1363
图18 震艮至涣节十卦图 …… 1363

郁文初 …… 1405

图1 河图 …… 1405
图2 洛书 …… 1405
图3 先天八卦序次图 …… 1406
图4 伏羲八卦方位图 …… 1406
图5 伏羲六十四卦次序图 …… 1406
图6 六十四卦方圆图 …… 1407
图7 六十四卦方位数图 …… 1408
图8 乾父坤母图 …… 1408
图9 文王后天八卦之图 …… 1409
图10 上篇入运图 …… 1409
图11 下篇入运图 …… 1410

赵世对 …… 1411

图1 河图 …… 1411
图2 洛书 …… 1411

图 3　伏羲八卦横图 …… 1412
图 4　伏羲六十四卦次序横图 …… 1412
图 5　伏羲八卦圆图 …… 1413
图 6　伏羲六十四卦方圆之图 …… 1413
图 7　文王八卦次序图 …… 1414
图 8　文王八卦方位图 …… 1414
图 9　后天地理之图 …… 1414
图 10　后天序对之图 …… 1414
图 11　七爻拟议成变化之图 …… 1415
图 12　制器尚象十三卦图 …… 1415
图 13　十一爻尊一君之图 …… 1415
图 14　乾坤易之门图 …… 1416
图 15　九卦图 …… 1416
图 16　乾易知险坤简知阻图 …… 1417
图 17　杂卦图 …… 1417
图 18　闰月定时成岁之图 …… 1419
图 19　老阳挂扐过揲图 …… 1419
图 20　少阴挂扐过揲图 …… 1419
图 21　少阳挂扐过揲图 …… 1420
图 22　老阴挂扐过揲图 …… 1420
图 23　一变余策图 …… 1420
图 24　太极图 …… 1421
图 25　经世一元消长之数图(邵子定) …… 1422
图 26　元元图(竖象以立其体) …… 1422
图 27　元元图(图象以致其用) …… 1423
图 28　纪元图 …… 1423
图 29　广易道同归图 …… 1426
图 30　帝黄帝六十二年始作甲子图 …… 1427
图 31　律吕运气附参同契图 …… 1427
吴德信 …… 1428
图 1　古河图本文图 …… 1428
图 2　古洛书本文图 …… 1428
图 3　朱子河图 …… 1429
图 4　朱子洛书图 …… 1429
图 5　朱子配先天卦气图 …… 1429
图 6　太极自然图 …… 1430
图 7　朱子太极图 …… 1430
图 8　易有太极图 …… 1430
张问达 …… 1431
图 1　伏羲八卦方位图 …… 1431
图 2　文王八卦方位图 …… 1431
张沐 …… 1432
图 1　河图 …… 1432
图 2　洛书 …… 1432
图 3　伏羲八卦次序图 …… 1433
图 4　伏羲八卦方位图 …… 1433
图 5　伏羲六十四卦次序图 …… 1433
图 6　伏羲六十四卦方位图 …… 1434
图 7　文王八卦次序图 …… 1434
图 8　文王八卦方位图 …… 1434
汪璲 …… 1435
图 1　河图 …… 1435
图 2　洛书 …… 1435
图 3　伏羲八卦次序图 …… 1436
图 4　伏羲八卦方位图 …… 1436
图 5　伏羲六十四卦次序图 …… 1436
图 6　伏羲六十四卦圆位图 …… 1437
图 7　伏羲六十四卦方位图 …… 1437
图 8　文王八卦次序图 …… 1437
图 9　文王八卦方位图 …… 1438
图 10　反对图 …… 1438
余为霖 …… 1439
图 1　龙马原图 …… 1439
图 2　伏羲增中五與十图 …… 1440
图 3　河图五行所生之图 …… 1440
图 4　河图五行所成之图 …… 1440
图 5　河图五行生成之分图 …… 1440
图 6　河图五行生成之合图 …… 1441
图 7　河图五行左旋相生图 …… 1441
图 8　中五之图 …… 1441
图 9　先天左图 …… 1441
图 10　先天右图 …… 1442
图 11　天数廿五图 …… 1442
图 12　地数三十图 …… 1442
图 13　阳仪阴仪图 …… 1442
图 14　太阳少阴图 …… 1443
图 15　少阳太阴图 …… 1443
图 16　先天八卦本于河图图 …… 1443
图 17　乾一兑二图 …… 1443
图 18　离三震四图 …… 1444
图 19　巽五坎六图 …… 1444
图 20　艮七坤八图 …… 1444

图 21	伏羲先天八卦方位图	1444
图 22	八卦分天地四象图	1445
图 23	伏羲六十卦方位图	1445
图 24	文王后天八卦方位图	1446
图 25	后天卦位五行相生图	1446
图 26	后天卦气四时相成图	1446
图 27	后天八卦本于河图图	1446
图 28	洛龟原图	1447
图 29	大禹所增中五之图	1447
图 30	洛书五行右旋相克图	1447
图 31	箕子九畴本于龟图	1447
图 32	洛书数合先天八卦图	1448
图 33	洛书数合后天八卦图	1448
图 34	周子太极图	1448

胡渭 …… 1449
图 1	扬子玄图	1449
图 2	明堂九室图	1449
图 3	太一下行九宫图	1450
图 4	龙图天地未合之数图	1450
图 5	龙图天地已合之位图	1450
图 6	太皞氏授龙马负图	1450
图 7	河图两仪图	1451
图 8	河图四象图	1451
图 9	河图八卦图	1451
图 10	伏羲八卦方位图	1451
图 11	伏羲六十四卦次序图	1452
图 12	月受日光图	1452
图 13	先天卦乾上坤下图	1452
图 14	后天卦离南坎北图	1452
图 15	地承天气图	1453
图 16	乾坤交变十二卦循环升降图	1453
图 17	八七九六图	1453
图 18	木火金水图	1453
图 19	乾坤坎离图	1453
图 20	天地日月图	1453
图 21	周易参同契金丹鼎器药物火候万殊一本之图	1454
图 22	屯蒙二卦反对一升一降图	1454
图 23	既济未济反对一升一降图	1454
图 24	坎离交变十二卦循环升降图	1454
图 25	参同契纳甲图	1455
图 26	汉上纳甲图	1455
图 27	新定月体纳甲图	1455
图 28	三五至精图	1455
图 29	水火匡廓图	1456
图 30	天地自然之图	1456
图 31	古太极图	1456
图 32	龙图天地生成之数图	1457
图 33	河洛纵横十五之象图	1457
图 34	洛书五行生数图	1457
图 35	洛书五行成数图	1457
图 36	蔡氏河图	1458
图 37	蔡氏洛书	1458
图 38	伏羲八卦次序图	1458
图 39	伏羲六十四卦方位图	1459
图 40	文王八卦次序图	1459
图 41	文王八卦方位图	1459
图 42	易别传先天六十四卦直图	1460

仇兆鳌 …… 1461
图 1	先天八卦对待图	1461
图 2	后天八卦流行图	1461
图 3	一月六候图	1462
图 4	六候纳甲图	1462
图 5	十二月卦律图	1462
图 6	六十卦火候图	1462
图 7	太极顺生图	1463
图 8	丹道逆生图	1463

冉觐祖 …… 1464
图 1	河图	1464
图 2	洛书	1464
图 3	伏羲八卦次序之图	1465
图 4	伏羲八卦方位之图	1465
图 5	伏羲六十四卦次序图	1465
图 6	伏羲六十四卦圆图	1466
图 7	伏羲六十四卦方图	1466
图 8	文王八卦次序图	1466
图 9	文王八卦方位图	1466
图 10	八卦上下体并互体图	1467

方中履 …… 1470
图 1	律吕相生图	1470
图 2	运气相临之图	1470
图 3	勾股原图	1471

图 4　加减乘除原图…………………… 1471
胡翔瀛 …………………………………… 1472
图 1　唐虞之世图…………………… 1472
图 2　三王之世图…………………… 1473
图 3　春秋齐桓晋文之世图………… 1473
图 4　春秋定哀之世图……………… 1473
图 5　战国之世图…………………… 1473
图 6　五代之世图…………………… 1474
图 7　炎宋之世图…………………… 1474
图 8　别图一………………………… 1474
图 9　别图二………………………… 1475
图 10　乾元坤元图 ………………… 1475
庄臻凤 …………………………………… 1476
图 1　律吕用合河图之图…………… 1476
图 2　律吕体合洛书之图…………… 1476
图 3　十二月卦之图………………… 1477
图 4　八卦八音配八风之图………… 1477
乔莱 ……………………………………… 1478
图 1　河图…………………………… 1478
图 2　洛书…………………………… 1478
图 3　邵子横图指为伏羲六十四卦次序者图
………………………………………… 1479
图 4　邵子方圆图指为伏羲六十四卦方位
者图………………………………… 1479
图 5　邵子先天图指为伏羲八卦方位图
………………………………………… 1480
图 6　邵子后天图指为文王八卦方位图
………………………………………… 1480
图 7　在邵子四图之外指为伏羲八卦次序
者图………………………………… 1480
图 8　伏羲八卦次序指为文王八卦次序
者图………………………………… 1480
图 9　序卦反对图…………………… 1481
图 10　杂卦反对图 ………………… 1482
李光地 …………………………………… 1484
图 1　先天卦配河图之象图………… 1484
图 2　后天卦配河图之象图………… 1484
图 3　先天卦配洛书之数图………… 1485
图 4　后天卦配洛书之数图………… 1485
图 5　图形合洛书为象法之原图…… 1485
图 6　先后天阴阳卦图……………… 1485
图 7　伏羲八卦图…………………… 1486
图 8　伏羲六十四卦图……………… 1486
图 9　文王八卦图…………………… 1487
图 10　先天卦变后天卦图 ………… 1487
图 11　后天卦以天地水火为体用图 …… 1487
图 12　后天图杂卦之根四图 ……… 1488
图 13　先后天卦生序卦杂卦图 …… 1489
图 14　太极图 ……………………… 1489
图 15　序卦圆图 …………………… 1489
图 16　互卦圆图 …………………… 1489
图 17　十六卦互成四卦图 ………… 1490
图 18　六十四卦中四爻互卦图 …… 1490
图 19　四象相交为十六事图 ……… 1491
图 20　循环互卦图 ………………… 1491
图 21　人为天地心图 ……………… 1491
图 22　乾策坤策图 ………………… 1492
图 23　河图阳动阴静图 …………… 1492
图 24　河图阳静阴动图 …………… 1492
图 25　洛书阳动阴静图 …………… 1492
图 26　洛书阳静阴动图 …………… 1493
图 27　河图加减之原图 …………… 1493
图 28　洛书乘除之原图 …………… 1493
图 29　洛书对位成十互乘成百图 ……… 1494
图 30　河洛未分未变方图 ………… 1495
图 31　洛书勾股图 ………………… 1495
图 32　河洛未分未变三角图 ……… 1495
图 33　点数应河图十位图 ………… 1496
图 34　幂形应洛书九位图 ………… 1496
图 35　幂形为算法之原图 ………… 1497
图 36　大衍圆方之原图 …………… 1497
图 37　大衍勾股之原图 …………… 1497
图 38　老阳数合方法图 …………… 1497
图 39　老阴数合勾股法图 ………… 1498
图 40　加倍变法图 ………………… 1498
图 41　纳甲直图 …………………… 1498
图 42　纳甲圆图 …………………… 1498
图 43　纳甲纳十二支图 …………… 1499
图 44　先后天图 …………………… 1499
图 45　纳音五行图 ………………… 1500
图 46　纳音五行分三元应乐律隔八相生图
………………………………………… 1500

图 47　四柱合两仪四象图 …………………… 1500
图 48　八字合八卦图 ………………………… 1500
图 49　五行生克比合名义图 ………………… 1501
图 50　论五行偏正图 ………………………… 1501
图 51　论五行三合图 ………………………… 1501
图 52　十二辰分属七政图 …………………… 1501
图 53　论二十八宿分属七政图 ……………… 1502
图 54　十二宫图 ……………………………… 1502
图 55　河图 …………………………………… 1502
图 56　洛书 …………………………………… 1502
图 57　易有太极图 …………………………… 1503
图 58　是生两仪 ……………………………… 1503
图 59　两仪生四象图 ………………………… 1503
图 60　四象生八卦图 ………………………… 1504
图 61　后天杂卦图 …………………………… 1508
赵振芳 ………………………………………… 1509
图 1　河图……………………………………… 1509
图 2　洛书……………………………………… 1509
图 3　河图中十图……………………………… 1510
图 4　河图之阳图……………………………… 1510
图 5　河图之阴图……………………………… 1510
图 6　河洛太极两仪四象八卦图……………… 1511
图 7　五行之序四图…………………………… 1511
图 8　卦气四图………………………………… 1512
图 9　天地极数图……………………………… 1512
图 10　参两倚数图 …………………………… 1512
图 11　盈乏应卦图 …………………………… 1512
图 12　蓍法三图 ……………………………… 1513
图 13　积算闰余图 …………………………… 1513
图 14　河图天地交洛书日月交图 …………… 1513
图 15　阳施阴布统诸图 ……………………… 1513
图 16　理义象数一以贯之图 ………………… 1514
图 17　小成八纯之□图 ……………………… 1514
图 18　大成圆运之位图 ……………………… 1514
图 19　大成方布之位图 ……………………… 1515
图 20　大成二篇之序图 ……………………… 1515
图 21　圆图之变图 …………………………… 1515
图 22　方图之变图 …………………………… 1515
图 23　极仪象卦合为八纯图 ………………… 1516
图 24　极仪象卦合为圆图 …………………… 1516
图 25　极仪象卦合为方图 …………………… 1516
图 26　归于无极图 …………………………… 1516
图 27　列八纯之方位图 ……………………… 1517
图 28　列圆图之方位图 ……………………… 1517
图 29　列方图之方位图 ……………………… 1517
图 30　三图方位四隅同符图 ………………… 1517
图 31　合三图以序周易图 …………………… 1517
图 32　周易二篇分体图 ……………………… 1518
图 33　周易二篇合体五图 …………………… 1518
图 34　周易二篇总体图 ……………………… 1520
图 35　蓍法之变图 …………………………… 1520
图 36　图书之变图 …………………………… 1520
图 37　乾坤之变图 …………………………… 1520
图 38　八纯之变图 …………………………… 1520
图 39　中爻之变图 …………………………… 1521
图 40　卦序之变图 …………………………… 1521
图 41　合诸图之变系周易图 ………………… 1521
图 42　河洛一原图 …………………………… 1526
图 43　小大一原图 …………………………… 1526
图 44　顺逆一原图 …………………………… 1526
图 45　参两一原图 …………………………… 1526
图 46　进退一原图 …………………………… 1526
图 47　消息一原图 …………………………… 1526
图 48　屡迁一原图 …………………………… 1527
图 49　上下一原图 …………………………… 1527
图 50　纯杂一原图 …………………………… 1527
图 51　覆互一原图 …………………………… 1527
图 52　天纲地纪原小成图 …………………… 1528
图 53　日合天符圜图 ………………………… 1528
图 54　月会于辰证方图 ……………………… 1528
图 55　河山两戒图 …………………………… 1529
图 56　音律辨异图 …………………………… 1529
图 57　音律统同图 …………………………… 1529
图 58　五音清浊本河图图 …………………… 1530
图 59　六律唱和本洛书图 …………………… 1530
徐在汉 ………………………………………… 1531
图 1　八卦方位第三图………………………… 1531
图 2　八卦因重第四图………………………… 1532
图 3　八卦因贰第五图………………………… 1533
图 4　六十四卦次序图………………………… 1534
图 5　互卦第六图……………………………… 1535
图 6　杂卦第七图……………………………… 1535

图7　河图洛书第八图 …… 1536
佟国维 …… 1537
　　图1　河图 …… 1537
　　图2　洛书 …… 1537
　　图3　伏羲八卦次序之图 …… 1538
　　图4　伏羲八卦方位之图 …… 1538
　　图5　伏羲六十四卦次序图 …… 1539
　　图6　伏羲六十四卦方位图 …… 1539
　　图7　文王八卦次序图 …… 1540
　　图8　文王八卦方位之图 …… 1540
高裔映 …… 1541
　　图1　马图 …… 1541
　　图2　龟书图 …… 1542
　　图3　河图旋毛五形五图 …… 1542
　　图4　古河图 …… 1542
　　图5　古洛书 …… 1543
　　图6　河洛图 …… 1543
　　图7　河洛阴阳生成纯杂图 …… 1543
　　图8　纵横右斜左斜图 …… 1543
　　图9　河图奇与偶合图 …… 1544
　　图10　河图数起一六图 …… 1544
　　图11　伏羲卦图 …… 1544
　　图12　伏羲八卦方位图 …… 1544
　　图13　太极六十四卦图 …… 1545
　　图14　伏羲六十四卦方圆图 …… 1545
　　图15　天与日会圆图 …… 1546
　　图16　地与月会方图 …… 1546
　　图17　先天八卦名顺来逆图 …… 1546
　　图18　体用一源卦图 …… 1546
　　图19　阳生自下阴消自上全图 …… 1547
　　图20　一中分造化圆图 …… 1547
　　图21　一中分造化方图 …… 1547
　　图22　一中分造化圆图 …… 1547
　　图23　一阴一阳谓道图 …… 1548
　　图24　先后天仰观俯察图 …… 1548
　　图25　十二月日行天图 …… 1548
　　图26　羲文图 …… 1548
　　图27　文序先后一原图 …… 1548
　　图28　六十四卦方圆象数图 …… 1549
　　图29　通知昼夜之图 …… 1549
　　图30　循环内变通图 …… 1550

　　图31　圆倍乘方因重图 …… 1550
　　图32　浑天六位与卦纳甲图 …… 1551
　　图33　先天八卦次序图 …… 1551
　　图34　先天六十四卦方位之图 …… 1551
　　图35　先天六十四卦圆图 …… 1551
　　图36　六十四卦变通之图 …… 1552
　　图37　伏羲六十四卦次序横图 …… 1552
　　图38　八卦加八卦方圆图 …… 1553
　　图39　六十四卦生自两仪图 …… 1554
　　图40　六十四卦阴阳倍乘之图 …… 1554
　　图41　皇极经世先天数图 …… 1554
　　图42　十二月卦图 …… 1554
　　图43　八卦通皆乾坤之数图 …… 1555
　　图44　先天画卦图 …… 1555
　　图45　心易发微伏羲太极之图 …… 1555
　　图46　太极图 …… 1555
　　图47　阳直阴直图 …… 1556
　　图48　天上月轮图 …… 1556
　　图49　文王八卦方位图 …… 1556
　　图50　一年气象图 …… 1556
　　图51　大混沌图 …… 1557
　　图52　天地形象图 …… 1557
　　图53　帝王大混沌图 …… 1558
　　图54　历代文章大混沌图 …… 1558
　　图55　以周家论小混沌图 …… 1558
　　图56　一日混沌图 …… 1558
　　图57　历代人材大混沌图 …… 1559
　　图58　天下混沌三教图 …… 1559
　　图59　方圆相生图 …… 1559
　　图60　日月五星周天图 …… 1559
　　图61　冬夏风雨图 …… 1560
　　图62　律吕合河图洪范图 …… 1560
　　图63　律吕合洛书洪范图 …… 1560
　　图64　洪范仿河图之图 …… 1561
吴启昆 …… 1562
　　图1　卦变参伍错综成文定象图 …… 1562
陈梦雷 …… 1565
　　图1　河图 …… 1565
　　图2　洛书 …… 1565
　　图3　圆图右转生诸卦图 …… 1566
　　图4　圆图卦坎图 …… 1566

图 5　圆图阴阳对待图一 …… 1566
图 6　圆图阴阳对待图二 …… 1566
图 7　圆图初爻图 …… 1567
图 8　圆图二爻图 …… 1567
图 9　圆图三爻图 …… 1567
图 10　圆图四爻图 …… 1567
图 11　圆图五爻图 …… 1568
图 12　圆图上爻图 …… 1568
图 13　圆图杂撰图 …… 1568
图 14　六十四卦方图 …… 1568
图 15　方图纵横八卦图 …… 1569
图 16　方图经纬图 …… 1569
图 17　方图八卦相交图一 …… 1569
图 18　相交图二 …… 1569
图 19　相交图三 …… 1570
图 20　相交图四 …… 1570
图 21　相交图五 …… 1570
图 22　相交图六 …… 1570
图 23　相交图七 …… 1571
图 24　方图纵横贞悔图 …… 1571
图 25　纵横图二 …… 1571
图 26　纵横图三 …… 1571
图 27　纵横图四 …… 1572
图 28　方图阳贞阴悔图 …… 1572
图 29　方图分内外图 …… 1572
图 30　内外图二 …… 1572
图 31　内外图三图四 …… 1573
图 32　方图天地不交图一 …… 1573
图 33　方图天地相交图二 …… 1573
图 34　方卦图卦合图 …… 1573
图 35　八卦小成图 …… 1574
图 36　六十四卦大成衡图 …… 1574
图 37　先天卦配河图图 …… 1576
图 38　后天卦配河图图 …… 1576
图 39　先天卦配洛书图 …… 1577
图 40　后天卦配洛书图 …… 1577
图 41　先天主生图 …… 1577
图 42　后天主克图 …… 1577
图 43　圆图左旋配节气图 …… 1578
图 44　三十六卦错综图 …… 1578
胡方 …… 1579
图 1　河图 …… 1579
图 2　洛书 …… 1579
图 3　伏羲八卦次序图 …… 1580
图 4　伏羲八卦方位图 …… 1580
图 5　伏羲六十四卦次序图 …… 1580
图 6　伏羲六十四卦方位图 …… 1581
图 7　文王八卦次序图 …… 1581
图 8　文王八卦方位图 …… 1581
胡煦 …… 1582
图 1　古河图 …… 1582
图 2　古洛书 …… 1582
图 3　河图 …… 1583
图 4　洛书 …… 1583
图 5　河图天地交图 …… 1583
图 6　洛书日月交图 …… 1583
图 7　参两图 …… 1584
图 8　洛书九九图 …… 1584
图 9　飞宫禹步合洛书数图 …… 1584
图 10　皇极老人图 …… 1585
图 11　河图洛书合数图 …… 1585
图 12　九宫之图 …… 1585
图 13　河图十五生成之象图 …… 1585
图 14　新补伏羲初画先天小圆图 …… 1586
图 15　文王开为八卦图 …… 1586
图 16　新补伏羲初画先天大圆图 …… 1586
图 17　文王开为六十四卦图 …… 1586
图 18　折先天圆图之虚中而为太极图 …… 1587
图 19　先天六卦图 …… 1587
图 20　先天八卦对待图 …… 1587
图 21　先天未交之河图图 …… 1588
图 22　先天已交之洛书图 …… 1588
图 23　卦气图 …… 1588
图 24　卦气直日图 …… 1588
图 25　具爻应二十四气纳虚图 …… 1588
图 26　循环太极图 …… 1589
图 27　四象八卦六位之图 …… 1589
图 28　乾坤六子图 …… 1589
图 29　坎离终始图 …… 1589
图 30　乾坤二体图 …… 1590
图 31　乾坤二用图说图 …… 1590
图 32　十六阳卦图 …… 1591

图 33　阳卦总爻图 ………………………… 1591
图 34　中爻图 ………………………… 1591
图 35　逆爻图 ………………………… 1591
图 36　四隅双爻图 ………………………… 1591
图 37　方圆相生图 ………………………… 1592
图 38　天道性命图 ………………………… 1592
图 39　参天图 ………………………… 1592
图 40　两地图 ………………………… 1592
图 41　九九图 ………………………… 1592
图 42　相并图 ………………………… 1593
图 43　相减生阳图 ………………………… 1593
图 44　相减生阴图 ………………………… 1593
图 45　三三图 ………………………… 1593
图 46　四四图 ………………………… 1594
图 47　五五图 ………………………… 1594
图 48　六六图 ………………………… 1594
图 49　七七图 ………………………… 1594
图 50　改七七图与再改七七图 ………… 1595
图 51　改七七图与再改七七图 ………… 1595
图 52　八八图 ………………………… 1595
图 53　改八八图 ………………………… 1595
图 54　九九图 ………………………… 1596
图 55　十十图 ………………………… 1596
图 56　聚五聚八图 ………………………… 1596
图 57　聚六攒九图 ………………………… 1596
图 58　六十四子顺逆安置图 ………… 1597
图 59　七十二子图 ………………………… 1597
图 60　律应卦气相生图 ………………… 1597
图 61　六甲五子纳音图 ………………… 1597
图 62　运气先后天图 ………………… 1598
图 63　天干五运图 ………………………… 1598
图 64　手足三阴三阳图 ………………… 1598
图 65　五行五体图 ………………………… 1598
图 66　太乙天府之会图 ………………… 1599
图 67　原古太玄准易图 ………………… 1599
图 68　文王后天图 ………………………… 1600
图 69　邵子小衍图 ………………………… 1600
图 70　五生数即此十五点图 ………… 1600
图 71　阴阳既配各以中五加之图 ……… 1601
图 72　河图之数配卦象图 ………………… 1601
图 73　数定其中而环左右图 ………… 1601
图 74　九六明象图 ………………………… 1602
图 75　先天圆图中之方图 ………………… 1602
图 76　老阳十二状图 ………………………… 1602
图 77　少阴二十八状图 ………………… 1603
图 78　少阳二十状图 ………………………… 1604
图 79　老阴四状图 ………………………… 1604
图 80　奇偶参天两地图 ………………… 1604
图 81　节气卦图 ………………………… 1605
图 82　河图加减之原图 ………………… 1605
图 83　洛书乘除之原图 ………………… 1605
图 84　洛书勾股图 ………………………… 1606
图 85　河洛未分未变方图 ………………… 1606
图 86　河洛未分未变三角图 ………… 1606
图 87　点数应河图十位图 ………………… 1607
图 88　幂形应洛书九位图 ………………… 1607
图 89　天盘九星天盘八门图 ………… 1608
李塨 ………………………… 1609
图 1　陈抟所传河图洛书图………………… 1609
图 2　陈抟所传伏羲先天八卦图………… 1609
图 3　陈抟所传伏羲六十四卦次序图…… 1610
图 4　朱子所定周子太极图………………… 1610
图 5　上方大洞真元妙经太极先天之图 ………………………… 1610
杨名时 ………………………… 1611
图 1　河图………………………… 1611
图 2　洛书………………………… 1611
图 3　太极图………………………… 1612
图 4　阳仪阴仪图………………………… 1612
图 5　伏羲八卦图………………………… 1612
图 6　伏羲六十四卦图………………… 1613
图 7　文王八卦图………………………… 1613
图 8　先天卦变后天卦图………………… 1614
图 9　先天卦配河图之象图………………… 1614
图 10　先天卦配洛书之数图 ………… 1615
刘元龙 ………………………… 1616
图 1　二五妙合图………………………… 1616
图 2　伏羲画卦图………………………… 1616
图 3　太极图………………………… 1617
图 4　两仪图………………………… 1617
图 5　四象图………………………… 1617
图 6　易贯图………………………… 1617

图 7　格物致知图 …… 1618
朱江 …… 1619
图 1　伏羲六十四卦次序图 …… 1619
图 2　河图易数图 …… 1620
图 3　伏羲八卦次序图 …… 1620
图 4　河图、洛书 …… 1620
图 5　伏羲先天八卦圆图方位图 …… 1620
图 6　伏羲六十四卦大圆图 …… 1621
图 7　伏羲六十四卦方图 …… 1621
图 8　后天圆图 …… 1621
张仁浃 …… 1622
图 1　易有太极图 …… 1622
图 2　伏羲八卦图 …… 1622
图 3　伏羲六十四卦图 …… 1623
图 4　伏羲八卦次第图 …… 1623
图 5　伏羲六十四卦次第图 …… 1624
图 6　文王八卦圆图方位图 …… 1624
图 7　尊卑长幼之伦图 …… 1624
图 8　近世揲蓍后二变不挂图 …… 1625
刘祈穀 …… 1626
图 1　河图 …… 1626
图 2　洛书 …… 1626
图 3　伏羲八卦横图 …… 1627
图 4　伏羲六十四卦横图 …… 1627
图 5　伏羲八卦圆图 …… 1628
图 6　伏羲六十四卦圆图 …… 1628
图 7　伏羲八卦方图 …… 1628
图 8　伏羲六十四卦方图 …… 1628
图 9　文王八卦天序图 …… 1629
图 10　文王八卦方位图 …… 1629
邵嗣尧 …… 1630
图 1　河图为洛书之乘数图 …… 1630
图 2　洛书即河图之除数图 …… 1630
图 3　伏羲八卦次序为小圆图顺往逆来之本图 …… 1631
图 4　伏羲八卦方位坐洛书之数图 …… 1631
图 5　大横图为八卦因重所成图 …… 1631
图 6　六十四卦方圆图 …… 1633
图 7　文王八卦次序为乾道成男坤道成女图 …… 1634
图 8　文王八卦方位坐河图之数图 …… 1634
图 9　上经十八卦反对图 …… 1634
图 10　下经十八卦反对图 …… 1635
图 11　顺往逆来图 …… 1635
陈应选 …… 1636
图 1　太极图 …… 1636
图 2　太极四生图 …… 1636
图 3　天地定位图 …… 1637
图 4　五声八音六律吕之图 …… 1637
图 5　罗经图 …… 1637
姚章 …… 1638
图 1　河图 …… 1638
图 2　洛书 …… 1638
图 3　伏羲八卦次序图 …… 1639
图 4　伏羲八卦方位图 …… 1639
图 5　伏羲六十四卦次序图 …… 1639
图 6　伏羲六十四卦方位图 …… 1640
图 7　文王八卦次序图 …… 1640
图 8　文王八卦方位图 …… 1640
沈廷劢 …… 1641
图 1　伏羲先天八卦圆图 …… 1641
图 2　先天八卦次序横图 …… 1641
吴隆元 …… 1642
图 1　河图旋毛如星点之图 …… 1642
图 2　河图象卦图 …… 1642
图 3　河图易四正为四隅图 …… 1643
图 4　洛书坼甲如字画之图 …… 1643
图 5　洛书大衍易四隅为四正图 …… 1643
图 6　洛书小衍图 …… 1643
图 7　洪范图 …… 1644
图 8　伏羲八卦圆图 …… 1644
图 9　圆图八卦阴阳顺逆二图 …… 1644
图 10　伏羲八卦横图 …… 1645
图 11　横图八卦阴阳顺逆二图 …… 1645
图 12　伏羲六十四卦横图 …… 1646
图 13　伏羲六十四卦圆图 …… 1648
图 14　圆图六十四卦阴阳顺逆二图 …… 1648
图 15　伏羲六十四卦方图 …… 1649
图 16　方图六十四卦纵横往来图 …… 1649
图 17　文王八卦乾坤六子图 …… 1650
图 18　文王八卦方位图 …… 1650
图 19　文王改易先天为后天图 …… 1650

图 20　文王十二月卦气图 ………………… 1650
图 21　三十六宫图 ……………………… 1651
图 22　蓍数太极图 ……………………… 1651
图 23　卦象太极图(横图) ……………… 1652
图 24　卦象太极图(圆图) ……………… 1653
图 25　性理太极图 ……………………… 1653
图 26　八卦纳甲图 ……………………… 1654
图 27　五行六位图 ……………………… 1654
周世金 ……………………………… 1655
图 1　河图………………………………… 1655
图 2　河图为大衍本图…………………… 1655
图 3　河图生四象数图…………………… 1656
图 4　大衍积数赢实图…………………… 1656
图 5　洛书………………………………… 1656
图 6　伏羲八卦次序图…………………… 1656
图 7　文王八卦次序图…………………… 1657
图 8　伏羲八卦方位图…………………… 1657
图 9　文王八卦方位图…………………… 1657
图 10　羲图交对一二图 ………………… 1657
图 11　羲图交对三图 …………………… 1657
图 12　文图交对一图 …………………… 1657
图 13　文图交对二图 …………………… 1658
图 14　文图交对三图 …………………… 1658
图 15　伏羲六十四卦次序图 …………… 1658
图 16　序卦反正之图 …………………… 1659
图 17　序卦顺逆之图 …………………… 1659
图 18　元之象数图 ……………………… 1660
图 19　亨之象数图 ……………………… 1660
图 20　利之象数图 ……………………… 1660
图 21　贞之象数图 ……………………… 1660
图 22　杂卦虚八不用交错羲图之法图
……………………………………… 1661
图 23　杂卦图 …………………………… 1661
图 24　洛书合龟文图 …………………… 1662
图 25　虚九九图 ………………………… 1662
图 26　虚一九图 ………………………… 1662
图 27　虚七九图 ………………………… 1662
图 28　虚三九图 ………………………… 1662
图 29　虚二九图 ………………………… 1662
图 30　虚八九图 ………………………… 1662
图 31　虚四九图 ………………………… 1663
图 32　虚六九图 ………………………… 1663
图 33　虚五九图 ………………………… 1663
图 34　虚中九图 ………………………… 1663
图 35　乾策图 …………………………… 1663
图 36　坤策图 …………………………… 1663
图 37　四九图 …………………………… 1663
图 38　四六图 …………………………… 1663
图 39　步天图 …………………………… 1664
图 40　岁差图 …………………………… 1664
图 41　洛书积奇之数图 ………………… 1664
图 42　洛书积偶之数图 ………………… 1664
图 43　洛书奇数得余图 ………………… 1664
图 44　洛书偶数得余图 ………………… 1665
图 45　余数归根图 ……………………… 1665
图 46　周易三十六宫卦图 ……………… 1665
图 47　周易卦序阴阳消长之图 ………… 1666
图 48　伏羲六十四卦方圆二图相应之法图
……………………………………… 1666
图 49　八卦八运八图 …………………… 1667
图 50　文王六十四卦次序图 …………… 1668
图 51　文王六十四卦方位图 …………… 1668
图 52　体图四图 ………………………… 1669
图 53　用图八图 ………………………… 1669
王棠 ………………………………… 1671
图 1　河图象数图………………………… 1671
图 2　洛书洪范图………………………… 1671
图 3　周濂溪先生太极图………………… 1672
图 4　经世天地四象图…………………… 1672
图 5　经世衍易图………………………… 1672
图 6　经世一元消长之数图……………… 1673
图 7　先天卦分二十四气图……………… 1673
图 8　艮巽坤乾图………………………… 1673
图 9　五行八卦司化六十四卦图………… 1674
陶素耜 ……………………………… 1675
图 1　河图作丹图………………………… 1675
图 2　洛书作丹图………………………… 1676
图 3　先天八卦图………………………… 1676
图 4　后天八卦图………………………… 1677
图 5　呕轮吐萌图………………………… 1677
图 6　合元插精图………………………… 1678
图 7　十二卦律图………………………… 1678

图8 六十卦用图……1679
图9 药火万殊一本图……1679

潘元懋……1681
图1 河图……1681
图2 则河图作易图……1681
图3 则洛书作易图……1681
图4 参天两地图……1682
图5 伏羲先天八卦圆图方位图……1682
图6 伏羲六十四卦圆图……1683
图7 先天八卦次序横图……1683
图8 伏羲六十四卦方图……1684
图9 文王后天八卦圆图……1684

戴虞皋……1685
图1 文王八卦方位图……1685

浦龙渊……1686
图1 河图……1686

陆奎勋……1687
图1 太极图……1687
图2 伏羲方图……1687
图3 乾坤生六子图……1688
图4 六子图……1688
图5 卦名卦德图……1688
图6 远取诸物图……1688
图7 近取诸身图……1688
图8 连山易图……1689
图9 黄帝方图……1689
图10 唐虞方图……1689
图11 连山圆图……1689
图12 归藏圆图……1690

张德纯……1691
图1 今河图位数图……1691
图2 今洛书位数图……1691
图3 天生圣则图……1692
图4 天地生成数四图……1692
图5 龙图数得先天图……1692
图6 造化浑仪图……1692
图7 天地定位图……1693
图8 山泽通气图……1693
图9 雷风相薄图……1693
图10 水火不相射图……1693
图11 流行平局图……1694
图12 正东东北正北西北四维历谱四图……1694
图13 卦分九位图……1695
图14 分宫托位图……1696
图15 太极函中图……1696
图16 三索成形图……1696
图17 帝历八方图……1696
图18 神妙万物图……1697
图19 九变归元图……1697
图20 九畴数符大衍图附太乙九宫初式图……1697

姜兆锡……1698
图1 河图……1698
图2 洛书……1698
图3 伏羲八卦次序图……1699
图4 伏羲八卦方位图……1699
图5 伏羲六十四卦次序图……1699
图6 伏羲六十四卦方位图……1700
图7 文王八卦次序图……1700
图8 文王八卦方位图……1700

任启运……1701
图1 河图……1701
图2 洛书……1702
图3 伏羲太极生两仪图……1702
图4 伏羲两仪生四象图……1703
图5 四象加前后成六合图……1703
图6 三阳三阴消息图……1704
图7 伏羲四象生八卦图……1704
图8 伏羲六十四卦消息图……1705
图9 伏羲太极两仪四象八卦方图……1705
图10 伏羲六十四卦消息方图……1706
图11 开伏羲圆图为先天八卦图……1706
图12 开伏羲圆图为后天八卦图……1707
图13 先天八卦合河图图……1707
图14 后天八卦合洛书图……1708
图15 八卦分属天地直图……1708
图16 八卦八配男女横图……1709
图17 由先天变后天图……1709
图18 先天八卦合图书用九藏十图……1710
图19 先天八卦合河洛图十书九图……1710
图20 周公乾坤二用图……1711

图 21　连山六十四卦圆图 ……………… 1711
图 22　归藏六十四卦方图 ……………… 1712
图 23　周易六十四卦外天内地图 ……… 1712
图 24　六十四卦配四时十二月六十律之图 ………………………………… 1713
图 25　六十四卦中之原归四卦圆图 …… 1713
石庞 ……………………………………… 1714
图 1　无极太极河图洛书八卦配合图…… 1714
李文炤 …………………………………… 1715
图 1　河图…………………………………… 1715
图 2　洛书…………………………………… 1715
图 3　伏羲八卦次序图……………………… 1716
图 4　伏羲八卦方位图……………………… 1716
图 5　伏羲六十四卦次序图……………… 1716
图 6　伏羲六十四卦方位图……………… 1717
图 7　文王八卦次序图……………………… 1717
图 8　文王八卦方位图……………………… 1717
图 9　后天纵横图…………………………… 1718
图 10　后天反复图 ………………………… 1718
图 11　错综图 ……………………………… 1718
江永 ……………………………………… 1719
图 1　河洛未分未变方图………………… 1719
图 2　河洛未分未变三角图……………… 1719
图 3　河图变体图…………………………… 1720
图 4　河图变体合十一数图……………… 1720
图 5　圣人则河图画卦图………………… 1720
图 6　圣人则洛书列卦图………………… 1720
图 7　线河图………………………………… 1721
图 8　后天卦配洛书之数图……………… 1721
图 9　法洛书蓍策用三百六十整度之理图 ………………………………… 1721
图 10　字母配河图之图 ………………… 1721
图 11　河图为物理根源图 ……………… 1722
图 12　法洛书制明堂图 ………………… 1722
图 13　河图含八卦五行天干图 ………… 1722
图 14　河图含八干四维十二支二十四向方图 ………………………… 1722
图 15　河图含八干四维十二支二十四向圆图 ………………………… 1723
图 16　河图变后天八卦图 ……………… 1723
图 17　后天卦以天地水火为体用图 …… 1723
图 18　纳甲图 ……………………………… 1724
图 19　河图数明纳甲图 ………………… 1724
图 20　河图应五星高下图 ……………… 1724
图 21　勾三股四弦五与勾股幂图 ……… 1724
图 22　后天八卦应勾股图 ……………… 1725
图 23　洛书四勾股四图 ………………… 1725
图 24　平圆两勾股得整数图 …………… 1726
图 25　乘方法合画卦加倍法图 ………… 1726
图 26　乘方图 ……………………………… 1726
图 27　河图五音本数图 ………………… 1726
图 28　河图五音变数图 ………………… 1727
图 29　河图五音顺序相生图 …………… 1727
图 30　洛书应十二律图 ………………… 1727
图 31　洛书配支辰律吕应六合图 ……… 1727
图 32　纳音五行母子数图 ……………… 1728
图 33　六十纳音归河图变数图 ………… 1728
图 34　五十音应大衍之数图 …………… 1728
图 35　纳音配六十调图 ………………… 1729
图 36　六脉图 ……………………………… 1729
图 37　客气加临司天在泉定局图 ……… 1730
图 38　横图应气血流注图 ……………… 1730
图 39　六子应六气图 …………………… 1730
图 40　人身督任脉手足经脉应洛书先天八卦图 ……………………………… 1731
图 41　图书五奇数应五藏部位图 ……… 1731
图 42　五运图 ……………………………… 1731
图 43　主气流行应节气卦脉图 ………… 1731
王植 ……………………………………… 1732
图 1　河图…………………………………… 1732
图 2　洛书…………………………………… 1732
图 3　伏羲八卦方位图……………………… 1733
图 4　伏羲始画八卦图……………………… 1733
图 5　伏羲八卦重为六十四卦图………… 1733
图 6　伏羲六十四卦方位图……………… 1734
图 7　经世衍易八卦图……………………… 1734
图 8　经世天地四象图……………………… 1734
图 9　经世六十四卦之数图……………… 1735
图 10　经世一元消长之数图 …………… 1735
薛雪 ……………………………………… 1736
图 1　河图…………………………………… 1736
图 2　洛书…………………………………… 1736

图3 伏羲八卦次序图 …… 1737	张叙 …… 1750
图4 伏羲八卦方位图 …… 1737	图1 易有太极图 …… 1750
图5 文王八卦次序图 …… 1737	图2 是生两仪图 …… 1750
图6 文王八卦方位图 …… 1737	图3 两仪生四象图 …… 1751
图7 先天卦变后天卦图 …… 1738	图4 四象生八卦图 …… 1751
图8 伏羲六十四卦圆图 …… 1738	图5 八卦生六十四卦图 …… 1751
图9 伏羲六十四卦方图 …… 1738	图6 河图亦一太极图 …… 1751
童能灵 …… 1739	图7 洛书亦一太极图 …… 1752
图1 河图具太极两仪四象八卦图 …… 1739	图8 先天亦一太极图 …… 1752
图2 河图分数先天八卦图 …… 1739	图9 后天亦一太极图 …… 1752
图3 河图合数先天八卦图 …… 1740	图10 羲文合一图 …… 1752
图4 河图分数后天八卦图 …… 1740	图11 大衍五十之数图 …… 1753
图5 河图合数后天八卦图 …… 1740	图12 互卦全图 …… 1753
图6 洛书先天八卦图 …… 1740	程延祚 …… 1754
图7 洛书后天八卦图 …… 1741	图1 易简图 …… 1754
图8 河图分数先天变后天图 …… 1741	图2 毕万遇屯之比图 …… 1754
图9 河图中数用九用六图 …… 1741	图3 蔡墨称乾之同人图 …… 1755
图10 河图大衍之体图 …… 1741	图4 崔杼遇困之大过图 …… 1755
图11 河图大衍之用图 …… 1742	图5 陈侯遇观之否图 …… 1755
图12 河图分挂揲扐图 …… 1742	图6 赵鞅遇泰之需图 …… 1755
图13 先天六十四卦归河图 …… 1742	汪绂 …… 1756
图14 先天中卦□图 …… 1742	图1 古河图 …… 1756
图15 先天八辟图 …… 1743	图2 河图图 …… 1756
图16 先天四十杂卦图 …… 1743	图3 古洛书 …… 1757
图17 河图先天大衍之体图 …… 1743	图4 洛书图 …… 1757
图18 河图变动易卦流行图 …… 1743	图5 伏羲六十四卦方位圆图 …… 1757
图19 后天中卦图 …… 1744	何梦瑶 …… 1758
图20 后天八辟图 …… 1744	图1 伏羲始画八卦图 …… 1758
图21 后天杂卦十变为九图 …… 1744	图2 经世衍易八卦图 …… 1758
图22 河图易卦大衍之用图 …… 1744	图3 伏羲八卦方位图 …… 1759
德沛 …… 1745	图4 经世天地四象图 …… 1759
图1 伏羲八卦次序图 …… 1745	图5 伏羲六十四卦圆图 …… 1759
图2 伏羲六十四卦次序图 …… 1746	图6 方图 …… 1760
图3 伏羲六十四卦方圆图 …… 1746	图7 经世六十四卦之数圆图 …… 1760
图4 伏羲八卦圆图 …… 1747	图8 方图 …… 1761
图5 文王八卦圆图 …… 1747	图9 天地始终之数图 …… 1761
图6 文王乾坤六子图 …… 1747	图10 大小运之数图 …… 1763
图7 河图 …… 1747	图11 四象变数图 …… 1765
图8 洛书 …… 1748	图12 四象用数图 …… 1765
谢济世 …… 1749	图13 一元消长之数图 …… 1766
图1 八卦性图 …… 1749	图14 四象十六位图 …… 1766

| 图15 | 乾坤十六卦图 …… 1767
| 图16 | 乾坤消长图 …… 1767
| 图17 | 左行五十六卦图 …… 1767
| 图18 | 右行四十八卦图 …… 1767
| 图19 | 卦气太元合图 …… 1768
| 图20 | 圆束图 …… 1770

梁锡玙 …… 1771
| 图1 | 易有太极图 …… 1771
| 图2 | 是生两仪图 …… 1771
| 图3 | 两仪生四象图 …… 1772
| 图4 | 四象生八卦图 …… 1772
| 图5 | 八分十六中宫之震巽应之图 …… 1772
| 图6 | 八分十六中宫之离坎应之图 …… 1772
| 图7 | 十六分三十二中宫之兑艮应之图 …… 1773
| 图8 | 三十二分六十四中宫之乾坤应之图 …… 1773
| 图9 | 乾道成男坤道成女图 …… 1774
| 图10 | 物生大成图 …… 1774
| 图11 | 先天卦分阴阳图 …… 1775
| 图12 | 数往者顺图 …… 1775
| 图13 | 知来者逆图 …… 1775
| 图14 | 八卦相错图 …… 1775
| 图15 | 先天变后天体用一气图 …… 1776
| 图16 | 后天卦属五行图 …… 1776
| 图17 | 时行图 …… 1776
| 图18 | 物生图 …… 1776
| 图19 | 序卦图 …… 1777
| 图20 | 九卦修德图 …… 1777
| 图21 | 序有对有翻图 …… 1777
| 图22 | 序卦合先天图 …… 1777
| 图23 | 杂卦图 …… 1778
| 图24 | 衍数用数图 …… 1778
| 图25 | 洛书序义图 …… 1778
| 图26 | 圆方八卦本宫图 …… 1778
| 图27 | 先天八卦立体图 …… 1779
| 图28 | 圆图具分宫图 …… 1779
| 图29 | 方图具分宫图 …… 1780
| 图30 | 圆图分宫图 …… 1780
| 图31 | 方图分宫图 …… 1780
| 图32 | 后天八卦入用图 …… 1781
| 图33 | 先天纳甲图 …… 1781
| 图34 | 后天纳甲图 …… 1781
| 图35 | 参同契月受日明图 …… 1781
| 图36 | 卦爻配干枝图 …… 1782
| 图37 | 夏正建寅图 …… 1782
| 图38 | 地辟图 …… 1782
| 图39 | 物生图 …… 1782
| 图40 | 归藏坤乾图 …… 1783
| 图41 | 干支生于卦图 …… 1783
| 图42 | 干枝分阴分阳图 …… 1783
| 图43 | 阴阳分限始终图 …… 1783
| 图44 | 归藏六甲纳音应六十四卦图 …… 1784
| 图45 | 商正建丑图 …… 1784
| 图46 | 纳音取象类列图 …… 1785

惠栋 …… 1786
| 图1 | 卦气七十二候图 …… 1786
| 图2 | 六日七分图 …… 1787
| 图3 | 八卦纳甲之图 …… 1787
| 图4 | 否泰所贞之辰异于他卦图 …… 1787
| 图5 | 十二月爻辰图 …… 1788
| 图6 | 爻辰所值二十八宿图 …… 1788
| 图7 | 八卦六位图 …… 1788

梁诗正 …… 1790
| 图1 | 唐四神八卦鉴 …… 1790

周大枢 …… 1791
| 图1 | 文王序卦图 …… 1791
| 图2 | 文王序卦方图 …… 1791
| 图3 | 卦位生六十四卦图 …… 1792
| 图4 | 四象生八卦图 …… 1792
| 图5 | 卦位图 …… 1793
| 图6 | 杂卦三十六宫第一图 …… 1793
| 图7 | 杂卦三十六宫第二图 …… 1794

顾世澄 …… 1795
| 图1 | 太极图 …… 1795
| 图2 | 命门图 …… 1796

许伯政 …… 1797
| 图1 | 河图 …… 1797
| 图2 | 八卦始生之图 …… 1797
| 图3 | 六十四卦易始生之图 …… 1798
| 图4 | 两仪四象数图 …… 1798
| 图5 | 八卦河图所得之数图 …… 1798

图6	重为四画交错以成两体图	1799
图7	重为五画亦成两体图	1801
图8	先天八卦圆图	1803
图9	先天六十四卦圆图	1804
图10	先天八卦横图	1804
图11	先天六十四卦方图	1804
图12	附载启蒙方图	1805
图13	附载易象图说方图	1805
图14	后天八卦圆图	1805
图15	京房卦气值日图	1806
图16	后天六十四卦圆图	1806
图17	洛书	1807
图18	揲蓍所成老少之别图	1807

曹庭栋 ········ 1808
图1	十干纳卦循次序图	1808
图2	洛书	1808
图3	八卦得数图	1809
图4	成位图	1809
图5	天包地图	1809
图6	洛书大衍图	1809
图7	大衍五行图	1810
图8	生数重卦五图	1810
图9	成数重卦五图	1810
图10	圜图	1810
图11	方图	1811
图12	月卦图	1811
图13	互卦图	1811
图14	筮者位图	1811
图15	初变、二变、三变之象图	1812

袁仁林 ········ 1815
| 图1 | 神精魂魄、阴上阳下图 | 1815 |

刘文龙 ········ 1816
图1	六十四卦方圆图	1816
图2	河图	1817
图3	洛书	1817
图4	揲蓍式图	1817
图5	阴阳两极两仪图	1817
图6	地支方位图	1818
图7	八卦方位图	1818
图8	九卦图	1818
图9	伏羲八卦方位图	1818
图10	文王八卦方位图	1819

罗登标 ········ 1820
图1	太极图	1820
图2	河图	1820
图3	洛书	1821
图4	河图洛书未分未变图	1821
图5	河图奇圆图	1821
图6	洛书偶方图	1821
图7	先天八卦图	1822
图8	后天八卦图	1822
图9	先天卦配河图之象图	1822
图10	后天卦配河图之象图	1822
图11	先天卦配洛书之数图	1823
图12	后天卦配洛书之数图	1823
图13	先天卦变后天卦图	1823
图14	后天卦以天地水火为体用图	1823

刘绍攽 ········ 1824
图1	河图	1824
图2	洛书	1824
图3	八门九星图	1825
图4	伏羲八卦次序图	1825
图5	伏羲六十四卦次序图	1825
图6	伏羲八卦方位图	1826
图7	伏羲六十四卦方位图	1827
图8	文王八卦方位图	1827
图9	文王八卦父母六子图	1828
图10	纳甲圆图	1828
图11	纳甲纳十二支图	1828
图12	（祝氏）圜中图	1828
图13	律吕合先天圆图	1829

杨方达 ········ 1830
图1	太极图	1830
图2	林至太极五图	1831
图3	易有太极图（朱熹）	1832
图4	爻位图	1833
图5	互体圆图	1833
图6	六十四卦中爻原归四卦方图	1834
图7	互卦原归四卦相对相综图	1834
图8	八卦九宫图	1835
图9	杂卦篇终八卦次序图	1835
图10	天数地数五六居中之图	1835

图 11　倚数图 …………………………………… 1835
图 12　邵康节经世六十四卦数图 ……………… 1836
图 13　八十四声图 ……………………………… 1836
图 14　六十调图 ………………………………… 1837
图 15　五音相生之序图 ………………………… 1839
图 16　十二律生次图 …………………………… 1839
图 17　十二律旋宫图 …………………………… 1839
图 18　律吕分寸长短图 ………………………… 1840
图 19　十二律隔八相生图 ……………………… 1840
图 20　十二律七音图 …………………………… 1841
图 21　考亭重上生图 …………………………… 1841
图 22　律吕当位居冲图 ………………………… 1842
图 23　十二律气运图 …………………………… 1842
图 24　十二律右旋起六十调图 ………………… 1843
图 25　五音本五行图 …………………………… 1843
图 26　纳音取象类列图 ………………………… 1844
图 27　连山首艮之图 …………………………… 1844
图 28　归藏坤乾气左旋象右转图 ……………… 1845
图 29　皇极内篇九九圆数图 …………………… 1845
图 30　皇极内篇八十一数名图 ………………… 1846
图 31　握机奇正图 ……………………………… 1846
图 32　八阵握奇总图 …………………………… 1847
图 33　八阵大成之图 …………………………… 1847
图 34　八卦生六十四卦图 ……………………… 1848
图 35　六十四卦变通之图 ……………………… 1849
图 36　伏羲则河图以作易图 …………………… 1849
图 37　大禹则洛书以作范图 …………………… 1849
图 38　河图联十图 ……………………………… 1850
图 39　河图序数图 ……………………………… 1850
图 40　洛书序数图 ……………………………… 1850
图 41　联折先天八卦图 ………………………… 1851
图 42　说卦合先天八卦图 ……………………… 1852
图 43　说卦合后天八卦图 ……………………… 1852
图 44　邵康节经世变化图 ……………………… 1853
图 45　经世一元消长之数图 …………………… 1853
图 46　八卦纳甲图 ……………………………… 1854
图 47　先天八卦经纬图 ………………………… 1854
图 48　后天八卦经纬图 ………………………… 1854
图 49　圆图六十四卦初爻图 …………………… 1855
图 50　圆图六十四卦二爻图 …………………… 1855
图 51　圆图六十四卦三爻图 …………………… 1856
图 52　圆图六十四卦四爻图 …………………… 1856
图 53　圆图六十四卦五爻图 …………………… 1857
图 54　圆图六十四卦上爻图 …………………… 1857
图 55　方图四象相交成十六事图 ……………… 1858
图 56　方图八卦相交七图 ……………………… 1858
图 57　方图分内外四图 ………………………… 1860
图 58　方图分贞悔四图 ………………………… 1861
图 59　方图阳贞阴悔论图 ……………………… 1862
图 60　方图三十二卦配四正阵图 ……………… 1862
图 61　方图三十二卦配四维阵图 ……………… 1863
图 62　方图三十六卦配握奇义图 ……………… 1863
图 63　浑天总象图 ……………………………… 1863
范尔梅 ……………………………………………… 1864
图 1　小生生图 ………………………………… 1864
图 2　大生生图 ………………………………… 1865
图 3　羲文合一图 ……………………………… 1865
图 4　在人之易图 ……………………………… 1865
图 5　乾坤六子联珠图 ………………………… 1866
图 6　三画卦错综其数得六画卦图 …………… 1866
图 7　先天卦变图 ……………………………… 1866
图 8　生生图 …………………………………… 1866
图 9　先天卦变六轮图 ………………………… 1867
图 10　羲文错综全图 …………………………… 1870
图 11　卦变相得有合图 ………………………… 1870
图 12　卦变十二轮周流六虚反对图 …………… 1871
图 13　卦变合羲文图 …………………………… 1871
图 14　洛书五行图 ……………………………… 1872
图 15　先天洛数错综全图 ……………………… 1872
图 16　先天生数错综全图 ……………………… 1873
刘斯组 ……………………………………………… 1874
图 1　太极六十四卦颠倒图 …………………… 1874
图 2　左右各四皆贞图 ………………………… 1875
图 3　内贞外悔图 ……………………………… 1875
图 4　羲文卦位交合成卦图 …………………… 1875
张兰皋 ……………………………………………… 1876
图 1　河图 ……………………………………… 1876
图 2　洛书 ……………………………………… 1876
图 3　河图洛书合一图 ………………………… 1877
图 4　伏羲始画八卦图 ………………………… 1877
图 5　因而重之为六十四卦图 ………………… 1878
图 6　伏羲六十四卦横图 ……………………… 1878

图7　乾宫八卦,兑宫八卦,离宫八卦,震宫八卦,
　　　　 巽宫八卦,坎宫八卦,艮宫八卦,
　　　　 坤宫八卦图 ………………………… 1879
　　图8　先天八卦方位图 ……………………… 1880
　　图9　先天六十四卦方圆图………………… 1880
　　图10　后天八卦方位图 …………………… 1881
　　图11　先天后天合一图 …………………… 1881
　　图12　先天八卦乾尊于南图 ……………… 1881
　　图13　后天八卦震用于东图 ……………… 1881
　　图14　周易卦序图 ………………………… 1882
　　图15　上经之中图 ………………………… 1883
　　图16　上经之终图 ………………………… 1883
　　图17　下经之初图 ………………………… 1884
　　图18　下经之中图 ………………………… 1884
　　图19　下经之终图 ………………………… 1884
　　图20　互体图 ……………………………… 1885
　　图21　卦数图 ……………………………… 1885
　　图22　八卦纳甲图 ………………………… 1885
　　图23　揲蓍求卦用策用变占图 …………… 1886
　　图24　杂卦图 ……………………………… 1887
浦起龙 ……………………………………………… 1888
　　图1　隔八相生图 …………………………… 1888
　　图2　五声八音八风之图 …………………… 1888
潘士权 ……………………………………………… 1889
　　图1　洪范分象全图 ………………………… 1889
　　图2　神禹洛书图式 ………………………… 1889
　　图3　洪范九九方数图 ……………………… 1890
　　图4　洪范九九积数图 ……………………… 1890
　　图5　九九洪范圆数全图 …………………… 1890
　　图6　九畴八十一数节气图 ………………… 1891
　　图7　九畴吉凶分义图 ……………………… 1892
　　图8　九畴分宫数之次序全图……………… 1893
林之翰 ……………………………………………… 1894
　　图1　先天八卦后天八卦九宫分野总图 …… 1894
　　图2　九宫八风图 …………………………… 1894
汪师韩 ……………………………………………… 1895
　　图1　中爻互卦图 …………………………… 1895
　　图2　五爻连体图 …………………………… 1895
　　图3　坎离伏象图 …………………………… 1895
　　图4　卦画刚柔往来图 ……………………… 1896
朱宗洛 ……………………………………………… 1897

　　图1　上经序卦图 …………………………… 1897
　　图2　八卦相荡图 …………………………… 1898
　　图3　河图 …………………………………… 1898
　　图4　图数全归中五图 ……………………… 1899
　　图5　洛书 …………………………………… 1899
　　图6　羲皇画八卦小成图 …………………… 1899
　　图7　伏羲卦位圆图 ………………………… 1899
　　图8　伏羲画卦小成横图 …………………… 1900
　　图9　文王八卦图 …………………………… 1900
　　图10　序卦上篇横图、序卦下篇横图 …… 1900
　　图11　序卦圆图 …………………………… 1902
　　图12　先天乾坤坎离生万物男女图 ……… 1902
　　图13　先天震兑艮巽男女交图 …………… 1903
　　图14　先后天卦合图 ……………………… 1903
　　图15　序卦乾坤坎离兑震六卦为主图 …… 1903
　　图16　天地氤氲化醇图 …………………… 1903
　　图17　男女媾精化生图 …………………… 1904
　　图18　阴阳配合图 ………………………… 1904
　　图19　震兑甲庚图 ………………………… 1904
　　图20　保震制兑图 ………………………… 1904
　　图21　先后甲庚图 ………………………… 1905
　　图22　圆图 ………………………………… 1905
　　图23　先后天卦位合图 …………………… 1905
　　图24　先后天合图 ………………………… 1905
　　图25　四纯卦交合图 ……………………… 1906
　　图26　四杂卦交合图 ……………………… 1906
　　图27　四纯卦交图 ………………………… 1906
　　图28　四杂卦图 …………………………… 1906
　　图29　四杂卦交图 ………………………… 1906
　　图30　四纯卦图 …………………………… 1907
　　图31　纯杂卦交错总图 …………………… 1907
　　图32　杂卦自大过至夬不反对说图 ……… 1907
乔大凯 ……………………………………………… 1908
　　图1　卦法河图之象图 ……………………… 1908
　　图2　筮法河图之数图 ……………………… 1908
　　图3　诸图 …………………………………… 1909
　　图4　伏羲八卦图 …………………………… 1910
　　图5　伏羲六十四卦图 ……………………… 1910
　　图6　文王八卦图 …………………………… 1911
　　图7　坎离为天道人事之纲维图…………… 1911
李荣陛 ……………………………………………… 1912

图1　河图左旋本图 …… 1912
图2　河图右旋图 …… 1912
图3　定位左旋图 …… 1912
图4　定位右旋图 …… 1912
图5　洛书阳左阴右本图 …… 1913
图6　出震图 …… 1913
图7　洛书阳右阴左图 …… 1913
图8　出震阳统阴图 …… 1913

王杰 …… 1914
图1　汉卦象鉴一图 …… 1914
图2　汉卦象鉴二图 …… 1914
图3　唐十二辰鉴图 …… 1915
图4　唐卦象鉴图 …… 1915

钱大昕 …… 1916
图1　六十四卦旁通图 …… 1916
图2　六十四卦两象易图 …… 1916

王宏翰 …… 1917
图1　先天八卦后天八卦九宫分野总图 …… 1917
图2　九宫八风图 …… 1917

张六图 …… 1918
图1　伏羲八卦方位图 …… 1918
图2　伏羲八卦次序原本图 …… 1919
图3　河图 …… 1919
图4　伏羲六十四卦方位图 …… 1920
图5　伏羲六十四卦次序本原图 …… 1920
图6　周易口诀图 …… 1921
图7　洛书 …… 1921
图8　文王八卦方位图 …… 1921
图9　文王八卦次序图 …… 1921
图10　周公六爻动应之图 …… 1922
图11　太极图 …… 1922

苏天木 …… 1923
图1　气图 …… 1923
图2　体图 …… 1924
图3　性图 …… 1924
图4　名图 …… 1925
图5　命图 …… 1925

朱亦栋 …… 1927
图1　上二十五天数图 …… 1927
图2　下三十地数图 …… 1927
图3　伏羲画卦先后图 …… 1927

朱用行 …… 1928
图1　河图 …… 1928
图2　洛书 …… 1928
图3　伏羲八卦次序图 …… 1929
图4　伏羲八卦方位图 …… 1929
图5　六十四卦横图 …… 1929
图6　六十四卦方圆图 …… 1930
图7　文王八卦次序图 …… 1930
图8　文王八卦方位 …… 1930

贡渭滨 …… 1931
图1　太极两仪四象八卦图 …… 1931
图2　河图 …… 1931
图3　洛书 …… 1932
图4　易有太极图 …… 1932
图5　是生两仪图 …… 1932
图6　两仪生四象图 …… 1932
图7　四象生八卦图 …… 1933
图8　八卦生十六卦图 …… 1933
图9　十六卦生三十二卦图 …… 1934
图10　三十二卦生六十四卦图 …… 1934
图11　伏羲八卦图 …… 1935
图12　伏羲六十四卦图 …… 1935
图13　文王八卦图 …… 1936
图14　卦扐图 …… 1936
图15　虚画为变三十二卦图 …… 1937

连斗山 …… 1954
图1　河图原图 …… 1954
图2　洛书原图 …… 1954
图3　朱子先天卦配河图之象图 …… 1955
图4　朱子先天卦配洛书之数图 …… 1955
图5　朱子后天卦配河图之象图 …… 1955
图6　朱子后天卦配洛书之数图 …… 1955
图7　伏羲六十四卦外圆内方原图 …… 1956
图8　参订文王六十四卦外圆内方图 …… 1956
图9　参订伏羲因重六十四卦之图 …… 1957
图10　文王八卦原图 …… 1958
图11　十二卦气原图 …… 1958
图12　参订上下经交会图 …… 1958
图13　参订大衍之数未加未减之图 …… 1958

舒俊鲲 …… 1959
图1　河图、附图 …… 1959

图 2 洛书、附图 ………………………………… 1959
图 3 河图阳动阴静图 ………………………… 1960
图 4 河图阳静阴动图 ………………………… 1960
图 5 洛书阳动阴静图 ………………………… 1960
图 6 洛书阳静阴动图 ………………………… 1960
图 7 河图加减之原图 ………………………… 1960
图 8 洛书乘除之原图 ………………………… 1960
图 9 洛书对位成十五乘成百图 ……………… 1961
图 10 洛书句股图 …………………………… 1962
图 11 河洛未分未变方图、附图 …………… 1962
图 12 河洛未分未变三角图、附图 ………… 1962
图 13 点数应河图十位图、附图 …………… 1963
图 14 幂形应洛书九位图、附图 …………… 1963
图 15 □形为算法之原图、附图 …………… 1964
图 16 天圆图 ………………………………… 1964
图 17 地方图 ………………………………… 1964
图 18 人为天地心图 ………………………… 1964
图 19 先天卦配河图之象图、附图 ………… 1964
图 20 后天卦配河图之象图、附图 ……… 1965
图 21 先天卦配洛书之数图、附图 ……… 1965
图 22 后天卦配洛书之数图、附图 ……… 1965
图 23 九畴本洛书数图、附图 …………… 1965
图 24 九畴相乘得数图 ………………… 1965
图 25 皇极居次五图 …………………… 1966
图 26 箕子洪范九畴之图 ……………… 1966
图 27 九畴虚五用十之图、附图 ……… 1966
图 28 九畴合八畴数之图、附图 ……… 1966
图 29 大衍洪范本数图 ………………… 1966
图 30 蔡氏九九方数图 ………………… 1967
图 31 九九积数图 ……………………… 1967
图 32 九九圆数图 ……………………… 1967
图 33 范数图 …………………………… 1967
图 34 九畴名次图 ……………………… 1968
图 35 五行生成图 ……………………… 1968
图 36 参两倚数图 ……………………… 1968
图 37 范畴名次纲目图 ………………… 1970
图 38 范数次叙总图 …………………… 1971
图 39 范数分列图 ……………………… 1972
图 40 九畴圆图 ………………………… 1978
图 41 九畴方图 ………………………… 1978
图 42 八十一畴圆图 …………………… 1978
图 43 八十一畴方图 …………………… 1979
图 44 三角图 …………………………… 1979
图 45 二十七畴图 ……………………… 1979
图 46 八十一畴图 ……………………… 1980
图 47 三十六综畴图 …………………… 1980
图 48 三才交泰图 ……………………… 1980
图 49 洛书本位图 ……………………… 1980
图 50 三六九五生图 …………………… 1981
图 51 洛书之文图 ……………………… 1981
图 52 九畴错综图 ……………………… 1981
图 53 九宫分属图 ……………………… 1982
图 54 错综之根图 ……………………… 1983
图 55 二体错畴图 ……………………… 1983
图 56 畴数错综应洛书四十五点图 …… 1983
图 57 卦畴相为表里图 ………………… 1984
图 58 错卦错畴综卦综畴九图 ………… 1984
图 59 错卦错畴八九相函图 …………… 1985
图 60 天赐洪范九畴图 ………………… 1985
图 61 禹第洪范九畴图 ………………… 1985
图 62 禹第五行宫生叙图 ……………… 1985
图 63 箕子所陈五行章畴叙图 ………… 1986
图 64 禹第五事宫生叙图 ……………… 1986
图 65 箕子所陈五事章畴叙图 ………… 1986
图 66 禹第八政宫生叙图 ……………… 1986
图 67 箕子所陈八政章畴叙图 ………… 1987
图 68 禹第五纪宫生叙图 ……………… 1987
图 69 箕子所陈五纪章畴叙图 ………… 1987
图 70 禹第皇极宫生叙图 ……………… 1987
图 71 禹第三德宫生叙图 ……………… 1987
图 72 箕子所陈三德章畴叙图 ………… 1987
图 73 禹第稽疑宫生叙图 ……………… 1988
图 74 箕子所陈稽疑章畴叙图 ………… 1988
图 75 禹第庶征宫生叙图 ……………… 1988
图 76 箕子所陈庶征章畴叙图 ………… 1988
图 77 禹第福极宫生叙图 ……………… 1989
图 78 箕子所陈福极章畴叙图 ………… 1989
图 79 变数图 …………………………… 1989
图 80 行数图 …………………………… 1992
图 81 三才始中终之数总图 …………… 1992
图 82 三才始中终之数分图 …………… 1993
阎斌 ……………………………………… 1998

图 1 太极两仪四象图 …… 1998
图 2 六十四卦大圆图 …… 1999
图 3 先天变后天之象图 …… 1999
图 4 八卦成列图 …… 1999
图 5 乾居西北坤不居东南图 …… 2000
黎曙寅 …… 2001
图 1 天地之数图 …… 2001
图 2 河图位数图 …… 2001
图 3 洛书位数图 …… 2002
图 4 相生横图 …… 2002
图 5 先天八卦方位图 …… 2003
图 6 后天八卦方位图 …… 2003
图 7 先天图 …… 2003
图 8 后天图 …… 2003
图 9 先天重卦之图 …… 2004
图 10 四象相交图 …… 2004
图 11 天地水火为体用之图 …… 2004
图 12 三十六宫之图 …… 2005
图 13 仰观天文图 …… 2005
图 14 俯察地理图 …… 2005
图 15 律吕合爻图 …… 2006
图 16 日月运行图 …… 2006
图 17 四易之易图 …… 2006
图 18 八卦纳甲之图 …… 2006
图 19 六爻之位图 …… 2007
图 20 乾坤二卦进退消长之图 …… 2007
图 21 卦气映月图 …… 2008
冯经 …… 2009
图 1 河洛捷式图 …… 2009
图 2 内即先天方位外附后天图 …… 2009
赵继序 …… 2010
图 1 周易八卦横图 …… 2010
图 2 周易六十四卦方圆图 …… 2011
图 3 连山八卦横图 …… 2011
图 4 连山八卦圆图 …… 2011
图 5 归藏八卦横图 …… 2012
图 6 归藏八卦圆图 …… 2012
图 7 归藏六十四卦横图 …… 2013
图 8 归藏六十四卦方圆图 …… 2015
图 9 备卦横图 …… 2015
图 10 备卦圆图 …… 2016
图 11 周易八卦圆图 …… 2017
图 12 杂卦未主环交图 …… 2017
赵世迥 …… 2018
图 1 河图 …… 2018
图 2 洛书 …… 2018
图 3 图数象天地三图 …… 2019
图 4 书数象天五气图 …… 2019
图 5 书数象地五气图 …… 2019
图 6 龟图 …… 2020
图 7 大禹因洛书衍成九畴图 …… 2020
图 8 河洛位数流变五图 …… 2020
图 9 伏羲画八卦四图 …… 2021
图 10 伏羲六十四卦方圆象天地图 …… 2022
图 11 太极图 …… 2022
图 12 一十三道太极充积成两间四象万物图 …… 2022
图 13 太极十三道阴阳动静升降二十四气图 …… 2023
图 14 十三道浑合万变图 …… 2023
图 15 太极阴阳生物分类图 …… 2023
图 16 太极通变化生万物第一图 …… 2023
图 17 太极通变克积第二图 …… 2024
图 18 太极通变克积第三图 …… 2024
图 19 太极太极通变克积第四图 …… 2024
图 20 太极生两仪四象八卦先儒图 …… 2024
图 21 太极阳动阴静图 …… 2025
图 22 因图数见天地万物形象图 …… 2025
图 23 伏羲八卦见天地万物声色象数图 …… 2025
图 24 文王八卦变易羲位图 …… 2025
图 25 亦天圆含地方之图 …… 2026
图 26 六十四卦横列对待象天地人事图 …… 2026
图 27 阴降寒阳升暑成四气八图 …… 2027
图 28 六十四卦反对合对互对乘承之例二图 …… 2029
图 29 用九用六各得四爻对偶图 …… 2029
图 30 乾道图 …… 2029
图 31 天尊节图 …… 2030
图 32 圣人设卦观象图 …… 2030
图 33 数往知来图 …… 2030

图 34　雷动风散图 …………………… 2030
图 35　文王八卦图 …………………… 2030
图 36　心象图 ………………………… 2031
图 37　几善恶分图 …………………… 2031
图 38　仁心己物立达图 ……………… 2031
图 39　干支流行属岁月日时纪算图 …… 2031
图 40　天地阴阳数三图 ……………… 2032
图 41　五气生五色正变图 …………… 2032
图 42　易序图 ………………………… 2032
图 43　月光圆缺之图 ………………… 2032
图 44　日道出入昼夜长短天圆图 …… 2033
图 45　日道出入昼夜长短方图 ……… 2033
图 46　四仲中星图(春、夏)………… 2033
图 47　四仲中星图(秋、冬)………… 2033
图 48　四仲二十八宿中星定位图 …… 2034
图 49　日月出入九道图 ……………… 2034
图 50　日月升东而出降西以入九道之图 ……………………………… 2034
图 51　二十八宿见的图 ……………… 2034
图 52　天官志分星画野图 …………… 2035
图 53　七政花甲属二十八宿前后共二图 ……………………………… 2035
图 54　纳音纳甲之图 ………………… 2035
图 55　周易与数学图 ………………… 2036
图 56　元音图 ………………………… 2038
图 57　阳律阴吕通变克谐调五声八音和平图 ………………………… 2038
图 58　大衍筮法图 …………………… 2038
图 59　五气变通之图 ………………… 2038
图 60　五行相生图 …………………… 2038
图 61　五行相克图 …………………… 2038
图 62　五气五福之图 ………………… 2039
图 63　六极反五福图 ………………… 2039
图 64　蔡沈九九数方圆象天地图 …… 2039
图 65　数占图 ………………………… 2039
金诚 ……………………………………… 2040
图 1　河图 …………………………… 2040
图 2　洛书 …………………………… 2040
图 3　伏羲八卦小横图 ……………… 2041
图 4　伏羲八卦小圆图 ……………… 2041
图 5　伏羲六十四卦大横图 ………… 2041
图 6　伏羲六十四卦大方圆图 ……… 2042
图 7　伏羲六十四卦圆图外阖闢内交错图 ……………………………… 2042
图 8　伏羲六十四卦圆图分配甲子图 …… 2043
图 9　八卦圆图之本象图 …………… 2043
图 10　八卦圆图本于一气合为一体之象图 …………………………… 2043
图 11　文王八卦次序之象图 ……… 2044
图 12　文王八卦方位之象图 ……… 2044
王皜 ……………………………………… 2045
图 1　易有太极图 …………………… 2045
图 2　易有太极旧图 ………………… 2046
图 3　乾知太始图 …………………… 2046
图 4　坤作成物图 …………………… 2046
图 5　天尊地卑图 …………………… 2047
图 6　参天两地图 …………………… 2047
图 7　日月为易图 …………………… 2047
图 8　河图数图 ……………………… 2048
图 9　洛书数图 ……………………… 2048
图 10　天地之数图 ………………… 2049
图 11　乾坤之策图 ………………… 2049
图 12　乾坤六子图 ………………… 2049
图 13　浑天六位图 ………………… 2049
图 14　伏義先天图 ………………… 2050
图 15　方圆相生图 ………………… 2050
图 16　仰观天文图 ………………… 2051
图 17　俯察地理图 ………………… 2051
图 18　伏義八卦图 ………………… 2051
图 19　八卦取象图 ………………… 2051
图 20　文王八卦图 ………………… 2052
图 21　八卦象数图 ………………… 2052
图 22　四卦合律图 ………………… 2052
图 23　八卦纳甲图 ………………… 2052
图 24　刚柔相摩图 ………………… 2053
图 25　八卦相荡图 ………………… 2053
图 26　六爻三极图 ………………… 2053
图 27　五位相合图 ………………… 2053
图 28　帝出震图 …………………… 2054
图 29　蓍卦之往图 ………………… 2054
图 30　序上下经图 ………………… 2054
图 31　三变大成图 ………………… 2055

图 32	重易六爻图	2055
图 33	六十四卦天地数图	2056
图 34	六十四卦万物数图	2056
图 35	卦爻律吕图	2057
图 36	运会历数图	2057
图 37	乾坤大父母图	2058
图 38	复姤小父母图	2058
图 39	八卦生六十四卦图	2059
图 40	八卦变六十四卦图	2060
图 41	阳卦顺生图	2061
图 42	阴卦逆生图	2061
图 43	复姤临遁泰否六卦生六十四卦图	2062
图 44	六十四卦反对变图	2063
图 45	日月运行一寒一暑卦气之图	2063
图 46	六十四卦卦气图	2064
图 47	十三卦取象图	2064
图 48	三陈九卦之图	2065
图 49	参伍以变图	2065
图 50	十有八变图	2066
图 51	一阴一阳图	2066
图 52	先甲后甲图	2067
图 53	阴阳君民图	2067
图 54	阴阳奇耦图	2068
图 55	二仪得十变化图	2068
图 56	十日五行相生图	2068
图 57	大衍之数图	2069
图 58	揲蓍之法图	2069
图 59	阳中阴图	2069
图 60	阴中阳图	2069
图 61	通乎昼夜图	2070
图 62	河图百六数图	2070
图 63	八卦司化图	2071
图 64	类聚群分图	2071
图 65	序卦图	2072
图 66	杂卦图	2072
图 67	太玄准易卦名图	2073
图 68	太玄准易卦气图	2073
图 69	皇极经世全数图	2074
图 70	邵氏皇极经世图	2076
图 71	温公潜虚拟玄图	2077
图 72	潜虚性图	2078
图 73	说卦配方图	2078
图 74	河图数图	2079
图 75	洛书数图	2079
图 76	洪范九畴图	2079
图 77	九畴本洛书数图	2080
图 78	九畴相乘得数图	2080

刘琯 ………………………………… 2081
图 1	河图	2081
图 2	洛书	2082
图 3	伏羲八卦横图	2082
图 4	伏羲八卦圆图	2082
图 5	伏羲六十四卦横图	2083
图 6	伏羲六十四卦圆方合一图	2083
图 7	实画大圆图	2084
图 8	实画方图	2084
图 9	文王本乾坤二卦生六子图	2085
图 10	文王八卦圆图方位图	2085
图 11	五奇五偶图	2085
图 12	河图五气之行各含五方气数图	2086
图 13	一参为三图	2086
图 14	四合二偶图	2086
图 15	一圆于外包二之阴图	2086
图 16	二方于外包一之阳图	2086
图 17	错综成序卦式图	2086

张祖武 ……………………………… 2087
图 1	河图图	2087
图 2	洛书图	2087
图 3	伏羲八卦横图	2088
图 4	伏羲八卦圆图	2088
图 5	伏羲六十四卦方圆图	2088
图 6	文王八卦横图	2089
图 7	文王八卦圆图	2089
图 8	来子太极图	2089

沈昌基 ……………………………… 2090
图 1	太极阴阳图	2090
图 2	两仪四象图	2090
图 3	三才图	2091
图 4	河图	2091
图 5	洛书	2091
图 6	伏羲八卦次序图	2091

| 图7 | 伏羲八卦方位图 …………… 2092
| 图8 | 伏羲六十四卦次序图 ………… 2092
| 图9 | 伏羲六十四卦方位图 ………… 2093
| 图10 | 文王八卦次序图 ……………… 2093
| 图11 | 文王八卦方位图 ……………… 2093

朱云龙

| 图1 | 河图 …………………………… 2094
| 图2 | 太极分六十四卦图 …………… 2095
| 图3 | 洛书 …………………………… 2095
| 图4 | 太极图 ………………………… 2095
| 图5 | 太极图 ………………………… 2096
| 图6 | 两仪图 ………………………… 2096
| 图7 | 四象图 ………………………… 2096
| 图8 | 先天八卦图 …………………… 2096
| 图9 | 后天八卦图 …………………… 2097
| 图10 | 一元消长图 …………………… 2097

杨魁植 ……………………………………… 2098

| 图1 | 古河图 ………………………… 2098
| 图2 | 古洛书 ………………………… 2098
| 图3 | 河图 …………………………… 2099
| 图4 | 洛书 …………………………… 2099
| 图5 | 河图所属五行一生一成之图 … 2099
| 图6 | 河图阴阳老少四象之图 ……… 2099
| 图7 | 河图天地四象配合八卦之图 … 2100
| 图8 | 天地四象八卦配合横图 ……… 2100
| 图9 | 八卦配河图天地四象位数图 … 2100
| 图10 | 横圆合一图 …………………… 2100
| 图11 | 易有太极图 …………………… 2101
| 图12 | 乾坤六子图 …………………… 2101
| 图13 | 伏羲八卦次序图 ……………… 2101
| 图14 | 伏羲八卦方位图 ……………… 2101
| 图15 | 伏羲六十四卦次序图 ………… 2102
| 图16 | 伏羲六十四卦方位图 ………… 2102
| 图17 | 文王八卦次序图 ……………… 2103
| 图18 | 文王八卦方位图 ……………… 2103
| 图19 | 文王六十四卦方位图 ………… 2103
| 图20 | 先后中天总图 ………………… 2104
| 图21 | 先天八卦图 …………………… 2104
| 图22 | 先天一变卦位图 ……………… 2104
| 图23 | 先天二变卦位图 ……………… 2104
| 图24 | 先天三变卦位即后天卦位图 … 2104
| 图25 | 太极贯一图 …………………… 2104
| 图26 | 六十四卦万物数图 …………… 2105
| 图27 | 复姤临遁泰否六卦生六十四卦图

…………………………………… 2105
| 图28 | 变占之图 ……………………… 2106
| 图29 | 总括象数图 …………………… 2107
| 图30 | 干支音律日月二十四气配卦图 … 2107
| 图31 | 四易之易图 …………………… 2108
| 图32 | 象形一致图 …………………… 2108
| 图33 | 八卦相推图 …………………… 2108
| 图34 | 八卦因重图 …………………… 2109
| 图35 | 六十四卦反对变图 …………… 2110
| 图36 | 八卦取象图 …………………… 2111
| 图37 | 八卦象数图 …………………… 2111
| 图38 | 序卦图 ………………………… 2111
| 图39 | 杂卦图 ………………………… 2112
| 图40 | 三变大成图 …………………… 2112
| 图41 | 八卦司化图 …………………… 2112
| 图42 | 天地之数图 …………………… 2113
| 图43 | 仰观天文图 …………………… 2113
| 图44 | 俯察地理图 …………………… 2113
| 图45 | 日月为易图 …………………… 2113
| 图46 | 乾坤大父母图 ………………… 2114
| 图47 | 复姤小父母图 ………………… 2114
| 图48 | 通乎昼夜图 …………………… 2114
| 图49 | 先甲后甲图 …………………… 2114
| 图50 | 乾坤之策图 …………………… 2114
| 图51 | 六爻定位图 …………………… 2115
| 图52 | 阴阳君民图 …………………… 2115
| 图53 | 阴阳奇耦图 …………………… 2115
| 图54 | 五位相合图 …………………… 2116
| 图55 | 方圆相生图 …………………… 2116
| 图56 | 八卦纳甲图 …………………… 2116
| 图57 | 六位图 ………………………… 2117
| 图58 | 乾坤合律图 …………………… 2117
| 图59 | 既济未济合律图 ……………… 2117
| 图60 | 咸艮取诸身图 ………………… 2117
| 图61 | 井鼎取诸物象图 ……………… 2118
| 图62 | 释象图上、释象图下 ………… 2118
| 图63 | 释爻图 ………………………… 2119
| 图64 | 十三卦取象图 ………………… 2123

图 65	八卦体用图	2124
图 66	邵氏皇极经世图	2125
图 67	经世声音图	2125
图 68	经世衍易图	2126
图 69	经世天地四象图	2126
图 70	温公潜虚拟元图	2126
图 71	体图	2127
图 72	名图	2127
图 73	性图	2128
图 74	关子明拟元洞极经图	2128
图 75	太元准易图	2129
图 76	运会历数图	2129
图 77	大衍洪范本数图	2129

唐秉钧 2130
- 图 1 背阴图 2130
- 图 2 背阴图 2130

倪象占 2131
- 图 1 卦目图 2131
- 图 2 反对图 2133
- 图 3 八卦立体图 2134
- 图 4 八卦运行图 2134
- 图 5 阴阳变化图 2134
- 图 6 大卦图 2134
- 图 7 十辟图 2135
- 图 8 互卦图 2135

沈可培 2136
- 图 1 郑氏周易爻辰图 2136

陈本礼 2137
- 图 1 方圆一气图 2137
- 图 2 一玄都覆三方图 2138

顾堃 2141
- 图 1 郑氏易十二月爻辰图 2141
- 图 2 爻辰所直二十八宿之图 2142

崔述 2143
- 图 1 奇偶两画三重为八卦图 2143
- 图 2 八卦各重八卦为六十四卦图 2144
- 图 3 纯卦交卦纲领之图 2145
- 图 4 乾坤共统八卦图 2146
- 图 5 泰否共统十有六卦图 2146
- 图 6 咸恒损益分统十有六卦图 2146
- 图 7 震艮巽兑分统八卦图 2146
- 图 8 易十二卦应十二月图 2147

雷学淇 2148
- 图 1 象数图 2148
- 图 2 天位图 2151
- 图 3 三正三合图 2151
- 图 4 天正图 2151
- 图 5 人正图 2151
- 图 6 地正图 2152
- 图 7 大正周建图 2152
- 图 8 小正周建图 2152
- 图 9 卦气图 2152
- 图 10 爻辰图 2153
- 图 11 支干旋转图 2153
- 图 12 三才五行岁周图 2153

汪洼 2154
- 图 1 河图 2154
- 图 2 洛书 2154
- 图 3 太极、两仪图 2155
- 图 4 四象、八卦图 2155
- 图 5 六十四卦横图 2156
- 图 6 伏羲六十四卦圆图方图 2158
- 图 7 伏羲八卦图 2158
- 图 8 文王八卦图 2158
- 图 9 河图阳动阴静图 2159
- 图 10 河图阳静阴动图 2159
- 图 11 洛书阳动阴静图 2159
- 图 12 洛书阳静阴动图 2159
- 图 13 先天卦配河图之象图 2160
- 图 14 后天卦配河图之象图 2160
- 图 15 先天卦配洛书之数图 2160
- 图 16 后天卦配洛书之数图 2160
- 图 17 先后天阴阳卦图 2161
- 图 18 后天卦以天地水火为体用图 2161
- 图 19 先后天卦生序卦杂卦图 2161
- 图 20 先天圆者序卦之根图 2162
- 图 21 后天圆者杂卦之根图 2162
- 图 22 序卦圆图 2162
- 图 23 四象相交为十六事图 2163
- 图 24 六十四卦中四爻互卦图 2164
- 图 25 十六卦互成四卦图 2164
- 图 26 互卦圆图 2165

图 27　循环互卦图 …………………… 2165
图 28　三十六宫图 …………………… 2165
图 29　八卦正位图 …………………… 2165
图 30　八卦皆乾坤之数图 ……………… 2166
图 31　折先天圆图虚中为太极图 ……… 2166
图 32　折先天八卦初爻图 ……………… 2166
图 33　联先天八卦初爻图 ……………… 2166
图 34　折先天八卦二爻图 ……………… 2166
图 35　联先天八卦二爻图 ……………… 2166
图 36　合二爻于初爻图 ………………… 2167
图 37　折先天八卦三爻图 ……………… 2167
图 38　联先天八卦三爻图 ……………… 2167
图 39　合三爻成八象图 ………………… 2167
图 40　乾坤六子图 …………………… 2167
图 41　坎离终始图 …………………… 2168
图 42　先天六卦图 …………………… 2168
图 43　循环太极图 …………………… 2168
图 44　先天八卦图 …………………… 2168
图 45　缝卦顺布图 …………………… 2168
图 46　缝卦逆布图 …………………… 2168
图 47　后天八卦图 …………………… 2169
图 48　邵子小衍图 …………………… 2169
图 49　五生数图 ……………………… 2169
图 50　中之成数图 …………………… 2169
图 51　密衍之图 ……………………… 2169
图 52　一至十环列、交对图…………… 2170
图 53　内外合为河图 ………………… 2170
图 54　八宫交对为洛书图 …………… 2170
图 55　八卦对十数图 ………………… 2170
图 56　书数飞宫图 …………………… 2170
图 57　关朗天地人图 ………………… 2170
图 58　方图 …………………………… 2171
图 59　参天两地图 …………………… 2171
图 60　河图天地交图 ………………… 2171
图 61　洛书日月交图 ………………… 2171
图 62　大衍之数图 …………………… 2172
图 63　数图 …………………………… 2172
图 64　乾坤成列图 …………………… 2172
图 65　八卦成列图 …………………… 2172
图 66　先天八卦对待图 ……………… 2173
图 67　九宫之图 ……………………… 2173
图 68　浑天图 ………………………… 2173
图 69　二气循环图 …………………… 2173
图 70　天地十数图 …………………… 2174
图 71　太极两仪图 …………………… 2174
图 72　四八图 ………………………… 2174
图 73　八卦横图 ……………………… 2174
图 74　卦画定方之图 ………………… 2175
图 75　八卦正位图 …………………… 2176
图 76　八卦错位图 …………………… 2176
图 77　八卦正位相错图 ……………… 2176
图 78　天象逆交图 …………………… 2176
图 79　正卦初数图 …………………… 2177
图 80　正卦配数虚位图 ……………… 2177
图 81　正卦配数定位图 ……………… 2177
图 82　错卦配数位图 ………………… 2177
图 83　九数合生成图 ………………… 2178
图 84　九宫正错卦图 ………………… 2178
图 85　洪范九畴图 …………………… 2178
图 86　坎离中气图 …………………… 2178
图 87　坎离全数图 …………………… 2179
图 88　人身正卦图 …………………… 2179
图 89　错卦十数合九图 ……………… 2179
图 90　正卦九数合十图 ……………… 2179
图 91　三具全卦图 …………………… 2180
图 92　八卦方圆图 …………………… 2180
图 93　生数参两图 …………………… 2180
图 94　九宫参两图 …………………… 2180
图 95　律吕图 ………………………… 2180
图 96　二篇卦画图 …………………… 2181
图 97　互卦图 ………………………… 2181
图 98　错卦圆图 ……………………… 2182
图 99　错卦圆图 ……………………… 2182
图 100　错卦坎离居中图……………… 2183
图 101　错卦乾坤用六子图…………… 2183
图 102　六十四卦错气横图…………… 2183
图 103　六十四卦错气圆图…………… 2184
图 104　错卦方图……………………… 2184
图 105　六十四卦错气方图…………… 2184
图 106　六十四卦正位方图…………… 2184
图 107　八卦九重图…………………… 2185
图 108　八卦九重图…………………… 2185

图109　六十四卦九重图 …… 2185
图110　六十四卦九重图 …… 2185
图111　卦气升降图 …… 2186
图112　体用一原图 …… 2186

李钧简 …… 2187
　图1　河图 …… 2187
　图2　洛书 …… 2188
　图3　太极图 …… 2188
　图4　两仪图 …… 2189
　图5　四象图 …… 2189
　图6　对待八卦方位图 …… 2190
　图7　流行八卦方位图 …… 2190

纪大奎 …… 2191
　图1　先天右转日月代明之象图 …… 2191
　图2　先天左旋四时错行之象图 …… 2191
　图3　先后天表里河洛逆顺相生图 …… 2192
　图4　天干先天纳甲随后天位配洛书数图 …… 2192
　图5　地支五气顺布配河图数图 …… 2192
　图6　十二时分阴阳文王元堂式图 …… 2192
　图7　元堂变易式图 …… 2193
　图8　十二月辟卦阴阳消息图 …… 2193
　图9　二十四气化工之图 …… 2193
　图10　八卦体源先天图 …… 2193
　图11　八干用起后天图 …… 2193
　图12　四隅终始生藏图 …… 2193
　图13　皇极正数一图 …… 2194
　图14　皇极交数二图 …… 2194
　图15　卦气图四图 …… 2194
　图16　观鸟兽之文图 …… 2195
　图17　文王卦气图 …… 2195
　图18　后天地平内外图 …… 2196
　图19　四余先天浑合图 …… 2196
　图20　后天四时十二月卦浑沦一气图 …… 2196
　图22　诸儒卦气图 …… 2196
　图21　稽览图卦气图 …… 2196
　图23　五运图 …… 2197
　图24　分野图 …… 2197
　图25　三十六卦如一大卦图 …… 2197

孙星衍 …… 2198
　图1　太极图 …… 2198

卢浙 …… 2199
　图1　河图 …… 2199
　图2　洛书 …… 2199
　图3　伏羲八卦次序图 …… 2200
　图4　文王八卦次序图 …… 2200
　图5　伏羲先天八卦方位图 …… 2200
　图6　文王后天八卦方位图 …… 2200

姚文田 …… 2201
　图1　河图 …… 2201
　图2　洛书 …… 2201
　图3　五数图 …… 2202
　图4　八卦图 …… 2202
　图5　帝出乎震图 …… 2202
　图6　乾南坤北图 …… 2202

牟庭相 …… 2203
　图1　禹步图 …… 2203

张惠言 …… 2204
　图1　八卦卦气图 …… 2204
　图2　十二消息卦气图 …… 2204
　图3　六十四卦贞辰图 …… 2205
　图4　二卦间时而治六辰图 …… 2205
　图5　否泰各贞其辰左行相随图 …… 2205
　图6　太极生两仪图 …… 2205
　图7　两仪生四象图 …… 2205
　图8　四象生八卦图 …… 2206
　图9　八卦成列图 …… 2206
　图10　参天两地图 …… 2206
　图11　天地定位图 …… 2206
　图12　天地之数图 …… 2207
　图13　日月之数图 …… 2207
　图14　八卦之数图 …… 2207
　图15　爻辰图 …… 2208

江藩 …… 2209
　图1　易卦旁通图 …… 2209

万年淳 …… 2210
　图1　河图中五图 …… 2210
　图2　河图中五十图 …… 2210
　图3　河图 …… 2210
　图4　洛书 …… 2211
　图5　伏羲八卦配河图 …… 2211
　图6　文王八卦配河图 …… 2211

图 7　伏羲八卦配洛书 …………………… 2211
图 8　文王八卦配洛书 …………………… 2211
图 9　羲文八卦交易图 …………………… 2211
图 10　伏羲八卦次序图 ………………… 2212
图 11　伏羲八卦方位图 ………………… 2212
图 12　两顺相加成河图 ………………… 2212
图 13　一顺一逆相加成洛书图 ………… 2212
图 13　神以知来图用加法图 …………… 2213
图 14　知以藏往图用减法图 …………… 2213
图 15　河图之数回环相加成洛书之图 …… 2213
图 16　洛书错综为河图 ………………… 2213
图 17　纵横皆十五四环相加皆五十图 …… 2213
图 18　阴阳分奇偶之象图 ……………… 2214
图 19　乾坤成列图 ……………………… 2214
图 20　伏羲画卦横图 …………………… 2214
图 21　伏羲六十四卦圆图 ……………… 2215
图 22　十干流行对待图 ………………… 2215
图 23　伏羲六十四卦方图 ……………… 2215
图 24　六十四卦方中藏圆图 …………… 2216
图 25　互卦图 …………………………… 2216
图 26　伏羲六十四卦以八卦为经以坎离为大用之图 …………………… 2217
图 27　伏羲八卦之次图 ………………… 2217
图 28　文王八卦之次图 ………………… 2217
图 29　乾坤代谢图 ……………………… 2218
图 30　伏羲八卦配三才之图 …………… 2218
图 31　伏羲八卦竖立分三才图 ………… 2218
图 32　太极图 …………………………… 2218
图 33　太极生两仪图 …………………… 2218
图 34　阴阳互根图 ……………………… 2219
图 35　两仪生四象图 …………………… 2219
图 36　四象生八卦图 …………………… 2219
图 37　壁卦图 …………………………… 2219
图 38　伏羲八卦之次图 ………………… 2219
图 39　文王八卦之次图 ………………… 2219
图 40　孔子八卦之次图 ………………… 2219
图 41　伏羲六十四卦次序图 …………… 2220
图 42　文王六十四卦次序图 …………… 2220
图 43　孔子六十四卦次序图 …………… 2220
图 44　序卦表图 ………………………… 2222
图 45　杂卦表图 ………………………… 2222
图 46　类卦图 …………………………… 2223
图 47　万有一千五百二十积算图 ……… 2223
图 48　日月晦朔弦望纳甲图 …………… 2223
图 49　孔子纳甲八卦直图 ……………… 2224
图 50　参同契纳甲五行图 ……………… 2224
图 51　纳甲分对待图 …………………… 2224
图 52　纳甲横图 ………………………… 2225
图 53　纳甲分东西图 …………………… 2225
图 54　十二支纳甲表 …………………… 2225
图 55　九星配二十四山纳甲表图 ……… 2226
图 56　洪范纳音五行表 ………………… 2226
图 57　墓龙变运表 ……………………… 2227
图 58　二五皆坤宫之数图 ……………… 2228
图 59　纳音原于八卦隔八相生分三元之图表 …………………………… 2228
图 60　太元之数定位表 ………………… 2228
图 61　大衍之数定纳音表 ……………… 2228
图 62　八风八音配八卦之图 …………… 2229
图 63　三陈九德以损为修德之主图 …… 2229
图 64　三陈九德以巽为制德之主图 …… 2229
图 65　太衍之数全图 …………………… 2229
图 66　数图 ……………………………… 2230
图 67　天象以七为宗之图 ……………… 2231
图 68　一九相循环对待之图 …………… 2231
图 69　河洛合一中各虚五之图 ………… 2231
图 70　九六合一之图 …………………… 2232
图 71　九星八卦之变图 ………………… 2232
图 72　十二月辟卦图 …………………… 2233
图 73　四仲月之卦图 …………………… 2233
图 74　四孟月之卦图 …………………… 2234
图 75　四季月之卦图 …………………… 2234
图 76　河图起加减法图 ………………… 2234
图 77　洛书起乘除法图 ………………… 2234
图 78　五加四正、五加四隅、三隅积数、四隅积数图 ……………………… 2234
图 79　圆出于方图 ……………………… 2235
图 80　方出于钜图 ……………………… 2235
图 81　折矩以为勾股图 ………………… 2235
图 82　洛书勾股四法相因图 …………… 2235
图 83　矩出于九九八十一图 …………… 2235
图 84　九九开方图 ……………………… 2235

图 85　九九乘除图 …………………… 2236
图 86　弈阵图 …………………… 2236
图 87　风后握奇阵图 …………………… 2236
图 88　筹位图 …………………… 2236
图 89　竖筹算式 …………………… 2237
图 90　洛书分二道图 …………………… 2237
图 91　洛书分九道图 …………………… 2237
图 92　洛书分七政次第图 …………………… 2237
图 93　十二辰分七政次第图 …………………… 2238
图 94　十二辰分七政次第图旧图 …………………… 2238
图 95　十二辰分七政次第图新图 …………………… 2238
图 96　盈虚消息图 …………………… 2238
图 97　十二辰分四维四钩二绳三合隔八之图 …………………… 2238
图 98　二十四节气分配二十四山图 …………………… 2239
图 99　七十二候分配二十四节气图 …………………… 2239
图 100　坤艮分南北两戒图 …………………… 2239
图 101　五德之运分野图 …………………… 2239
图 102　弥纶天地图 …………………… 2240
图 103　三百六十度配三百六十爻表图 …………………… 2240
图 104　三垣二十八宿配六十四卦图 …………………… 2240
图 105　紫微垣配乾坤二卦图 …………………… 2240
图 106　太微垣配离卦图 …………………… 2241
图 107　天市垣配坎卦图 …………………… 2241
图 108　丑宫三十度配卦星图 …………………… 2241
图 109　寅宫三十度配卦星图 …………………… 2241
图 110　卯宫三十度配卦星图 …………………… 2242
图 111　辰宫三十度配卦星图 …………………… 2242
图 112　巳宫三十度配卦星图 …………………… 2242
图 113　午宫三十度配卦星图 …………………… 2242
图 114　未宫三十度配卦星图 …………………… 2243
图 115　申宫三十度配卦星图 …………………… 2243
图 116　酉宫三十度配卦星图 …………………… 2243
图 117　戌宫三十度配卦星图 …………………… 2243
图 118　亥宫三十度配卦星图 …………………… 2244
图 119　子宫三十度配卦星图 …………………… 2244
图 120　衍义图 …………………… 2245
谭秀 …………………… 2246
图 1　文王八卦方位图 …………………… 2246
刘沅 …………………… 2247
图 1　河图 …………………… 2247
图 2　洛书 …………………… 2247
图 3　六十四卦反对变不变图 …………………… 2248
图 4　易有太极图 …………………… 2249
图 5　两仪图 …………………… 2249
图 6　两仪生四象图 …………………… 2249
李锐 …………………… 2250
图 1　日月在天成八卦象图 …………………… 2250
鲍作雨 …………………… 2251
图 1　八卦成列横图 …………………… 2251
图 2　出震齐巽图 …………………… 2251
黎世序 …………………… 2252
图 1　日月为易图 …………………… 2252
图 2　河图 …………………… 2252
图 3　洛书 …………………… 2253
图 4　河图即太极图 …………………… 2253
图 5　洛书即皇极图 …………………… 2253
图 6　先天八卦位次图 …………………… 2253
图 7　先天六气消息图 …………………… 2254
图 8　六卦消息合太极之图 …………………… 2254
图 9　后天八卦方位图 …………………… 2254
图 10　后天八卦配明堂方位图 …………………… 2254
图 11　洛书一九数行次第图 …………………… 2255
图 12　河洛配合五行六气之图 …………………… 2255
图 13　太极生两仪四象八卦横图 …………………… 2255
图 14　六十四卦大横图次图 …………………… 2256
图 15　六十四卦天圆地方图次图 …………………… 2256
图 16　乾坤父母生六子图 …………………… 2257
图 17　太极生两仪四象八卦圆图 …………………… 2257
图 18　太极生六十四卦圆图 …………………… 2257
图 19　孟氏卦气六日七分之图 …………………… 2258
图 20　卦气主七十二候图 …………………… 2258
图 21　十二月卦消息图 …………………… 2259
图 22　月体四象图 …………………… 2259
图 23　月六候象消息六卦图 …………………… 2259
图 24　月生明候以昏图 …………………… 2259
图 25　月生魄候以旦图 …………………… 2259
图 26　日月晦朔合符图 …………………… 2260
图 27　古太极图 …………………… 2260
图 28　周子太极图 …………………… 2260
张瓒昭 …………………… 2261

图1	五行图	2261

蒋珒 ... 2262
图1	统体太极图	2262

张学尹 ... 2263
图1	河图	2263
图2	伏羲八卦横图	2263
图3	洛书	2264
图4	伏羲先天卦圆图	2264
图5	伏羲六十四卦横图	2264
图6	伏羲六十四卦方圆图	2264
图7	文王后天八卦图	2265
图8	四象相交互十六卦图	2265
图9	十六卦互乾坤既未济图	2265
图10	二十八阳卦互体次序图	2265

张矩 ... 2266
图1	河图	2266
图2	洛书	2266
图3	伏羲八卦次序图	2267
图4	伏羲八卦方位图	2267
图5	文王八卦次序图	2267
图6	文王八卦方位图	2267

许桂林 ... 2268
图1	易图	2268
图2	爻辰表图	2268
图3	纳甲表图	2269
图4	卦气表图	2269
图5	八宫世应表图	2270

卜斌 ... 2271
图1	先天八卦图	2271
图2	后天八卦图	2271

马之龙 ... 2272
图1	太极图	2272
图2	两仪图	2272
图3	四象图	2273
图4	卦极一图	2273
图5	卦极二图	2273

冯道立 ... 2274
图1	天生河图起于一合一贯之道图	2274
图2	天生洛书起于一合一贯之道图	2274
图3	天地之数成河图从一起图	2275
图4	河图中心即北极图	2275
图5	河图四方成十图	2275
图6	洛书相对成十图	2275
图7	河图成五行图	2276
图8	河图成大衍符用中之理图	2276
图9	天干配河图图	2276
图10	地支配洛书图	2276
图11	干支经星得河图中数图	2277
图12	河图五位相得有合与纳甲贯图	2277
图13	河图数与纳甲贯图	2277
图14	河图五行与纳甲四象贯图	2277
图15	洛书太一下九宫即一贯时中之理图	2278
图16	九宫配九畴起于五行图	2278
图17	洛书成五行与河图贯图	2278
图18	河图四象以中宫五十相减生八卦图	2278
图19	洛书生八卦与太极四象纳甲贯图	2279
图20	河图四象以中宫五数相加生八卦图	2279
图21	太极单圆两仪合河图纳甲生卦为一贯图	2279
图22	后天八卦与河图贯图	2279
图23	后天八卦与洛书贯图	2280
图24	易龙图应二十四气与时中贯图	2280
图25	五声配河图从中起应万事本于黄钟图	2280
图26	字母配河图应三十六宫图	2280
图27	八卦纳甲取象日月合先天之位图	2281
图28	纳甲分六十四卦图	2281
图29	日月生十二辟卦内含六十四卦全数图	2281
图30	八卦横图象太极之阳爻图	2281
图31	八卦圆图象太极之圆图	2282
图32	八卦横图起于一生六十四卦图	2282
图33	四象生六十四卦图	2282
图34	八卦成六十四卦圆图象天图	2282
图35	八卦成六十四卦方图象地图	2283
图36	先天八卦竖图定上下之分图	2283
图37	后天八卦次序与先天分体用图	2283

图 38　先天八卦方位图 …………………… 2283
图 39　先天八卦次序合周天之象图 …… 2284
图 40　先天八卦变后天八卦以中为正图 ………………………………… 2284
图 41　后天乾元四阳卦生四象配纳甲图 ………………………………… 2284
图 42　后天乾元四阳象生八卦配纳甲图 ………………………………… 2284
图 43　后天八卦圆图象天图 …………… 2285
图 44　后天六十四卦圆图象天图 ……… 2285
图 45　后天六十四卦横图象阳爻图 …… 2285
图 46　伏羲画卦用错象天地日月配偶图 ………………………………… 2285
图 47　文王序卦用综象天地日月上下图 ………………………………… 2286
图 48　先天变后天成序卦图 …………… 2286
图 49　纳甲相连成序卦图 ……………… 2286
图 50　太极生十二消息卦图 …………… 2286
图 51　十二卦消息象两仪图 …………… 2287
图 52　序卦各有精义归之于中图 ……… 2287
图 53　乾坤六爻为十二消息图 ………… 2287
图 54　六十四卦与时消息图 …………… 2287
图 55　六十四卦消息兼错综图 ………… 2288
图 56　消息卦以太极居中见阴阳配合图 ………………………………… 2288
图 57　卦气起中孚与时中贯图 ………… 2288
图 58　卦气验日永短贯四时图 ………… 2288
图 59　八卦主二十四气以时为定图 …… 2289
图 60　上下系配卦气图 ………………… 2289
图 61　纳音配六十四卦合时字图 ……… 2289
图 62　卦气贯七十二候以时为定图 …… 2289
图 63　六十四卦贞辰图与时中贯图 …… 2290
图 64　乾坤主岁合以阴从阳之道图 …… 2290
图 65　否泰主岁含乾坤图 ……………… 2290
图 66　爻辰应二十八宿见众星共辰图 …… 2290
图 67　洞极经配太极之一图 …………… 2291
图 68　辟卦应一元从时起图 …………… 2291
图 69　少阴积数成六十四从一起图 …… 2291
图 70　先天图配卦气与时中贯图 ……… 2291
图 71　六琯验卦气以时为定图 ………… 2292
图 72　后天六十卦配干支图 …………… 2292
图 73　先天卦配天地水火图 …………… 2292
图 74　后天卦配天地水火图 …………… 2292
图 75　先后天分阴阳图 ………………… 2293
图 76　阴阳消长盈虚分四卦图 ………… 2293
图 77　太极五行与河图贯图 …………… 2293
图 78　周子五行配邵子阴阳老少与河图贯图 ……………………… 2293
图 79　天地有日月为太极生两仪图 …… 2294
图 80　太极圆图天地交错为一贯图 …… 2294
图 81　日月生八卦合太极方位图 ……… 2294
图 82　十二辟卦贯于太极图 …………… 2294
图 83　河图与太极贯图 ………………… 2295
图 84　易有太极合一贯之道图 ………… 2295
图 85　太极之阳爻化圆图象天图 ……… 2295
图 86　太极之阳爻生两仪为一贯之始图 ………………………………… 2295
图 87　圆图太极生两仪象天地图 ……… 2296
图 88　太极之阳爻生两仪四象图 ……… 2296
图 89　圆图太极两仪生四象合天地图 … 2296
图 90　太极阳包乎阴象地处天中图 …… 2296
图 91　天包地为太极图 ………………… 2297
图 92　北辰为天地统贯之所北辰即太极图 ………………………………… 2297
图 93　紫微垣即太极图 ………………… 2297
图 94　日月四象合老少阴阳四时五行生八卦为一贯之理图 ……………………… 2297
图 95　日月生八卦俱贯于太极内图 …… 2298
图 96　四元一与太极之一贯图 ………… 2298
图 97　三十六宫根于太极之阳爻图 …… 2298
图 98　九八七六分阴阳老少居河图中图 ………………………………… 2298
图 99　八宫各有所缺图 ………………… 2299
图 100　八宫游魂互用成错综乘图……… 2299
图 101　参伍以变图……………………… 2299
图 102　天根月窟见人极一中之理图…… 2299
图 103　一贯之数皆五得河洛中图……… 2300
图 104　支辰分野见天地同一太极图…… 2300
图 105　天地有自然易图………………… 2300
图 106　一卦加八卦以乾为例图………… 2300
图 107　太极两仪四象化横为图生八卦图 ………………………………… 2301

图 108　一卦成八卦以屯为例图………… 2301
图 109　一卦变六十三卦以乾为例图…… 2301
图 110　文王序卦反乘象天地日月上下图 ………………………………………… 2301
图 111　不综八卦图………………………… 2302
图 112　不乘八卦图………………………… 2302
图 113　序卦四正不易分上下经图……… 2302
图 114　序卦四隅反易成为易图………… 2302
图 115　八卦相乘成序卦图……………… 2303
图 116　八卦对待成序卦图……………… 2303
图 117　序卦与系辞九卦贯图…………… 2303
图 118　孔子互卦用中象天地日月时中图 ………………………………………… 2303
图 119　阴阳分变成互卦图……………… 2304
图 120　阴阳合变成互卦图……………… 2304
图 121　六爻皆互合论语独言大过图…… 2304
图 122　阴阳升降得二五之中与时中贯图 ………………………………………… 2304
图 123　天地节而四时成图……………… 2305
图 124　八卦配五行西方缺金图………… 2305
图 125　说卦兑可为金图………………… 2305
图 126　卦爻配天地水火图……………… 2305
图 127　天地水火成否泰既未济图……… 2306
图 128　天地水火四正卦贯全经图……… 2306
图 129　彖传言阴阳以天地为主图……… 2306
图 130　六位分君臣图…………………… 2306
图 131　乘承比应内外上下图…………… 2307
图 132　天地阴阳旋传分顺逆图………… 2307
图 133　卦爻旁通尚中道图……………… 2307
图 134　八卦分上下图…………………… 2307
图 135　六爻有应者八卦合错综图……… 2308
图 136　乾坤无定位与时中贯图………… 2308
图 137　乾坤生坎离见日月代天地行道图 ………………………………………… 2308
图 138　乾坤分上下图…………………… 2308
图 139　坤后六卦皆坎取天一生水之义图 ………………………………………… 2309
图 140　乾坤备八卦图…………………… 2309
图 141　乾坤含既未济包全经图………… 2309
图 142　乾坤中有咸恒图………………… 2309
图 143　乾坤二卦分损益图……………… 2310
图 144　先后天日月居四方主六十四卦图 ………………………………………… 2310
图 145　天无二日应民无二王图………… 2310
图 146　日月纳甲与巽蛊庚甲贯图……… 2310
图 147　三少阴成既济图………………… 2311
图 148　三少阳成未济图………………… 2311
图 149　六十四卦惟既济阴阳得位图…… 2311
图 150　既济一卦贯天地四时图………… 2311
图 151　既济一卦含八卦原于太极图…… 2312
图 152　六画卦似三画卦图……………… 2312
图 153　否泰含巽艮兑震图……………… 2312
图 154　一七九含二六八成八卦图……… 2312
图 155　卦象言筮见易为卜筮书图……… 2313
图 156　参两生卦本于太极之阳爻图…… 2313
图 157　八卦对待应老阳数图…………… 2313
图 158　乾坤三索得天地中图…………… 2313
图 159　六子分中图……………………… 2314
图 160　六十四卦独中孚以中名图……… 2314
图 161　彖传言消息统之以时图………… 2314
图 162　易中心字合太极图……………… 2314
图 163　卦分精气形图…………………… 2315
图 164　德行原于乾坤图………………… 2315
图 165　定之以中正仁义见太极之理图 ………………………………………… 2315
图 166　易言天地万物之情图…………… 2315
图 167　卦德卦象各相贯图……………… 2316
图 168　人与日月合明见格致诚意之学图 ………………………………………… 2316
图 169　易言无妄合诚意图……………… 2316
图 170　彖辞言心为正心之主图………… 2316
图 171　易首四卦具五位图……………… 2317
图 172　易言齐家之政在反身图………… 2317
图 173　首四卦父母男女图……………… 2317
图 174　易重长子有中正之道图………… 2317
图 175　咸取女见人道之正图…………… 2318
图 176　易首三大政图…………………… 2318
图 177　屯解震坎不同合四时之首图…… 2318
图 178　雷出地奋正王者布政之始图…… 2318
图 179　礼乐具天地德图………………… 2319
图 180　治刑取乎离为向明而治图……… 2319
图 181　治兵取乎坤见寓兵于农图……… 2319

图 182　观风察政取乎巽图 …………………… 2319
图 183　易道尚谦忌盈图 …………………… 2320
图 184　易重大小过图 …………………… 2320
图 185　河洛皆显于明夷图 …………………… 2320
图 186　叠字卦图 …………………… 2320
图 187　君子有终合天地人三极为一贯图 …………………… 2321
图 188　起课不用易辞图 …………………… 2321
图 189　八卦分宫与五行贯图 …………………… 2321
图 190　八卦纳干支图 …………………… 2321
图 191　以钱代蓍图 …………………… 2322
图 192　世应分月图 …………………… 2322
图 193　六亲配五行图 …………………… 2322
图 194　六虚应太虚图 …………………… 2322
图 195　卦身配五行图 …………………… 2323
图 196　人极贯天地图 …………………… 2323
图 197　仲尼譬天地为人极主图 …………………… 2323
图 198　北辰执中而治图 …………………… 2323
图 199　北辰居天心以星验中正图 …………………… 2324
图 200　北极出地随时处中图 …………………… 2324
图 201　北辰为太极即人心图 …………………… 2324
图 202　北辰以斗柄为用其心时贯于周天之中图 …………………… 2324
图 203　天心以仁贯四德图 …………………… 2325
图 204　日月为易定命之义图 …………………… 2325
图 205　月受日光为画卦之原图 …………………… 2325
图 206　天地日月星辰错综为画卦序卦张本图 …………………… 2325
图 207　彖传言来十九卦见序卦反易之理图 …………………… 2326
图 208　归奇象闰以时为定图 …………………… 2326
图 209　闰年合爻数图 …………………… 2326
图 210　八卦分四时只兑言秋图 …………………… 2326
图 211　八卦方位以指南针为定正对两极之中图 …………………… 2327
图 212　八卦配八阵与时中贯图 …………………… 2327
图 213　六十干支配卦与时偕行图 …………………… 2327
图 214　八卦相生贯四时图 …………………… 2327
图 215　八卦相克贯四时图 …………………… 2328
图 216　上下经分阴阳图 …………………… 2328
图 217　阴阳始终是一贯之理图 …………………… 2328
图 218　太易不列于太学图 …………………… 2328
图 219　十翼应河图十数图 …………………… 2329
图 220　象彖易各有取义图 …………………… 2329
图 221　易贯三义图 …………………… 2329
图 222　易贯四尚图 …………………… 2329
图 223　易贯三象图 …………………… 2330
图 224　彖辞分体用图 …………………… 2330
图 225　卦象分言图 …………………… 2330
图 226　贞悔无定体图 …………………… 2330
图 227　八卦贯全经图 …………………… 2331
图 228　八卦加数图 …………………… 2331
图 229　乾坤包六子成太极图 …………………… 2331
图 230　月几望与纳甲贯图 …………………… 2331
图 231　系辞无坎离图 …………………… 2332
图 232　乾坤既未济相隔之数图 …………………… 2332
图 233　临八月有凶见抑阴之道图 …………………… 2332
图 234　复七日来复见扶阳之道图 …………………… 2332
图 235　太极之阳爻为数原图 …………………… 2333
图 236　极数知来起于阳爻图 …………………… 2333
图 237　一本万殊正太极之理图 …………………… 2333
图 238　易多以数取义图 …………………… 2333
图 239　六位成章根于太极之阳爻图 …………………… 2334
图 240　参两居河图中图 …………………… 2334
图 241　易教不用三四图 …………………… 2334
图 242　成数不用十象太极图 …………………… 2334
图 243　乾坤二用合大衍图 …………………… 2335
图 244　文言用九六图 …………………… 2335
图 245　易辞分类图 …………………… 2335
图 246　观变玩占图 …………………… 2335
图 247　大衍营数图 …………………… 2336
图 248　揲数应全爻图 …………………… 2336
图 249　蓍揲应岁运图 …………………… 2336
图 250　五行配五常图 …………………… 2336
图 251　乾卦备五常图 …………………… 2337
图 252　四德分贯各卦图 …………………… 2337
图 253　易中言元为善之长图 …………………… 2337
图 254　易中言亨有通字义通即是贯图 …………………… 2337
图 255　利涉大川取乾巽二卦图 …………………… 2338
图 256　利见大人指九五定一卦之尊图 …………………… 2338

图 257　利有攸往合为学之道图………… 2338
图 258　利西南三见合消息之理图……… 2338
图 259　元永贞图……………………………… 2339
图 260　贞与一贯有吉凶之别图………… 2339
图 261　易道重时中见孔门传授之法图
……………………………………………… 2339
图 262　先后天分中图…………………… 2339
图 263　六爻分中图……………………… 2340
图 264　四时合中和图…………………… 2340
图 265　彖传赞时大图…………………… 2340
图 266　卦各有指以时为主图…………… 2340
图 267　人为天地心图…………………… 2341
图 268　泰卦象人身分阴阳之位图……… 2341
图 269　五运应太极合人身图…………… 2341
图 270　六气应太极合人身图…………… 2341
图 271　八卦近取诸身图………………… 2342
图 272　六子应六气图…………………… 2342
图 273　乾坤含胞与图…………………… 2342
图 274　四卦言仁义皆根于天地图……… 2342
图 275　圣门传易图……………………… 2343
图 276　易言德业分三极图……………… 2343
图 277　人与天合德图…………………… 2343
图 278　人与地合德图…………………… 2343
图 279　易备五伦为人极主图…………… 2344
图 280　父母男女以中为主图…………… 2344
图 281　卦以九五为尊明君臣之义图…… 2344
图 282　震合坎离为乘时布令图………… 2344
图 283　十三卦始终皆乾见万事总由于
天图……………………………………… 2345
图 284　十三卦备孟子王政之全图……… 2345
图 285　君子小人成否泰图……………… 2345
图 286　易言大欲合三卦图……………… 2345
图 287　易道尚吉以理言图……………… 2346
图 288　咎字解不同图…………………… 2346
图 289　易与五经贯图…………………… 2346
图 290　易言习与论语时习贯图………… 2346
图 291　系辞九卦合论语见雅言之教图
……………………………………………… 2347
图 292　太极与大学贯图………………… 2347
图 293　易与中庸贯图…………………… 2347
图 294　大壮与孟子贯图………………… 2347
图 295　六辞贯全经图…………………… 2348
图 296　易辞互见各相贯图……………… 2348
图 297　卦辞见别卦名图………………… 2348
图 298　脱误图…………………………… 2348
图 299　经星出没各适其中无过不及图
……………………………………………… 2349
图 300　经星考时验中与北极同图……… 2349
图 301　众星共辰物物共有一太极图…… 2349
图 302　天行健以中星为主物物各有一
太极图…………………………………… 2349
图 303　日月十二次为阴阳交会之所图
……………………………………………… 2350
图 304　黄赤道居南北极之中日月与时
偕行图…………………………………… 2350
图 305　日出入赤道与北辰合时中图…… 2350
图 306　日月朔望对待会合与易随时变通图
……………………………………………… 2350
图 307　月行九道与北辰合时中图……… 2351
图 308　日月行四时成四象图…………… 2351
图 309　天象生五行为造化之原图……… 2351
图 310　算盘法图书图…………………… 2351
图 311　河洛总数成为阳爻图…………… 2352
图 312　河图为算学之原起于太极之阳爻图
……………………………………………… 2352
图 313　洛书为算学之原起于太极之阳爻图
……………………………………………… 2352
图 314　因圆见方合大衍与太极贯图…… 2352
图 315　河图五十居中含八卦图………… 2353
图 316　河图九数成三角与用中之义贯图
……………………………………………… 2353
图 317　过揲六数成六角与虚中之义贯图
……………………………………………… 2353
图 318　洛书五数相乘应中宫图………… 2353
图 319　洛书三六七八相乘与河图贯图
……………………………………………… 2354
图 320　勾股与河图贯图………………… 2354
图 321　开方成百与河洛贯图…………… 2354
图 322　开方成四十九与大衍贯图……… 2354
图 323　开方成三十六与过揲贯图……… 2355
图 324　开方用画卦加倍法与太极贯图
……………………………………………… 2355

图 325　一斤数与全爻贯图 …………………… 2355
图 326　老阳应洛书九位从一起图 ……… 2355
图 327　迎日推策与大衍贯图 …………… 2356
图 328　洪范成大衍其一不用象太极图
…………………………………………… 2356
图 329　潜虚应河图数即太虚图 ………… 2356
图 330　洪范皇极图以中为主图 ………… 2356
图 331　太元以中准中孚与时中贯图 …… 2357
图 332　经世天地人四象合三极图 ……… 2357
图 333　易分三统以天为主合三极图 …… 2357
萧寅显 ……………………………………… 2358
图 1　河图 …………………………………… 2358
图 2　洛书 …………………………………… 2358
图 3　伏羲先天八卦次序图 ……………… 2359
图 4　伏羲先天八卦方位图 ……………… 2359
图 5　伏羲先天六十四卦次序图 ………… 2359
图 6　伏羲先天六十四卦方位图 ………… 2360
图 7　文王后天八卦次序图 ……………… 2360
图 8　文王后天八卦方位图 ……………… 2360
陈世镕 ……………………………………… 2361
图 1　八卦方位次序图 …………………… 2361
图 2　九畴实数五十图 …………………… 2361
图 3　易逆数随宿度逆转图 ……………… 2362
图 4　太一下九宫图 ……………………… 2362
图 5　五行生成图 ………………………… 2362
图 6　孟喜京房卦气图 …………………… 2362
图 7　邵子先天圆图 ……………………… 2363
图 8　京氏八卦世应游归图 ……………… 2363
图 9　反对旁通图 ………………………… 2364
图 10　两象易图 ………………………… 2364
图 11　郑康成爻辰图 …………………… 2364
蔡绍江 ……………………………………… 2365
图 1　太极生两仪、两仪生四象图 ……… 2365
图 2　四象生八卦图 ……………………… 2365
图 3　八卦荡为六十四图 ………………… 2366
图 4　伏羲六十四卦圆图 ………………… 2367
图 5　河图 ………………………………… 2367
图 6　伏羲八卦方位图 …………………… 2368
图 7　伏羲八卦横图 ……………………… 2368
图 8　伏羲六十四卦方图 ………………… 2368
图 9　文王八卦方位图 …………………… 2368
图 10　河图 ……………………………… 2369
图 11　洛书 ……………………………… 2369
图 12　文王八卦方位图 ………………… 2369
图 13　文王八卦次序图 ………………… 2369
李道平 ……………………………………… 2370
图 1　孟京卦气图 ………………………… 2370
图 2　郑氏爻辰图 ………………………… 2371
图 3　八卦纳甲图 ………………………… 2371
黄式三 ……………………………………… 2372
图 1　卦变图 ……………………………… 2372
图 2　乾坤变一阴一阳图 ………………… 2372
图 3　乾坤变五阴五阳图 ………………… 2372
图 4　乾坤变二阴二阳图 ………………… 2373
图 5　乾坤变四阴四阳图 ………………… 2373
图 6　乾坤生三男外卦重三男图 ………… 2373
图 7　乾坤生三女外卦重三女图 ………… 2373
图 8　乾坤生否内变三男外重三女图 …… 2373
彭蕴章 ……………………………………… 2374
图 1　易错综卦图 ………………………… 2374
蒋湘南 ……………………………………… 2376
图 1　卦气表图 …………………………… 2376
陈克绪 ……………………………………… 2380
图 1　河图 ………………………………… 2380
图 2　河图卦位图 ………………………… 2380
图 3　洛书 ………………………………… 2381
图 4　伏羲八卦横图 ……………………… 2381
图 5　伏羲八卦圆图 ……………………… 2381
图 6　伏羲六十四卦横图 ………………… 2382
图 7　伏羲六十四卦圆图 ………………… 2382
图 8　文王八卦图 ………………………… 2382
图 9　文王八卦圆图方位图 ……………… 2383
图 10　上经十八卦序次图 ……………… 2383
图 11　下经十八卦序次图 ……………… 2384
王甗 ………………………………………… 2385
图 1　玄图即河图图 ……………………… 2385
图 2　拟洛书图 …………………………… 2385
任兆麟 ……………………………………… 2386
图 1　先天图 ……………………………… 2386
秦嘉泽 ……………………………………… 2387
图 1　先后天仰观天文图 ………………… 2387
图 2　十二消息辟卦图 …………………… 2387

图3	十二辟所值图	2388
图4	十二月爻辰图	2388
图5	心易发微伏羲太极之图	2388
图6	先天画卦图	2388
图7	无极太极八卦图	2389
图8	陈希夷太极图	2389
图9	太极六十四卦图	2389
图10	来氏太极八卦图	2389

戴棠 …… 2390
- 图1 郑氏爻辰图 …… 2390
- 图2 郑氏爻辰详图 …… 2391
- 图3 王昶六十四卦爻辰分配图 …… 2391

张鼎 …… 2393
- 图1 虞氏卦变图 …… 2393

萧光远 …… 2394
- 图1 二十四气图 …… 2394
- 图2 四时图 …… 2394
- 图3 四方图 …… 2395
- 图4 五星图 …… 2395
- 图5 五行图 …… 2395
- 图6 五色图 …… 2395
- 图7 五常图 …… 2396
- 图8 五味图 …… 2396
- 图9 五声图 …… 2396
- 图10 八音图 …… 2396
- 图11 天干图 …… 2397
- 图12 地支图 …… 2397
- 图13 天文图 …… 2397
- 图14 星象图 …… 2397
- 图15 十二州图 …… 2398
- 图16 五岳图 …… 2398
- 图17 八风图 …… 2398
- 图18 十二辰图 …… 2398

李佐贤 …… 2399
- 图1 八卦生肖图 …… 2399

陈寿熊 …… 2401
- 图1 天地人三才图 …… 2401

郭嵩焘 …… 2402
- 图1 纳甲图 …… 2402

张楚钟 …… 2403
- 图1 天圆图 …… 2403
- 图2 地方图 …… 2403
- 图3 人为天地心图 …… 2403
- 图4 河洛数相和相较图 …… 2404
- 图5 洛书四正四隅数连图 …… 2404
- 图6 洛书中五统四方四隅图 …… 2404
- 图7 洛书数符合寒温热带图 …… 2404
- 图8 洛书方隅数等图 …… 2405
- 图9 洛书上下左右数等图 …… 2405
- 图10 算家四率合四象图 …… 2405
- 图11 画间易图 …… 2406
- 图12 爻间纯杂阴阳图 …… 2406
- 图13 点线纯杂阴阳图 …… 2406
- 图14 弦切阴阳纯杂图 …… 2406
- 图15 爻象左右相对图 …… 2406
- 图16 蓍德圆神图 …… 2407
- 图17 七曜高卑相和相较图 …… 2407
- 图18 六角诸圆交割图 …… 2407
- 图19 河洛数交变图 …… 2408
- 图20 三角合三阴图 …… 2408
- 图21 平行线交角与卦爻图 …… 2408
- 图22 河洛相连生克图 …… 2408

何志高 …… 2409
- 图1 六十四卦月令图 …… 2409
- 图2 太极两仪四象图 …… 2410
- 图3 易象全图 …… 2411
- 图4 伏羲氏易象本图 …… 2411
- 图5 六十四卦直列图 …… 2412
- 图6 直列分方图 …… 2412
- 图7 六十四卦反对图 …… 2413
- 图8 上篇序卦图 …… 2413
- 图9 下篇序卦图 …… 2414
- 图10 六十四卦帝载图 …… 2414
- 图11 大衍数图 …… 2415
- 图12 筮策象数图 …… 2415

黄守平 …… 2416
- 图1 环互图 …… 2416

徐通久 …… 2417
- 图1 河图 …… 2417
- 图2 洛书 …… 2417
- 图3 伏羲八卦次序图 …… 2418
- 图4 伏羲八卦图 …… 2418

图5	文王八卦次序图	2418
图6	文王八卦图	2418
图7	先天交变以成后天图	2419
图8	先后天分阴阳图	2419
图9	先天卦配河之象图	2419
图10	后天卦配河图之象图	2419
图11	先天卦配洛书之数图	2420
图12	后天卦配洛书之数图	2420

蒋本 ······ 2421

图1	太极图	2421
图2	太极图	2421
图3	河图	2422
图4	洛书	2422
图5	则图画卦图	2422
图6	乾坤定位图	2422
图7	因而重之之图	2423
图8	六十四卦圆图	2423
图9	六十四卦方图	2423
图10	帝出乎震图、父母六子图	2424
图11	体用一原图	2424
图12	序卦图	2425
图13	十二月辟卦图	2425
图14	乾坤易之门图	2426
图15	阴阳消息之图	2426
图16	六十四卦中爻之图	2427
图17	七日来复图	2427
图18	八宫卦变图	2428
图19	图纳天干图	2428
图20	书纳地支图	2428
图21	八卦纳甲法图	2429
图22	浑天甲子图	2429
图23	月纳甲图	2429
图24	六十四卦图	2430
图25	纳音图	2430
图26	律吕配乾坤图	2430

毛一丰 ······ 2431

图1	太极卦象星象图	2431

何秋涛 ······ 2432

图1	爻辰图	2432

章楠 ······ 2433

图1	阴阳回旋升降图	2433

庄忠械 ······ 2434

图1	否泰各贞其辰图	2434
图2	纳甲图	2434
图3	后天八卦卦气图	2435
图4	太乙遁甲图	2435

沈善登 ······ 2436

图1	太一所行图	2436
图2	河图五位方周爻象直日二图	2437
图3	洛书九位方周爻象直日三图	2437
图4	八卦方图	2438
图5	干支配属图	2438
图6	甲庚先后七日图	2438
图7	重卦流行甲庚十六周图谱图	2439
图8	八卦方位图	2439
图9	八卦起止换宫图	2439
图10	乾坤成列图	2440
图11	六十四卦十六互体图	2442
图12	卦变四象图	2442
图13	重卦图	2443
图14	八卦刚柔变化图	2444
图15	世系谱图	2444
图16	杂卦末节方位图	2445
图17	天易时数十六周图	2445
图18	世界数量图	2446
图19	帝出乎震图	2446
图20	卦位数量图	2446
图21	太易道生图	2446
图22	五方前后十六时数图	2447
图23	八方前后十六时数图	2447
图24	九数仿生图	2448
图25	河图洛书总图	2448
图26	天地开辟图一图	2449
图27	天地开辟图二图	2449
图28	天地开辟图三图	2449
图29	天地开辟图四图	2449
图30	天地开辟图五图	2449
图31	变股作弦图	2449
图32	大衍求一勾股三图	2450
图33	勾股正方图	2451
图34	算家四因倍积开方图	2451
图35	勾股和方图	2451

图36	勾股名易图	2451
图37	爻变四十八为勾图	2452
图38	五行十数图	2452
图39	五行天干圆图	2452
图40	五行家三合图	2452

雷丰 …… 2453
图1　尻神图 …… 2453

沈绍勋 …… 2454
图1　洛书大用图 …… 2454
图2　洛书阴阳气交图 …… 2454
图3　一六共宗图 …… 2454
图4　八卦九宫无别图 …… 2455
图5　先天卦位图 …… 2455
图6　后天卦位中五图 …… 2455
图7　先天太玄图 …… 2455
图8　后天中五立极图 …… 2456
图9　后天中五图 …… 2456
图10　先甲后甲图 …… 2456
图11　八卦爻辰图 …… 2456
图12　先天后天顺逆四图 …… 2457
图13　顺数逆数图 …… 2457
图14　卦数干支图 …… 2457
图15　乾宫八卦位图 …… 2458
图16　归魂三图 …… 2458
图17　乾坤即坎离二图 …… 2459
图18　归游四卦图 …… 2459

马其昶 …… 2460
图1　天地生成之数图 …… 2460
图2　倚数图 …… 2460
图3　八卦方位图 …… 2461
图4　重卦图 …… 2461

纪磊 …… 2462
图1　神妙万物卦气图 …… 2462
图2　周易消息六十四图 …… 2463
图3　六位时成图 …… 2479

何其杰 …… 2480
图1　纳甲值月候图 …… 2480
图2　消息简明图 …… 2481
图3　爻辰简明图 …… 2481

朱昌寿 …… 2482
图1　先天后天图 …… 2482
图2　爻辰入宫图 …… 2482
图3　十二次图 …… 2483
图4　十二次月建国图 …… 2483
图5　十二宫星宿图 …… 2483
图6　十二次分野图 …… 2483
图7　十二宫二十四气图 …… 2484
图8　十二律图 …… 2484
图9　十二禽图 …… 2484
图10　十二消息图 …… 2484
图11　卦气图 …… 2485
图12　八卦纳甲图 …… 2487
图13　纳甲图 …… 2488
图14　否泰所贞之辰异于他卦图 …… 2489

胡泽漳 …… 2490
图1　太极两仪四象八卦图 …… 2490
图2　先天圆图 …… 2490
图3　河图 …… 2490
图4　洛书 …… 2491
图5　文王后天八卦圆图 …… 2491
图6　先天变后天八卦图 …… 2491
图7　先天圆图 …… 2491
图8　先后天中间变化图 …… 2491
图9　后天圆图 …… 2491
图10　先天后天相通之图 …… 2491
图11　六十四卦阴阳消长图 …… 2492
图12　明来瞿堂方图 …… 2492

汪乙然 …… 2493
图1　先天八八卦图 …… 2493
图2　先天八八外卦变图 …… 2495
图3　后天八八卦图 …… 2496
图4　后天八八外卦变图 …… 2498

杭辛斋 …… 2500
图1　周濂溪之太极图 …… 2500
图2　古太极图 …… 2500
图3　来氏太极图 …… 2501
图4　易有太极是生两仪图 …… 2501
图5　河图 …… 2501
图6　洛书 …… 2501
图7　万氏河图 …… 2502
图8　万氏洛书 …… 2502
图9　二八易位图 …… 2502

图 10	二五构精图	2502
图 11	纳甲图	2503
图 12	卦材图	2503

黄元炳 … 2504
- 图 1　先天小象图 … 2504
- 图 2　后天小象图 … 2504
- 图 3　天象河图 … 2505
- 图 4　人象河图 … 2505
- 图 5　序卦象一图 … 2505
- 图 6　序卦象二图 … 2505
- 图 7　杂卦象图 … 2506
- 图 8　六体交象图 … 2506
- 图 9　纳音河图变数图 … 2506
- 图 10　六十纳支以言定音图 … 2507
- 图 11　古今太极图象二图 … 2507

张恩霨 … 2508
- 图 1　河洛象数图 … 2508
- 图 2　河洛卦数图 … 2508
- 图 3　消息盈虚图 … 2509
- 图 4　世运图 … 2509
- 图 5　伏羲太极八卦图 … 2509
- 图 6　来氏太极图 … 2509
- 图 7　太极分体图 … 2510
- 图 8　明体达用图 … 2510
- 图 9　复见天地心图 … 2510
- 图 10　唐虞执中之易图 … 2510
- 图 11　仰观俯察图 … 2511
- 图 12　三才立极图 … 2511

不著撰者 … 2512
- 图 1　八音八风图 … 2512
- 图 2　岁星之图 … 2512

不著撰者 … 2513
- 图 1　周子太极图 … 2513

道藏所载周易图像

无量度人上品妙经旁通图 … 2517
- 图 1　仰图图 … 2517

黄帝阴符经讲义图说 … 2518
- 图 1　日月圣功图 … 2518
- 图 2　奇器万象图 … 2518

修真太极混元图 … 2519
- 图 1　天地阴阳升降之图 … 2519

金液还丹印证图 … 2520
- 图 1　太极原本图 … 2520
- 图 2　乾坤图 … 2521
- 图 3　鼎器图 … 2521
- 图 4　进火图 … 2522
- 图 5　退火图 … 2522
- 图 6　朝元图 … 2523
- 图 7　还元图 … 2523

修真历验抄图 … 2524
- 图 1　三十幅共一毂图 … 2524
- 图 2　采真铅汞图 … 2524
- 图 3　六通图 … 2525
- 图 4　周易七十二候图 … 2525
- 图 5　还丹五行功论图 … 2526

龙虎手鉴图 … 2527
- 图 1　龙虎手鉴图 … 2527

上清太玄九阳图 … 2528
- 图 1　月体纳甲八象图 … 2528

灵宝无量度人上经大法 … 2529
- 图 1　四帝四魔图 … 2529
- 图 2　八节九宫之图 … 2530
- 图 3　河图 … 2531
- 图 4　神虎召摄八门之坛图 … 2531

无上玄天三天玉堂大法 … 2532
- 图 1　纯阴真水结璘素华洞阴玉符图 … 2532
- 图 2　水火既济合炼成真玉符图 … 2532
- 图 3　纯离火玉符图 … 2533

清微神烈秘法 … 2534
- 图 1　驱祟符图 … 2534

大丹直指 … 2535
- 图 1　先天图 … 2535
- 图 2　后天图 … 2535
- 图 3　得中气节过太阳月将是图 … 2535

玉溪子丹经指要 … 2536
- 图 1　交会图 … 2536
- 图 2　三五一都图 … 2536

会真记 … 2537
- 图 1　太极图 … 2537
- 图 2　五行生数图 … 2538
- 图 3　五行成数图 … 2538

  图4 四象生八卦图 …………… 2539
  图5 八卦还元图 ………………… 2539
  图6 七政八卦图 ………………… 2539
谷神篇 …………………………………… 2540
  图1 五气朝元图 ………………… 2540
  图2 命性图 ……………………… 2541
  图3 含元抱朴之图 ……………… 2541
  图4 木金间隔体用之图 ………… 2542
上乘修真三要 …………………………… 2543
  图1 无极太极图 ………………… 2543
  图2 乾坤阴阳升降图 …………… 2543
  图3 乾坤体用之图 ……………… 2544
  图4 乾坤三元真水火图 ………… 2544
三极至命筌蹄 …………………………… 2545
  图1 三极八卦九宫图 …………… 2545
  图2 八卦八象身体图 …………… 2546
清微丹诀 ………………………………… 2547
  图1 内炼祈雨祈晴图 …………… 2547
黄帝宅经 ………………………………… 2548
  图1 金蝉脱壳天仙之图 ………… 2548
  图2 修建祈禳二图 ……………… 2549
上方大洞真元阴阳陟降图书后解 ……… 2550
  图1 上方大洞真元阴阳陟降图 … 2550
  图2 四象之图 …………………… 2550
  图3 五行推移之图 ……………… 2551
  图4 八卦六变之图 ……………… 2551
  图5 九宫七元之图 ……………… 2551
还真集 …………………………………… 2552
  图1 人身三关图 ………………… 2552
  图2 大道心易图 ………………… 2552
  图3 朝屯暮蒙图 ………………… 2553
  图4 周天火候图 ………………… 2553
爰清子至命篇 …………………………… 2554
  图1 先天四象之图 ……………… 2554
  图2 后天四象之图 ……………… 2555
  图3 圆为阳方为阴图 …………… 2555
  图4 九转成功之图 ……………… 2555
道法会元 ………………………………… 2556
  图1 纳音符图 …………………… 2556
  图2 召雷符图 …………………… 2556
上清灵宝大法 …………………………… 2557
  图1 三光炼化宝坛图 …………… 2557
  图2 九牌书大洞生化符九道图 … 2558
  图3 九炼生尸宝坛图 …………… 2558
  图4 灵宝生仙炼度坛图 ………… 2559
全真坐钵捷法 …………………………… 2560
  图1 观天执天之图 ……………… 2560
道法宗旨图衍义 ………………………… 2561
  图1 元始祖劫图 ………………… 2561
  图2 雷霆互用图 ………………… 2561
  图3 雷霆之图 …………………… 2562
  图4 斗柄周天之图 ……………… 2562
  图5 法行先天大道之图 ………… 2562
  图6 雷霆一窍图 ………………… 2562
  图7 雷霆九宫图 ………………… 2562
  图8 大衍之数图 ………………… 2563
古易考原 ………………………………… 2564
  图1 河图 ………………………… 2564
  图2 洛书 ………………………… 2564
至道心传 ………………………………… 2565
  图1 太极含一图 ………………… 2565
  图2 天根月窟三十六宫之图 …… 2565
  图3 内天罡图 …………………… 2566
易说图解 ………………………………… 2567
  图1 混极图 ……………………… 2567
  图2 元极图 ……………………… 2567
  图3 灵极图 ……………………… 2568
  图4 太极图 ……………………… 2568
  图5 中极图 ……………………… 2568
  图6 动静图 ……………………… 2568
  图7 少极图 ……………………… 2569
  图8 太阳图 ……………………… 2569
  图9 太阴图 ……………………… 2569
  图10 象明图 …………………… 2569
  图11 三才图 …………………… 2570
  图12 阳奇图 …………………… 2570
  图13 阴偶图 …………………… 2570
  图14 两仪生四象图 …………… 2570
  图15 四象生八卦图 …………… 2570
  图16 乾坤阖辟图 ……………… 2571
  图17 太极中分八卦图 ………… 2571
  图18 六十四卦刚柔相摩图 …… 2571
  图19 六十四卦节气图 ………… 2572
  图20 阴阳律吕生生图 ………… 2572

- 图21 三分损益之图 …… 2572
- 图22 天根月窟图 …… 2573

太古集 …… 2574
- 图1 乾象图 …… 2574
- 图2 坤象图 …… 2574
- 图3 日象图 …… 2574
- 图4 月象图 …… 2574
- 图5 天地交泰图 …… 2575
- 图6 日月会合图 …… 2575
- 图7 天数奇象图 …… 2575
- 图8 地数偶象图 …… 2575
- 图9 二十八宿加临四象图 …… 2575
- 图10 河图 …… 2576
- 图11 三才入炉造化图 …… 2576
- 图12 八卦收鼎炼丹图 …… 2576
- 图13 乾坤生六子图 …… 2577
- 图14 八卦数爻成岁图 …… 2577
- 图15 二十四气加临乾坤二象阴阳损益图 …… 2577
- 图16 六子加临二十四气阴阳损益图 …… 2578
- 图17 八卦反复图 …… 2578
- 图18 六十甲子加临卦象图 …… 2579
- 图19 二十四气加临卦象图 …… 2579
- 图20 五行悉备图 …… 2579
- 图21 天地生数图 …… 2579
- 图22 天地成数图 …… 2580
- 图23 四象图 …… 2580
- 图24 三才象三坛之图 …… 2580

心传述证录 …… 2581
- 图1 无极图 …… 2581
- 图2 太极图 …… 2581
- 图3 易有太极图 …… 2582
- 图4 两仪图 …… 2582
- 图5 四象五行图 …… 2582
- 图6 八卦六虚图 …… 2582
- 图7 伏羲拟山定卦图 …… 2583
- 图8 文王八卦易位图 …… 2583
- 图9 乾坤阖辟图 …… 2583
- 图10 精一执中图 …… 2583
- 图11 圣学法天图 …… 2584
- 图12 大学则易图 …… 2584
- 图13 中庸参赞图 …… 2584
- 图14 鬼神造化图 …… 2584
- 图15 持志养气图 …… 2585
- 图16 仁义礼智四端图 …… 2585
- 图17 象月火候图 …… 2585
- 图18 天根月窟图 …… 2585
- 图19 虚无生道图 …… 2586

太上老君清静经图注 …… 2587
- 图1 无极图 …… 2587
- 图2 皇极图 …… 2587
- 图3 真道图 …… 2587
- 图4 圣道图 …… 2587
- 图5 消长图 …… 2588
- 图6 道德图 …… 2588
- 图7 万物图 …… 2588
- 图8 贪求图 …… 2588
- 图9 生死图 …… 2588
- 图10 太极图 …… 2588
- 图11 三才图 …… 2588

清净经原旨 …… 2589
- 图1 无极图 …… 2589

玉皇心印经注 …… 2590
- 图1 玉皇心印图 …… 2590

金丹大旨论 …… 2591
- 图1 先天无极之图 …… 2591
- 图2 太极未分之图 …… 2591
- 图3 太极分阴阳之图 …… 2592
- 图4 阴阳互藏之图 …… 2592
- 图5 坎离交媾之图 …… 2592
- 图6 成丹之图 …… 2592
- 图7 周天符火图 …… 2593
- 图8 还元图 …… 2593

文昌大洞经 …… 2594
- 图1 大洞金丹大药之图 …… 2594
- 图2 火候抽添还返之图 …… 2594
- 图3 无极图 …… 2595

周易阐真 …… 2596
- 图1 古河图 …… 2596
- 图2 先天阳五行图 …… 2596
- 图3 后天阴五行图 …… 2597
- 图4 生初阴阳五行混合图 …… 2597
- 图5 古洛书图 …… 2597
- 图6 阴阳五行错乱图 …… 2597

图7 阴阳五行综整图 …… 2598	图20 玄关一窍图 …… 2610
图8 图书合一图 …… 2598	图21 谷神图 …… 2610
图9 无中生有图 …… 2598	图22 乌兔药物图 …… 2610
图10 羲皇八卦方位古图 …… 2598	图23 龙虎相会图 …… 2611
图11 羲皇先天六十四圆图 …… 2599	图24 坎离颠倒图 …… 2611
图12 邵尧夫方圆内外合一图 …… 2599	图25 金鼎玉炉图 …… 2611
图13 先天阴阳混成图 …… 2600	图26 五行颠倒图 …… 2611
图14 逆运先天结丹图 …… 2600	图27 黄婆媒聘图 …… 2612
图15 炼神还虚图 …… 2600	图28 二八两弦图 …… 2612
图16 文王索生八卦图 …… 2600	图29 黍米珠图 …… 2612
图17 后天顺行造化图 …… 2601	图30 火候卦象图 …… 2612
图18 后天逆运变化图 …… 2601	图31 生我之门图 …… 2613
图19 金木交并图 …… 2601	图32 死我之户图 …… 2613
图20 坎离颠倒图 …… 2601	图33 有为之窍图 …… 2613
图21 乾坤颠倒图 …… 2602	图34 无为之妙图 …… 2613
图22 解脱本面图 …… 2602	图35 混俗和光图 …… 2614
图23 先后八卦合一图 …… 2602	图36 药归土釜图 …… 2614
图24 河图洛书先天后天合一之图 …… 2603	图37 十月胎圆图 …… 2614
图25 图中图 …… 2603	图38 凝结圣胎图 …… 2614
图26 金丹图 …… 2603	图39 婴儿出现图 …… 2615
图27 鼎炉药物火候六十四卦图 …… 2604	图40 移炉换鼎图 …… 2615
图28 阳火阴符六阳六阴图 …… 2604	参同契经文直指 …… 2616
象言破疑 …… 2605	图1 周易六十四卦图 …… 2616
图1 胎中面目图 …… 2605	图2 一岁十二月六阴六阳之图 …… 2616
图2 婴儿面目图 …… 2605	图3 一月阳光盈亏之图 …… 2617
图3 孩儿面目图 …… 2606	上清灵宝济度大成金书 …… 2618
图4 阴阳分判图 …… 2606	图1 血湖地狱灯图 …… 2618
图5 五行分位图 …… 2606	图2 炼度坛灯图 …… 2618
图6 后天用事图 …… 2606	图3 周天灯图 …… 2619
图7 纯阴无阳图 …… 2607	图4 九天玉枢灯图 …… 2619
图8 炼己筑基图 …… 2607	图5 九宫八卦土灯图 …… 2619
图9 天良真心图 …… 2607	图6 北斗天轮灯图 …… 2619
图10 阳长阴消图 …… 2607	图7 玄天灯图 …… 2620
图11 攒簇五行图 …… 2608	图8 火德灯图 …… 2620
图12 阴阳混合图 …… 2608	图9 五岳灯图 …… 2620
图13 浑然一气图 …… 2608	图10 水府灯图 …… 2620
图14 太空虚无图 …… 2608	玉帝正朝集 …… 2621
图15 金丹图 …… 2609	图1 步罡图 …… 2621
图16 天地之心图 …… 2609	秘藏周易参同契 …… 2622
图17 偃月炉图 …… 2609	图1 洗心退藏图 …… 2622
图18 朱砂鼎图 …… 2609	图2 乾坤交媾图 …… 2622
图19 玄牝之门图 …… 2610	图3 火候崇正图 …… 2623

上方大洞真元妙经图 ……… 2624
　图 1　太极先天之图 ……… 2624

图说 ……… 2625
　图 1　元贤五位图 ……… 2625

周易图 ……… 2626
　图 1　日月为易图 ……… 2626
　图 2　乾坤六子图 ……… 2627
　图 3　六位三极图 ……… 2627
　图 4　乾坤交成六十四卦图 ……… 2628
　图 5　六十四卦万物数图 ……… 2628
　图 6　帝出震图 ……… 2629
　图 7　乾坤不居四正位图 ……… 2629
　图 8　卦配方图 ……… 2629
　图 9　方以类聚图 ……… 2630
　图 10　物以群分图 ……… 2630
　图 11　八卦司化图 ……… 2631
　图 12　四象八卦图 ……… 2631
　图 13　卦分律吕图 ……… 2631
　图 14　乾坤合律图 ……… 2631
　图 15　太极图 ……… 2632
　图 16　郑氏太极贯一图 ……… 2632
　图 17　乾坤交成六十四卦横图 ……… 2633
　图 18　李氏六卦生六十四卦图 ……… 2633
　图 19　八卦推六十四卦图 ……… 2634

上清黄书过度仪 ……… 2635
　图 1　九宫图 ……… 2635

洞真黄书 ……… 2636
　图 1　九宫图 ……… 2636
　图 2　九宫八卦中九图 ……… 2636
　图 3　八卦九宫中五图 ……… 2637
　图 4　八卦九宫中五图 ……… 2637

上清长生宝鉴图 ……… 2638
　图 1　上清长生宝鉴图 ……… 2638

上清含象剑鉴图 ……… 2639
　图 1　上清含象剑鉴图 ……… 2639

太清元极至妙神珠玉颗经 ……… 2640
　图 1　年用周天一年四次行图 ……… 2640
　图 2　日用周天一日行一卦图 ……… 2643
　图 3　时用周天逐时水火图 ……… 2646
　图 4　入室周天图 ……… 2647

太公阴符经 ……… 2650
　图 1　轮范生克图 ……… 2650
　图 2　𧑒𧍒生克图 ……… 2651
　图 3　轮范𧑒𧍒生克图 ……… 2651
　图 4　轮范先天方位局式图 ……… 2651
　图 5　𧑒𧍒后天方位局式图 ……… 2651
　图 6　用神局式图 ……… 2651
　图 7　十将局式图 ……… 2651

云笈七签 ……… 2652
　图 1　火候图 ……… 2652
　图 2　三十辐共一毂图 ……… 2654
　图 3　采真铅汞图 ……… 2655
　图 4　六通图 ……… 2656
　图 5　周易七十二候图 ……… 2656
　图 6　还丹五行功论图 ……… 2657
　图 7　太上肘后玉经方八篇图 ……… 2658

太清金阙玉华仙书八极神章三皇内秘文 ……… 2659
　图 1　三皇授法坛图 ……… 2659

灵宝领教济度金书 ……… 2660
　图 1　明真炼度坛图 ……… 2660
　图 2　九宫八卦灯坛图 ……… 2661
　图 3　寿山枕面图 ……… 2661
　图 4　交泰罡图 ……… 2662
　图 5　步八卦聚形罡图 ……… 2662

太上洞玄灵宝无量度人上品经法 ……… 2663
　图 1　八节九宫 ……… 2663
　图 2　三十二天位次之图 ……… 2663

性命圭指 ……… 2664
　图 1　太极图 ……… 2664
　图 2　中心图 ……… 2664
　图 3　取坎填离图 ……… 2665
　图 4　洗心退藏图 ……… 2665
　图 5　乾坤交媾图 ……… 2665
　图 6　周天璇玑图 ……… 2665

法海遗珠 ……… 2666
　图 1　使者坐功图 ……… 2666

灵宝玉鉴 ……… 2667
　图 1　八门坛式图 ……… 2667
　图 2　九灵章奏拜坛式图 ……… 2668
　图 3　九厄九垒灯图 ……… 2668

周·易·图·像·汇·编

宋元以前

关朗

生卒年不详,字子明,北魏河东解州(今山西解县)人。有经济大器,或以占算示人而不求宦达。文中子王通先人王虬引荐给孝文帝,以《老子》《周易》问对,深得赞许。王虬长子彦师关朗学易,传至王通。关朗去世后河东多立祠祭祀。著有《关氏易传》一卷、《洞极真经》等。现存有《周易》图像五幅。

图1　叙本论并图　　图2　明变论并图
（关朗《洞极真经》）　（关朗《洞极真经》）

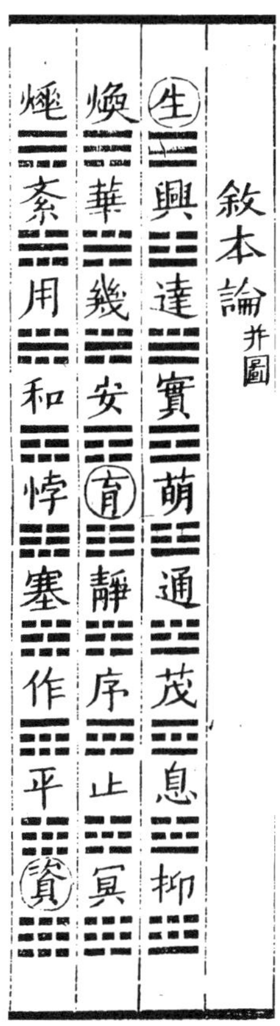

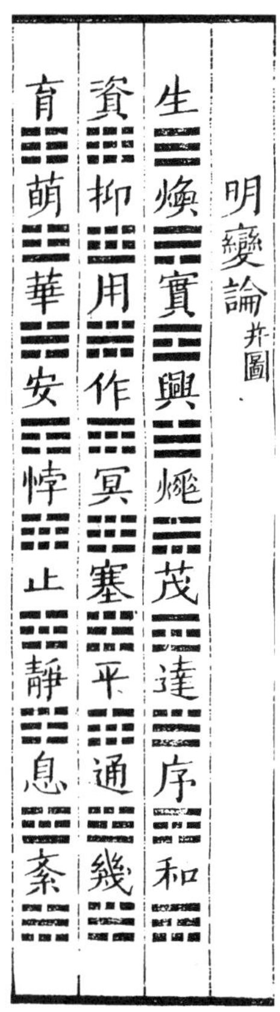

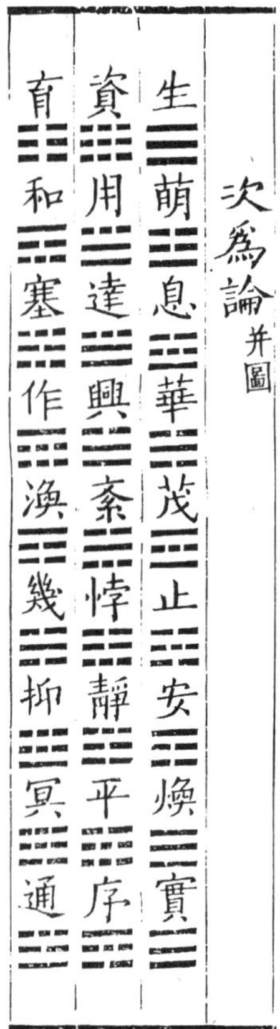

图 3　次为论并图
（关朗《洞极真经》）

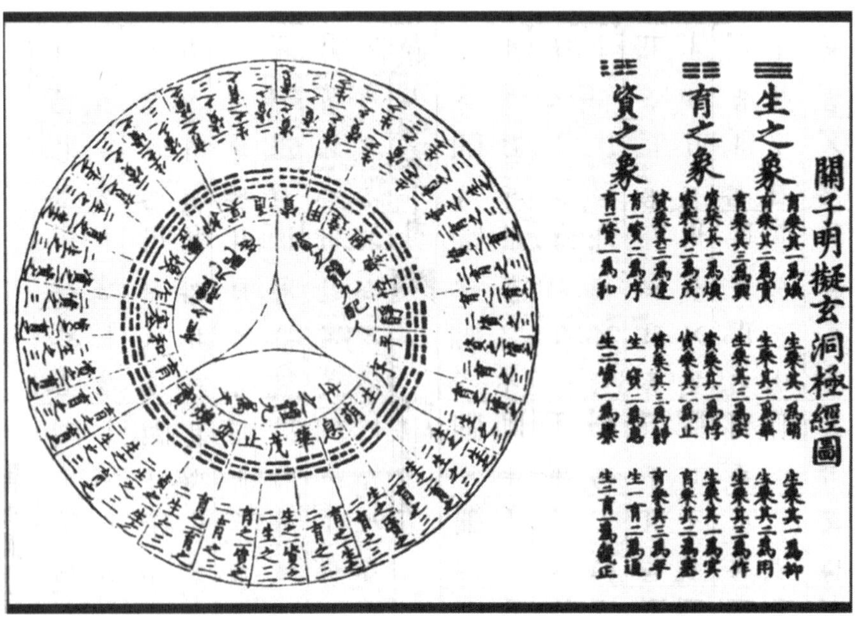

图 4　关子明拟玄洞极经图
（关朗《周易图》）

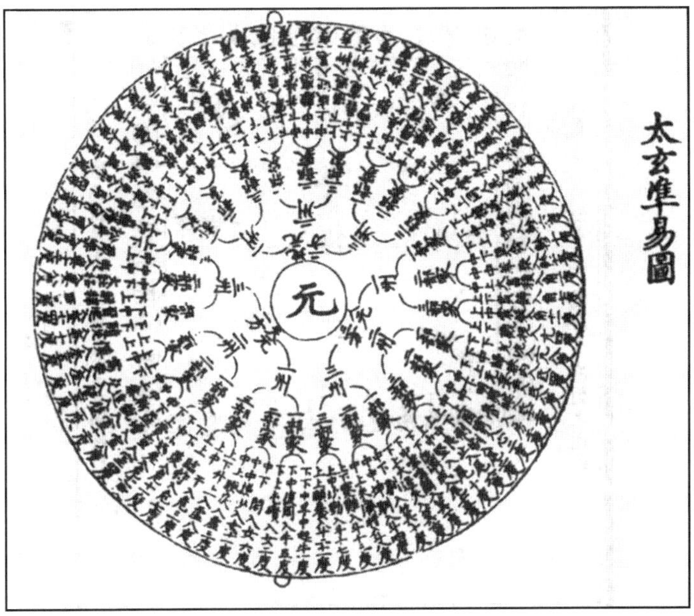

图 5　太玄准易图
（关朗《周易图》）

宇文邕(543—578)

北周武帝,字祢罗突,鲜卑人,北周太祖宇文泰第四子。自幼聪敏有器质,及长性沉深有远识,在位十八年,为隋朝的建立和统一奠定了基础。少时习儒学,执政时曾数次与群臣及沙门道士讲论《礼记》。建德三年(574)毁佛道经像,令沙门道士还俗。建德六年,敕令通道观编撰魏晋以来道书《无上秘要》,原书一百卷,称为"六世纪的道藏"。现存有《周易》图像一幅。

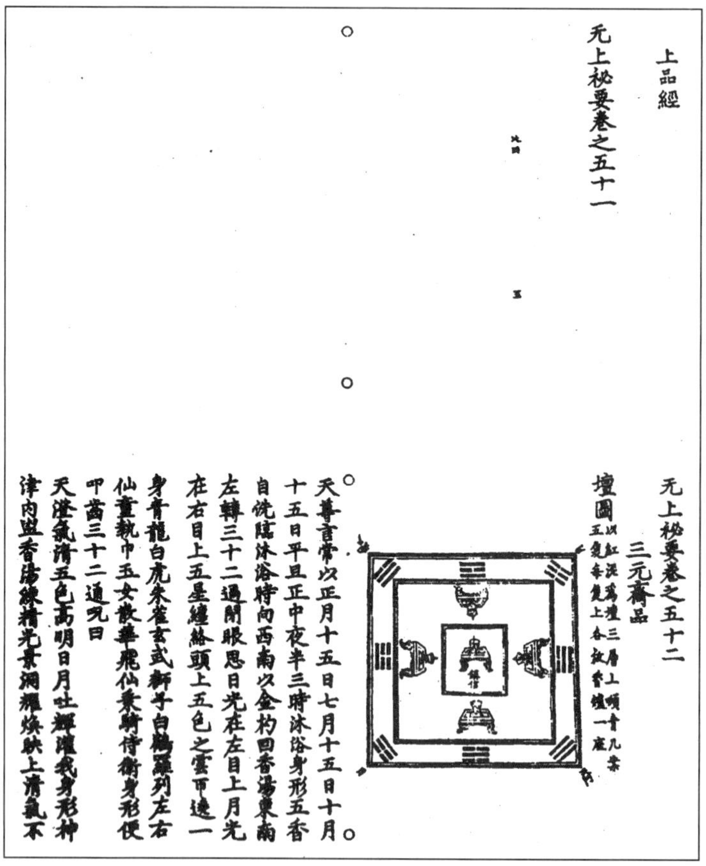
上品經
无上秘要卷之五十一

无上秘要卷之五十二
三元齋品
壇圖 以紅泥爲壇三層上頓十九案 五炁香爐上各致香爐一座

天尊言常以正月十五日七月十五日十月十五日平旦正中夜半三時沐浴身形五香自洗臨沐浴時向西南以金杓回香湯東南左轉三十二過閉眼思日光在左目上月光在右目上五星纏絡頭上五色之雲币遶一身青龍白虎朱雀玄武獅子白鶴羅列左右仙童執巾玉女散華飛仙乘騎侍衛身形便叩齒三十二通呪曰

天淦氣清五色高明日月吐輝灌我身形神津內盥香湯鍊精光景洞耀煥映上清氣不

图1　坛图

(宇文邕《无上秘要》)

袁天罡

生卒年不详,唐益州(今成都市)人。习阴阳五行之学,精天文、相术。隋炀帝大业中,为盐官令,为言皆验。唐高祖李渊武德初,任火井令。贞观八年(634),唐太宗闻其名,召至九成宫。与李淳风交往,甚相得。后病卒。著有《易镜玄要》《九天玄女六壬课》《右乙命诀》《太白会运逆兆通代记图》等。现存有《周易》图像三幅。

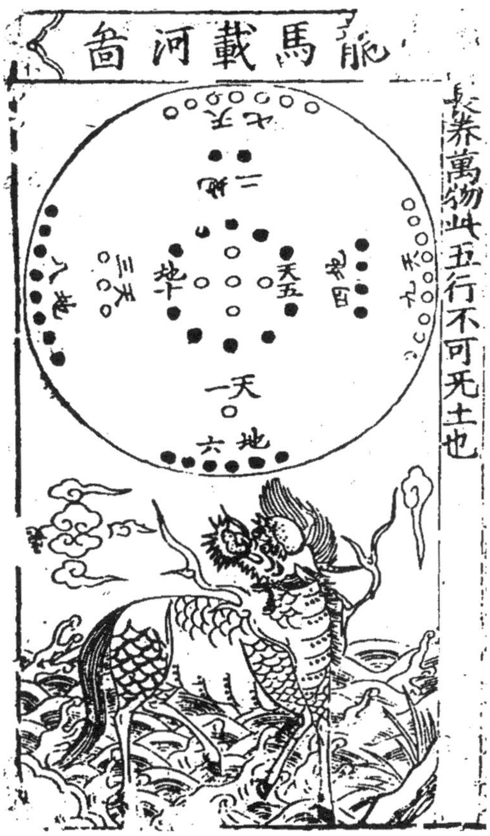

图1　龙马载河图
(袁天罡《新刊指南台司袁天罡先生五星三命大全》)

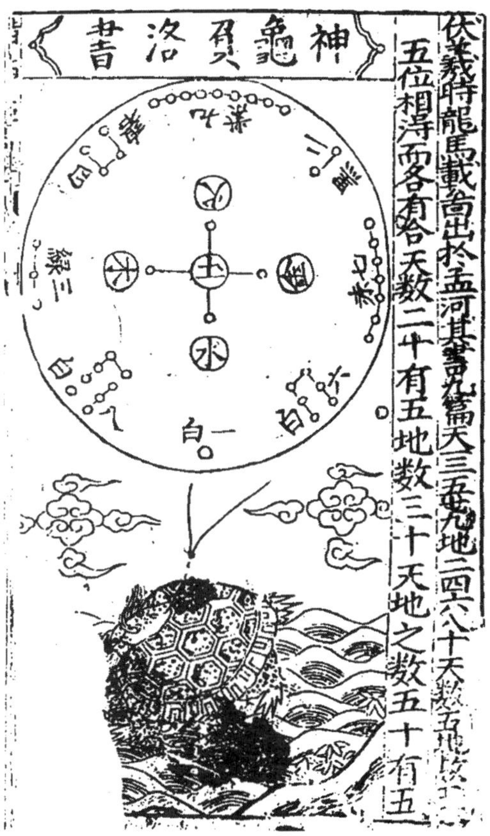

图2　神龟负洛书
(袁天罡《新刊指南台司袁天罡先生五星三命大全》)

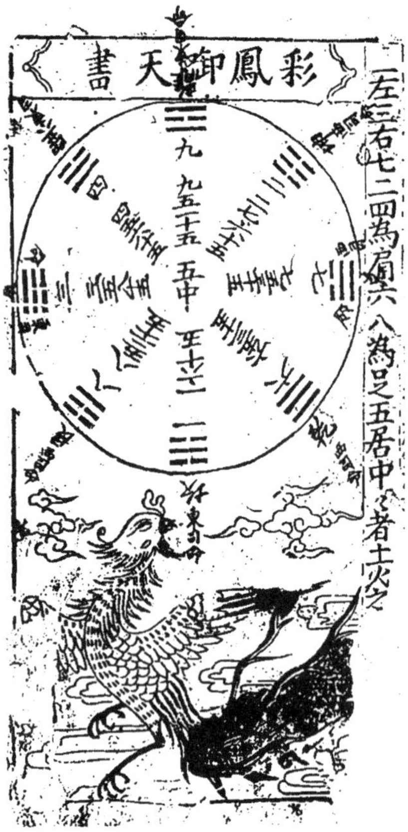

图 3　彩凤衔天书
（袁天罡《新刊指南台司袁天罡先生五星三命大全》）

吕岩

生卒年不详,字洞宾,别号纯阳子,自称回道人,晚唐河中永乐(今山西永济)人。隐居终南山修道,传说行踪无定,年百余岁,为"八洞神仙"之一,道教"北五祖"之一,历来受到民间祭祀。著有《内外丹百字吟》、《吕子易说》(一名《易说》)、《寿山堂易说》等。现存有《周易》图像四十六幅。

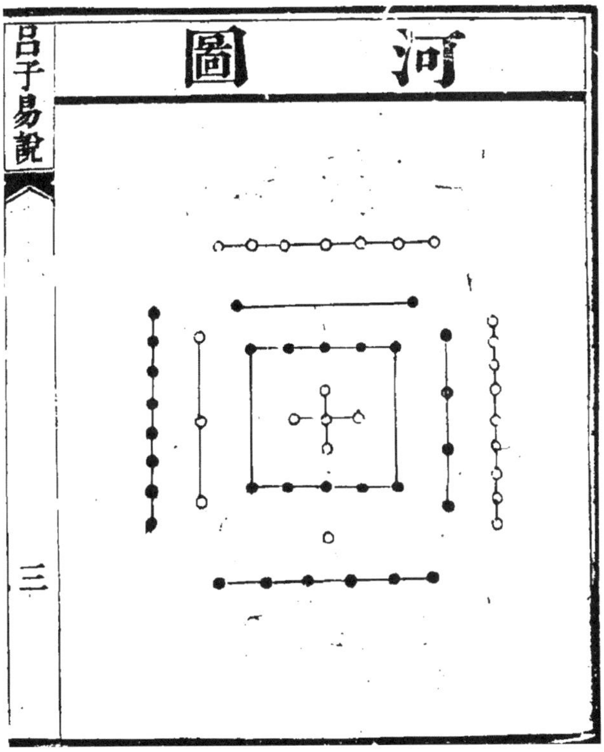

图1　河图
(吕岩《吕子易说》)

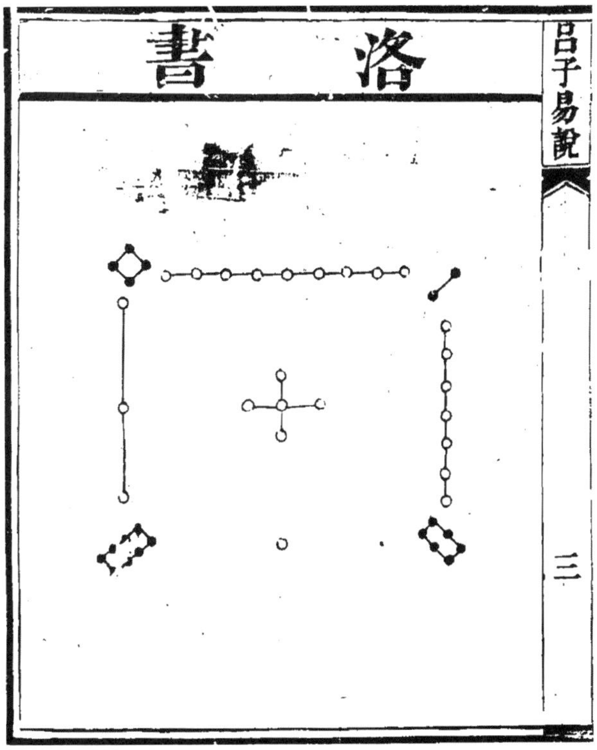

图2　洛书
(吕岩《吕子易说》)

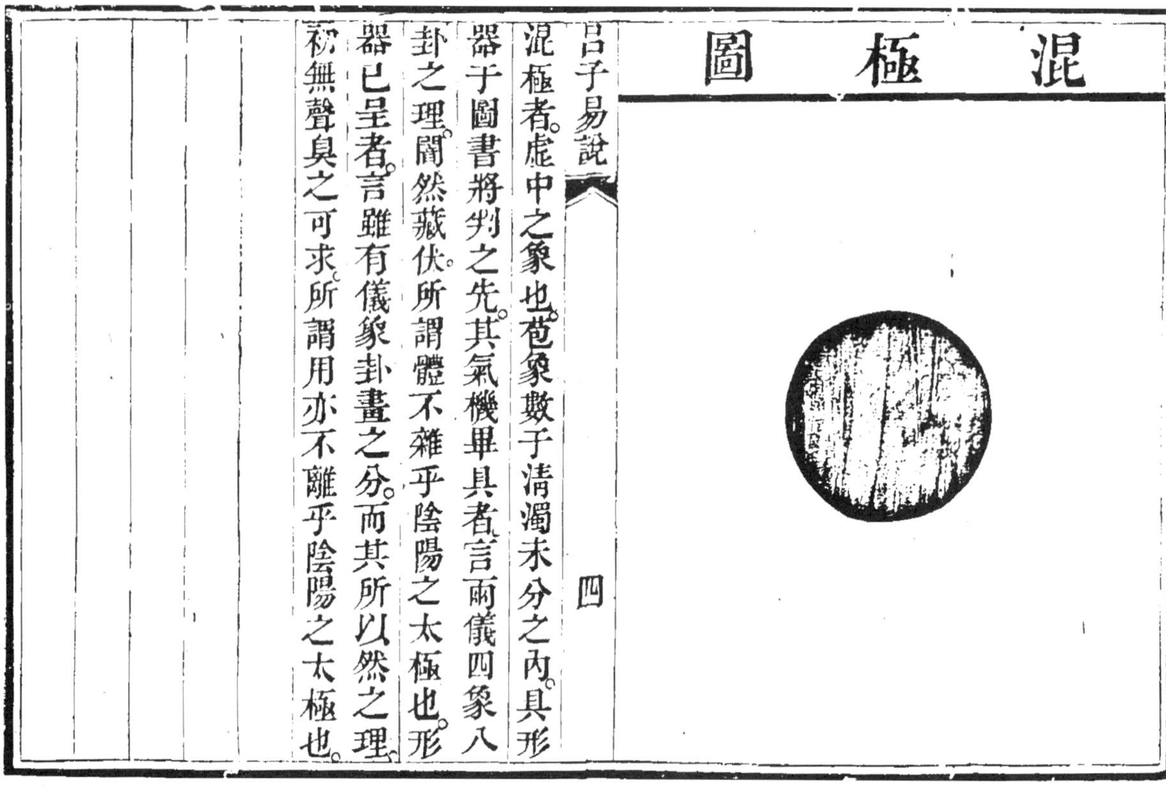

图3　混极图
（吕岩《吕子易说》）

吕子易说

混极图

混极者虚中之象也苞象数于清浊未分之内具形器于图书将判之先其气机毕具者言两仪四象八卦之理间然藏伏所谓体不杂乎阴阳之太极也形器已呈者言虽有仪象卦画之分而其所以然之理初无声臭之可求所谓用亦不离乎阴阳之太极也

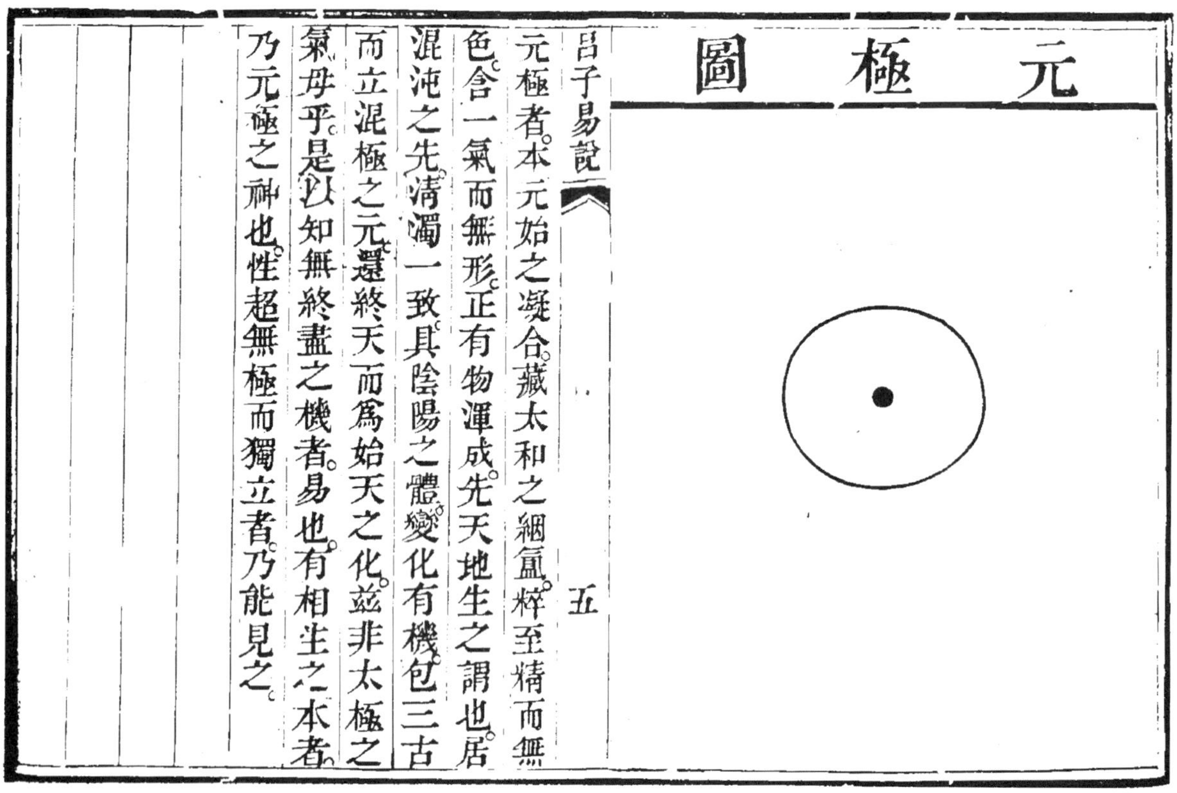

图4　元极图
（吕岩《吕子易说》）

吕子易说

元极图

元极者本元始之凝合藏太和之絪缊粹至精而无色含一气而无形正有物浑成先天地生之谓也居混沌之先清浊一致其阴阳之体变化有机包三古而立混极之元还终天而为始天之化兹非太极之气母乎是以知无终尽之机者易也有相生之本者乃元极之神也性超无极而独立者乃能见之

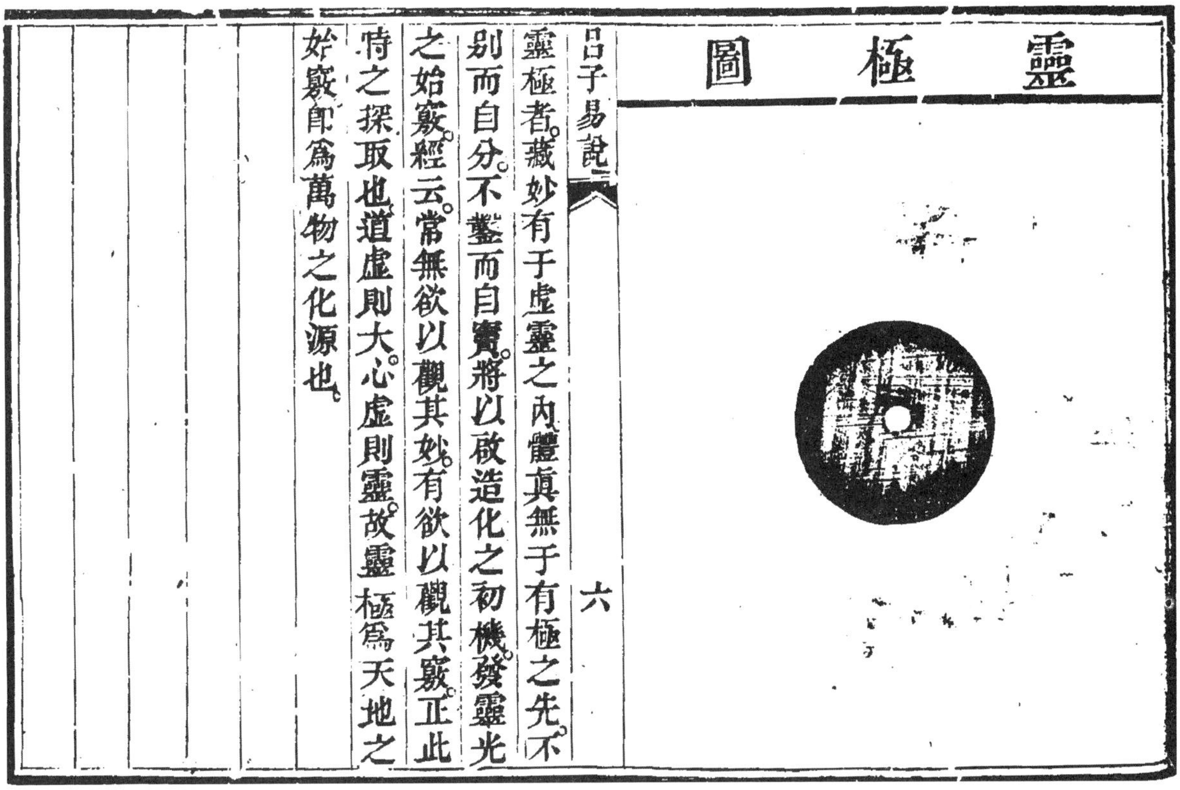

图5 灵极图
（吕岩《吕子易说》）

靈極者藏妙有于虛靈之內體真無于有極之先不別而自分不鑿而自實將以啟造化之初機發靈光之始竅經云常無欲以觀其妙常有欲以觀其竅正此恃之探取也道虛則大心虛則靈故靈極為天地之始竅即為萬物之化源也

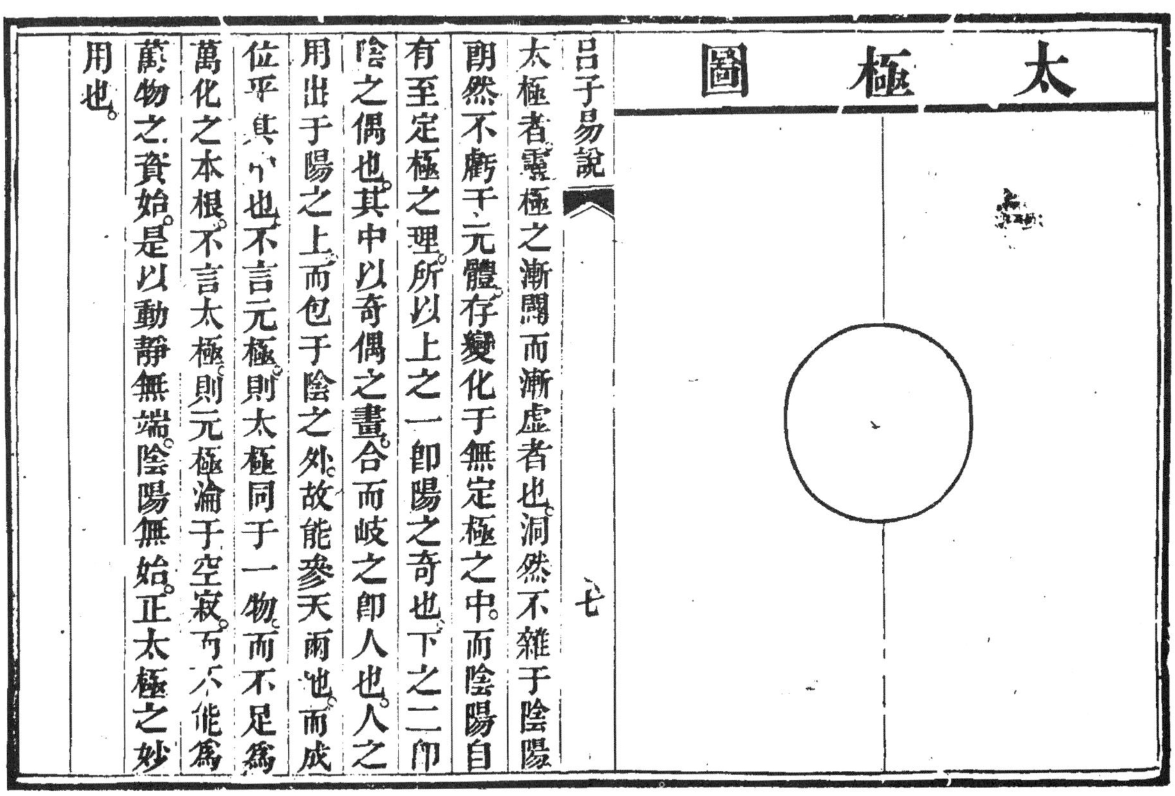

图6 太极图
（吕岩《吕子易说》）

太極者靈極之漸闢而漸虛者也洞然不雜于陰陽朗然不虧于元體存變化于無定極之中而陰陽自有至定極之理所以上之一即陽之奇也下之二即陰之偶也其中以奇偶之畫合而岐之用出于陽之上而包于陰之外故能參天兩地而成位乎其中也不言元極則太極淪于空寂而不能為萬化之本根不言太極則元極同于一物而不足為萬物之資始是以動靜無端陰陽無始正太極之妙用也

中極圖

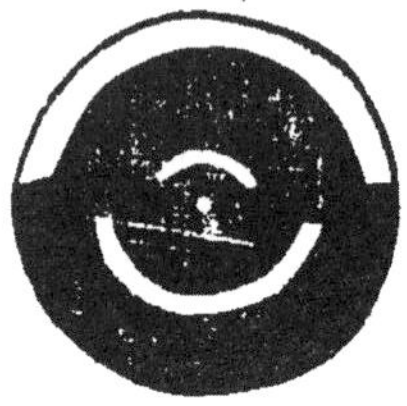

中極者即靈極本來之眞體太極初分之始機向之凝者漸融形者漸運陽動而上動中有陰陰靜而下靜中有陽靜極則爲動之體動極即爲靜之用交相體用運行不息靜則陰之體立而陰以分動則陽之用行而陽以分但陰陽當以上下分不當以左右列動靜當以生中含化不當以極後推復也故太極本自凝然乘氣機而端變化本于剛柔相生之至理非有顛倒造化之能轉移乾坤之力者不能知其所以然之妙也

图7　中极图

（吕岩《吕子易说》）

少極圖

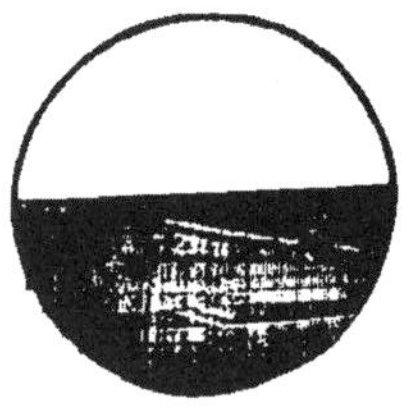

少極者一奇立于其中二偶分于左右陽氣屈曲于其下積氣尙微生機尙伏故謂之少也但陽旣動而輕淸者上浮陰旣靜而重濁者下沉則天氣升而生化地氣降而化生由是一元眞炁充塞兩間生生不窮化源具備已如陽始生爲水水尙柔弱必至生木而氣始盛陰始生爲火火尙微滅必至鍊金而力始堅固故水爲陽之穉木爲陽之盛火爲陰之穉金爲陰之盛也老陽老陰不能復生必得少陽少陰而後能成生育之功少極繼生生于太極之後者豈非爲三才之朕乎

图8　少极图

（吕岩《吕子易说》）

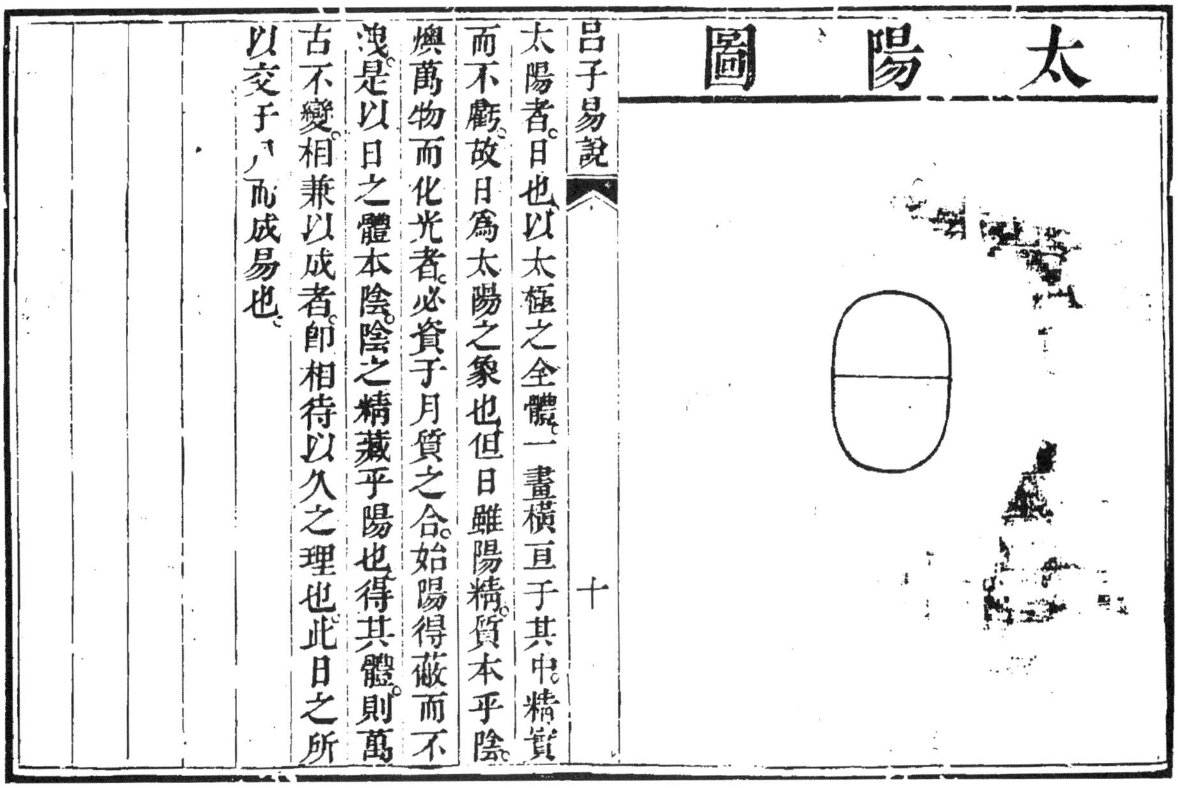
太陽圖

呂子易說 十

太陽者日也以太極之全體一畫横亘于其中精質而不虧故日爲太陽之象也但日雖陽精質本乎陰燠萬物而化光者必資于月質之合始陽得蔽而不洩是以日之體本陰陰之精藏乎陽也得其體則萬古不變相兼以成者卽相待以久之理也此日之所以交于月而成易也

图 9　太阳图

（吕岩《吕子易说》）

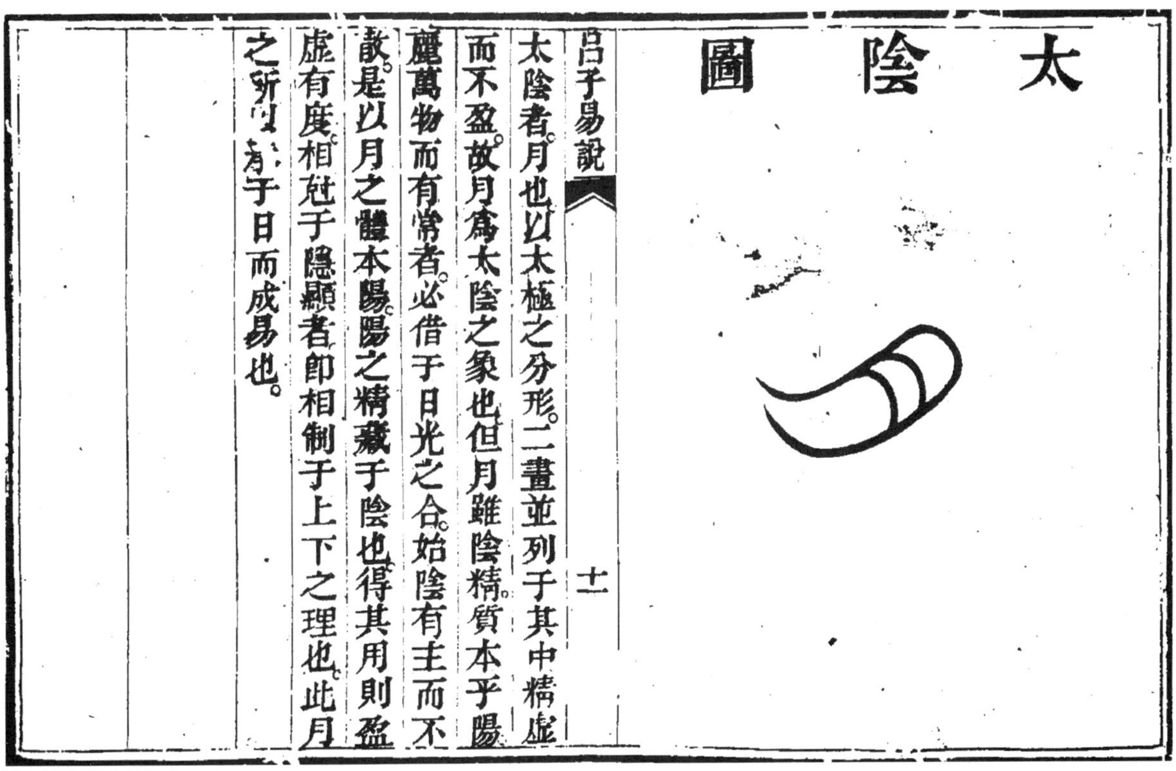
太陰圖

呂子易說 十一

太陰者月也以太極之分形二畫並列于其中精虛而不盈故月爲太陰之象也但月雖陰精質本乎陽麗萬物而有常者必借于日光之合始陰有主而不敵是以月之體本陽陽之精藏于陰也得其用則盈虛有度相尅于隱顯者卽相制于上下之理也此月之所以交于日而成易也

图 10　太阴图

（吕岩《吕子易说》）

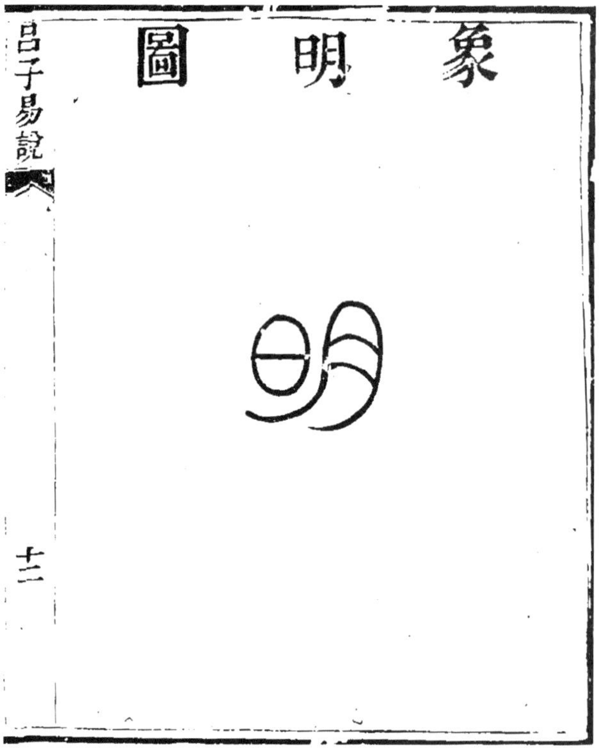

图 11 象明图
（吕岩《吕子易说》）

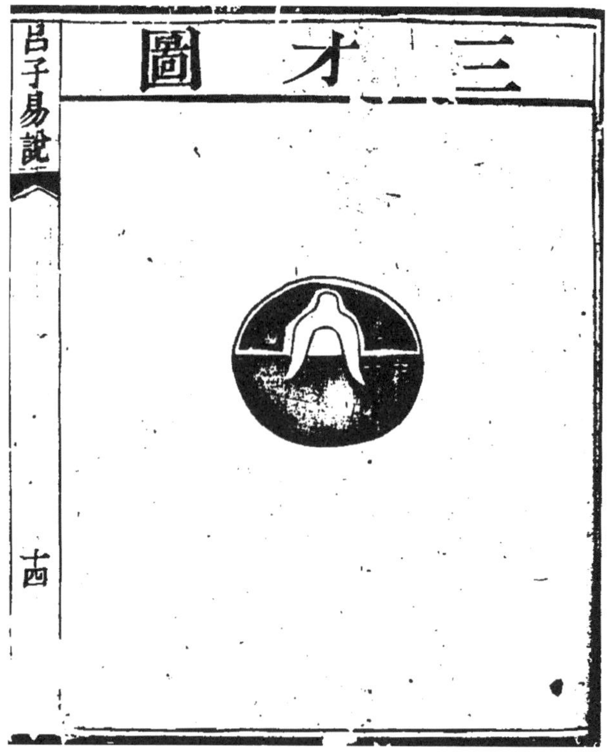

图 12 三才图
（吕岩《吕子易说》）

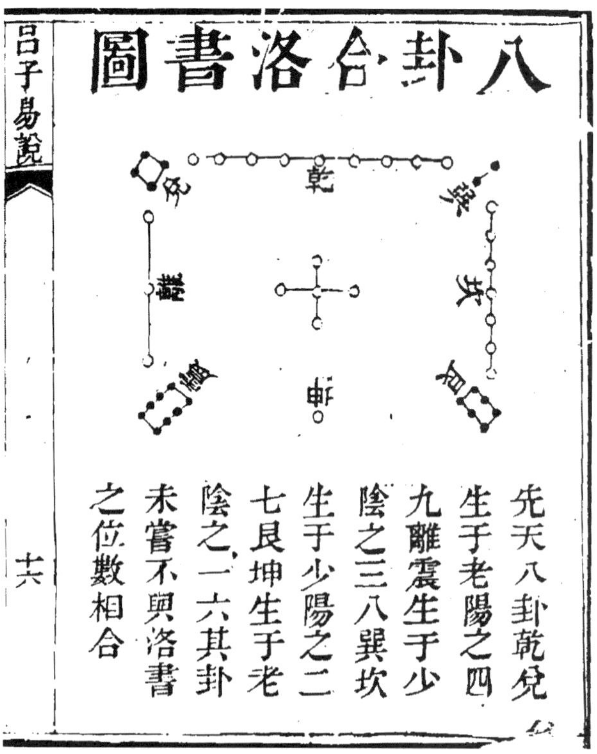

图 13 八卦合洛书图
（吕岩《吕子易说》）

先天八卦乾兑生于老阳之四，离震生于少阴之三八，巽坎生于少阳之二七，艮坤生于老阴之一六，其卦未尝不与洛书之位数相合

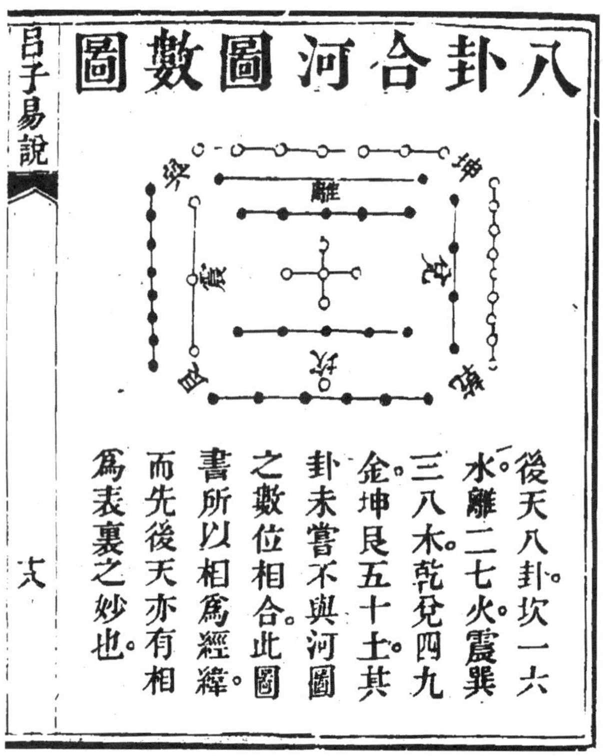

图 14 八卦合河图数图
（吕岩《吕子易说》）

后天八卦。坎一六水，离二七火，震巽三八木，乾兑四九金，坤艮五十土，其卦未尝不与河图之数位相合。此图书所以相为经纬，而先后天亦有相为表里之妙也。

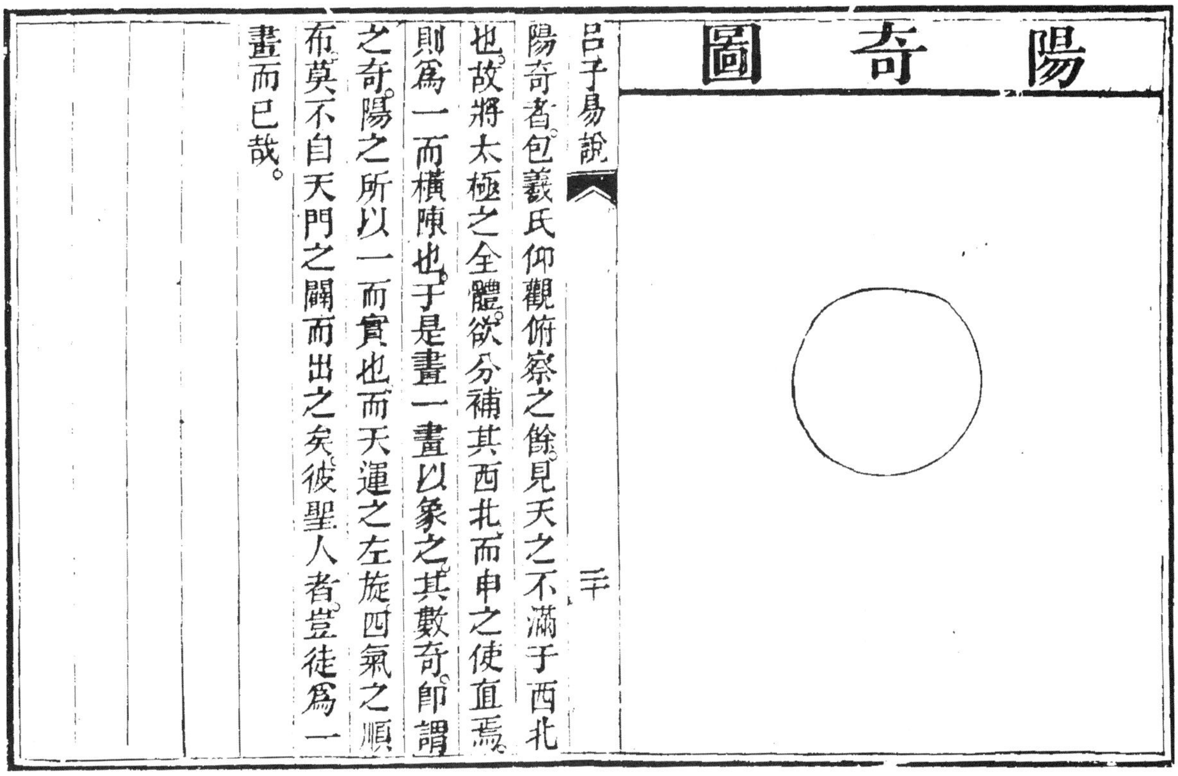

陽奇圖

呂子易說 二十

陽奇者。包羲氏仰觀俯察之餘。見天之不滿于西北也。故將太極之全體。欲分補其西北而申之使直焉。則爲一而橫陳也。于是畫一畫以象之。其數奇。即謂之奇。陽之所以一而實也。而天運之左旋。四氣之順布。莫不自天門之闢而出之矣。彼聖人者。豈徒爲一畫而已哉。

图 15　阳奇图

（吕岩《吕子易说》）

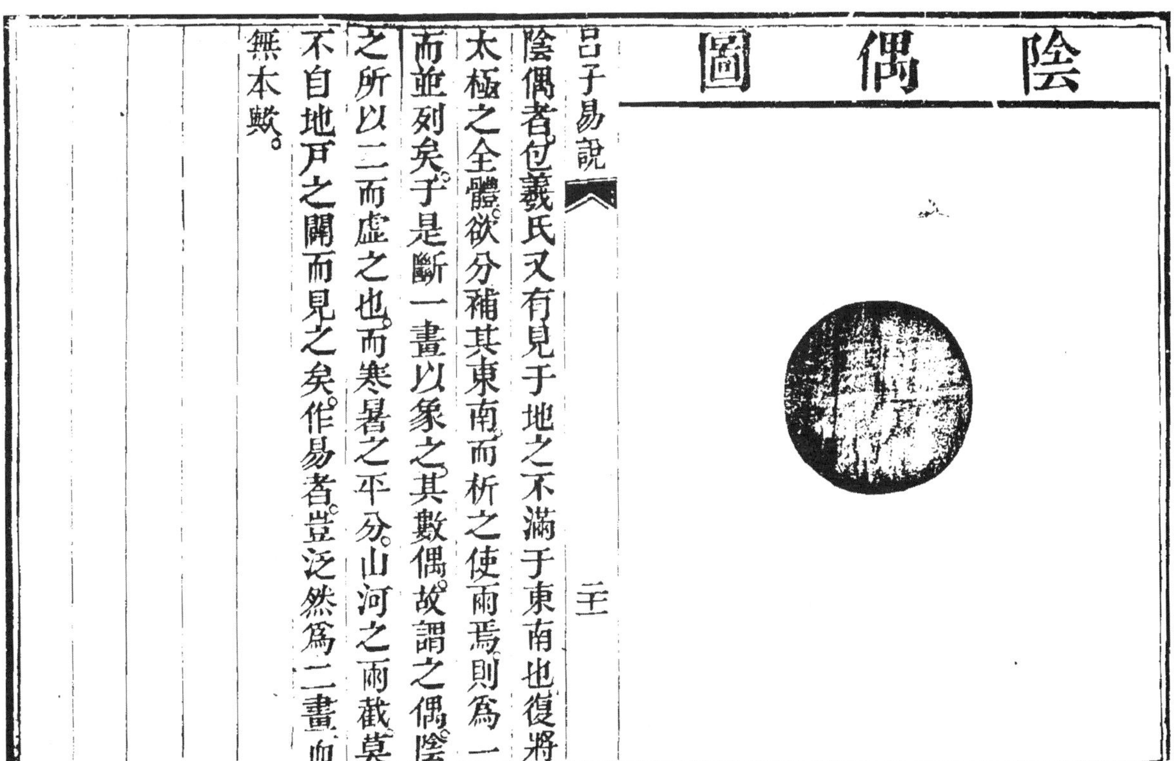

陰偶圖

呂子易說 二十一

陰偶者。包羲氏又有見于地之不滿于東南也。復將太極之全體。欲分補其東南而析之使兩焉。則爲一而並列矣。于是斷一畫以象之。其數偶。故謂之偶。陰之所以二而虛之也。而寒暑之平分。山河之兩截。莫不自地戸之闢而見之矣。作易者。豈泛然爲二畫而無本歟。

图 16　阴偶图

（吕岩《吕子易说》）

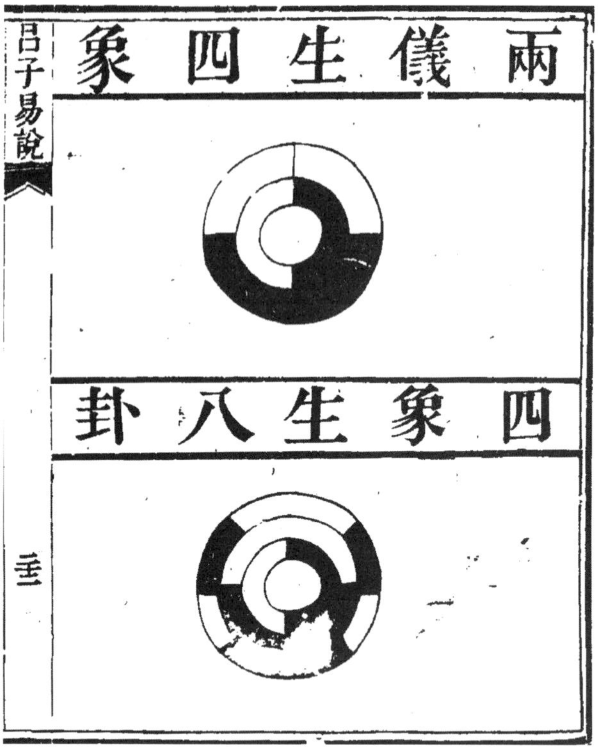

图17　两仪生四象图
图18　四象生八卦图
（吕岩《吕子易说》）

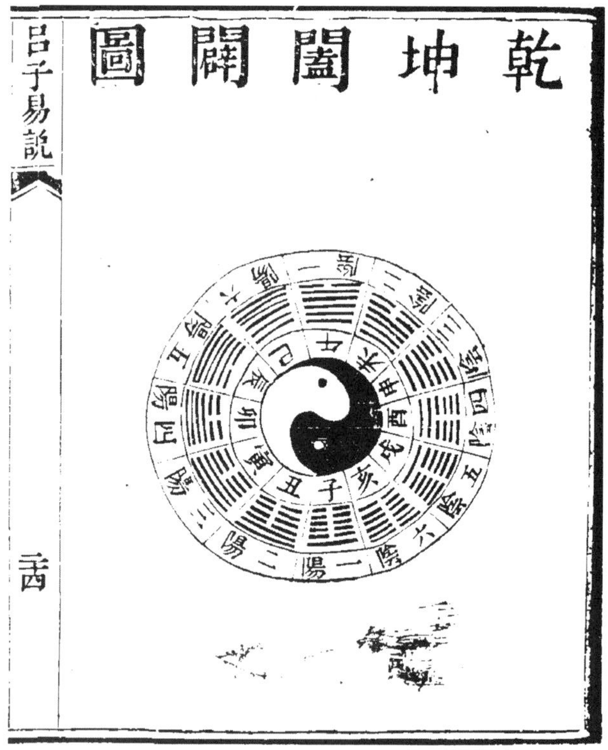

图19　乾坤阖辟图
（吕岩《吕子易说》）

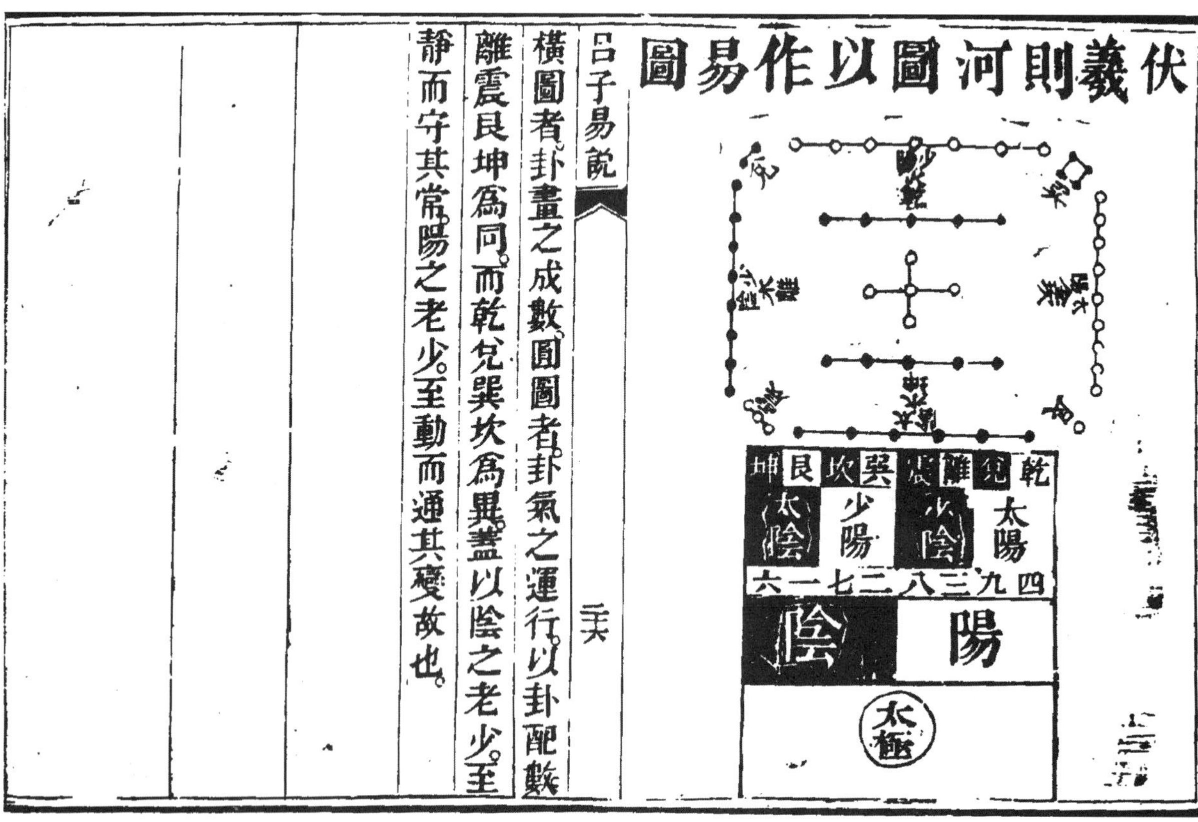

图20　伏羲则河图以作易图
（吕岩《吕子易说》）

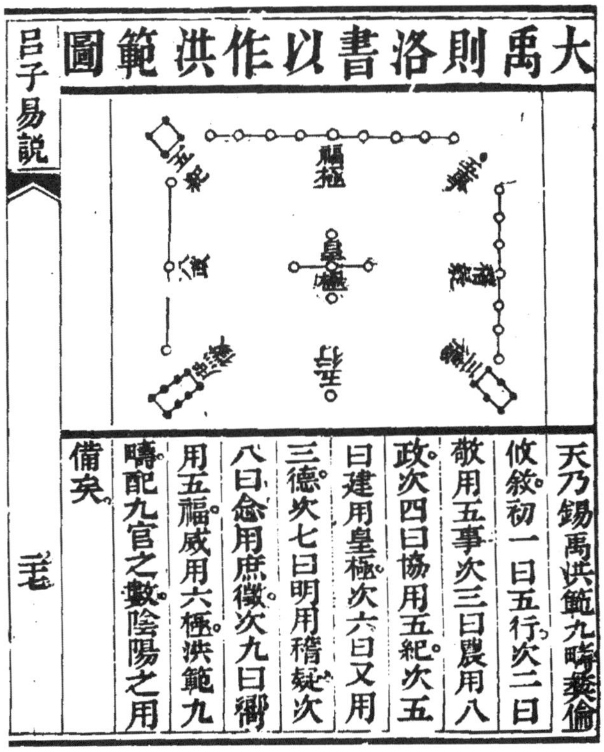

图 21　大禹则洛书以作洪范图
（吕岩《吕子易说》）

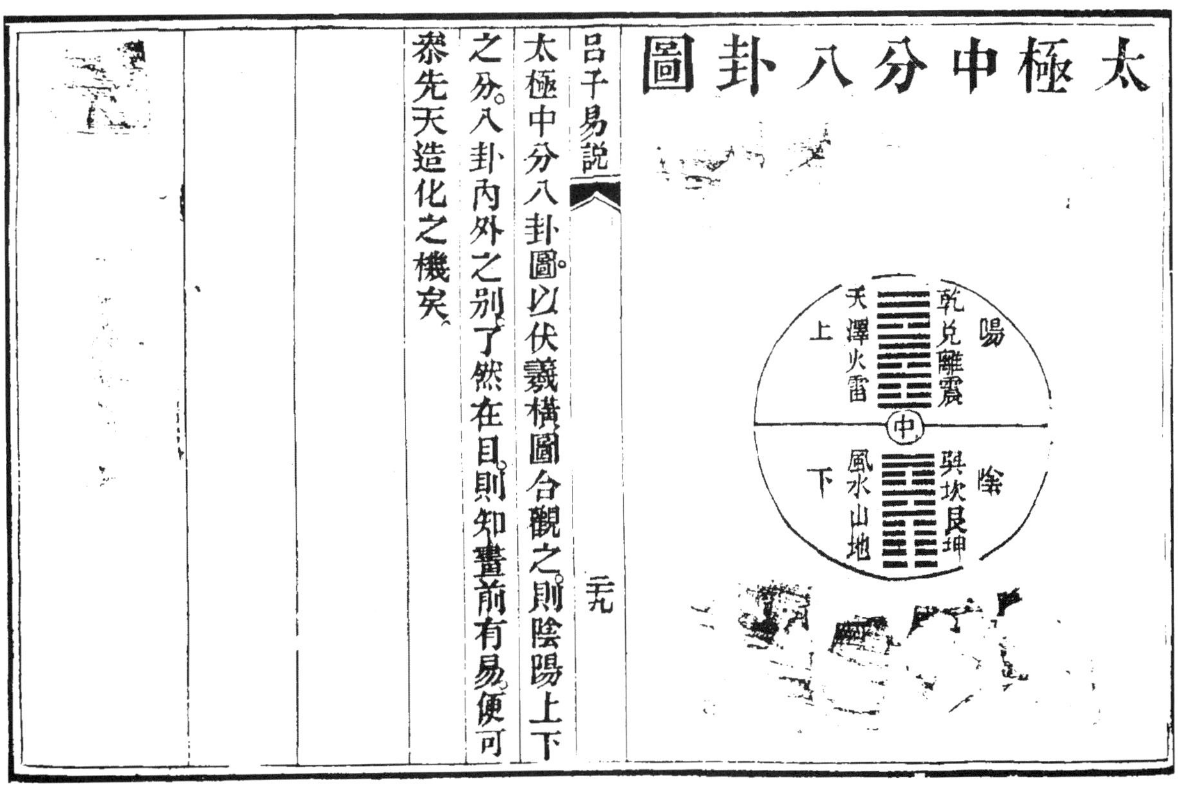

图 22　太极中分八卦图
（吕岩《吕子易说》）

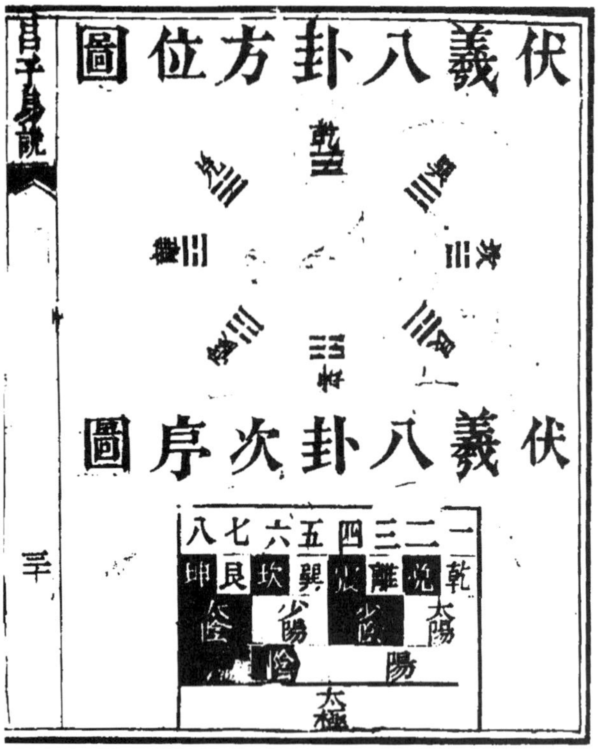

图 23　伏羲八卦方位图
图 24　伏羲八卦次序图
（吕岩《吕子易说》）

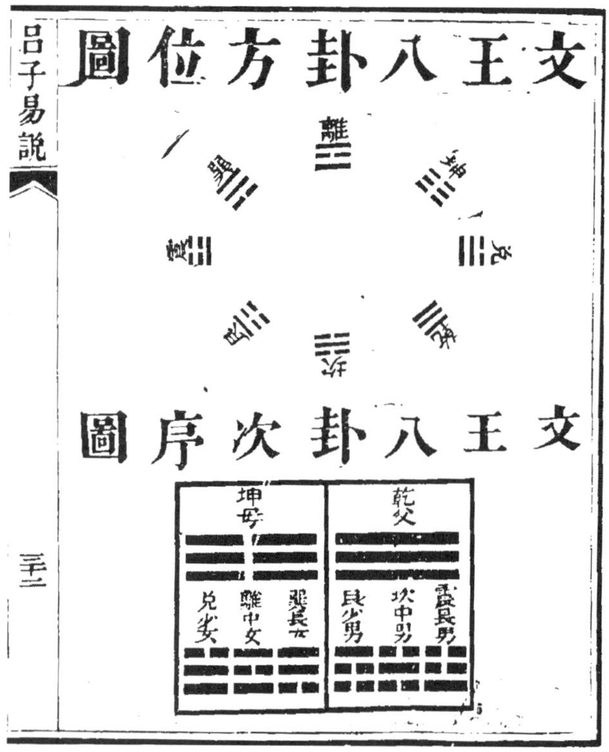

图 25　文王八卦方位图
图 26　文王八卦次序图
（吕岩《吕子易说》）

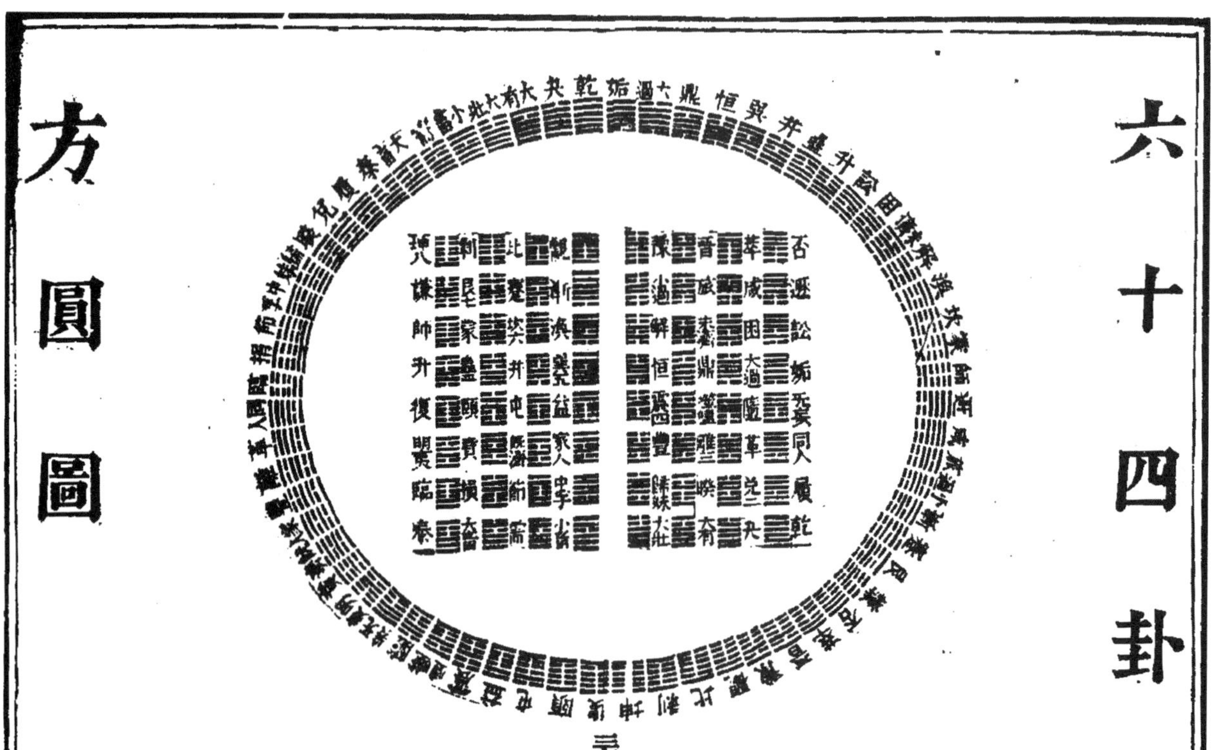

图 27　六十四卦方圆图
（吕岩《吕子易说》）

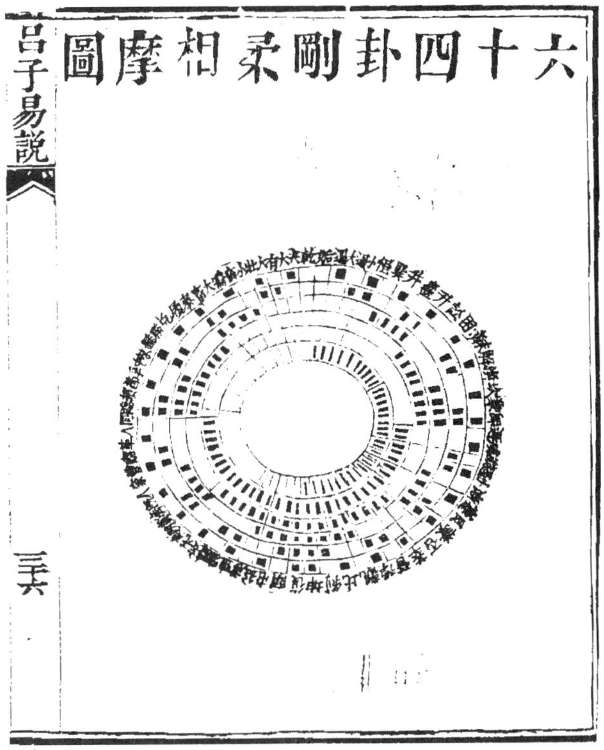

图 28　六十四卦刚柔相摩图
（吕岩《吕子易说》）

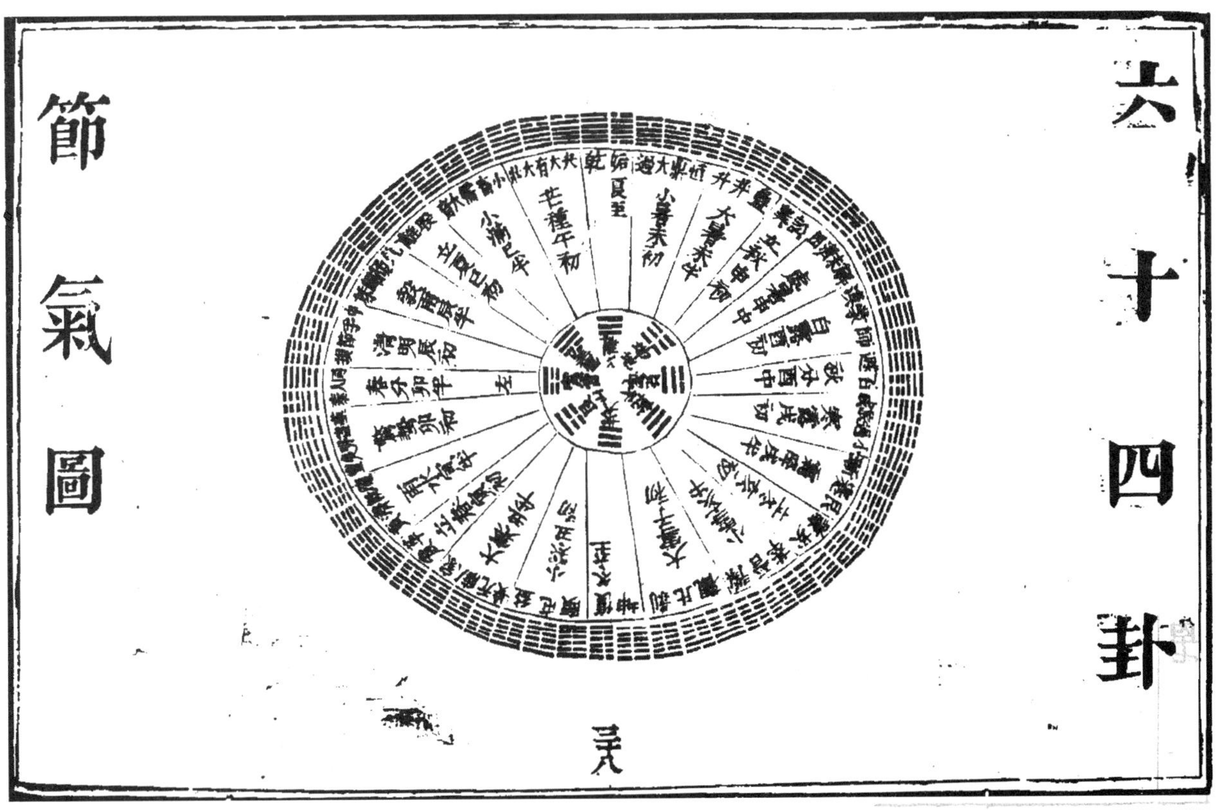

图 29　六十四卦节气图
（吕岩《吕子易说》）

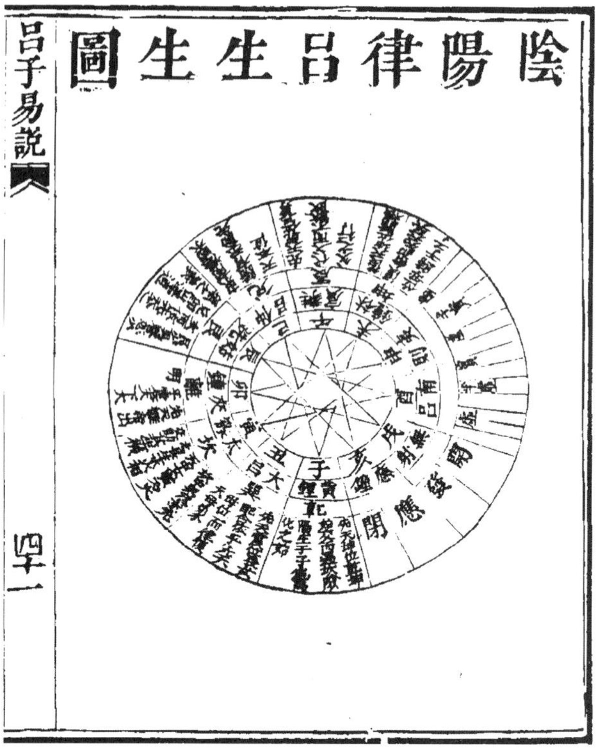

图30 阴阳律吕生生图
（吕岩《吕子易说》）

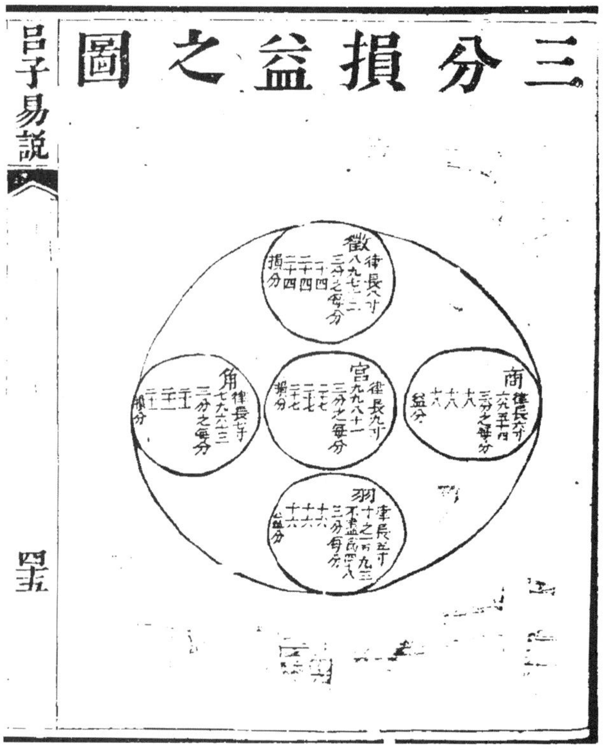

图31 三分损益之图
（吕岩《吕子易说》）

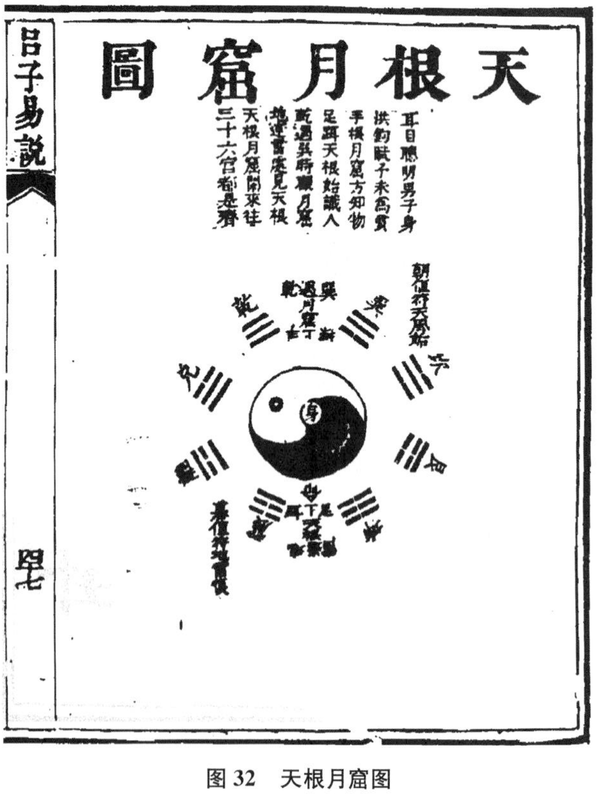

图32 天根月窟图
（吕岩《吕子易说》）

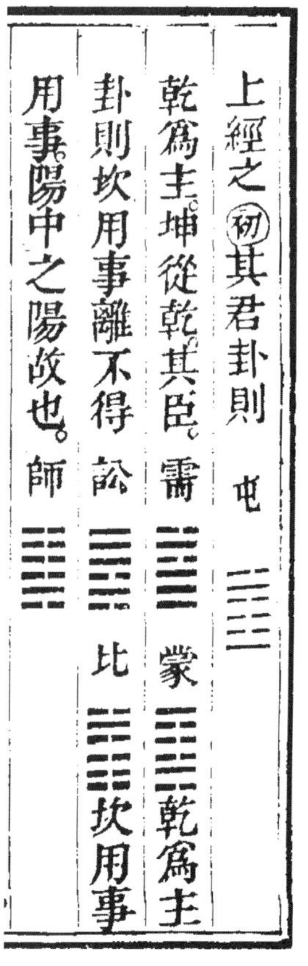

图33 上经之初图
（吕岩《吕子易说》）

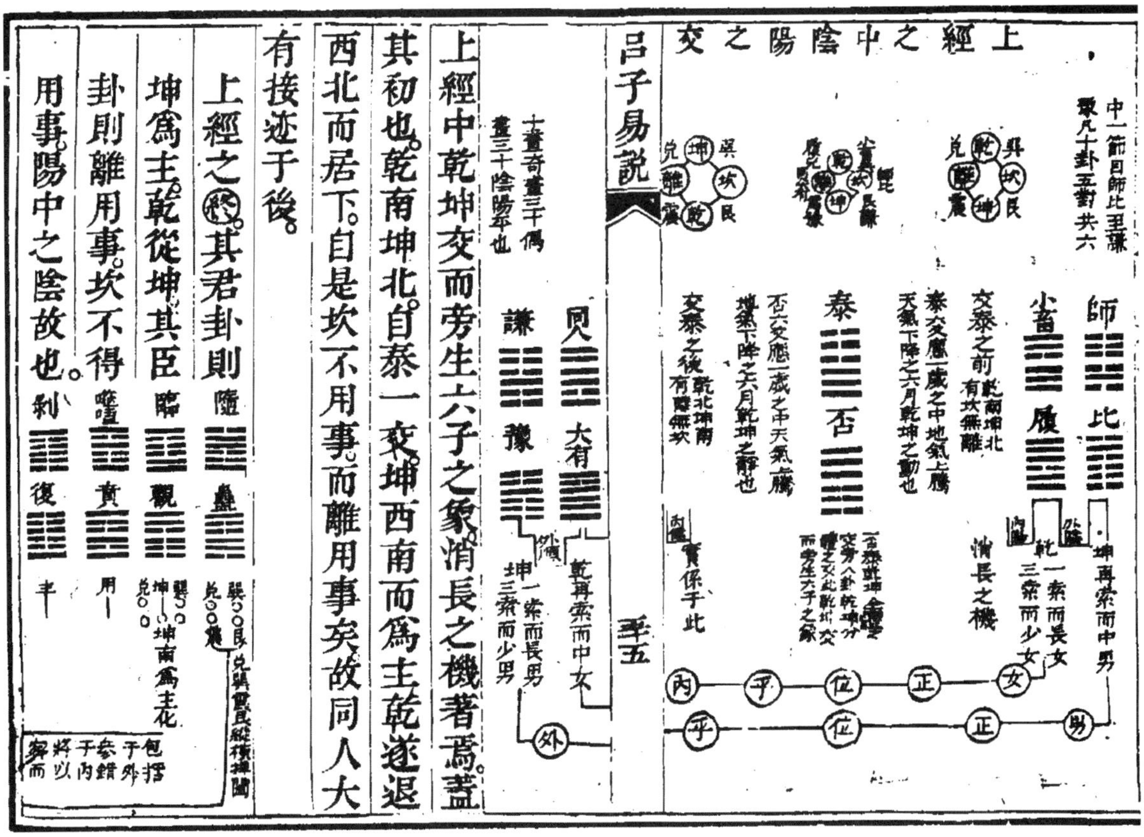

图 34　上经之中阴阳之交图
（吕岩《吕子易说》）

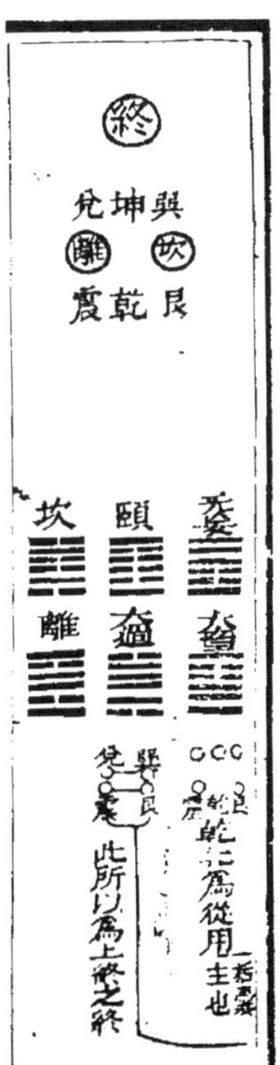

图 35　上经之终图
（吕岩《吕子易说》）

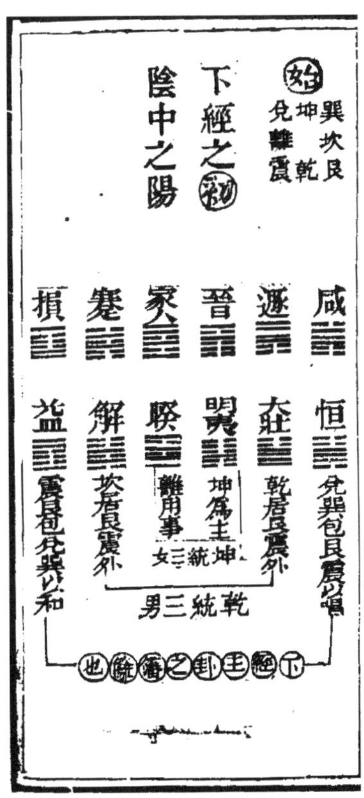

图 36　下经之初阴中之阳图
（吕岩《吕子易说》）

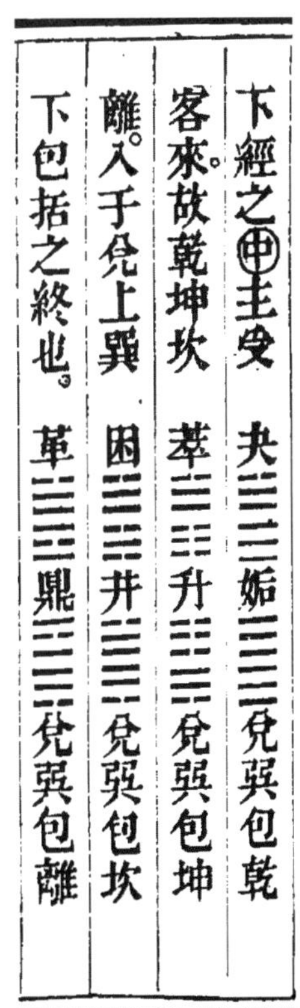

图 37　下经之中图
（吕岩《吕子易说》）

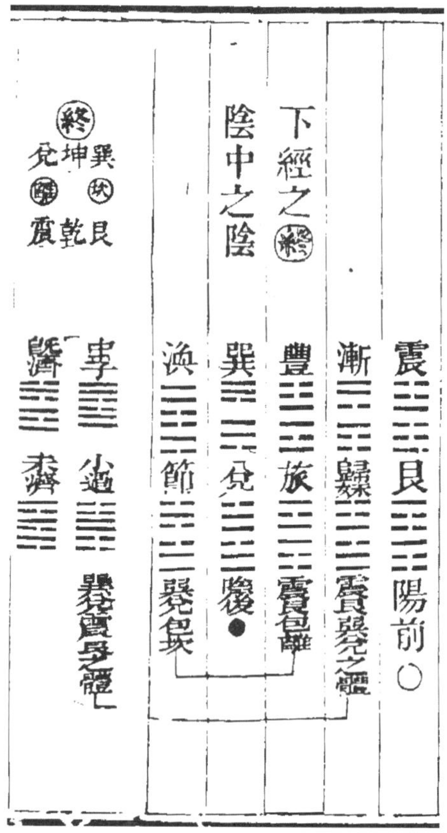

图38　下经之终图
（吕岩《吕子易说》）

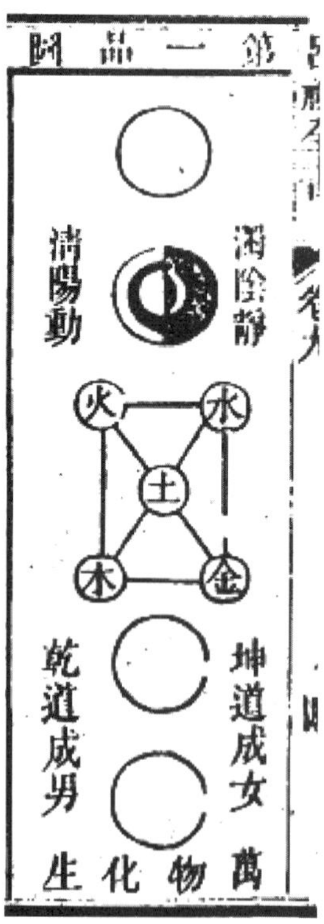

图39　第一品图
（《前八品仙经》）

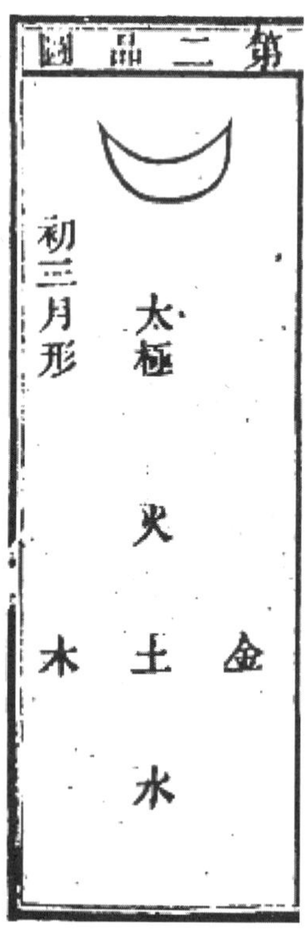

图40　第二品图
（《前八品仙经》）

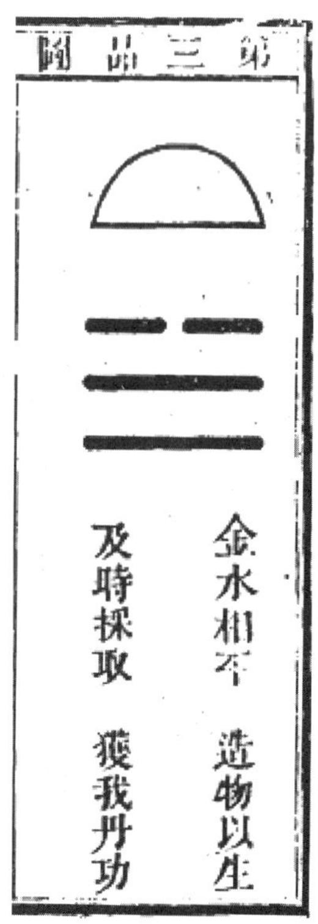

图41　第三品图
（《前八品仙经》）

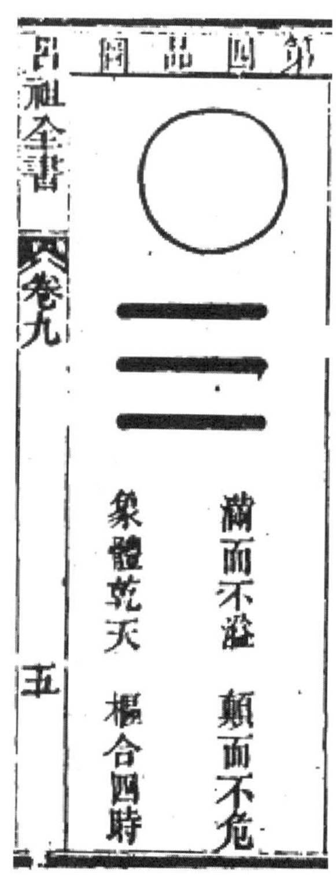

图42　第四品图
（《前八品仙经》）

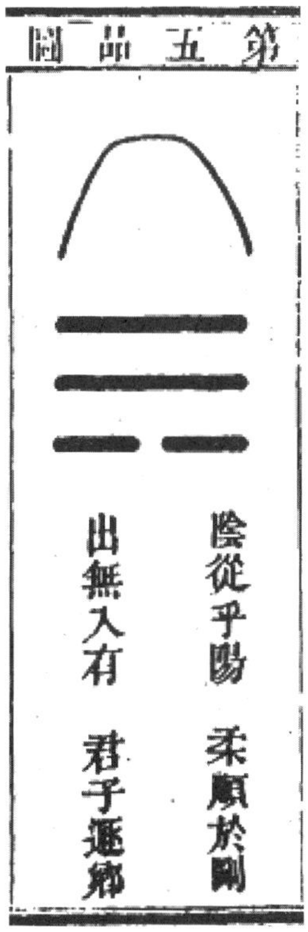

图 43　第五品图
（《前八品仙经》）

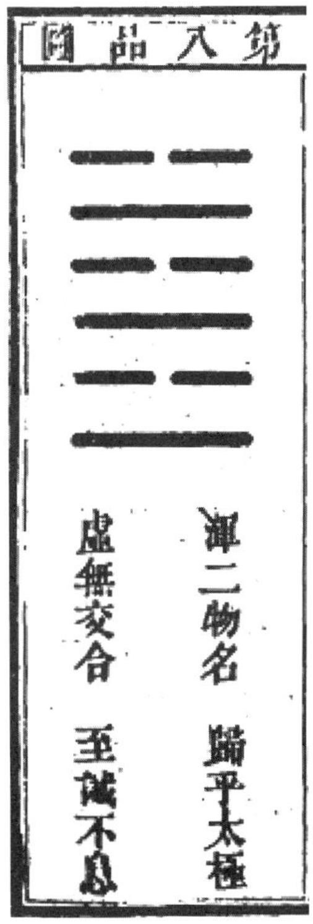

图 44　第八品图
（《前八品仙经》）

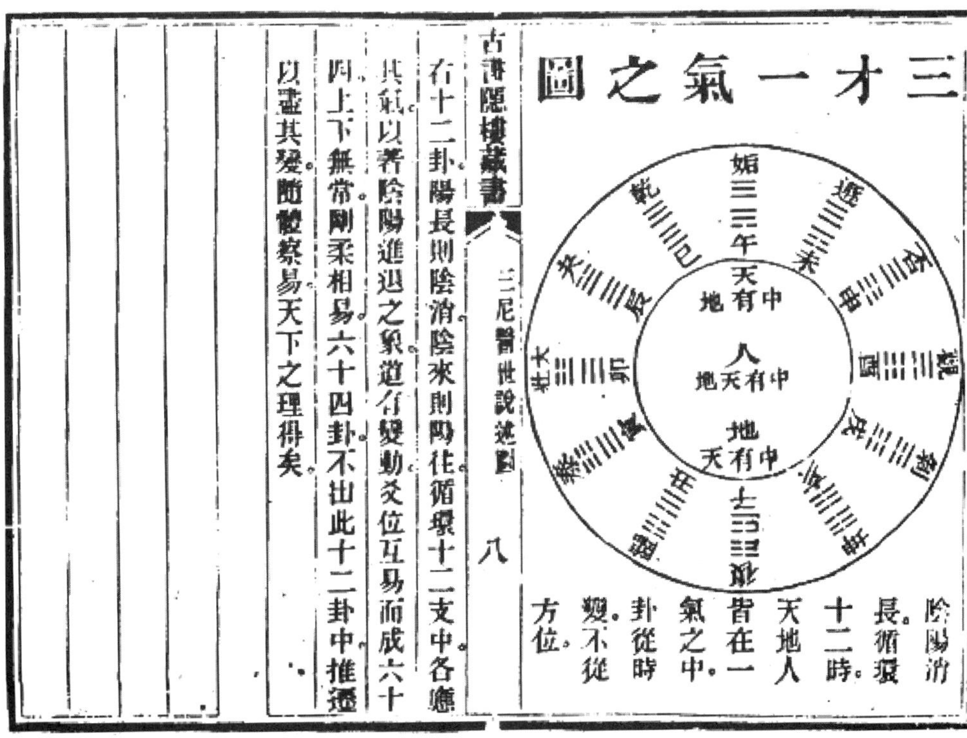

图 45　三才一气之图
（《吕祖师三尼医世说述》）

彭晓（？—955）

字秀川，号真一子，五代永康（今属浙江金华）人。少好修炼，与击竹子何五云善。仕后蜀孟昶为朝散郎、守尚书祠部员外郎，赐紫金鱼袋。著有《周易参同契通真义》三卷、《明镜图诀》一卷、《参同契太易二十四气修炼太丹图》一卷、《参同契太易丹图》一卷、《参同契手鉴图》一卷等。现存有《周易》图像四幅。

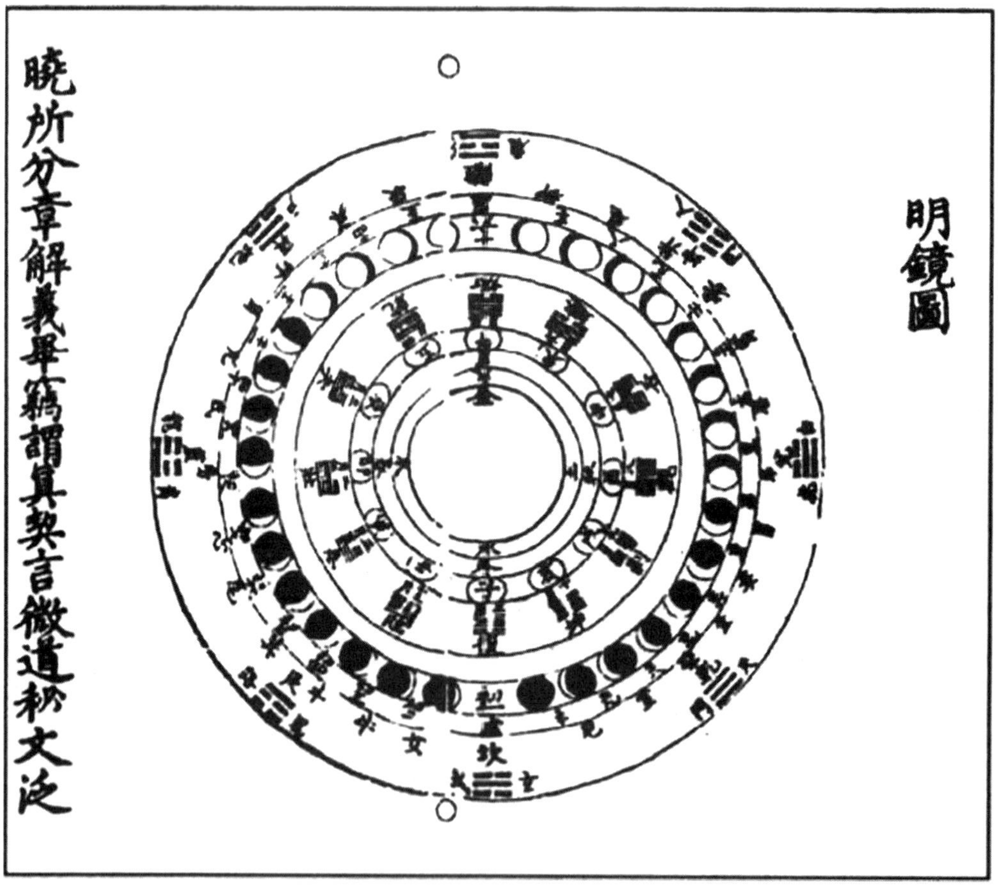

图1 明镜图
（彭晓《周易参同契通真义》）

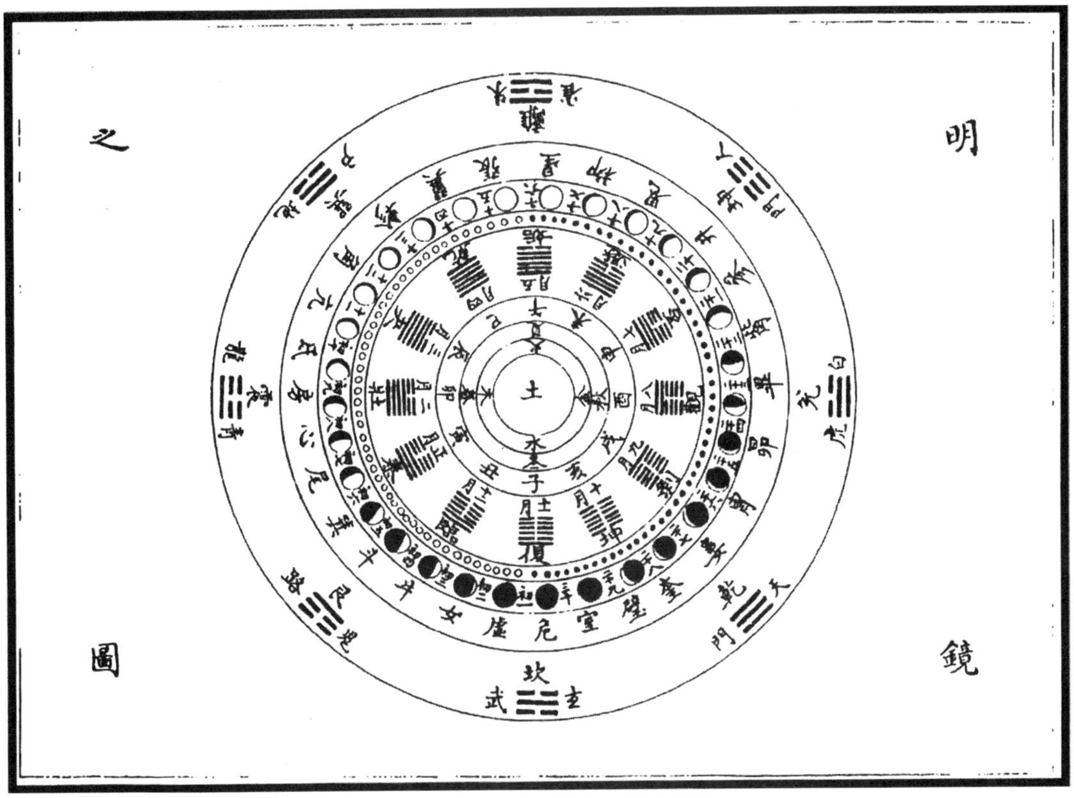

图 2　明镜之图
(彭晓《周易参同契通真义》)

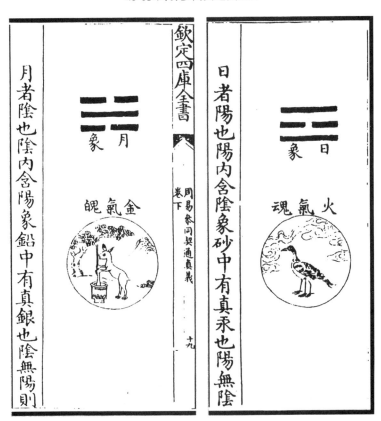

图 3　月象图　　　　**图 4　日象图**
(彭晓《周易参同契通真义》)　(彭晓《周易参同契通真义》)

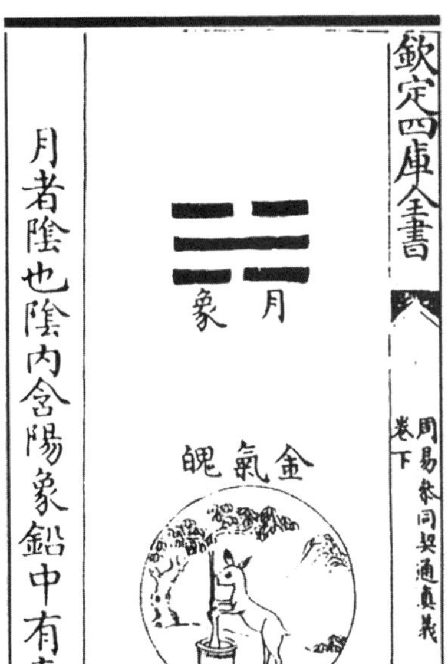

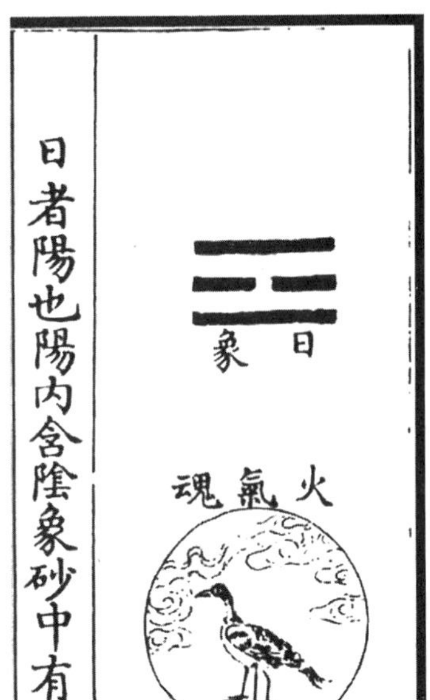

附：简帛易图

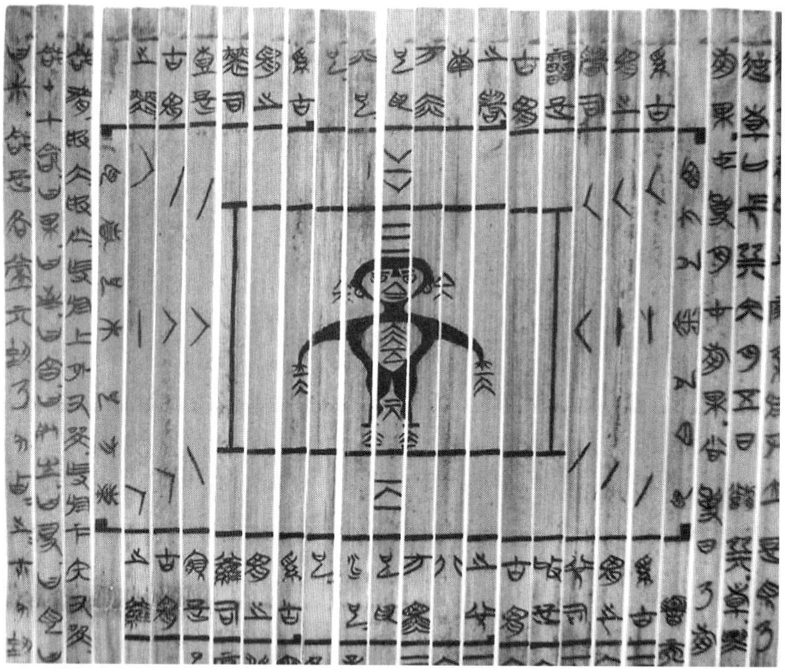

图 1　清华简人体八卦图一

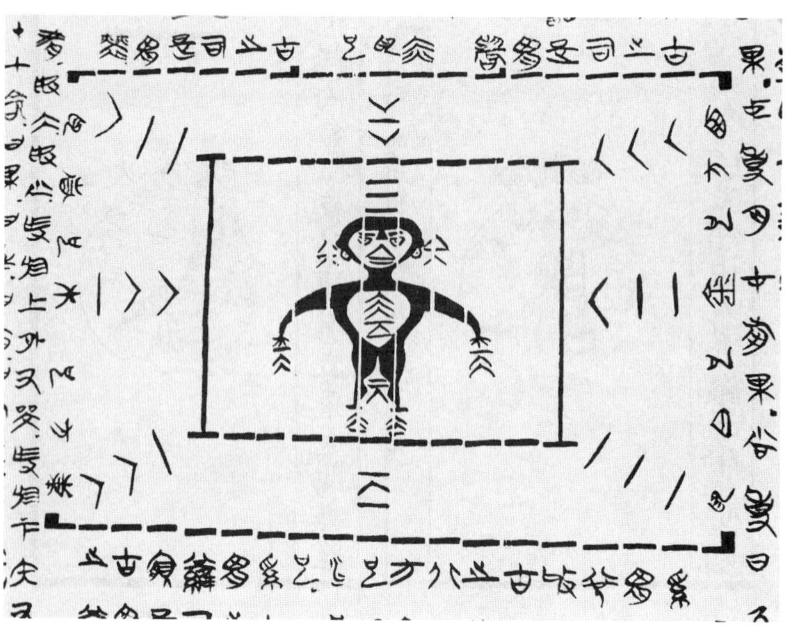

图 2　清华简人体八卦图二

周·易·图·像·汇·编

宋元时期

聂崇义

生卒年不详,五代宋初河南府洛阳(今河南洛阳)人。少举三礼,善礼学,通经旨。后汉乾祐时期为国子《礼记》博士,校订《公羊春秋》,刊板于国学。后周显德年间累迁国子司业兼太常博士,受命摹画郊庙祭器。建隆初拜为学官,宋太祖建隆三年(962)撰成《新定三礼图》二十卷。现存有《周易》图像一幅。

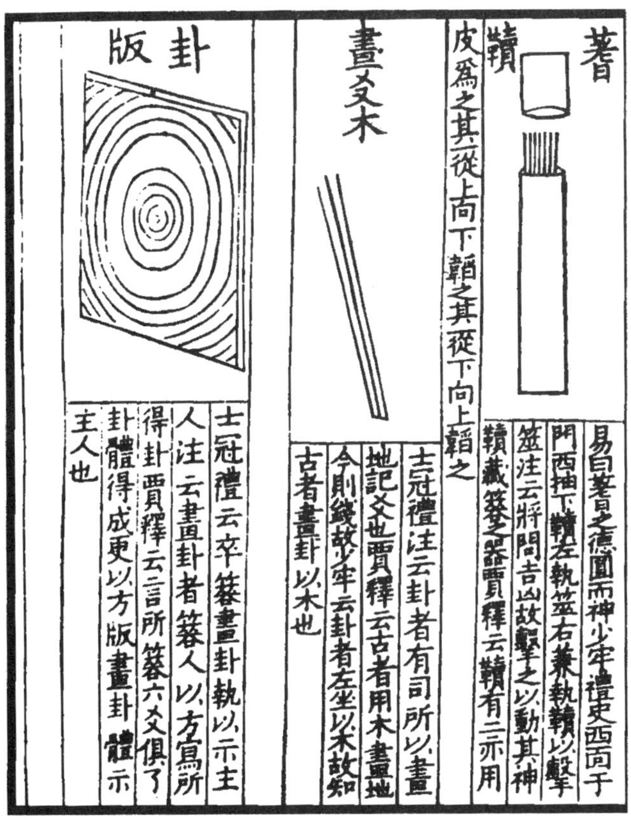

图1　笄具三图
(聂崇义《新定三礼图》)

王洙（997—1057）

字原叔，北宋应天府宋城（今河南商丘市）人。天圣二年（1024）进士，官至翰林学士、尚书工部员外郎、直龙图阁、权同判太常寺，曾在史馆校订《九经》《史记》《汉书》等书。著有《易传》十卷、《重校正地理新书》十五卷、《王氏谈录》等。现存有《周易》图像八幅。

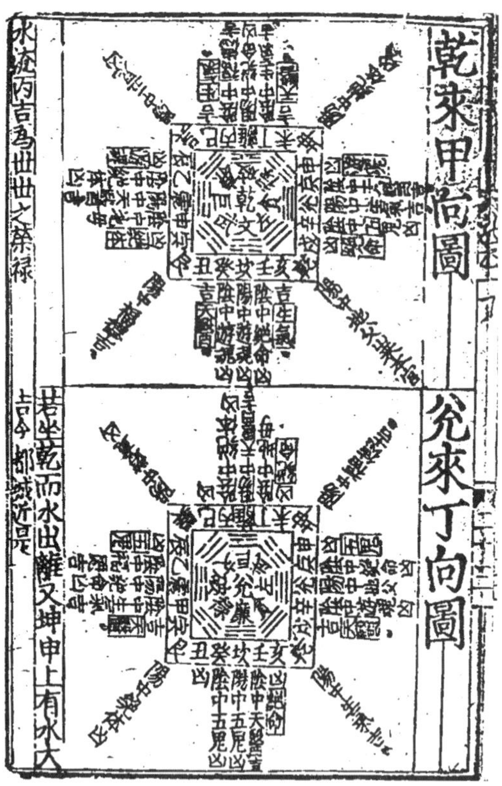

图1　乾来甲向图
图2　兑来丁向图
（王洙《重校正地理新书》）

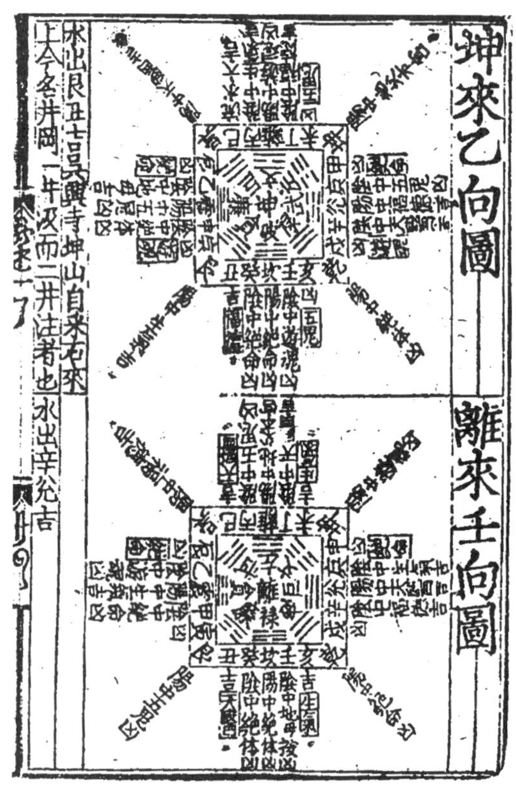

图3　坤来乙向图
图4　离来壬向图
（王洙《重校正地理新书》）

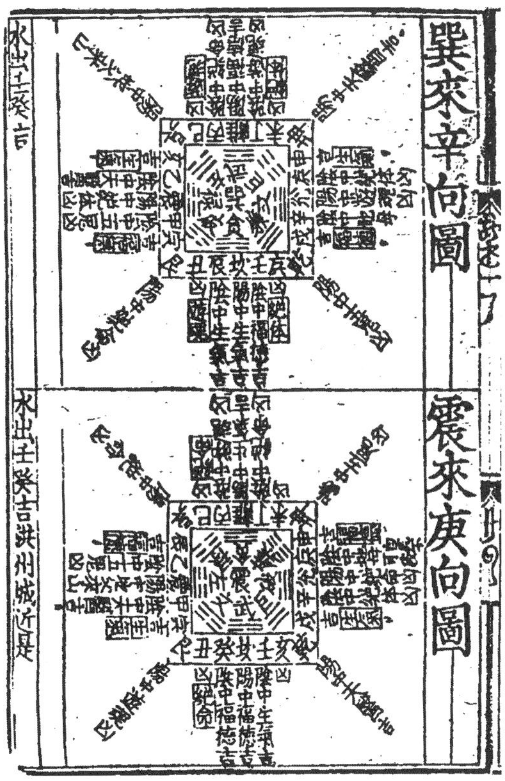

图5 巽来辛向图
图6 震来庚向图
(王洙《重校正地理新书》)

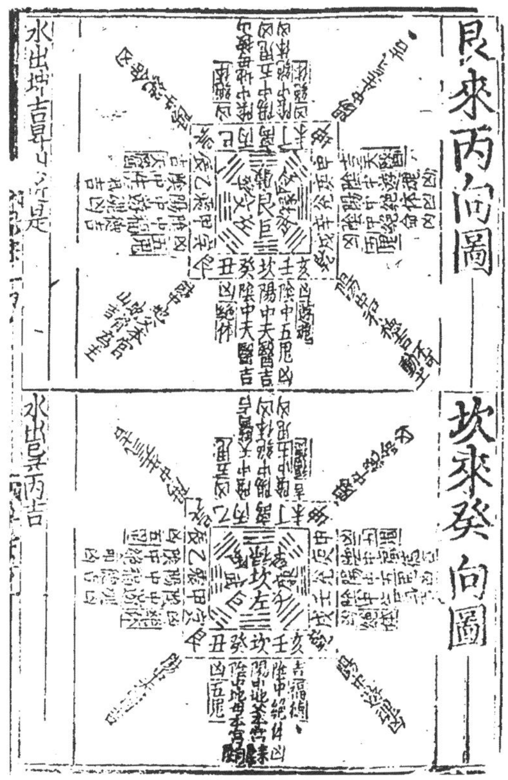

图7 艮来丙向图
图8 坎来癸向图
(王洙《重校正地理新书》)

杨维德

生卒年不详,北宋真宗、仁宗(998—1064)时人。曾任司天鉴保章正、太子洗马兼司天鉴春官正、同判司天鉴、权知司天少监等职。《宋史》载其能传浑仪法,奉诏撰《遁甲玉函符应经》二卷,卷首有宋仁宗御制序。还著有《七曜神气经》二卷、《景祐乾象新书》三十卷、《景祐太乙福应经》十卷等。现存有《周易》图像二幅。

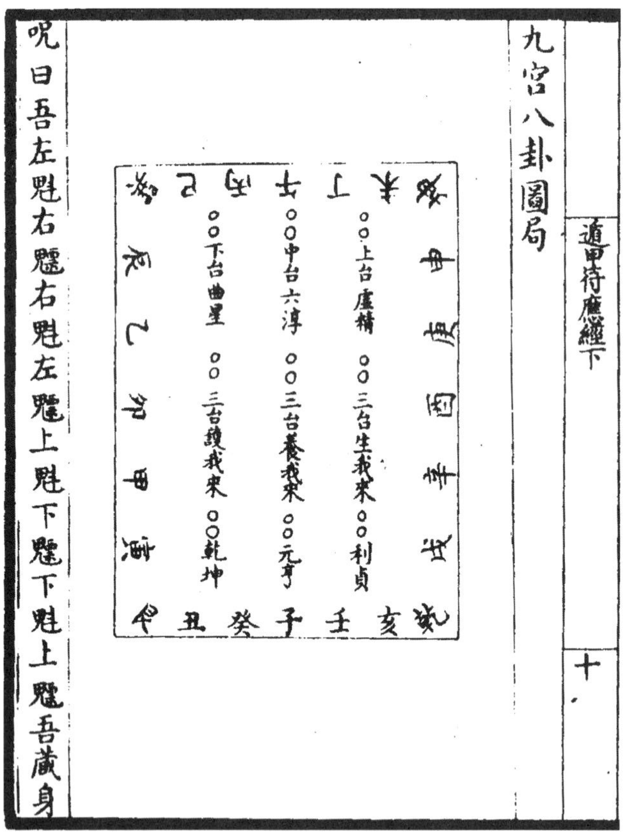

图1 九宫八卦图局图
(杨维德《遁甲符应经》)

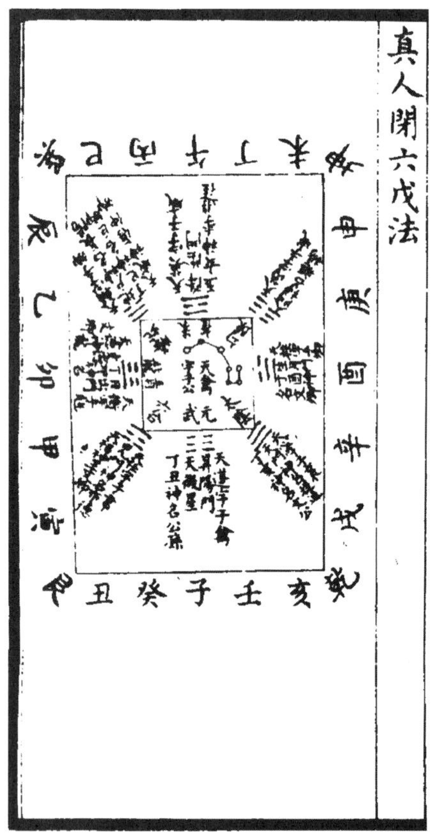

图2 真人闭六戊法图
(杨维德《遁甲符应经》)

李觏（1009—1059）

字泰伯，号盱江，学者称为"盱江先生"，北宋建昌军南城（今江西省南城县）人。家世寒微，早先举茂才，创建盱江书院，被聘为师。仁宗皇祐二年（1050）因范仲淹举荐，任太学助教，升直讲，又任国子监奏。为学提倡经世致用，排斥佛、道二教，支持范仲淹的庆历新政。李觏通晓六经，精通《周易》，著有《易论》一卷、《删定易图序论》六卷等。现存有《周易》图像三幅。

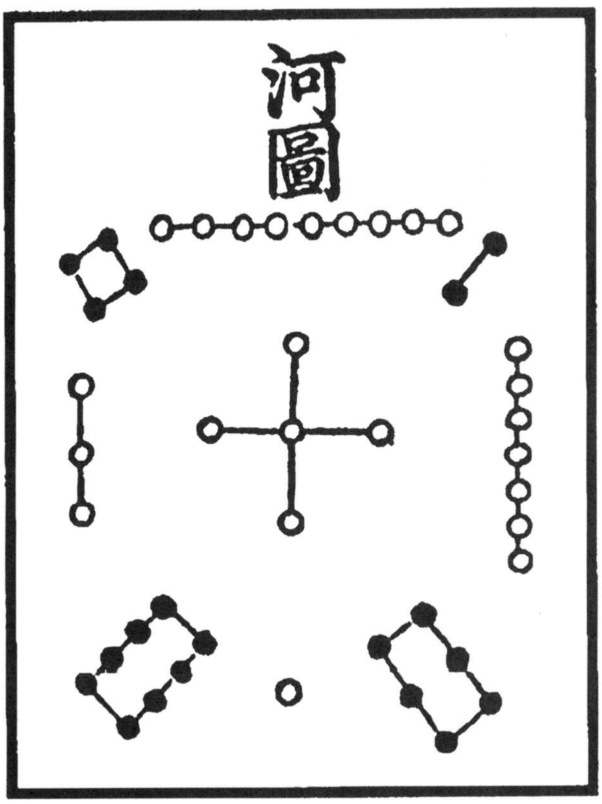

图1 河图
（李觏《删定易图序论》）

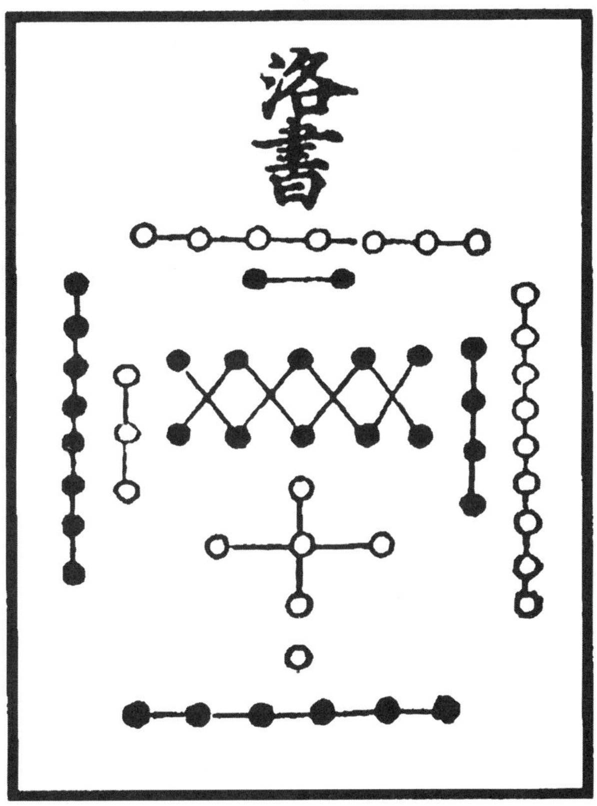

图2 洛书
（李觏《删定易图序论》）

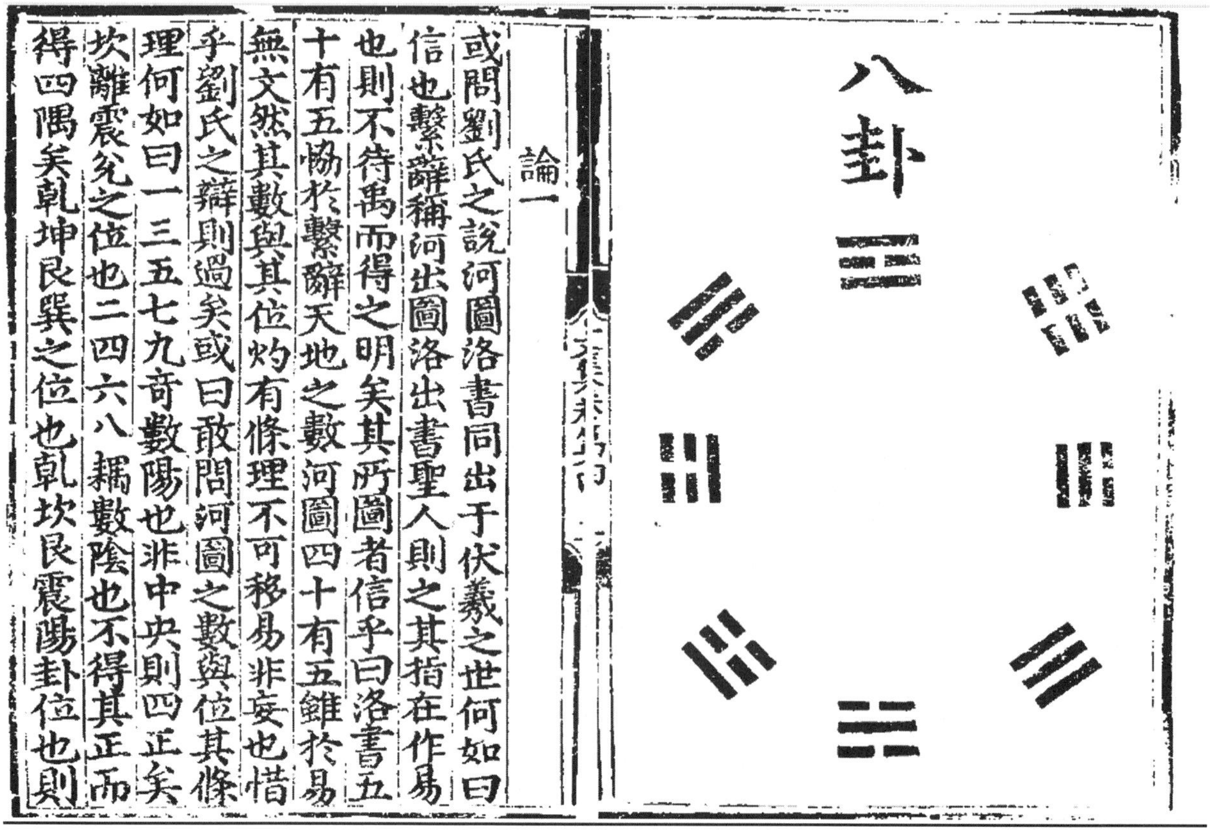

論一

或問劉氏之說河圖洛書同出于伏羲之世何如曰信也繫辭稱河出圖洛出書聖人則之其指在作易也則不待禹而得之明矣其所圖者信乎曰洛書五十有五協於繫辭天地之數河圖四十有五雖於易無文然其數與其位灼有條理不可移易非妄也惜乎劉氏之辯則過矣或曰敢問河圖之數與位其條理何如曰一三五七九奇數陽也非中央則四正矣坎離震兌之位也二四六八耦數陰也不得其正而得四隅矣乾坤艮巽之位也乾坎艮震陽卦位也則

图 3　八卦图

（李觏《删定易图序论》）

邵雍(1011—1077)

字尧夫,自号安乐先生、伊川翁,北宋河南林县(今河南林州市刘家街村邵康庄)人,一说生于范阳,即今河北涿州大邵村。随父徙卫州共城(今河南辉县市),居城西北苏门山,刻苦为学,与周敦颐、张载、程颢、程颐并称"北宋五子"。宋仁宗嘉祐与宋神宗熙宁初,两度被举,均称疾不赴。熙宁十年(1077)病卒。宋哲宗时赐谥康节。著有《皇极经世》《观物内外篇》《先天图》《渔樵问对》《伊川击壤集》《梅花诗》等。现存有《周易》图像九幅。

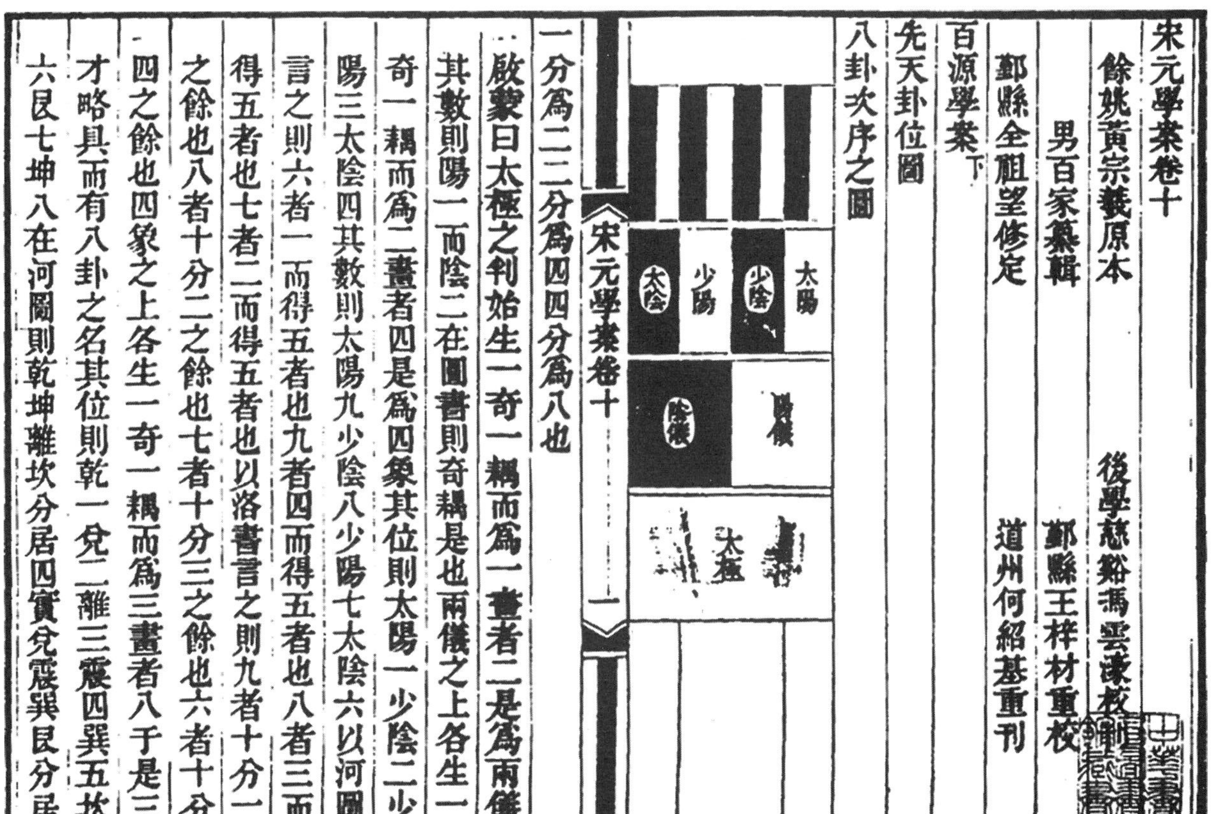

图1 八卦次序之图
(黄宗羲《宋元学案》)

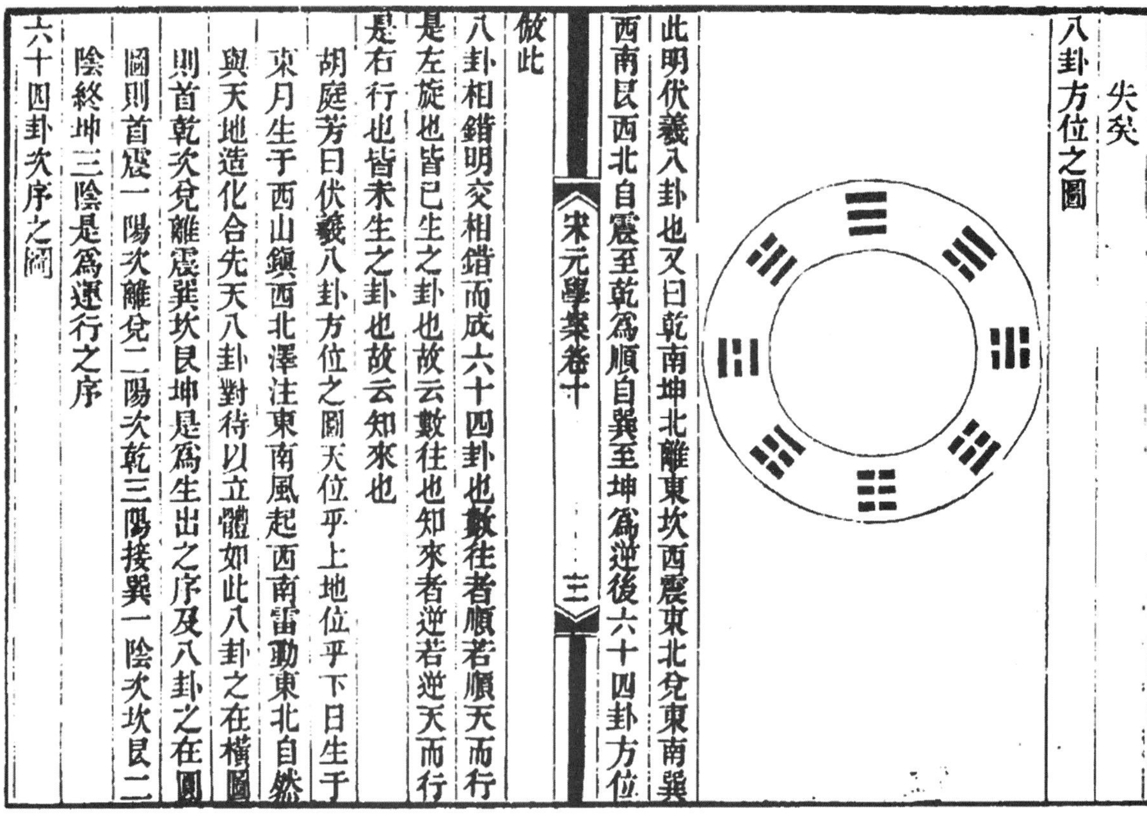

图 2 八卦方位之图
（黄宗羲《宋元学案》）

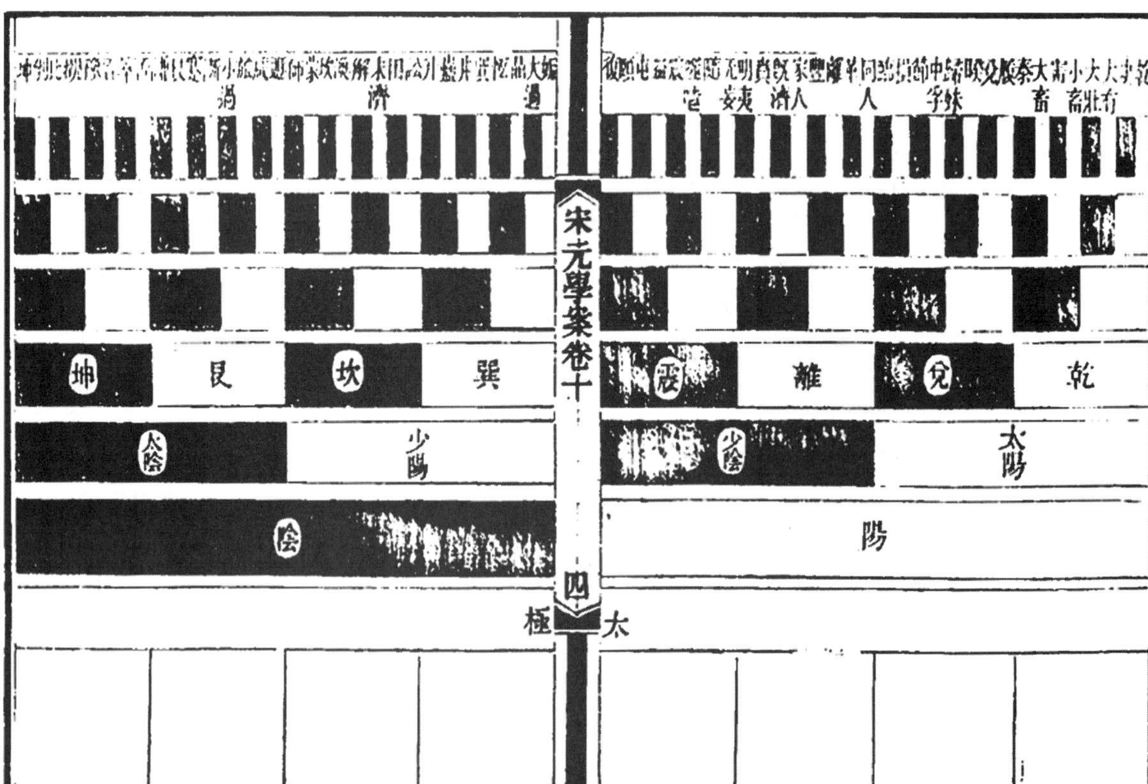

图 3 六十四卦次序之图
（黄宗羲《宋元学案》）

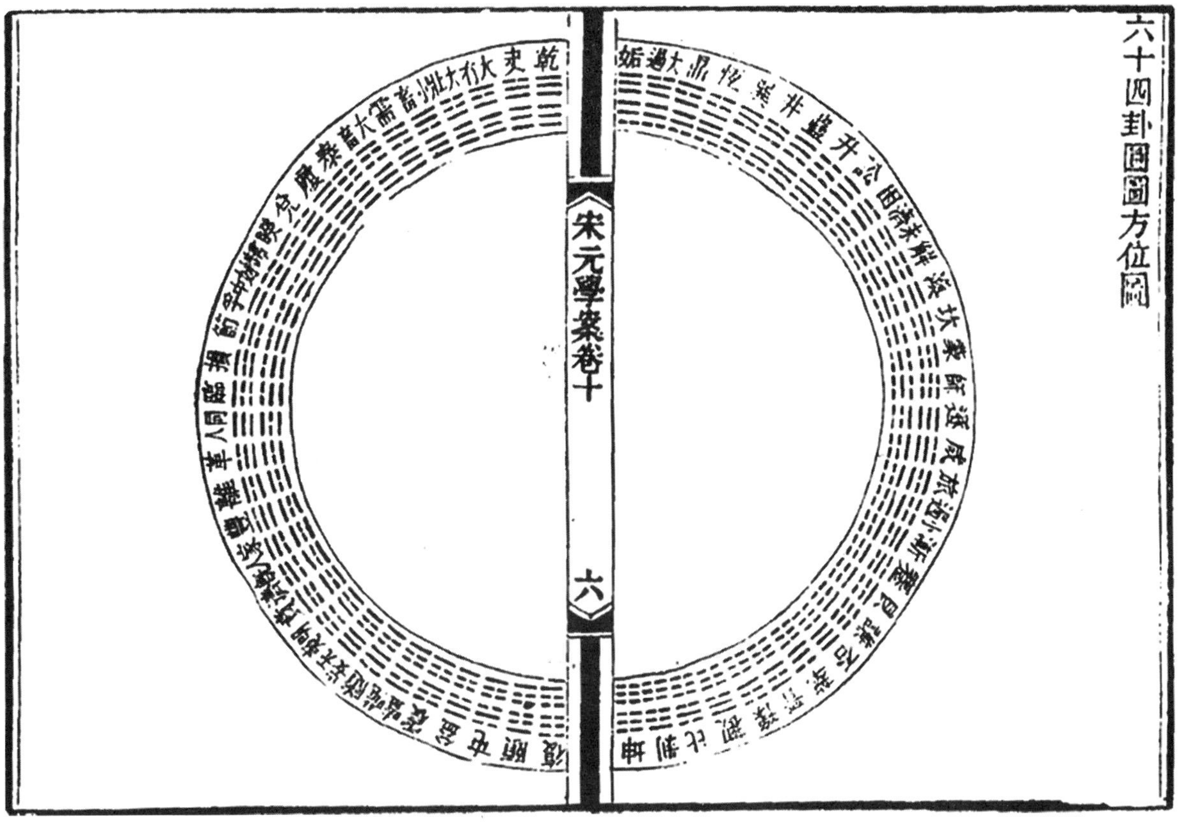

图 4　六十四卦圆方位图
（黄宗羲《宋元学案》）

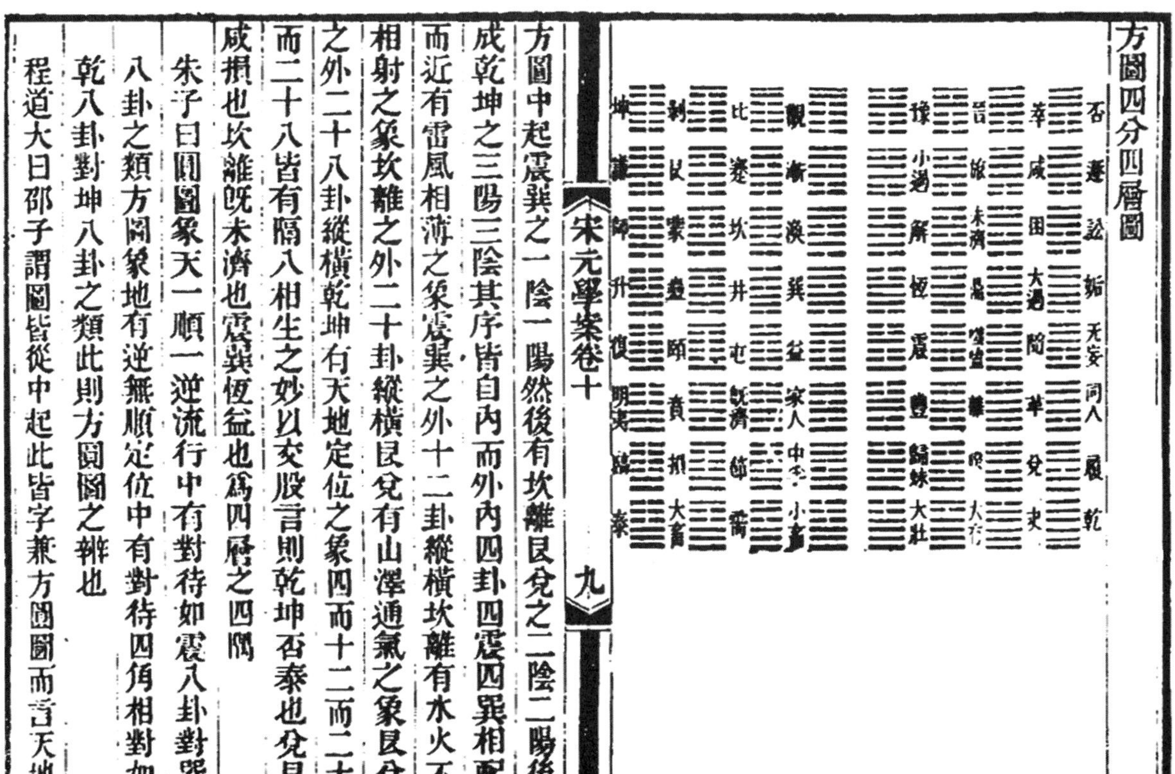

图 5　方图四分四层图
（黄宗羲《宋元学案》）

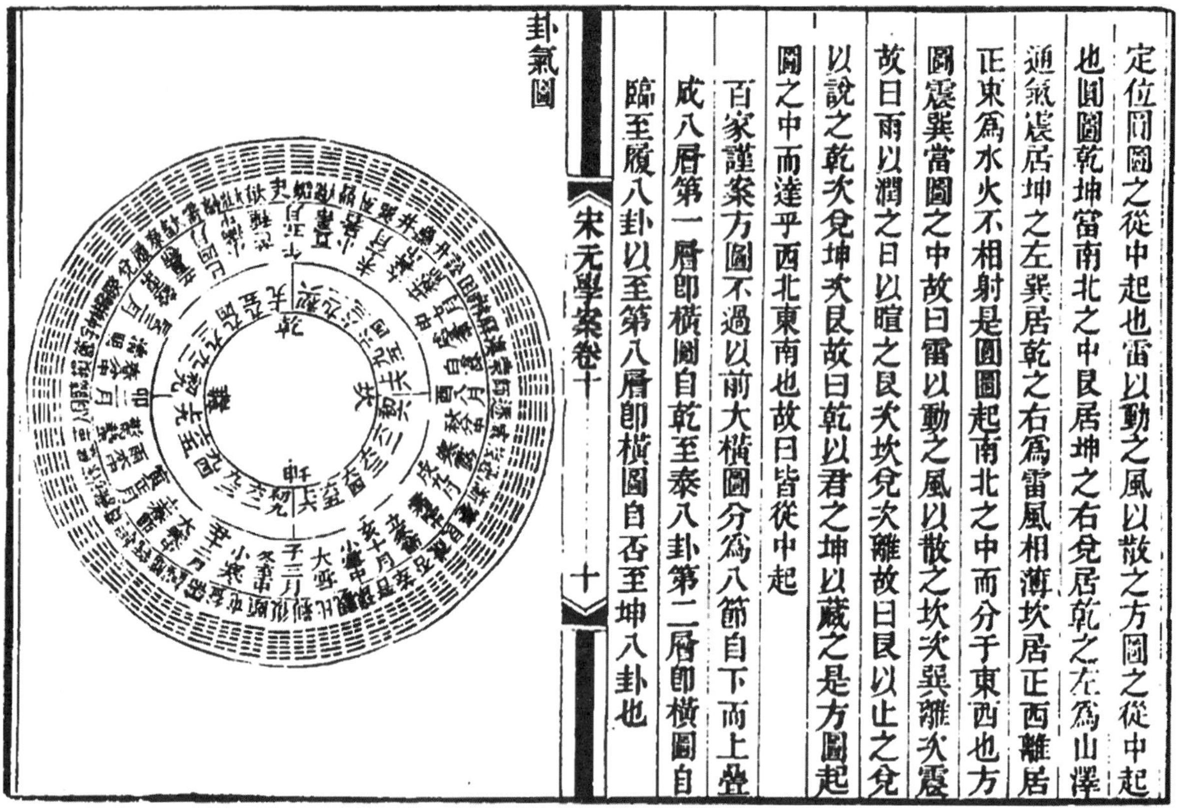

定位圓圖之從中起也雷以動之風以散之方圖之從中起也圓圖乾坤當南北之中艮居坤之右兌居乾之左爲山澤通氣震居坤之左巽居乾之右爲雷風相薄坎居正西離居正東爲水火不相射是圓圖起南北之中而分于東西也方圖震巽當圖之中故曰雷以動之風以散之坎次巽離次震故曰雨以潤之日以暄之艮次坎兌次離故曰艮以止之兌以說之乾次兌坤次艮故曰乾以君之坤以藏之是方圖起圖之中而達乎西北東南也故曰皆從中起

百家謹案方圖不過以前大橫圖分爲八節自下而上疊成八層第一層即橫圖自乾至泰八卦第二層即橫圖自臨至履八卦以至第八層即橫圖自否至坤八卦也

宋元學案卷十　十

卦氣圖

图 6　卦气图

（黄宗羲《宋元学案》）

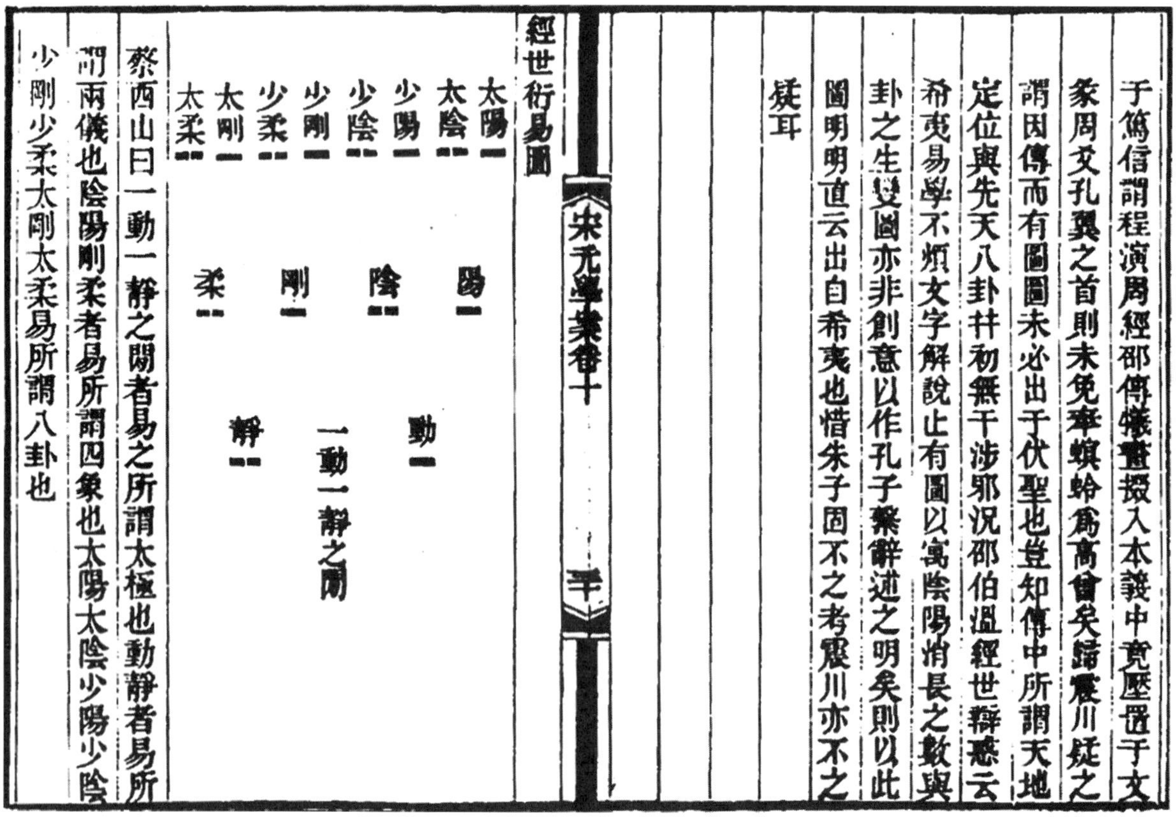

于篤信謂程演周經邵傳犧畫援入本義中竟壓置于文象周孔翼之首則未免率螟蛉爲高曾矣歸震川疑之謂因傳而有圖圖未必出于伏聖也豈知傳中所謂天地定位與先天八卦并初無干涉耶況邵伯溫經世辯惑云希夷易學不煩文字解說止有圖以寓陰陽消長之數與卦之生變圖亦非創意以作孔子繫辭述之明矣則以此圖明直云出自希夷也惜朱子因不之考震川亦不之疑耳

宋元學案卷十　廿

經世衍易圖

蔡西山曰一動一靜之間者易之所謂太極也動靜者易所謂兩儀也陰陽剛柔者易所謂四象也太陽太陰少陽少陰少剛少柔太剛太柔易所謂八卦也

图 7　经世衍易图

（黄宗羲《宋元学案》）

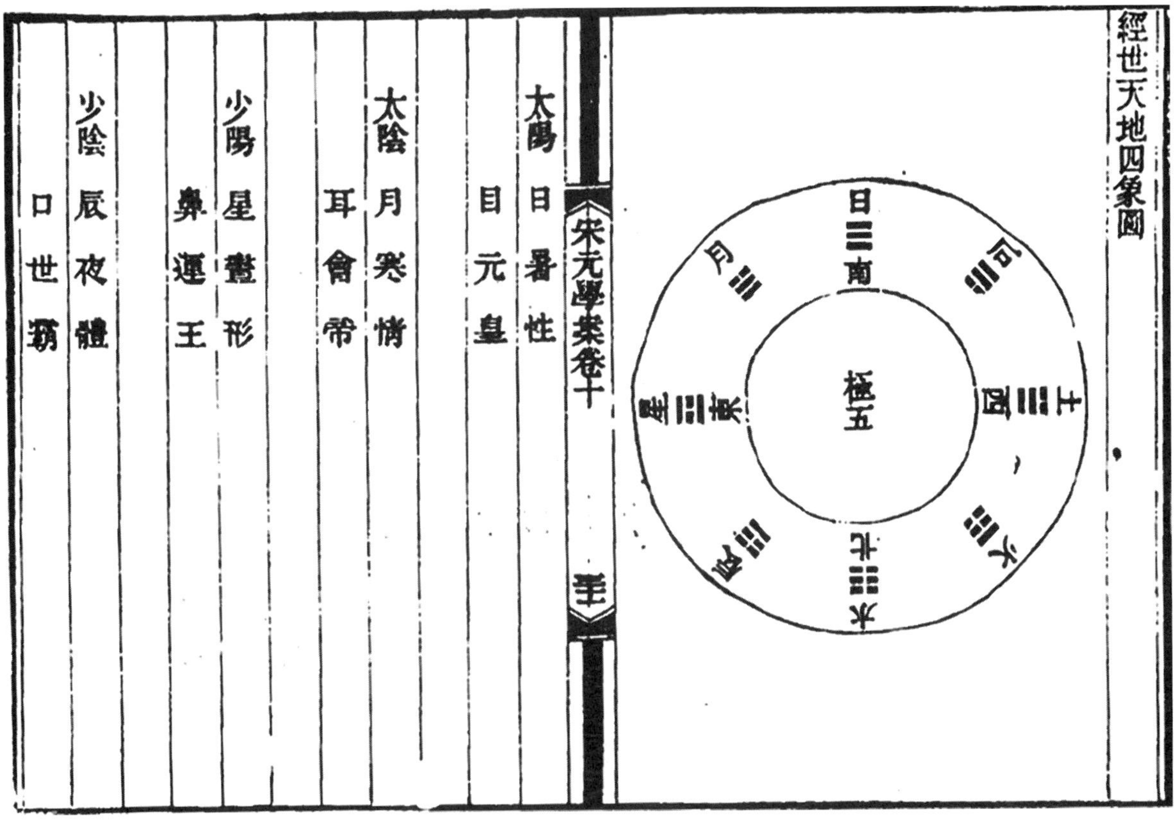
經世天地四象圖

太陽 日 暑 性
目 元 皇
太陰 月 寒 情
耳 會 帝
少陽 星 晝 形
鼻 運 王
少陰 辰 夜 體
口 世 霸

宋元學案卷十

图 8-1　经世天地四象图
（黄宗羲《宋元学案》）

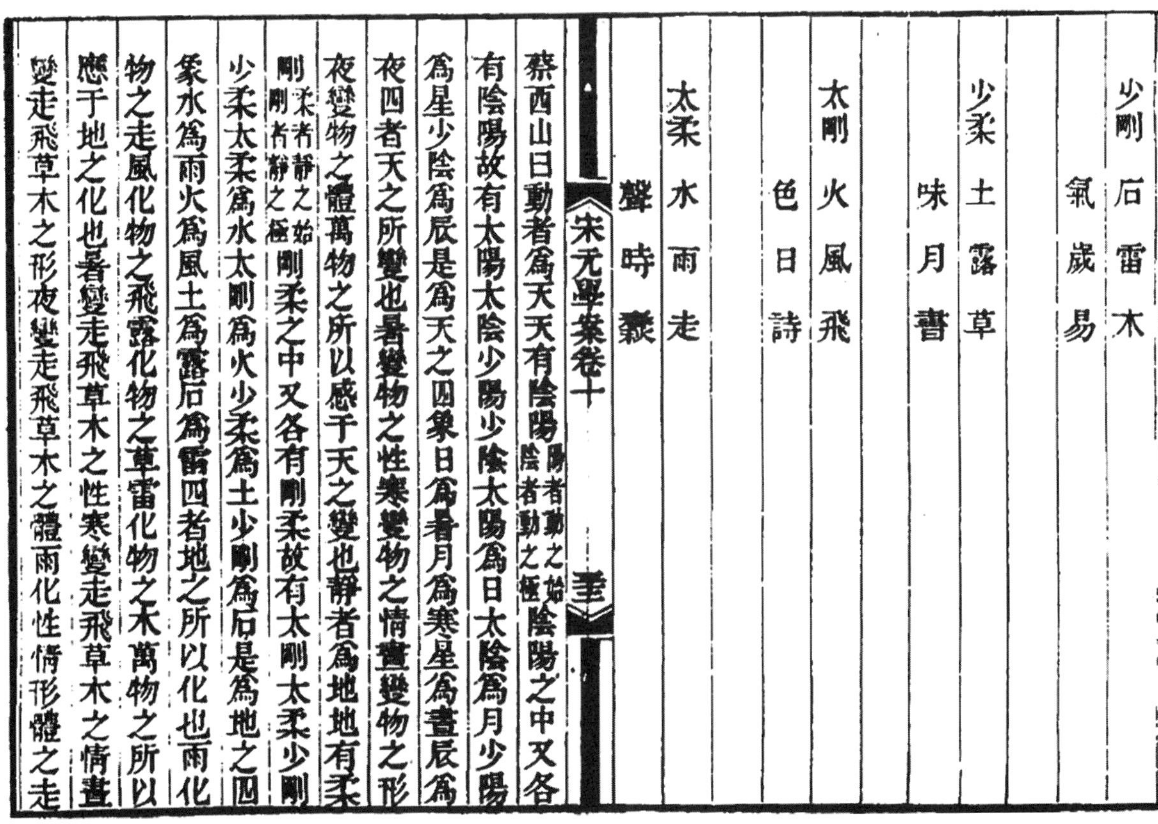
少剛 石 雷 木
氣 歲 易
少柔 土 露 草
味 月 書
太剛 火 風 飛
色 日 詩
太柔 水 雨 走
聲 時 春秋

宋元學案卷十

蔡西山曰動者爲天天有陰陽（陽者動之始陰者動之極）陰陽之中又各有陰陽故有太陽太陰少陽少陰太陽爲日太陰爲月少陽爲星少陰爲辰是爲天之四象日爲暑月爲寒星爲晝辰爲夜四者天之所變也暑變物之性寒變物之情晝變物之形夜變物之體萬物之所以感于天之變也靜者爲地地有柔剛（柔者靜之始剛者靜之極）剛柔之中又各有剛柔故有太剛太柔少剛少柔太柔爲水太剛爲火少柔爲土少剛爲石是爲地之四象水爲雨火爲風土爲露石爲雷四者地之所以化也雨化物之走風化物之飛露化物之草雷化物之木萬物之所以應于地之化也暑變走飛草木之性寒變走飛草木之情晝變走飛草木之形夜變走飛草木之體雨化性情形體之走

图 8-2　经世天地四象图
（黄宗羲《宋元学案》）

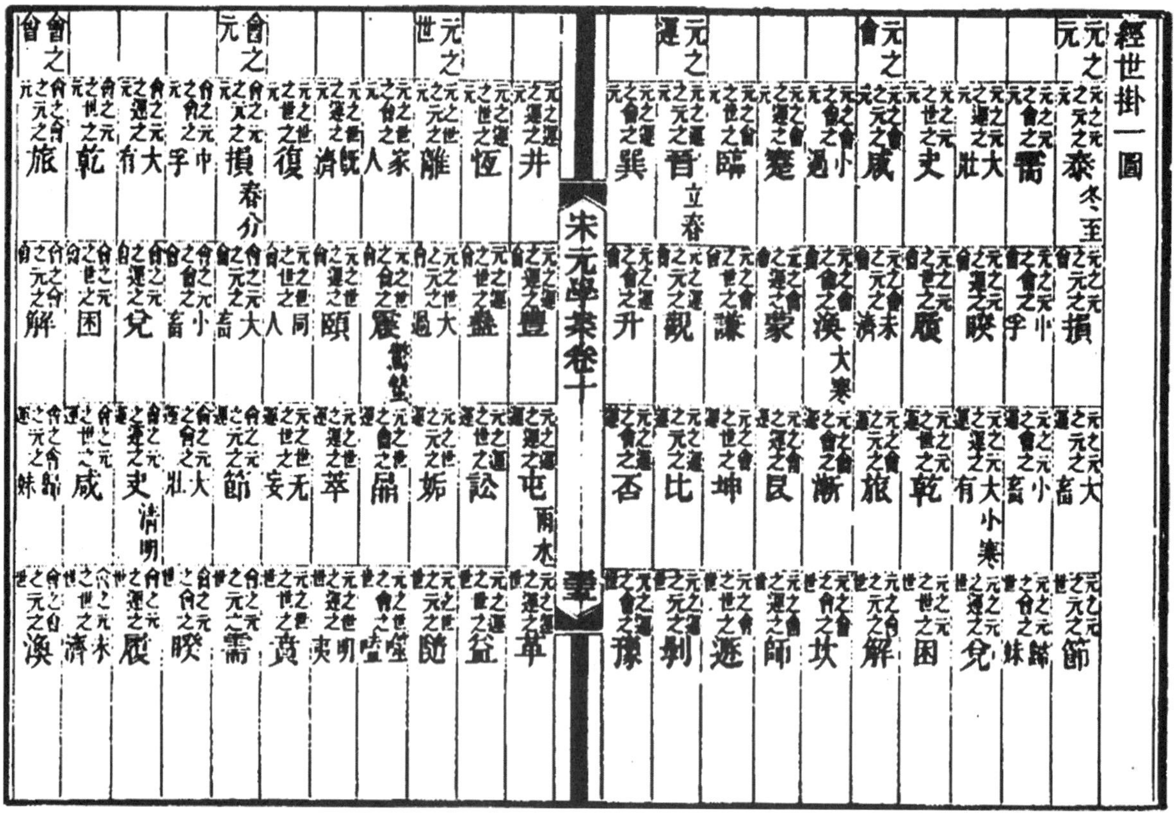

图 9－1　经世卦一图

（黄宗羲《宋元学案》）

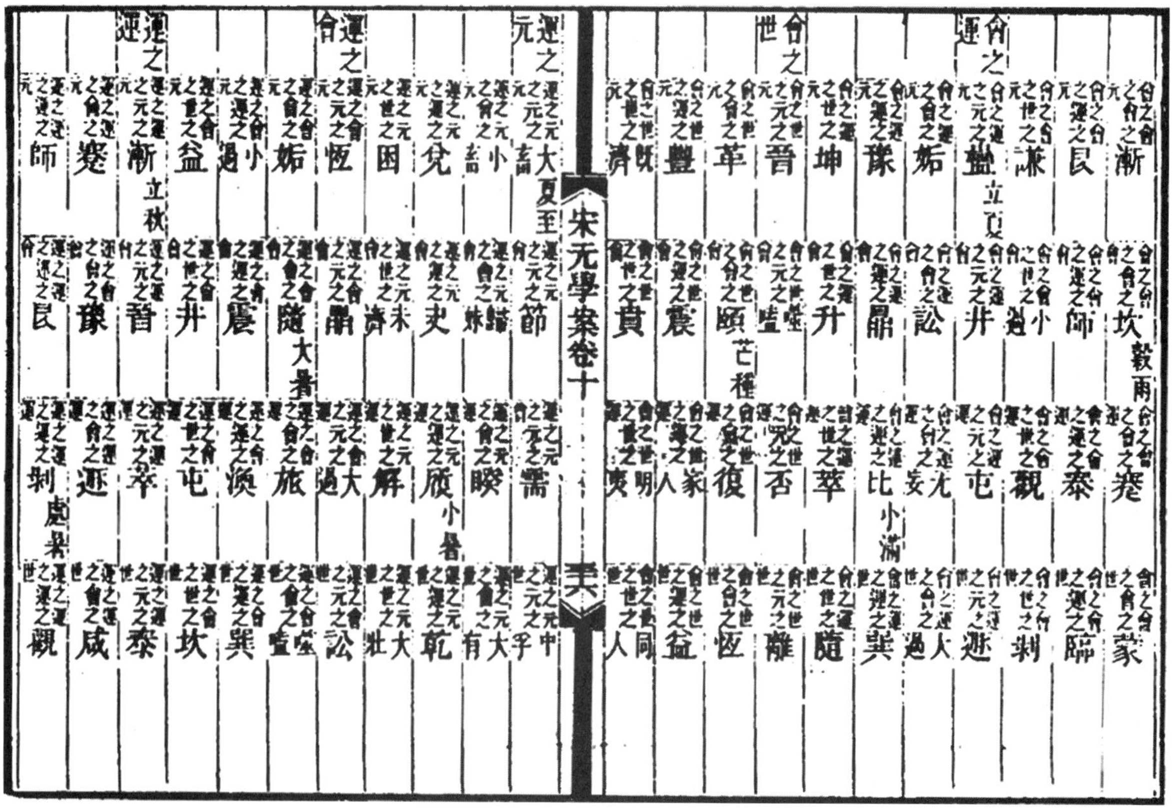

图 9－2　经世卦一图

（黄宗羲《宋元学案》）

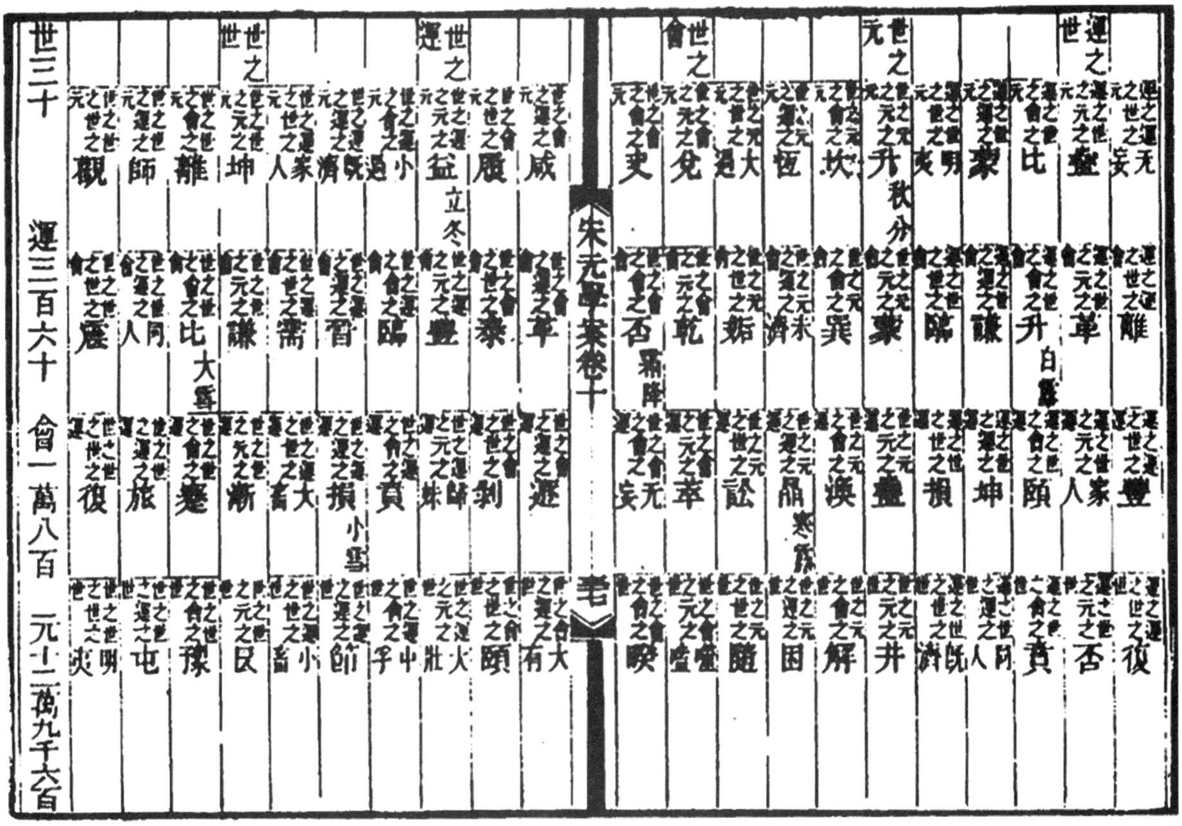

图 9-3 经世卦一图

（黄宗羲《宋元学案》）

刘牧（1011—1064）

字先子，号长民，世称"长民先生"，北宋衢州西安（今浙江衢州）人。进士出身，任衢州军事推官。后在范仲淹、富弼等推举下，先后出任兖州（今山东兖州）观察推官、大理寺丞、广南西路（今桂林）转运判官、湖北路（今湖北）转运判官、尚书屯田郎中等职。其易学师承范谔昌，传陈抟河洛之学，提出了"图九书十说""太极说""象由数设"等易学理论，对宋以后的图书易学产生了重要的影响。著有《卦德通论》一卷、《新注周易》十一卷、《周易先儒遗论九事》一卷、《易数钩隐图》一卷等。其易注今不传，而《易数钩隐图》保存在《道藏》"洞真部灵图类"。现存有《周易》图像六十四幅。

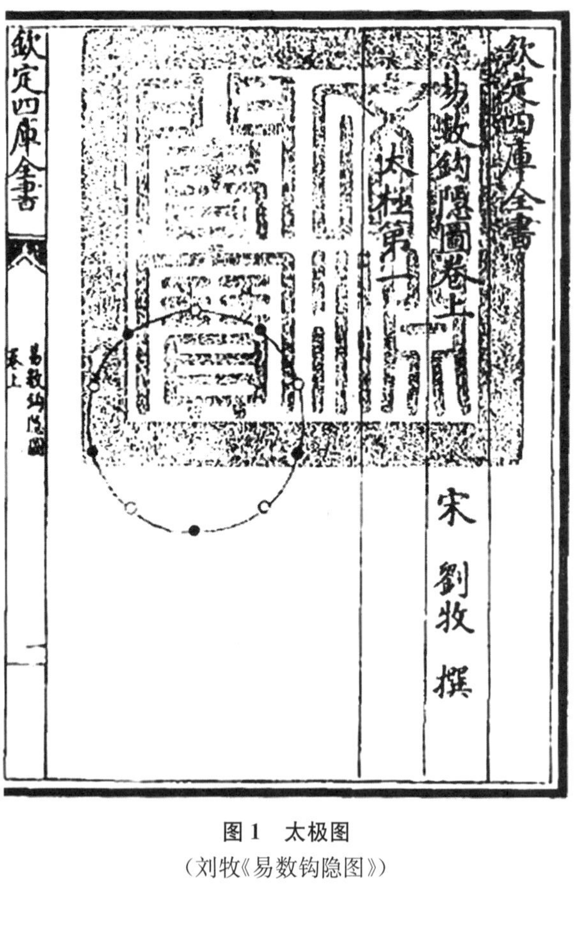

图1　太极图
（刘牧《易数钩隐图》）

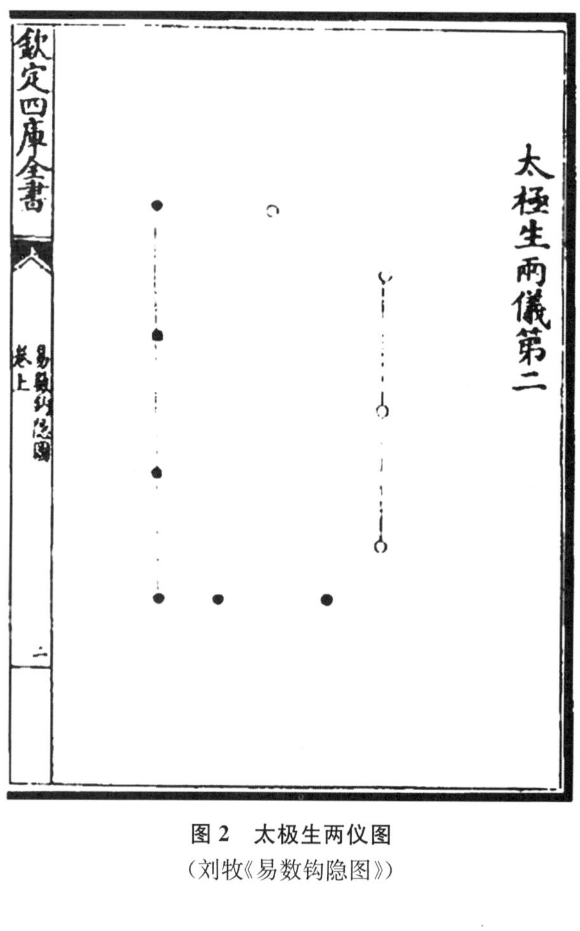

图2　太极生两仪图
（刘牧《易数钩隐图》）

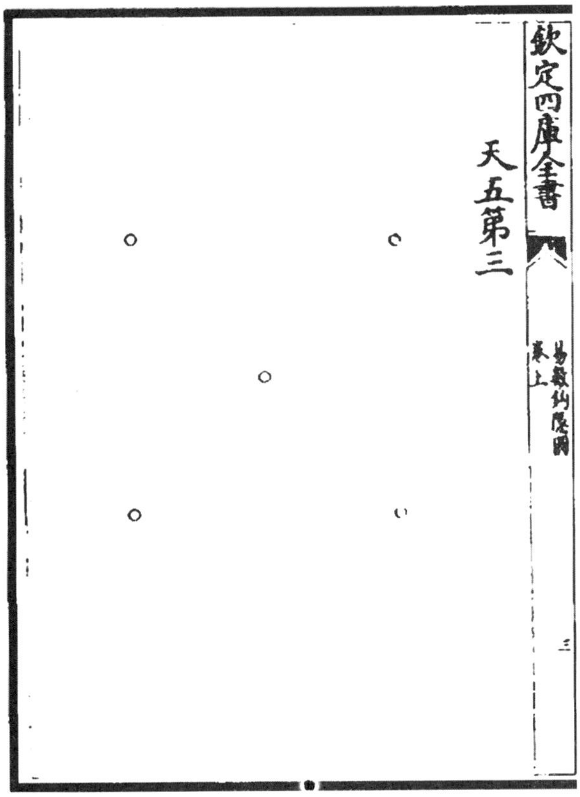

图3　天五图
（刘牧《易数钩隐图》）

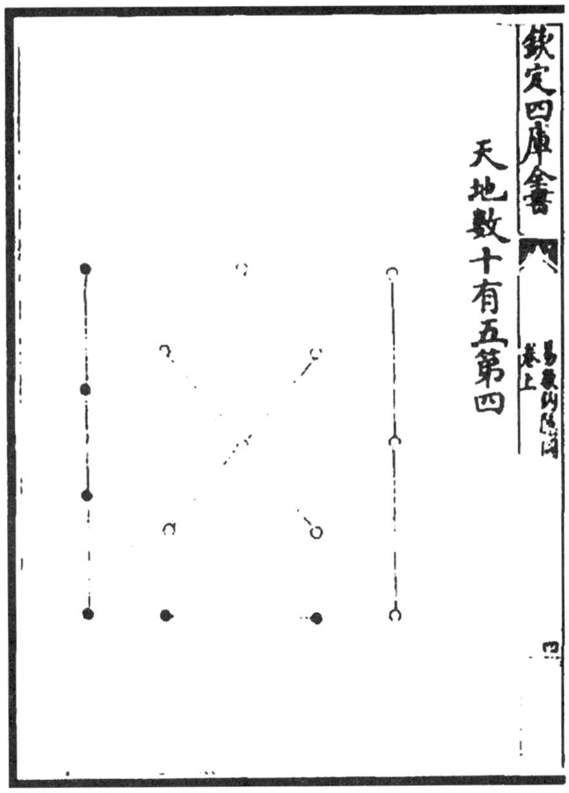

图4　天地数十有五图
（刘牧《易数钩隐图》）

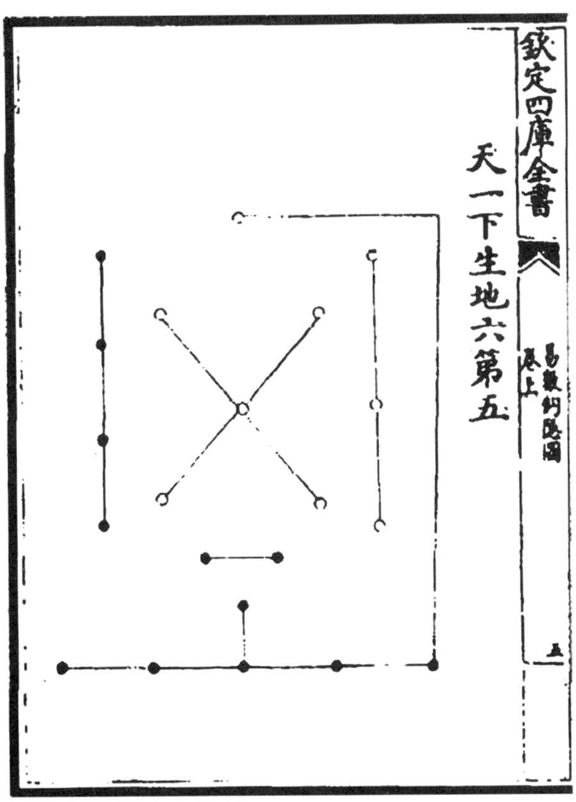

图5　天一下生地六图
（刘牧《易数钩隐图》）

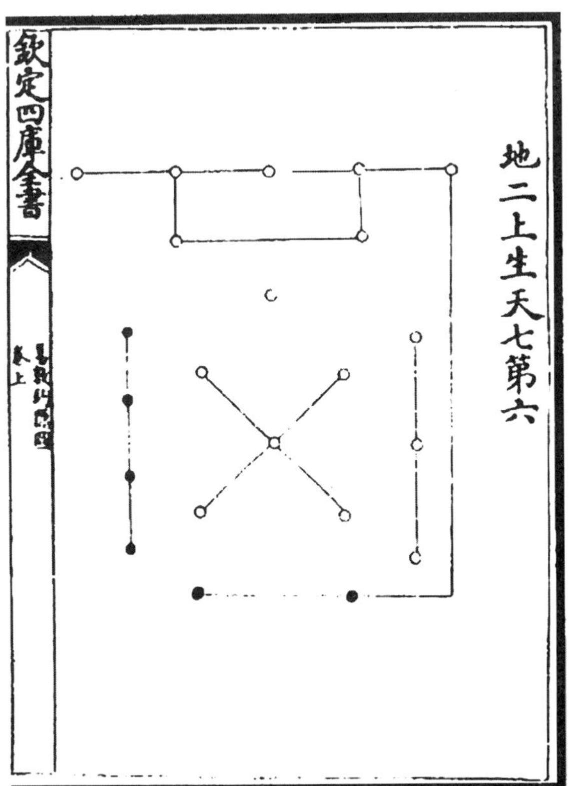

图6　地二上生天七图
（刘牧《易数钩隐图》）

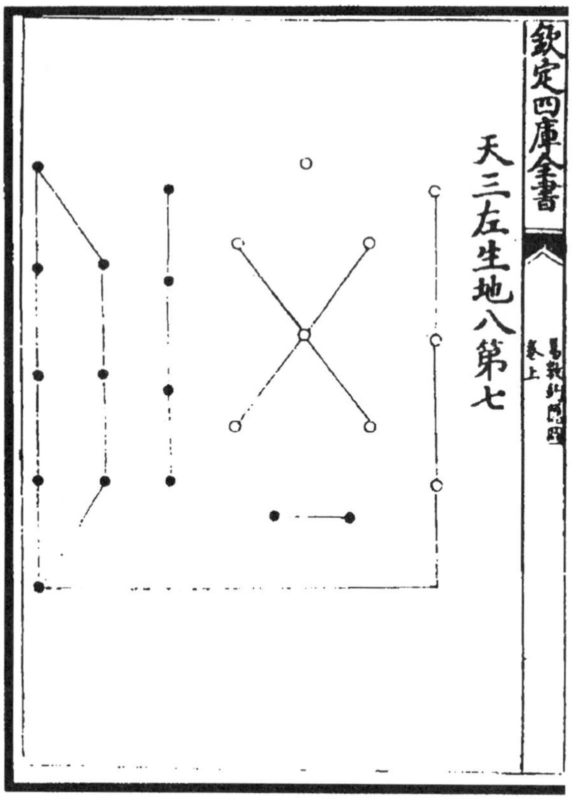

图7 天三左生地八图
（刘牧《易数钩隐图》）

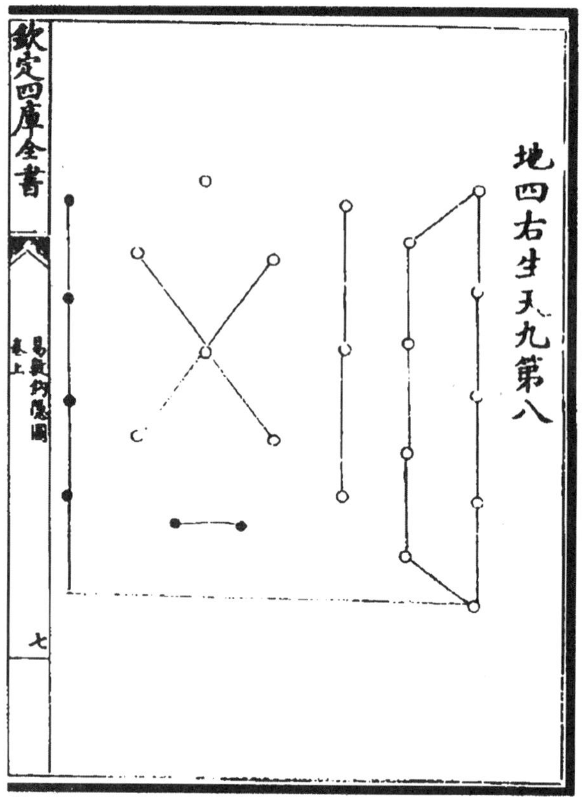

图8 地四右生天九图
（刘牧《易数钩隐图》）

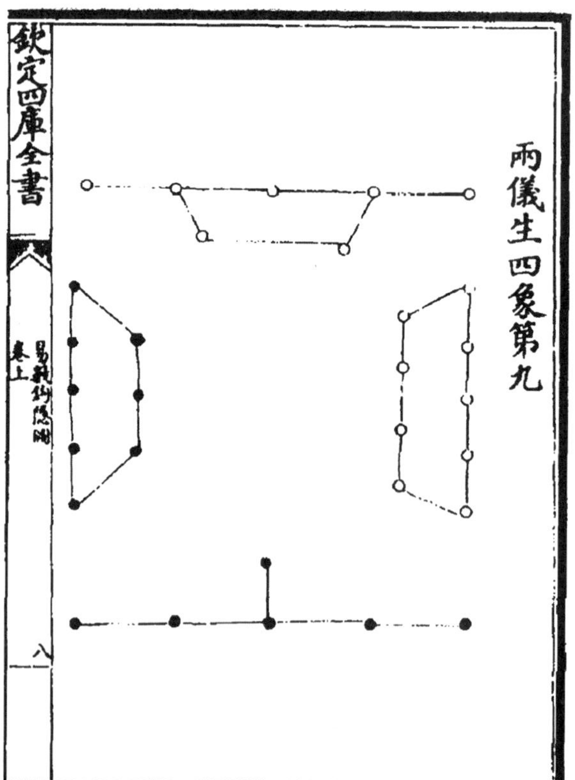

图9 两仪生四象图
（刘牧《易数钩隐图》）

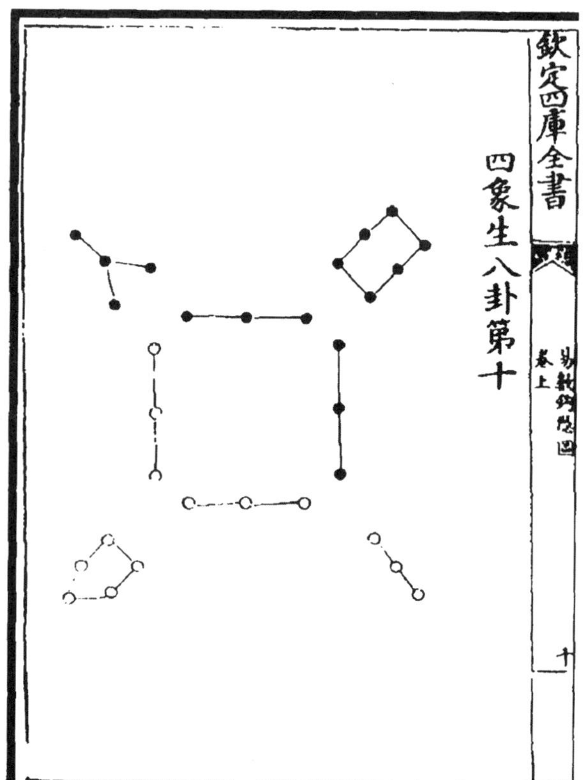

图10 四象生八卦图
（刘牧《易数钩隐图》）

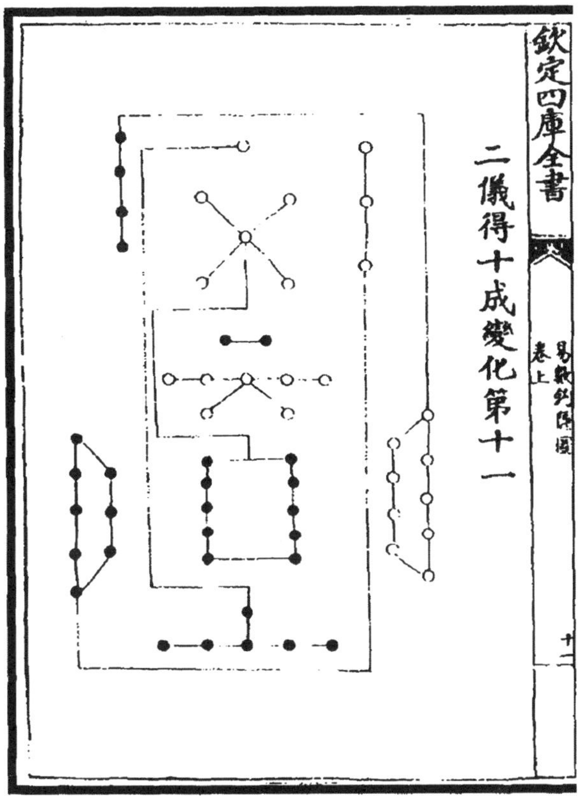

图 11　二仪得十成变化图
（刘牧《易数钩隐图》）

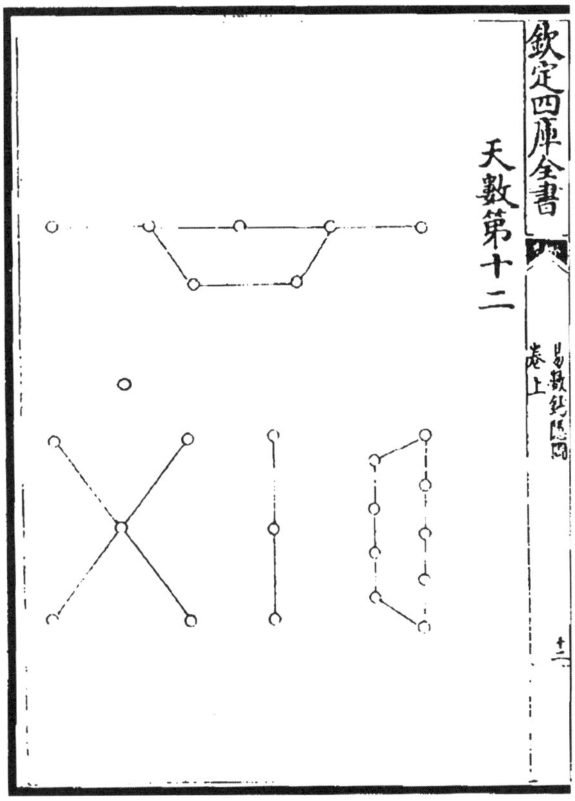

图 12　天数图
（刘牧《易数钩隐图》）

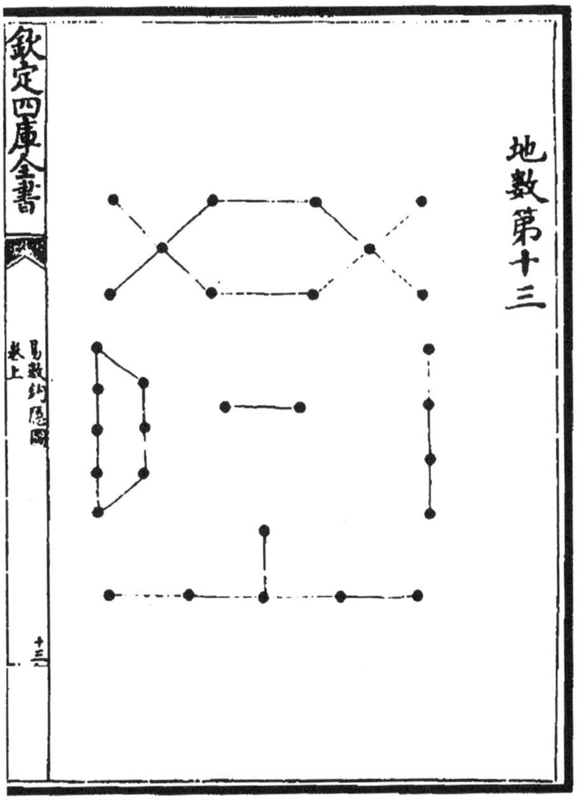

图 13　地数图
（刘牧《易数钩隐图》）

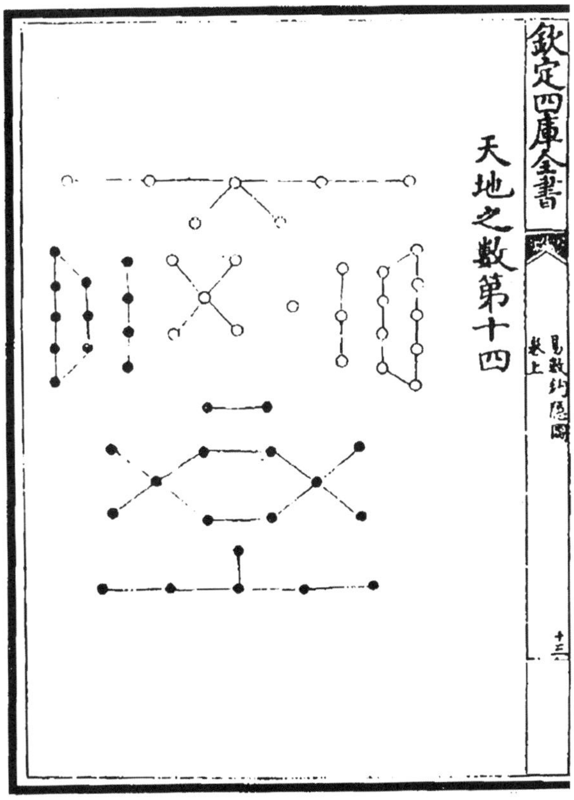

图 14　天地之数图
（刘牧《易数钩隐图》）

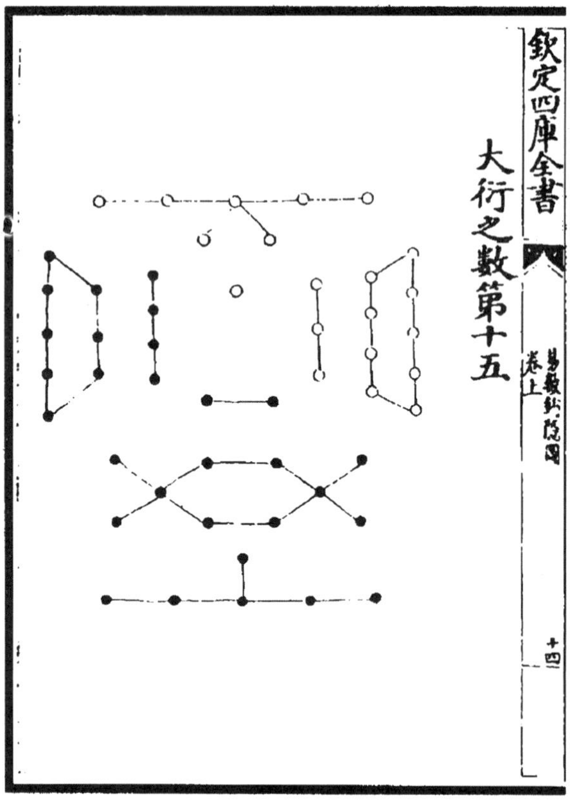

图15 大衍之数图
（刘牧《易数钩隐图》）

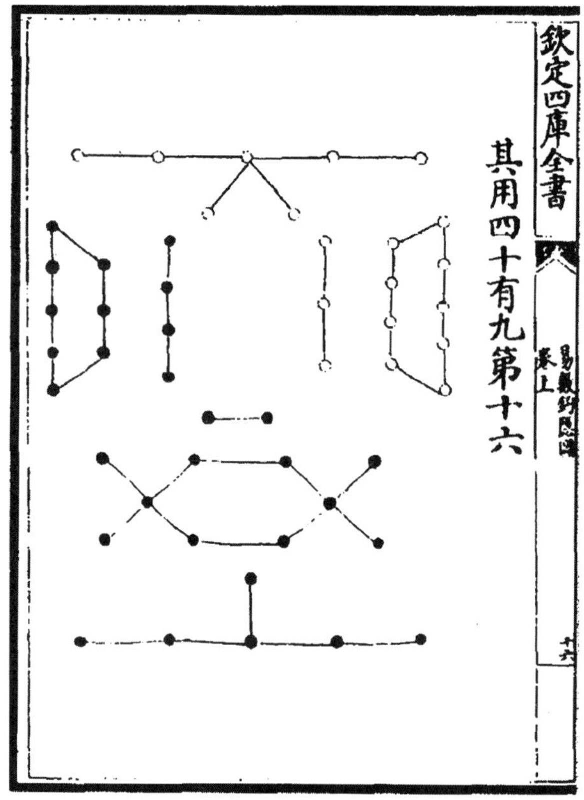

图16 其用四十有九图
（刘牧《易数钩隐图》）

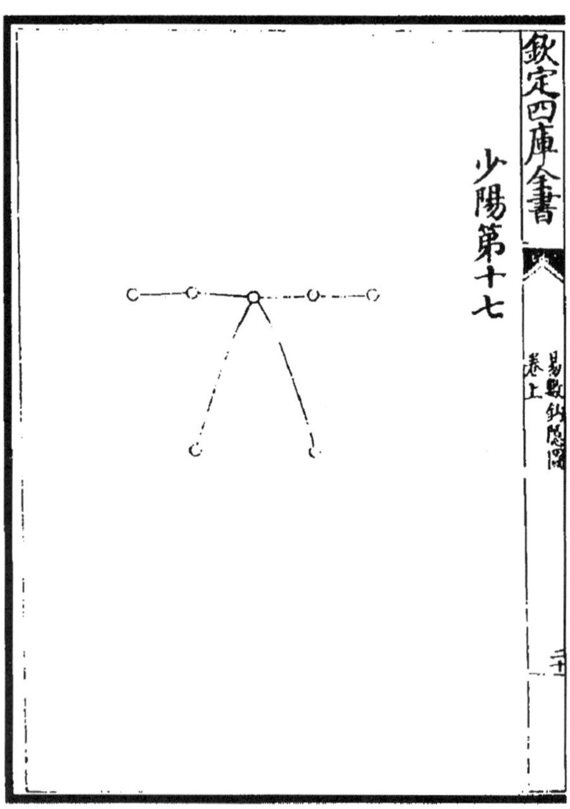

图17 少阳图
（刘牧《易数钩隐图》）

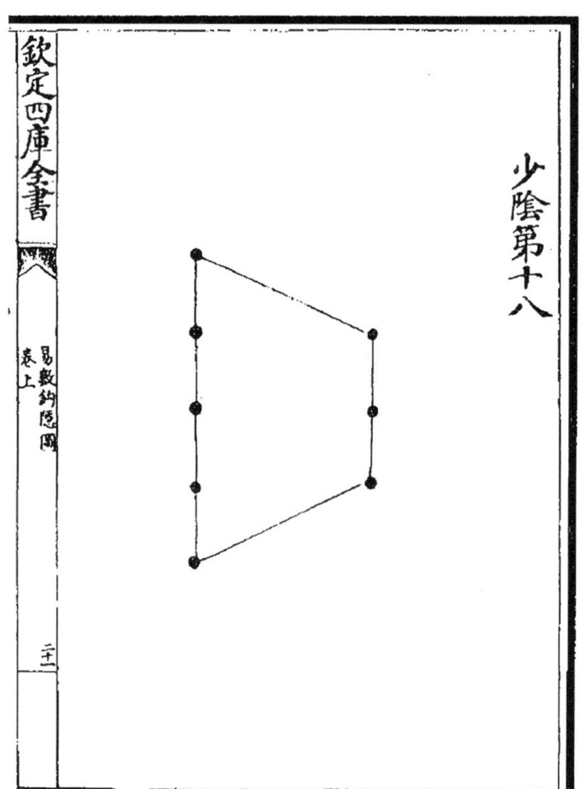

图18 少阴图
（刘牧《易数钩隐图》）

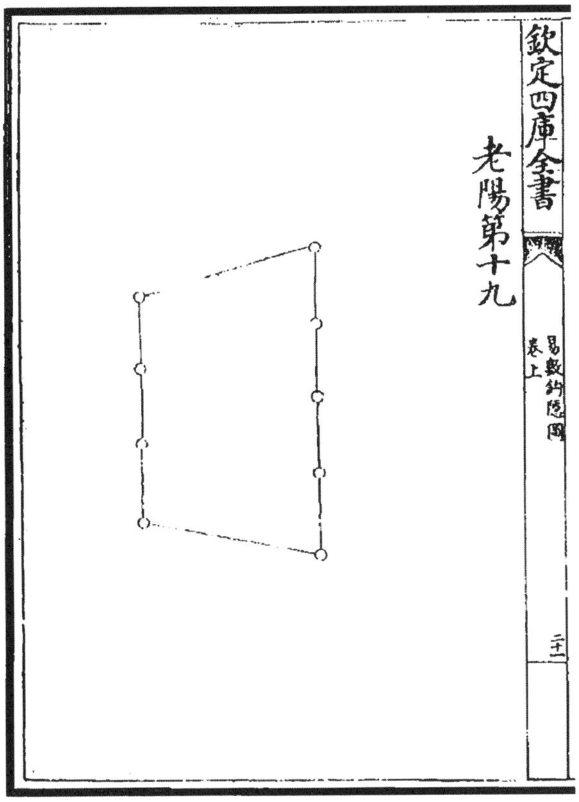

图 19　老阳图
（刘牧《易数钩隐图》）

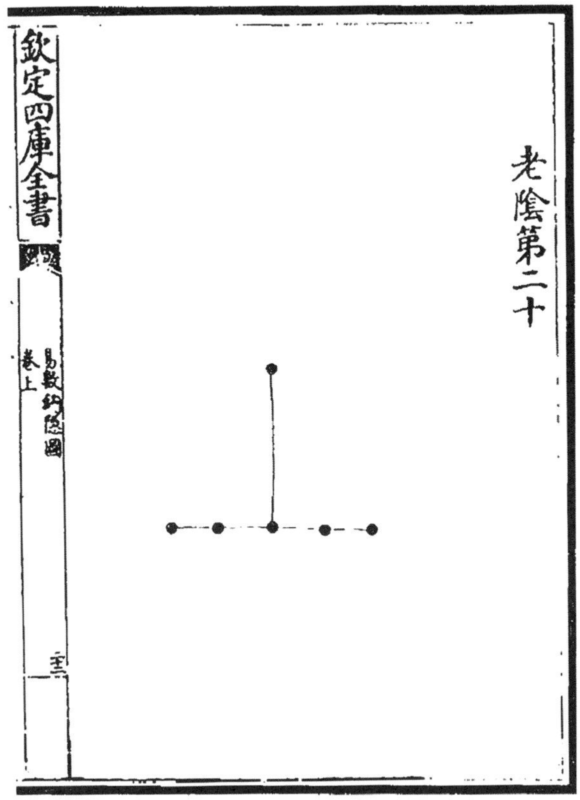

图 20　老阴图
（刘牧《易数钩隐图》）

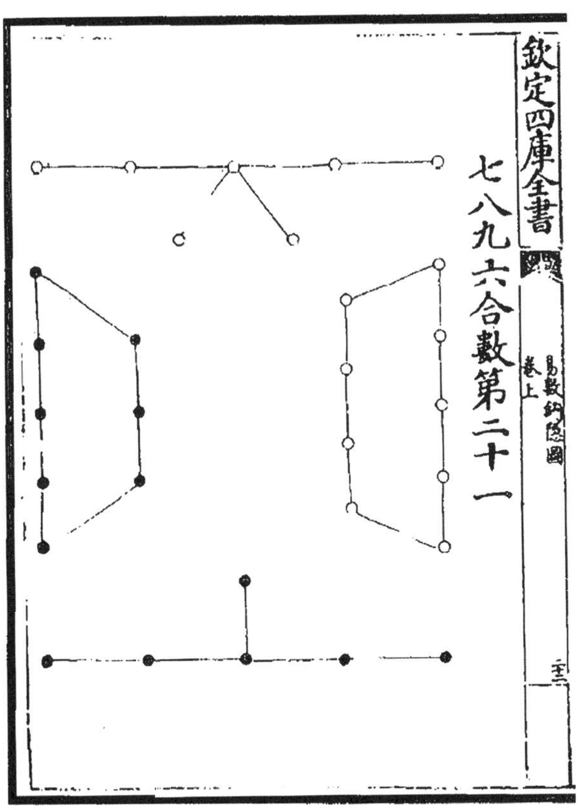

图 21　七八九六合数图
（刘牧《易数钩隐图》）

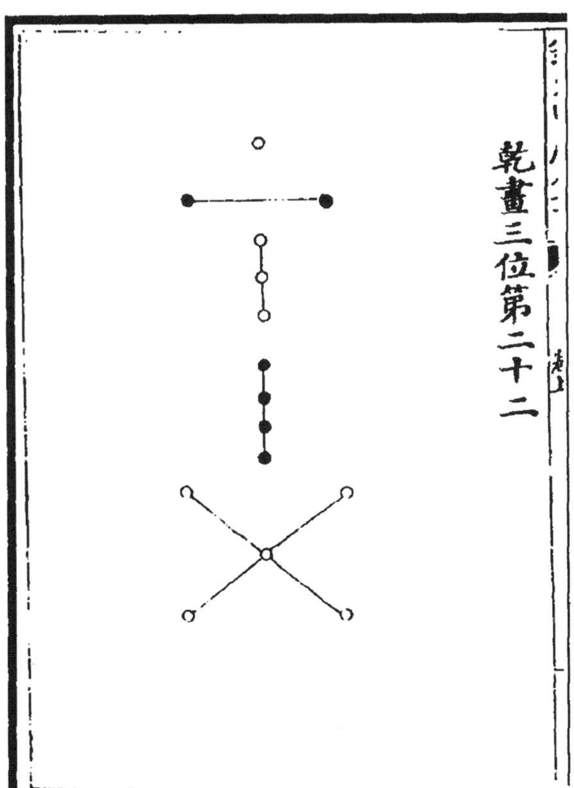

图 22　乾画三位图
（刘牧《易数钩隐图》）

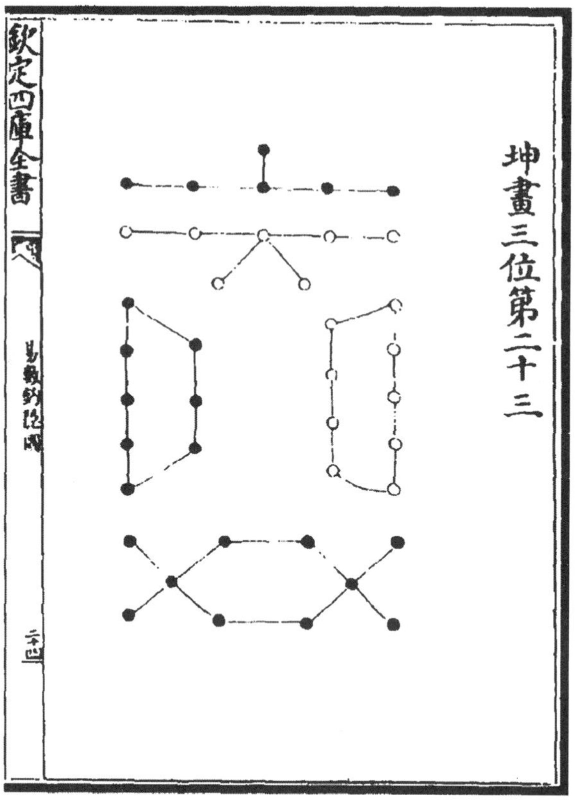

图 23　坤画三位图
（刘牧《易数钩隐图》）

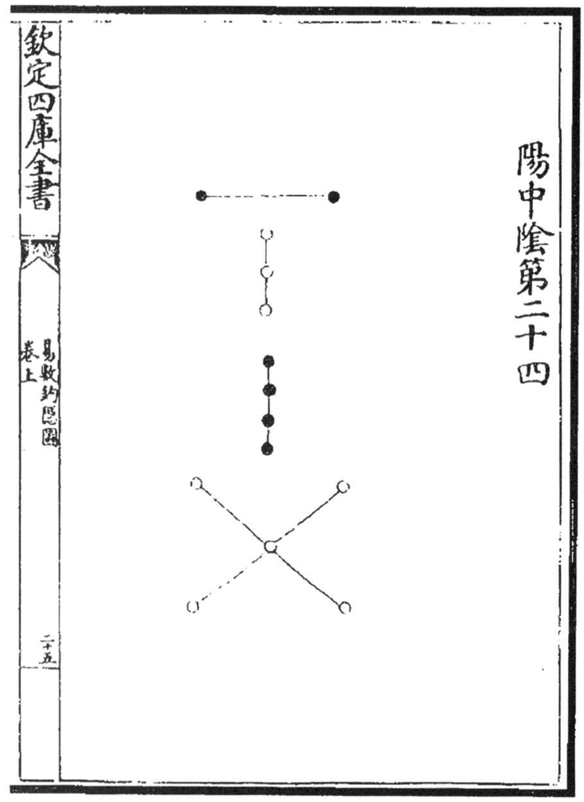

图 24　阳中阴图
（刘牧《易数钩隐图》）

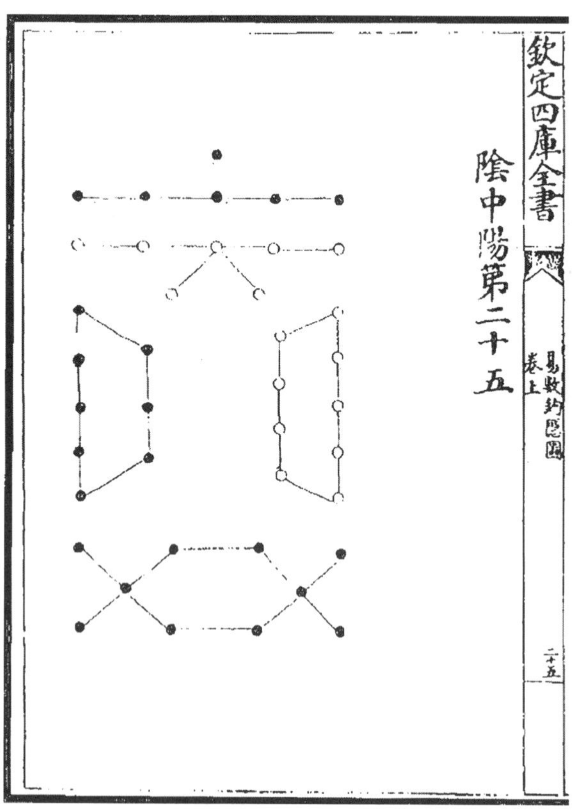

图 25　阴中阳图
（刘牧《易数钩隐图》）

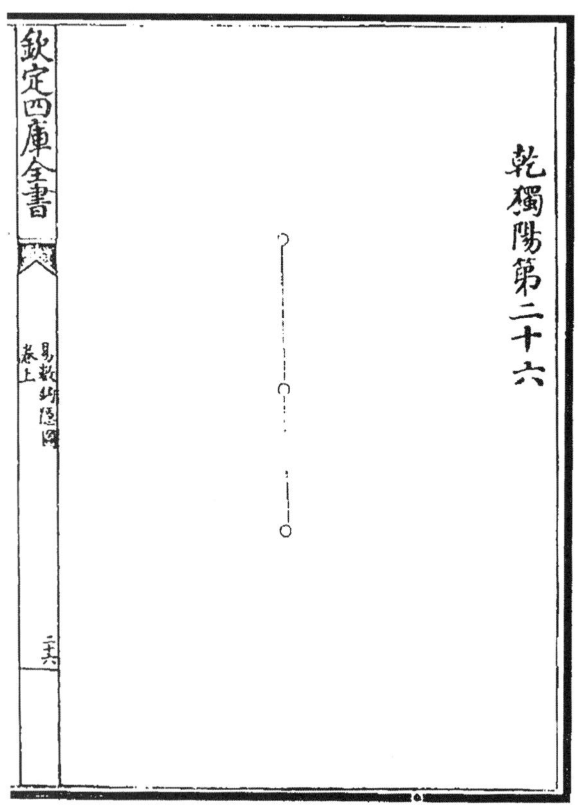

图 26　乾独阳图
（刘牧《易数钩隐图》）

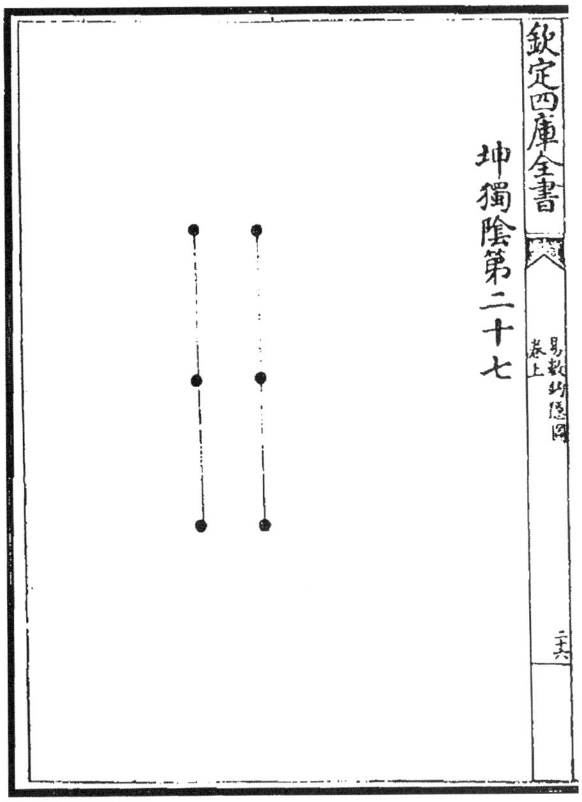

图 27　坤独阴图
（刘牧《易数钩隐图》）

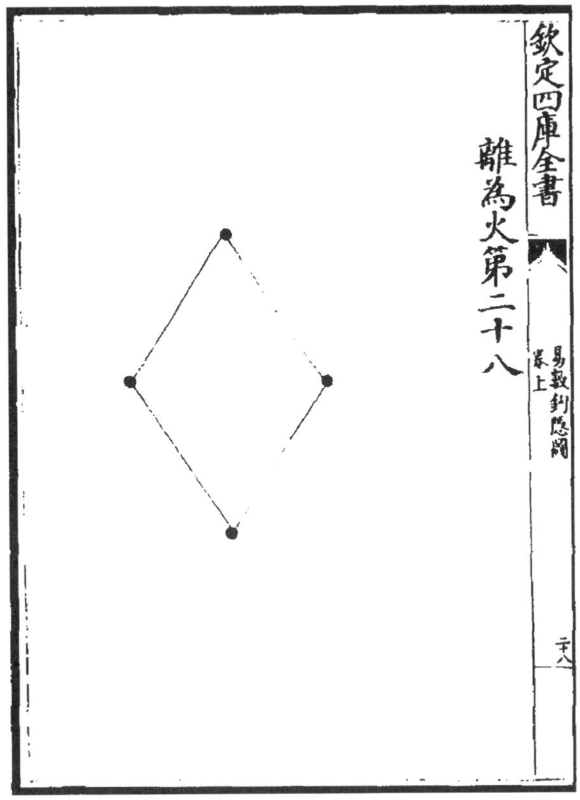

图 28　离为火图
（刘牧《易数钩隐图》）

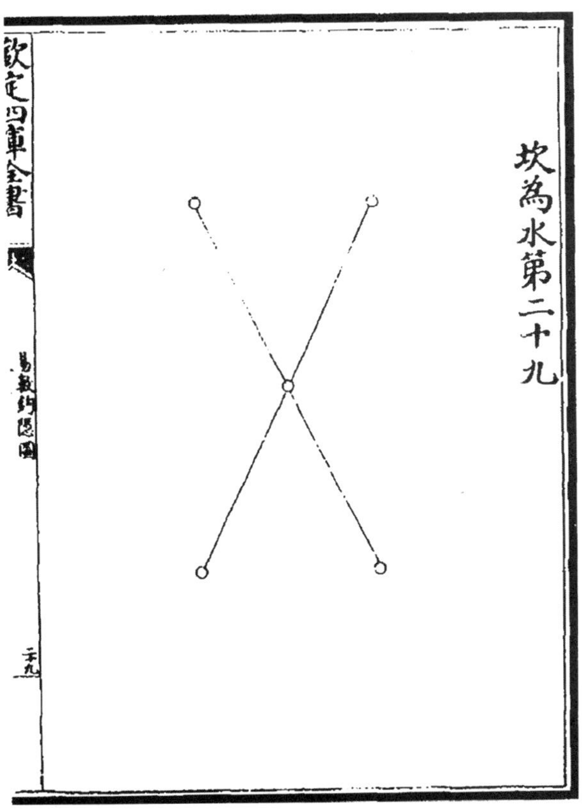

图 29　坎为水图
（刘牧《易数钩隐图》）

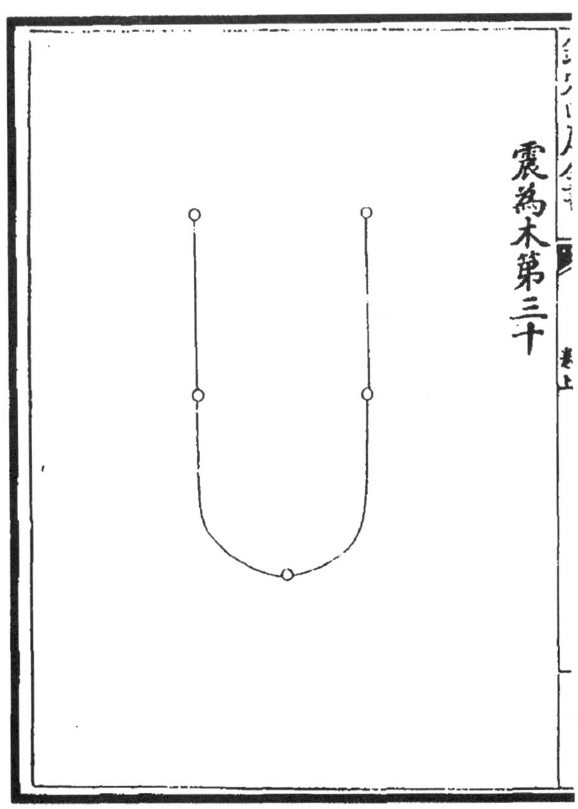

图 30　震为木图
（刘牧《易数钩隐图》）

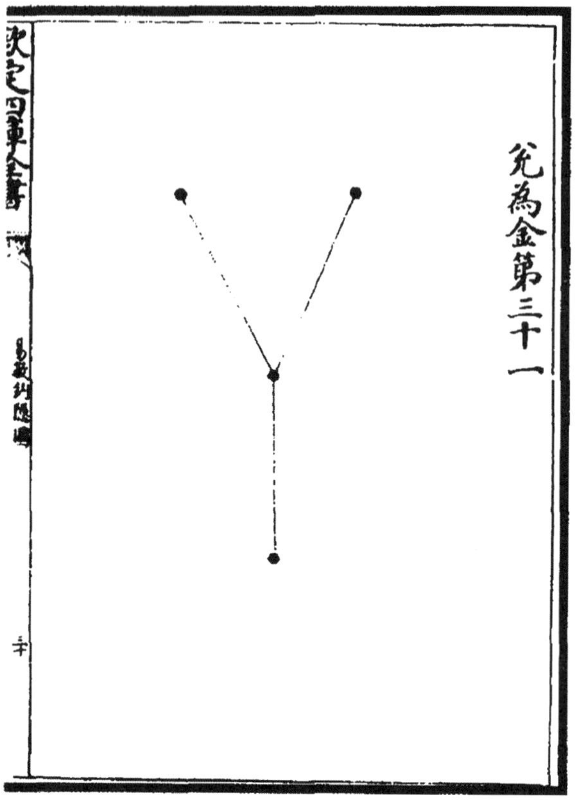

图 31　兑为金图
（刘牧《易数钩隐图》）

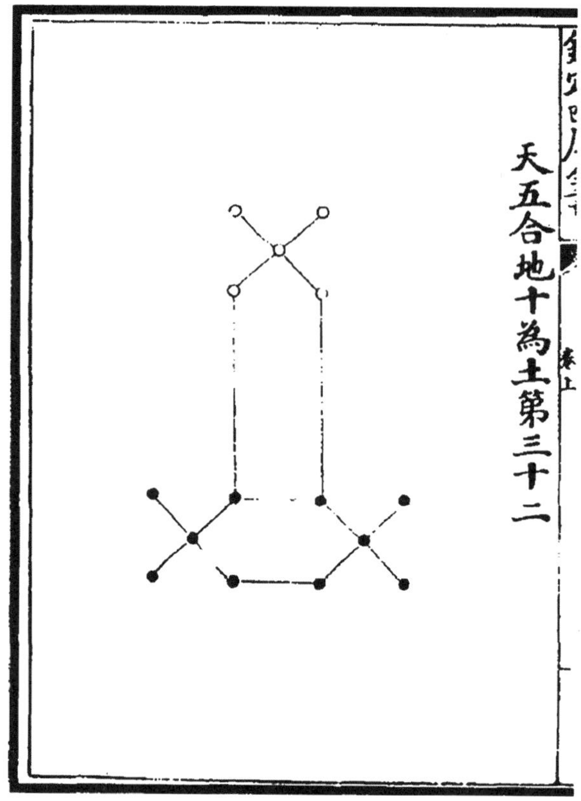

图 32　天五合地十为土图
（刘牧《易数钩隐图》）

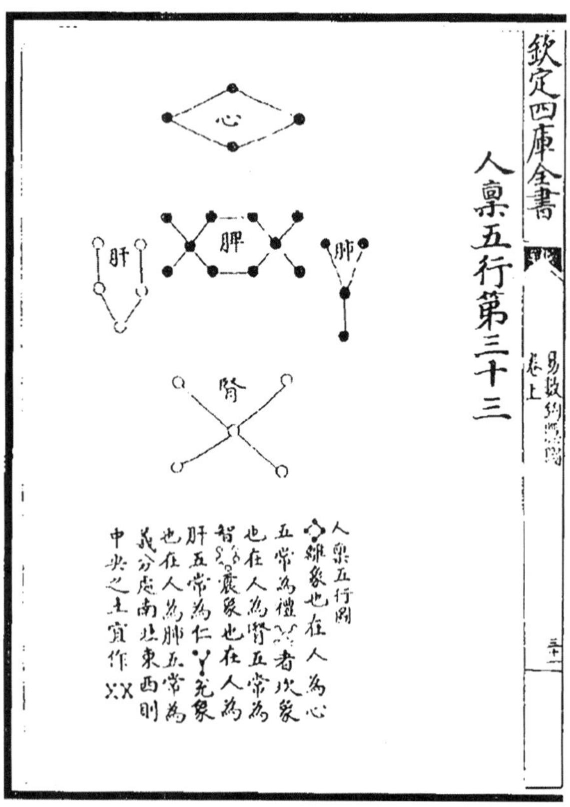

图 33　人禀五行图
（刘牧《易数钩隐图》）

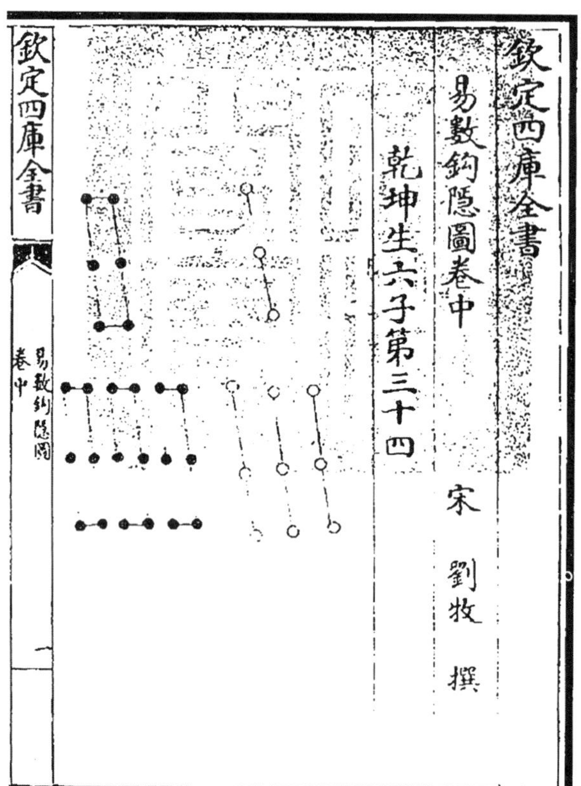

图 34　乾坤生六子图
（刘牧《易数钩隐图》）

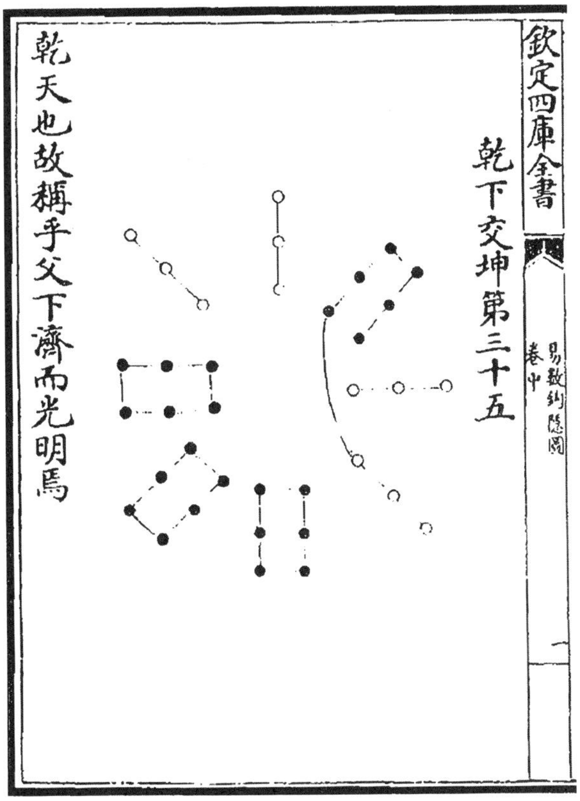

图35 乾下交坤图
（刘牧《易数钩隐图》）

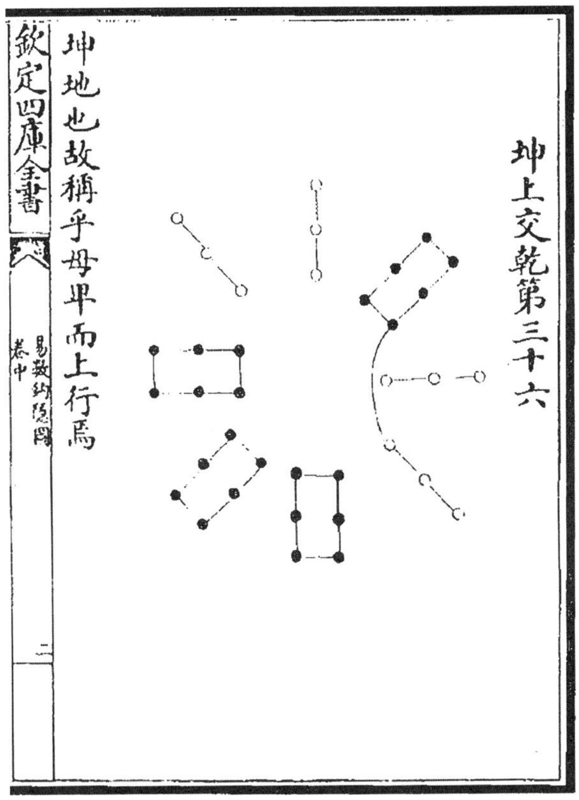

图36 坤上交乾图
（刘牧《易数钩隐图》）

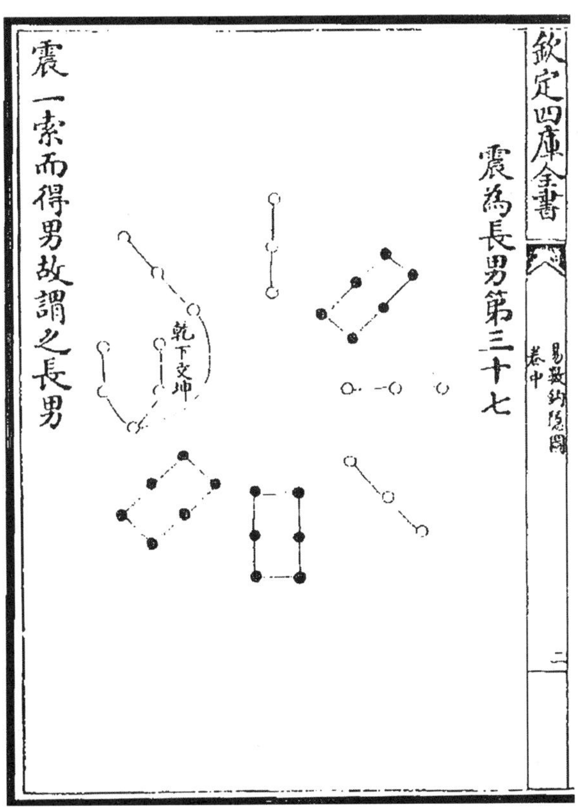

图37 震为长男图
（刘牧《易数钩隐图》）

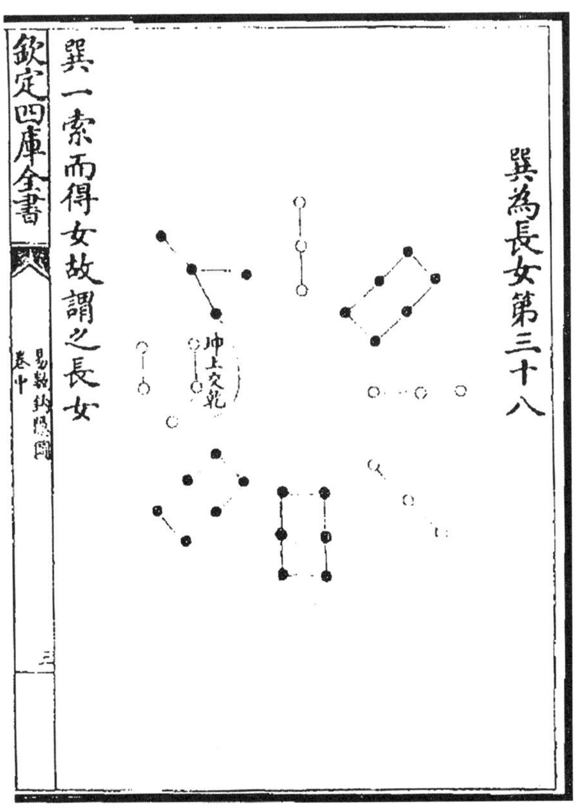

图38 巽为长女图
（刘牧《易数钩隐图》）

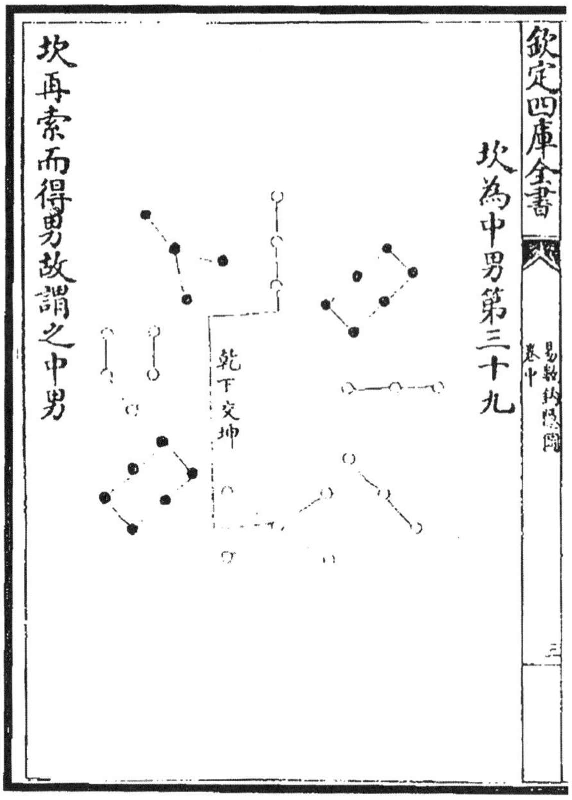

图 39　坎为中男图　　　　　　　　　图 40　离为中女图
（刘牧《易数钩隐图》）　　　　　　　（刘牧《易数钩隐图》）

图 41　艮为少男图　　　　　　　　　图 42　兑为少女图
（刘牧《易数钩隐图》）　　　　　　　（刘牧《易数钩隐图》）

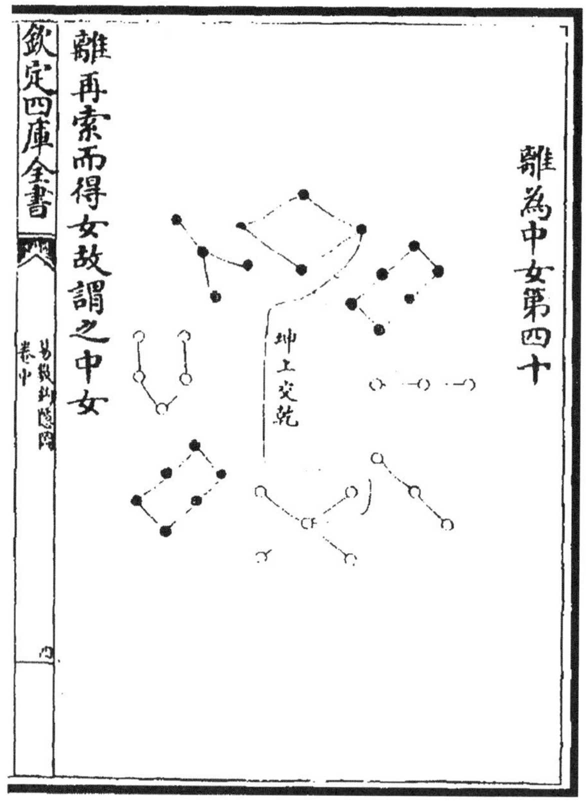

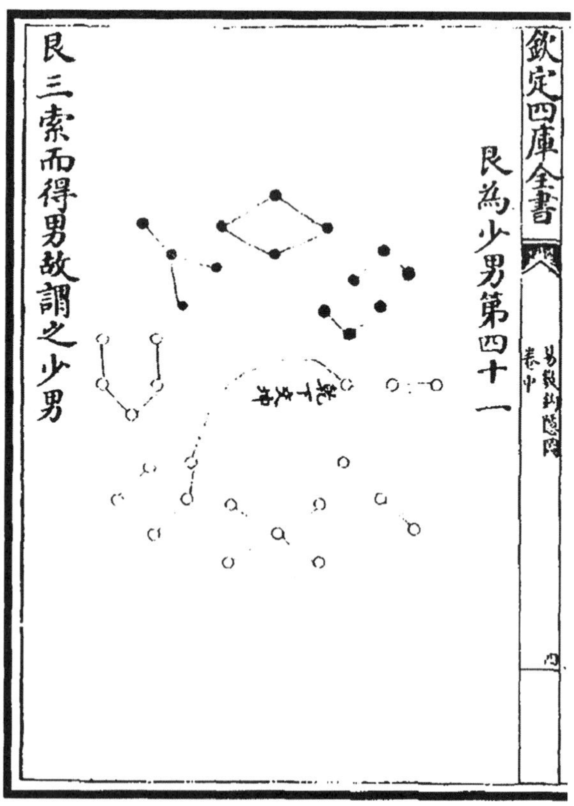

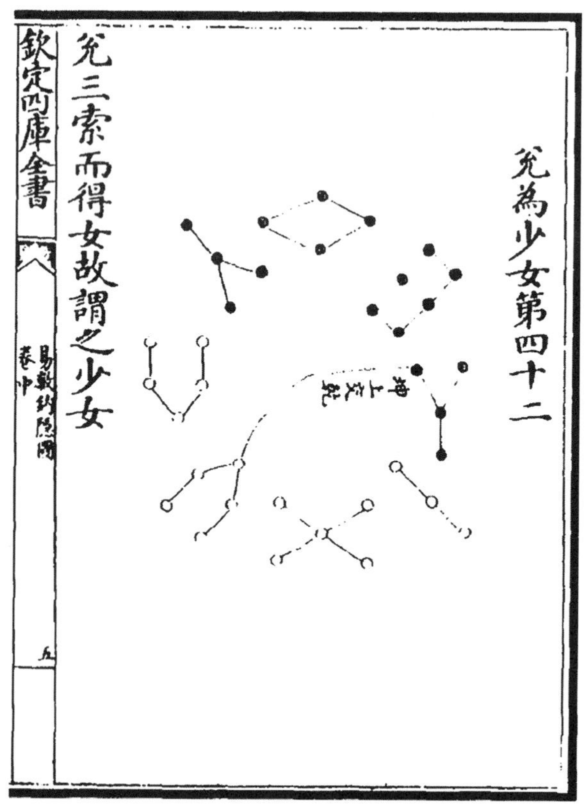

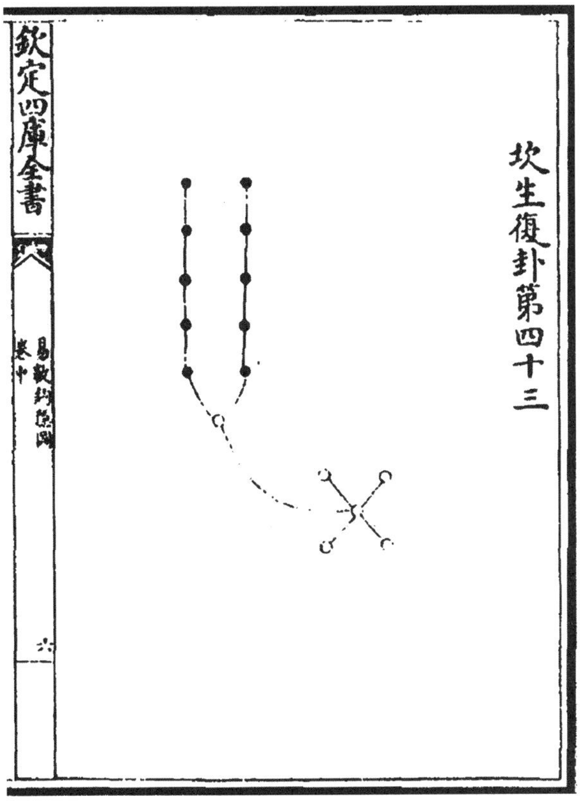

图 43 坎生复卦图
（刘牧《易数钩隐图》）

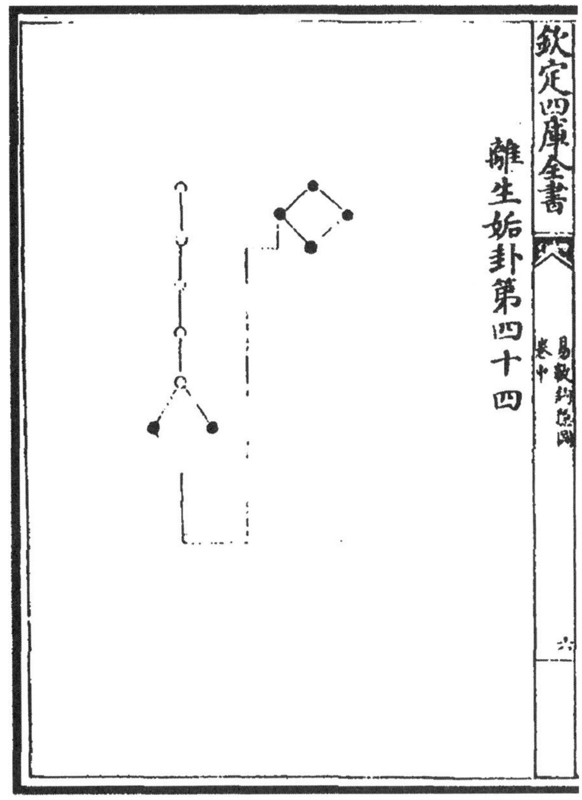

图 44 离生姤卦图
（刘牧《易数钩隐图》）

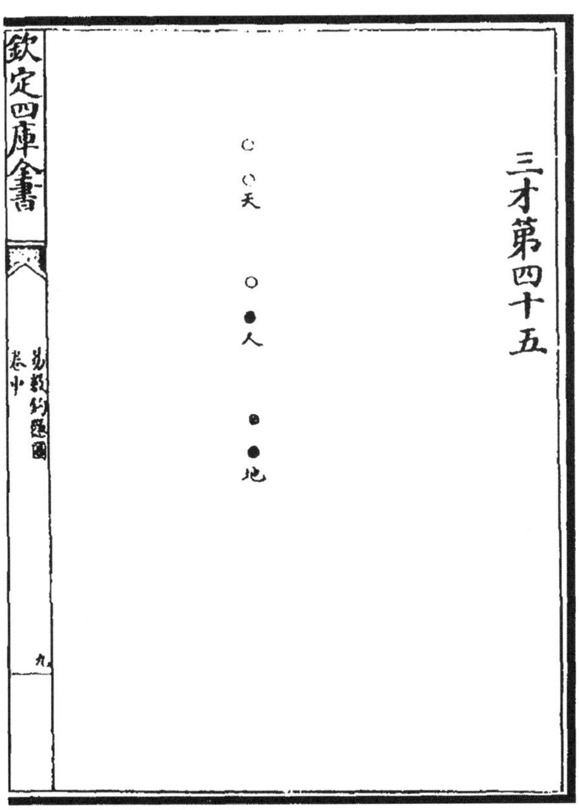

图 45 三才图
（刘牧《易数钩隐图》）

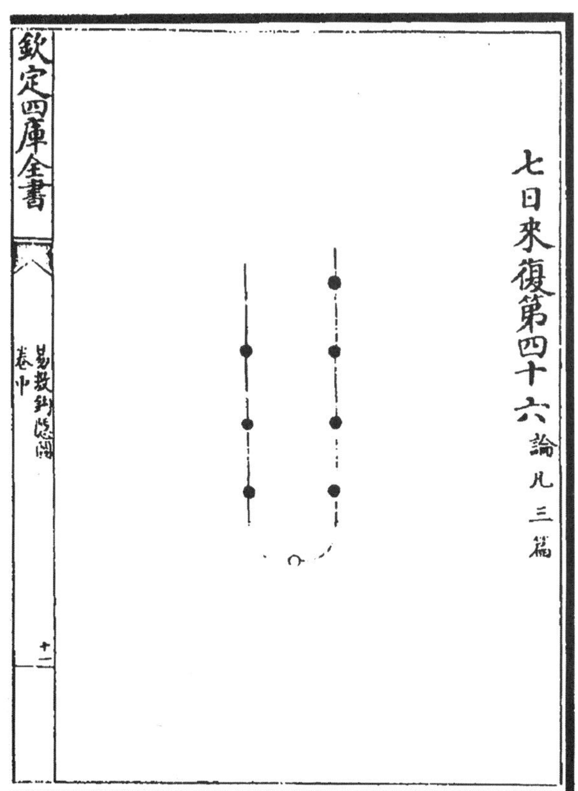

图 46 七日来复图
（刘牧《易数钩隐图》）

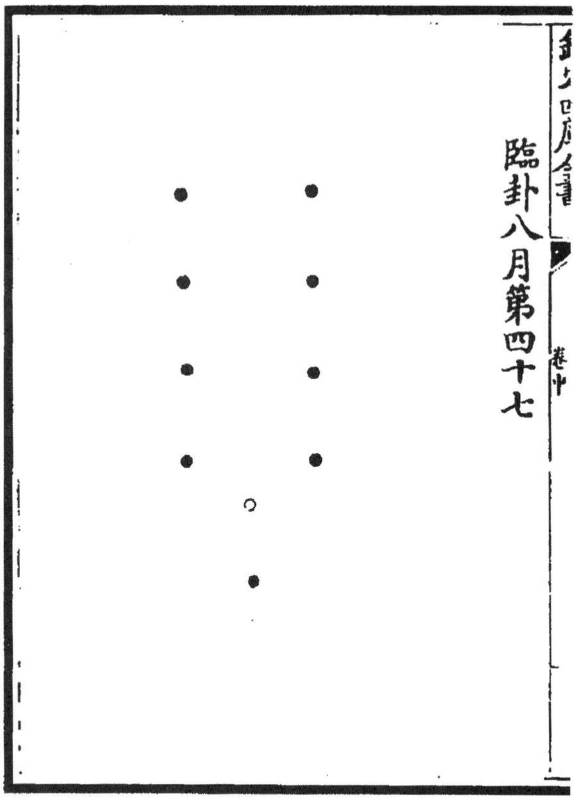

图 47　临卦图
（刘牧《易数钩隐图》）

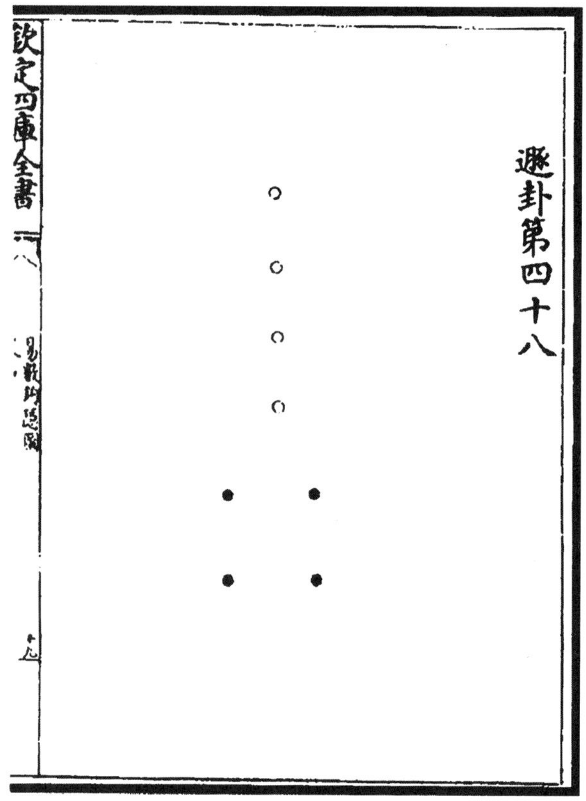

图 48　遁卦图
（刘牧《易数钩隐图》）

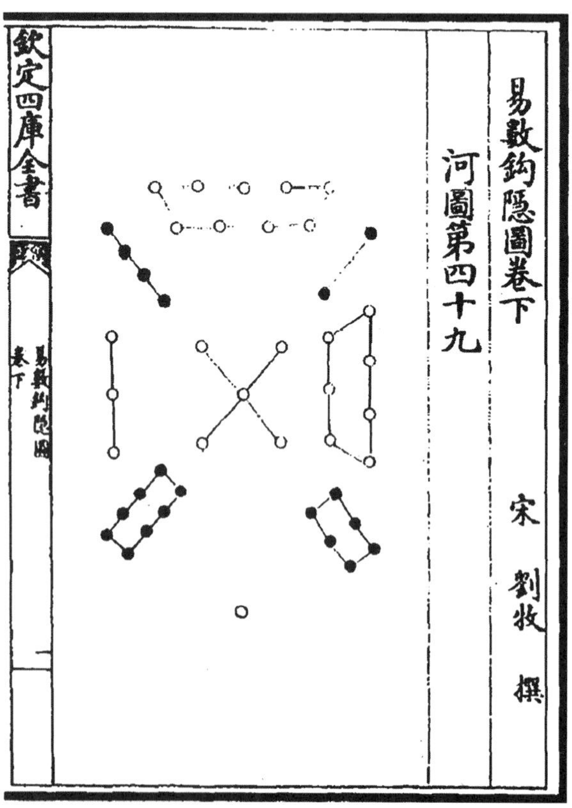

图 49　河图
（刘牧《易数钩隐图》）

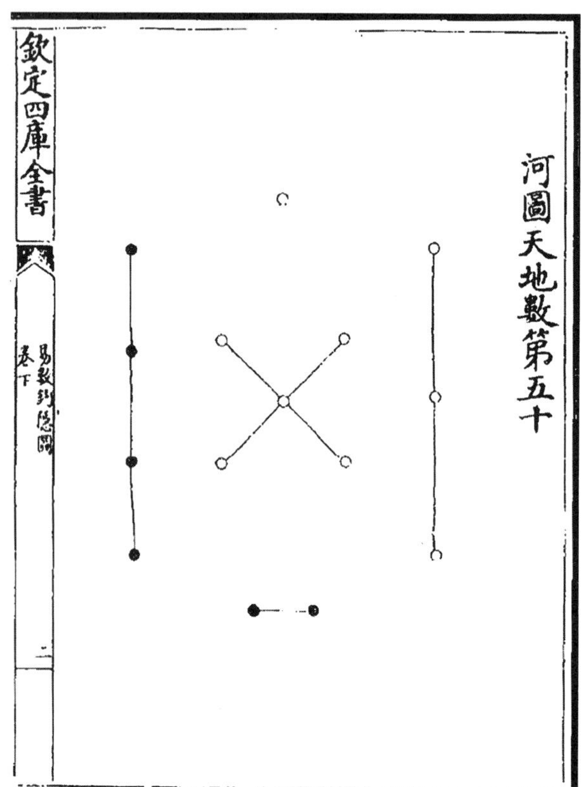

图 50　河图天地数图
（刘牧《易数钩隐图》）

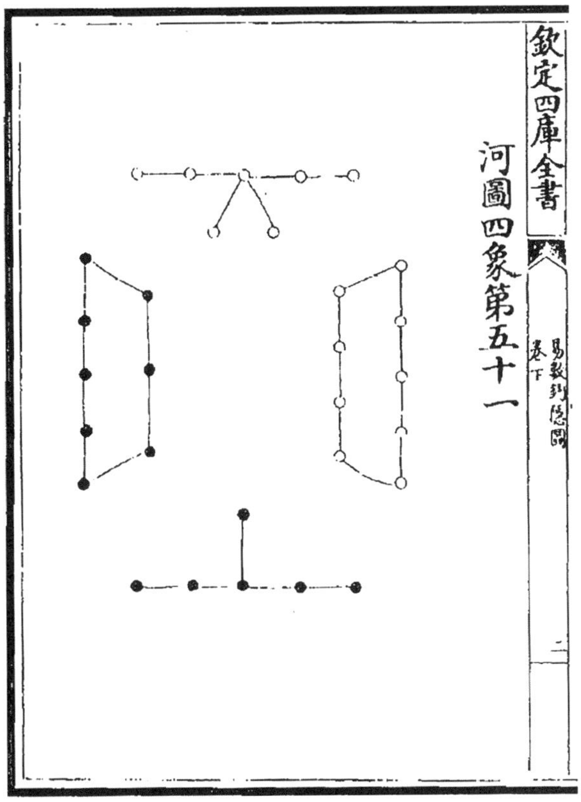

图 51　河图四象图
（刘牧《易数钩隐图》）

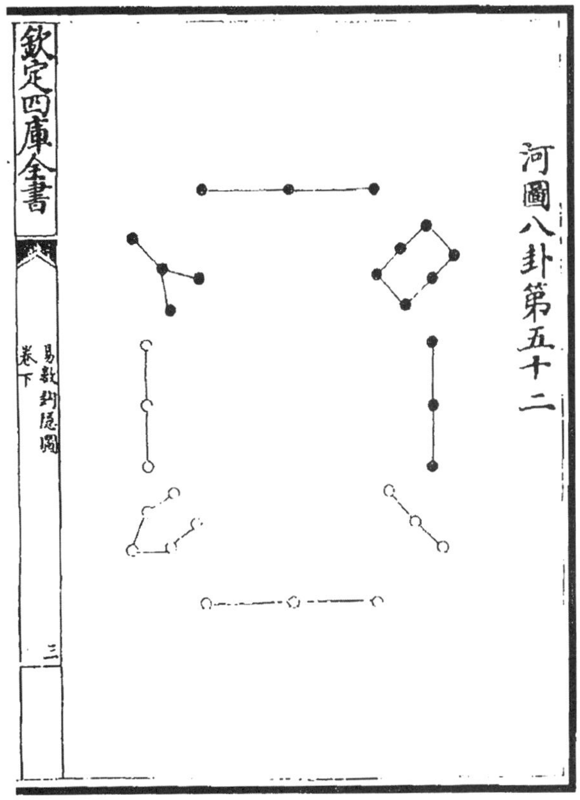

图 52　河图八卦图
（刘牧《易数钩隐图》）

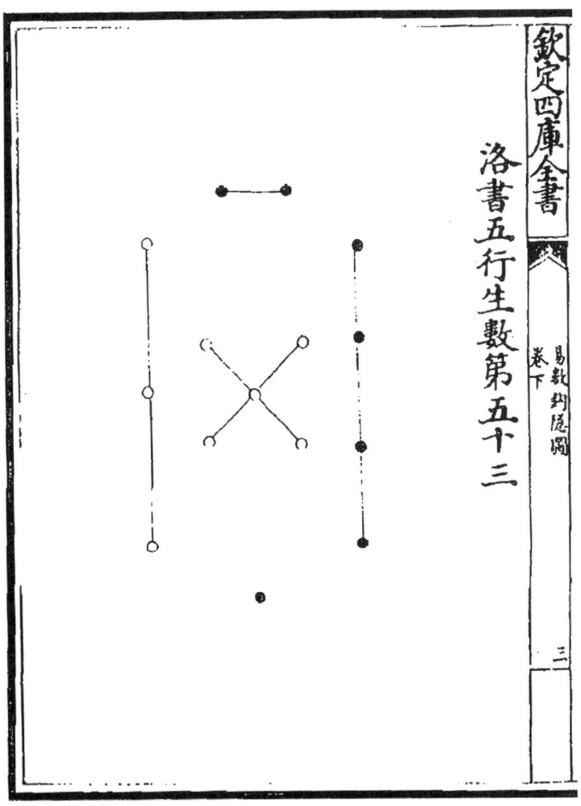

图 53　洛书五行生数图
（刘牧《易数钩隐图》）

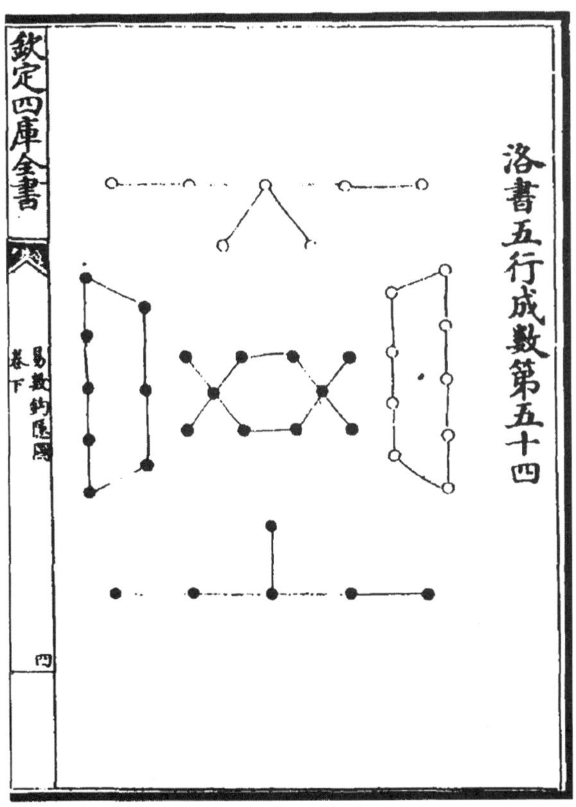

图 54　洛书五行成数图
（刘牧《易数钩隐图》）

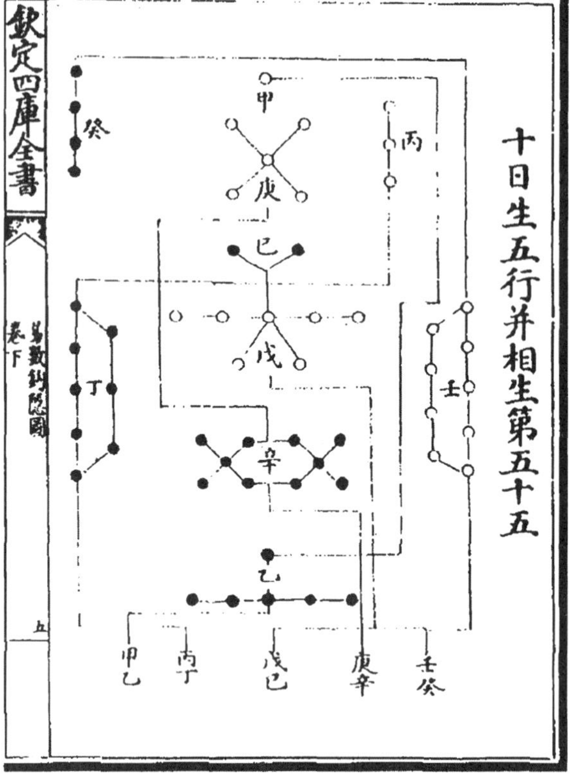

图 55　十日生五行并相生图
（刘牧《易数钩隐图》）

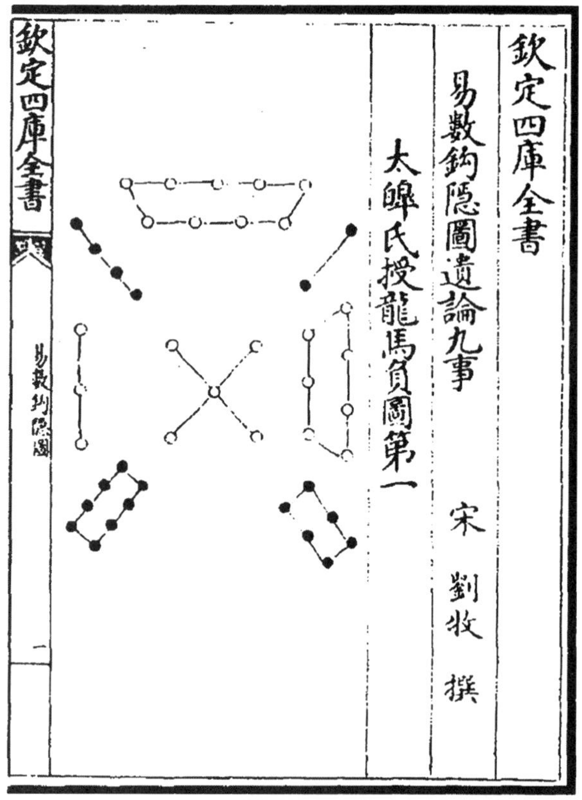

图 56　太皞氏授龙马负图
（刘牧《易数钩隐图》）

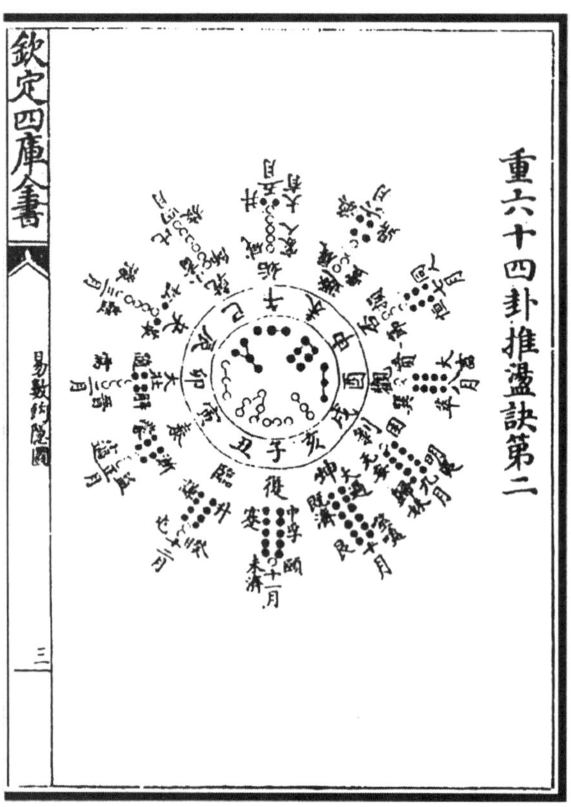

图 57　重六十四卦推荡诀图
（刘牧《易数钩隐图》）

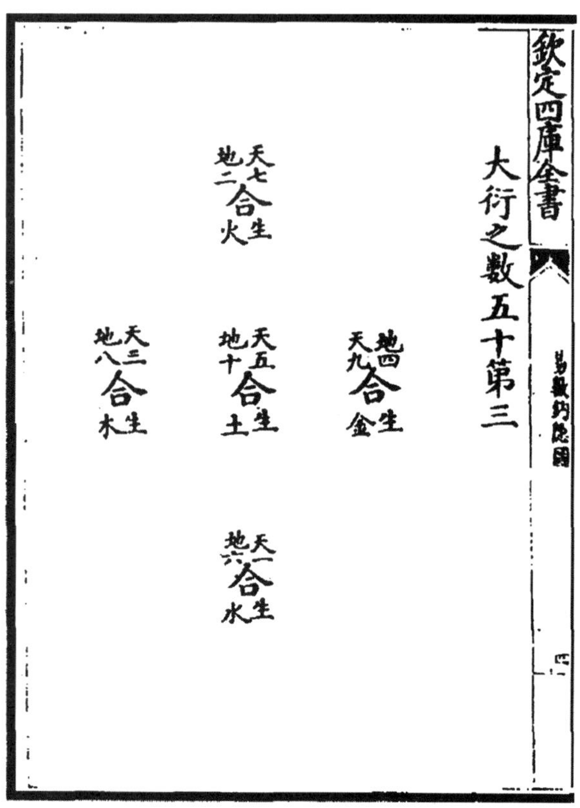

图 58　大衍之数五十图
（刘牧《易数钩隐图》）

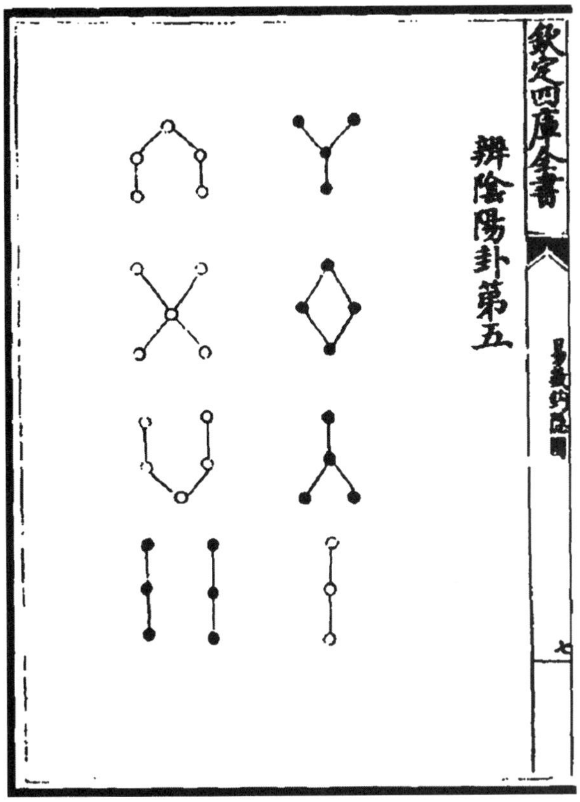

图 59　辨阴阳卦图
（刘牧《易数钩隐图》）

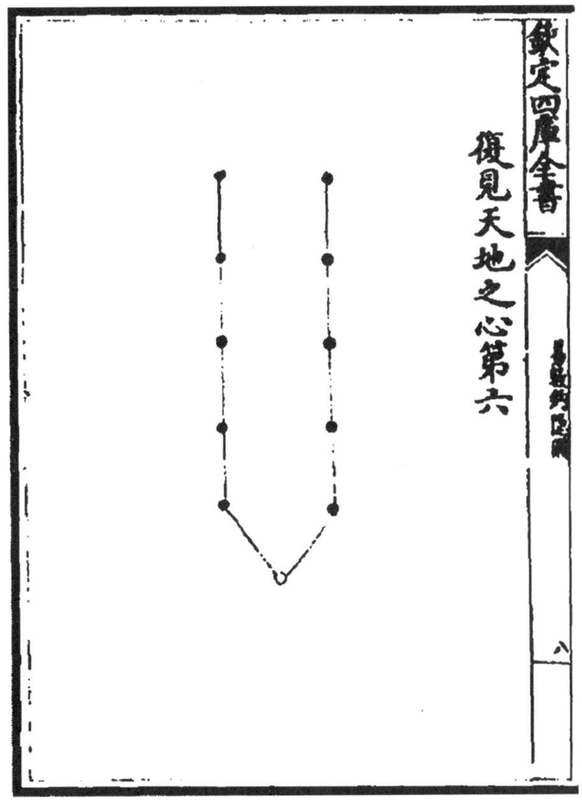

图 60　复见天地之心图
（刘牧《易数钩隐图》）

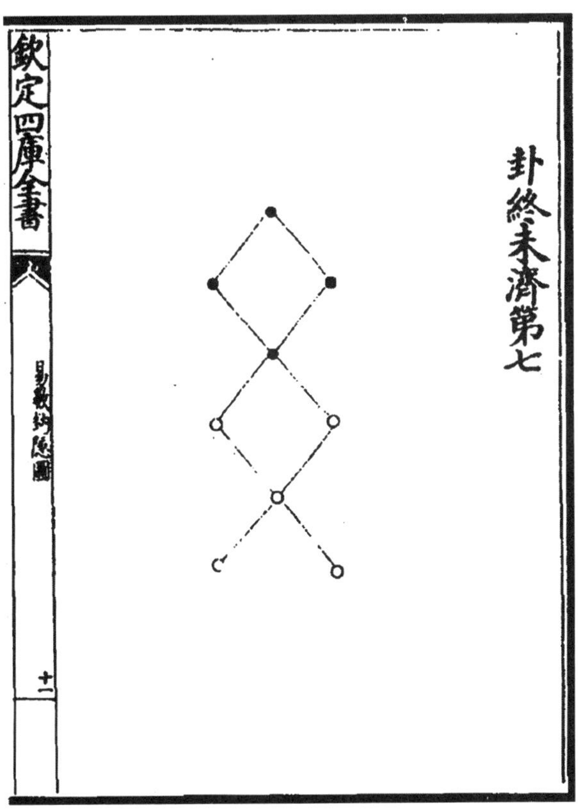

图 61　卦终未济图
（刘牧《易数钩隐图》）

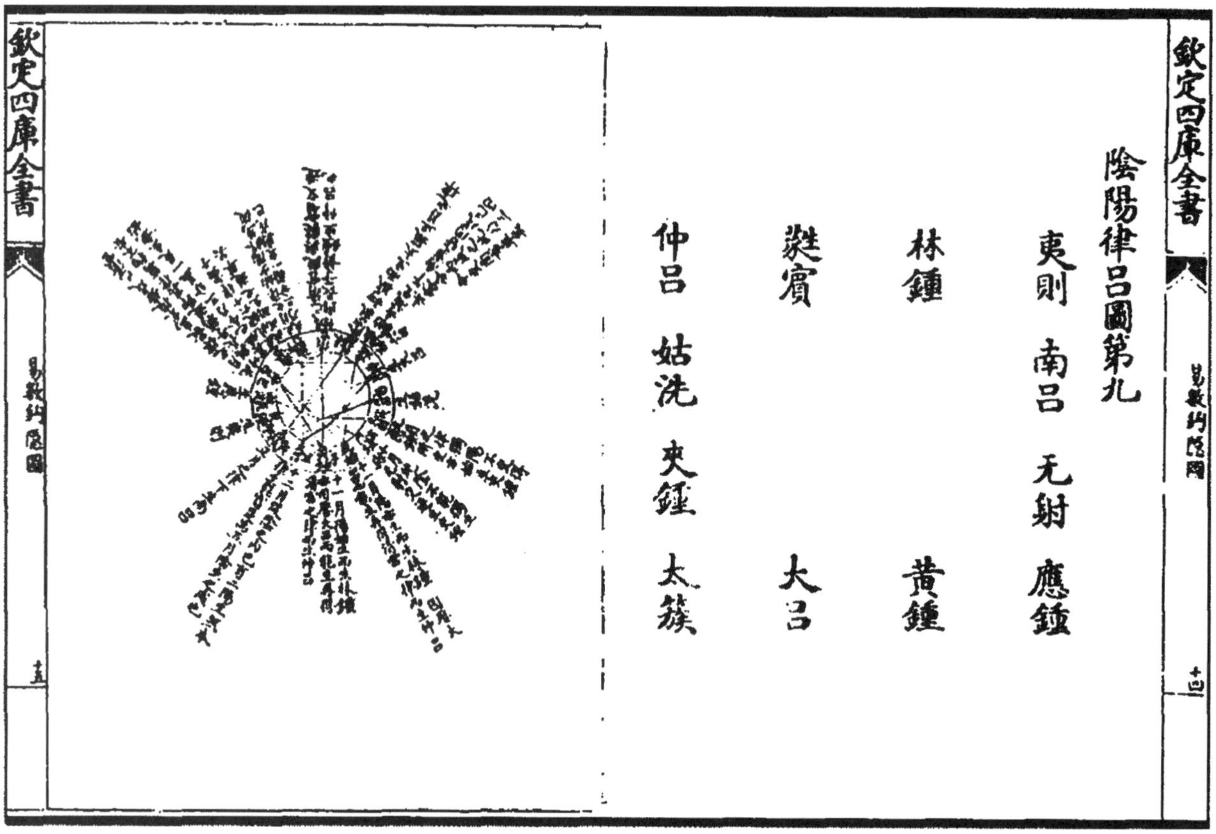

图 62　阴阳律吕图
（刘牧《易数钩隐图》）

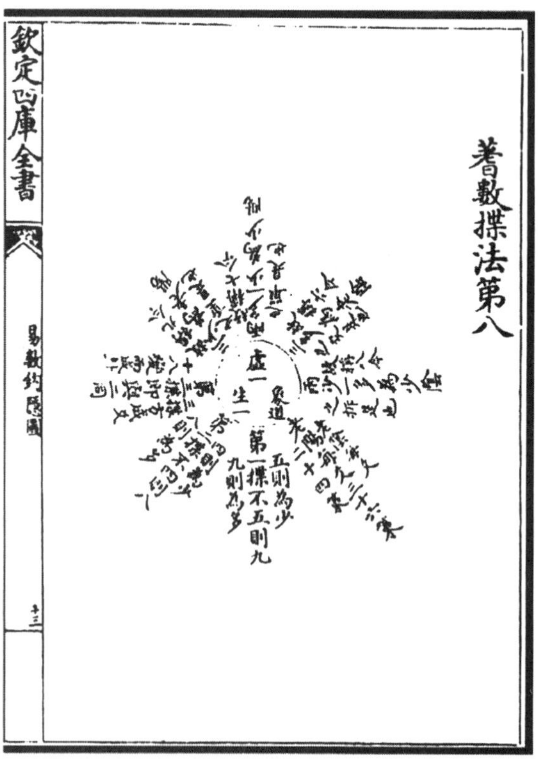

图 63　蓍数揲法图
（刘牧《易数钩隐图》）

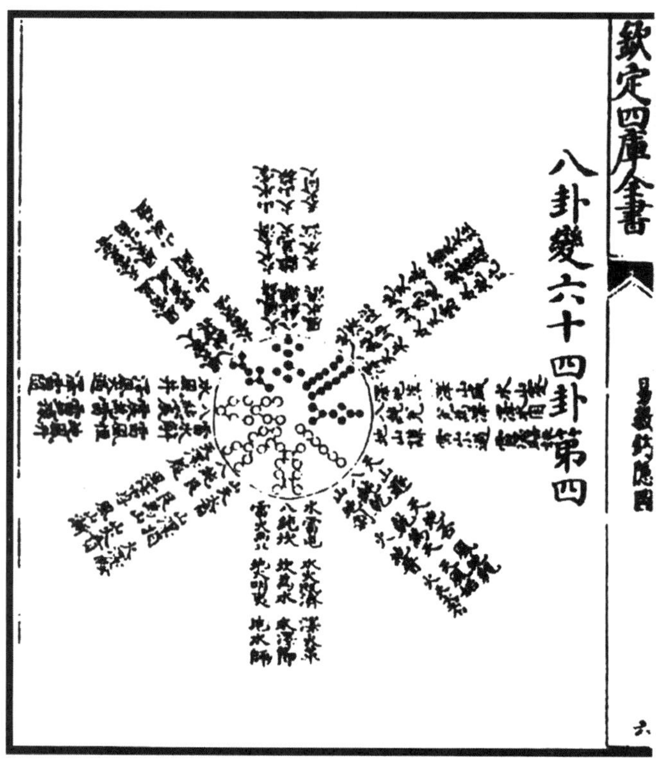

图 64　八卦变六十四图
（刘牧《易数钩隐图》）

周敦颐（1017—1073）

原名周敦实，又名周元皓，字茂叔，谥号元公，北宋道州营道楼田堡（今湖南省道县）人。以荫为将作监主薄。后历任桂阳令、南昌令、虔州通判、永州通判、提点刑狱等职。平生以讲学授徒为主，晚年居庐山莲花峰下，峰下有小溪，因名其居室为"濂溪书堂"，世称濂溪先生。著有《太极图说》《通书》（后人整编入《周元公集》）。所提出的无极、太极、阴阳、五行、动静、主静、至诚、无欲、顺化等理学基本概念，为后世的理学家反复讨论和发挥，构成理学范畴体系中的重要内容。现存有《周易》图像一幅。

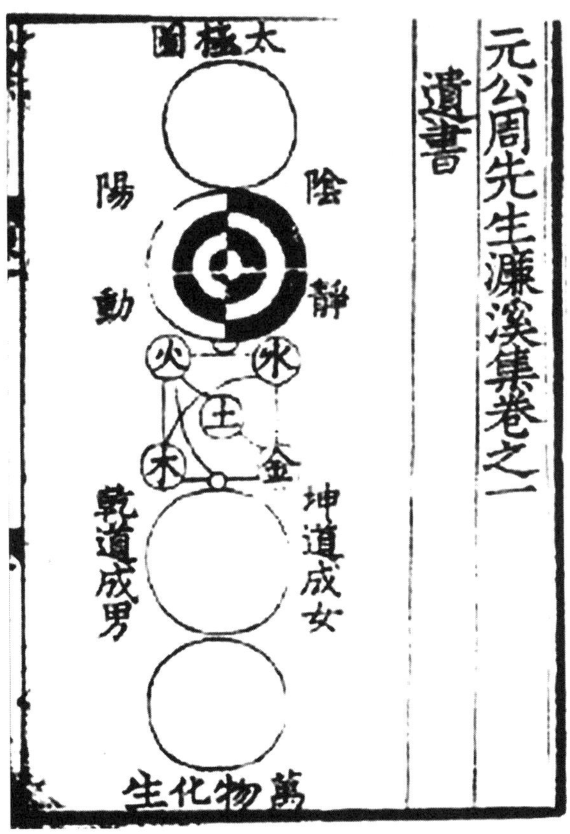

图 1　太极图
（周敦颐《周先生濂溪集》）

石泰（1022—1153）

字得之，号杏林，一号翠玄子，元常州人。全真道金丹派南宗第二祖，寿一百三十七岁。精医药，著有《还源篇》《杂著指玄篇》等。现存有《周易》图像三幅。

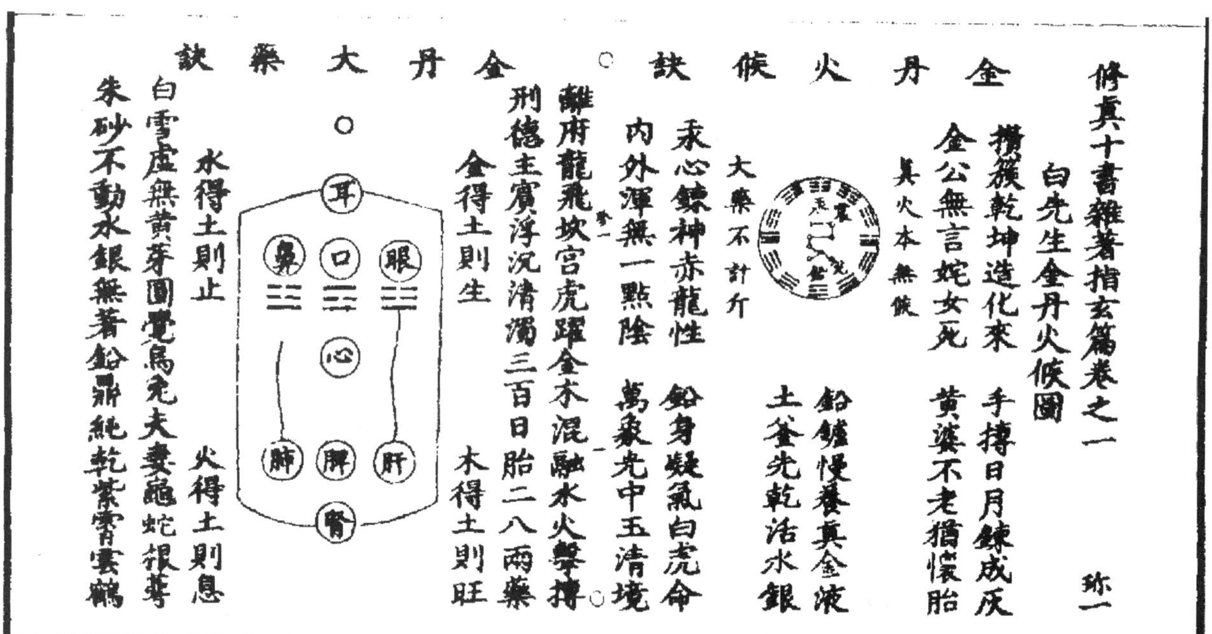

图1　金丹火候诀图
图2　金丹大药诀图
（石泰《杂著指玄篇》）

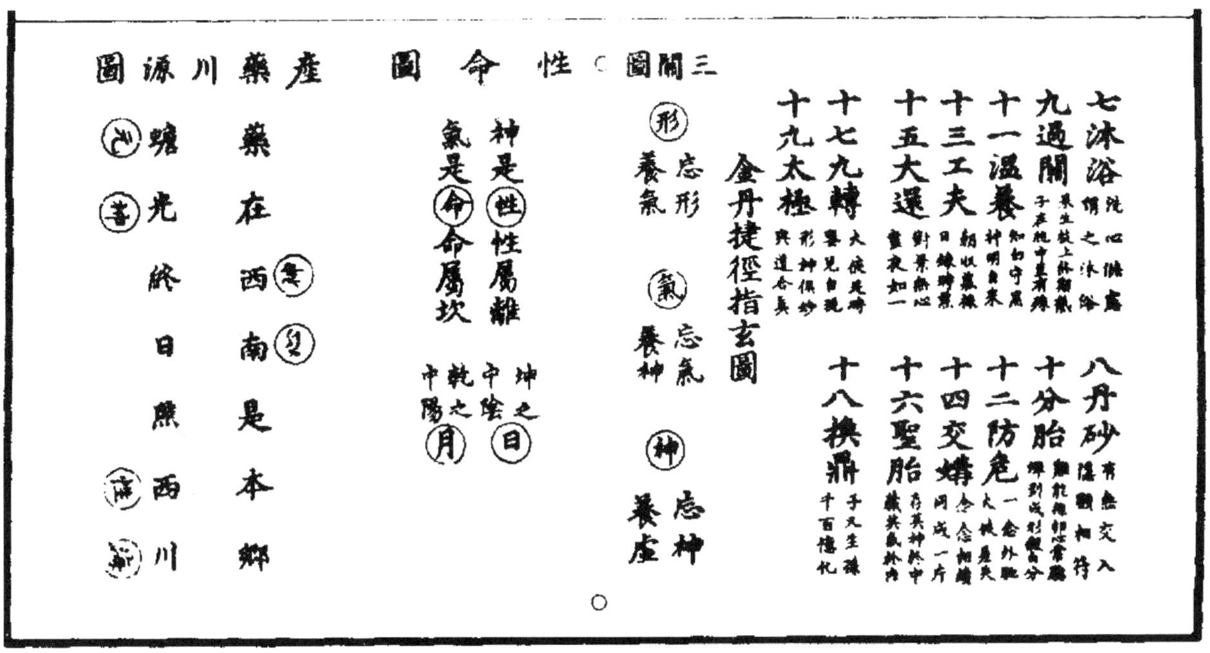

图3 性命图
(石泰《杂著指玄篇》)

朱长文(1039—1098)

字伯原,号乐圃、潜溪隐夫,北宋吴郡(今江苏苏州)人。师从孙复学《春秋》,胡安国学《易》,嘉祐四年(1059)登进士第,因足疾不仕,在家中读书弹琴,写字作文,地方名流以与之结交为荣。后经苏轼推荐,充本州教授,召为太常博士,迁秘书省正字、枢密院编修。著有《吴郡图经续记》三卷、《琴史》六卷、《易经解》不分卷、《春秋通志》二十卷、《墨池集》六卷、《乐圃余稿》十卷附录一卷等。现存有《周易》图像八幅。

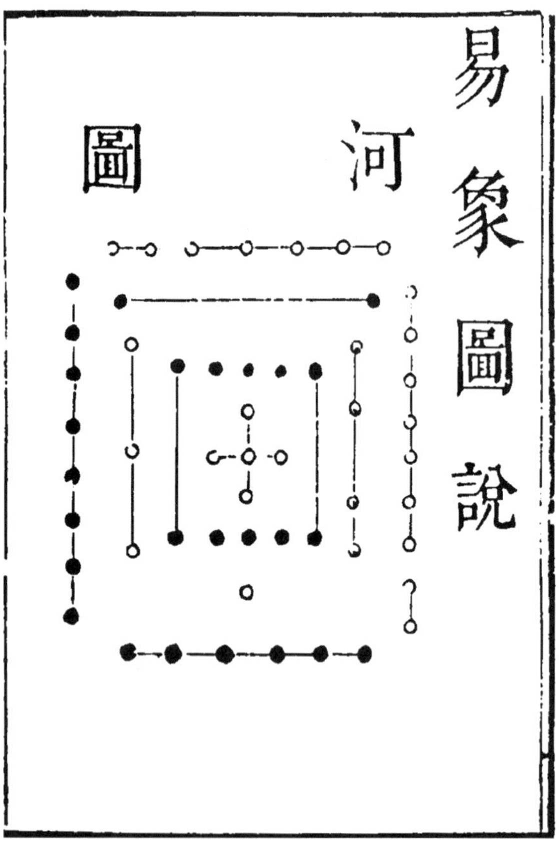

图1 河图
(朱长文《易经解》)

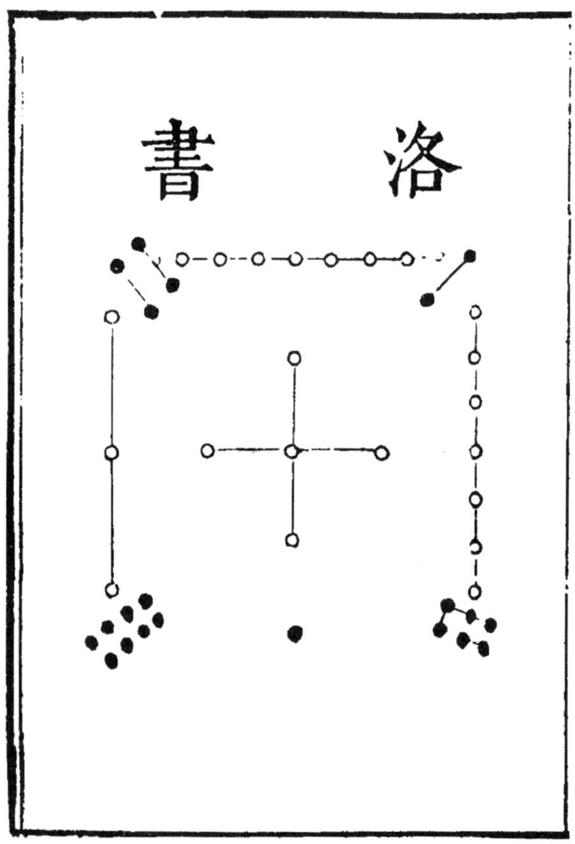

图2 洛书
(朱长文《易经解》)

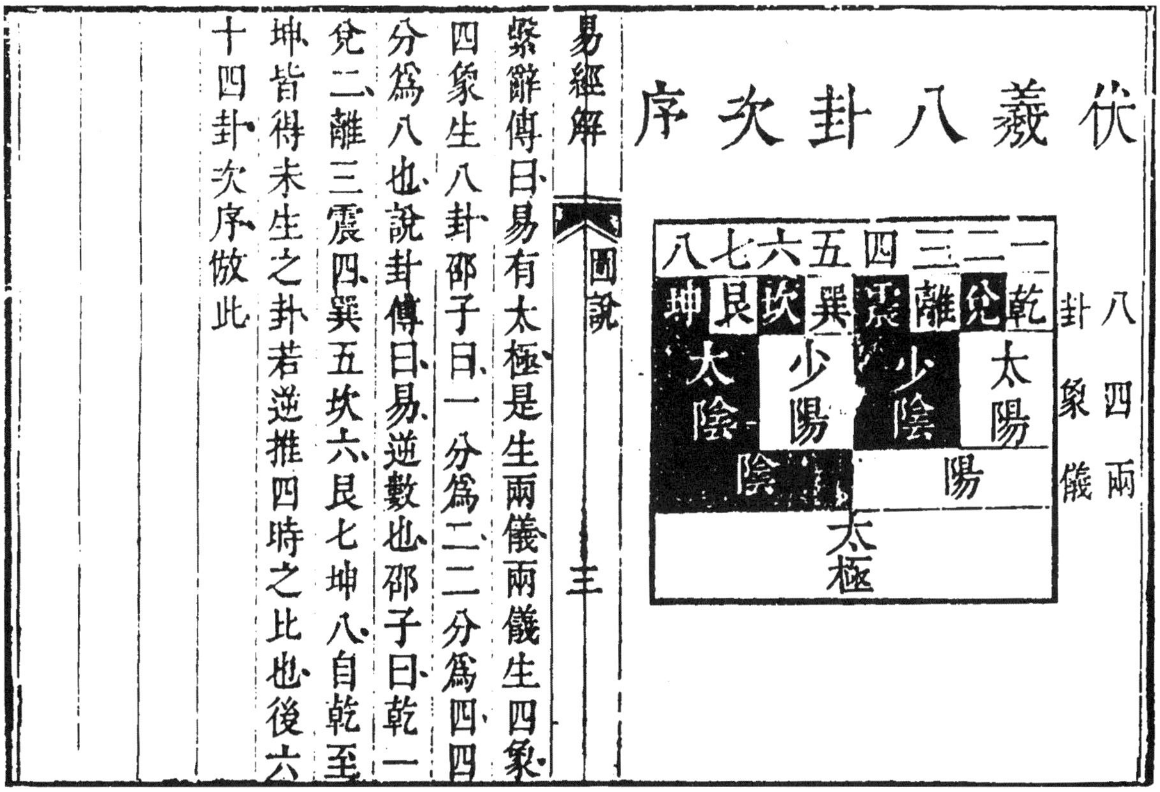

图 3 伏羲八卦次序图
（朱长文《易经解》）

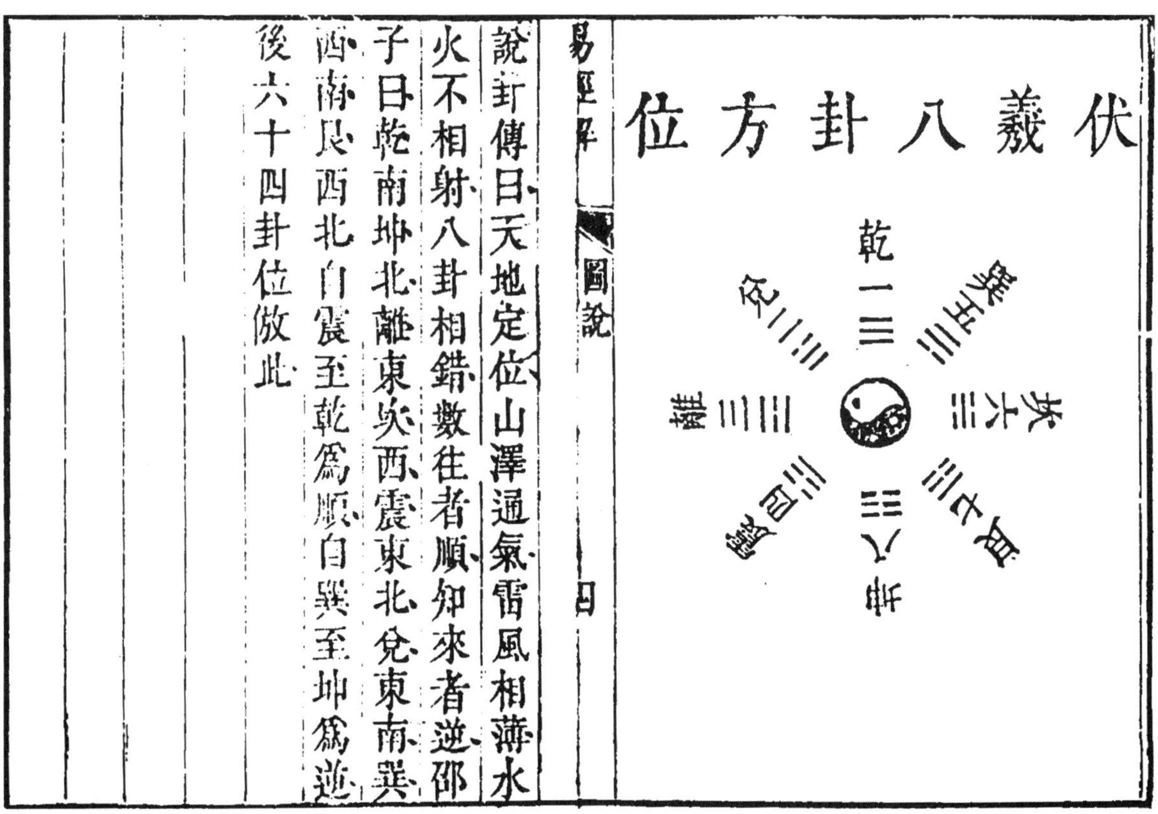

图 4 伏羲八卦方位图
（朱长文《易经解》）

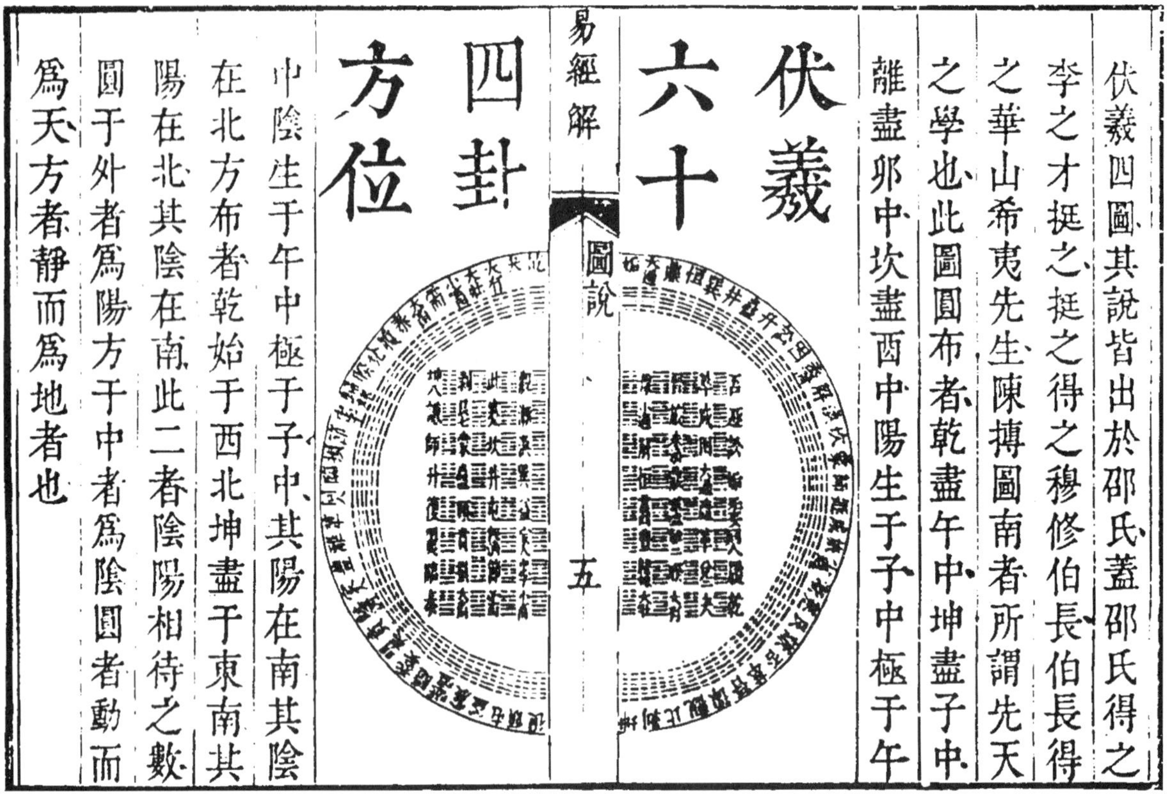

图5　伏羲六十四卦方位图
（朱长文《易经解》）

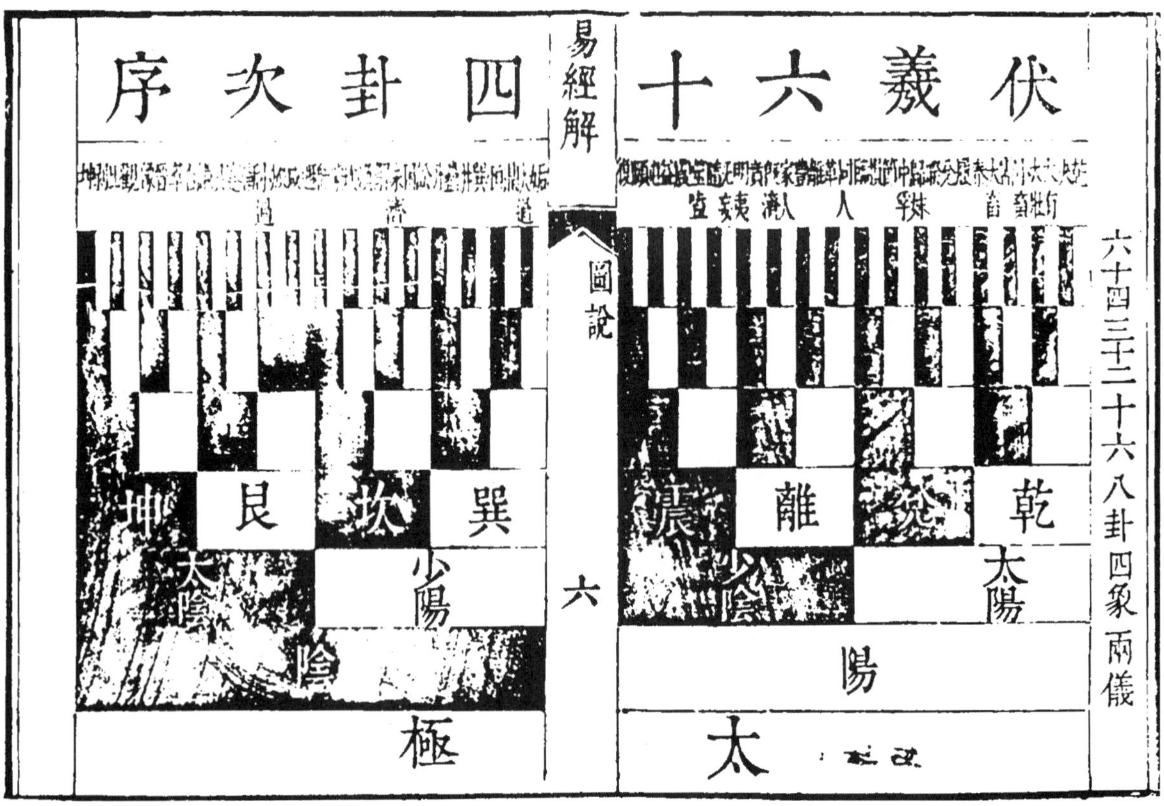

图6　伏羲六十四卦次序图
（朱长文《易经解》）

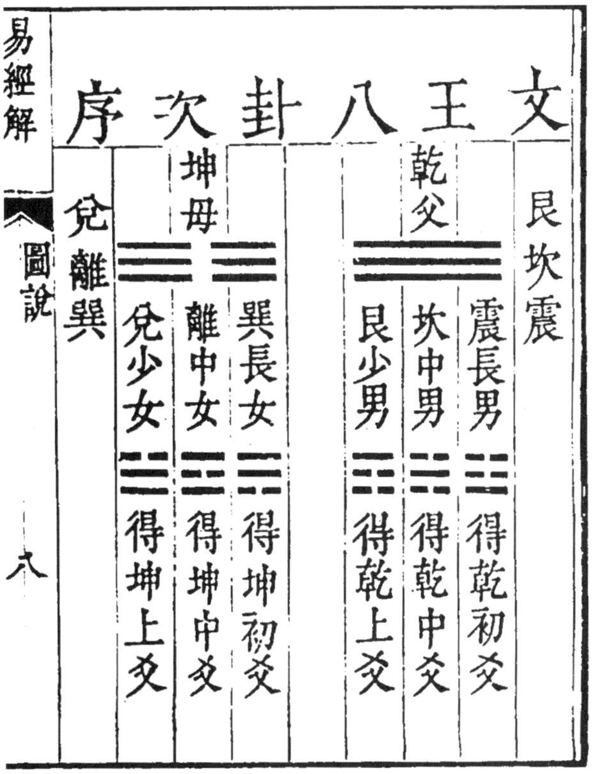

图 7 文王八卦次序图

（朱长文《易经解》）

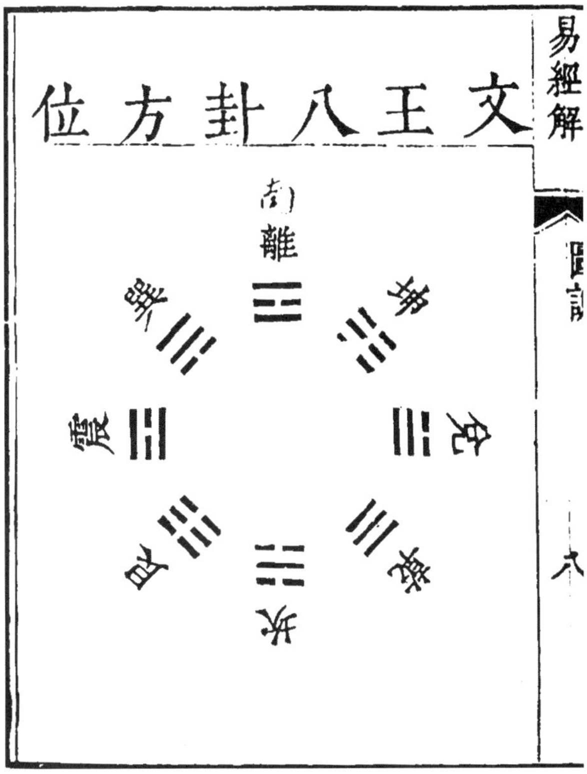

图 8 文王八卦方位图

（朱长文《易经解》）

释慧洪（1071—1128）

又名德洪、惠洪，法字觉范，自号寂音，俗姓喻，宋江西新昌（今江西宜丰）人。临济宗黄龙系禅师，宝峰克文禅师法嗣。著有《禅林僧宝传》三十卷、《林间路》二卷等。现存有《周易》图像一幅。

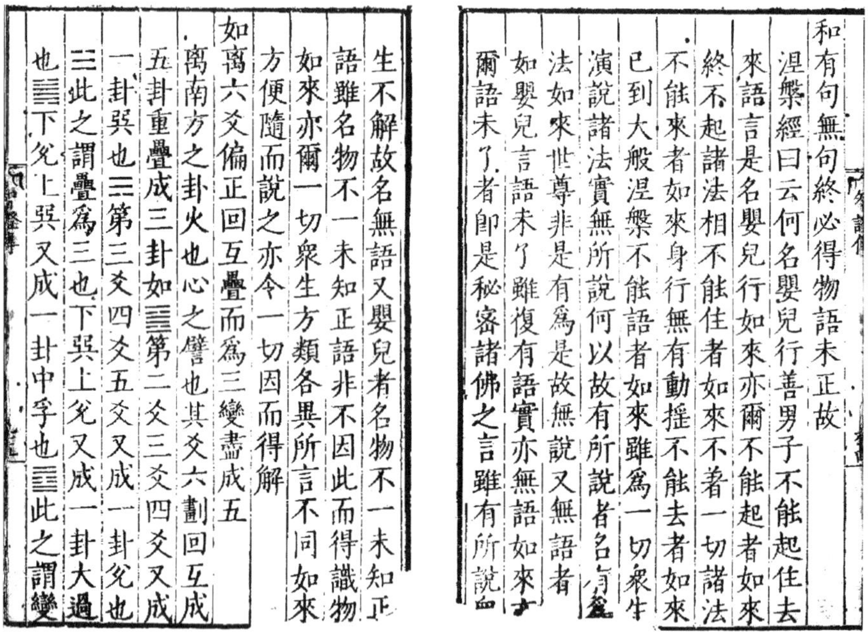
和有句無句終必得物語未正故
涅槃經曰云何名嬰兒行善男子不能起住去
來語言是名嬰兒行如來亦爾不能起者如來
終不起諸法相不能住者如來不著一切諸法
不能來者如來身行無有動搖不能去者如來
已到大般涅槃不能語者如來雖爲一切衆生
演說諸法實無所說何以故有所說者名有爲
法如來世尊非是有爲是故無說又無語者
如嬰兒言語未了雖復有語實亦無語如來亦
爾語未了者卽是秘密諸佛之言雖有所說
生不解故名無語又嬰兒者名物不一未知正
語雖名物不一未知正語非不因此而得識物
如來亦爾一切衆生方類各異所言不同如來
方便隨而說之亦令一切因而得解
如離六爻偏正回互疊而爲三變盡成五
離南方之卦火也心之譬也其爻六劃回互成
五卦重疊成三卦如䷝第二爻三爻四爻又成
一卦巽也☴第三爻四爻五爻又成一卦兌也
☱此之謂疊爲三也下巽上兌又成一卦大過
也䷛下兌上巽又成一卦中孚也䷼此之謂變

图 1-1　离卦偏正回互图

（慧洪《寂音尊者智证传附云岩宝镜三昧》）

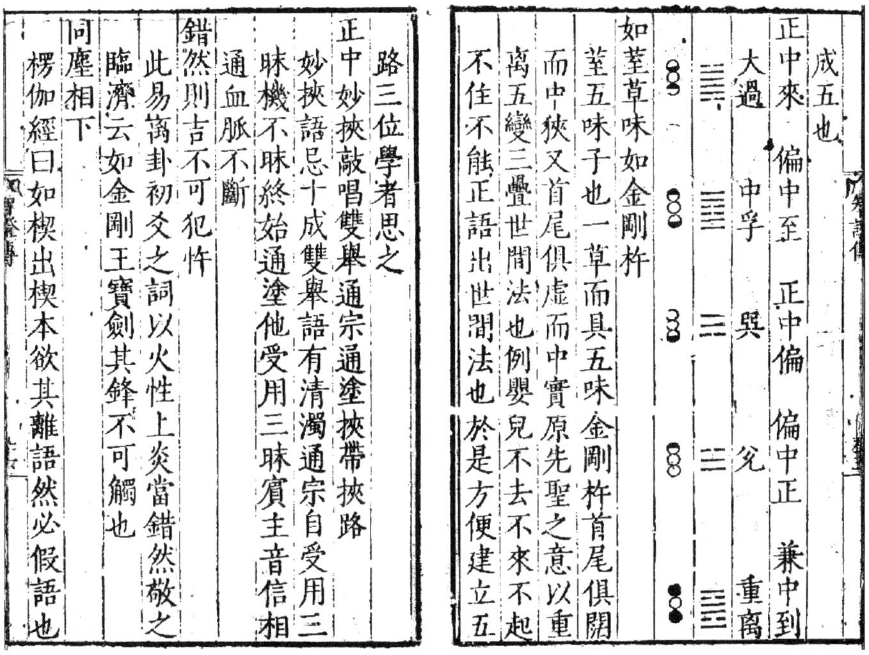

成五也
正中來　偏中至　正中偏　偏中正　兼中到
大過　中孚　巽　兌　重离
如莖草味如金剛杵
莖五味子也一草而具五味金剛杵首尾俱闊
而中狹又首尾俱虛而中實原先聖之意以重
离五變三疊世間法也例嬰兒不去不來不起
不住不能正語出世間法也於是方便建立五
路三位學者思之
正中妙挾敲唱雙舉通宗通塗挾帶挾路
妙挾語忌十成雙舉語有清濁通宗自受用三
昧機不昧終始通塗他受用三昧賓主音信相
通血脈不斷
錯然則吉不可犯忤
此易离卦初爻之詞以火性上炎當錯然敬之
臨濟云如金剛王寶劍其鋒不可觸也
同塵相下
楞伽經曰如楔出楔本欲其離語然必假語也

图 1－2　离卦偏正回互图

（慧洪《寂音尊者智证传附云岩宝镜三昧》）

朱震(1072—1138)

　　字子发,号汉上,北宋荆门军(今湖北荆门)人。政和五年(1115)中进士,历仕县州,以廉洁著称。受胡安国推荐于宋高宗,诏司勋员外郎,不至。又蒙赵鼎推荐,擢为祠部员外郎兼川陕荆襄都督府详议官,迁秘书少监兼侍经筵转起居郎,建国公。赐五品服迁中书舍人,兼资善堂翊善。转给事中兼直学士院,迁翰林学士,知礼部贡举而卒。精通《春秋》《周易》,受业谢良佐,为二程再传弟子,是宋代易学象数派的代表人物。主要著作为《汉上易集传》,含《周易集传》十一卷、《卦图》三卷、《易传丛说》一卷等。现存有《周易》图像四十三幅。

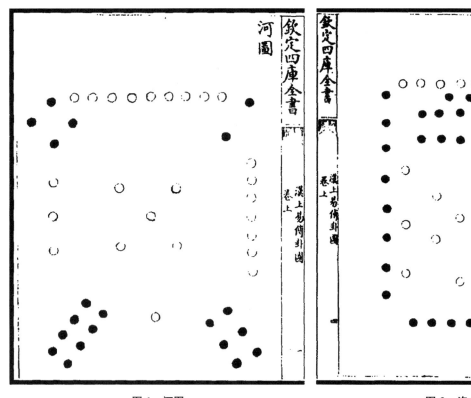

图1　河图
(朱震《汉上易传卦图》)

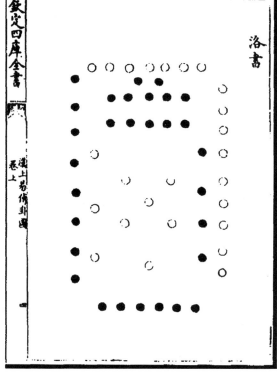

图2　洛书
(朱震《汉上易传卦图》)

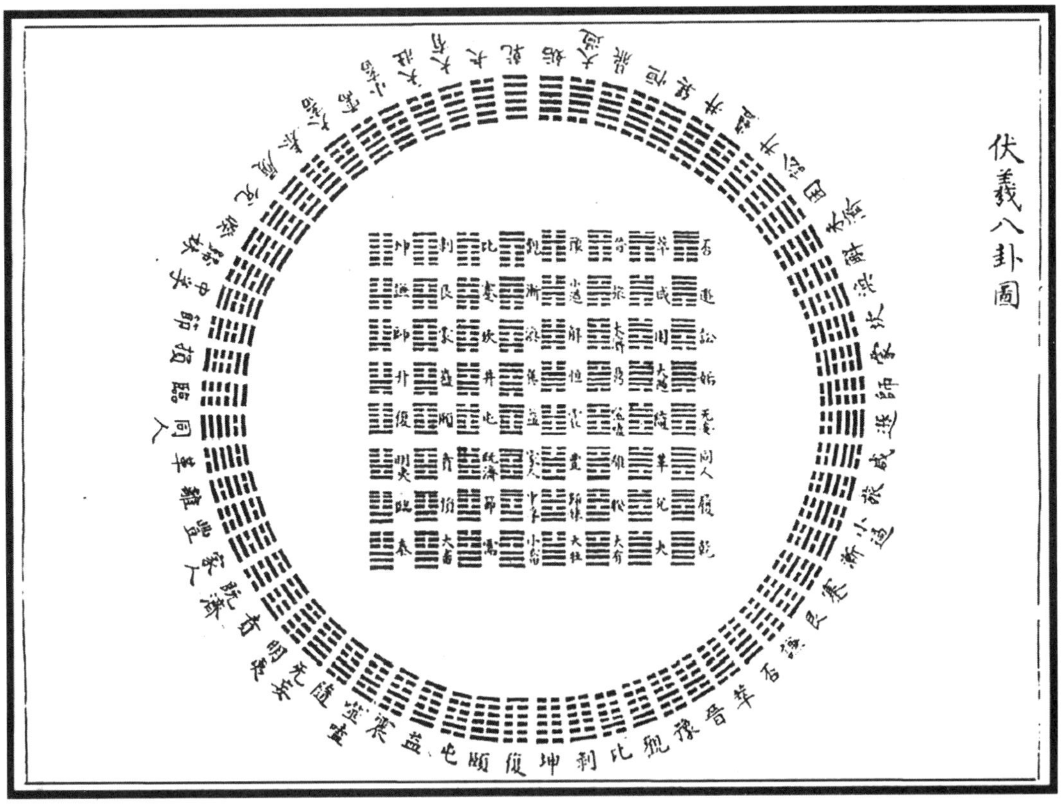

图 3　伏羲八卦图
（朱震《汉上易传卦图》）

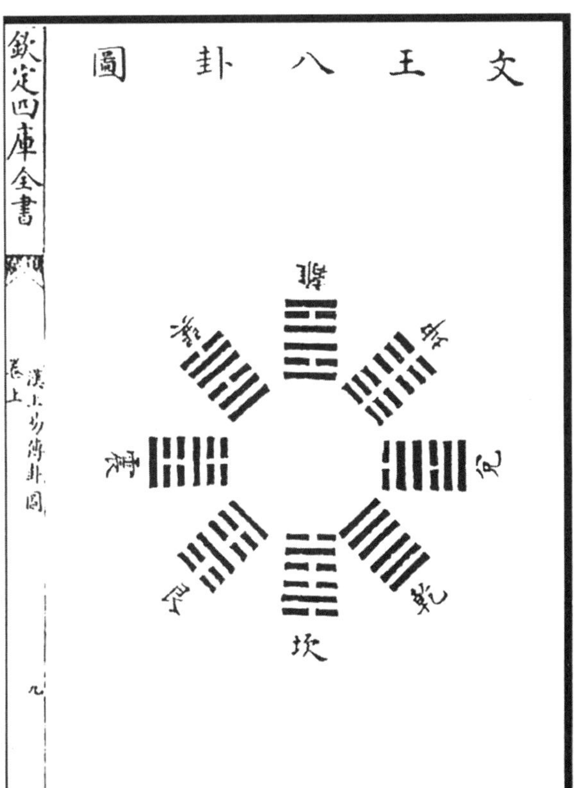

图 4　文王八卦图
（朱震《汉上易传卦图》）

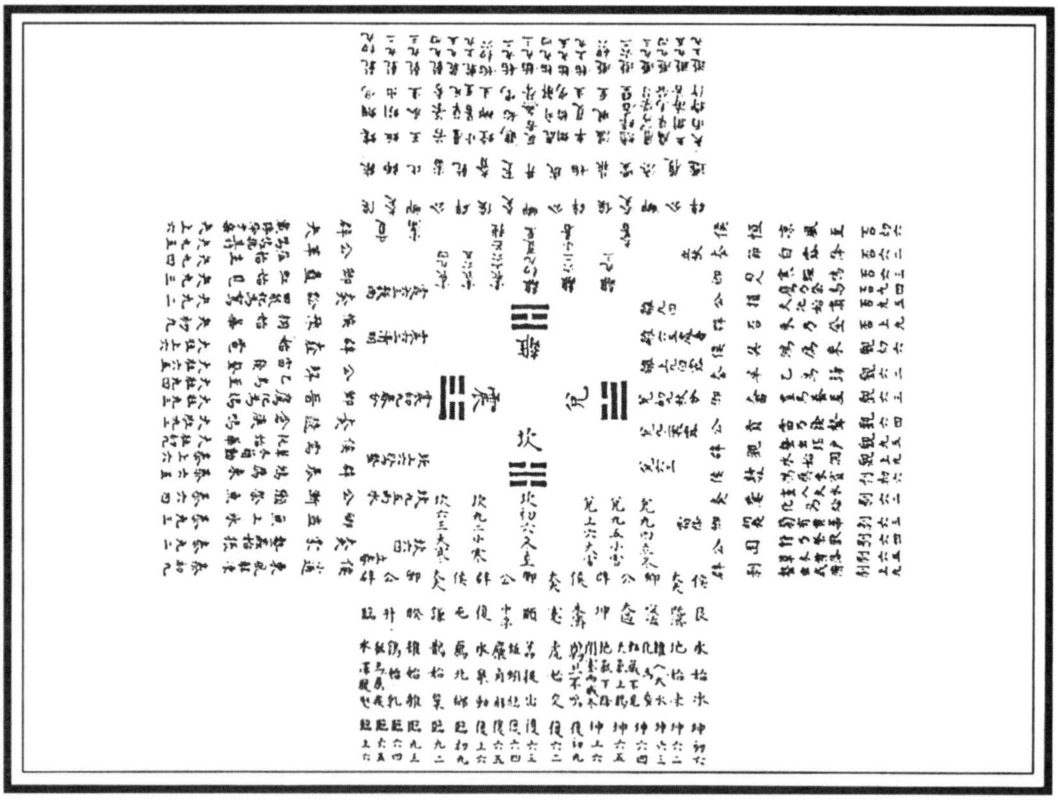

图 5　李溉卦气图
（朱震《汉上易传卦图》）

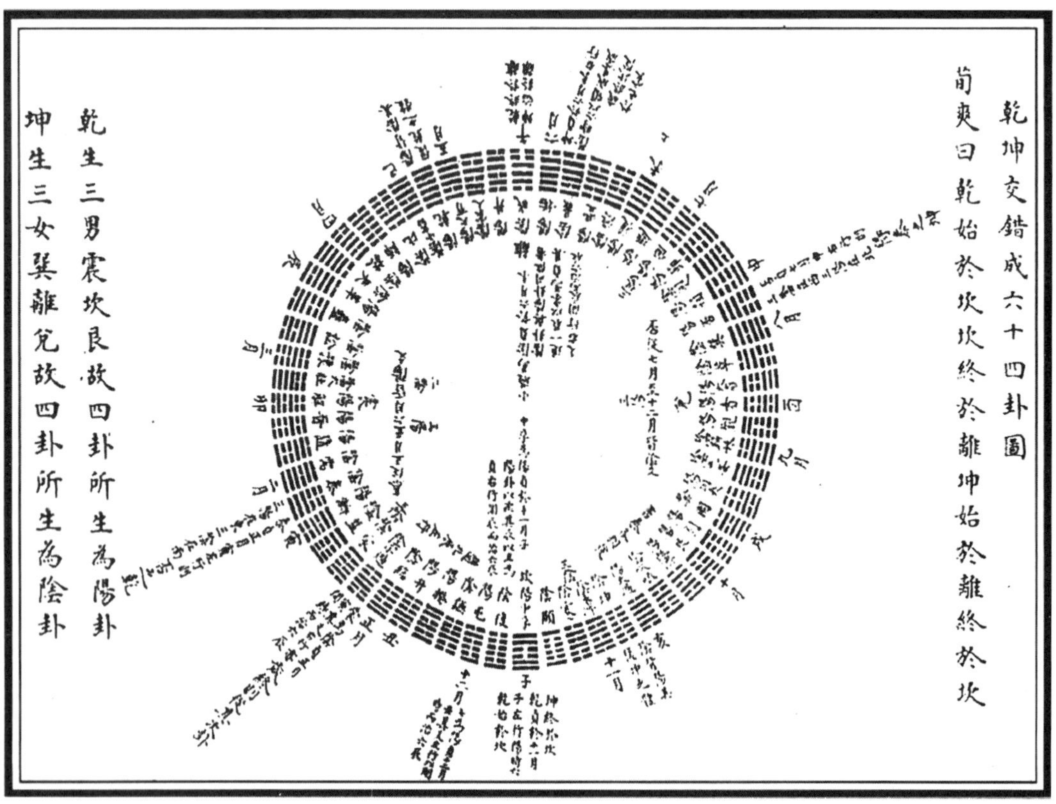

图 6　乾坤交错成六十四卦图
（朱震《汉上易传卦图》）

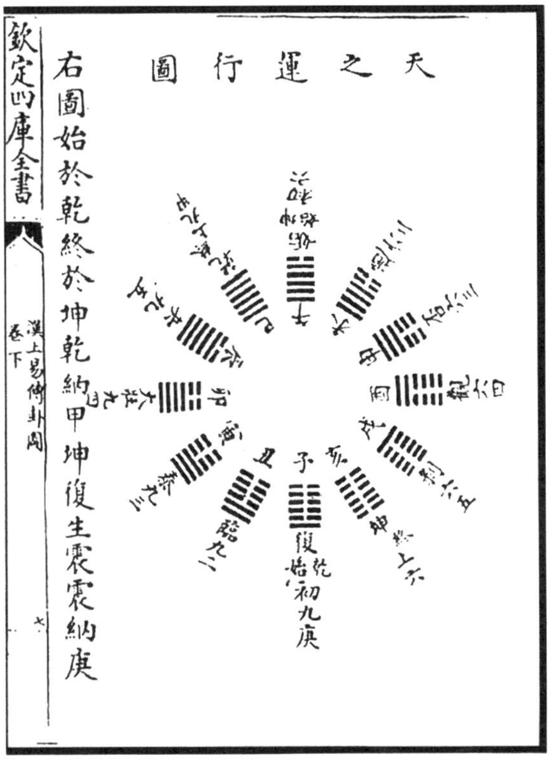

图 7　天之运行图
（朱震《汉上易传卦图》）

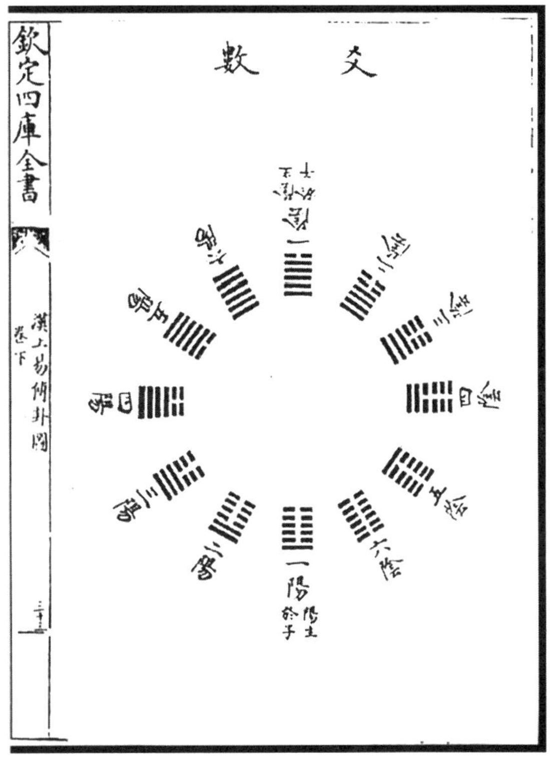

图 8　爻数图
（朱震《汉上易传卦图》）

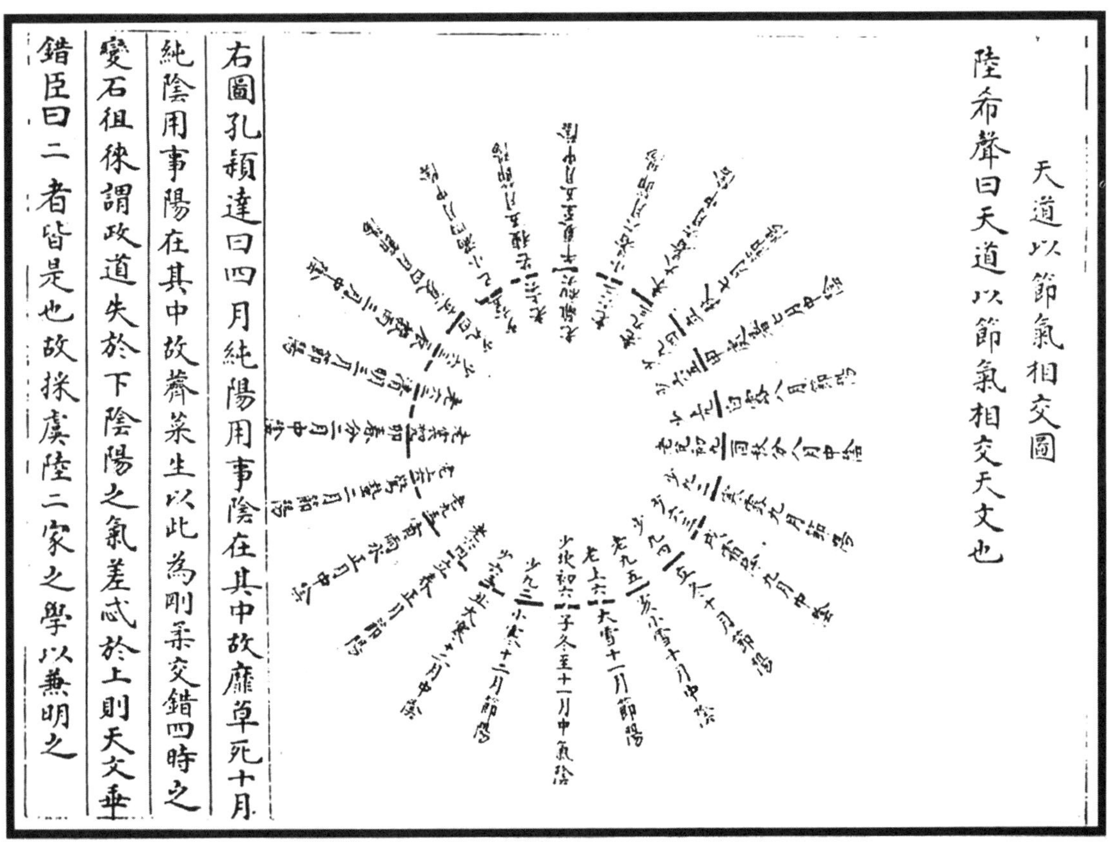

图 9　天道以节气相交图
（朱震《汉上易传卦图》）

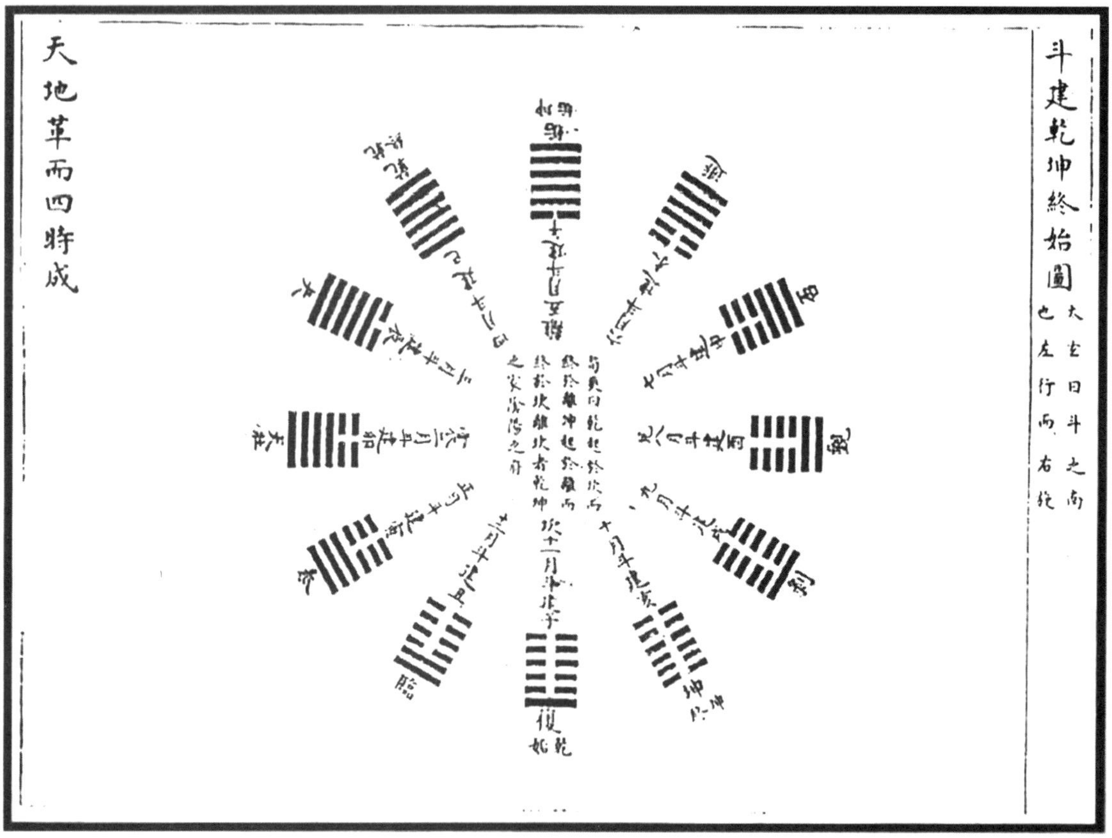

图 10 斗建乾坤终始图
（朱震《汉上易传卦图》）

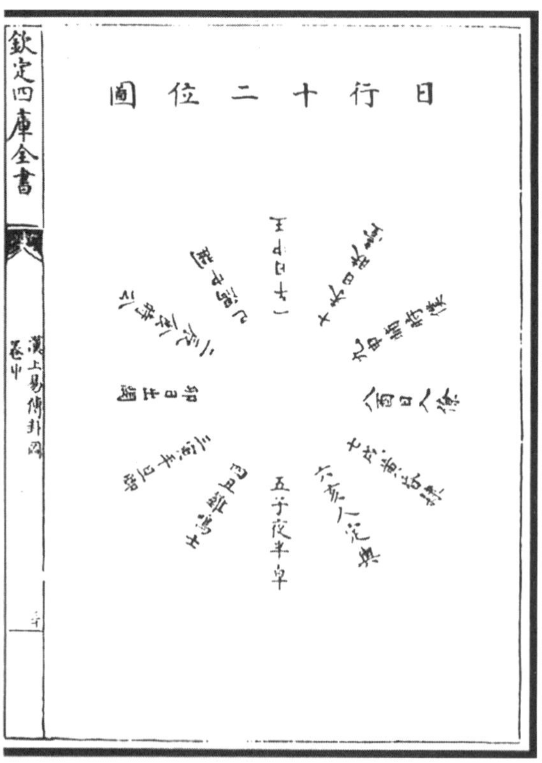

图 11 日行十二位图
（朱震《汉上易传卦图》）

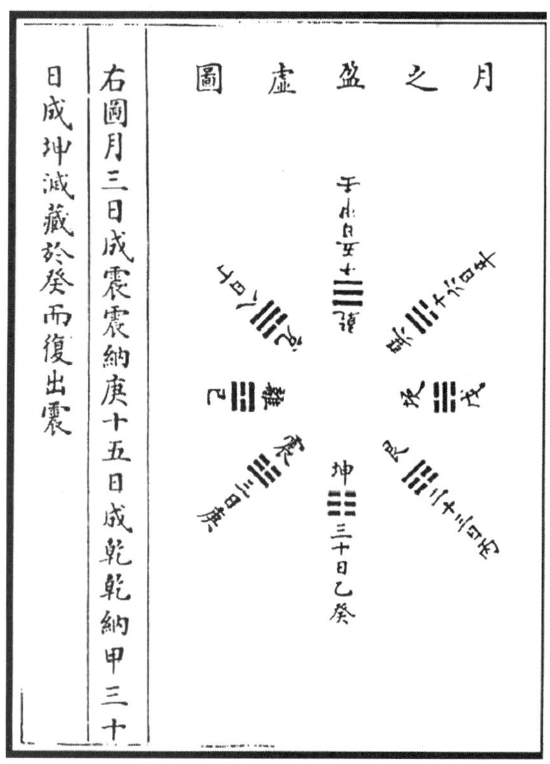

图 12 月之盈虚图
（朱震《汉上易传卦图》）

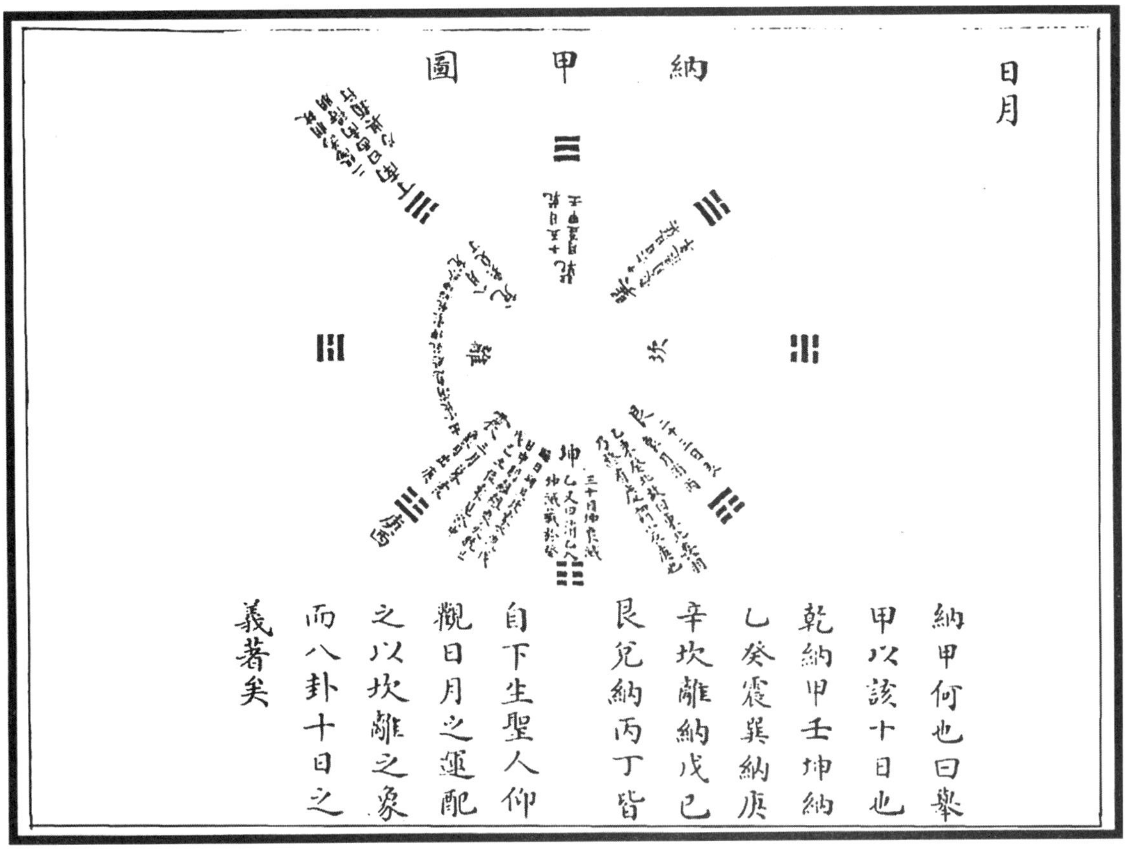

图 13　纳甲图
（朱震《汉上易传卦图》）

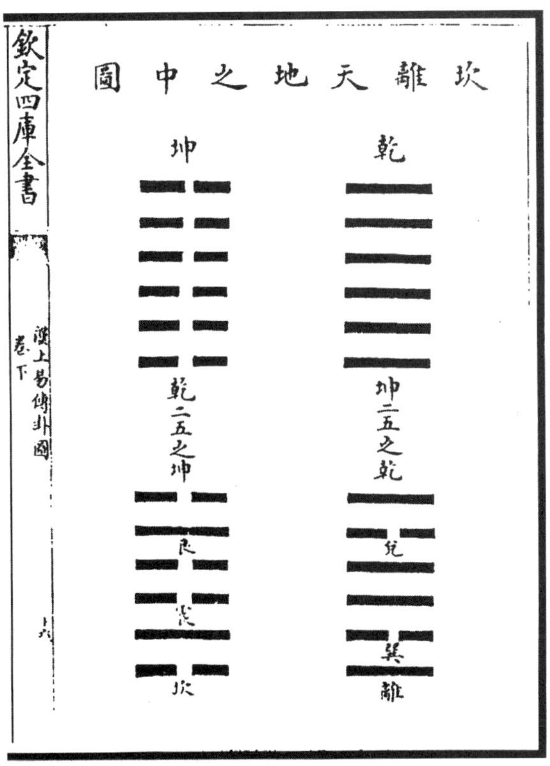

图 14　坎离天地之中图
（朱震《汉上易传卦图》）

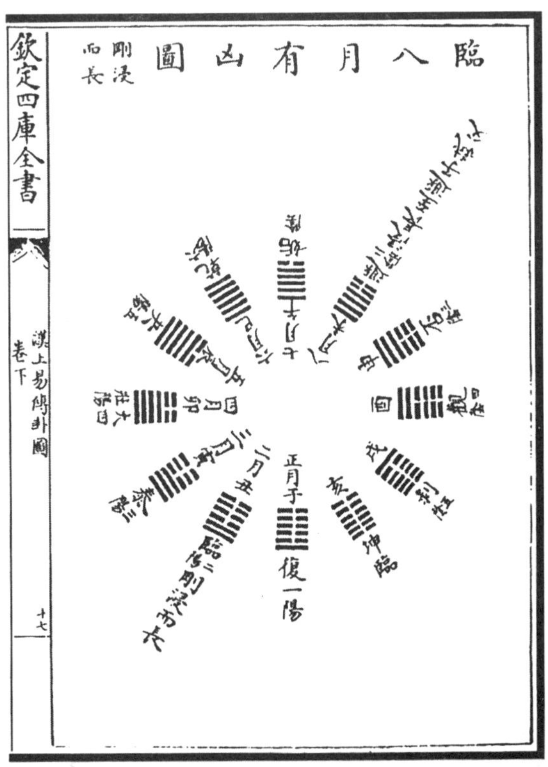

图 15　临八月有凶图
（朱震《汉上易传卦图》）

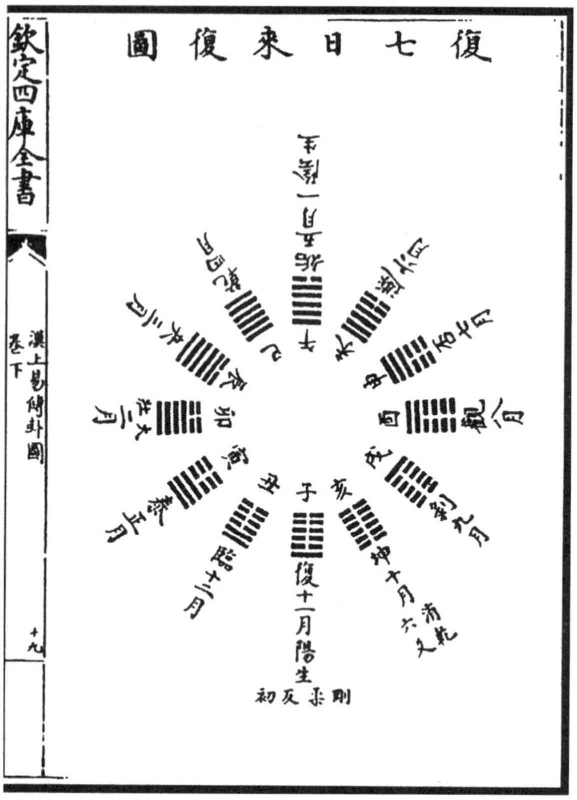

图 16　复七日来复图
（朱震《汉上易传卦图》）

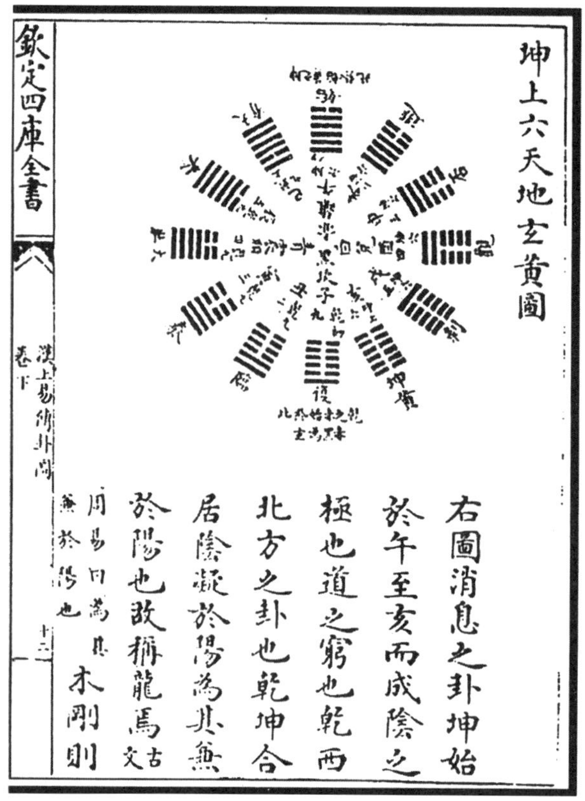

图 17　坤上六天地玄黄图
（朱震《汉上易传卦图》）

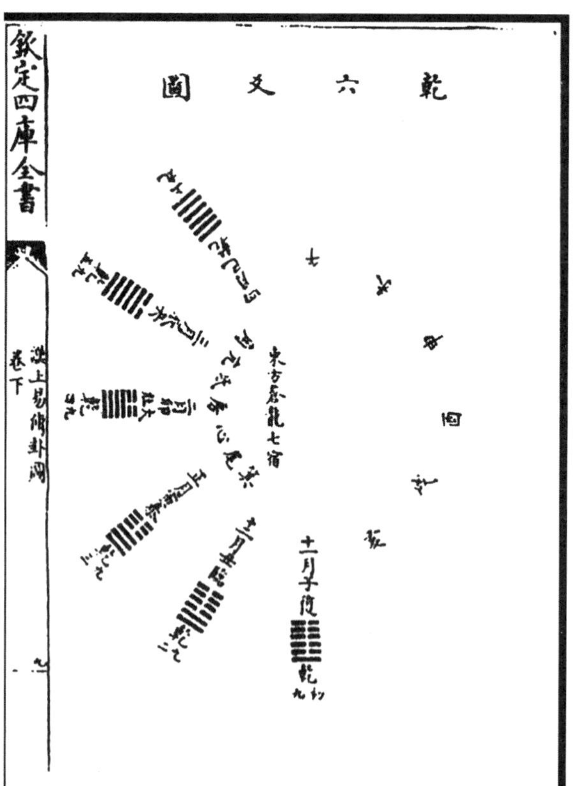

图 18　乾六爻图
（朱震《汉上易传卦图》）

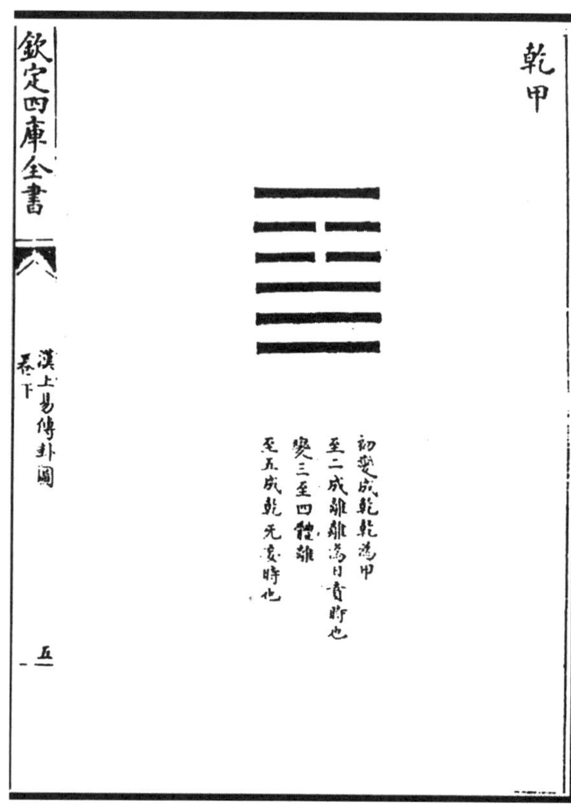

图 19　乾甲图
（朱震《汉上易传卦图》）

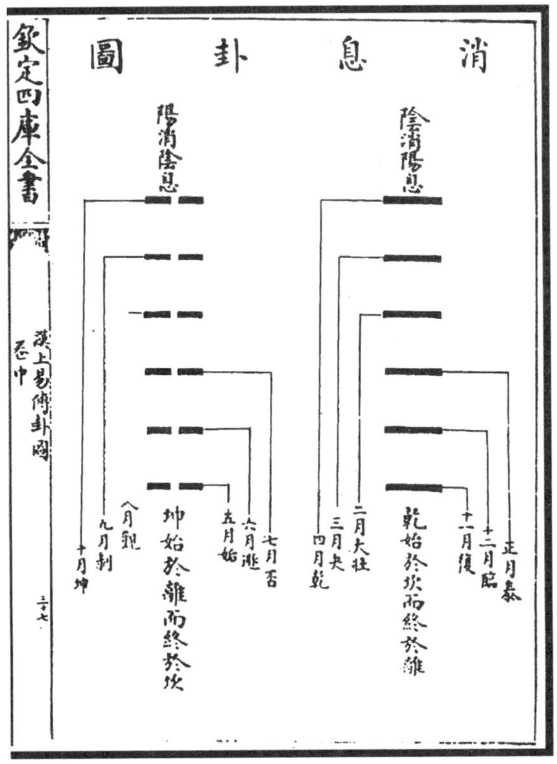

图20　消息卦图
（朱震《汉上易传卦图》）

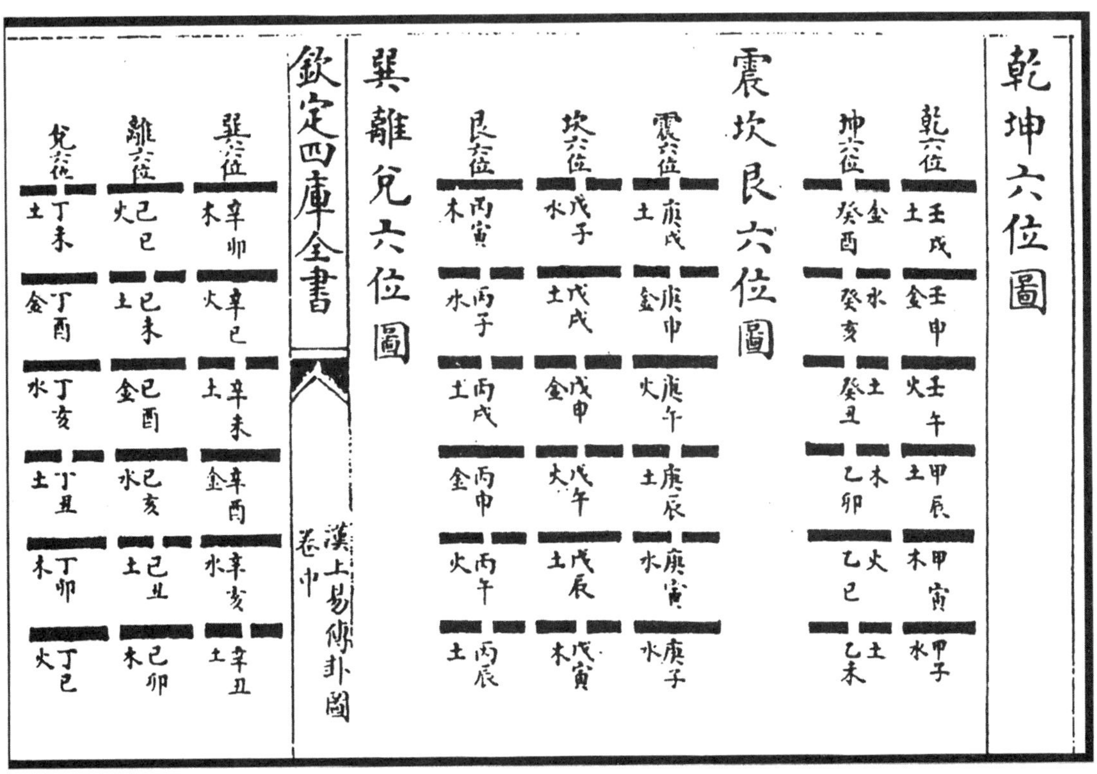

图21　乾坤六位图
图22　震坎艮六位图
图23　巽离兑六位图
（朱震《汉上易传卦图》）

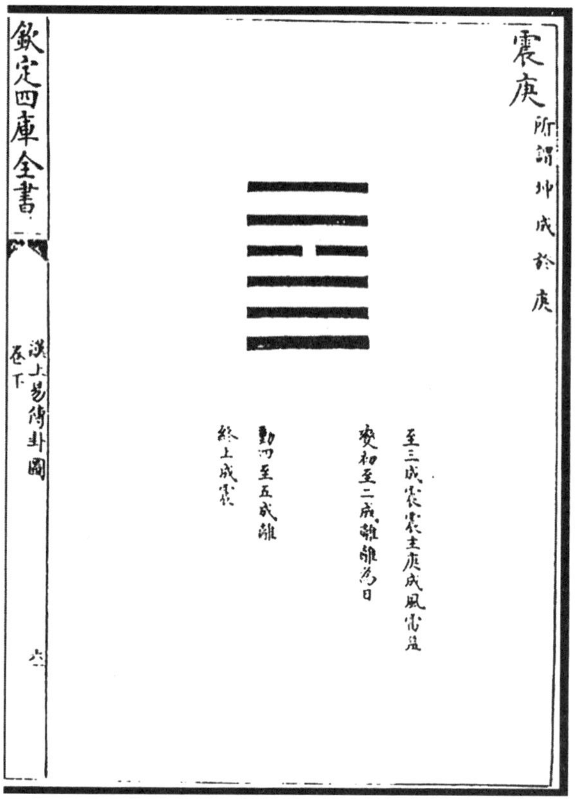

图 24　震庚图
（朱震《汉上易传卦图》）

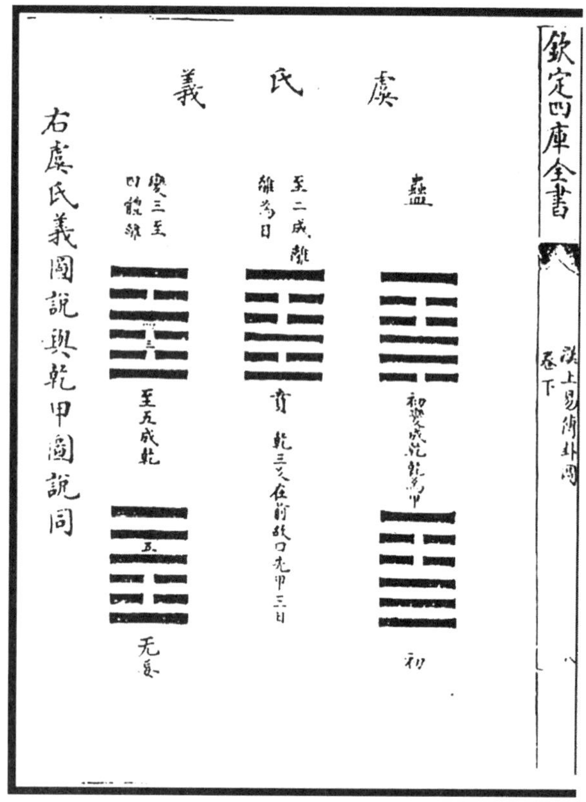

图 25　虞氏义图
（朱震《汉上易传卦图》）

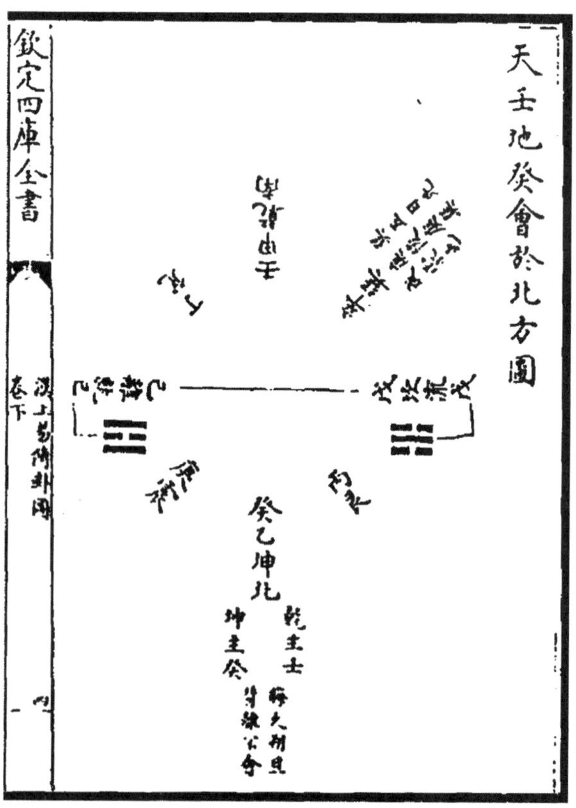

图 26　天壬地癸会于北方图
（朱震《汉上易传卦图》）

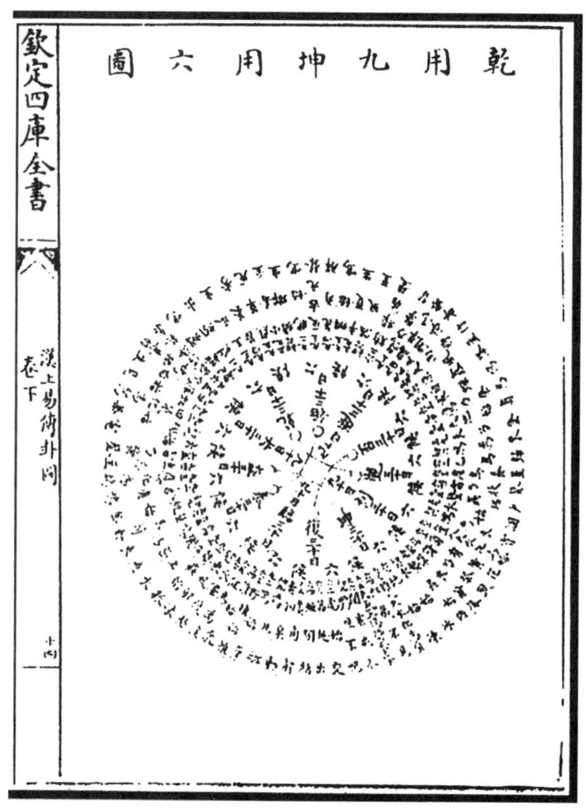

图 27　乾用九坤用六图
（朱震《汉上易传卦图》）

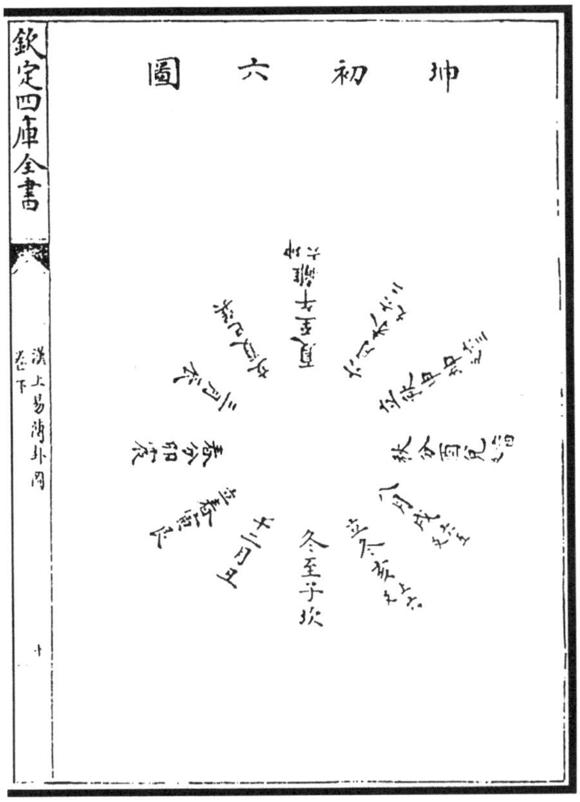

图 28　坤初六图
（朱震《汉上易传卦图》）

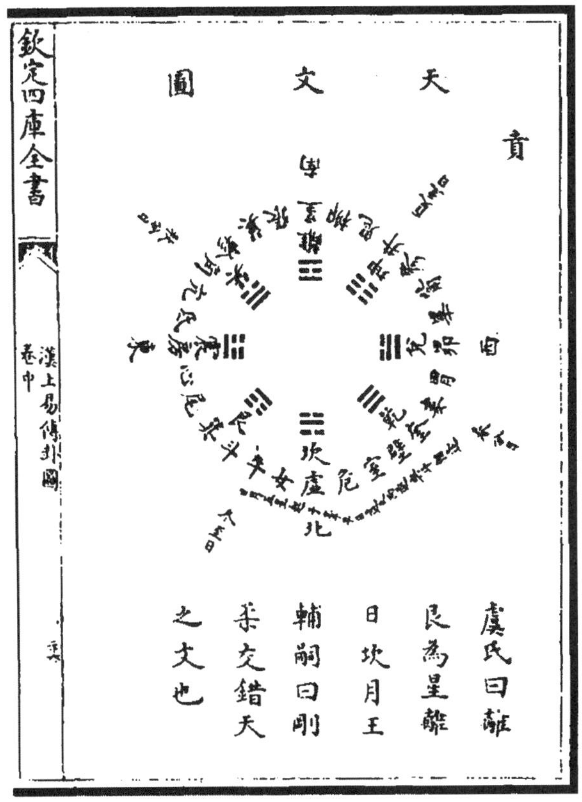

图 29　天文图
（朱震《汉上易传卦图》）

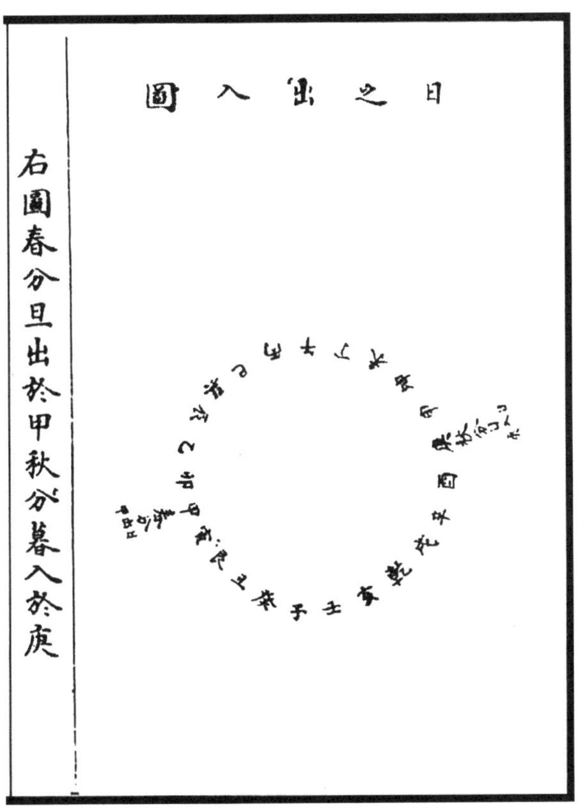

图 30　日之出入图
（朱震《汉上易传卦图》）

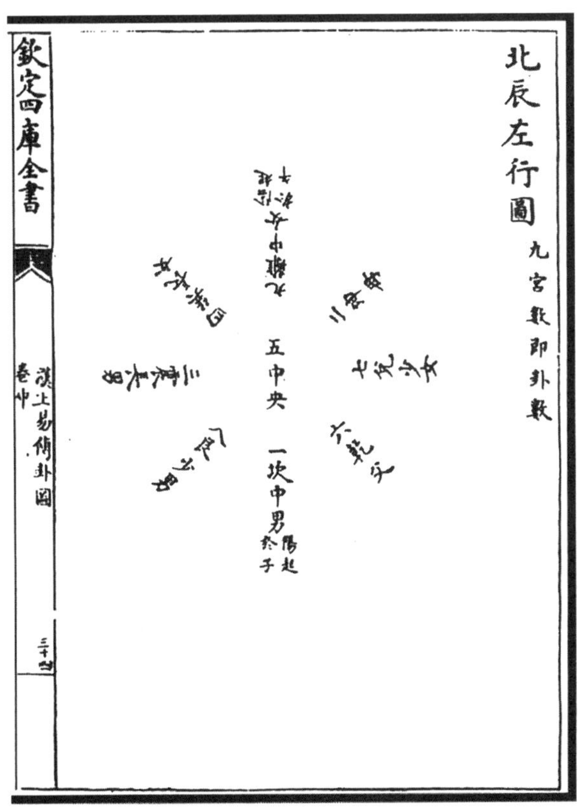

图 31　北辰左行图
（朱震《汉上易传卦图》）

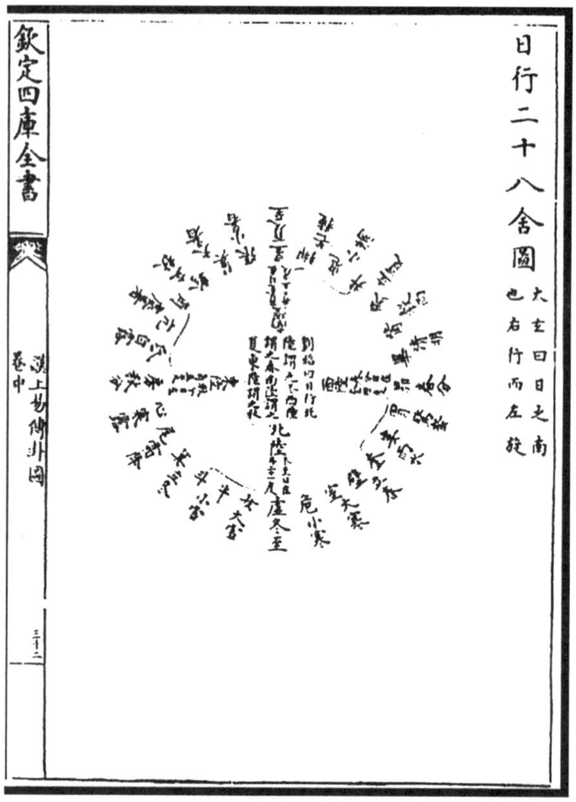

图 32 日行二十八舍图
（朱震《汉上易传卦图》）

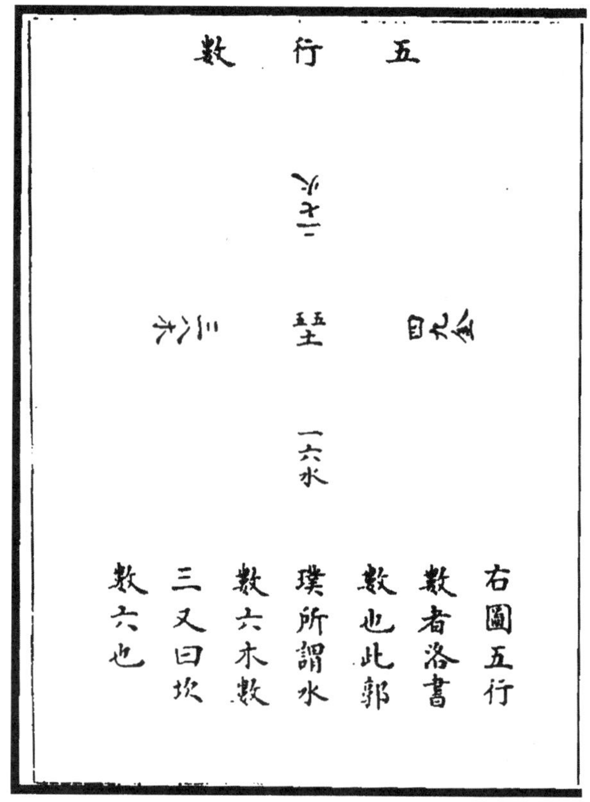

图 33 五行数图
（朱震《汉上易传卦图》）

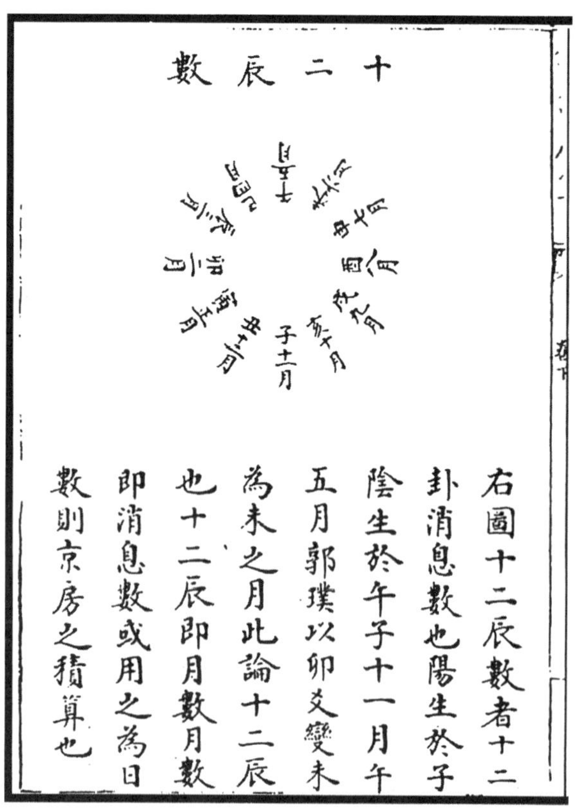

图 34 十二辰数图
（朱震《汉上易传卦图》）

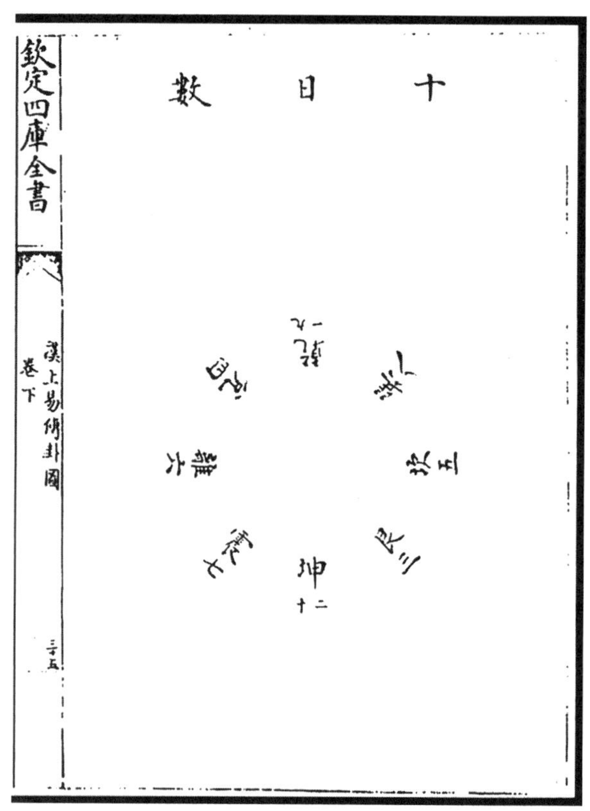

图 35 十日数图
（朱震《汉上易传卦图》）

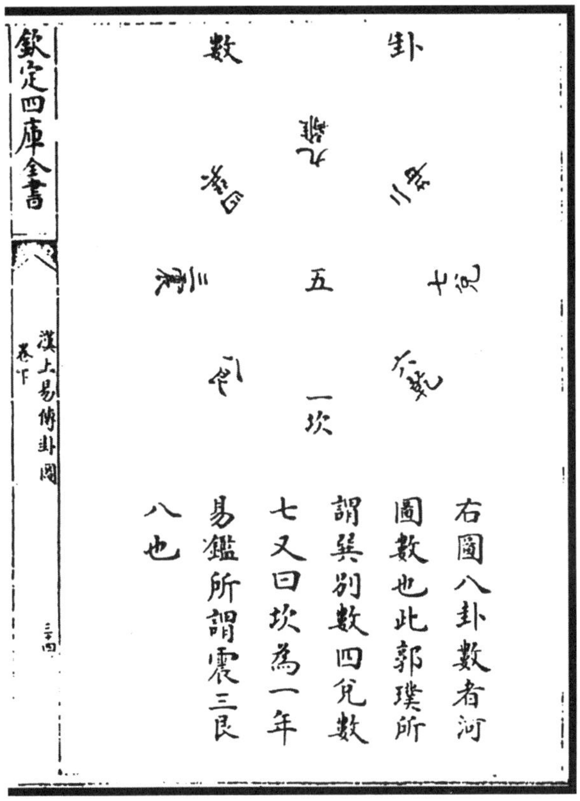

图 36　卦数图
（朱震《汉上易传卦图》）

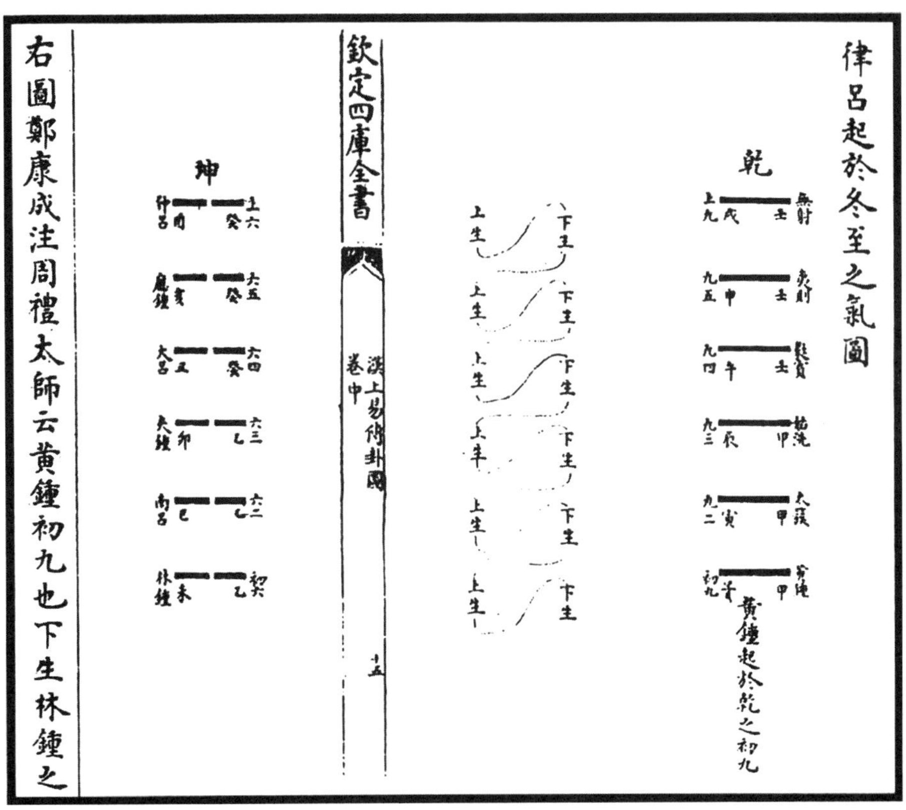

图 37　律吕起于冬至之气图
（朱震《汉上易传卦图》）

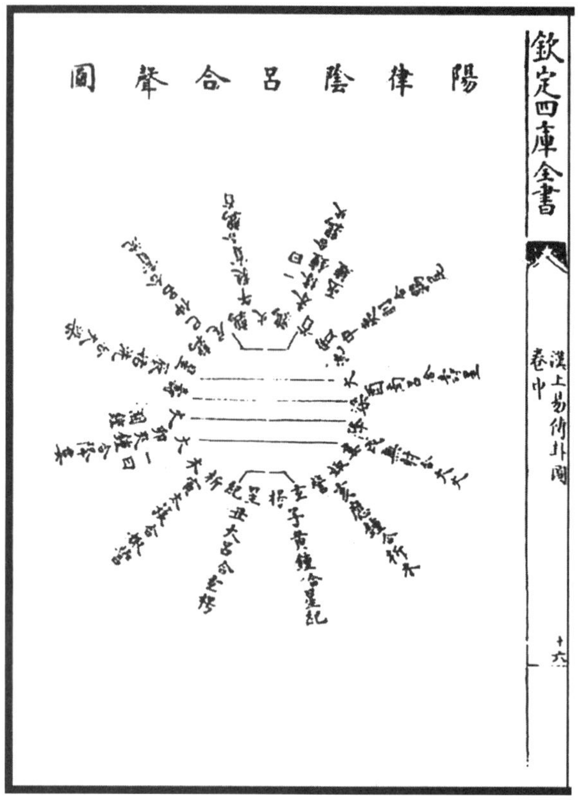

图 38 阳律阴吕合声图
（朱震《汉上易传卦图》）

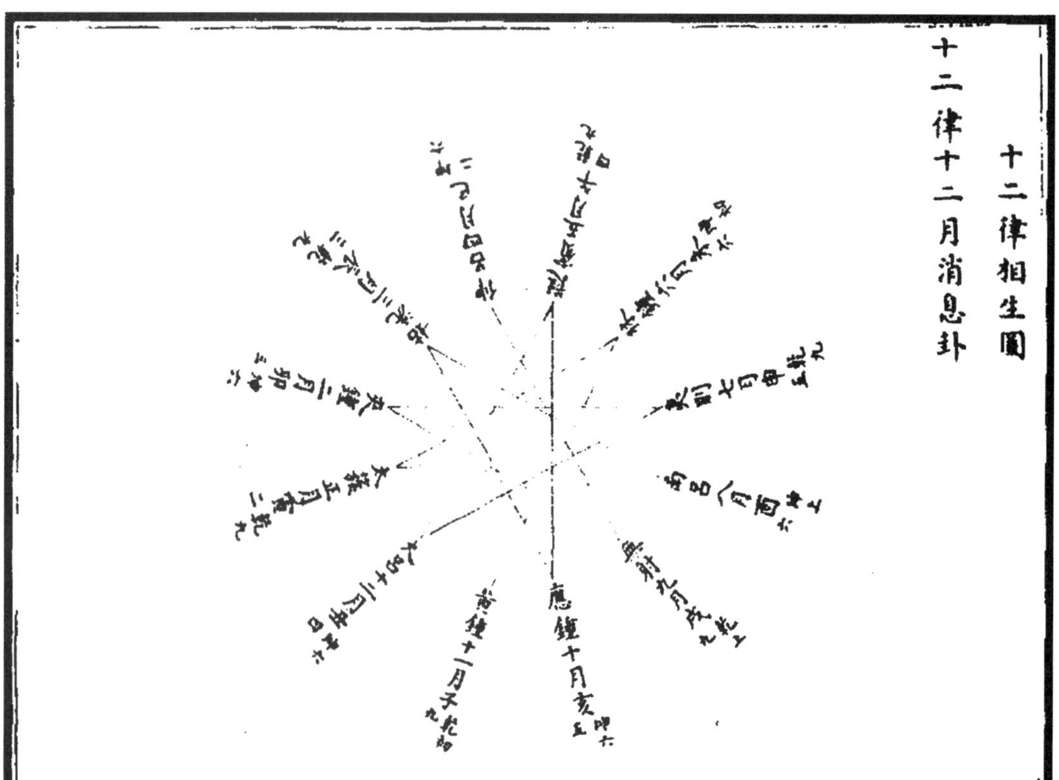

图 39 十二律相生图
（朱震《汉上易传卦图》）

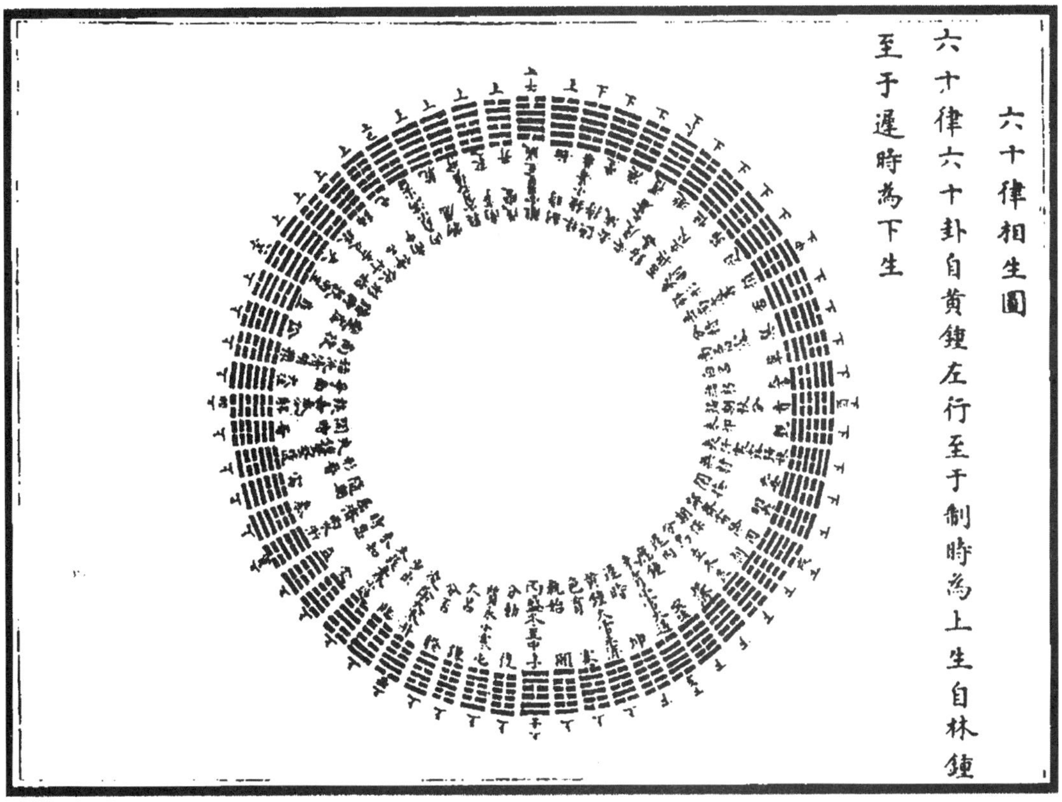

图 40　六十律相生图
（朱震《汉上易传卦图》）

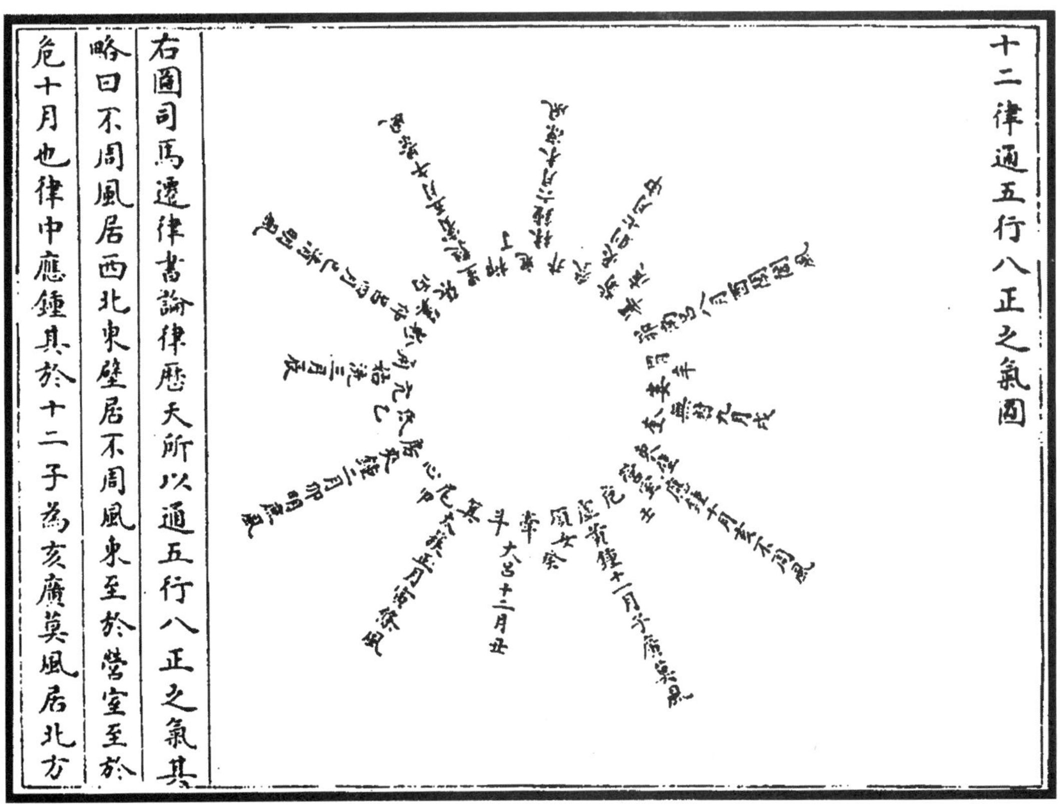

图 41　十二律通五行八正之气图
（朱震《汉上易传卦图》）

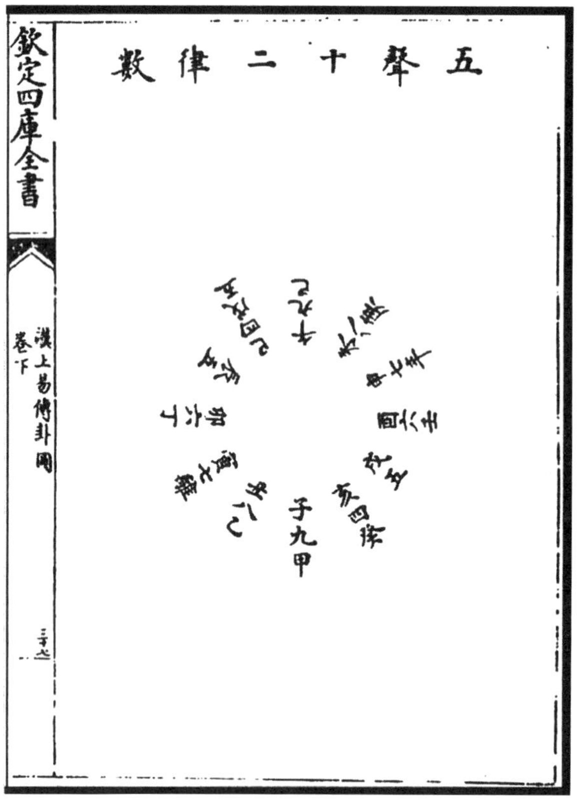

图 42　五声十二律数图
（朱震《汉上易传卦图》）

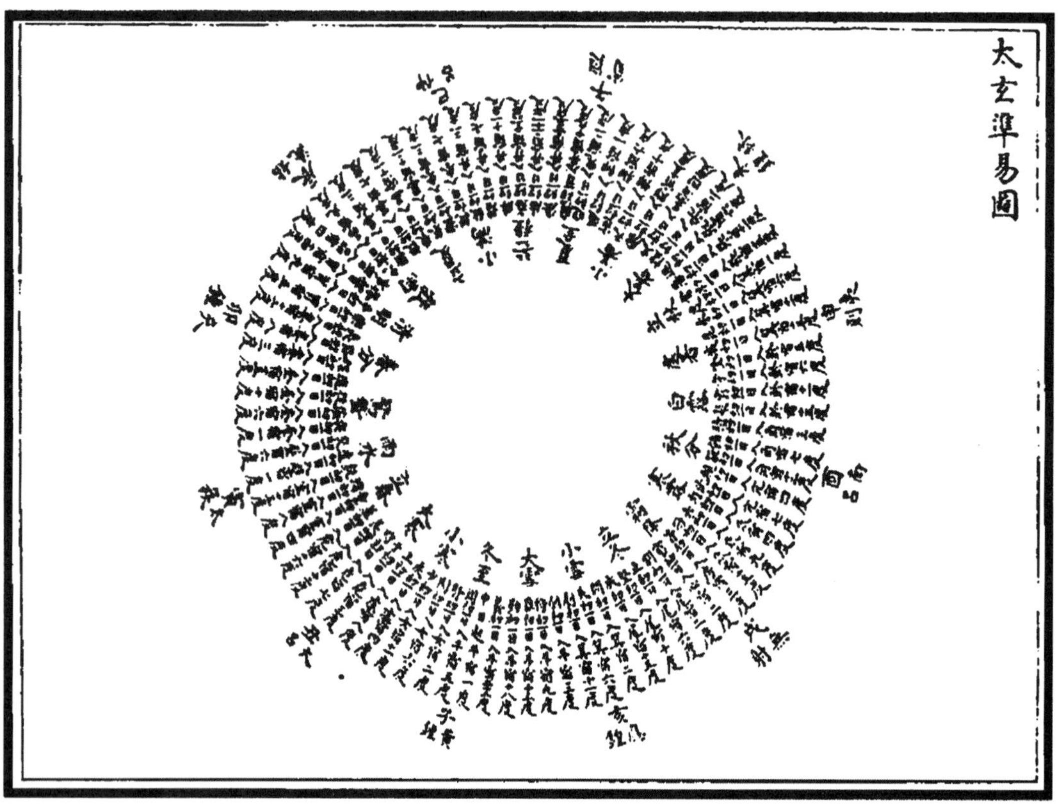

图 43　太玄准易图
（朱震《汉上易传卦图》）

刘温舒

生卒年不详，北宋哲宗元符时人。医家，官至朝散郎太医学司业，在宋人中最早研究五运六气学说。撰有《素问入式运气论奥》三卷。现存有《周易》图像三幅。

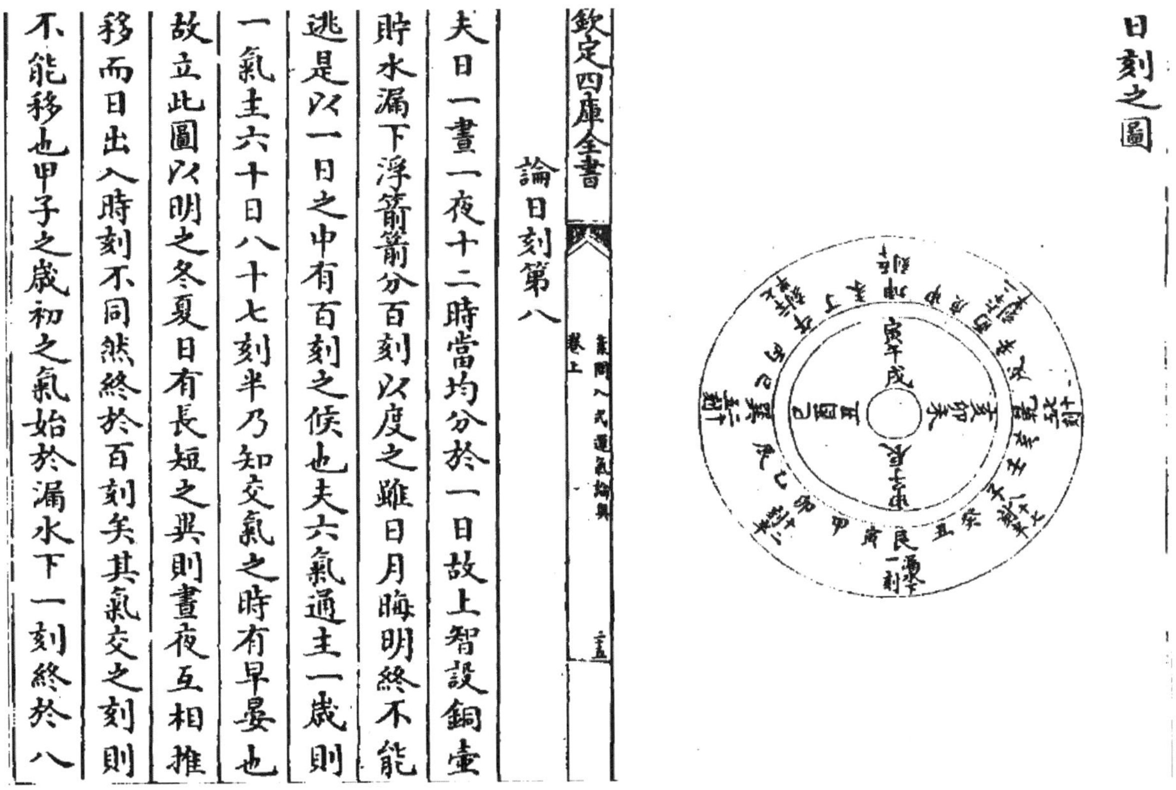
日刻之圖

欽定四庫全書

素問入式運氣論奥 卷上

論日刻第八

夫日一晝一夜十二時當均分於一日故上智設銅壷
貯水漏下浮箭箭分百刻以度之雖日月晦明終不能
逃是以一日之中有百刻之候也夫六氣通主一歲則
一氣主六十日八十七刻半乃知交氣之時有早晏也
故立此圖以明之冬夏日有長短之異則晝夜互相推
移而日出入時刻不同然終於百刻矣其氣交之刻則
不能移也甲子之歲初之氣始於漏水下一刻終於八

图 1　日刻之图

（刘温舒《素问入式运气论奥》）

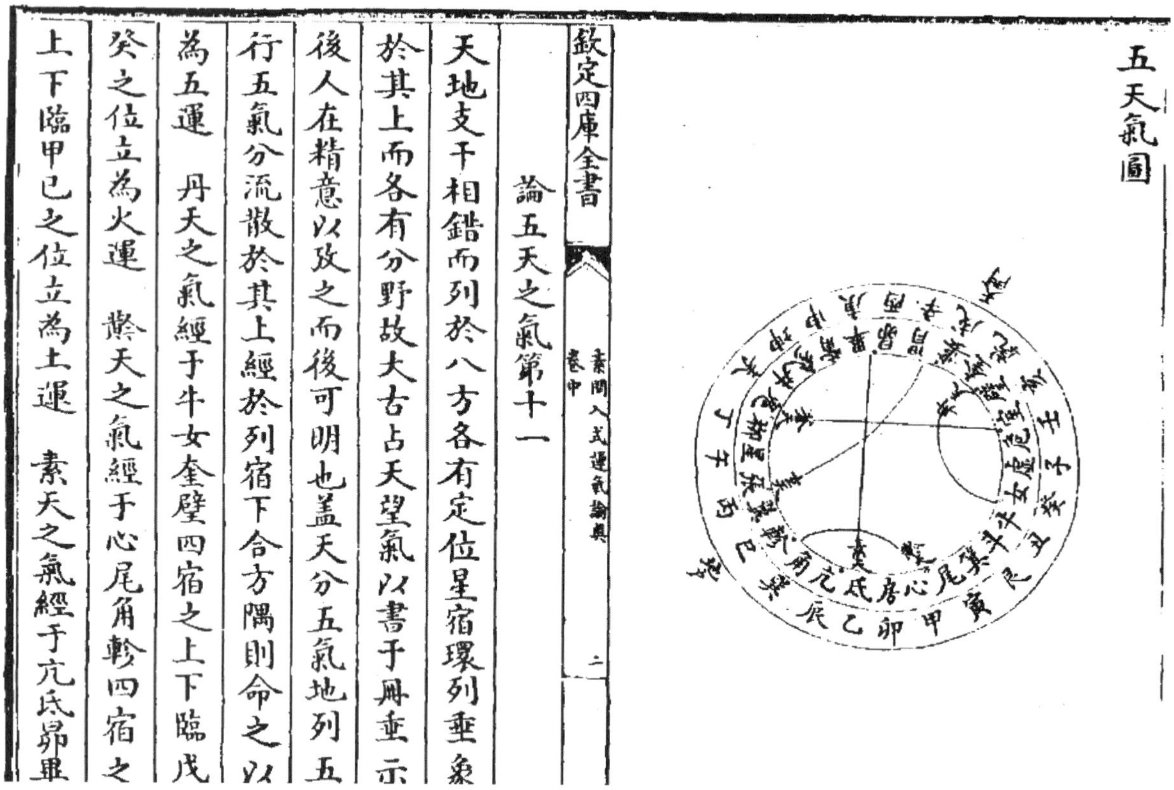

論五天之氣第十一

天地支干相錯而列於八方各有定位星宿環列垂象於其上而各有分野故太古占天望氣以書于冊垂示後人在精意以攷之而後可明也蓋天分五氣地列五行五氣分流散於其上經於列宿下合方隅則命之以為五運 丹天之氣經于牛女奎壁四宿之上下臨戊癸之位為火運 黅天之氣經于心尾角軫四宿之

上下臨甲己之位立為土運 素天之氣經于亢氏昴畢

图 2　五天气图
（刘温舒《素问入式运气论奥》）

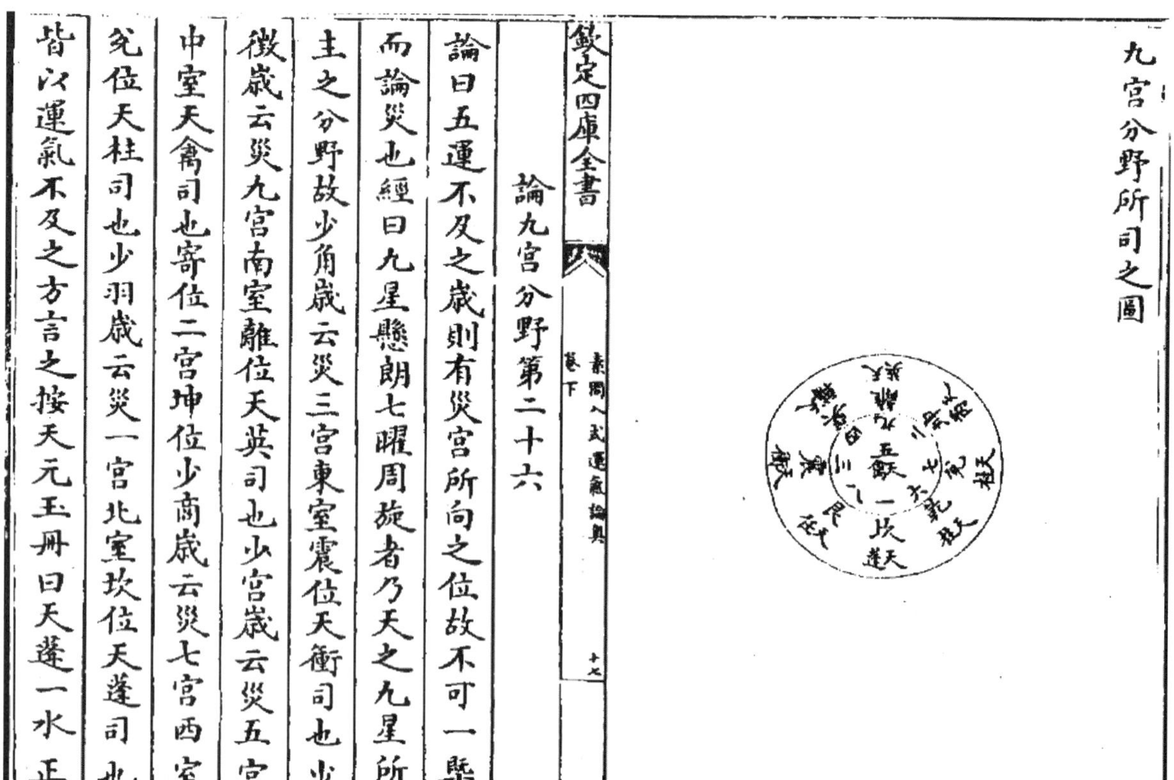

論九宮分野第二十六

論曰五運不及之歲則有災宮所向之位故不可一槩而論災也經曰九星懸朗七曜周旋者乃天之九星所主之分野故少角歲云災三宮東室震位天衝司也少徵歲云災九宮南室離位天英司也少宮歲云災五宮中宮天禽司也寄位二宮坤位少商歲云災七宮西室兊位天柱司也少羽歲云災一宮北室坎位天蓬司也

皆以運氣不及之方言之按天元玉冊曰天蓬一水正

图 3　九宫分野所司之图
（刘温舒《素问入式运气论奥》）

潘植

生卒年不详,字子醇,号浩然子,建州浦城(今属福建)人。北宋大观年间(1107—1110)两次乡荐不中,建炎二年(1128)调真州推官。性嗜学不倦,著有《安正忘筌集》五卷、《性理书》九篇及《观象》《玄契》二图等。现存有《周易》图像七幅。

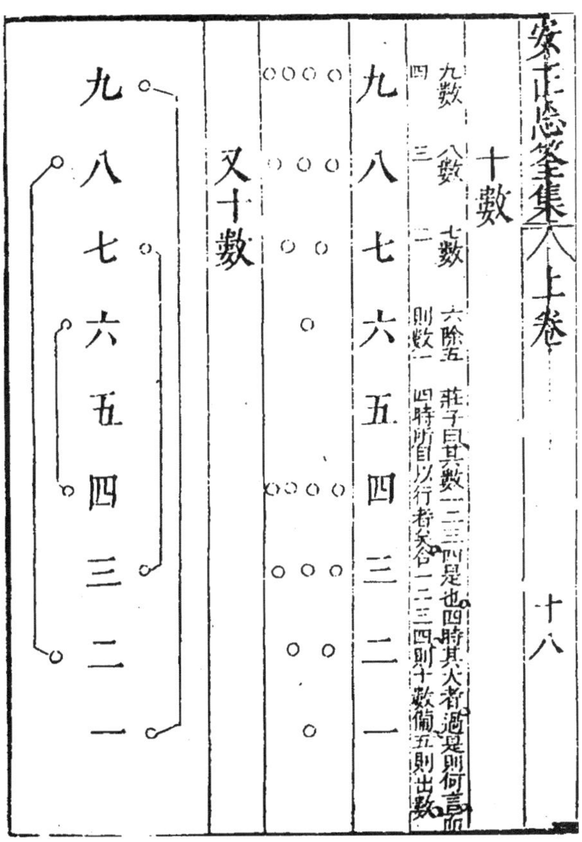

图1　十数图
图2　又十数图
(潘植《安正忘筌集》)

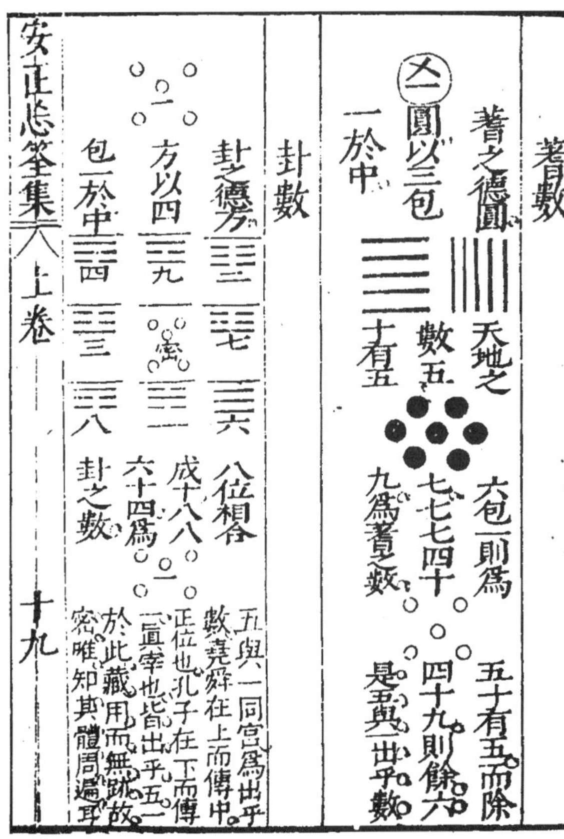

图3　蓍数图
图4　卦数图
(潘植《安正忘筌集》)

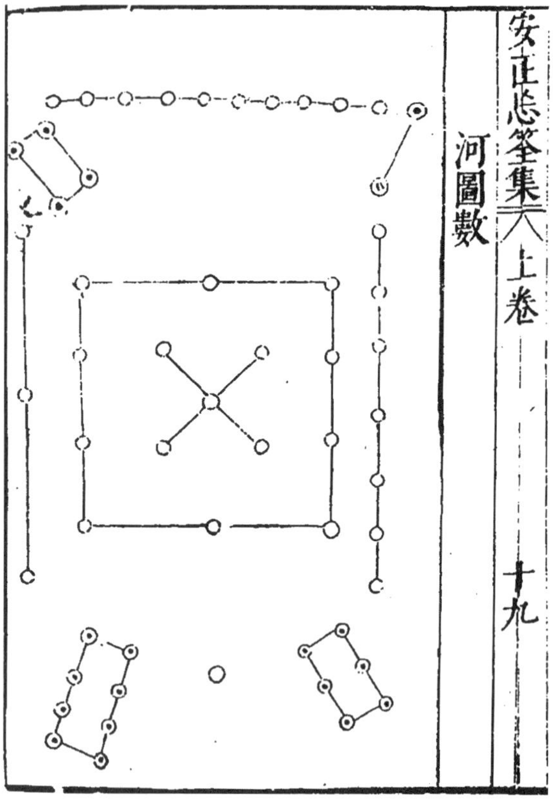

图 5　河图数图
（潘植《安正忘筌集》）

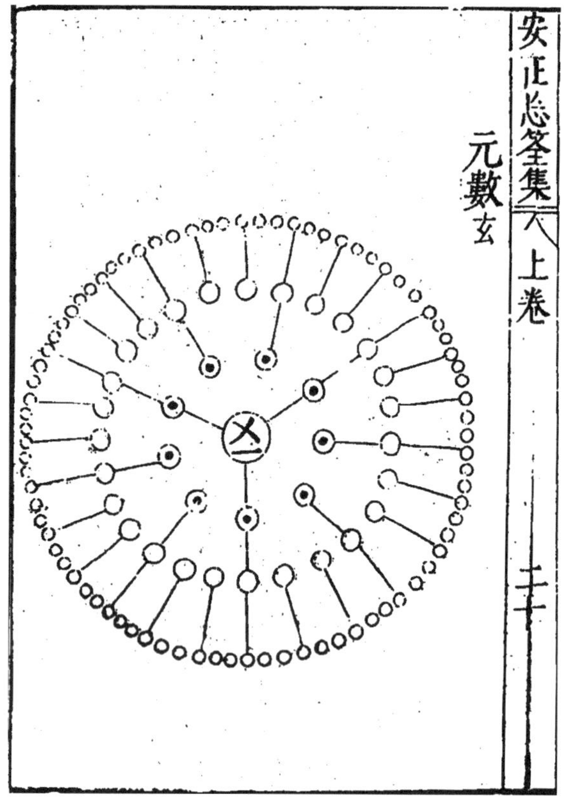

图 6　元数玄图
（潘植《安正忘筌集》）

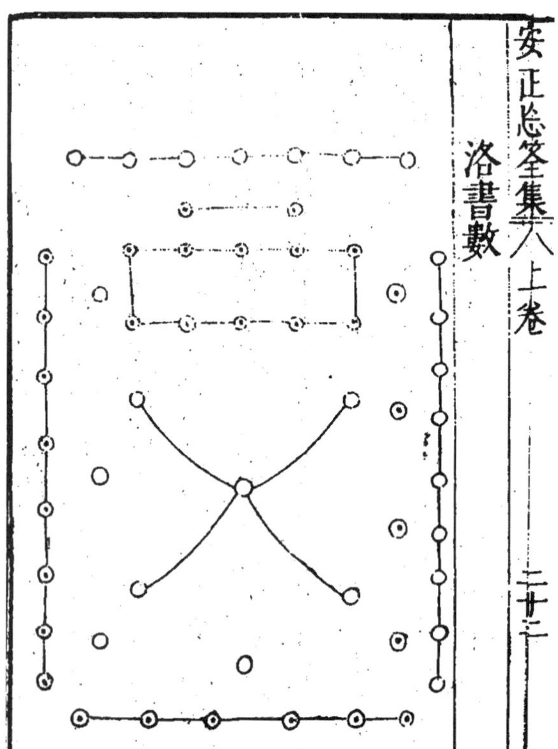

图 7　洛书数图
（潘植《安正忘筌集》）

王霆震

生卒年不详,字亨福,宋庐陵(今江西吉安)人。编有《古文集成》七十八卷。现存有《周易》图像十幅。

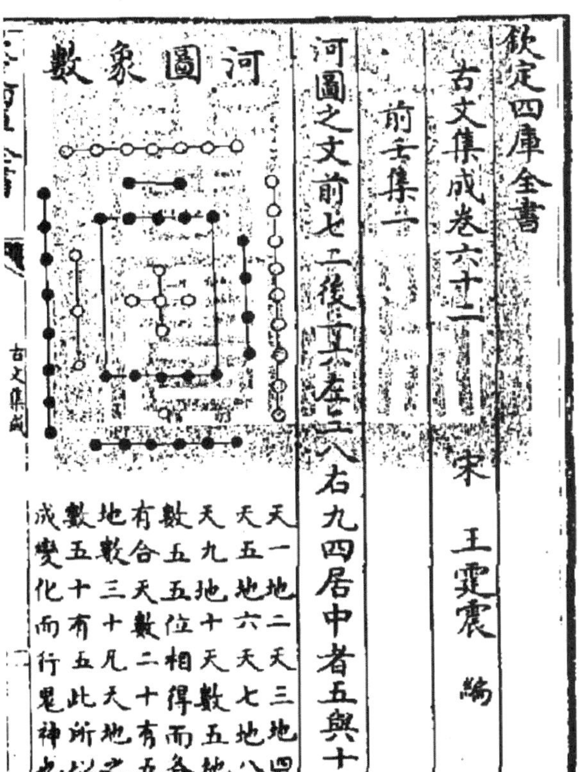

图1 河图象数图
(王霆震《古文集成》)

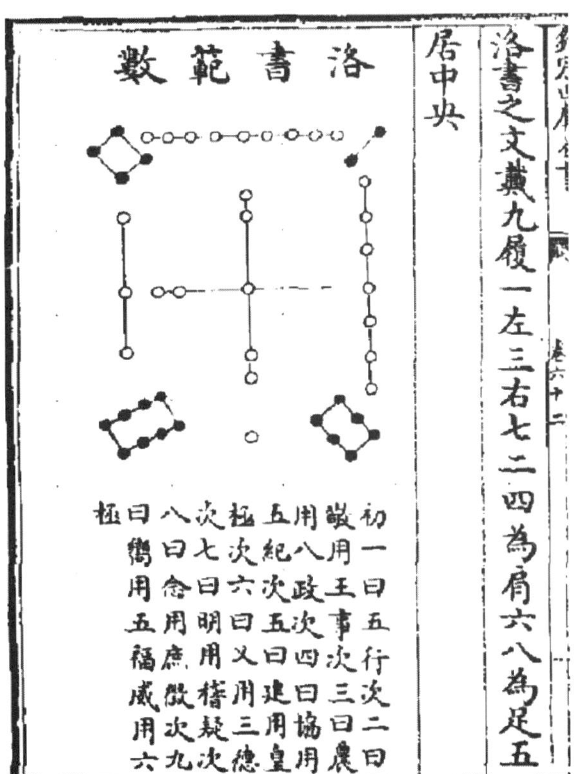

图2 洛书范数图
(王霆震《古文集成》)

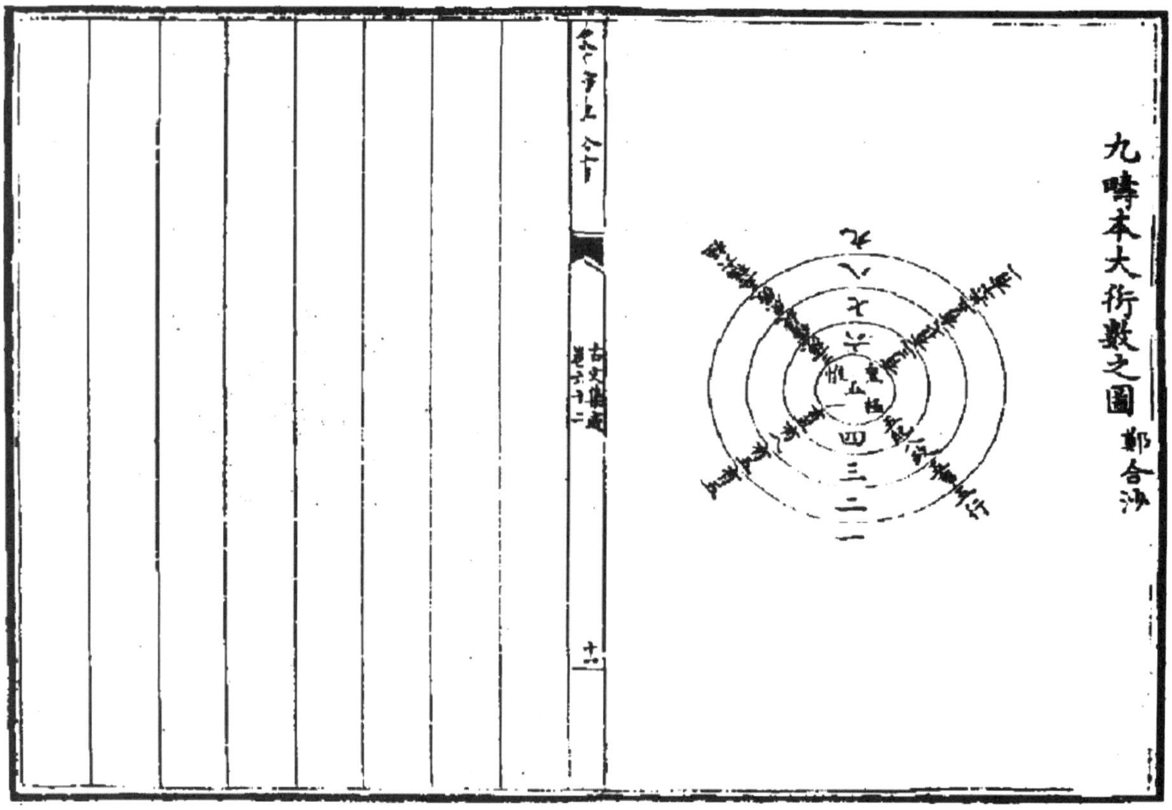

图 3　九畴本大衍数之图
（王霆震《古文集成》）

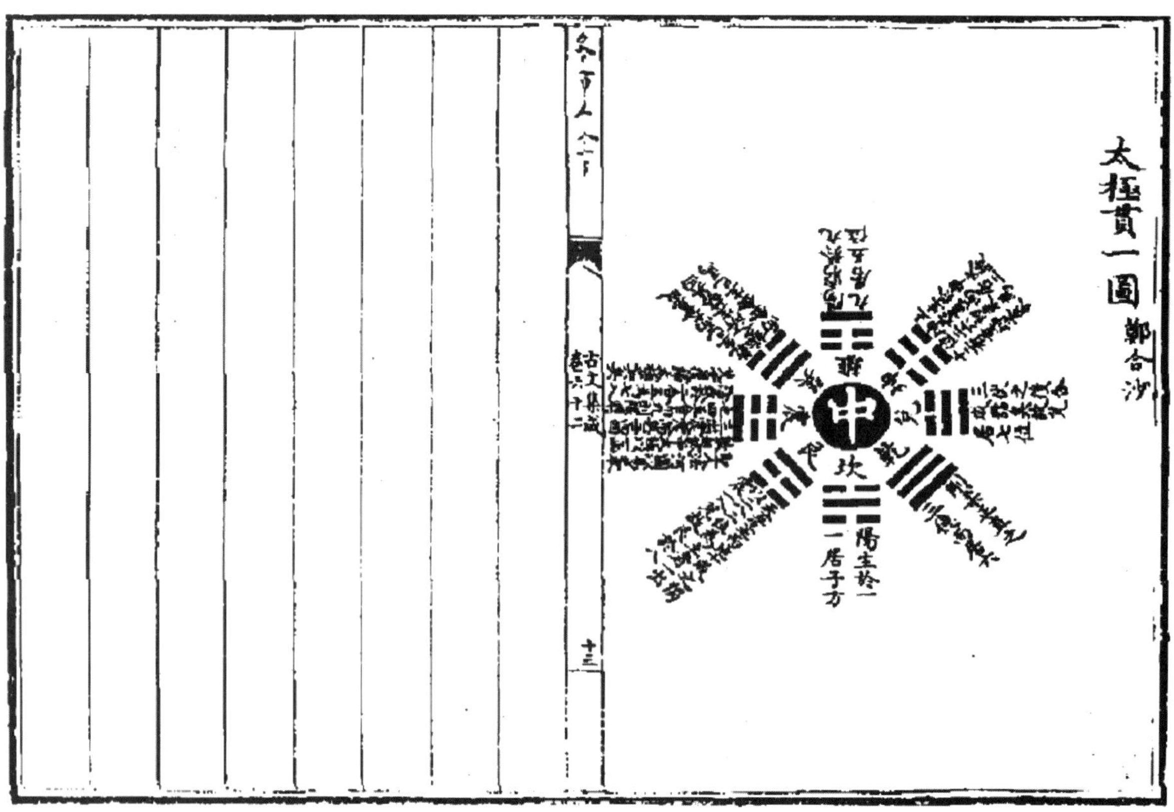

图 4　太极贯一图
（王霆震《古文集成》）

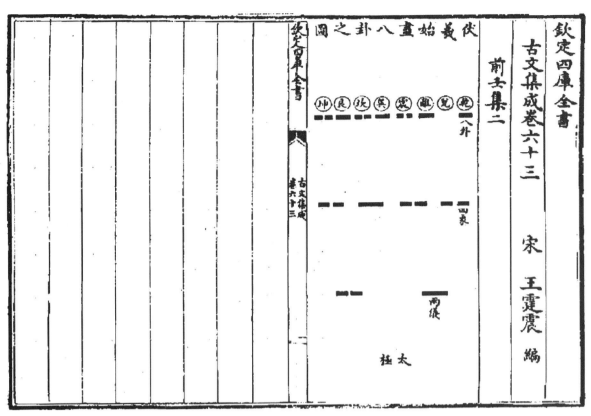

图 5 伏羲始画八卦之图
（王霆震《古文集成》）

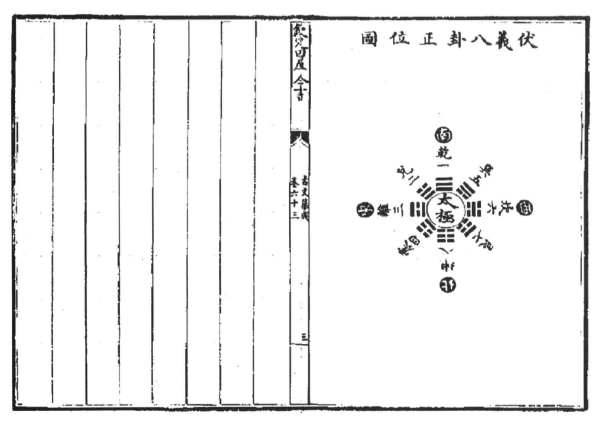

图 6 伏羲八卦正位图
（王霆震《古文集成》）

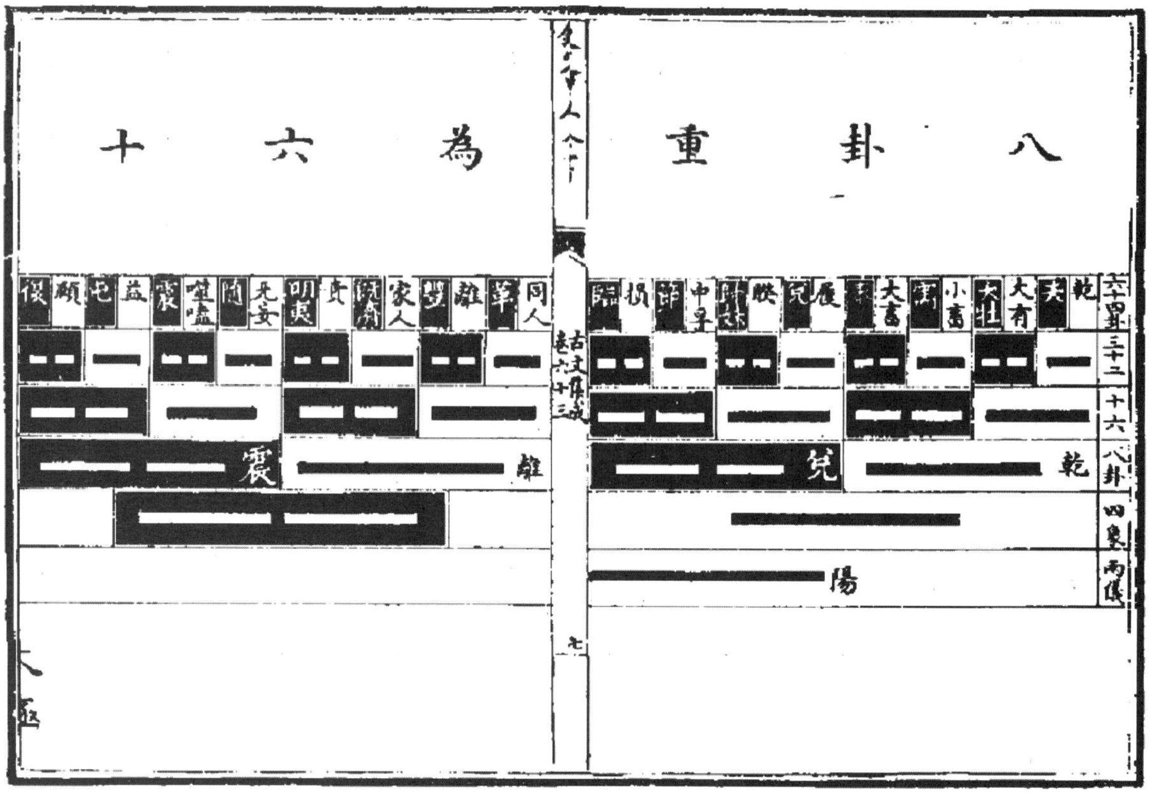

图7-1 八卦重为六十四卦之图
（王霆震《古文集成》）

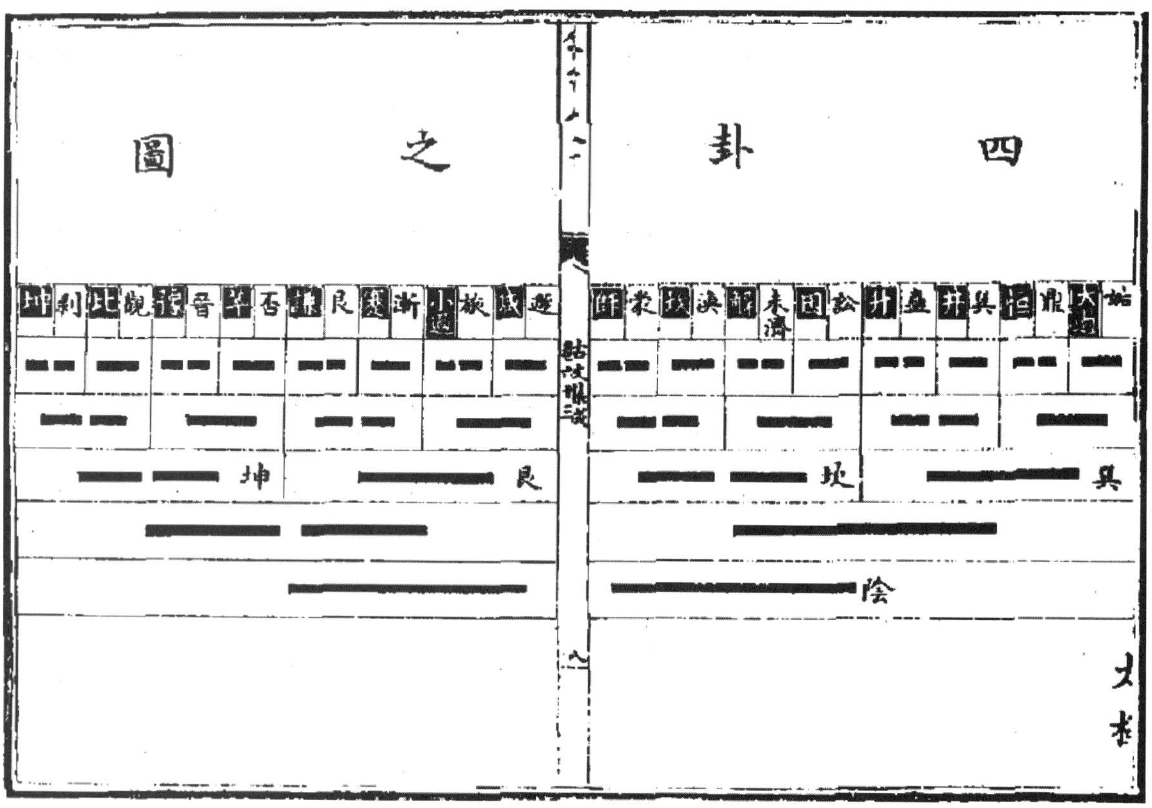

图7-2 八卦重为六十四卦之图
（王霆震《古文集成》）

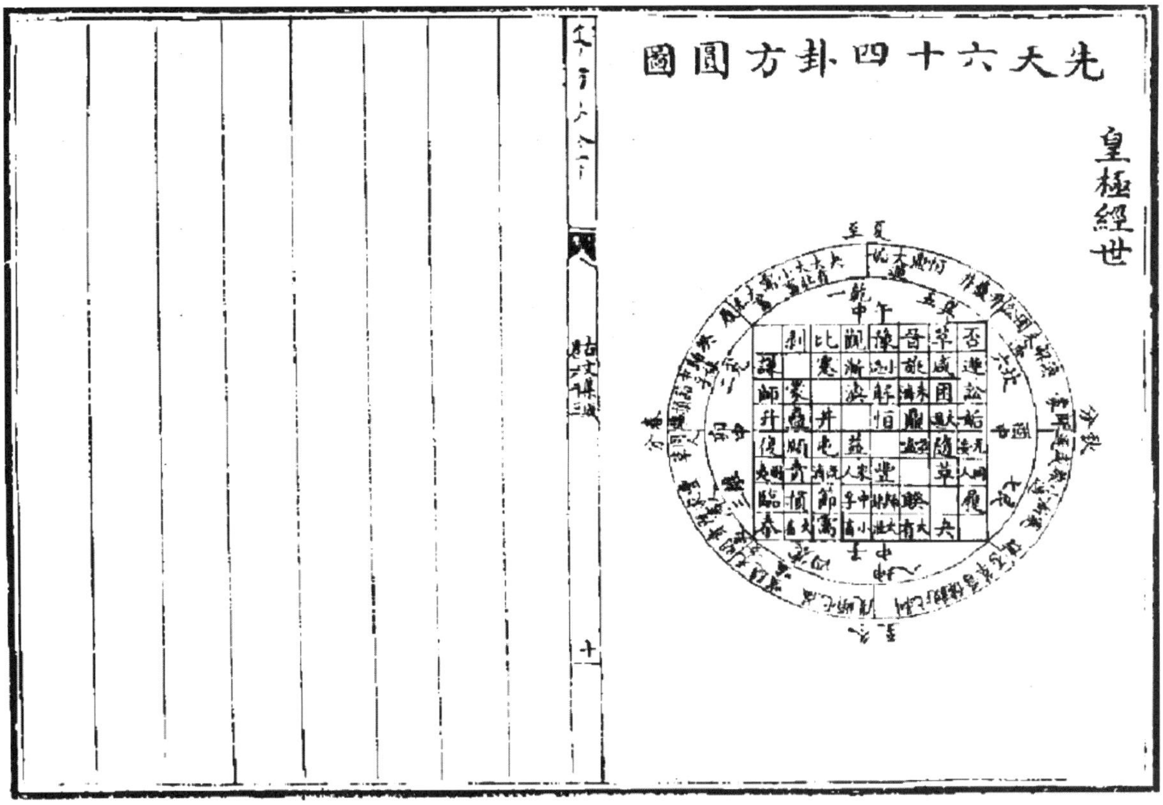

图 8 先天六十四卦方圆图
（王霆震《古文集成》）

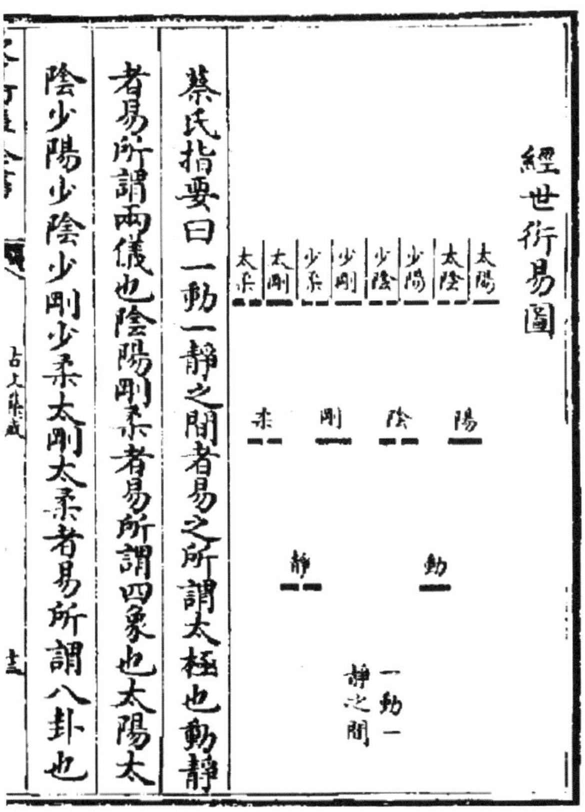

图 9 经世衍易图
（王霆震《古文集成》）

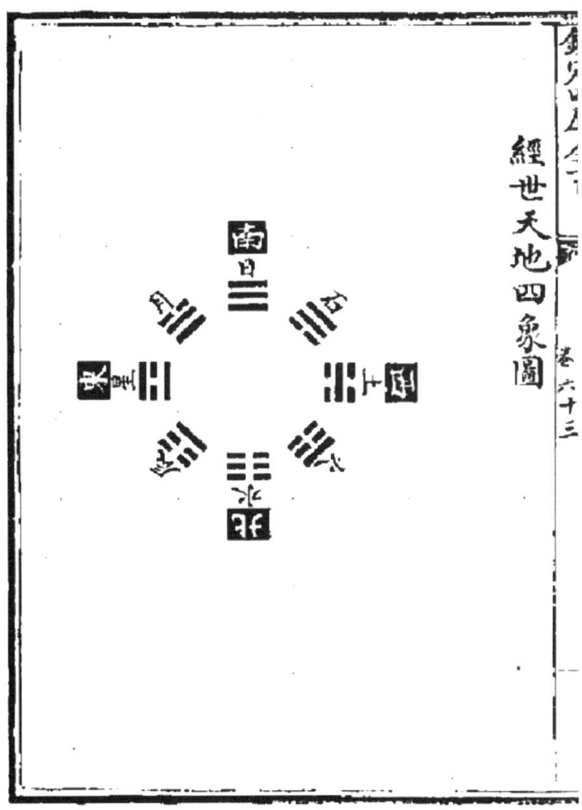

图 10 经世天地四象图
（王霆震《古文集成》）

王湜

生卒年不详,南宋同州(今陕西大荔)人。乡贡进士。平生研《易》,内求于己,外求于人,不废一日。潜心于邵雍易学,推崇《太极图》与《皇极经世》。著有《易学》一卷、《太乙肘后备检》三卷等。现存有《周易》图像八幅。

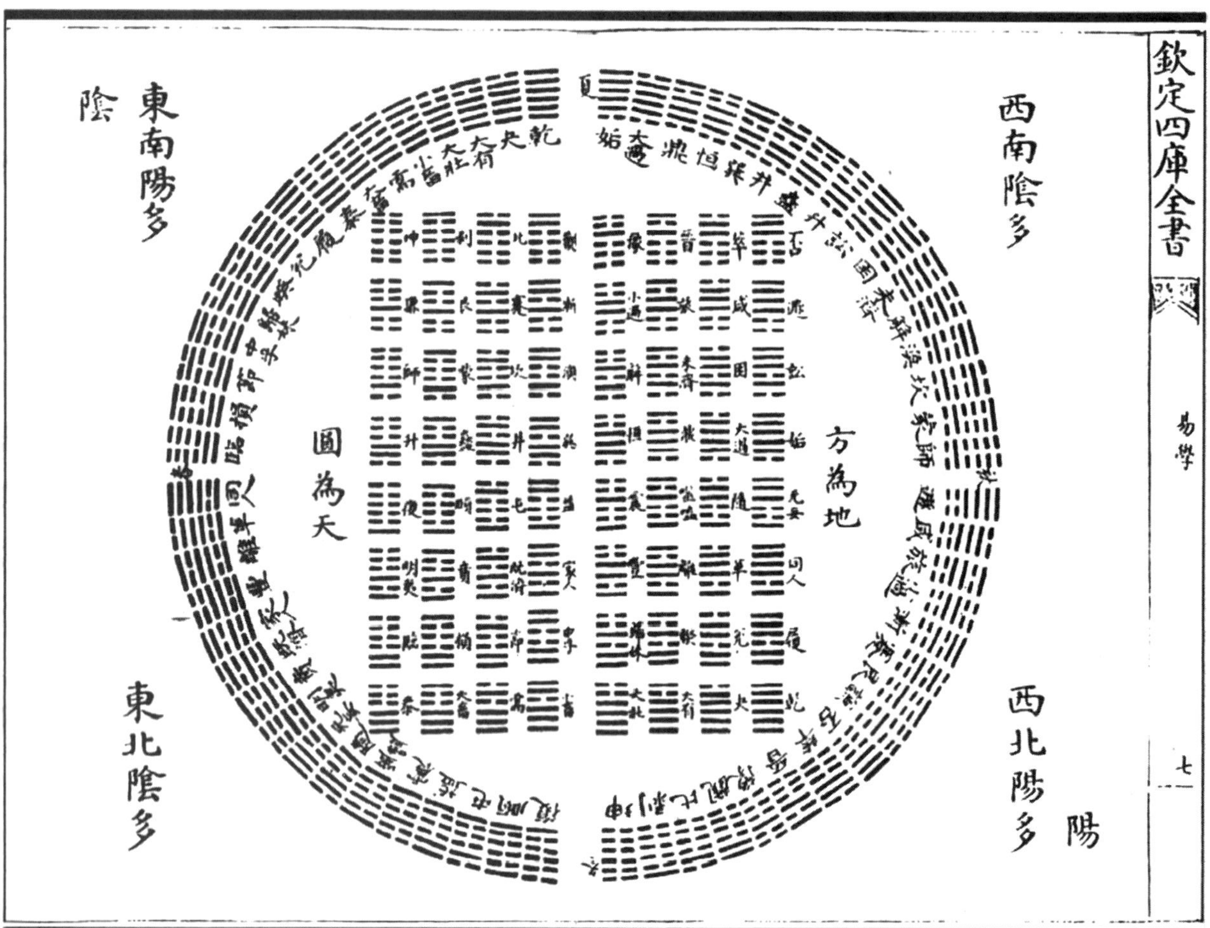

图 1　先天图
(王湜《易学》)

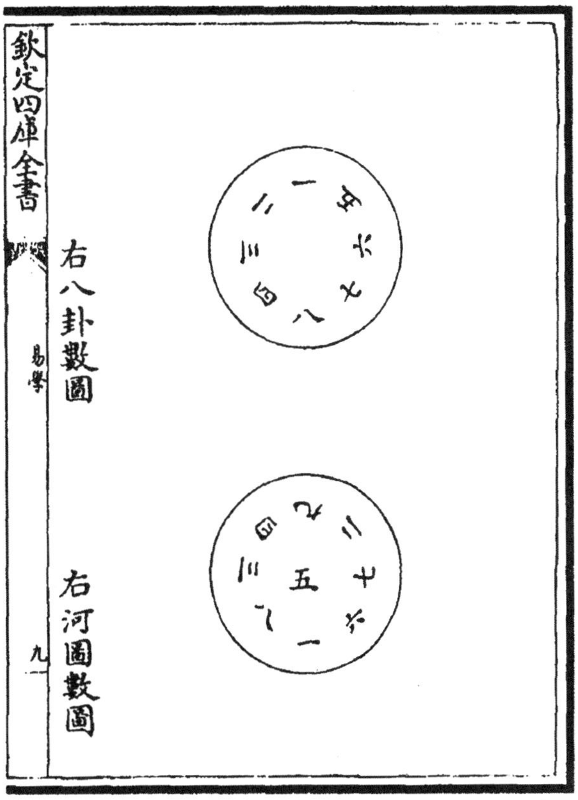

图 2　八卦河图数图
（王湜《易学》）

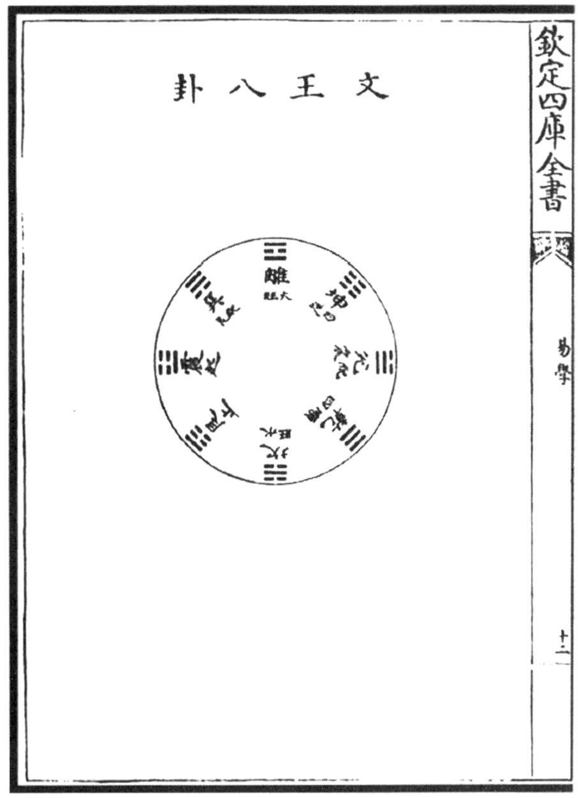

图 3　文王八卦图
（王湜《易学》）

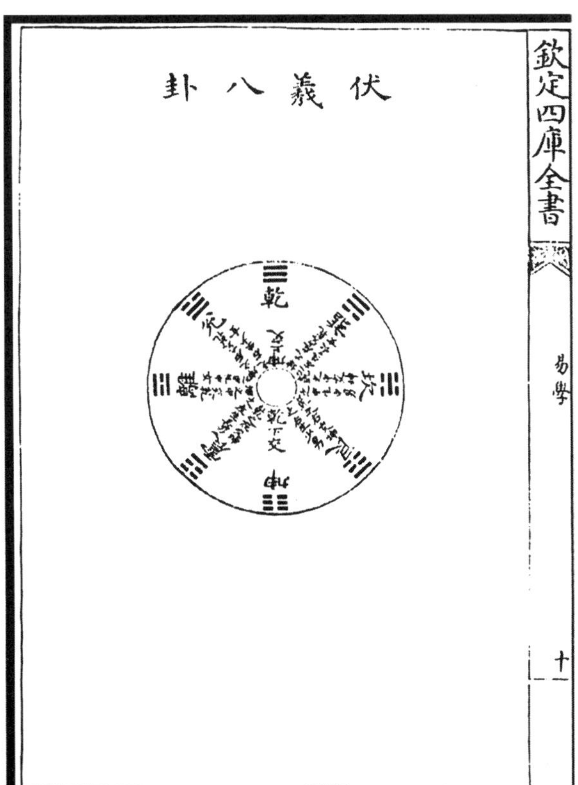

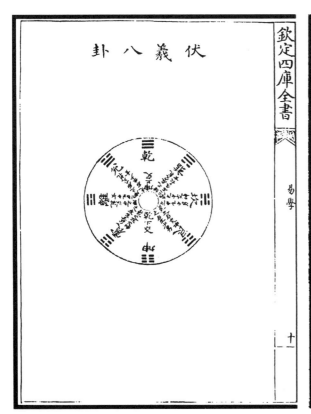

图 4　伏羲八卦图
（王湜《易学》）

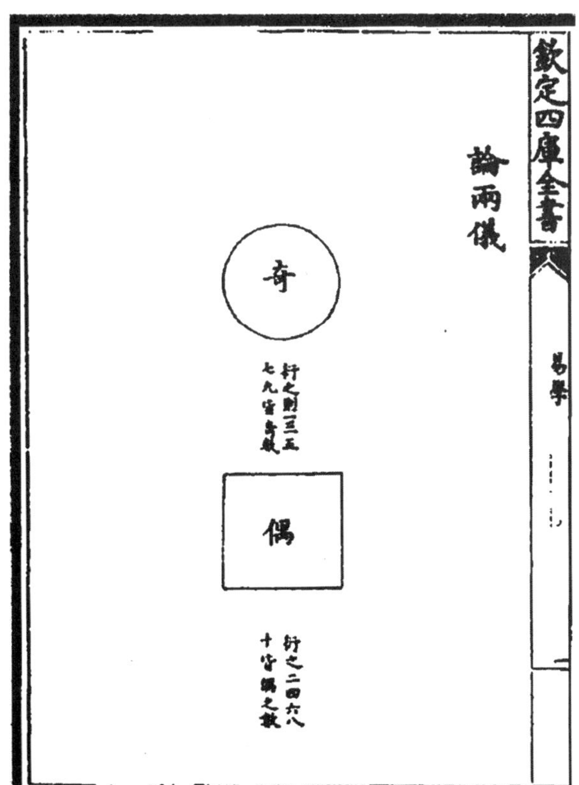

图 5　论两仪图
（王湜《易学》）

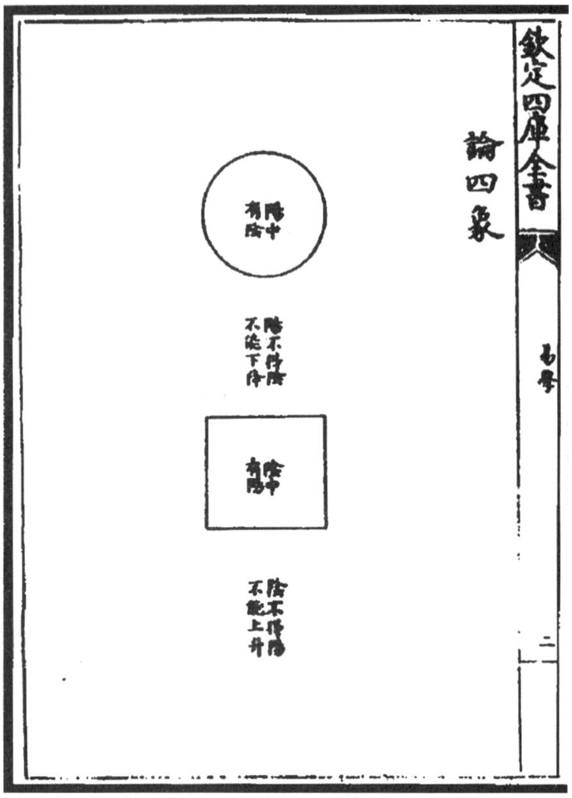

图6　论四象图
（王湜《易学》）

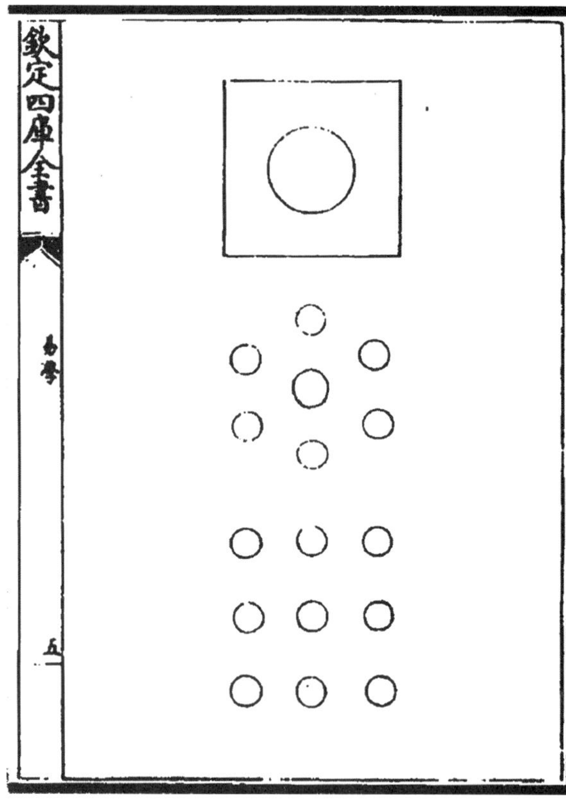

图7　论八卦图
（王湜《易学》）

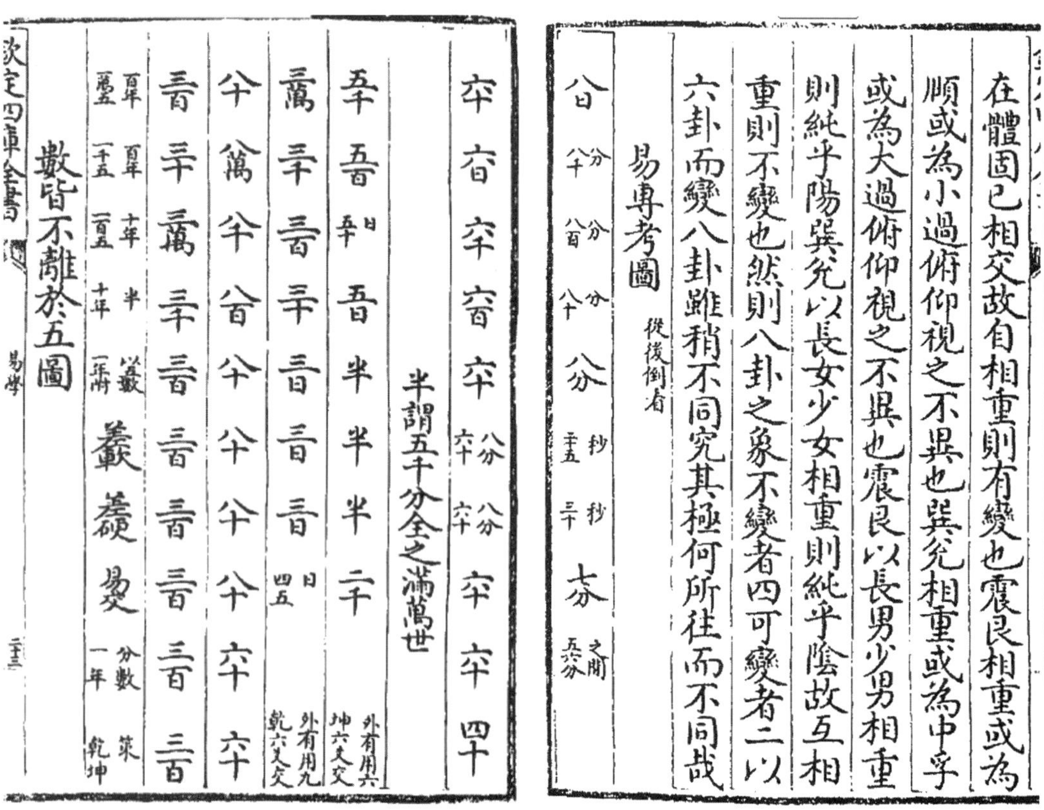

图8　易专考图
（王湜《易学》）

王黼(1079—1126)

初名王甫,因与东汉宦官王甫同名,皇帝赐名为王黼,开封祥符人。崇宁年间进士,调相州司理参军卷。后升为校书郎,迁符宝郎、左司谏,累官至御史中丞。现存有《周易》图像十三幅。

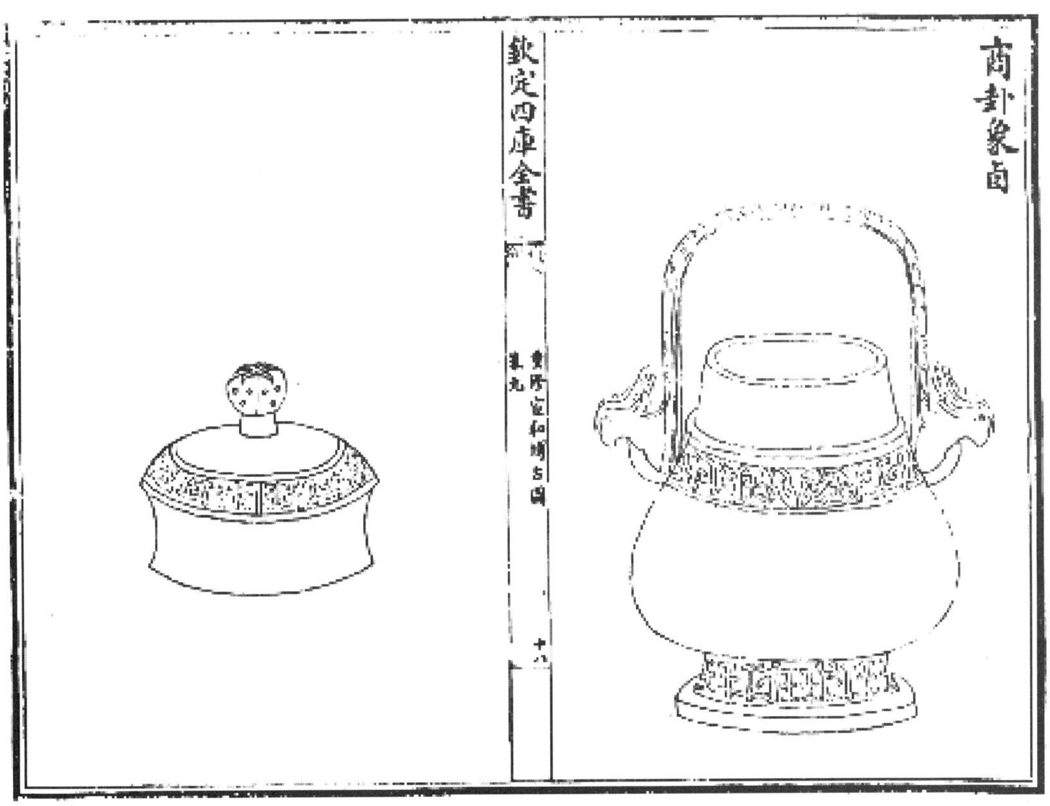

图1-1 商卦象卣
(王黼《重修宣和博古图》)

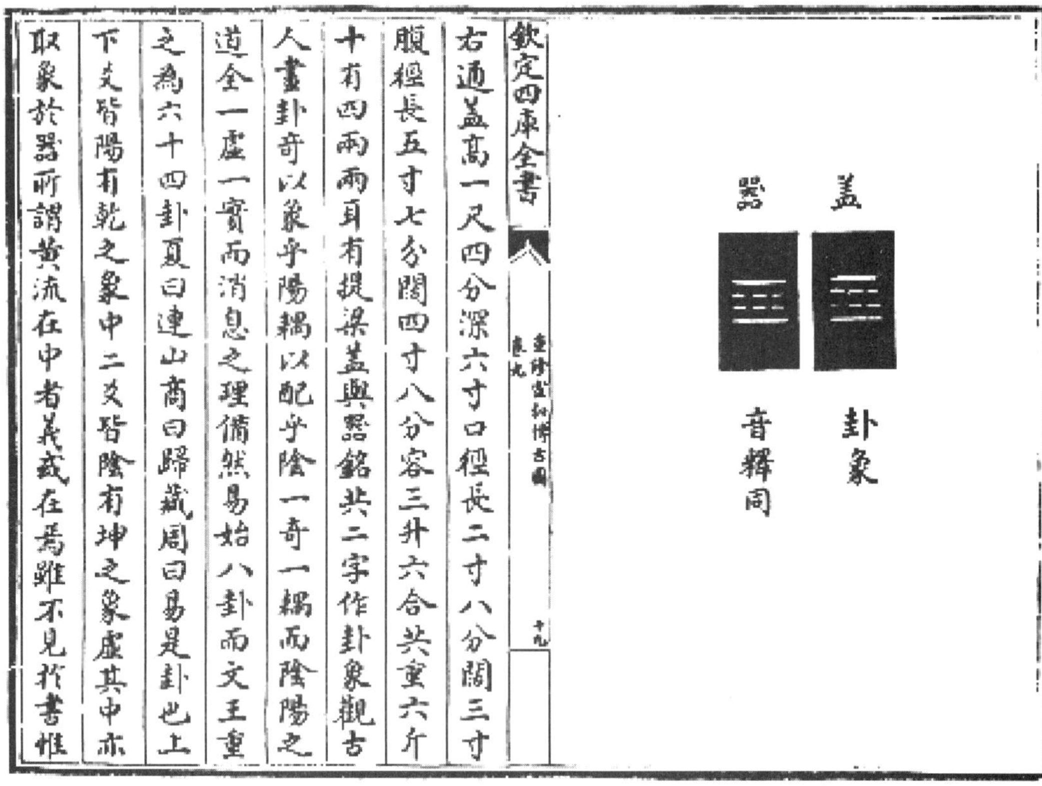

图 1-2　商卦象卣
（王黼《重修宣和博古图》）

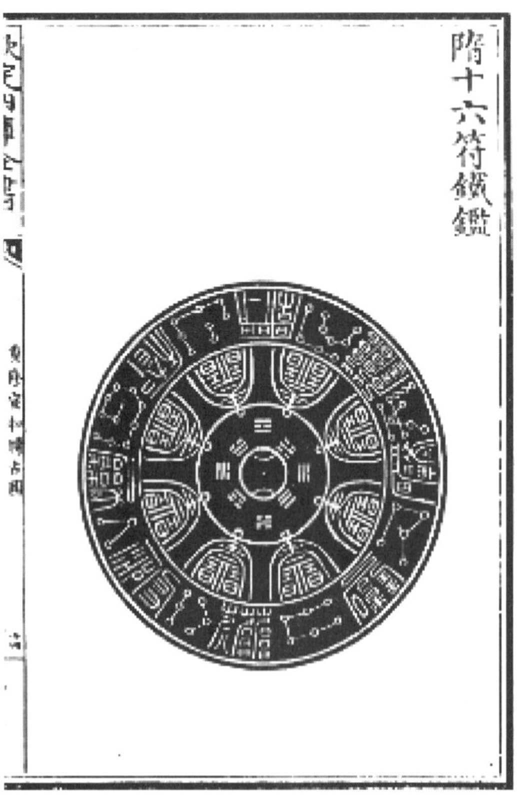

图 2　隋十六符铁鉴图
（王黼《重修宣和博古图》）

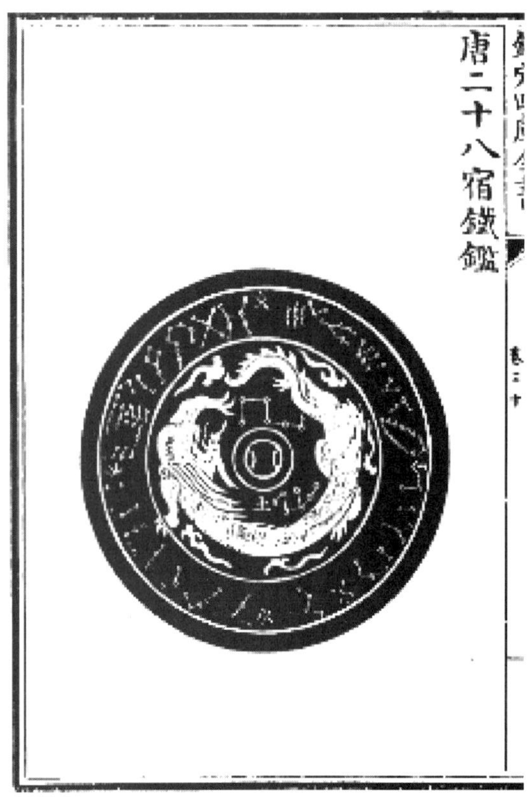

图 3　唐二十八宿铁鉴图
（王黼《重修宣和博古图》）

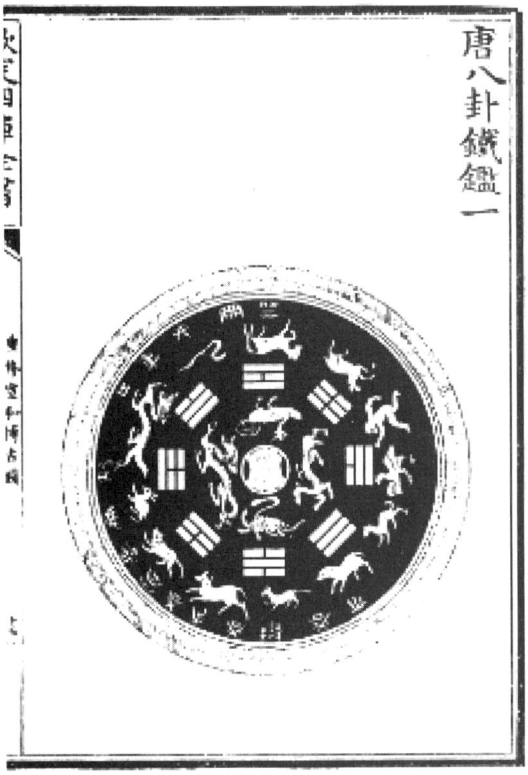

图 4 唐八卦铁鉴一图
（王黼《重修宣和博古图》）

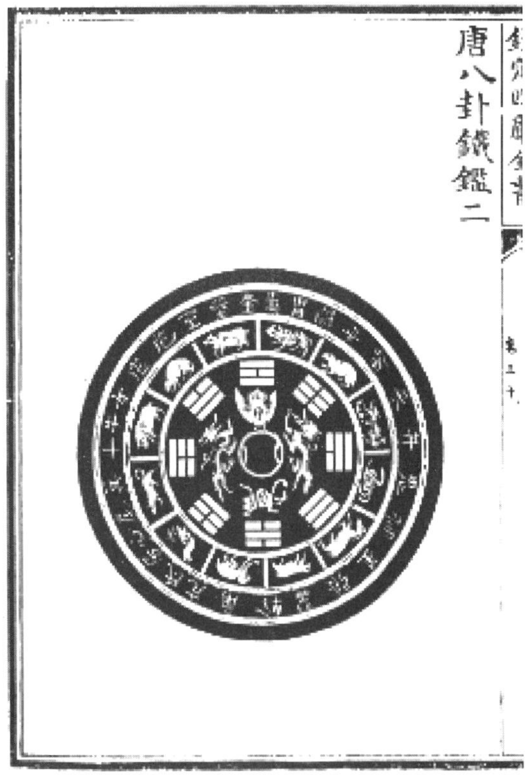

图 5 唐八卦铁鉴二图
（王黼《重修宣和博古图》）

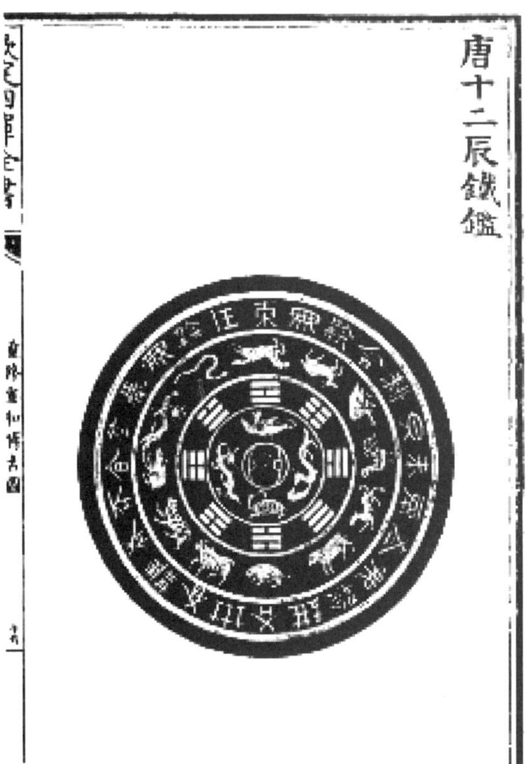

图 6 唐十二辰铁鉴图
（王黼《重修宣和博古图》）

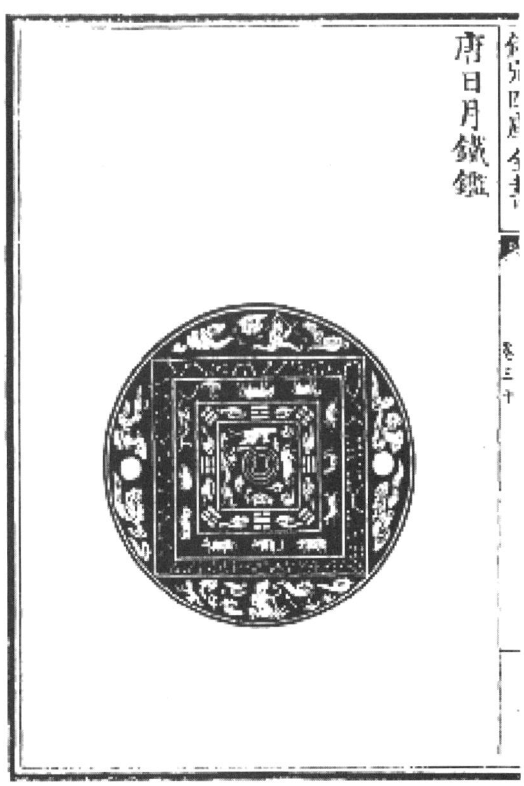

图 7 唐日月铁鉴图
（王黼《重修宣和博古图》）

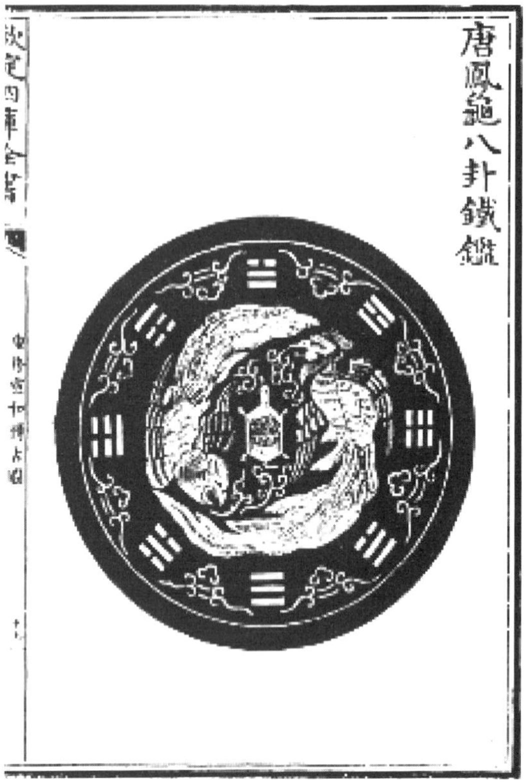

图 8 唐凤龟八卦铁鉴图
（王黼《重修宣和博古图》）

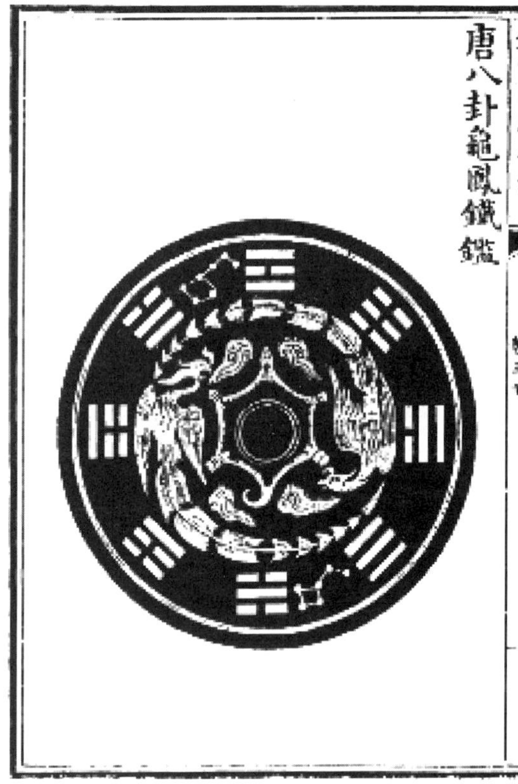

图 9 唐八卦龟凤铁鉴图
（王黼《重修宣和博古图》）

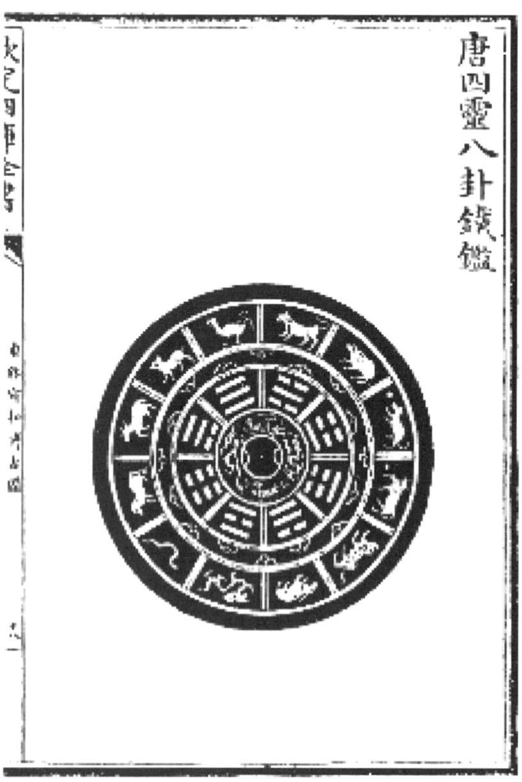

图 10 唐四灵八卦铁鉴图
（王黼《重修宣和博古图》）

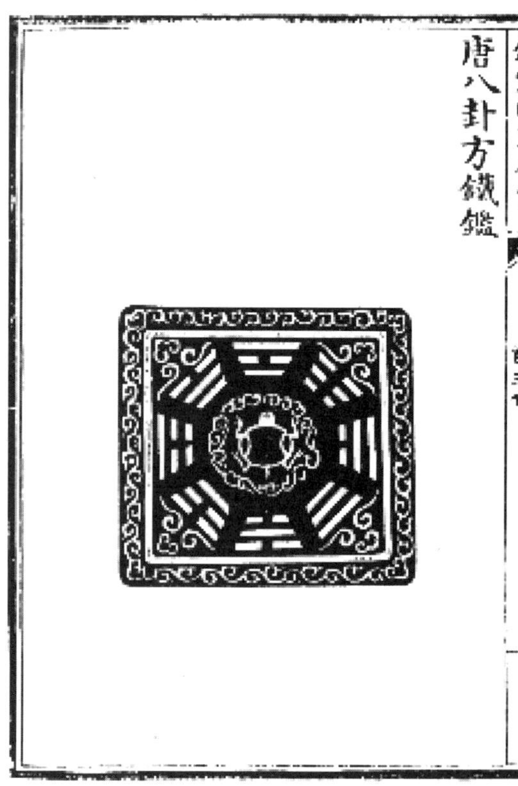

图 11 唐八卦方铁鉴图
（王黼《重修宣和博古图》）

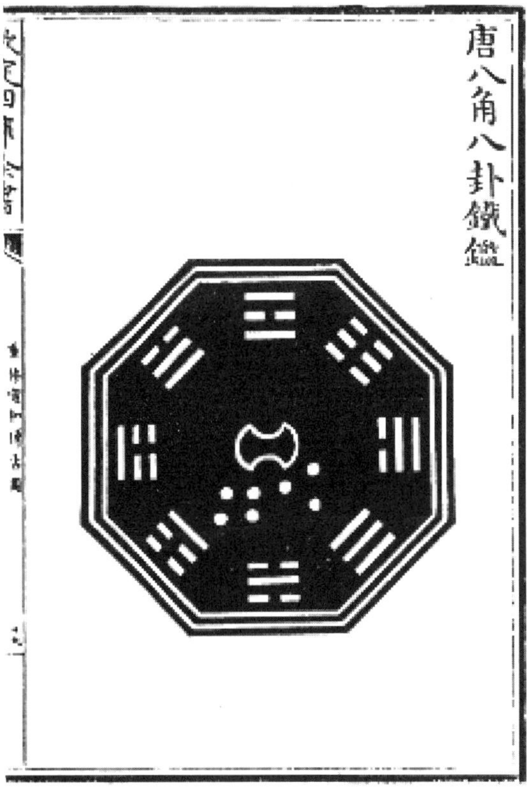
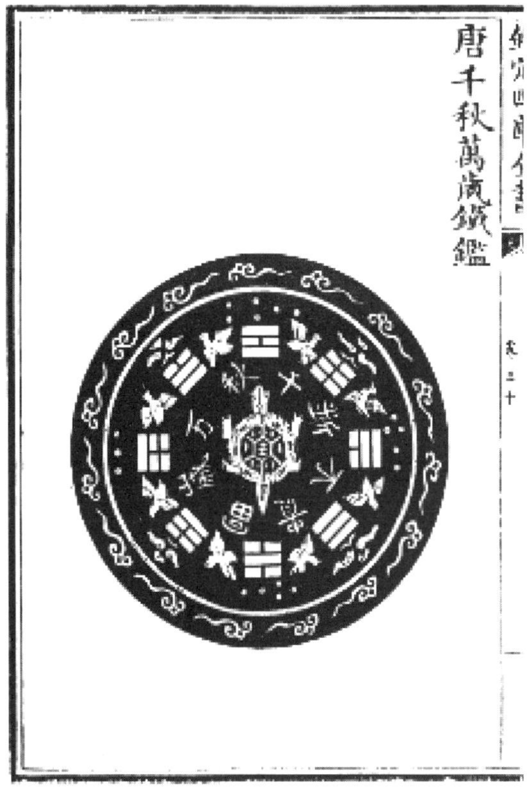

图 12 唐八角八卦铁鉴图
（王黼《重修宣和博古图》）

图 13 唐千秋万岁铁鉴图
（王黼《重修宣和博古图》）

王俅

生卒年不详,字子弁,南宋任城(今济宁)人。好学工文,精于古文字,著有《啸堂集古录》。现存有《周易》图像一幅。

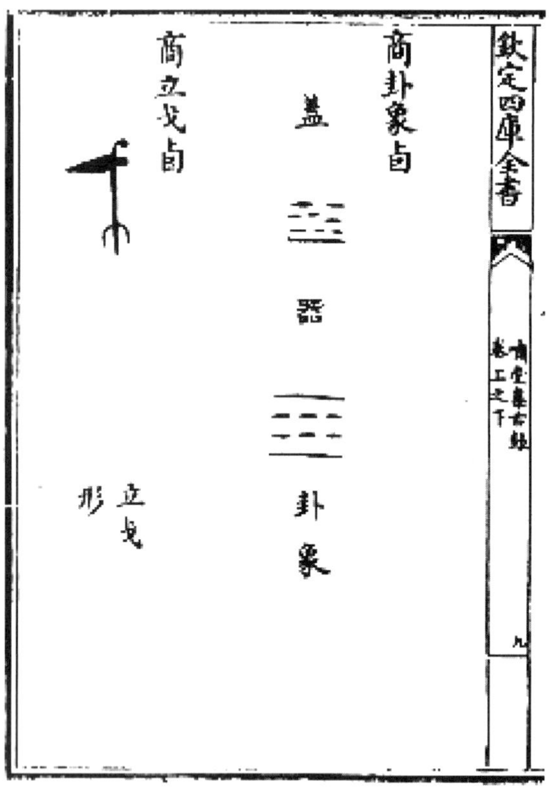

图1 商卦象卣图
(王俅《啸堂集古录》)

杨甲（约 1110—1184）

字鼎卿（一说嗣清），南宋昌州昌元（今重庆荣昌县）人（一说四川遂宁人）。徽宗大观年间游学于京师，颇有声望。乾道二年(1166)中进士，授左文林郎。淳熙九年(1182)除官国子学录，后为嘉陵教授，终以坐事罢官，寓居遂宁灵泉山中。杨甲竭一生之力，研究经学，将《诗》《书》《易》《周礼》《礼记》《春秋》中有关地理，绘制成图。著有《易数图》《六经图》等。现存有《周易》图像七十三幅。

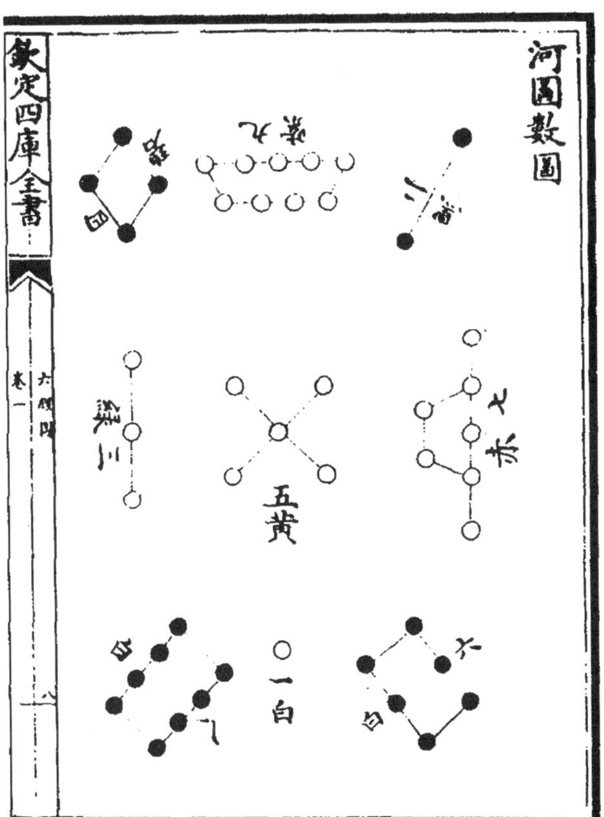

图1 河图数图
（杨甲《六经图》）

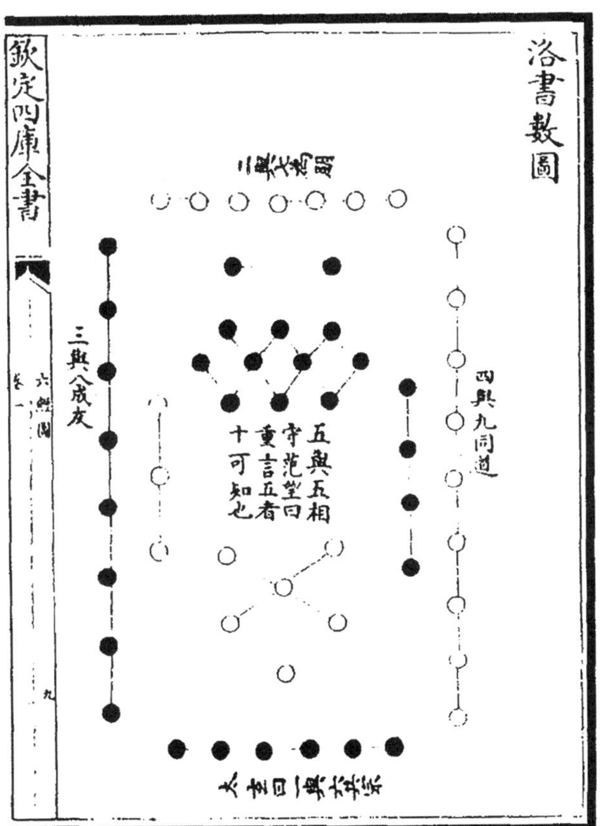

图2 洛书数图
（杨甲《六经图》）

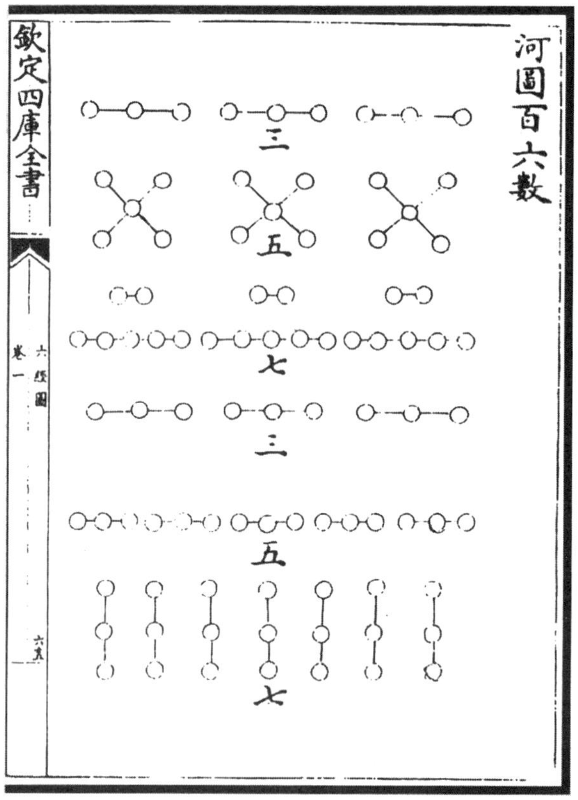

图 3　河图百六数图
（杨甲《六经图》）

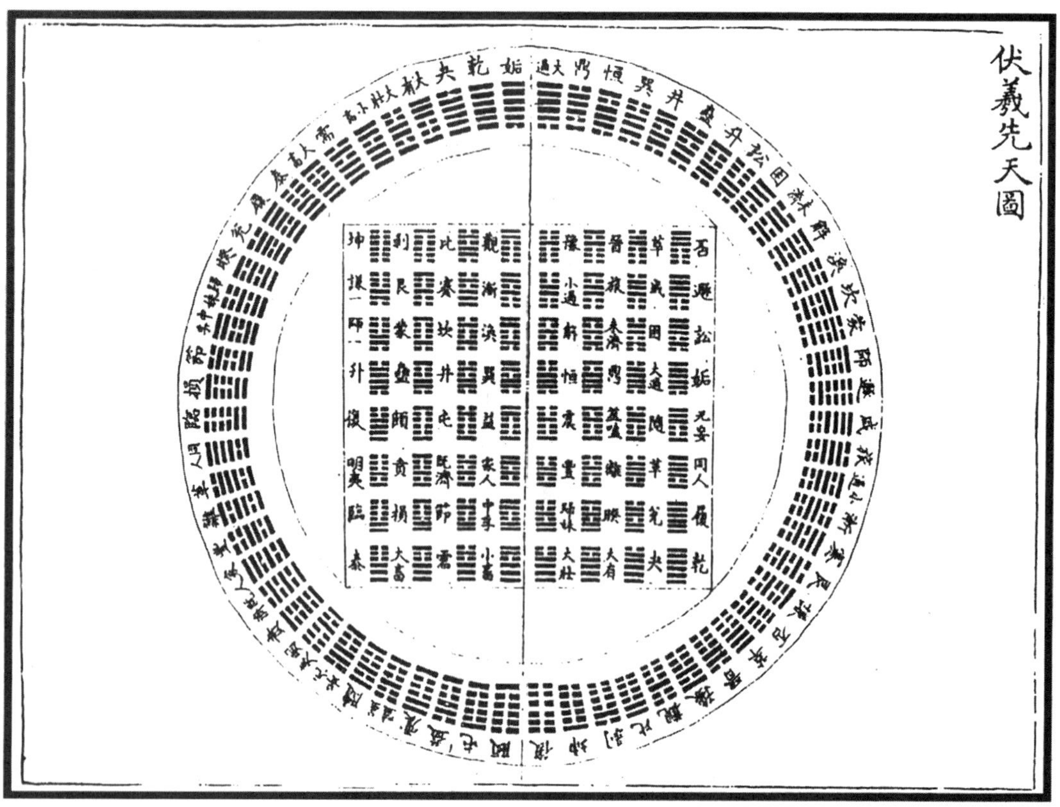

图 4　伏羲先天图
（杨甲《六经图》）

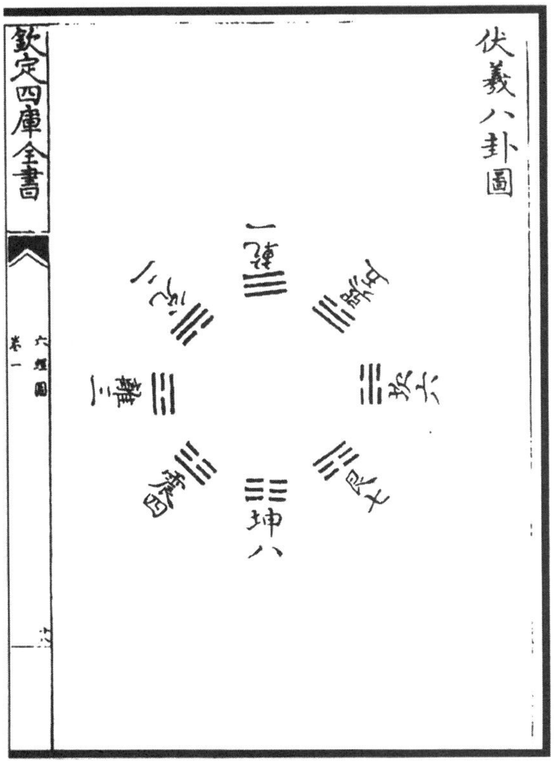

图 5　伏羲八卦图
（杨甲《六经图》）

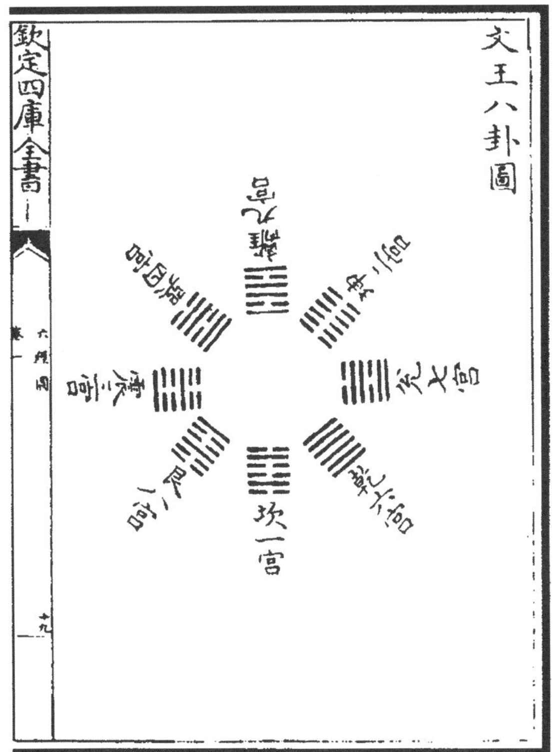

图 6　文王八卦图
（杨甲《六经图》）

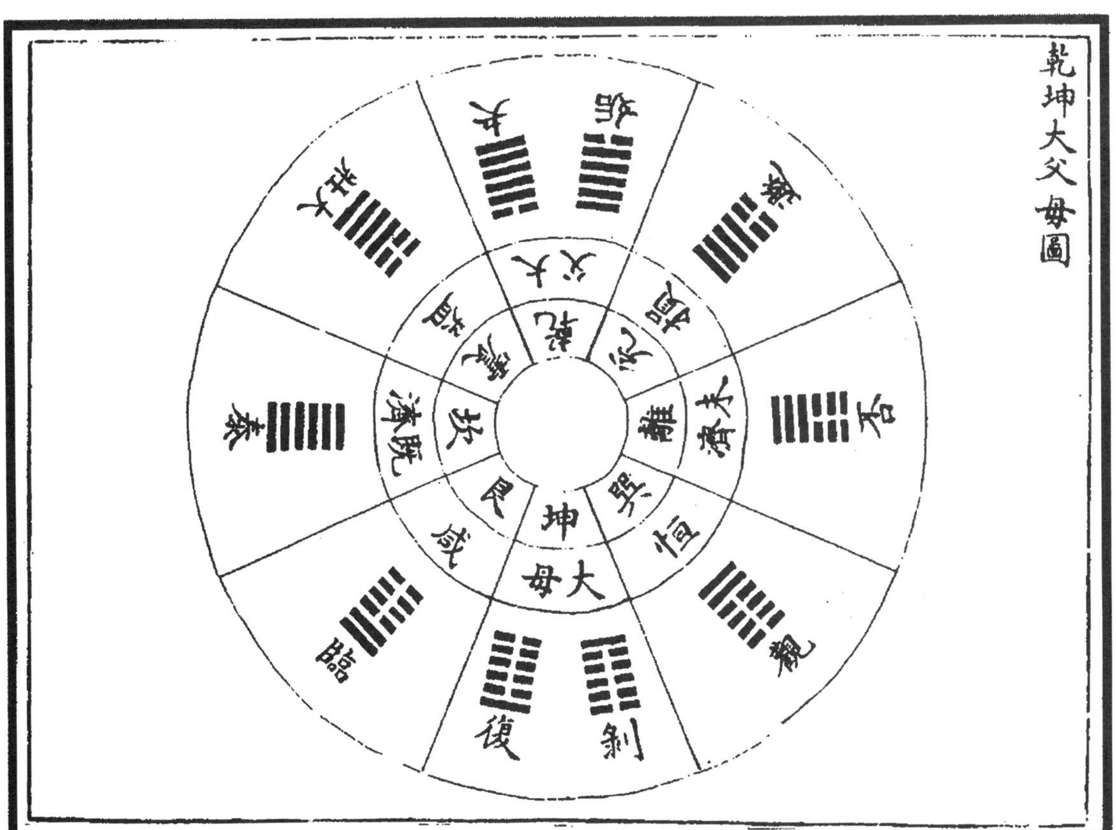

图 7　乾坤大父母图
（杨甲《六经图》）

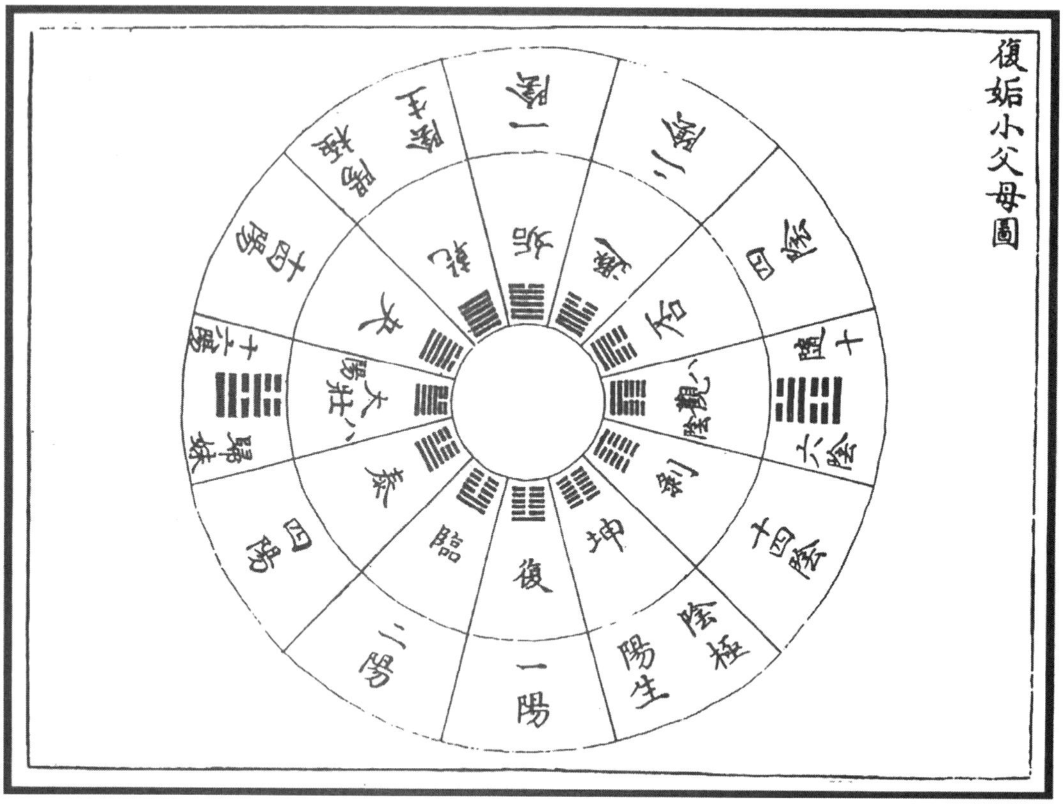

图8　复姤小父母图
（杨甲《六经图》）

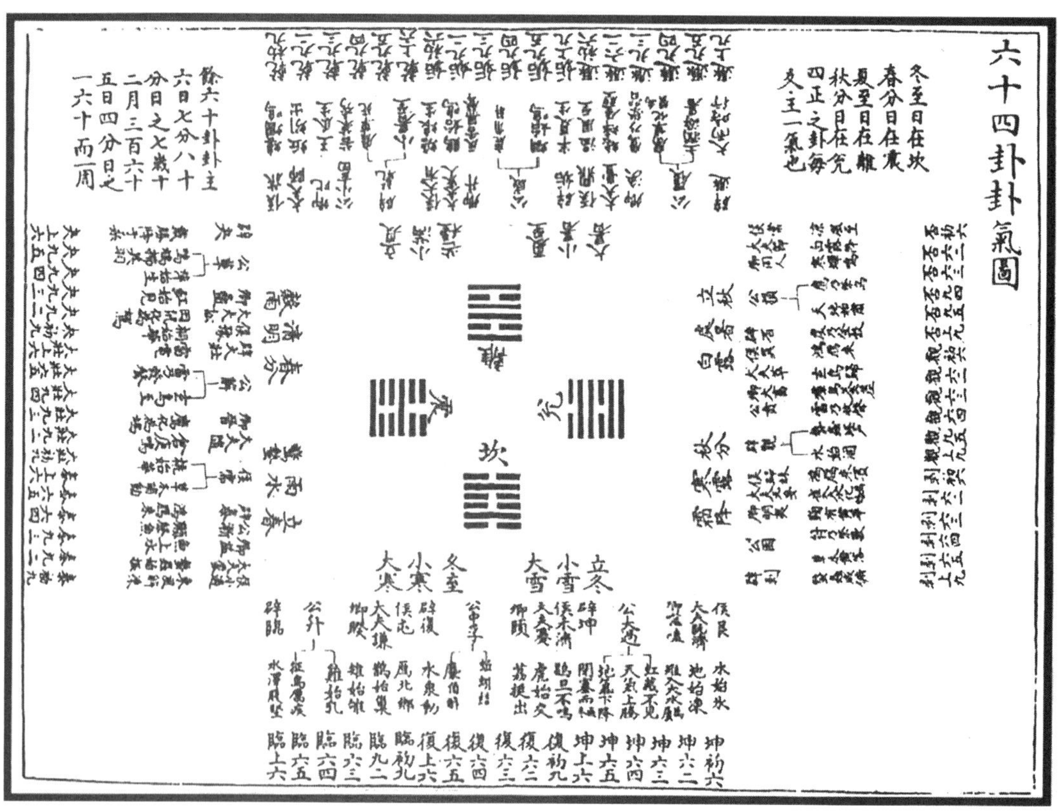

图9　六十四卦卦气图
（杨甲《六经图》）

皇極經世全數圖			
元之元	日之日	乾之乾	一
元之會	日之月	乾之兌	十二
元之運	日之星	乾之離	三百六十
元之世	日之辰	乾之震	四千三百二十
元之歲	日之石	乾之巽	一十二萬九千六百
元之月	日之土	乾之坎	一百五十五萬五千二百
元之日	日之火	乾之艮	四千六百六十五萬六千
欽定四庫全書		六經圖 卷一	七十四
元之星	日之水	乾之坤	五萬五千九百八十七萬二千
會之元	月之日	兌之乾	一十二
會之會	月之月	兌之兌	一百四十四
會之運	月之星	兌之離	四千三百二十
會之世	月之辰	兌之震	五萬一千八百四十
會之歲	月之石	兌之巽	一百五十五萬五千二百
會之月	月之土	兌之坎	一千八百六十六萬二千四百
會之日	月之火	兌之艮	五萬五千九百八十七萬二千

图 10-1　皇极经世全数图

（杨甲《六经图》）

會之辰	月之水	兌之坤	六十七萬一千八百四十六萬四千
運之元	星之日	離之乾	三百六十
運之會	星之月	離之兌	四千三百二十
運之運	星之星	離之離	一十二萬九千六百
運之世	星之辰	離之震	一百五十五萬五千二百
運之歲	星之石	離之巽	四千六百六十五萬六千
運之月	星之土	離之坎	五萬五千九百八十七萬二千
運之日	星之火	離之艮	一百六十七萬九千六百一十六萬
欽定四庫全書		六經圖 卷一	七十五
運之辰	星之水	離之坤	二千一十五萬五千三百九十二萬
世之元	辰之日	震之乾	四千三百二十
世之會	辰之月	震之兌	五萬一千八百四十
世之運	辰之星	震之離	一百五十五萬五千二百
世之世	辰之辰	震之震	一千八百六十六萬二千四百
世之歲	辰之石	震之巽	五萬九千九百八十七萬二千
世之月	辰之土	震之坎	六十七萬一千八百四十六萬四千
世之日	辰之火	震之艮	二千一十五萬五千三百九十二萬

图 10-2　皇极经世全数图

（杨甲《六经图》）

世之辰	辰之水	震之坤	二萬四千一百八十六萬四千七百四萬
歲之元	石之日	巽之乾	一十二萬九千六百
歲之會	石之月	巽之兑	一百五十五萬五千二百
歲之運	石之星	巽之離	四千六百六十五萬六千
歲之世	石之辰	巽之震	五萬五千九百八十七萬二千
歲之歲	石之石	巽之巽	一百六十七萬九千六百一十六萬
歲之月	石之土	巽之坎	二千一十五萬五千三百九十二萬
歲之日	石之火	巽之艮	六萬四百六十六萬一千七百六十萬

欽定四庫全書　六經圖　卷一　七十六

歲之辰	石之水	巽之坤	七十二萬五千五百九十四萬一千一百二十萬
月之元	土之日	坎之乾	一百五十五萬五千二百
月之會	土之月	坎之兑	一千八百六十六萬二千四百
月之運	土之星	坎之離	五萬五千九百八十八萬七千二百
月之世	土之辰	坎之震	六十七萬一千八百四十六萬四千
月之歲	土之石	坎之巽	二千一十五萬五千三百九十二萬
月之月	土之土	坎之坎	二萬四千一百八十六萬四千七百四萬
月之日	土之火	坎之艮	七十二萬五千五百九十四萬一千一百二十萬

图 10－3　皇极经世全数图

（杨甲《六经图》）

月之辰	土之水	坎之坤	八百七十萬七千一百二十九萬三七四百四十萬
日之元	火之日	艮之乾	四千六百六十五萬六千
日之會	火之月	艮之兑	五萬五千九百八十七萬二千
日之運	火之星	艮之離	一百六十七萬九千六百一十六萬
日之世	火之辰	艮之震	二千一十五萬五千三百九十二萬
日之歲	火之石	艮之巽	六萬四百六十六萬一千七百六十萬
日之月	火之土	艮之坎	七十二萬五千五百九十四萬一千一百二十萬
日之日	火之火	艮之艮	二百一十七萬六千七百八十二萬三千五百

欽定四庫全書　六經圖　卷一　七十七

日之辰	火之水	艮之坤	二千六百一十一萬一千三百八十八萬二千
辰之元	水之日	坤之乾	五萬五千九百八十七萬二千
辰之會	水之月	坤之兑	六十七萬一千八百四十六萬四千
辰之運	水之星	坤之離	二千一十五萬五千三百九十二萬
辰之世	水之辰	坤之震	二萬四千一百八十六萬四千七百四萬
辰之歲	水之石	坤之巽	七十二萬五千五百九十四萬一千一百二十萬
辰之月	水之土	坤之坎	八百七十萬七千一百二十九萬三千四百四十萬
辰之日	水之火	坤之艮	二千六百一十一萬一千三百八十八萬二千

图 10－4　皇极经世全数图

（杨甲《六经图》）

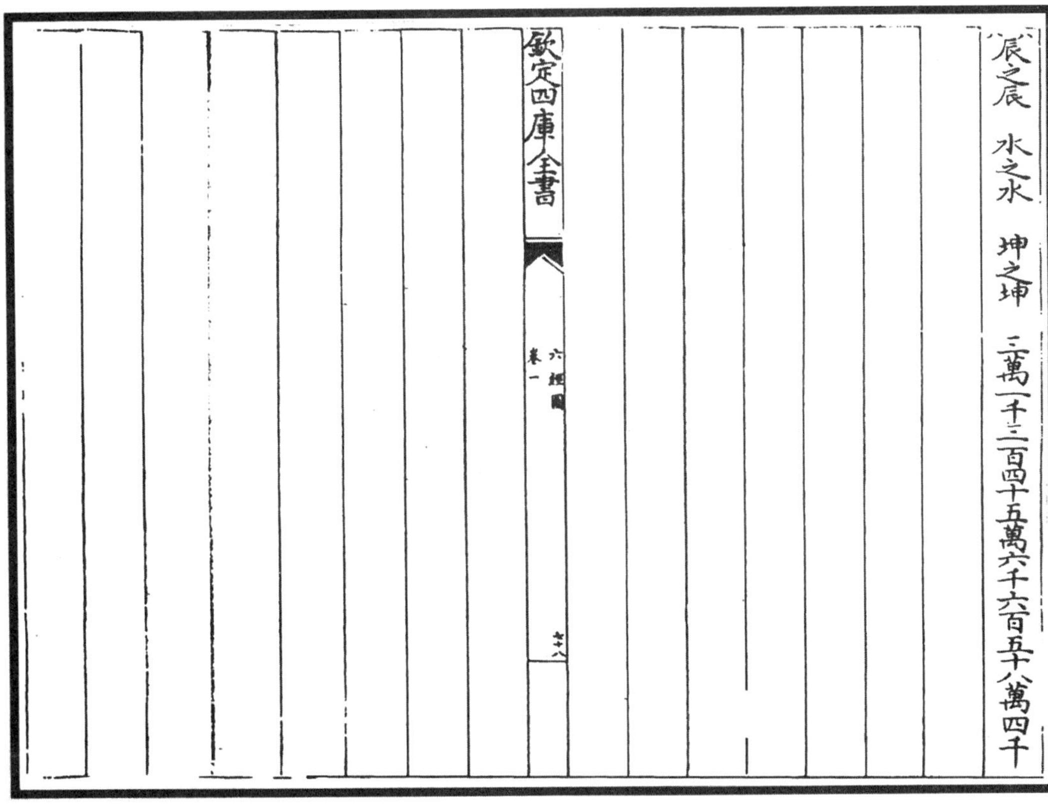

图 10-5 皇极经世全数图
（杨甲《六经图》）

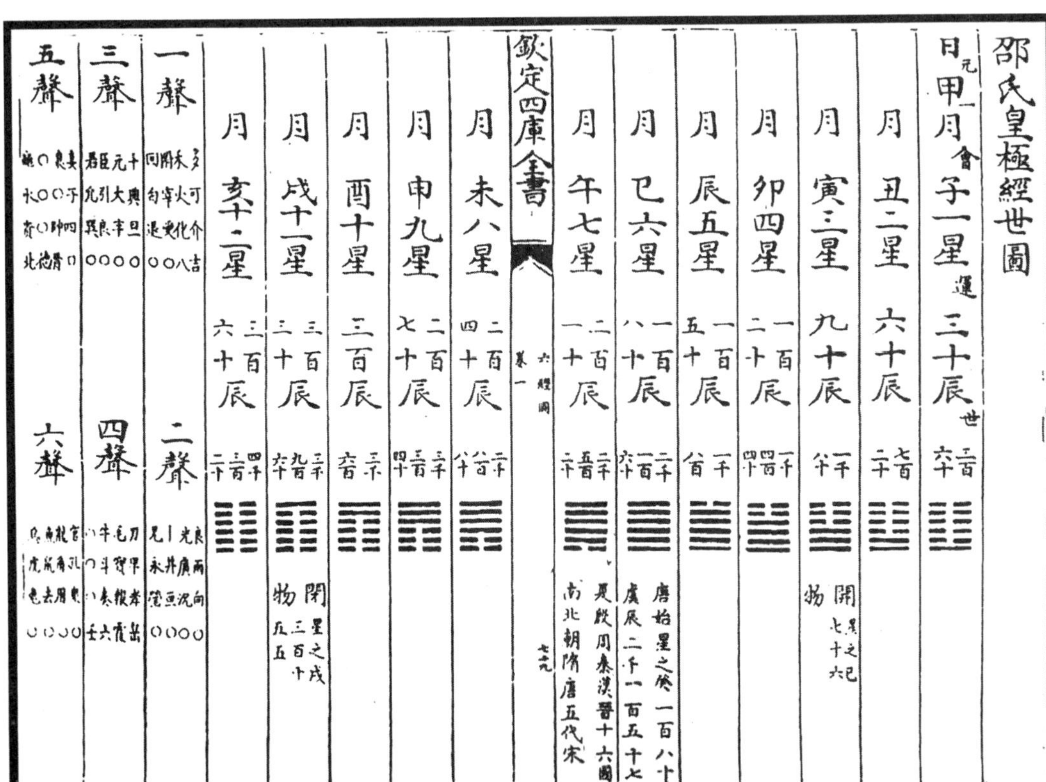

图 11 邵氏皇极经世图
（杨甲《六经图》）

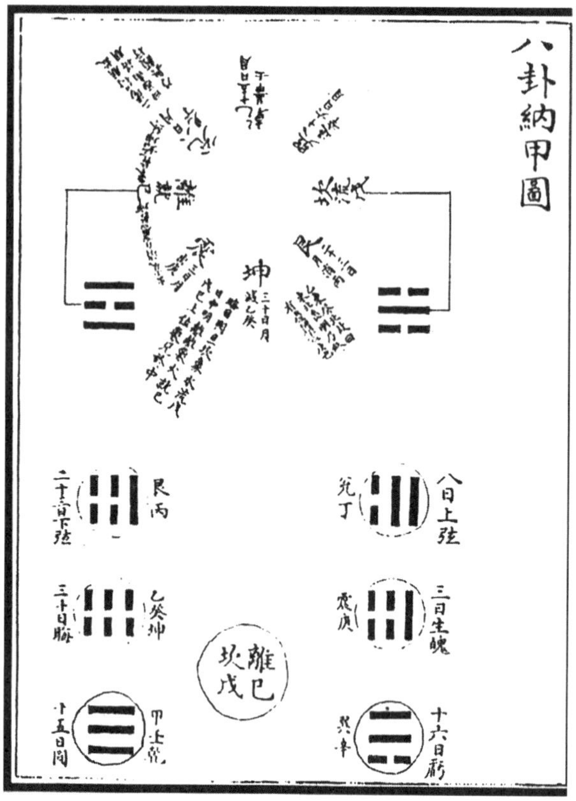

图 12　八卦纳甲图
（杨甲《六经图》）

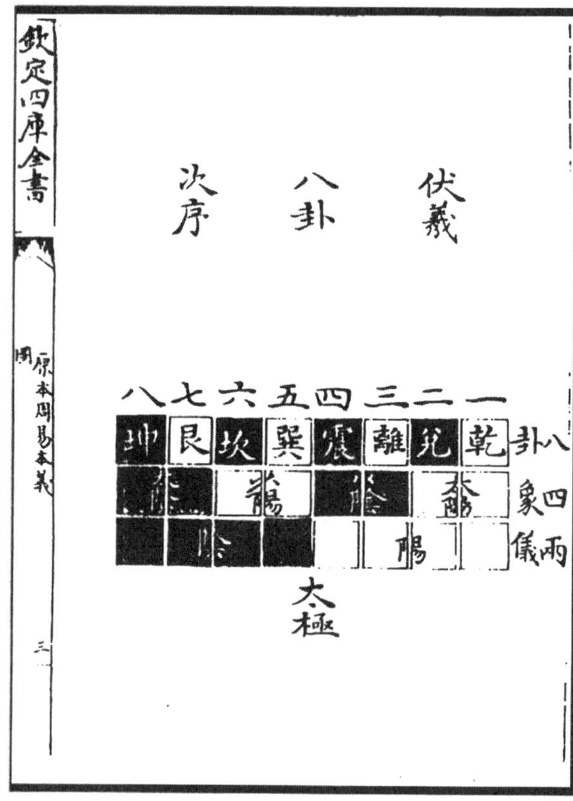

图 13　伏羲八卦次序图
（杨甲《六经图》）

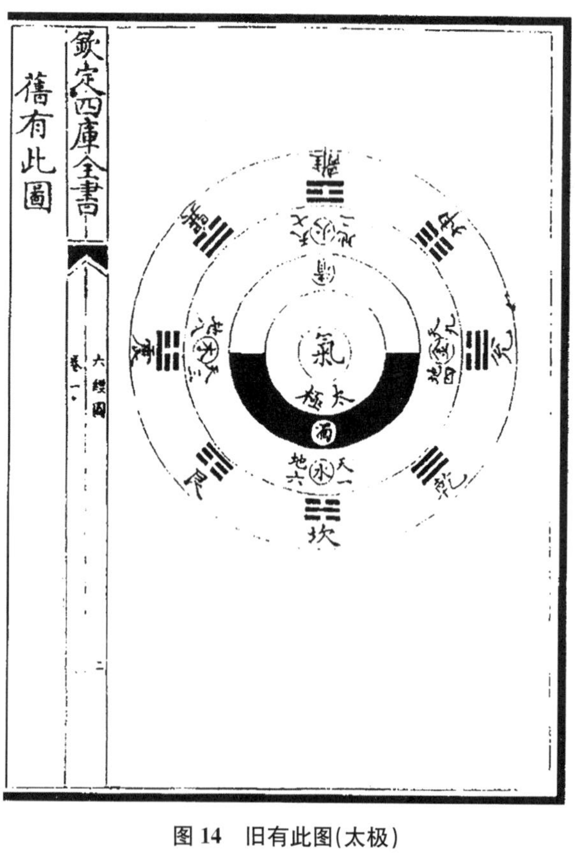

图 14　旧有此图（太极）
（杨甲《六经图》）

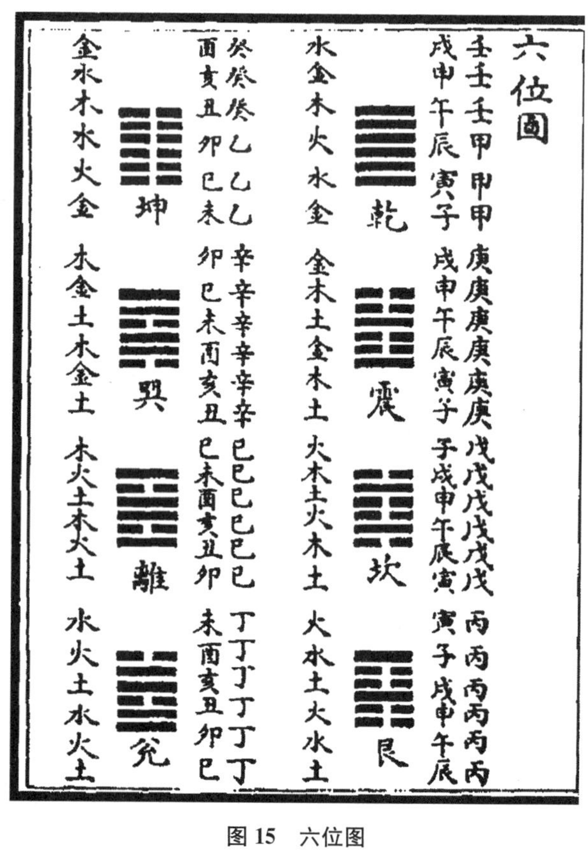

图 15　六位图
（杨甲《六经图》）

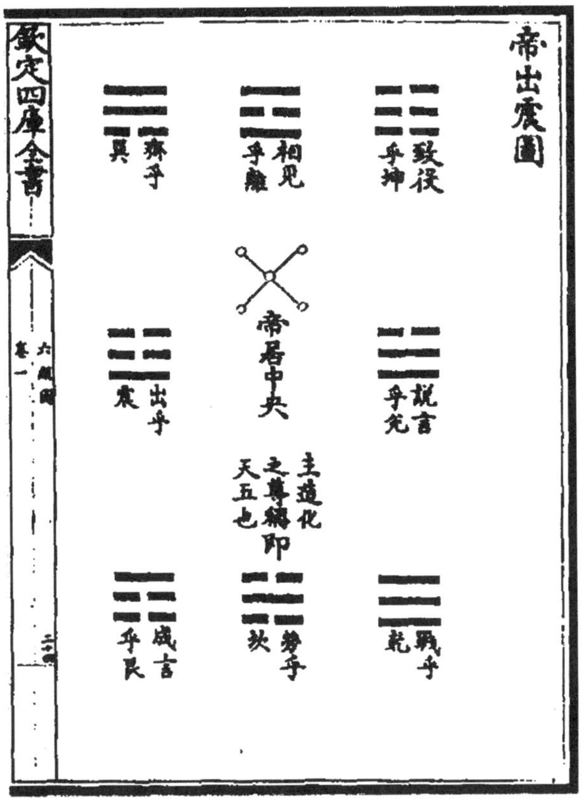

图 16 帝出震图
（杨甲《六经图》）

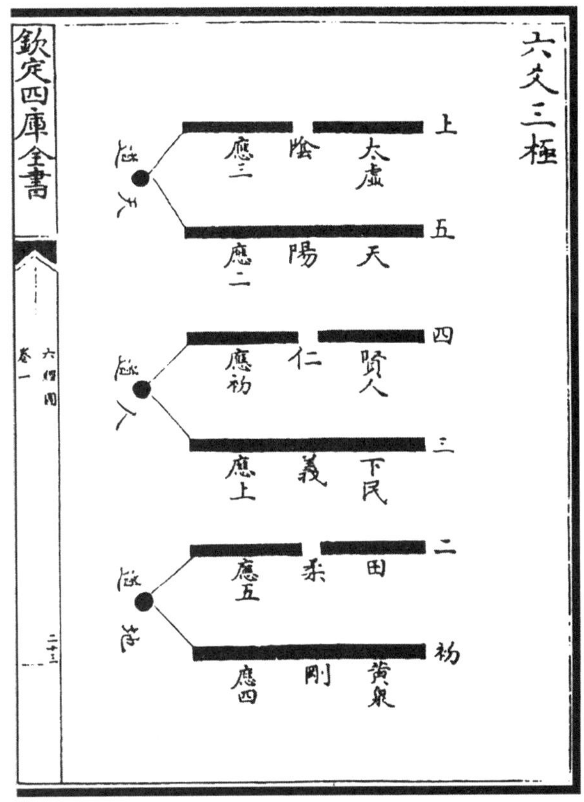

图 17 六爻三极图
（杨甲《六经图》）

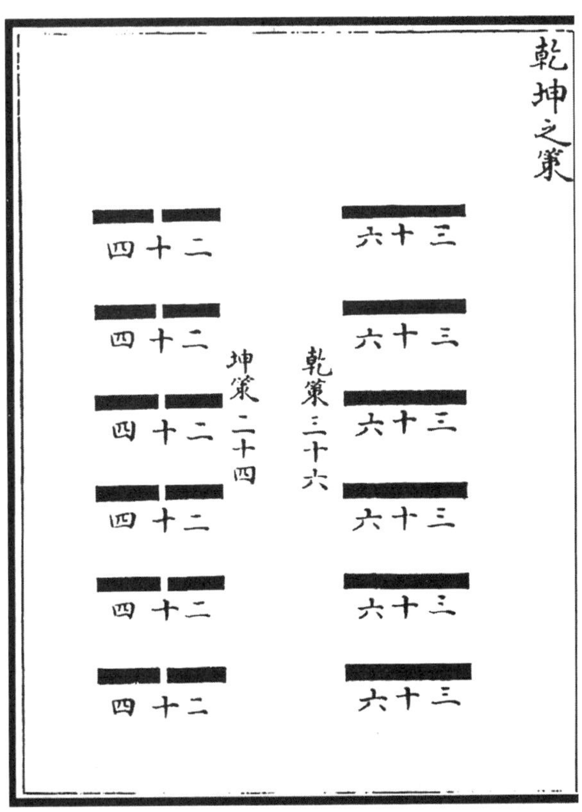

图 18 乾坤之策图
（杨甲《六经图》）

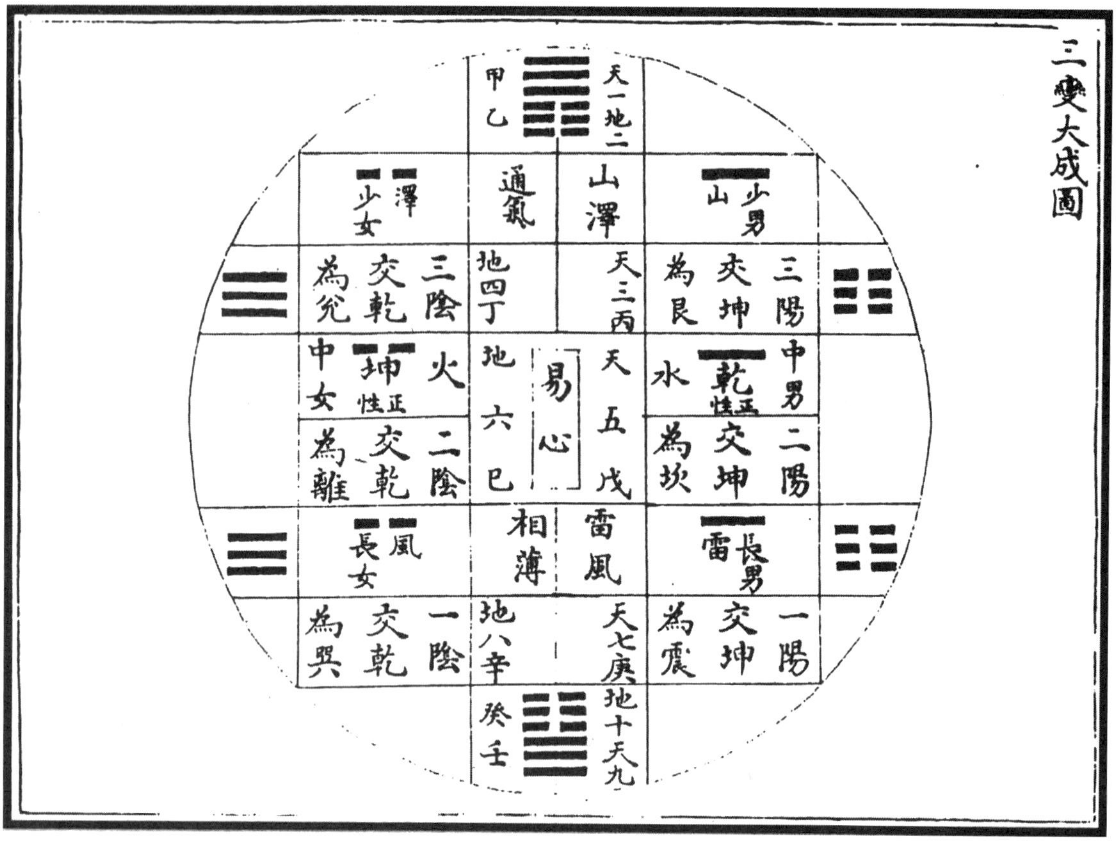

图 19 三变大成图
（杨甲《六经图》）

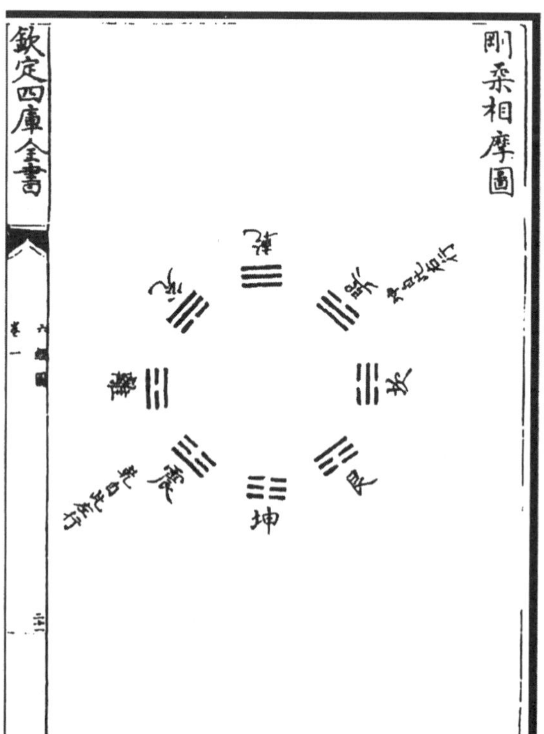

图 20 刚柔相摩图
（杨甲《六经图》）

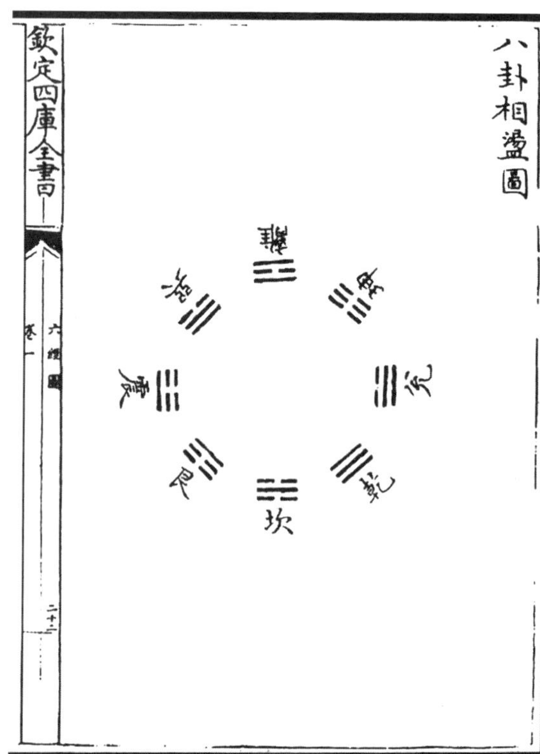

图 21 八卦相荡图
（杨甲《六经图》）

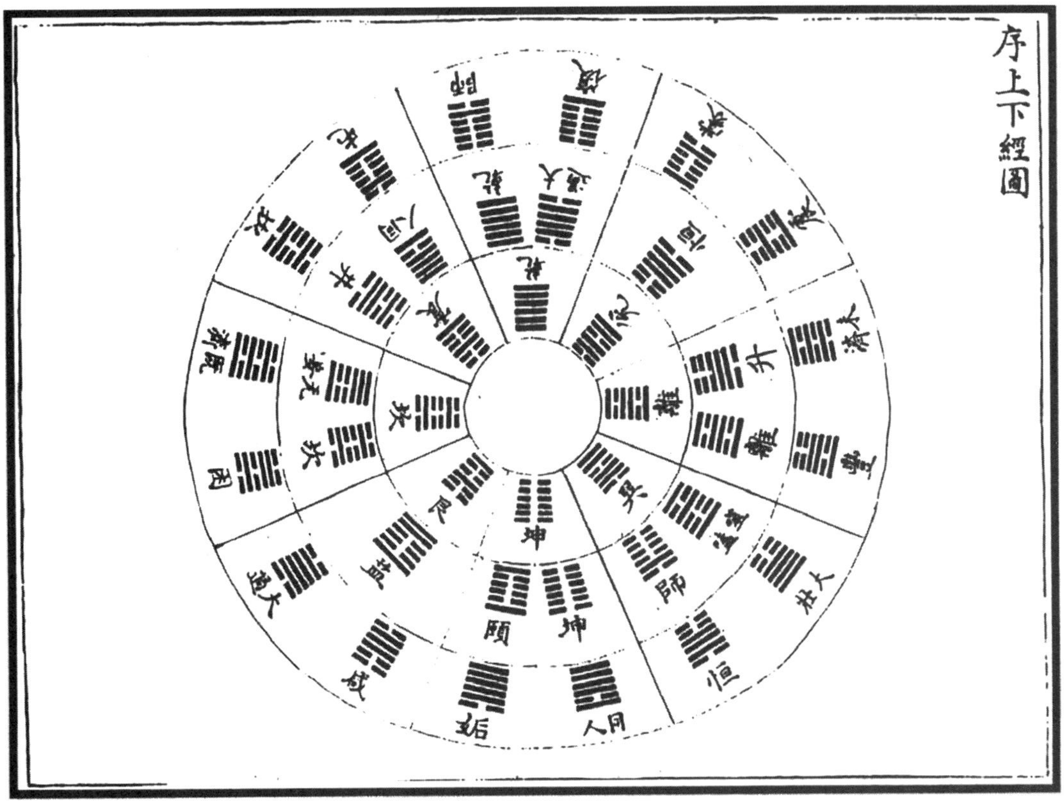

图 22　序上下经图
（杨甲《六经图》）

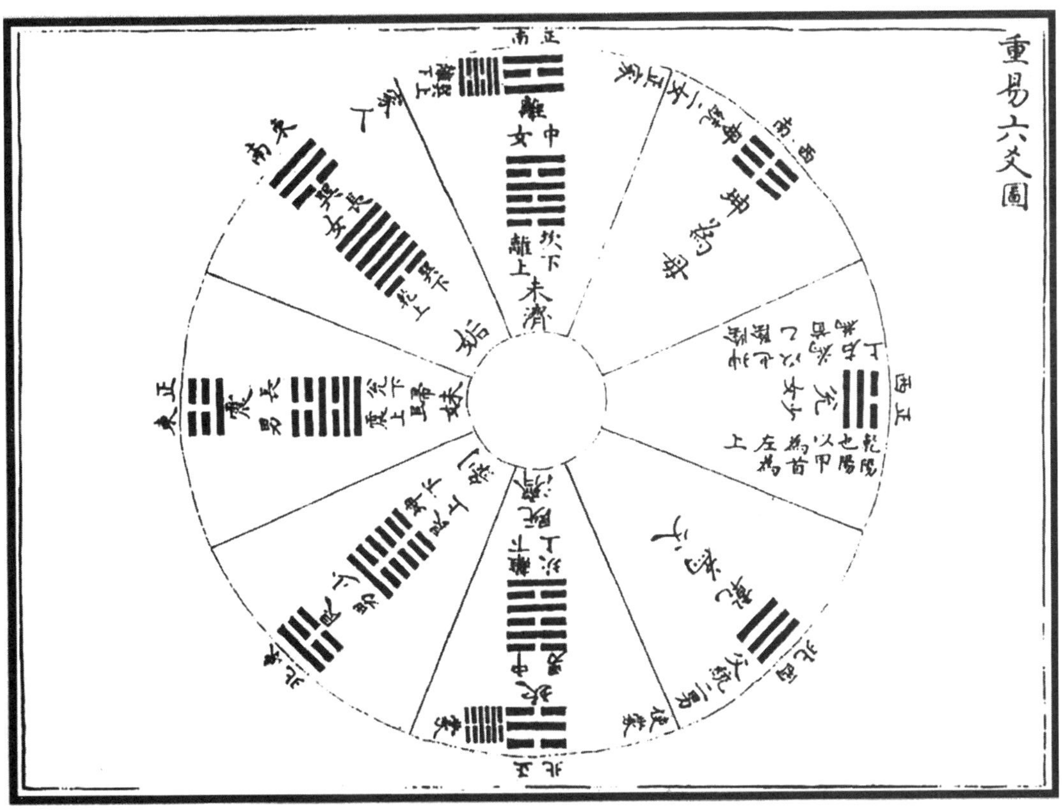

图 23　重易六爻图
（杨甲《六经图》）

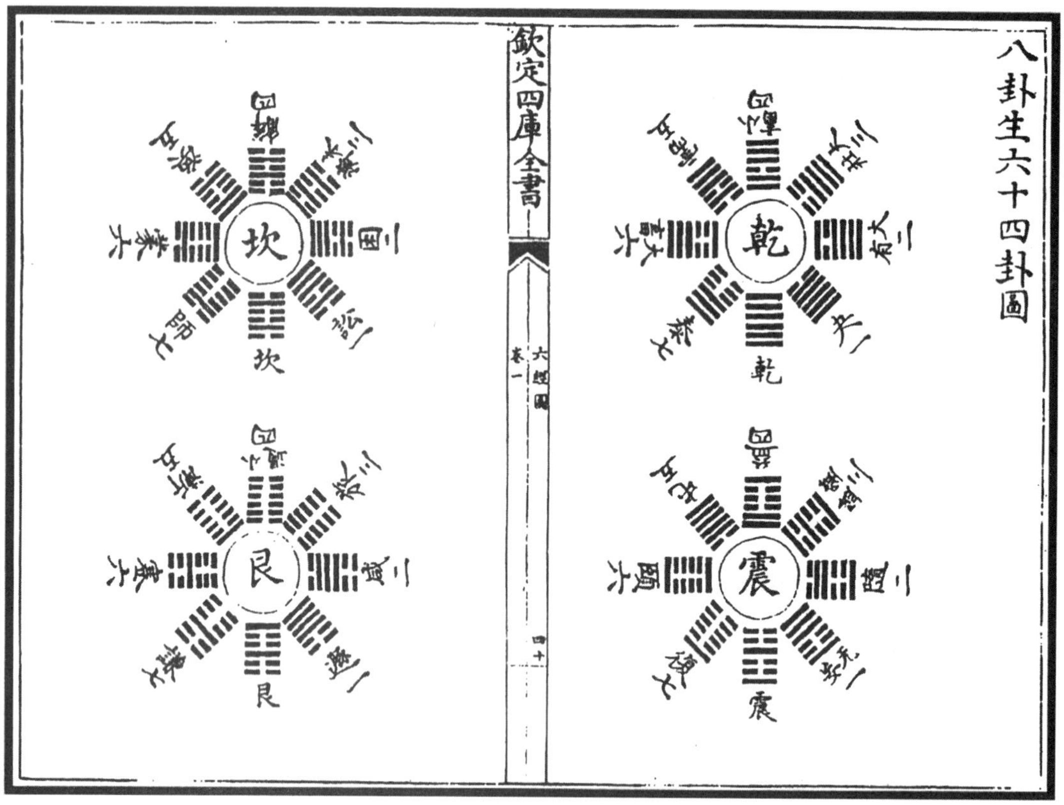

图 24-1　八卦生六十四卦图
（杨甲《六经图》）

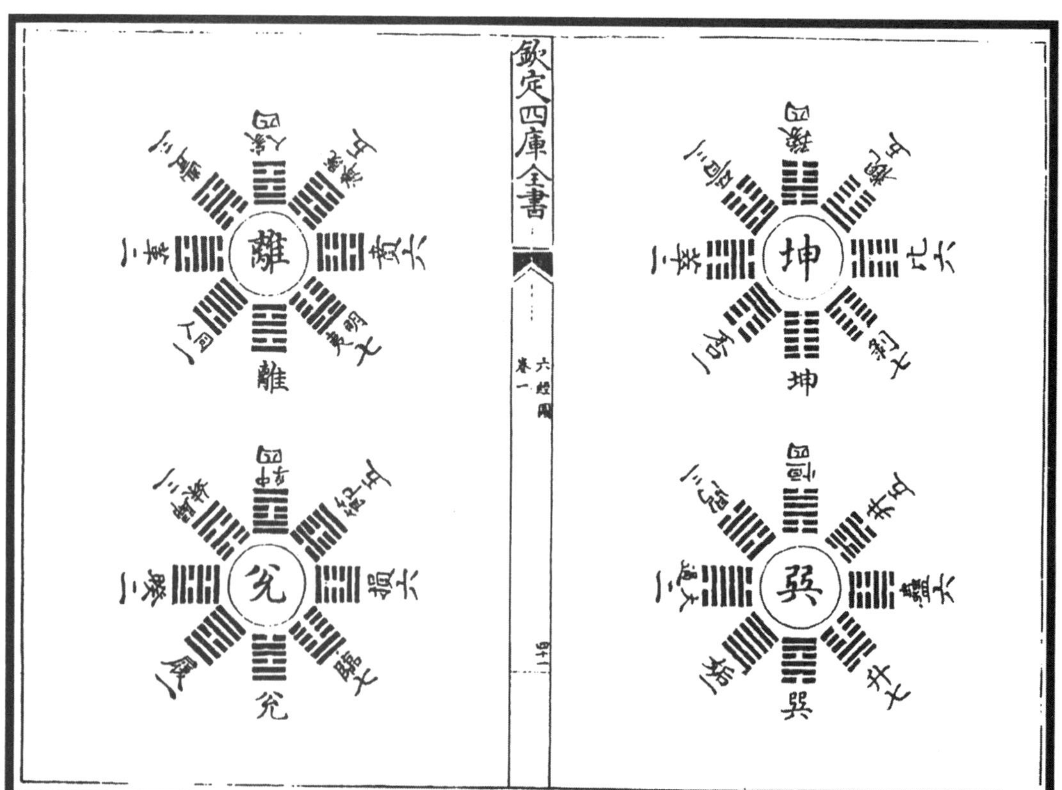

图 24-2　八卦生六十四卦图
（杨甲《六经图》）

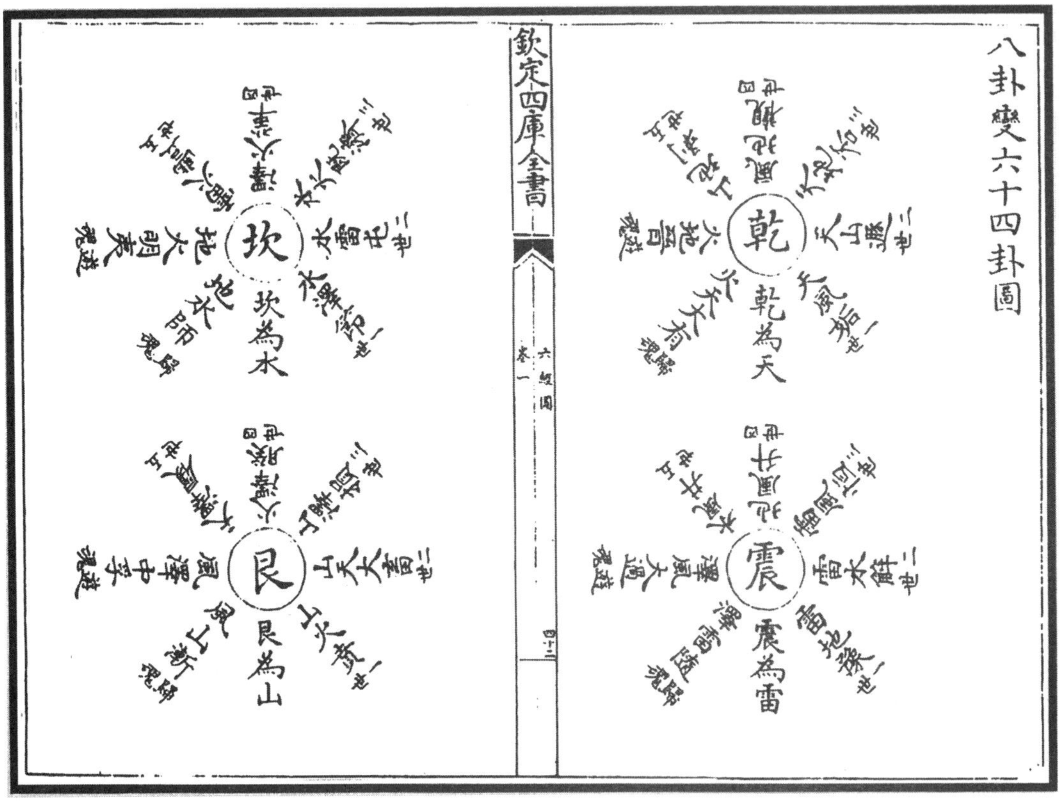

图 25-1 八卦变六十四卦图
（杨甲《六经图》）

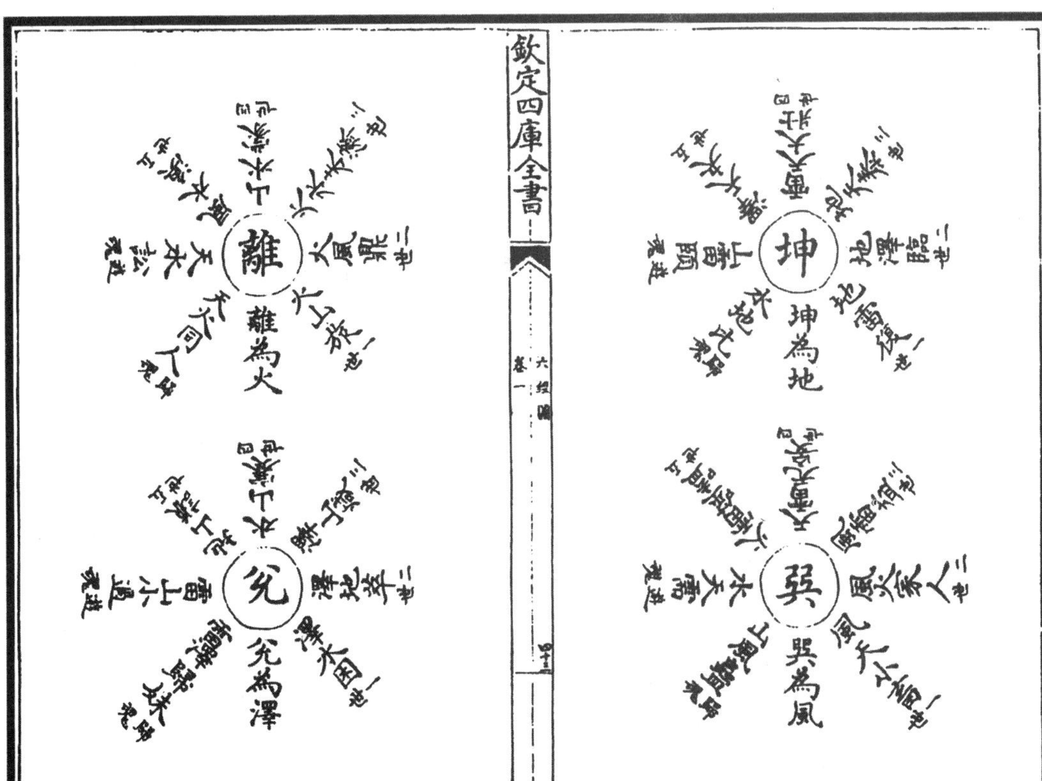

图 25-2 八卦变六十四卦图
（杨甲《六经图》）

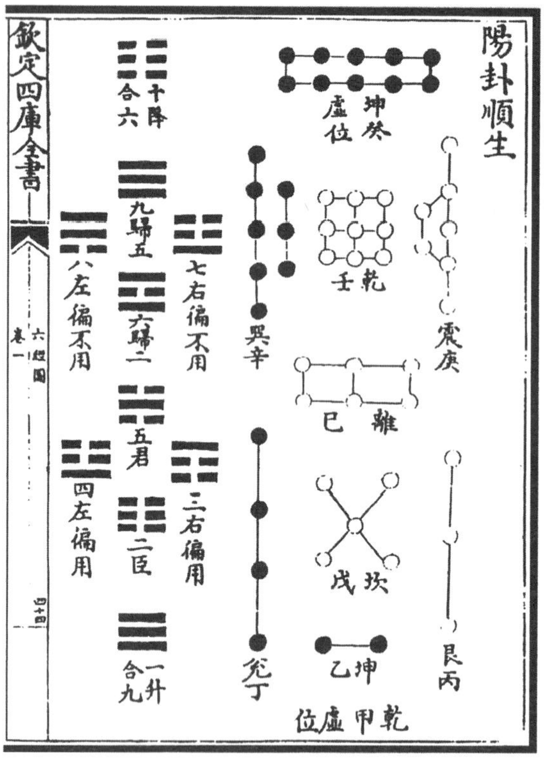

图 26 阳卦顺生图
（杨甲《六经图》）

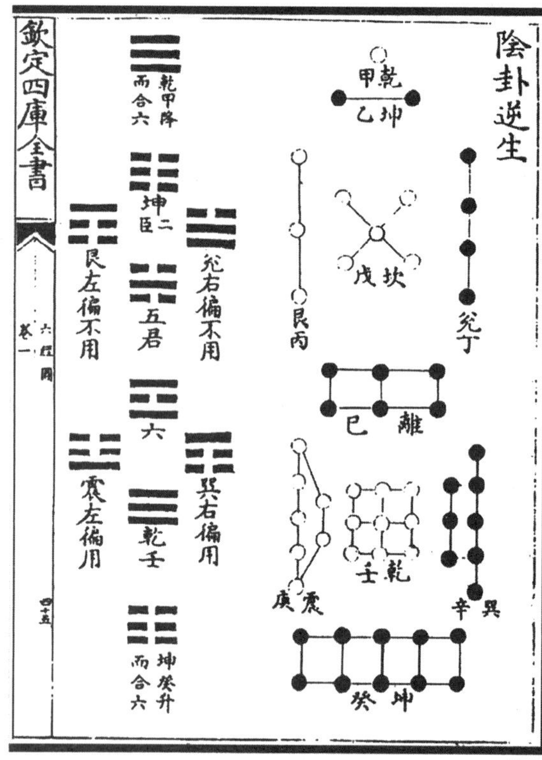

图 27 阴卦逆生图
（杨甲《六经图》）

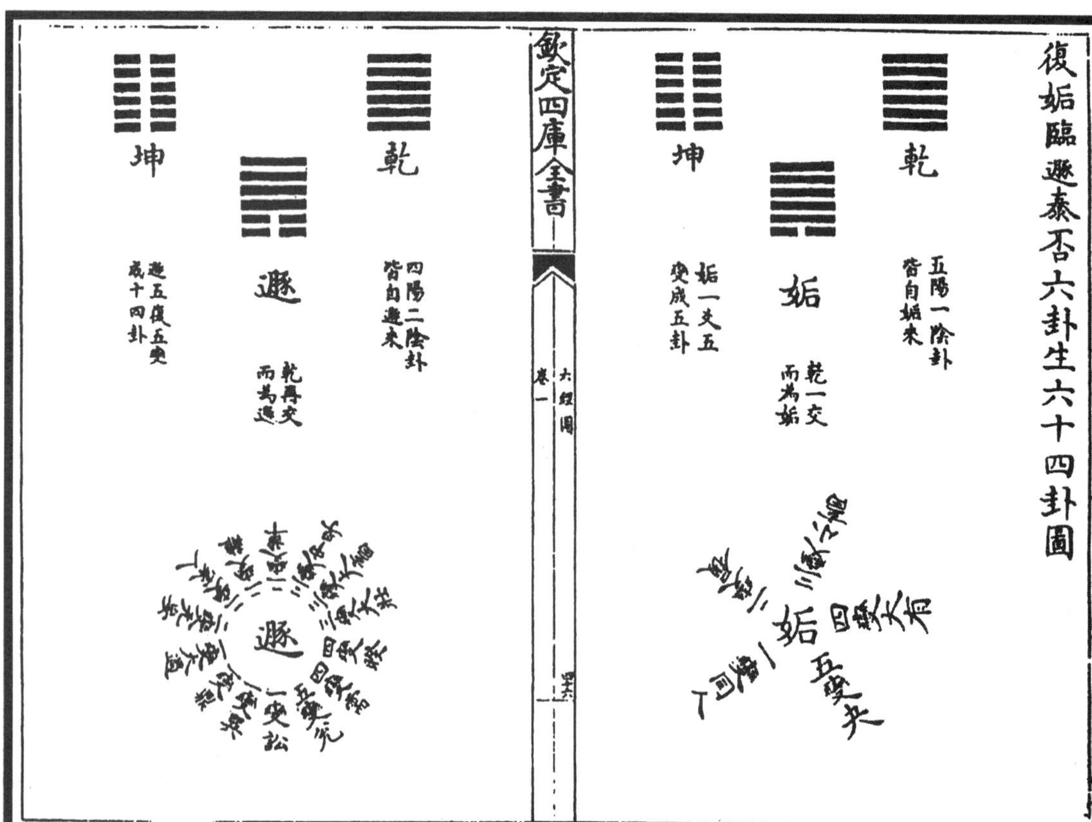

图 28-1 复姤临遯泰否六卦生六十四卦图
（杨甲《六经图》）

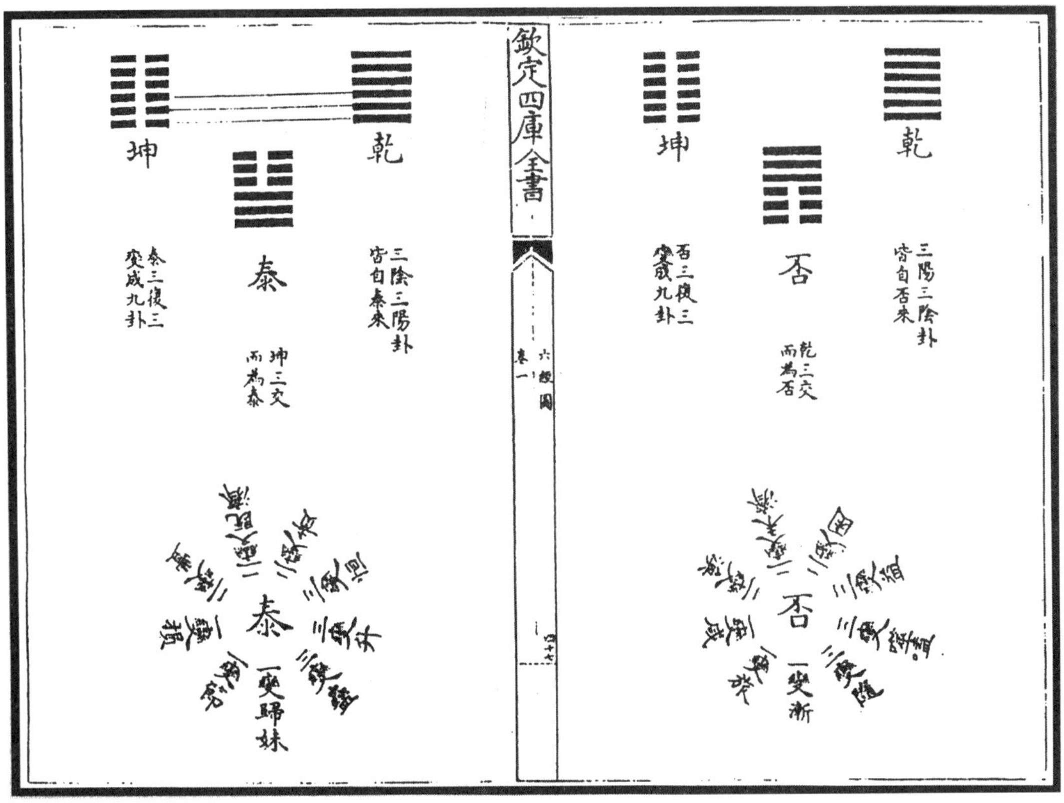

图 28-2 复姤临遁泰否六卦生六十四卦图
（杨甲《六经图》）

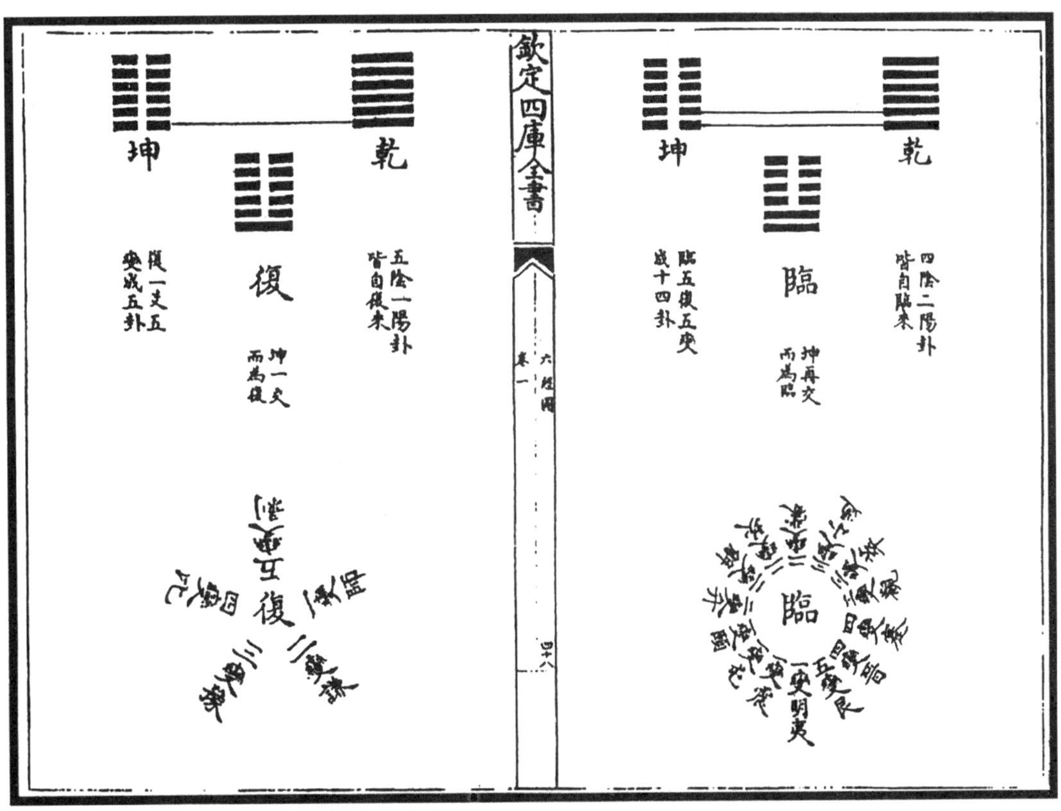

图 28-3 复姤临遁泰否六卦生六十四卦图
（杨甲《六经图》）

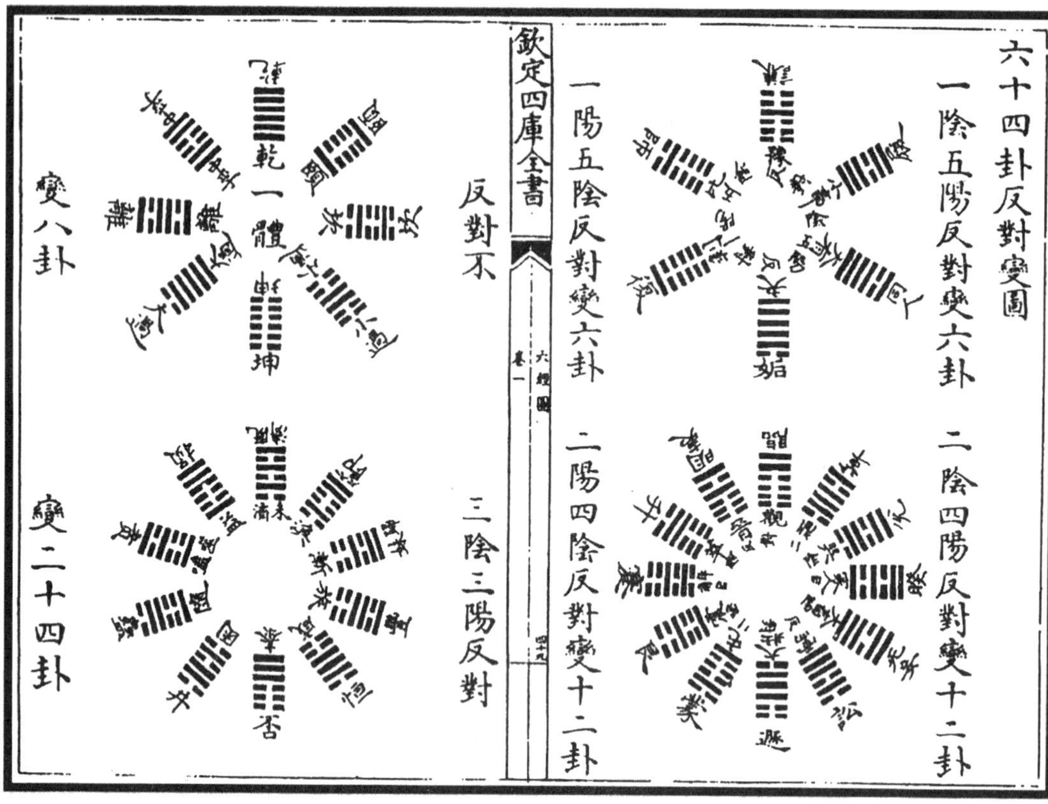

图 29 六十四卦反对变图
（杨甲《六经图》）

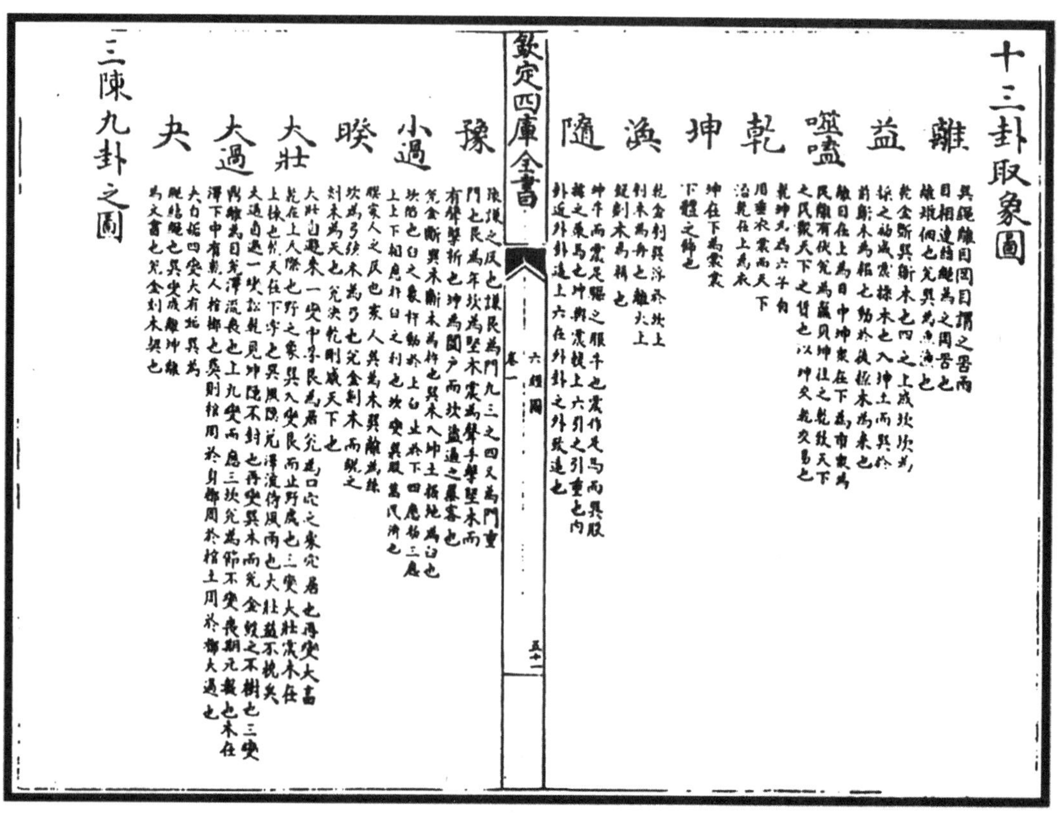

图 30 十三卦取象图
（杨甲《六经图》）

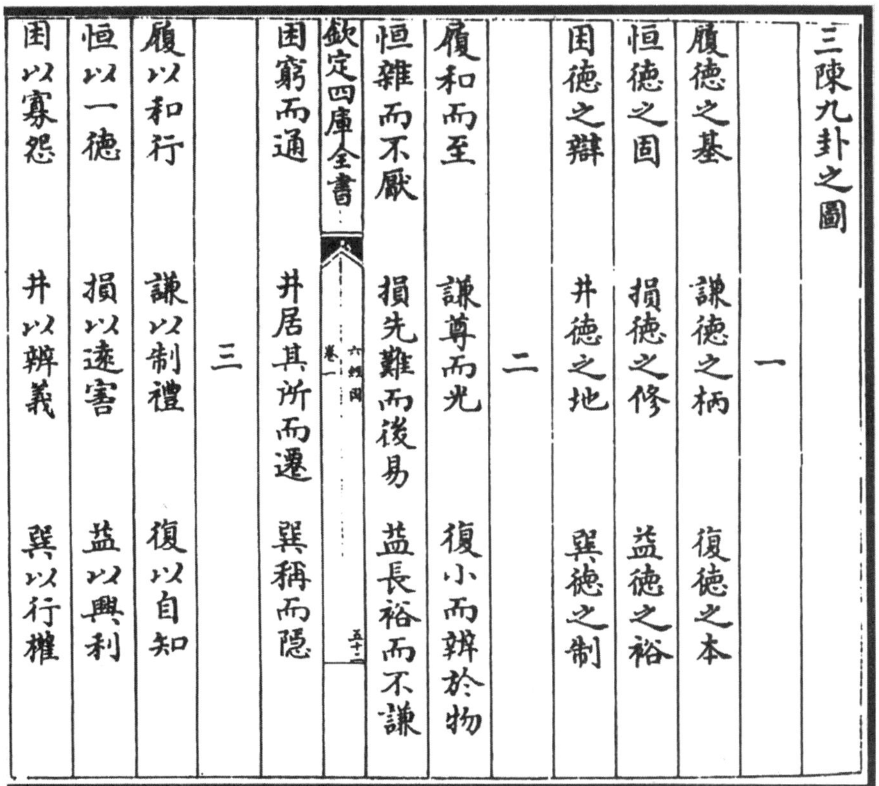

图31 三陈九卦之图
（杨甲《六经图》）

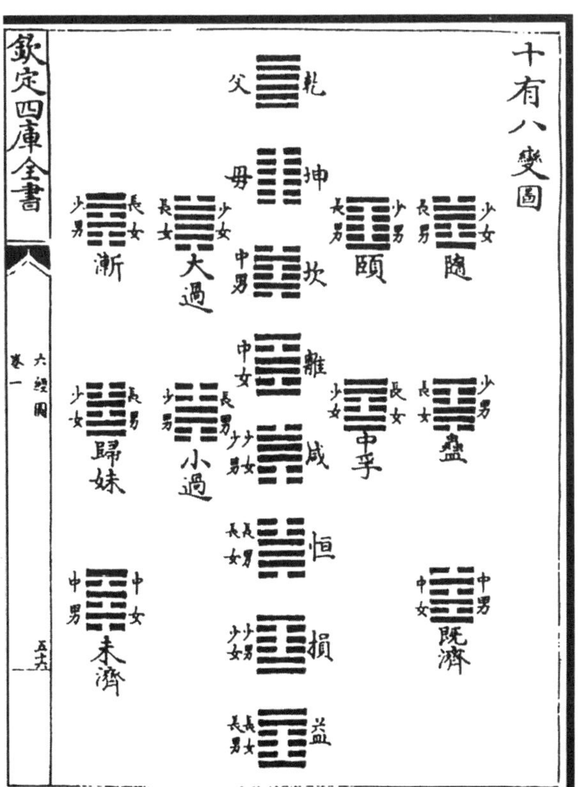

图32 十有八变图
（杨甲《六经图》）

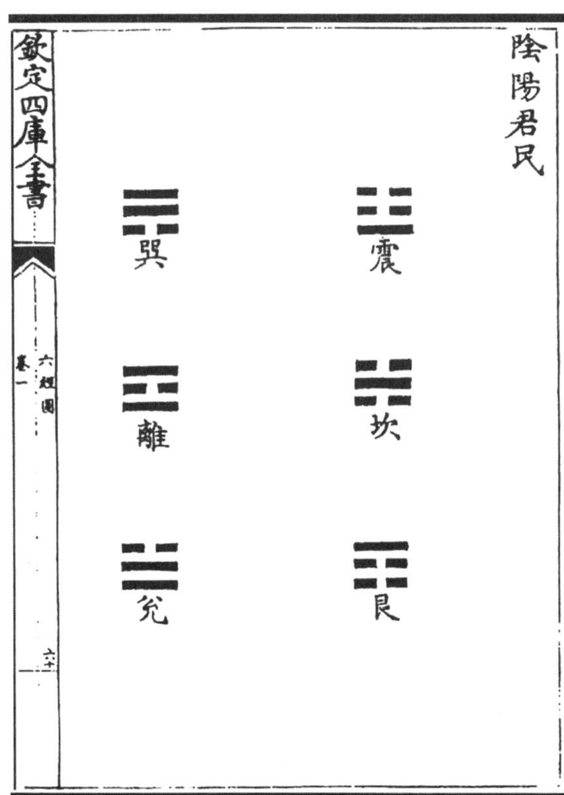

图33 阴阳君民图
（杨甲《六经图》）

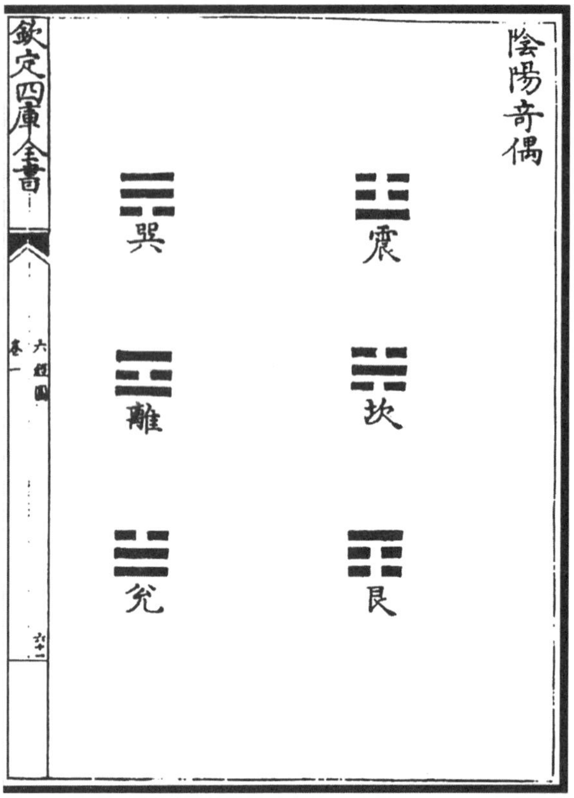

图 34　阴阳奇偶图
（杨甲《六经图》）

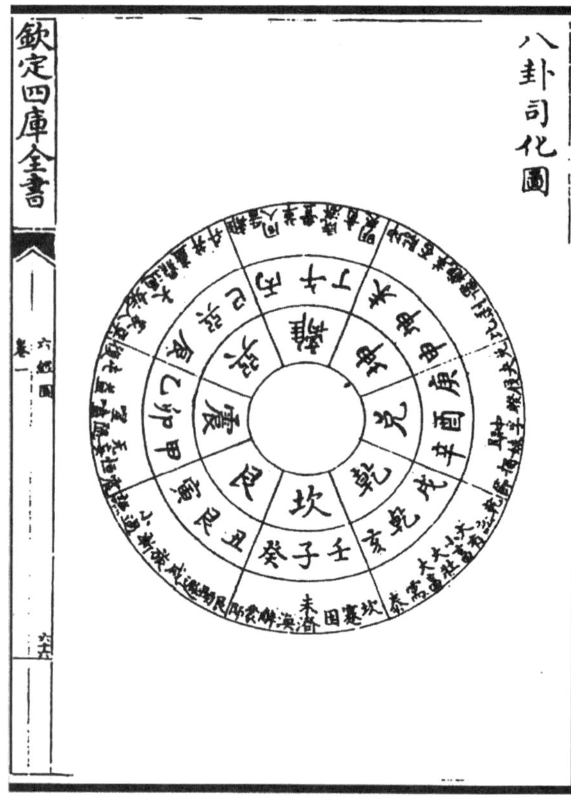

图 35　八卦司化图
（杨甲《六经图》）

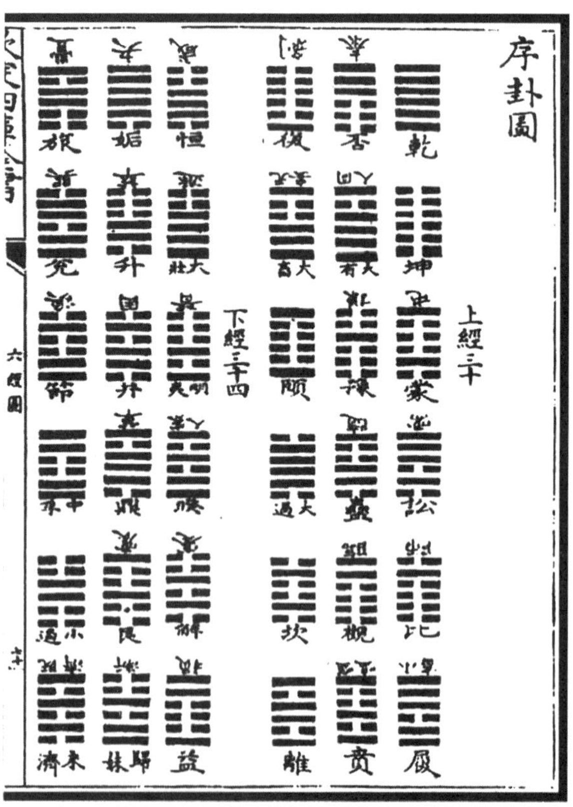

图 36　序卦图
（杨甲《六经图》）

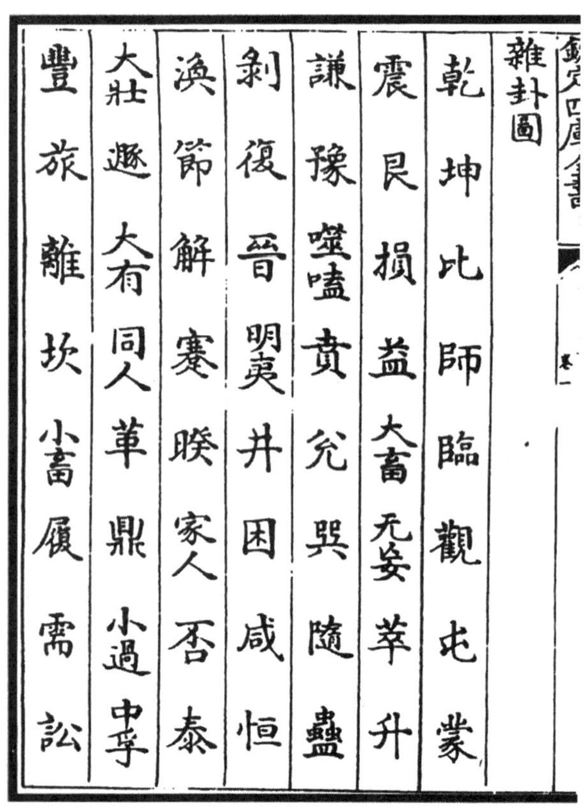

图 37　杂卦图
（杨甲《六经图》）

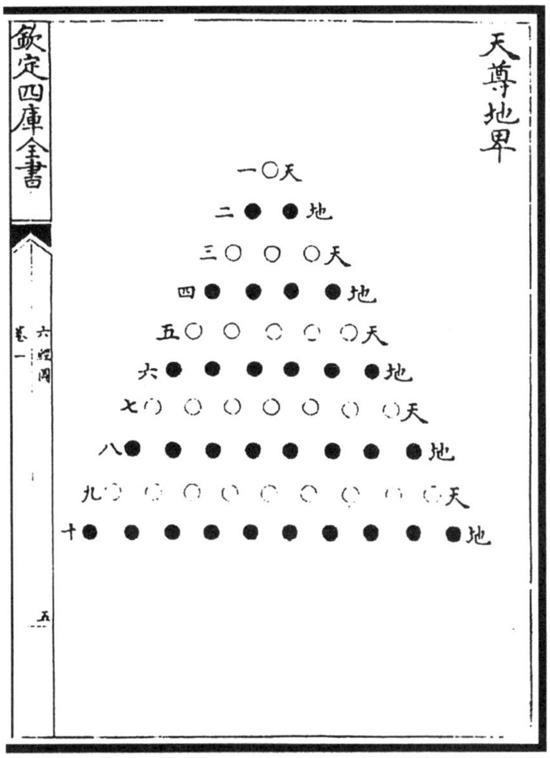

图 38　天尊地卑图
（杨甲《六经图》）

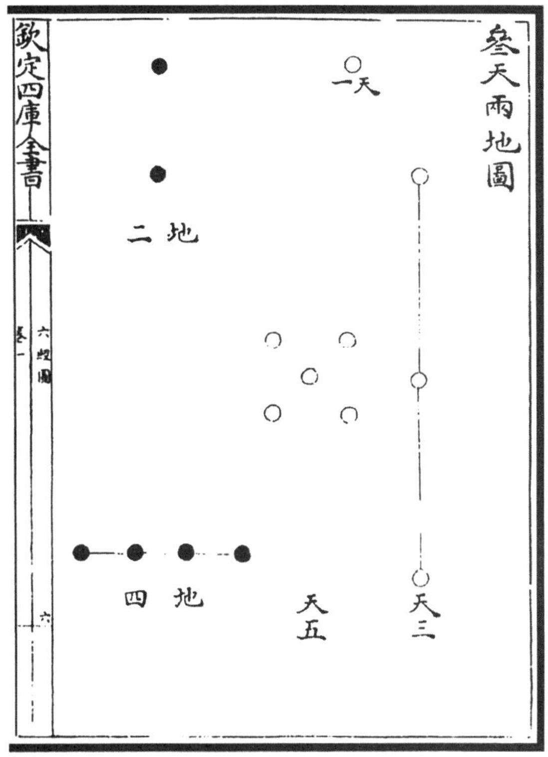

图 39　参天两地图
（杨甲《六经图》）

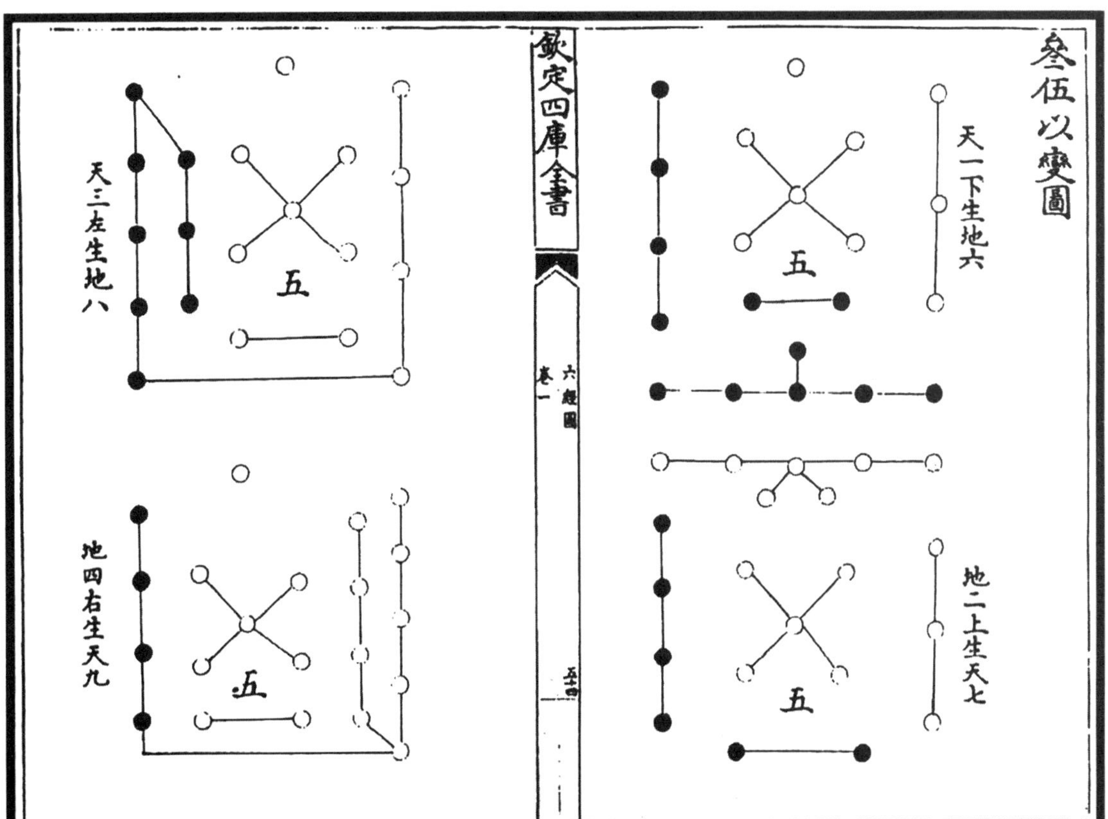

图 40　参伍以变图
（杨甲《六经图》）

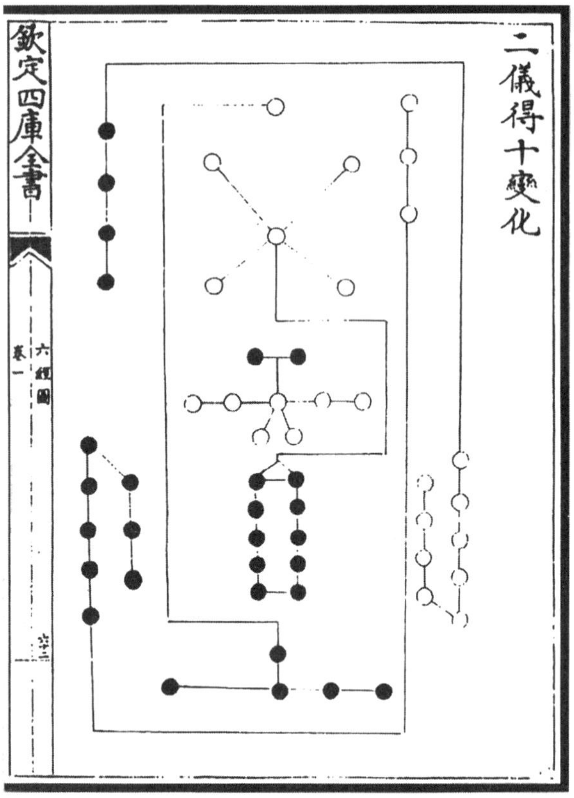

图 41 二仪得十变化图
（杨甲《六经图》）

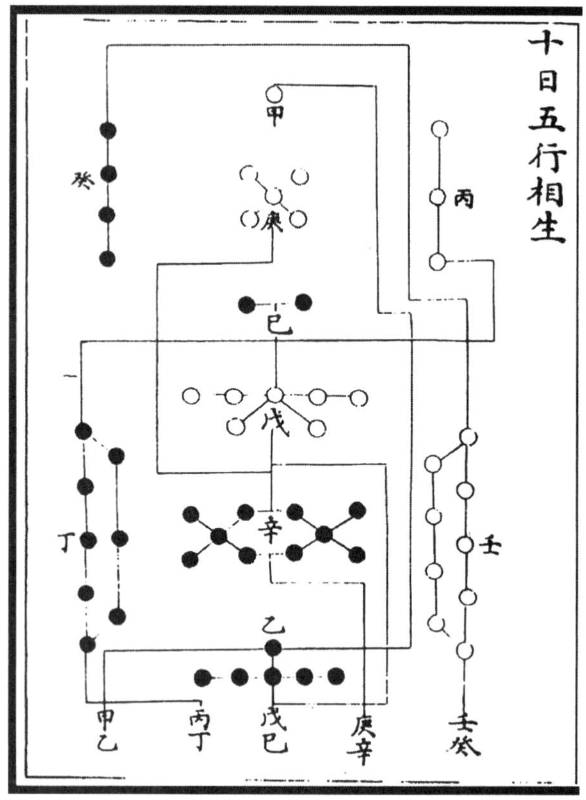

图 42 十日五行相生图
（杨甲《六经图》）

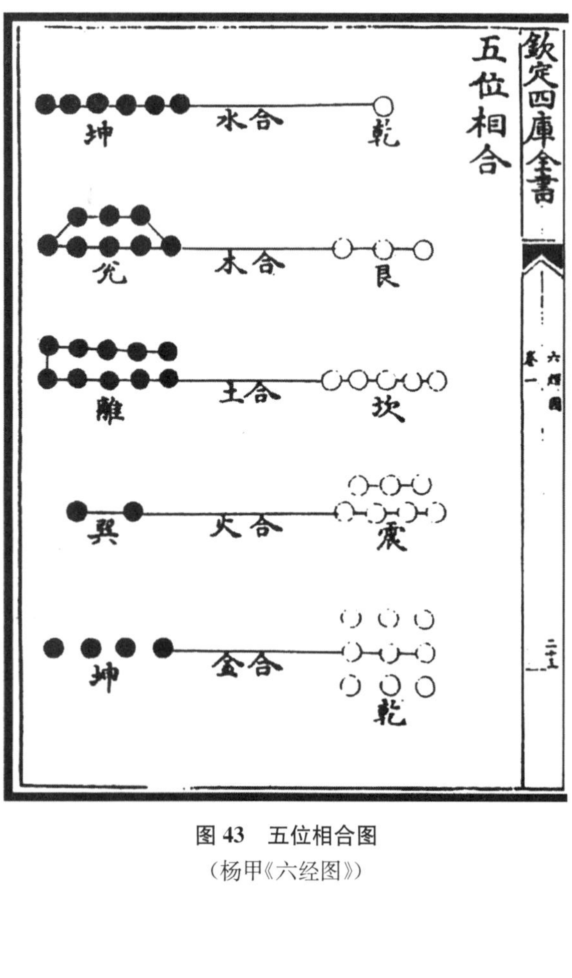

图 43 五位相合图
（杨甲《六经图》）

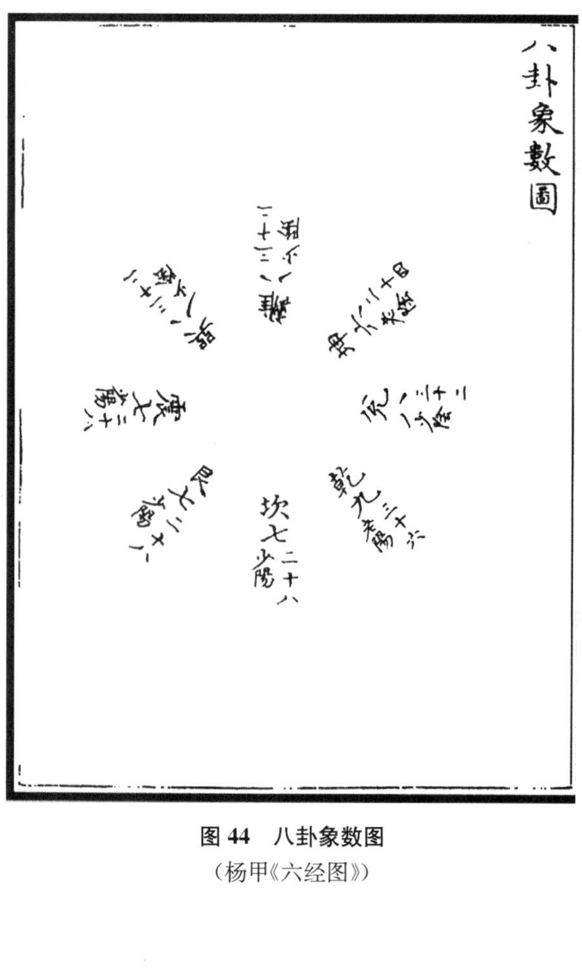

图 44 八卦象数图
（杨甲《六经图》）

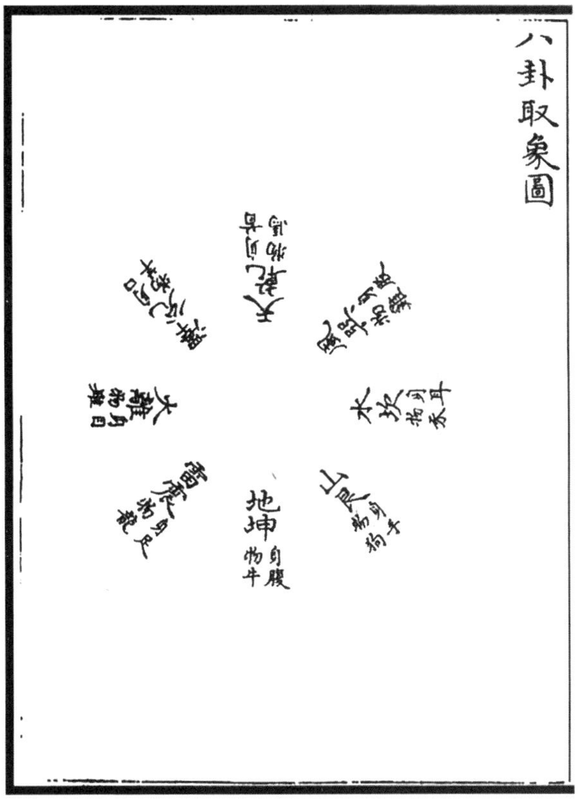

图 45 八卦取象图
（杨甲《六经图》）

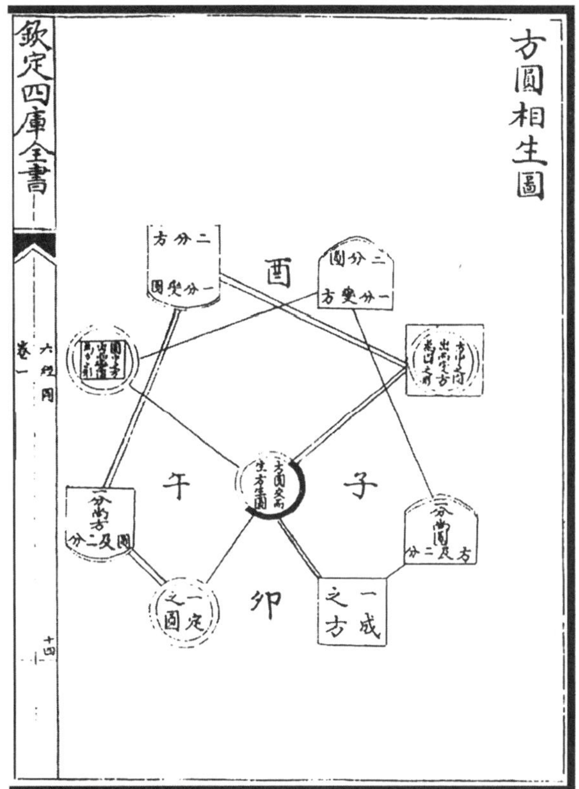

图 46 方圆相生图
（杨甲《六经图》）

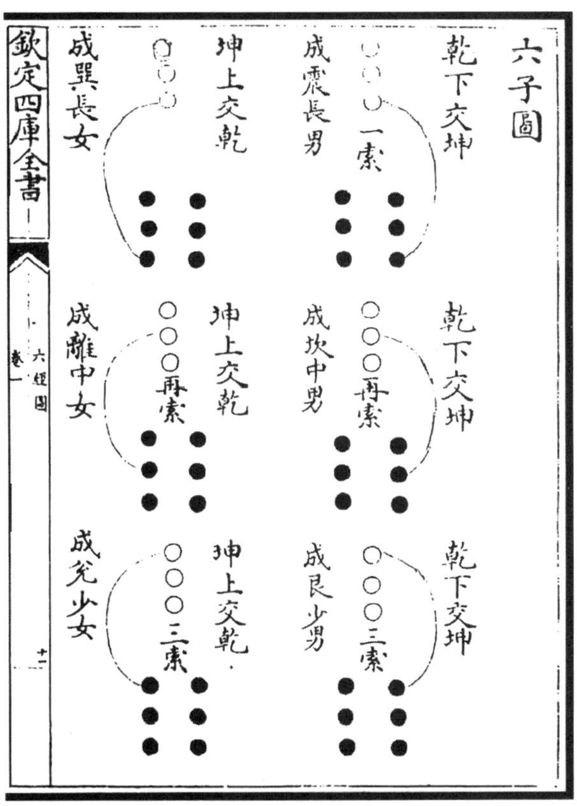

图 47 六子图
（杨甲《六经图》）

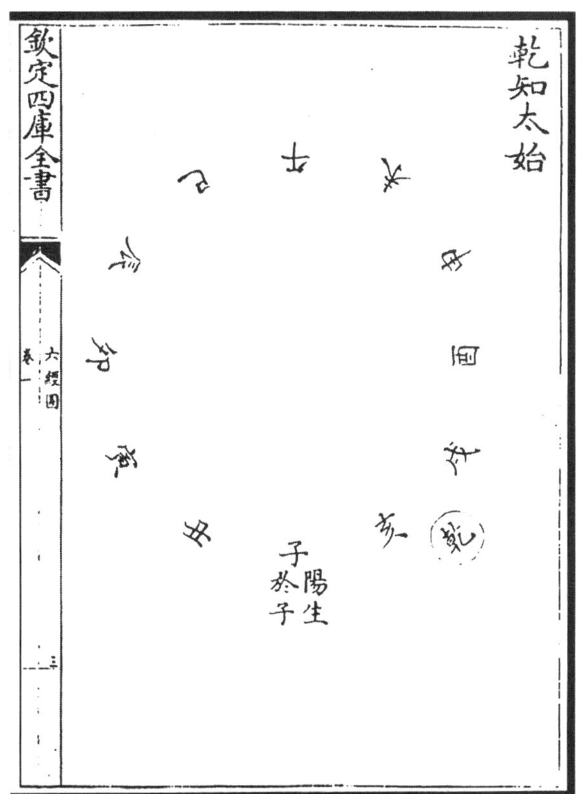

图 48 乾知太始图
（杨甲《六经图》）

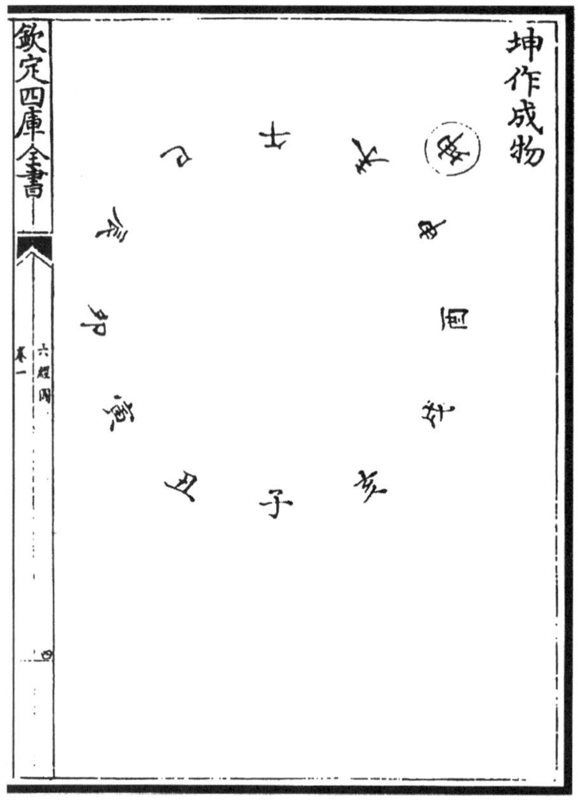

图 49　坤作成物图
（杨甲《六经图》）

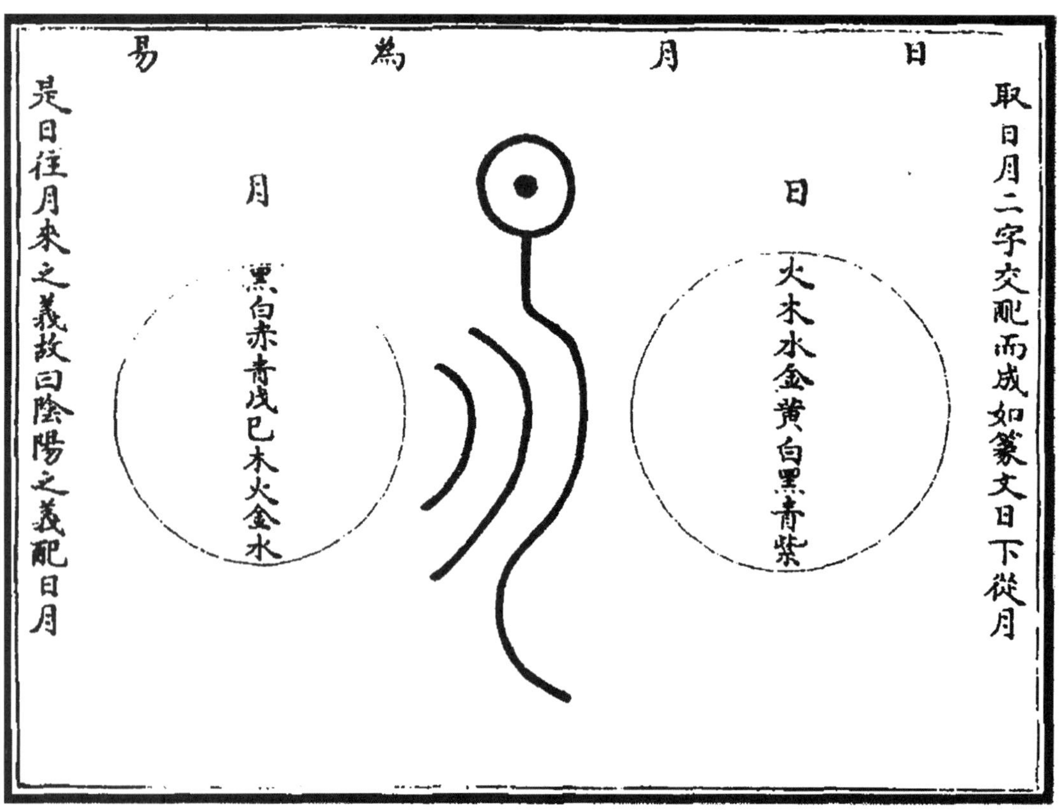

图 50　日月为易图
（杨甲《六经图》）

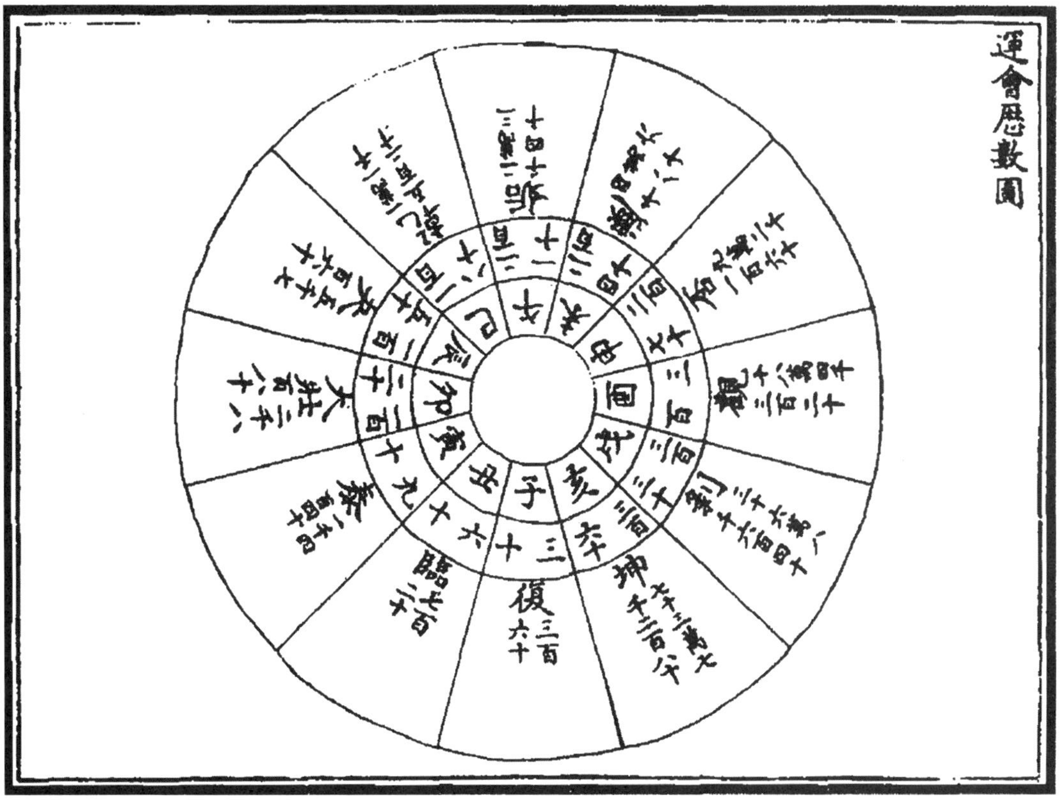

图 51 运会历数图
（杨甲《六经图》）

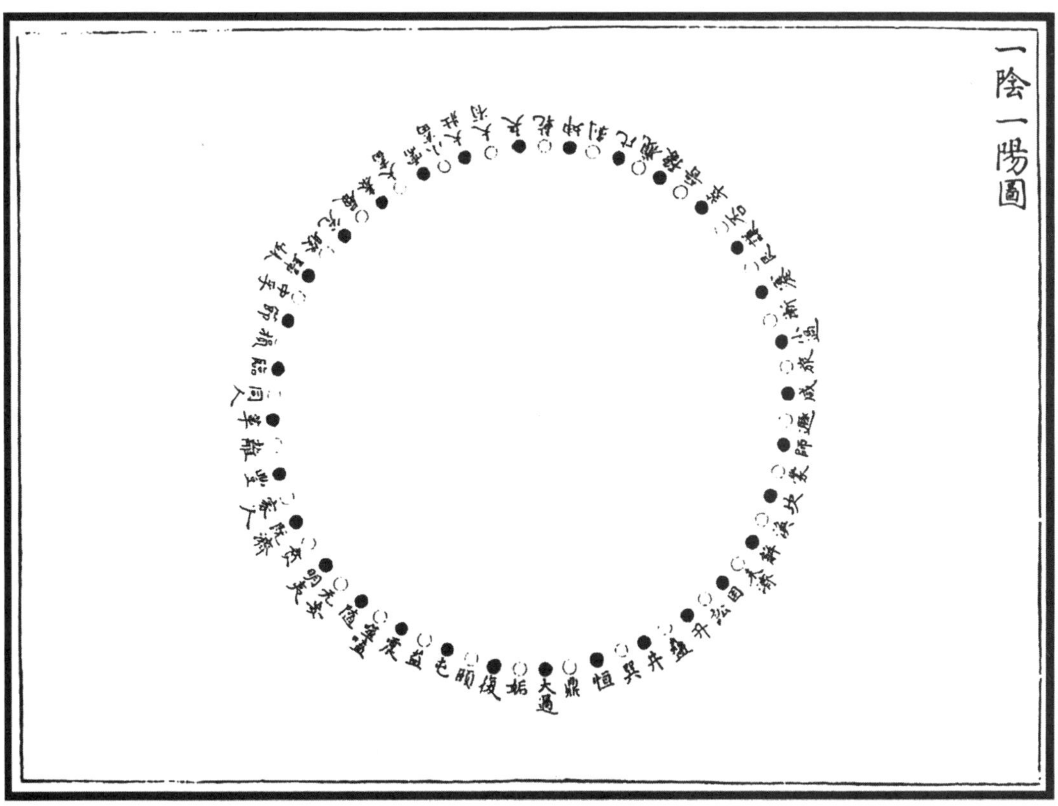

图 52 一阴一阳图
（杨甲《六经图》）

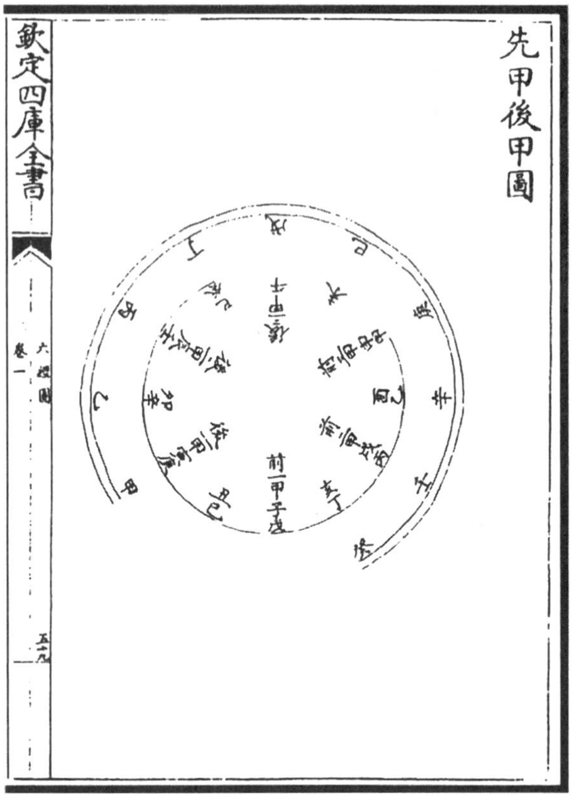

图 53　先甲后甲图
（杨甲《六经图》）

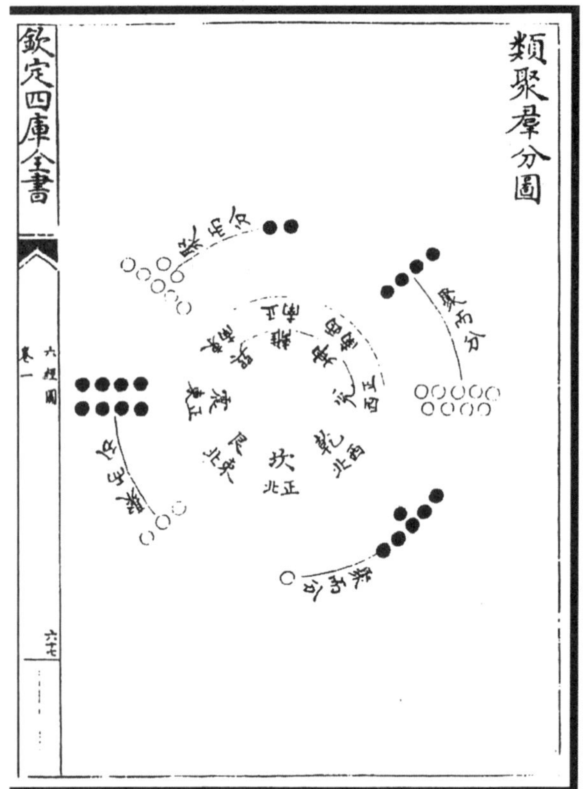

图 54　类聚群分图
（杨甲《六经图》）

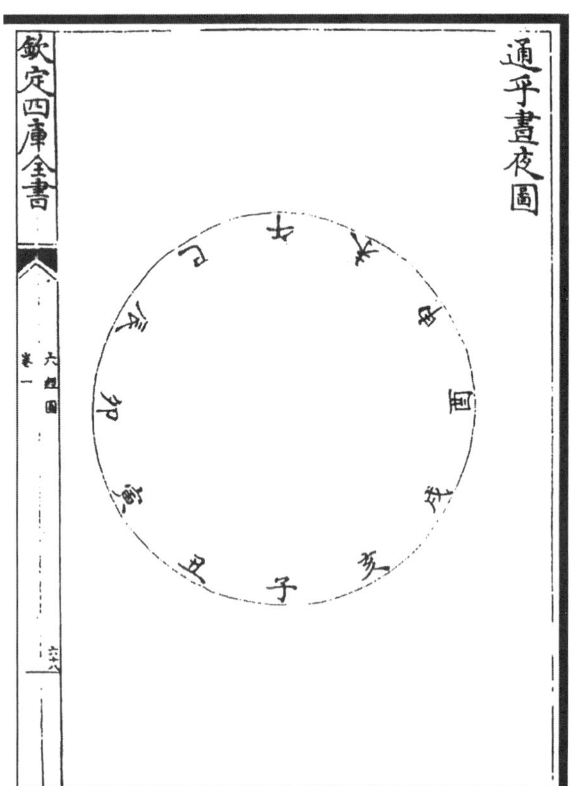

图 55　通乎昼夜图
（杨甲《六经图》）

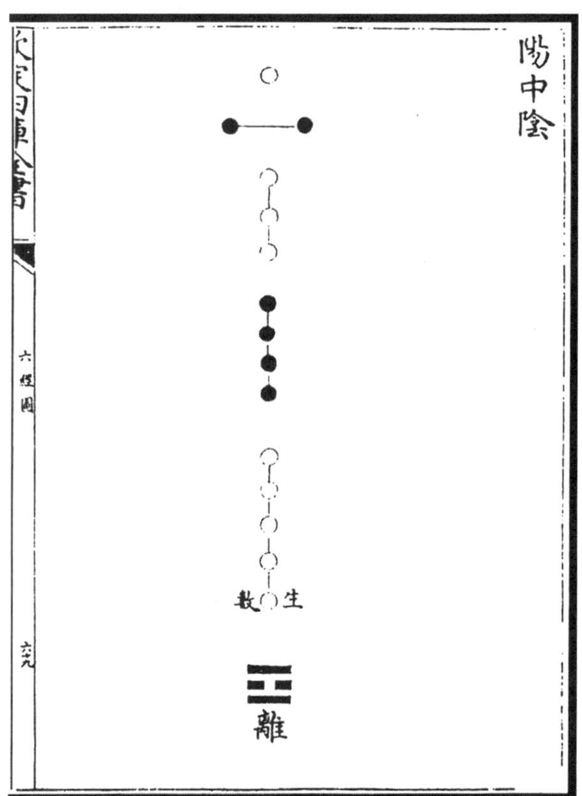

图 56　阳中阴图
（杨甲《六经图》）

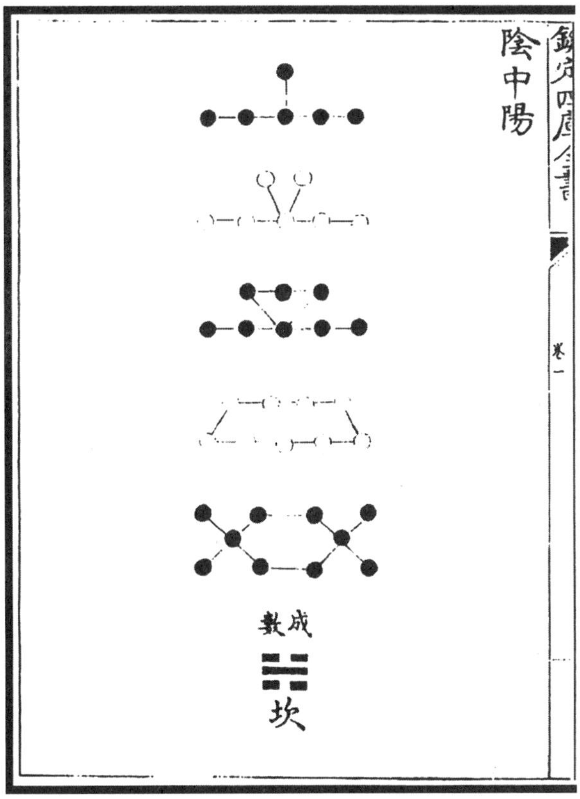

图 57 阴中阳图
（杨甲《六经图》）

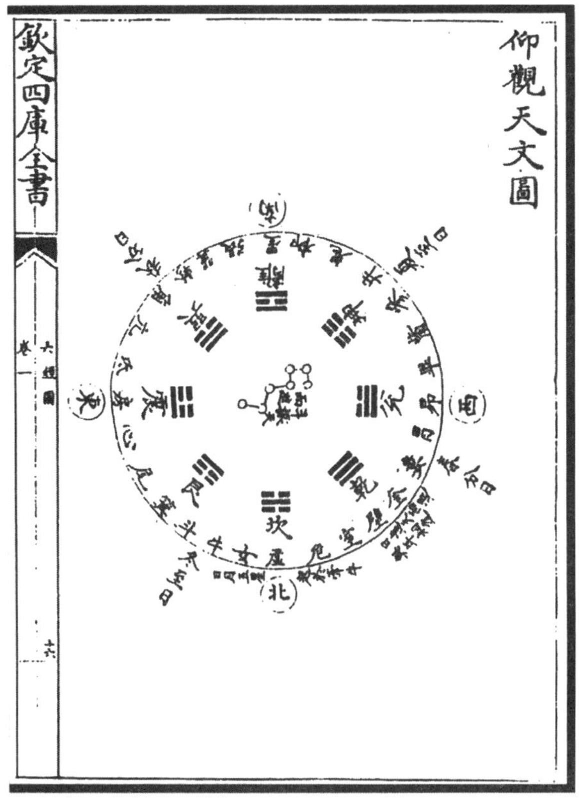

图 58 仰观天文图
（杨甲《六经图》）

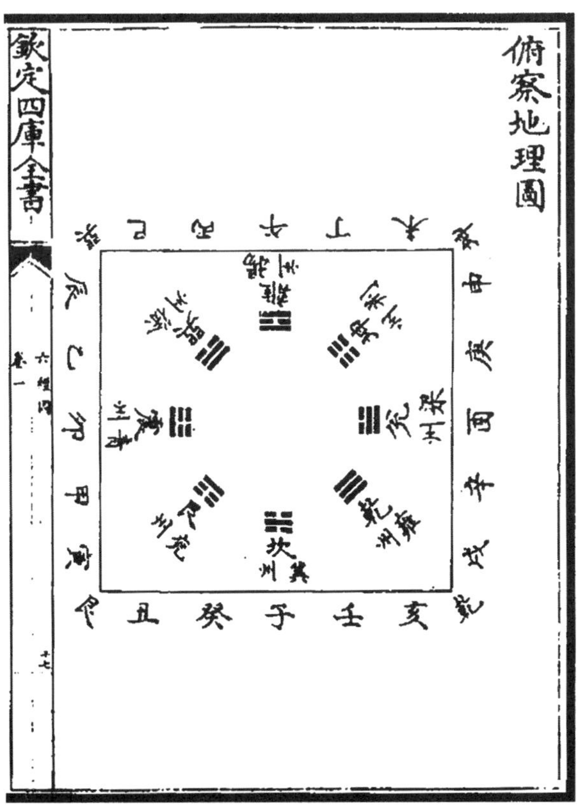

图 59 俯察地理图
（杨甲《六经图》）

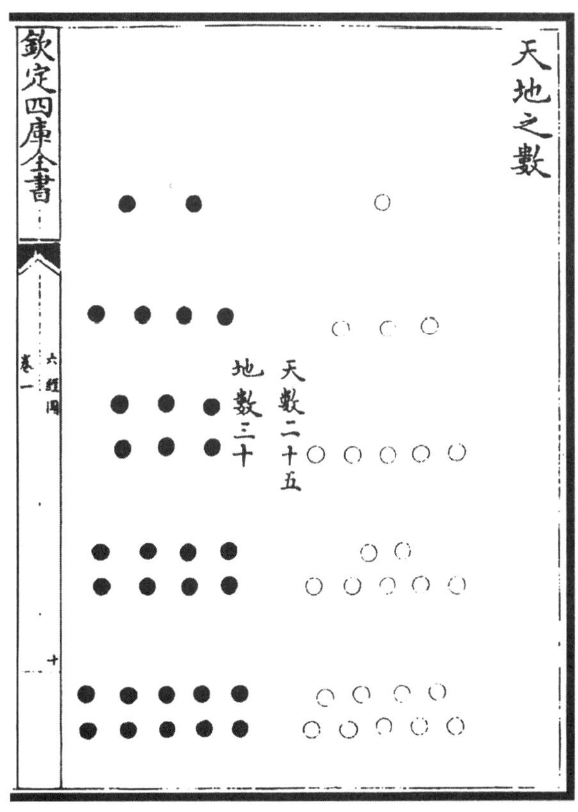

图 60 天地之数图
（杨甲《六经图》）

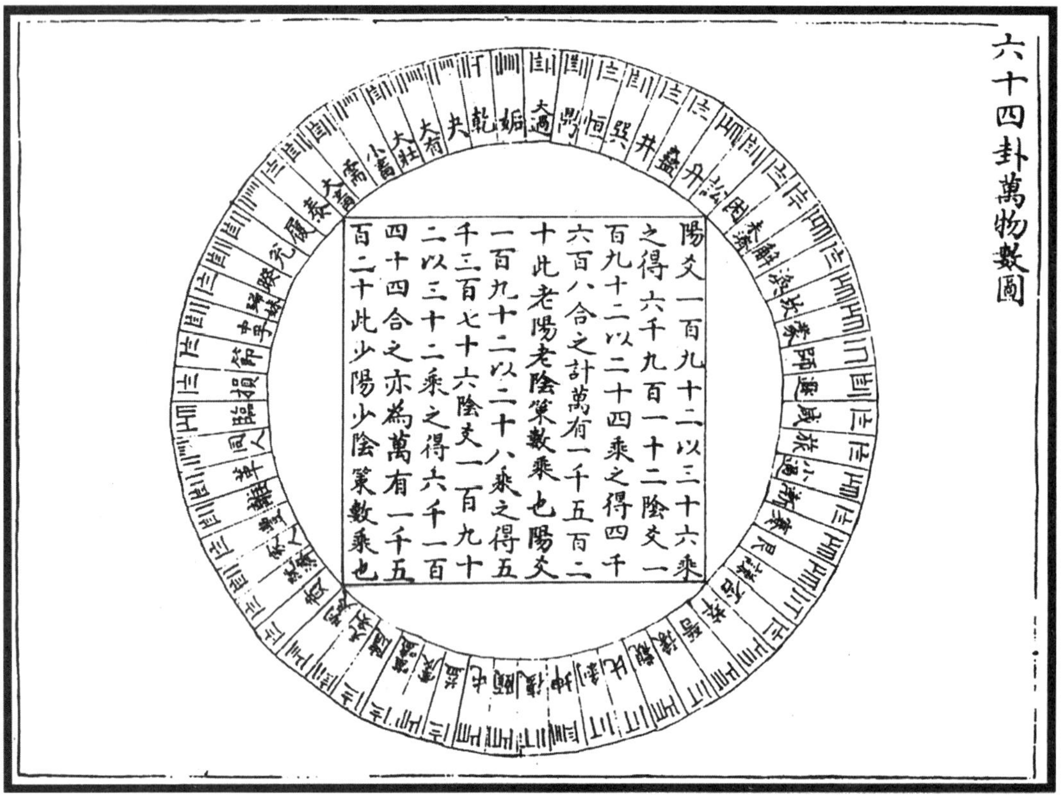

图 61　六十四卦万物数图
（杨甲《六经图》）

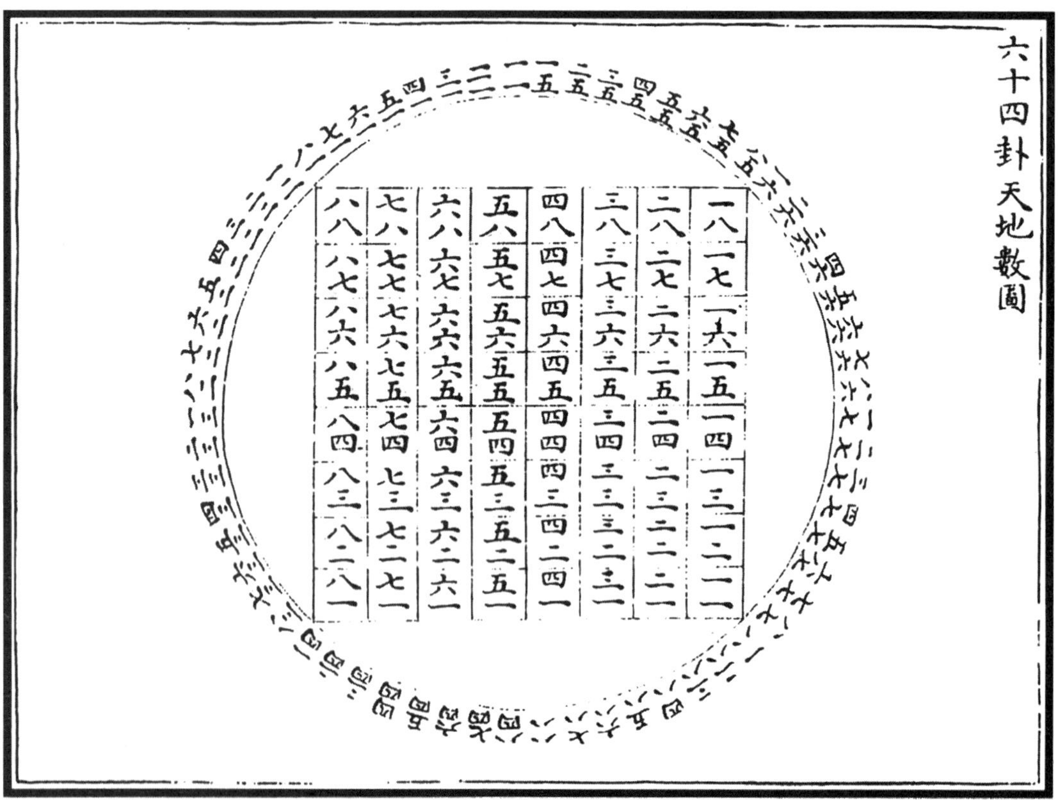

图 62　六十四卦天地数图
（杨甲《六经图》）

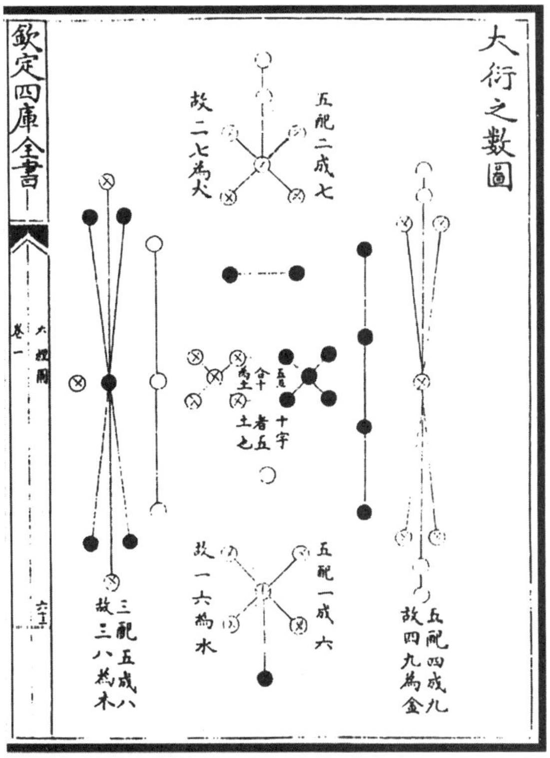

图 63 大衍之数图
（杨甲《六经图》）

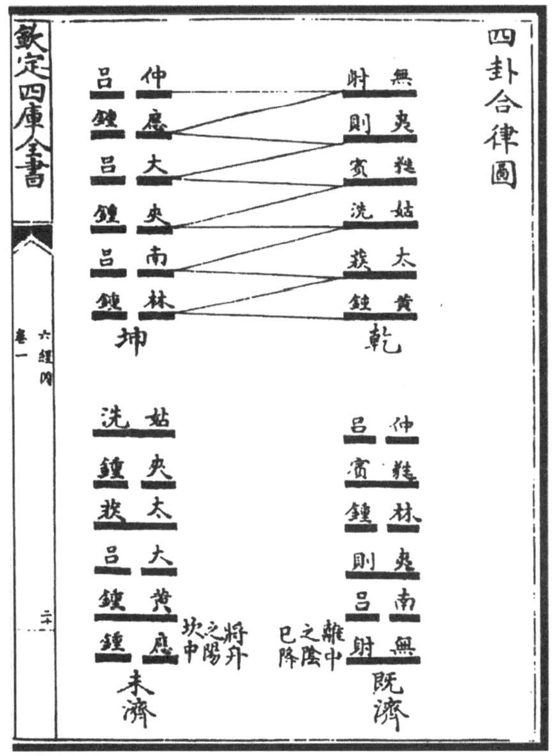

图 64 四卦合律图
（杨甲《六经图》）

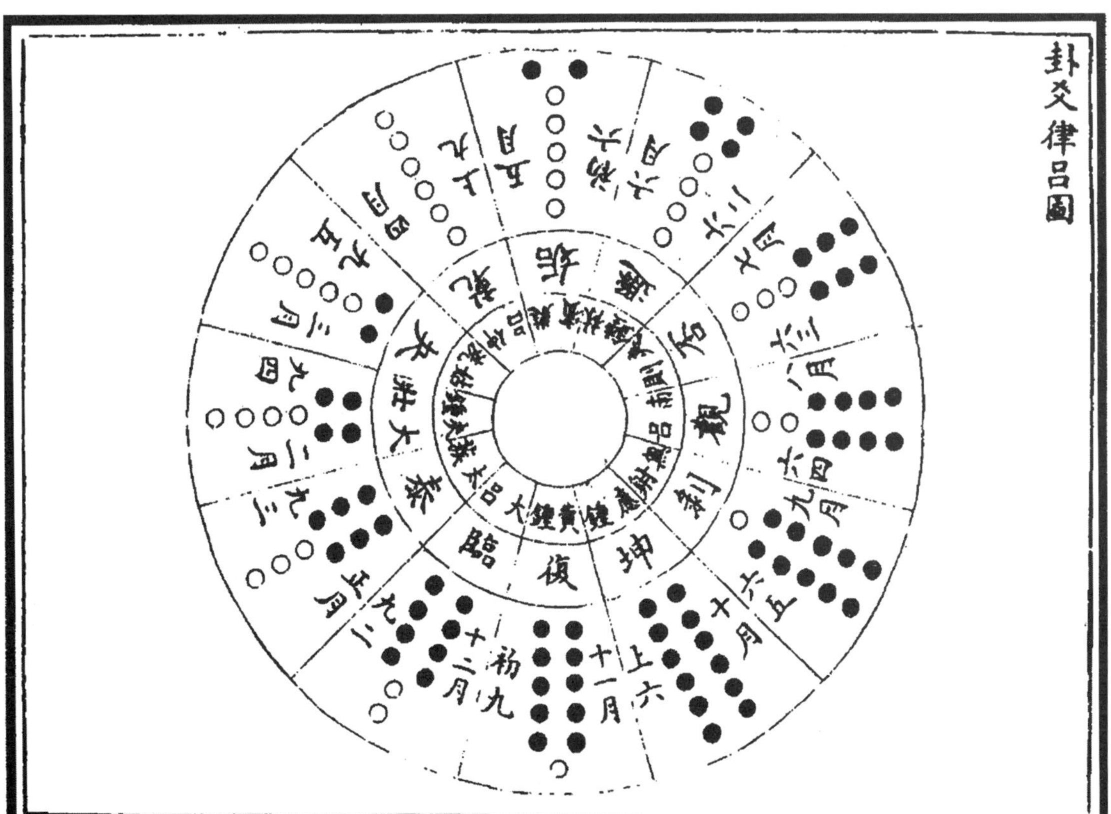

图 65 卦爻律吕图
（杨甲《六经图》）

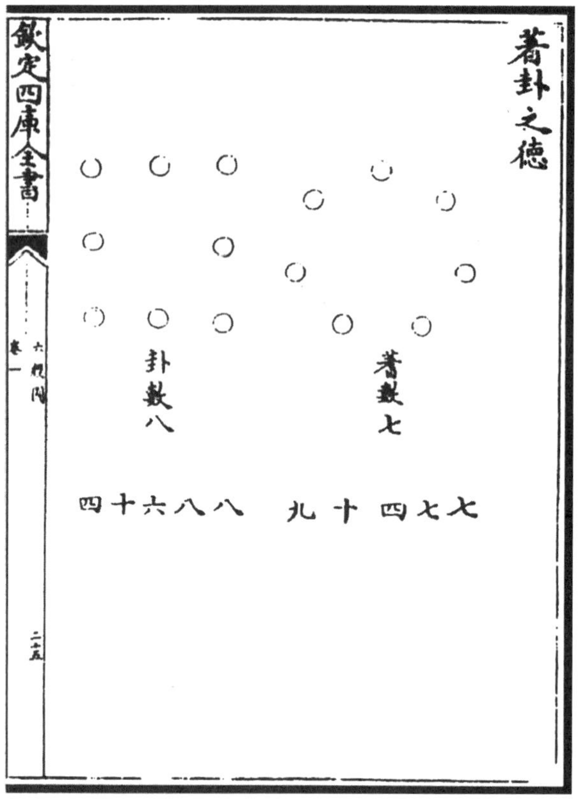

图 66 蓍卦之德图
（杨甲《六经图》）

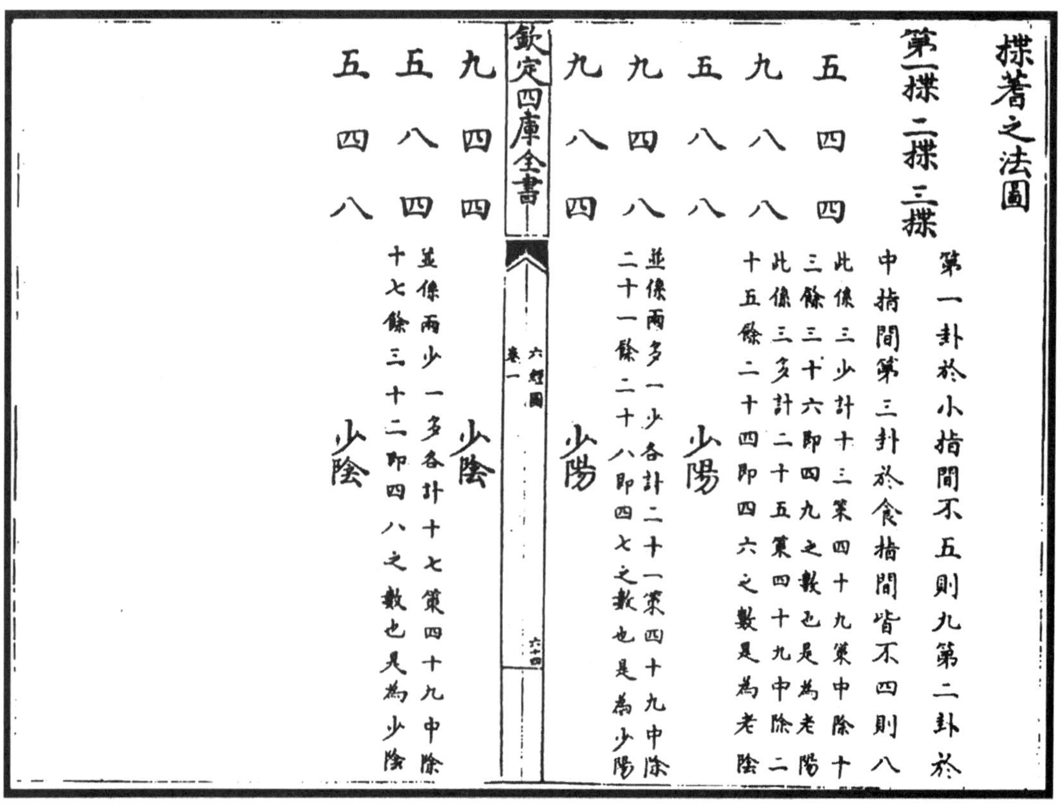

图 67 揲蓍之法图
（杨甲《六经图》）

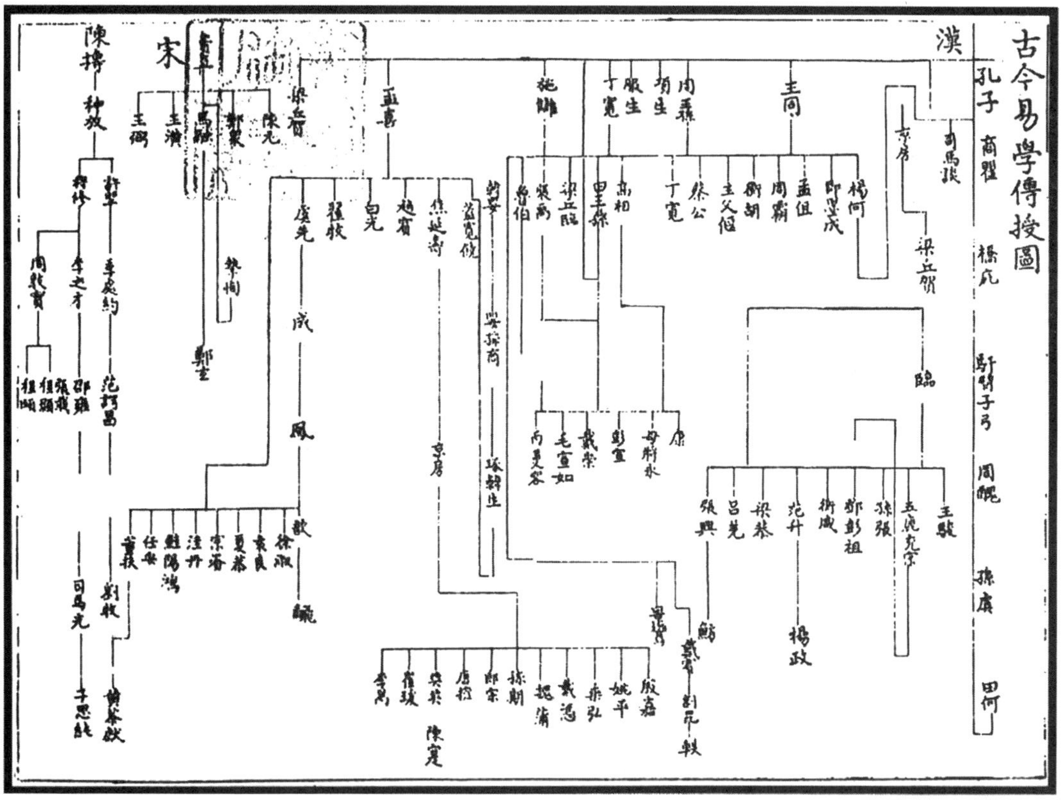

图 68 古今易学传授图
（杨甲《六经图》）

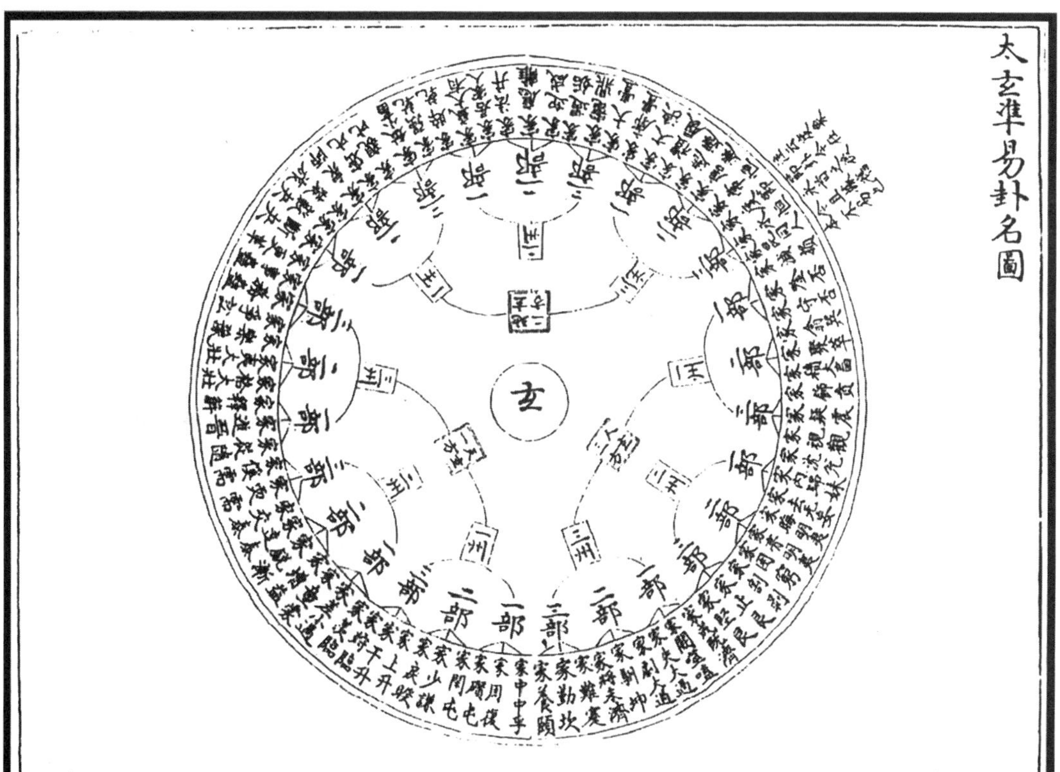

图 69 太玄准易卦名图
（杨甲《六经图》）

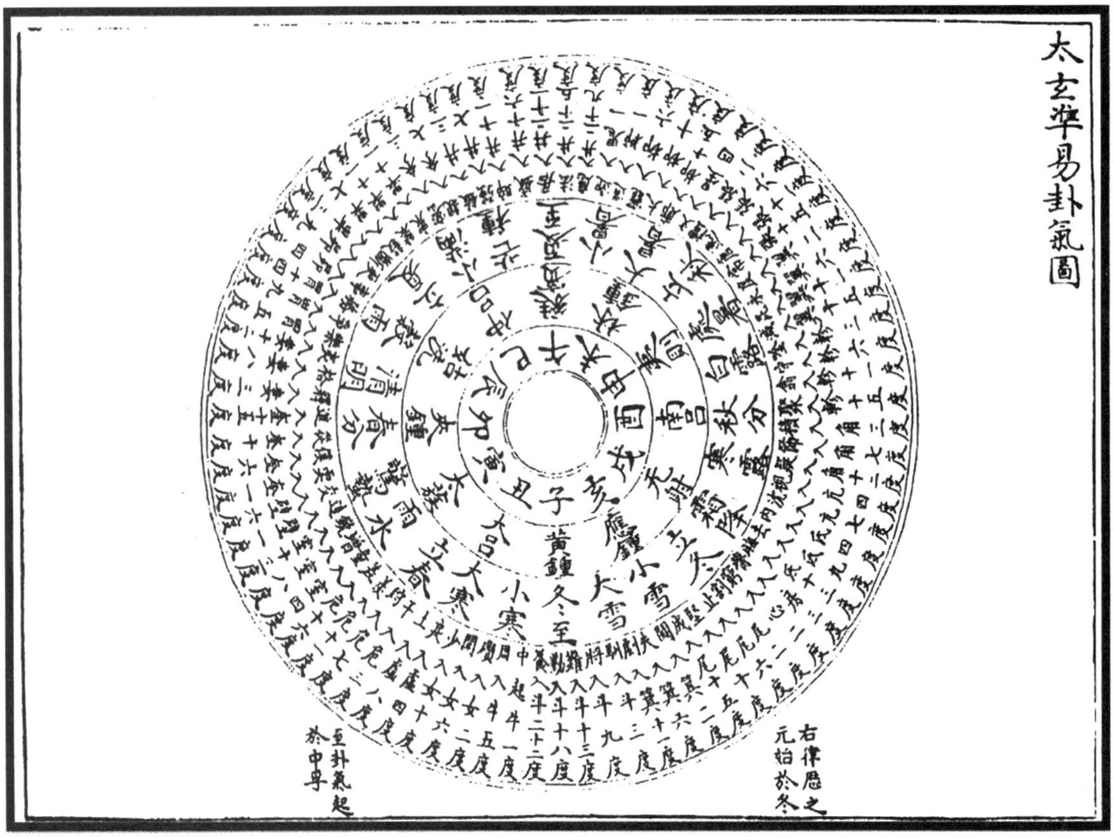

图 70 太玄准易卦气图
（杨甲《六经图》）

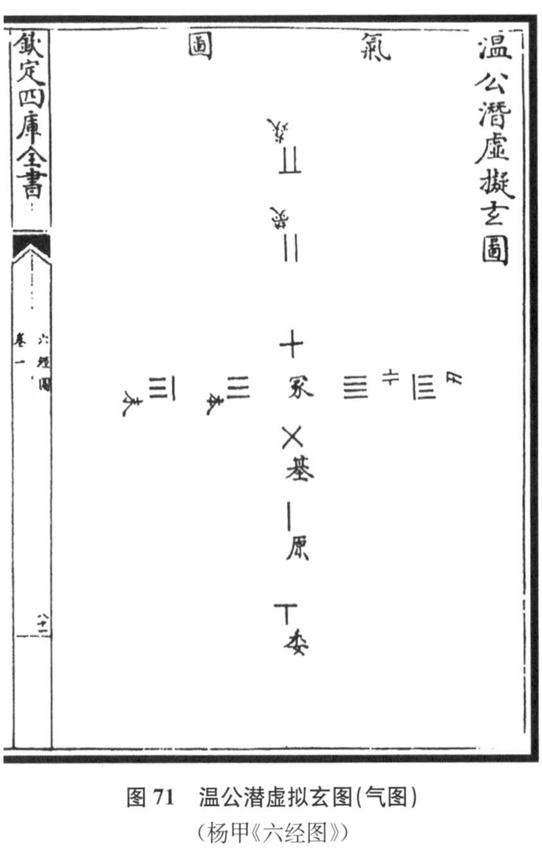

图 71 温公潜虚拟玄图（气图）
（杨甲《六经图》）

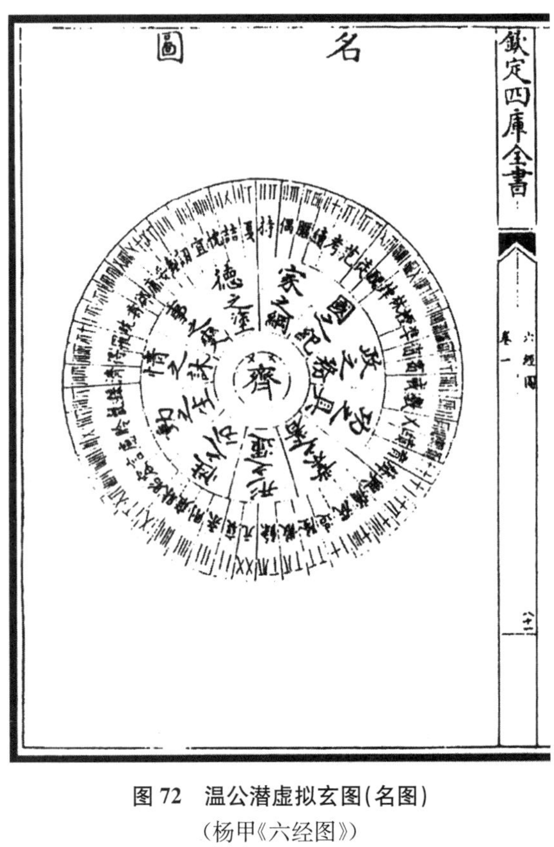

图 72 温公潜虚拟玄图（名图）
（杨甲《六经图》）

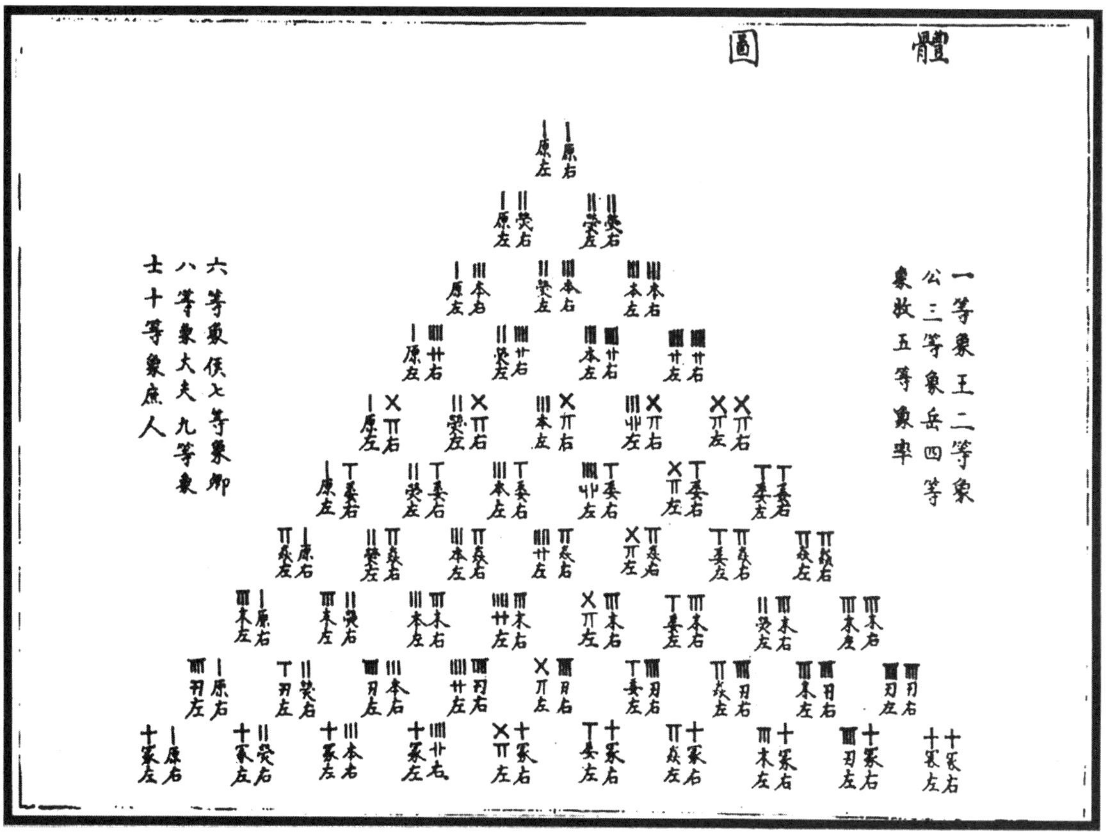

图 73 温公潜虚拟玄图(体图)
（杨甲《六经图》）

张行成

生卒年不详,字文饶,学者称其为"观物先生",南宋临邛(今四川邛崃)人。绍兴二年(1132)进士,官成都府路钤辖司干办公事,请祠归。乾道二年(1166),除直徽猷阁,官至兵部郎中,后又知潼川府。隆兴间(1163—1164),汪应辰帅蜀,荐其有捐躯殉国之忠,去世后谥文锐。先从谯定学《易》,后师邵雍。著有《述衍》《翼玄》《元包数义》《潜虚衍义》《皇极经世索隐》《皇极经世观物外篇衍义》《易通变》等多种。现存有《周易》图像五十六幅。

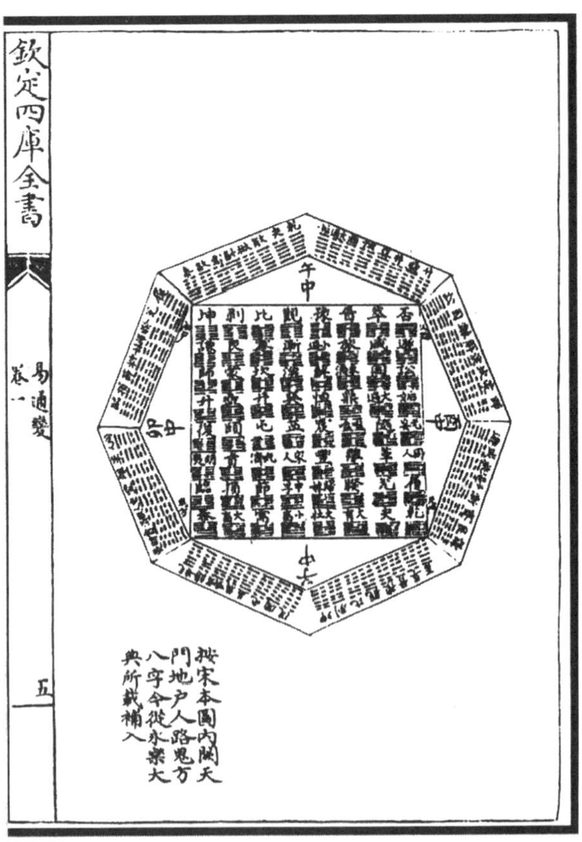

图1 有极图
(张行成《易通变》)

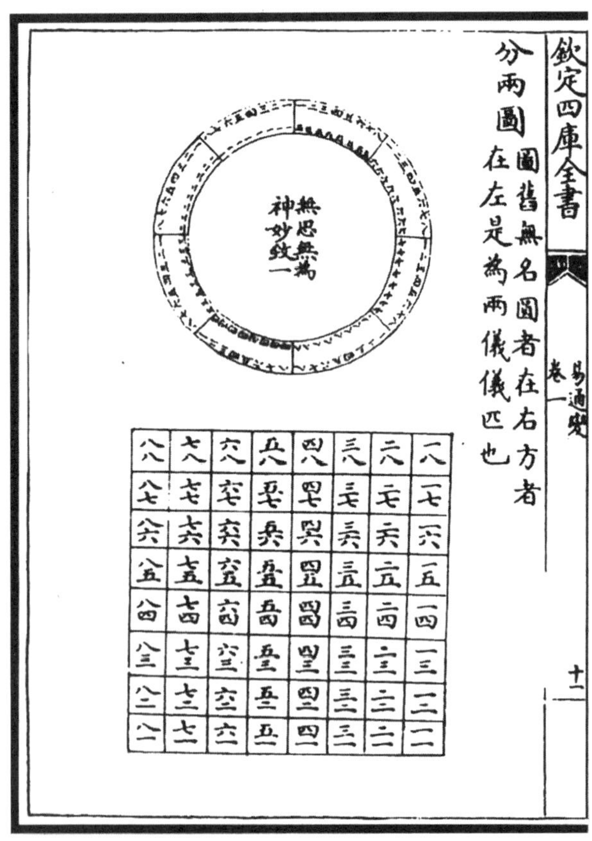

图2 分两图
(张行成《易通变》)

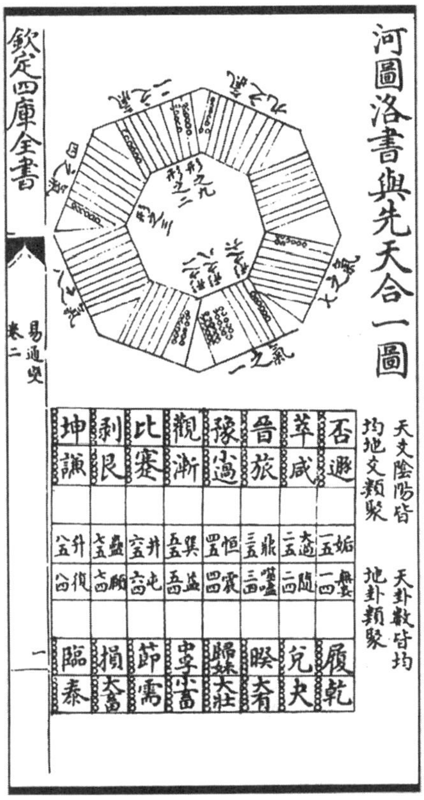

图3 河图洛书与先天合一图
（张行成《易通变》）

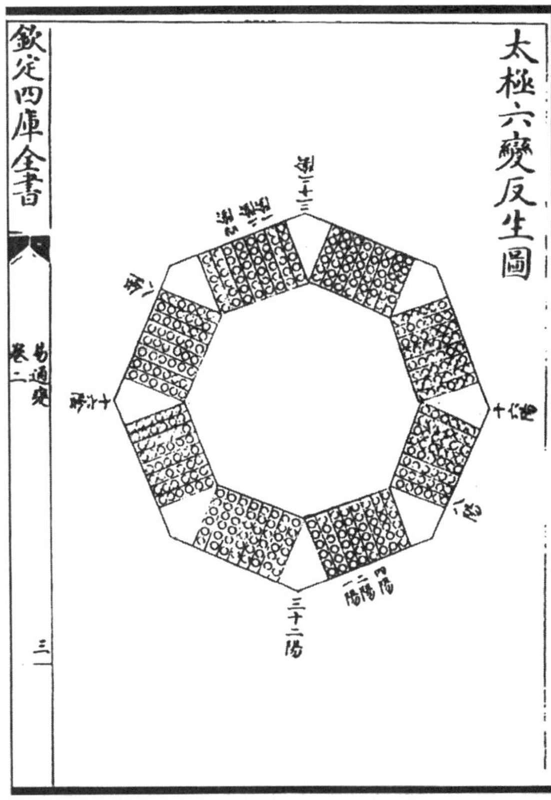

图4 太极六变反生图
（张行成《易通变》）

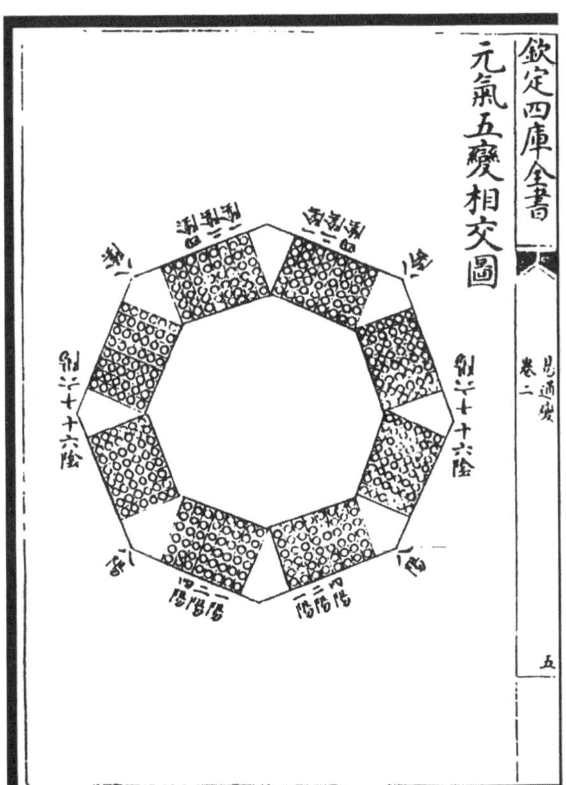

图5 元气五变相交图
（张行成《易通变》）

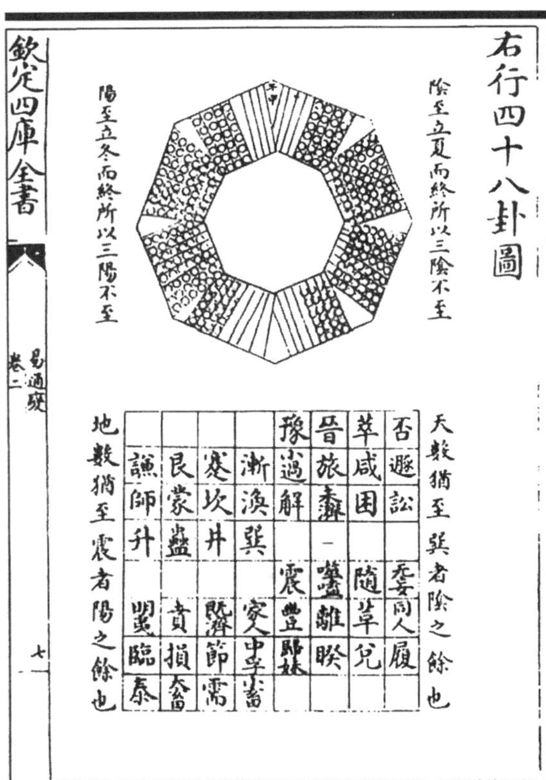

图6 右行四十八卦图
（张行成《易通变》）

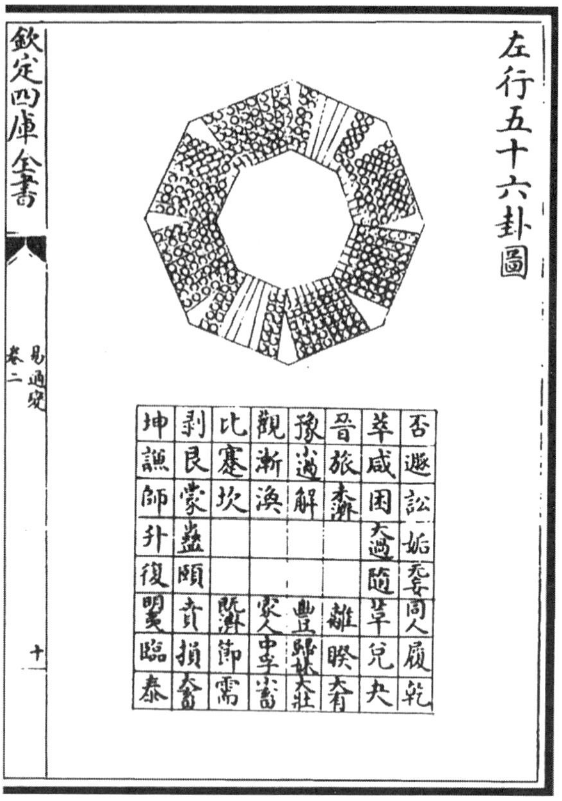

图 7　左行五十六卦图
（张行成《易通变》）

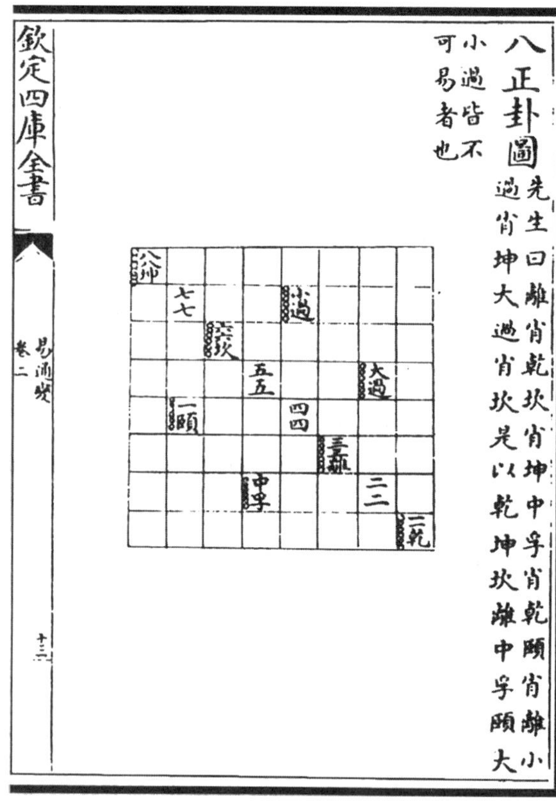

图 8　八正卦图
（张行成《易通变》）

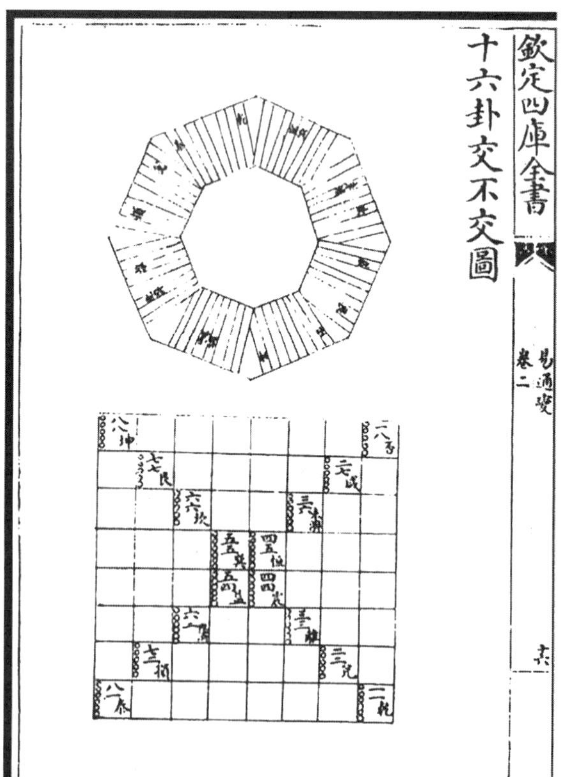

图 9　十六卦交不交图
（张行成《易通变》）

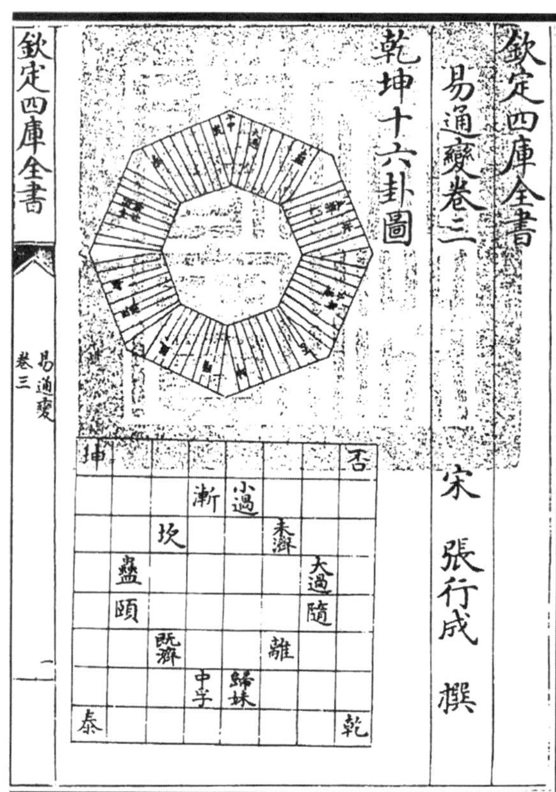

图 10　乾坤十六卦图
（张行成《易通变》）

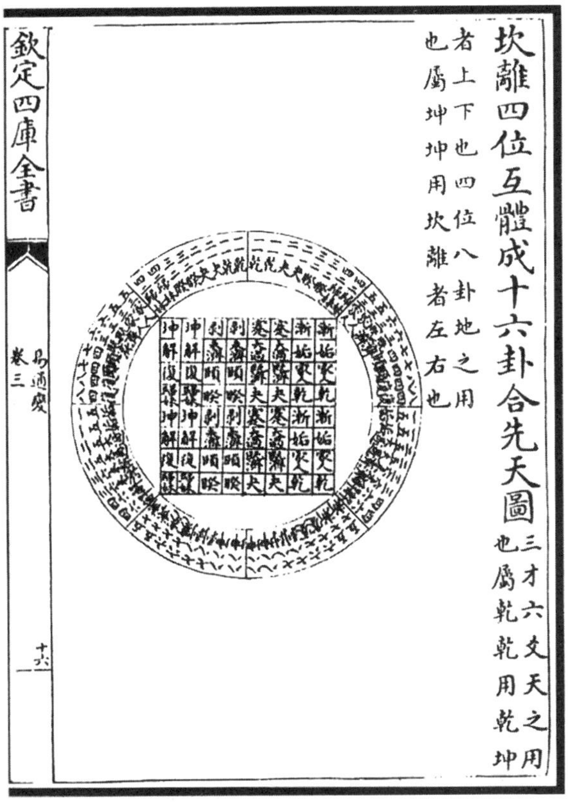

图 11　坎离四位互体成十六卦合先天图
（张行成《易通变》）

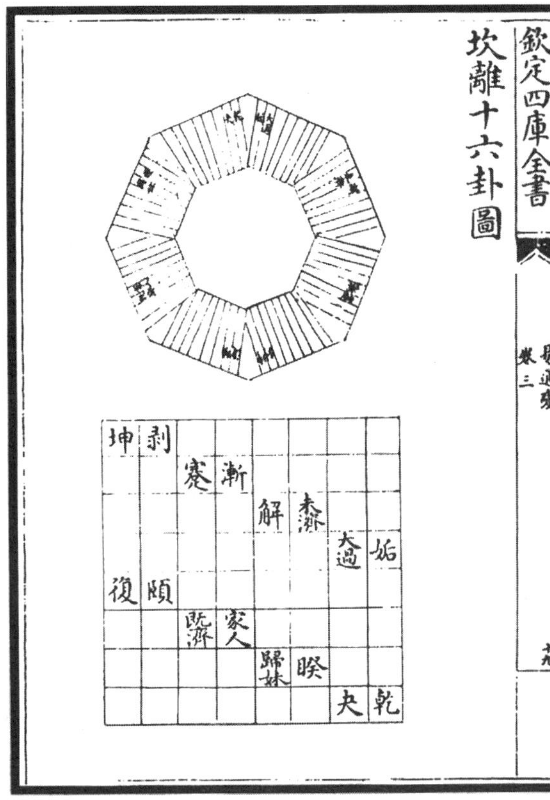

图 12　坎离十六卦图
（张行成《易通变》）

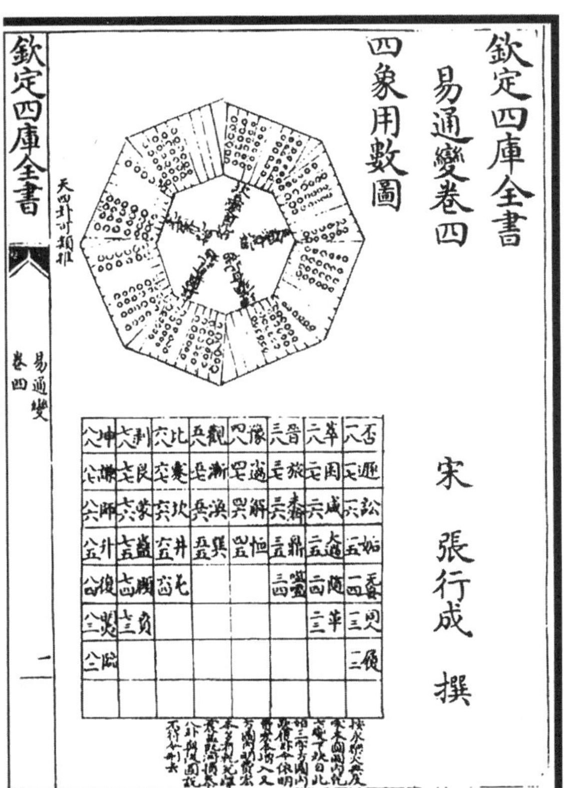

图 13　四象用数图
（张行成《易通变》）

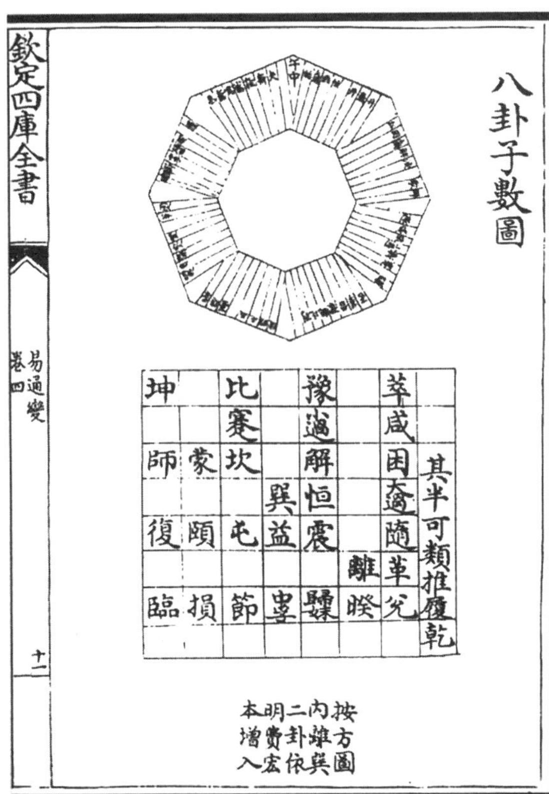

图 14-1　八卦子数图
（张行成《易通变》）

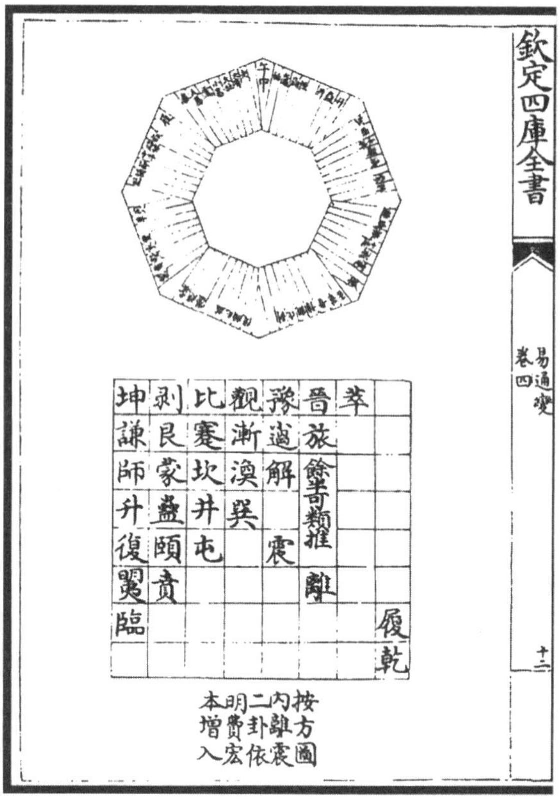

图 14-2　八卦子数图
（张行成《易通变》）

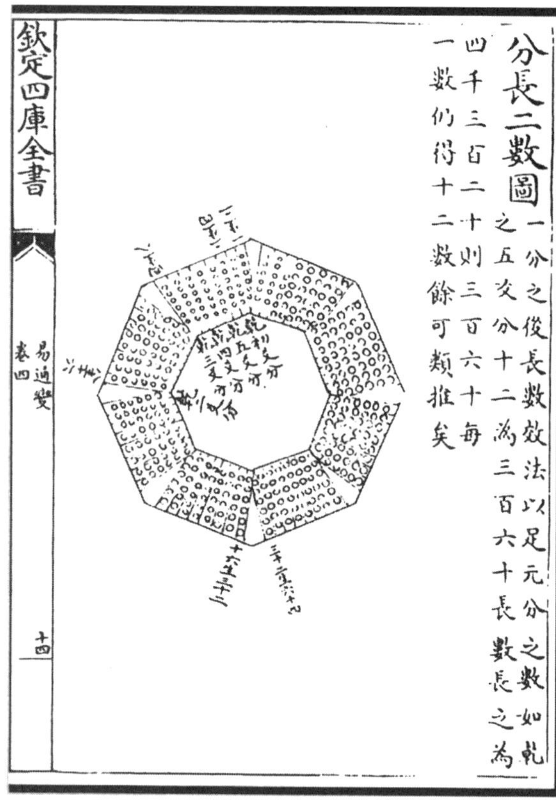

图 15　分长二数图
（张行成《易通变》）

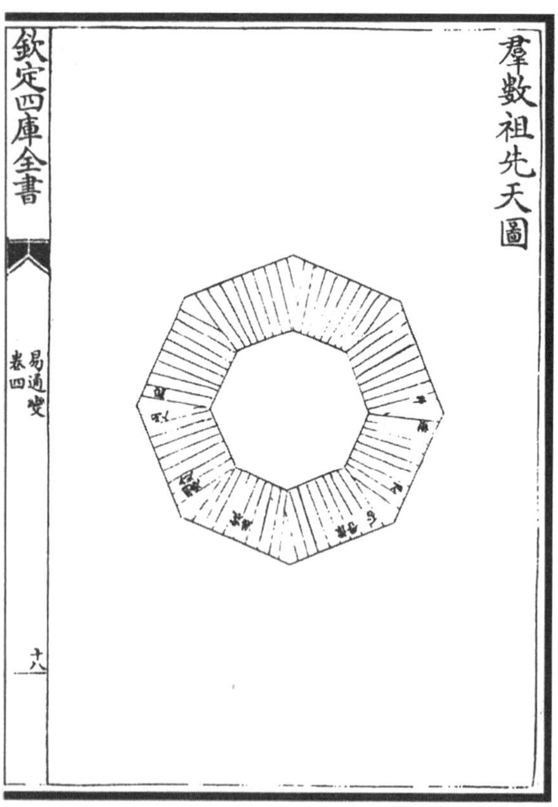

图 16　群数祖先天图
（张行成《易通变》）

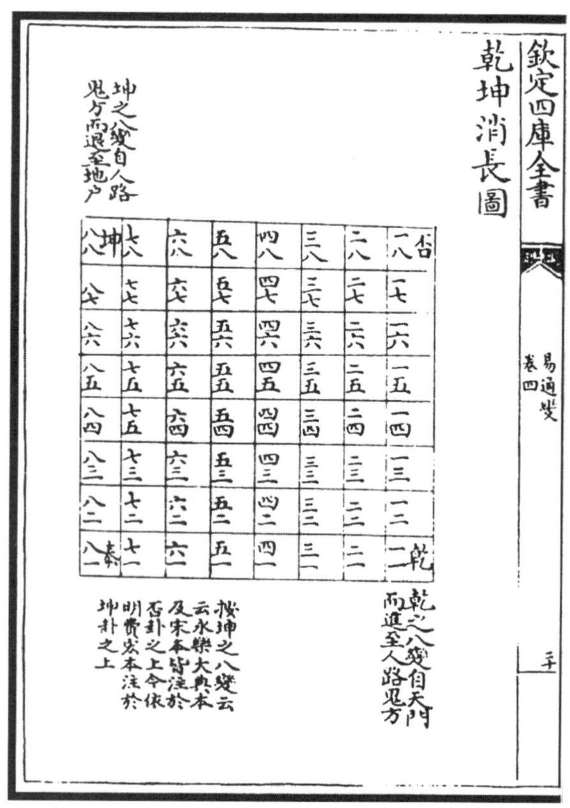

图 17　乾坤消长图
（张行成《易通变》）

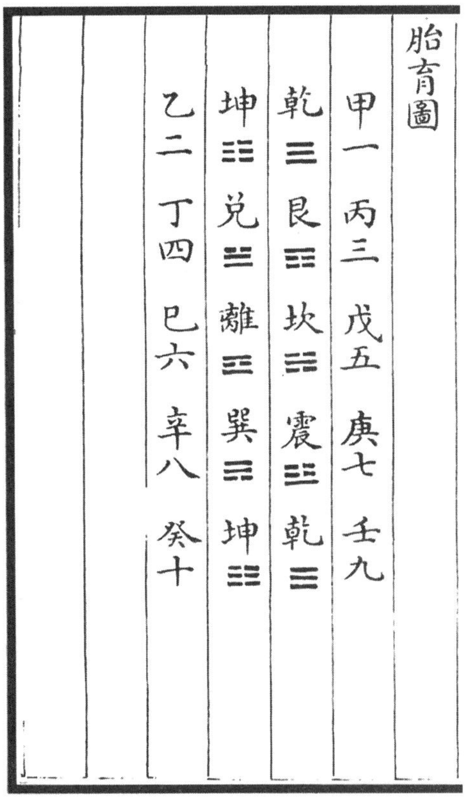

图 18　胎育图
（张行成《易通变》）

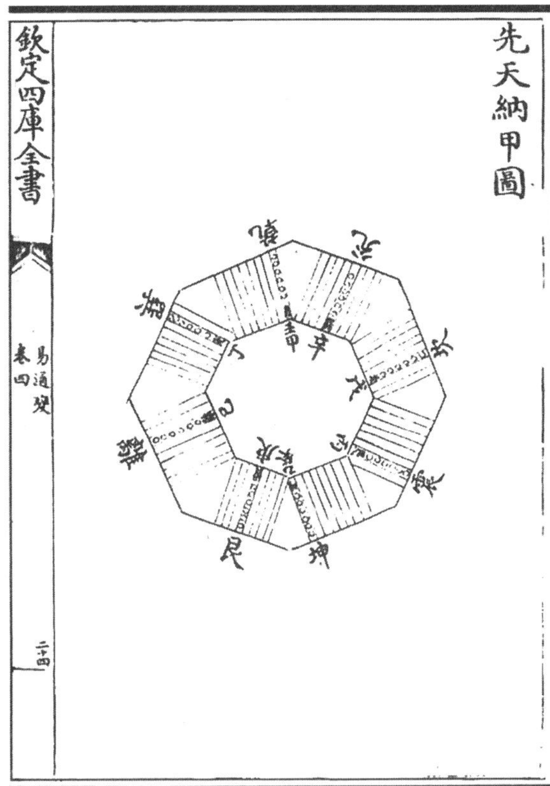

图 19　先天纳甲图
（张行成《易通变》）

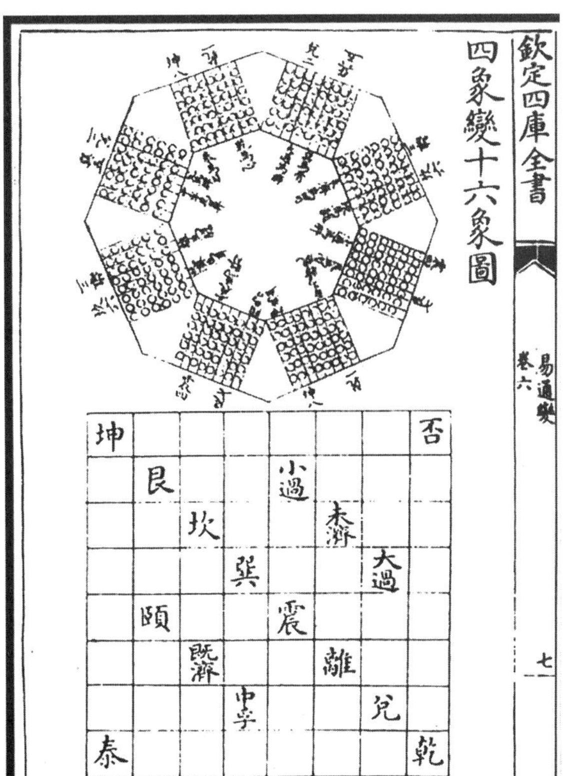

图 20　四象变十六象图
（张行成《易通变》）

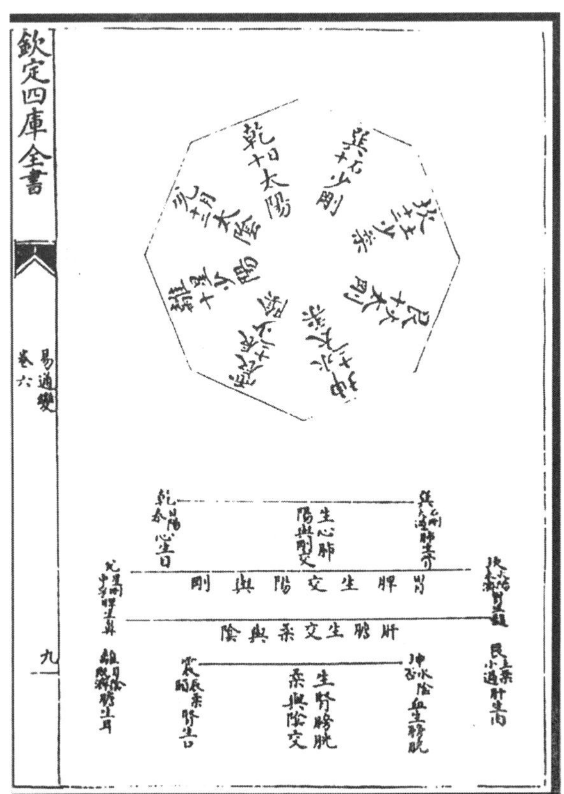

图 21　阴阳刚柔生人体器官图
（张行成《易通变》）

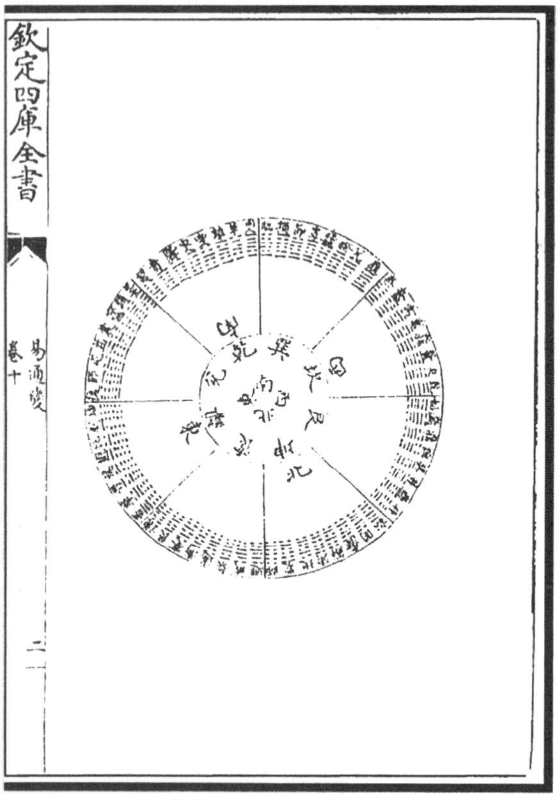

图 22 交泰图
（张行成《易通变》）

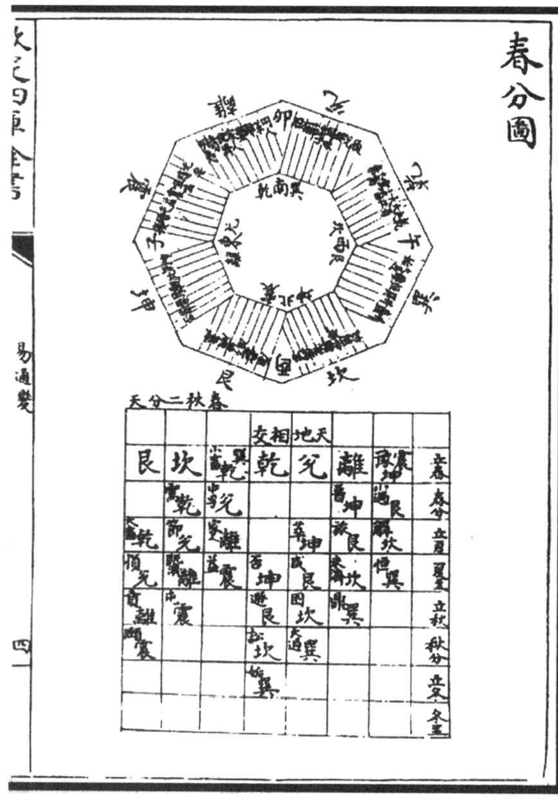

图 23 春分图
（张行成《易通变》）

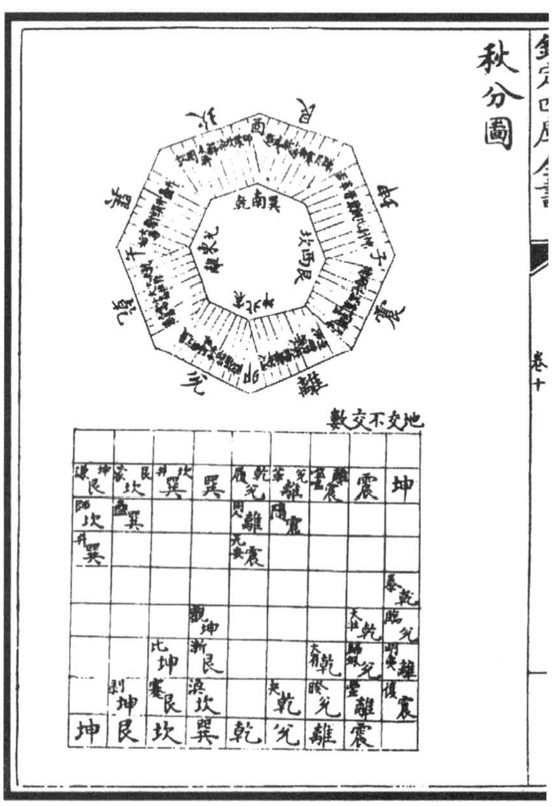

图 24 秋分图
（张行成《易通变》）

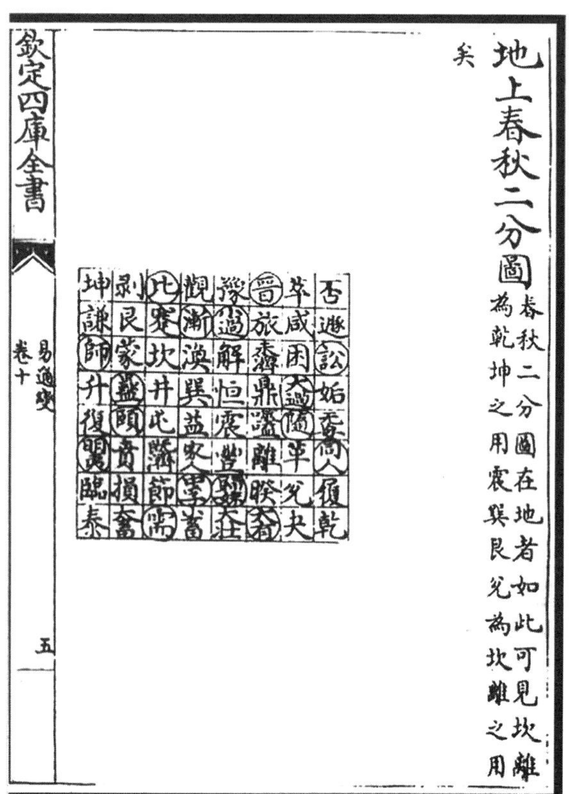

图 25 地上春秋二分图
（张行成《易通变》）

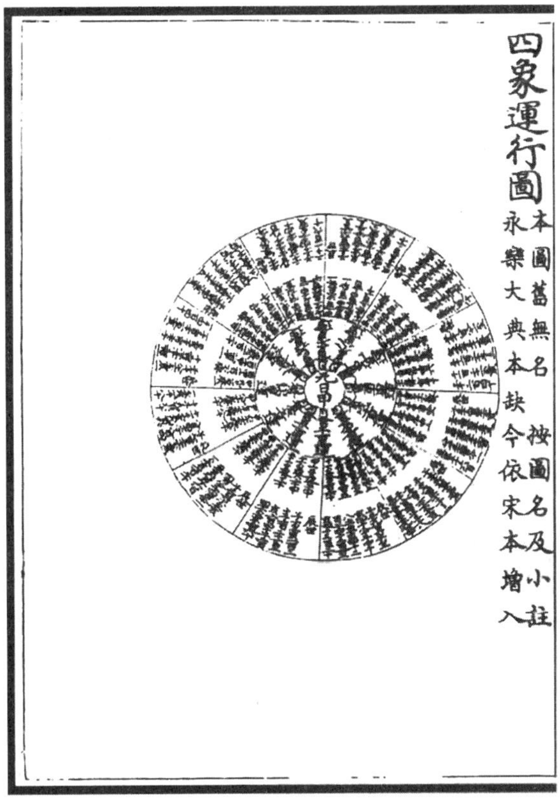

图 26　四象运行图
（张行成《易通变》）

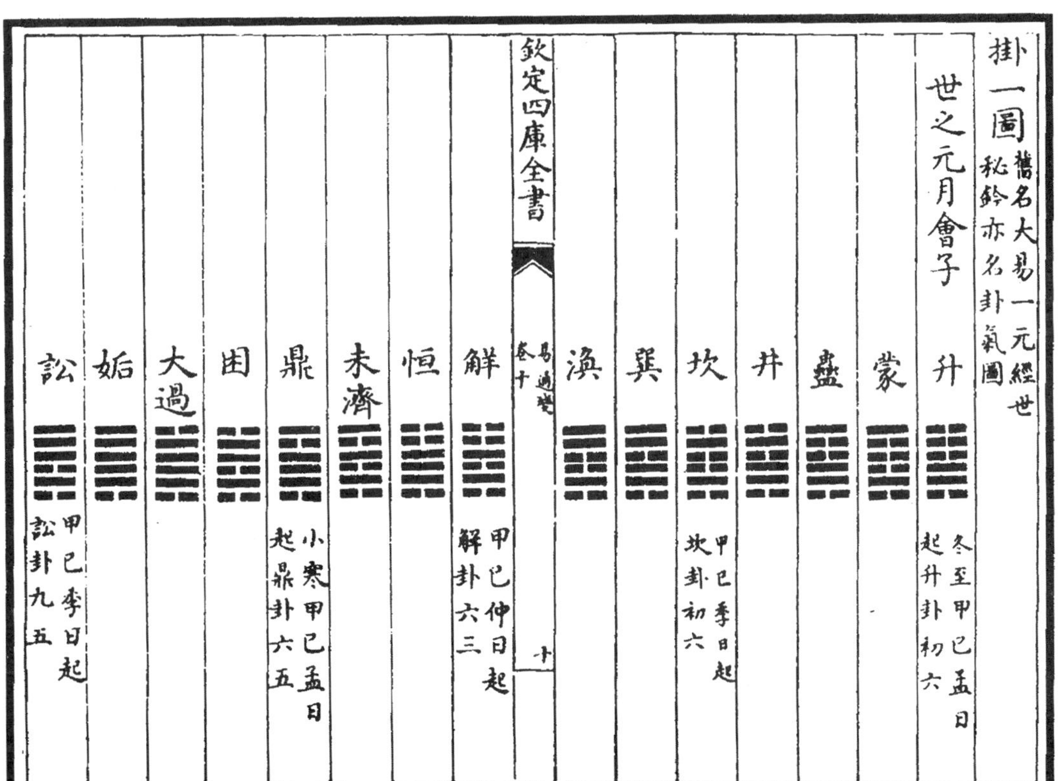

图 27-1　挂一图
（张行成《易通变》）

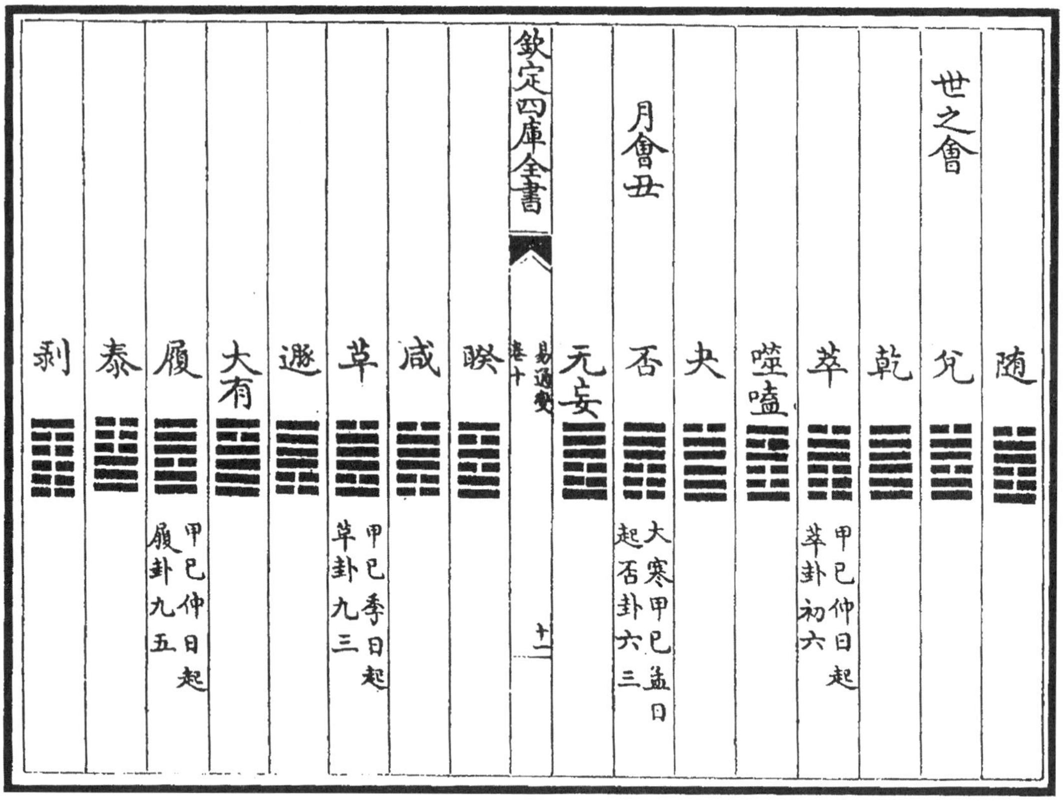

图 27－2　挂一图
（张行成《易通变》）

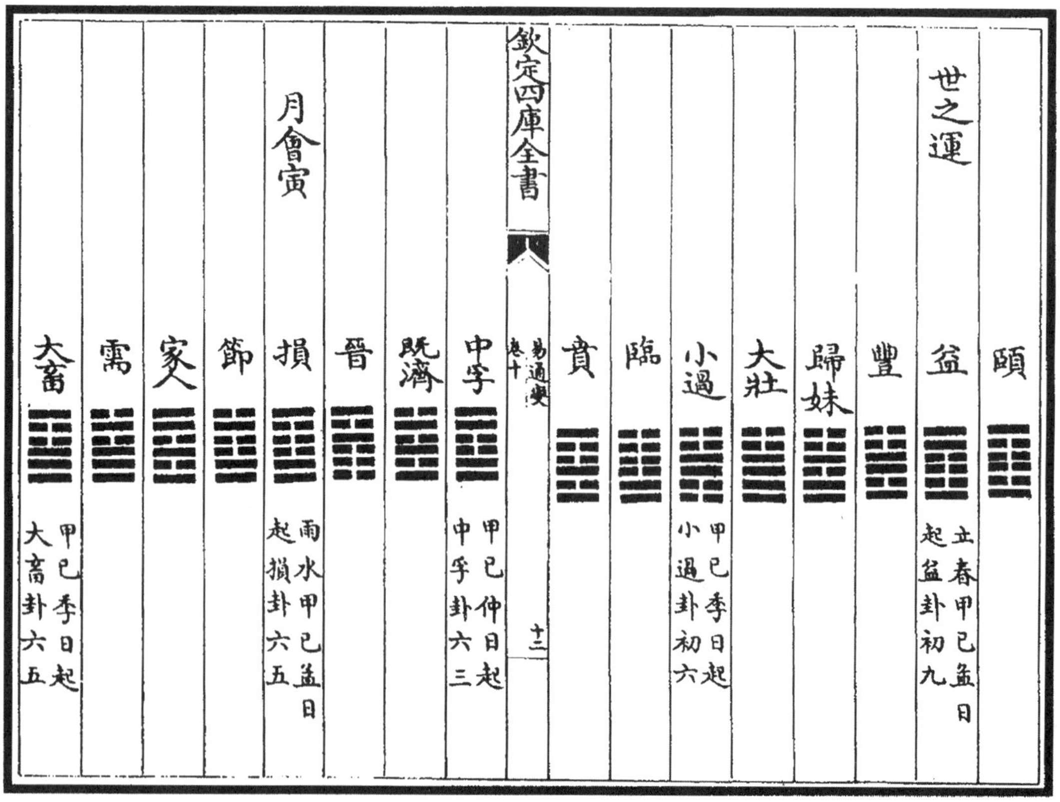

图 27－3　挂一图
（张行成《易通变》）

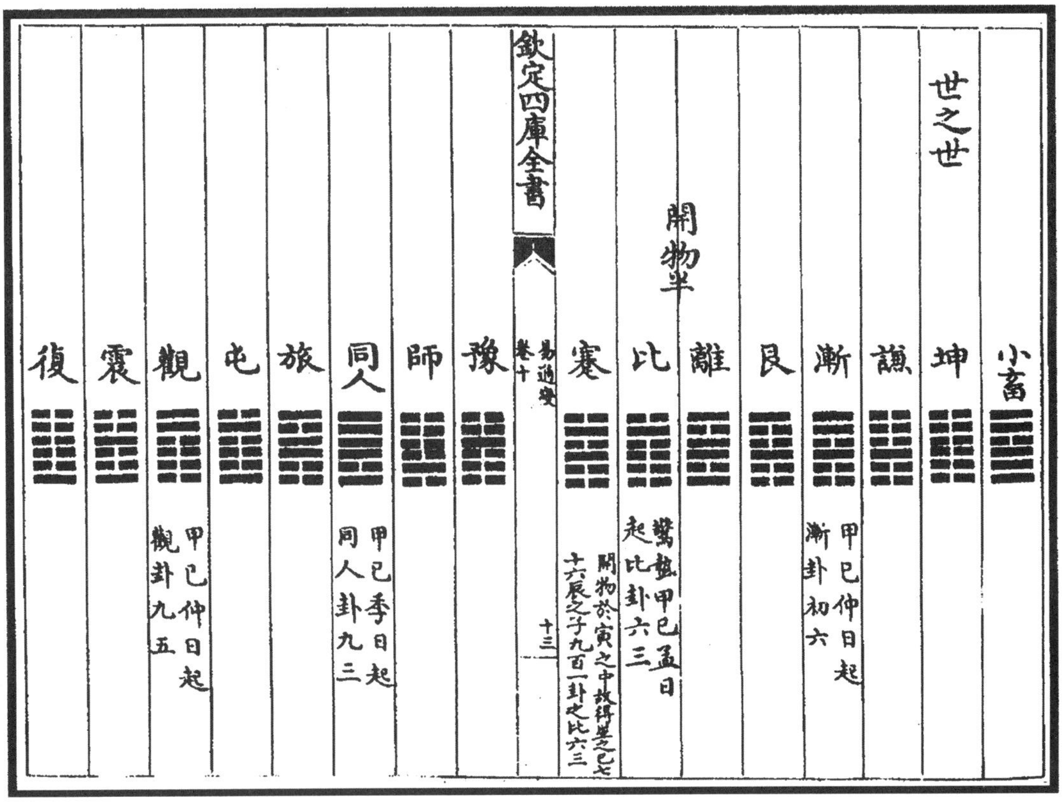

世之世
小畜
坤
謙
漸 甲已仲日起 漸卦初六
艮
離
開物星
比 驚蟄甲已孟日起比卦六三
蹇 開物於寅之中故得星之已七十六辰之子九百一卦之比六三
欽定四庫全書
易通變 卷十 十三
豫
師
同人 甲已季日起 同人卦九三
旅
屯
觀 甲已仲日起 觀卦九五
震
復

图 27－4　挂一图

（张行成《易通变》）

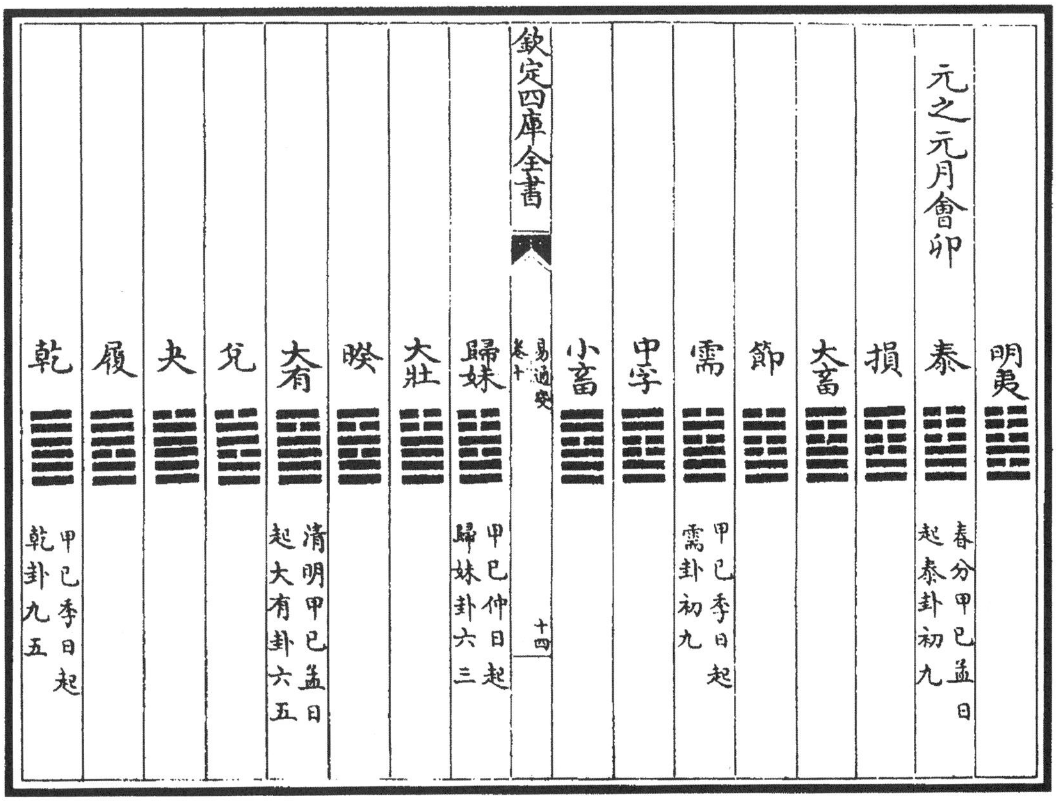

元之元月會卯
明夷
泰 春分甲已孟日起泰卦初九
損
大畜
節
需 甲已季日起 需卦初九
中孚
小畜
欽定四庫全書
易通變 卷十 十四
歸妹 甲已仲日起 歸妹卦六三
大壯
睽
大有 清明甲已孟日起大有卦六五
兌
夬
履
乾 甲已季日起 乾卦九五

图 27－5　挂一图

（张行成《易通变》）

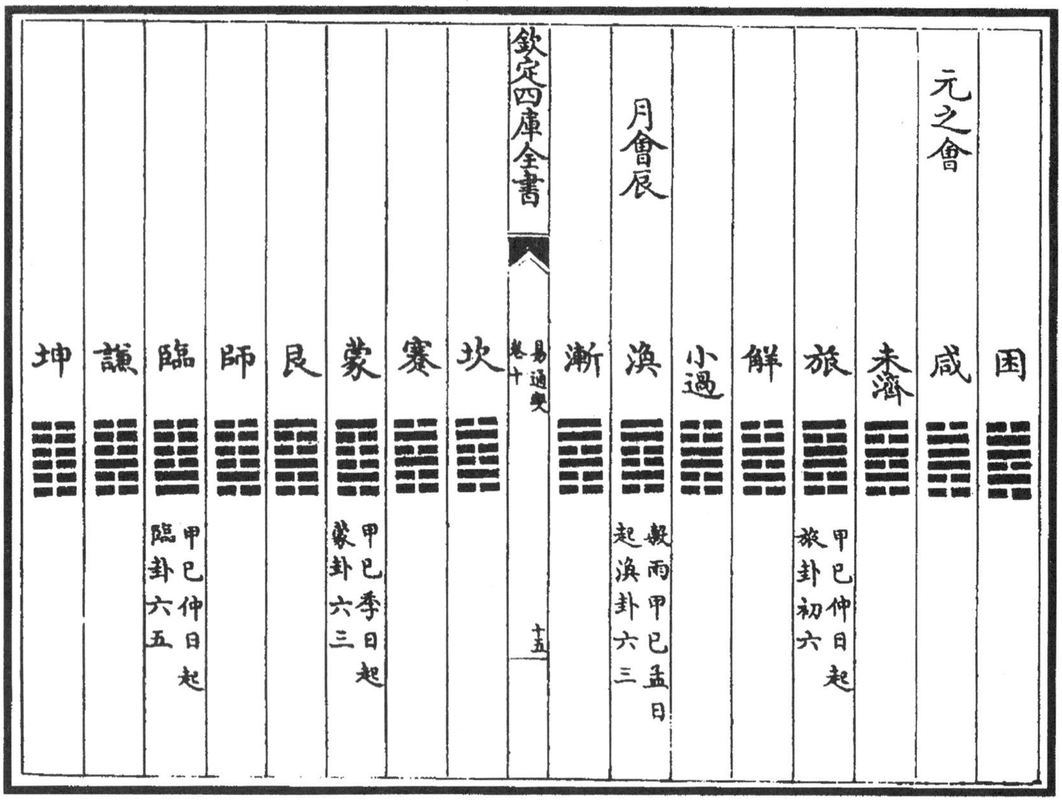

图 27－6　挂一图

（张行成《易通变》）

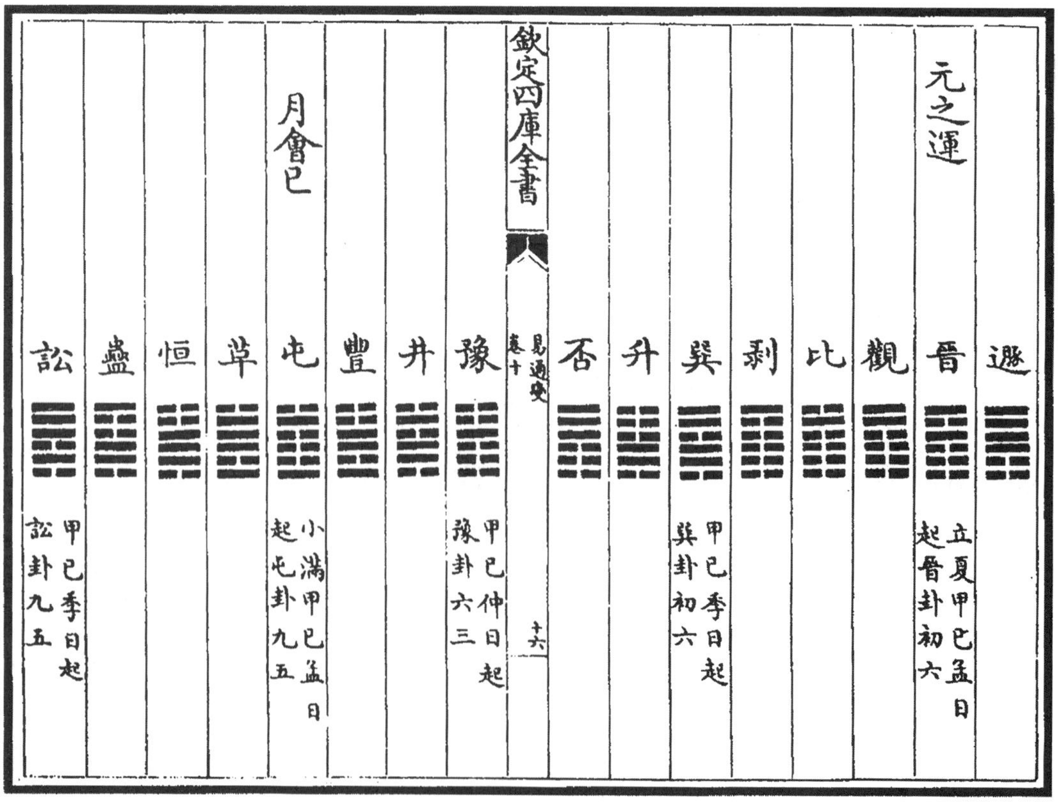

图 27－7　挂一图

（张行成《易通变》）

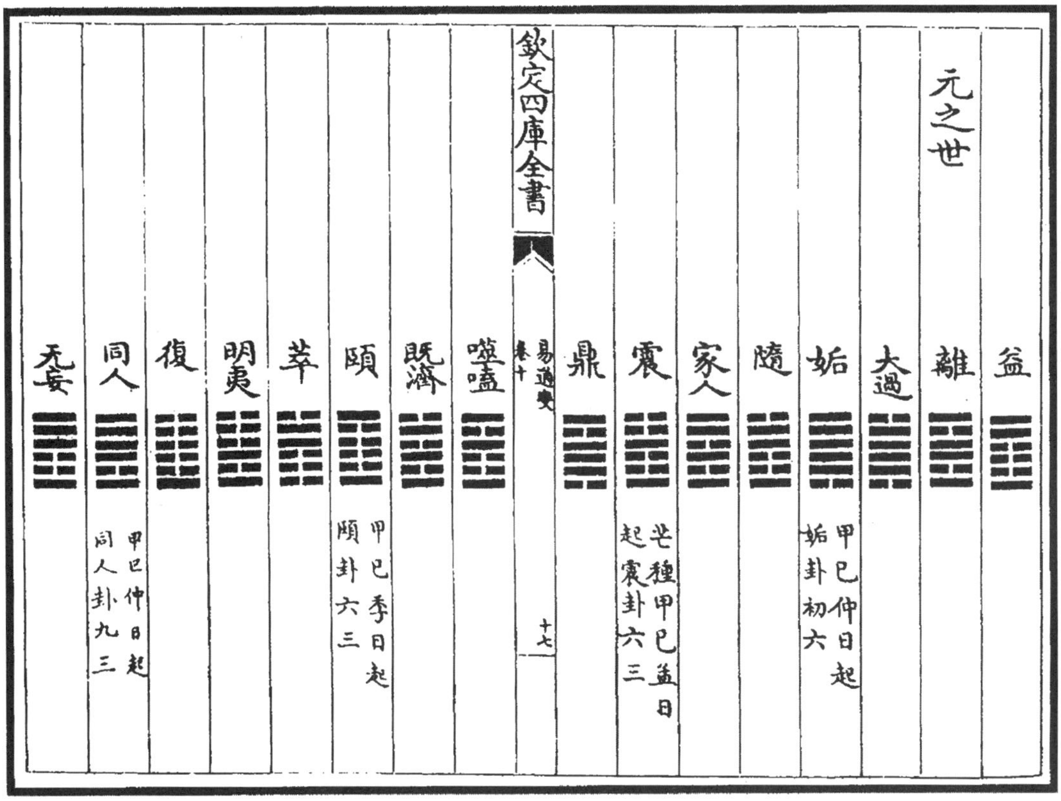

元之世
益
離
大過
姤 甲巳仲日起 姤卦初六
隨
家人
震 芒種甲巳孟日起震卦六三
鼎
欽定四庫全書 易通變 卷十 十七
噬嗑
既濟
頤 甲巳季日起 頤卦六三
萃
明夷
復
同人 甲巳仲日起 同人卦九三
无妄

图 27－8　挂一图
（张行成《易通变》）

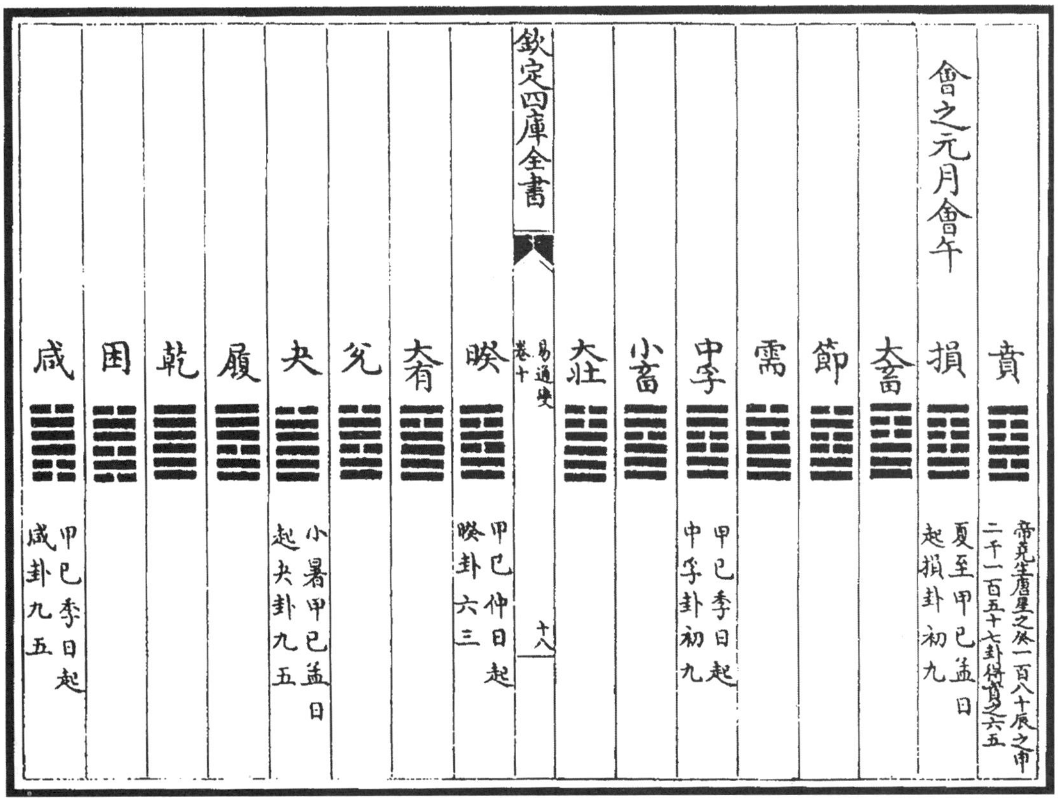

會之元月會午
賁 帝堯生虞星之次一百八十辰之甫二千一百五十七卦得賁之六五
損 夏至甲巳孟日起損卦初九
大畜
節
需
中孚 甲巳季日起 中孚卦初九
小畜
大壯
欽定四庫全書 易通變 卷十 十八
睽 甲巳仲日起 睽卦六三
大有
兌
夬 小暑甲巳孟日起夬卦九五
履
乾
困
咸 甲巳季日起 咸卦九五

图 27－9　挂一图
（张行成《易通变》）

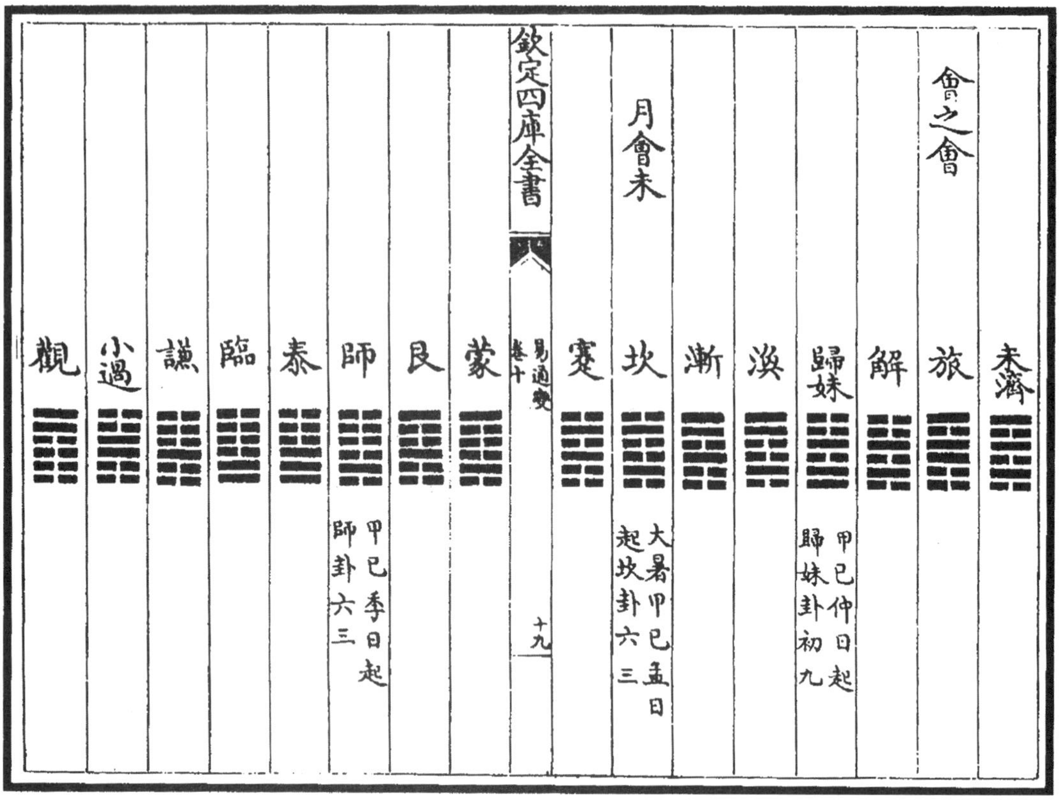

图 27－10　挂一图

（张行成《易通变》）

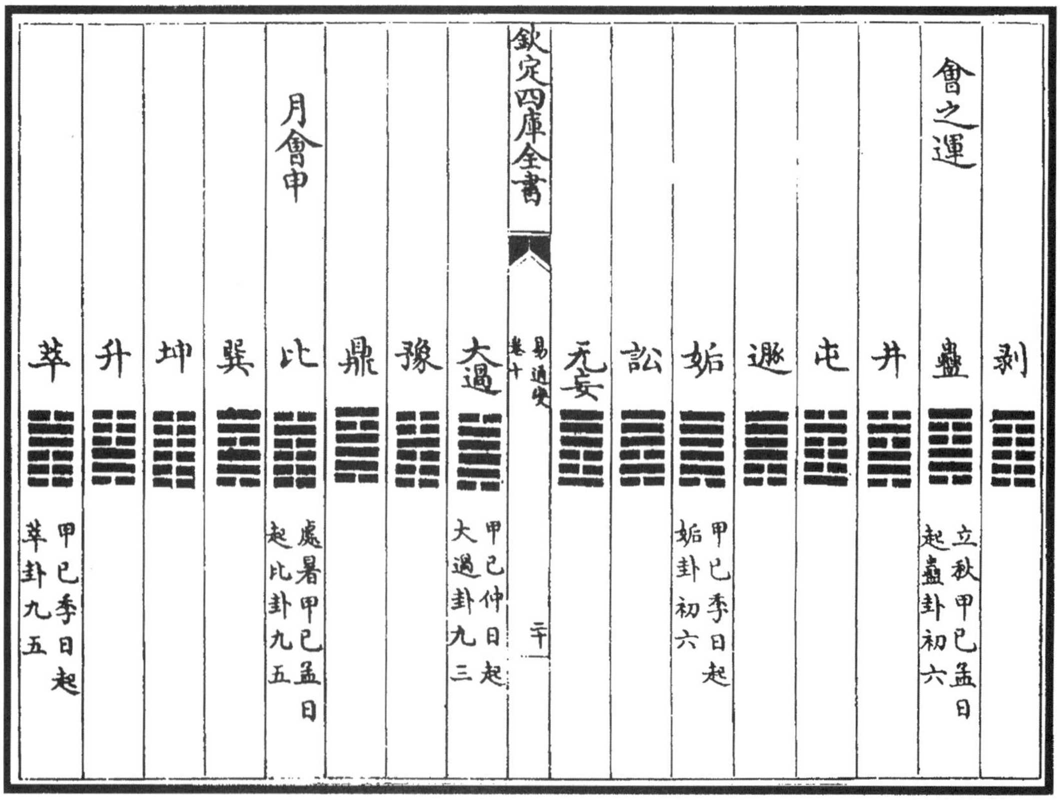

图 27－11　挂一图

（张行成《易通变》）

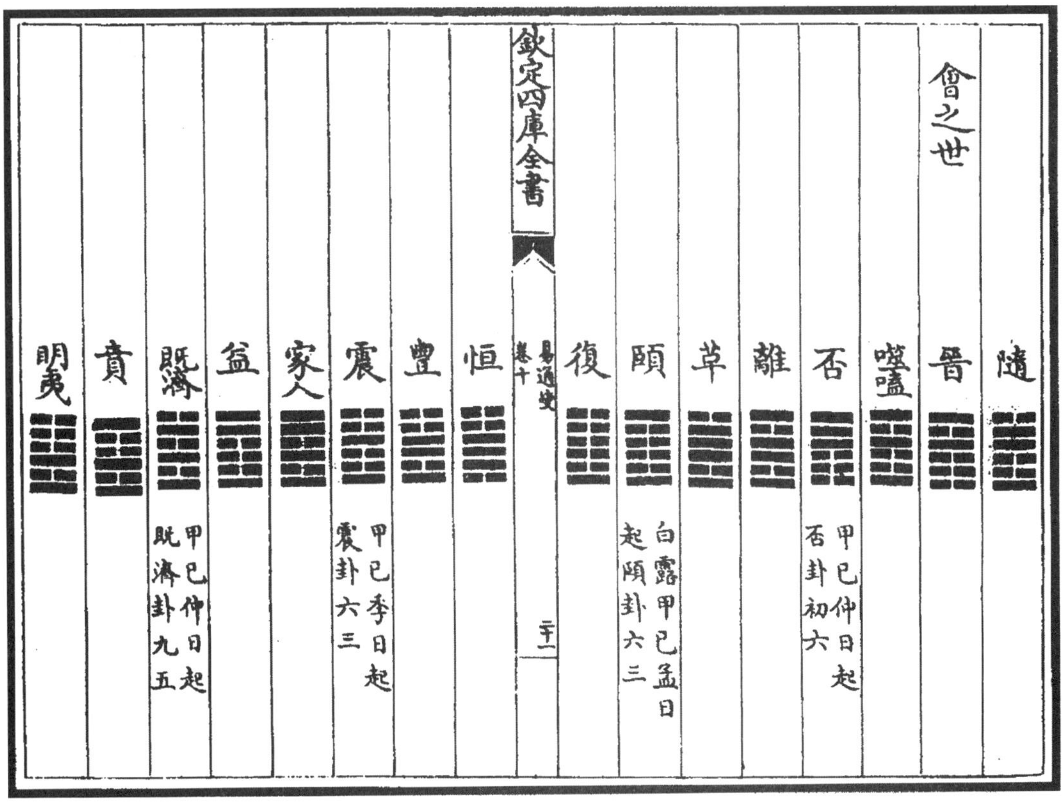
會之世

隨

晉

噬嗑

否 甲巳仲日起否卦初六

離

革

頤 白露甲巳孟日起頤卦六三

復

欽定四庫全書 易通變 卷十 二十一

恒

豐

震 甲巳季日起震卦六三

家人

益

既濟 甲巳仲日起既濟卦九五

賁

明夷

图 27－12　挂一图

（张行成《易通变》）

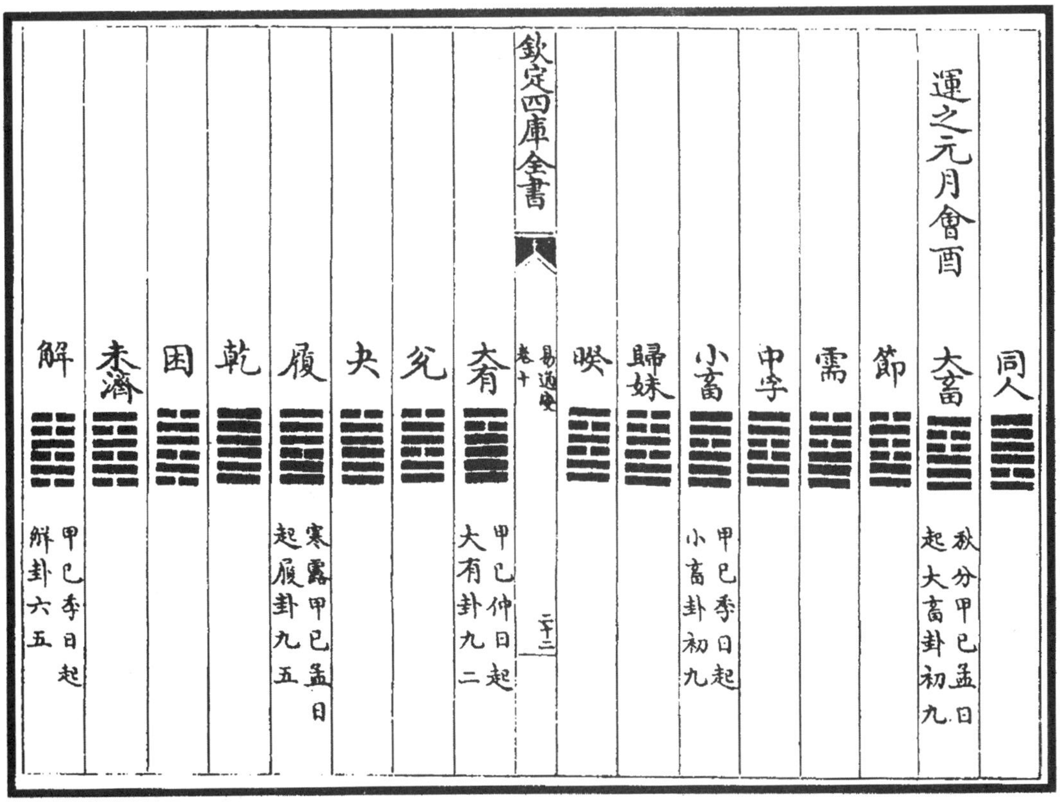
運之元月會酉

同人

大畜 秋分甲巳孟日起大畜卦初九

節

需

中孚

小畜 甲巳季日起小畜卦初九

歸妹

睽

欽定四庫全書 易通變 卷十 二十二

大有 甲巳仲日起大有卦九二

兌

夬

履 寒露甲巳孟日起履卦九五

乾

困

未濟

解 甲巳季日起解卦六五

图 27－13　挂一图

（张行成《易通变》）

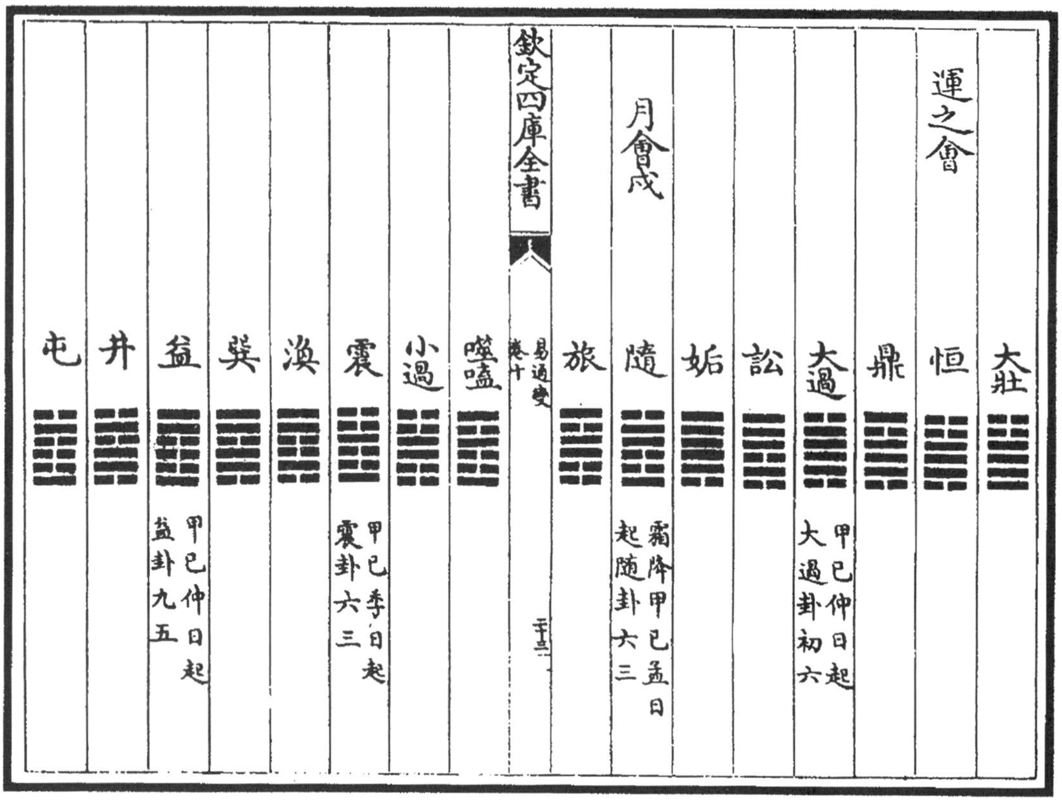

图 27－14　挂一图

（张行成《易通变》）

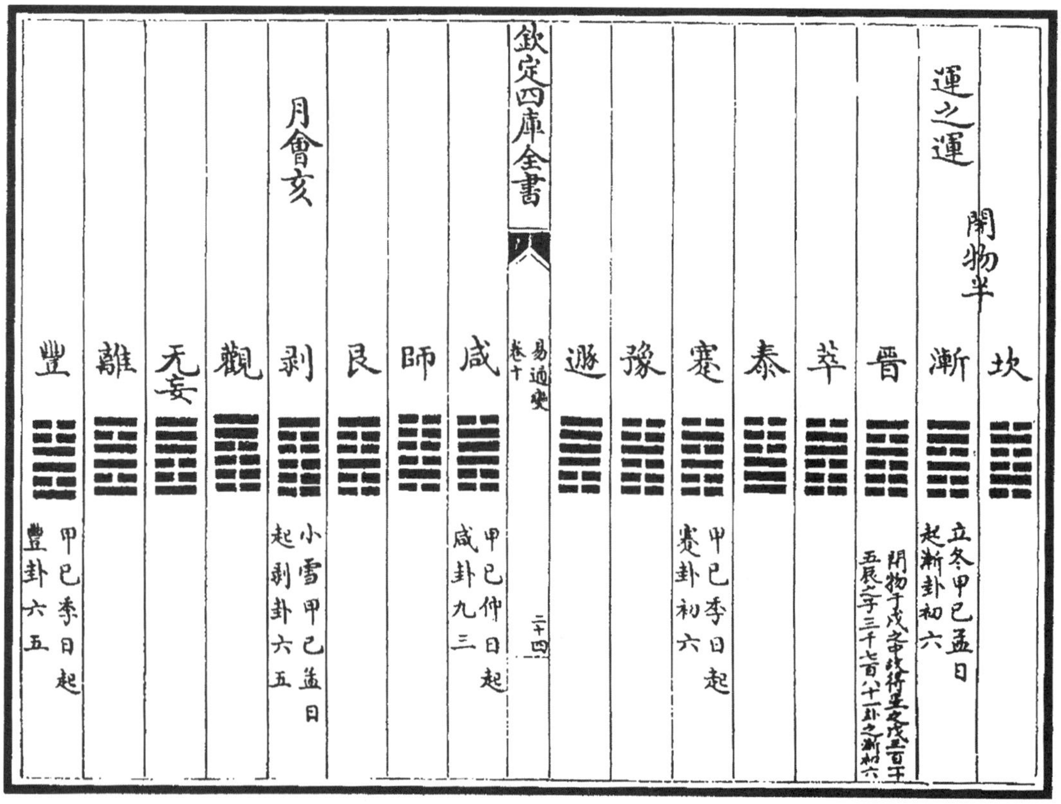

图 27－15　挂一图

（张行成《易通变》）

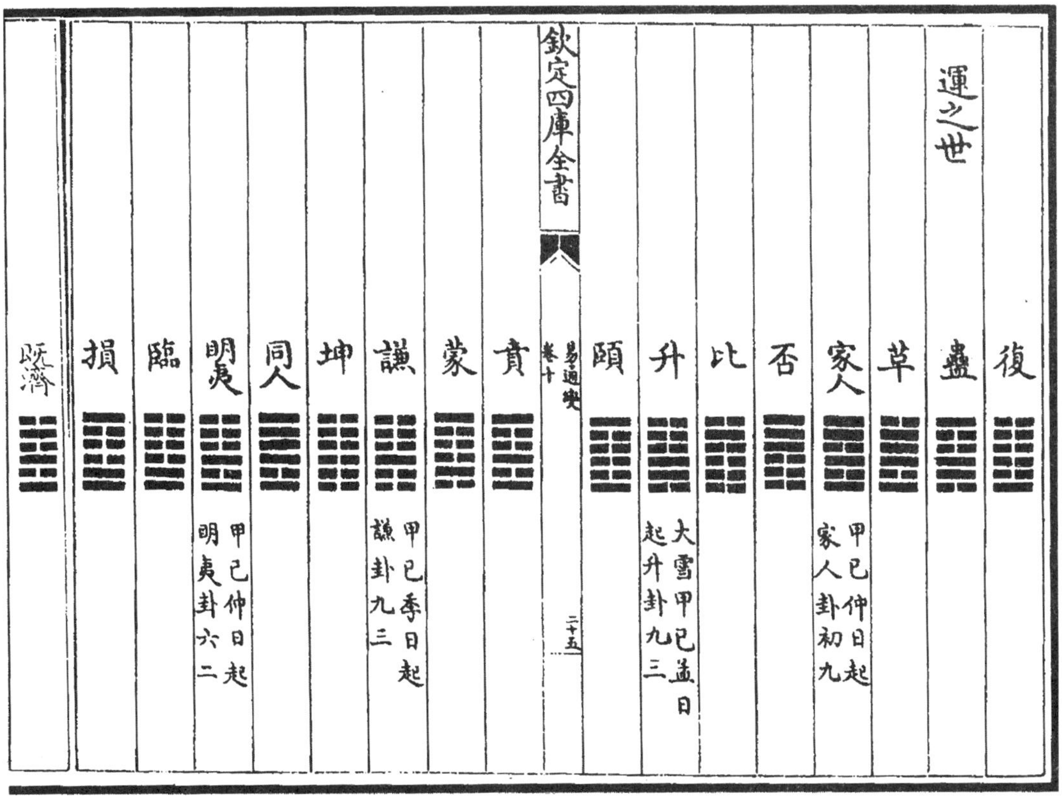

图 27-16 挂一图
（张行成《易通变》）

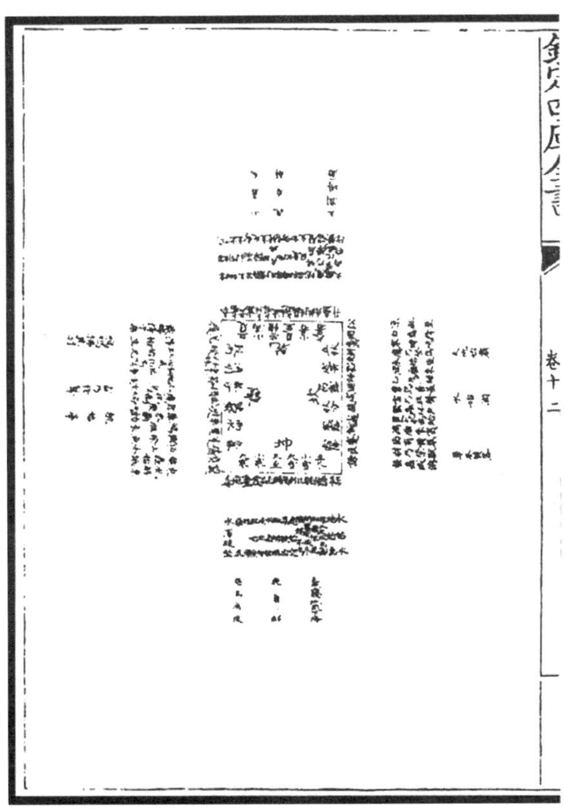

图 28 气候图
（张行成《易通变》）

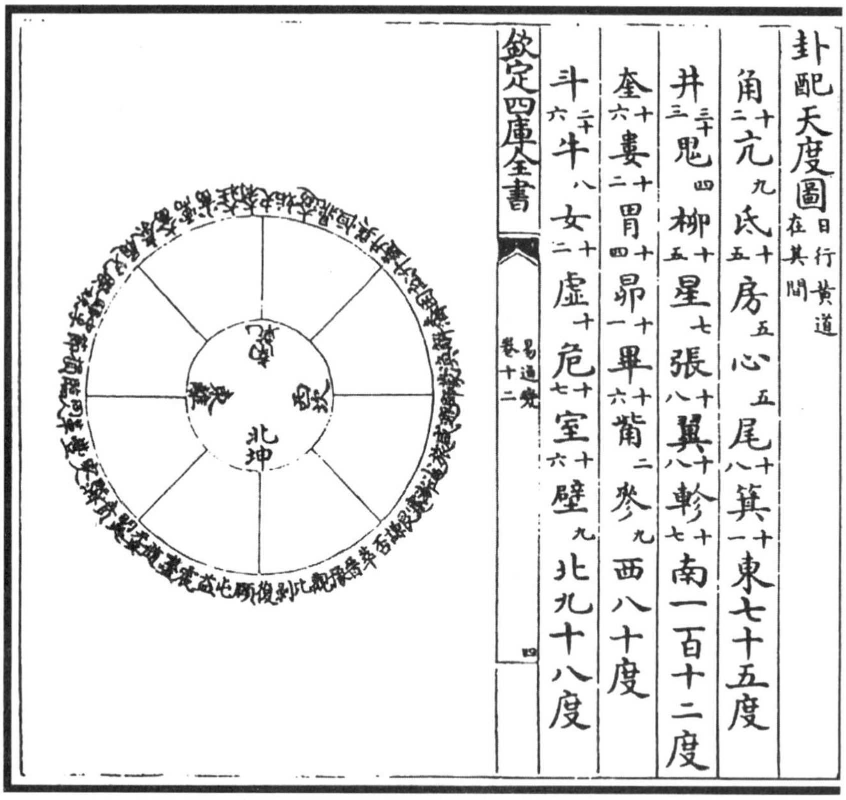

图 29　卦配天度图
（张行成《易通变》）

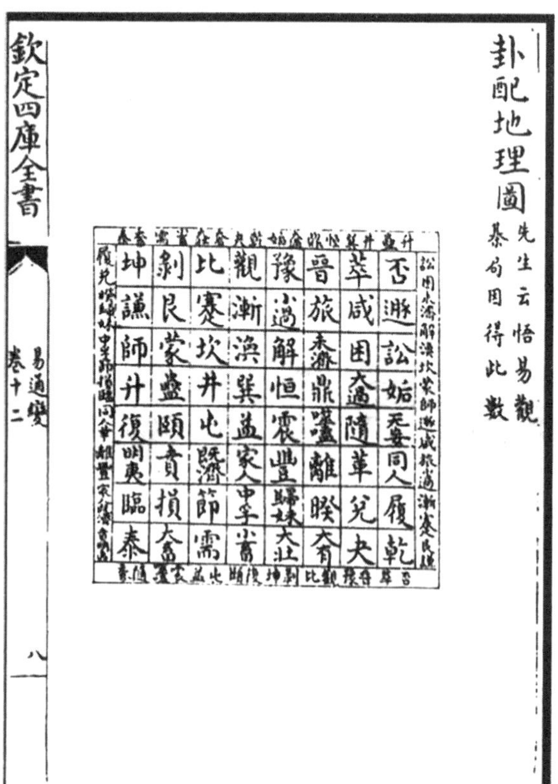

图 30　卦配地理图
（张行成《易通变》）

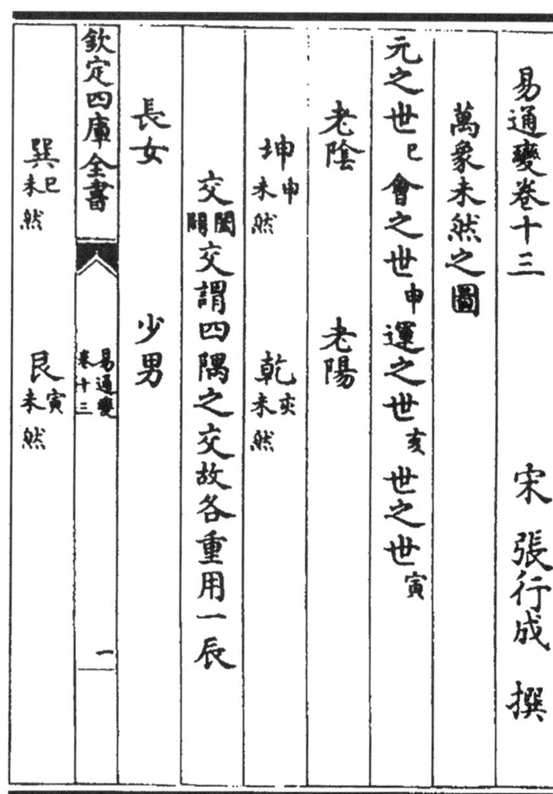

图 31　万象未然之图
（张行成《易通变》）

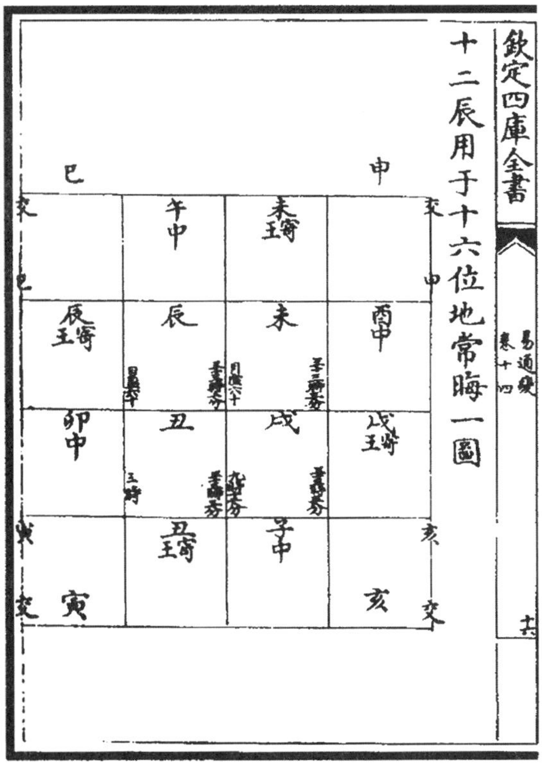

图 32 十二辰用于十六位地常晦一图
（张行成《易通变》）

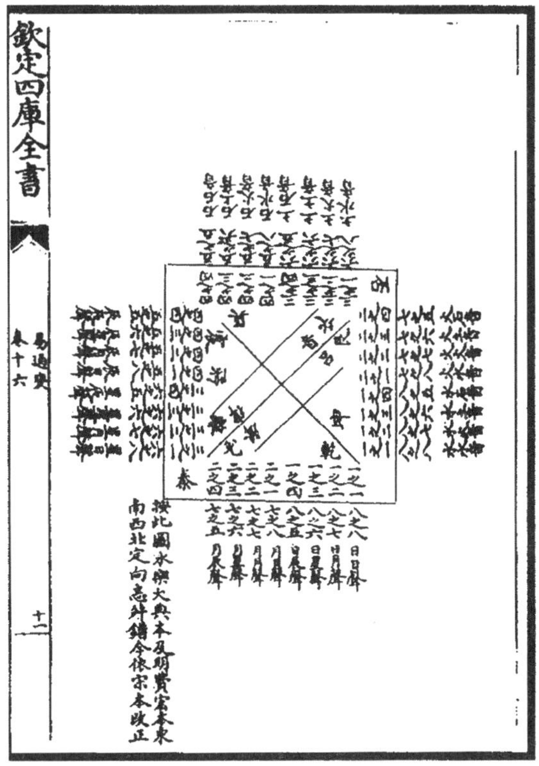

图 33 既济图
（张行成《易通变》）

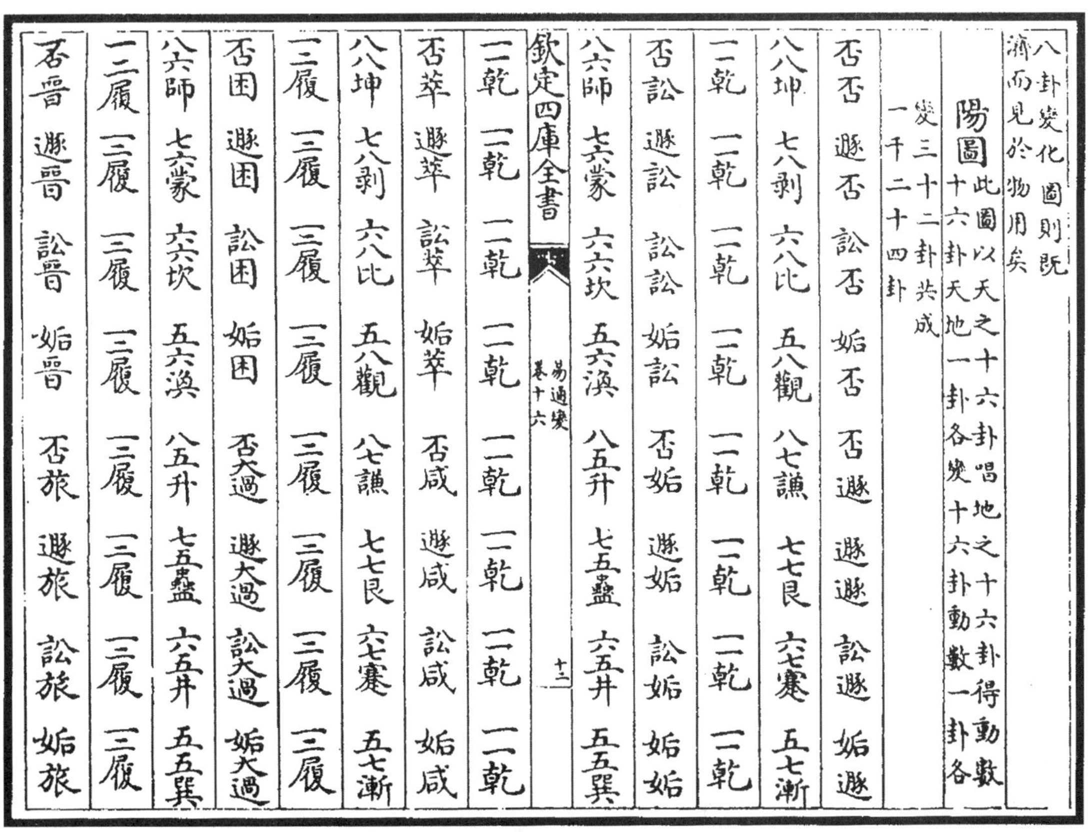

图 34-1 阳图
（张行成《易通变》）

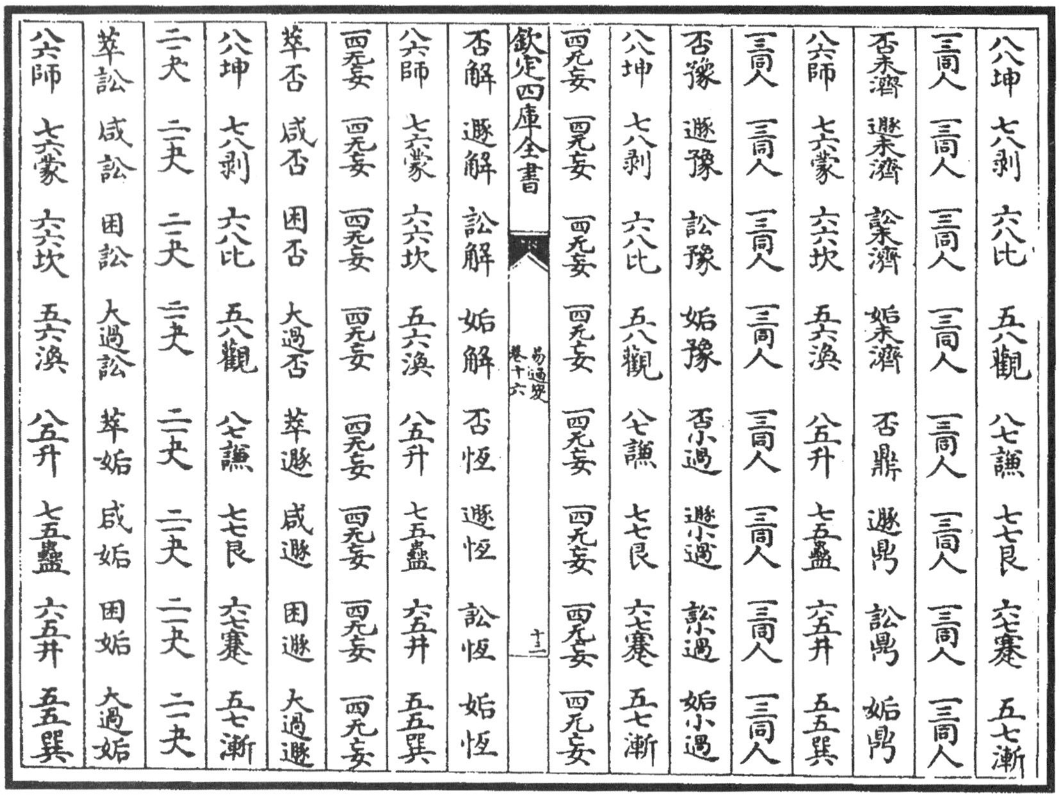
八八坤 七八剝 六八比 五八觀 八七謙 七七艮 六七蹇 五七漸
三同人 三同人 三同人 三同人 三同人 三同人 三同人 三同人
否未濟 遯未濟 訟未濟 姤未濟 否鼎 遯鼎 訟鼎 姤鼎
八六師 七六蒙 六六坎 五六渙 八五升 七五蠱 六五井 五五巽
三同人 三同人 三同人 三同人 三同人 三同人 三同人 三同人
否豫 遯豫 訟豫 姤豫 否小過 遯小過 訟小過 姤小過
八八坤 七八剝 六八比 五八觀 八七謙 七七艮 六七蹇 五七漸
四无妄 四无妄 四无妄 四无妄 四无妄 四无妄 四无妄 四无妄
欽定四庫全書 易通變 卷十六 十二
否解 遯解 訟解 姤解 否恆 遯恆 訟恆 姤恆
八六師 七六蒙 六六坎 五六渙 八五升 七五蠱 六五井 五五巽
四无妄 四无妄 四无妄 四无妄 四无妄 四无妄 四无妄 四无妄
萃否 咸否 困否 大過否 萃遯 咸遯 困遯 大過遯
八八坤 七八剝 六八比 五八觀 八七謙 七七艮 六七蹇 五七漸
二夬 二夬 二夬 二夬 二夬 二夬 二夬 二夬
萃訟 咸訟 困訟 大過訟 萃姤 咸姤 困姤 大過姤
八六師 七六蒙 六六坎 五六渙 八五升 七五蠱 六五井 五五巽

图 34－2　阳图

（张行成《易通变》）

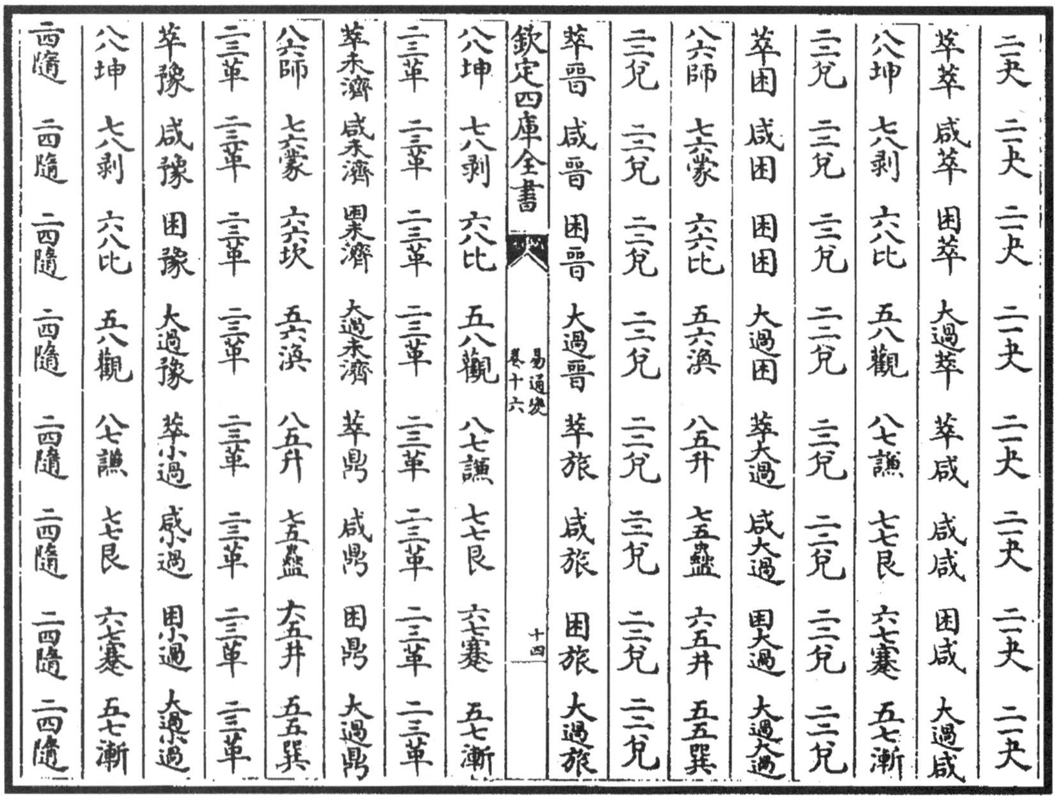
二夬 二夬 二夬 二夬 二夬 二夬 二夬 二夬
萃萃 咸萃 困萃 大過萃 萃咸 咸咸 困咸 大過咸
八八坤 七八剝 六八比 五八觀 八七謙 七七艮 六七蹇 五七漸
三兌 三兌 三兌 三兌 三兌 三兌 三兌 三兌
萃困 咸困 困困 大過困 萃大過 咸大過 困大過 大過大過
八六師 七六蒙 六六坎 五六渙 八五升 七五蠱 六五井 五五巽
三兌 三兌 三兌 三兌 三兌 三兌 三兌 三兌
萃晉 咸晉 困晉 大過晉 萃旅 咸旅 困旅 大過旅
欽定四庫全書 易通變 卷十六 十四
八八坤 七八剝 六八比 五八觀 八七謙 七七艮 六七蹇 五七漸
三革 三革 三革 三革 三革 三革 三革 三革
萃未濟 咸未濟 困未濟 大過未濟 萃鼎 咸鼎 困鼎 大過鼎
八六師 七六蒙 六六坎 五六渙 八五升 七五蠱 六五井 五五巽
三革 三革 三革 三革 三革 三革 三革 三革
萃豫 咸豫 困豫 大過豫 萃小過 咸小過 困小過 大過小過
八八坤 七八剝 六八比 五八觀 八七謙 七七艮 六七蹇 五七漸
四隨 四隨 四隨 四隨 四隨 四隨 四隨 四隨

图 34－3　阳图

（张行成《易通变》）

革解 咸解 困解 大過解 革恆 咸恆 困恆 大過恆
八六師 七六蒙 六六坎 五六渙 八五升 七五蠱 六五井 五五巽
二四隨 二四隨 二四隨 二四隨 二四隨 二四隨 二四隨 二四隨
晉否 旅否 未濟否 鼎否 晉遯 旅遯 未濟遯 鼎遯
八八坤 七八剝 六八比 五八觀 八七謙 七七艮 六七蹇 五七漸
三大有 三大有 三大有 三大有 三大有 三大有 三大有 三大有
晉訟 旅訟 未濟訟 鼎訟 晉姤 旅姤 未濟姤 鼎姤
八六師 七六蒙 六六坎 五六渙 八五升 七五蠱 六五井 五五巽

欽定四庫全書　易通變 卷十六　十五

三大有 三大有 三大有 三大有 三大有 三大有 三大有 三大有
晉萃 旅萃 未濟萃 鼎萃 晉咸 旅咸 未濟咸 鼎咸
八八坤 七八剝 六八比 五八觀 八七謙 七七艮 六七蹇 五七漸
三三睽 三三睽 三三睽 三三睽 三三睽 三三睽 三三睽 三三睽
晉困 旅困 未濟困 鼎困 晉大過 旅大過 未濟大過 鼎大過
八六師 七六蒙 六六坎 五六渙 八五升 七五蠱 六五井 五五巽
三三睽 三三睽 三三睽 三三睽 三三睽 三三睽 三三睽 三三睽
晉晉 旅晉 未濟晉 鼎晉 晉旅 旅旅 未濟旅 鼎旅

图 34－4　阳图
（张行成《易通变》）

八八坤 七八剝 六八比 五八觀 八七謙 七七艮 六七蹇 五七漸
三三離 三三離 三三離 三三離 三三離 三三離 三三離 三三離
晉未濟 旅未濟 未濟未濟 鼎未濟 晉鼎 旅鼎 未濟鼎 鼎鼎
八六師 七六蒙 六六坎 五六渙 八五升 七五蠱 六五井 五五巽
三三離 三三離 三三離 三三離 三三離 三三離 三三離 三三離
晉豫 旅豫 未濟豫 鼎豫 晉小過 旅小過 未濟小過 鼎小過
八八坤 七八剝 六八比 五八觀 八七謙 七七艮 六七蹇 五七漸
二四噬嗑 二四噬嗑 二四噬嗑 二四噬嗑 二四噬嗑 二四噬嗑 二四噬嗑 二四噬嗑

欽定四庫全書　易通變 卷十六　十六

晉解 旅解 未濟解 鼎解 晉恆 旅恆 未濟恆 鼎恆
八六師 七六蒙 六六坎 五六渙 八五升 七五蠱 六五井 五五巽
二四噬嗑 二四噬嗑 二四噬嗑 二四噬嗑 二四噬嗑 二四噬嗑 二四噬嗑 二四噬嗑
豫否 小過否 解否 恆否 豫遯 小過遯 解遯 恆遯
八八坤 七八剝 六八比 五八觀 八七謙 七七艮 六七蹇 五七漸
四大壯 四大壯 四大壯 四大壯 四大壯 四大壯 四大壯 四大壯
豫訟 小過訟 解訟 恆訟 豫姤 小過姤 解姤 恆姤
八六師 七六蒙 六六坎 五六渙 八五升 七五蠱 六五井 五五巽

图 34－5　阳图
（张行成《易通变》）

四一大壯 四一大壯 四一大壯 四一大壯 四一大壯 四一大壯 四一大壯 四一大壯
豫萃 小過萃 解萃 恆萃 豫咸 小過咸 解咸 恆咸
八八坤 七八剝 六八比 五八觀 八七謙 七七艮 六七蹇 五七漸
四三歸妹 四三歸妹 四三歸妹 四三歸妹 四三歸妹 四三歸妹 四三歸妹 四三歸妹
豫困 小過困 解困 恆困 豫大過 小過大過 解大過 恆大過
八六師 七六蒙 六六坎 五六渙 八五升 七五蠱 六五井 五五巽
四三歸妹 四三歸妹 四三歸妹 四三歸妹 四三歸妹 四三歸妹 四三歸妹 四三歸妹
豫晉 小過晉 解晉 恆晉 豫旅 小過旅 解旅 恆旅
欽定四庫全書　易通變 卷十六　十七
八八坤 七八剝 六八比 五八觀 八七謙 七七艮 六七蹇 五七漸
四三豐 四三豐 四三豐 四三豐 四三豐 四三豐 四三豐 四三豐
豫未濟 小過未濟 解未濟 恆未濟 豫鼎 小過鼎 解鼎 恆鼎
八六師 七六蒙 六六坎 五六渙 八五升 七五蠱 六五井 五五巽
四三豐 四三豐 四三豐 四三豐 四三豐 四三豐 四三豐 四三豐
豫豫 小過豫 解豫 恆豫 豫小過 小過小過 解小過 恆小過
八八坤 七八剝 六八比 五八觀 八七謙 七七艮 六七蹇 五七漸
四四震 四四震 四四震 四四震 四四震 四四震 四四震 四四震

图 34－6　阳图

（张行成《易通变》）

豫解 小過解 解解 恆解 豫恆 小過恆 解恆 恆恆
八六師 七六蒙 六六坎 五六渙 八五升 七五蠱 六五井 五五巽
四四震 四四震 四四震 四四震 四四震 四四震 四四震 四四震
陰圖 此圖以地之十六卦和天之十六卦得植數十六卦天地一卦各變十六卦植數一卦變
三十二卦共成一千二十四卦
一一坤 一一坤 一一坤 一一坤 一一坤 一一坤 一一坤 一一坤
八八乾 七八夬 六八有 五八大壯 八七履 七七兌 六七睽 五七歸
泰泰 臨泰 夷泰 復泰 泰臨 臨臨 夷臨 復臨
欽定四庫全書　易通變 卷十六　十八

图 34－7　阳图

（张行成《易通变》）

豫解 小過解 解解 恒解 豫恒 小過恒 解恒 恒恒
八六師 七六蒙 六六坎 五六渙 八五升 七五蠱 六五井 五五巽
四四震 四四震 四四震 四四震 四四震 四四震 四四震 四四震
陰圖 此圖以地之十六卦和天之十六卦得植數十六卦天地一卦各變十六卦植數一卦變
三十二卦共成一千二十四卦
一一坤 一一坤 一一坤 一一坤 一一坤 一一坤 一一坤 一一坤
八八乾 七八夬 六八大有 五八大壯 八七履 七七兌 六七睽 五七歸
泰泰 臨泰 夷泰 復泰 泰臨 臨臨 夷臨 復臨
欽定四庫全書 易通變 卷十六 十八
一一坤 一一坤 一一坤 一一坤 一一坤 一一坤 一一坤 一一坤
八六同 七六革 六六離 五六豐 八五无妄 七五隨 六五噬嗑 五五震
泰夷 臨夷 夷夷 復夷 泰復 臨復 夷復 復復
一三謙 一三謙 一三謙 一三謙 一三謙 一三謙 一三謙 一三謙
八八乾 七八夬 六八大有 五八大壯 八七離 七七兌 六七睽 五七歸妹
泰大畜 臨大畜 夷大畜 復大畜 泰損 臨損 夷損 復損
一三謙 一三謙 一三謙 一三謙 一三謙 一三謙 一三謙 一三謙
八六同人 七六革 六六離 五六豐 八五无妄 七五隨 六五噬嗑 五五震

图 35－1　阴图
（张行成《易通变》）

泰賁 臨賁 夷賁 復賁 泰頤 臨頤 夷頤 復頤
一三師 一三師 一三師 一三師 一三師 一三師 一三師 一三師
八八乾 七八夬 六八大有 五八大壯 八七履 七七兌 六七睽 五七歸妹
泰需 臨需 夷需 復需 泰節 臨節 夷節 復節
一三師 一三師 一三師 一三師 一三師 一三師 一三師 一三師
八六同人 七六革 六六離 五六豐 八五无妄 七五隨 六五噬嗑 五五震
泰既濟 臨既濟 夷既濟 復既濟 泰屯 臨屯 夷屯 復屯
一四升 一四升 一四升 一四升 一四升 一四升 一四升 一四升
欽定四庫全書 易通變 卷十六 十九
八八乾 七八夬 六八大有 五八大壯 八七履 七七兌 六七睽 五七歸妹
泰小畜 臨小畜 夷小畜 復小畜 泰中孚 臨中孚 夷中孚 復中孚
一四升 一四升 一四升 一四升 一四升 一四升 一四升 一四升
八六同 七六革 六六離 五六豐 八五无妄 七五隨 六五噬嗑 五五震
泰家 臨家 夷家 復家 泰益 臨益 夷益 復益
二一剝 二一剝 二一剝 二一剝 二一剝 二一剝 二一剝 二一剝
八八乾 七八夬 六八大有 五八大壯 八七履 七七兌 六七睽 五七歸妹
大畜泰 損泰 賁泰 頤泰 大畜臨 損臨 賁臨 頤臨

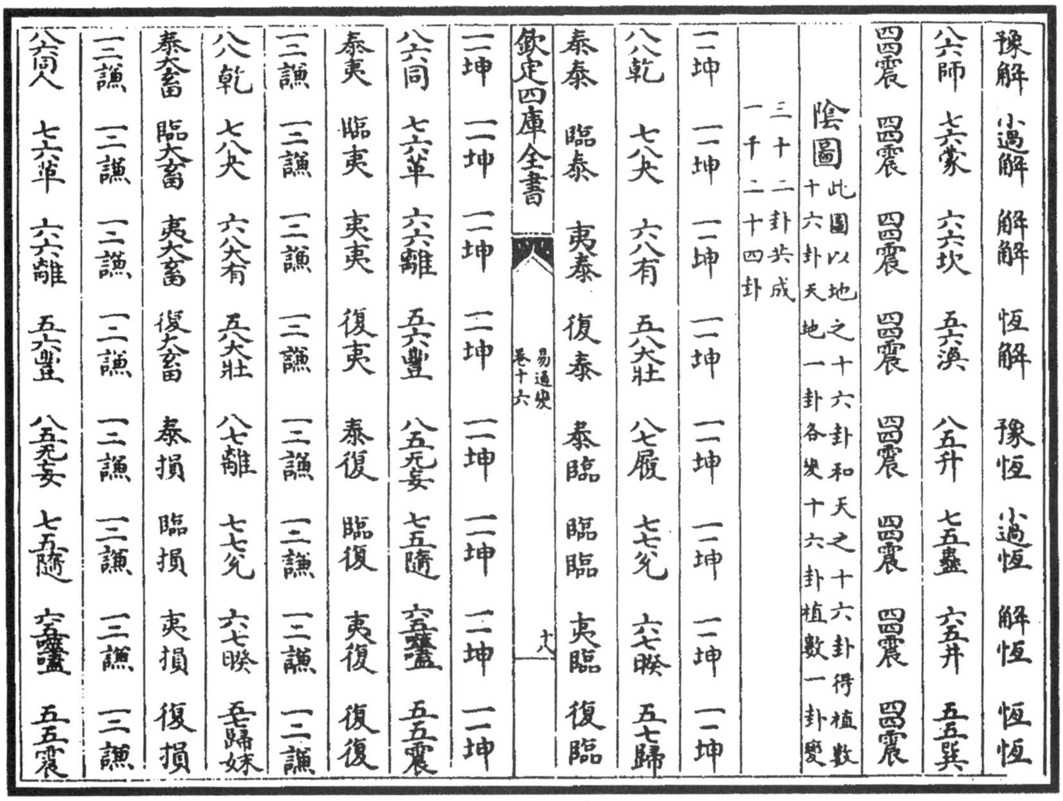

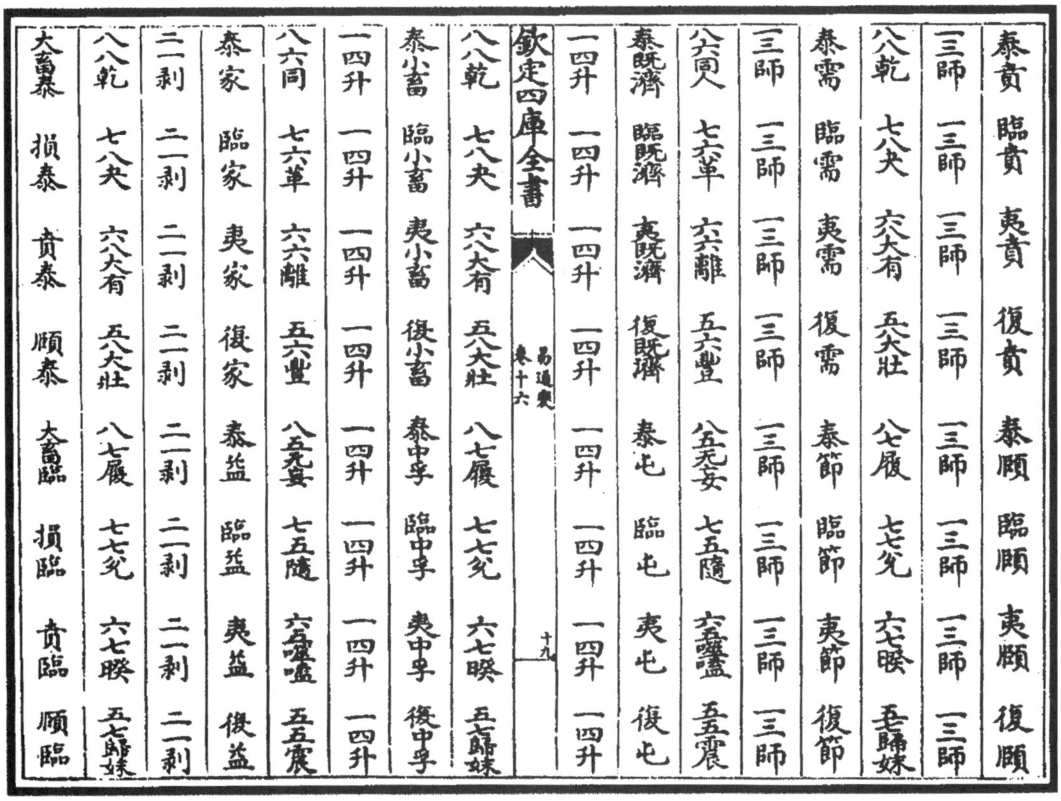

图 35－2　阴图
（张行成《易通变》）

二一剥 二一剥 二一剥 二一剥 二一剥 二一剥 二一剥 二一剥
八六同 七六革 六六離 五六豊 八五无妄 七五隨 六五噬嗑 五五震
大畜夷 損夷 賁夷 頤夷 大畜復 損復 賁復 頤復
二二艮 二二艮 二二艮 二二艮 二二艮 二二艮 二二艮 二二艮
八八乾 七八夬 六八大有 五八大壯 八七履 七七兑 六七睽 五七歸妹
大畜大畜 損大畜 賁大畜 頤大畜 大畜損 損損 賁損 頤損
二二艮 二二艮 二二艮 二二艮 二二艮 二二艮 二二艮 二二艮
八六同人 七六革 六六離 五六豊 八五无妄 七五隨 六五噬嗑 五五震

欽定四庫全書 易通變 卷十六 二十

大畜賁 損賁 賁賁 頤賁 大畜頤 損頤 賁頤 頤頤
二三蒙 二三蒙 二三蒙 二三蒙 二三蒙 二三蒙 二三蒙 二三蒙
八八乾 七八夬 六八大有 五八大壯 八七履 七七兑 六七睽 五七歸妹
大畜需 損需 賁需 頤需 大畜節 損節 賁節 頤節
二三蒙 二三蒙 二三蒙 二三蒙 二三蒙 二三蒙 二三蒙 二三蒙
八六同 七六革 六六離 五六豊 八五无妄 七五隨 六五噬嗑 五五震
大畜既濟 損既濟 賁既濟 頤既濟 大畜屯 損屯 賁屯 頤屯
二四蠱 二四蠱 二四蠱 二四蠱 二四蠱 二四蠱 二四蠱 二四蠱

图 35－3　阴图

（张行成《易通变》）

八八乾 七八夬 六八大有 五八大壯 八七履 七七兑 六七睽 五七歸妹
大畜小畜 損小畜 賁小畜 頤小畜 大畜孚 損孚 賁孚 頤孚
二四蠱 二四蠱 二四蠱 二四蠱 二四蠱 二四蠱 二四蠱 二四蠱
八六同人 七六革 六六離 五六豊 八五无妄 七五隨 六五噬嗑 五五震
大畜家 損家 賁家 頤家 大畜益 損益 賁益 頤益
三一比 三一比 三一比 三一比 三一比 三一比 三一比 三一比
八八乾 七八夬 六八大有 五八大壯 八七履 七七兑 六七睽 五七歸妹
需泰 節泰 既濟泰 屯泰 需臨 節臨 既濟臨 屯臨

欽定四庫全書 易通變 卷十六 二十一

三一比 三一比 三一比 三一比 三一比 三一比 三一比 三一比
八六同人 七六革 六六離 五六豊 八五无妄 七五隨 六五噬嗑 五五震
需夷 節夷 既濟夷 屯夷 需復 節復 既濟復 屯復
三二蹇 三二蹇 三二蹇 三二蹇 三二蹇 三二蹇 三二蹇 三二蹇
八八乾 七八夬 六八大有 五八大壯 八七履 七七兑 六七睽 五七歸妹
需大畜 節大畜 既濟大畜 屯大畜 需損 節損 既濟損 屯損
三二蹇 三二蹇 三二蹇 三二蹇 三二蹇 三二蹇 三二蹇 三二蹇
八六同人 七六革 六六離 五六豊 八五无妄 七五隨 六五噬嗑 五五震

图 35－4　阴图

（张行成《易通变》）

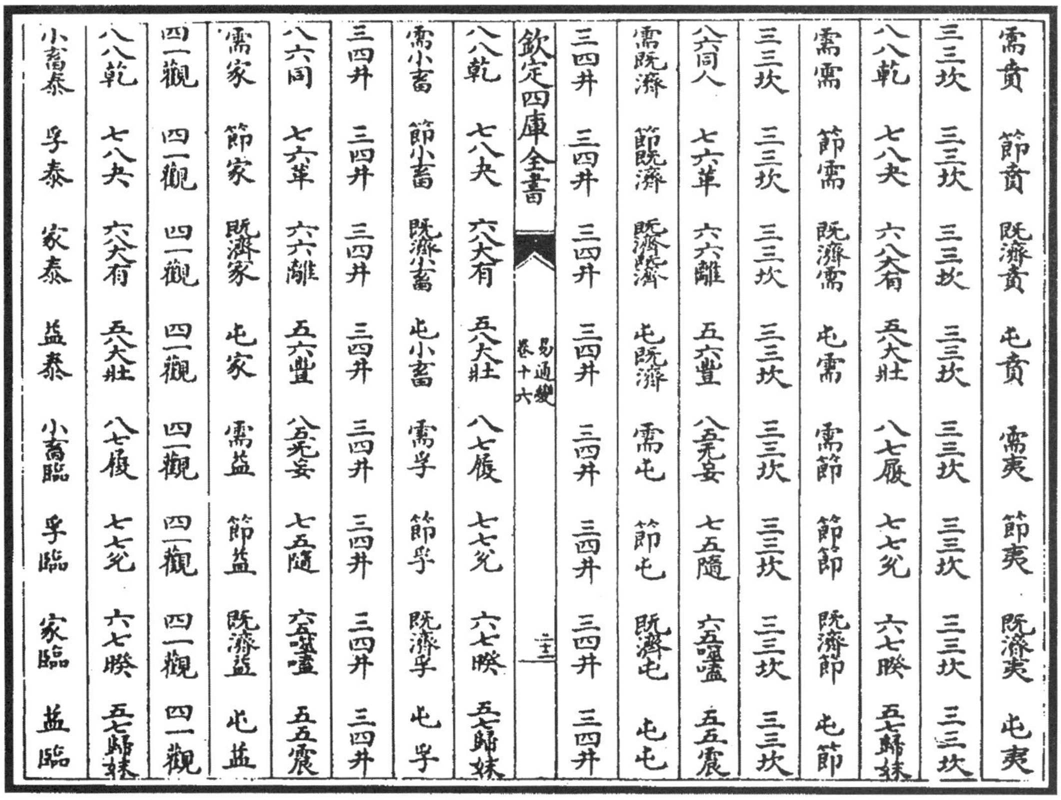
需賁 節賁 既濟賁 屯賁 需夷 節夷 既濟夷 屯夷
三三坎 三三坎 三三坎 三三坎 三三坎 三三坎 三三坎 三三坎
八八乾 七八夬 六八大有 五八大壯 八七履 七七兌 六七睽 五七歸妹
需需 節需 既濟需 屯需 需節 節節 既濟節 屯節
三三坎 三三坎 三三坎 三三坎 三三坎 三三坎 三三坎 三三坎
八六同人 七六革 六六離 五六豐 八五无妄 七五隨 六五噬嗑 五五震
需既濟 節既濟 既濟既濟 屯既濟 需屯 節屯 既濟屯 屯屯
三四井 三四井 三四井 三四井 三四井 三四井 三四井 三四井
欽定四庫全書 易通變 卷十六 二十二
八八乾 七八夬 六八大有 五八大壯 八七履 七七兌 六七睽 五七歸妹
需小畜 節小畜 既濟小畜 屯小畜 需孚 節孚 既濟孚 屯孚
三四井 三四井 三四井 三四井 三四井 三四井 三四井 三四井
八六同人 七六革 六六離 五六豐 八五无妄 七五隨 六五噬嗑 五五震
需家 節家 既濟家 屯家 需益 節益 既濟益 屯益
四一觀 四一觀 四一觀 四一觀 四一觀 四一觀 四一觀 四一觀
八八乾 七八夬 六八大有 五八大壯 八七履 七七兌 六七睽 五七歸妹
小畜泰 孚泰 家泰 益泰 小畜臨 孚臨 家臨 益臨

图 35－5　阴图

（张行成《易通变》）

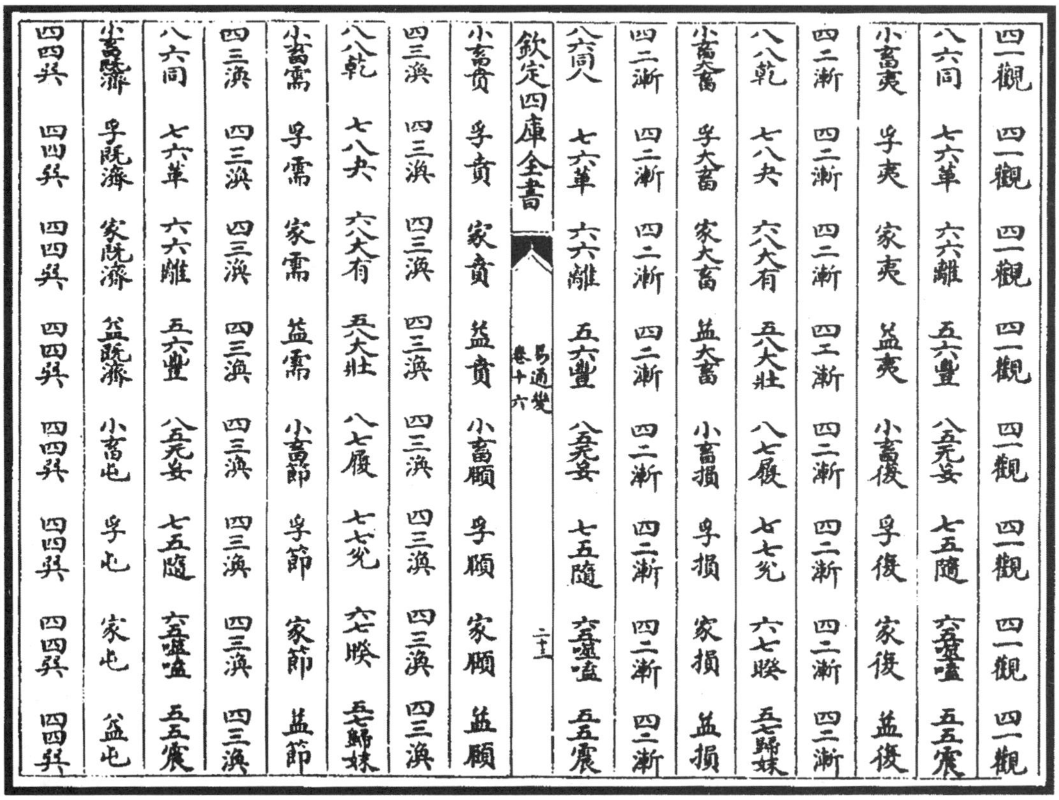
四一觀 四一觀 四一觀 四一觀 四一觀 四一觀 四一觀 四一觀
八六同人 七六革 六六離 五六豐 八五无妄 七五隨 六五噬嗑 五五震
小畜夷 孚夷 家夷 益夷 小畜復 孚復 家復 益復
四二漸 四二漸 四二漸 四二漸 四二漸 四二漸 四二漸 四二漸
八八乾 七八夬 六八大有 五八大壯 八七履 七七兌 六七睽 五七歸妹
小畜大畜 孚大畜 家大畜 益大畜 小畜損 孚損 家損 益損
四二漸 四二漸 四二漸 四二漸 四二漸 四二漸 四二漸 四二漸
八六同人 七六革 六六離 五六豐 八五无妄 七五隨 六五噬嗑 五五震
欽定四庫全書 易通變 卷十六 二十三
小畜賁 孚賁 家賁 益賁 小畜頤 孚頤 家頤 益頤
四三渙 四三渙 四三渙 四三渙 四三渙 四三渙 四三渙 四三渙
八八乾 七八夬 六八大有 五八大壯 八七履 七七兌 六七睽 五七歸妹
小畜需 孚需 家需 益需 小畜節 孚節 家節 益節
四三渙 四三渙 四三渙 四三渙 四三渙 四三渙 四三渙 四三渙
八六同人 七六革 六六離 五六豐 八五无妄 七五隨 六五噬嗑 五五震
小畜既濟 孚既濟 家既濟 益既濟 小畜屯 孚屯 家屯 益屯
四四巽 四四巽 四四巽 四四巽 四四巽 四四巽 四四巽 四四巽

图 35－6　阴图

（张行成《易通变》）

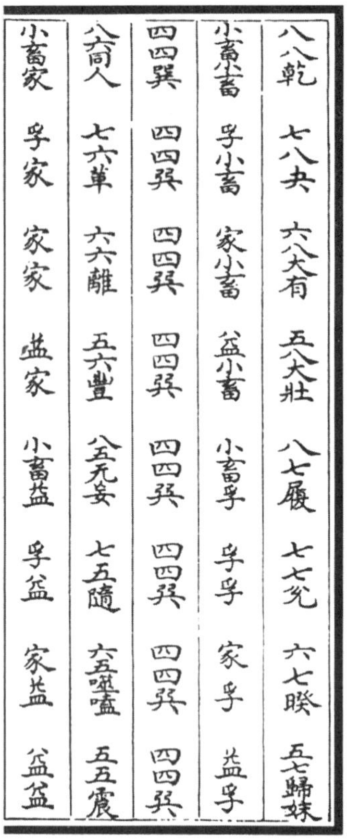

八八乾 七八夬 六八大有 五八大壯 八七履 七七兑 六七睽 五七歸妹

小畜小畜 孚小畜 家小畜 益小畜 小畜孚 孚孚 家孚 益孚

四四巽 四四巽 四四巽 四四巽 四四巽 四四巽 四四巽 四四巽

八六同人 七六革 六六離 五六豐 八五无妄 七五隨 六五噬嗑 五五震

小畜家 孚家 家家 益家 小畜益 孚益 家益 益益

图 35－7　阴图

（张行成《易通变》）

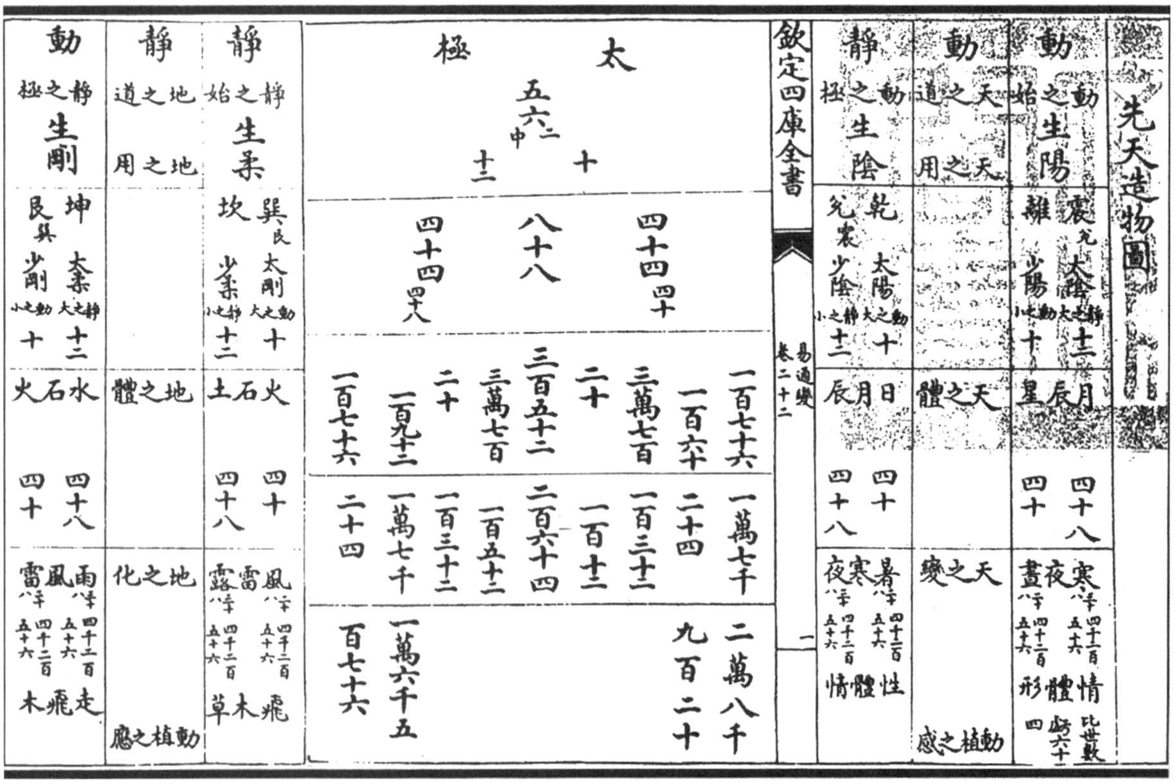

图 36　先天造物图

（张行成《易通变》）

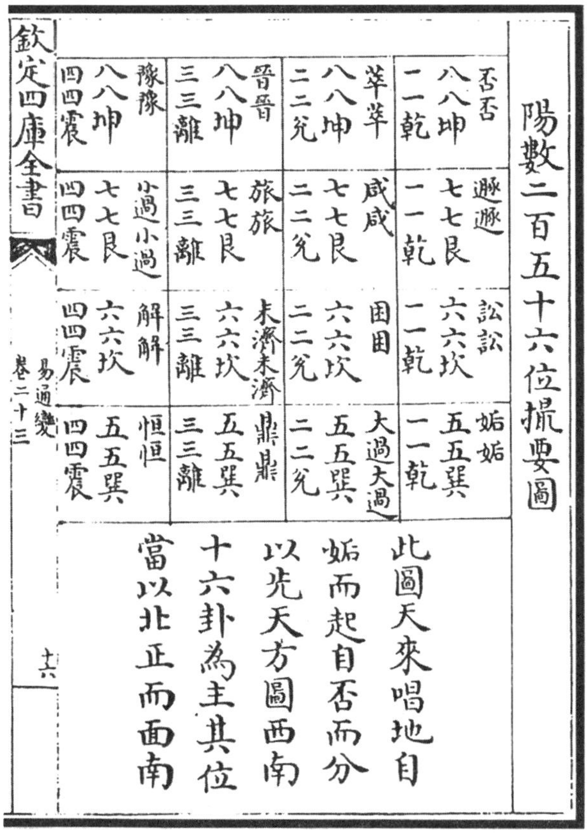

图 37　阳数二百五十六位撮要图
（张行成《易通变》）

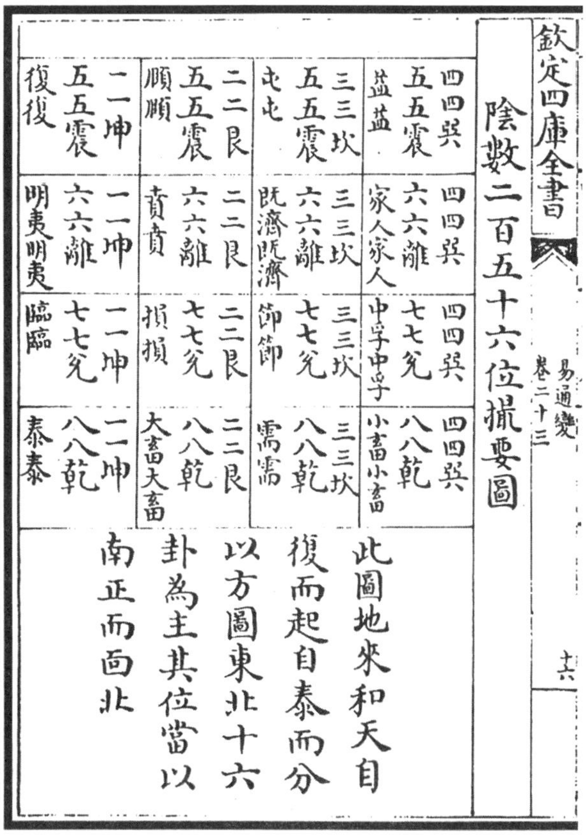

图 38　阴数二百五十六位撮要图
（张行成《易通变》）

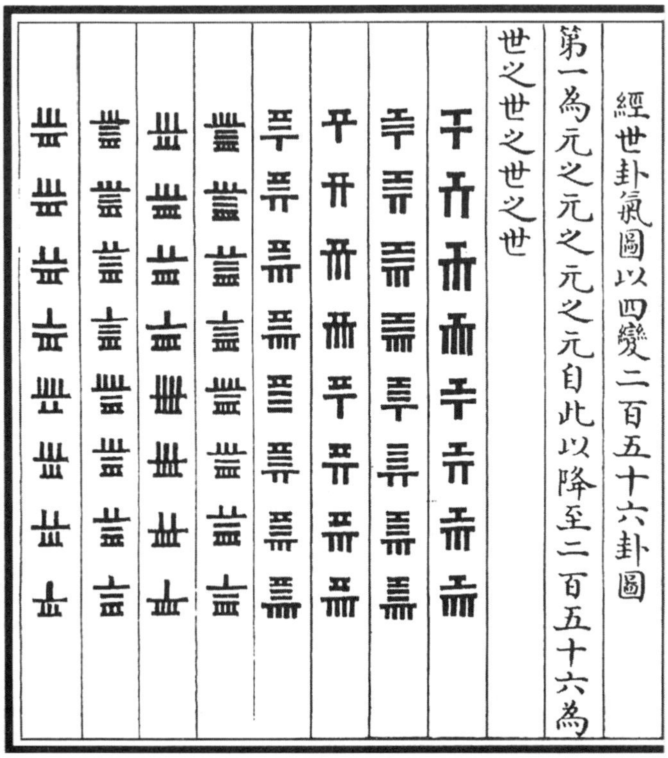

图 39　经世卦气图以四变二百五十六卦图
（张行成《易通变》）

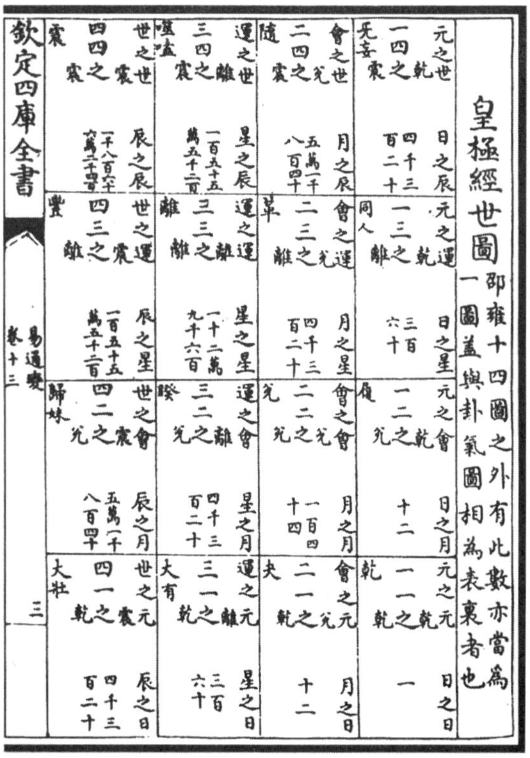

图 40　皇极经世图
（张行成《易通变》）

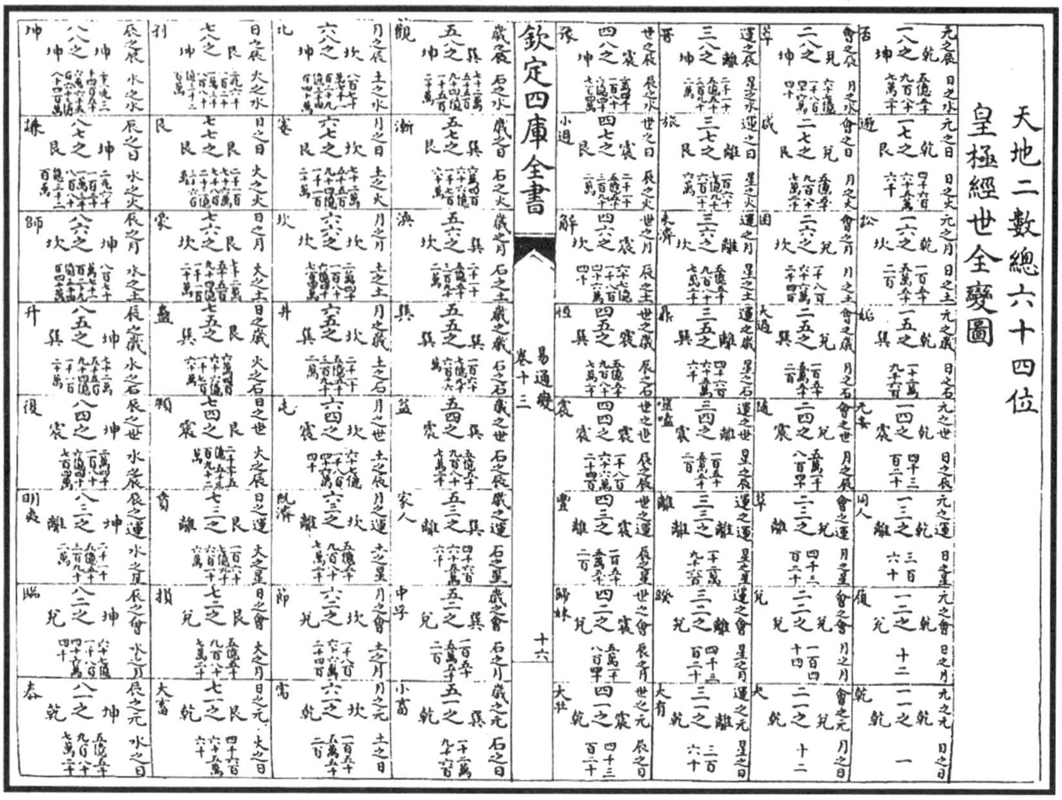

图 41 皇极经世全变图

（张行成《易通变》）

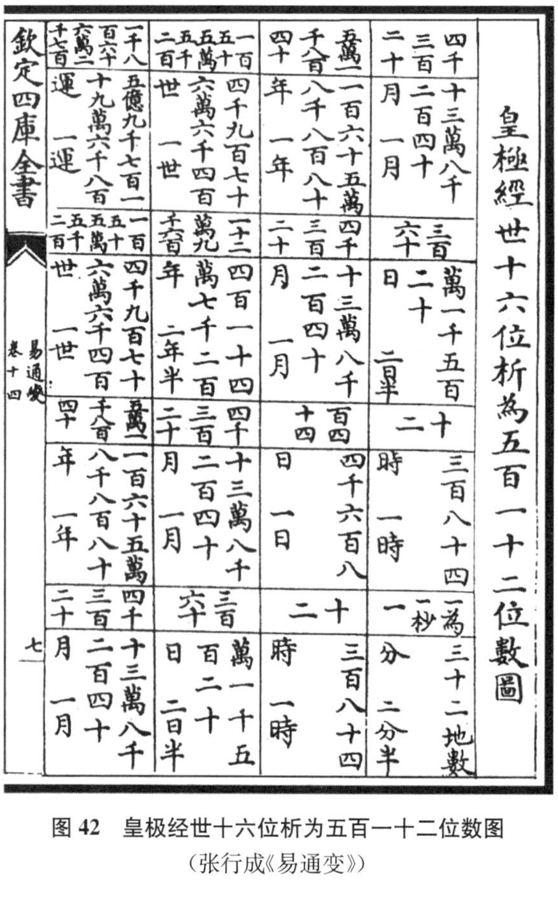

图 42 皇极经世十六位析为五百一十二位数图

（张行成《易通变》）

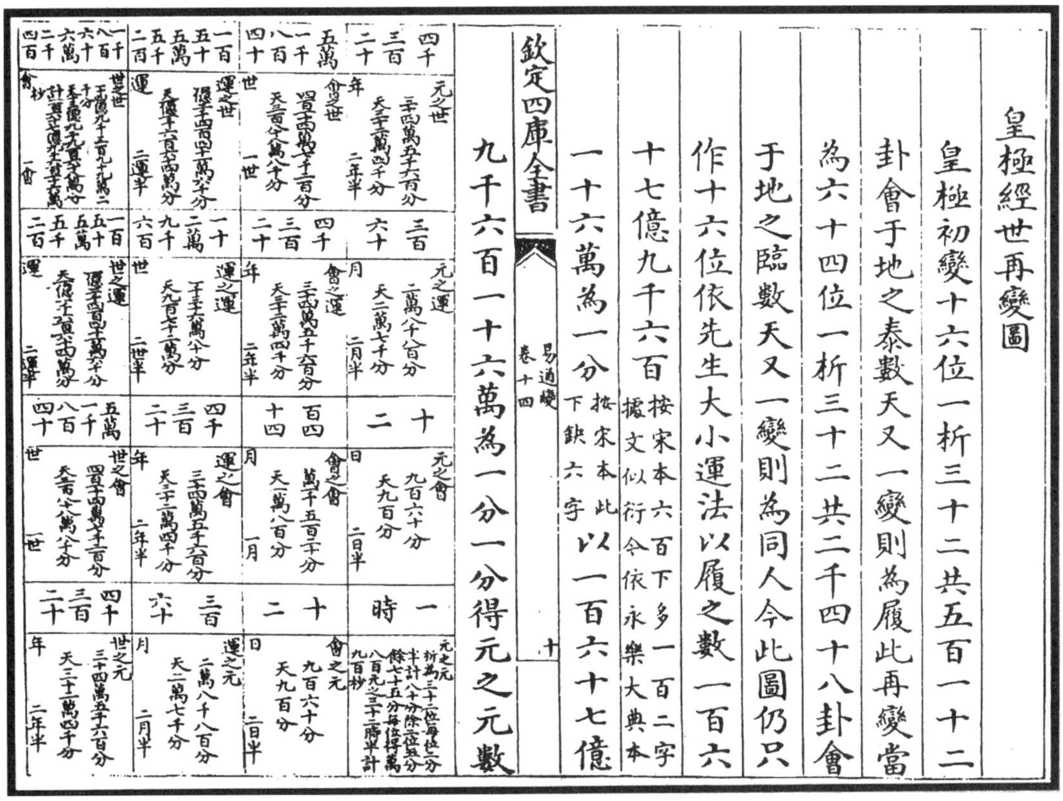

图 43　皇极经世再变图

（张行成《易通变》）

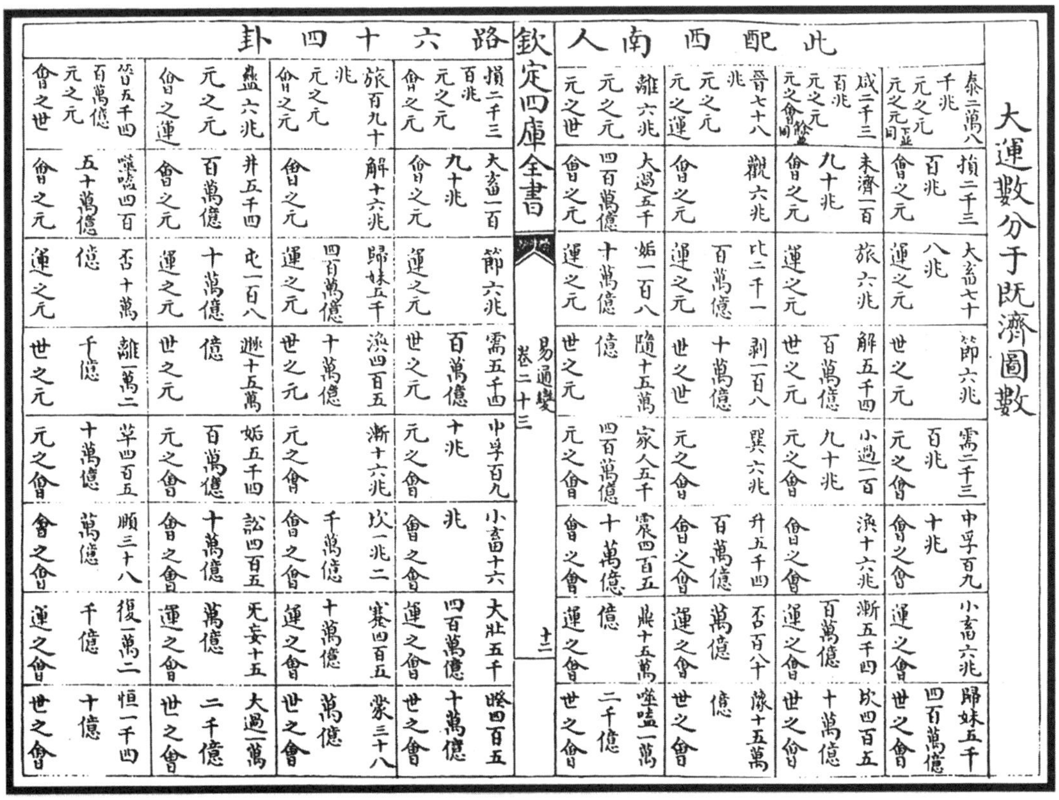

图 44－1　大运数分于既济图数图

（张行成《易通变》）

此配西北天

大壯七十八兆		元之運 元之元同下並	蹇六兆		元之運 元之會同下並	井二千一	百萬億	元之運 元之運	既濟一百	八十萬億	元之運 元之世
睽六兆		會之運	蒙五千四	百萬億	會之運	豐一百八	十萬億	會之運	頤一十五	萬億	會之運
大有二千	萬億	運之運	艮一百八	十萬億	運之運	屯六萬億		運之運	萃五千三	十億	運之運
兌一百八	十萬億	世之運	師一十五	萬億	世之運	革五千三	十億	世之運	明夷四百	十九億	世之運
夬六兆		元之世	臨五千四	百萬億	元之世	恒一百八	十萬億	元之世	復十五萬	億	元之世
履五千四	百萬億	會之世	謙四百五	十萬億	會之世	蠱十五萬	億	會之世	同人一萬	二千億	會之世
乾一百八	十萬億	運之世	坤一十五	萬億	運之世	訟五千三	十億	運之世	无妄四百	十九億	運之世
困十五萬	億	世之世	遯一萬二	千億	世之世	益四百十	九億	世之世	賁三十四	億	世之世

欽定四庫全書 易通變 卷二十三 十三

門六十四卦

大有六兆		元之運 會之元	艮五千四	百萬億	元之運 會之會	豫一百八	十萬億	元之運 會之會	豐一十五	萬億	元之運 會之世
兌五千四	百萬億	會之運	師四百五	十萬億	會之運	鼎一十五	萬億	會之運	震一萬二	十億	會之運
夬百八十	萬億	運之運	泰一十五	萬億	運之運	比五千三	十億	運之運	家人四百	十九億	運之運
履一十五	萬億	世之運	臨一萬二	千億	世之運	巽四百十	九億	世之運	益三十四	億	世之運
乾五千四	百萬億	元之世	謙四百五	十萬億	元之世	坤一十五	萬億	元之世	既濟一萬	二千億	元之世
困四百五	十萬億	會之世	小過二十	八萬億	會之世	升一萬二	千億	會之世	賁一千四	十億	會之世
咸十五萬	億	運之世	觀一萬二	千億	運之世	萃四百十	九億	運之世	明夷三十	四億	運之世
未濟一萬	二千億	世之世	剥一千四	百億	世之世	隨三十四	億	世之世	同人二億	九千萬	世之世

图 44－2　大运数分于既济图数图

（张行成《易通变》）

此配東南地

大畜七十八兆		元之元下並 運之元同	恒六兆		元之元餘並 運之會同	漸二千萬	億	元之元 運之運	蠱百八十	萬億	元之元 運之世
節六兆		會之元	鼎五千四	百萬億	會之元	晉百八十	萬億	會之元	萃一十五	萬億	會之元
需二千	萬億	運之元	大過百八	十萬億	運之元	萃六萬四	百億	運之元	家人五千	三十億	運之元
中孚一百	八十萬億	世之元	訟十五萬	億	世之元	泰五千三	十億	世之元	否四百十	九億	世之元
小畜六兆		元之會	姤五千四	百萬億	元之會	蹇百八十	萬億	元之會	比一十五	萬億	元之會
歸妹五千	四百萬億	會之會	隨四百五	十萬億	會之會	豫十五萬	億	會之會	升一萬二	千億	會之會
睽百八十	萬億	運之會	旅十五萬	億	運之會	遯五千三	十億	運之會	頤四百十	九億	運之會
大有十五	萬億	世之會	噬嗑一萬	二千億	世之會	咸四百十	九億	世之會	賁三十四	億	世之會

欽定四庫全書 易通變 卷二十三 十四

戶六十四卦

升六兆		元之元 世之元	兌五千四	百萬億	元之元 世之會	益百八十	萬億	元之元 世之運	坤十五萬	億	元之元 世之世
蒙五千四	百萬億	會之元	乾四百五	十萬億	會之元	豐十五萬	億	會之元	謙一萬二	千億	會之元
蠱百八十	萬億	運之元	萃十五萬	億	運之元	歸妹五千	三十億	運之元	漸四百十	九億	運之元
井十五萬	億	世之元	噬嗑一萬	二千億	世之元	大壯四百	十九億	世之元	艮三十四	億	世之元
坎四千四	百萬億	元之會	夬四百五	十萬億	元之會	小過一十	五億	元之會	離一萬二	千億	元之會
巽四百五	十萬億	會之會	否三十八	萬億	會之會	臨一萬二	千億	會之會	比一千四	十億	會之會
渙十五萬	億	運之會	无妄萬二	千億	運之會	賁四百十	九億	運之會	蹇三十四	億	運之會
解一萬二	千億	世之會	睽一千四	十億	世之會	中孚三十	四億	世之會	豫二億九	千萬	世之會

图 44－3　大运数分于既济图数图

（张行成《易通变》）

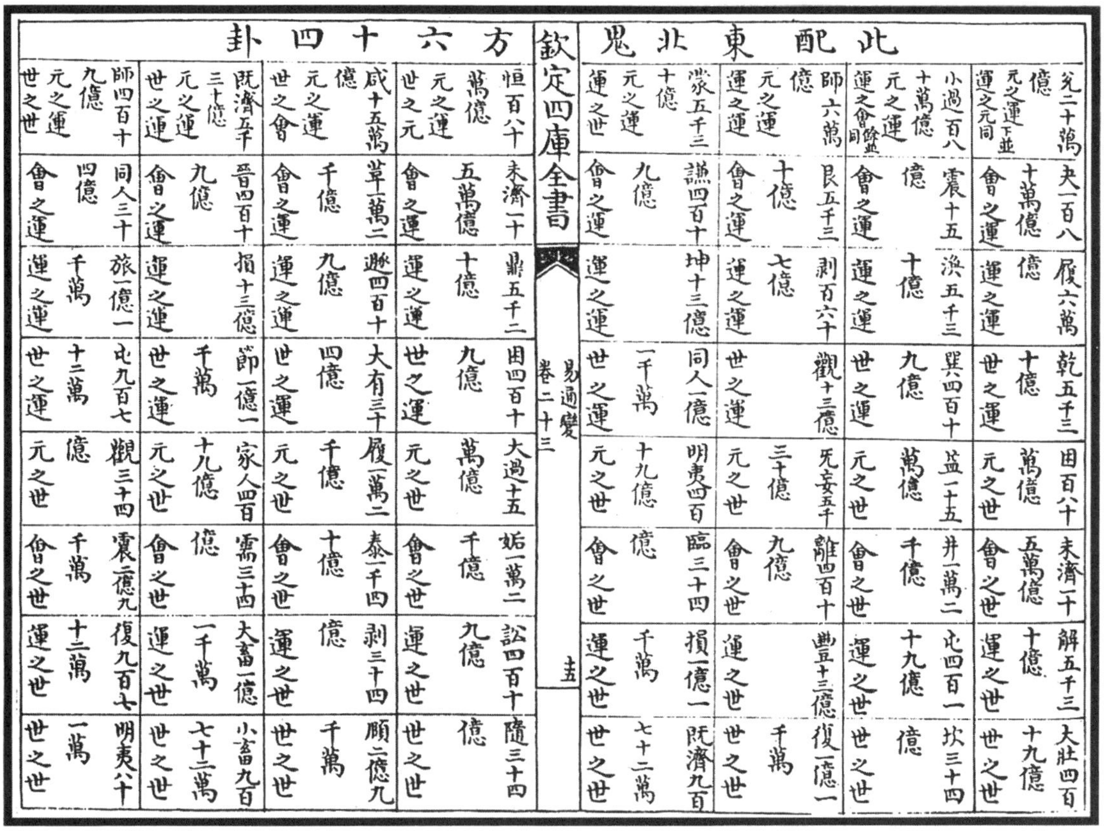

图 44-4　大运数分于既济图数图
（张行成《易通变》）

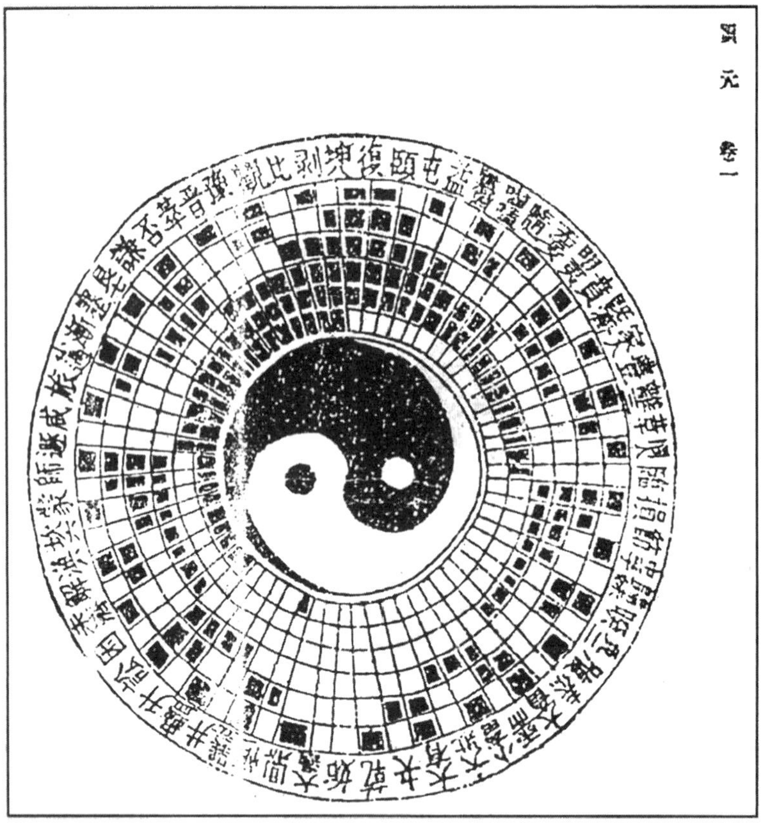

图 45　先天图
（张行成《翼玄》）

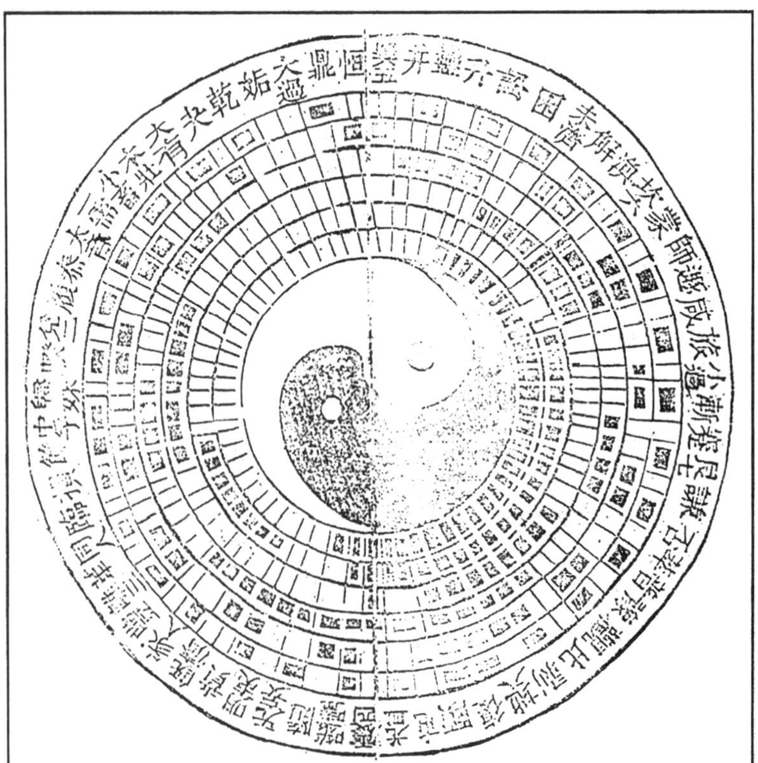

图 46　先天图
（张行成《翼玄》）

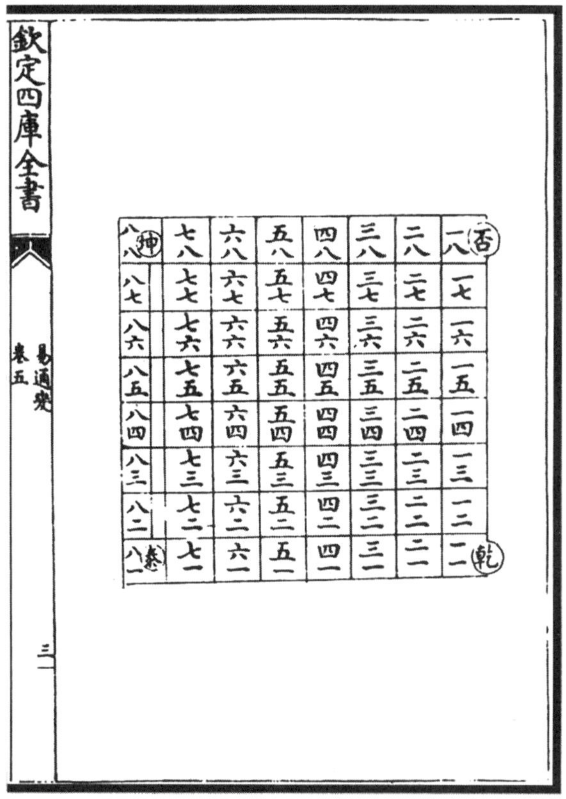

图47　先天方图数变图一
（张行成《易通变》）

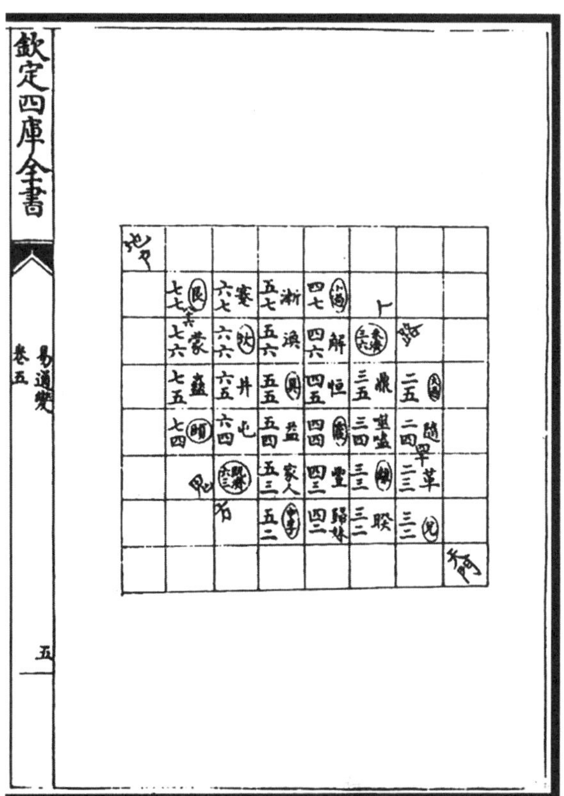

图48　先天方图数变图二
（张行成《易通变》）

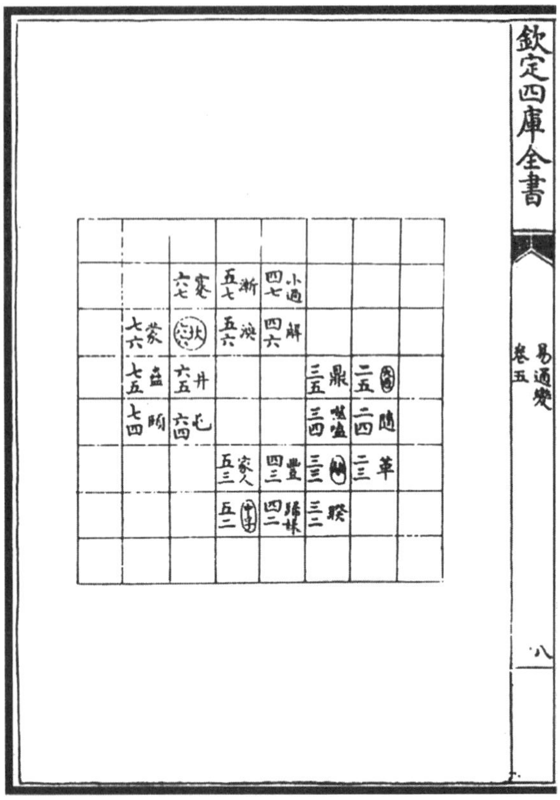

图 49　先天方图数变图三
（张行成《易通变》）

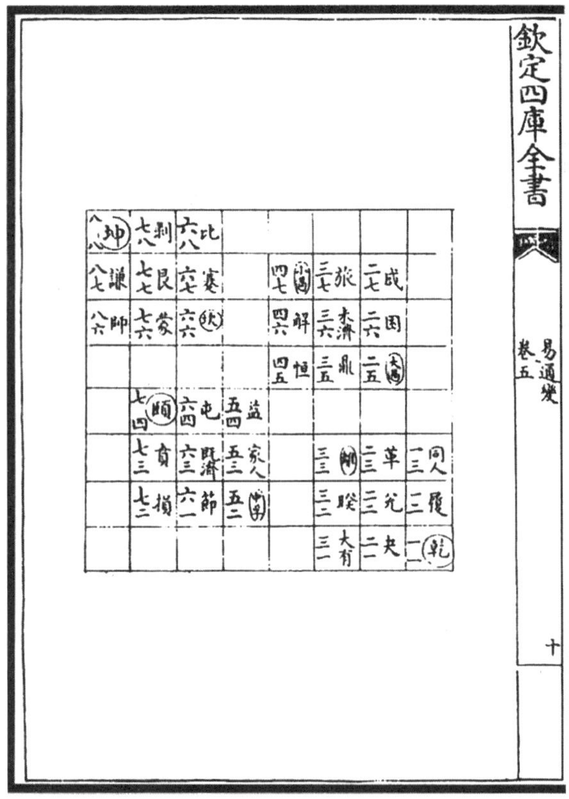

图 50　先天方图数变图四
（张行成《易通变》）

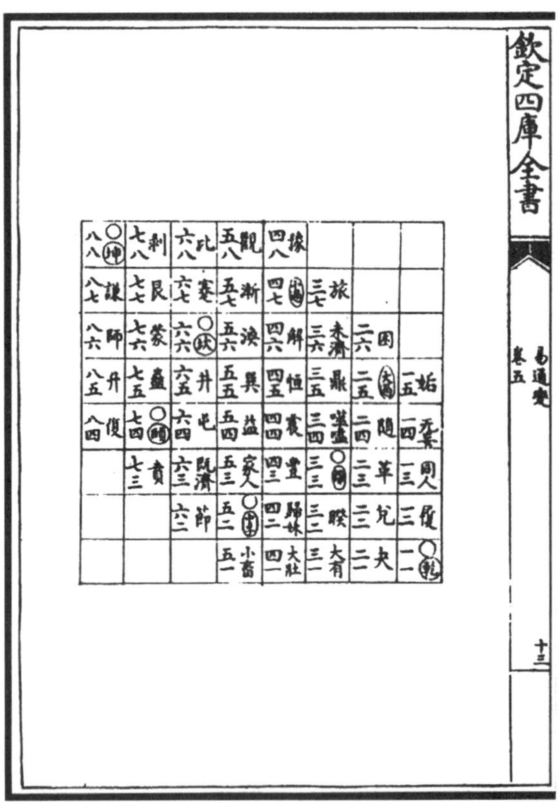

图 51　先天方图数变图五
（张行成《易通变》）

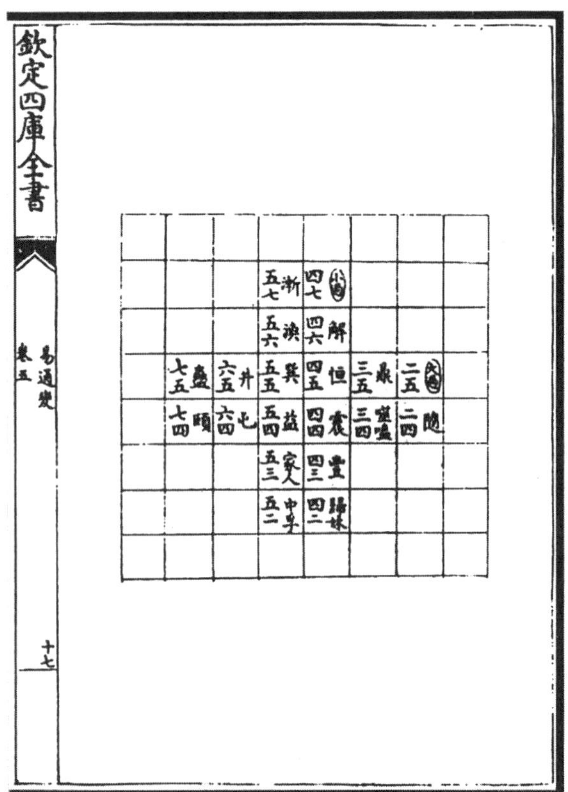

图 52　先天方图数变图六
（张行成《易通变》）

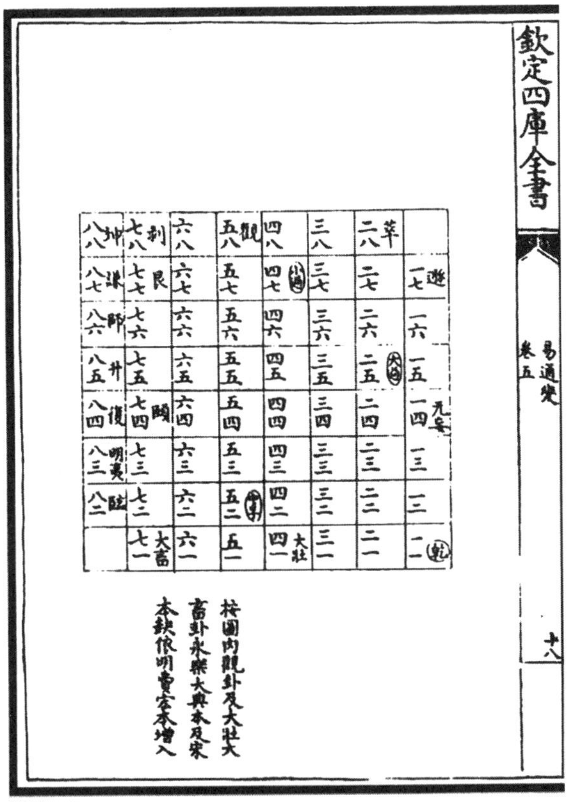

图 53　先天方图数变图七
（张行成《易通变》）

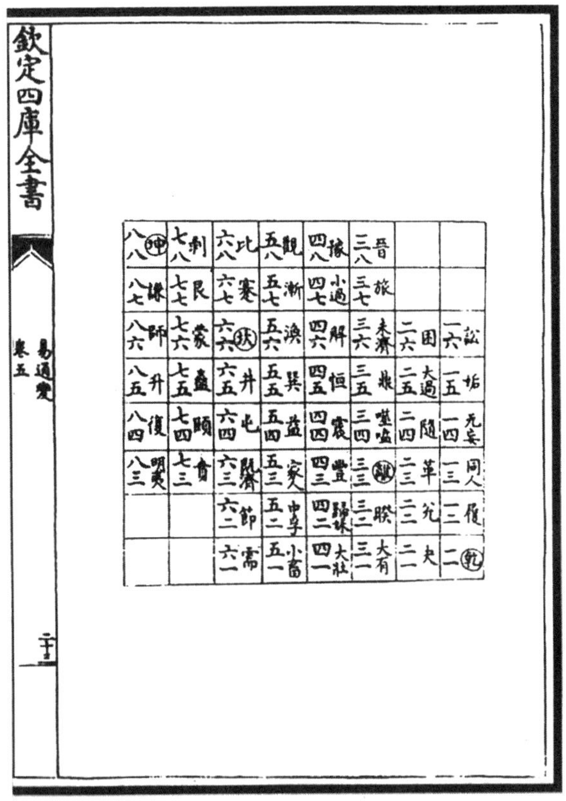

图 54　先天方图数变图八
（张行成《易通变》）

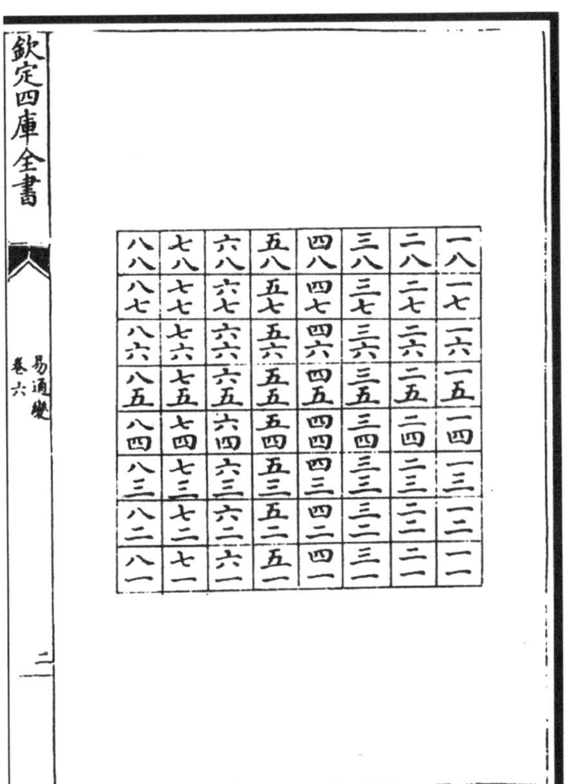

图 55　八卦相交用数图
（张行成《易通变》）

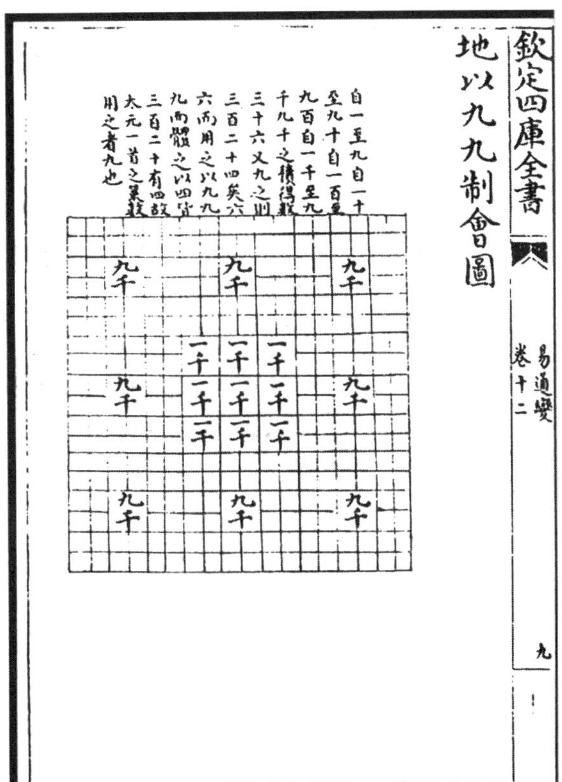

图 56　地以九九制会图
（张行成《易通变》）

程迥(约 1114—1189)

字可久,号沙随,学者称其为"沙随先生",北宋应天府宁陵(今河南宁陵)人。靖康之乱,徙居绍兴余姚(今浙江余姚)。隆兴元年(1163)进士,授扬州泰兴尉,历知饶州、德兴、隆兴、进贤、上饶诸县,政宽令简,颇有治声。官终朝奉郎。程迥先后受经学于王葆、闻人茂德、喻樗,释经订史。深于《周易》《春秋》及医术。著有《周易古占法》一卷、《古易考》一卷、《古易章句》十卷、《易传外编》一卷、《经史说》等多种。现存有《周易》图像二幅。

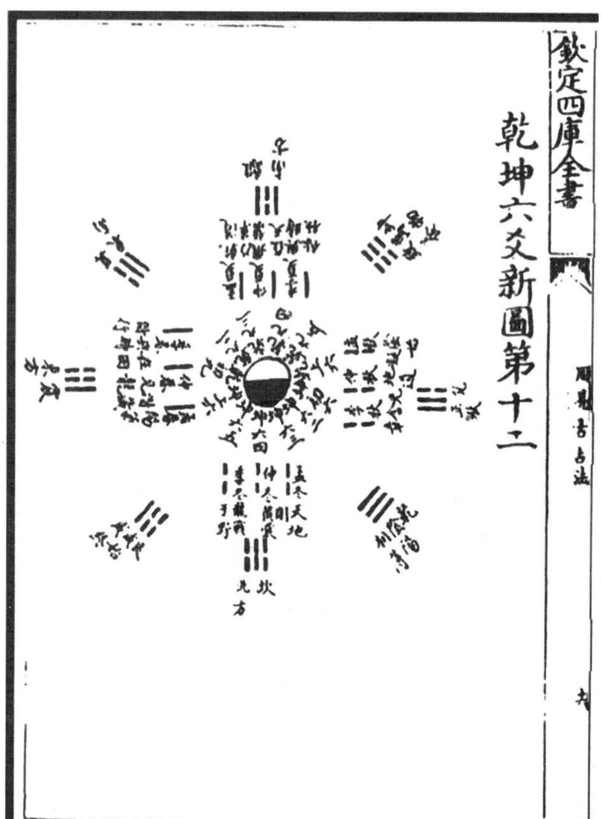

图1 乾坤六爻新图
(程迥《周易古占法》)

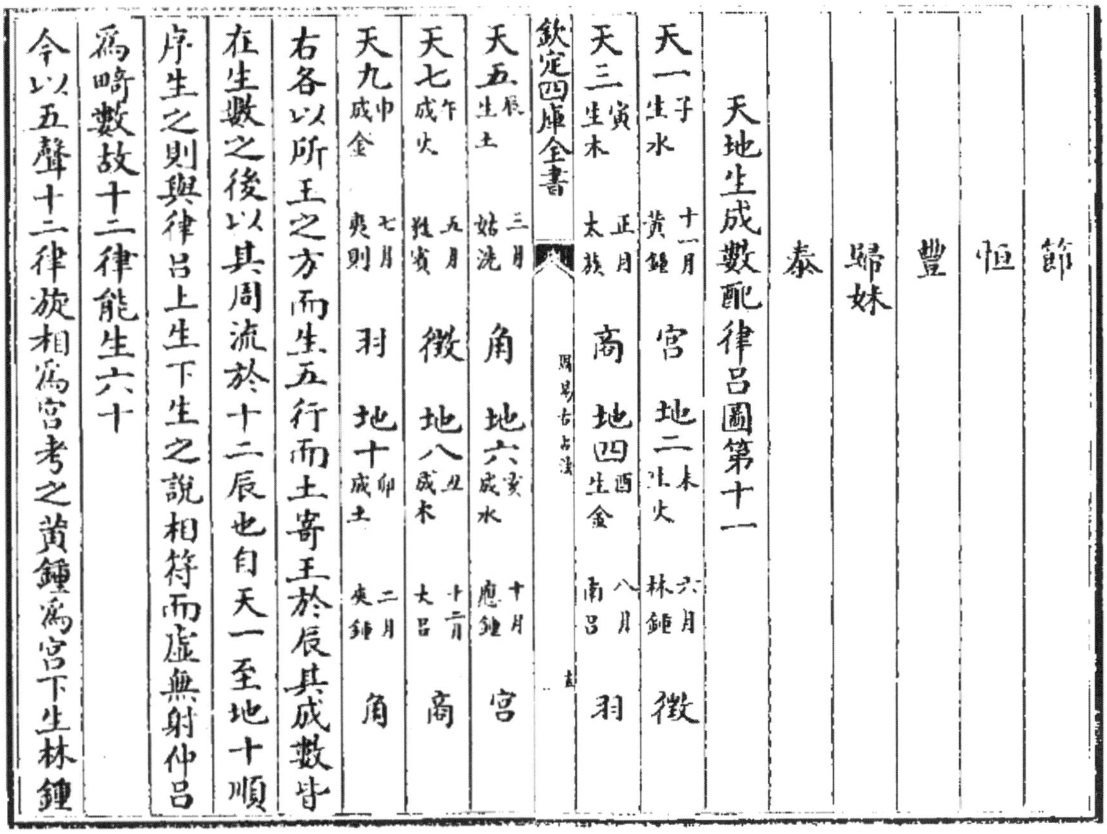
節
恒
豐
歸妹
泰

天地生成數配律吕圖第十一

天一子生水 十一月黄鍾 宮 地二未生火 六月林鍾 徵
天三寅生木 正月太簇 商 地四酉生金 八月南吕 羽

欽定四庫全書 周易古占法

天五辰生土 三月姑洗 角 地六亥成水 十月應鍾 宮
天七午成火 五月蕤賓 徵 地八丑成木 十二月大吕 商
天九申成金 七月夷則 羽 地十卯成土 二月夾鍾 角

右各以所王之方而生五行而土寄王於辰其成數皆在生數之後以其周流於十二辰也自天一至地十順序生之則與律吕上生下生之說相符而虛無射仲吕為畸數故十二律能生六十

令以五聲十二律旋相為宮考之黃鍾為宮下生林鍾

图 2　天地生成数配律吕图

（程迥《周易古占法》）

魏了翁（1178—1237）

字华父，号鹤山，南宋邛州蒲江（今四川蒲江）人。庆元五年（1199）进士，授剑南西川节度判官，历国子正、武学博士，因忤韩侂胄改知嘉定府，辞不就。后擢潼川路提点刑狱公事兼提常平、兵部郎中、秘书监、起居舍人。史弥远擅权遭贬，谪居湖南靖州，筑鹤山书院讲学。后任礼部尚书，端明殿学士通金枢密院事、绍兴知府、浙江安抚使。卒赠太师，谥文靖。著有《九经要义》（其中《周易要义》十卷）、《古今考》、《经史杂抄》、《师友雅言》等，另有《周易集义》六十四卷，后人编有《鹤山先生大全集》一百十卷。现存有《周易》图像二幅。

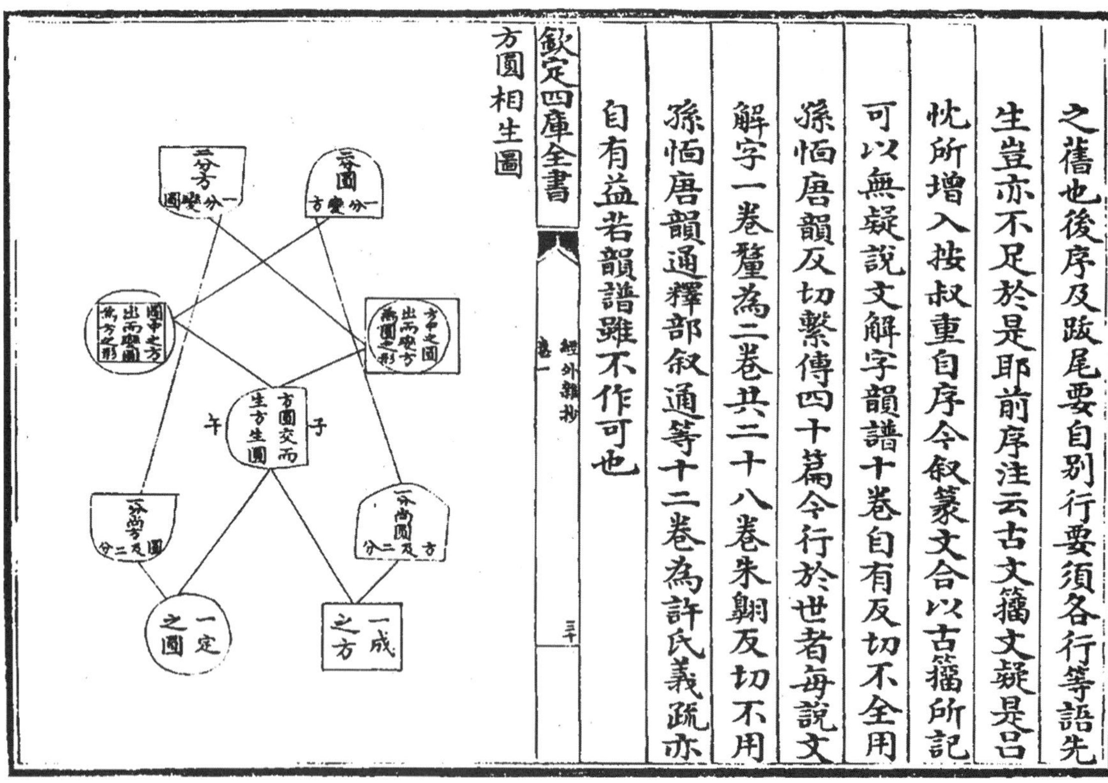

图1　方圆相生图
（魏了翁《经外杂抄》）

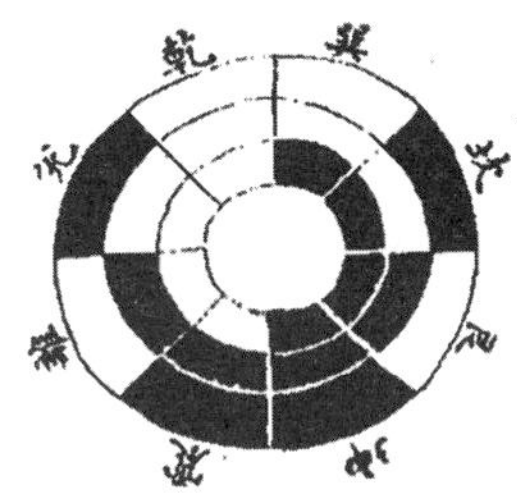

欽定四庫全書

經外雜抄卷二

宋 魏了翁 撰

此先天環中圖中央之外第三規玄黃色相交者也易大傳曰四象生八卦邵子曰陽交於陰陰交於陽而生天之四象剛交於柔柔交於剛而生地之四象於是八卦成矣又曰四分為八又曰四象生八卦之類又曰四卦成矣又曰三變而八卦成矣又曰八卦何謂也曰謂乾兌離震巽坎艮坤之謂也迭相盛衰終始於其間矣

今知眉州任侯直翁易心學中錄出太極兩儀之說

图2 先天环中图
（魏了翁《经外杂抄》）

郑樵(1103—1162)

字渔仲,自号溪西遗民,又号夹漈,学者称其为"夹漈先生",南宋兴化军莆田(今福建莆田)人。其父逝世后即放弃科举,师从兄郑厚,乡居数十年,在经学、小学、天文、地理、生物、校雠、史学等领域均有研究。绍兴中,诏藏秘府,后以侍讲王纶、贺允中荐得召对,授右迪功郎、礼兵部架阁。因遭弹劾改监潭州。后入枢密院为编修官。著有《象类书》十一卷、《大象略》,另著《六经奥论》《通志》等多种。现存有《周易》图像八幅。

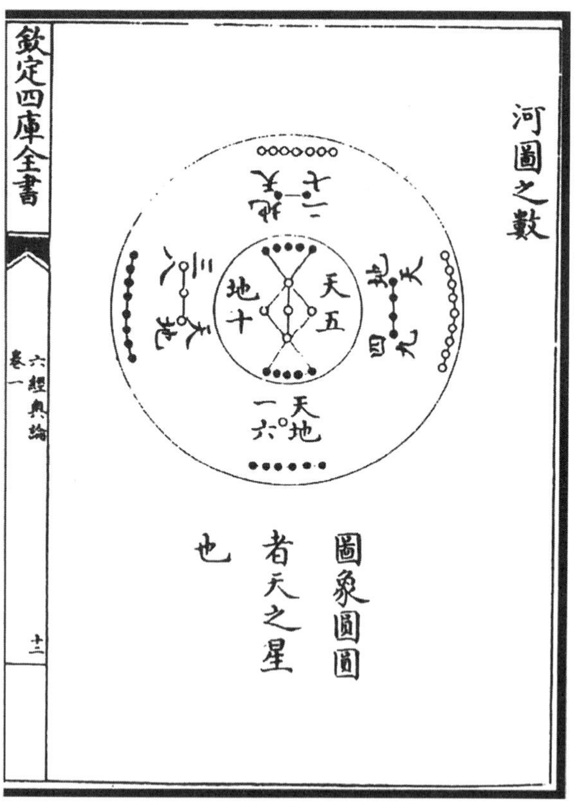

图1 河图之数图
(郑樵《六经奥论》)

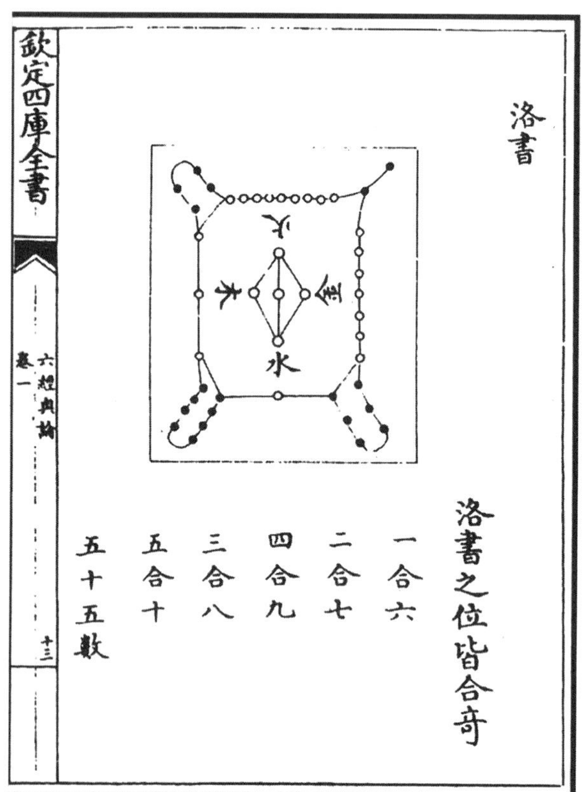

图2 洛书
(郑樵《六经奥论》)

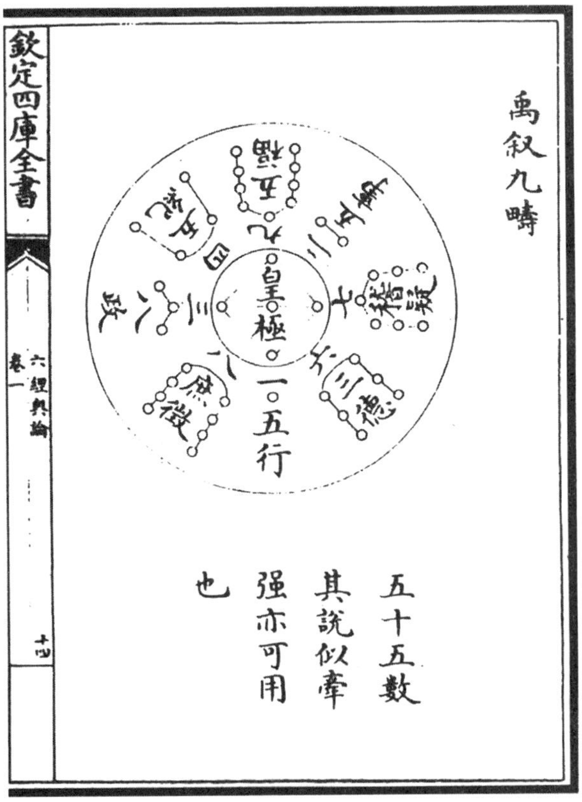

图 3 禹叙九畴图
（郑樵《六经奥论》）

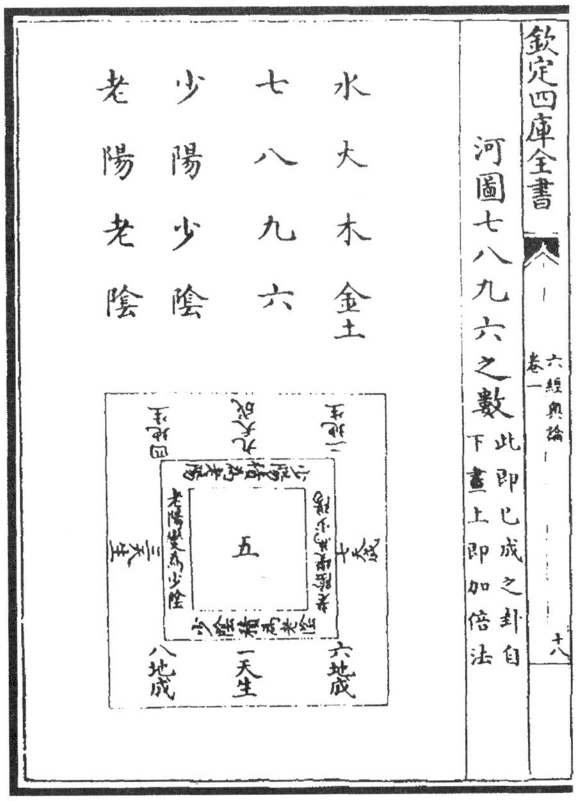

图 4 河图七八九六之数图
（郑樵《六经奥论》）

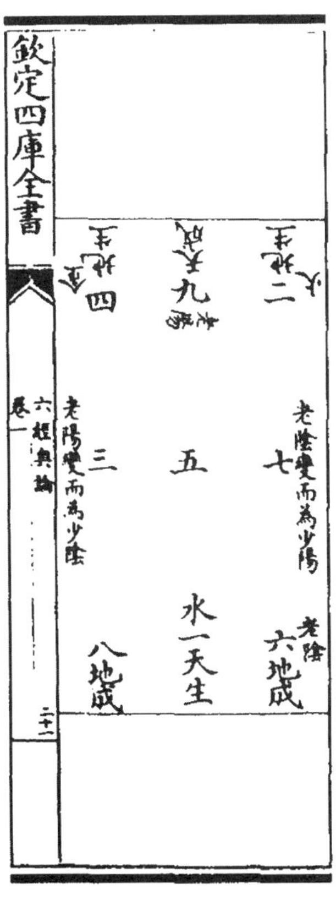

图 5 蓍用七八九六图
（郑樵《六经奥论》）

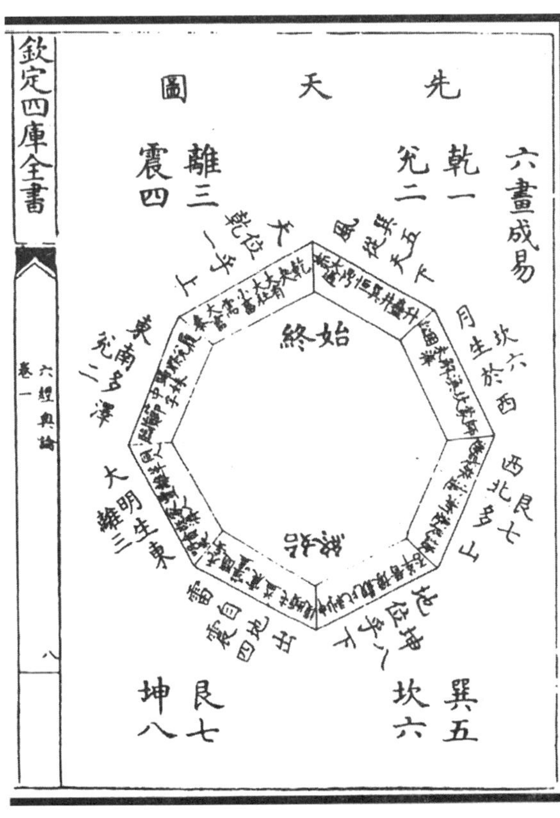

图 6 先天图
（郑樵《六经奥论》）

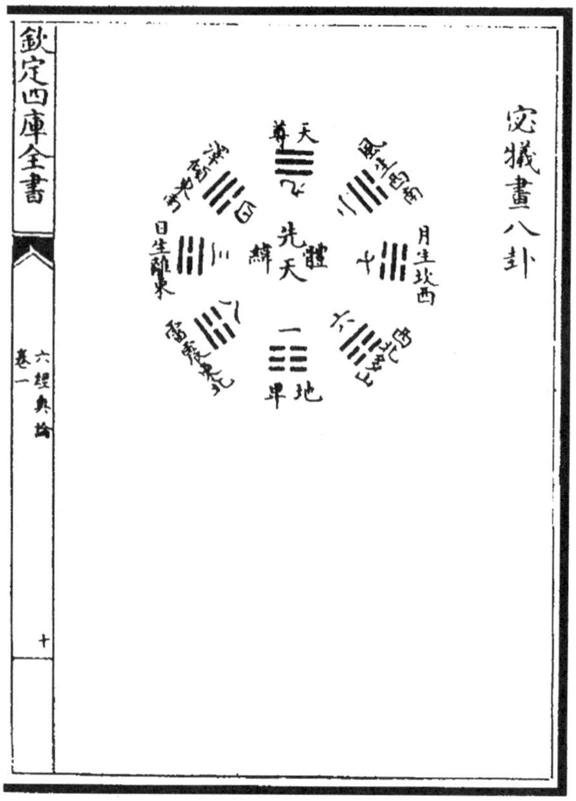

图7 宓羲画八卦图
（郑樵《六经奥论》）

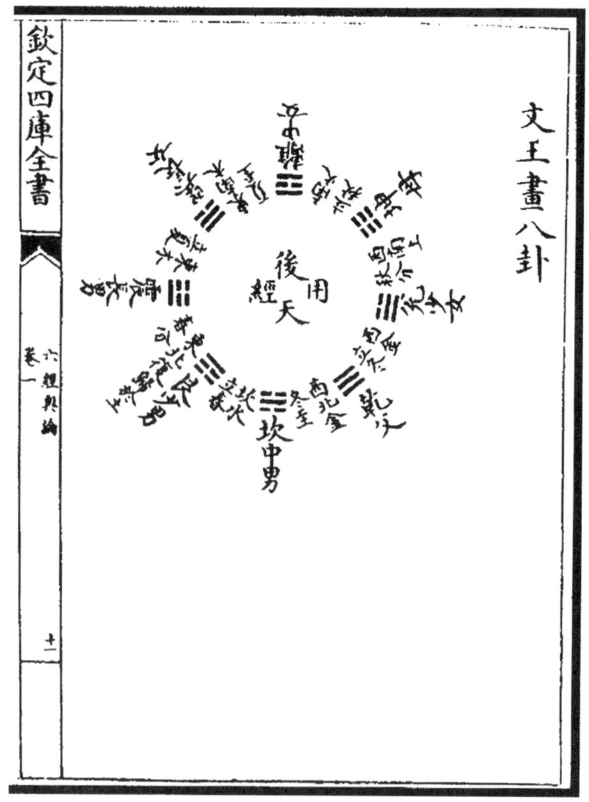

图8 文王画八卦图
（郑樵《六经奥论》）

林栗(1120—1190)

字黄中,一字宽夫,福州福清(今福建福清)人。绍兴十二年(1142)进士,任江西抚州崇仁尉教授,擢左从事郎、南安军学教授。后任太学正、国子监发解点检试卷官、守太常博士。孝宗即位,迁为屯田员外郎。淳熙十六年(1189)以中奉大夫、集英殿修撰,改知明州。以祠禄官致仕,谥简肃。著有《周易经传集解》三十六卷。现存有《周易》图像四幅。

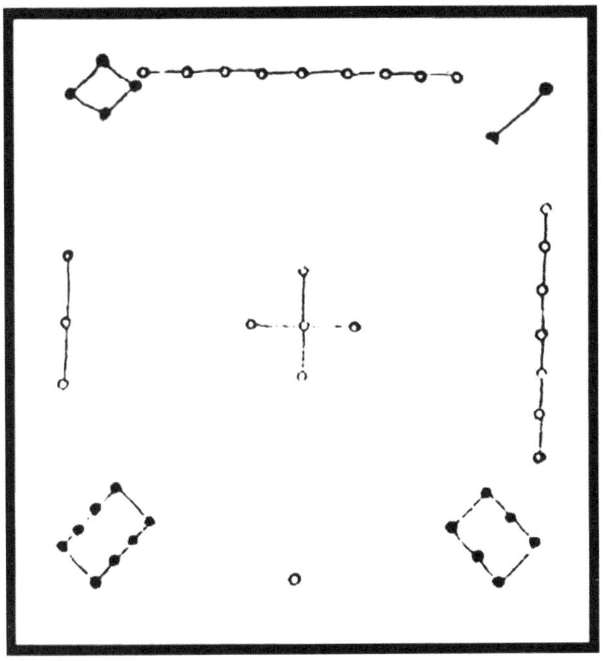

图1 河图
(林栗《周易经传集解》)

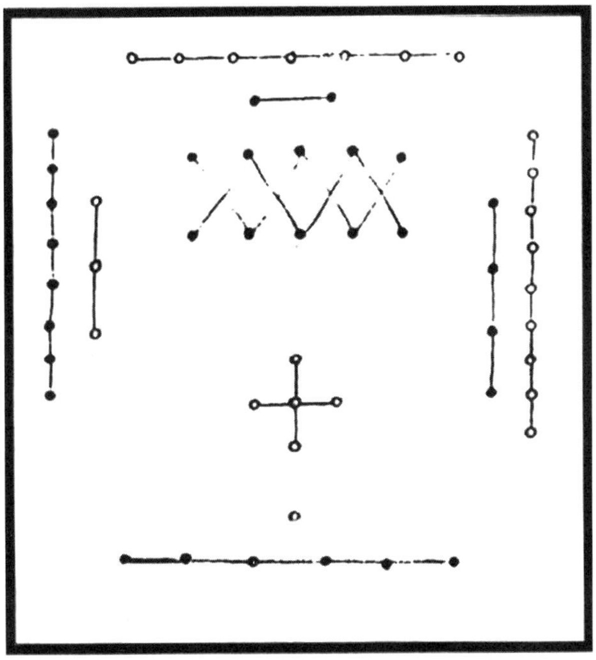

图2 洛书
(林栗《周易经传集解》)

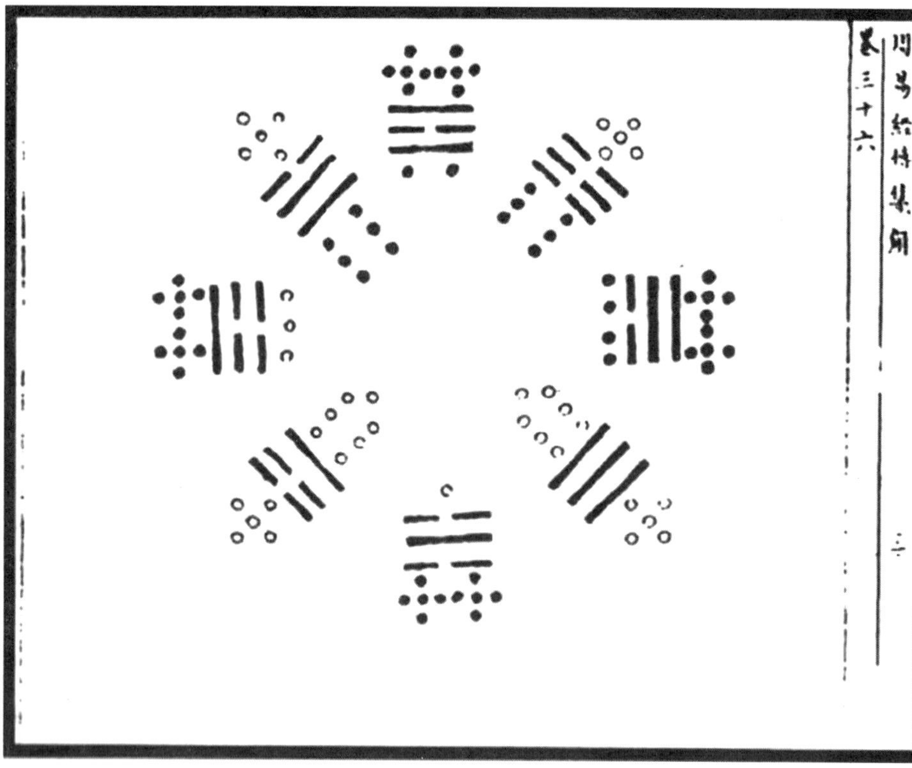

图 3　河洛八卦图
（林栗《周易经传集解》）

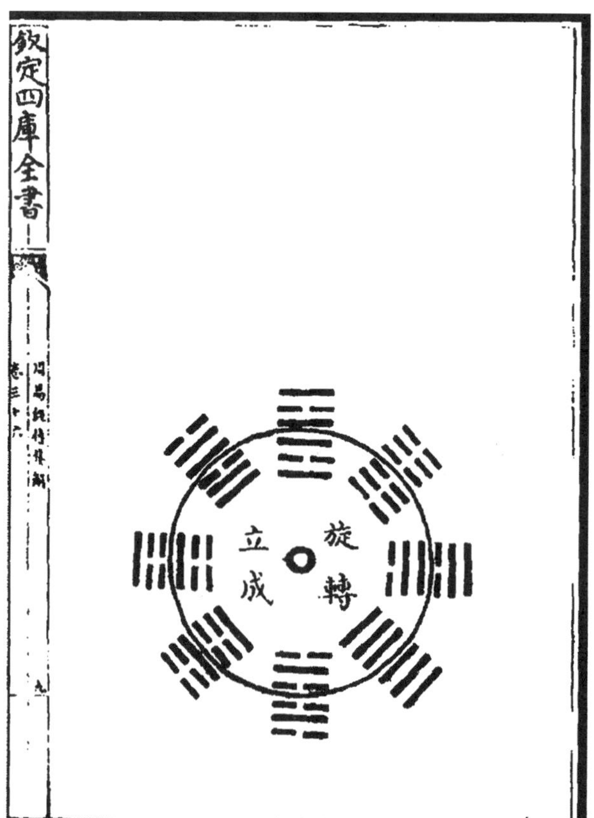

图 4　旋转立成六十四卦图
（林栗《周易经传集解》）

程大昌(1123—1195)

字泰之,南宋徽州休宁(今安徽休宁)人。高宗绍兴二十一年(1151)进士。二十六年,除太平州教授。二十七年,召为大学正。三十年,迁秘书省正字。孝宗即位,擢著作佐郎,历国子司业兼权礼部侍郎、直学士院。出为浙东提点刑狱、江西转运副使。淳熙二年(1175),召为秘书少监。三年,权刑部侍郎。累迁权吏部尚书。出知泉州、建宁府。光宗即位,徙知明州。绍熙五年(1194)以龙图阁直学士致仕,卒。谥文简。著有《演繁露》、《续演繁露》、《考古编》、《易老通言》、《易原》八卷等。现存有《周易》图像十五幅。

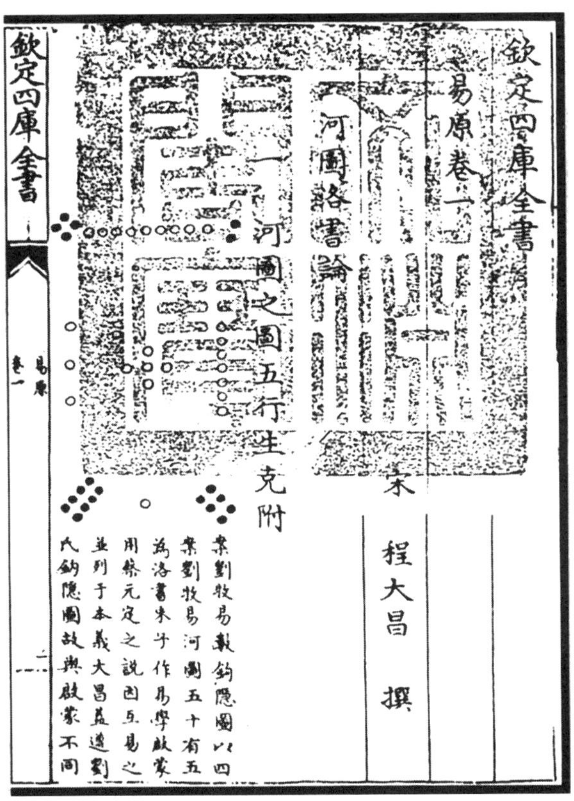

图1 河图
(程大昌《易原》)

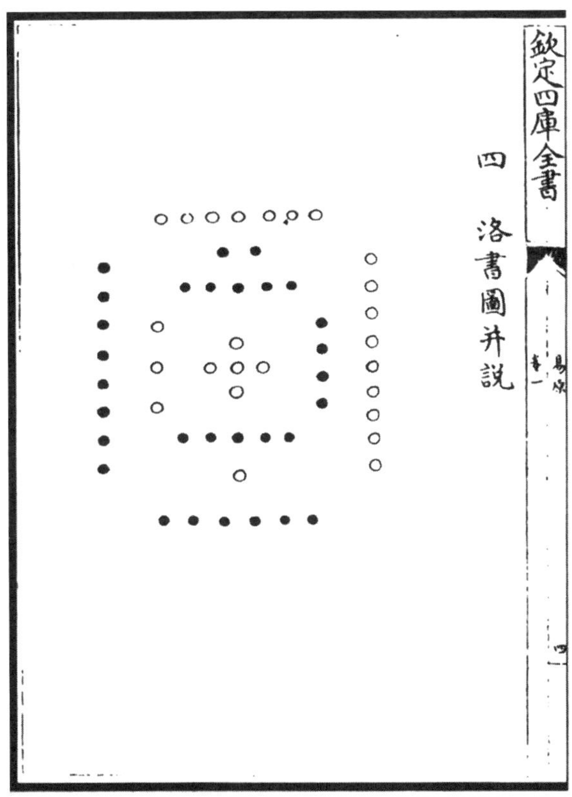

图2 洛书
(程大昌《易原》)

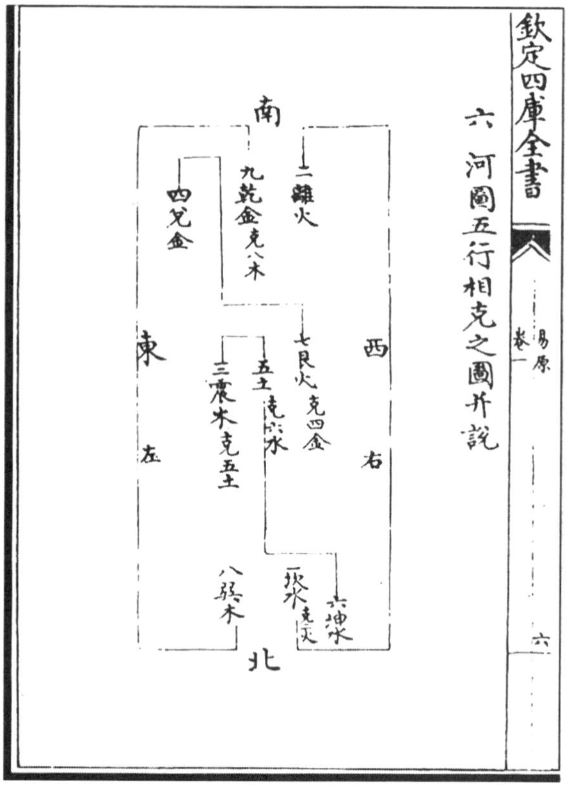

图3 河图五行相克之图
（程大昌《易原》）

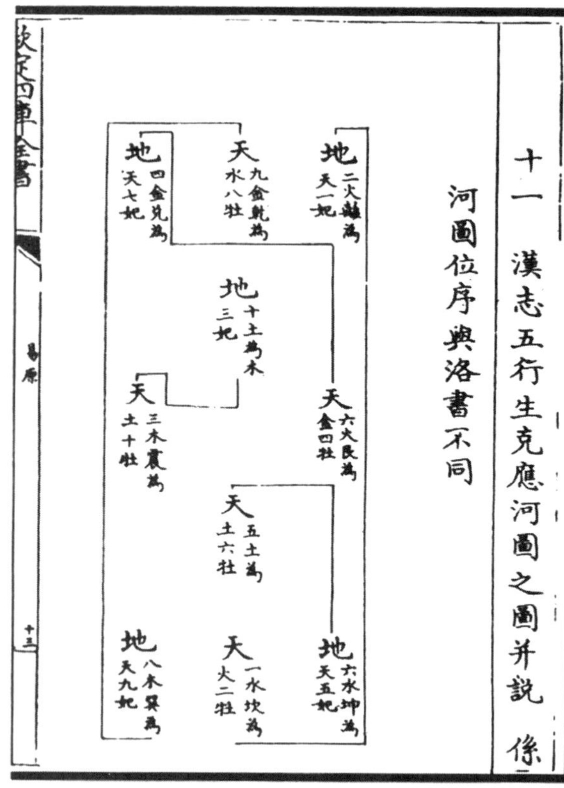

图4 汉志五行生克应河图之图
（程大昌《易原》）

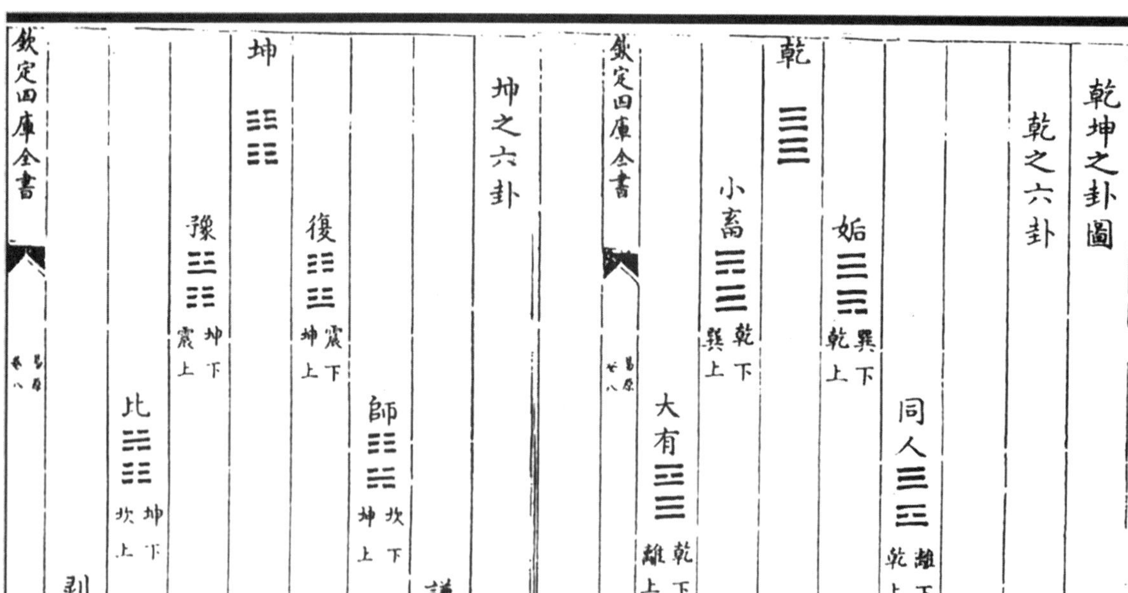

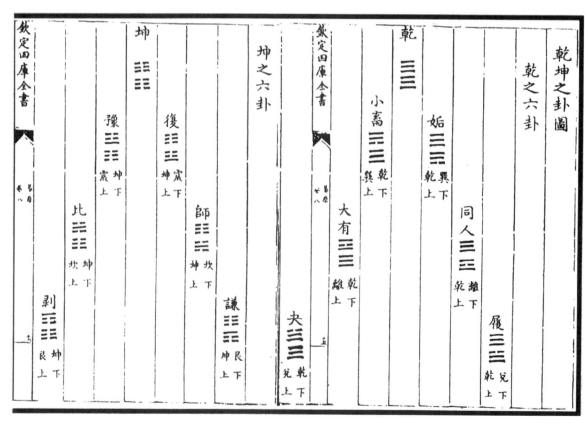

图5 乾坤之卦图
（程大昌《易原》）

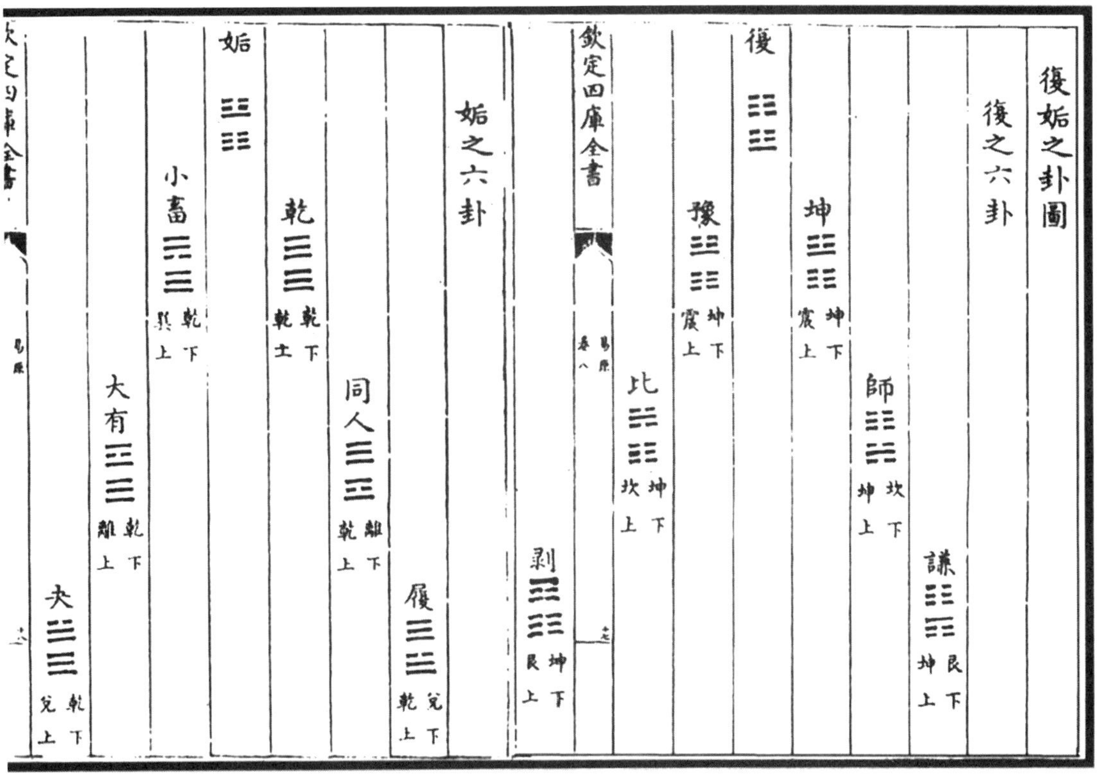

图 6　复姤之卦图
（程大昌《易原》）

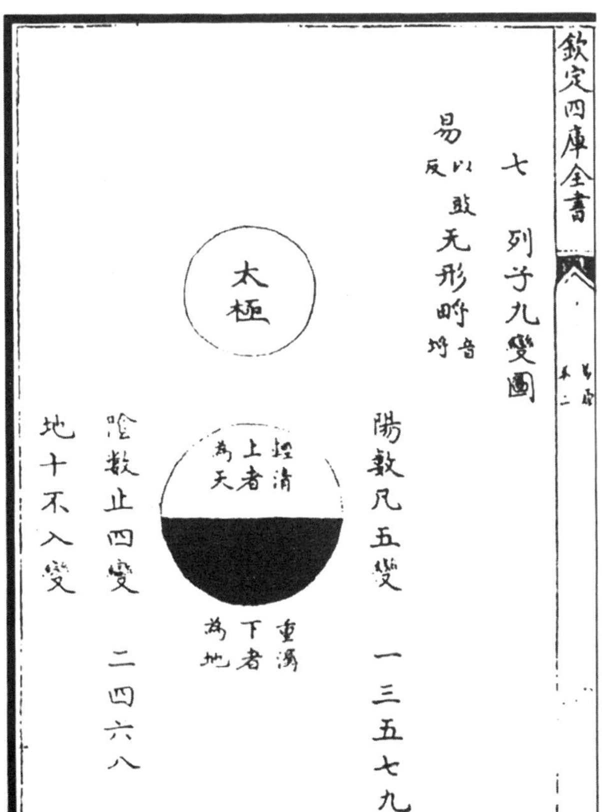

图 7　列子九变图
（程大昌《易原》）

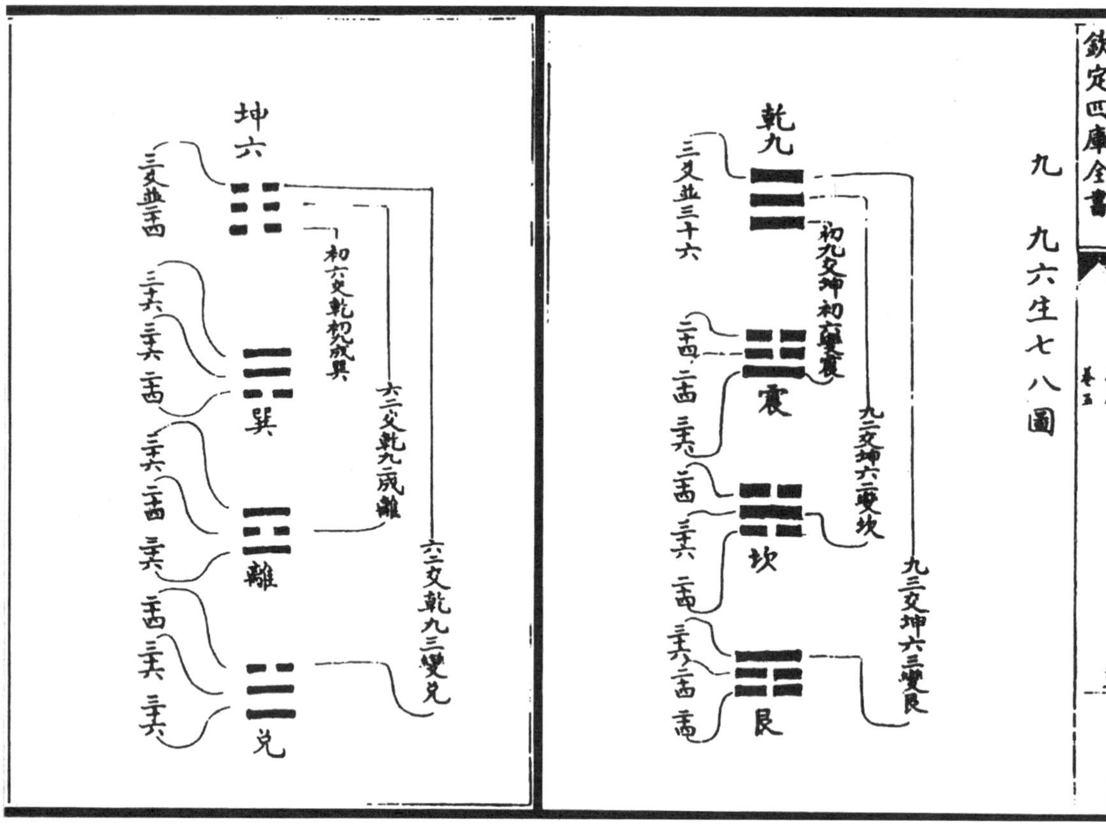

图 8　九六生七八图
（程大昌《易原》）

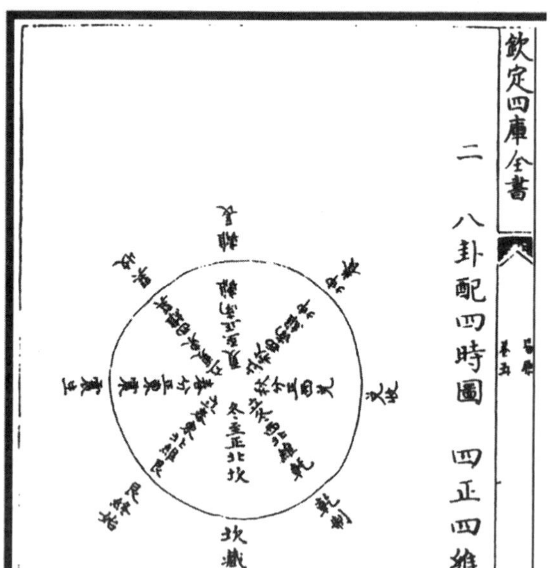

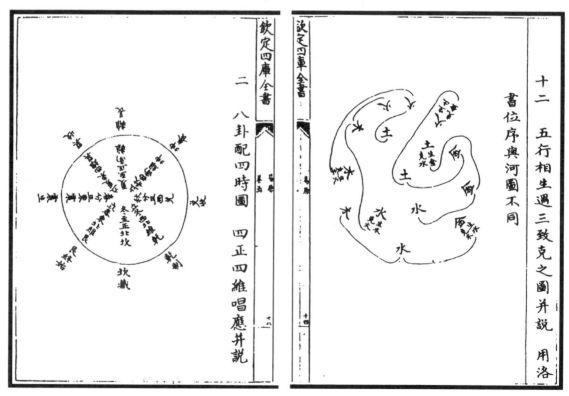

图 9　八卦配四时图
（程大昌《易原》）

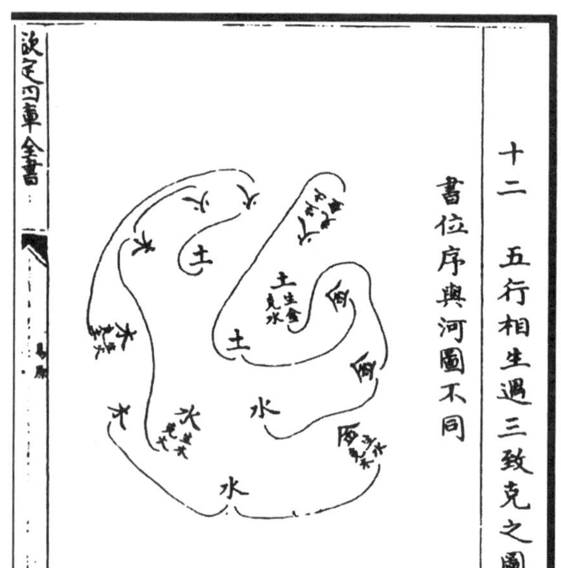

图 10　五行相生遇三致克之图
（程大昌《易原》）

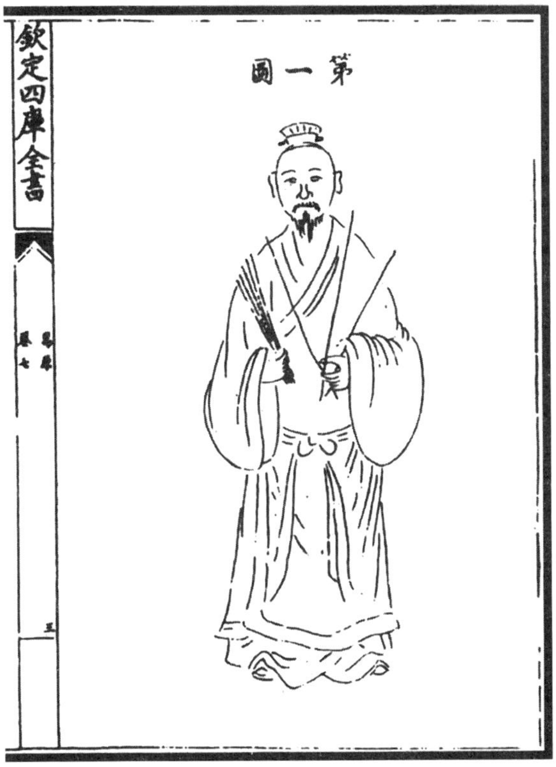

图 11　揲蓍第一图
（程大昌《易原》）

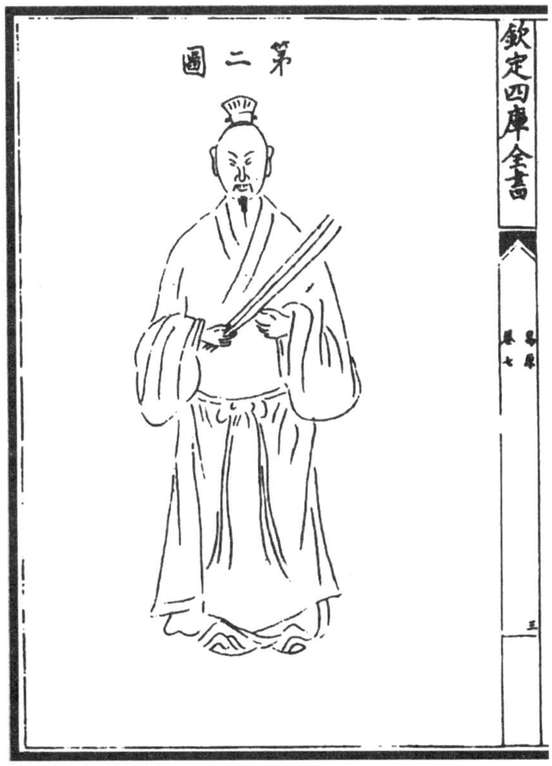

图 12　揲蓍第二图
（程大昌《易原》）

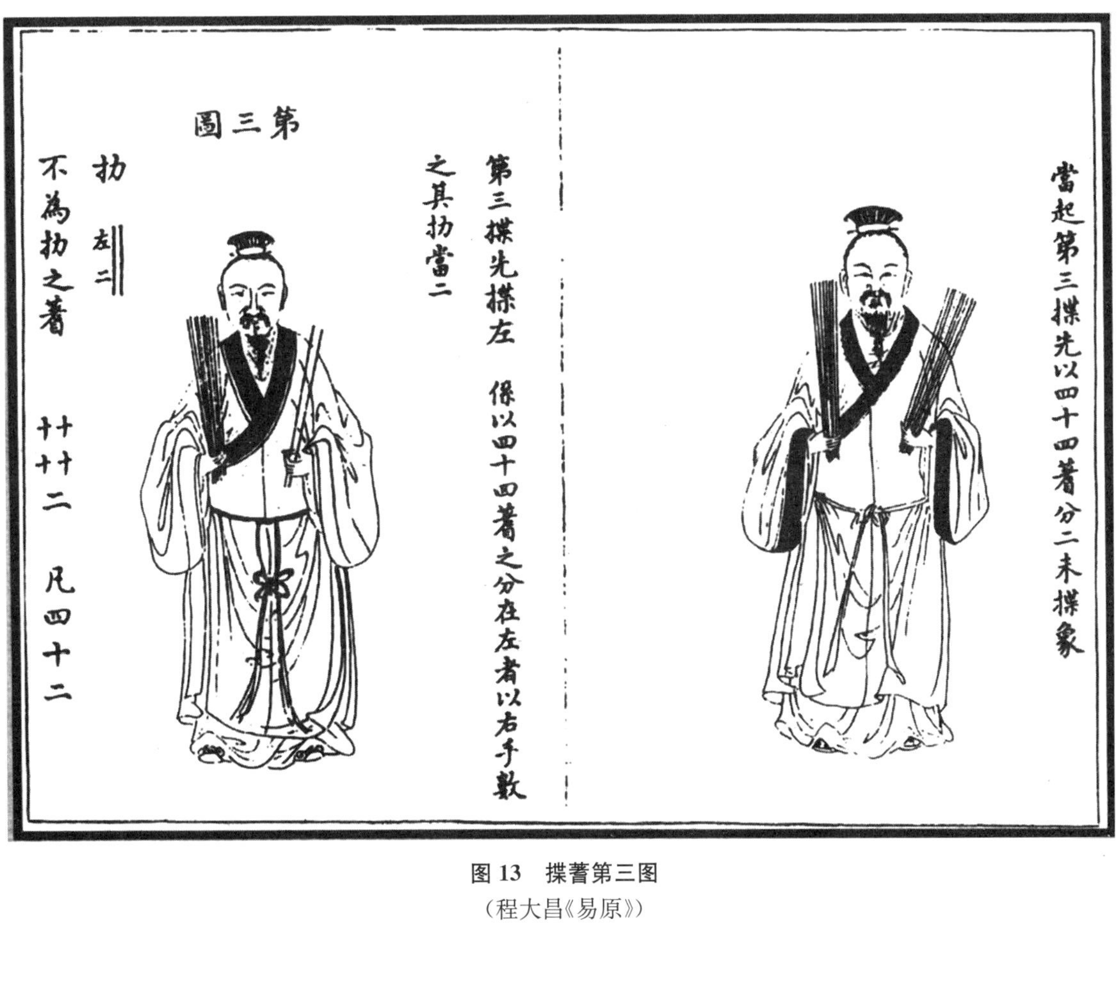

图 13　揲蓍第三图
（程大昌《易原》）

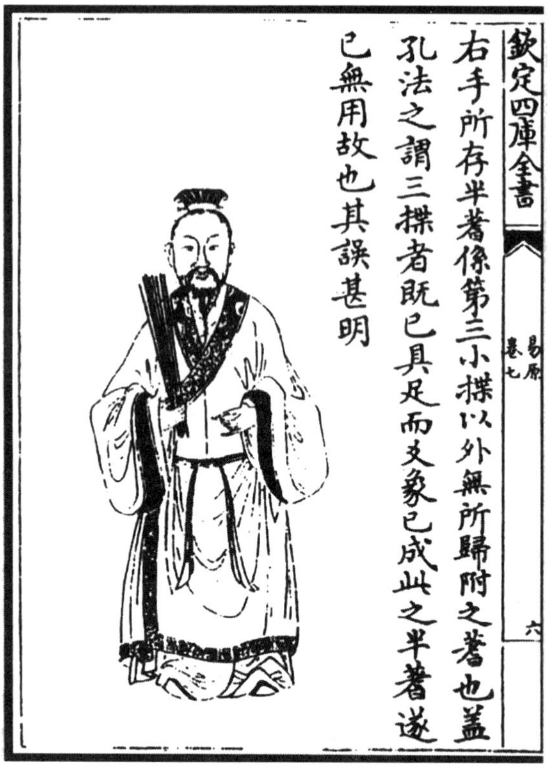

图 14 孔颖达拱图
（程大昌《易原》）

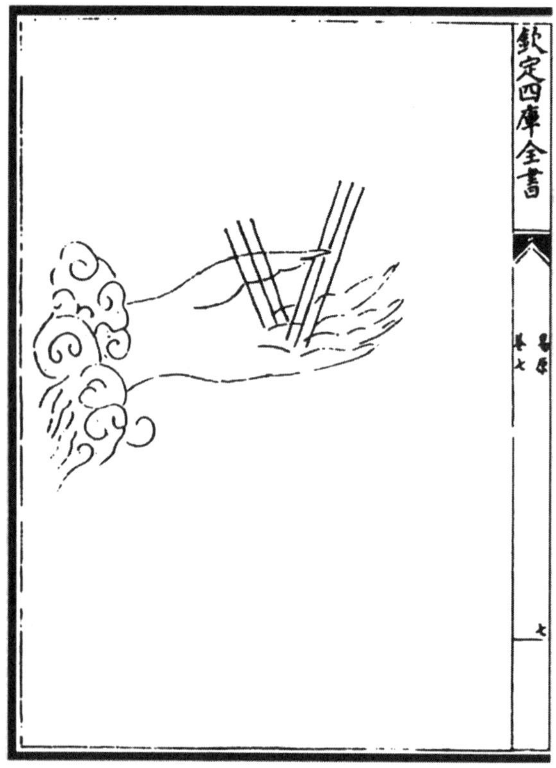

图 15 毕中和揲蓍图
（程大昌《易原》）

朱熹(1130—1200)

字元晦,一字仲晦,号晦庵,别号紫阳,祖籍徽州婺源(今江西婺源),生于福建尤溪县。南宋绍兴十八年(1148)进士,任泉州同安主簿。不久隐居建阳与武夷山,讲学著书。淳熙五年(1178)知南康军,复兴白鹿洞书院。后历任直秘阁、江西提刑、秘阁修撰、江东转运使、漳州知府、湖南转运副使、潭州知府。宁宗初,官焕章阁待制。后被人攻击为伪学,落职致仕。谥文公。著有《周易本义》《易学启蒙》《四书章句集注》《诗集传》《楚辞集注》《通鉴纲目》《朱子语类》等。现存有《周易》图像七幅。

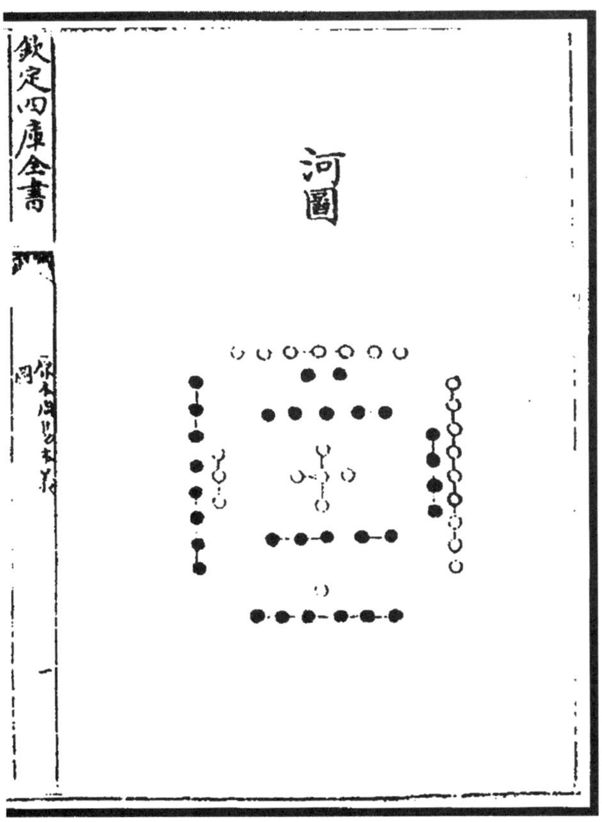

图1 河图
(朱熹《周易本义》)

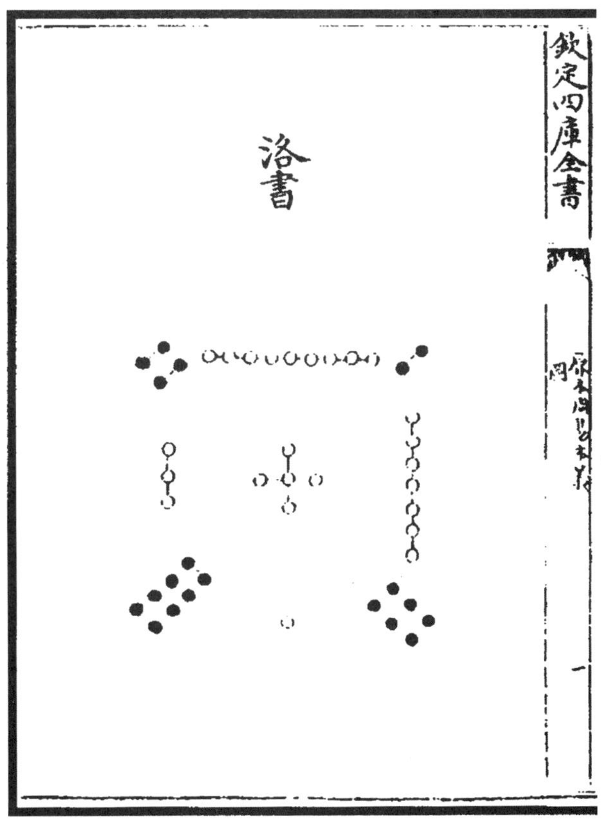

图2 洛书
(朱熹《周易本义》)

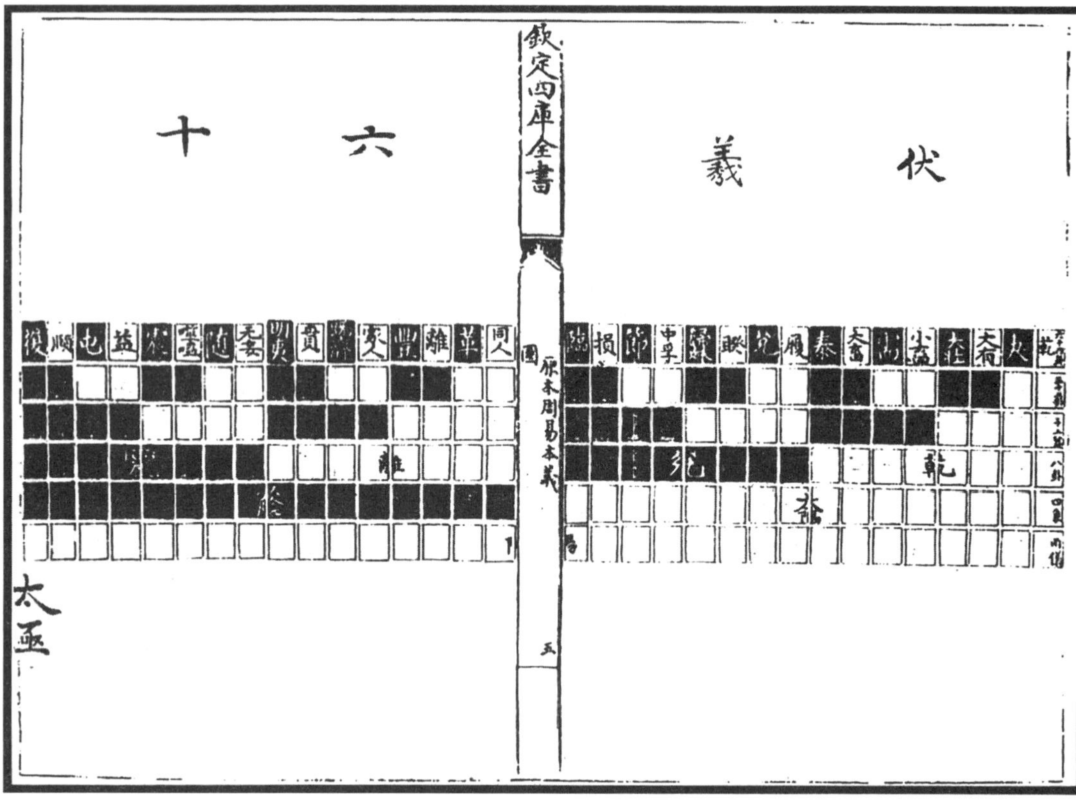

图 3-1 伏羲六十四卦次序图
（朱熹《周易本义》）

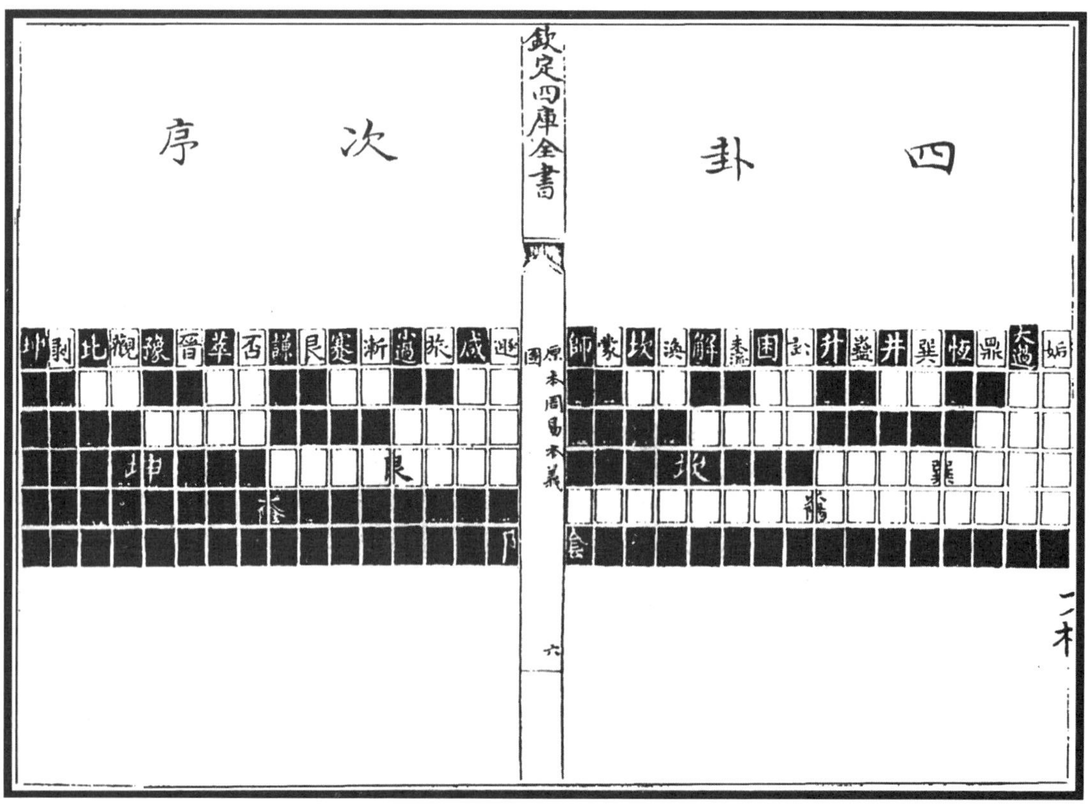

图 3-2 伏羲六十四卦次序图
（朱熹《周易本义》）

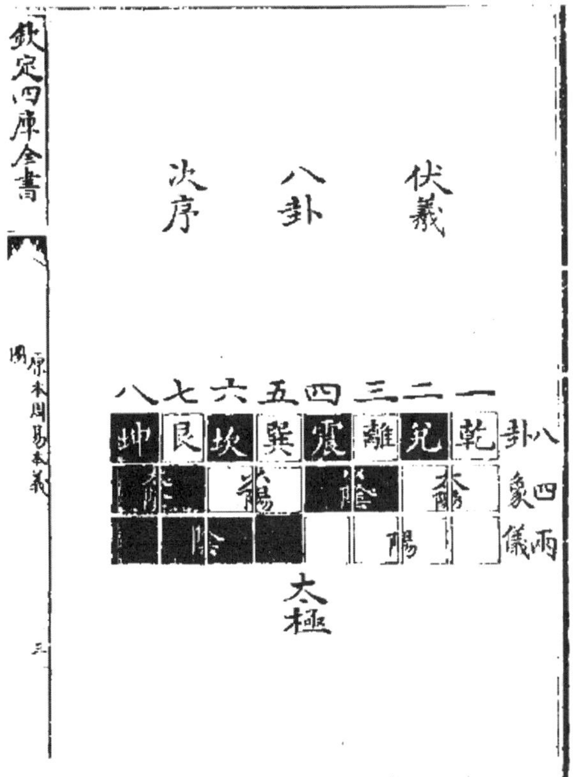

图4 伏羲八卦次序图
（朱熹《周易本义》）

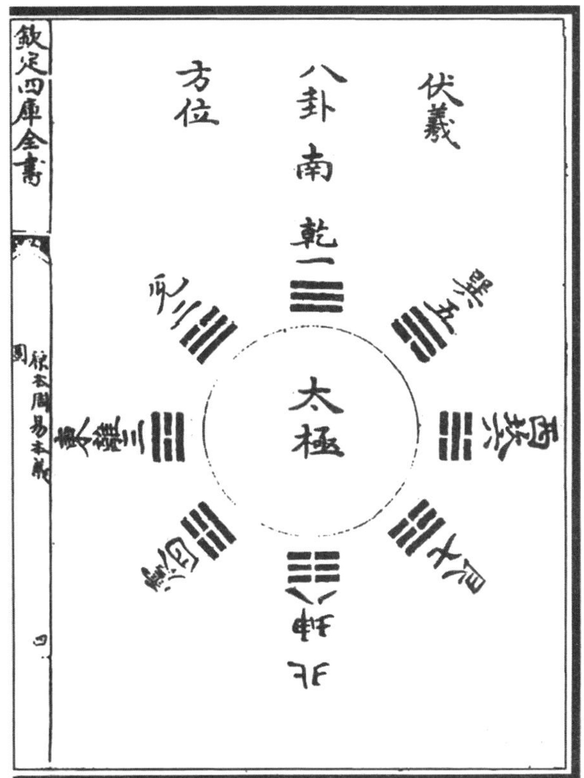

图5 伏羲八卦方位图
（朱熹《周易本义》）

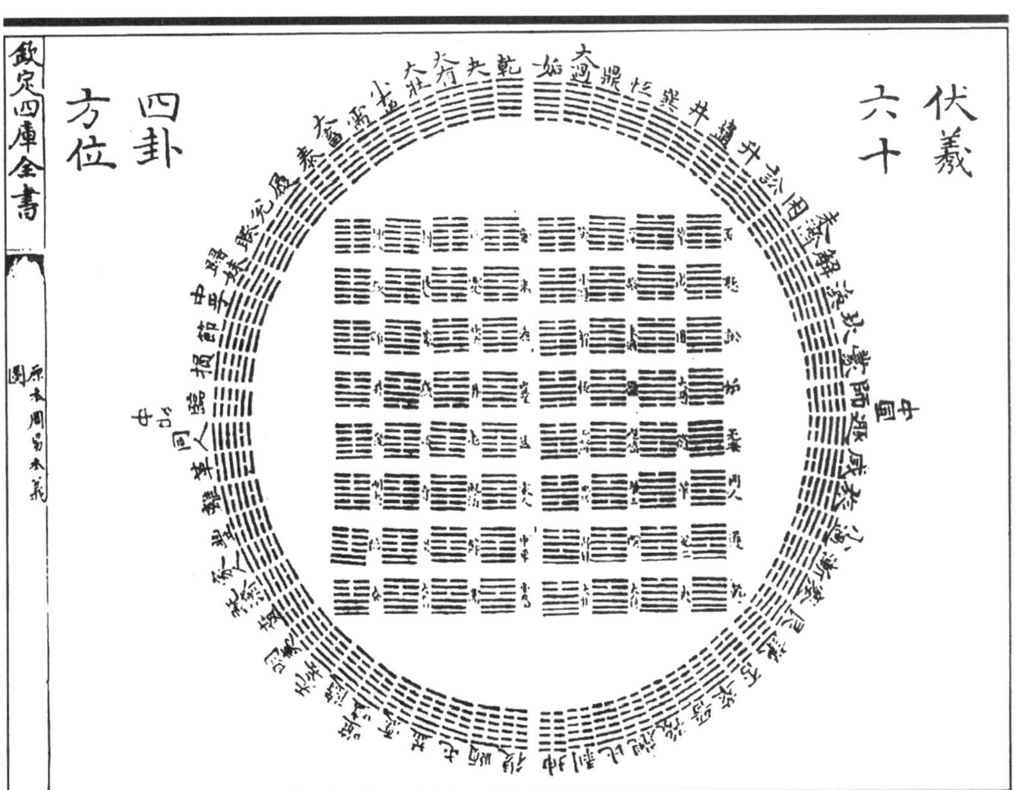

图6 伏羲六十四卦方位图
（朱熹《周易本义》）

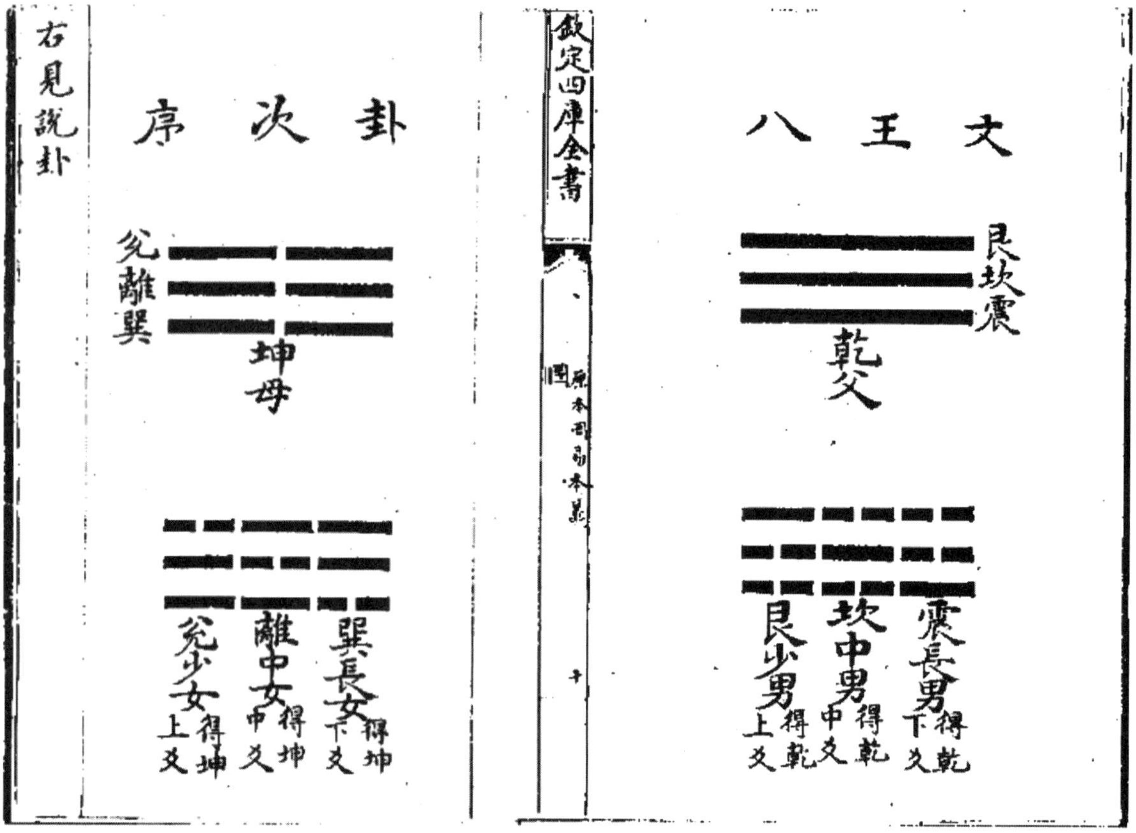
文王八卦次序
欽定四庫全書
原本周易本義
乾父
艮坎震
震長男
下爻
得乾
坎中男
中爻
得乾
艮少男
上爻
得乾
坤母
兌離巽
巽長女
下爻
得坤
離中女
中爻
得坤
兌少女
上爻
得坤
右見說卦

图7　文王八卦次序图
（朱熹《周易本义》）

唐仲友（1136—1188）

字与政，号说斋，世称"说斋先生"，南宋东阳（今浙江东阳）人。绍兴二十一年（1151）进士，复中博学宏词科，出任建康府通判。孝宗诏试除著作左郎，后以朝奉大夫出知信州。淳熙七年（1180）移知台州，后擢江西提刑。著有《六经解》《九经发题》《经史难答》《孝经解》《愚书》《帝王经世图谱》《说斋文钞》等。现存有《周易》图像二十幅。

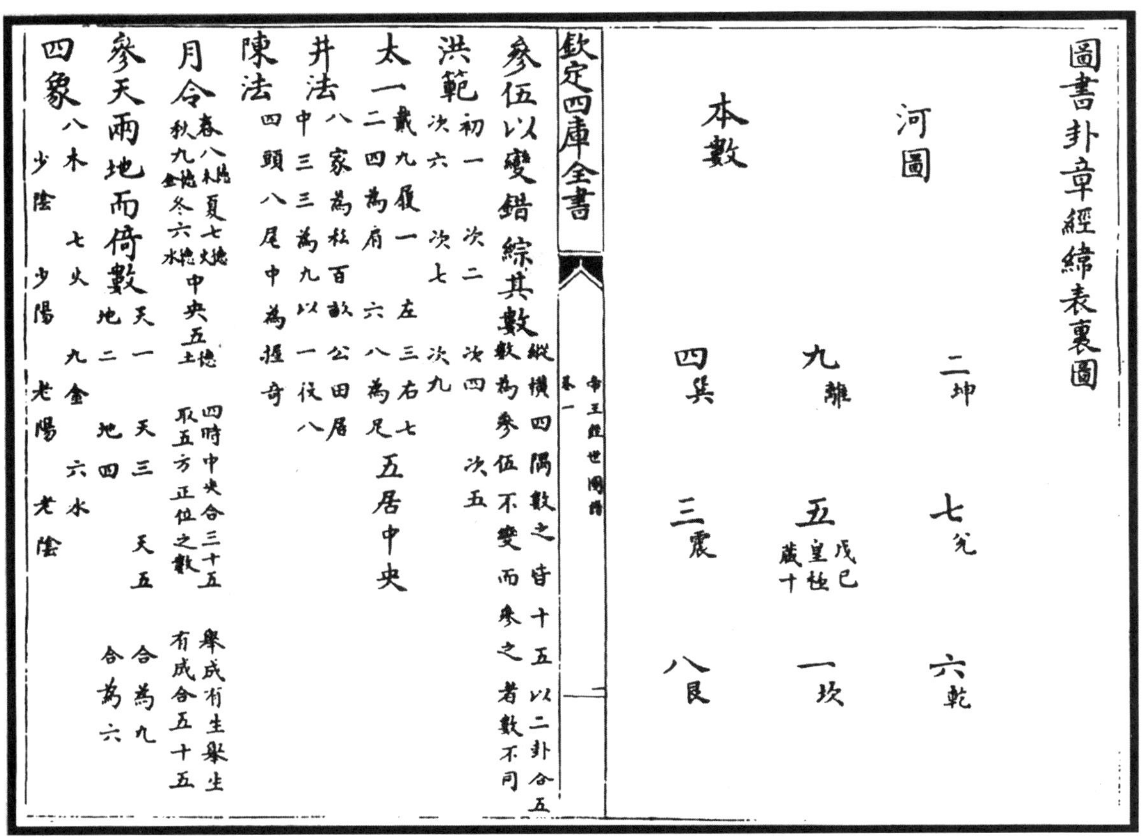

图1　河图本数图
（唐仲友《帝王经世图谱》）

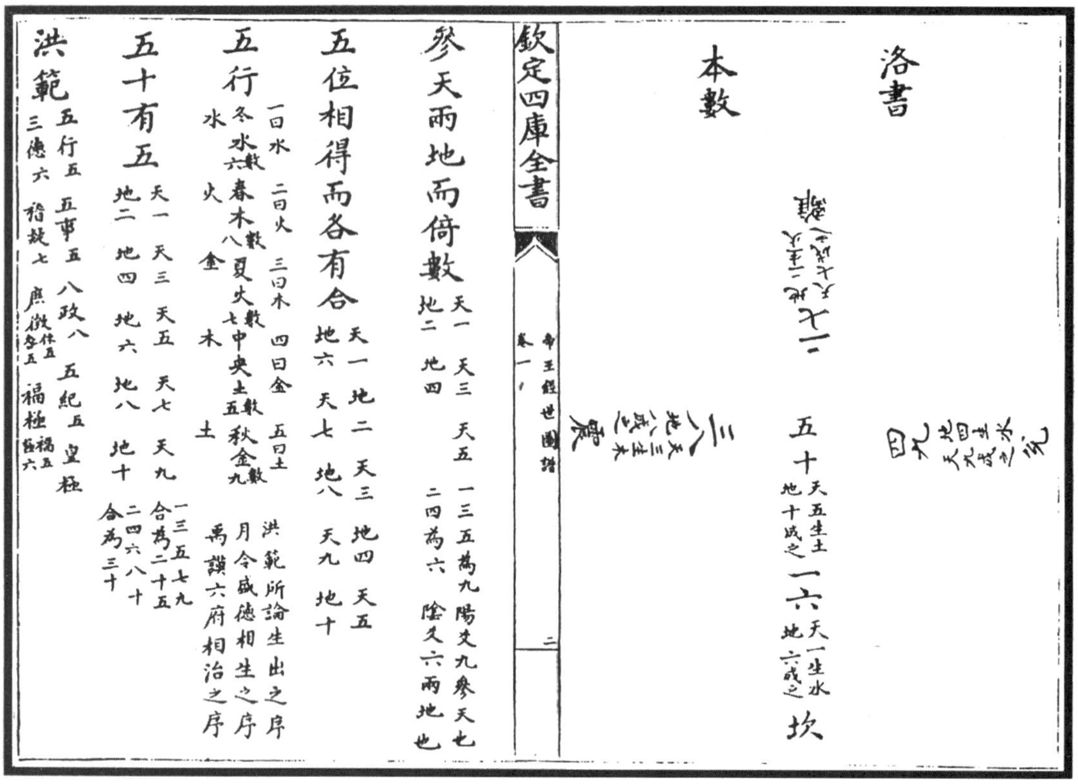

图 2　洛书本数图
（唐仲友《帝王经世图谱》）

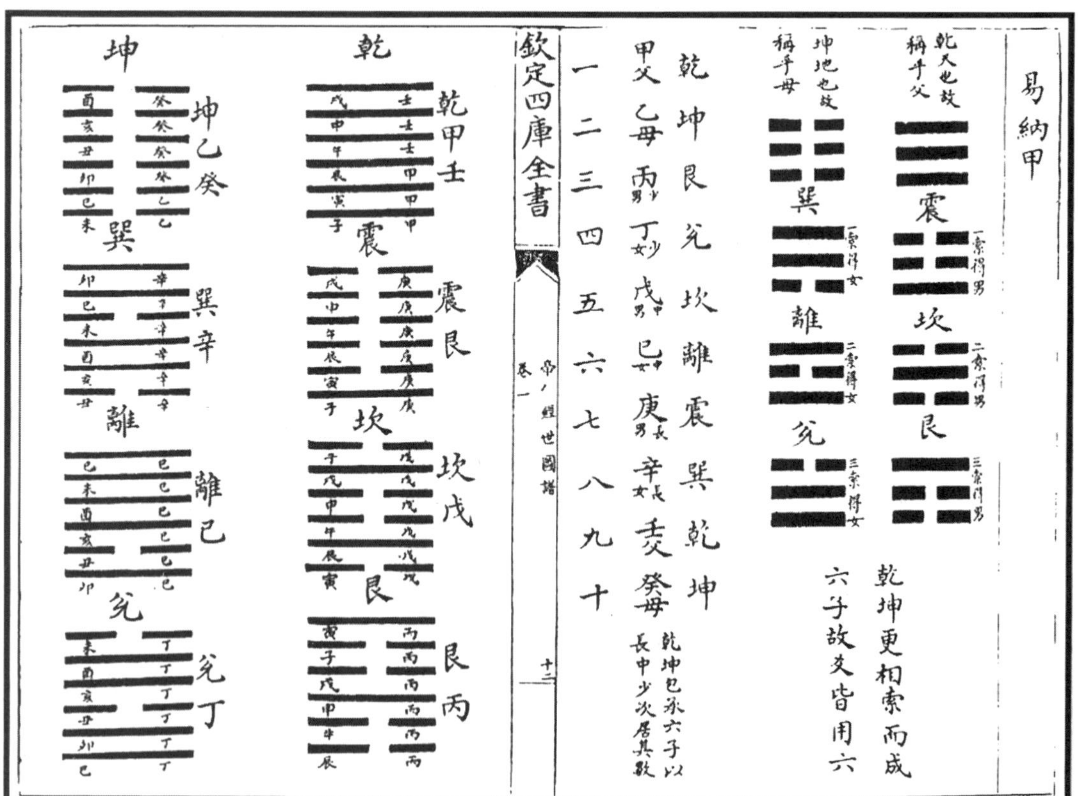

图 3　易纳甲图
（唐仲友《帝王经世图谱》）

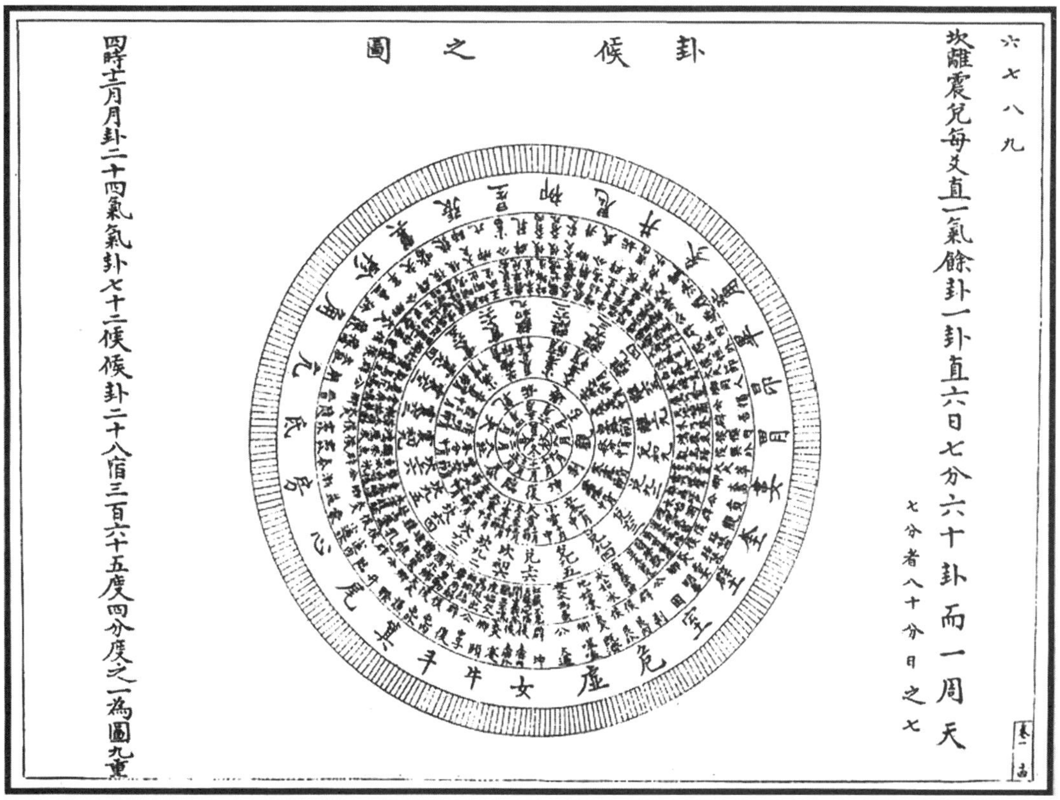

图4 卦候之图
（唐仲友《帝王经世图谱》）

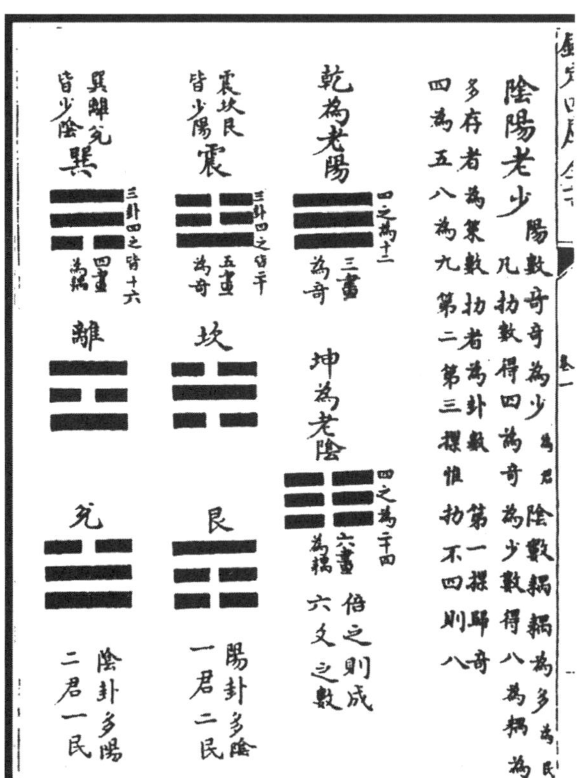

图5 阴阳老少图
（唐仲友《帝王经世图谱》）

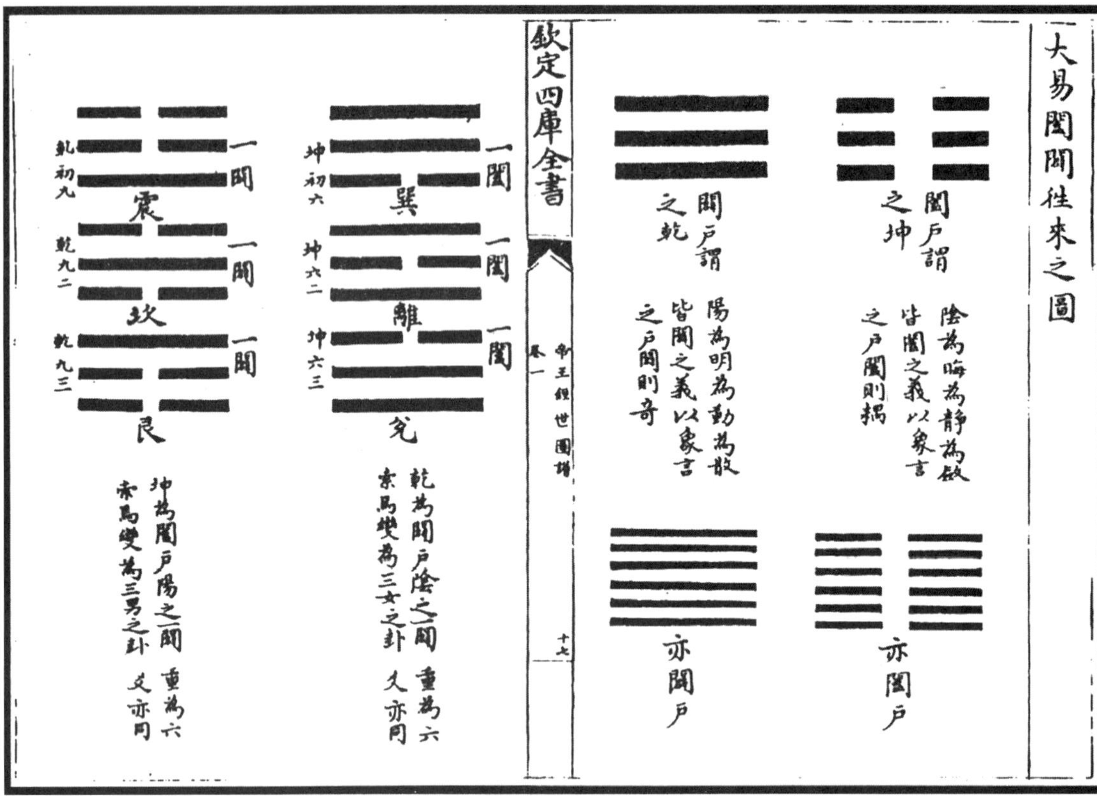

图 6 大易阖辟往来图
（唐仲友《帝王经世图谱》）

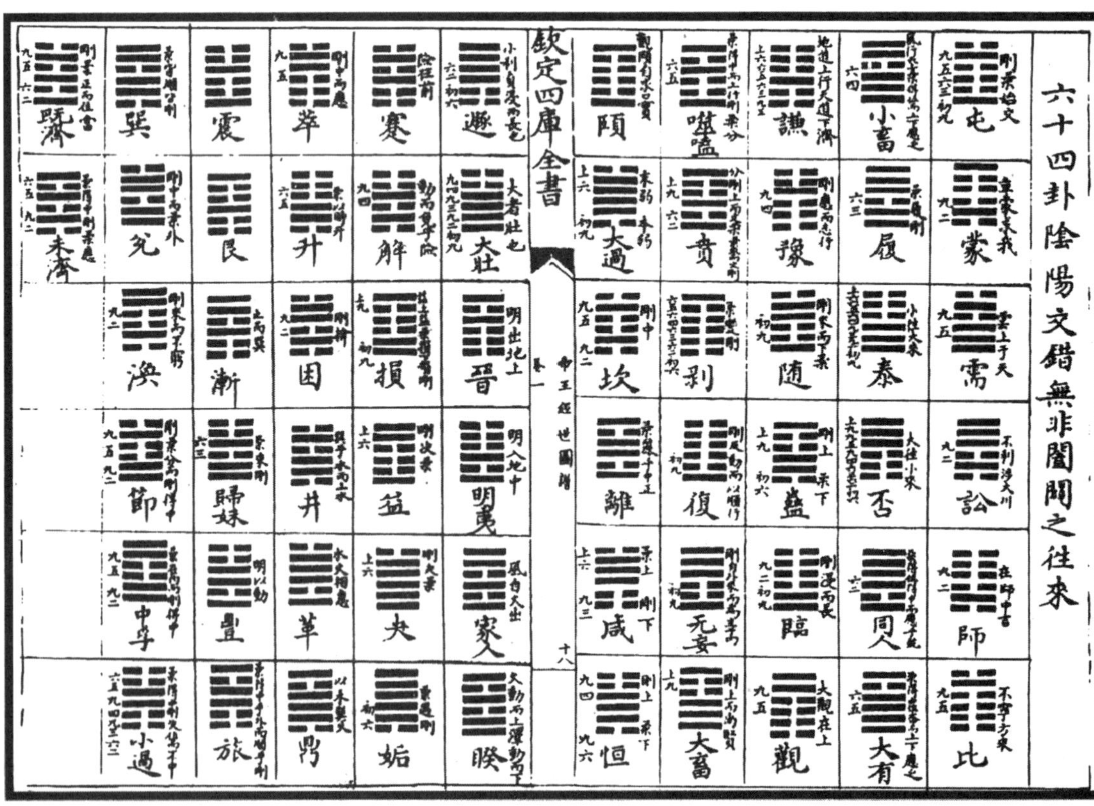

图 7 六十四卦阴阳交错无非阖辟之往来图
（唐仲友《帝王经世图谱》）

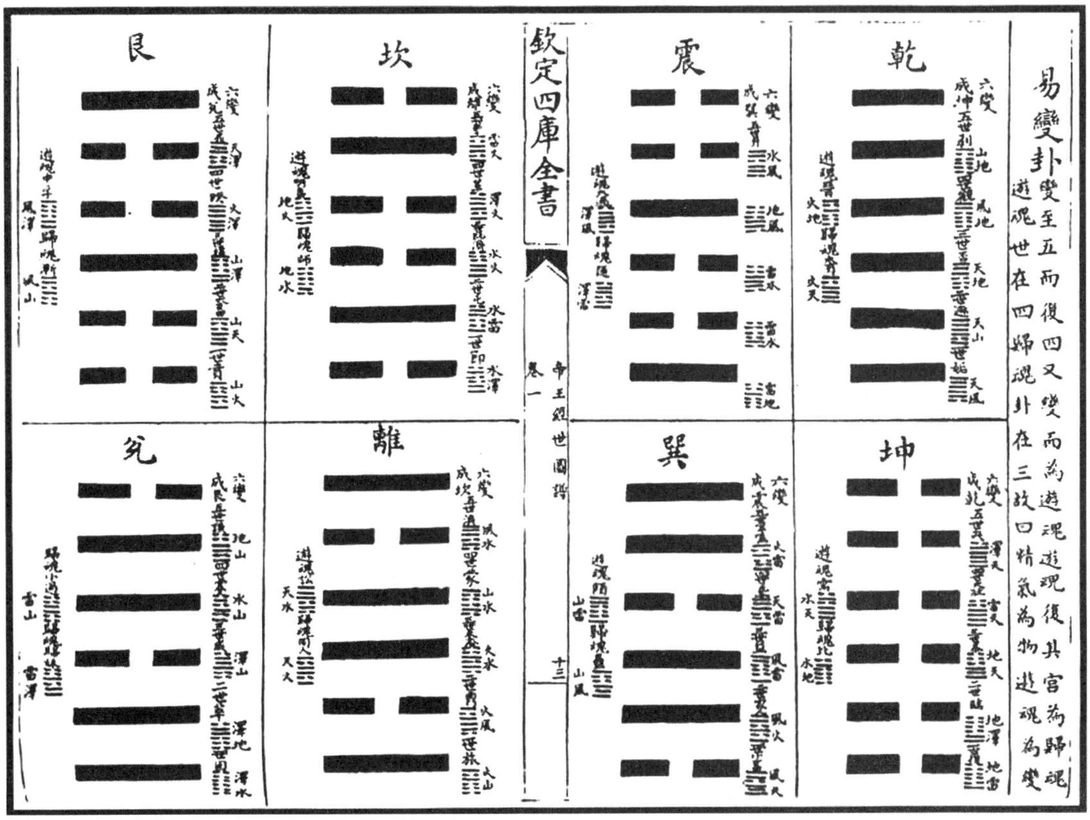

图 8　易变卦图

（唐仲友《帝王经世图谱》）

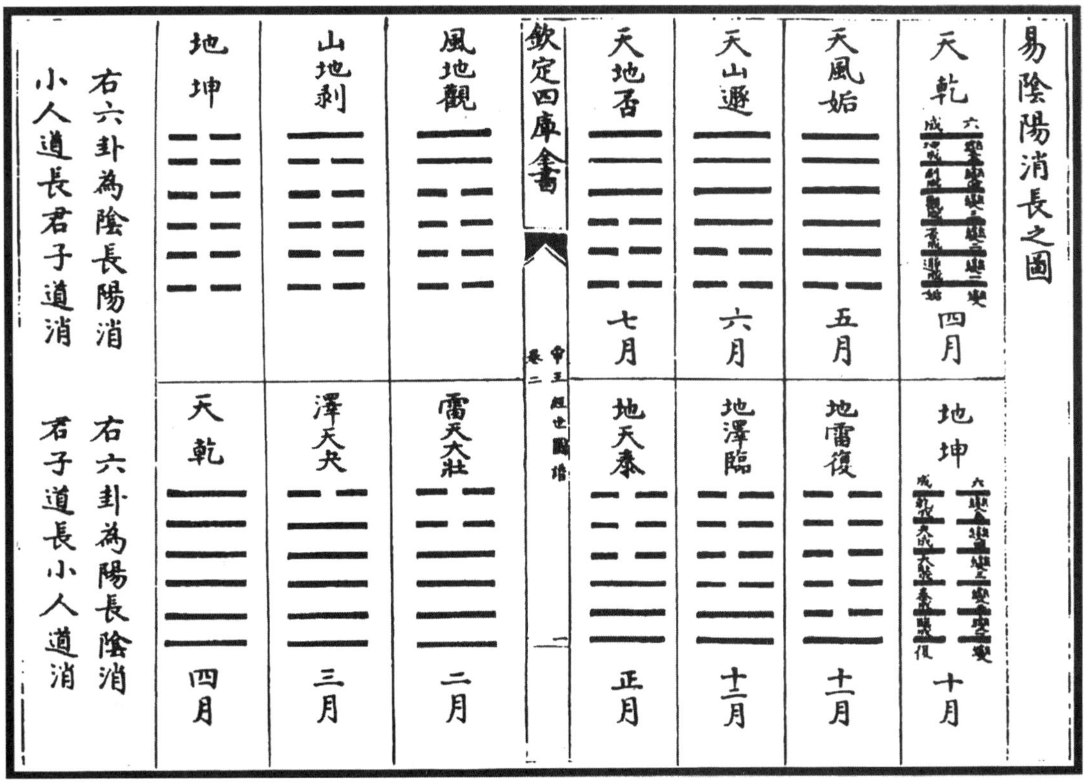

图 9　易阴阳消长之图

（唐仲友《帝王经世图谱》）

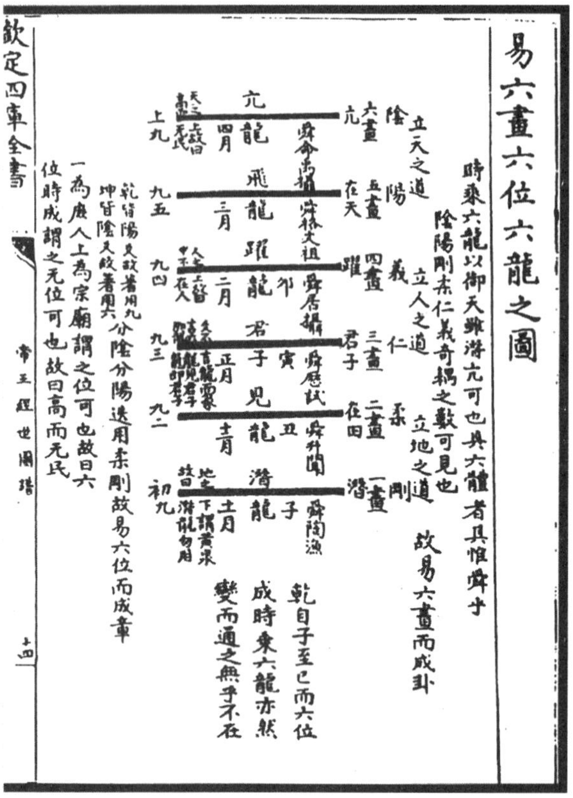

图 10　易六画六位六龙之图
（唐仲友《帝王经世图谱》）

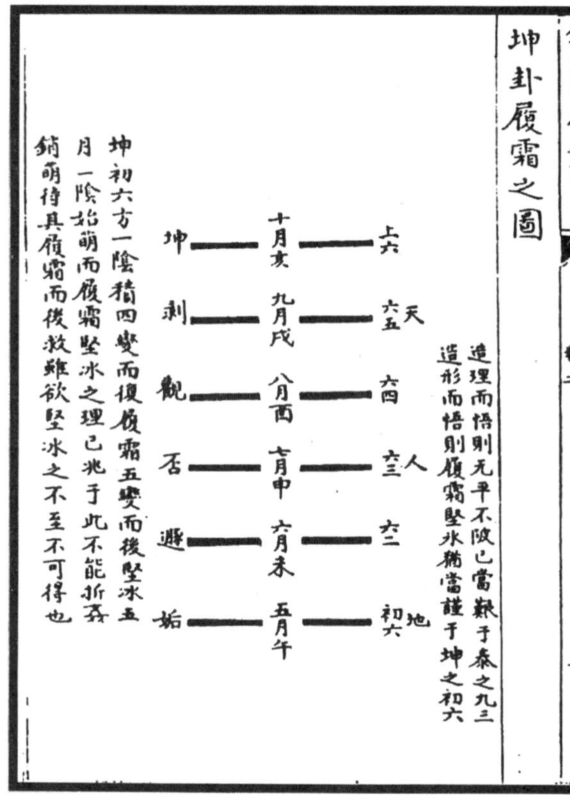

图 11　坤卦履霜之图
（唐仲友《帝王经世图谱》）

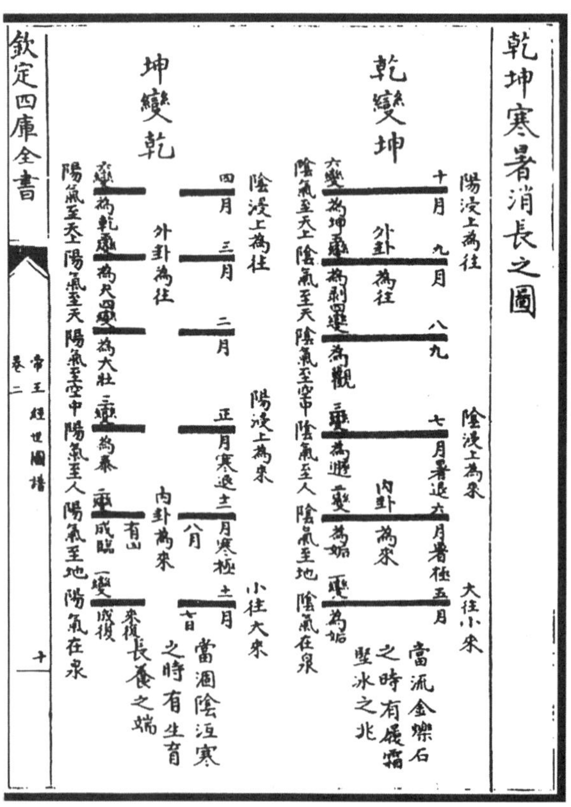

图 12　乾坤寒暑消长之图
（唐仲友《帝王经世图谱》）

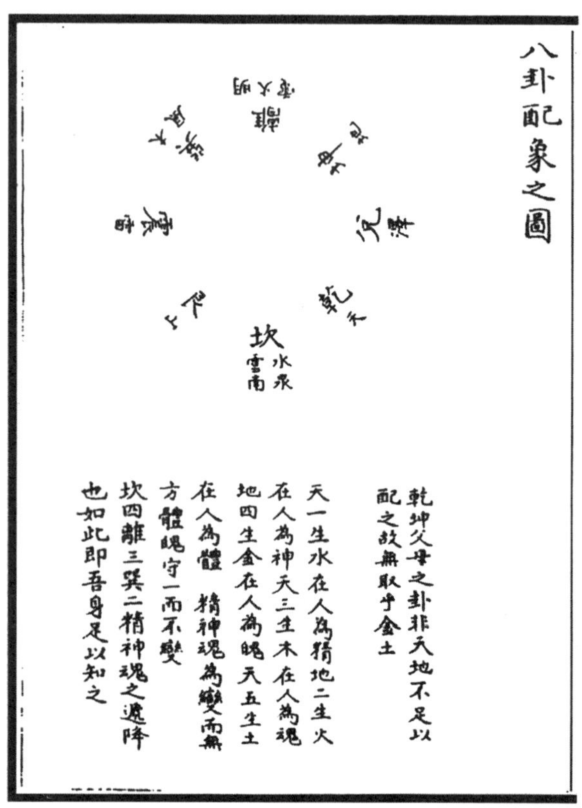

图 13　八卦配象之图
（唐仲友《帝王经世图谱》）

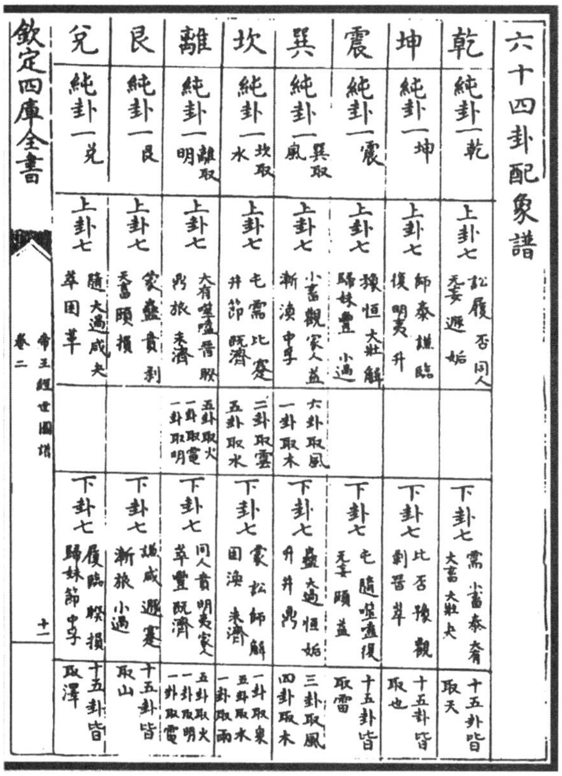

欽定四庫全書

六十四卦配象譜

乾	坤	震	巽	坎	離	艮	兌
純卦一乾	純卦一坤	純卦一震	純卦一巽取風	純卦一坎取水	純卦一離取明	純卦一艮	純卦一兌
上卦七 訟 履 否 同人 无妄 遯 姤	上卦七 師 泰 謙 臨 復 明夷 升	上卦七 豫 恒 大壯 解 歸妹 豐 小過	上卦七 小畜 觀 家人 益 漸 渙 中孚	上卦七 屯 需 比 蹇 井 節 既濟	上卦七 大有 噬嗑 晉 睽 鼎 旅 未濟	上卦七 蒙 蠱 賁 剝 大畜 頤 損	上卦七 隨 大過 咸 夬 萃 困 革
			六卦取風 一卦取木	二卦取雲 五卦取水	五卦取火 一卦取電 一卦取明		
下卦七 需 小畜 泰 大有 大畜 大壯 夬	下卦七 比 否 豫 觀 剝 晉 萃	下卦七 屯 隨 噬嗑 復 无妄 頤 益	下卦七 蠱 大過 恒 姤 升 井 鼎	下卦七 蒙 訟 師 解 困 渙 未濟	下卦七 同人 賁 明夷 家人 革 豐 既濟	下卦七 謙 咸 遯 蹇 漸 旅 小過	下卦七 履 臨 睽 損 歸妹 節 中孚
十五卦皆取天	十五卦皆取也	十五卦皆取雷	三卦取風 四卦取木	一卦取泉 五卦取水 一卦取雨	五卦取火 一卦取明 一卦取電	十五卦皆取山	十五卦皆取澤

帝王經世圖譜 卷二

十二

图 14　六十四卦配象谱图

（唐仲友《帝王经世图谱》）

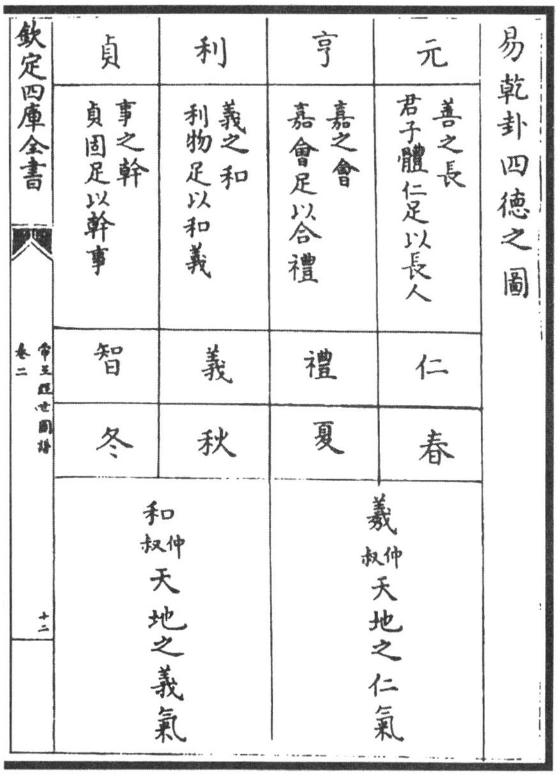

易乾卦四德之圖

元	亨	利	貞
善之長 君子體仁足以長人	嘉之會 嘉會足以合禮	義之和 利物足以和義	事之幹 貞固足以幹事
仁	禮	義	智
春	夏	秋	冬
義 仲叔 天地之仁氣		和 仲叔 天地之義氣	

欽定四庫全書

帝王經世圖譜 卷二

十二

图 15　易乾卦四德图

（唐仲友《帝王经世图谱》）

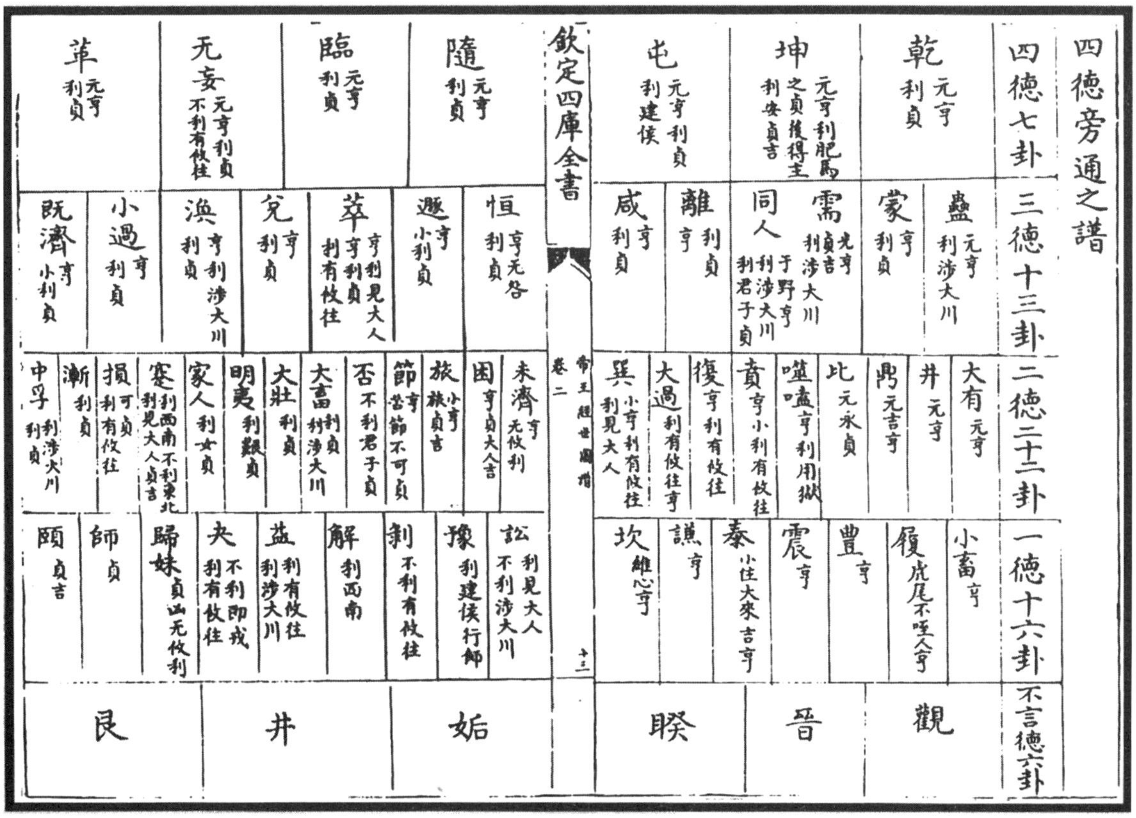

四德旁通之譜

四德七卦：乾 元亨利貞　坤 元亨利牝馬之貞後得主利安貞吉　屯 元亨利貞利建侯　隨 元亨利貞　臨 元亨利貞　无妄 元亨利貞不利有攸往　革 元亨利貞

三德十三卦：蠱 元亨利涉大川　蒙 亨利貞　需 光亨貞吉利涉大川　同人 于野亨利涉大川利君子貞　離 利貞亨　咸 亨利貞　恒 亨无咎利貞　遯 亨小利貞　萃 亨利見大人亨利貞利有攸往　兌 亨利貞　渙 亨利涉大川利貞　小過 亨利貞　既濟 亨小利貞

二德二十二卦：大有 元亨　升 元亨　鼎 元吉亨　比 元永貞　噬嗑 亨利用獄　賁 亨小利有攸往　復 亨利有攸往　大過 利有攸往亨　巽 小亨利有攸往利見大人　未濟 亨无攸利　困 亨貞大人吉　旅 小亨旅貞吉　節 亨苦節不可貞　否 不利君子貞　大畜 利貞利涉大川　大壯 利貞　明夷 利艱貞　家人 利女貞　蹇 利西南不利東北利見大人貞吉　損 可貞利有攸往　漸 利貞　中孚 利涉大川利貞

一德十六卦：小畜 亨　履 虎尾不咥人亨　豐 亨　震 亨　泰 小往大來吉亨　謙 亨　坎 維心亨　訟 利見大人不利涉大川　豫 利建侯行師　剝 不利有攸往　解 利西南　益 利有攸往利涉大川　夬 不利即戎利有攸往　歸妹 貞凶无攸利　師 貞　頤 貞吉

不言德六卦：觀　晉　睽　姤　井　艮

欽定四庫全書

帝王經世圖譜 卷二

十三

图 16　四德旁通谱图

（唐仲友《帝王经世图谱》）

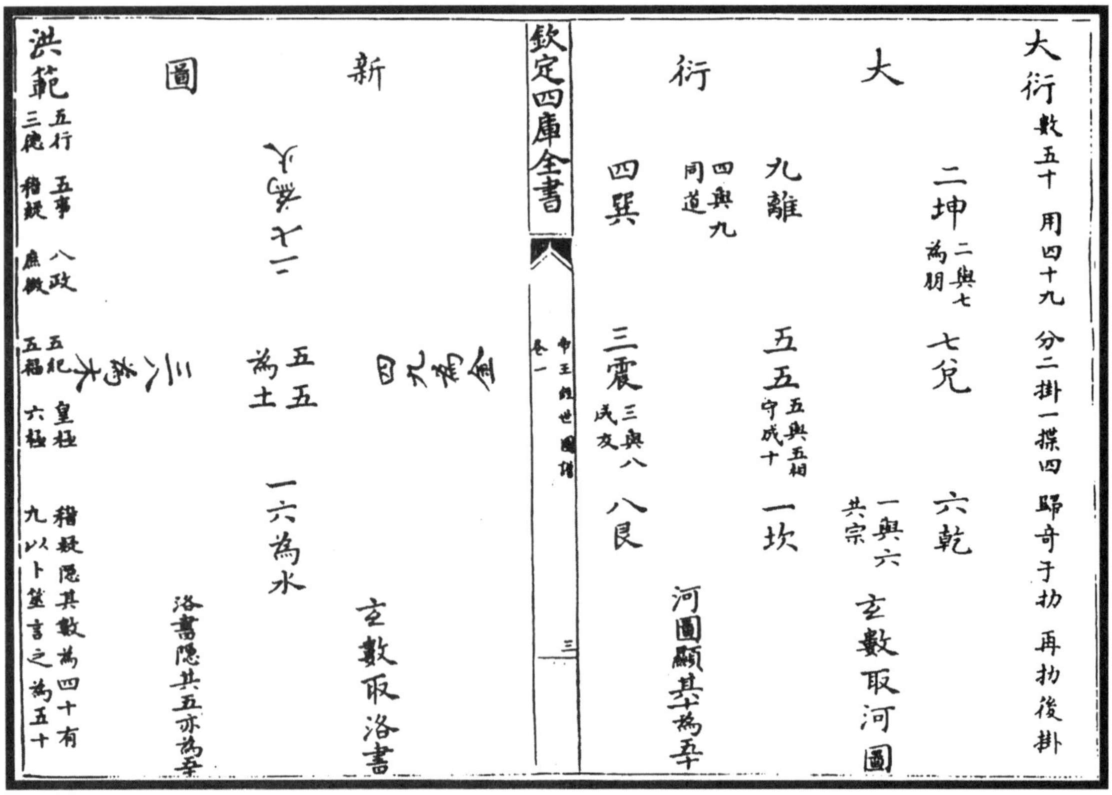

图 17　大衍新图

（唐仲友《帝王经世图谱》）

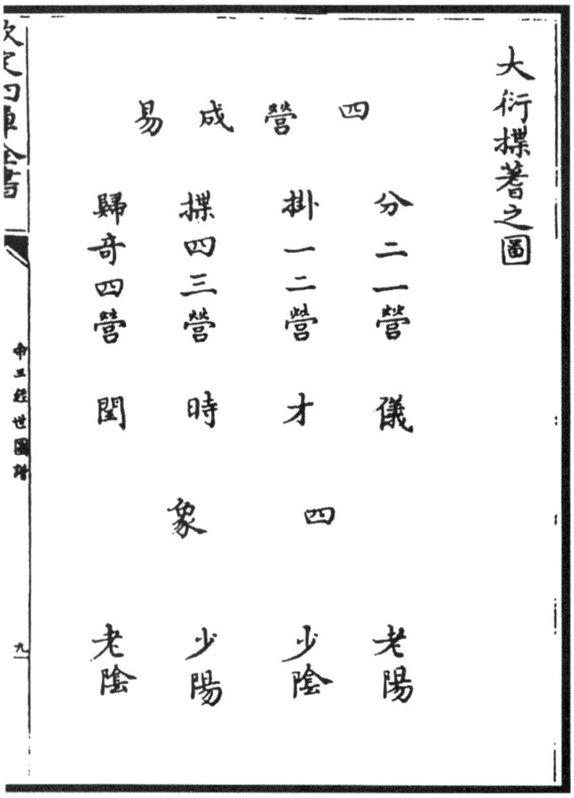

图 18　大衍揲蓍之图

（唐仲友《帝王经世图谱》）

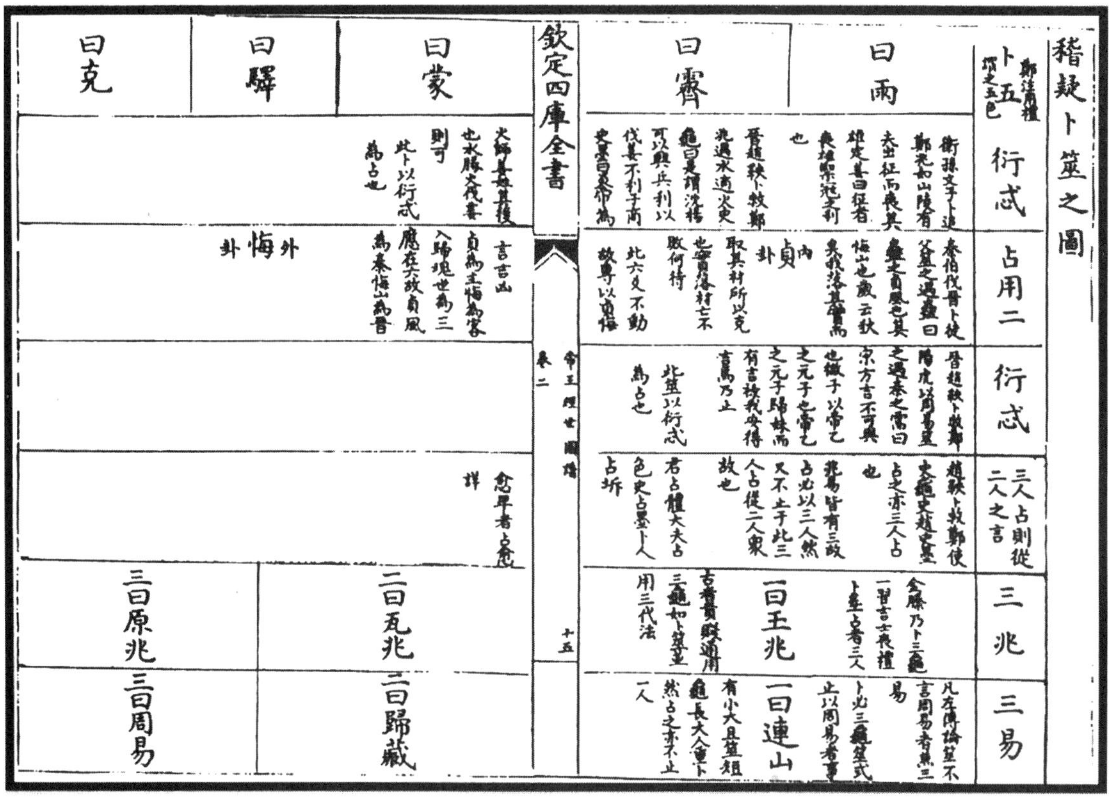

图 19－1　稽疑卜筮图
（唐仲友《帝王经世图谱》）

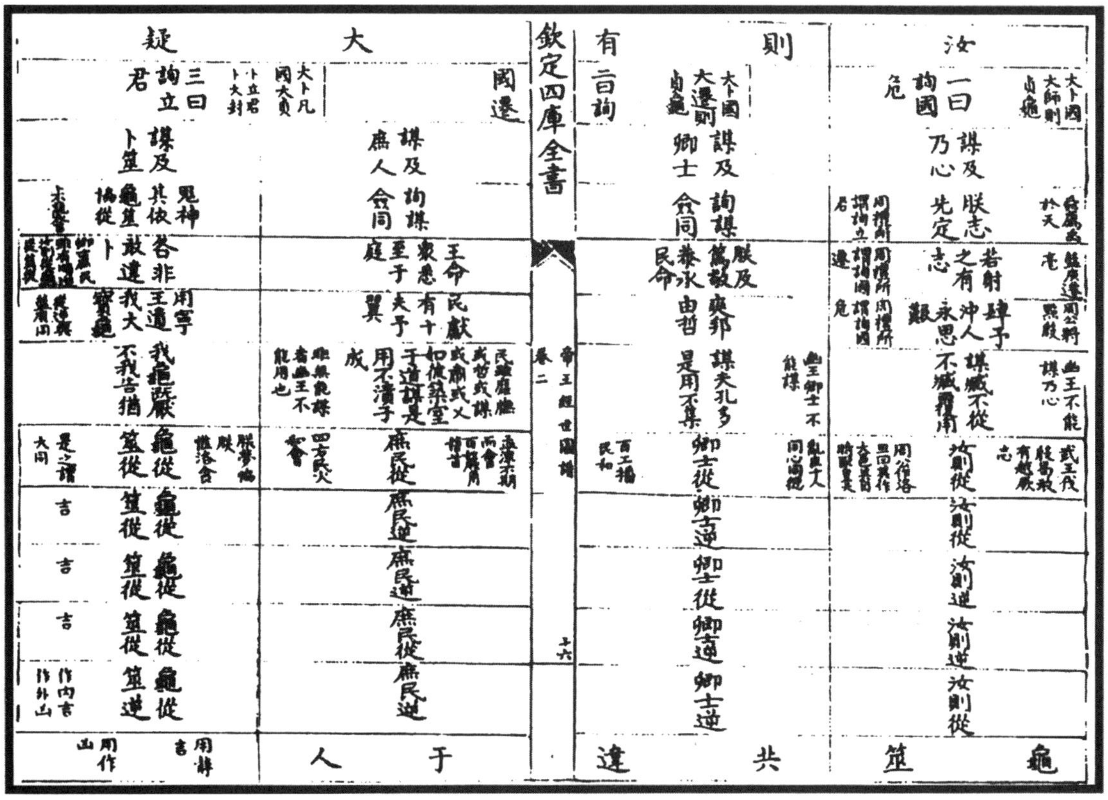

图 19－2　稽疑卜筮图
（唐仲友《帝王经世图谱》）

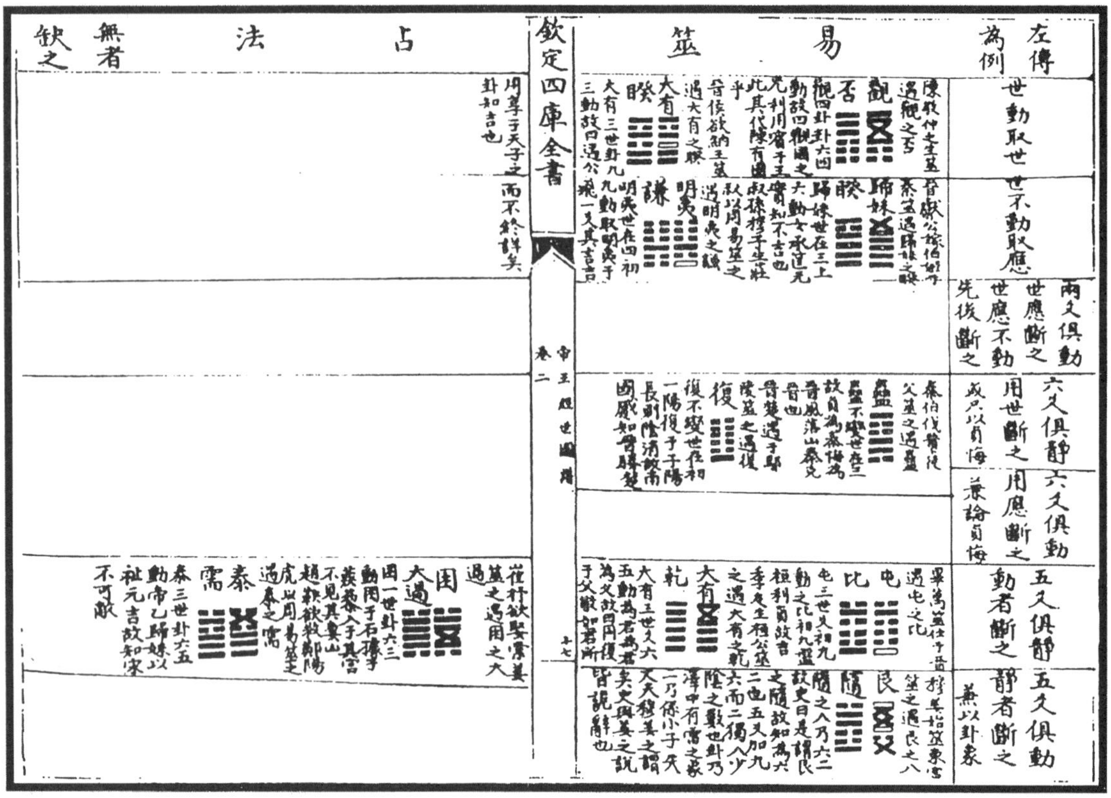

图 19－3　稽疑卜筮图

（唐仲友《帝王经世图谱》）

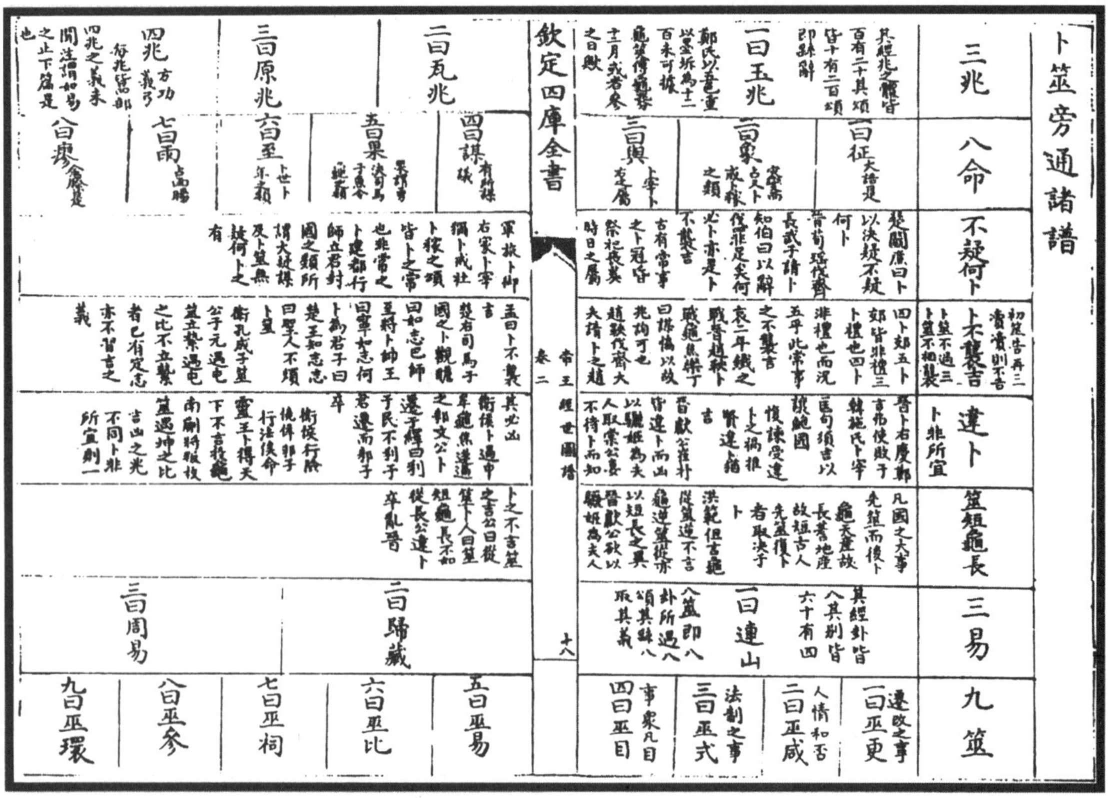

图 20－1　卜筮旁通图

（唐仲友《帝王经世图谱》）

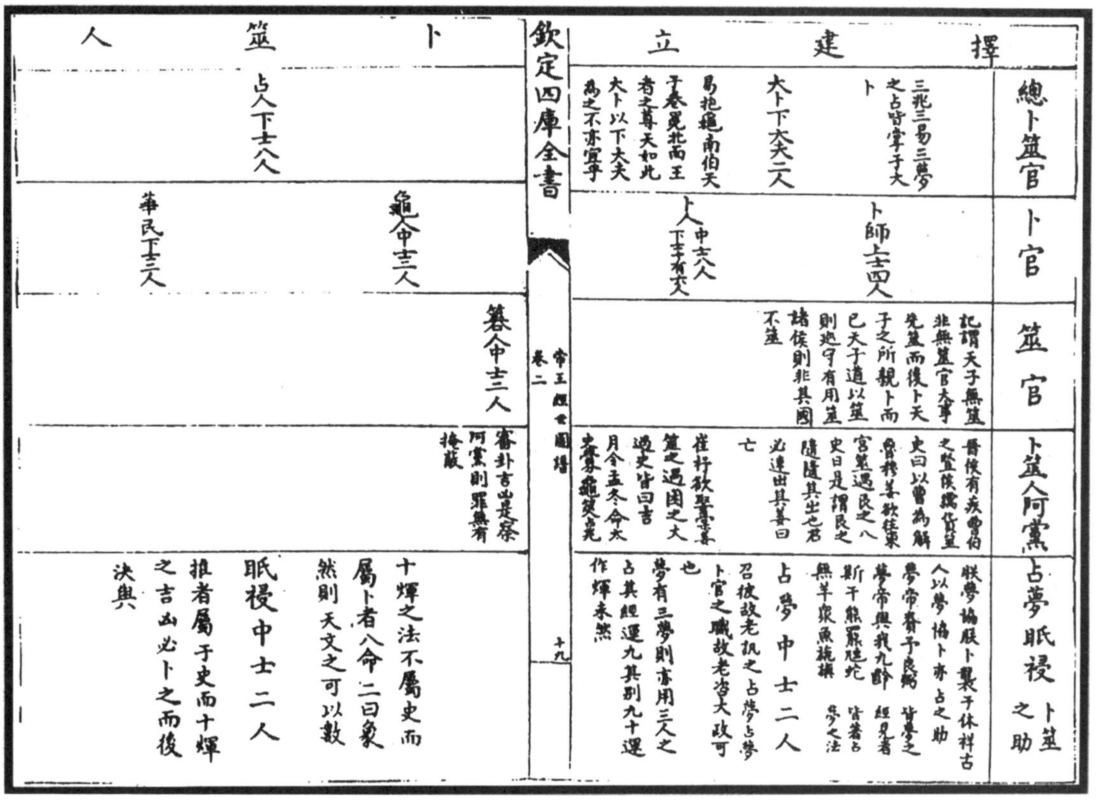

图 20-2 卜筮旁通图
（唐仲友《帝王经世图谱》）

吴仁杰（1137—约1200）

字斗南，一字南英，自号蠹隐，南宋昆山（今江苏昆山）人。讲学于朱子之门。淳熙五年（1178）进士，历任罗田县令、国子学录等职，归里后自号"蠹隐居士"。著有《陶靖节先生年谱》《两汉刊误补遗》《离骚草木疏》《易图说》《集古易》《尚书洪范辨图》等。现存有《周易》图像一幅。

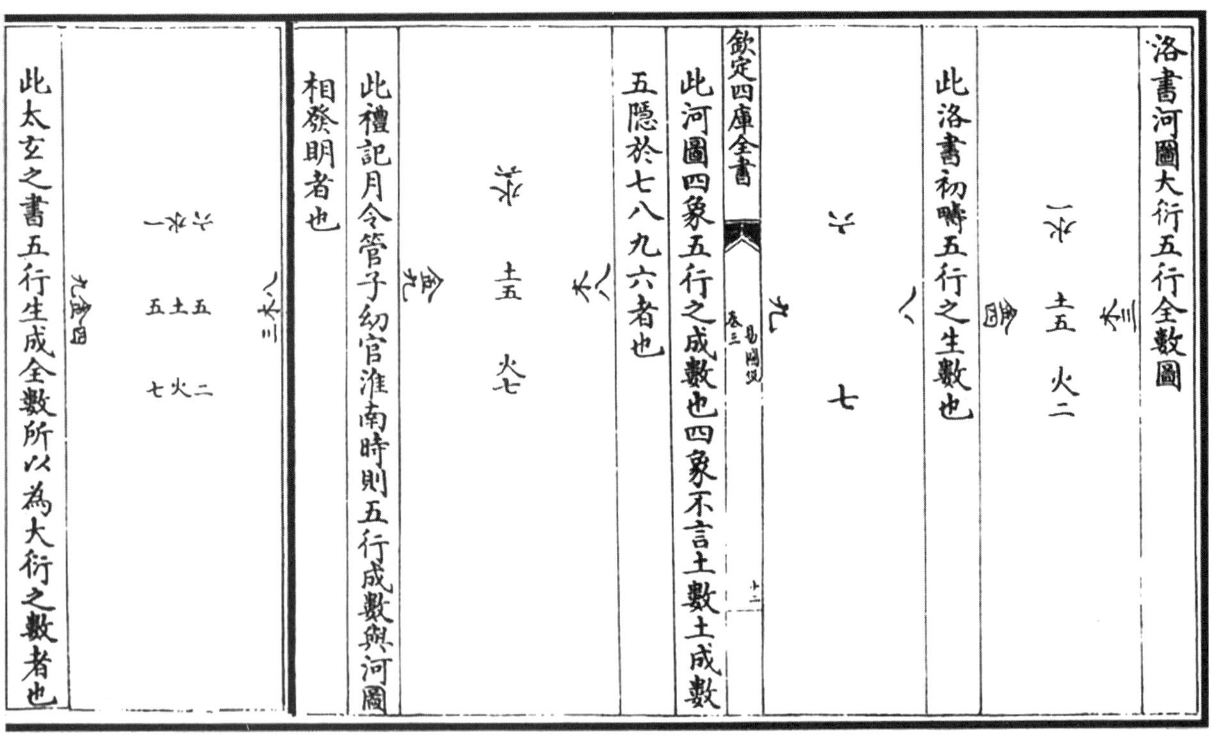

图1 洛书河图大衍五行全数图
（吴仁杰《易图说》）

林至

生卒年不详,字德久,南宋秀州华亭(今上海松江)人。淳熙中(1181)进士。官至秘书省正字。嘉定元年(1208)为校书郎,次年为秘书郎。嘉定三年遭弹劾罢官,十一年知道州。朱熹门人。著有《易裨传》二卷、外篇一卷等。现存有《周易》图像七幅。

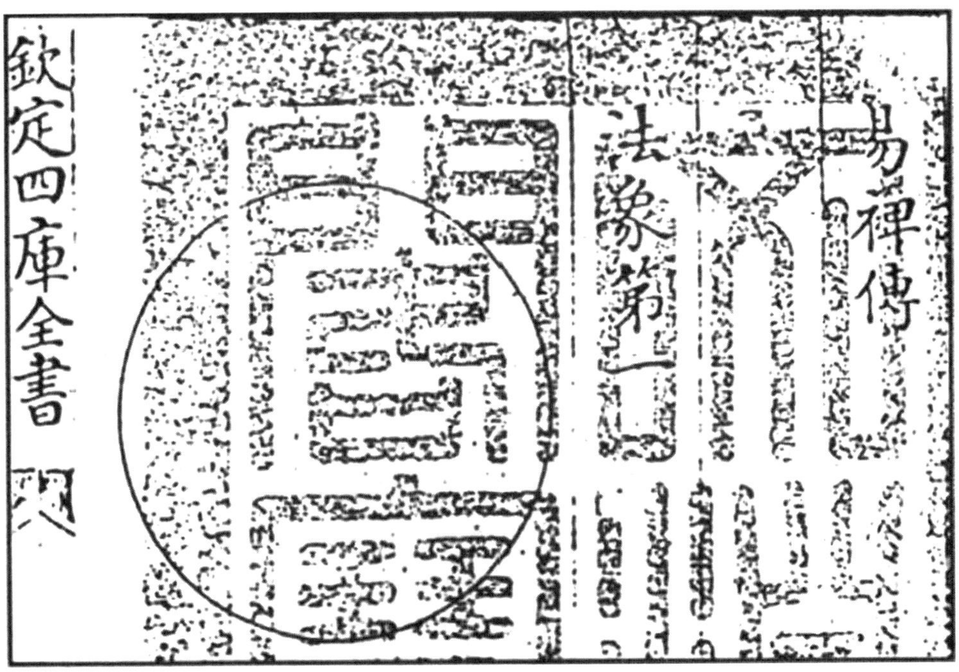

图 1　易有太极法象图
(林至《易裨传》)

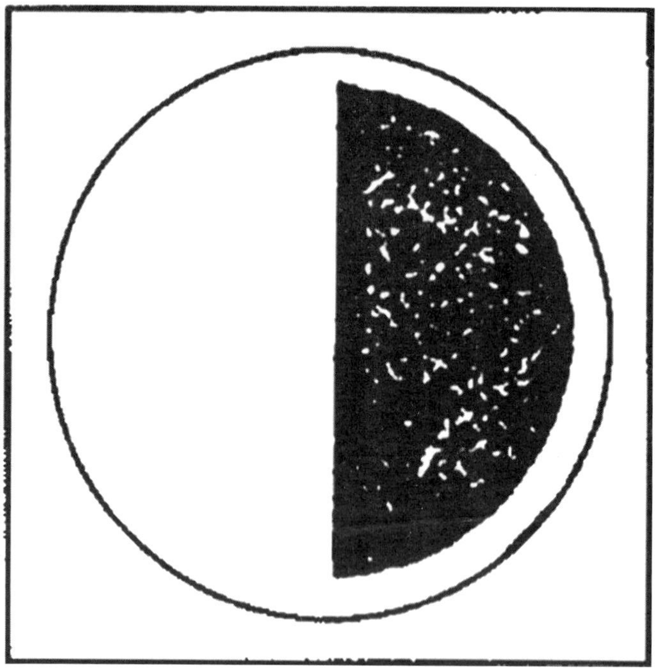

图 2　太极一变图
（林至《易裨传》）

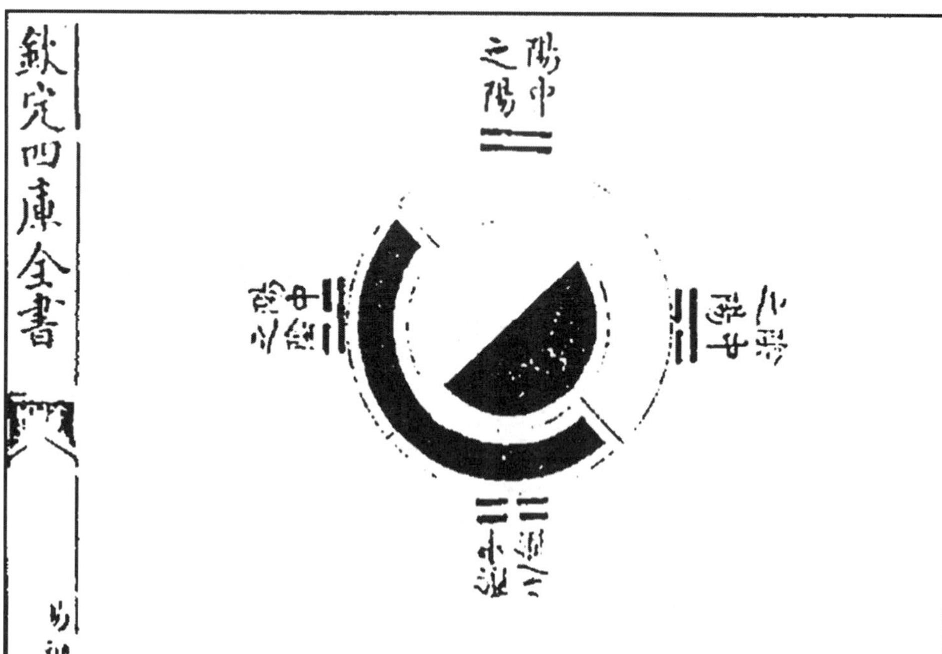

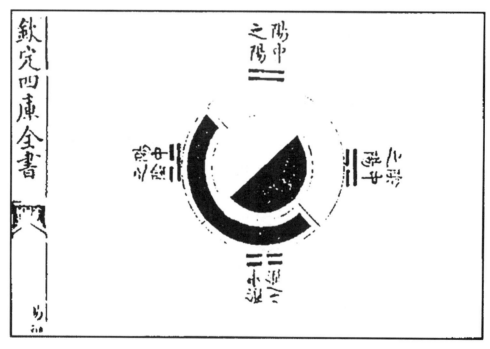

图 3　太极再变图
（林至《易裨传》）

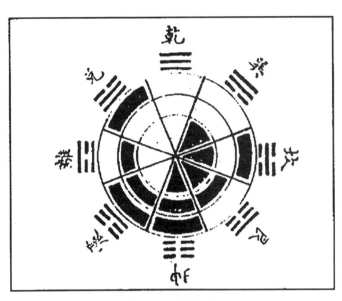

图 4 太极三变图
（林至《易裨传》）

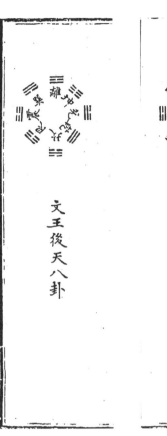

图 5 文王后天八卦图
（林至《易裨传》）

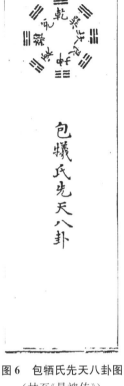

图 6 包牺氏先天八卦图
（林至《易裨传》）

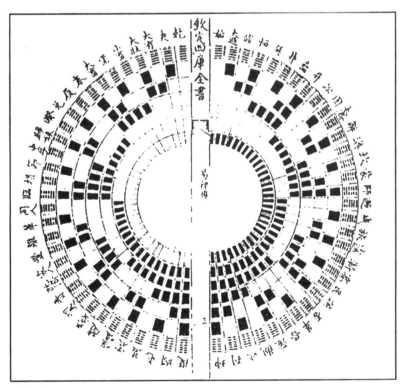

图 7 太极六变图
（林至《易裨传》）

朱端章

生卒不详,南宋福州长乐今福建长乐人。精于医学。淳熙十年(1183)为郡守知南康军,拨田增给于白鹿书院。著有《南康记》八卷、《庐山拾遗》二十卷、《卫生家宝方》六卷、《卫生家宝产科备要》八卷、《卫生家宝小儿方》二卷、《卫生家宝汤方》三卷等。现存有《周易》图像一幅。

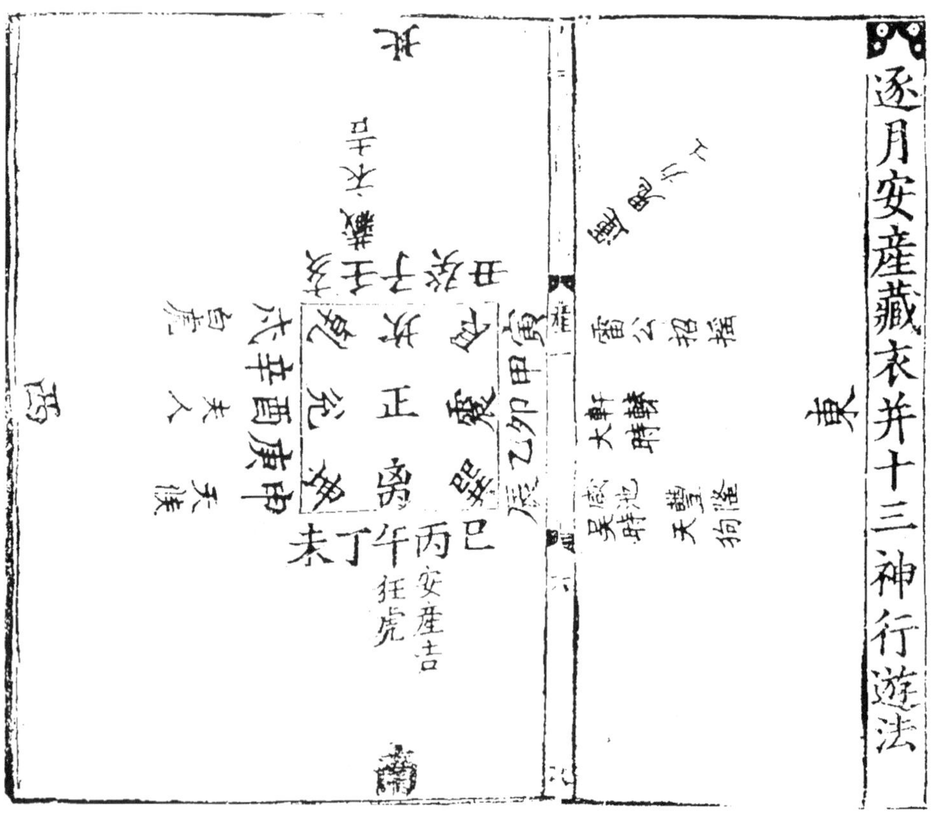

图 1-1　逐月安产藏衣并十三神行游法图
(朱端章《卫生家宝产科备要》)

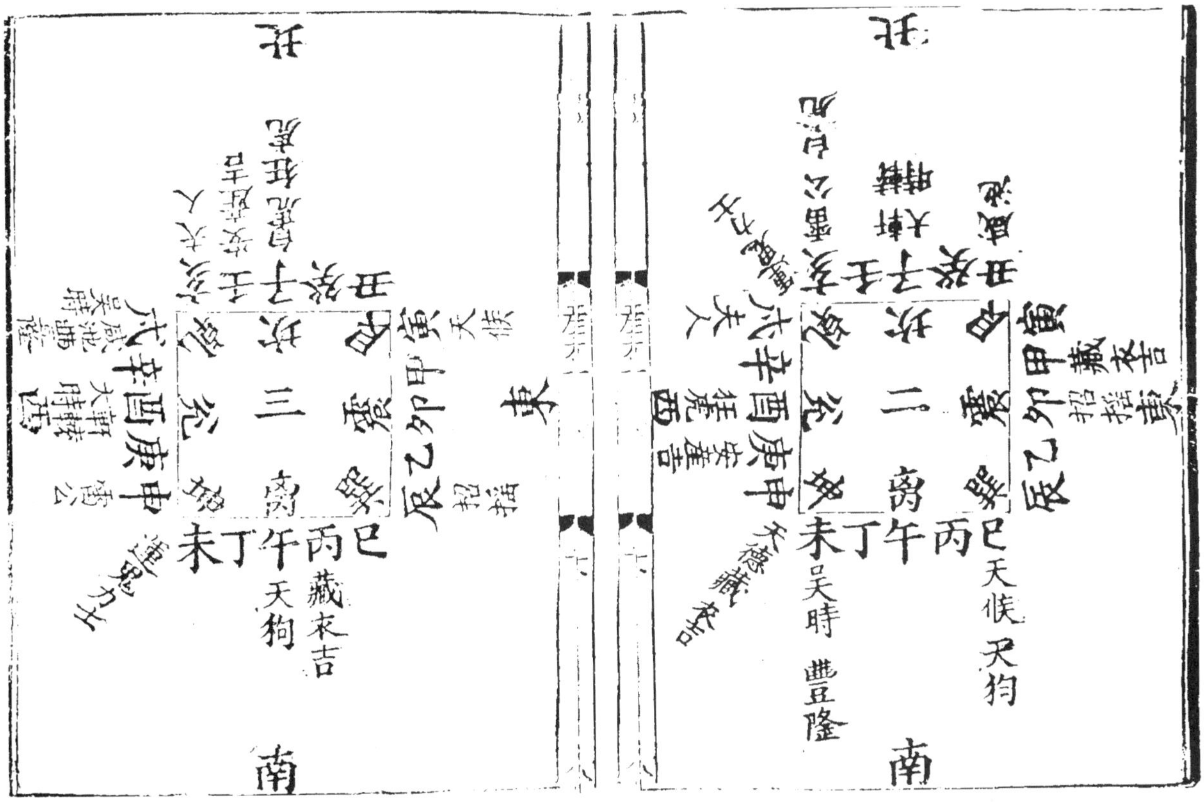

图 1-2 逐月安产藏衣并十三神行游法图
（朱端章《卫生家宝产科备要》）

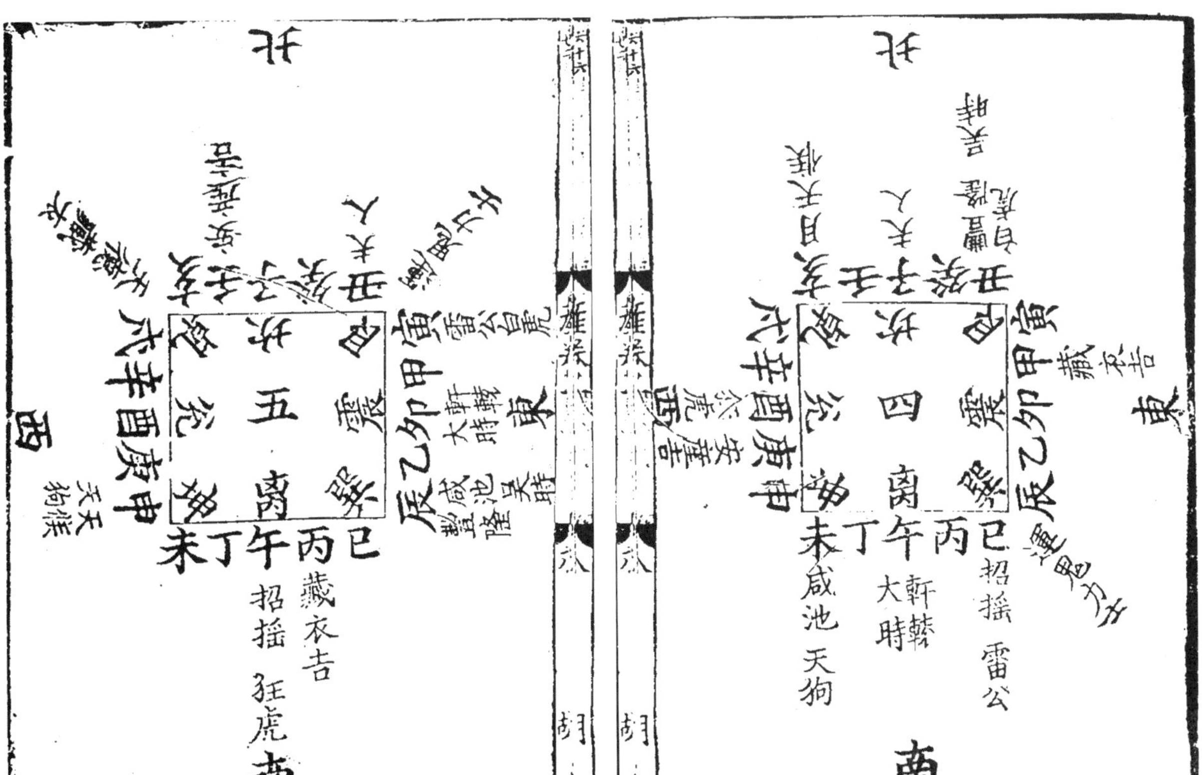

图 1-3 逐月安产藏衣并十三神行游法图
（朱端章《卫生家宝产科备要》）

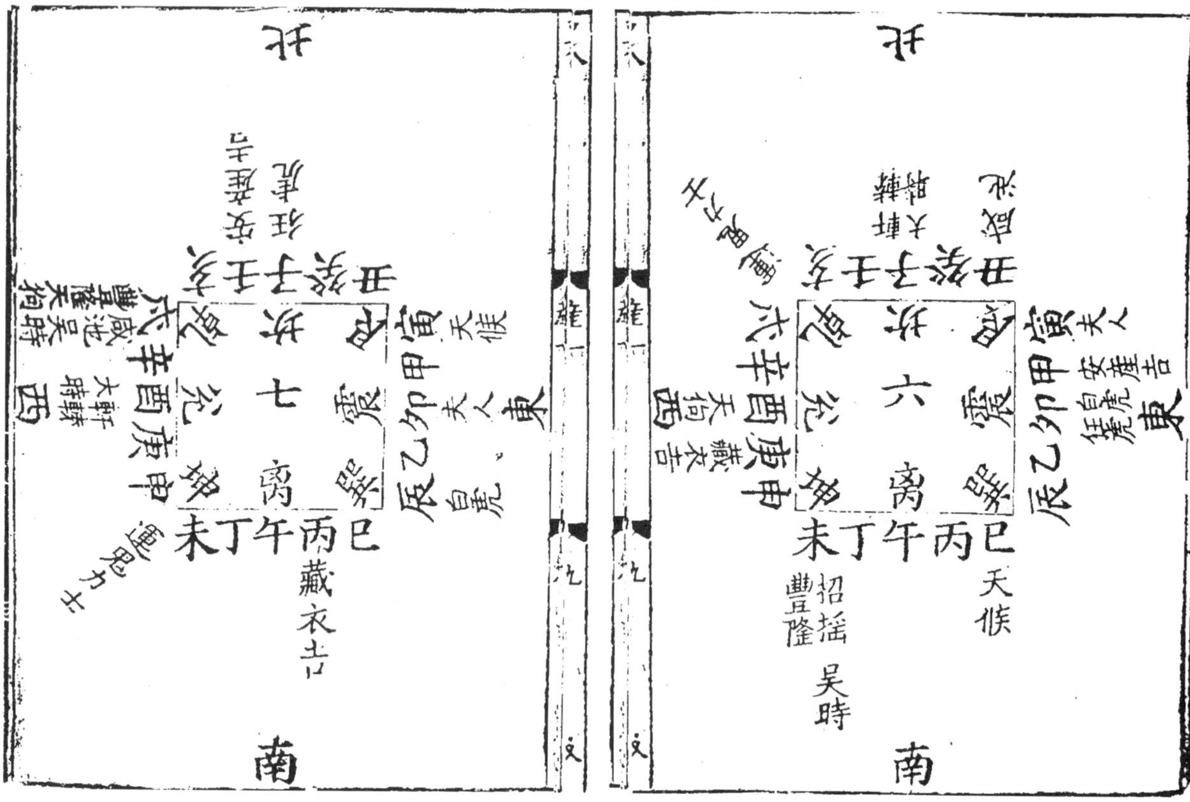

图1-4 逐月安产藏衣并十三神行游法图
（朱端章《卫生家宝产科备要》）

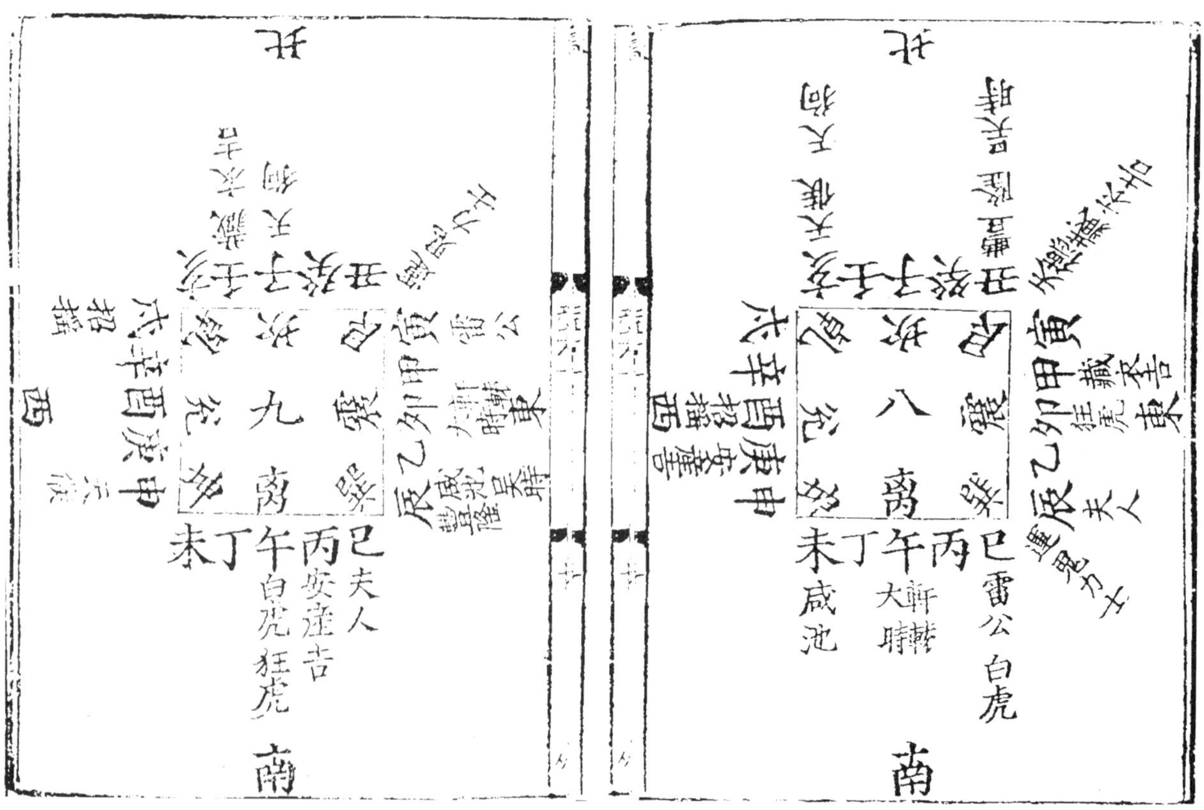

图1-5 逐月安产藏衣并十三神行游法图
（朱端章《卫生家宝产科备要》）

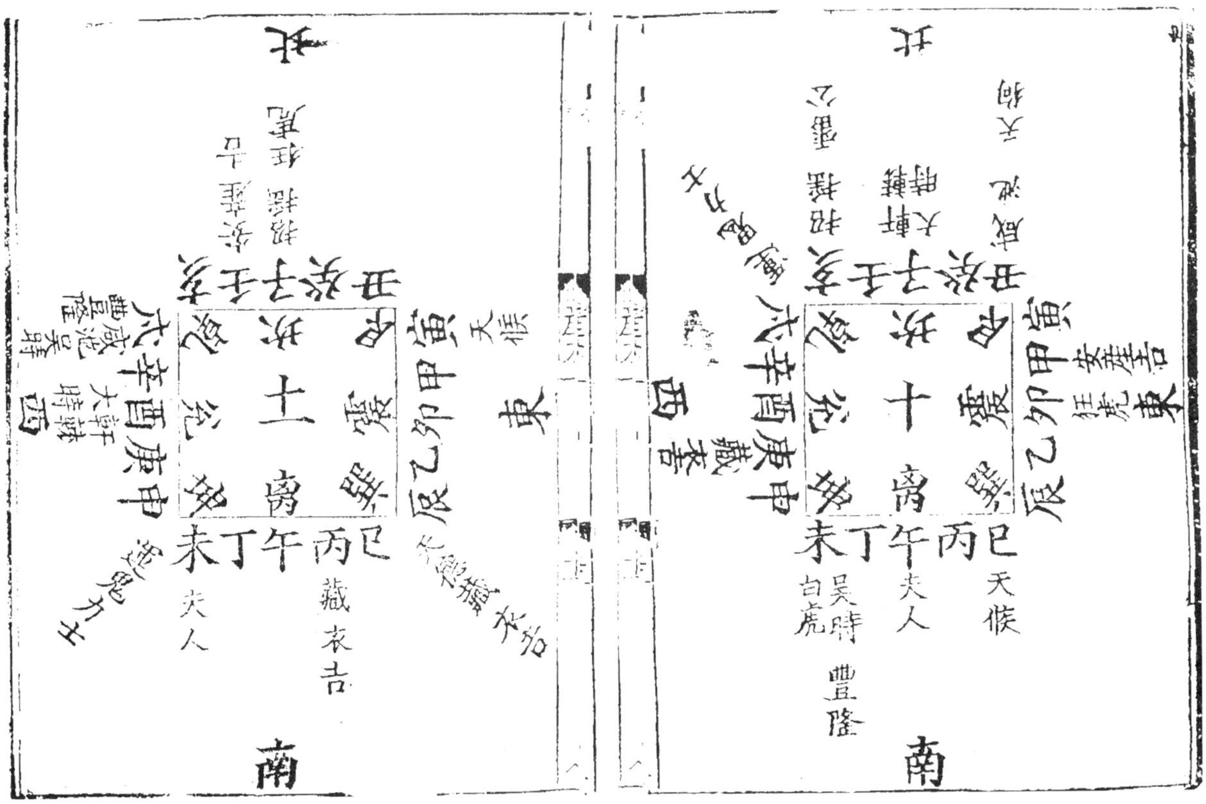

图 1-6　逐月安产藏衣并十三神行游法图
（朱端章《卫生家宝产科备要》）

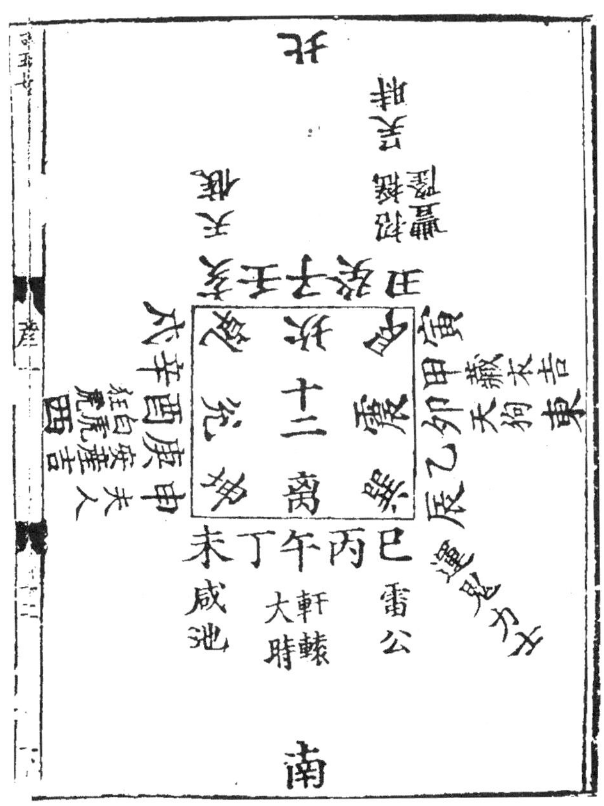

图 1-7　逐月安产藏衣并十三神行游法图
（朱端章《卫生家宝产科备要》）

王道

生卒年不详,南宋孝宗年间(1162—1189)人。好读丹书,精于气功,曾任孝宗之弟,少傅恩平君王府指挥使。撰有《金碧古文龙虎上经注疏》三卷。现存有《周易》图像二幅。

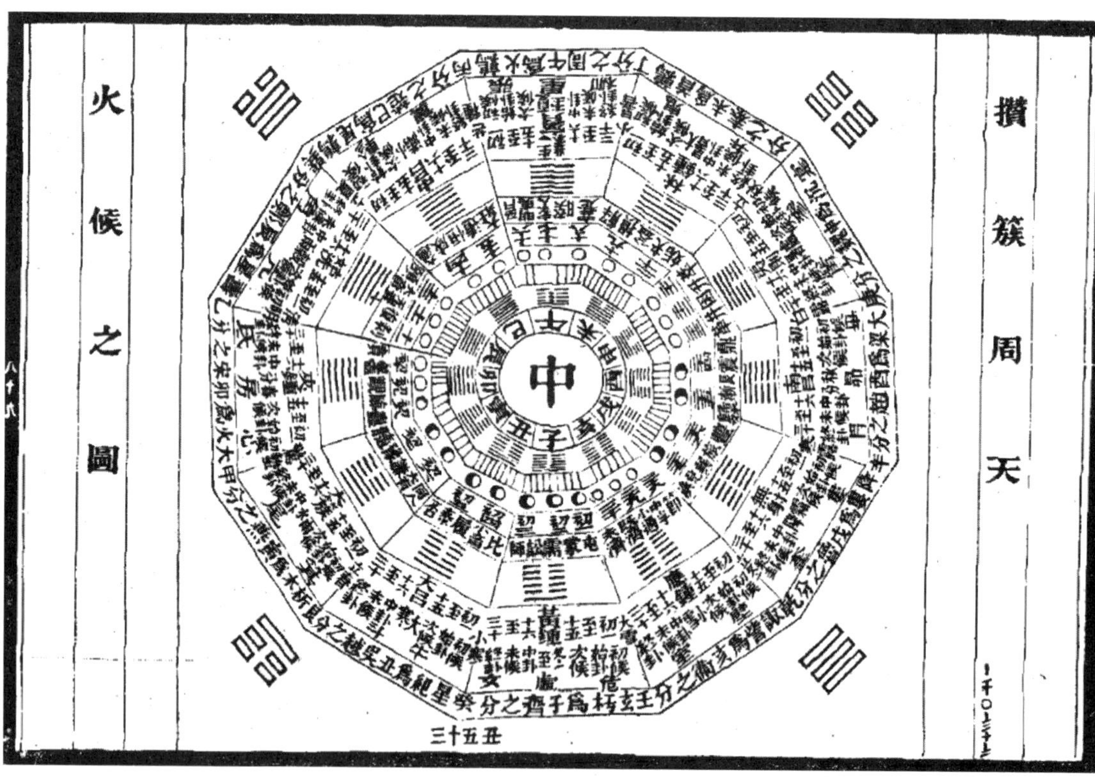

图1 攒簇周天火候之图
(王道《金碧古文龙虎上经注疏》)

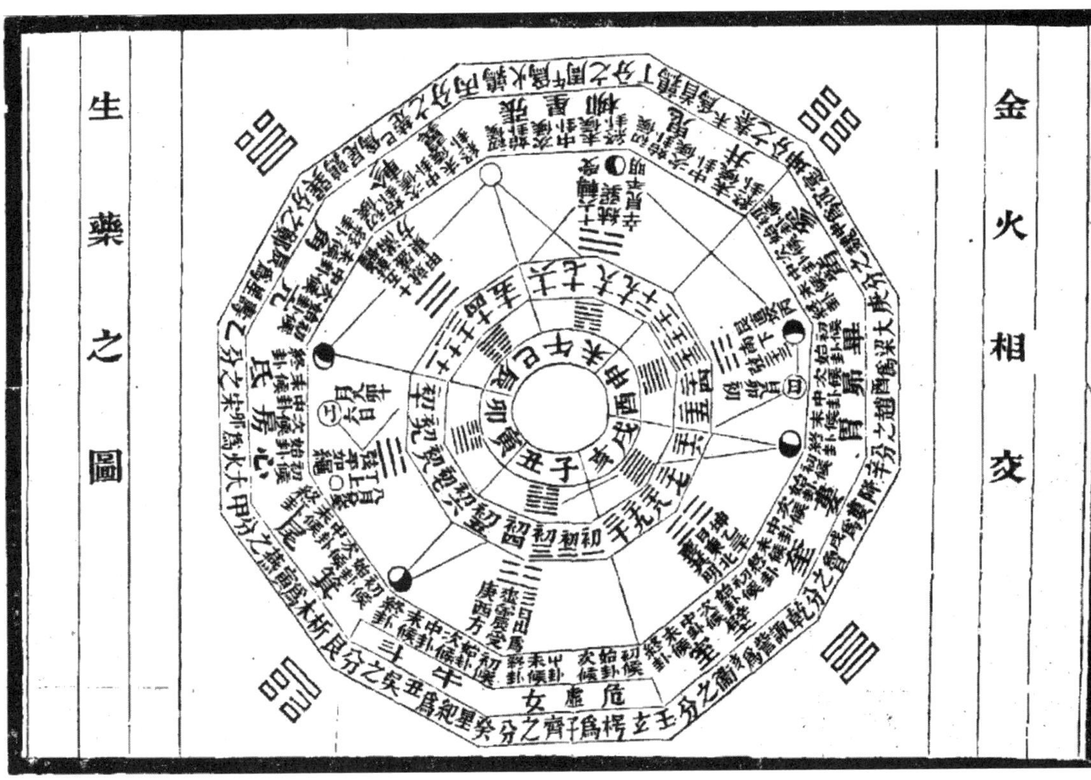

图2　金火相交生药之图
（王道《金碧古文龙虎上经注疏》）

李元纲

字国纪,号百炼真隐,南宋钱塘(今浙江杭州)人。乾道间以上庠英士寄居吴兴之新市,力学好古,虽困穷,操履益坚,怡然自得,不为外物异端所摇夺。著有《圣贤事业图集说》《三先生西铭解》《厚德言行编》等。现存有《周易》图像一幅。

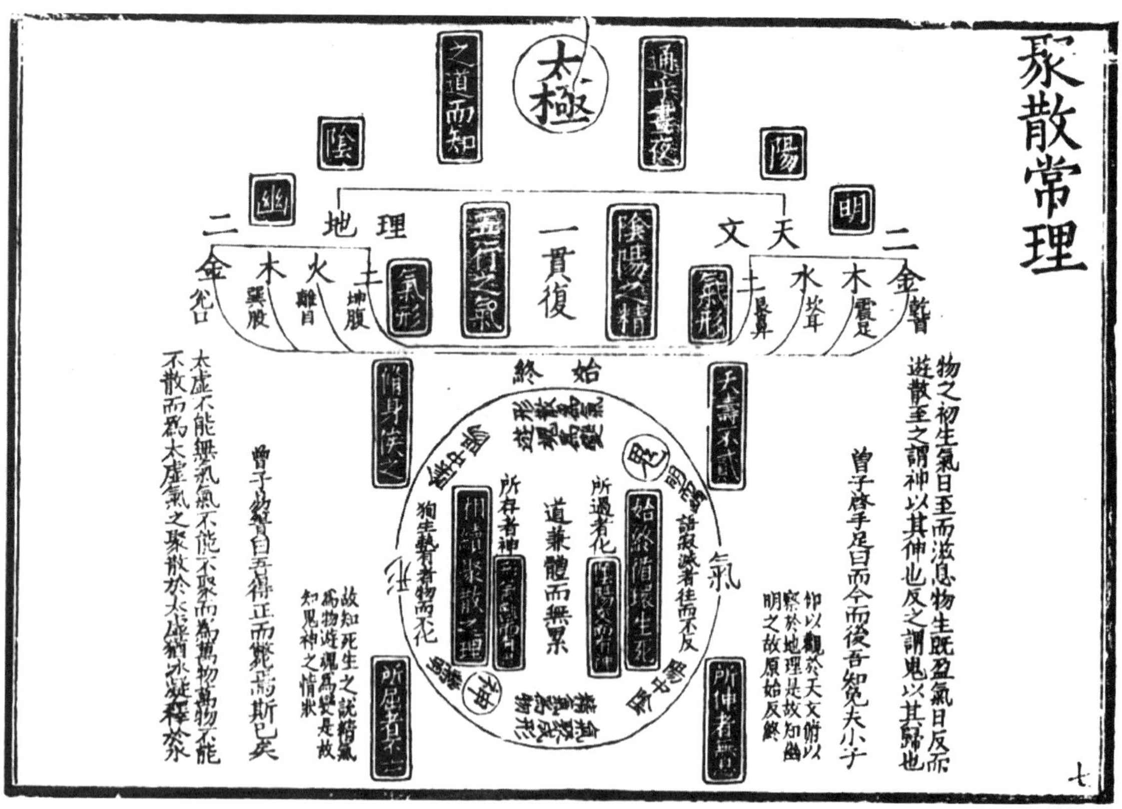

图 1　聚散常理图
(李元纲《圣贤事业图集说》)

章如愚

生卒年不详,字俊卿,号山堂,人称山堂先生,南宋婺州金华(今浙江金华)人。南宋宁宗、庆元年间进士,授国子博士,出任贵州知县,被召入朝,忤韩侂胄,罢归讲学。著有《群书考索》(又名《山堂考索》)前集六十六卷、后集六十五卷、续集五十六卷、别集二十五卷。现存有《周易》图像八幅。

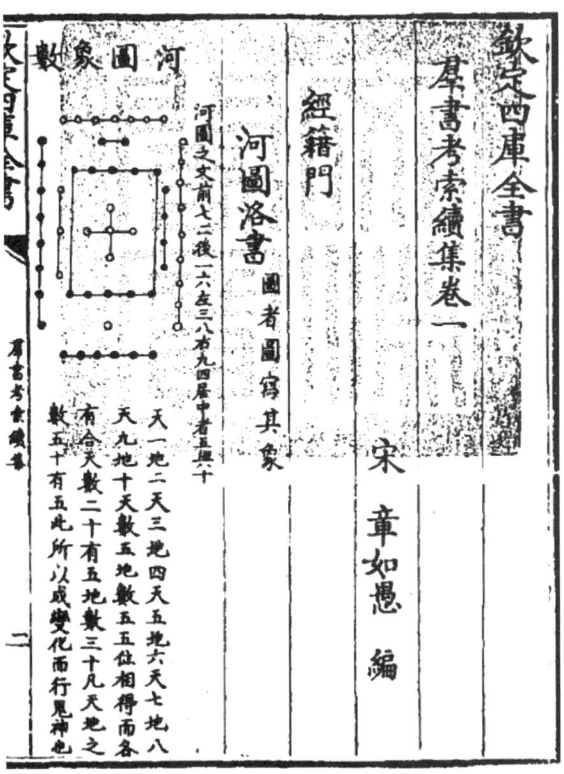

图1　河图象数图
(章如愚《群书考索》)

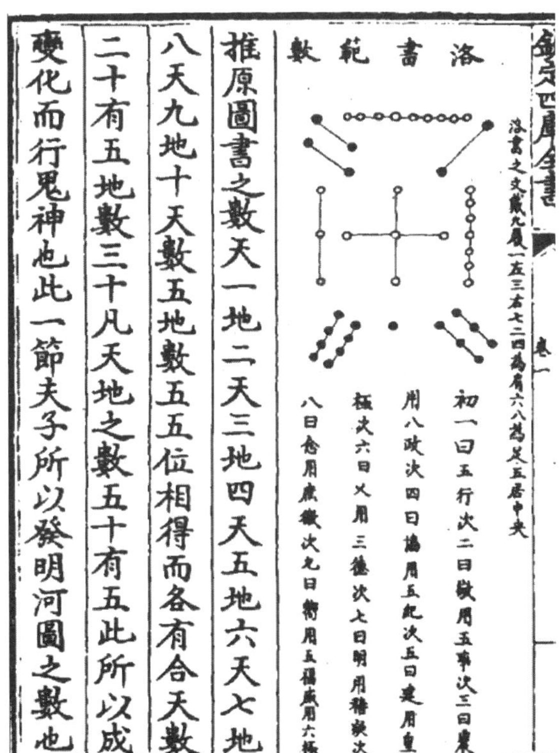

图2　洛书范数图
(章如愚《群书考索》)

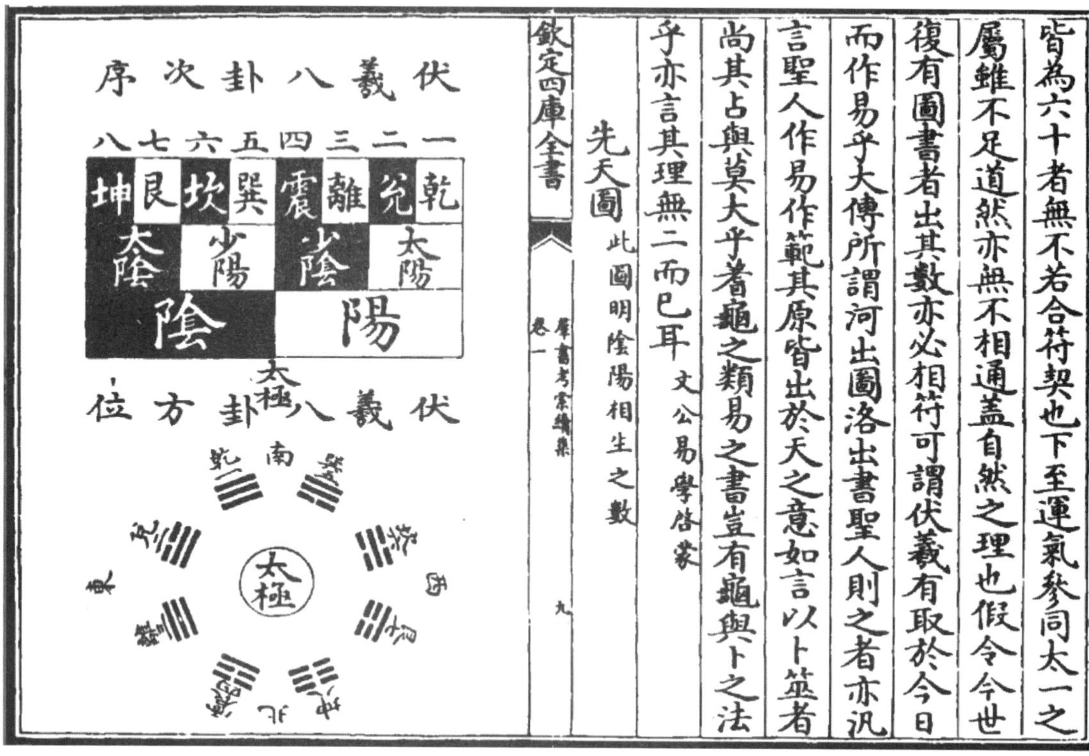

图 3　伏羲八卦次序图
图 4　伏羲八卦方位图
（章如愚《群书考索》）

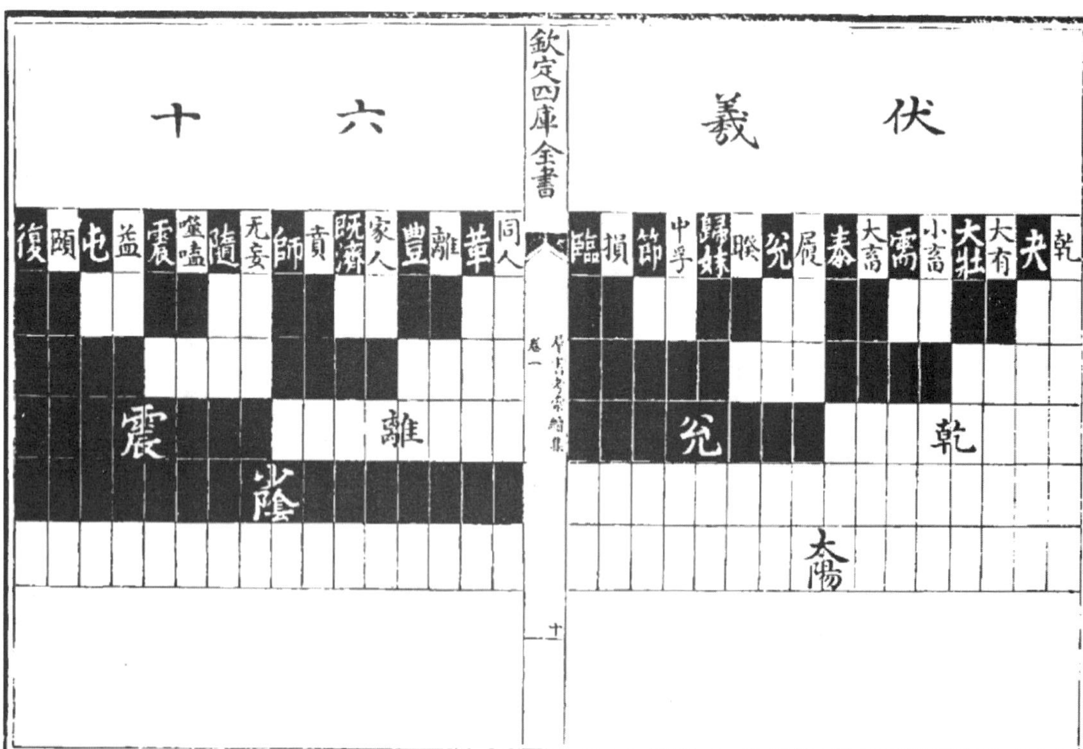

图 5-1　伏羲六十四卦次序图
（章如愚《群书考索》）

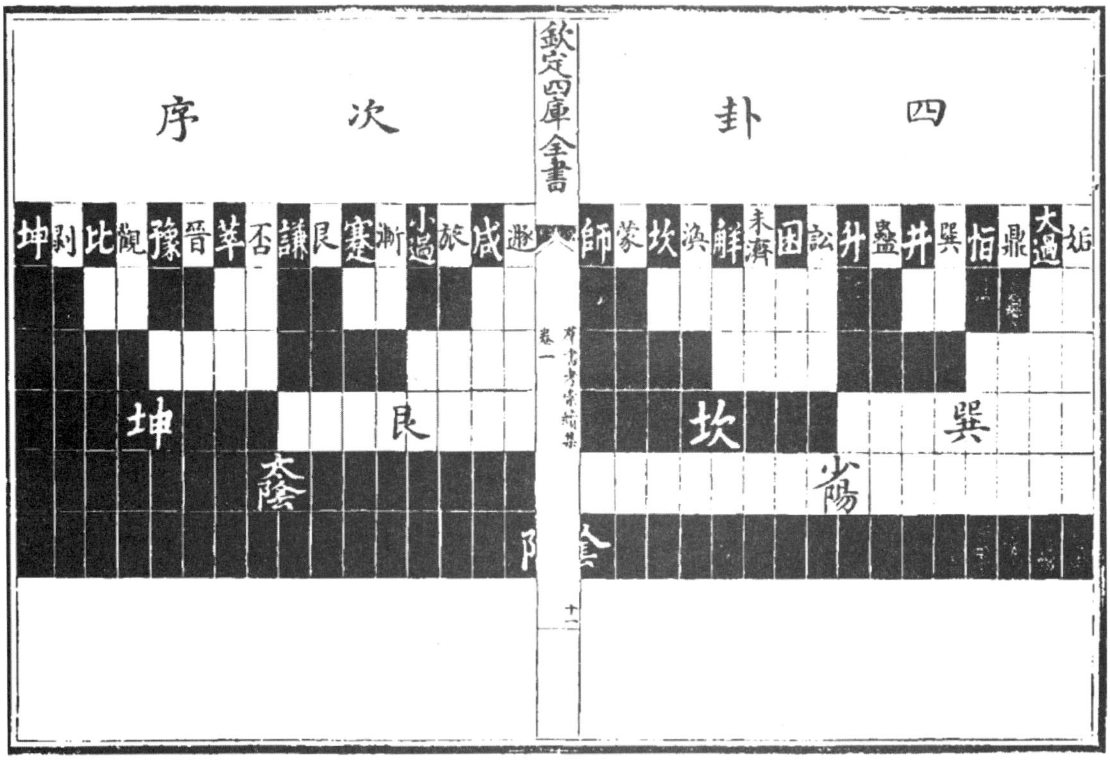

图 5-2 伏羲六十四卦次序图
（章如愚《群书考索》）

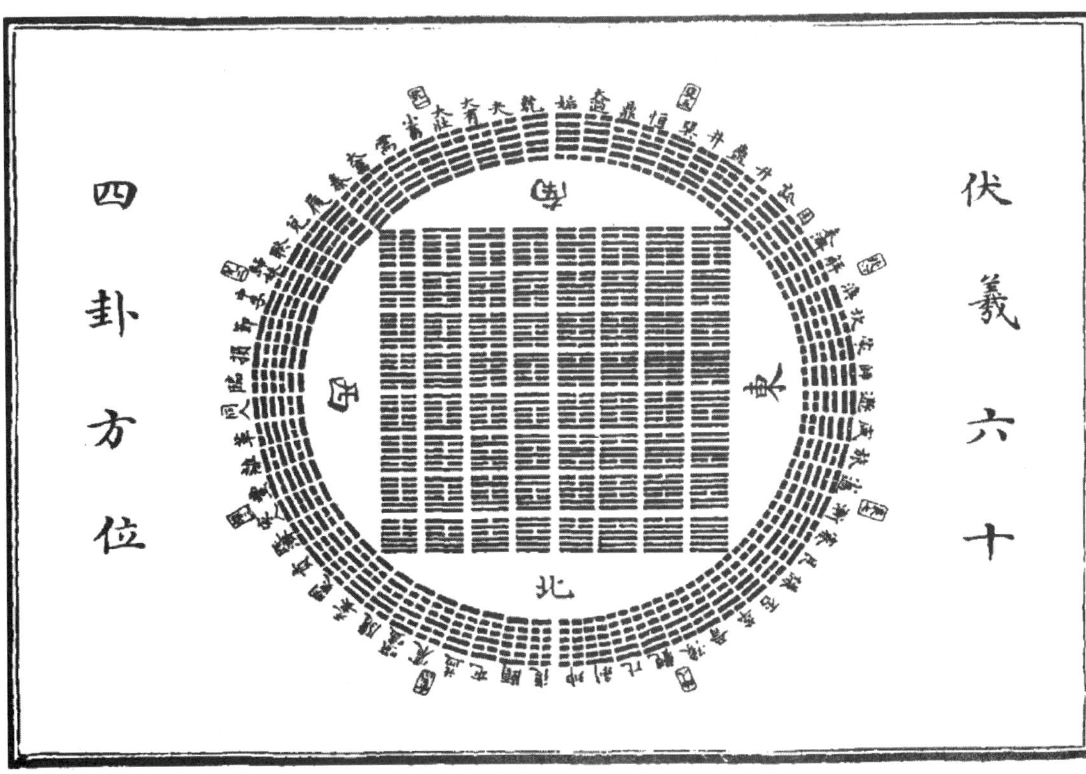

图 6 伏羲六十四卦方位图
（章如愚《群书考索》）

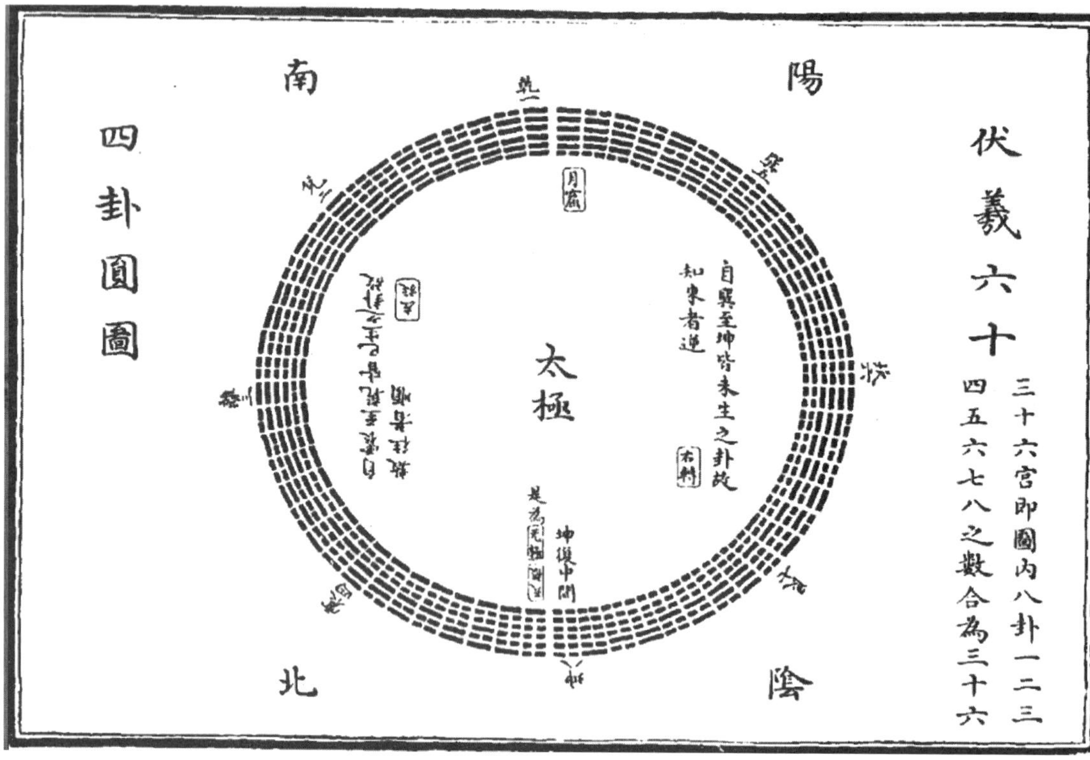

图 7　伏羲六十四卦圆图

（章如愚《群书考索》）

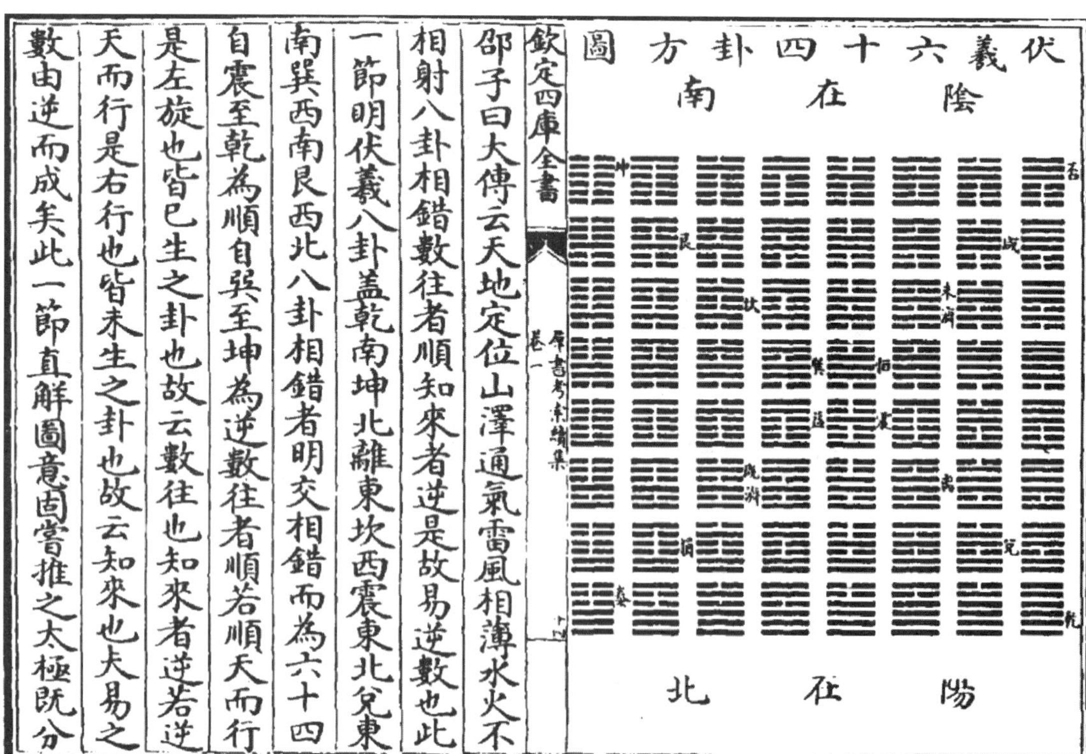

欽定四庫全書　羣書考索續集　卷一

邵子曰大傳云天地定位山澤通氣雷風相薄水火不相射八卦相錯數往者順知來者逆是故易逆數也此一節明伏羲八卦蓋乾南坤北離東坎西震東北兌東南巽西南艮西北八卦相錯者明交相錯而為六十四自震至乾為順自巽至坤為逆數往者順若順天而行是左旋也皆已生之卦也故云數往也知來者逆若逆天而行是右行也皆未生之卦也故云知來也夫易之數由逆而成矣此一節直解圖意固嘗推之太極既分

图 8　伏羲六十卦方圆图

（章如愚《群书考索》）

萧应叟

生卒年不详,字润清,三山(今福建福州)人,南宋道士。事迹不详,主要活动于宁、理宗时期(1194—1264)。著有《度人上品妙经内义》。现存有《周易》图像一幅。

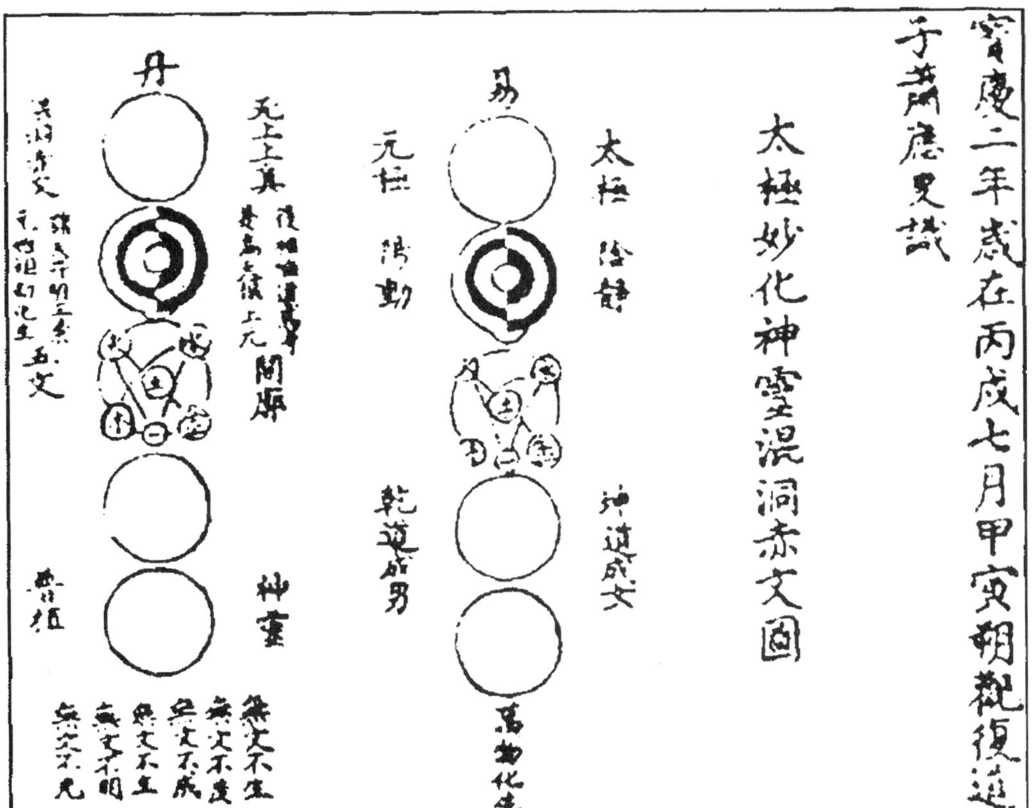

图1 太极妙化神灵混洞赤文图
(萧应叟《元始无量度人上品妙经内义》)

萧廷芝

生卒年不详,字元瑞,号紫虚了真子,南宋福州(今福建福州)人。为彭耜门弟子,对道家气功研究甚深,颇有造诣。是南宗重要传人。著有《大道正统》《金丹大成集》《金丹问答》等。现存有《周易》图像二幅。

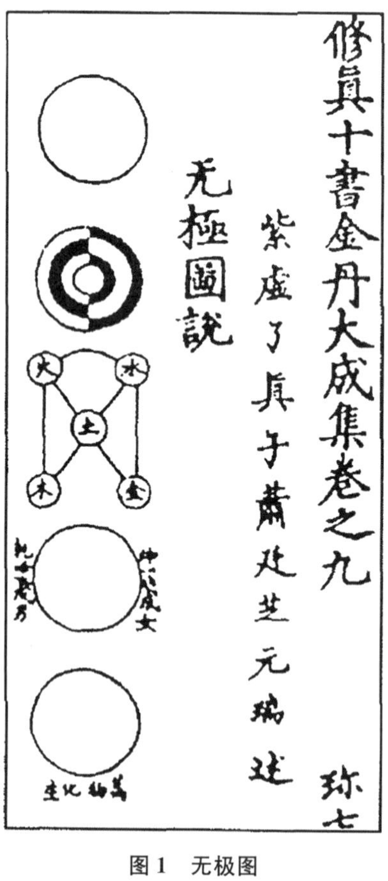

图1　无极图
(萧廷芝《金丹大成集》)

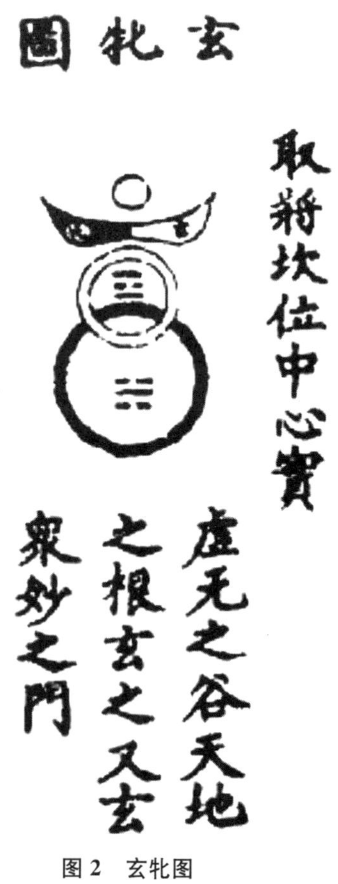

图2　玄牝图
(萧廷芝《金丹大成集》)

既济鼎图　　周天火候图

鼎内先乾活水银　　錬中慢养真金液

离坎相交水火
既济铅汞入鼎
乃生根蒂

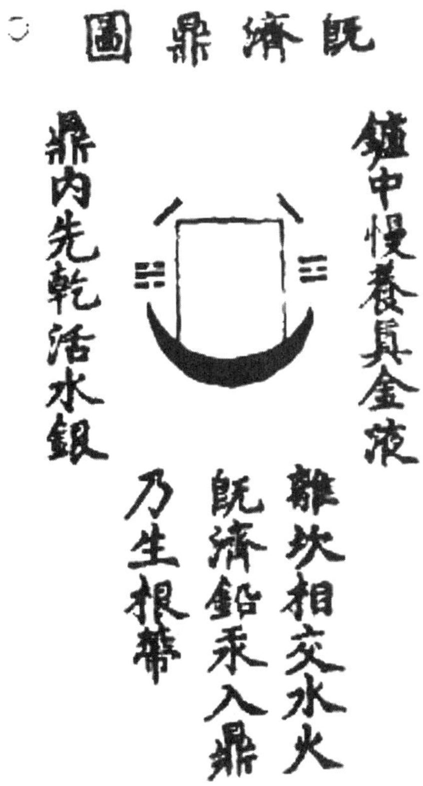

图3　既济鼎图
（萧廷芝《金丹大成集》）

图4　周天火候图
（萧廷芝《金丹大成集》）

泄天符火候图　　六十卦火候图

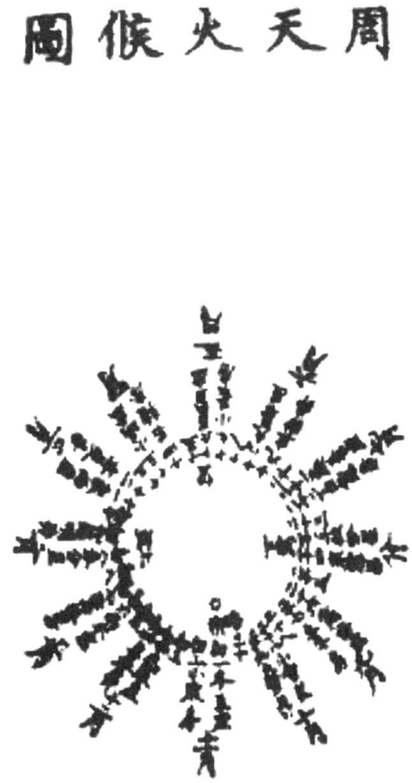

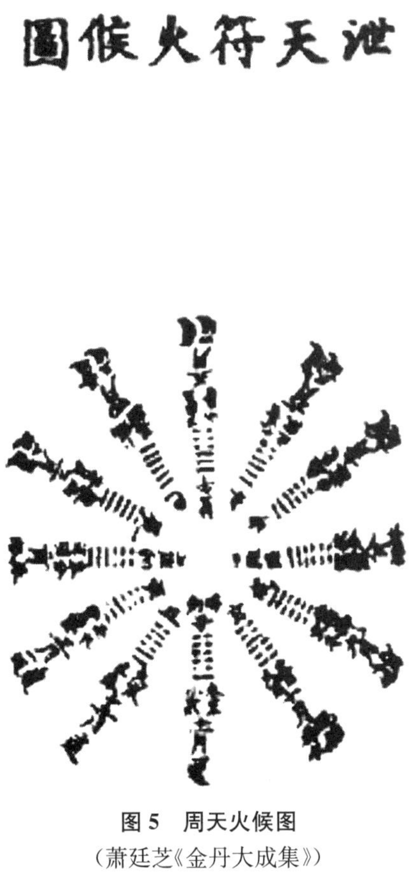

图5　周天火候图
（萧廷芝《金丹大成集》）

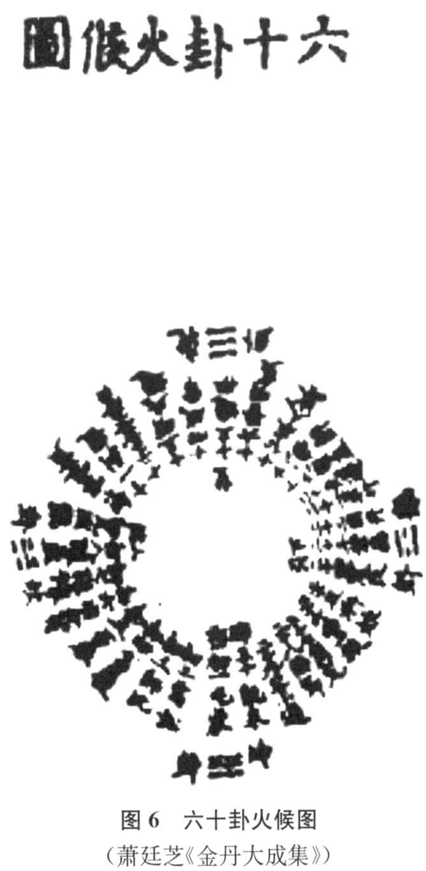

图6　六十卦火候图
（萧廷芝《金丹大成集》）

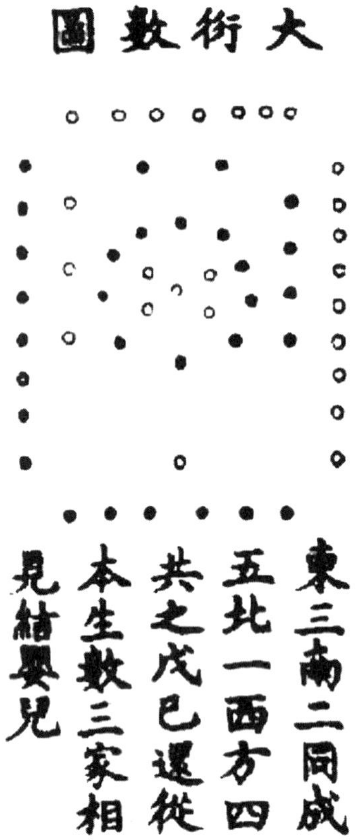
大衍數圖
東三南二同成五北一西方四共之戊己還從本生數三家相見結嬰兒

图7　大衍数图

（萧廷芝《金丹大成集》）

方实孙

生卒年不详,字端卿,一字端仲,号淙山,南宋兴化军莆田(今福建莆田)人。庆元五年(1199)进士,与刘克庄友善,进《易说》于朝廷,以布衣入史局,后罢归。著有《淙山读周易》二十一卷。现存有《周易》图像四幅。

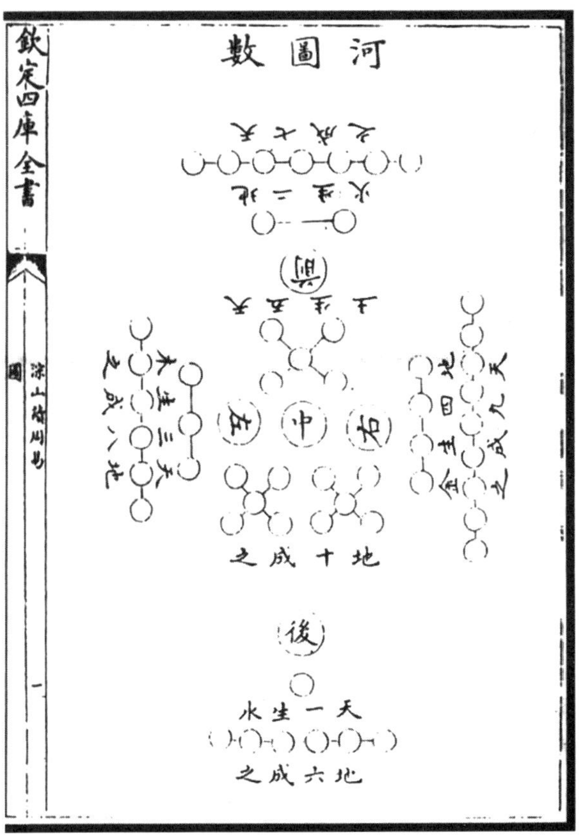

图1 河图数
(方实孙《淙山读周易》)

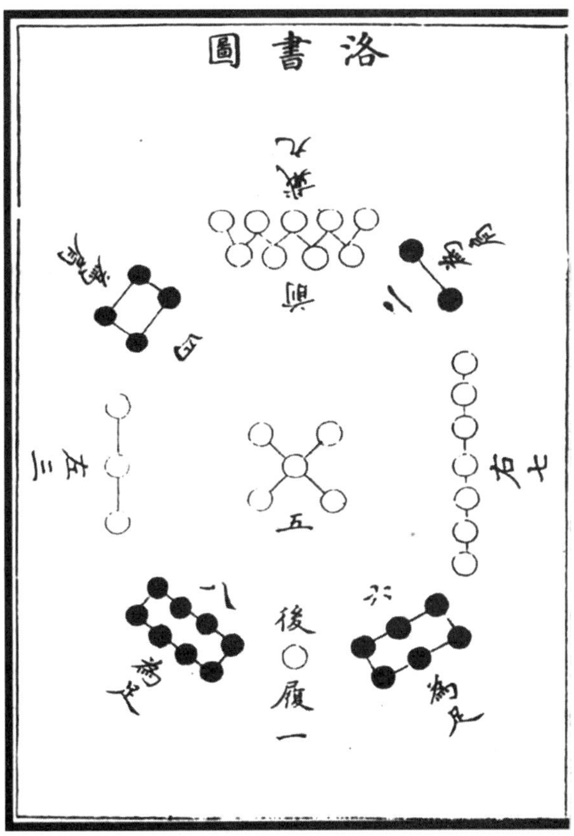

图2 洛书图
(方实孙《淙山读周易》)

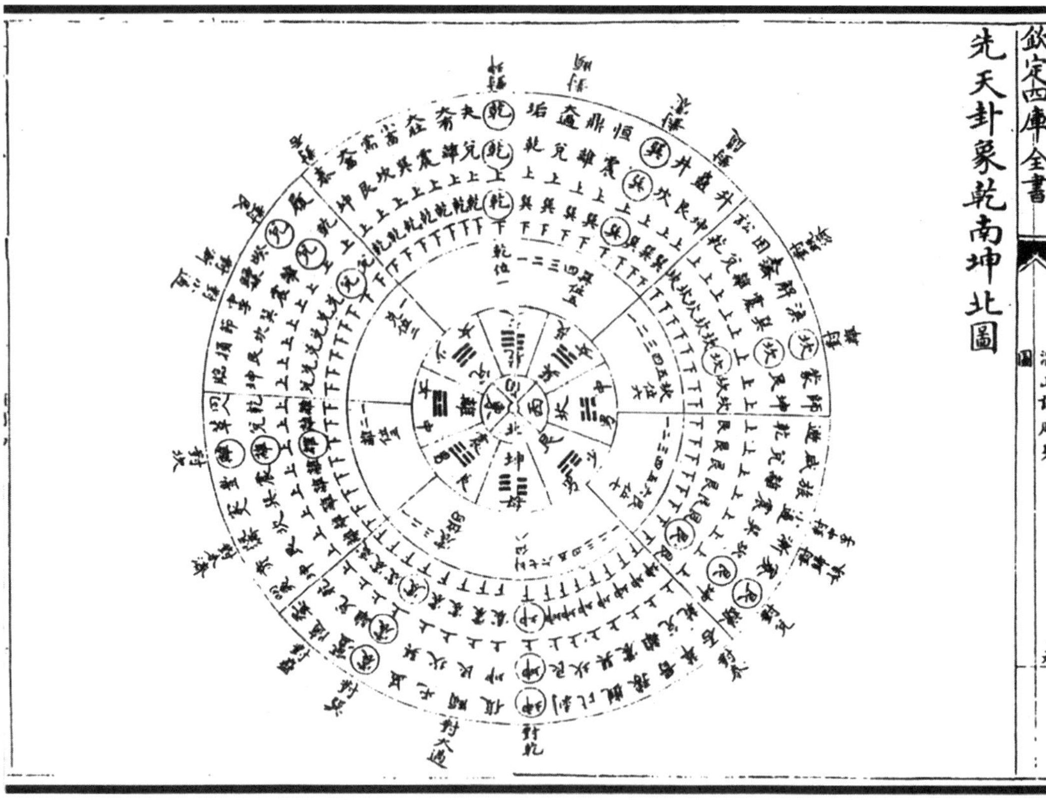

图 3　先天卦象乾南坤北图
（方实孙《淙山读周易》）

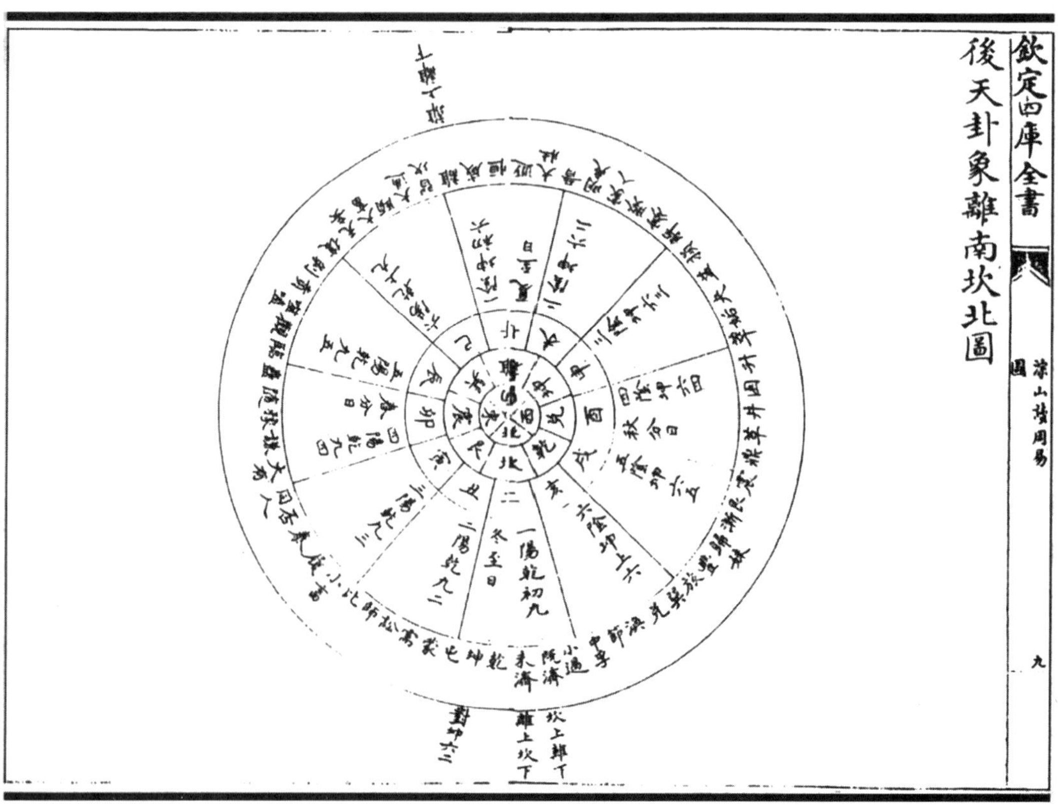

图 4　后天卦象离南坎北图
（方实孙《淙山读周易》）

税与权

生卒年不详,字巽甫,南宋邛州临邛(今四川邛崃)人。受业于魏了翁,传其《易》学,可谓朱子之再传。著有《易学启蒙小传》一卷、《古经传》一卷、《校正周易古经》十二卷、《周礼折衷》二卷等。现存有《周易》图像十五幅。

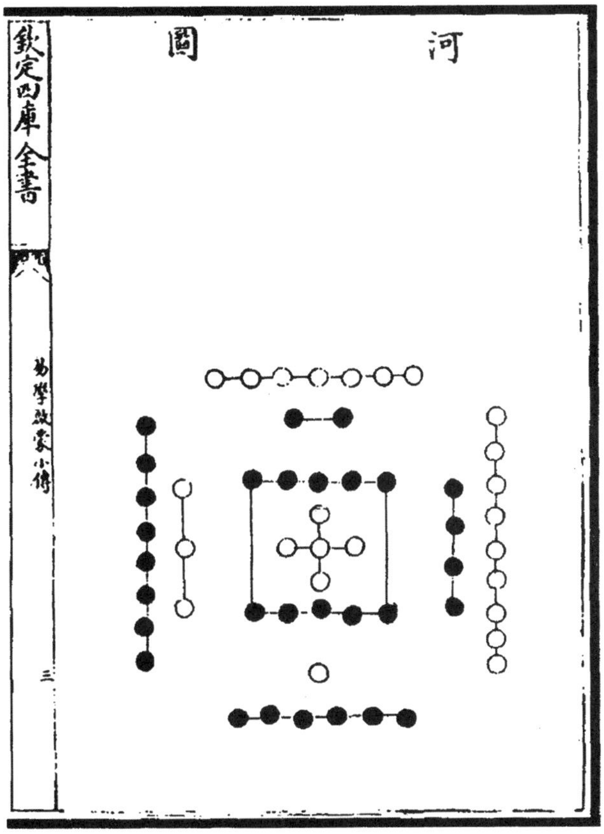

图1 河图
(税与权《易学启蒙小传》)

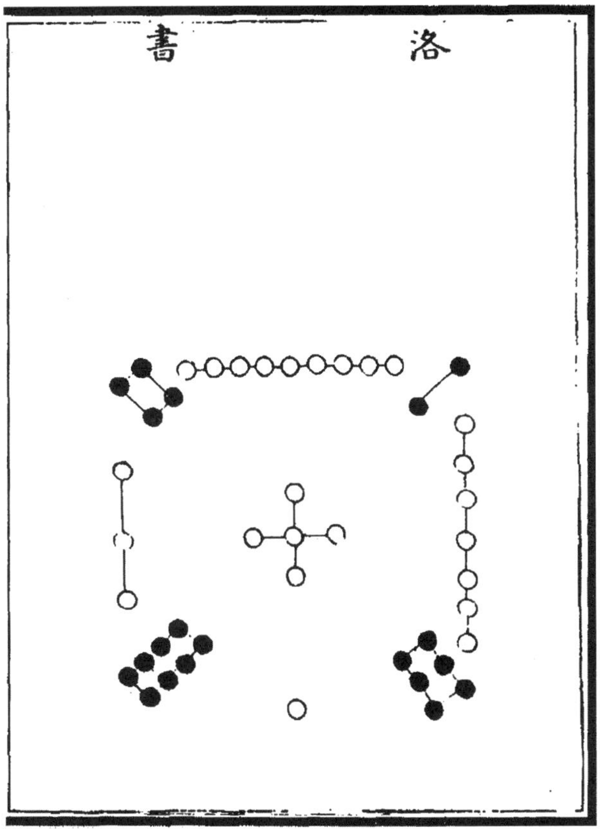

图2 洛书
(税与权《易学启蒙小传》)

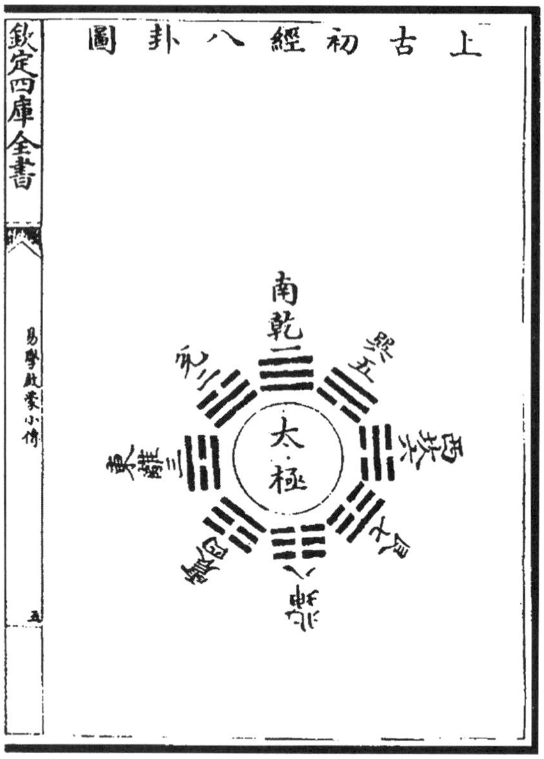

图3 上古初经八卦图
（税与权《易学启蒙小传》）

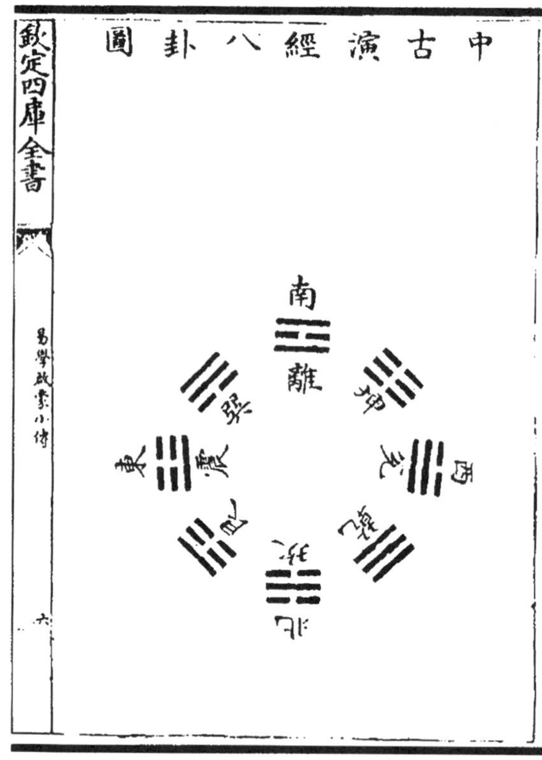

图4 中古演经八卦图
（税与权《易学启蒙小传》）

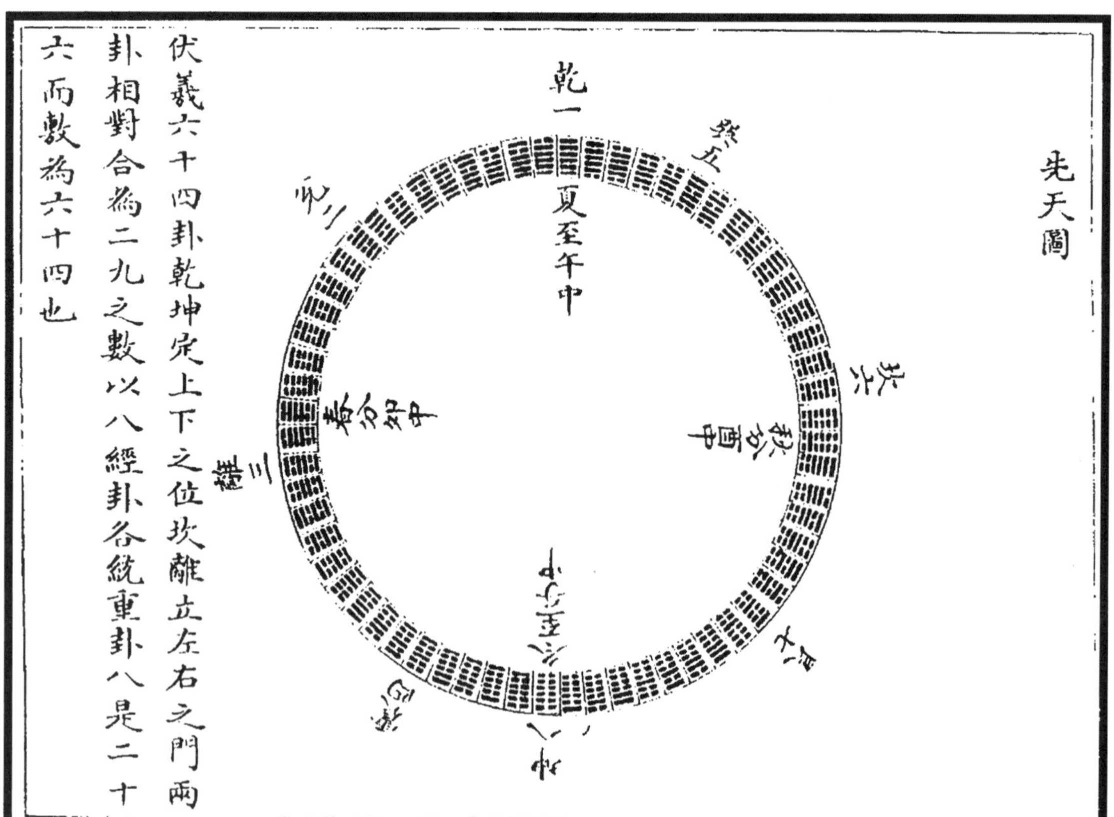

图5 先天图
（税与权《易学启蒙小传》）

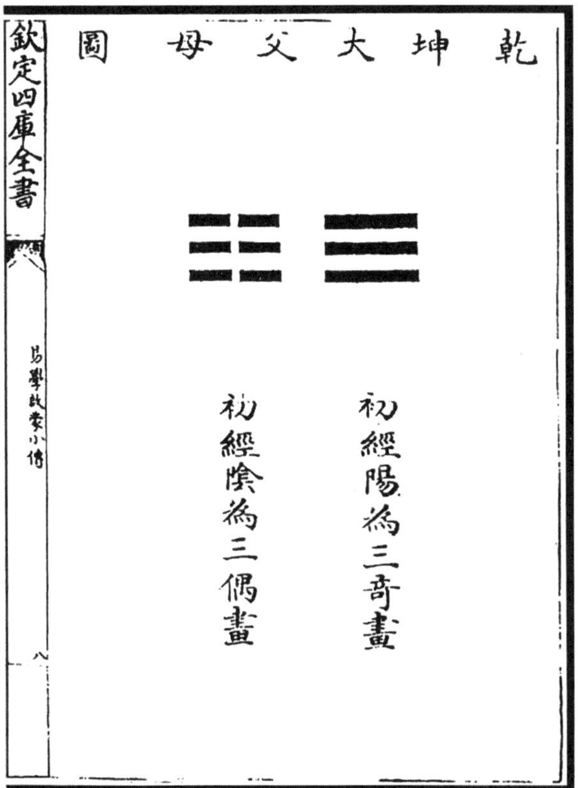

图6 乾坤大父母图
（税与权《易学启蒙小传》）

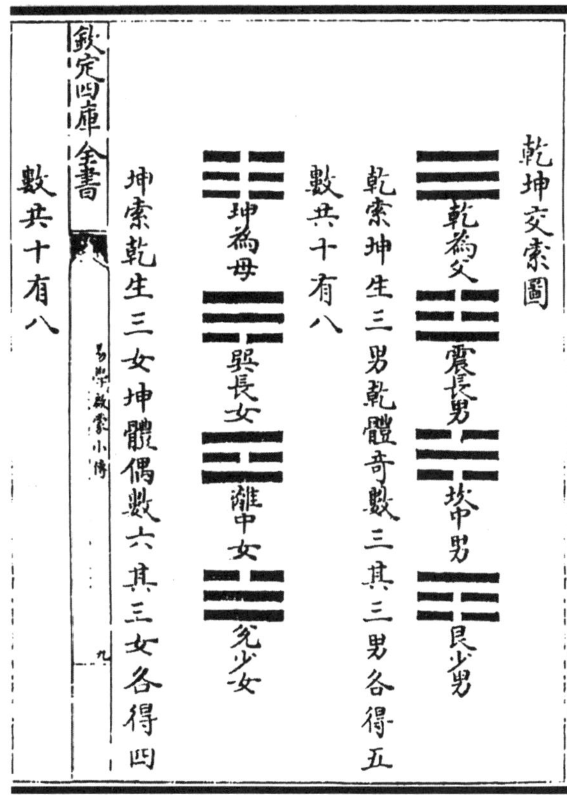

图7 乾坤交索图
（税与权《易学启蒙小传》）

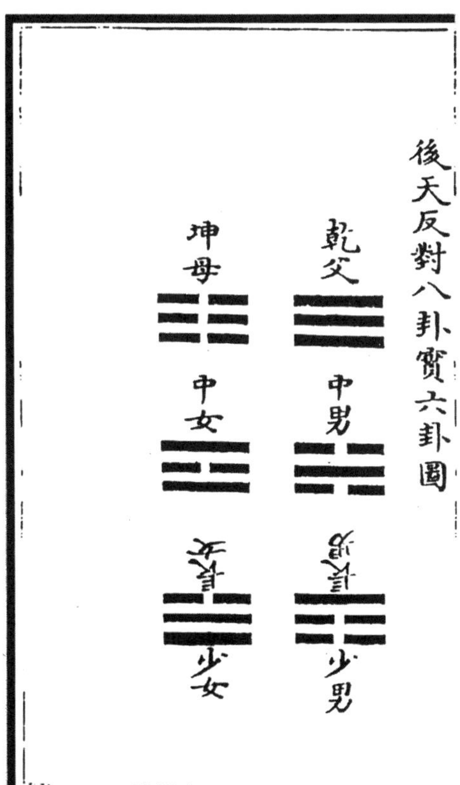

图8 后天反对八卦实六卦图
（税与权《易学启蒙小传》）

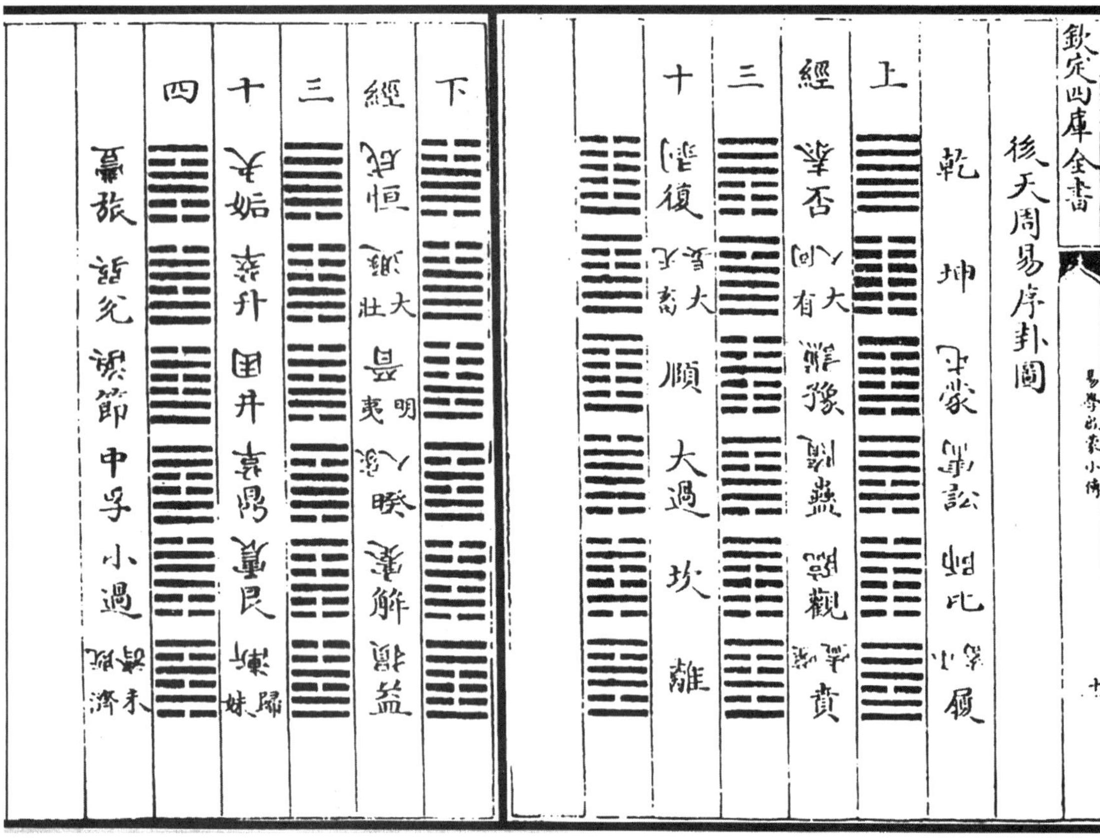

图 9　后天周易序卦图
（税与权《易学启蒙小传》）

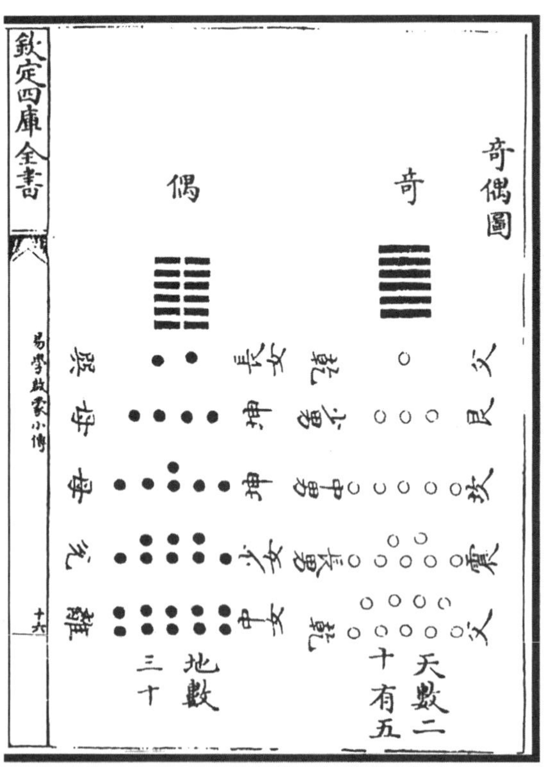

图 10　奇偶图
（税与权《易学启蒙小传》）

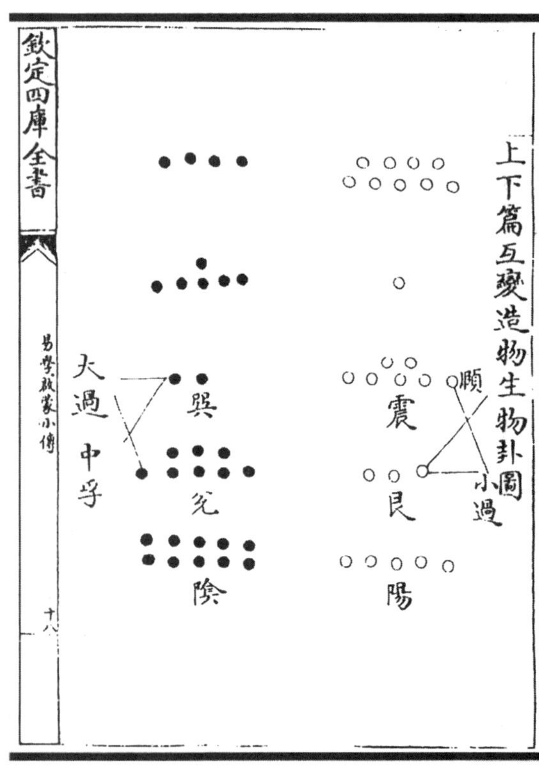

图 11　上下篇互变造物生物卦图
（税与权《易学启蒙小传》）

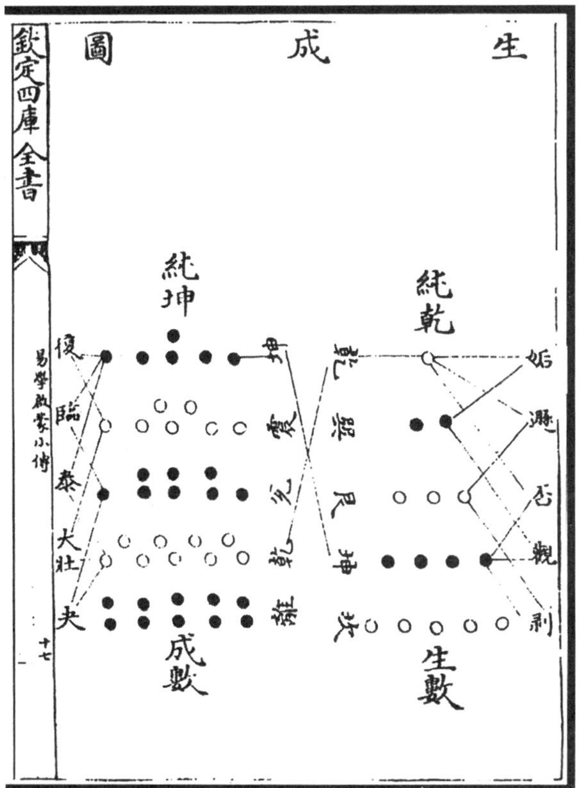

图 12　生成图
（税与权《易学启蒙小传》）

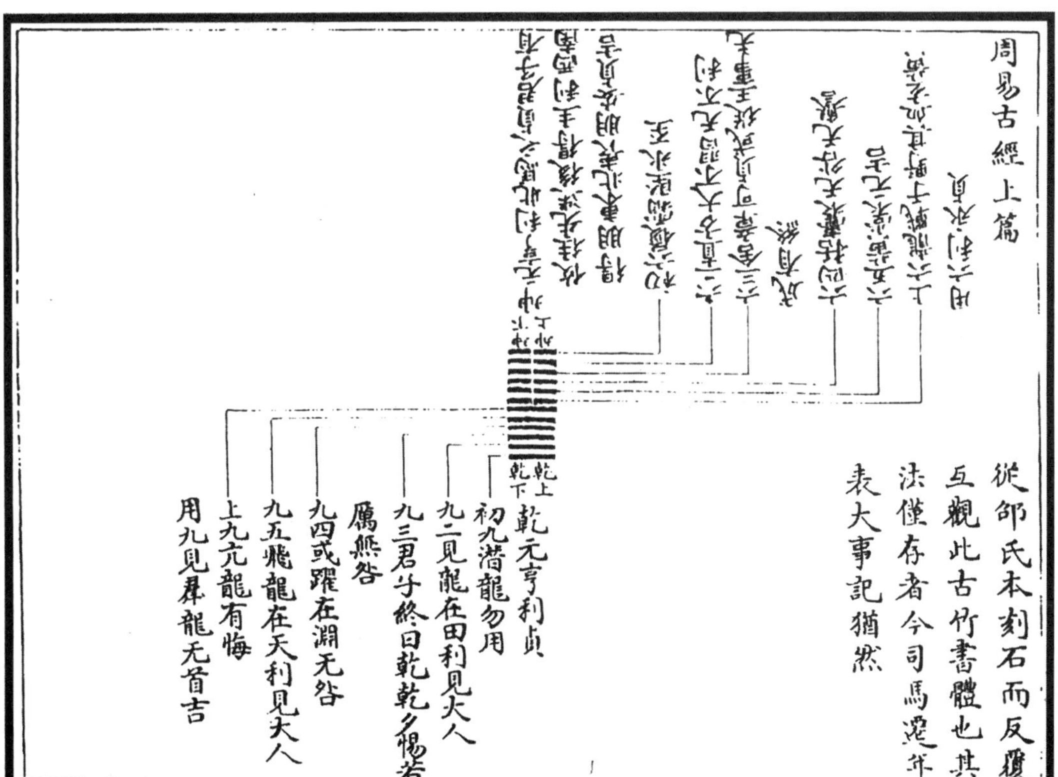

图 13-1　周易古经上篇图
（税与权《易学启蒙小传》）

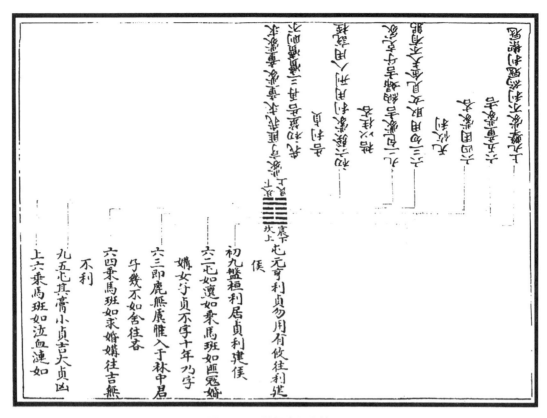

图 13-2 周易古经上篇图
（税与权《易学启蒙小传》）

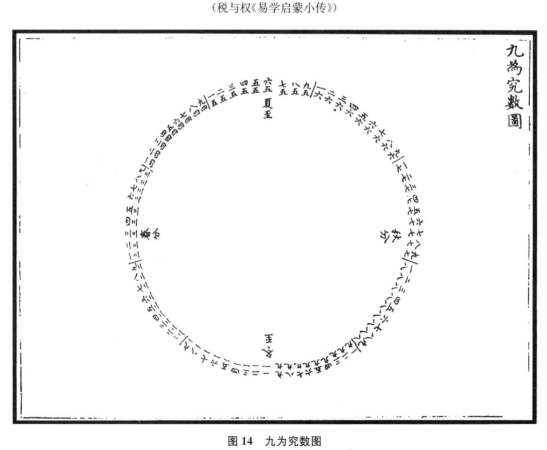

图 14 九为究数图
（税与权《易学启蒙小传》）

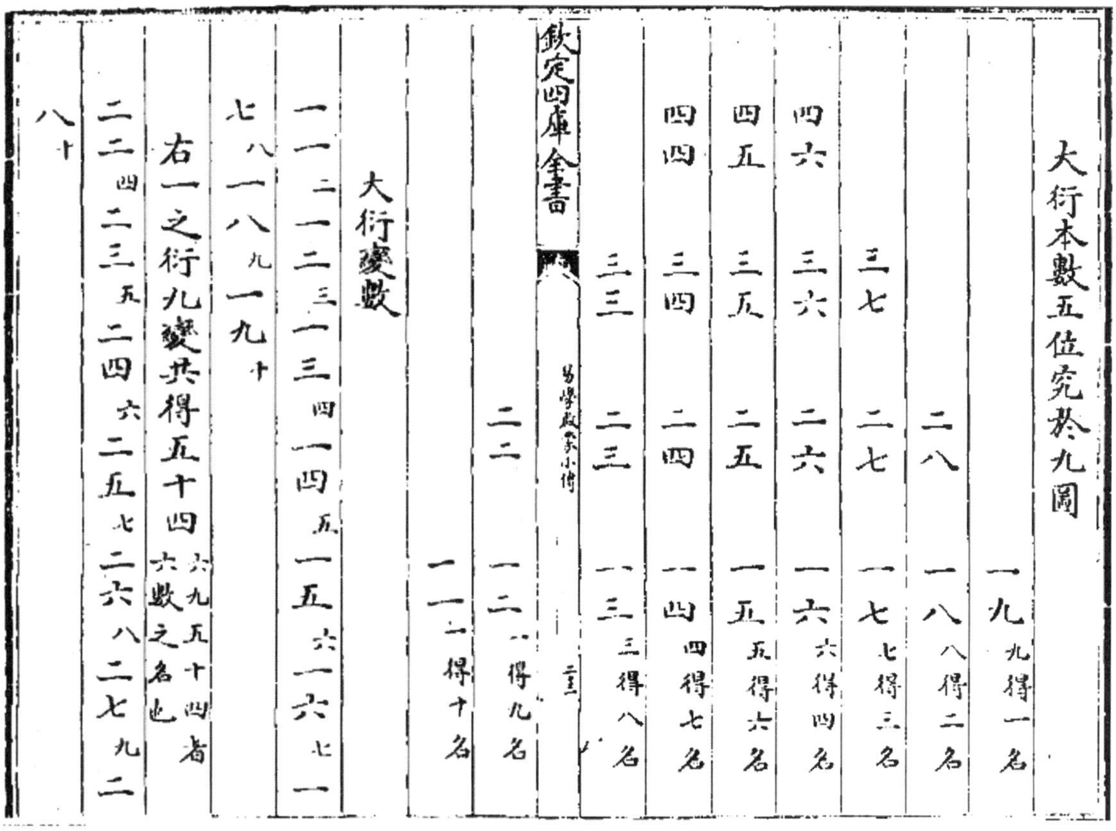
大衍本數五位究於九圖

一九 九得一名

二八
一八 八得二名

三七
二七
一七 七得三名

四六
三六
二六
一六 六得四名

四五
三五
二五
一五 五得六名

四四
三四
二四
一四 四得七名

三三
二三
一三 三得八名

欽定四庫全書 易學啟蒙小傳

二二
一二 二得九名

一一 一得十名

大衍變數

一一 二 一二 三 一三 四 一四 五 一五 六 一六 七 一
七 八 一八 九 一九 十

右一之衍九變共得五十四 六九五十四者 六數之名也

二二 四 二三 五 二四 六 二五 七 二六 八 二七 九 二
八 十

图 15　大衍本数五位究于九图
（税与权《易学启蒙小传》）

林自然

生卒年不详，号回阳子，南宋三山（今福建）人。主要生活在淳祐年间。著有《长生指要篇》。现存有《周易》图像一幅。

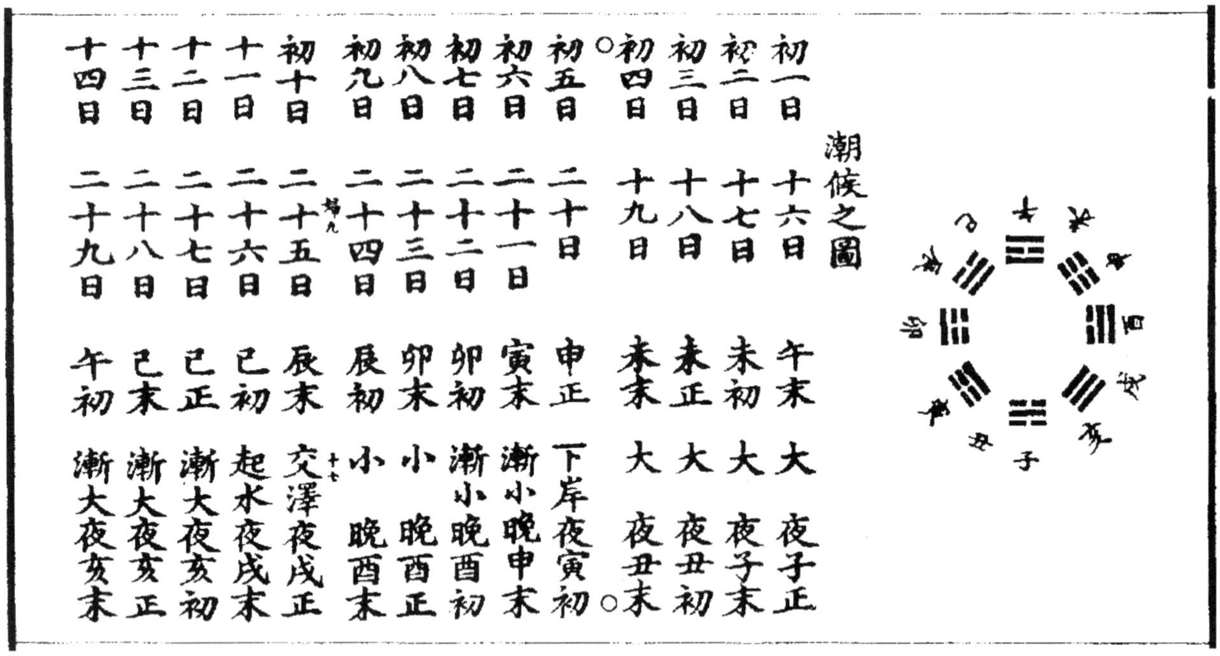

图 1-1　金丹合潮候图

（林自然《长生指要篇》）

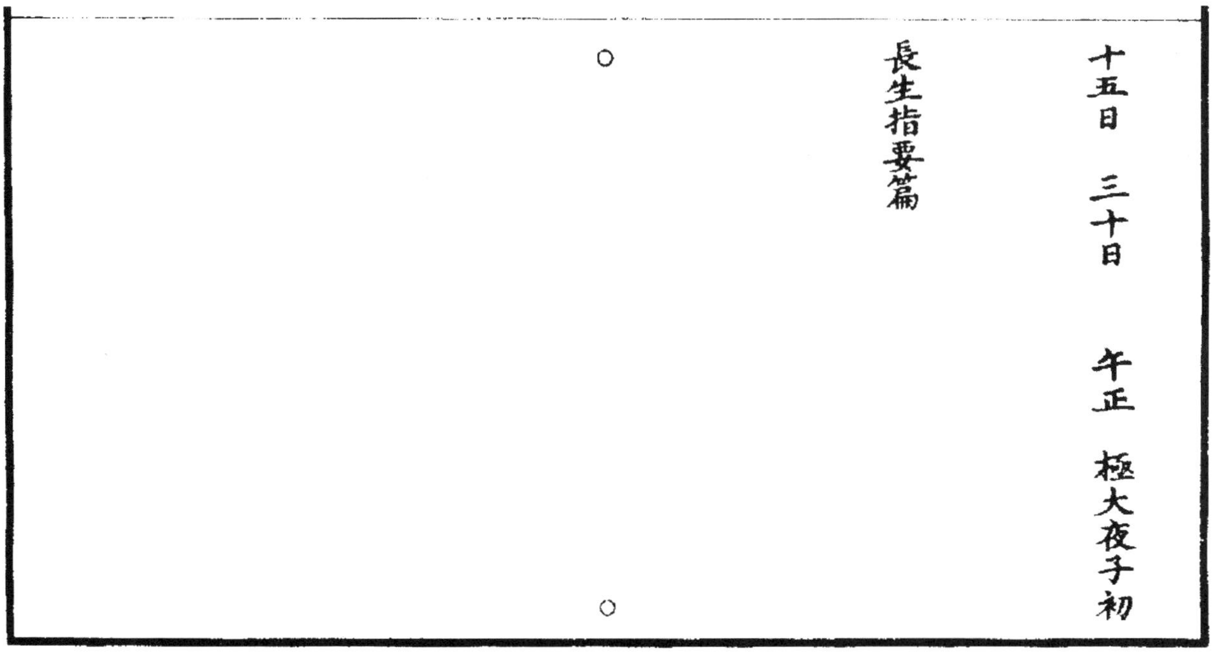

图 1-2　金丹合潮候图
（林自然《长生指要篇》）

朱元昇(？—1275)

字日华，号水詹，南宋桂阳军平阳(今湖南桂阳)人。嘉定辛未科(1211)武科进士，历任龙泉、遂昌、松溪、政和、庆元等处巡检。《宋元学案》称其为"邵学之余"，为宋代图书易学代表。著有《三易备遗》十卷、《邵易略例》等。现存有《周易》图像四十七幅。

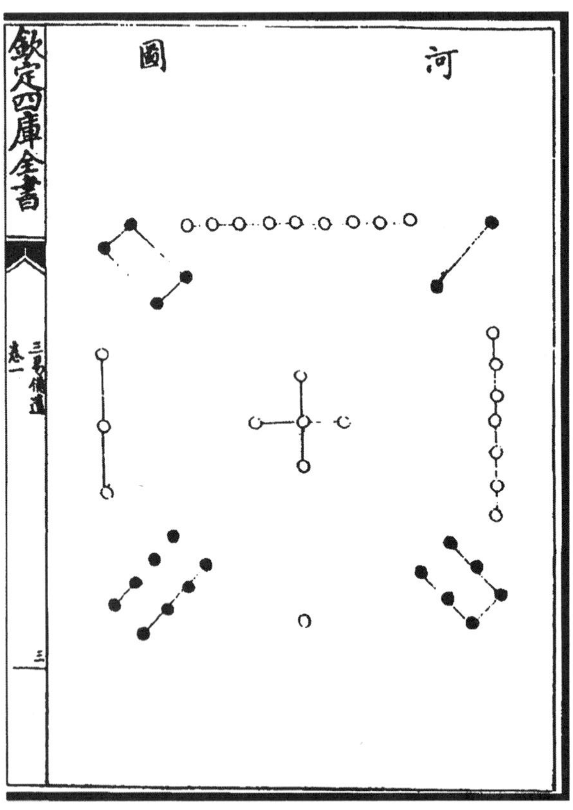

图1 河图
(朱元昇《三易备遗》)

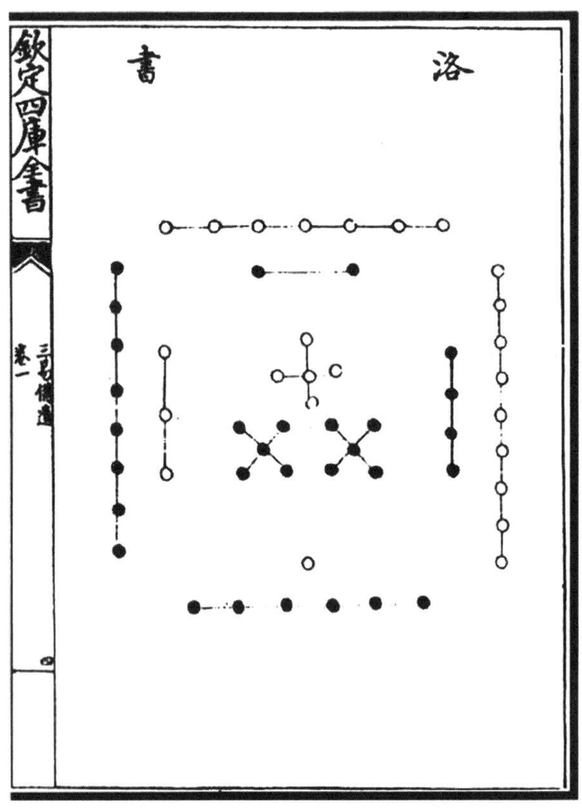

图2 洛书
(朱元昇《三易备遗》)

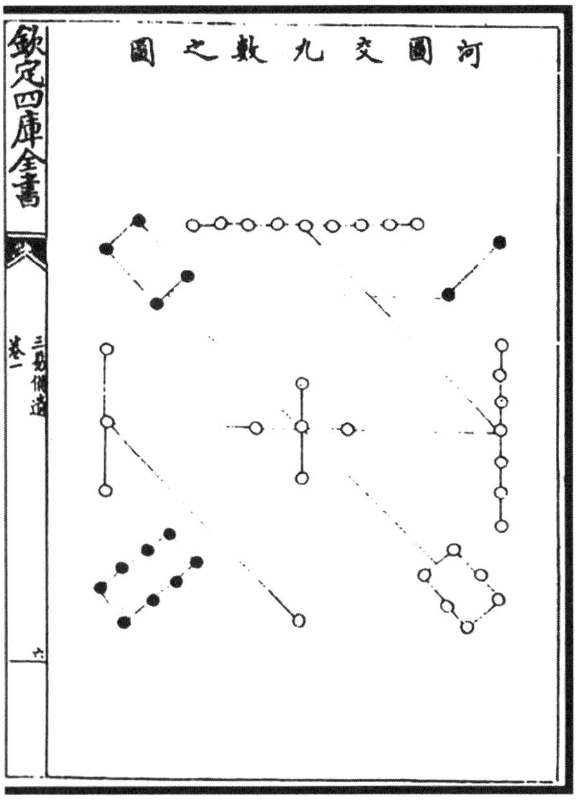

图3 河图交九数之图
（朱元昇《三易备遗》）

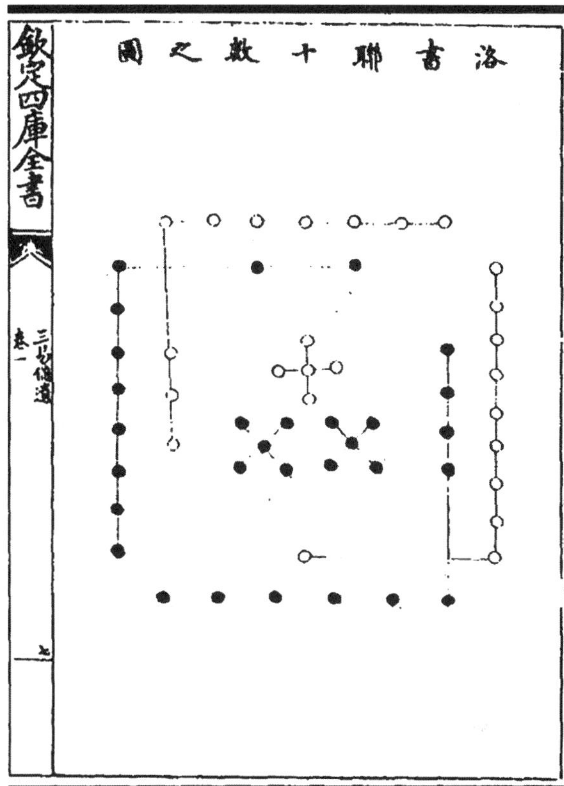

图4 洛书联十数之图
（朱元昇《三易备遗》）

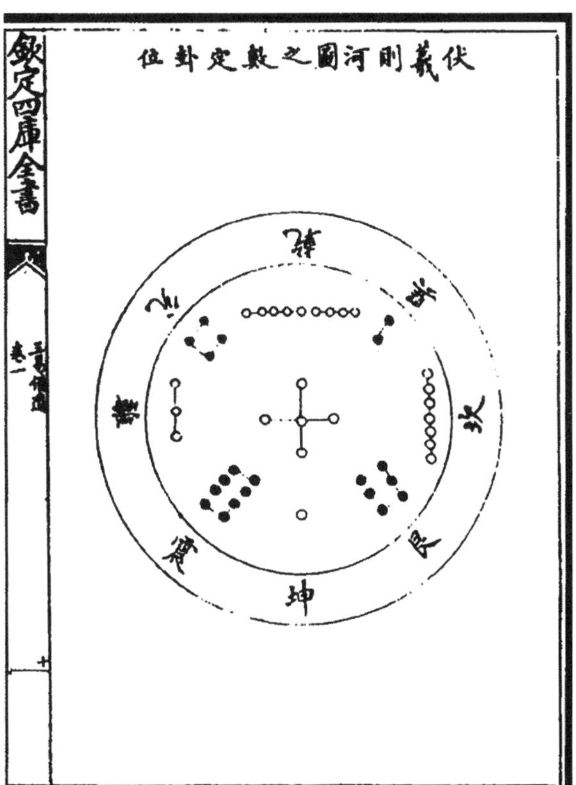

图5 伏羲则河图之数定卦位图
（朱元昇《三易备遗》）

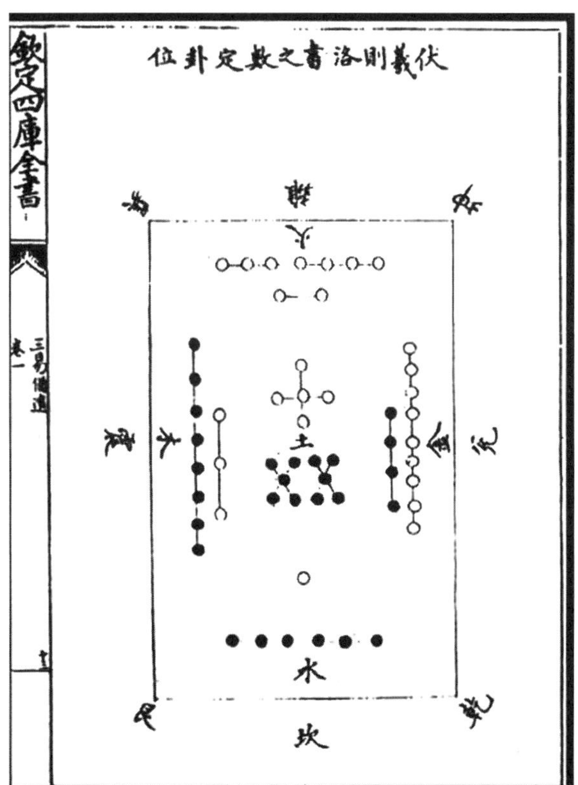

图6 伏羲则洛书之数定卦位图
（朱元昇《三易备遗》）

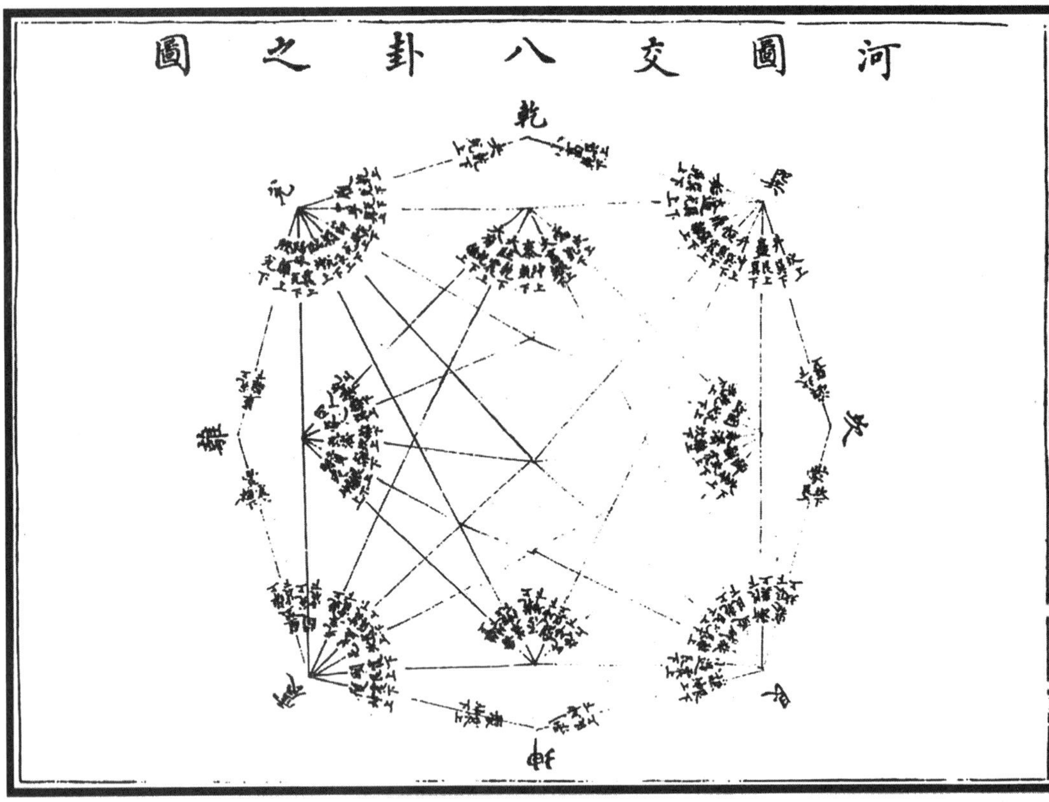

图 7　河图交八卦之图
（朱元昇《三易备遗》）

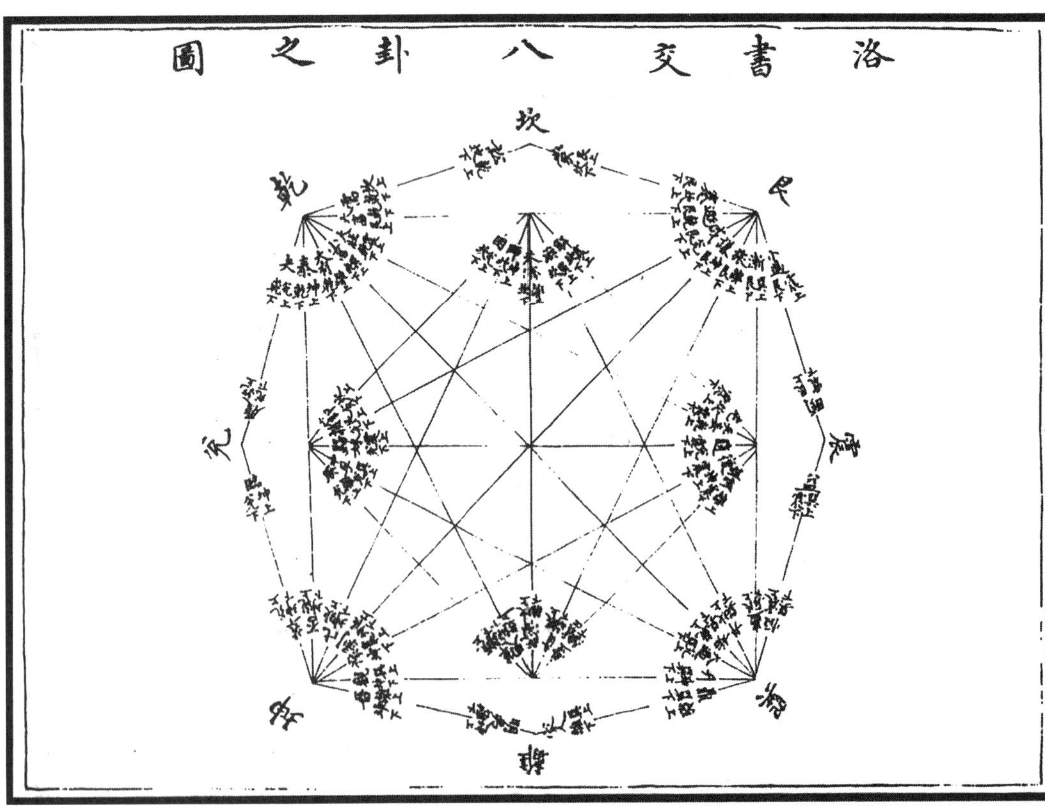

图 8　洛书交八卦之图
（朱元昇《三易备遗》）

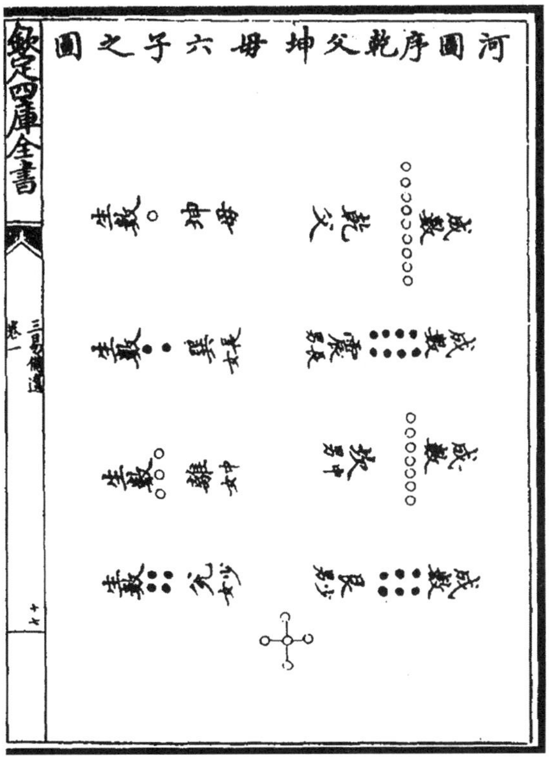

图 9　河图序乾父坤母六子之图
（朱元昇《三易备遗》）

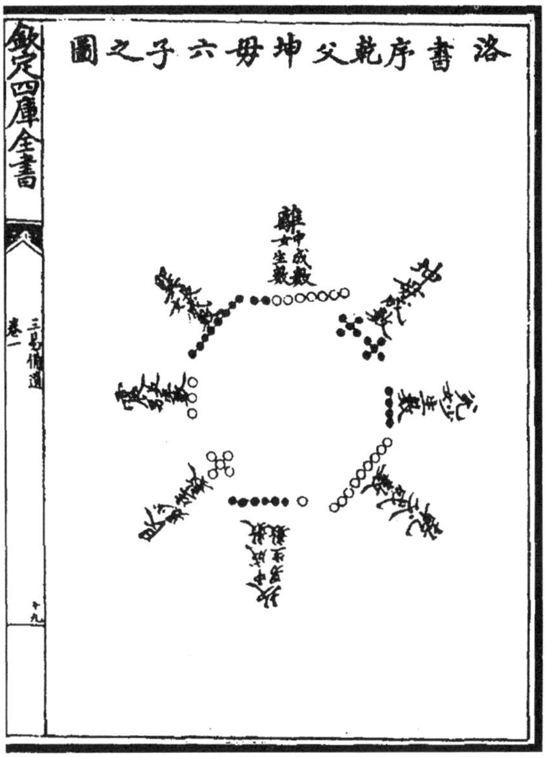

图 10　洛书序乾父坤母六子之图
（朱元昇《三易备遗》）

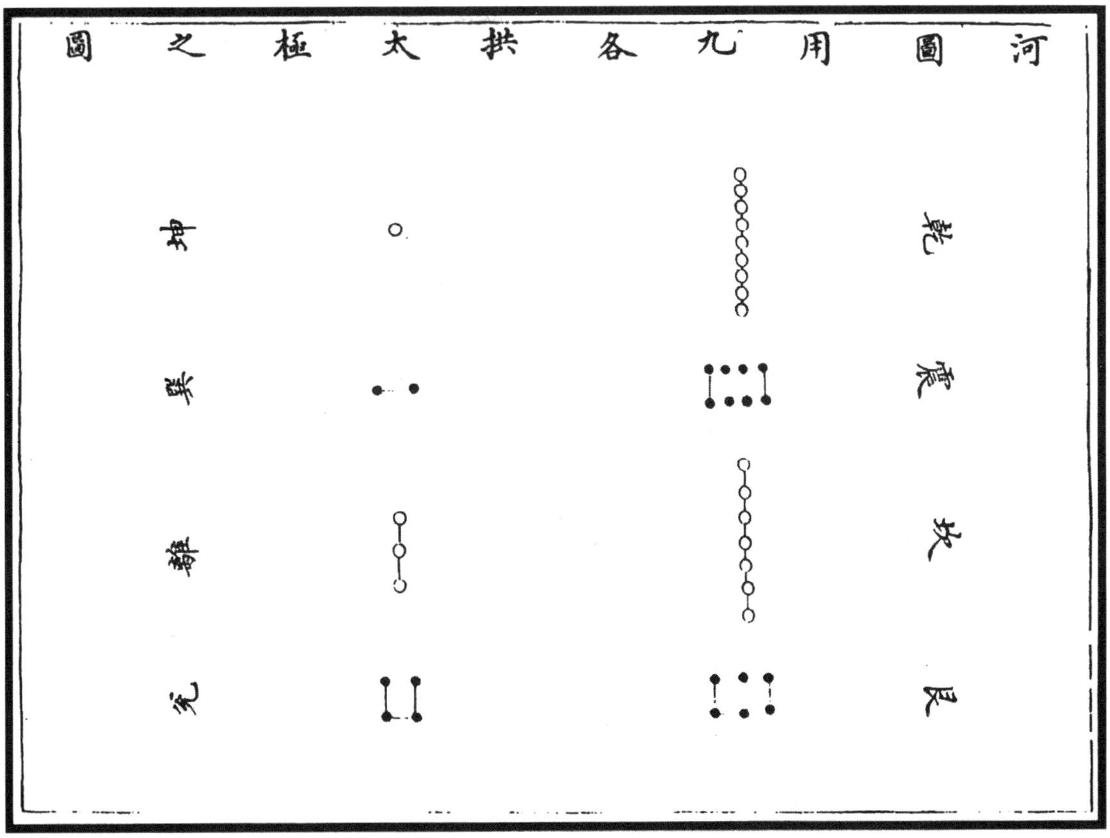

图 11　河图用九各拱太极之图
（朱元昇《三易备遗》）

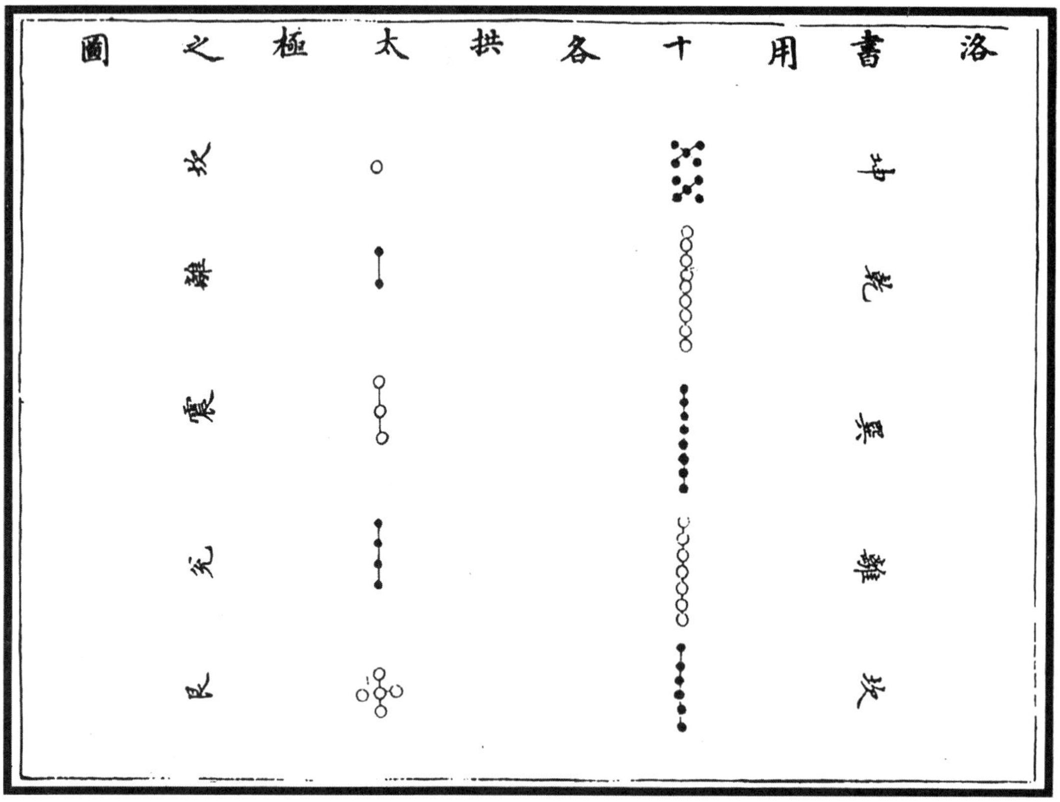

图 12　洛书用十各拱太极之图
（朱元昇《三易备遗》）

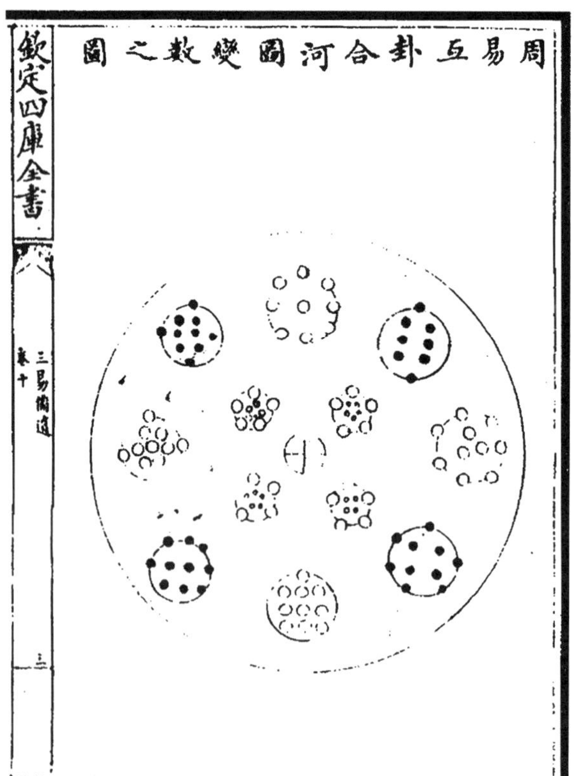

图 13　周易互卦合河图变数之图
（朱元昇《三易备遗》）

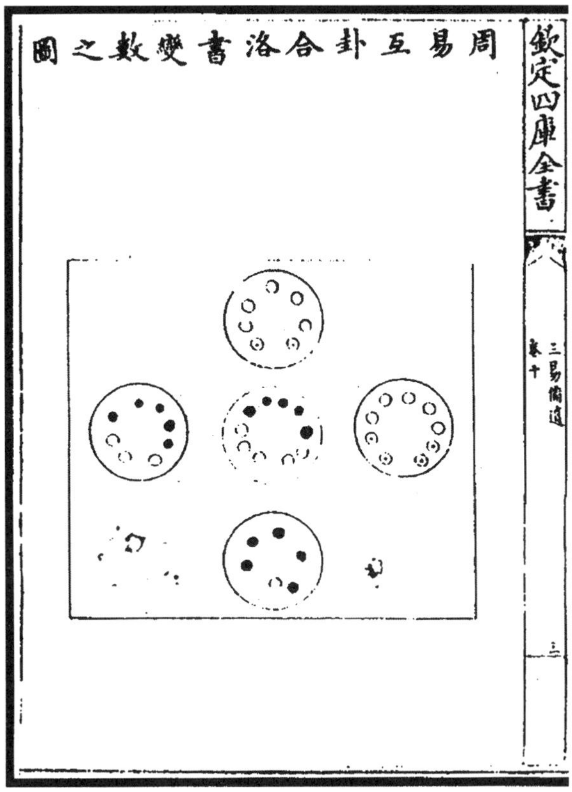

图 14　周易互卦合洛书变数之图
（朱元昇《三易备遗》）

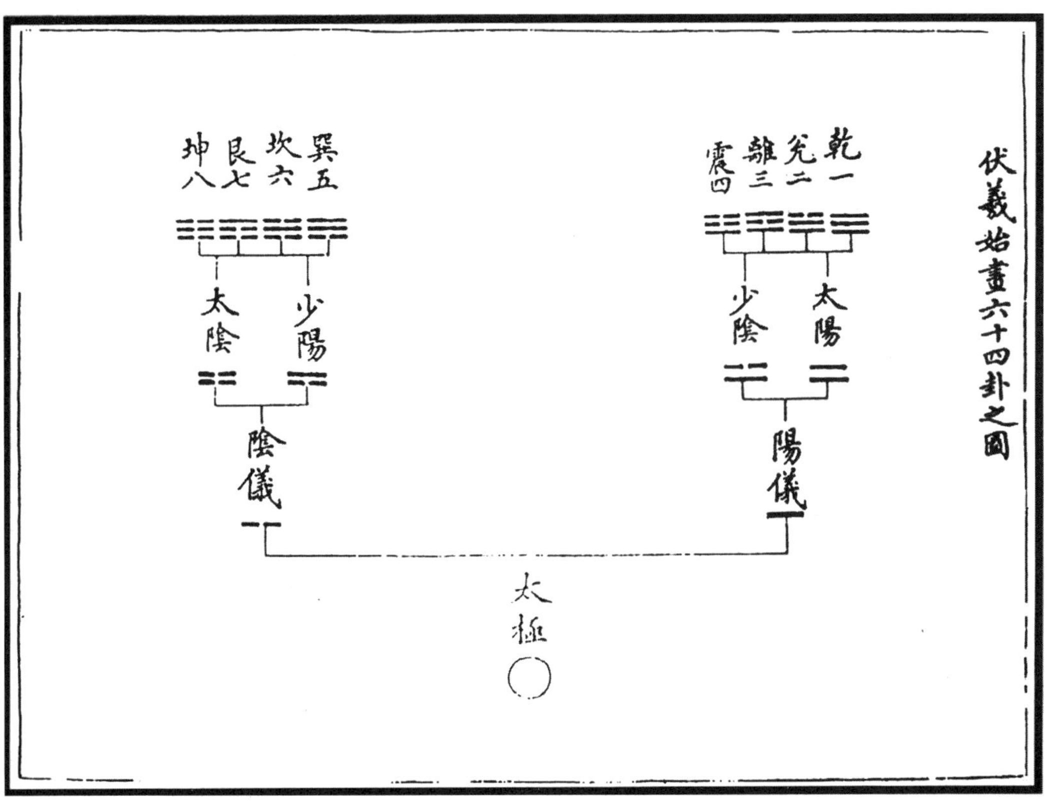

图 15 - 1　伏羲始画六十四卦之图
（朱元昇《三易备遗》）

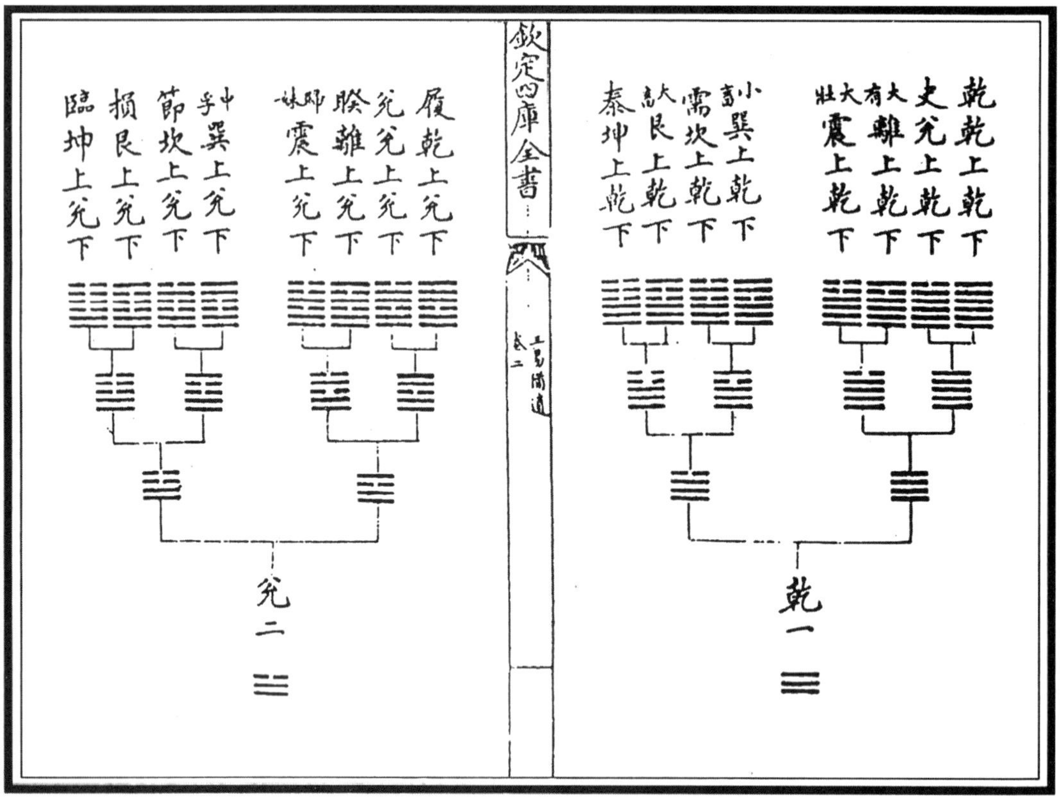

图 15－2　伏羲始画六十四卦之图
（朱元昇《三易备遗》）

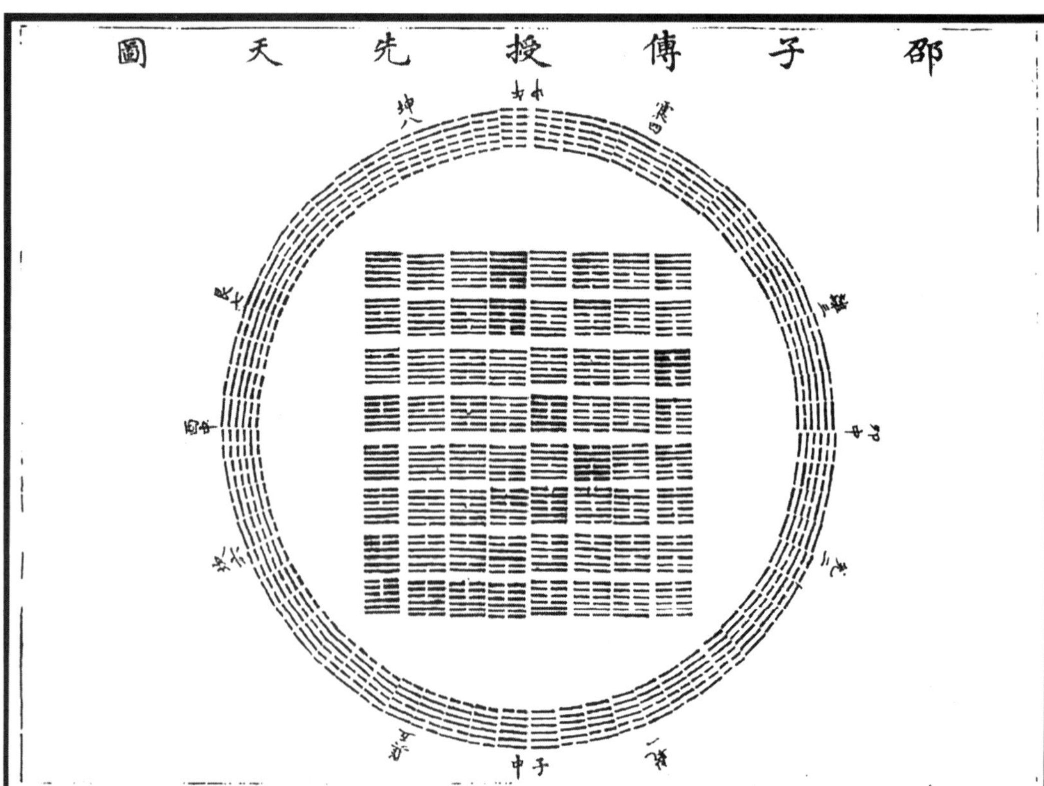

图 16　邵子传授先天图
（朱元昇《三易备遗》）

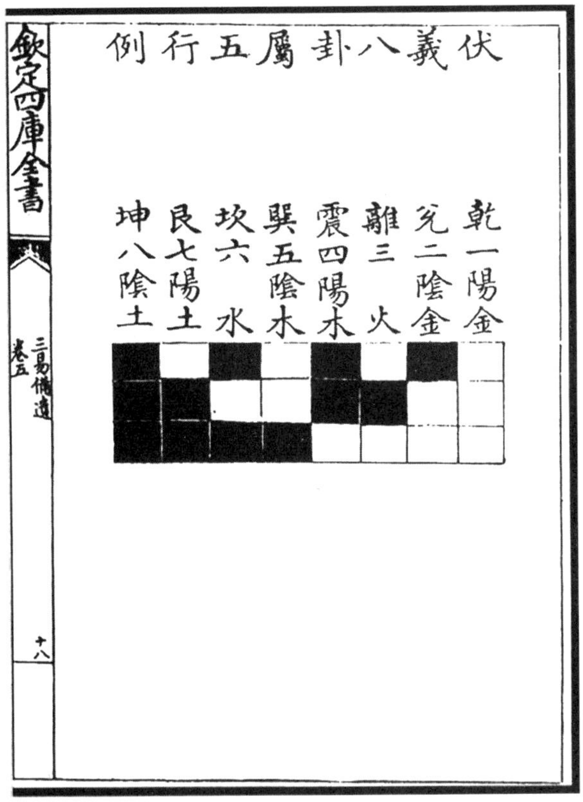

图 17　伏羲八卦属五行例图
（朱元昇《三易备遗》）

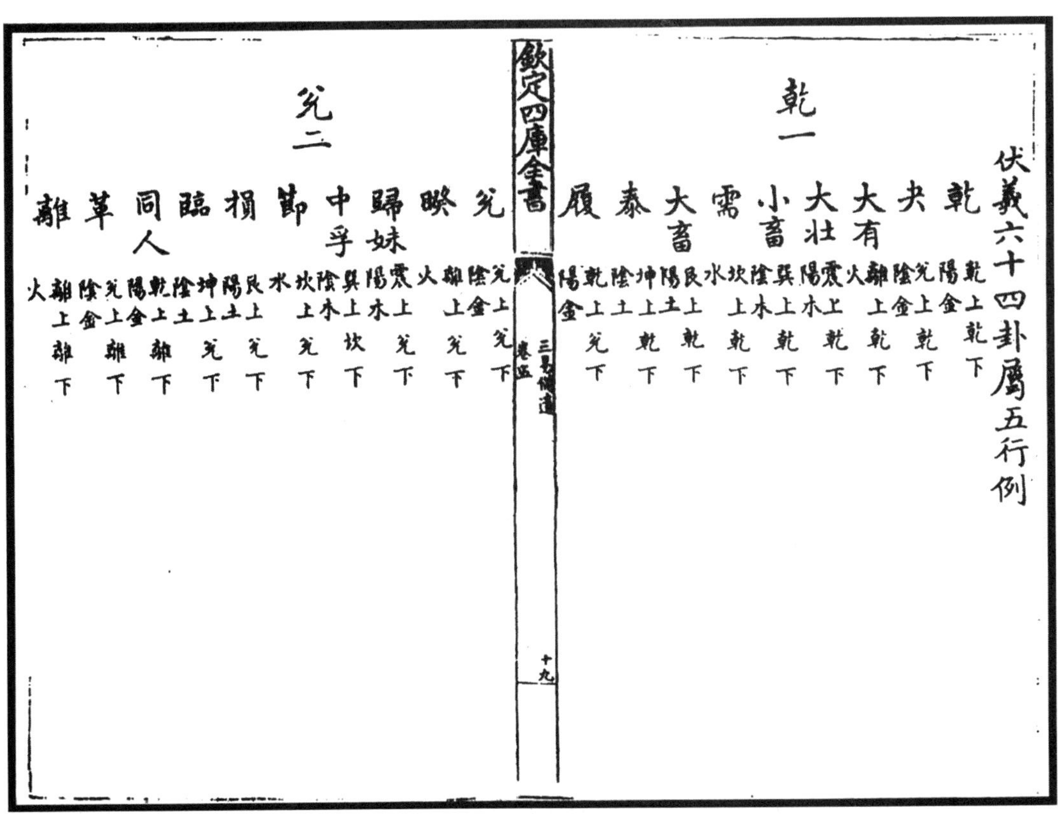

图 18-1　伏羲六十四卦属五行例图
（朱元昇《三易备遗》）

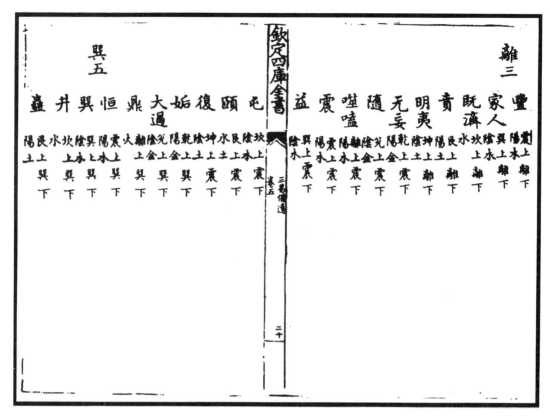

图 18-2 伏羲六十四卦属五行例图
（朱元昇《三易备遗》）

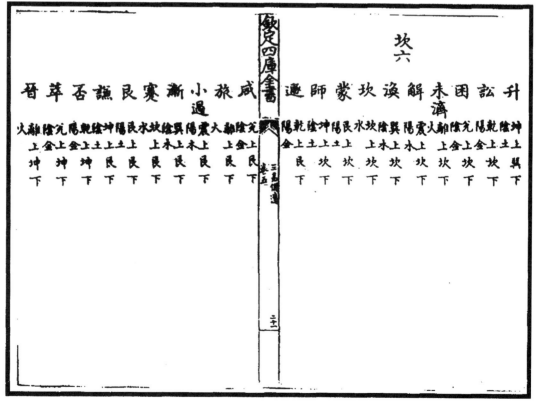

图 18-3 伏羲六十四卦属五行例图
（朱元昇《三易备遗》）

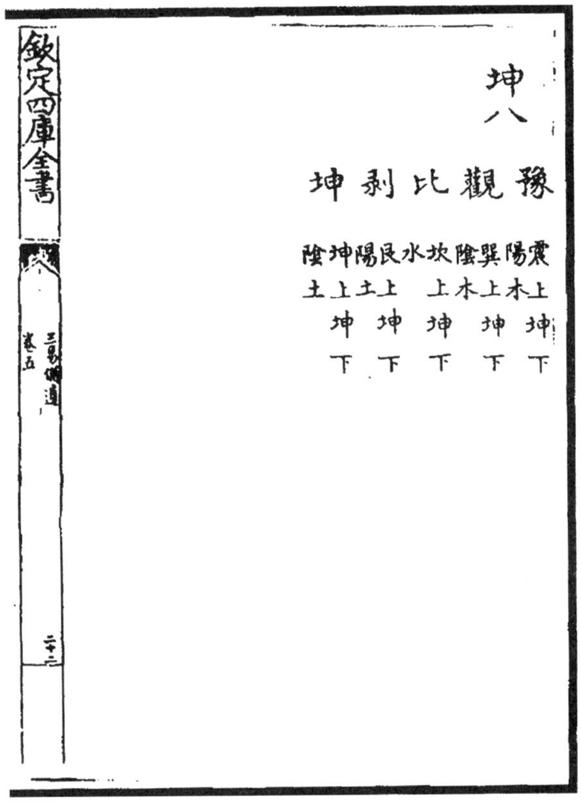

图 18-4 伏羲六十四卦属五行例图
（朱元昇《三易备遗》）

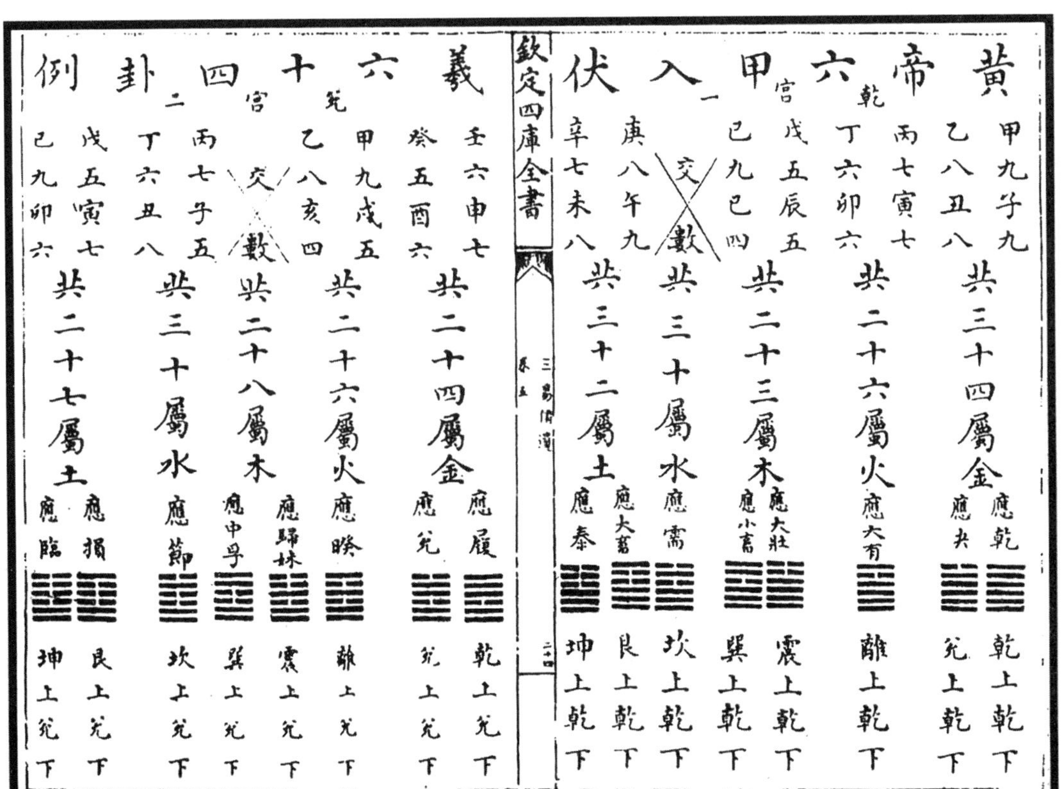

图 19-1 黄帝六甲入伏羲六十四卦例图
（朱元昇《三易备遗》）

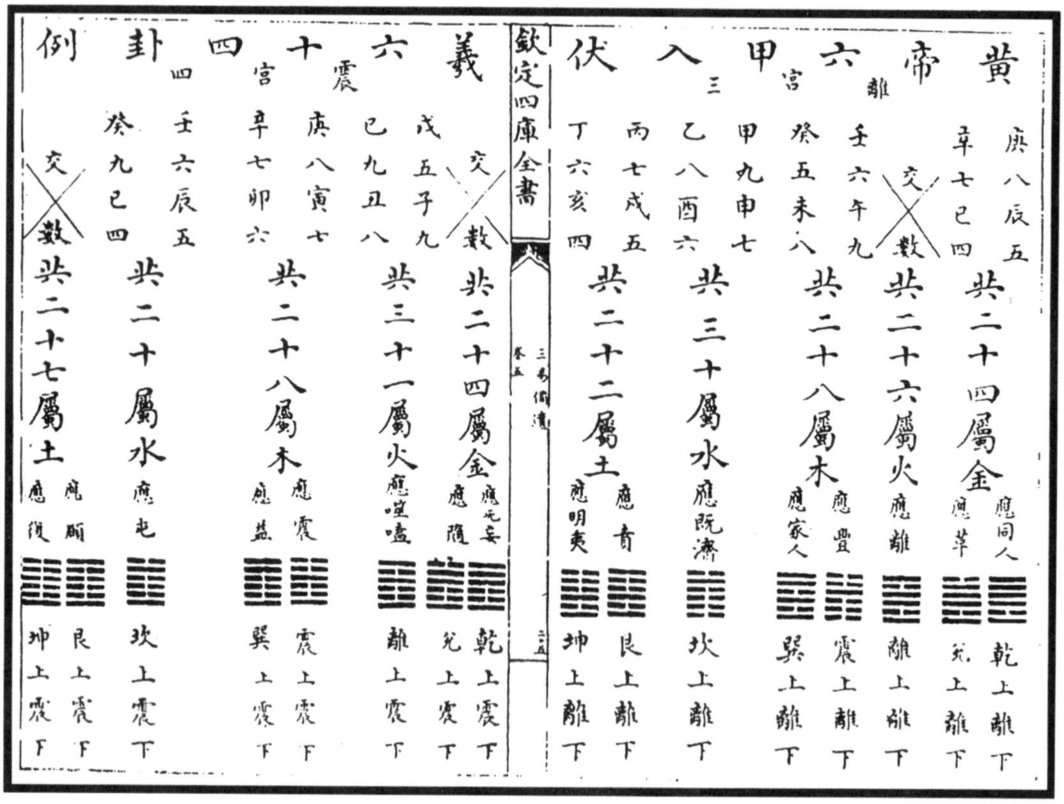

图 19－2　黄帝六甲入伏羲六十四卦例图
（朱元昇《三易备遗》）

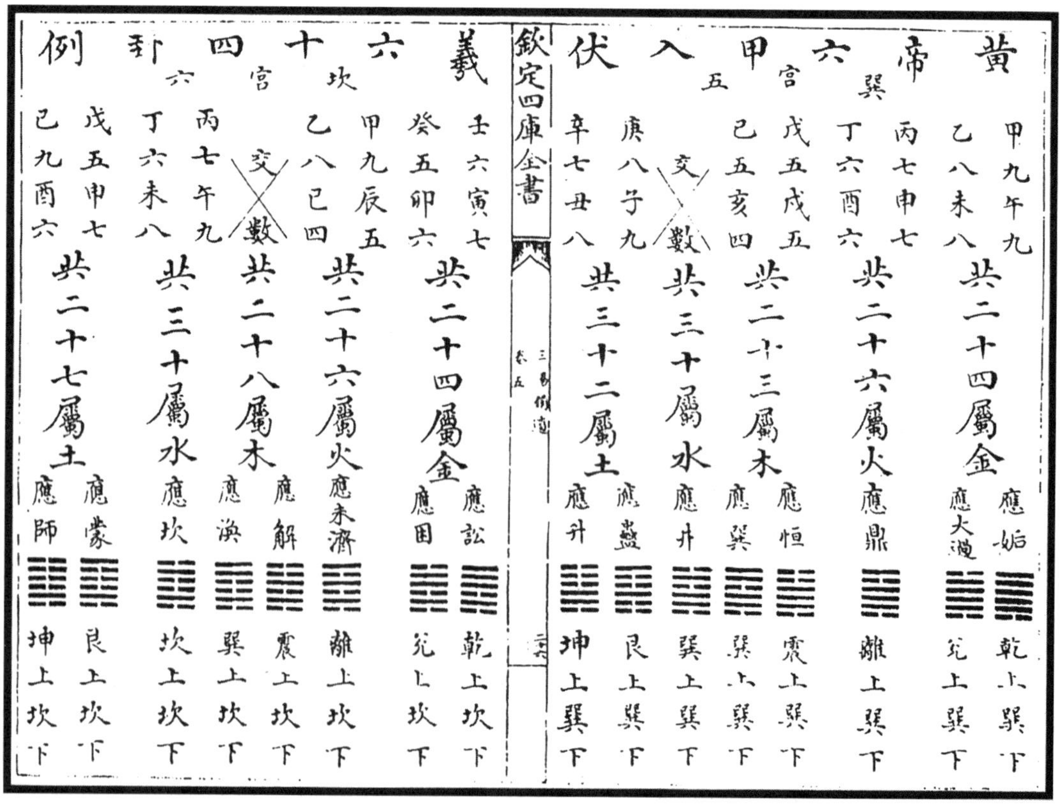

图 19－3　黄帝六甲入伏羲六十四卦例图
（朱元昇《三易备遗》）

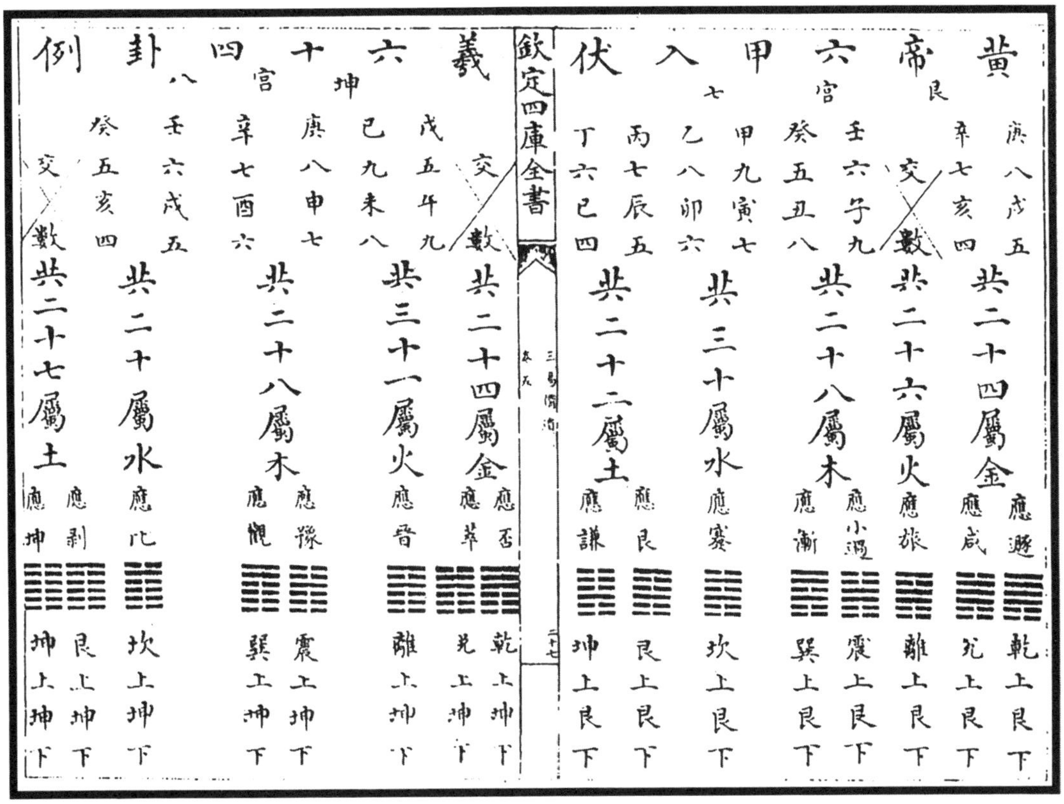

图 19-4　黄帝六甲入伏羲六十四卦例图
（朱元昇《三易备遗》）

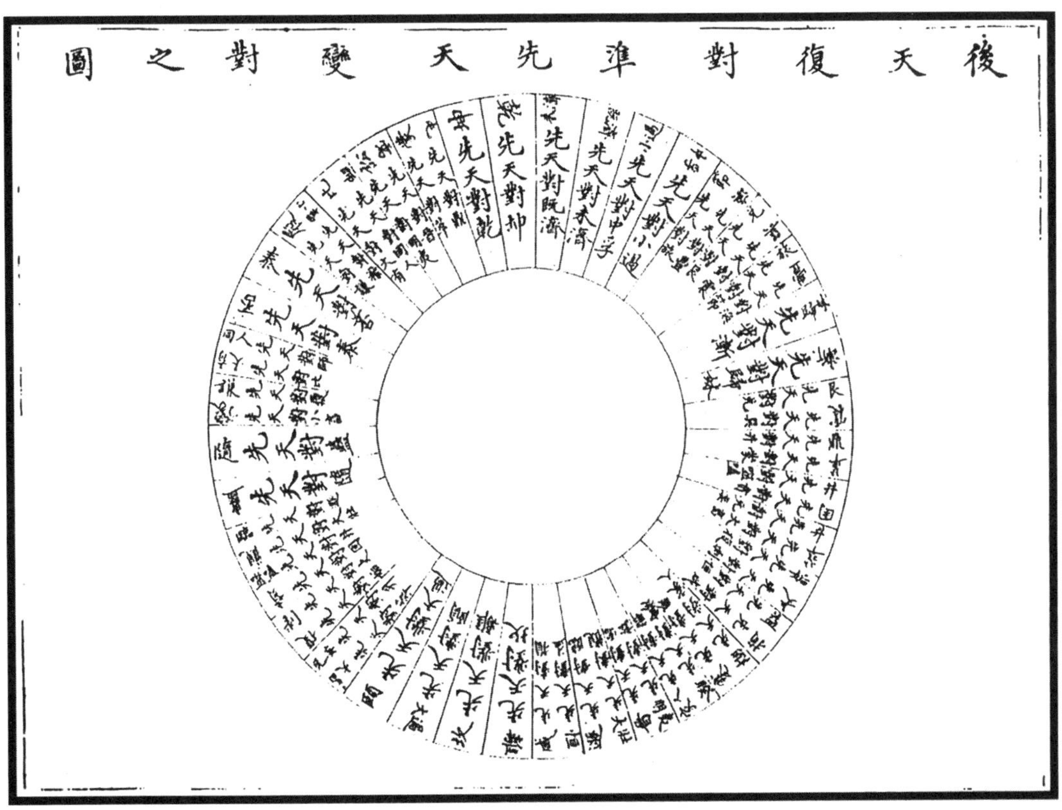

图 20　后天复对准先天变对之图
（朱元昇《三易备遗》）

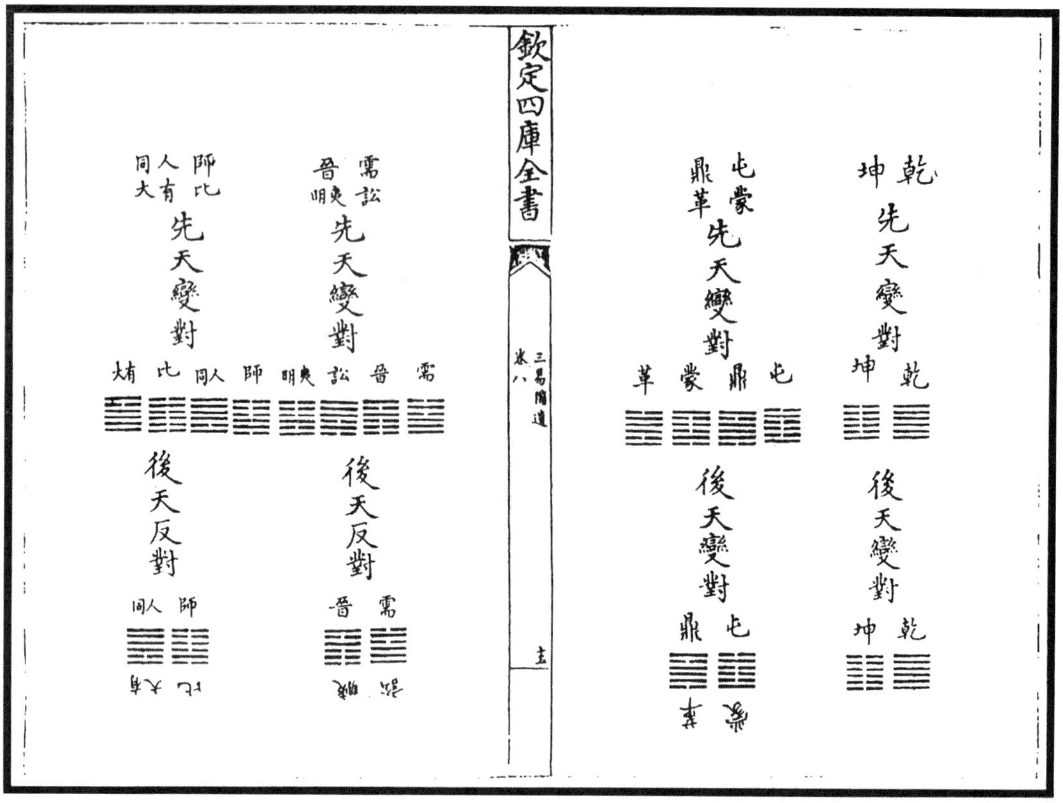

图 21－1　后天复对准先天变对之横图

（朱元昇《三易备遗》）

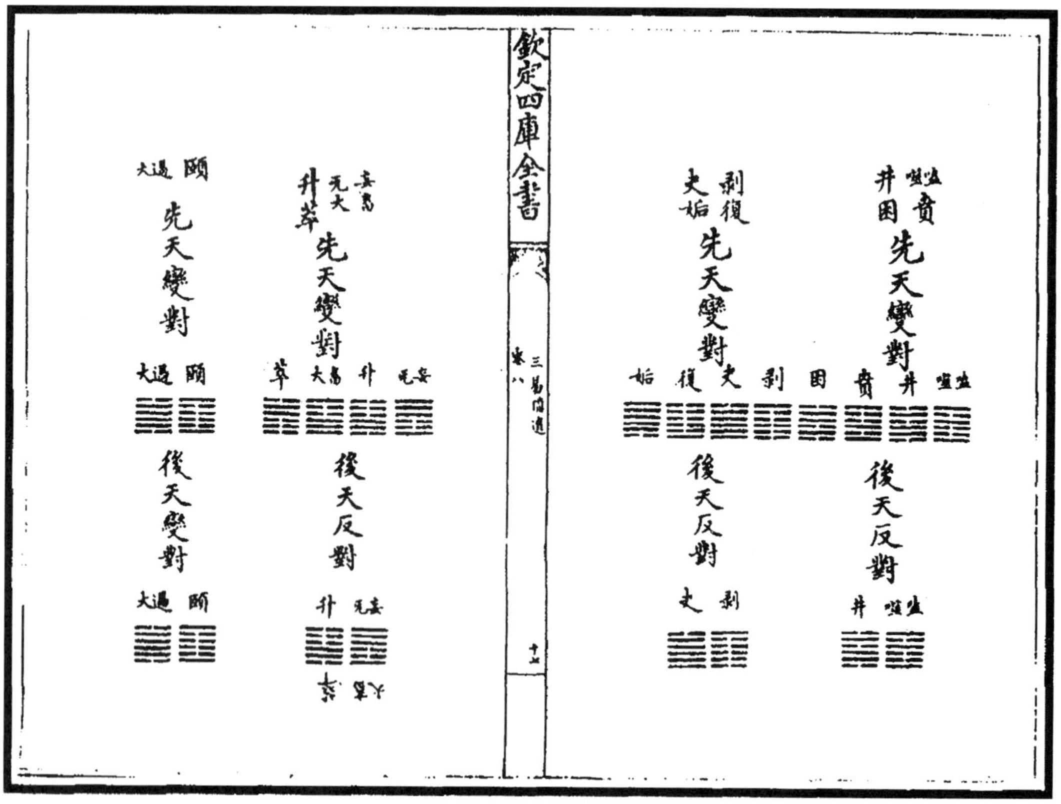

图 21－2　后天复对准先天变对之横图

（朱元昇《三易备遗》）

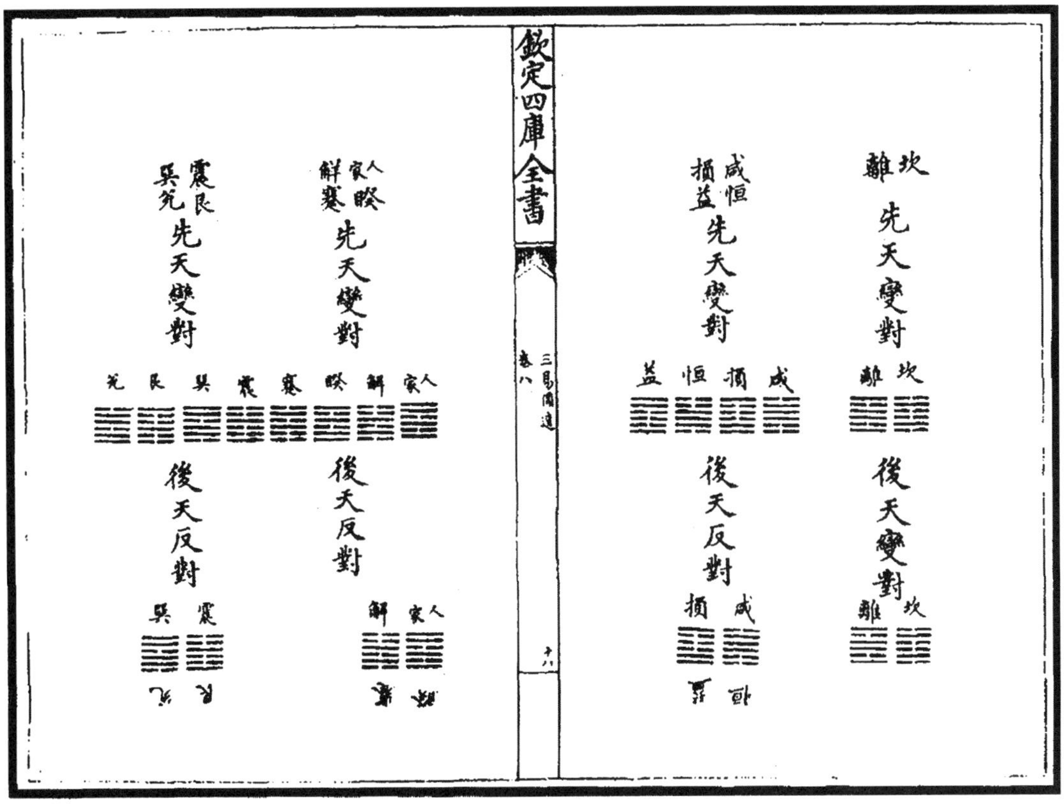

图 21-3　后天复对准先天变对之横图
（朱元昇《三易备遗》）

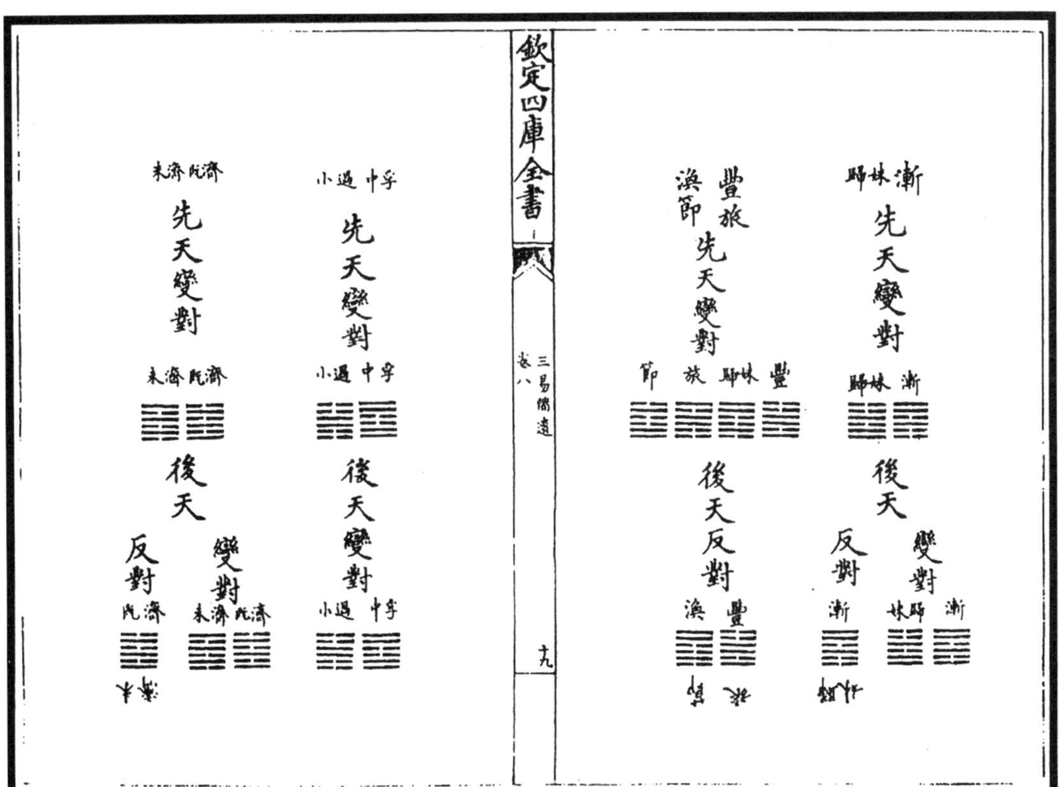

图 21-4　后天复对准先天变对之横图
（朱元昇《三易备遗》）

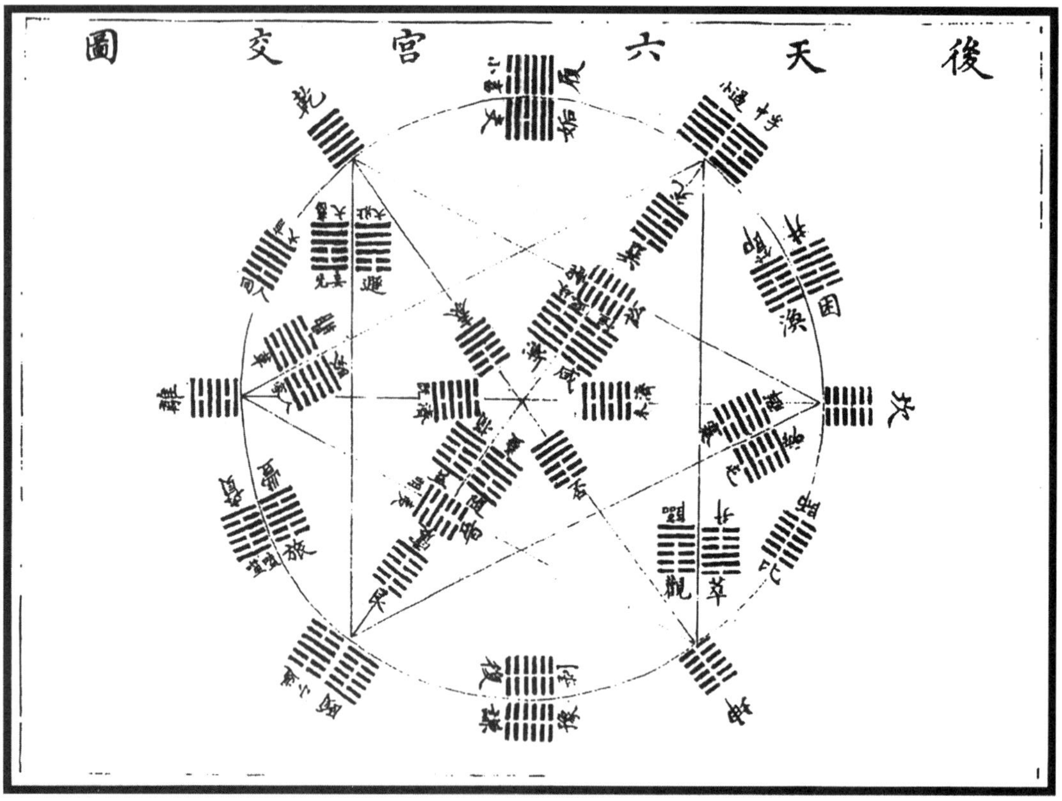

图22　后天六宫交图
（朱元昇《三易备遗》）

交圆两位相对衍三百六十数

乾对坤　三百六十
坤对乾　三百六十
夬姤对剥复　三百六十
剥复对夬姤　三百六十
遯对临观　三百六十
临观对遯　三百六十
大壮
小畜
履对谦升　三百六十
谦升对履　三百六十
萃升
泰否对大过　三百六十
大过对泰否　三百六十
既济未济
颐对大过　三百六十
大过对颐　三百六十
中孚
小过
随蛊对渐归妹　三百六十
渐归妹对随蛊　三百六十
离对坎　三百六十
坎对离　三百六十
晋明夷对需讼　三百六十
需讼对晋明夷　三百六十
家人睽对蹇解　三百六十
蹇解对家人睽　三百六十
震艮对巽兑　三百六十
巽兑对震艮　三百六十
咸恒对损益　三百六十
损益对咸恒　三百六十
丰旅对涣节　三百六十
涣节对丰旅　三百六十
噬嗑贲对困井　三百六十
困井对噬嗑贲　三百六十
革鼎对屯蒙　三百六十
屯蒙对革鼎　三百六十
同人大有对师比　三百六十
师比对同人大有　三百六十

右三十六，其三百六十，该万有二千九百六十策

图23　交圆两位相对衍三百六十数图
（朱元昇《三易备遗》）

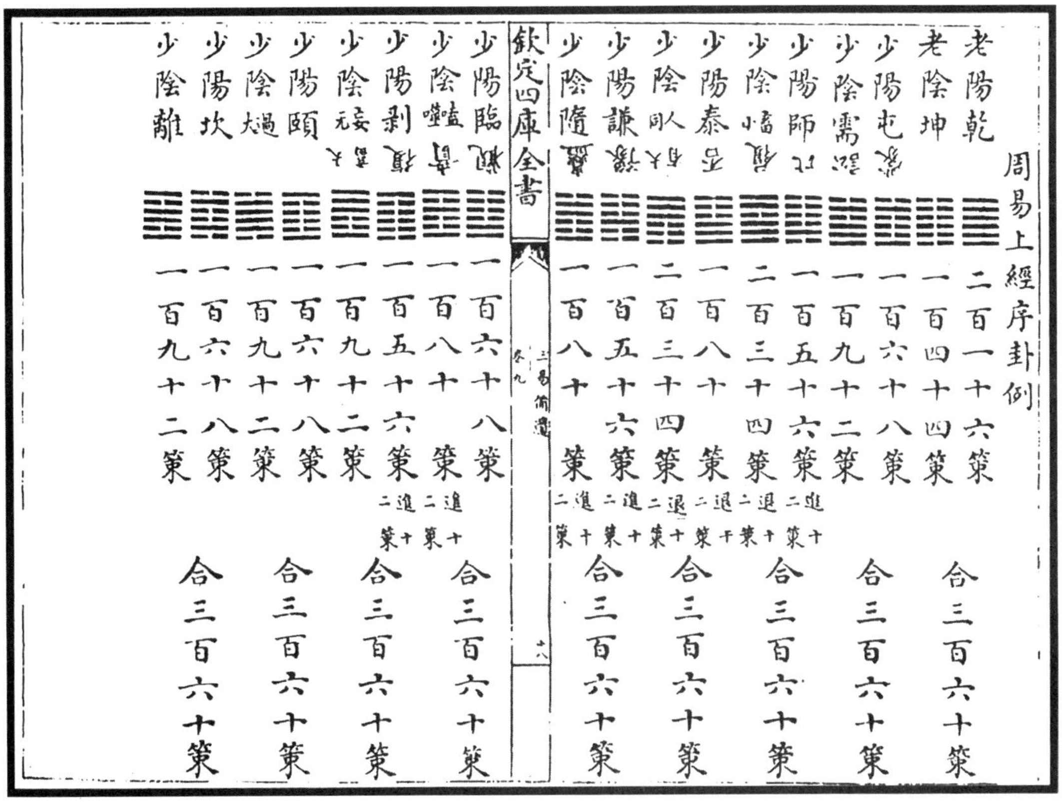
周易上經序卦例
老陽乾 二百一十六策
老陰坤 一百四十四策 合三百六十策
少陽屯蒙 一百六十八策
少陰需訟 一百九十二策 合三百六十策
少陽師比 一百五十六策 二進十策
少陰小畜履 二百三十四策 二退十策 合三百六十策
少陽泰否 一百八十策 二退十策
少陰同人大有 二百三十四策 二退十策 合三百六十策
少陽謙豫 一百五十六策 二進十策
少陰隨蠱 一百八十策 二進十策 合三百六十策
欽定四庫全書 三易備遺 卷九 十八
少陽臨觀 一百六十八策
少陰噬嗑賁 一百八十策 二進十策 合三百六十策
少陽剝復 一百五十六策 二進十策
少陰无妄大畜 一百九十二策 合三百六十策
少陽頤 一百六十八策
少陰大過 一百九十二策 合三百六十策
少陽坎 一百六十八策
少陰離 一百九十二策 合三百六十策

图 24　周易上经序卦例图

（朱元昇《三易备遗》）

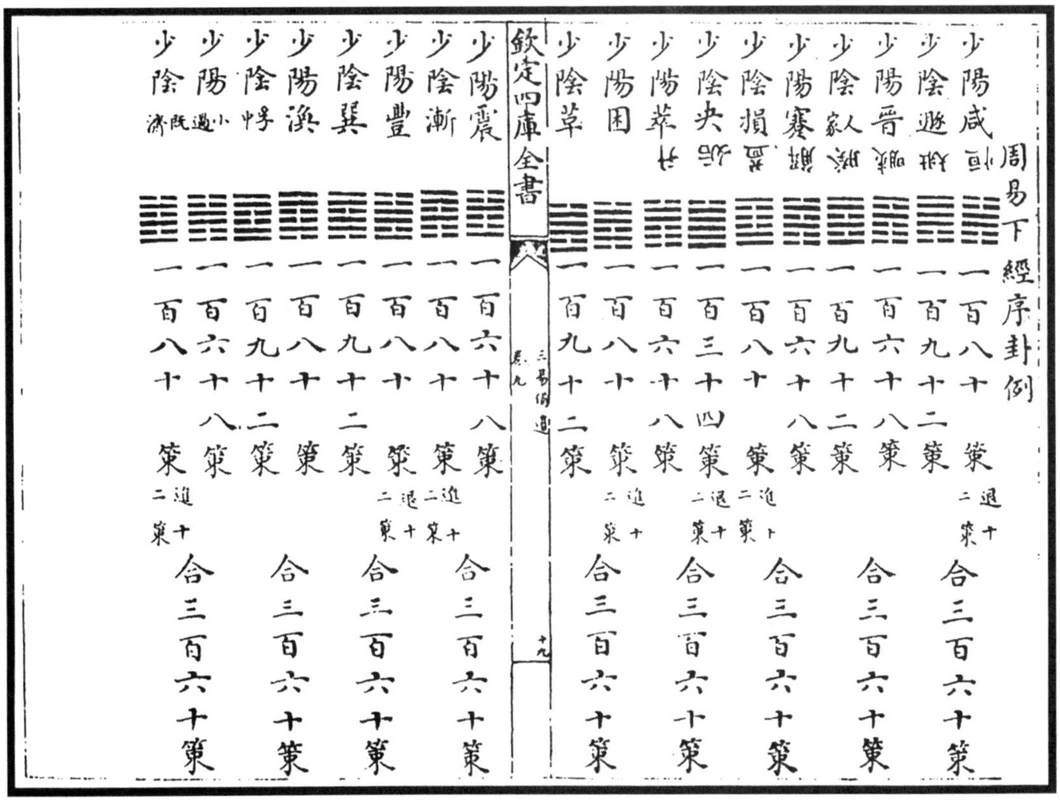
周易下經序卦例
少陽咸恒 一百八十策 二退十策
少陰遯大壯 一百九十二策 合三百六十策
少陽晉明夷 一百六十八策
少陰家人睽 一百九十二策 合三百六十策
少陽蹇解 一百六十八策
少陰損益 一百八十策 二進十策 合三百六十策
少陰夬姤 一百三十四策 二退十策
少陽萃升 一百六十八策 合三百六十策
少陽困 一百八十策 二進十策
少陰革 一百九十二策 合三百六十策
欽定四庫全書 三易備遺 卷九 十九
少陽震 一百六十八策
少陰漸 一百八十策 二進十策 合三百六十策
少陽豐 一百八十策 二退十策
少陰巽 一百九十二策 合三百六十策
少陽渙 一百八十策
少陰中孚 一百九十二策 合三百六十策
少陽小過 一百六十八策
少陰既濟 一百八十策 二進十策 合三百六十策

图 25　周易下经序卦例图

（朱元昇《三易备遗》）

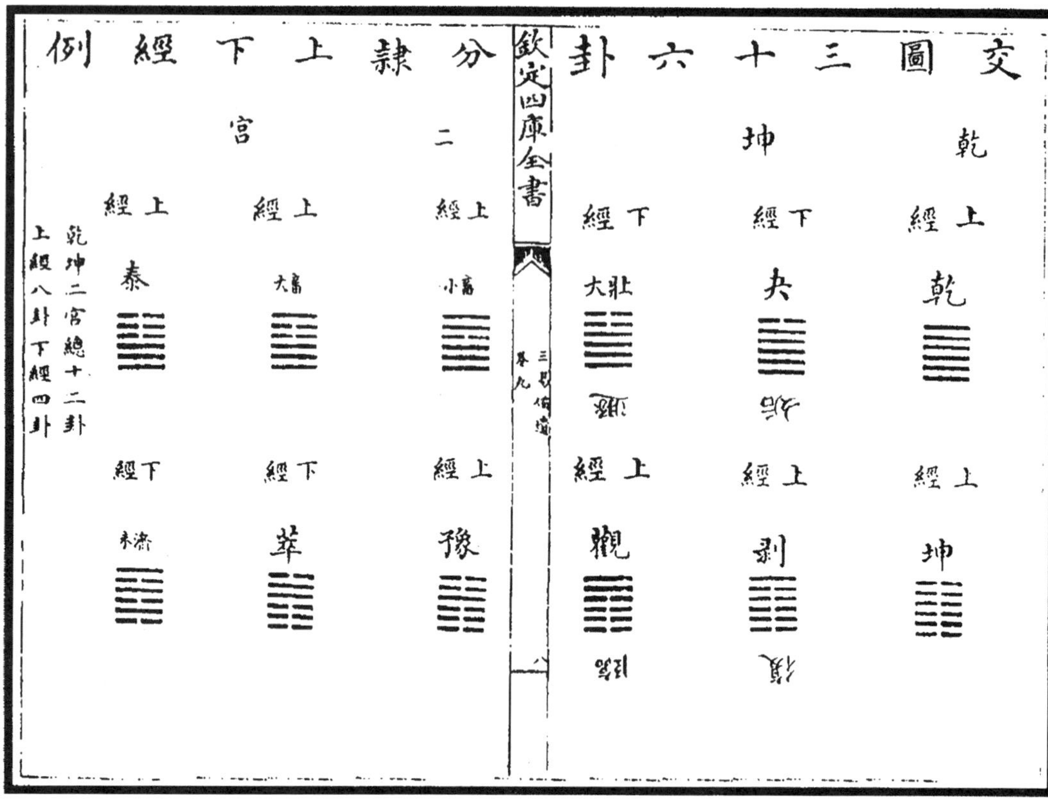

图 26-1　交图三十六卦分隶上下经例图
（朱元昇《三易备遗》）

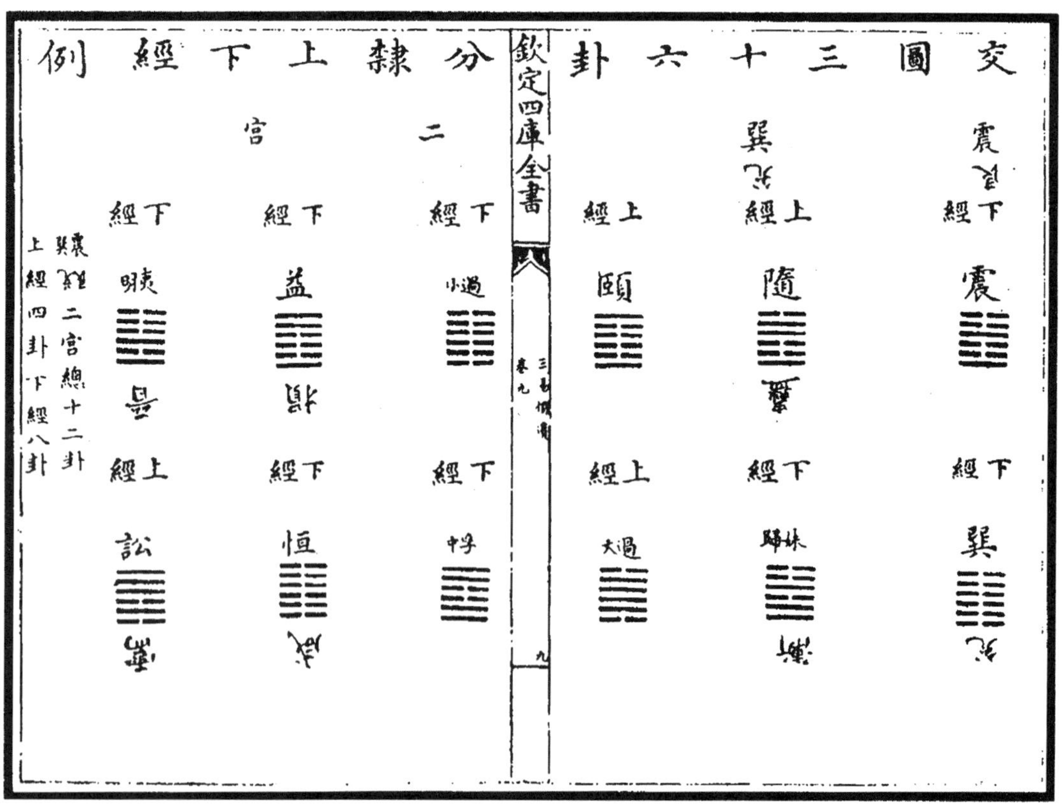

图 26-2　交图三十六卦分隶上下经例图
（朱元昇《三易备遗》）

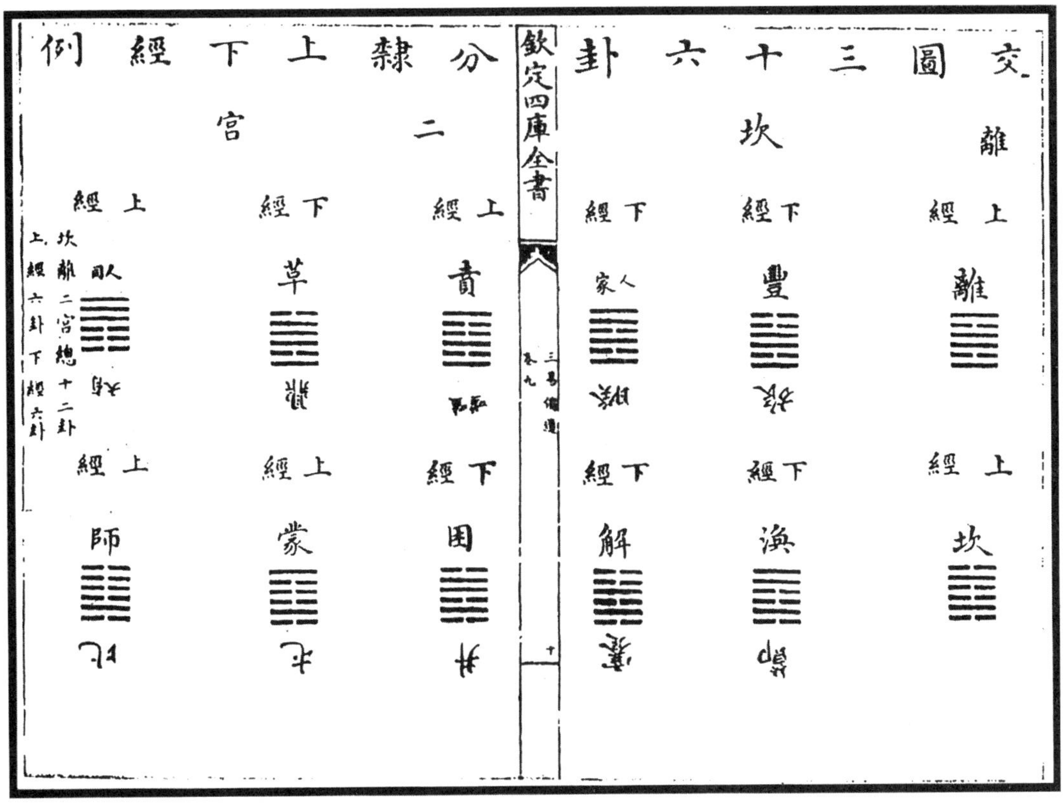

图 26-3 交图三十六卦分隶上下经例图
（朱元昇《三易备遗》）

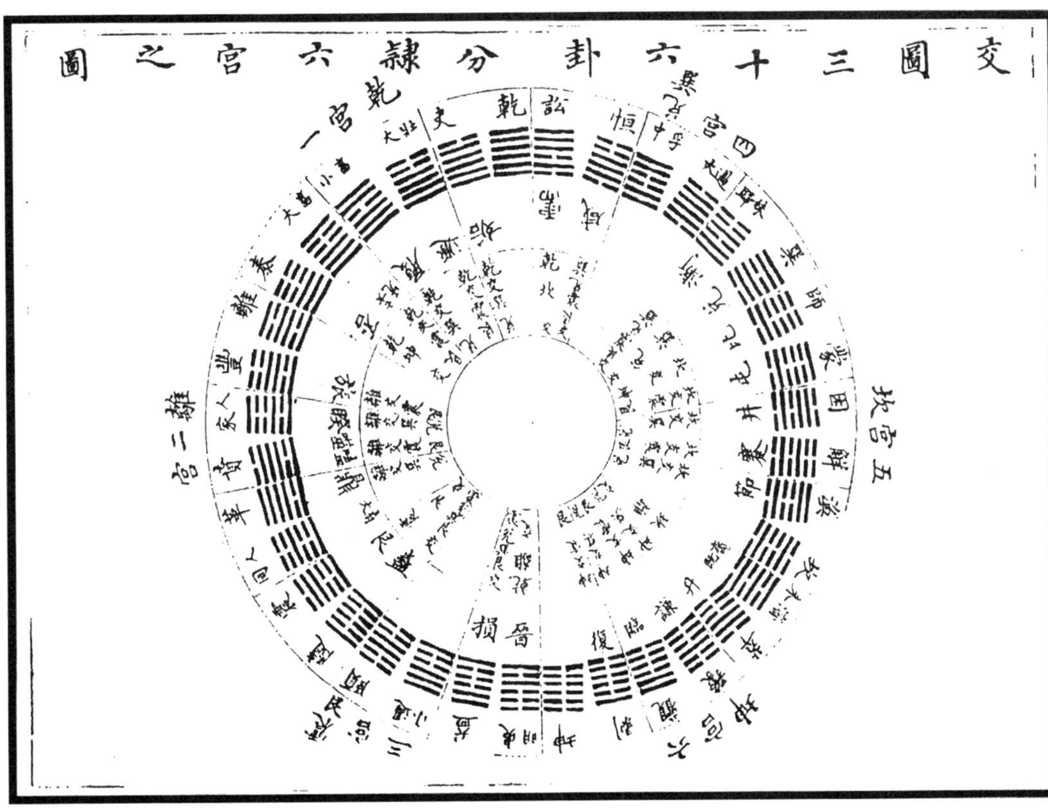

图 27-1 交图三十六卦分隶六宫之图
（朱元昇《三易备遗》）

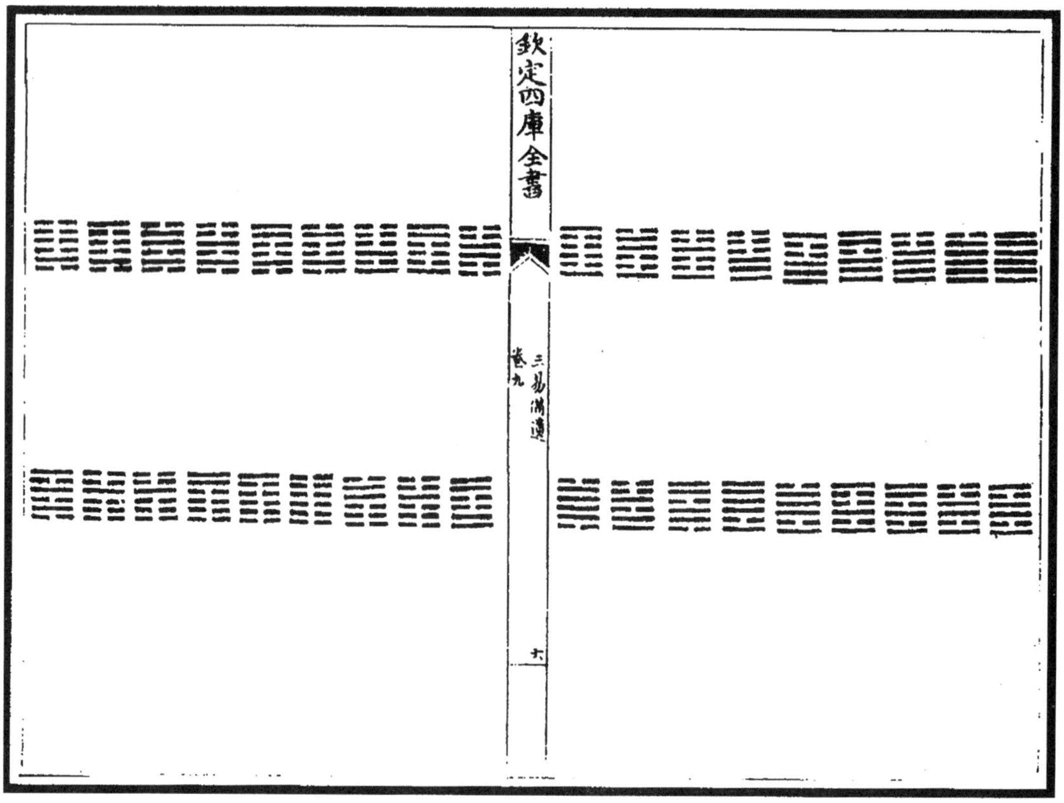

图 27-2 交图三十六卦分隶六宫之图
（朱元昇《三易备遗》）

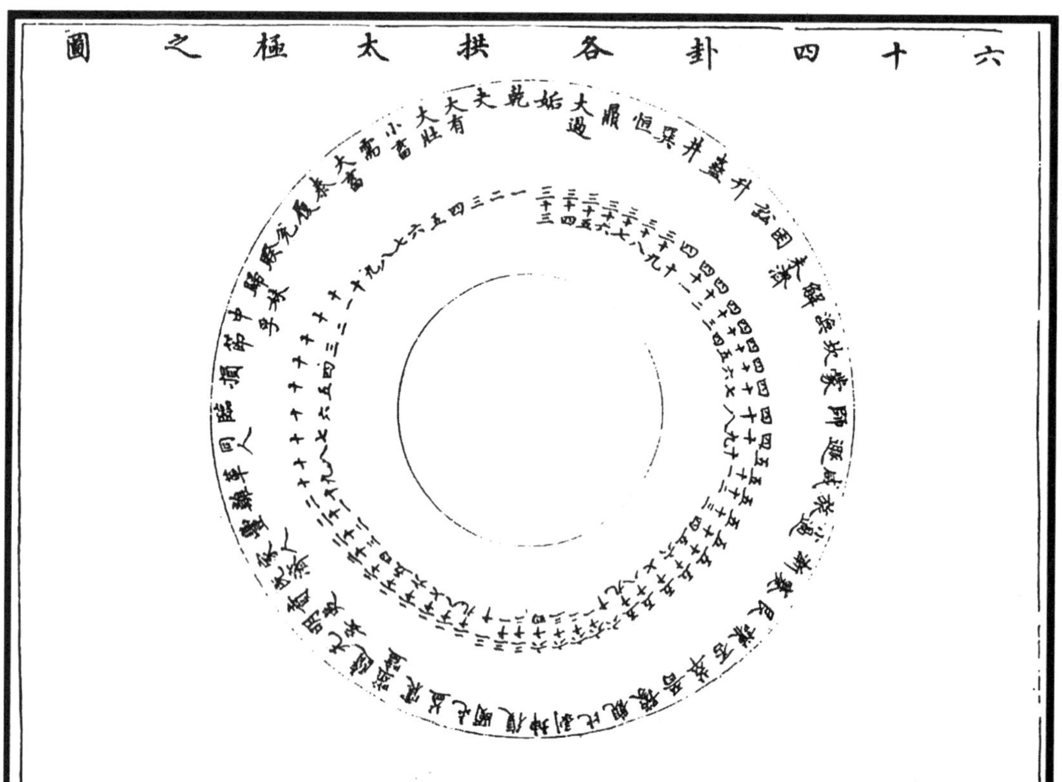

图 28 六十四卦各拱太极之图
（朱元昇《三易备遗》）

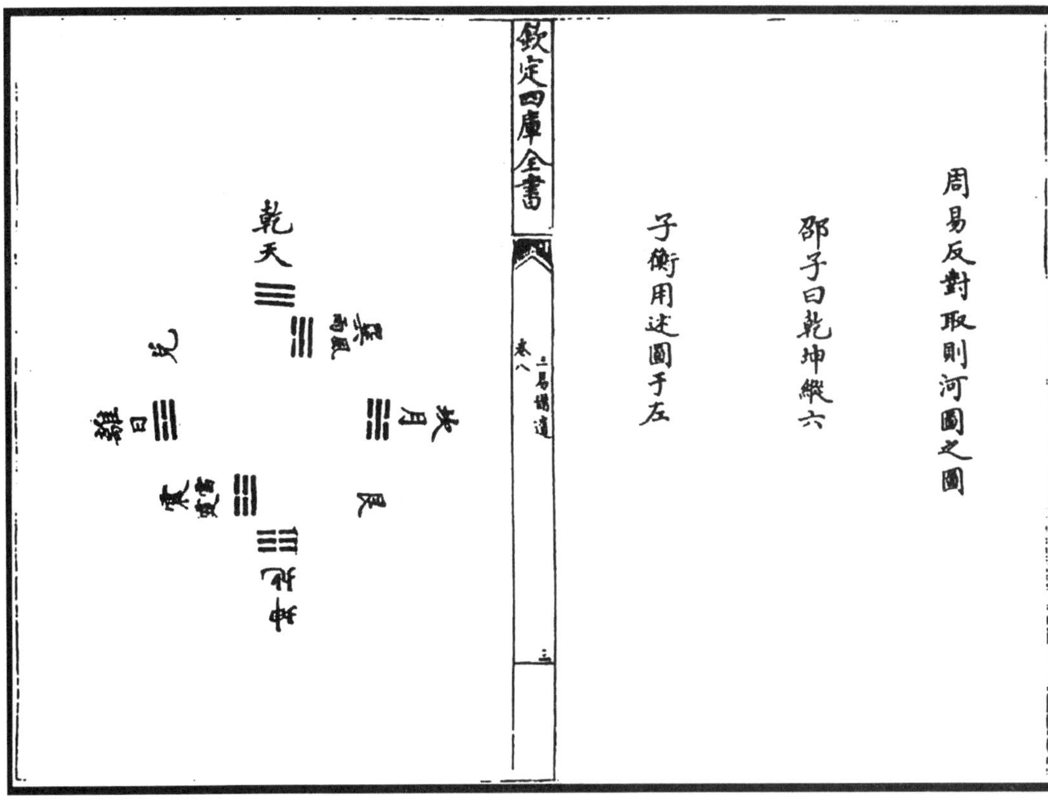

图29 周易反对取则河图之图
（朱元昇《三易备遗》）

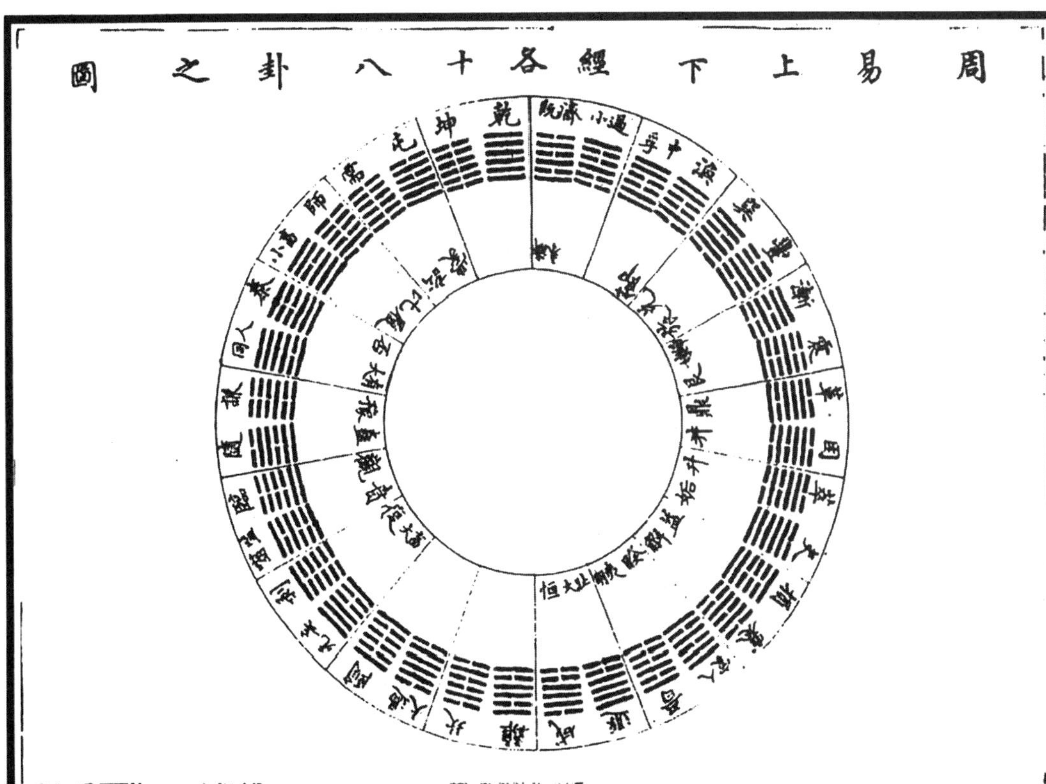

图30 周易上下经各十八卦之图
（朱元昇《三易备遗》）

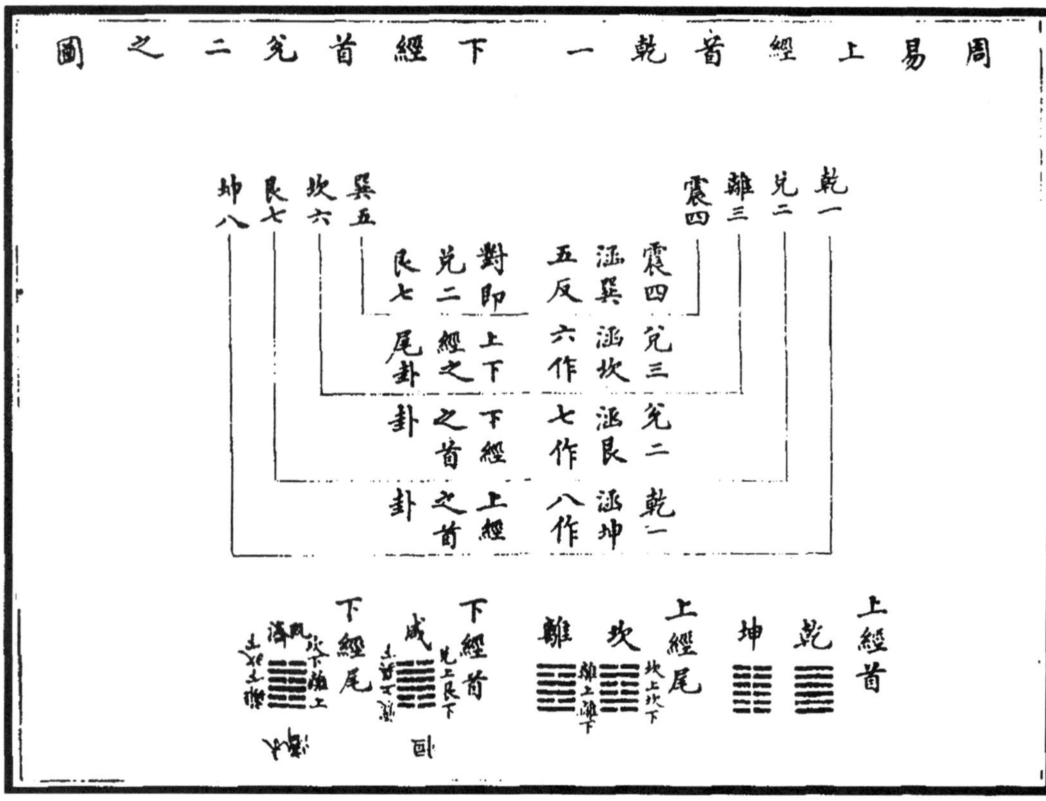

图 31　周易上经首乾一下经首兑二之图
（朱元昇《三易备遗》）

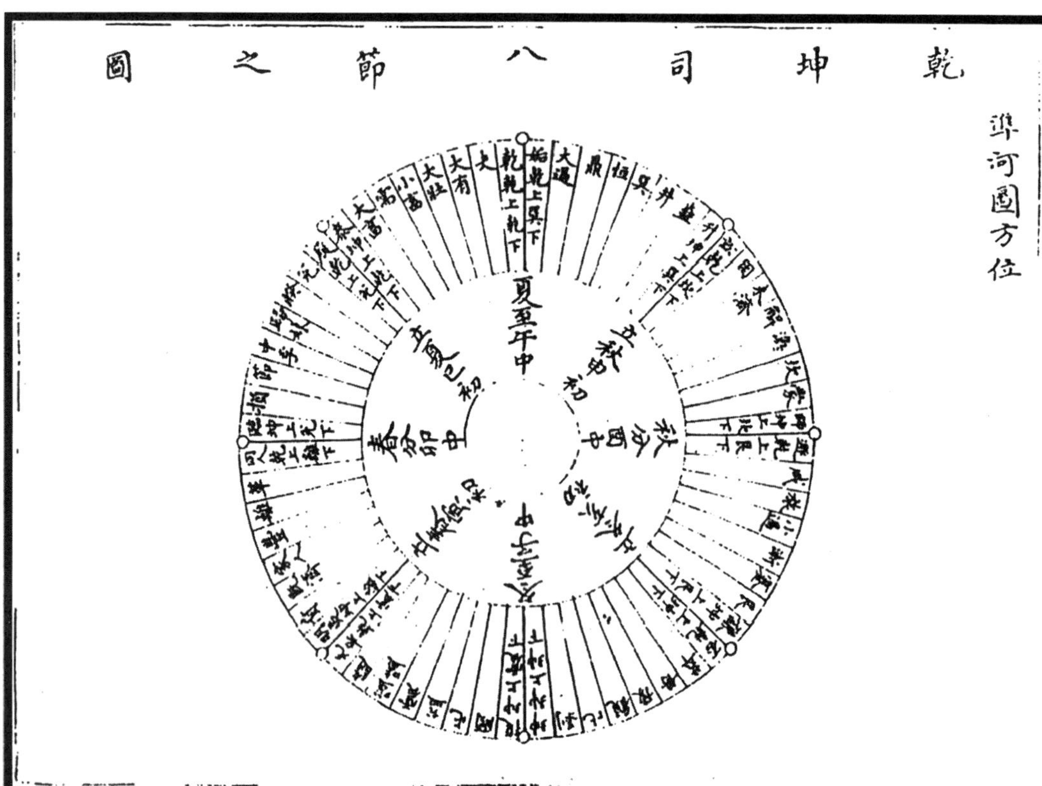

图 32　乾坤司八节之图
（朱元昇《三易备遗》）

黃帝六甲納音一例

欽定四庫全書　三易備遺　卷五　十四

甲九子九
乙八丑八
丙七寅七
丁六卯六
戊五辰五
己九巳四
庚八午九
辛七未八
壬六申七
癸五酉六

共三十四
共二十六
共二十三
共三十二
共二十四

陽金
陰金
陽火
陰火
陽木
陰木
陽土
陰土
陽金
陰金

甲九戌五
乙八亥四
丙七子九
丁六丑八
戊五寅七
己九卯六
庚八辰五
辛七巳四
壬六午九
癸五未八

共二十六
共三十
共二十七
共二十四
共二十八

陽火
陰火
陽水
陰水
陽土
陰土
陽金
陰金
陽木
陰木

图 33　黄帝六甲纳音一例图

（朱元昇《三易备遗》）

黃帝六甲納音二例

欽定四庫全書　三易備遺　卷五　十五

甲九申五
乙八酉六
丙七戌五
丁六亥四
戊五子九
己九丑八
庚八寅七
辛七卯六
壬六辰五
癸五巳四

共二十
共二十二
共三十一
共二十八
共二十

陽水
陰水
陽土
陰土
陽火
陰火
陽木
陰木
陽水
陰水

甲九午九
乙八未八
丙七申七
丁酉酉六
戊五戌五
己亥亥四
庚八子九
辛七丑八
壬六寅七
癸五卯六

共三十四
共二十六
共二十三
共三十二
共二十四

陽金
陰金
陽火
陰火
陽木
陰木
陽土
陰土
陽金
陰金

图 34　黄帝六甲纳音二例图

（朱元昇《三易备遗》）

图35 黄帝六甲纳音三例图
（朱元昇《三易备遗》）

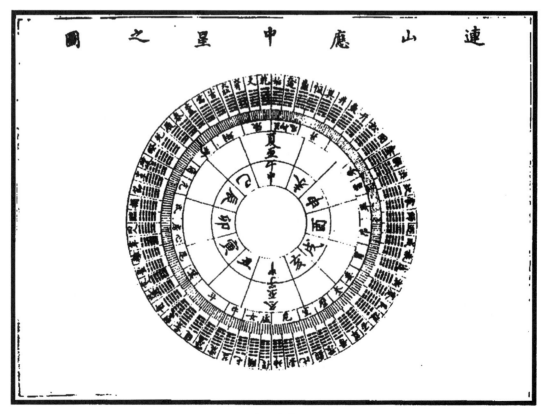

图36 连山应中星之图
（朱元昇《三易备遗》）

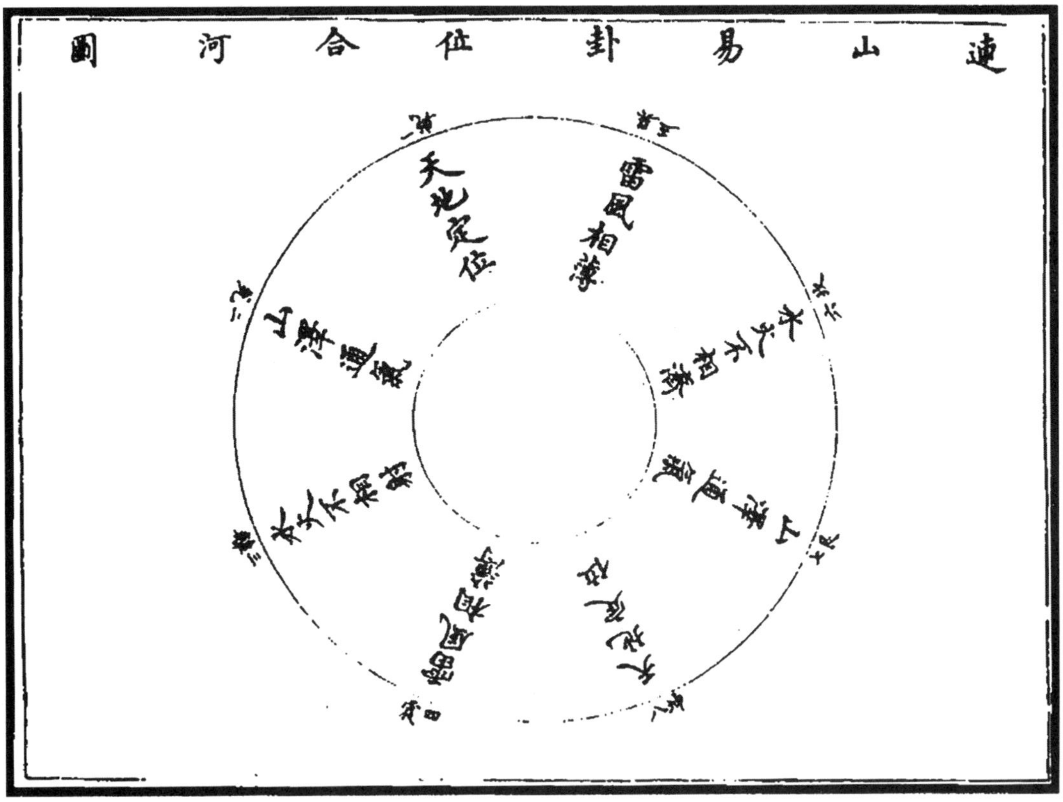

图 37 连山易卦位合河图图
(朱元昇《三易备遗》)

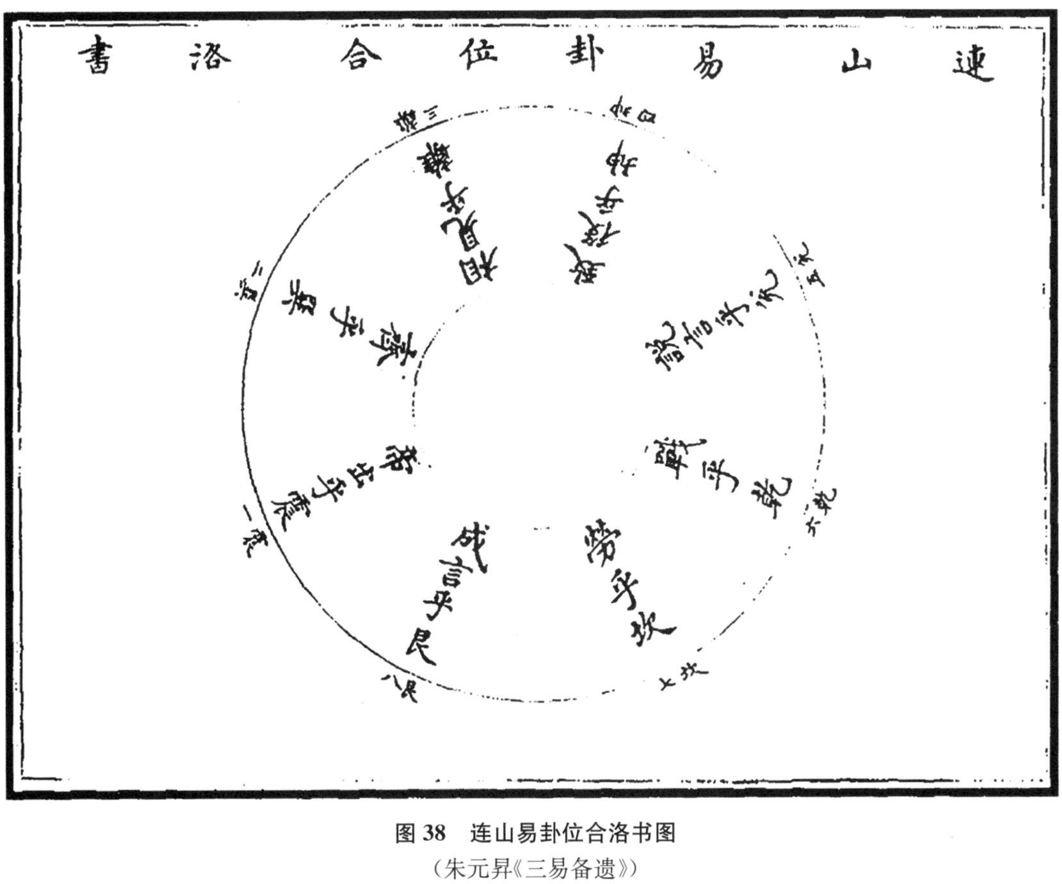

图 38 连山易卦位合洛书图
(朱元昇《三易备遗》)

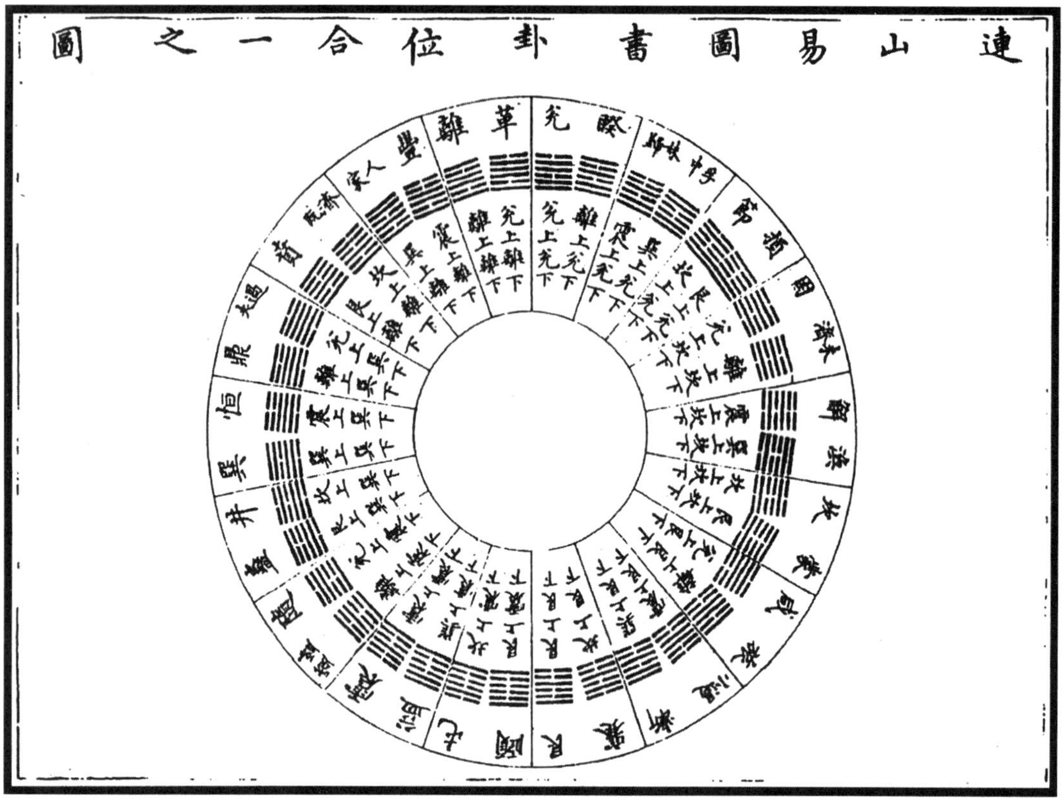

图 39　连山易图书卦位合一之图
（朱元昇《三易备遗》）

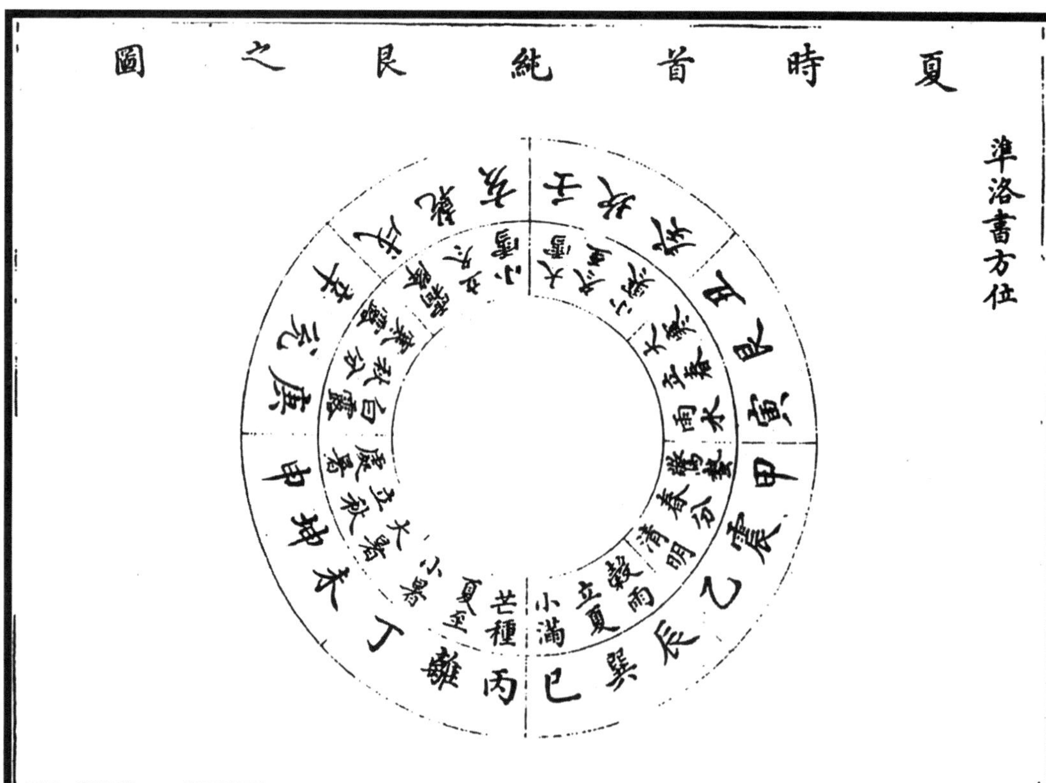

图 40　夏时首纯艮之图
（朱元昇《三易备遗》）

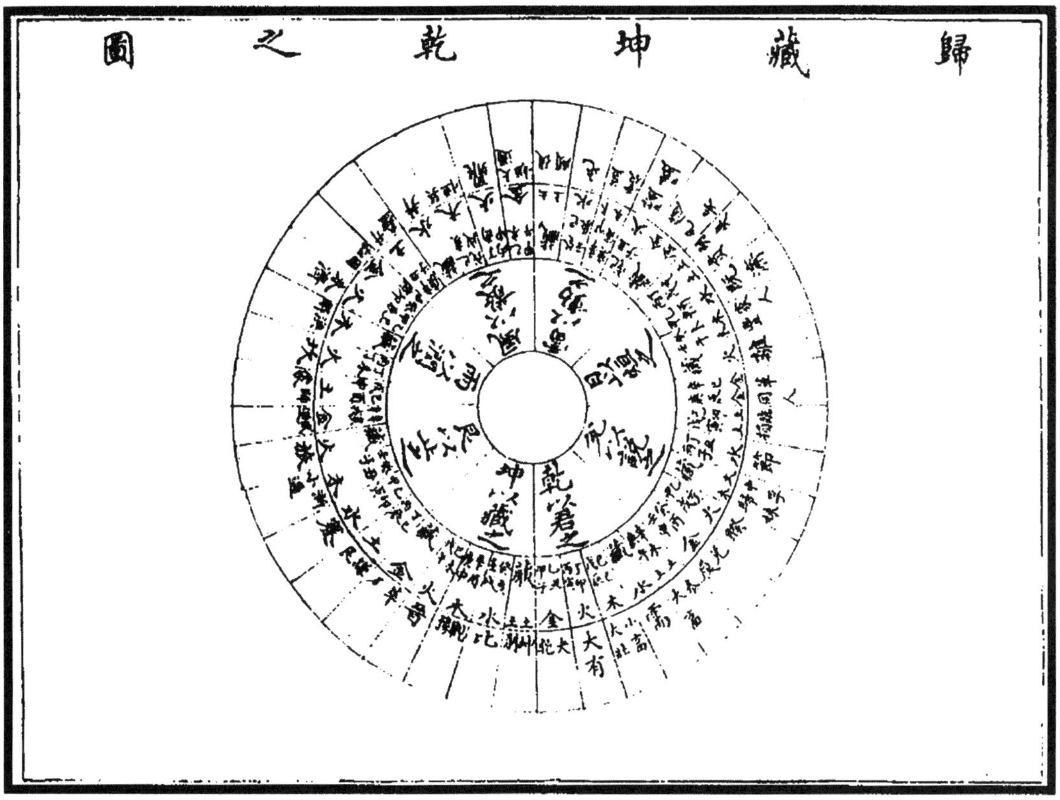

图 41　归藏坤乾之图
（朱元昇《三易备遗》）

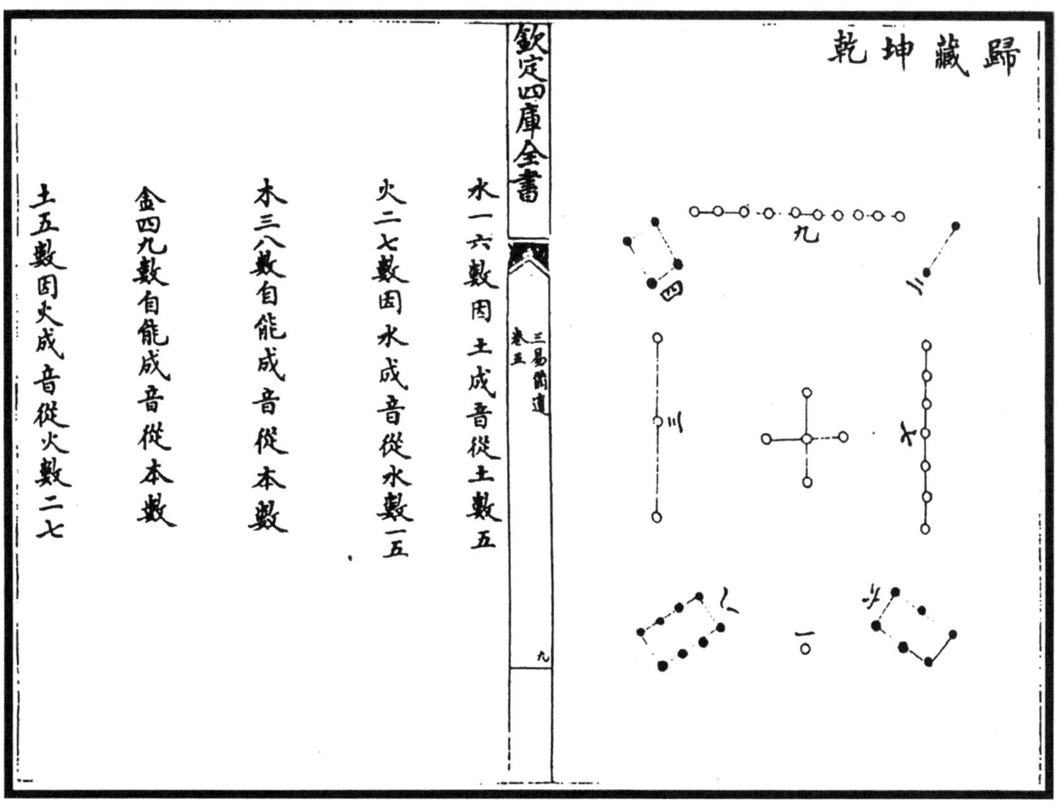

图 42　归藏坤乾图二
（朱元昇《三易备遗》）

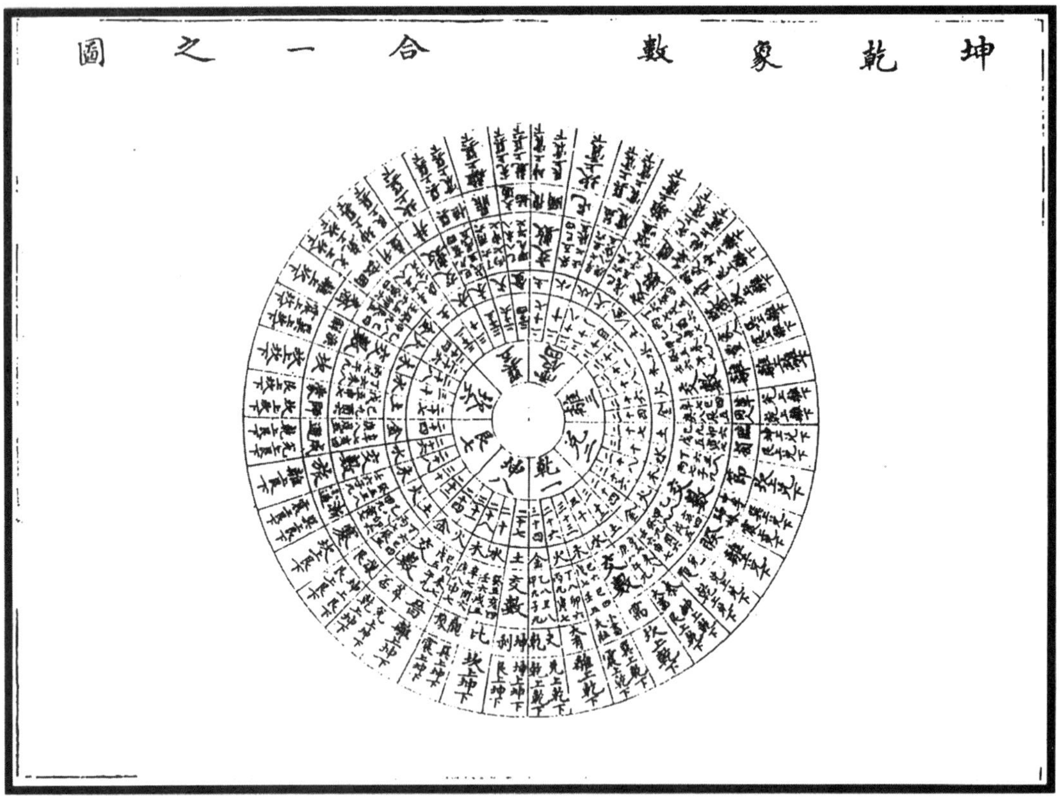

图 43　坤乾象数合一之图
（朱元昇《三易备遗》）

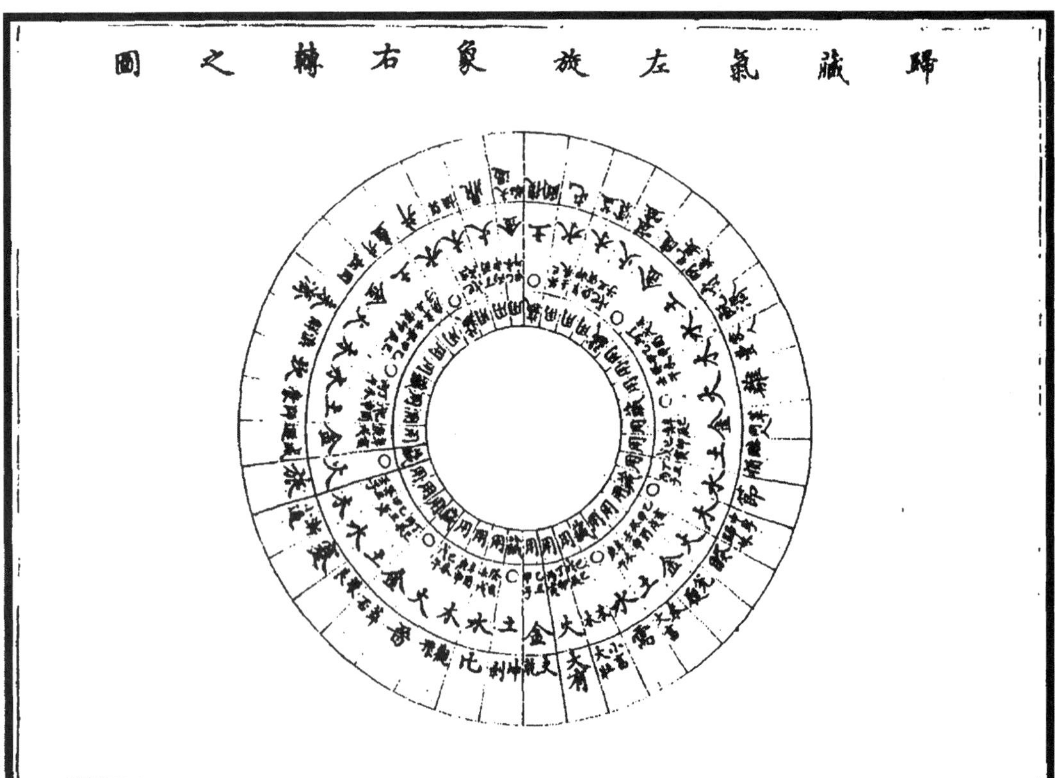

图 44　归藏气左旋象右转之图
（朱元昇《三易备遗》）

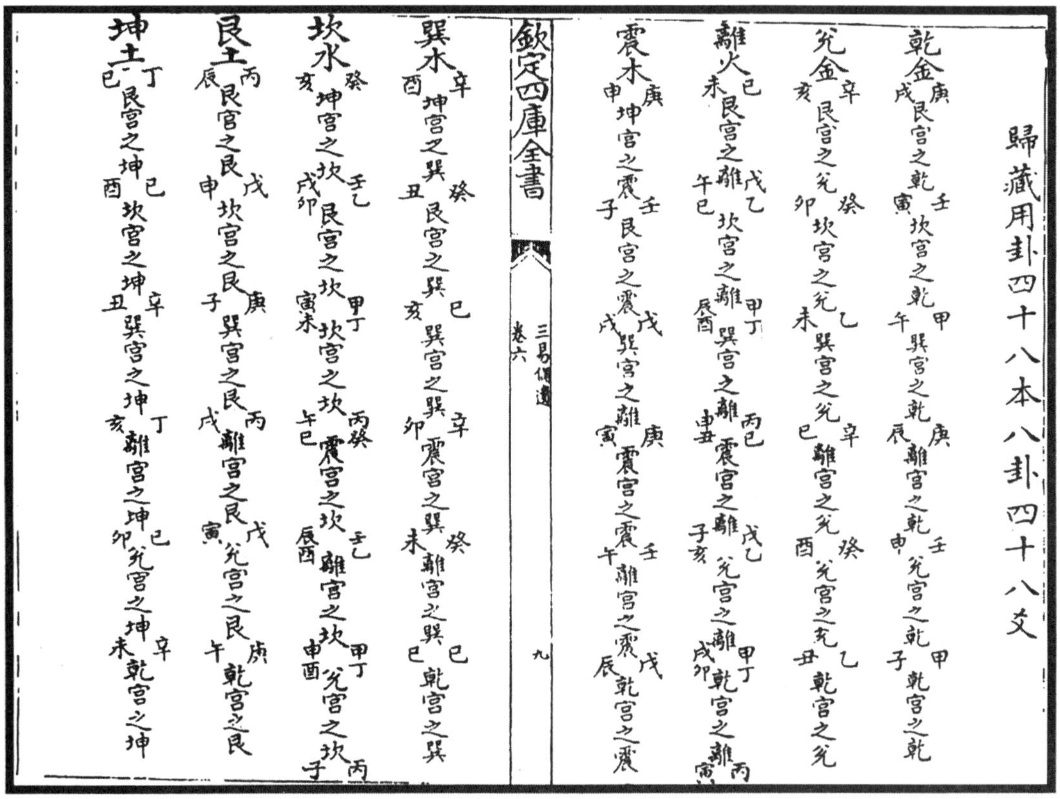
歸藏用卦四十八本八卦四十八爻

乾金 庚戌 艮宮之乾 壬寅 坎宮之乾 甲午 巽宮之乾 庚辰 離宮之乾 壬申 兌宮之乾 甲子 乾宮之乾

兌金 辛亥 艮宮之兌 癸卯 坎宮之兌 乙未 巽宮之兌 辛巳 離宮之兌 癸酉 兌宮之兌 乙丑 乾宮之兌

離火 己未 艮宮之離 戊乙午巳 坎宮之離 甲丁辰酉 巽宮之離 丙己寅丑 震宮之離 戊乙子亥 兌宮之離 甲丁戌卯 乾宮之離 丙寅

震木 庚申 坤宮之震 壬子 艮宮之震 戊戌 巽宮之離 庚寅 震宮之震 壬午 離宮之震 戊辰 乾宮之震

欽定四庫全書 三易備遺 卷六 九

巽木 辛酉 坤宮之巽 癸丑 艮宮之巽 己亥 巽宮之巽 辛卯 震宮之巽 癸未 離宮之巽 己巳 乾宮之巽

坎水 癸亥 坤宮之坎 壬乙戊卯 艮宮之坎 甲丁寅未 坎宮之坎 丙癸午巳 震宮之坎 壬乙辰酉 離宮之坎 甲丁申酉 兌宮之坎 丙子

艮土 丙辰 艮宮之艮 戊申 坎宮之艮 庚子 巽宮之艮 丙戌 離宮之艮 戊寅 兌宮之艮 庚午 乾宮之艮

坤土 丁巳 艮宮之坤 己酉 坎宮之坤 辛丑 巽宮之坤 丁亥 離宮之坤 己卯 兌宮之坤 辛未 乾宮之坤

图 45　归藏用卦四十八本八卦四十八爻图

（朱元昇《三易备遗》）

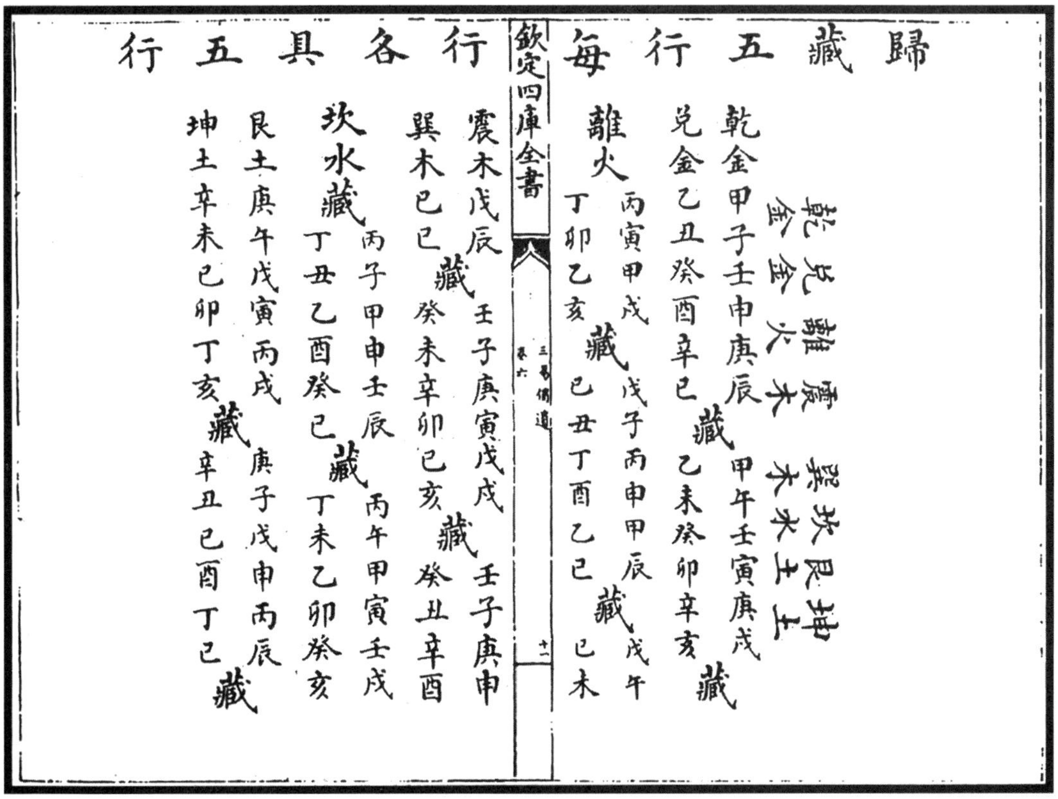
歸藏五行每行各具五行

乾金甲子壬申庚辰 藏 甲午壬寅庚戌 藏

兌金乙丑癸酉辛巳 藏 乙未癸卯辛亥 藏

乾金 兌金 離火 震木 巽木 坎水 艮土 坤土

離火 丙寅甲戌 丁卯乙亥 藏 戊子丙申甲辰 己丑丁酉乙巳 藏 戊午 己未

欽定四庫全書 三易備遺 卷六 十二

震木戊辰 藏 壬子庚寅戊戌 藏 壬子庚申

巽木己巳 藏 癸未辛卯己亥 藏 癸丑辛酉

坎水藏 丙子甲申壬辰 丁丑乙酉癸巳 藏 丙午甲寅壬戌 丁未乙卯癸亥

艮土庚午戊寅丙戌 藏 庚子戊申丙辰

坤土辛未己卯丁亥 藏 辛丑己酉丁巳 藏

图 46　归藏五行每行各具五行图

（朱元昇《三易备遗》）

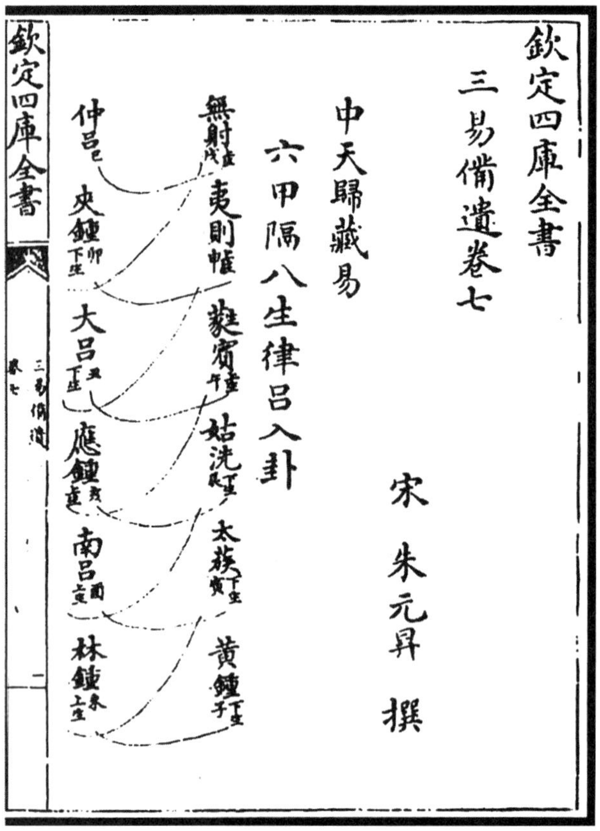

图47　六甲隔八生律吕入卦图
（朱元昇《三易备遗》）

王柏

生卒年不详,字会之,自号长啸,后改号鲁斋,南宋婺州金华(今属浙江)人。从何基学,以教授为业,曾受聘主丽泽、上蔡等书院,谥文宪。著有《诗疑》《书疑》《研几图》等。现存有《周易》图像二十四幅。

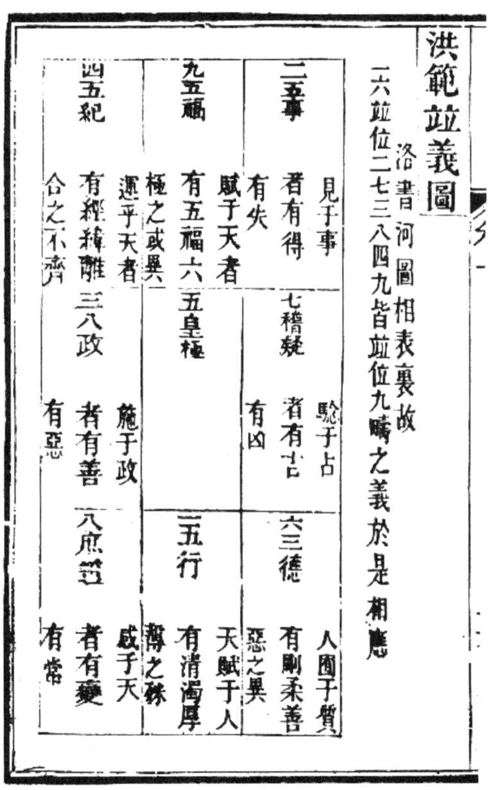

图1 洪范并义图
(王柏《研几图》)

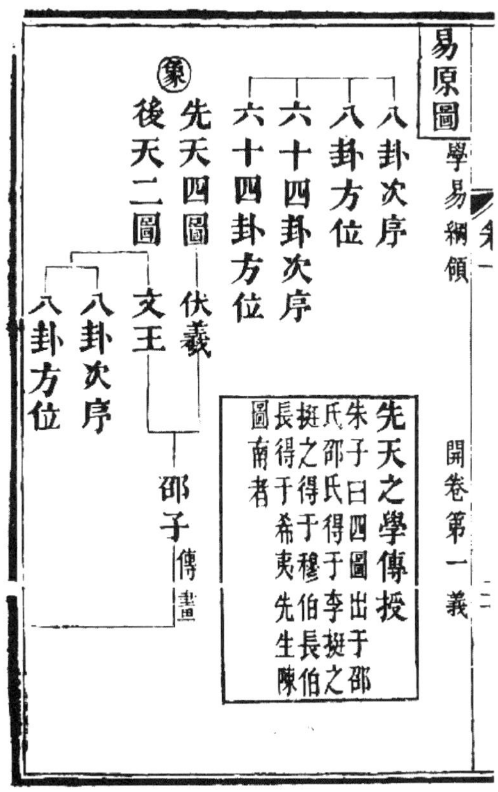

图2 易原图
(王柏《研几图》)

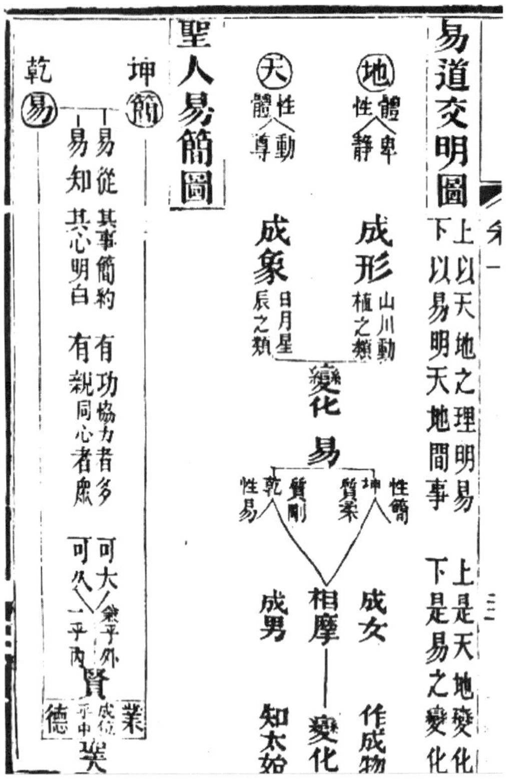

图3 易道交明图
（王柏《研几图》）

图4 易象三极图
（王柏《研几图》）

图5 观玩图
（王柏《研几图》）

图6 阳显阴藏图
（王柏《研几图》）

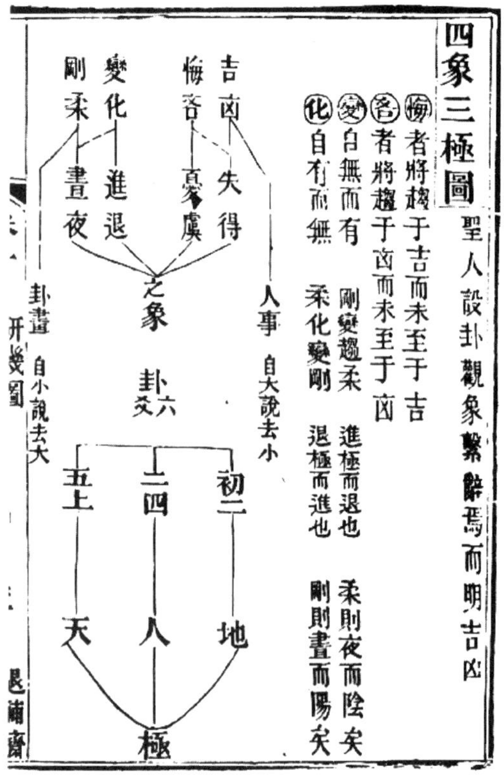

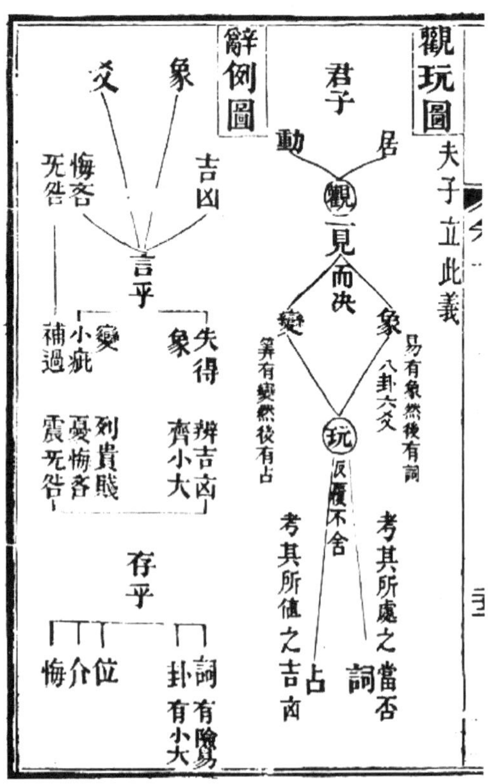

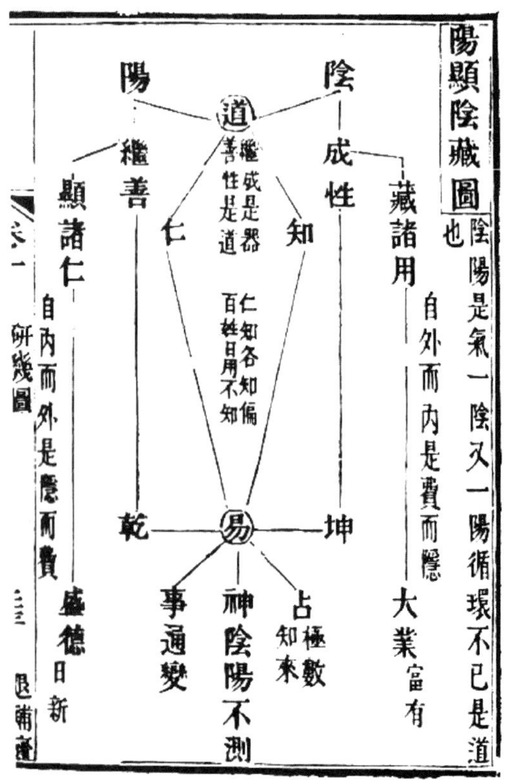

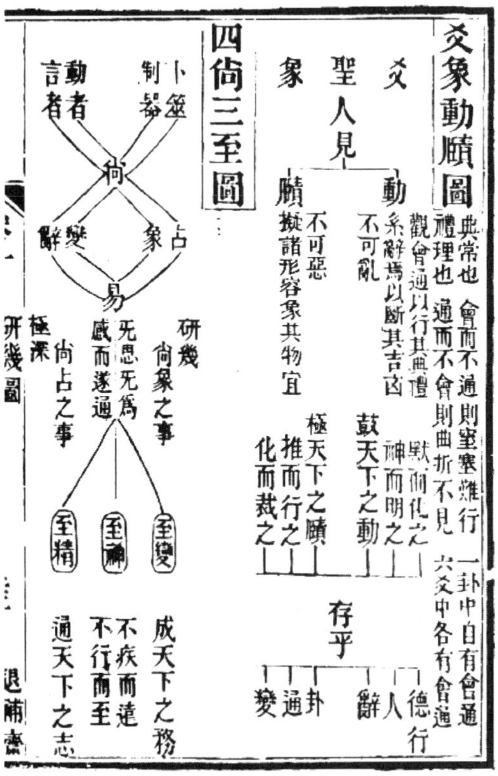
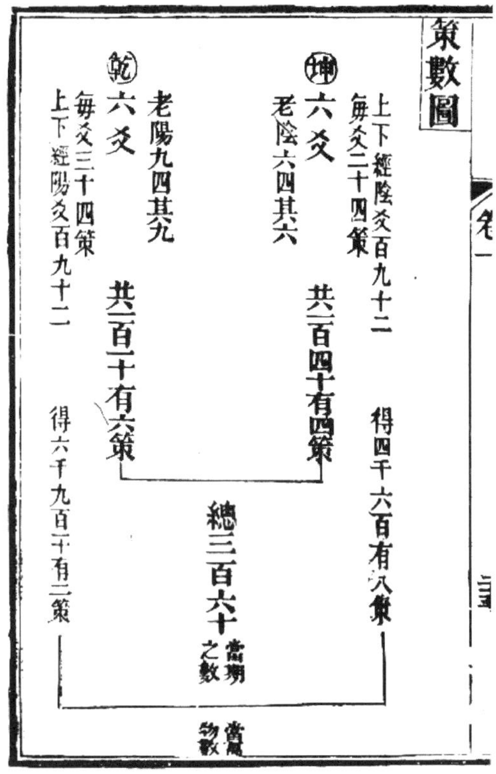

图7　爻象动迹图
图8　四尚三至图
（王柏《研几图》）

图9　策数图
（王柏《研几图》）

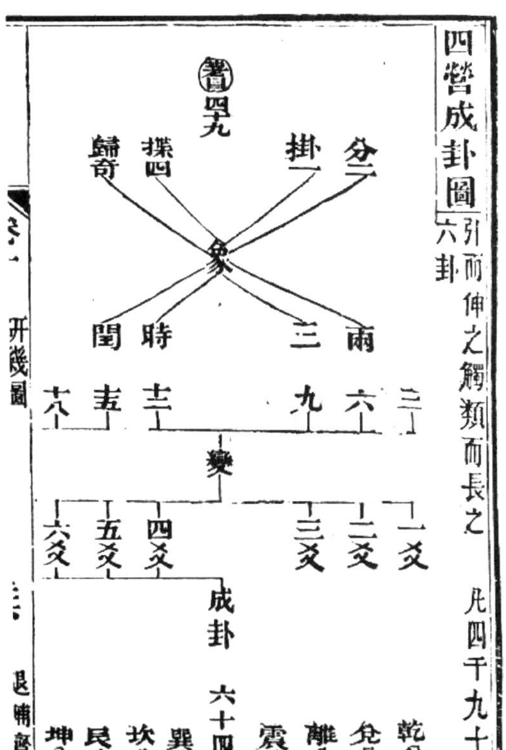
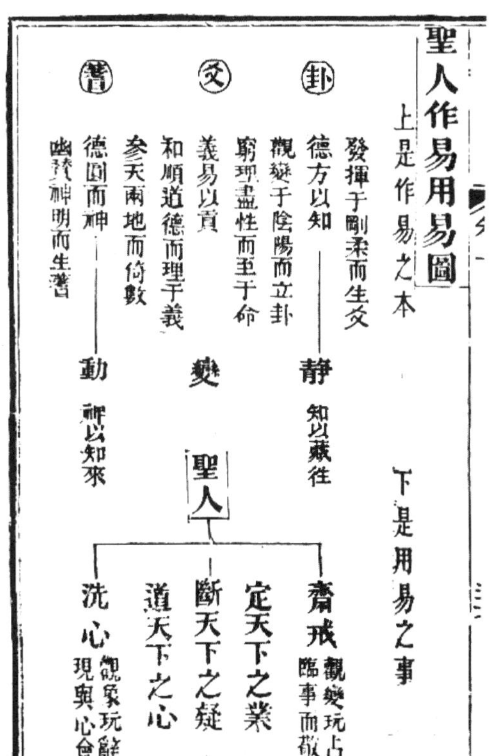

图10　四营成卦图
（王柏《研几图》）

图11　圣人作易用易图
（王柏《研几图》）

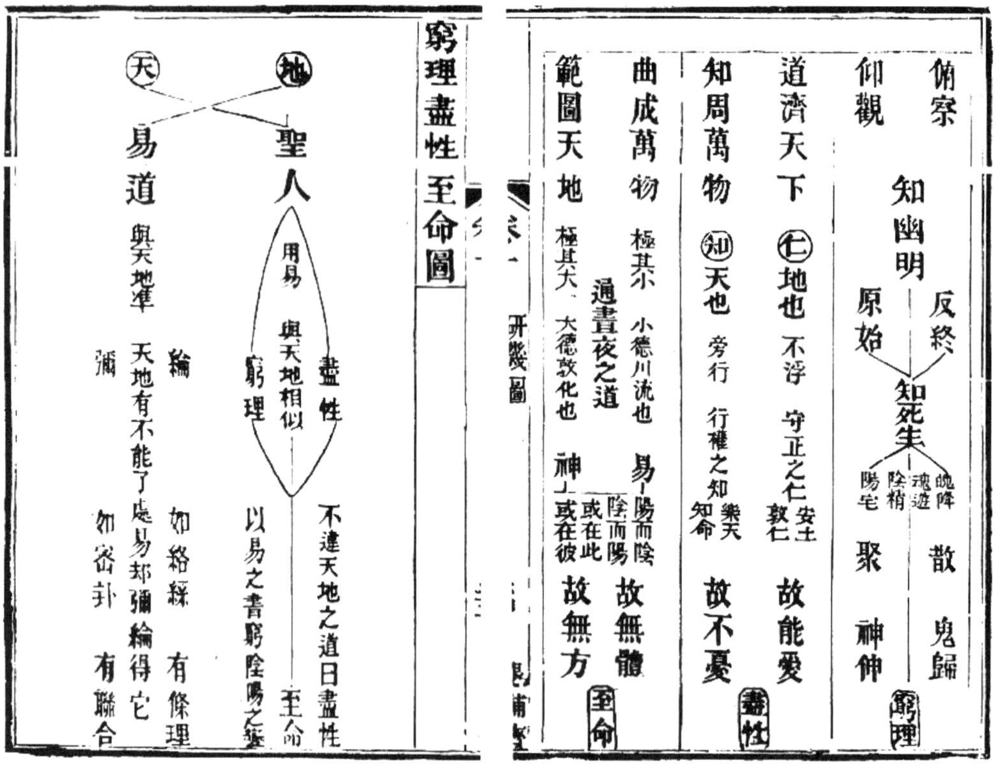

图 12　穷理尽性至命图
（王柏《研几图》）

图 13　动静分配图
图 14　成性存存图
（王柏《研几图》）

图 15　易道开合图
（王柏《研几图》）

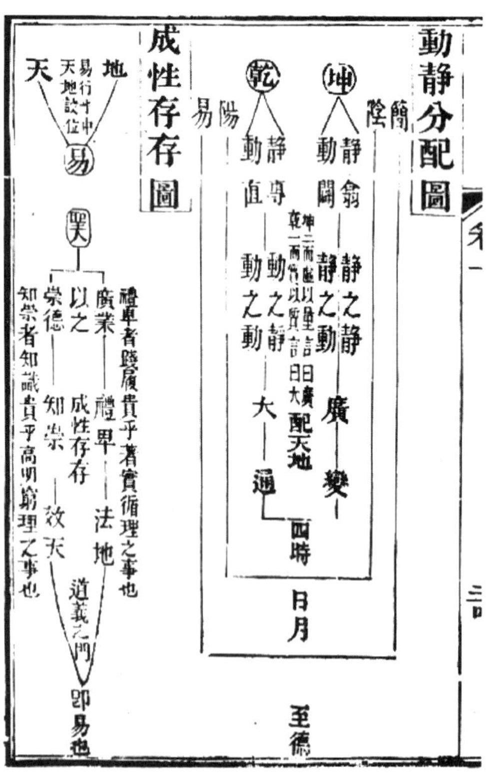

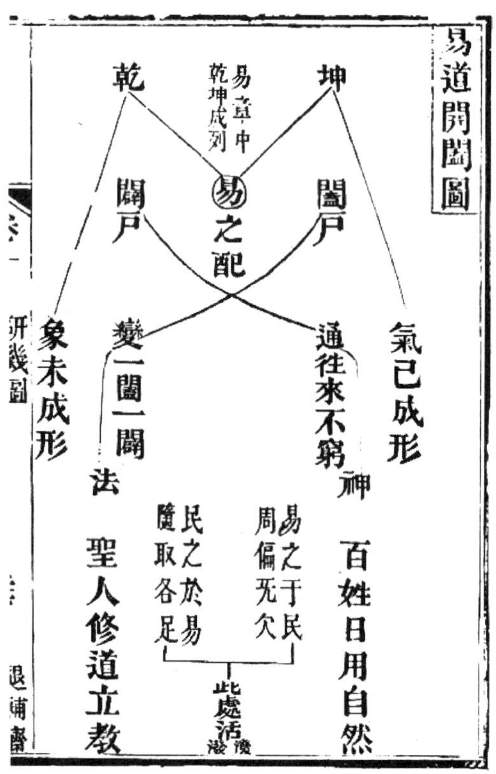

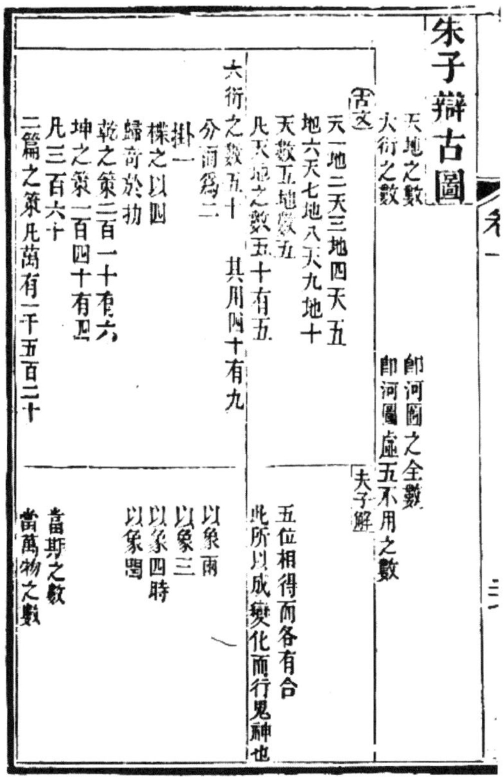

图 16　朱子辩古图
（王柏《研几图》）

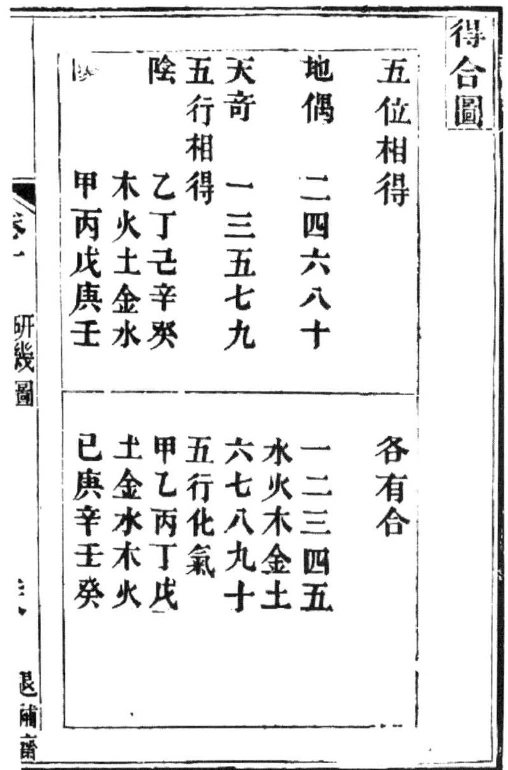

图 17　得合图
（王柏《研几图》）

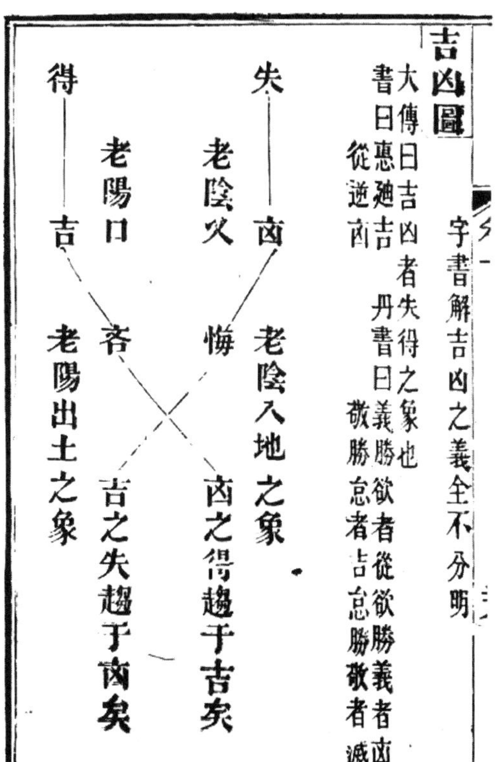

图 18　吉凶图
（王柏《研几图》）

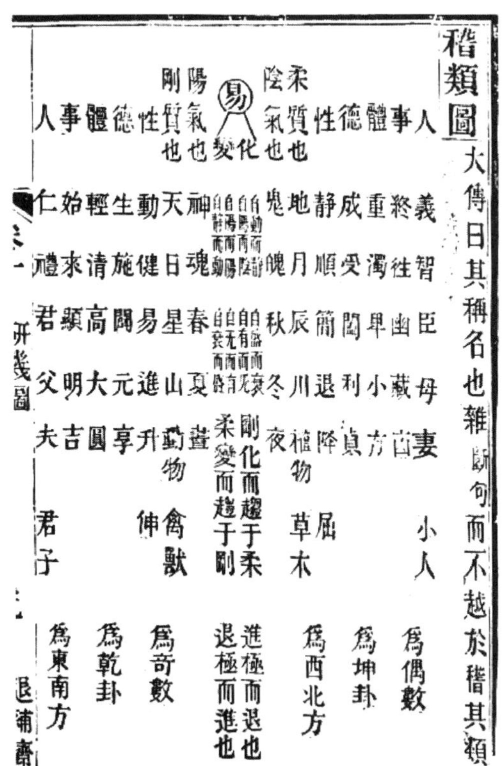

图 19　稽类图
（王柏《研几图》）

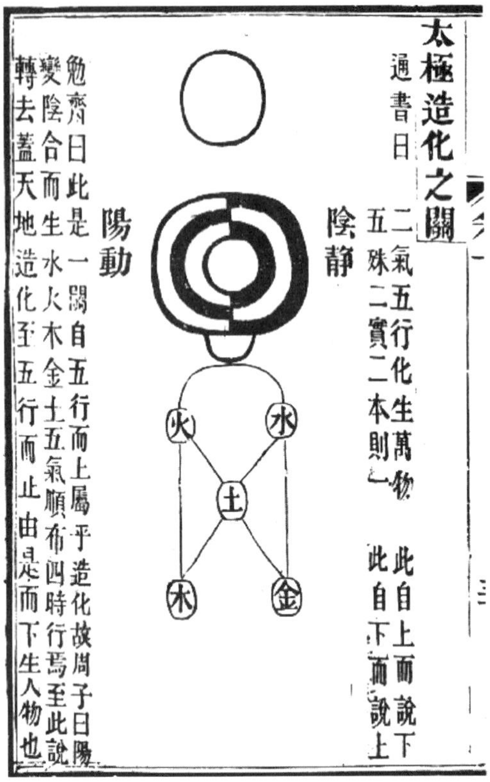

图 20 太极造化之关图
（王栢《研几图》）

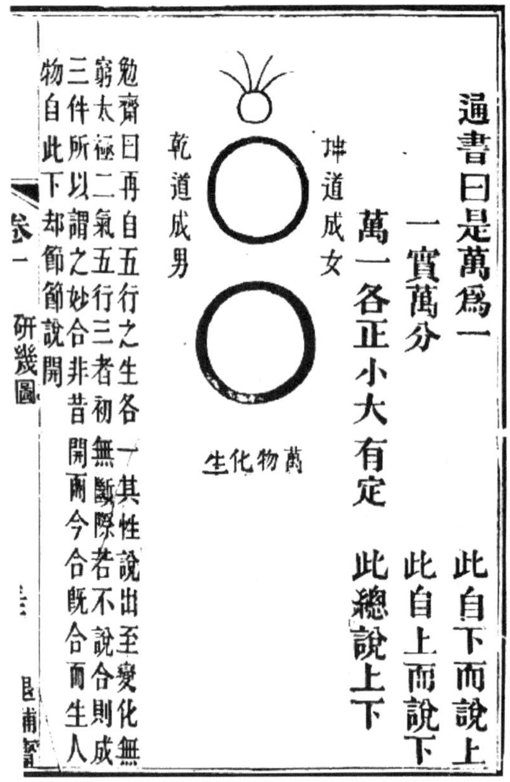

图 21 是万为一图
（王栢《研几图》）

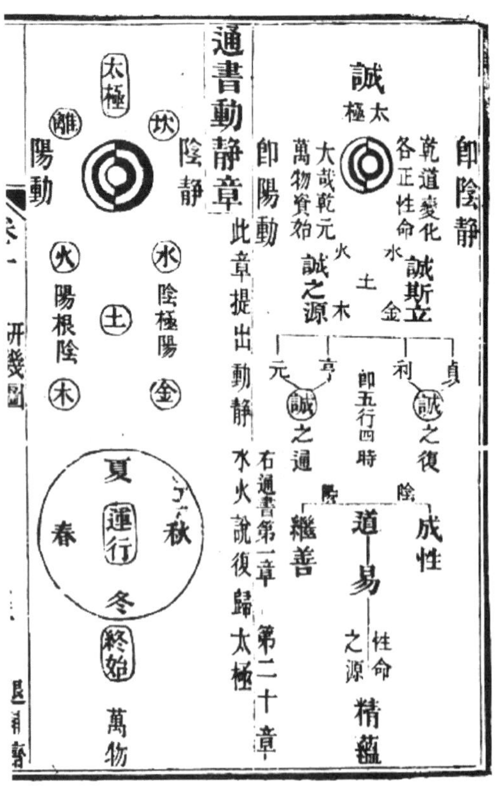

图 22 阴静图
（王栢《研几图》）

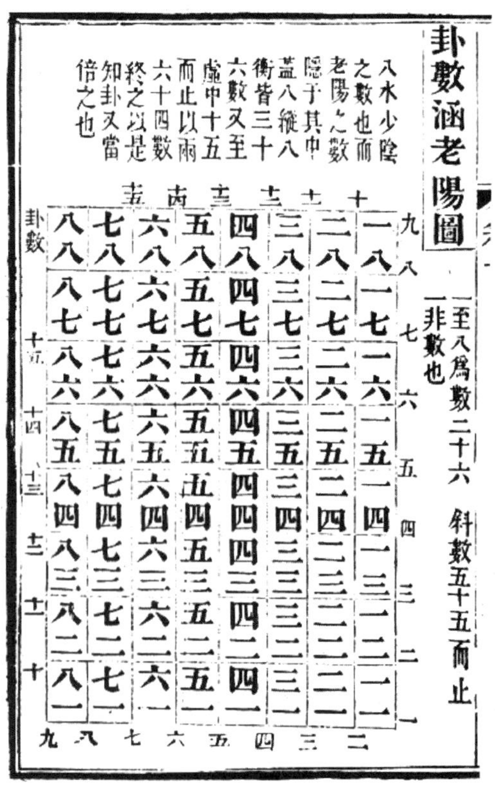

图 23 卦数涵老阳图
（王栢《研几图》）

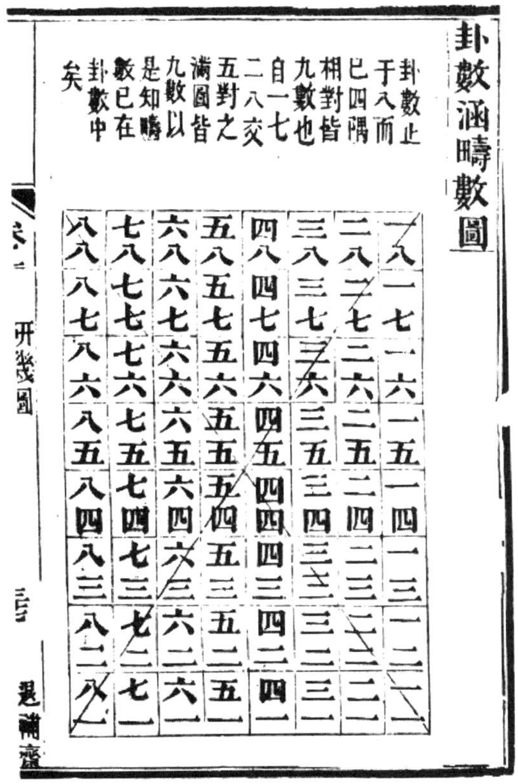

图 24　卦数涵畴数图
（王柏《研几图》）

窦默(1196—1280)

字子声，初名杰，字汉卿，元广平肥乡(今河北肥乡)人。幼喜读书，蒙古破金后流亡河南，从王翁、李浩学医，以针法闻名。后孝感县令谢宪子授以伊洛性理之书。1235年，蒙古军攻破德安，忽必烈诏访儒释道医，与归隐大名(今属河北)姚枢、许衡相与问学。元朝建立后，以儒医双重身份受忽必烈倚重，使太子从其学，晚年加昭文馆大学士、太师。卒后追赠太师，封魏国公，谥文正。著有《针经指南》一卷、《流注通玄指要赋》一卷、《铜人针经密语》一卷等。现存有《周易》图像七幅。

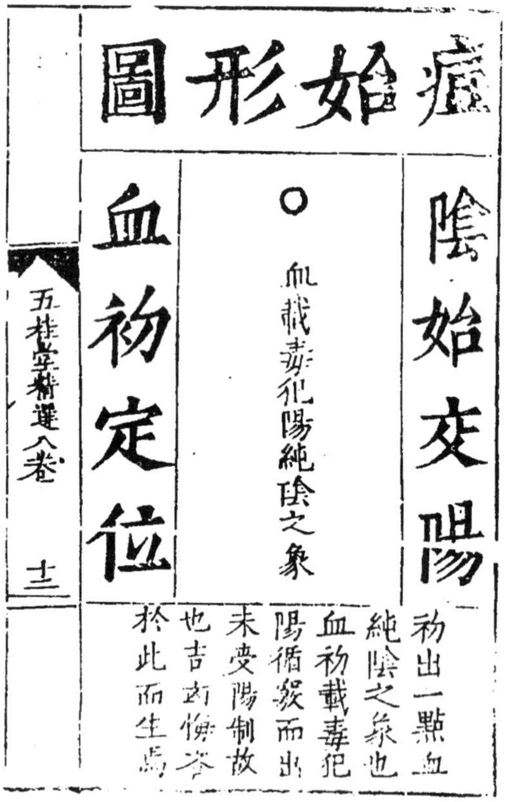

图1　痘始形图

(窦默《重校宋窦太师疮疡经验全书》)

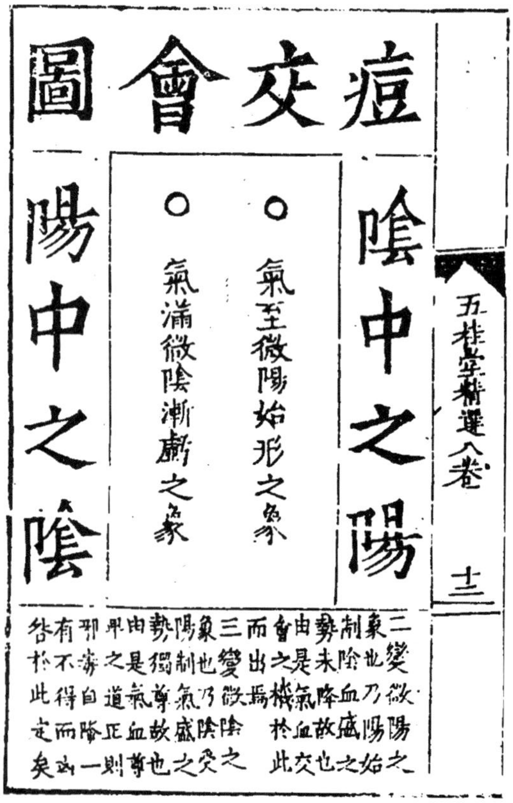

图2　痘交会图

(窦默《重校宋窦太师疮疡经验全书》)

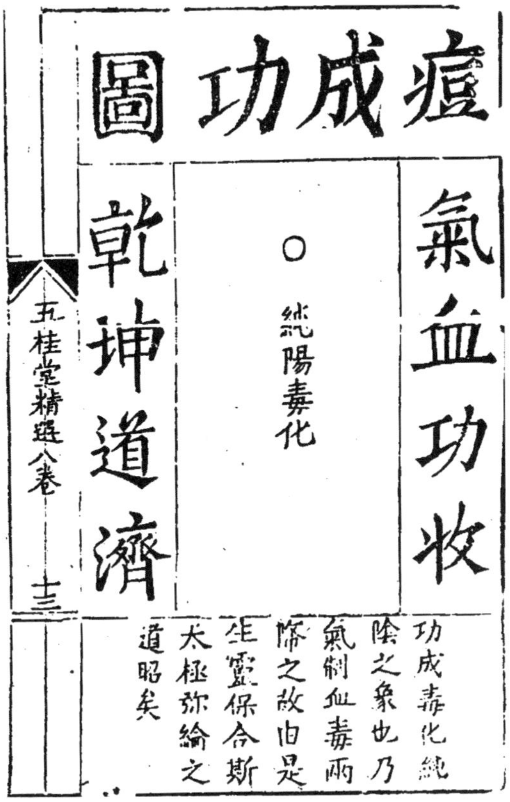

图3 痘成功图
（窦默《重校宋窦太师疮疡经验全书》）

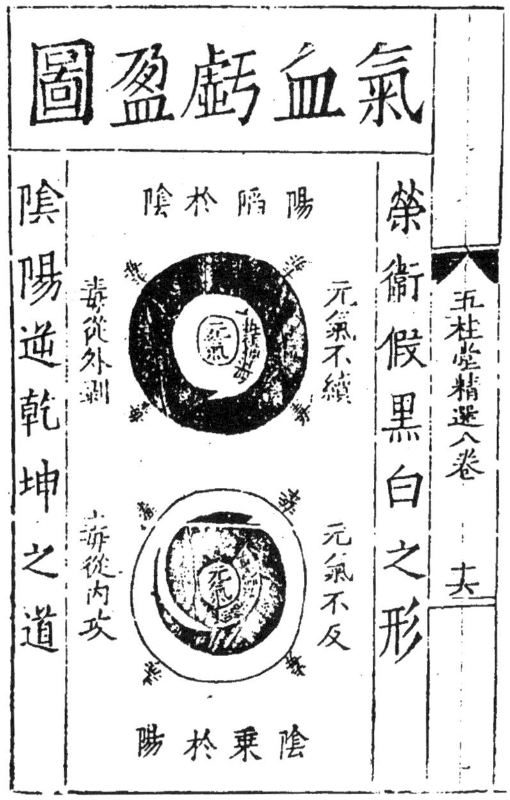

图4 血气亏盈图
（窦默《重校宋窦太师疮疡经验全书》）

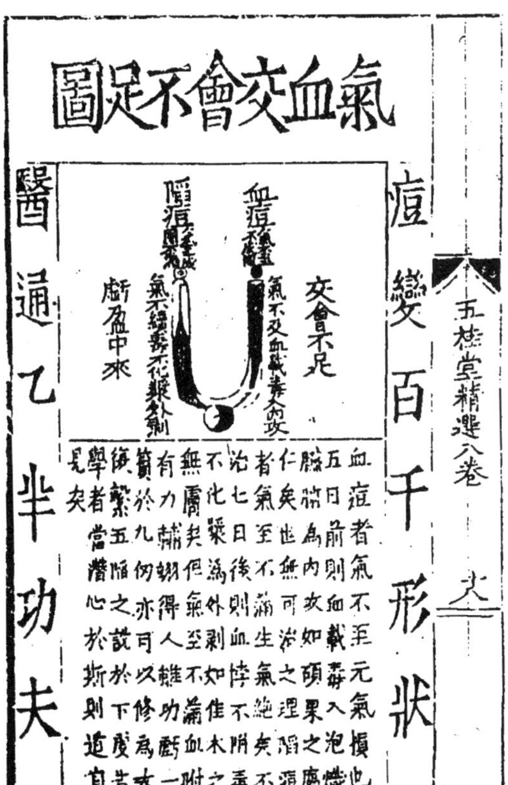

图5 血气交会不足图
（窦默《重校宋窦太师疮疡经验全书》）

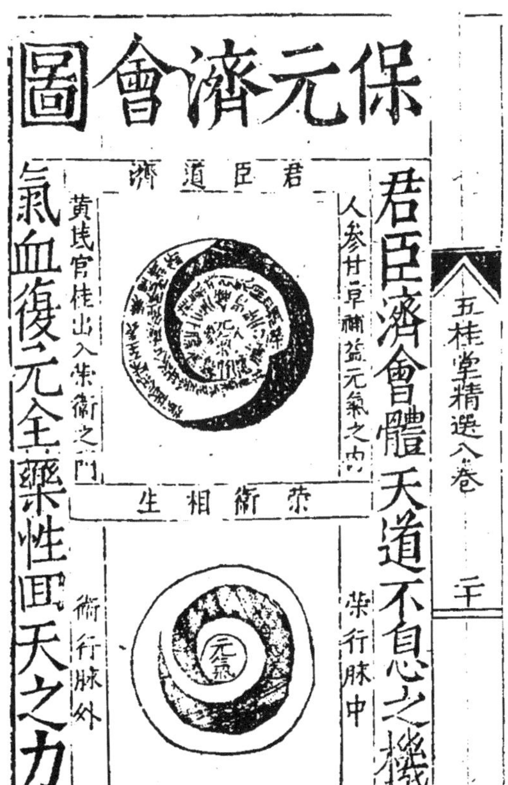

图6 保元济会图
（窦默《重校宋窦太师疮疡经验全书》）

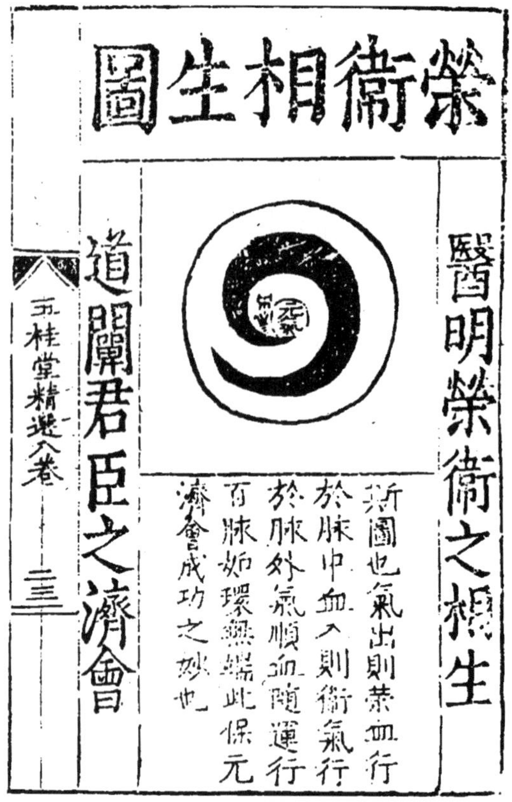

图7 荣卫相生图
（窦默《重校宋窦太师疮疡经验全书》）

赵汝楳

生卒年不详,宋宗室,宋太宗八世孙,资政殿大学士赵善湘三子,居明州鄞县(今浙江宁波)。南宋宝庆二年(1226)进士。理宗景定四年(1263)官知宁国府,后任太府少卿。其父精于《易》,著有《约说》《或问》《指要》《续问》《补过》等。汝楳承其家学,著有《周易辑闻》六卷、《易雅》一卷、《筮宗》一卷,合录为《易序丛书》十卷。现存有《周易》图像四幅。

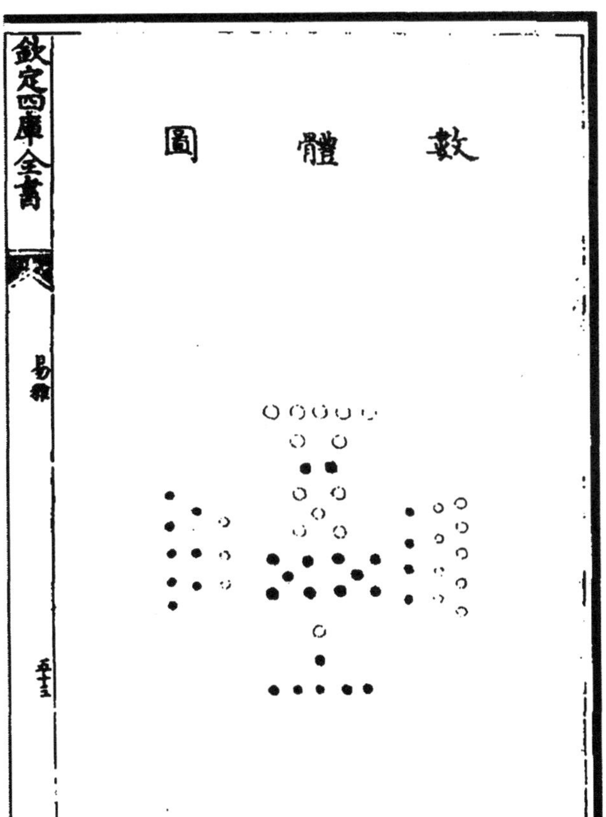

图1　数体图
(赵汝楳《易雅》)

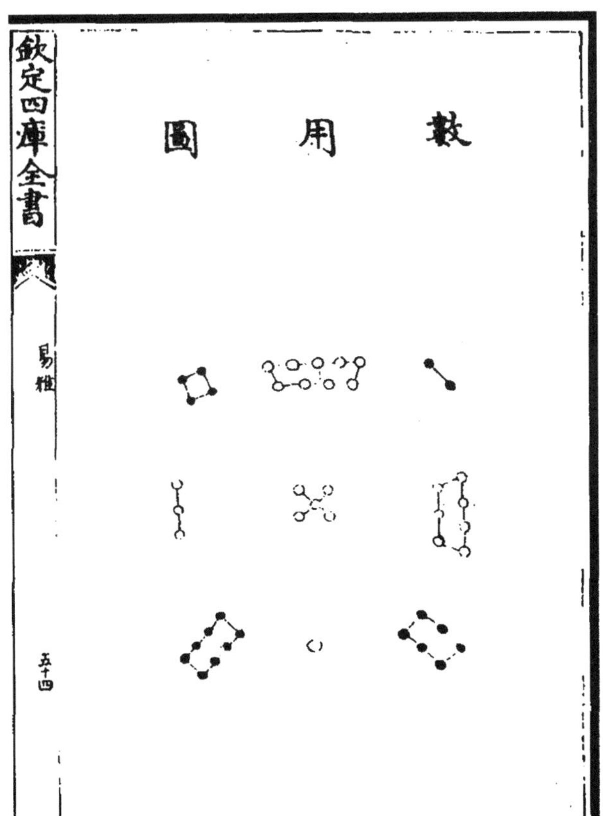

图2　数用图
(赵汝楳《易雅》)

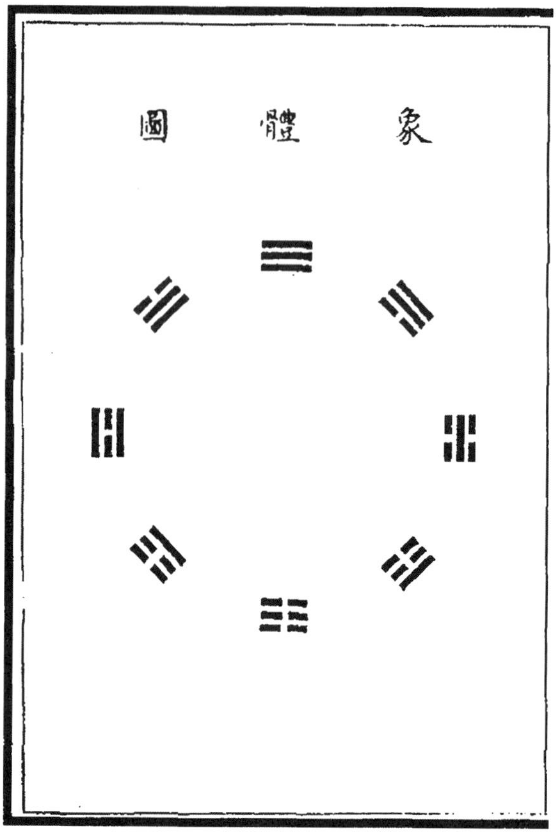

图 3　象体图
（赵汝楳《易雅》）

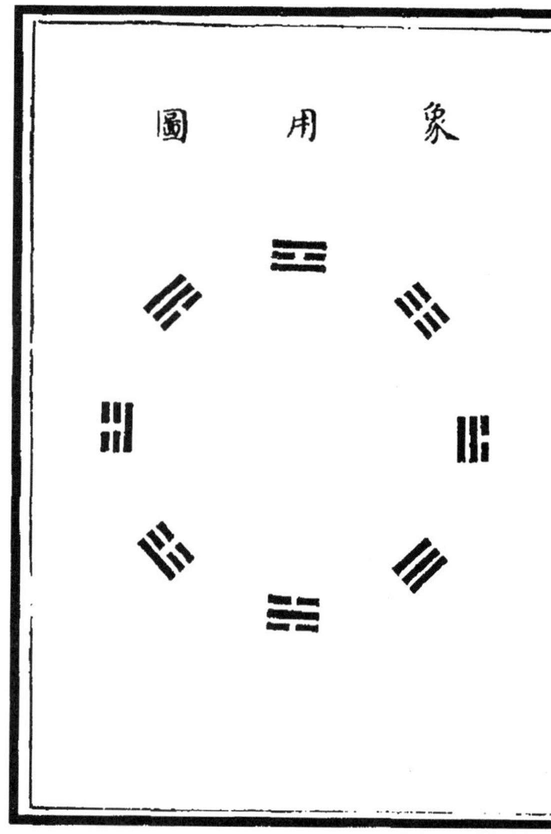

图 4　象用图
（赵汝楳《易雅》）

邓有功（1210—1279）

字子大，号月巢，南宋建昌军南丰（今属江西）人。少举进士，屡试礼部不中，以恩补迪功郎，为抚州金谿尉。后人尊为月巢先生。著有《月巢遗稿》、《上清天心正法》七卷等。现存有《周易》图像二幅。

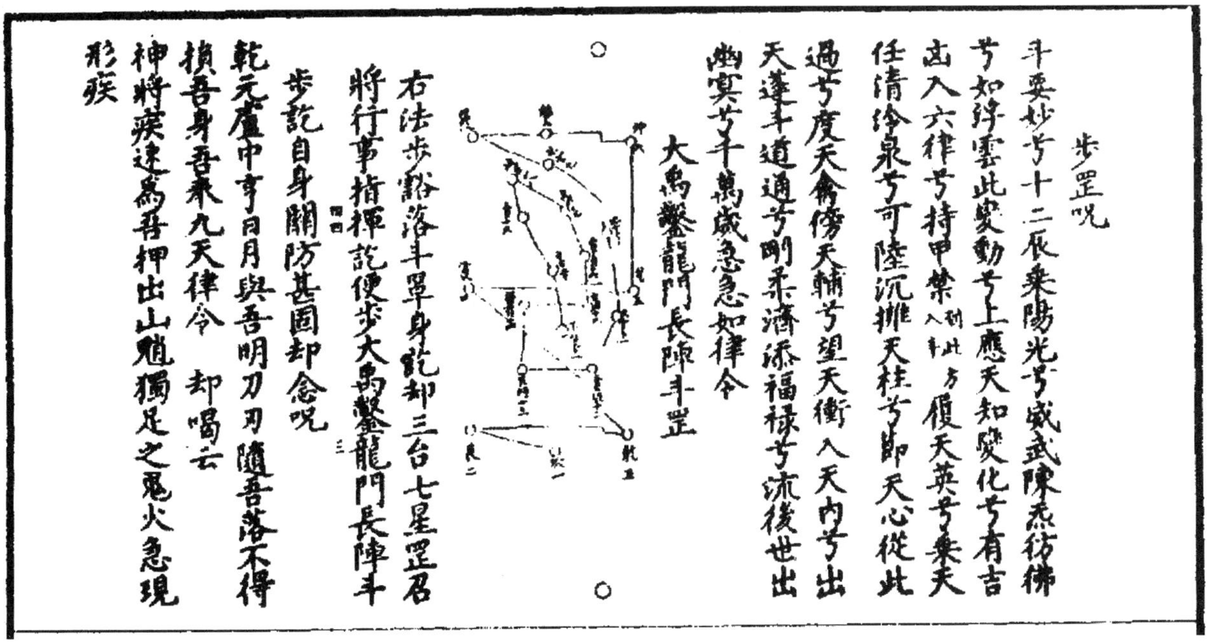

图1　大禹凿龙门长阵斗罡图
（邓有功《上清天心正法》）

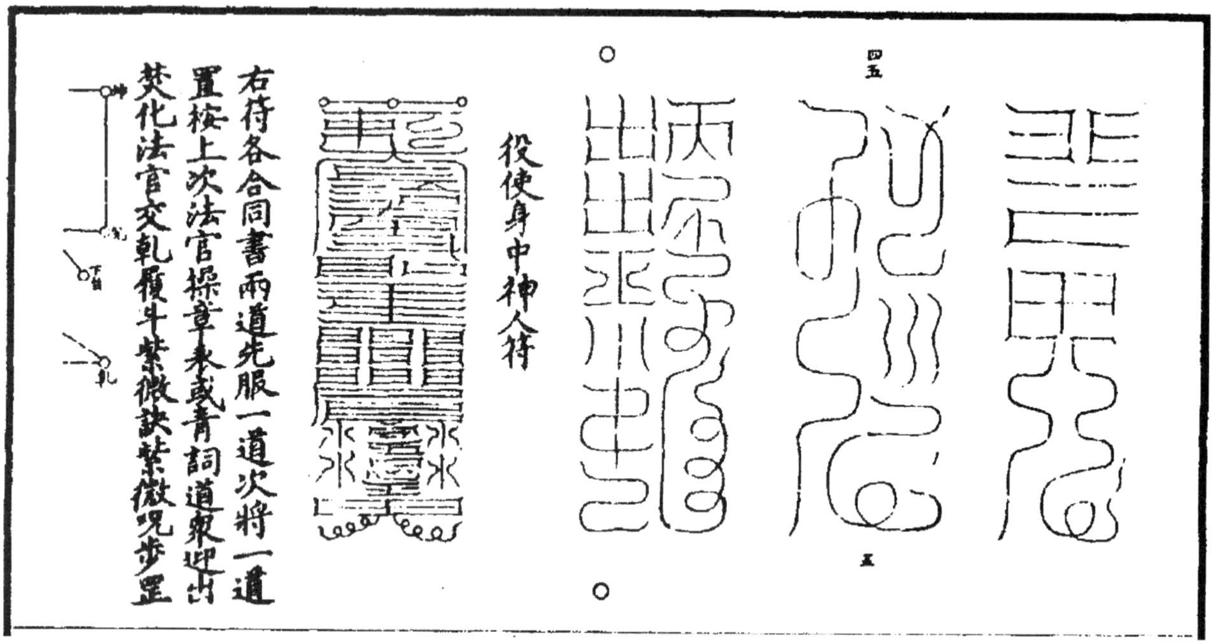

图 2-1 紫微咒步罡图
（邓有功《上清天心正法》）

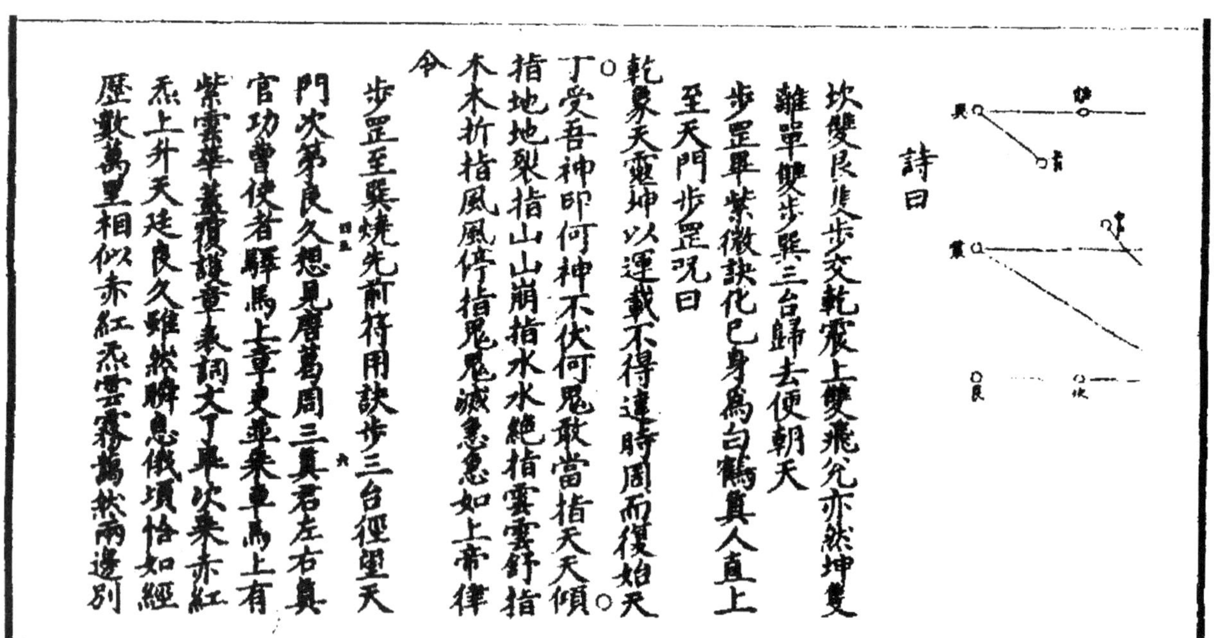

图 2-2 紫微咒步罡图
（邓有功《上清天心正法》）

刘秉忠(1216—1274)

初名侃,字仲晦,号藏春散人,元邢州(今河北邢台)人。蒙古灭金后任邢台节度府令史,后随云海禅师觐见忽必烈,拜光禄大夫太保,参领中书省事,卒赠太傅、赵国公,谥文贞,后改谥文正,追封常山王。精于《易》、阴阳数术。著有《平沙玉尺》《玉尺新镜》等。现存有《周易》图像四幅。

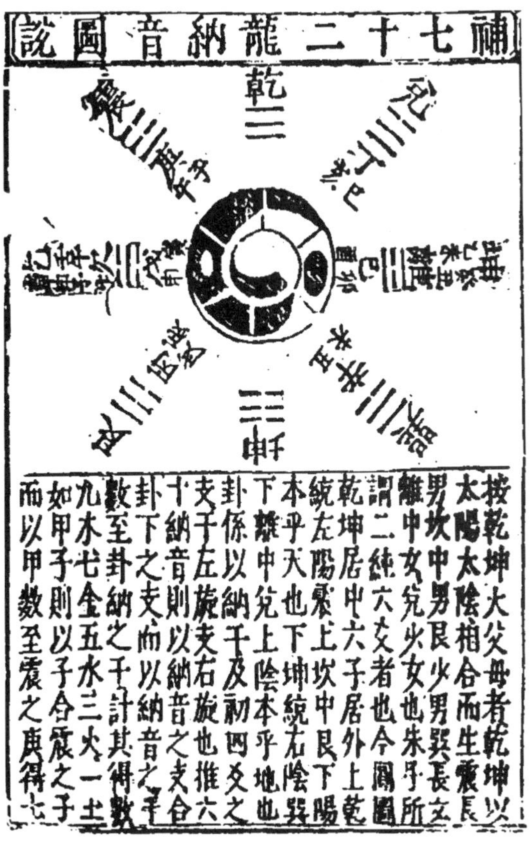

图1 补七十二龙纳音图
(刘秉忠《镌地理参补评林图诀金备平沙玉尺经》)

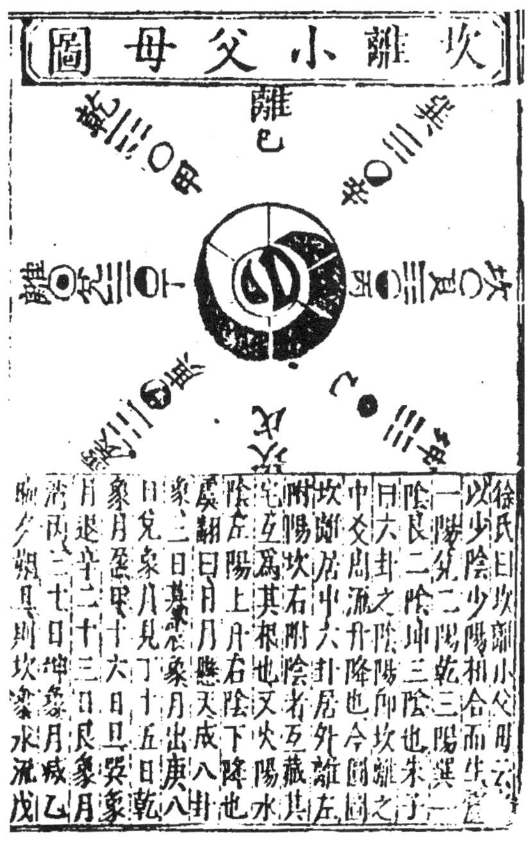

图2 坎离小父母图
(刘秉忠《镌地理参补评林图诀金备平沙玉尺经》)

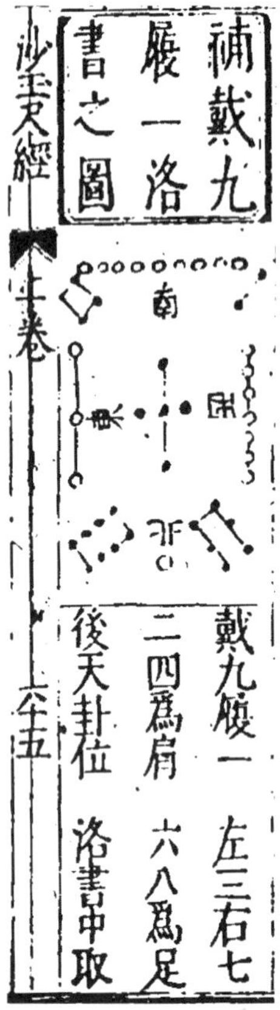

图3　补戴九履一洛书之图
（刘秉忠《镌地理参补评林图决金备平沙玉尺经》）

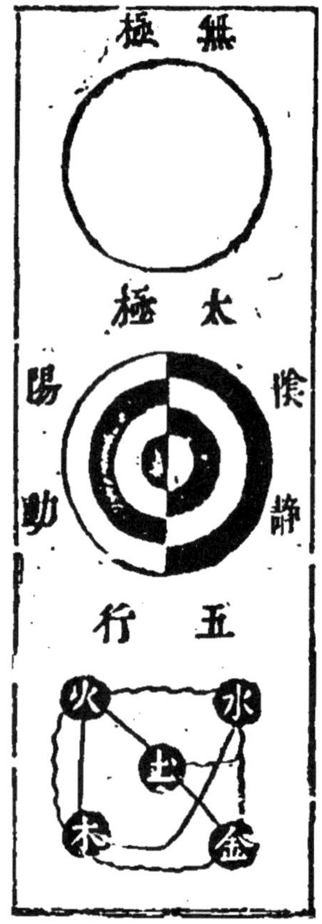

图4　太极动静两仪四象五行之图
（刘秉忠《镌地理参补评林图决金备平沙玉尺经》）

李道纯（约 1219—1296）

字元素，号清庵，号莹蟾子，宋末元初湖南武冈人。著名道士。著有《太上升玄消灾护命妙经注》《太上大通经注》《无上赤文洞古真经注》《中和集》《三天易髓》等，其门人辑有《清庵莹蟾子语录》六卷。现存有《周易》图像十八幅。

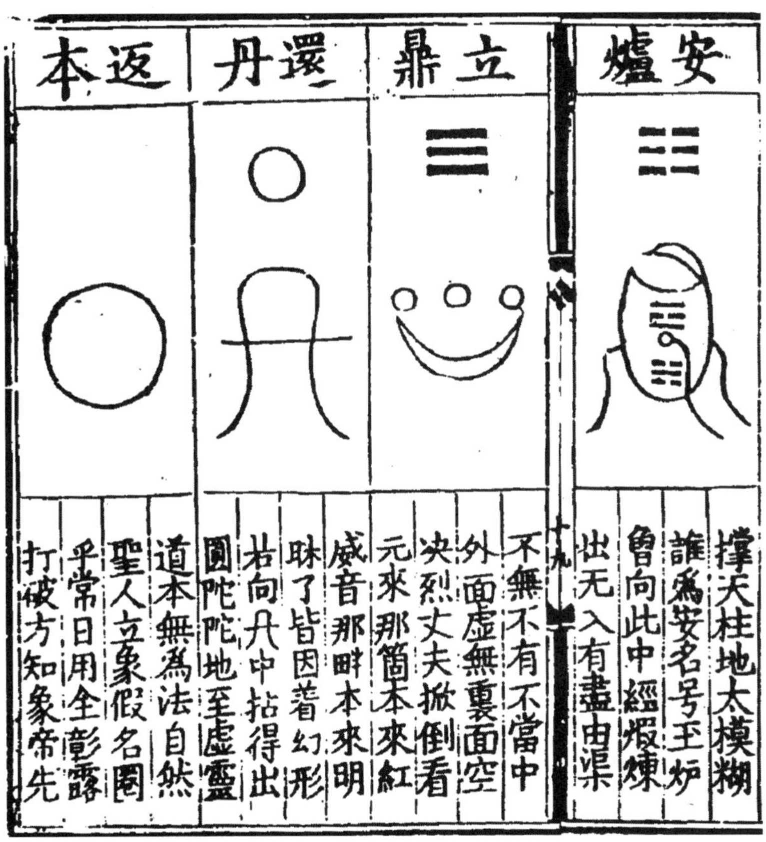

图1　安炉、立鼎、还丹、返本图
（李道纯《清庵先生中和集》）

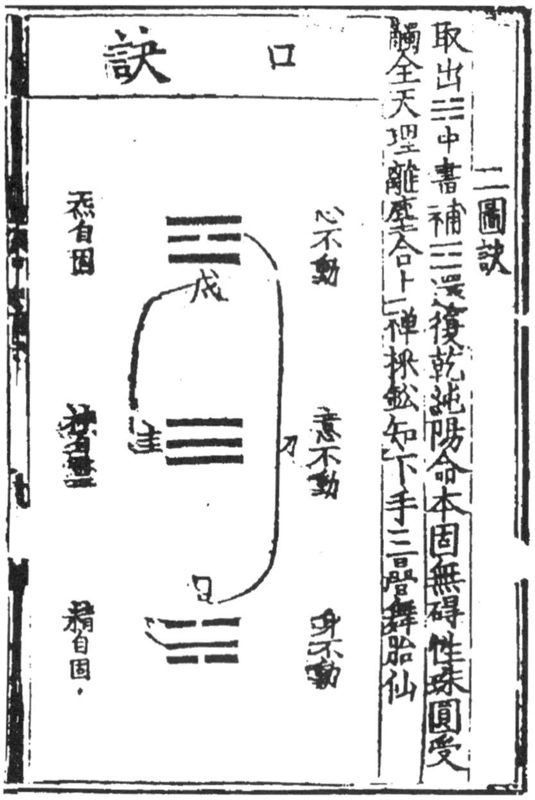

图 2 口诀图
（李道纯《清庵先生中和集》）

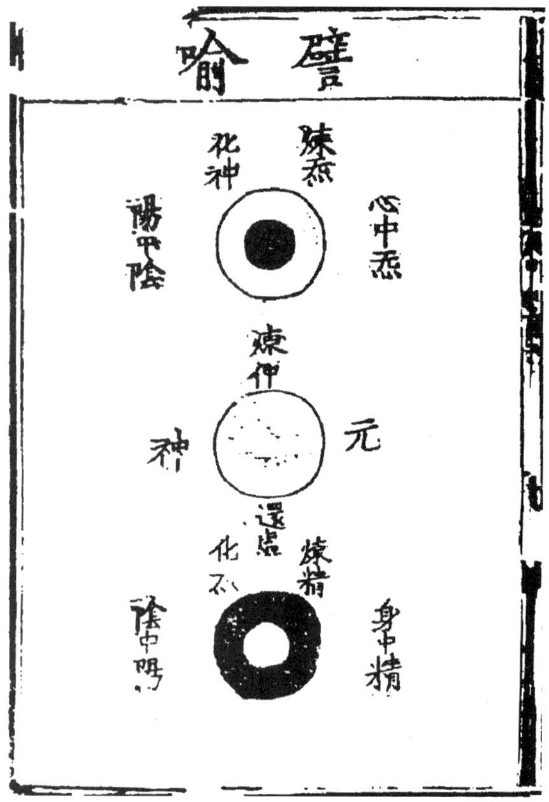

图 3 譬喻图
（李道纯《清庵先生中和集》）

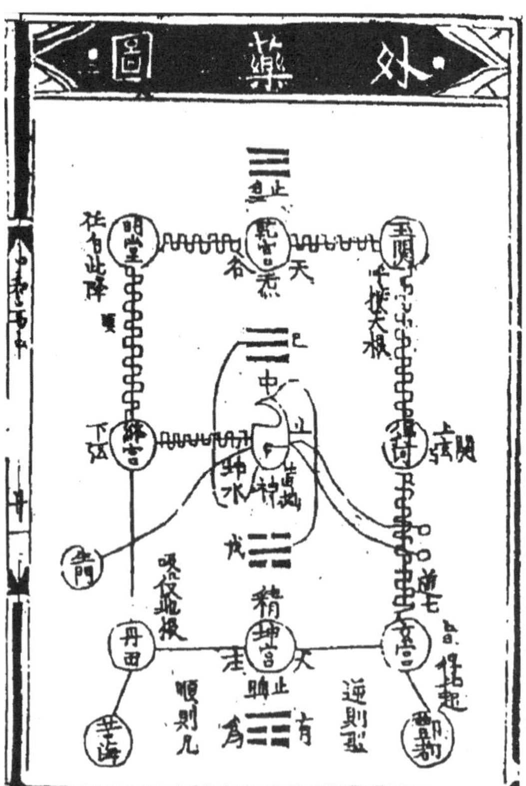

图 4 外药图
（李道纯《清庵先生中和集》）

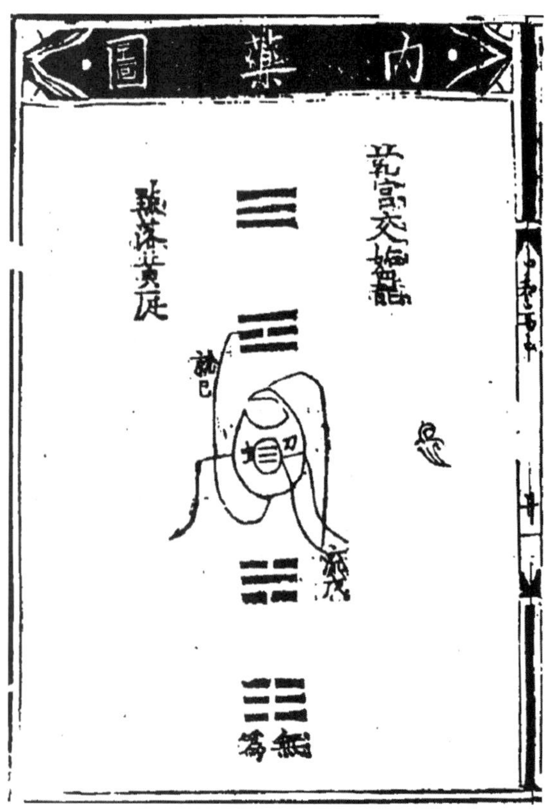

图 5 内药图
（李道纯《清庵先生中和集》）

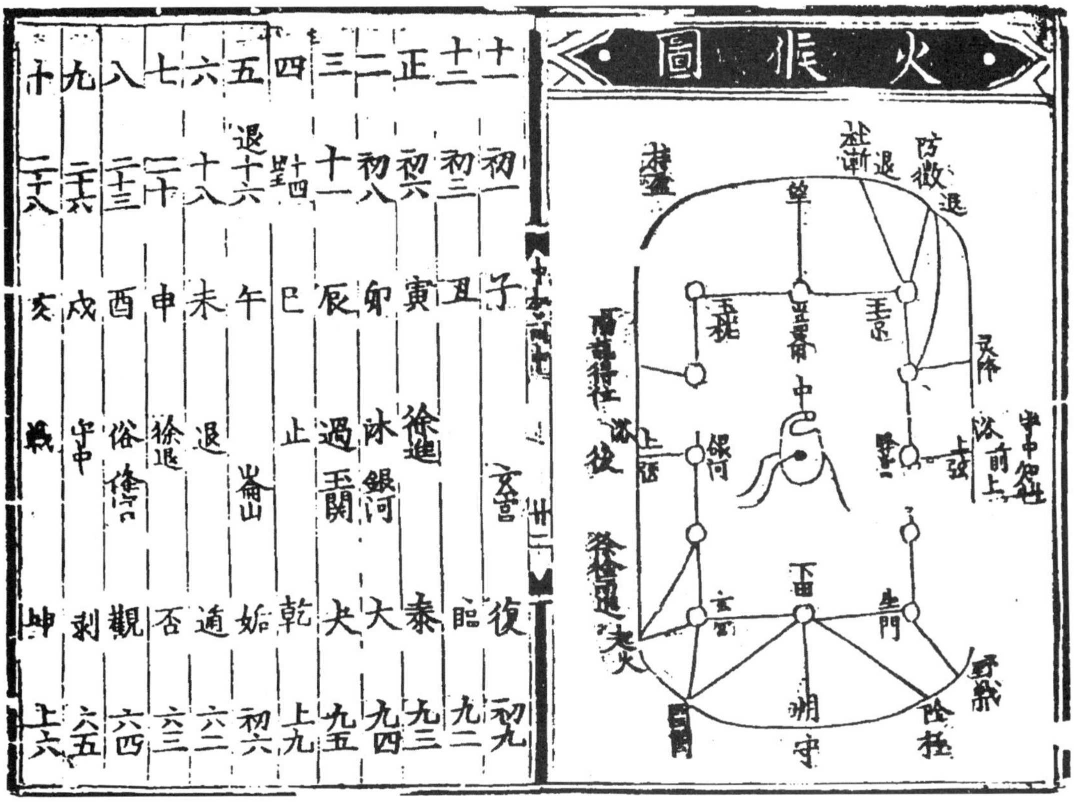

图 6　火候图
（李道纯《清庵先生中和集》）

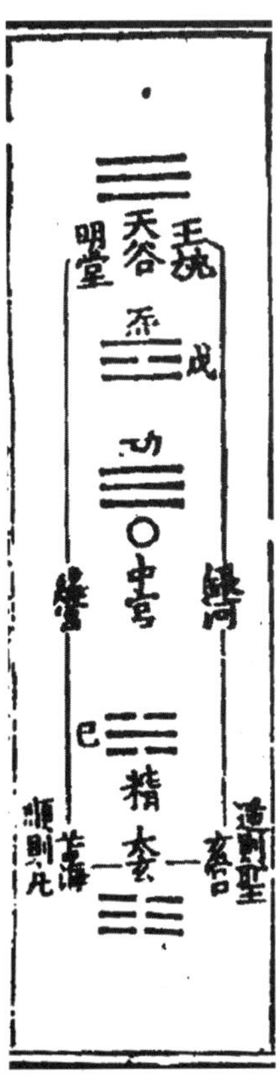

图 7　外药图
（李道纯《清庵先生中和集》）

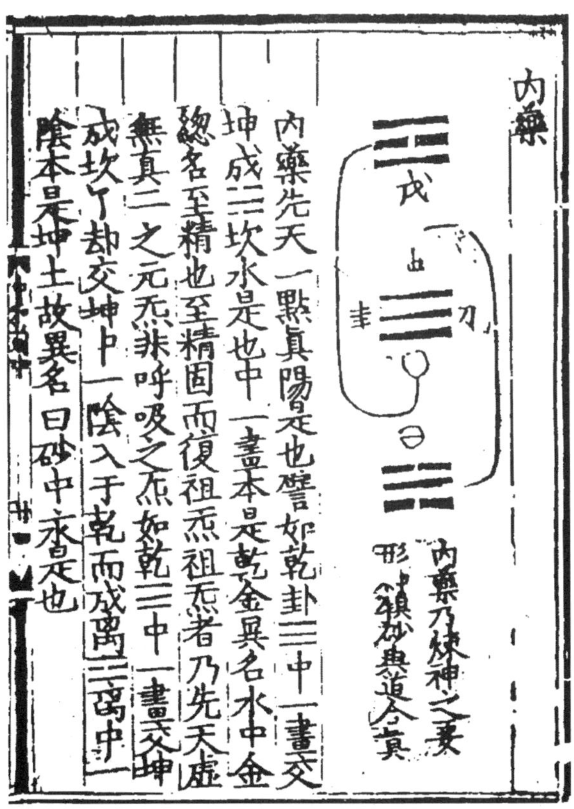

图 8　内药图
（李道纯《清庵先生中和集》）

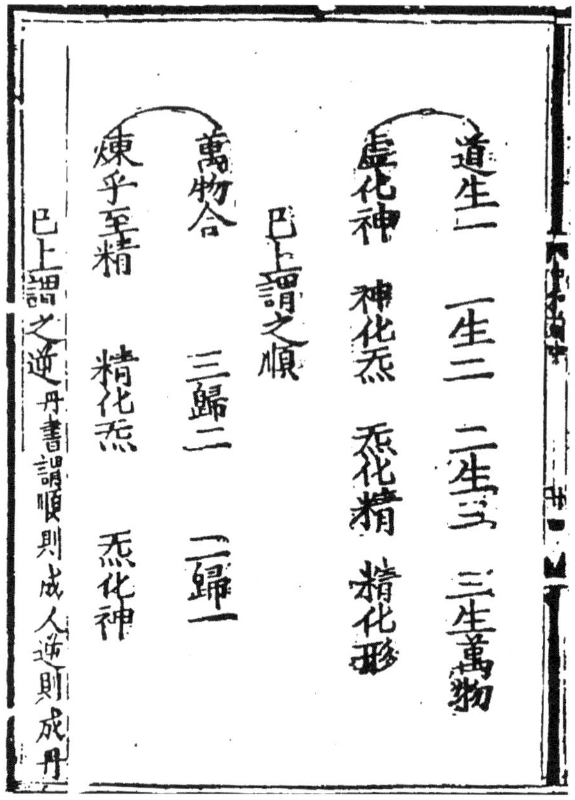

图 9　逆图
（李道纯《清庵先生中和集》）

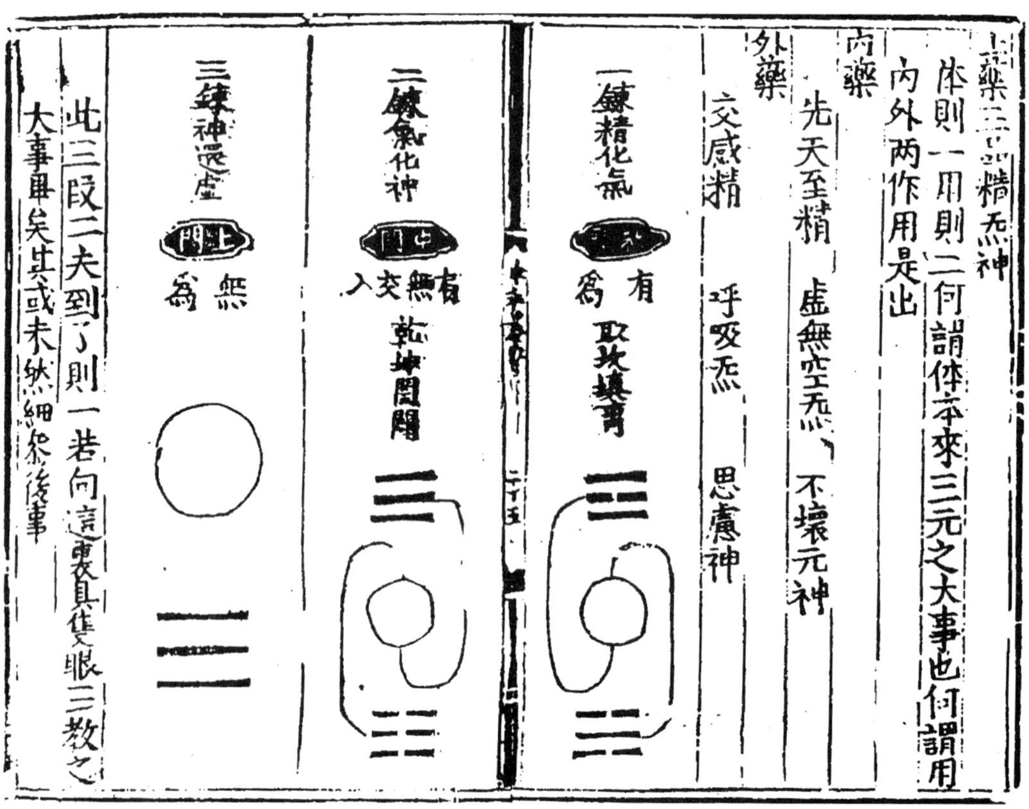

图 10　三炼图
（李道纯《清庵先生中和集》）

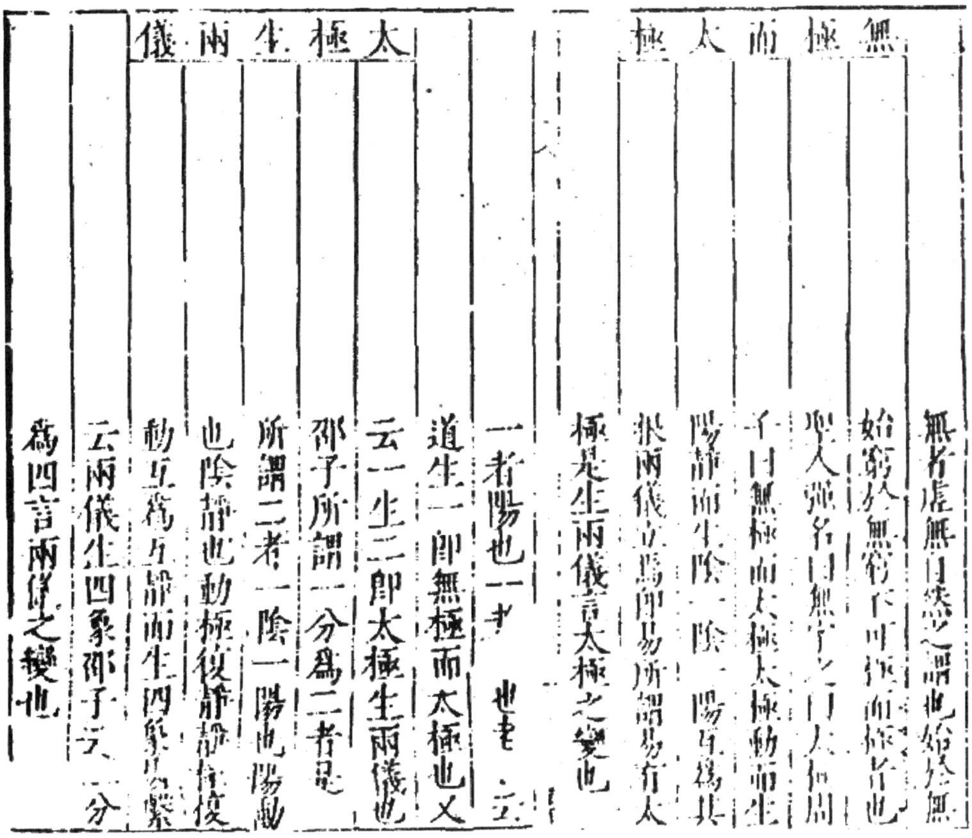

图 11　无极而太极、太极生两仪

（李道纯《周易尚占》）

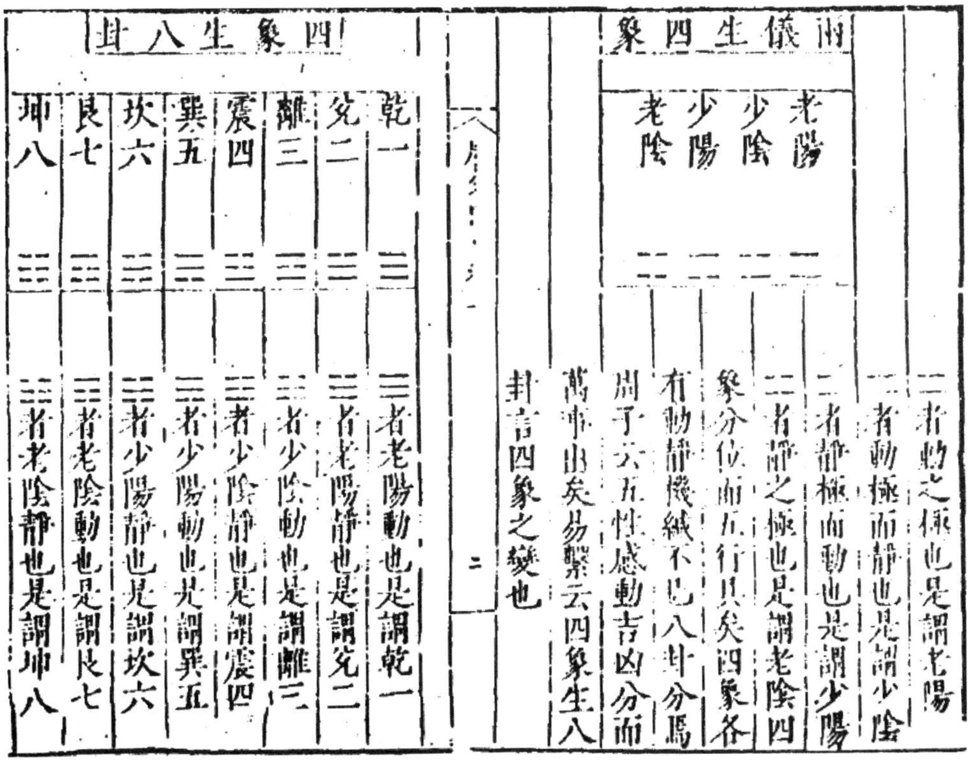

图 12　两仪生四象、四象生八卦

（李道纯《周易尚占》）

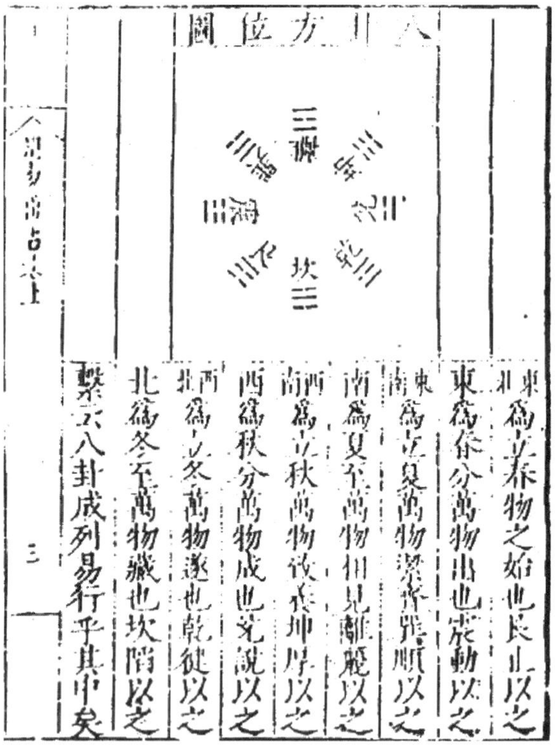

图 13　八卦方位图

（李道纯《周易尚占》）

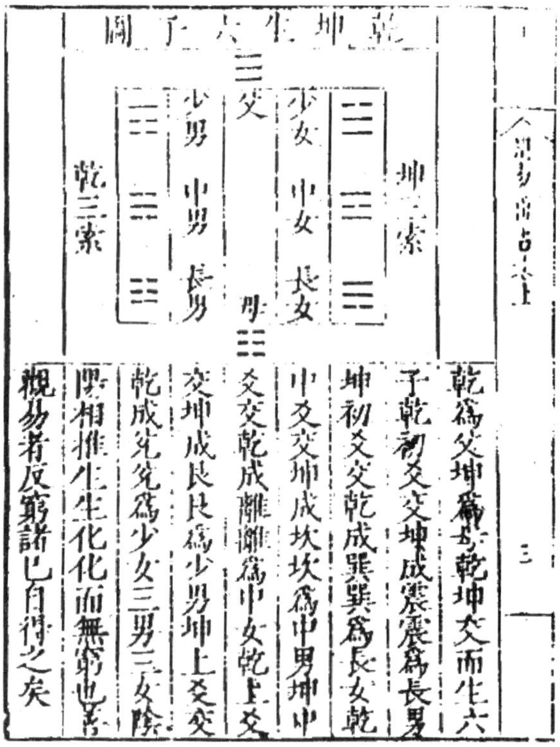

图 14　乾坤生六子图

（李道纯《周易尚占》）

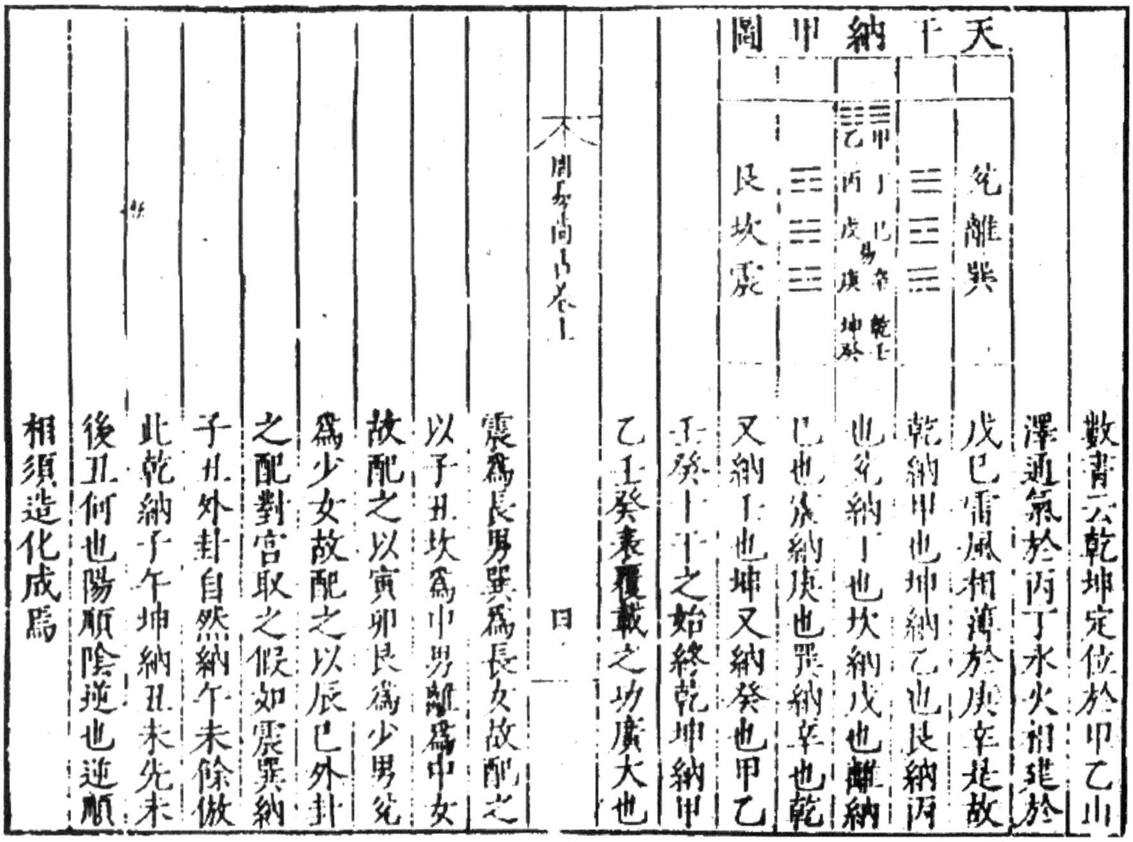

图 15　天干纳甲图

（李道纯《周易尚占》）

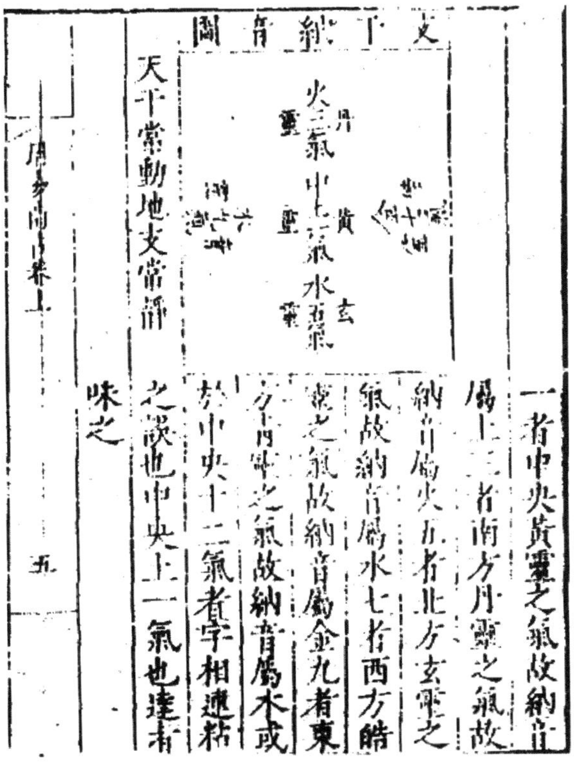

图 16　支干纳音图
（李道纯《周易尚占》）

图 17　五子归元图
（李道纯《周易尚占》）

图 18　太极图
（李道纯《清庵先生中和集》）

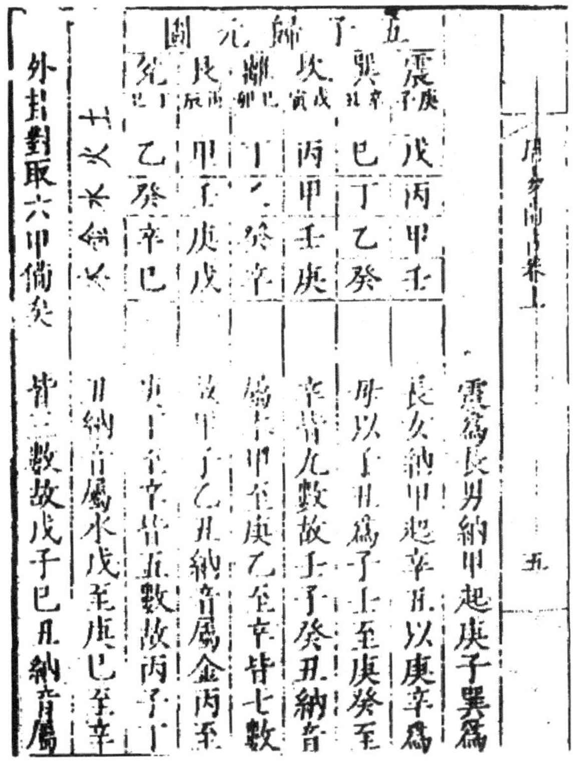

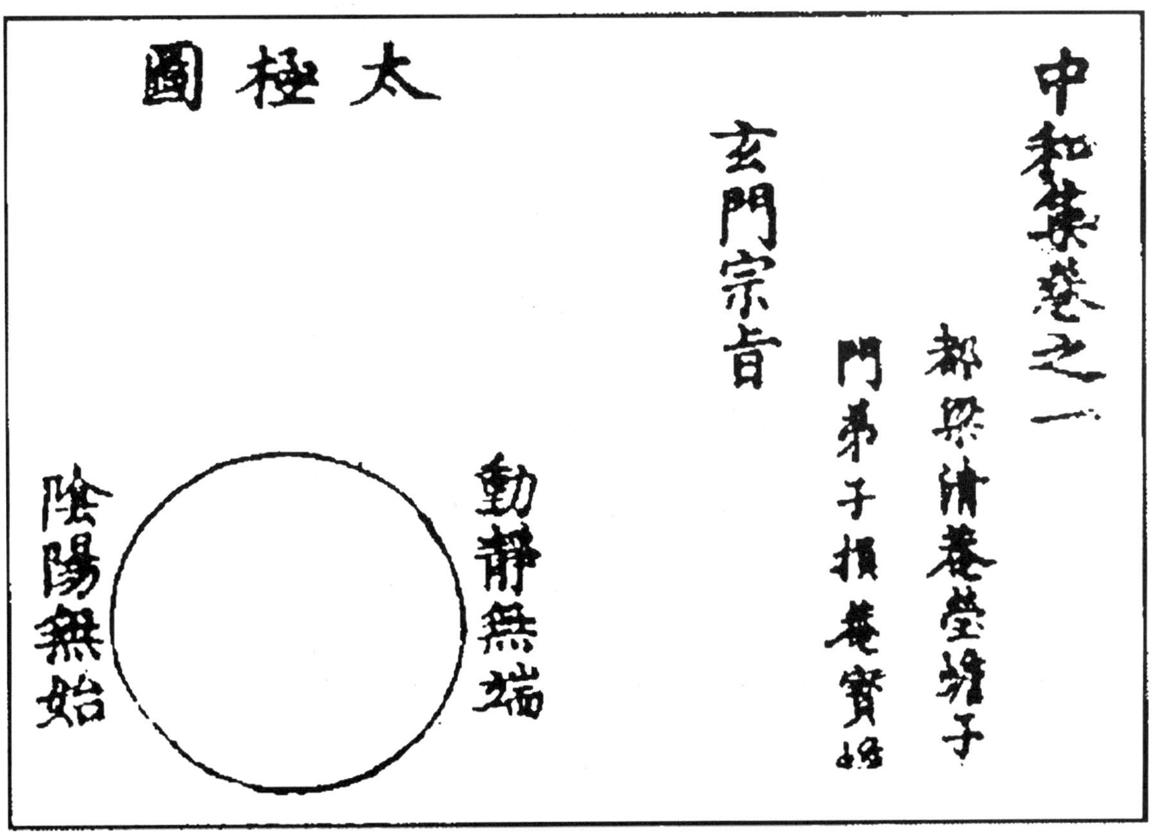

郝经（1223—1275）

字伯常，金元泽州陵川（今山西陵川）人。家世业儒。忽必烈即位后，官翰林侍读学士，谥文忠。著有《续后汉书》九十卷、《易春秋外传》、《太极演》、《原古录》、《通鉴书法》、《玉衡贞观》等。现存有《周易》图像一幅。

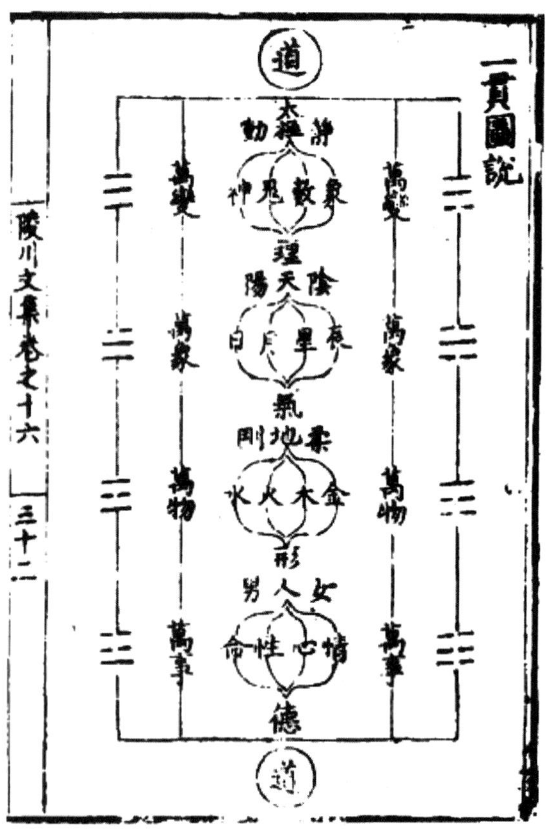

图1　一贯图
（郝经《陵川集》）

董楷(1226—?)

字正翁,一作正叔,号克斋,南宋台州临海(今浙江临海)人。宝祐四年(1256)进士,授绩溪县主簿,迁知洪州等职。历知瑞州,改知隆兴府。官至吏部郎中、荆湖南路转运使。宋亡归乡,隐居著述。师事陈器之,陈器之出自朱熹门下,故说《易》传朱熹之学。著有《程朱易解》、《克斋集》、《周易传义附录》十四卷等。现存有《周易》图像八幅。

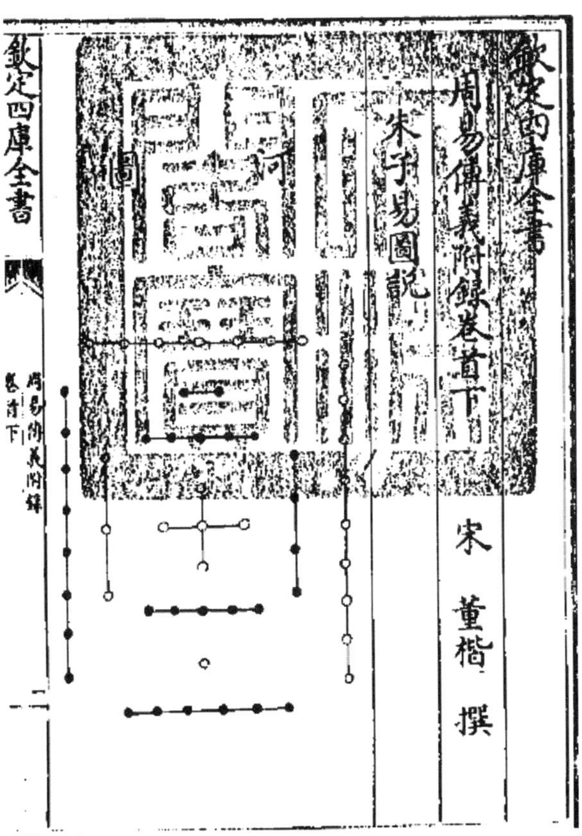

图1 河图
(董楷《周易传义附录》)

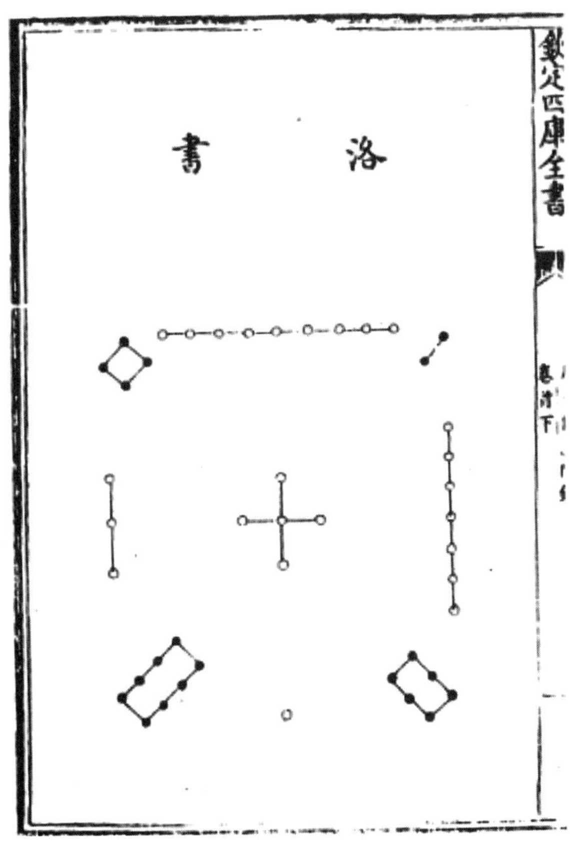

图2 洛书
(董楷《周易传义附录》)

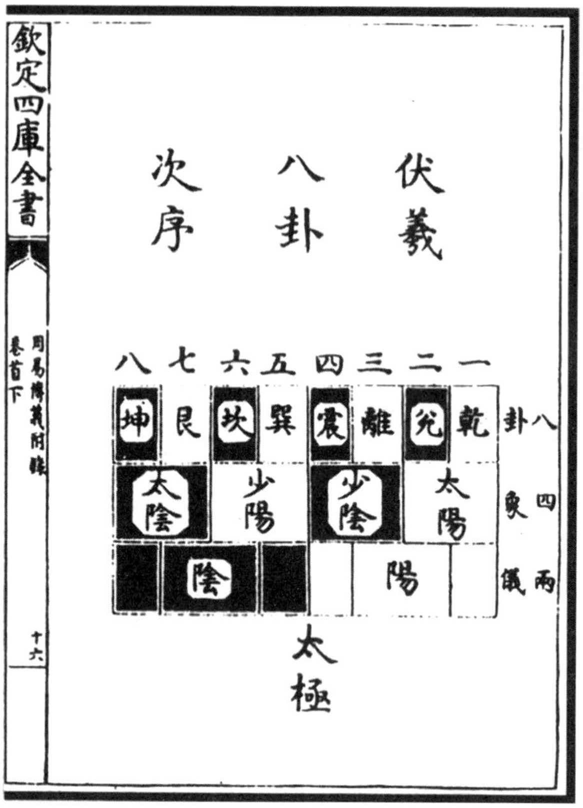

图3　伏羲八卦次序图
（董楷《周易传义附录》）

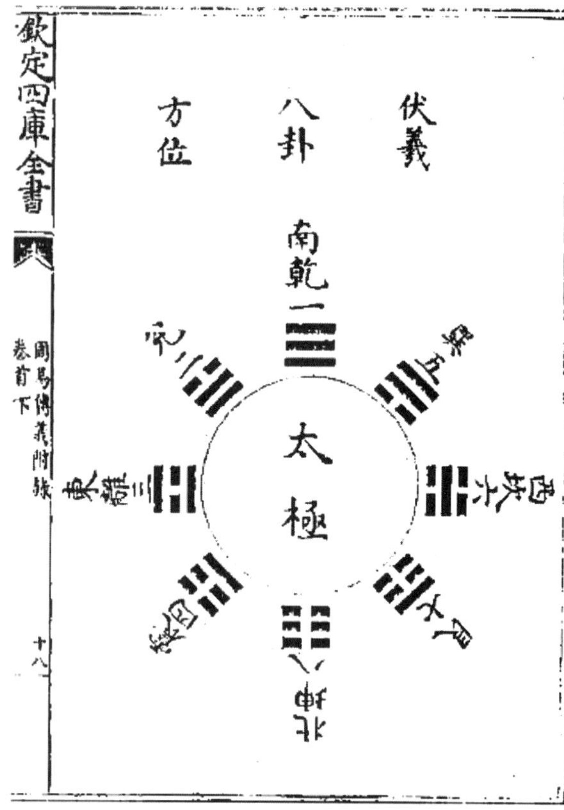

图4　伏羲八卦方位图
（董楷《周易传义附录》）

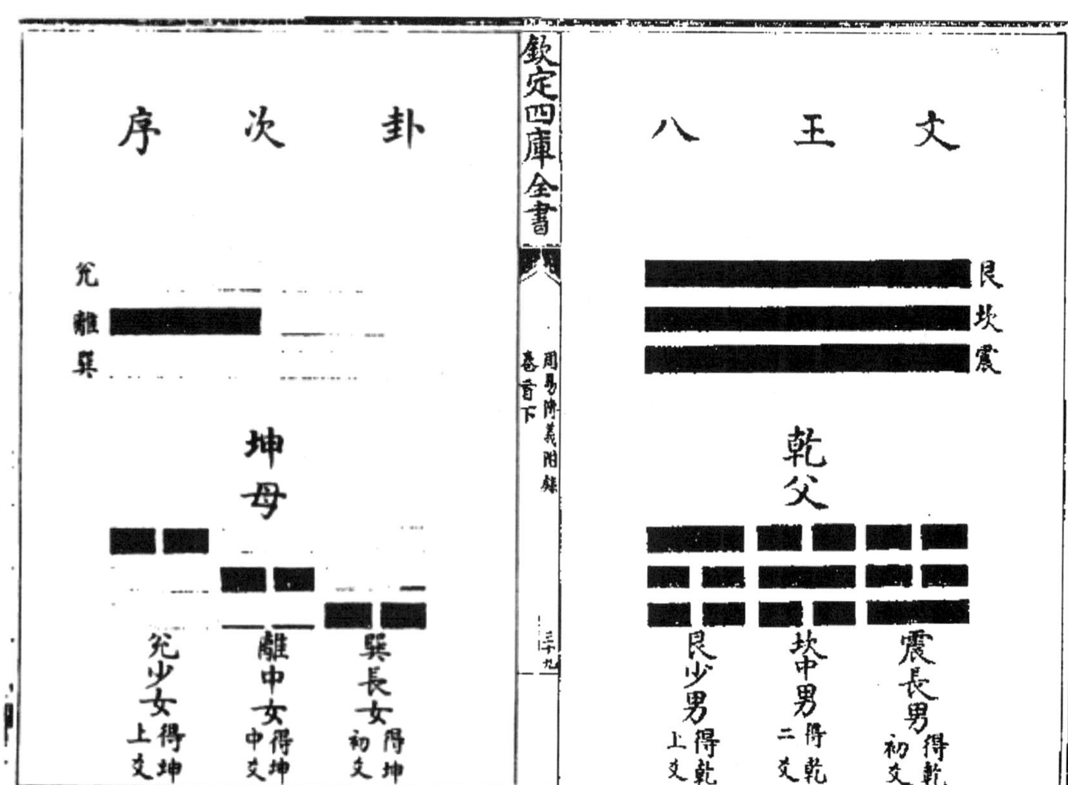

图5　文王八卦次序图
（董楷《周易传义附录》）

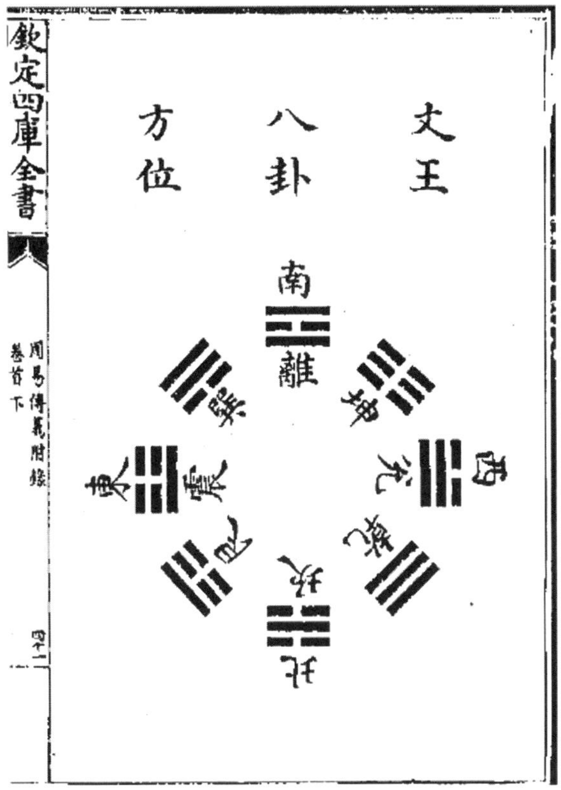

图 6 文王八卦方位图
(董楷《周易传义附录》)

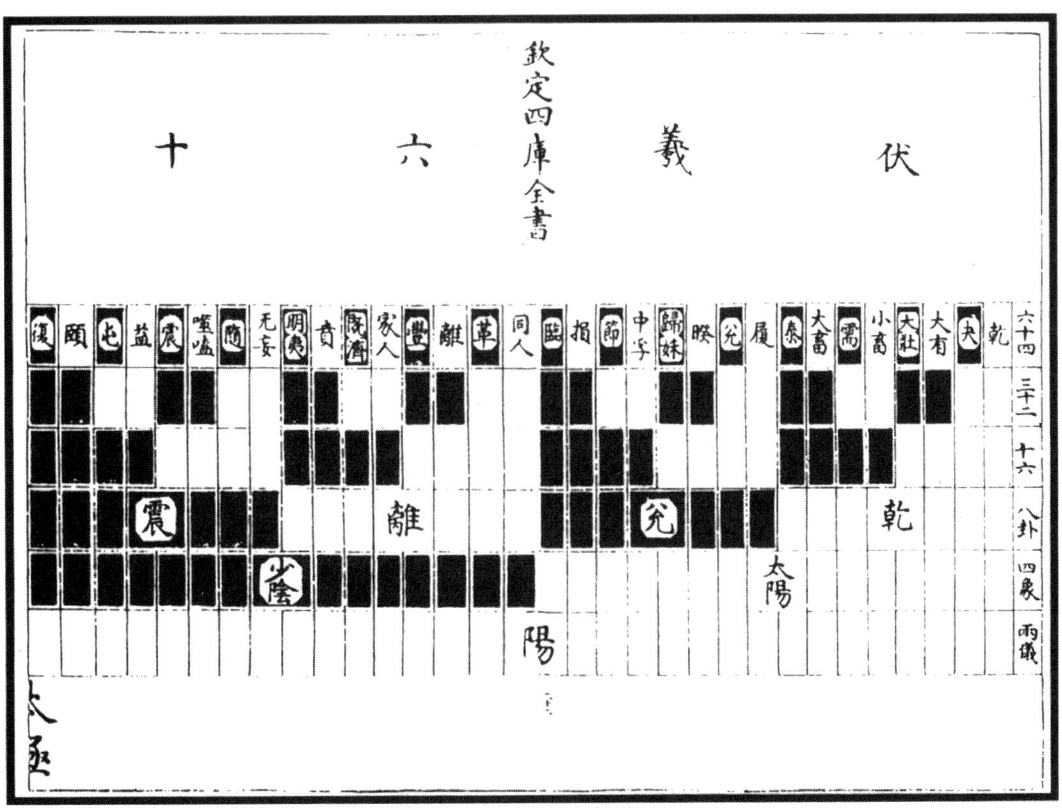

图 7-1 伏羲六十四卦次序图
(董楷《周易传义附录》)

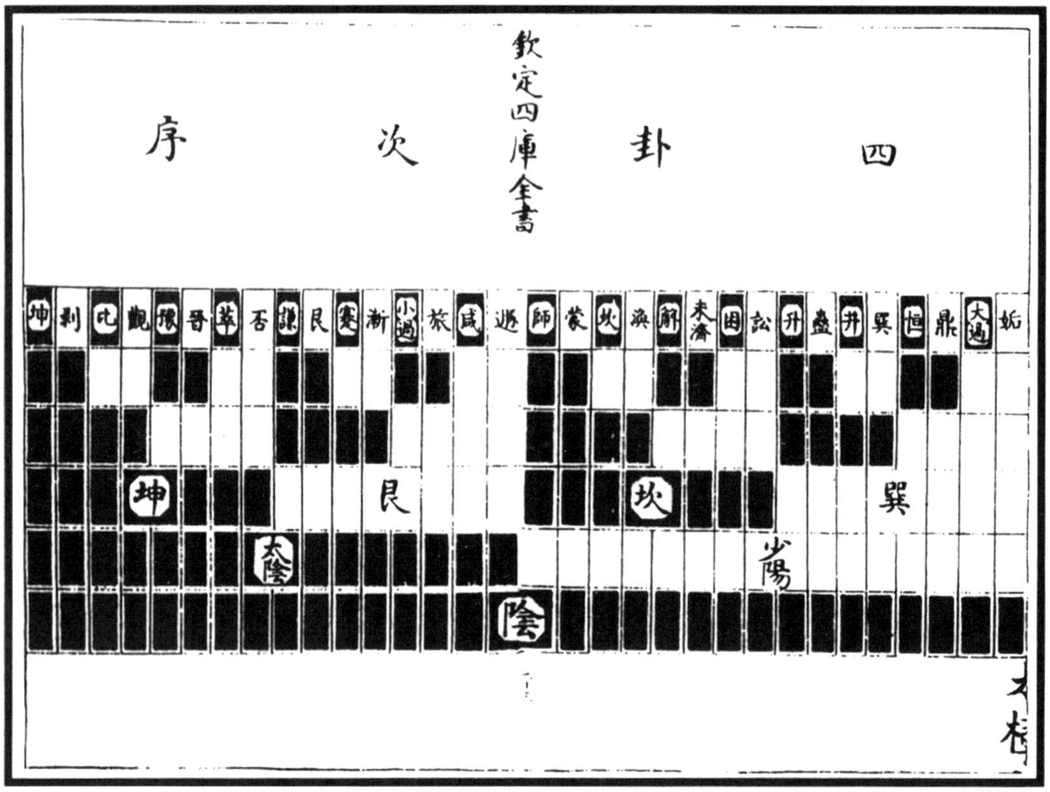

图 7-2 伏羲六十四卦次序图
（董楷《周易传义附录》）

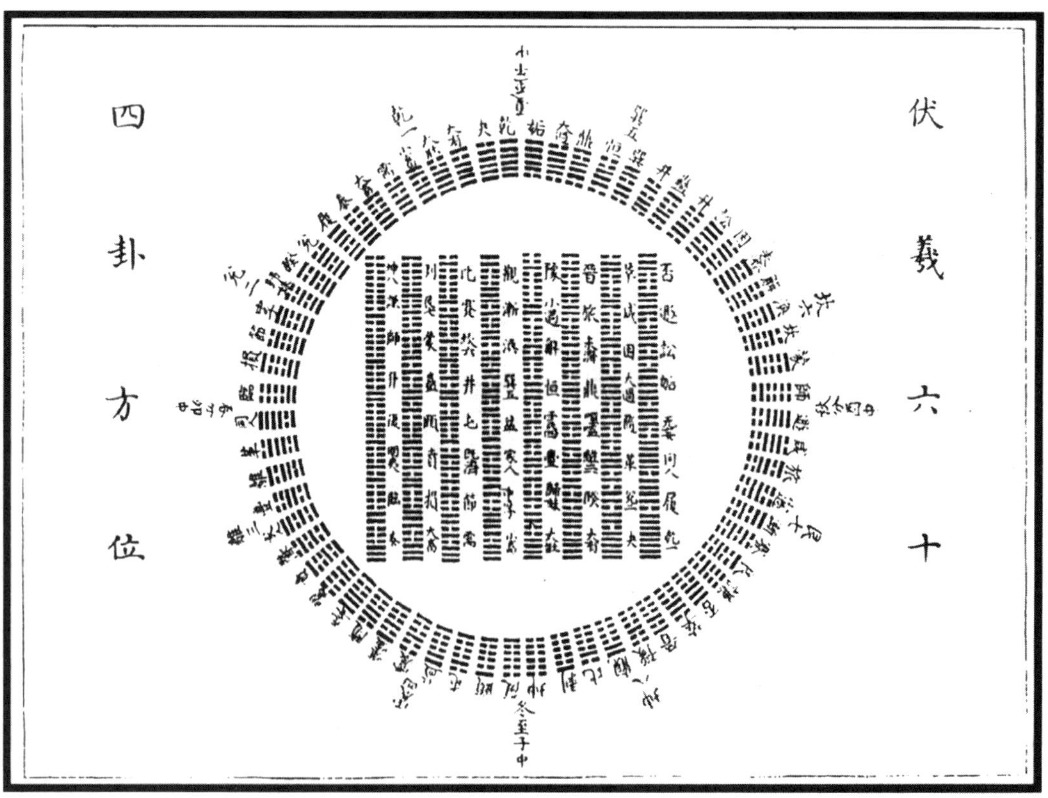

图 8 伏羲六十四卦方位图
（董楷《周易传义附录》）

雷思齐(1230—1301)

字齐贤,南宋抚州临川(今江西抚州)人。年少时本为儒生,南宋亡后,弃儒服为道士,隐居于距临川不远的乌石观,独居空山之中,学者称其空山先生。后又于龙虎山讲学论道,人称博雅,著名文士吴澄、袁桷、曾子良等皆与之相友善。著有《易图通变》五卷、《易筮通变》三卷、《老子本义》、《庄子旨义》、《空山漫稿》、《和陶诗》等。现存有《周易》图像四幅。

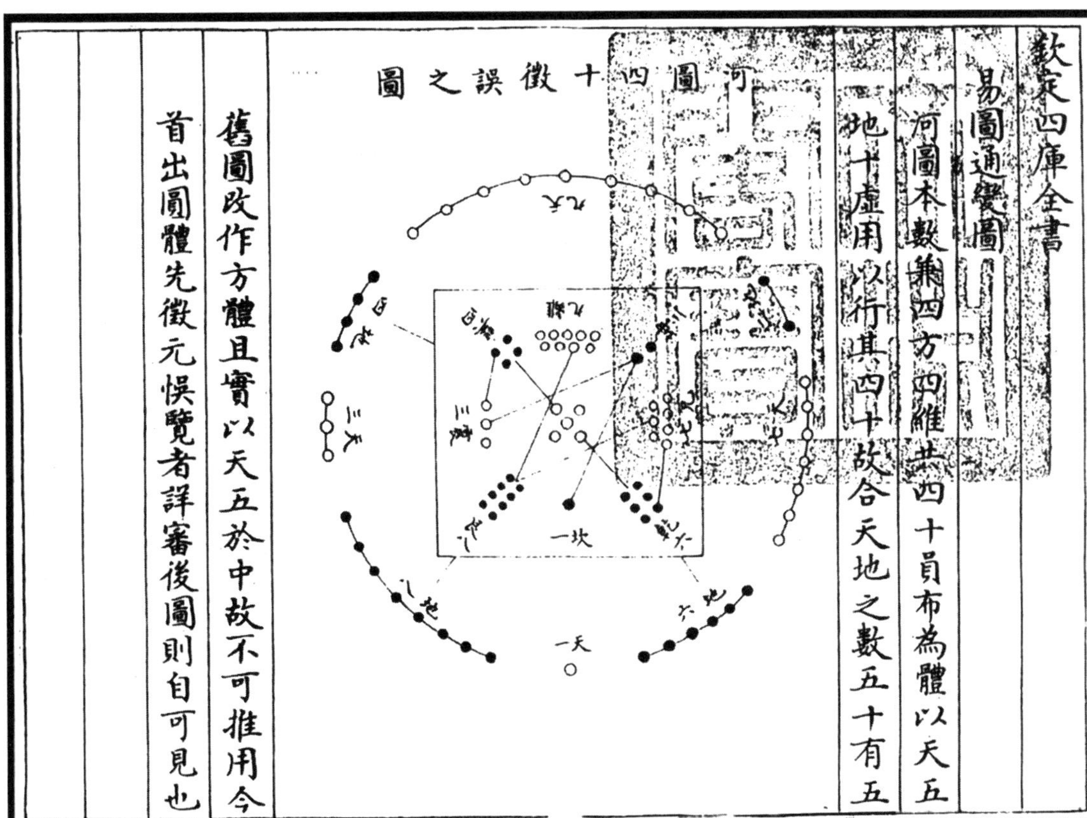

图1 河图四十征误之图
(雷思齐《易图通变》)

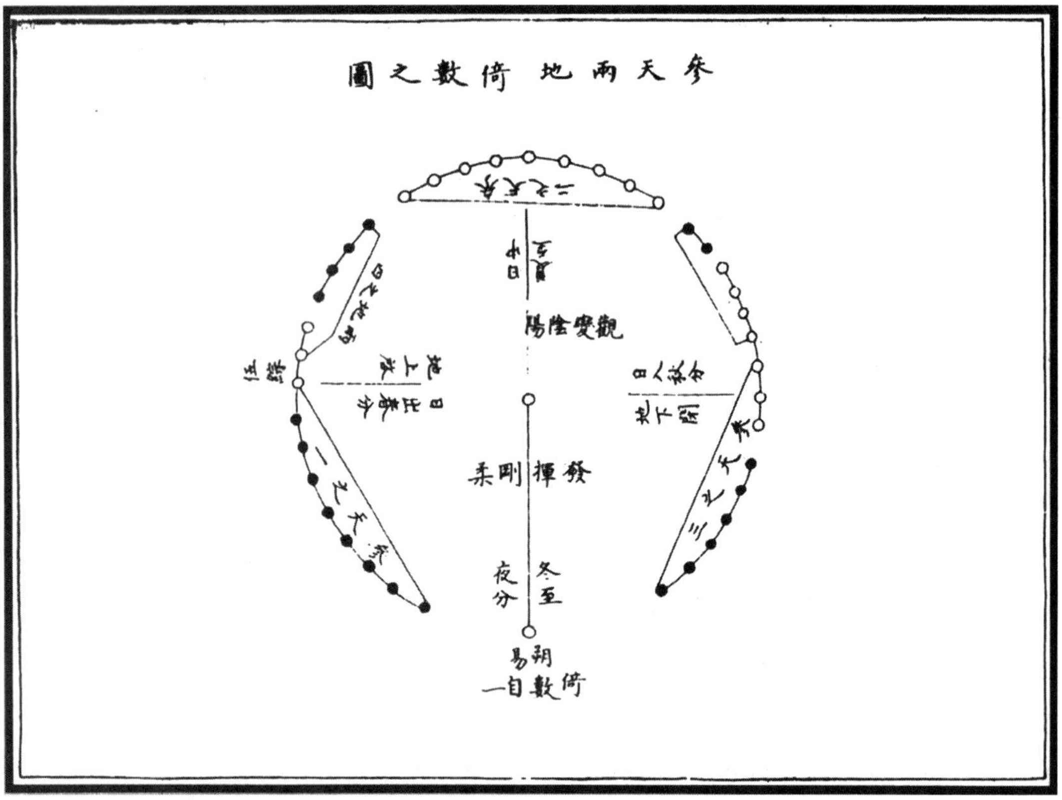

图 2 参天两地倚数之图
(雷思齐《易图通变》)

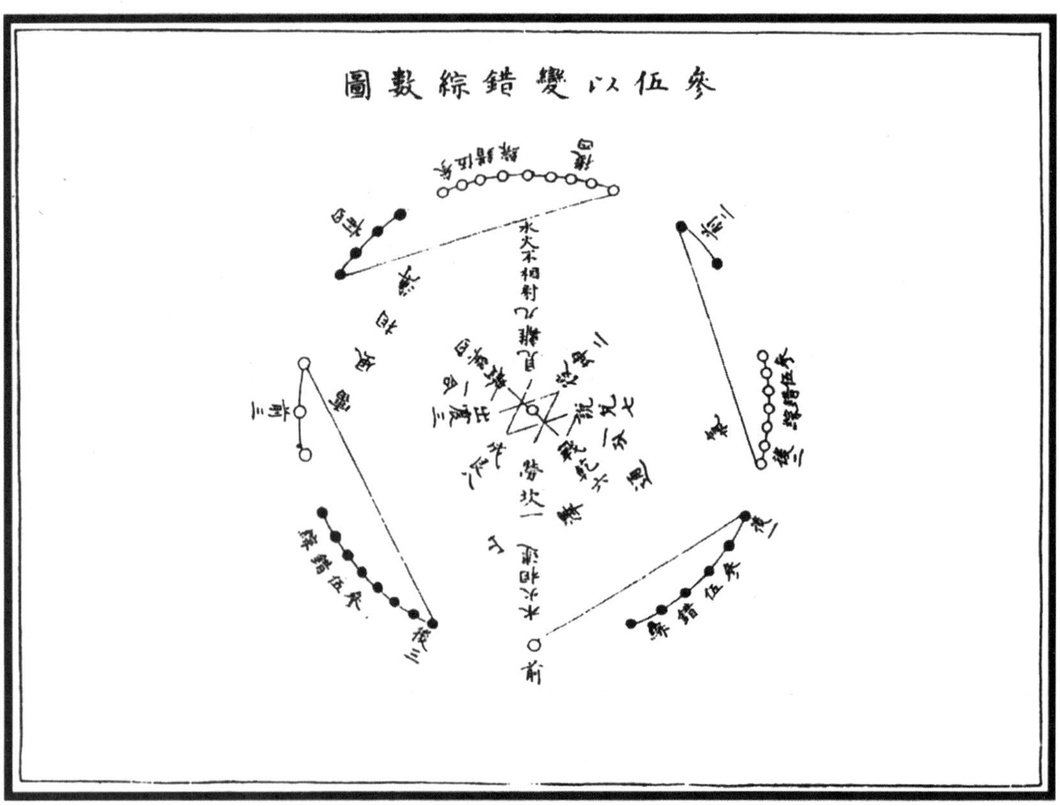

图 3 参伍以变错综数图
(雷思齐《易图通变》)

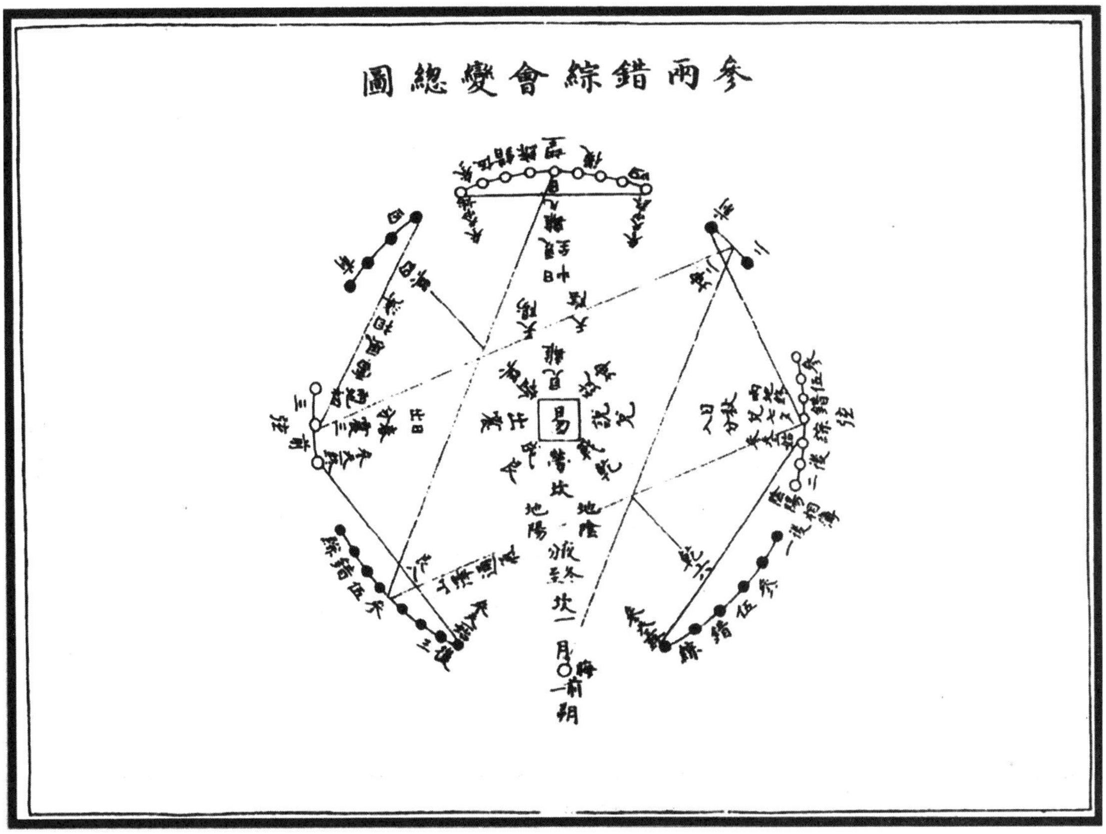

图 4 参两错综会变总图
(雷思齐《易图通变》)

祝泌

生卒年不详,字子泾,自号"观物老人",南宋饶州德兴(今江西德兴)人。端平初,累官至承直郎、充江淮荆浙福建广南路都大提点坑冶铸钱司干办公事。淳祐初,为提领所十办公事。咸淳十年(1274)进士,历任饶州路三司提干,年老乞休,元世祖诏征不赴。编修《壬易会元》,精于《周易》,传邵雍之学。著有《观物篇解》《皇极经世起数诀》《声音唱和图》《六壬大占》《祝氏秘钤》《革象新书》等。现存有《周易》图像六幅。

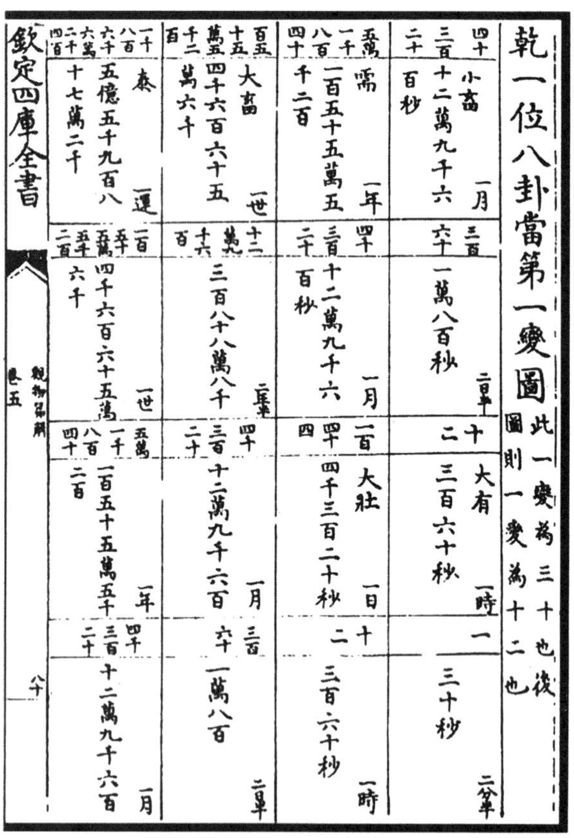

图1 乾一位八卦当第一变图
(祝泌《观物篇解》)

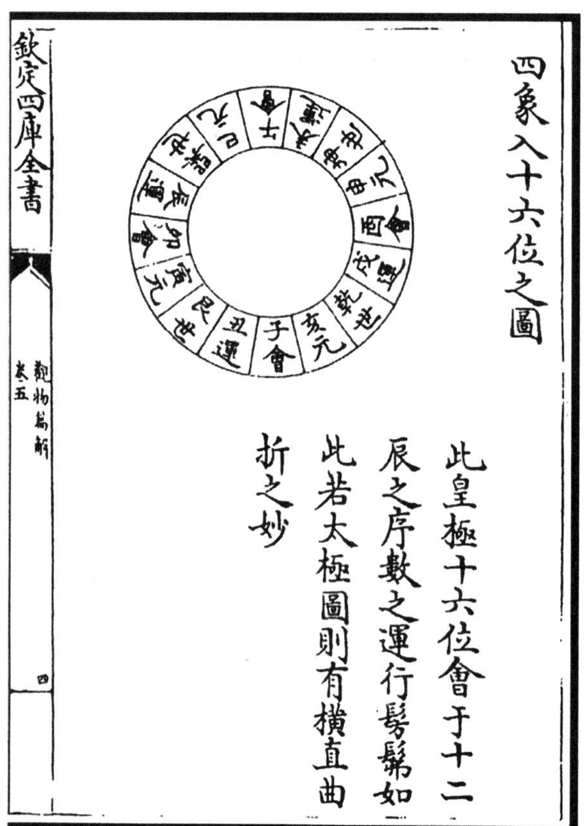

图2 四象入十六位之图
(祝泌《观物篇解》)

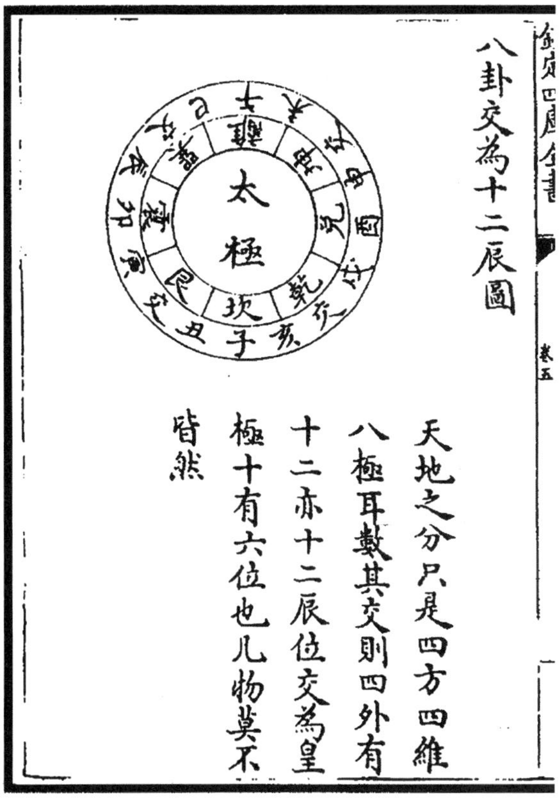

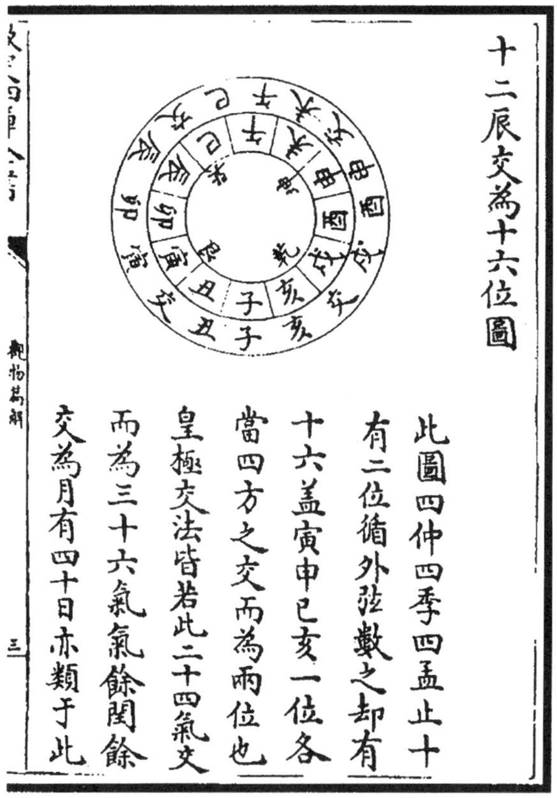

图3 八卦交为十二辰图
（祝泌《观物篇解》）

图4 十二辰交为十六位图
（祝泌《观物篇解》）

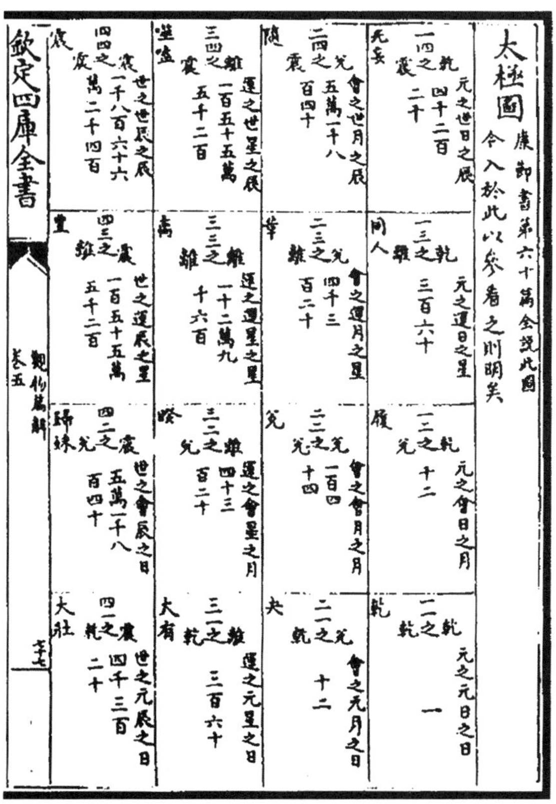

图5 太极图
（祝泌《观物篇解》）

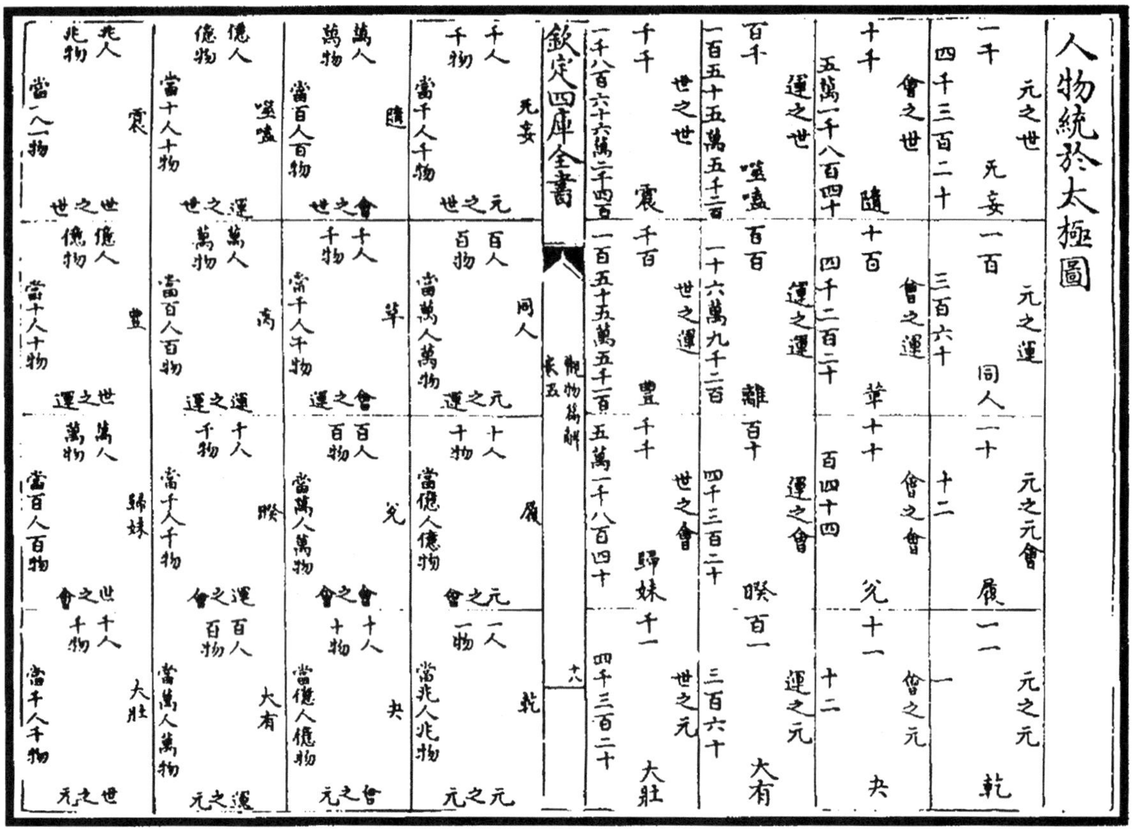

图 6　人物统于太极图

（祝泌《观物篇解》）

黄超然(1236—1296)

字立道，号寿云，南宋台州黄岩(今浙江台州黄岩区)人。师从经学家王柏，学习性理之学，研探《周易》。著有《西清文集》《诗话笔谈》《地理撮要》《凝神会历》《周易通义》等。现存有《周易》图像四幅。

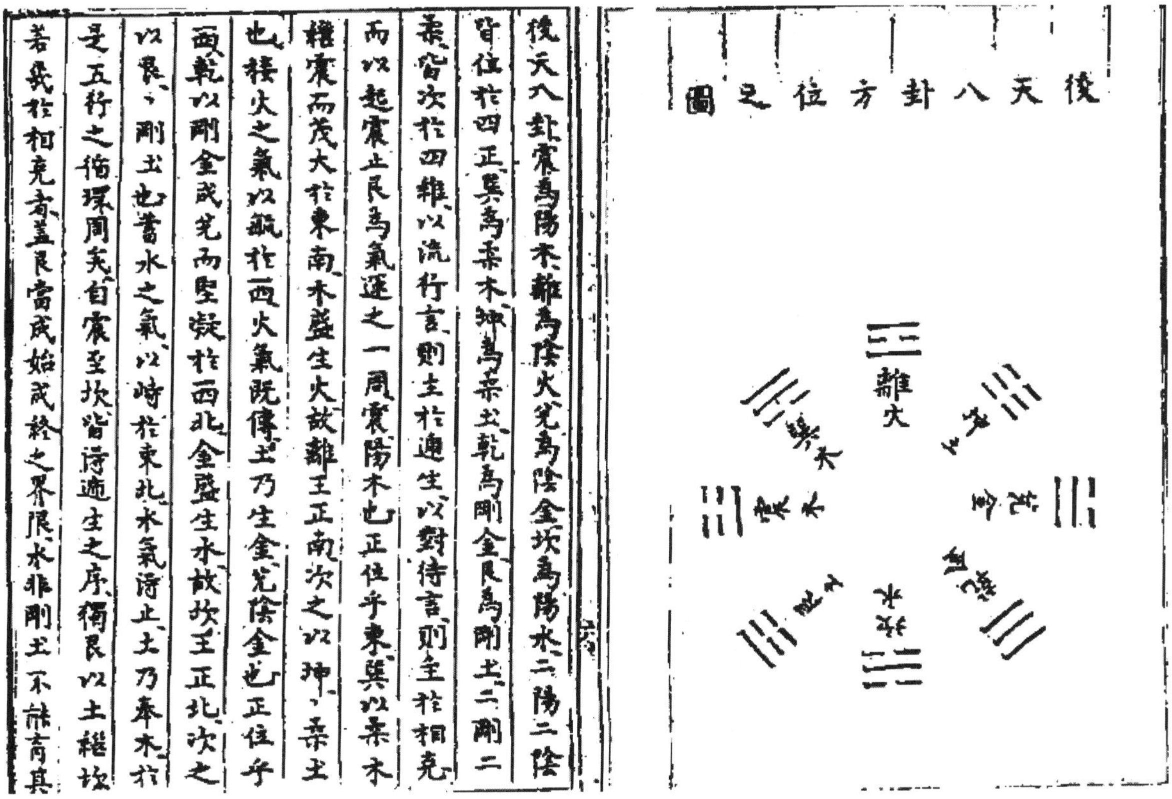
後天八卦震為陽木離為陰火兌為陰金坎為陽水二陽二陰皆位於四正巽為柔木坤為柔土乾為剛金艮為剛土二剛二柔皆次於四維以流行言則主於適生以對待言則主於相克而以起震止艮為氣運之一周震陽木也正位乎東巽以柔木繼震而茂大於東南木盛生火故離王正南次之以坤坤柔土也接火之氣以毓於西火氣既傳土乃生金兌陰金也正位乎西乾以剛金成兌而堅凝於西北金盛生水故坎王正北次之以艮艮剛土也蓄水之氣以峙於東北水氣將止土乃奉木於是五行之循環周矣自震至坎皆將適生之序獨艮以土繼坎者疑於相克者蓋艮當成始成終之界限水非剛土不能高其

後天八卦方位之圖

图 1　后天八卦方位之图

(黄超然《周易通义》)

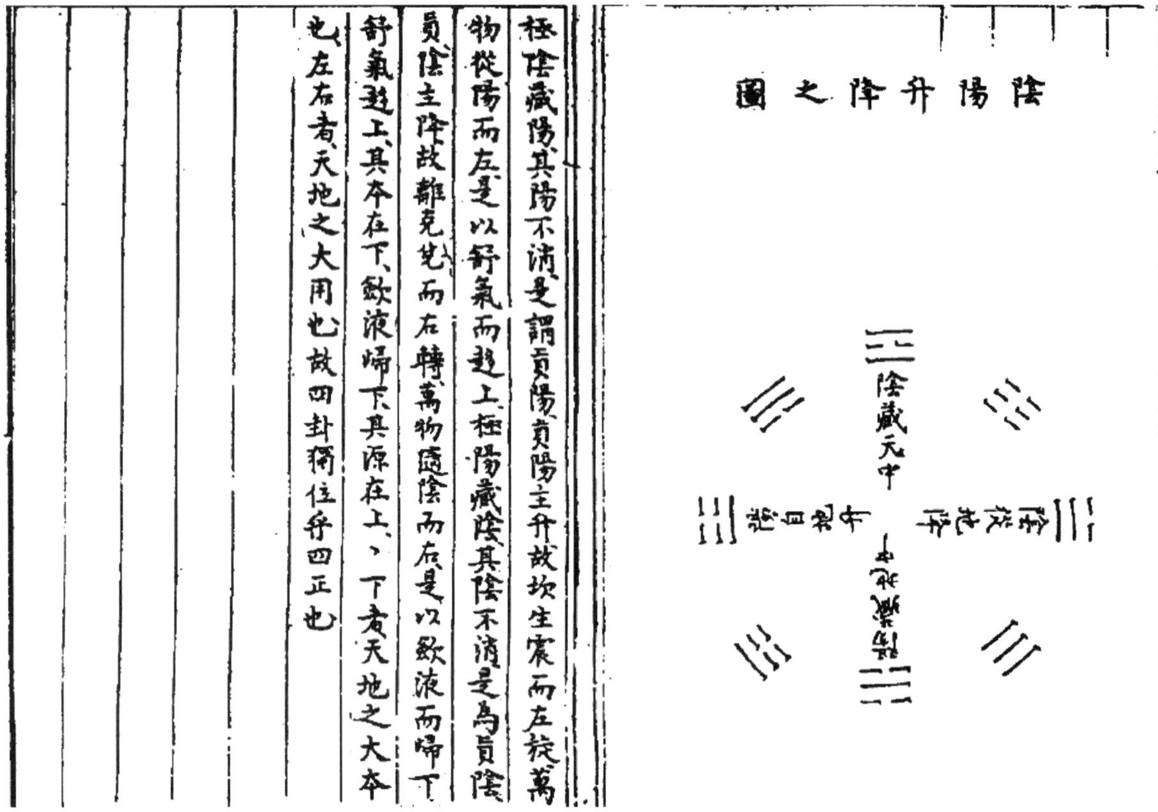

阴阳升降之图

极阴藏阳其阳不清是谓贡阳贡阳主升故坎生震而左旋万物从阳而左是以舒气而趋上极阳藏阴其阴不清是谓贡阴贡阴主降故离克兑而右转万物随阴而归下舒气趋上其本在下欲液归下其源在上上下者天地之大本也左右者天地之大用也故四卦独位乎四正也

图2 阴阳升降之图
（黄超然《周易通义》）

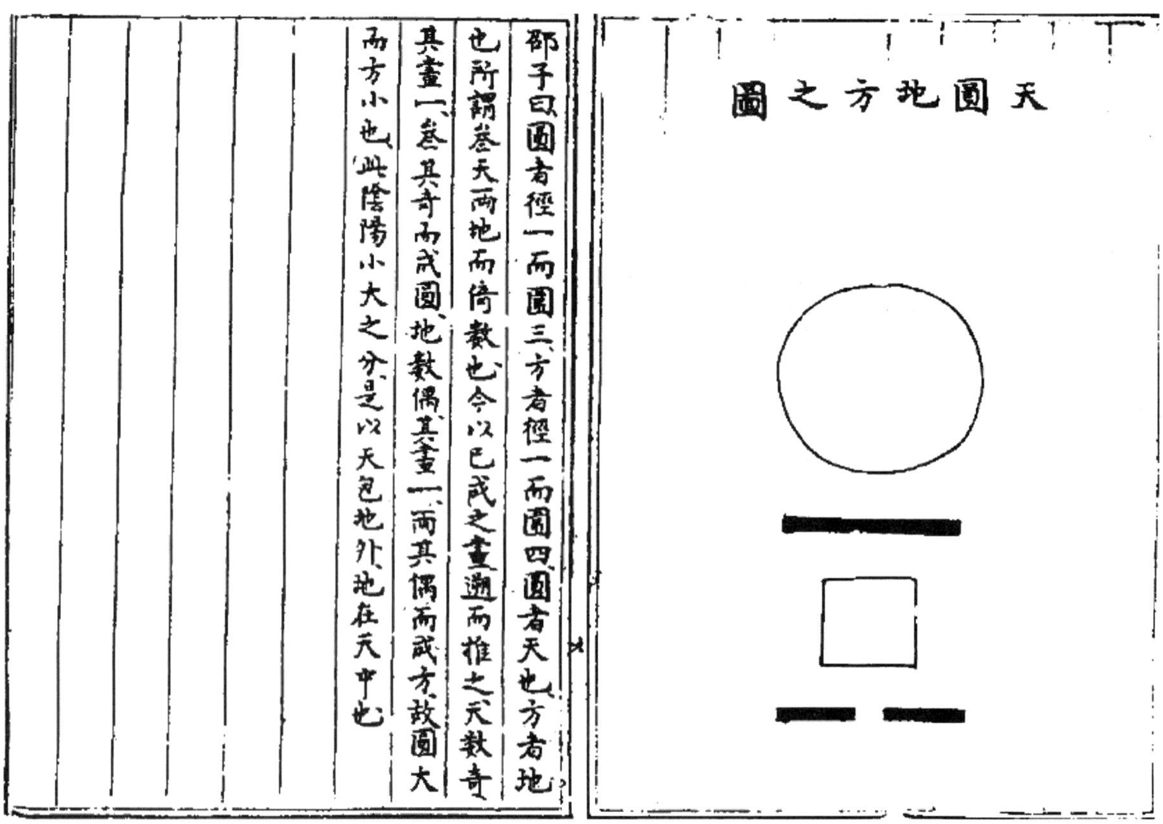

邵子曰圆者径一而围三方者径一而围四圆者天也方者地也所谓参天两地而倚数也今以已成之画遡而推之天数奇其画一叁其奇而成圆地数偶其画一两其偶而成方方故圆大而方小也此阴阳小大之分是以天包地外地在天中也

图3 天圆地方之图
（黄超然《周易通义》）

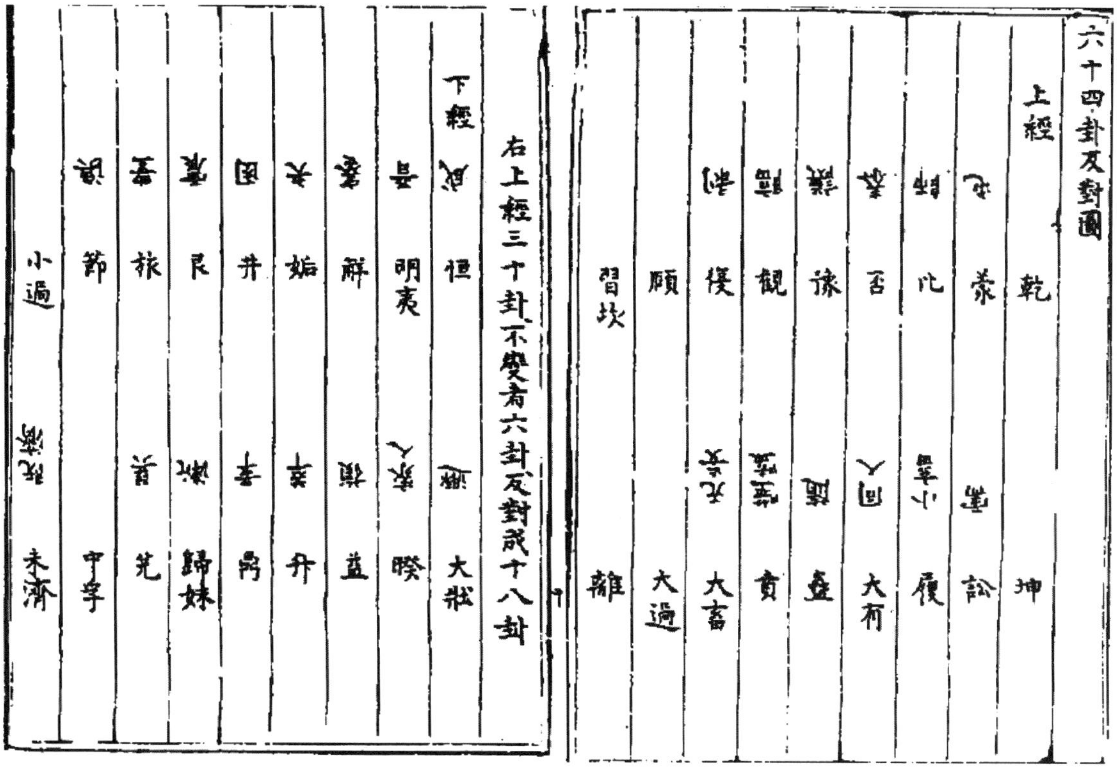
六十四卦反對圖
上經
乾 坤
屯 蒙 需 訟
師 比 小畜 履
泰 否 同人 大有
謙 豫 隨 蠱
臨 觀 噬嗑 賁
剝 復 无妄 大畜
頤 大過
習坎 離
右上經三十卦不變者六卦反對成十八卦
下經
咸 恒 遯 大壯
晉 明夷 家人 睽
蹇 解 損 益
夬 姤 萃 升
困 井 革 鼎
震 艮 漸 歸妹
豐 旅 巽 兑
渙 節 中孚
小過 既濟 未濟

图 4　六十四卦反对图

（黄超然《周易通义》）

林光世

生卒年不详,字逢圣,号水村,南宋兴化军莆田(今福建莆田)人。景定二年(1261)进士,曾任潮州太守。淳祐十一年(1251),以《易》学召赴朝廷,充秘书省检校文字,十二年教授常州,宝祐二年(1254)补迪功郎,添差江西提举司事办公事。通经好《易》。著有《水村易镜》一卷。现存有《周易》图像三十二幅。

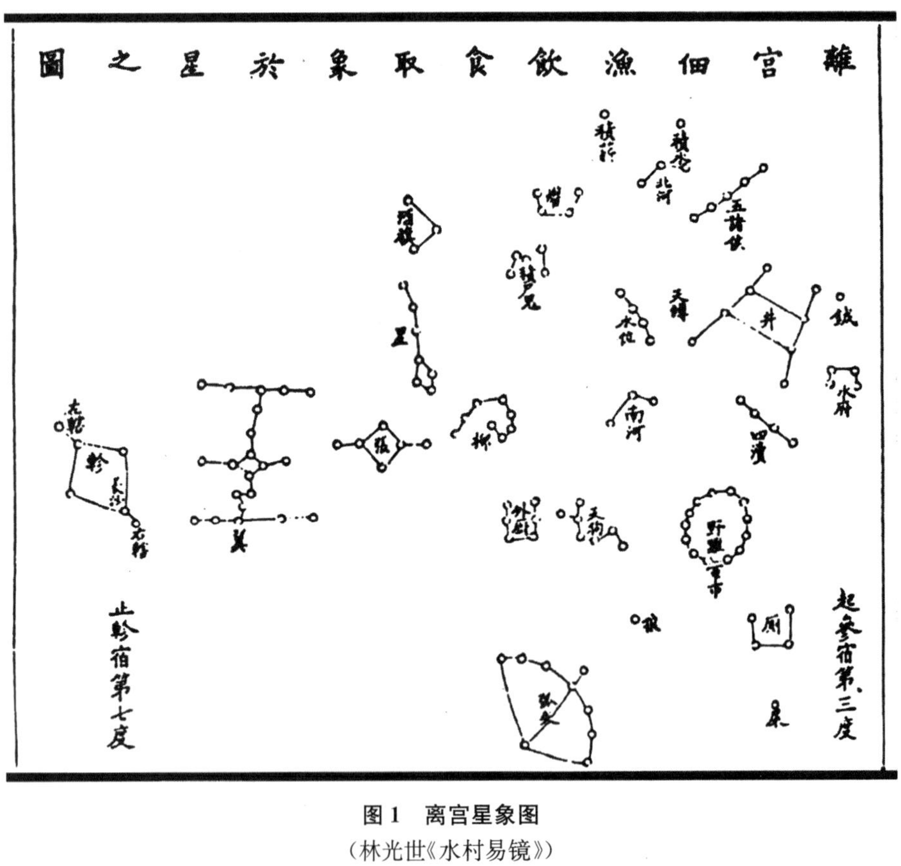

图1　离宫星象图
(林光世《水村易镜》)

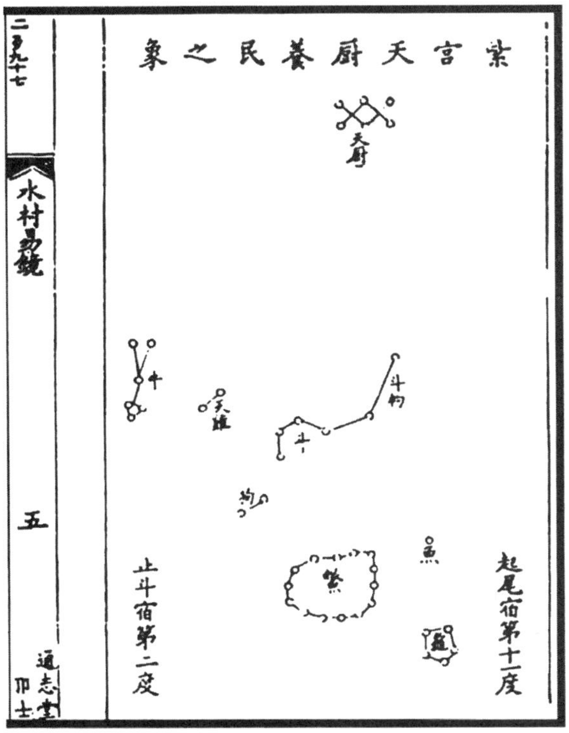

图 2　紫宫天厨养民之象图
（林光世《水村易镜》）

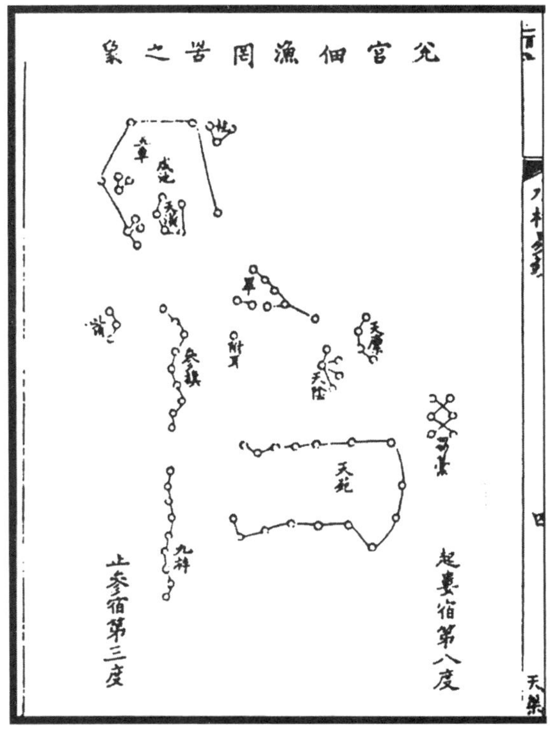

图 3　兑宫佃渔网罟之象图
（林光世《水村易镜》）

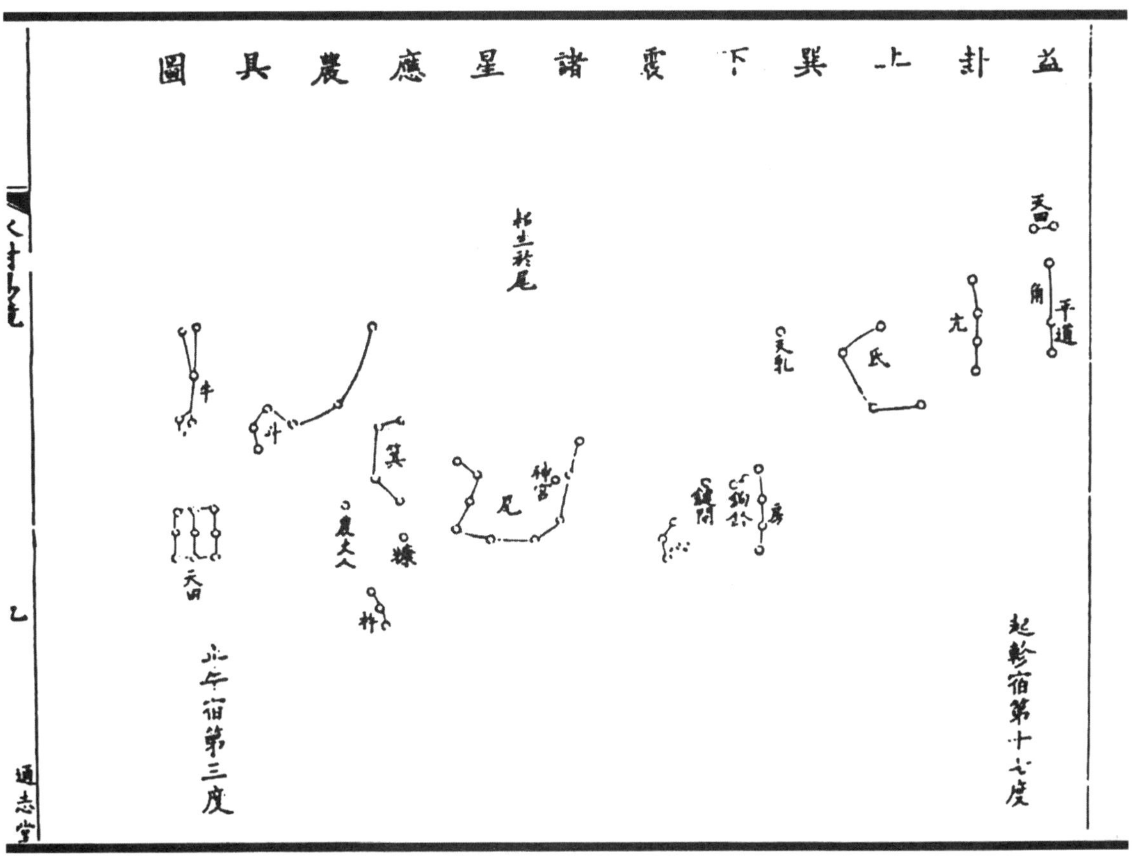

图 4　益卦诸星应农具图
（林光世《水村易镜》）

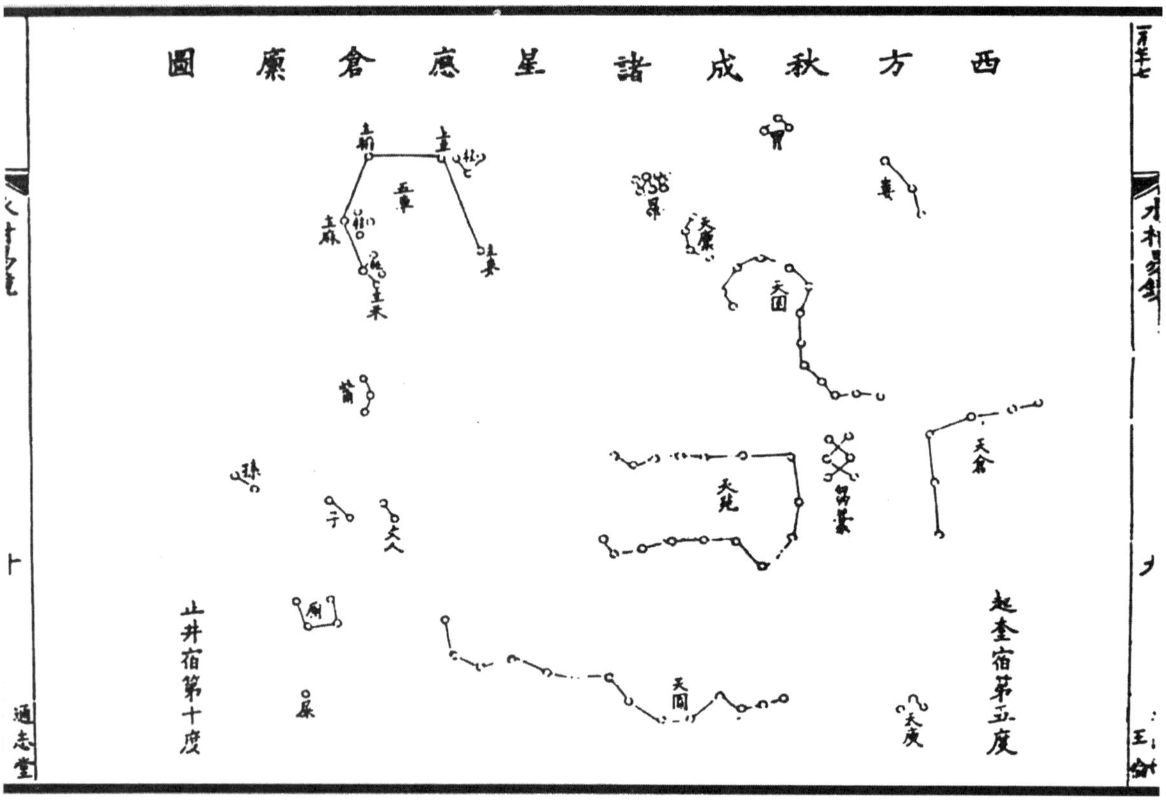

图 5 西方秋成诸星应仓廪图
（林光世《水村易镜》）

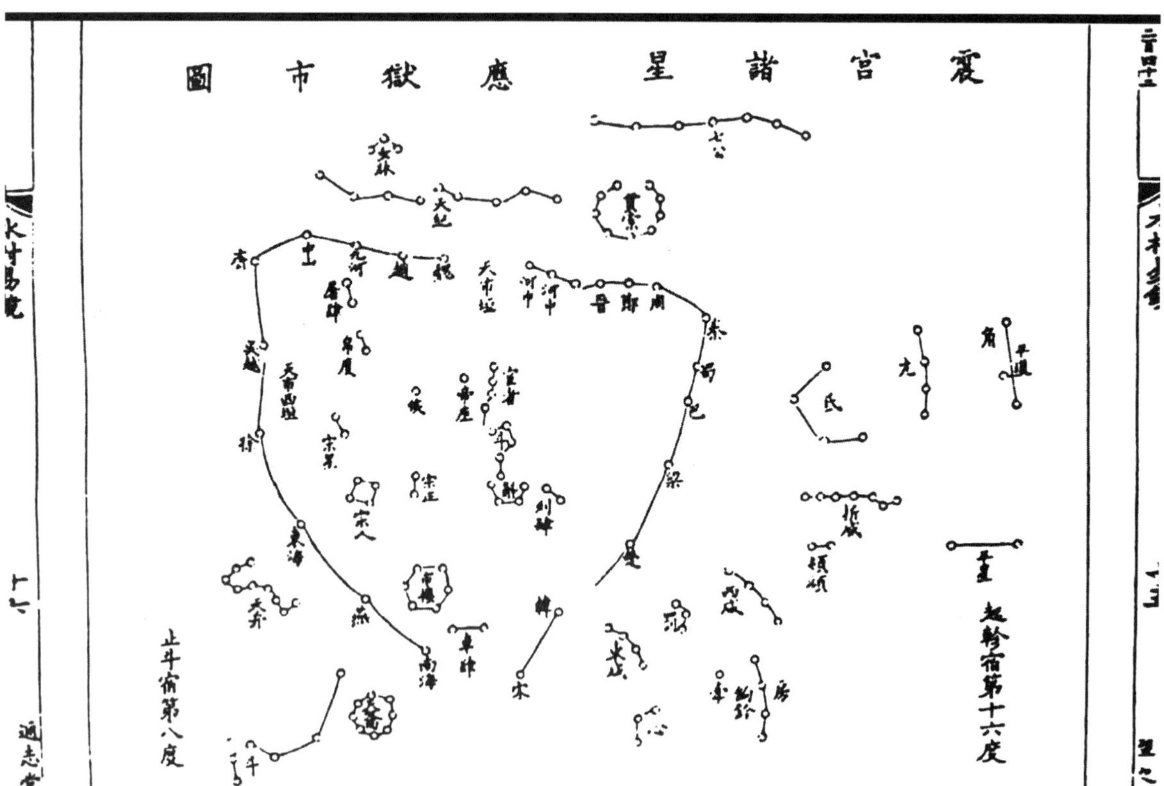

图 6 震宫诸星应狱市图
（林光世《水村易镜》）

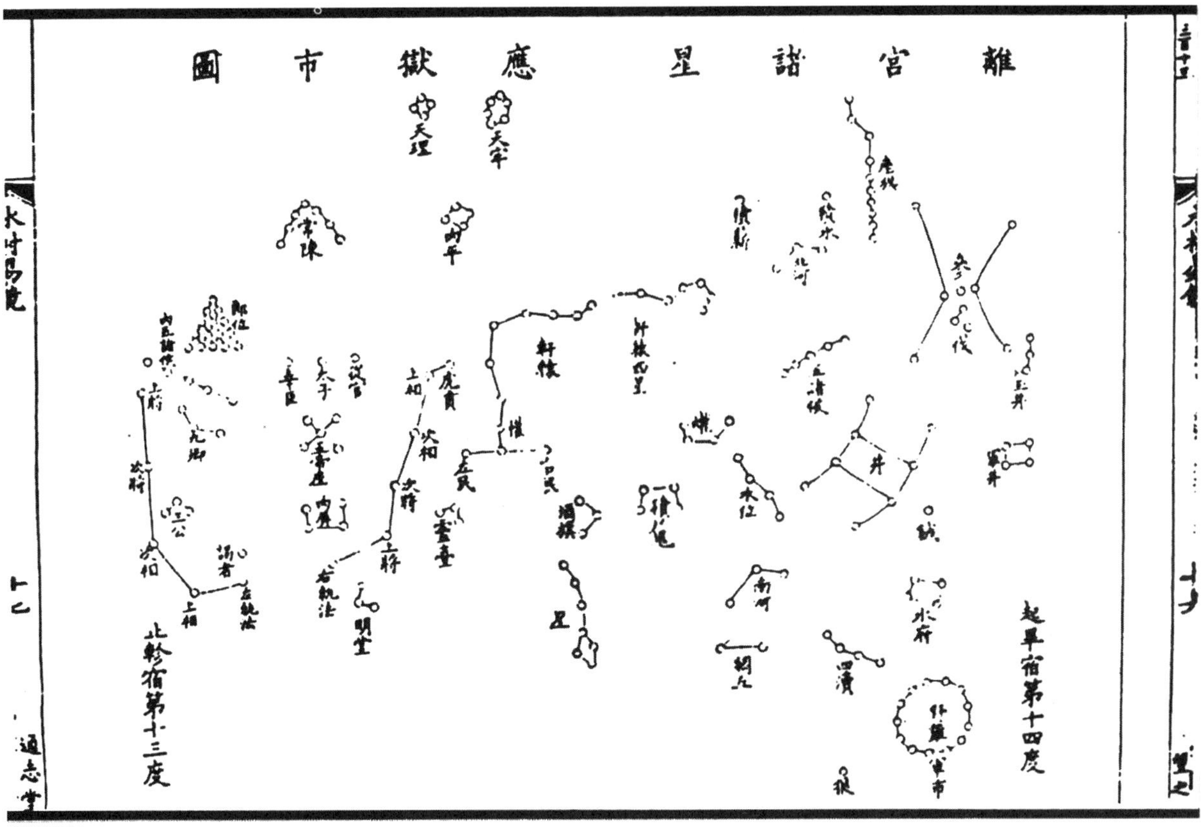

图 7　离宫诸星应狱市图
（林光世《水村易镜》）

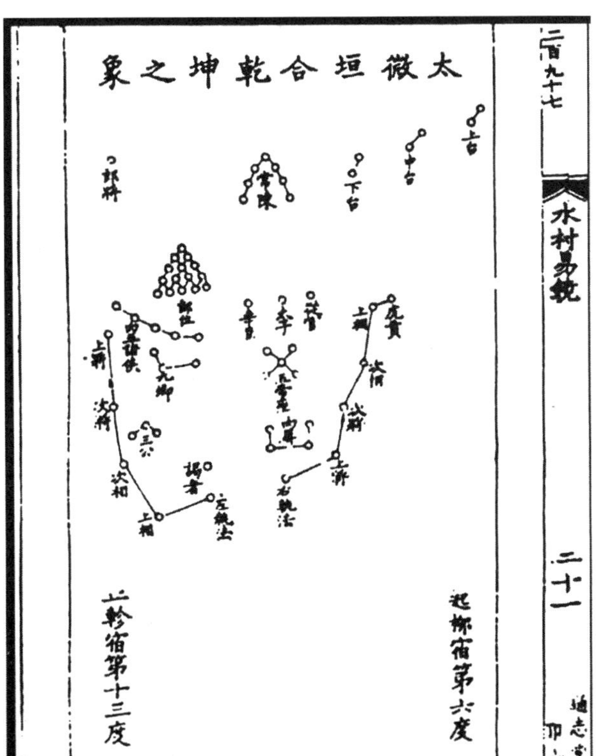

图 8　太微垣合乾坤之象图
（林光世《水村易镜》）

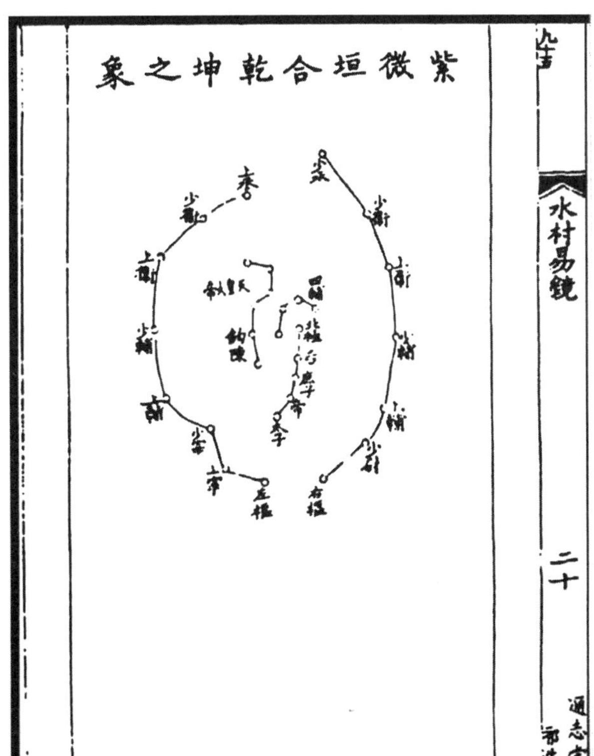

图 9　紫微垣合乾坤之象图
（林光世《水村易镜》）

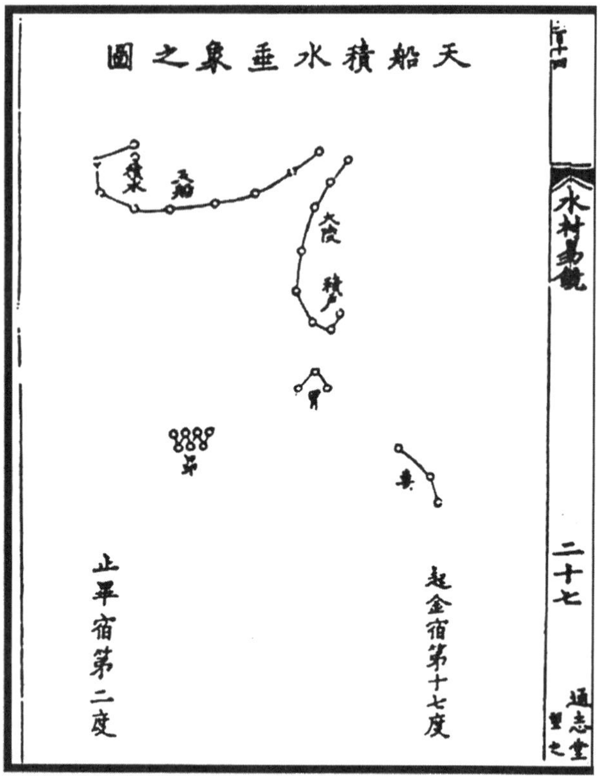

图 10　天船积水垂象之图
（林光世《水村易镜》）

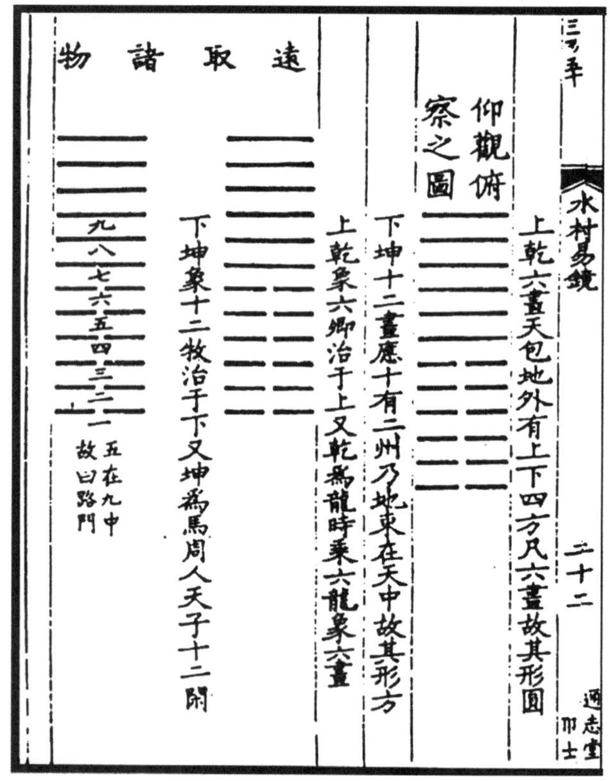

图 11　仰观俯察图
（林光世《水村易镜》）

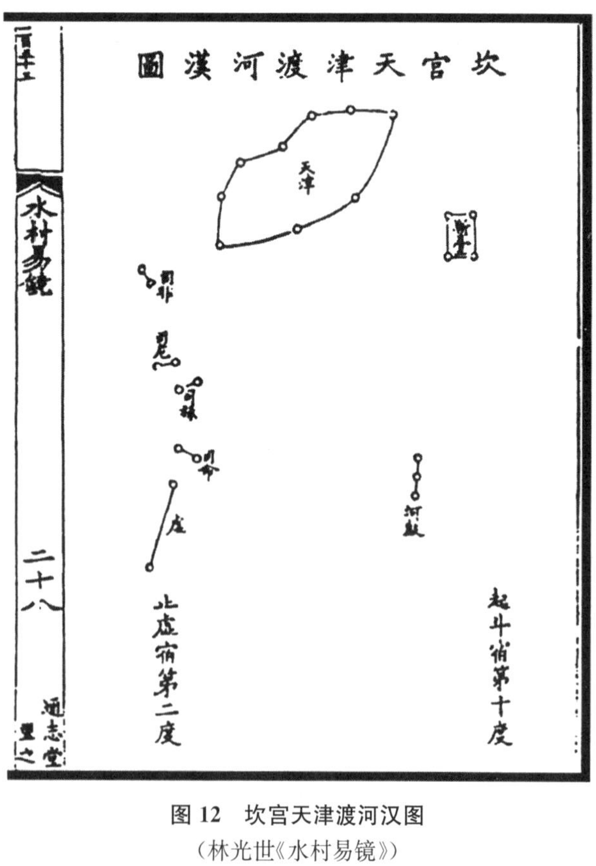

图 12　坎宫天津渡河汉图
（林光世《水村易镜》）

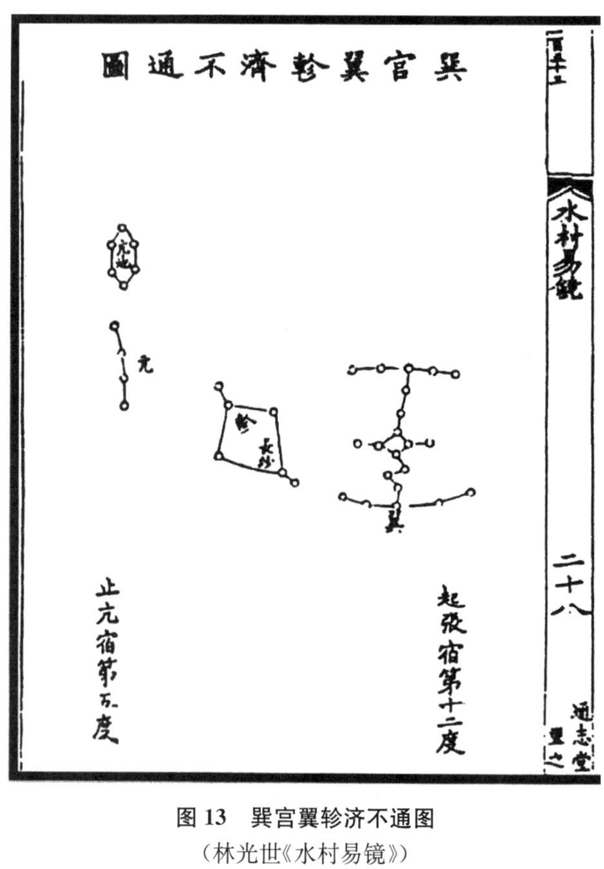

图 13　巽宫翼轸济不通图
（林光世《水村易镜》）

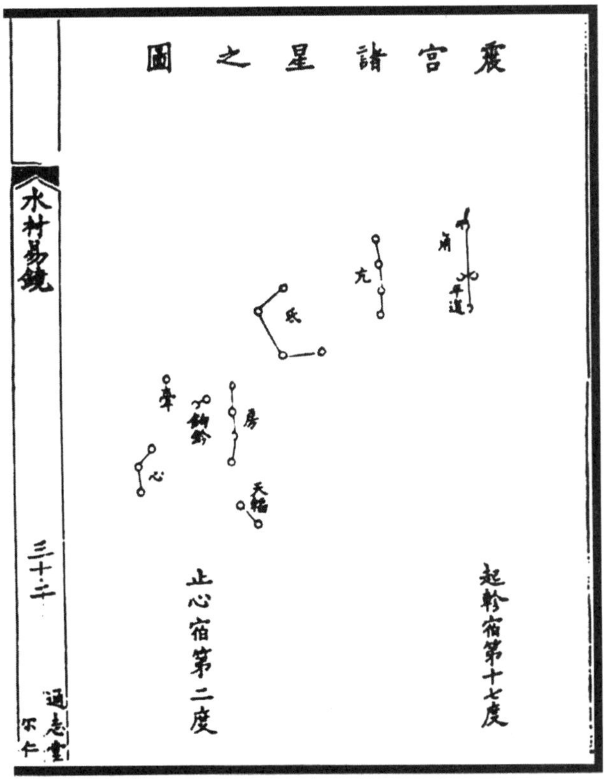

图 14　震宫诸星之图
（林光世《水村易镜》）

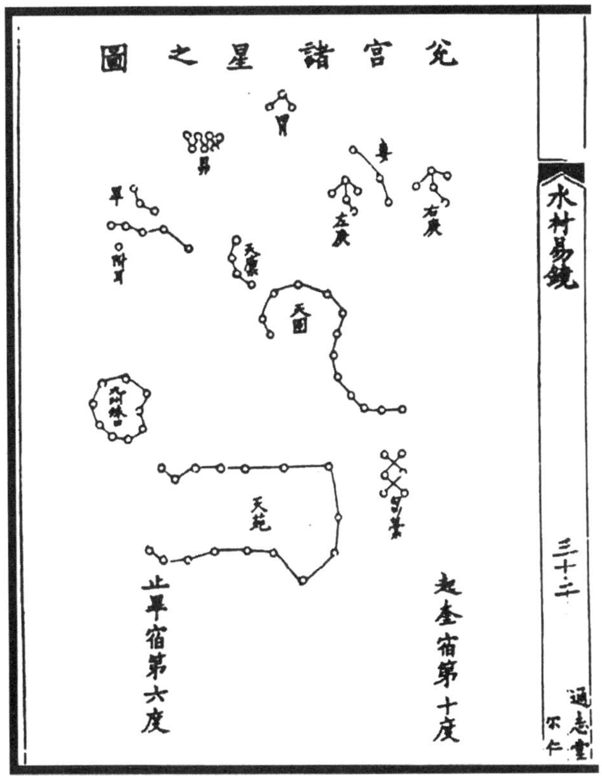

图 15　兑宫诸星之图
（林光世《水村易镜》）

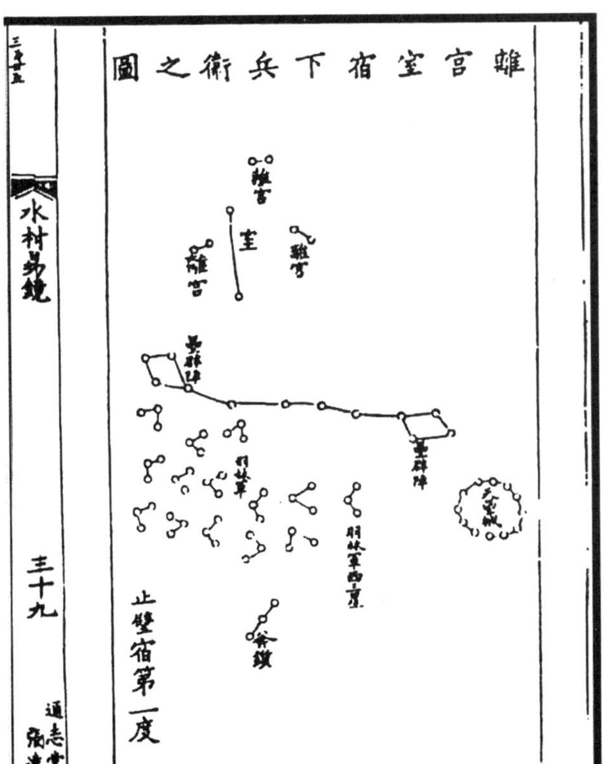

图 16　离宫室宿下兵卫之图
（林光世《水村易镜》）

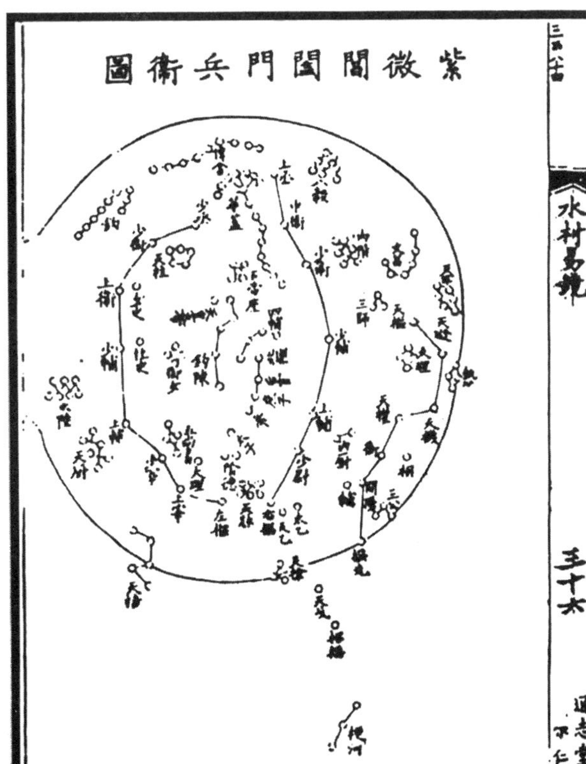

图 17　紫微阊阖门兵卫图
（林光世《水村易镜》）

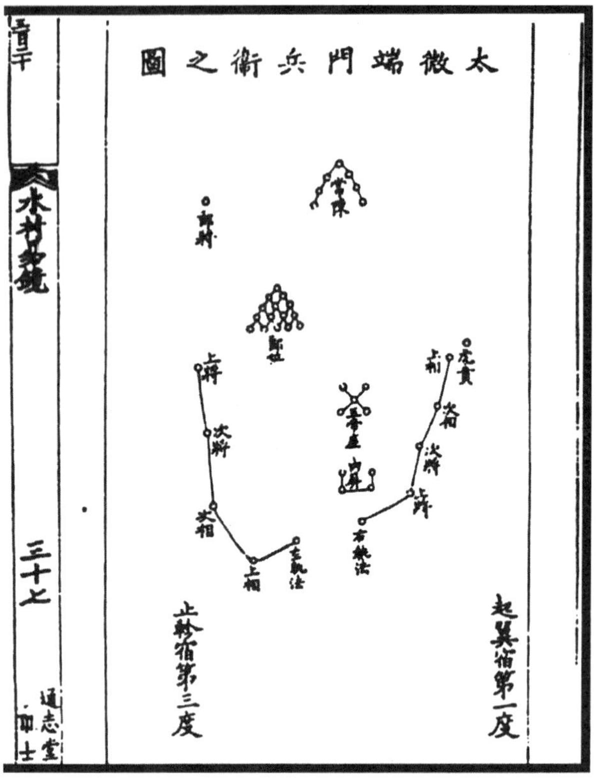

图 18　太微端门兵卫之图
（林光世《水村易镜》）

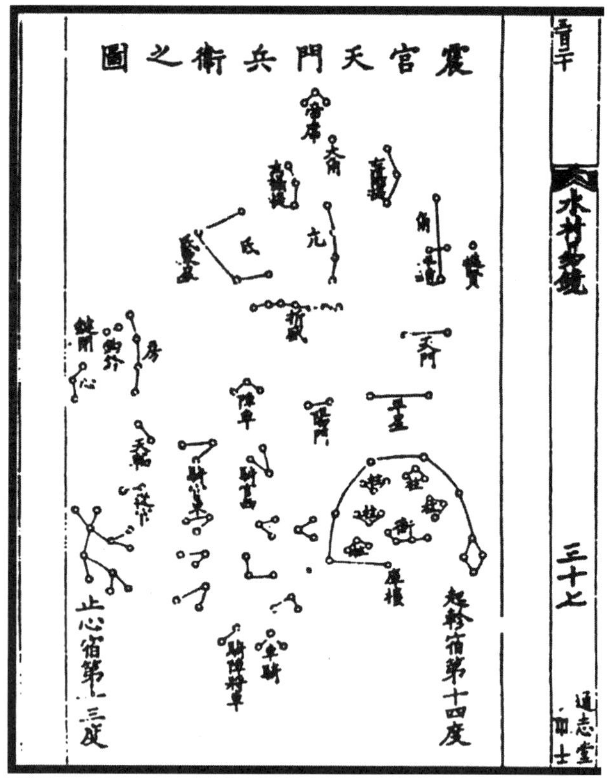

图 19　震宫天门兵卫之图
（林光世《水村易镜》）

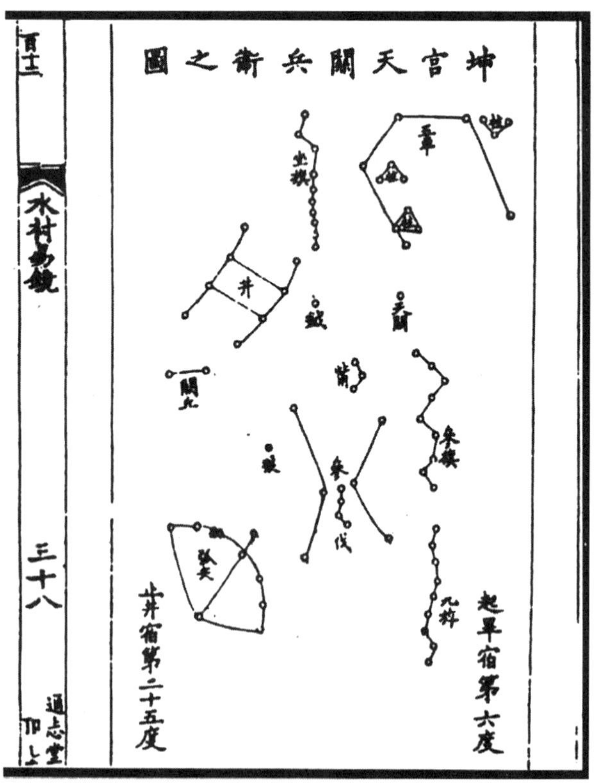

图 20　坤宫天关兵卫之图
（林光世《水村易镜》）

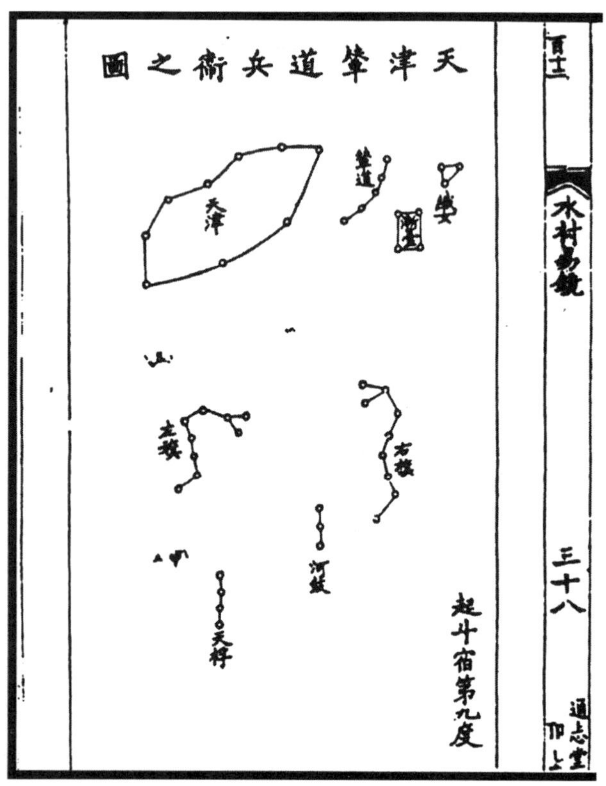

图 21　天津辇道兵卫之图
（林光世《水村易镜》）

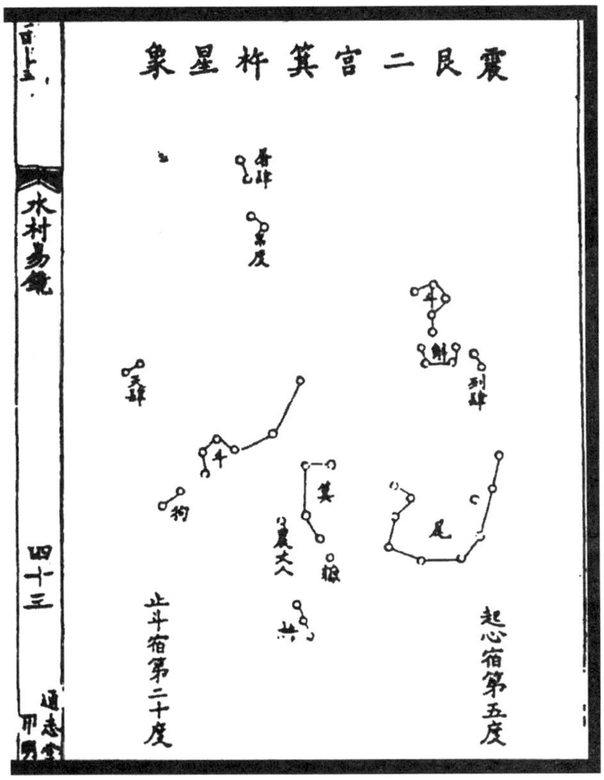

图 22　震艮二宫箕杵星象图
（林光世《水村易镜》）

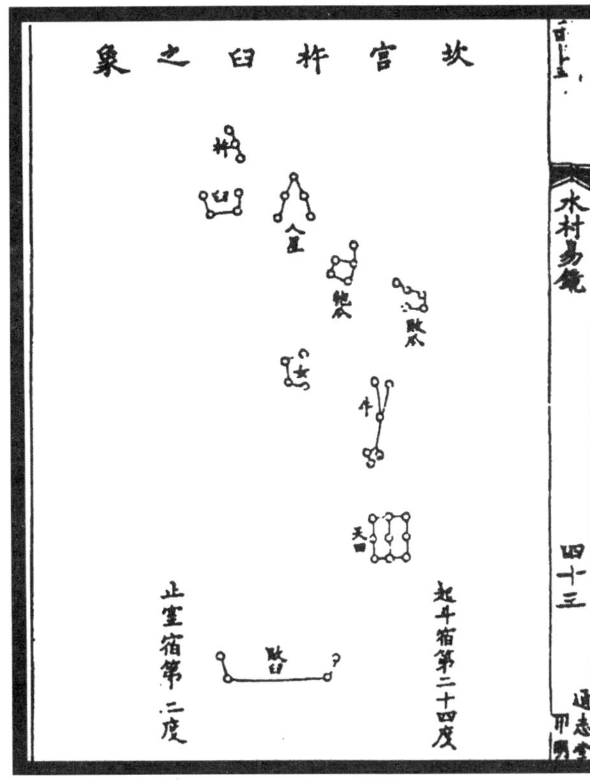

图 23　坎宫杵臼之象图
（林光世《水村易镜》）

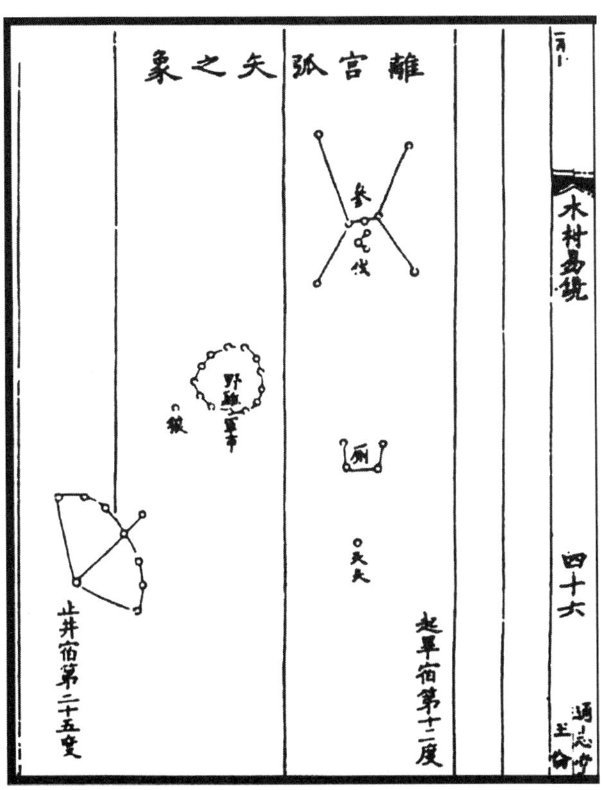

图 24　离宫弧矢之象图
（林光世《水村易镜》）

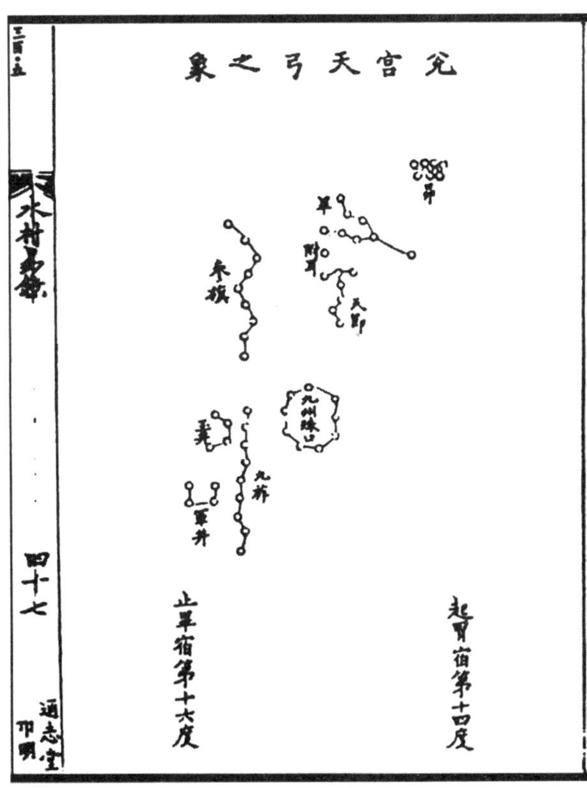

图 25　兑宫天弓之象图
（林光世《水村易镜》）

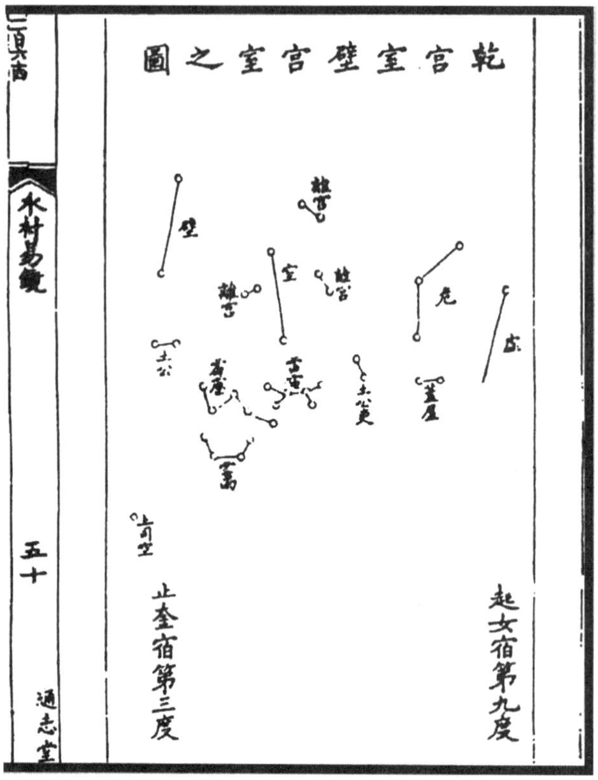

图 26　乾宫室壁宫室之图
（林光世《水村易镜》）

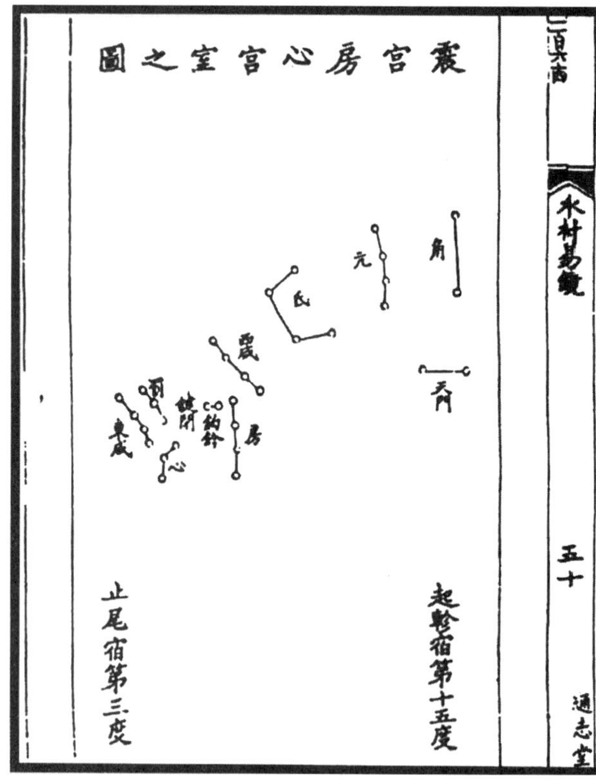

图 27　震宫房心宫室之图
（林光世《水村易镜》）

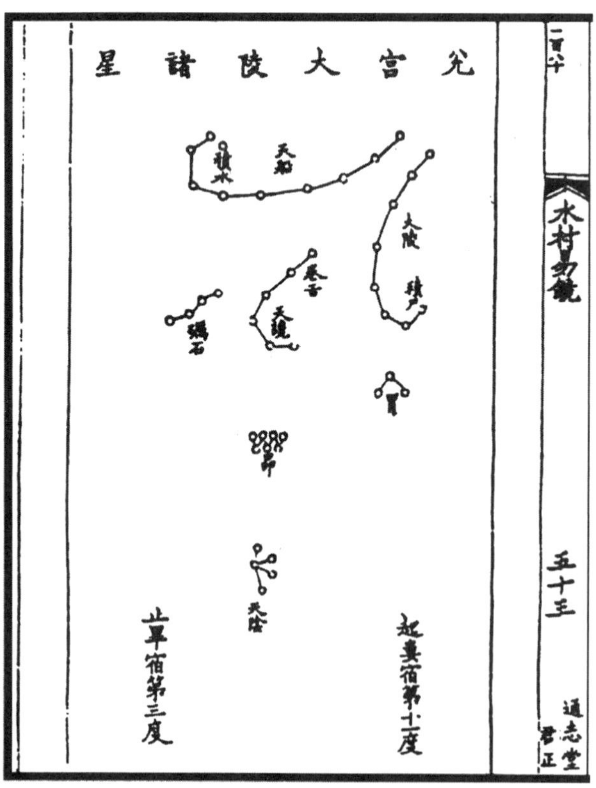

图 28　兑宫大陵诸星图
（林光世《水村易镜》）

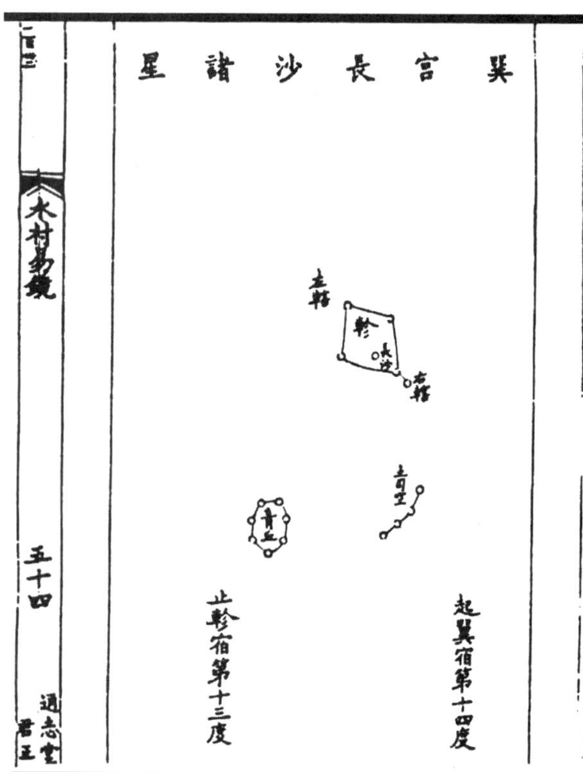

图 29　巽宫长沙诸星图
（林光世《水村易镜》）

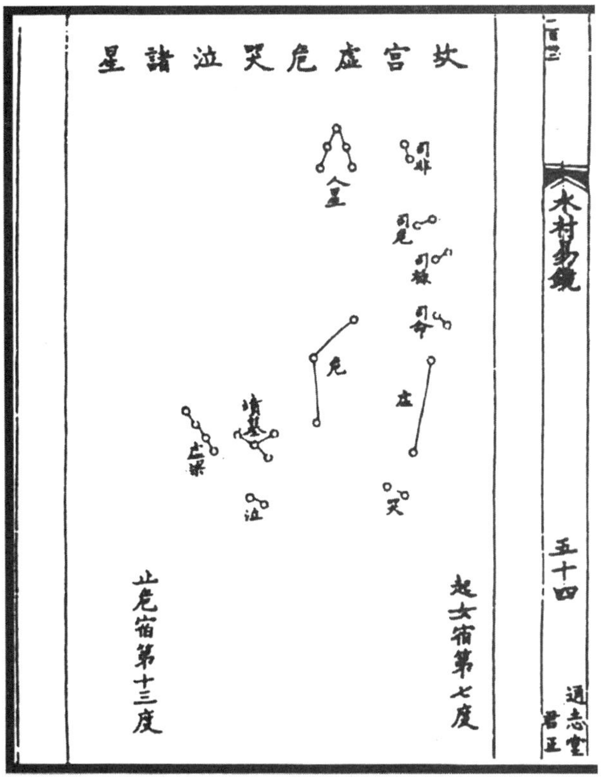

图 30　坎宫虚危哭泣诸星图
（林光世《水村易镜》）

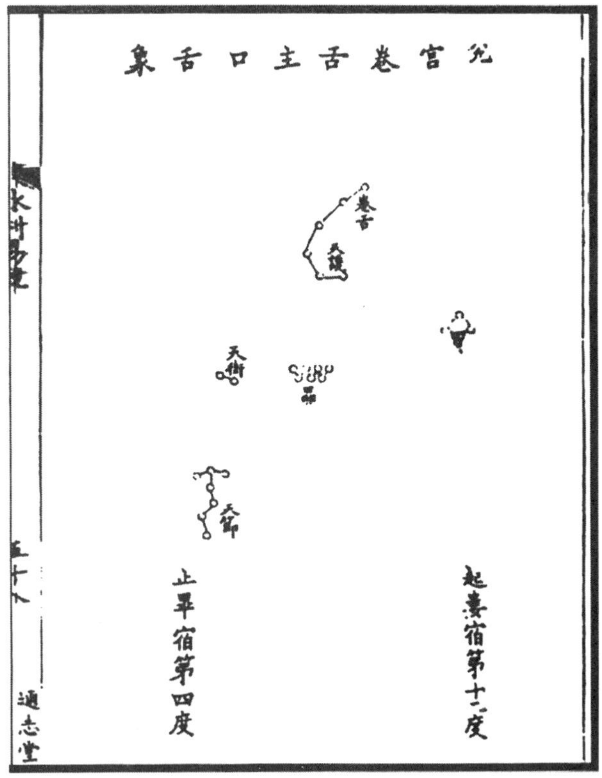

图 31　兑宫卷舌主口舌象图
（林光世《水村易镜》）

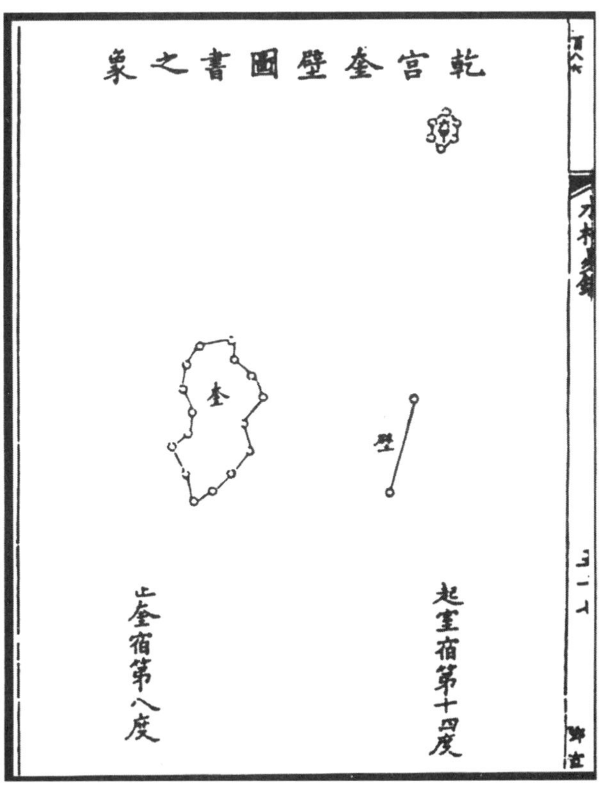

图 32　乾宫奎壁图书之象图
（林光世《水村易镜》）

熊朋来（1246—1323）

字与可，号天慵，学者称其为"天慵先生"，南宋隆兴府丰城（今江西丰城）人。咸淳十年（1274）进士，授从仕郎，为宝庆府（今湖南邵阳）佥书判官，未到任而南宋亡。入元，引退州里，著述讲学。后经推荐，出任闽海、庐陵两郡教授，后被铨选为建安（今福建建宁）主簿，未赴任。后赠福清州（故城在今福建福清县东南）判官致仕。著有《五经说》《小学标注》《天慵文集》等。现存有《周易》图像三幅。

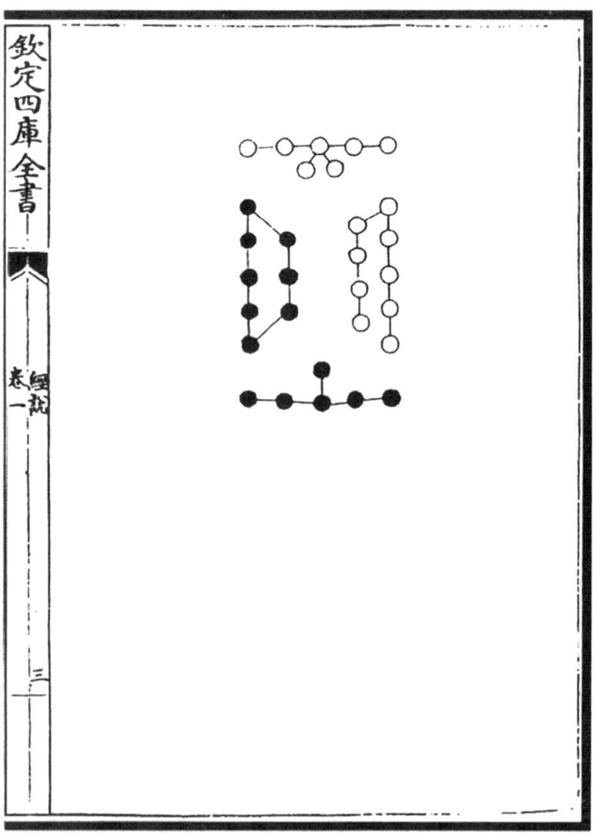

图1　河图四象即河图图
（熊朋来《熊氏经说》）

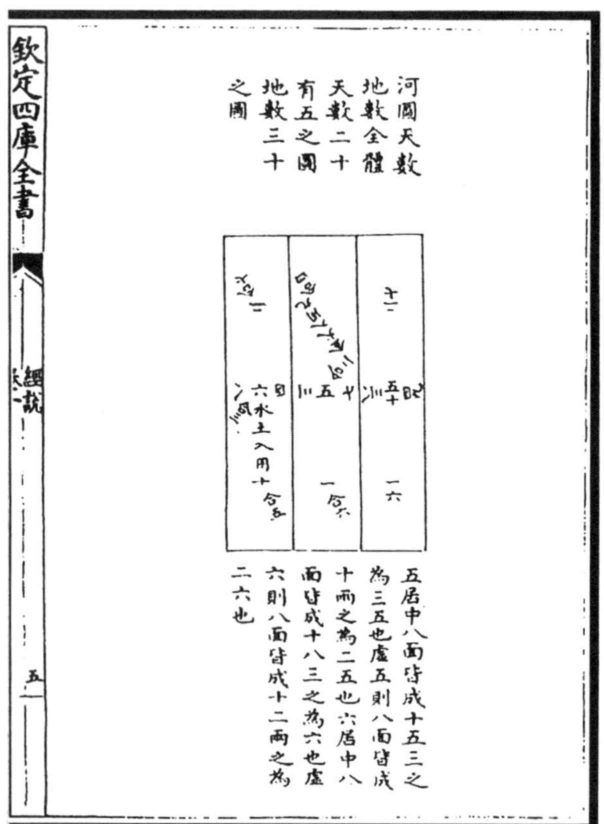

图2　河图天数二十五即洛书图
（熊朋来《熊氏经说》）

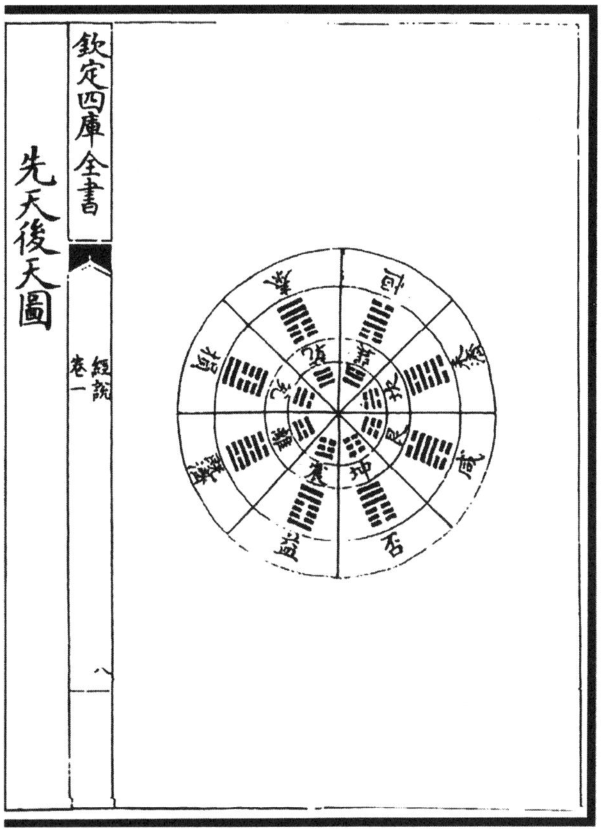

图 3　先天后天图
（熊朋来《熊氏经说》）

胡一桂（1247—?）

字庭芳，号双湖，学者称其"双湖先生"，南宋徽州婺源（今江西婺源）人。南宋景定五年（1264）举人，试礼部不第，退而讲学于乡里。其学源于其父胡方平，博通经史，尤精于易学。著有《周易本义附录纂疏》十五卷、《周易启蒙翼传》四卷、《双湖先生文集》等。现存有《周易》图像三十一幅。

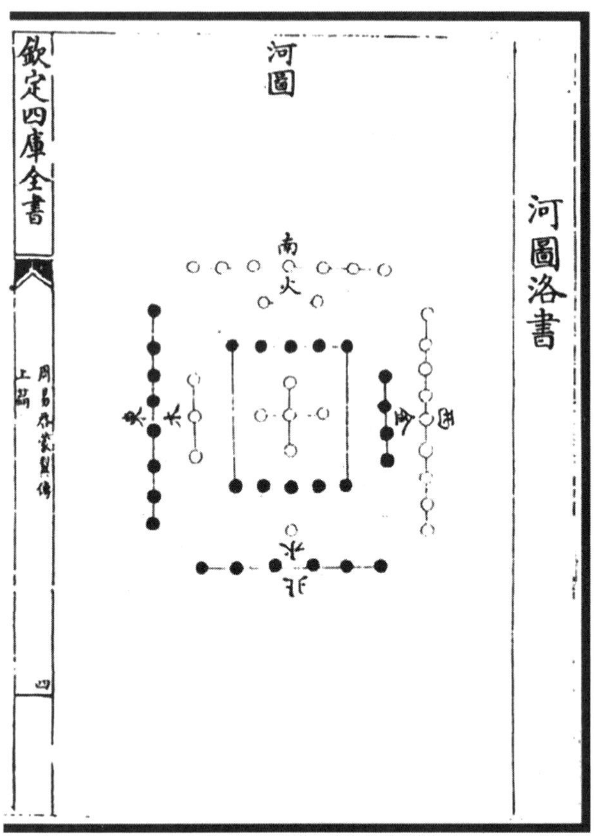

图1 河图
（胡一桂《周易启蒙翼传》）

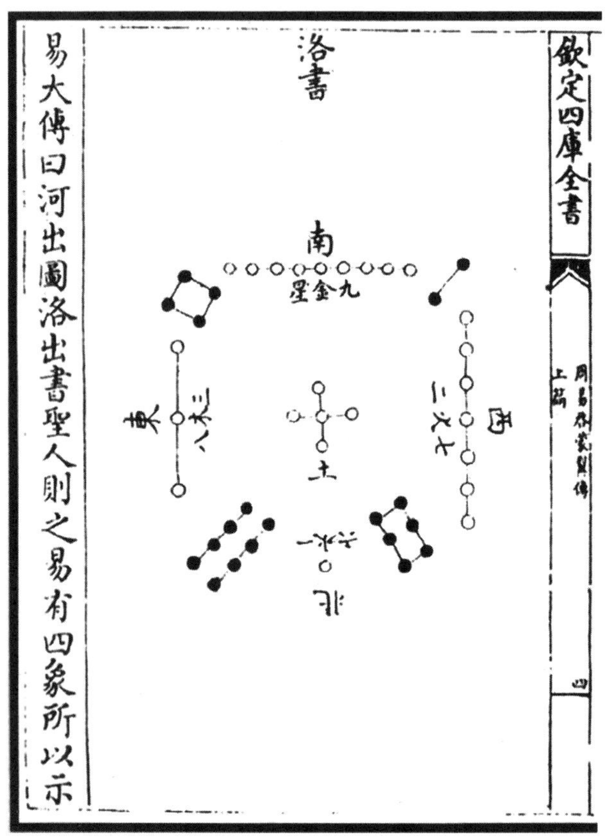

图2 洛书
（胡一桂《周易启蒙翼传》）

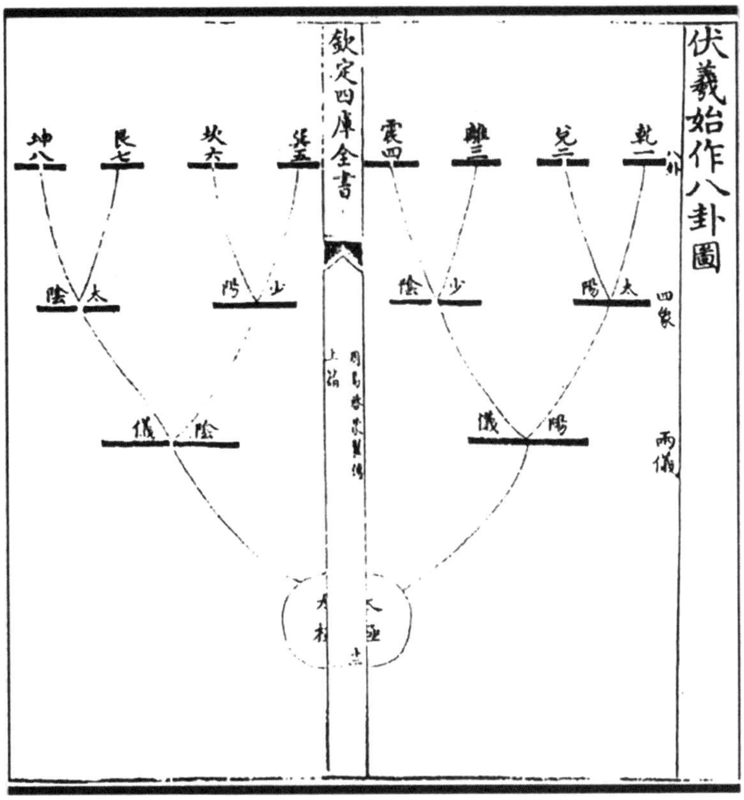

图 3　伏羲始作八卦图
（胡一桂《周易启蒙翼传》）

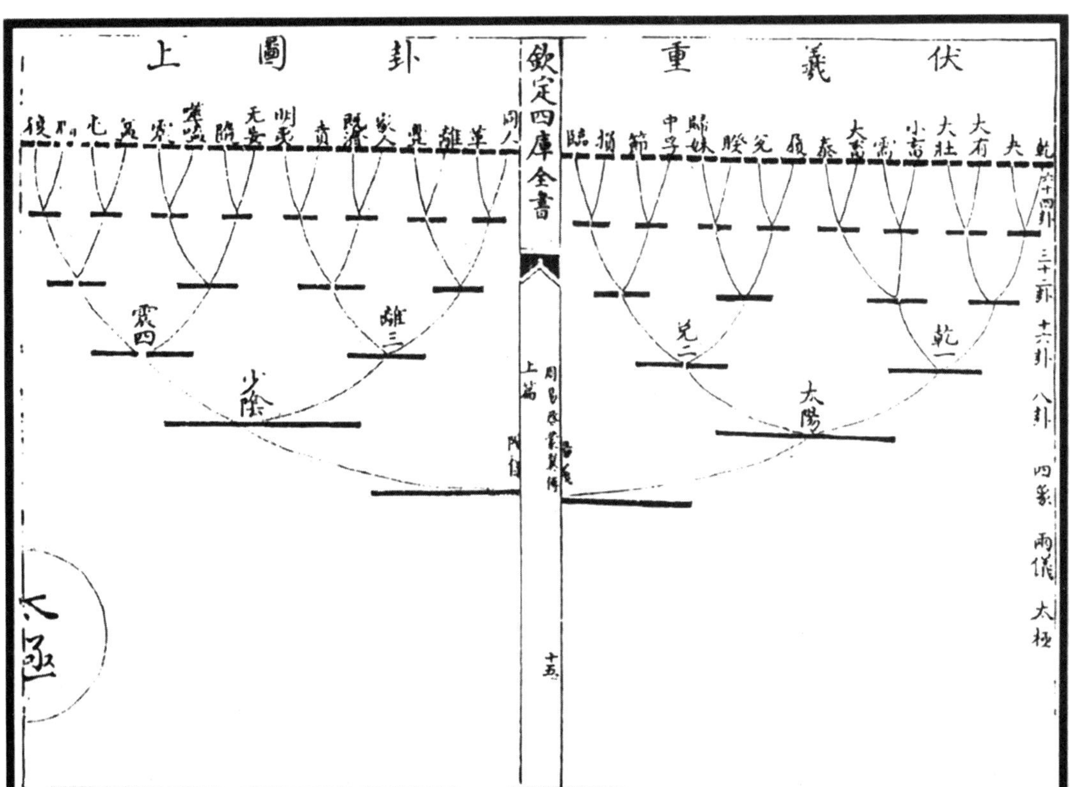

图 4　伏羲重卦图上
（胡一桂《周易启蒙翼传》）

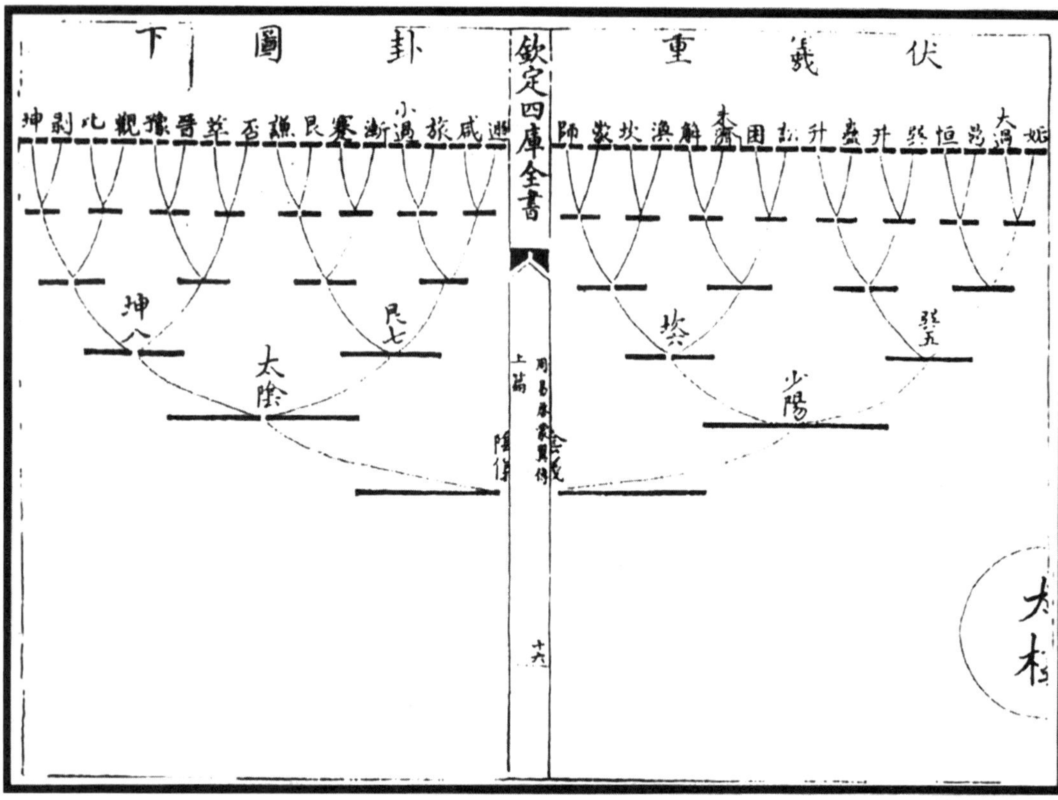

图 5 伏羲重卦图下
（胡一桂《周易启蒙翼传》）

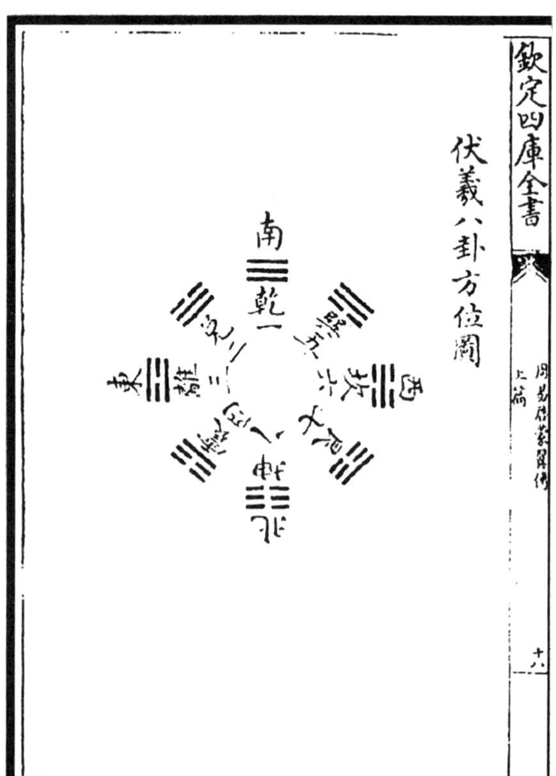

图 6 伏羲八卦方位图
（胡一桂《周易启蒙翼传》）

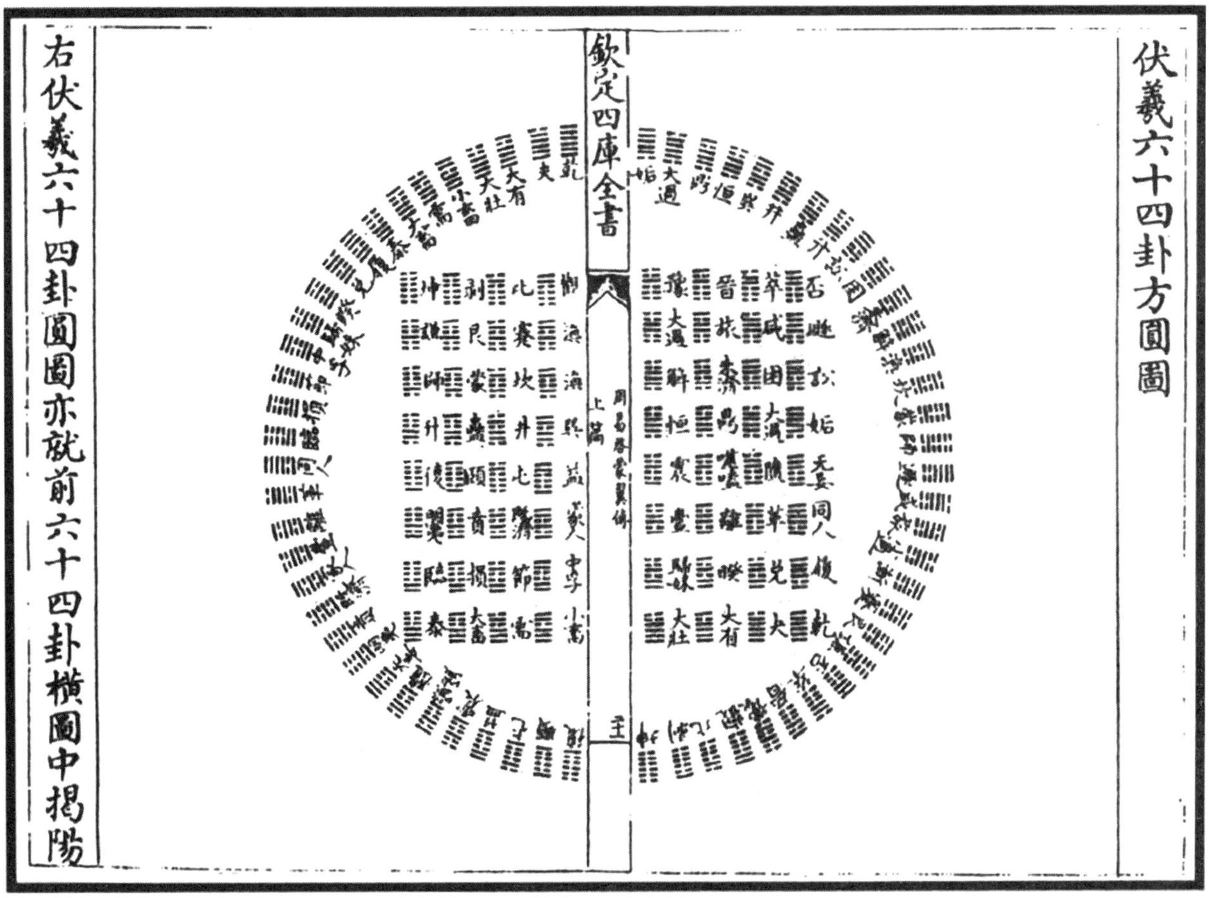

图7 伏羲六十四卦方圆图
（胡一桂《周易启蒙翼传》）

图8 文王八卦方位图 　　　　　　图9 文王改易先天为后天图
（胡一桂《周易启蒙翼传》）　　　　　（胡一桂《周易启蒙翼传》）

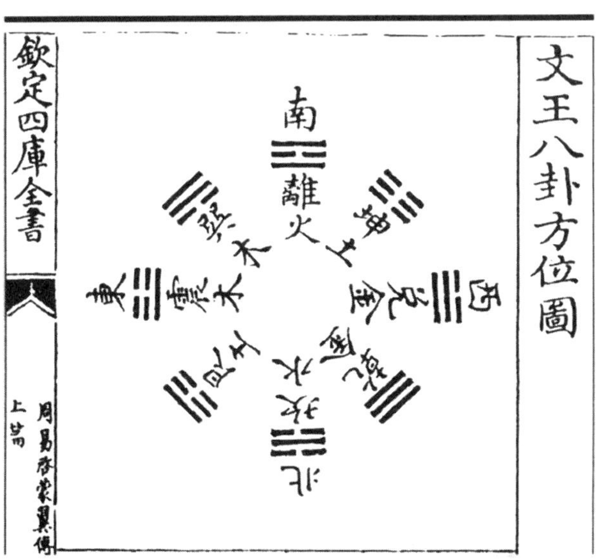

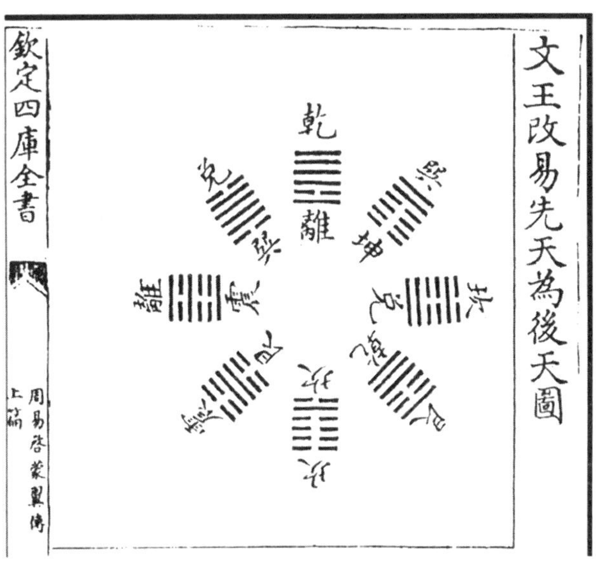

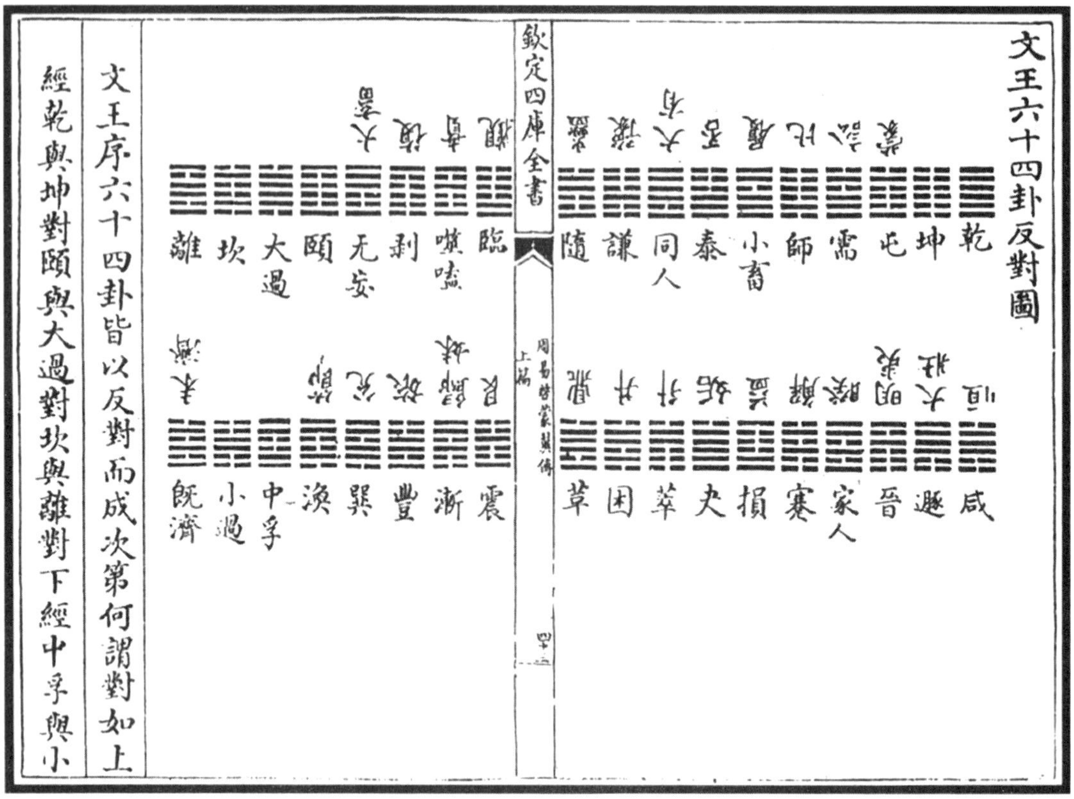

图 10　文王六十四卦反对图
（胡一桂《周易启蒙翼传》）

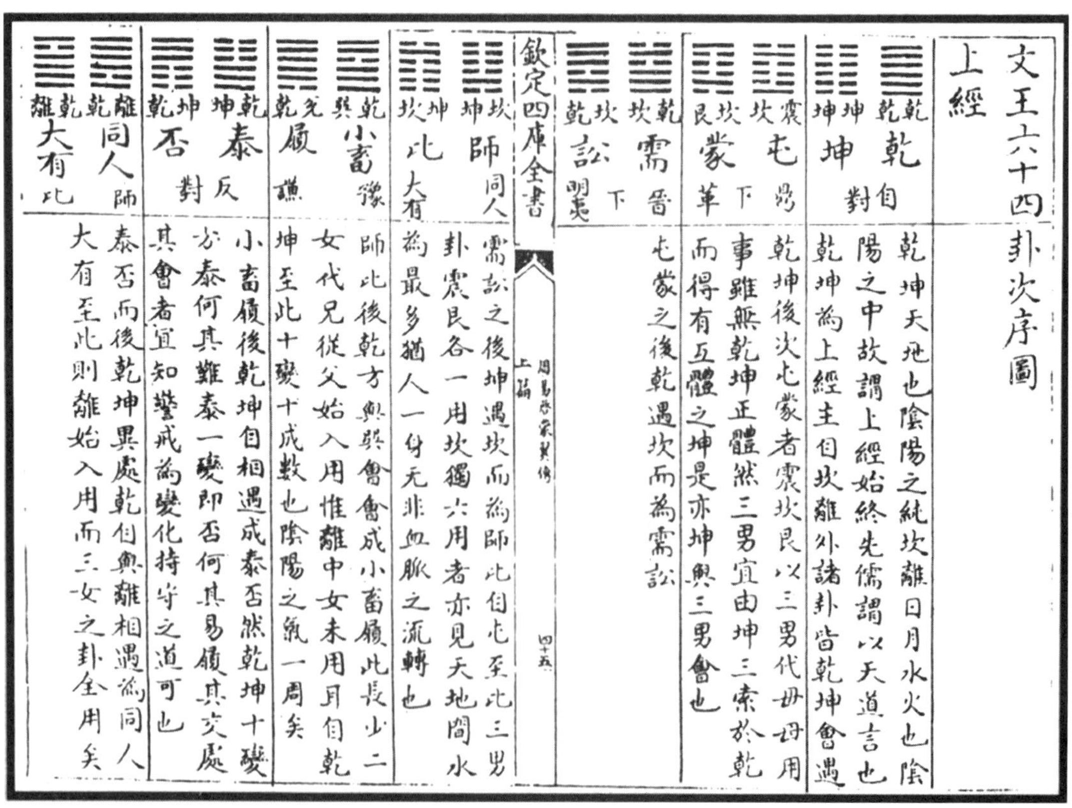

图 11-1　文王六十四卦次序图
（胡一桂《周易启蒙翼传》）

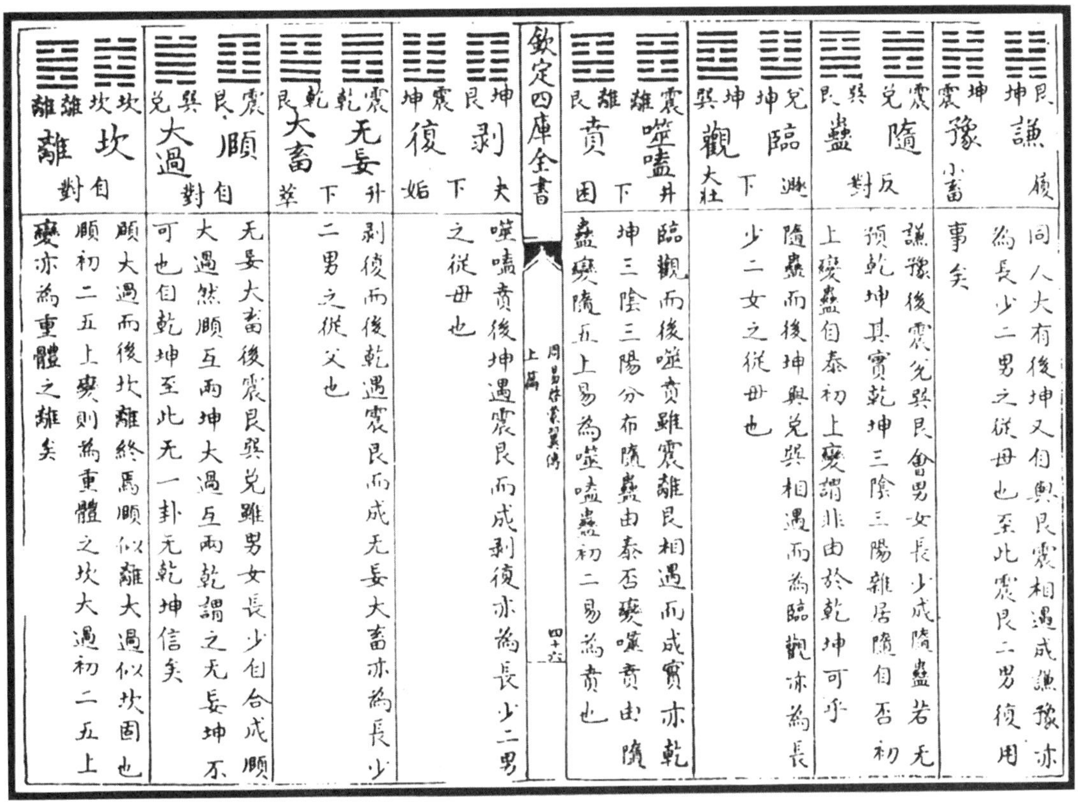

图 11-2 文王六十四卦次序图
（胡一桂《周易启蒙翼传》）

图 11-3 文王六十四卦次序图
（胡一桂《周易启蒙翼传》）

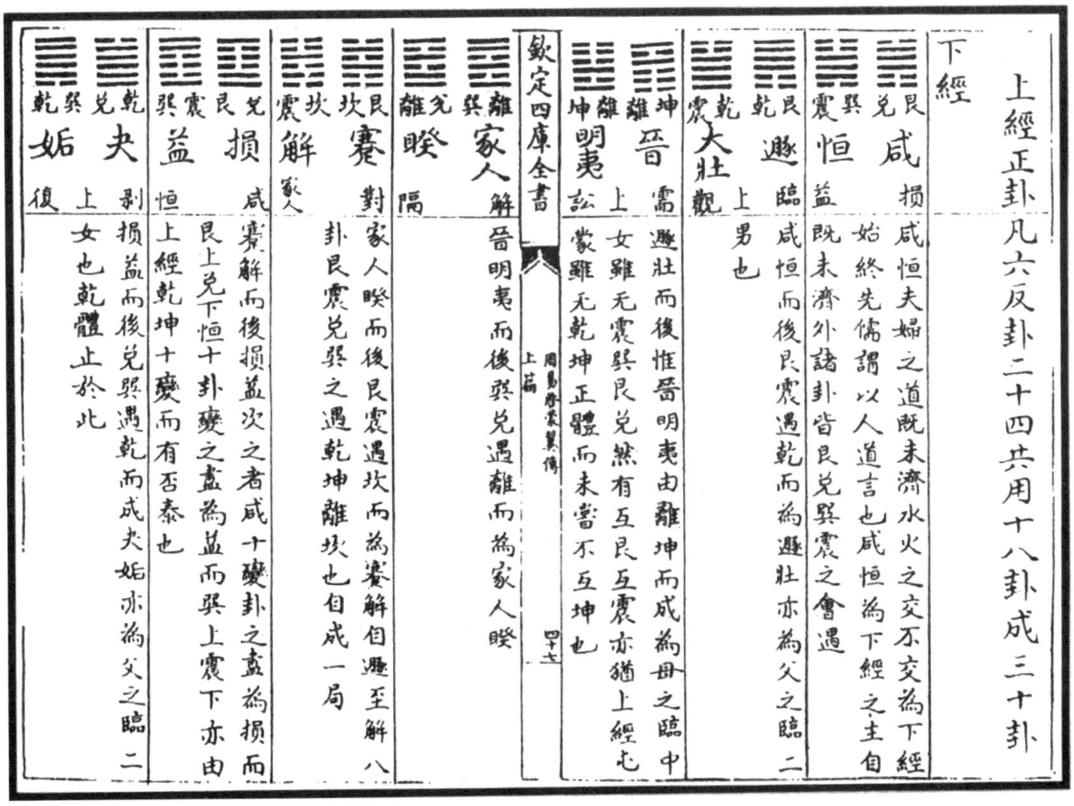

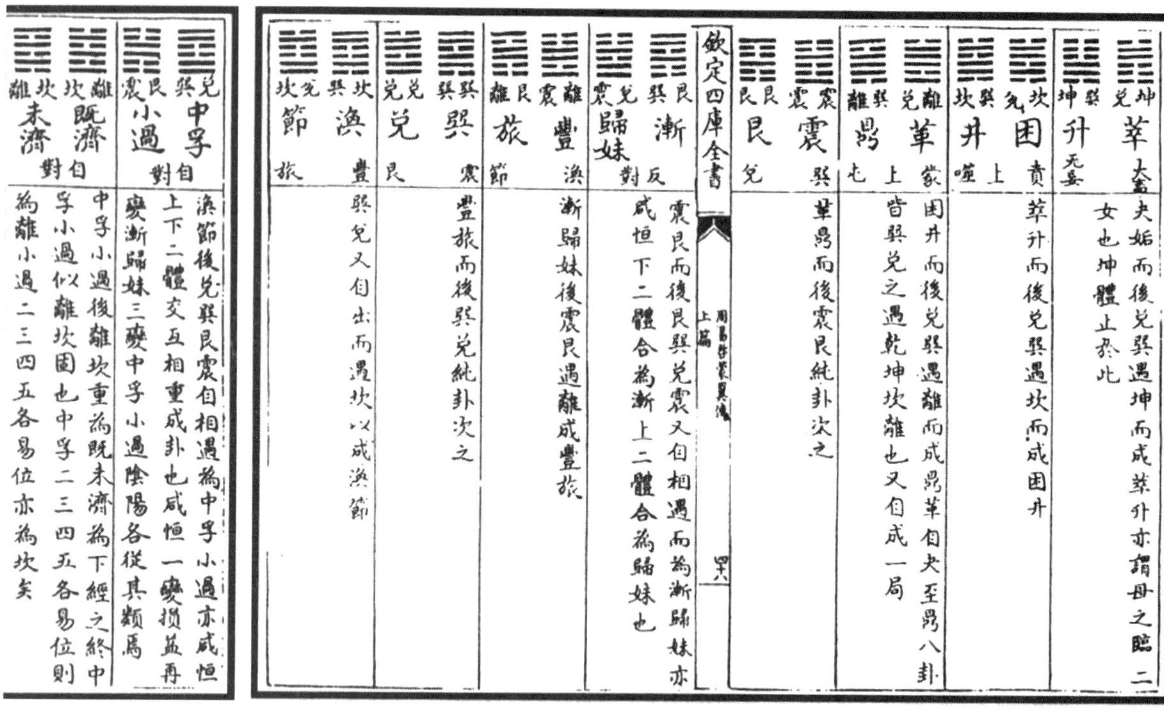

图 11-4 文王六十四卦次序图
（胡一桂《周易启蒙翼传》）

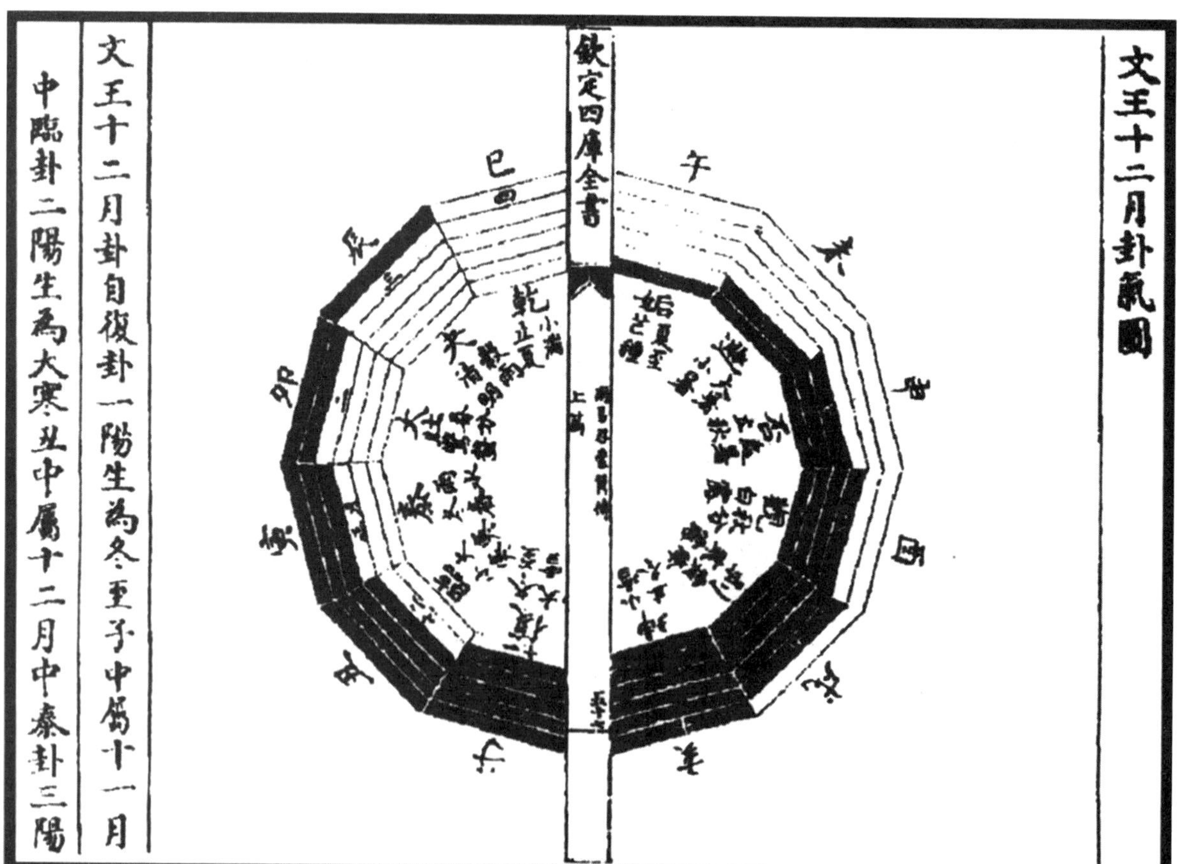

图 12 文王十二月卦气图
（胡一桂《周易启蒙翼传》）

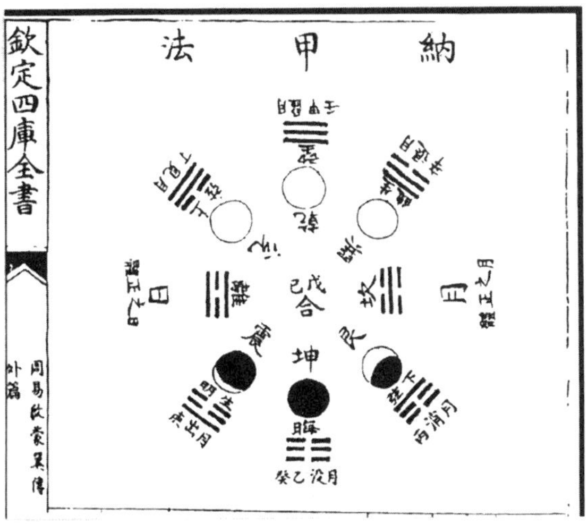

图 13　纳甲法图
（胡一桂《周易启蒙翼传》）

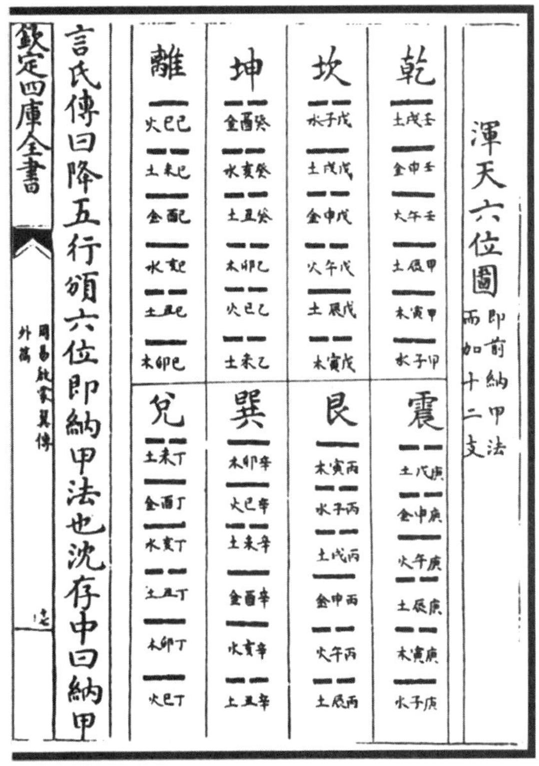

图 14　浑天六位图
（胡一桂《周易启蒙翼传》）

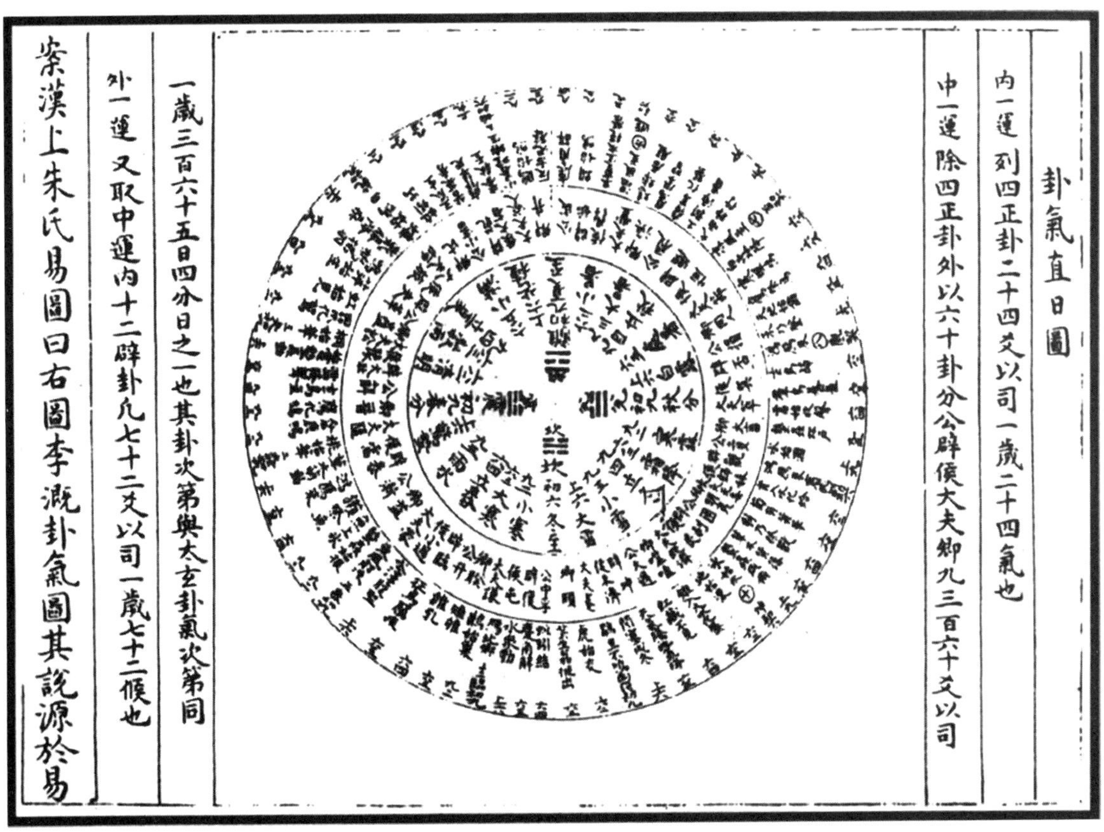

图 15　卦气直日图
（胡一桂《周易启蒙翼传》）

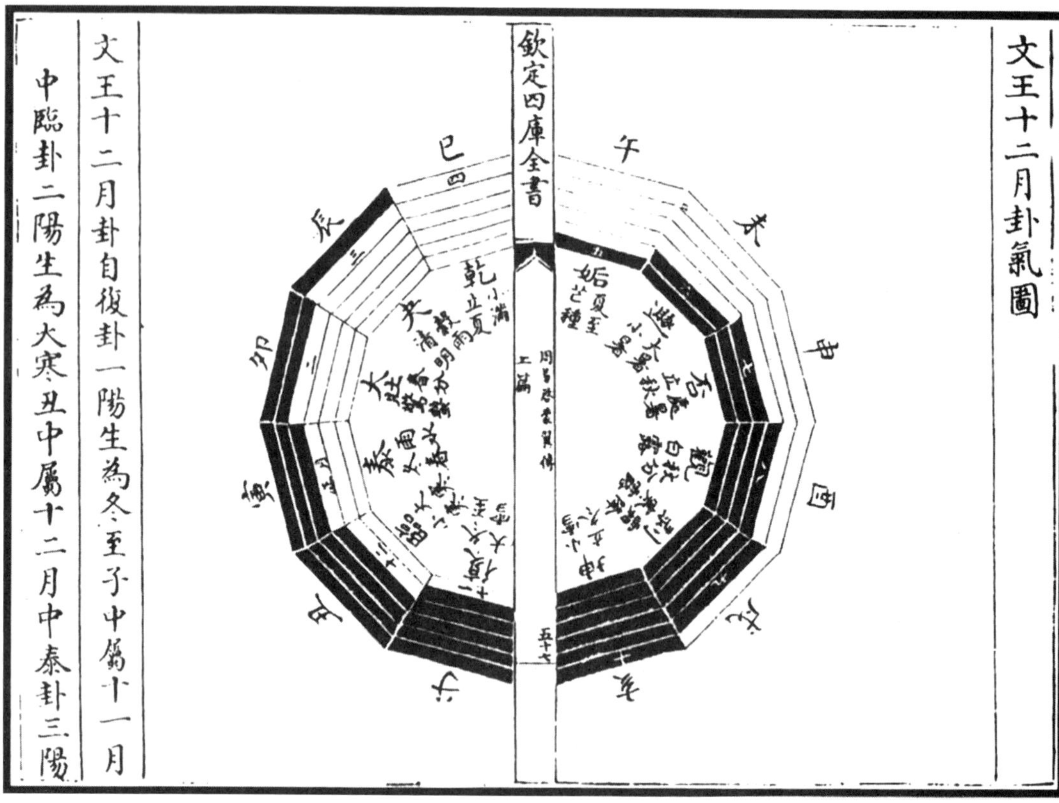

图 16　文王十二月卦气图

（胡一桂《周易启蒙翼传》）

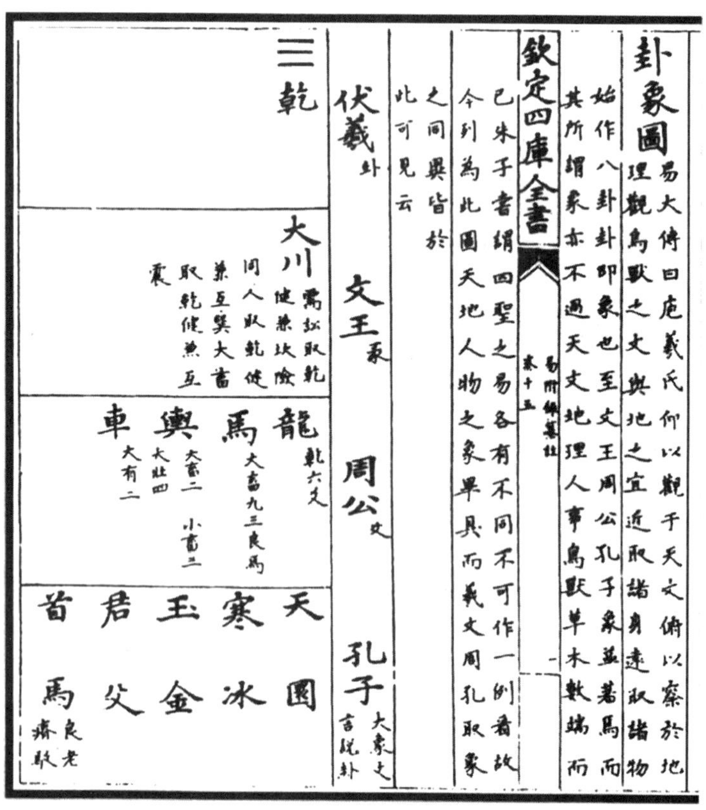

卦象圖

易大傳曰庖羲氏仰以觀于天文俯以察於地理觀鳥獸之文與地之宜近取諸身遠取諸物始作八卦卦即象也至文王周公孔子象益著焉而其所謂象亦不過天文地理人事鳥獸草木數端而已朱子書謂四聖之易各有不同不可作一例看故今列為此圖天地人物之象畢具而義文周孔取象之同異皆於此可見云

欽定四庫全書　易附錄纂注　卷十五

伏羲卦　文王彖　周公爻　孔子大象文言說卦

☰乾

大川　需訟取乾健兼坎險　同人取乾健兼互巽　大畜取乾健兼互震

龍乾六爻　馬大畜九三良馬　輿大畜二　小畜二　車大壯四　大有二

天　圜

寒　冰

玉　金

君　父

首　馬　良老瘠駁

图 17－1　卦象图

（胡一桂《易附录纂注》）

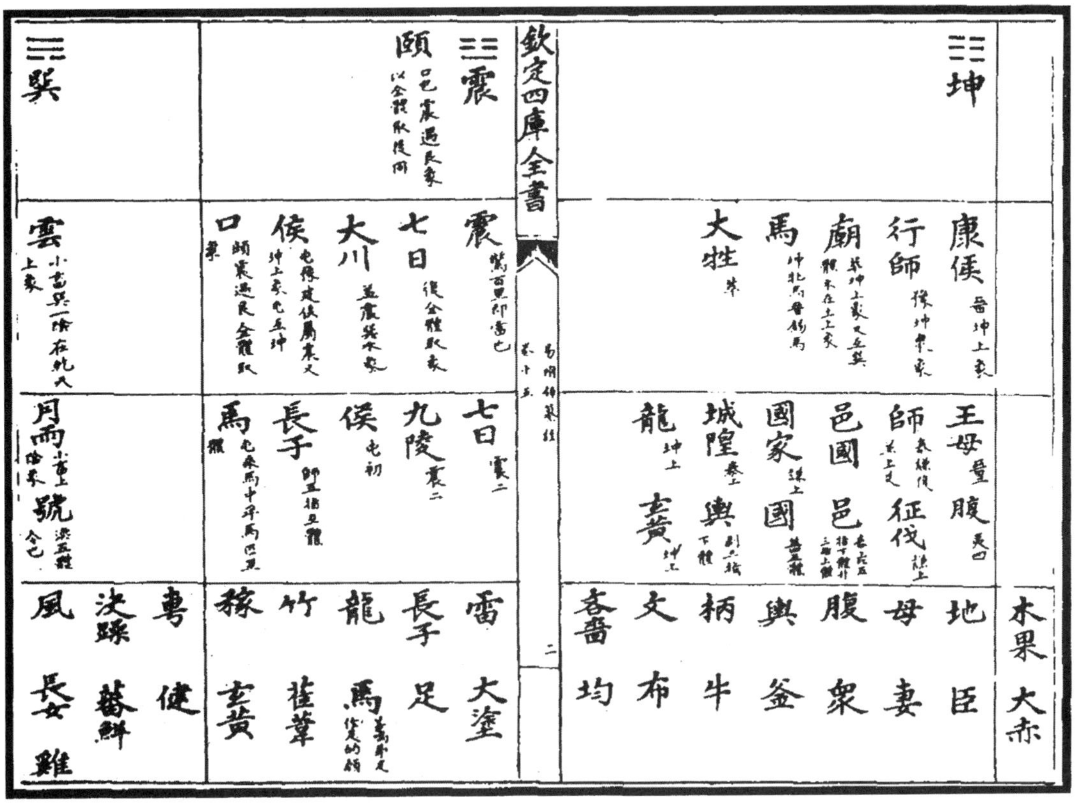

图 17－2　卦象图

（胡一桂《易附录纂注》）

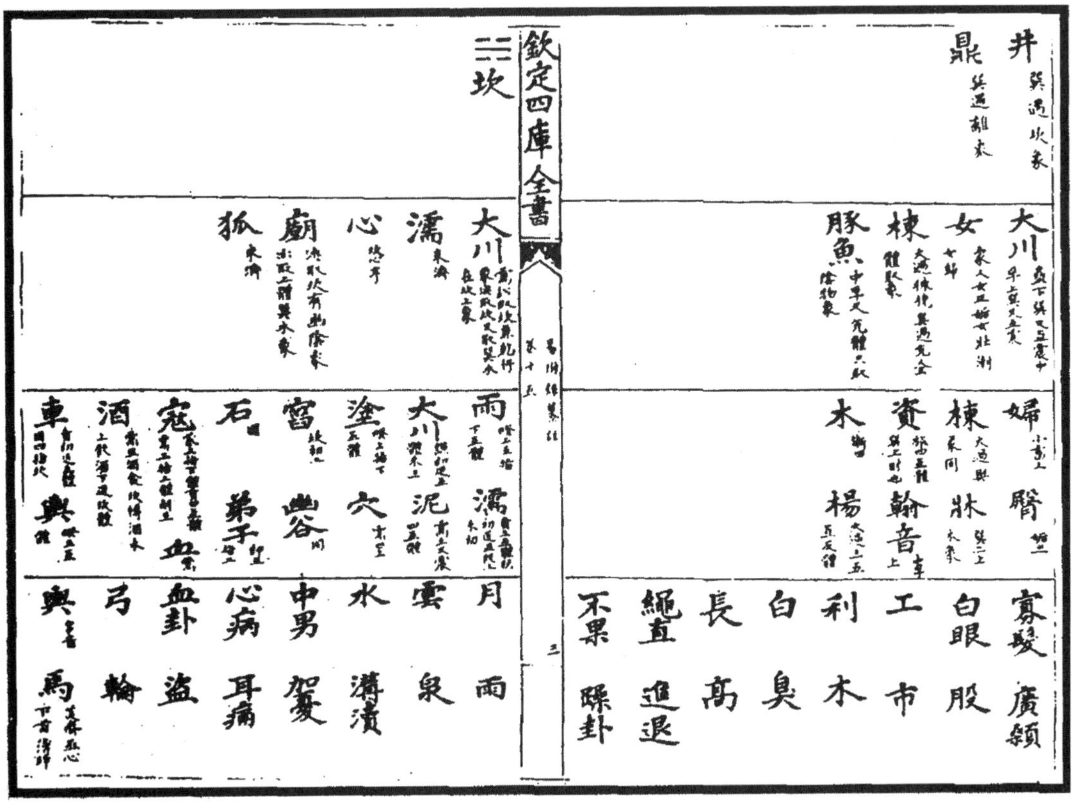

图 17－3　卦象图

（胡一桂《易附录纂注》）

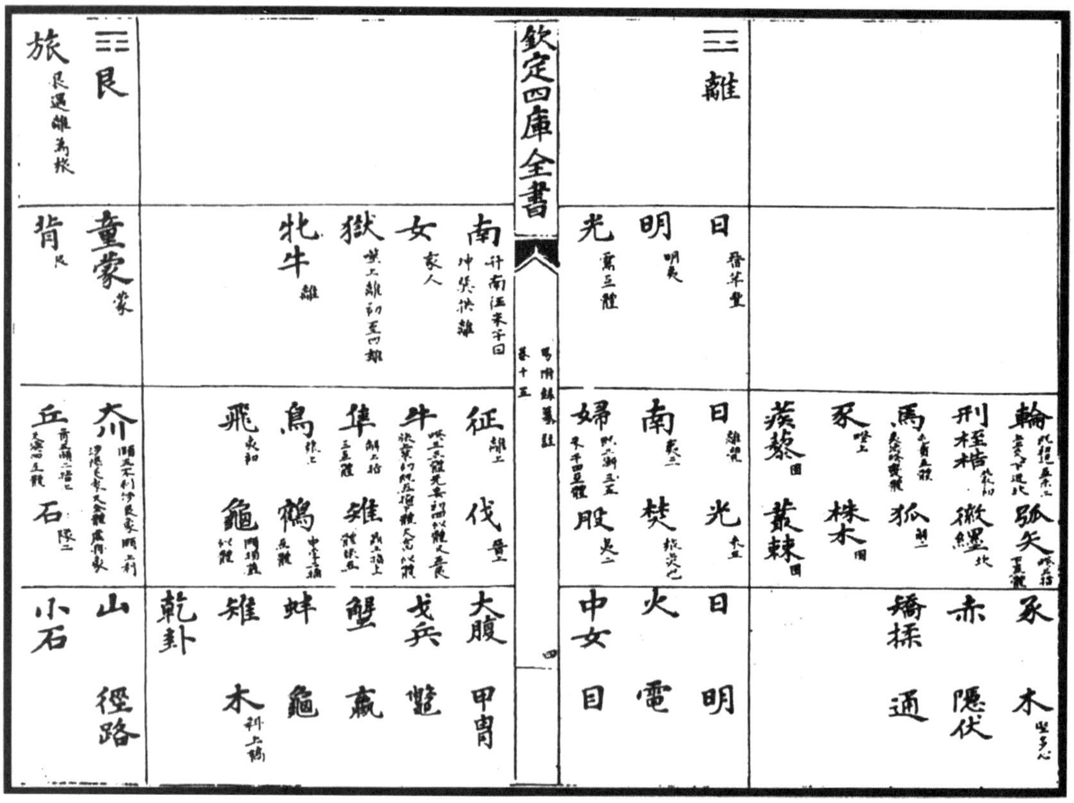

图 17－4　卦象图

（胡一桂《易附录纂注》）

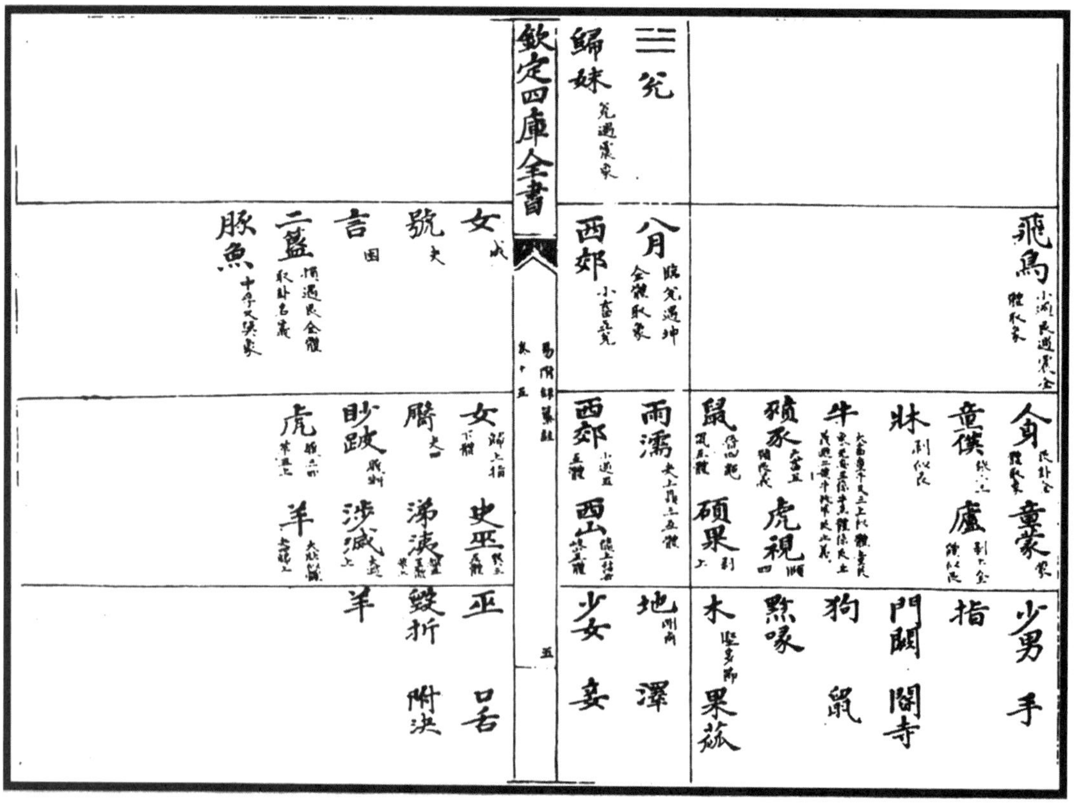

图 17－5　卦象图

（胡一桂《易附录纂注》）

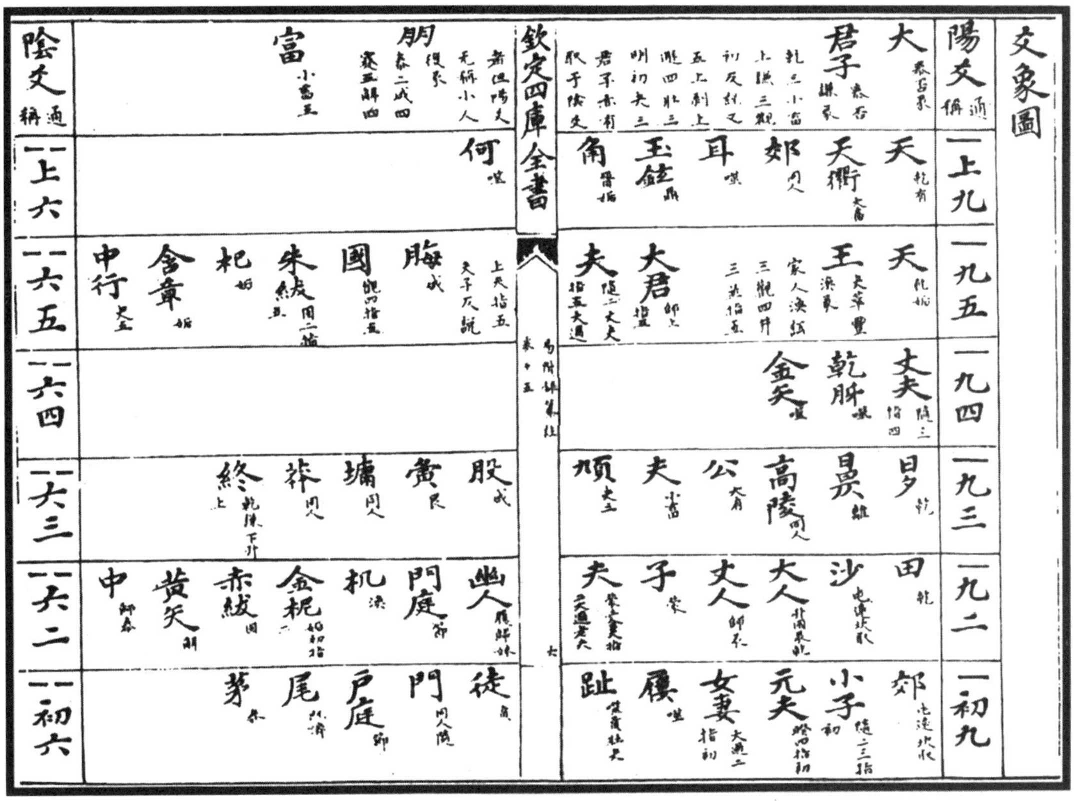

图 18-1　爻象图

（胡一桂《易附录纂注》）

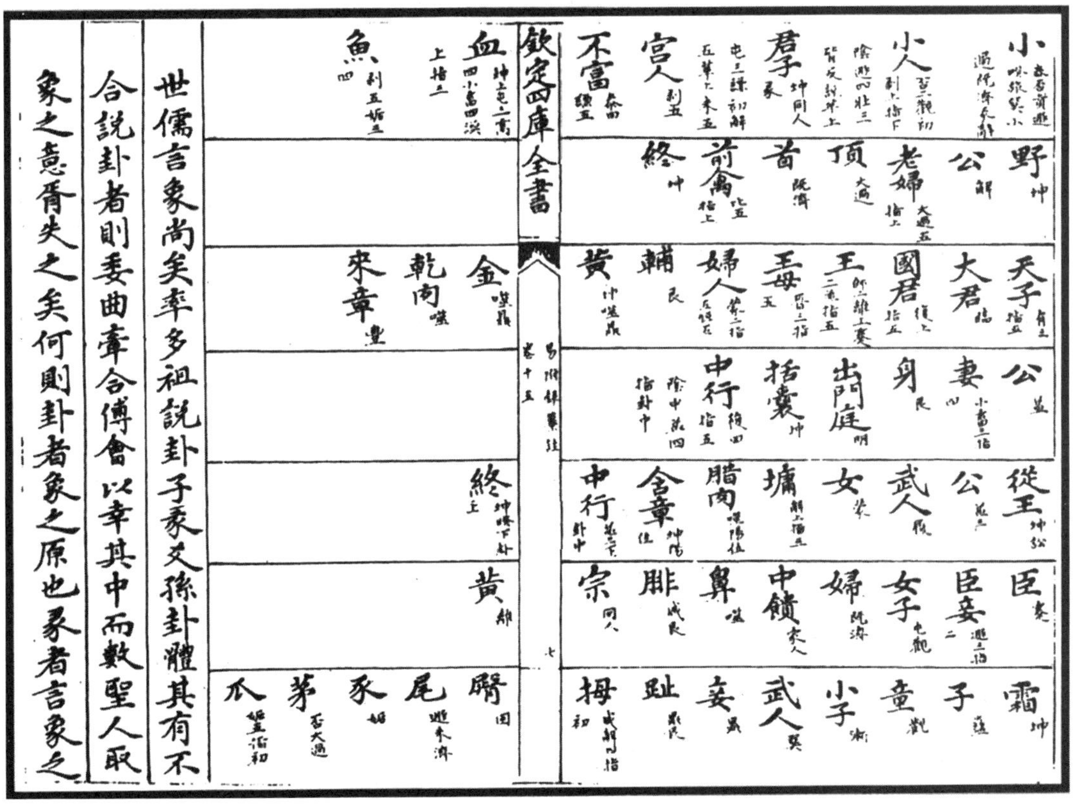

图 18-2　爻象图

（胡一桂《易附录纂注》）

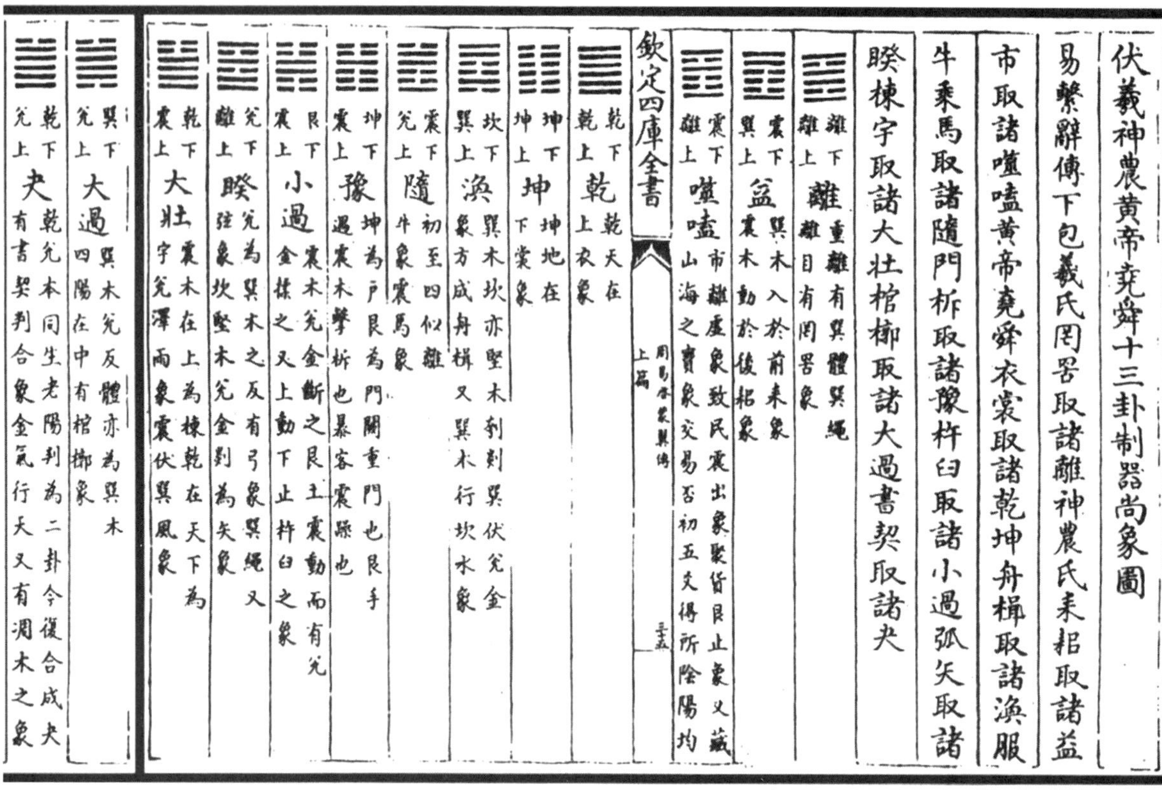

图 19　伏羲神农黄帝尧舜十三卦制器尚象图
（胡一桂《周易启蒙翼传》）

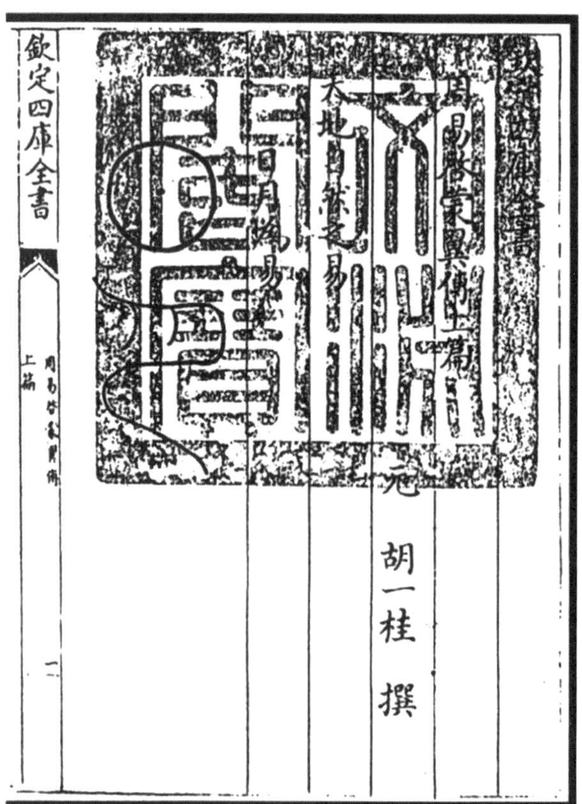

图 20　日月为易图
（胡一桂《周易启蒙翼传》）

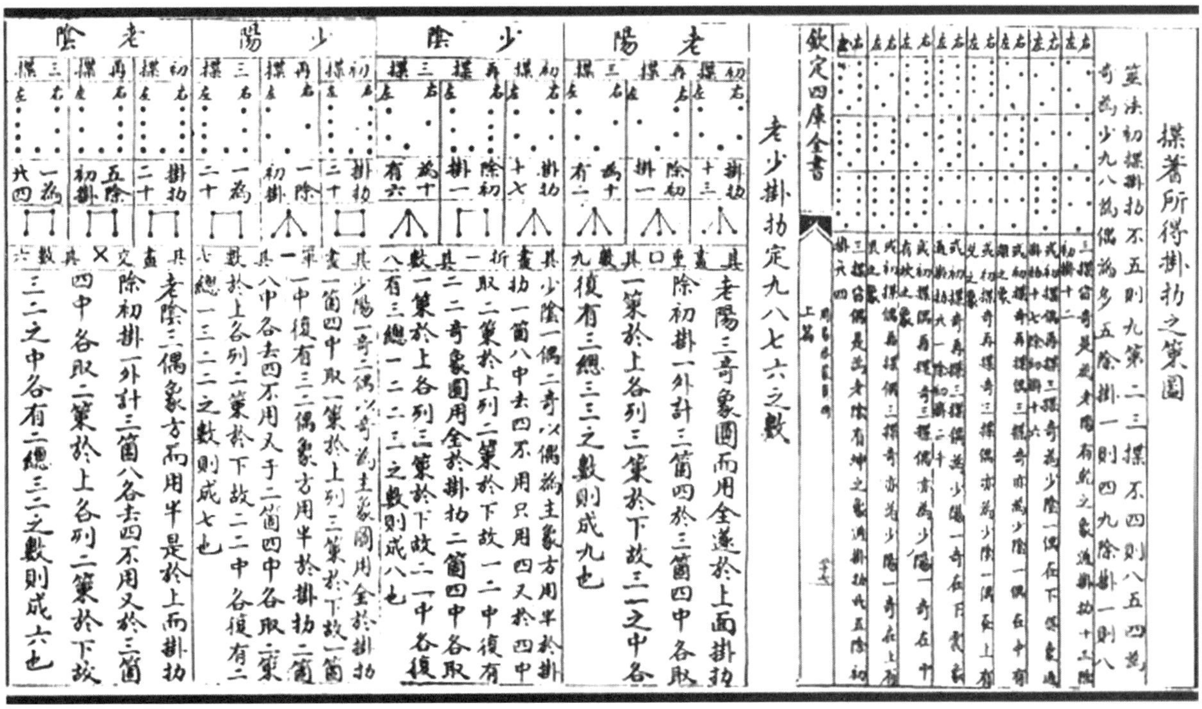

图 21　揲蓍所得挂扐之策图

（胡一桂《周易启蒙翼传》）

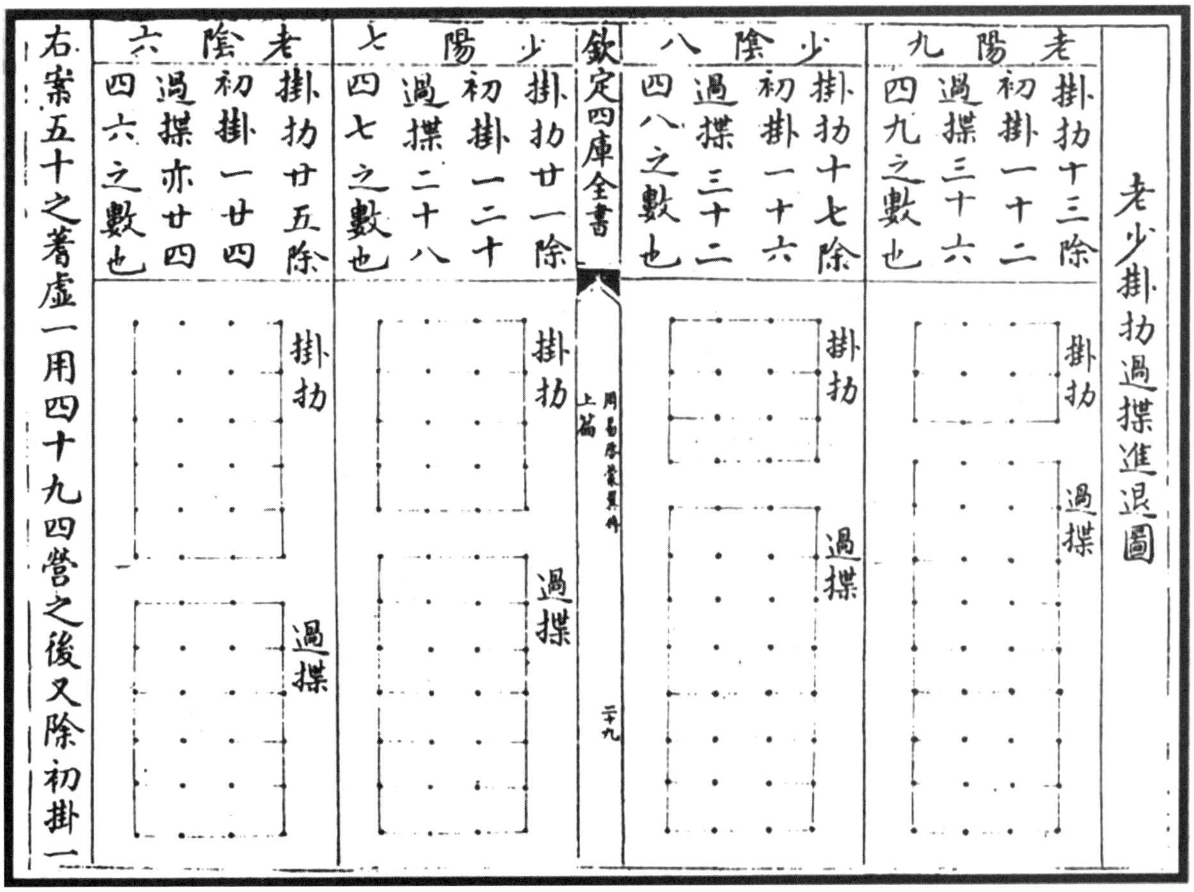

图 22　老少挂扐过揲进退图

（胡一桂《周易启蒙翼传》）

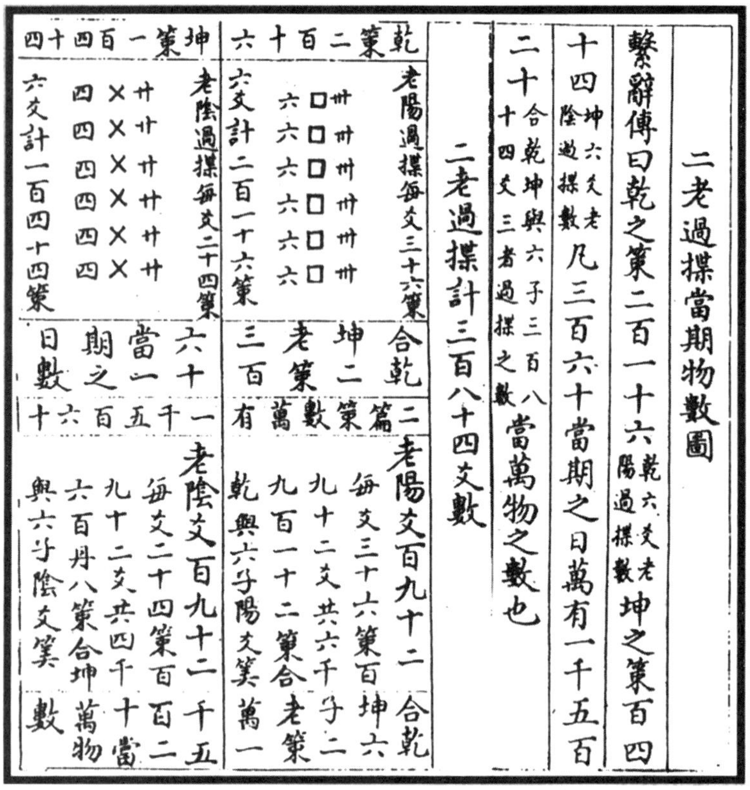

图 23－1　二老二少过揲当期物数图

（胡一桂《周易启蒙翼传》）

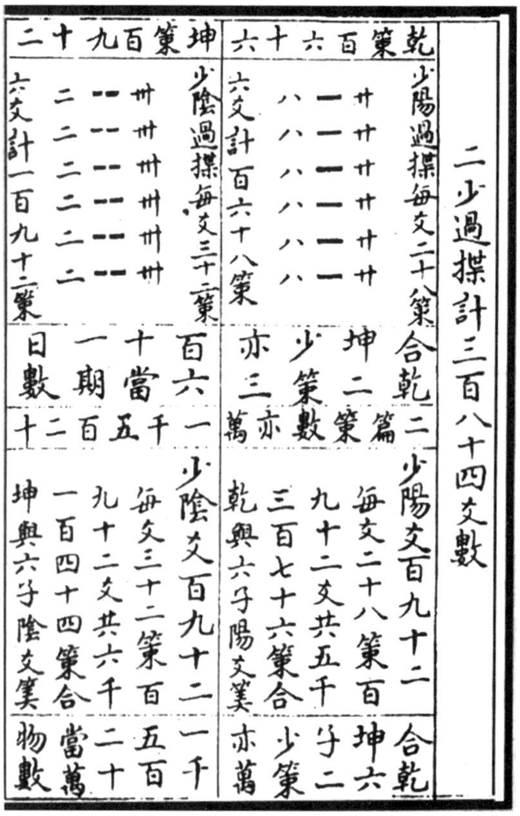

图 23－2　二老二少过揲当期物数图

（胡一桂《周易启蒙翼传》）

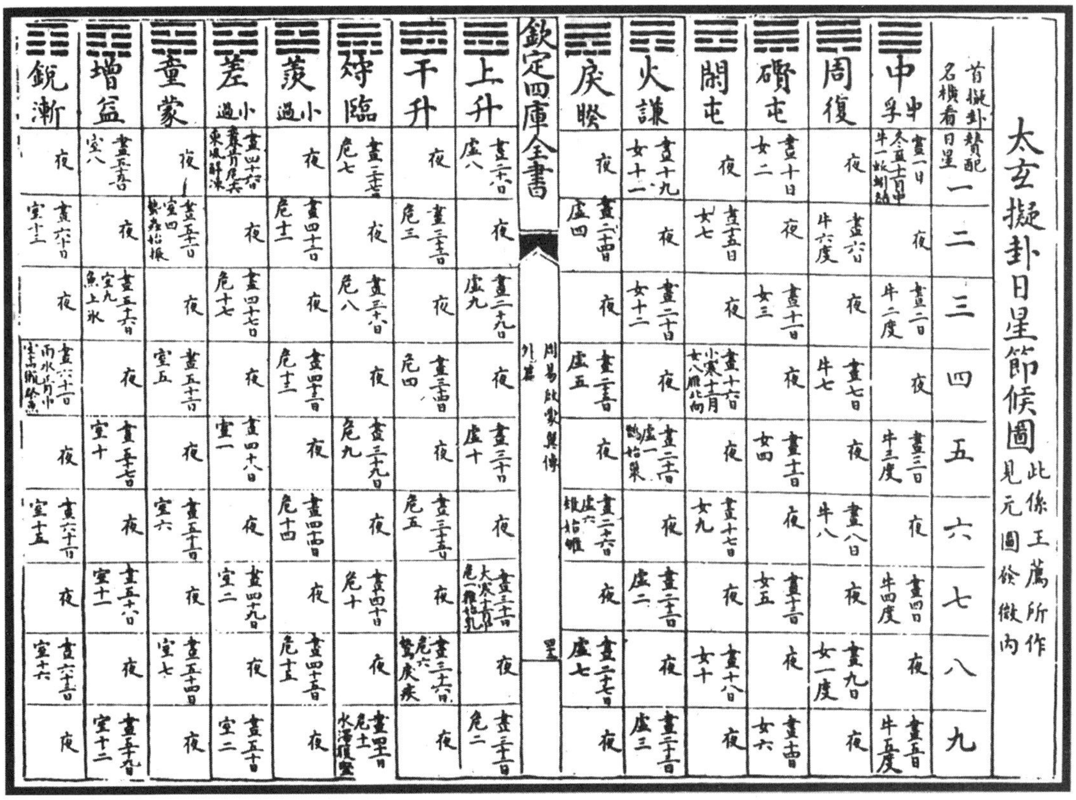

图 24－1　太玄拟卦日星节候图

（胡一桂《周易启蒙翼传》）

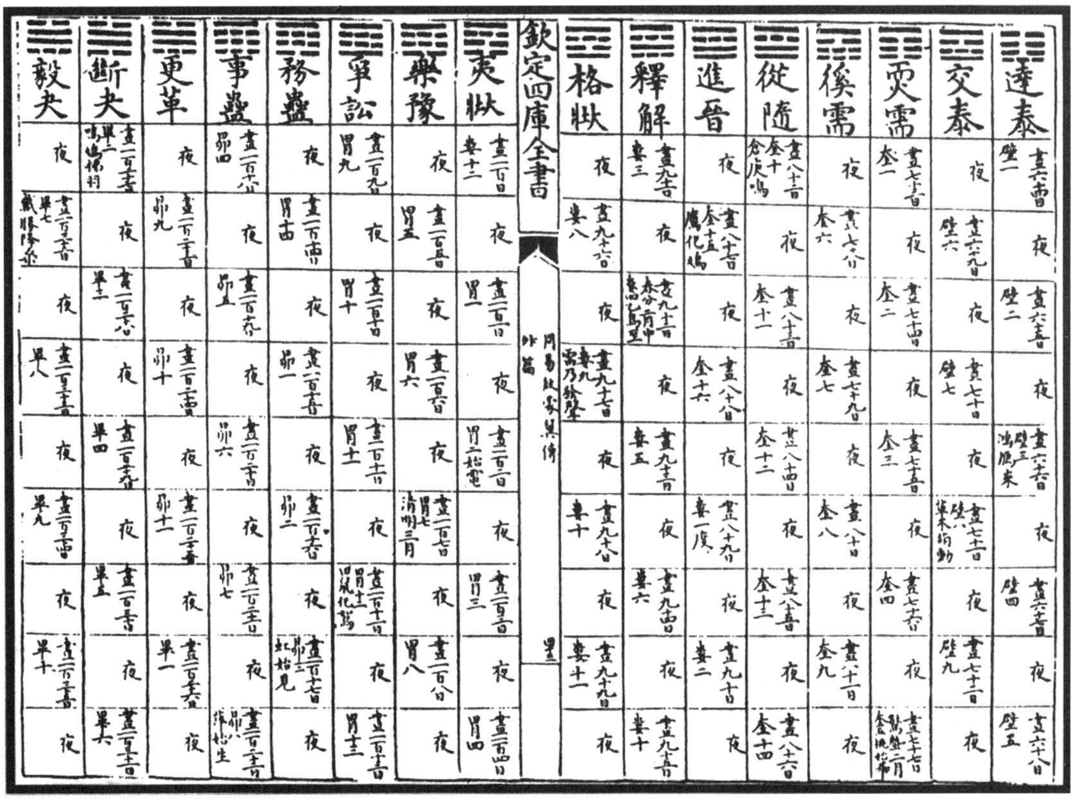

图 24－2　太玄拟卦日星节候图

（胡一桂《周易启蒙翼传》）

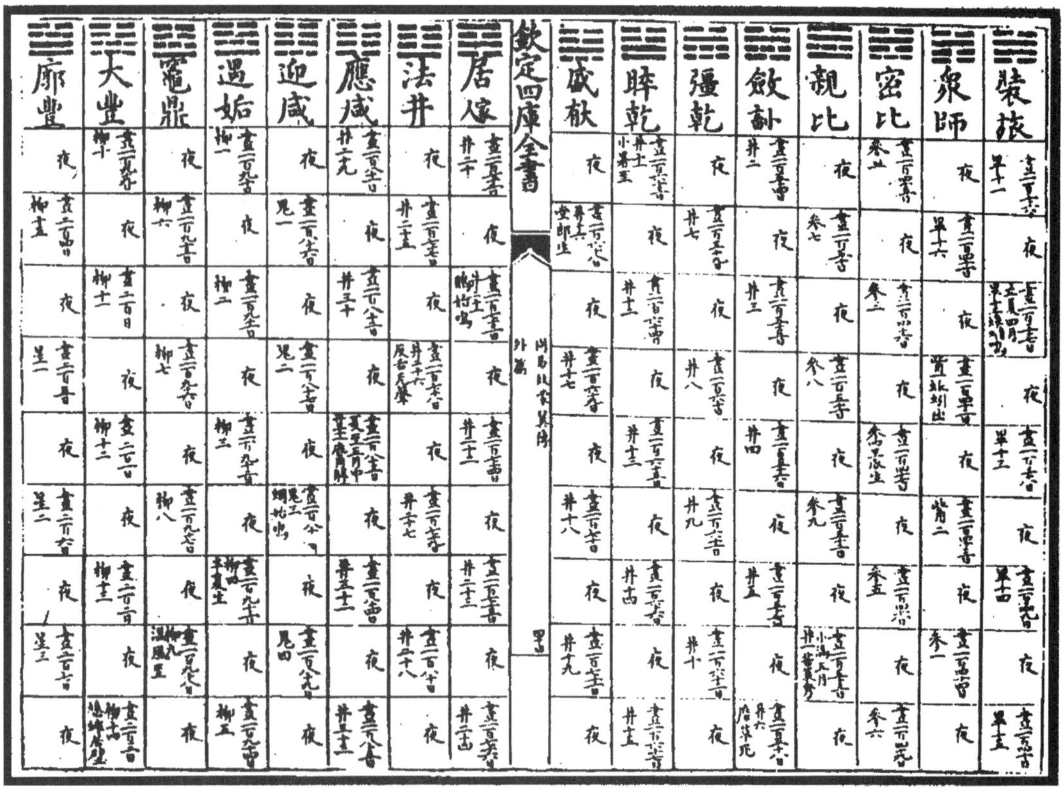

图 24-3　太玄拟卦日星节候图

（胡一桂《周易启蒙翼传》）

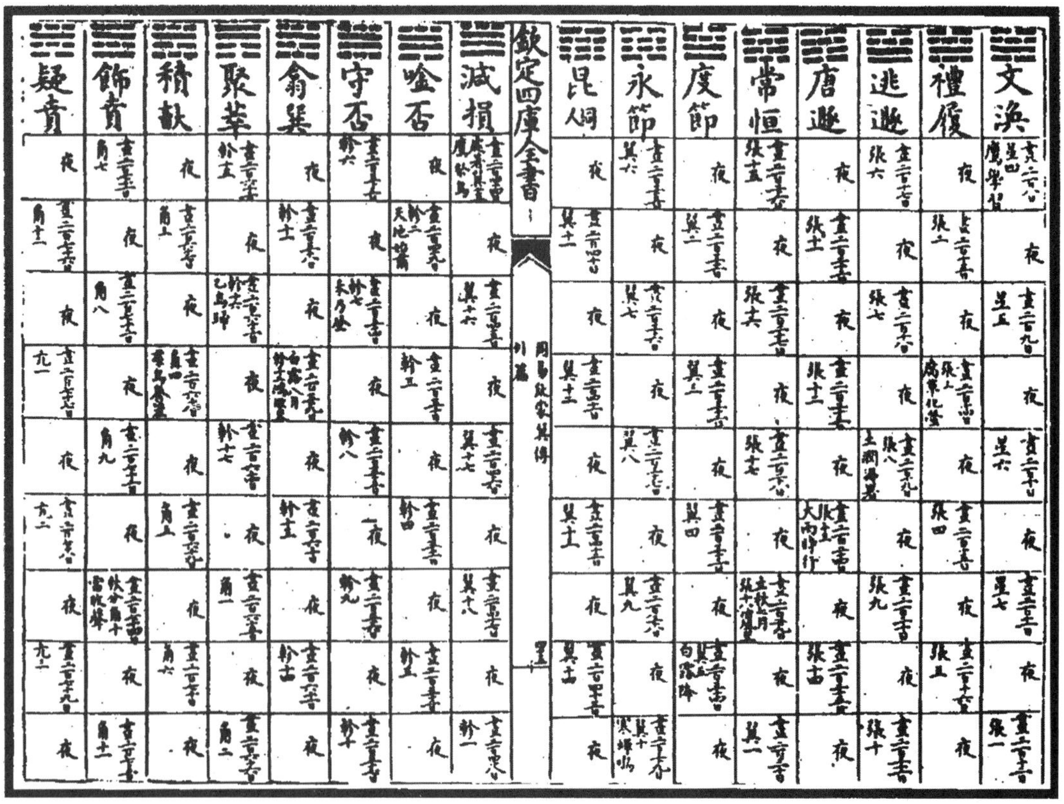

图 24-4　太玄拟卦日星节候图

（胡一桂《周易启蒙翼传》）

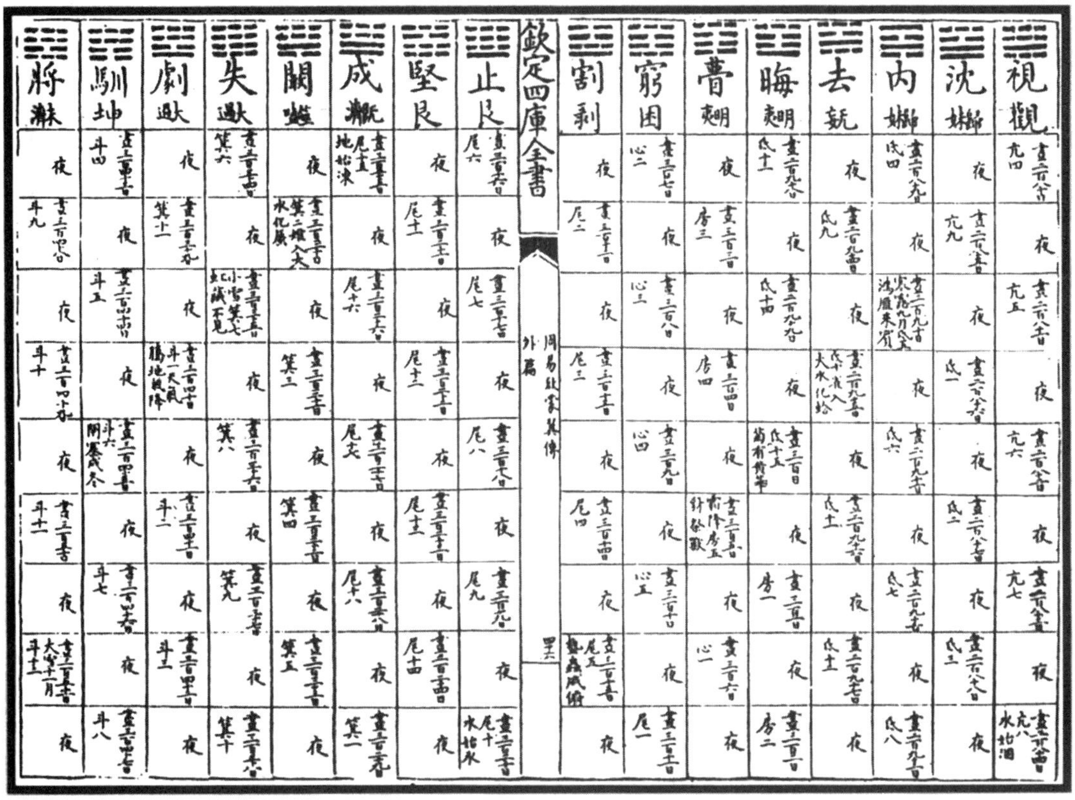

图 24-5　太玄拟卦日星节候图

（胡一桂《周易启蒙翼传》）

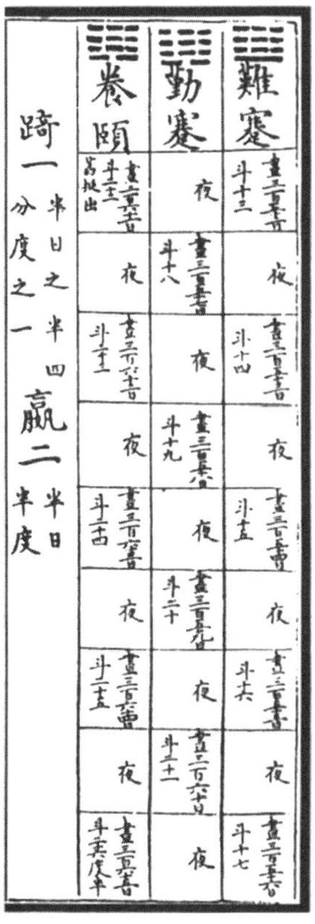

图 24-6　太玄拟卦日星节候图

（胡一桂《周易启蒙翼传》）

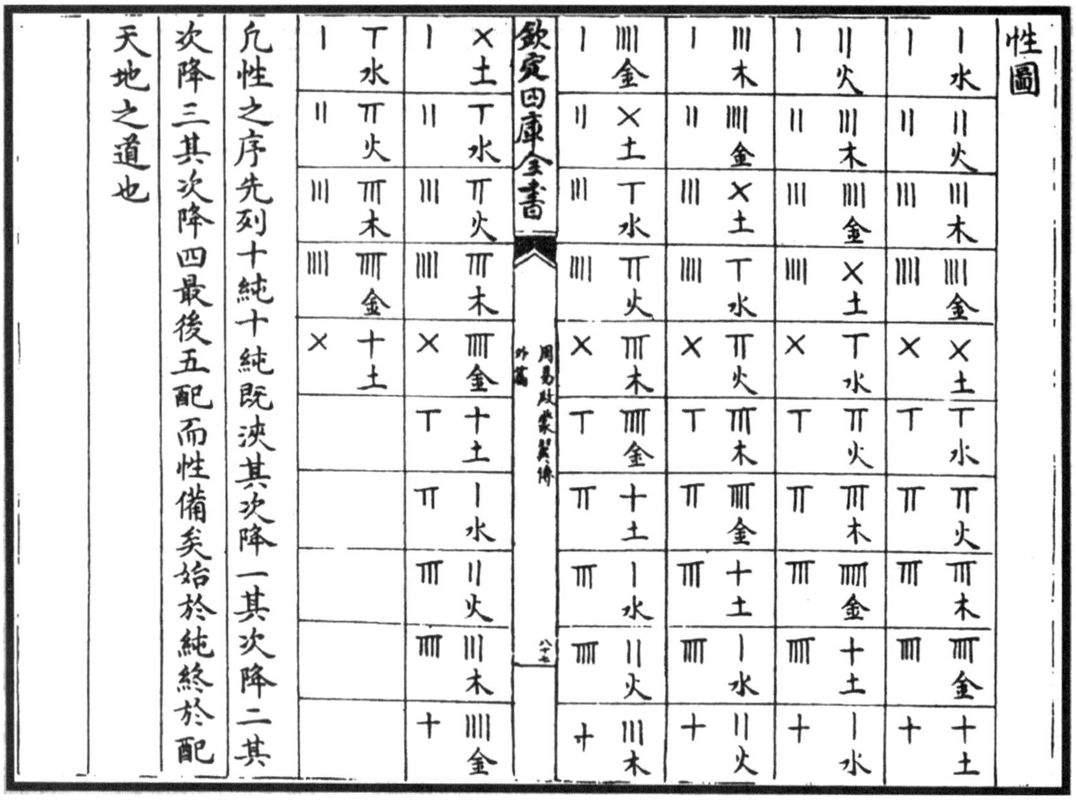

图 25　性图
（胡一桂《周易启蒙翼传》）

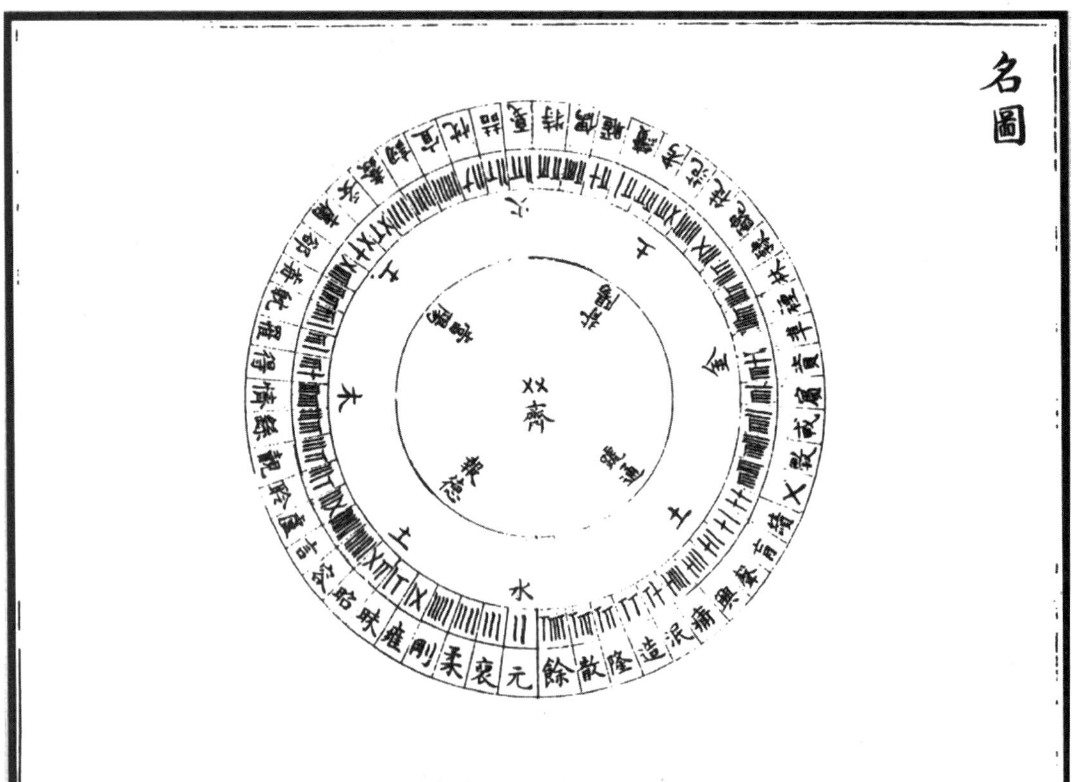

图 26　名图
（胡一桂《周易启蒙翼传》）

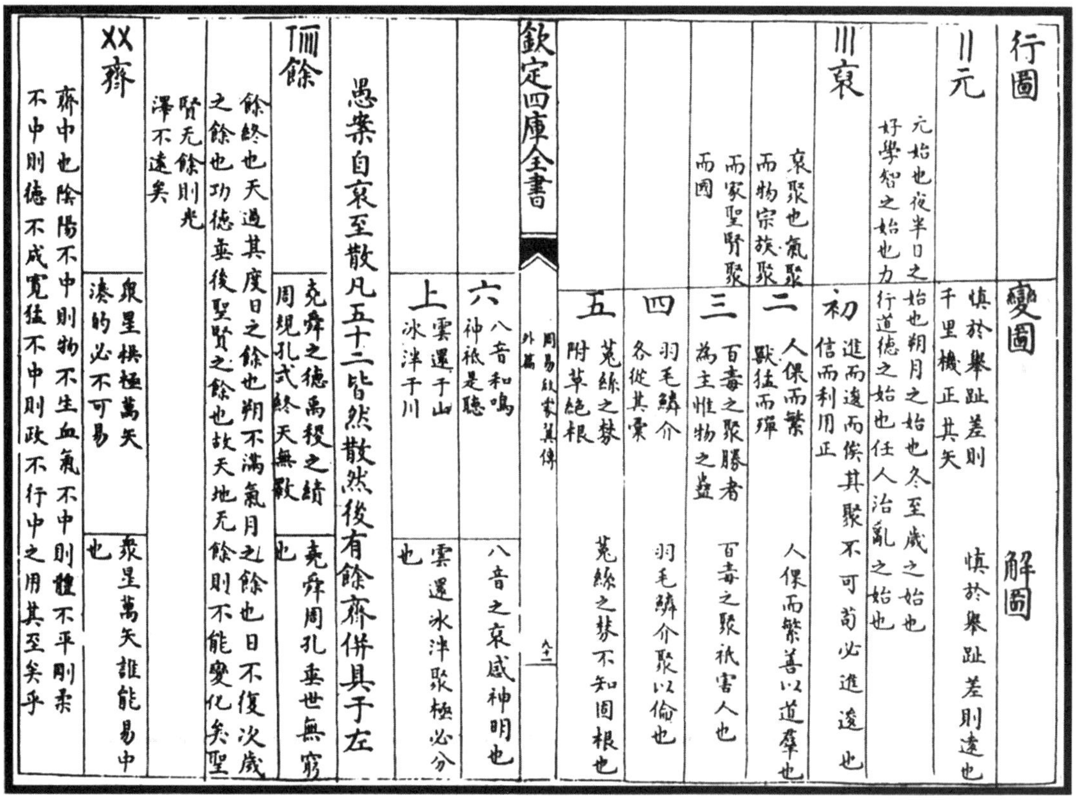

行圖 變圖 解圖

〢元 元始也夜半日之始也朔月之始也冬至歲之始也好學智之始也力行道德之始也任人治亂之始也
慎於舉趾差則千里機正其矢
慎於舉趾差則遠也

〣哀 哀聚也氣聚而物宗族聚而家聖賢聚而國
初 進而遠而俟其聚信而利用正
進而遠而俟其聚不可苟必進遠也
二 人倮而繁獸狂而殫
人倮而繁善以道羣也
三 百毒之聚勝者為主惟物之蠹
百毒之聚祇害人也
四 羽毛鱗介各從其彙
羽毛鱗介聚以倫也
五 蒐絲之棼附草絕根
蒐絲之棼不知固根也

欽定四庫全書　周易啟蒙翼傳外篇

六 八音和鳴神祇是聽
八音之哀感神明也
上 雲還于山冰泮于川
雲還冰泮聚極必分也

愚案自哀至散凡五十二皆然散然後有餘齊併具于左

Ⅲ餘 餘終也天過其度日之餘也朔不滿氣月之餘也日不復次歲之餘也功德垂後聖賢之餘也故天地无餘則不能變化矣聖賢无餘則光澤不遠矣
堯舜之德禹稷之績周規孔式終天無斁
堯舜周孔垂世無窮也

XX齊 齊中也陰陽不中則物不生血氣不中則體不平剛柔不中則德不成寬猛不中則政不行中之用其至矣乎
衆星拱極萬矢湊的必不可易
衆星萬矢誰能易中也

图 27　行图变图与解图

（胡一桂《周易启蒙翼传》）

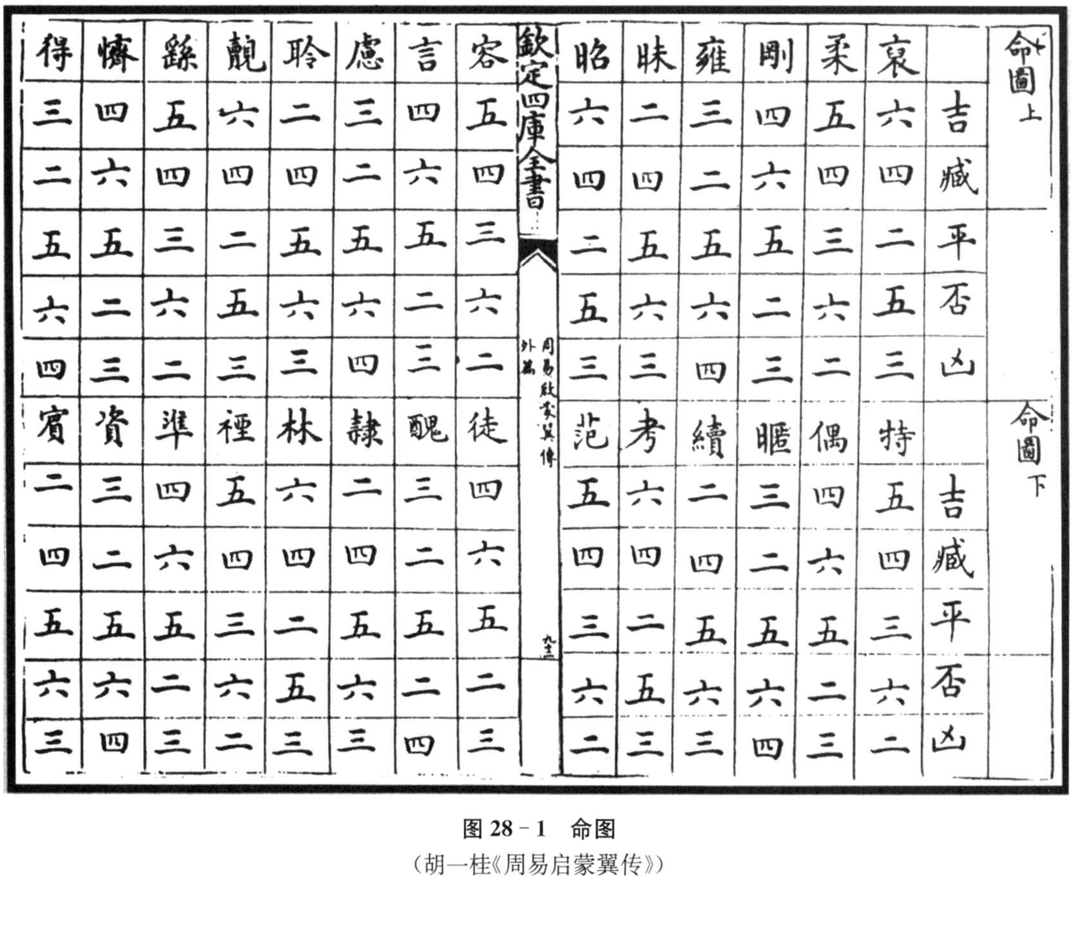

命圖上

	哀	柔	剛	雍	昧	昭	容	言	慮	聆	覿	繇	懠	得
吉	六	五	四	三	二	六	五	四	三	二	六	五	四	三
臧	四	四	六	二	四	四	四	六	二	四	四	四	六	二
平	二	三	五	五	五	二	三	五	五	五	二	三	五	五
否	五	六	二	六	六	五	六	二	六	六	五	六	二	六
凶	三	二	三	四	三	三	二	三	四	三	三	二	三	四

命圖下

	特	偶	暱	續	考	范	徒	醜	隸	林	裡	準	資	賓
吉	五	四	三	二	六	五	四	三	二	六	五	四	三	二
臧	四	六	二	四	四	四	六	二	四	四	四	六	二	四
平	三	五	五	五	二	三	五	五	五	二	三	五	五	五
否	六	二	六	六	五	六	二	二	六	五	六	二	六	六
凶	二	三	四	三	三	二	三	四	三	三	二	三	四	三

欽定四庫全書　周易啟蒙翼傳外篇

图 28－1　命图

（胡一桂《周易启蒙翼传》）

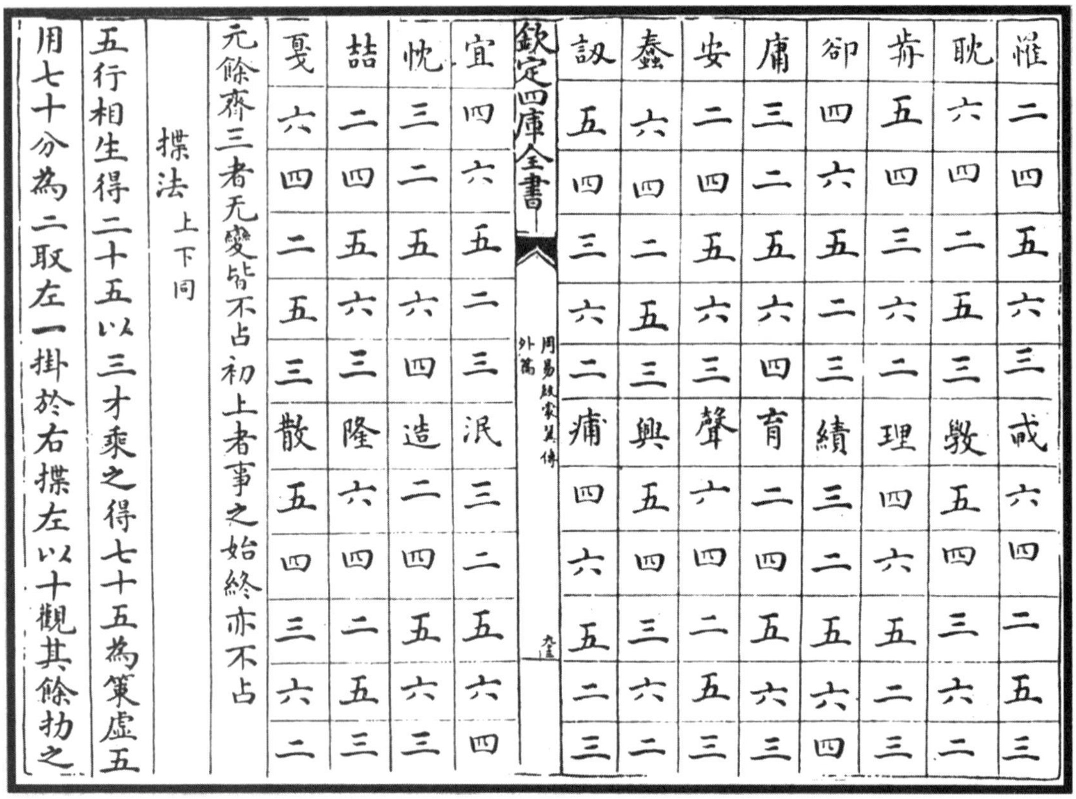

欽定四庫全書

周易啟蒙翼傳 外篇

傕 二 四 五 六 三 戒 六 四 二 五 三
耽 六 四 二 五 三 斅 五 四 三 六 二
莽 五 四 三 六 二 理 四 六 五 二 三
卻 四 六 五 二 三 績 三 二 五 六 四
庸 三 二 五 六 四 育 二 四 五 六 三
安 二 四 五 六 三 聲 六 四 二 五 三
蠢 六 四 二 五 三 興 五 四 三 六 二
訒 五 四 三 六 二 痡 四 六 五 二 三
宜 四 六 五 二 三 泯 三 二 五 六 四
恍 三 二 五 六 四 造 二 四 五 六 三
喆 二 四 五 六 三 隆 六 四 二 五 三
戛 六 四 二 五 三 散 五 四 三 六 二

元餘齊三者无變皆不占初上者事之始終亦不占

揲法 上下同

五行相生得二十五以三才乘之得七十五為策虛五

用七十分為二取左一掛於右揲左以十覲其餘扐之

图 28－2 命图

（胡一桂《周易启蒙翼传》）

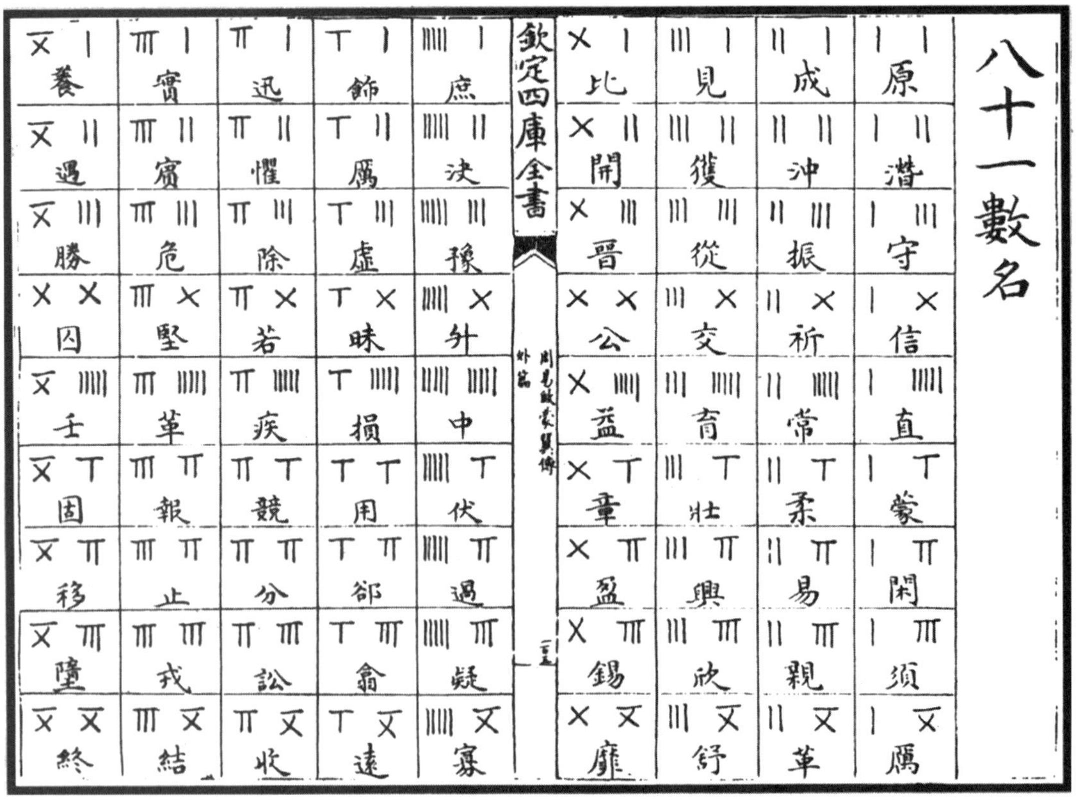

八十一數名

欽定四庫全書

周易啟蒙翼傳 外篇

原 潛 守 信 直 蒙 閑 須 厲
成 沖 振 祈 常 柔 易 親 革
見 獲 從 交 育 壯 興 欣 舒
比 開 晋 公 益 章 盈 錫 靡
庶 決 豫 升 中 伏 過 疑 寡
飾 厲 虛 昧 損 用 郤 翕 遠
迅 懼 除 若 疾 競 分 訟 收
實 賓 危 堅 革 報 止 戎 結
養 遇 勝 囚 壬 固 移 墮 終

图 29 八十一数名图

（胡一桂《周易启蒙翼传》）

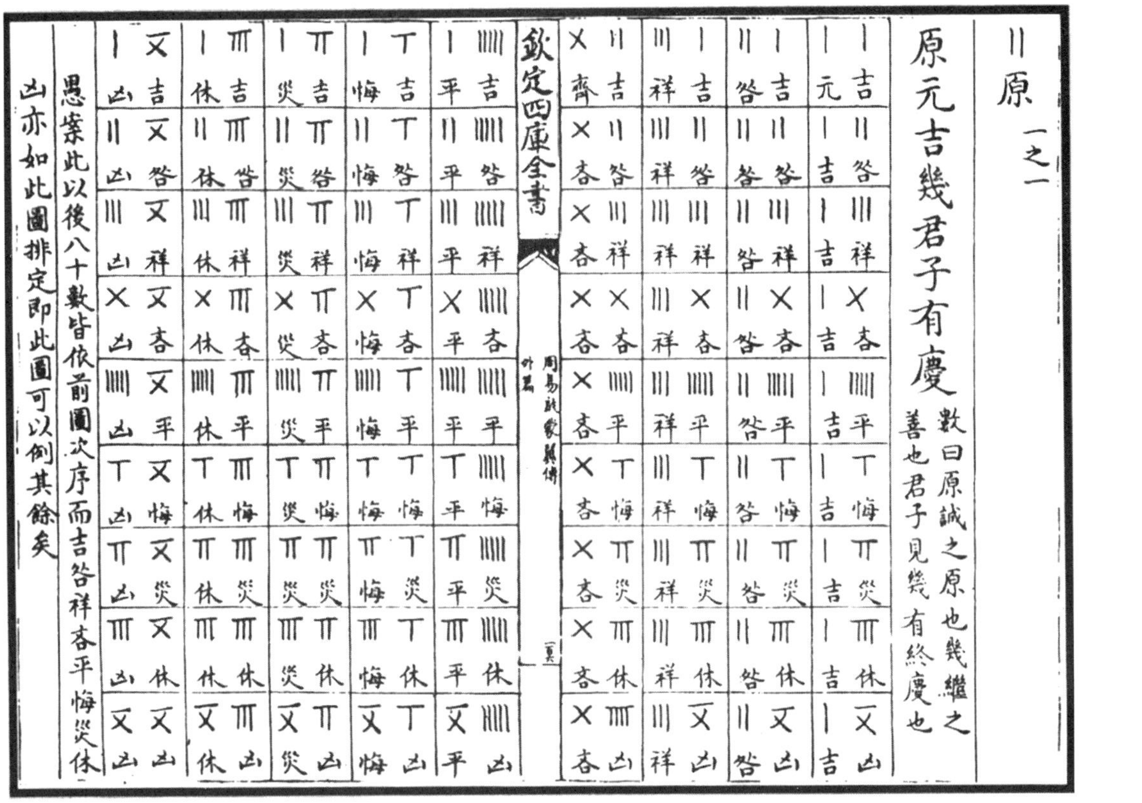

图 30　原元吉几君子有庆图

（胡一桂《周易启蒙翼传》）

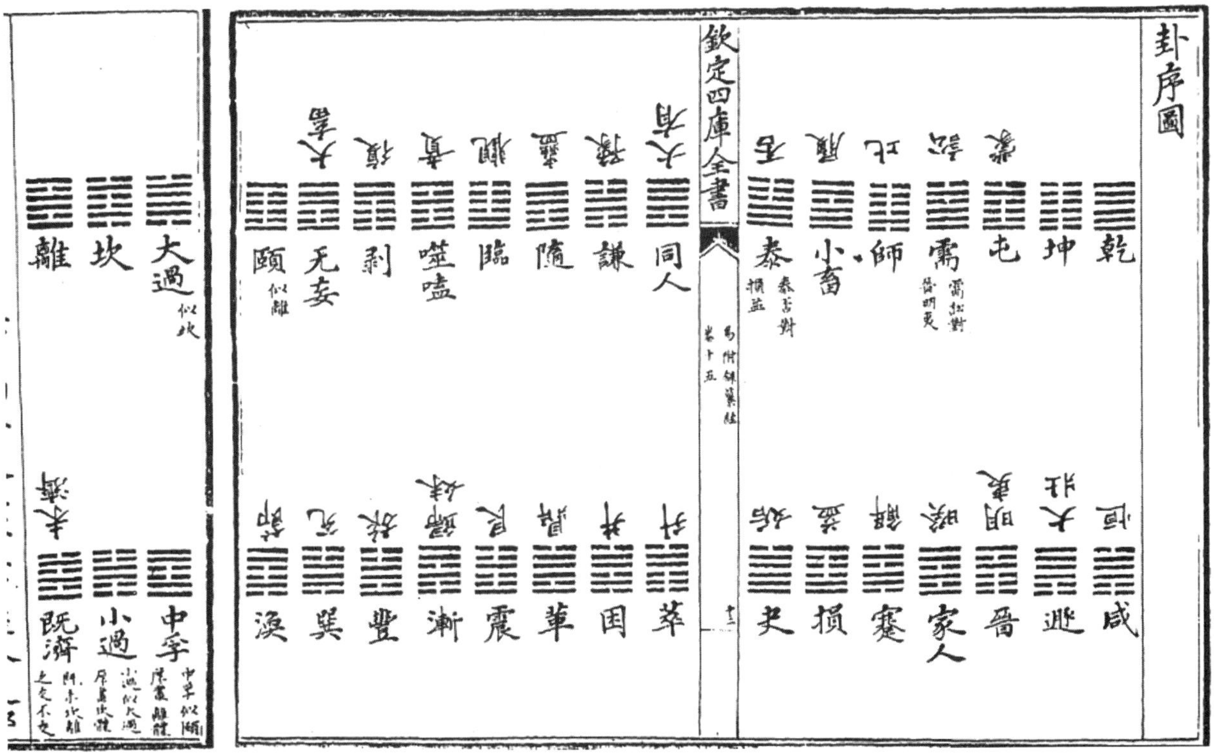

图 31　卦序图

（胡一桂《易附录纂注》）

熊禾(1247—1312)

字位辛,一字去非,号勿轩,又号退斋,南宋建宁府建阳(今福建建阳)人。咸淳十年(1274)进士,授宁武州司户参军。入元不仕,筑洪源书堂以讲学,从学者数百。后创鳌峰书堂,居室授徒以终。著有《勿轩集》《勿轩易学启蒙图传通义》《易经训解》《周易集疏》等。现存有《周易》图像二十七幅。

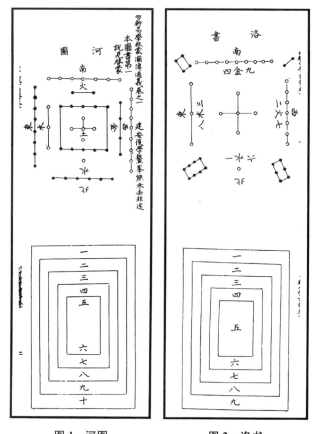

图 1　河图　　　　　图 2　洛书
(熊禾《勿轩易学启蒙图传通义》)　(熊禾《勿轩易学启蒙图传通义》)

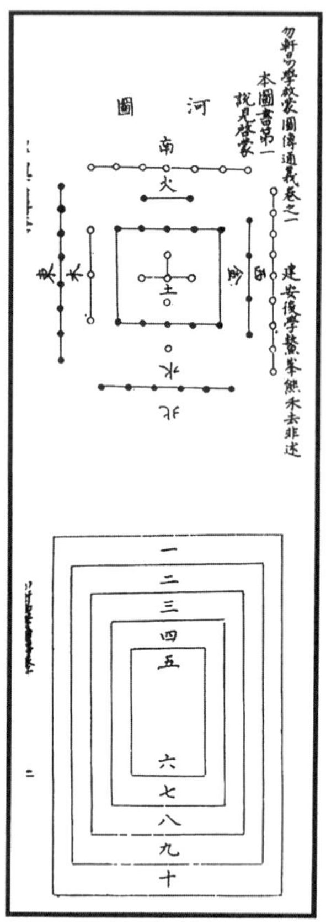

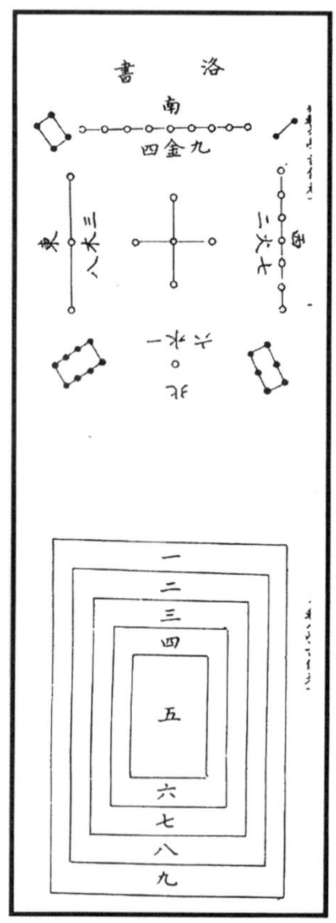

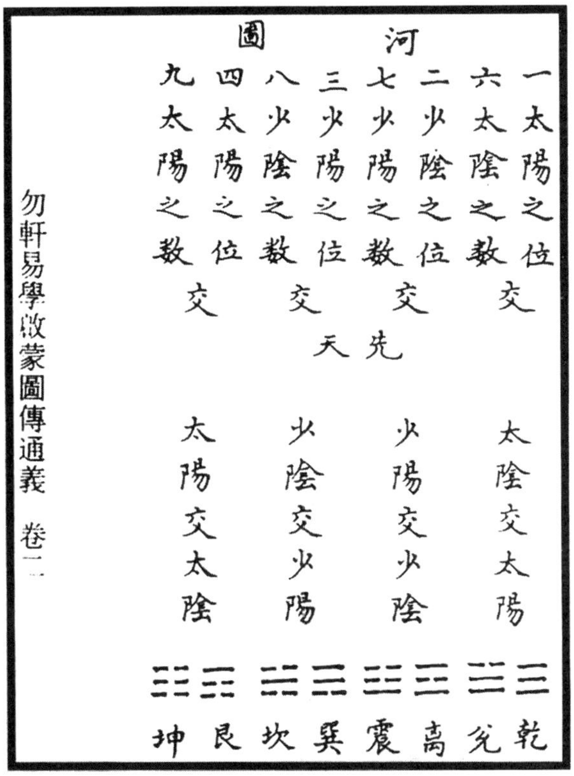

图3 河图位数交生先天八卦图
（熊禾《勿轩易学启蒙图传通义》）

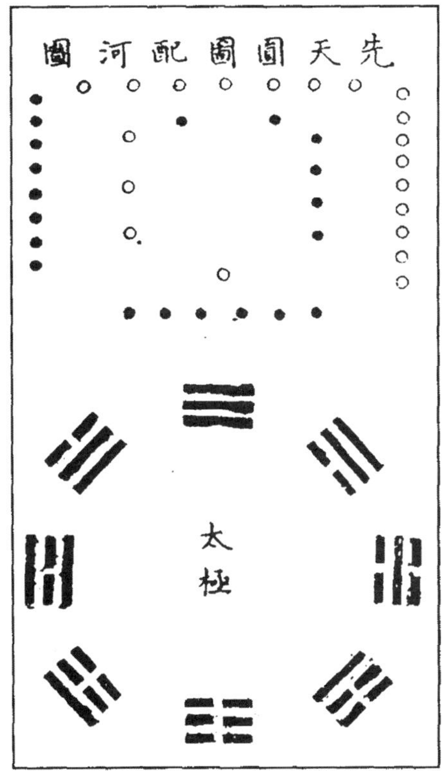

图4 先天圆图配河图图
（熊禾《勿轩易学启蒙图传通义》）

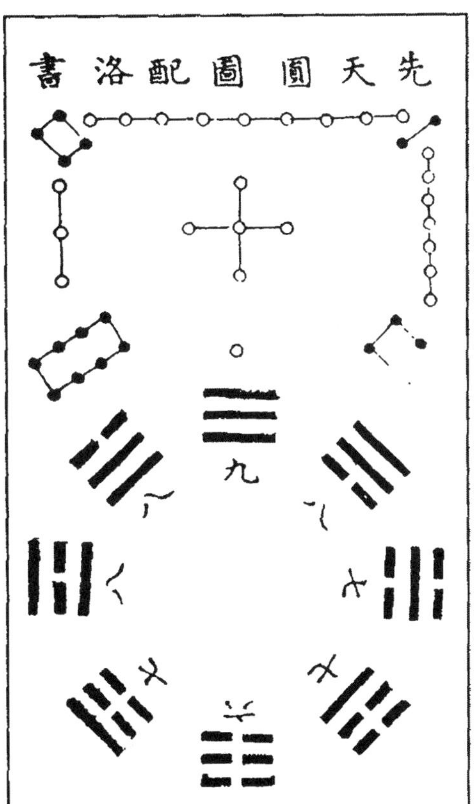

图5 先天圆图配洛书图
（熊禾《勿轩易学启蒙图传通义》）

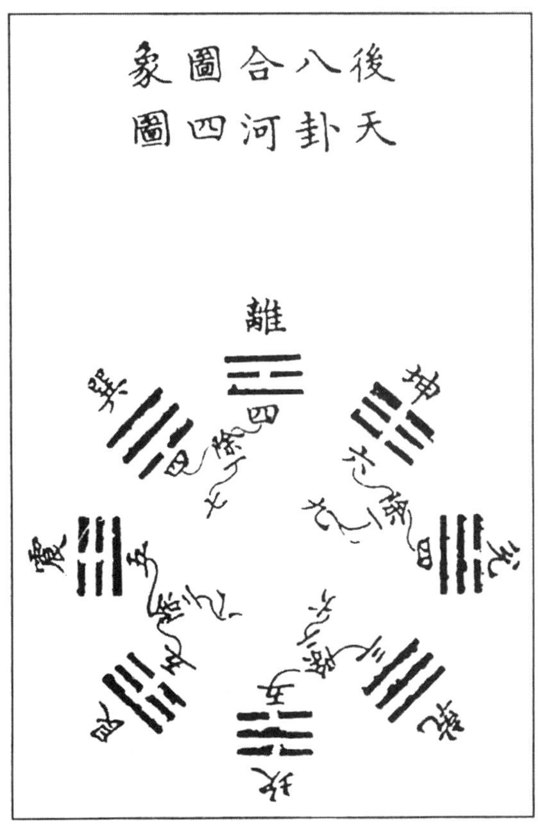

图6 后天八卦合河图四象图
（熊禾《勿轩易学启蒙图传通义》）

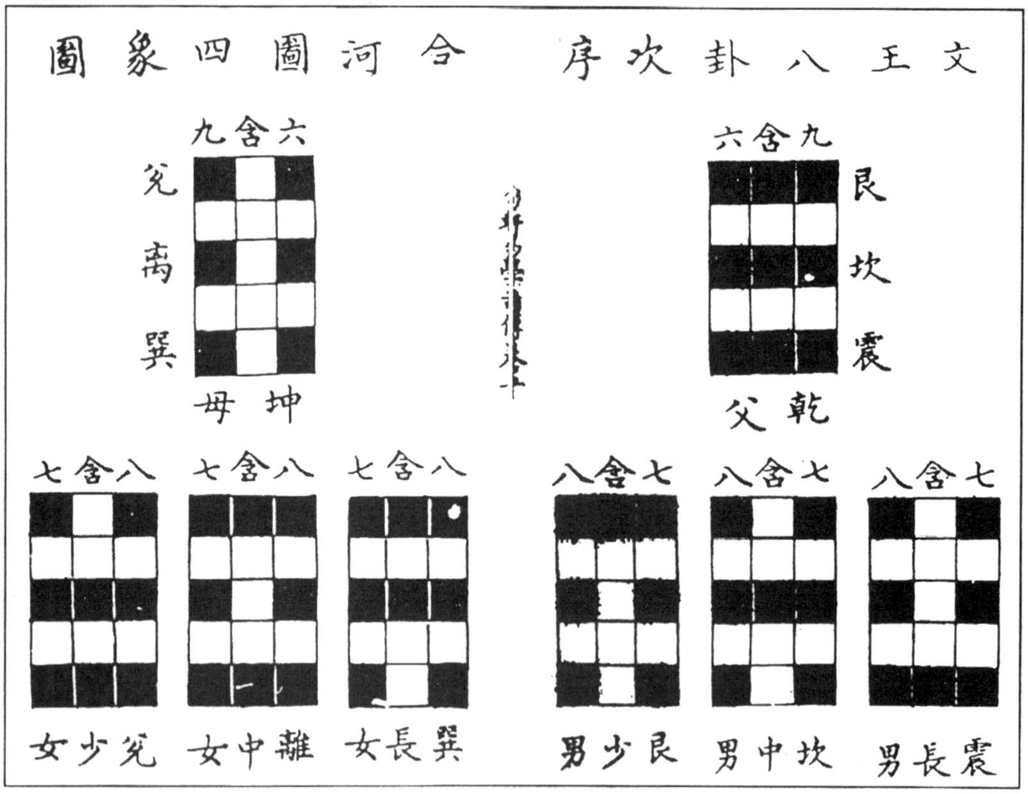

图7　文王八卦次序合河图四象图
（熊禾《勿轩易学启蒙图传通义》）

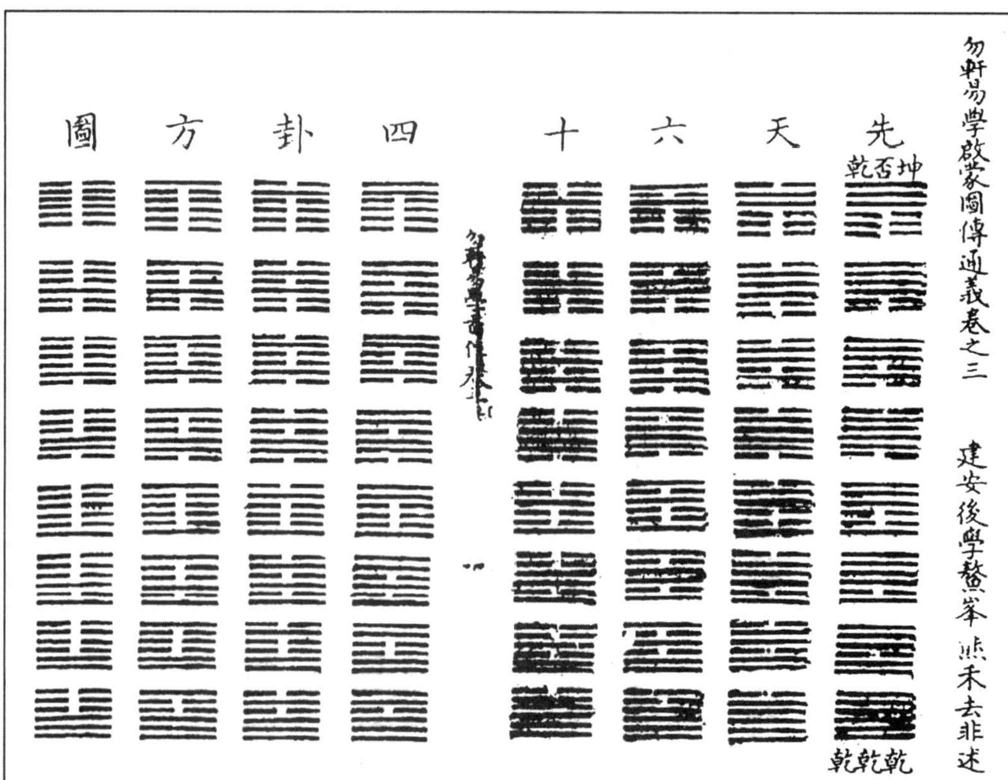

图8　先天六十四卦方图
（熊禾《勿轩易学启蒙图传通义》）

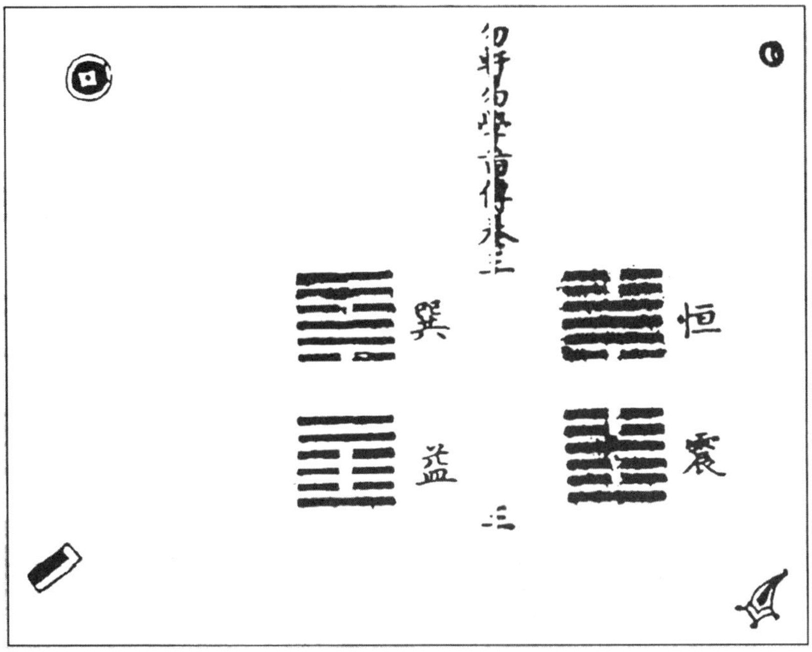

图 9 雷风相薄图
(熊禾《勿轩易学启蒙图传通义》)

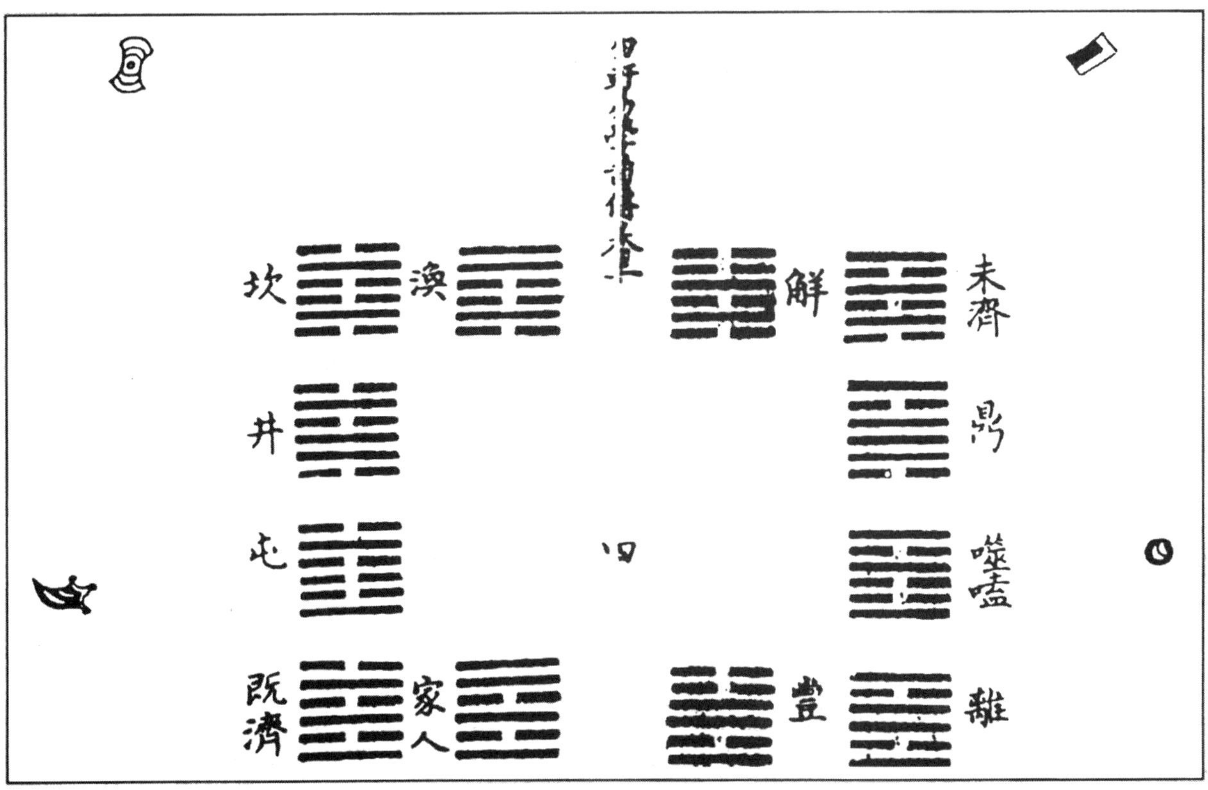

图 10 水火不相射图
(熊禾《勿轩易学启蒙图传通义》)

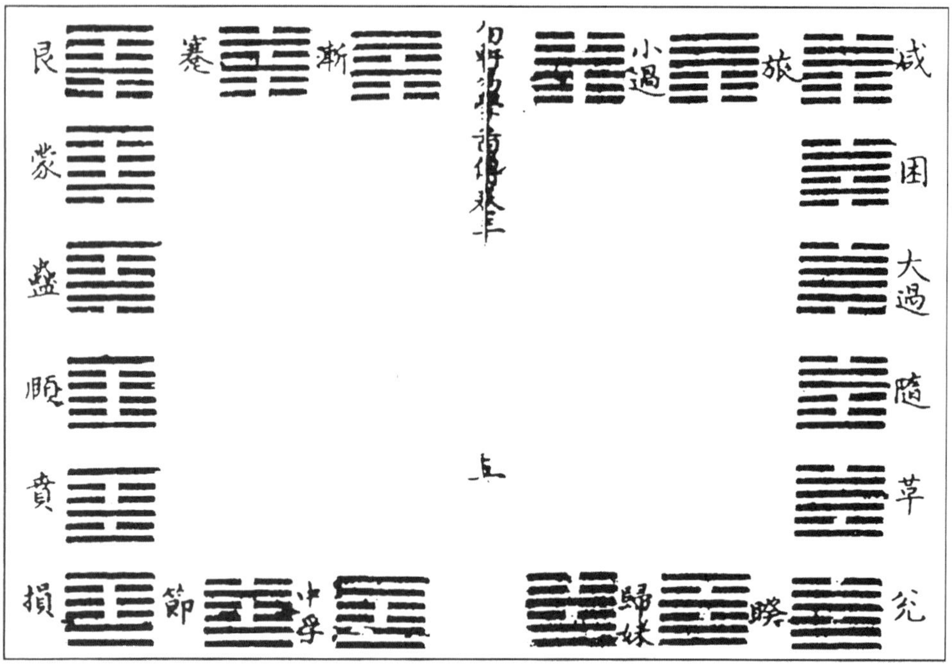

图 11 山泽通气图
（熊禾《勿轩易学启蒙图传通义》）

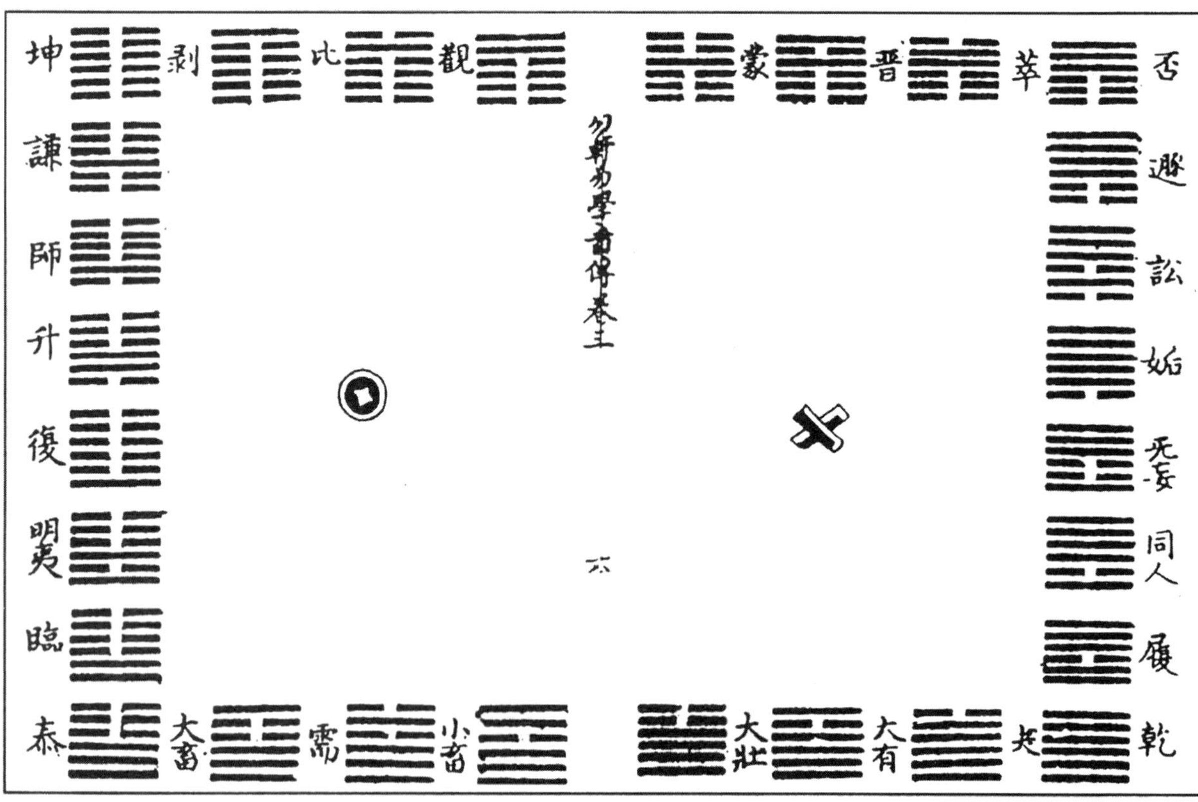

图 12 天地定位图
（熊禾《勿轩易学启蒙图传通义》）

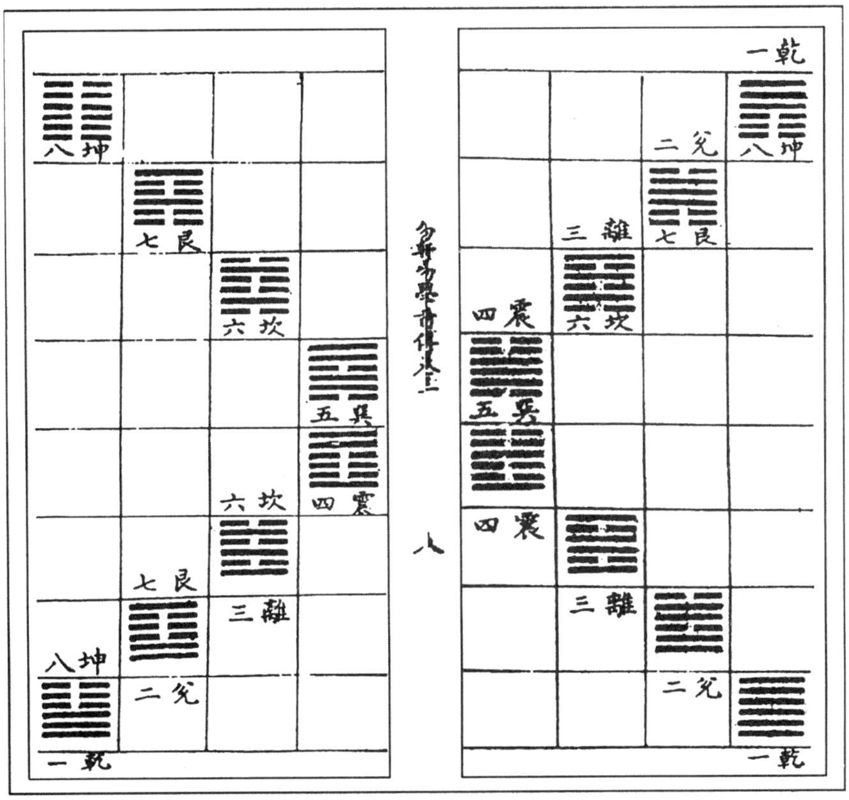

图 13　四象相交成十六事图
（熊禾《勿轩易学启蒙图传通义》）

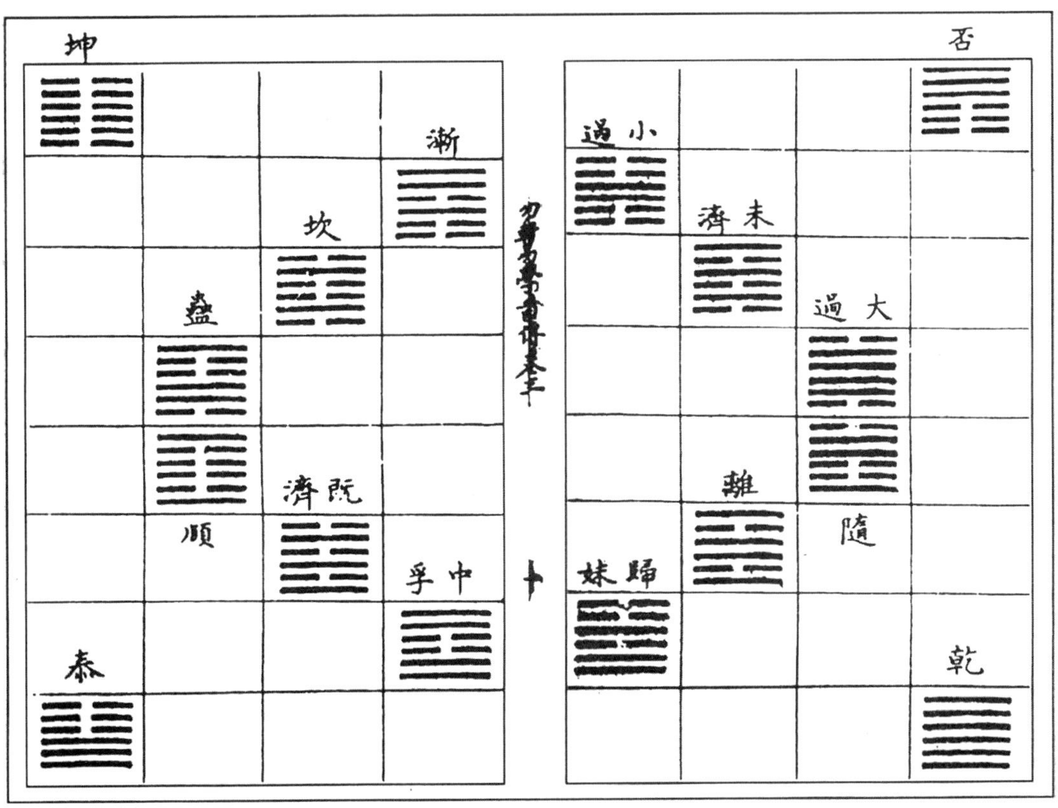

图 14　后天相次先天相对图
（熊禾《勿轩易学启蒙图传通义》）

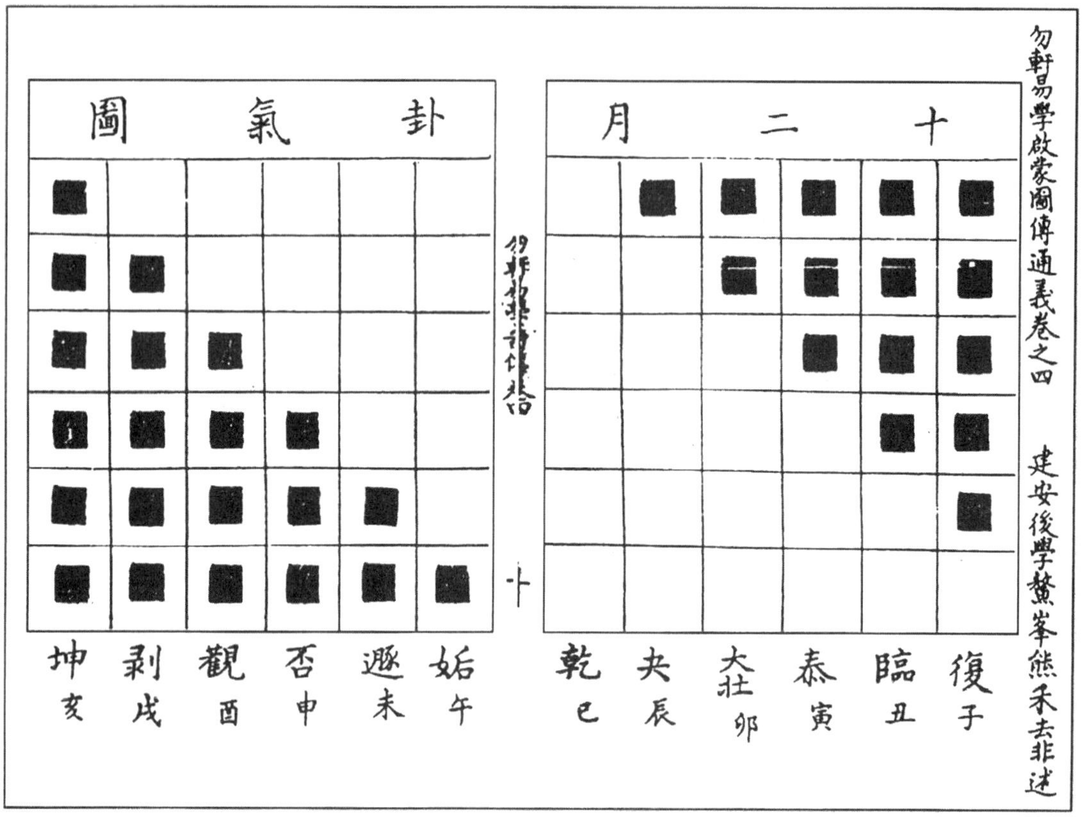

图 15　十二月卦气图
（熊禾《勿轩易学启蒙图传通义》）

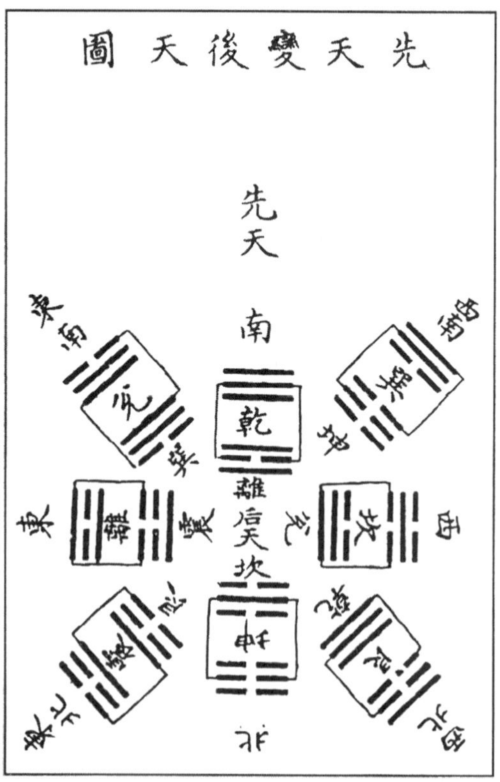

图 16　先天变后天图
（熊禾《勿轩易学启蒙图传通义》）

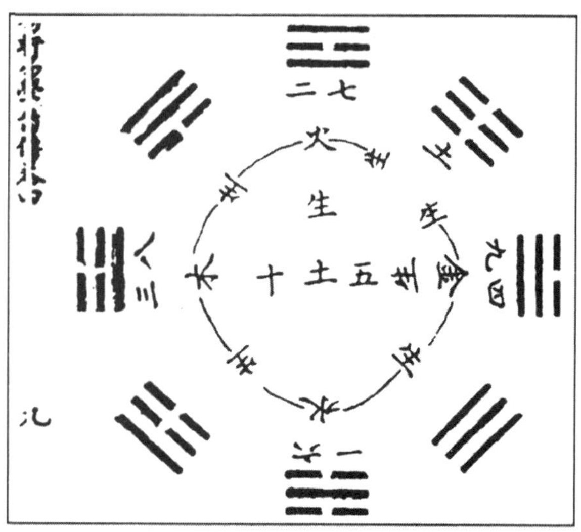

图 17　后天方位合五行相生图
（熊禾《勿轩易学启蒙图传通义》）

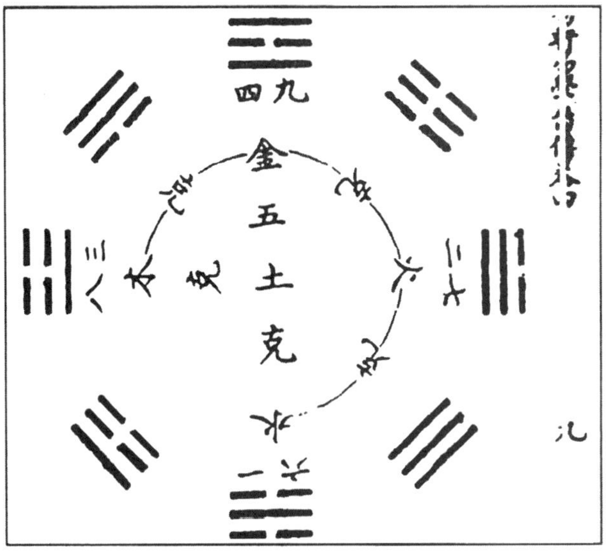

图 18　后天方位合五行相克图
（熊禾《勿轩易学启蒙图传通义》）

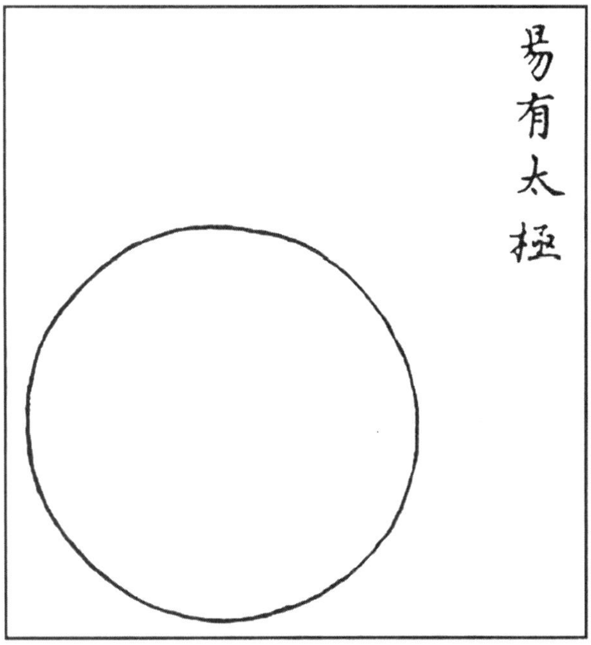

图 19　易有太极图
（熊禾《勿轩易学启蒙图传通义》）

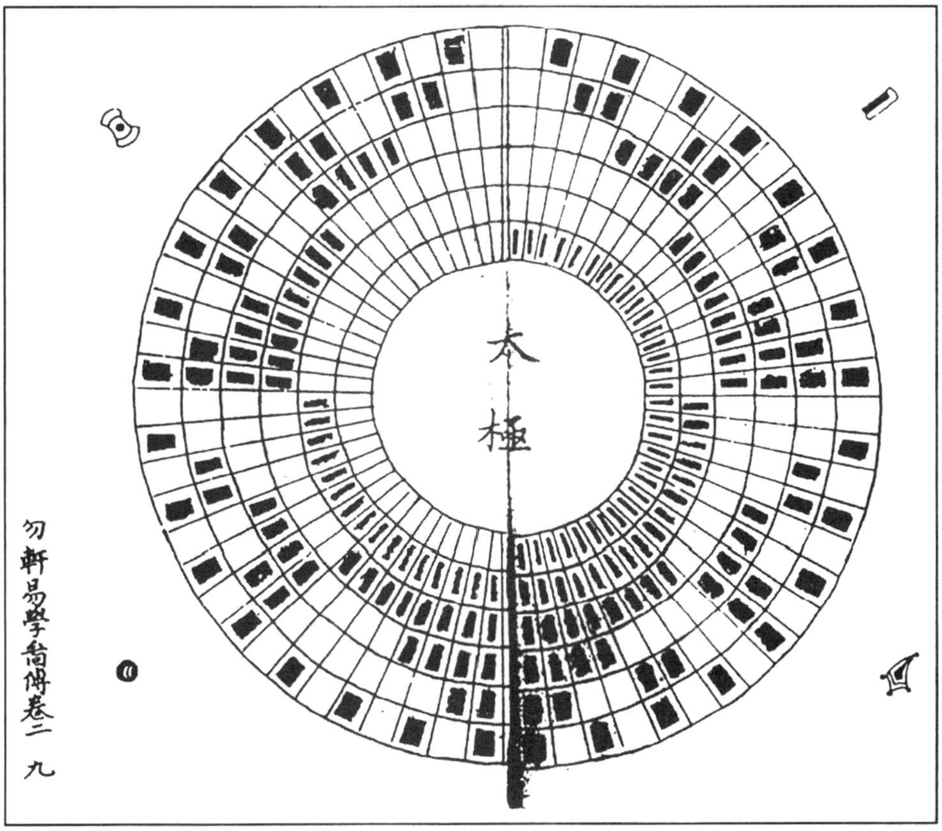

图 20　太极六十四卦圆图
（熊禾《勿轩易学启蒙图传通义》）

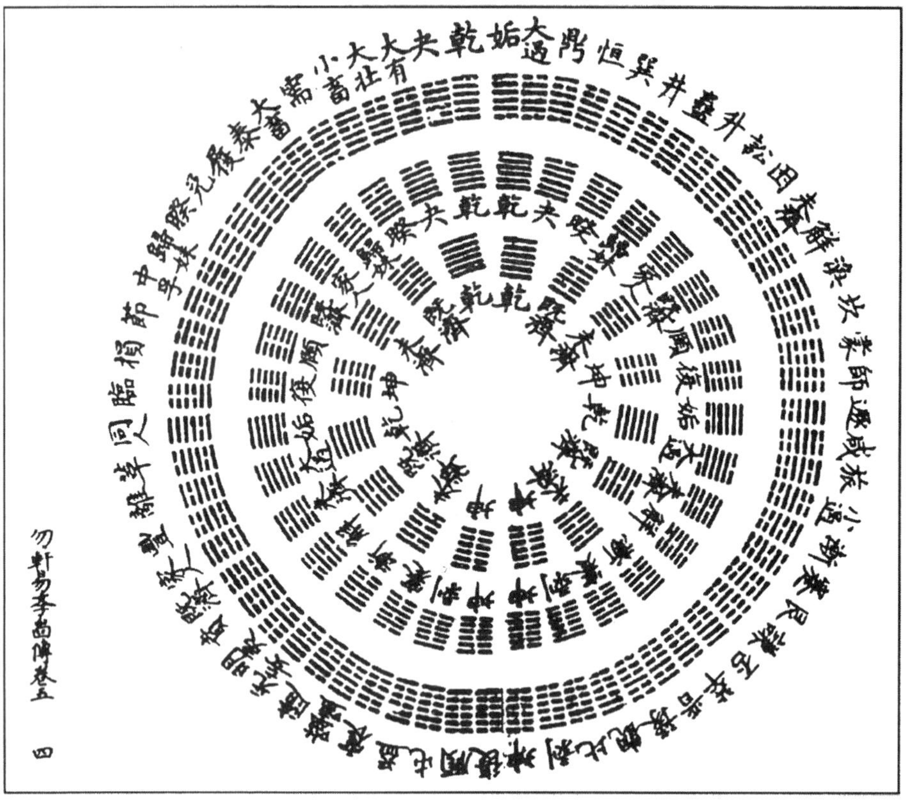

图 21　三互图
（熊禾《勿轩易学启蒙图传通义》）

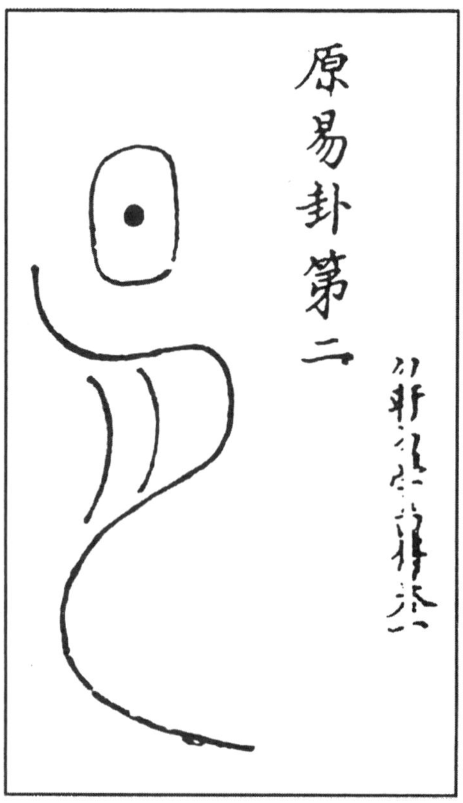

图 22　日月为易图
（熊禾《勿轩易学启蒙图传通义》）

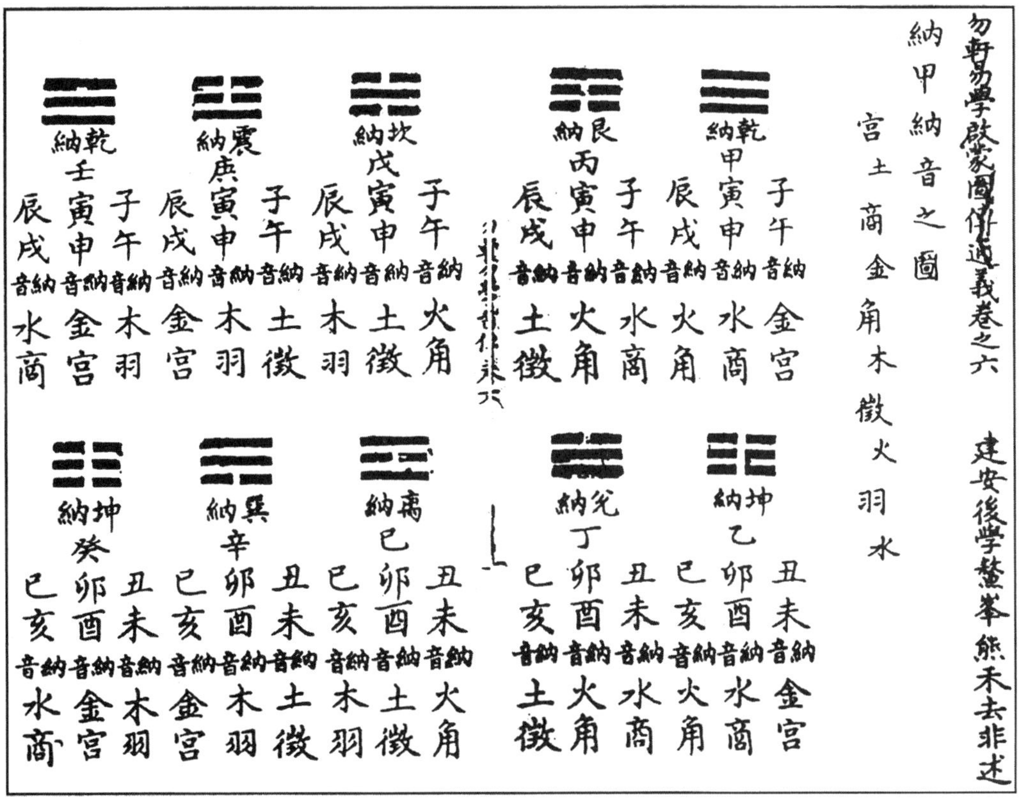

图 23　纳甲纳音之图
（熊禾《勿轩易学启蒙图传通义》）

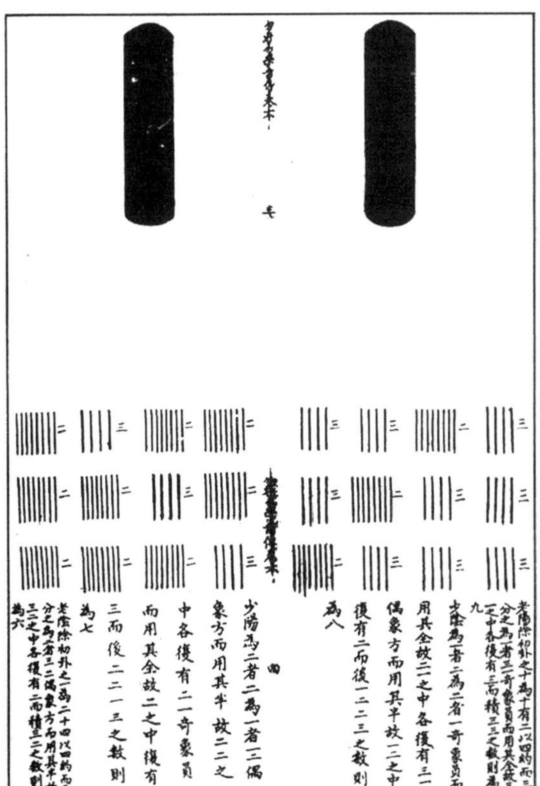

图 24　挂扐简图
（熊禾《勿轩易学启蒙图传通义》）

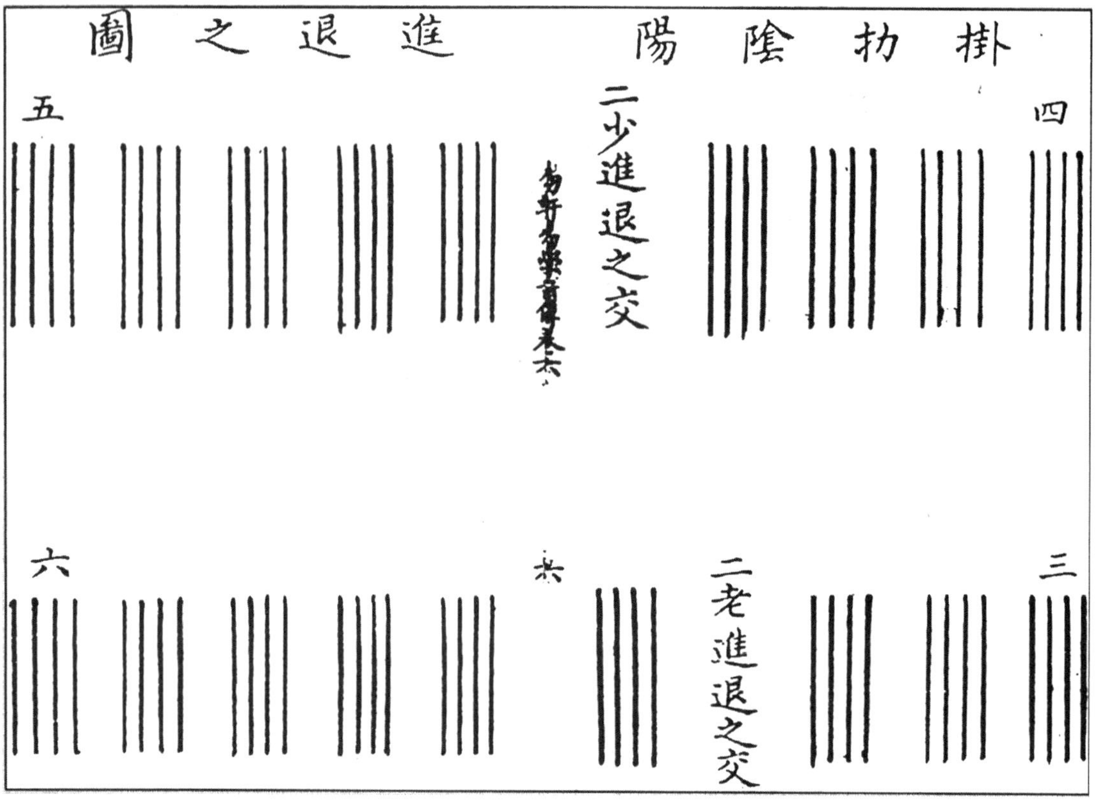

图 25　挂扐阴阳进退之图
（熊禾《勿轩易学启蒙图传通义》）

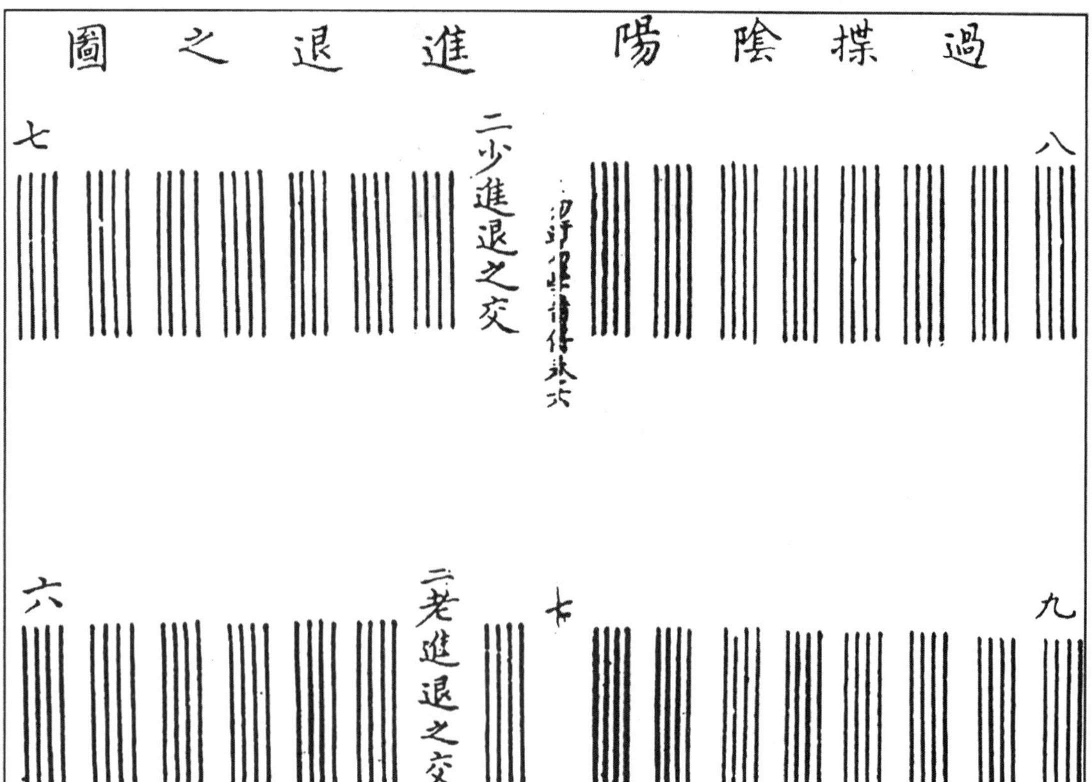

图 26　过揲阴阳进退之图
（熊禾《勿轩易学启蒙图传通义》）

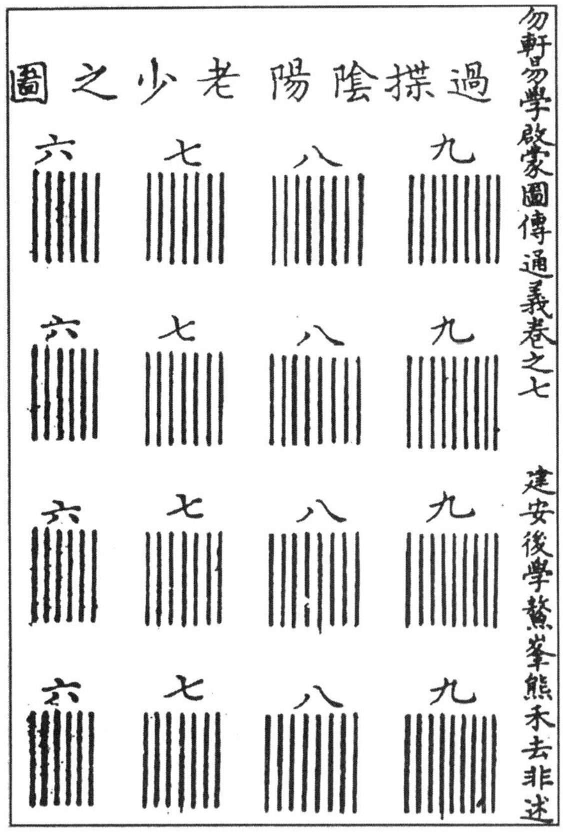

图 27 过揲阴阳老少之图
（熊禾《勿轩易学启蒙图传通义》）

胡方平

生卒年不详，字师鲁，号玉斋，学者称其"玉斋先生"，南宋徽州婺源（今江西婺源）人。入元不仕。受《易》于董梦程，后师从沈贵宝。毕生隐居乡里授徒著述，为朱熹三传弟子。著有《易学启蒙通释》二卷、《外易》四卷、《易闲余记》十卷等。现存有《周易》图像十一幅。

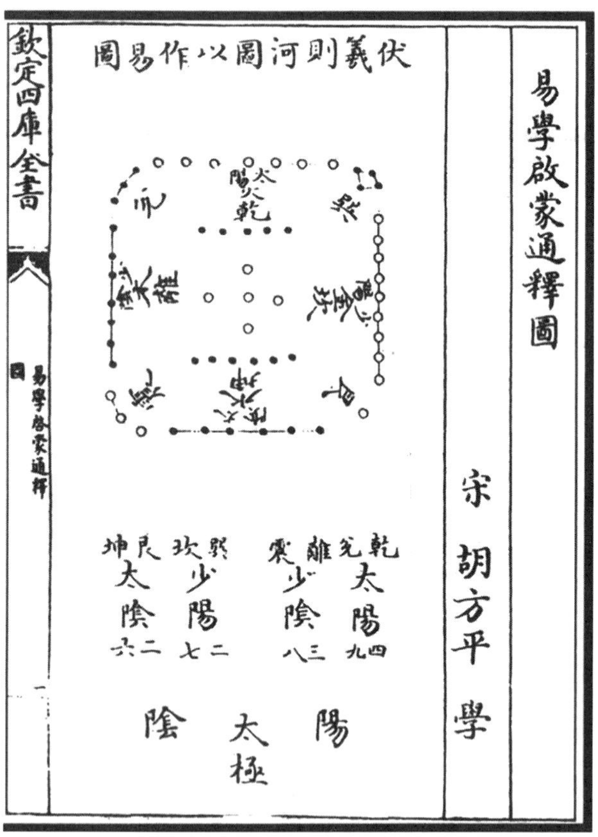

图1　伏羲则河图以作易图
（胡方平《易学启蒙通释》）

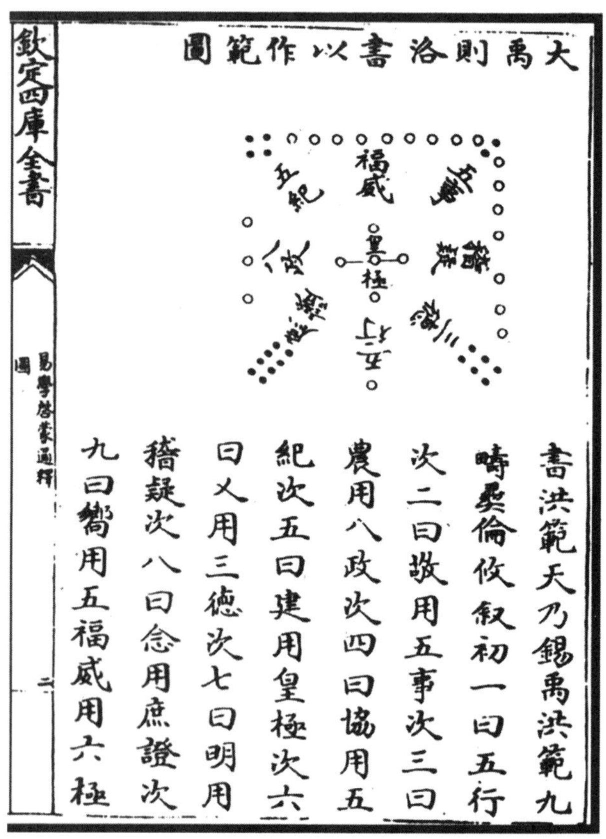

图2　大禹则洛书以作范图
（胡方平《易学启蒙通释》）

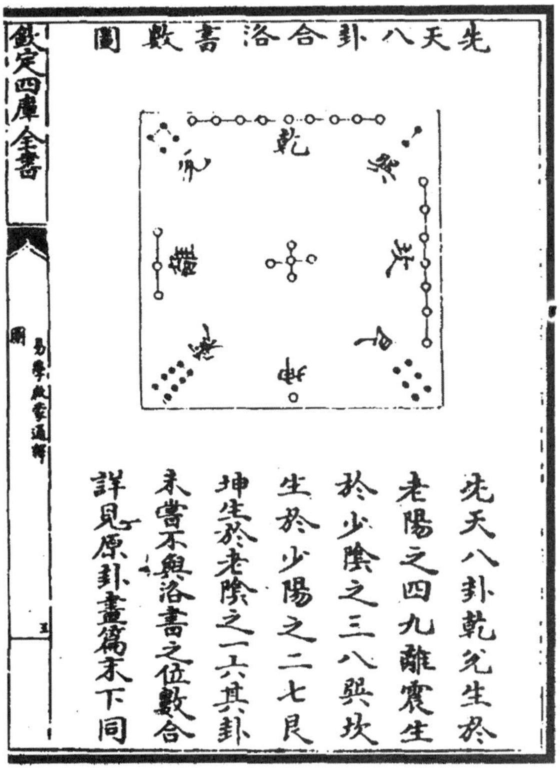

图3　先天八卦合洛书数图
（胡方平《易学启蒙通释》）

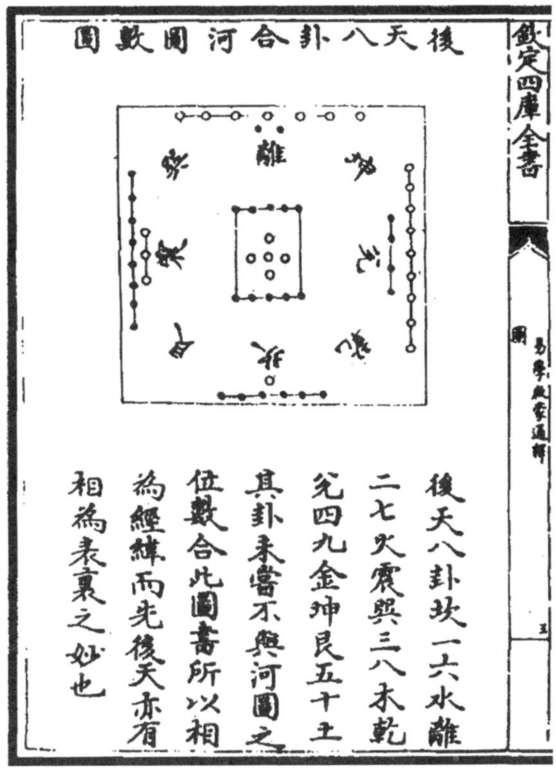

图4　后天八卦合河图数图
（胡方平《易学启蒙通释》）

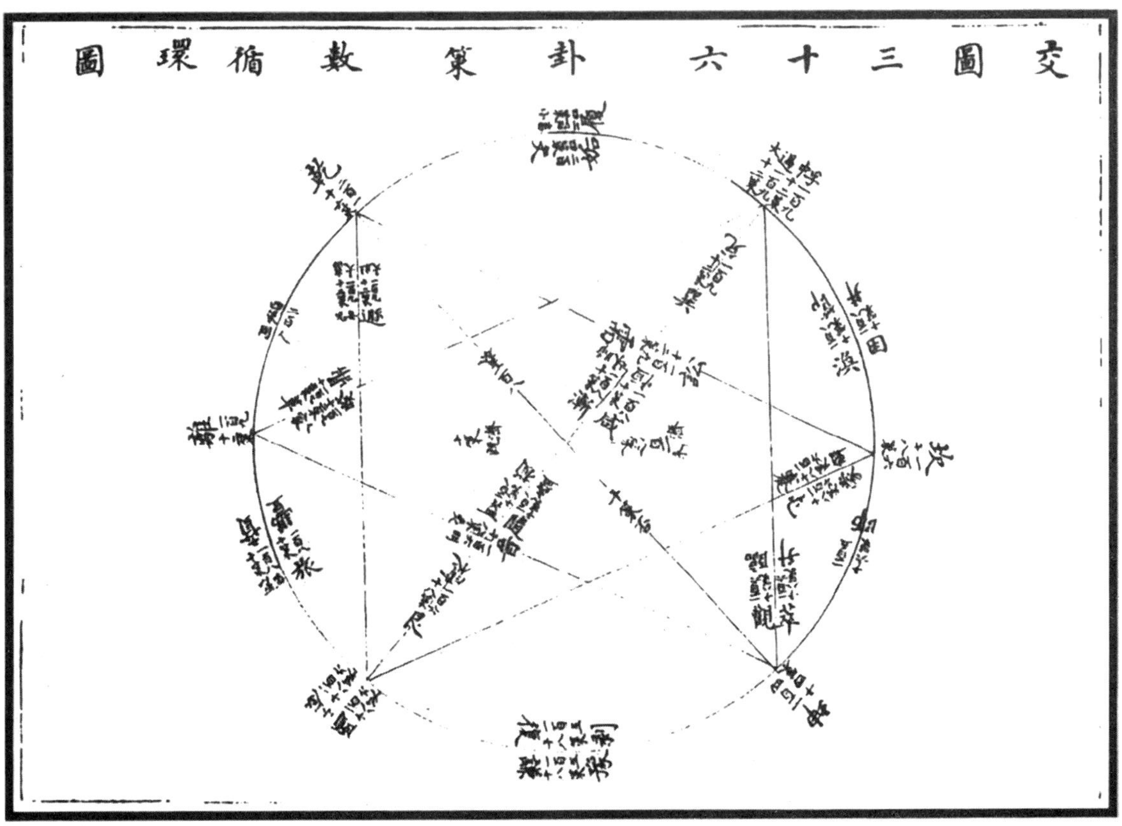

图5　交图三十六卦策数循环图
（胡方平《易学启蒙通释》）

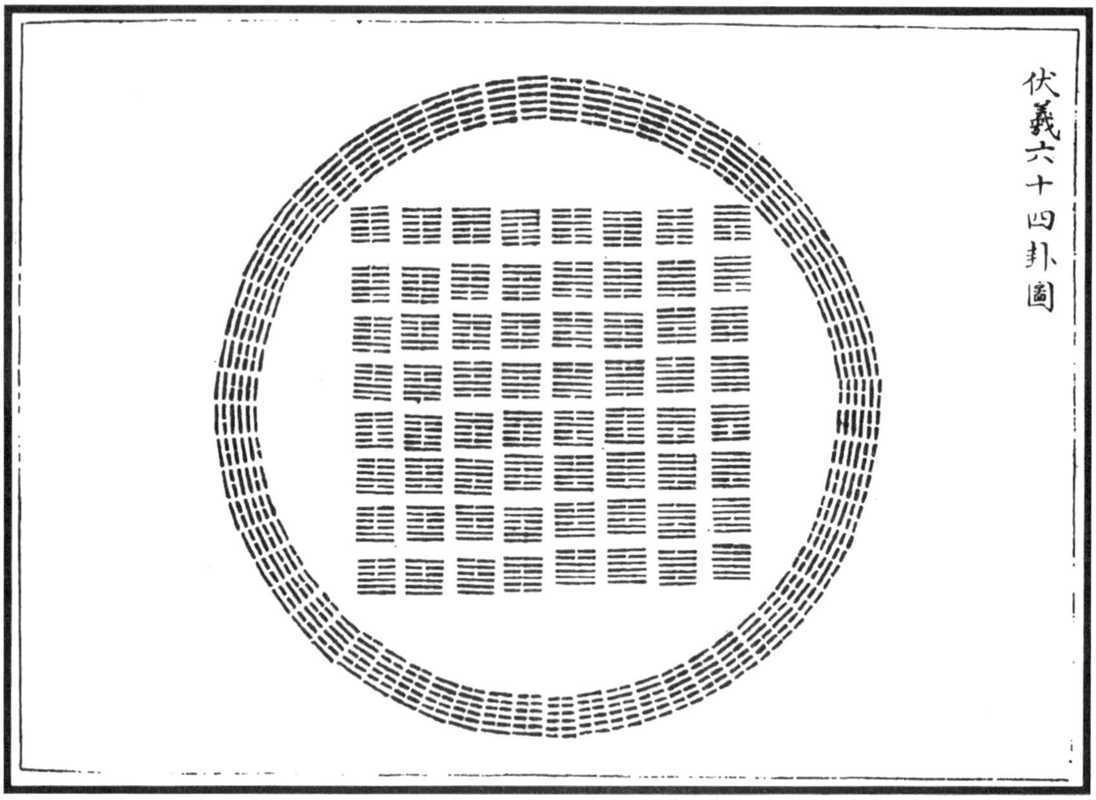

图 6　伏羲六十四卦图
（胡方平《易学启蒙通释》）

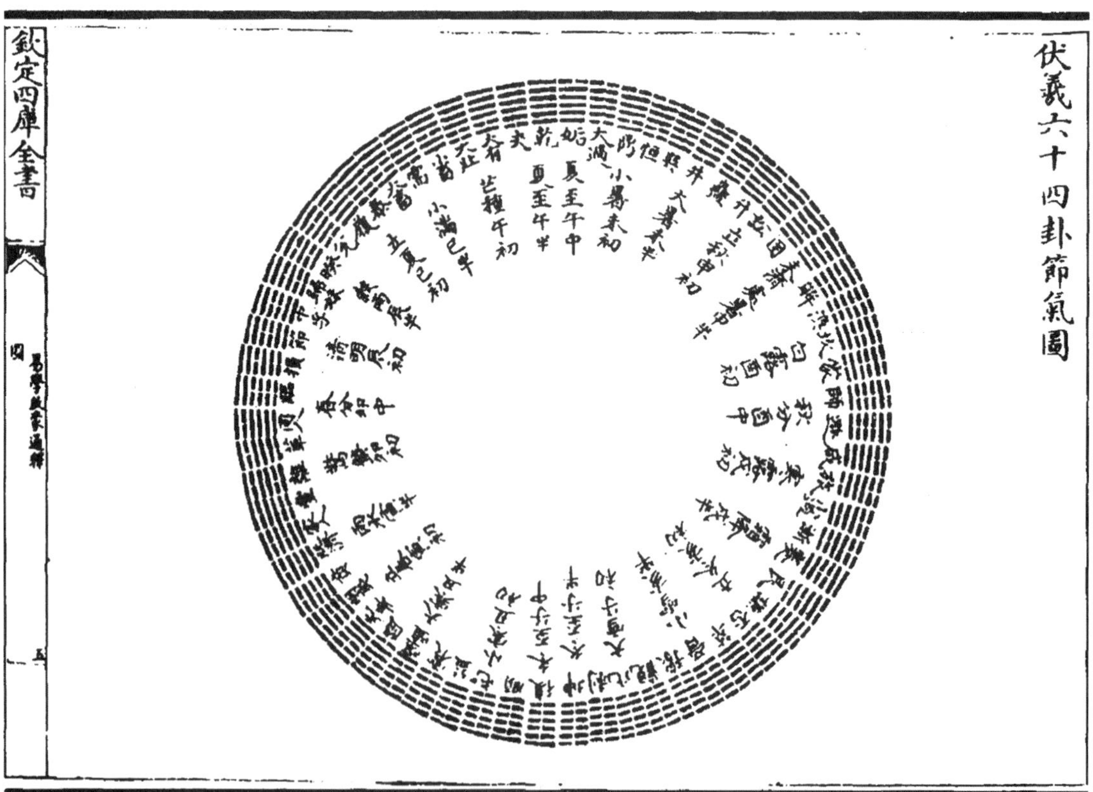

图 7　伏羲六十四卦节气图
（胡方平《易学启蒙通释》）

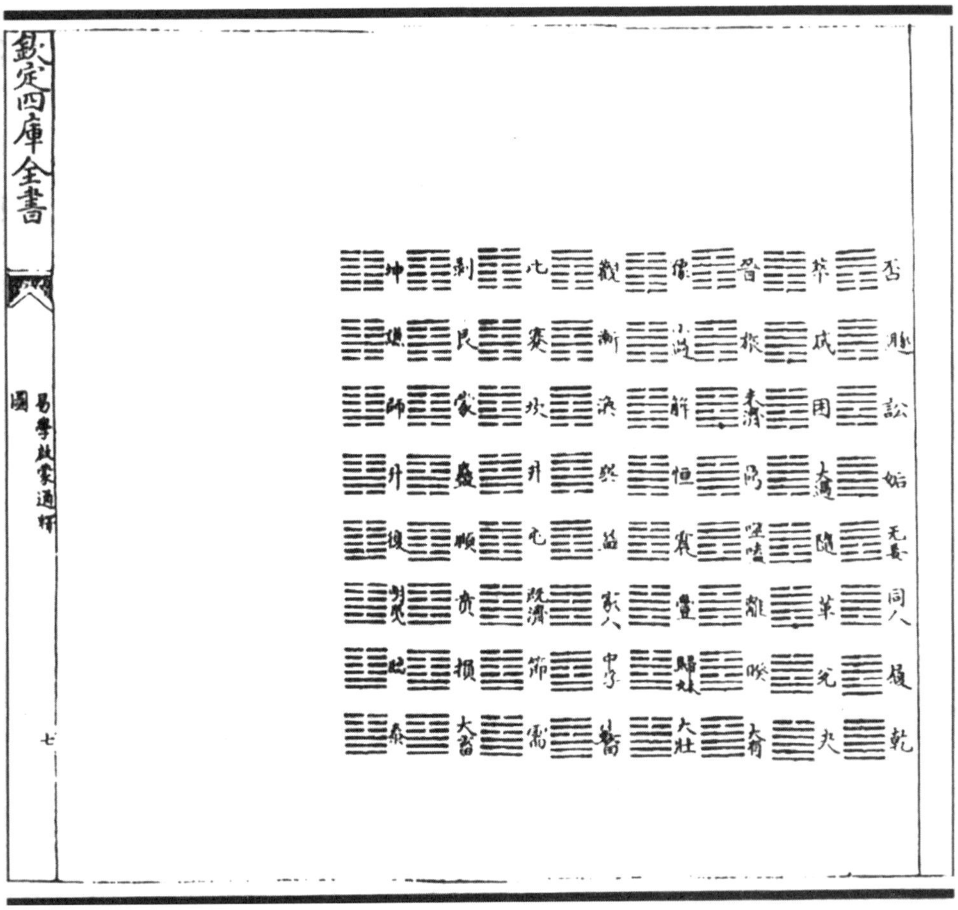

图8 伏羲六十四卦方图
（胡方平《易学启蒙通释》）

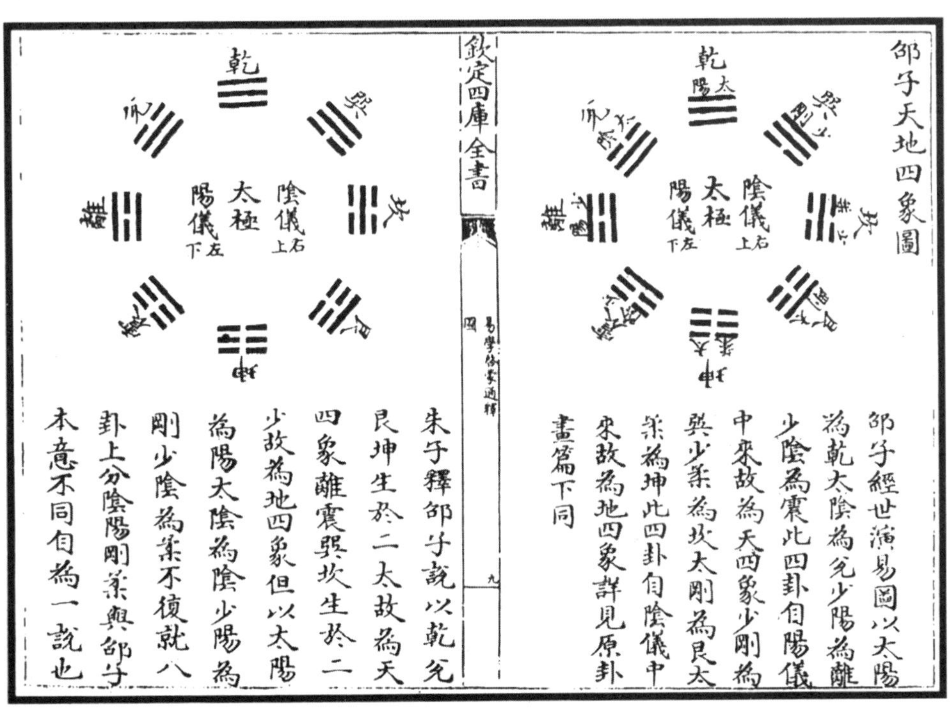

图9 邵子天地四象图
（胡方平《易学启蒙通释》）

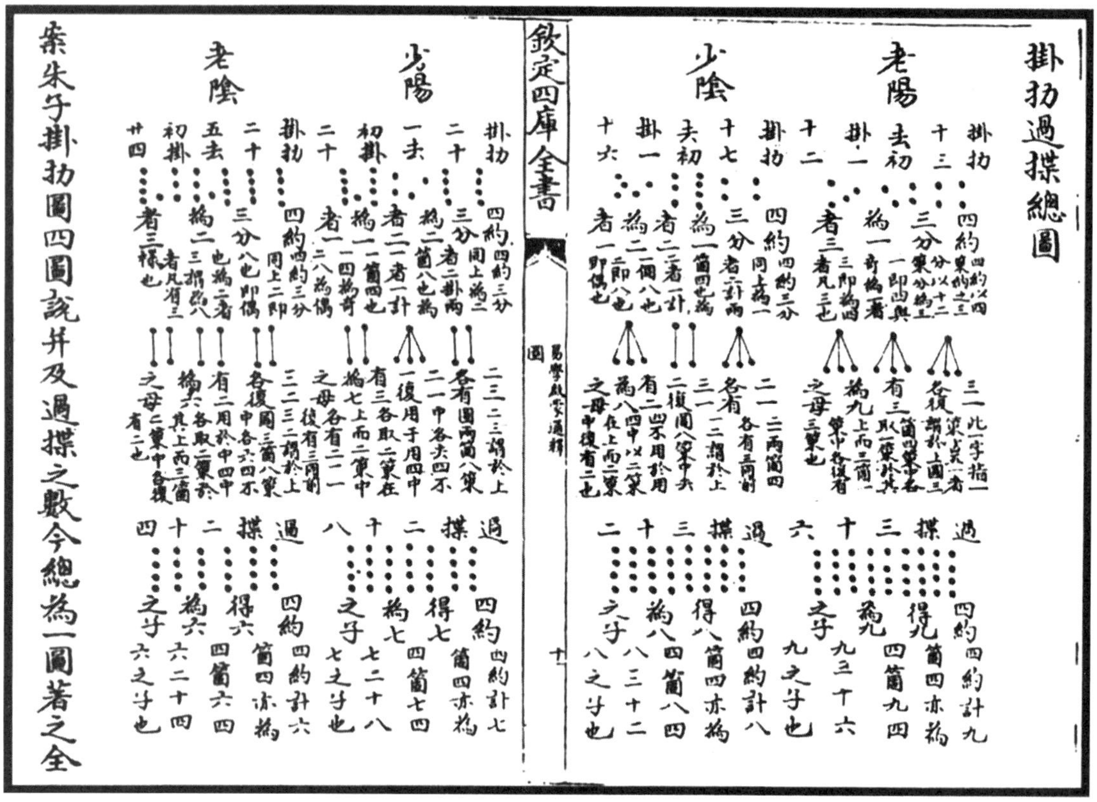

图 10　挂扐过揲总图

（胡方平《易学启蒙通释》）

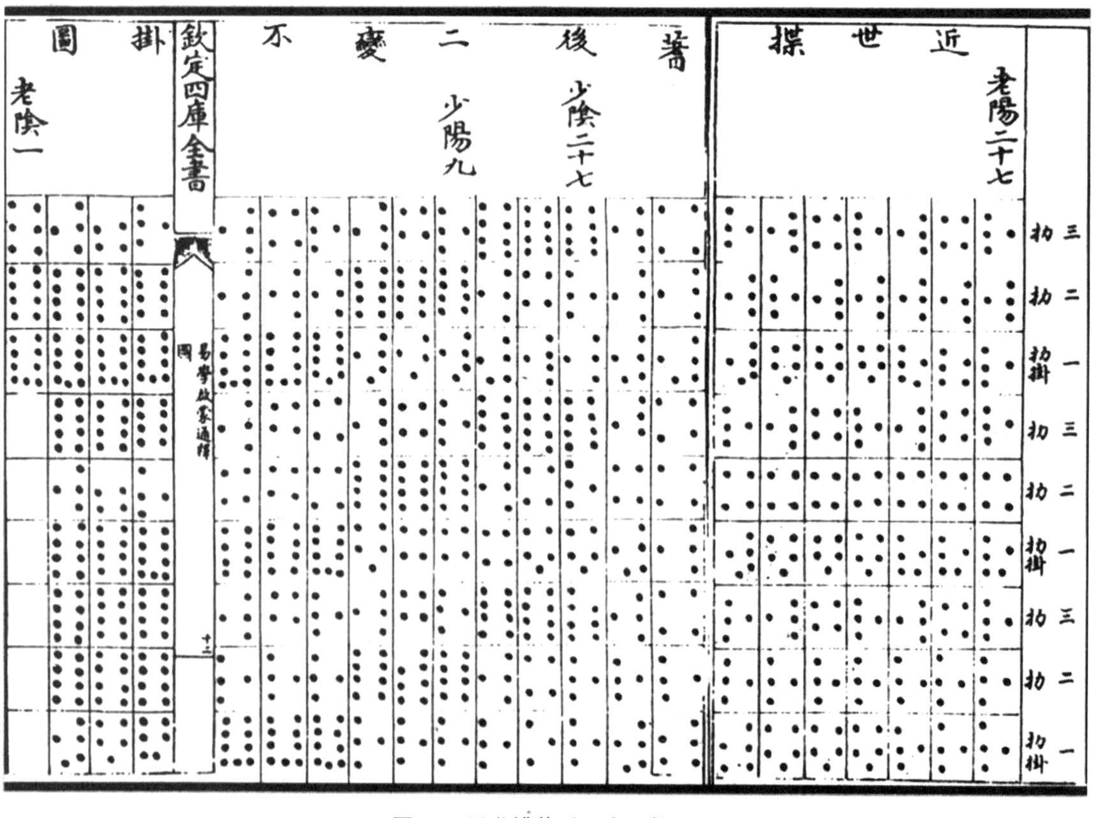

图 11　近世揲蓍后二变不挂图

（胡方平《易学启蒙通释》）

霍济之

霍济之,字巨川,南宋常州晋陵(今江苏常州)人,继其父霍怀家传,淡泊名利,以方外为志,属金丹派南宗。著《先天金丹大道玄奥口诀》,此书内容有《归根图》《金丹药物直指图》、《口诀直指》《金丹大道指述颂》,每图皆有释文,图与释文皆叙内丹,收入《道藏》。现存有《周易》图像一幅。

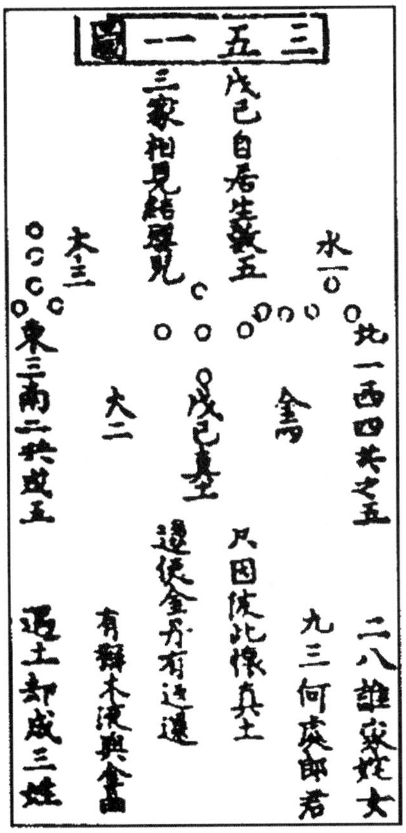

图1　三五一图
(霍济之《先天金丹大道玄奥口诀》)

丁易东

生卒年不详,字用和,又字汉臣,号石坛,南宋常德府武陵(今湖南常德)人,自称"武陵丁易东"。咸淳四年(1268)进士,累官至朝奉大夫、太府寺簿丞兼枢密院编修,后辞官归隐故里,入元不仕。出资创办石坛精舍,教授生徒,朝廷将其"精舍"赐额"沅阳书院"。著有《周易象义》十六卷、《大衍索隐》三卷等。现存有《周易》图像六十五幅。

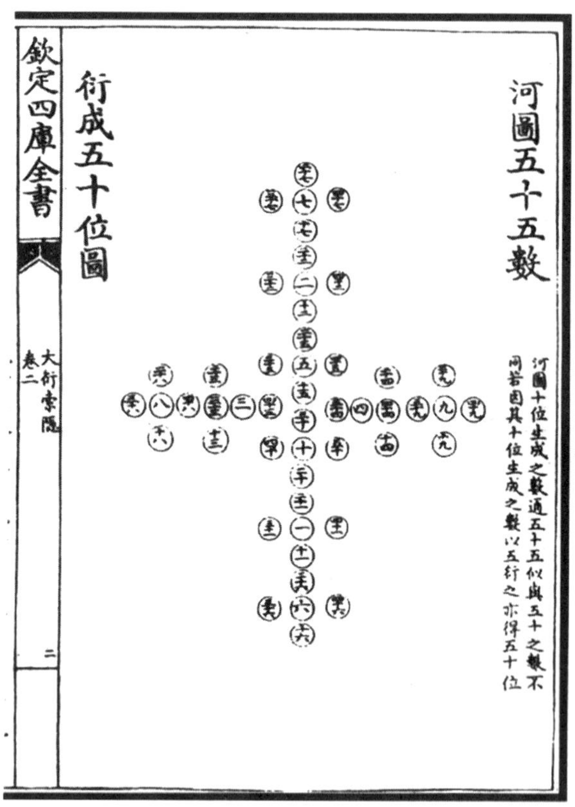

图1　河图五十五数衍成五十位图
（丁易东《大衍索隐》）

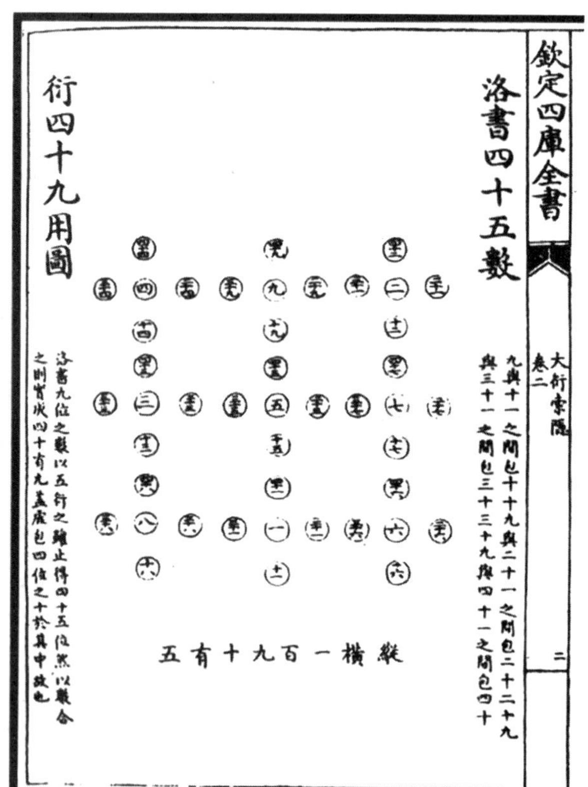

图2　洛书四十五数衍四十九用图
（丁易东《大衍索隐》）

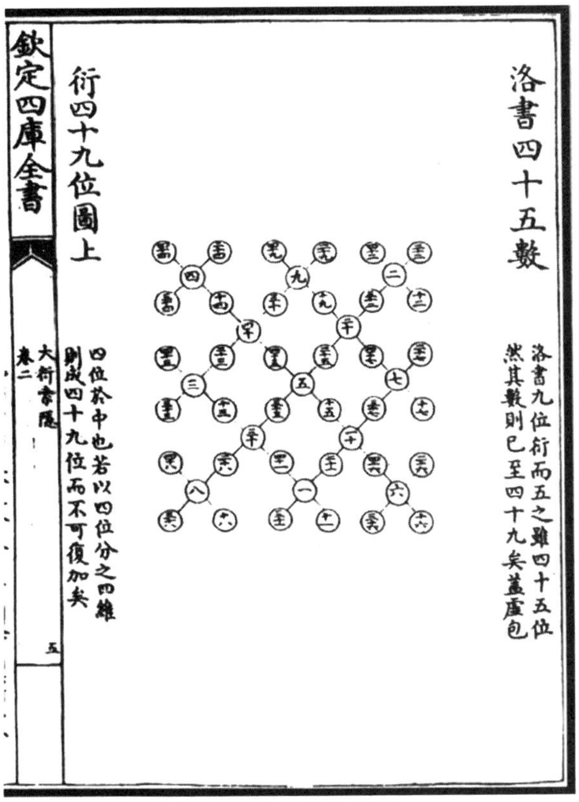

图 3 洛书四十五数衍四十九位图上
（丁易东《大衍索隐》）

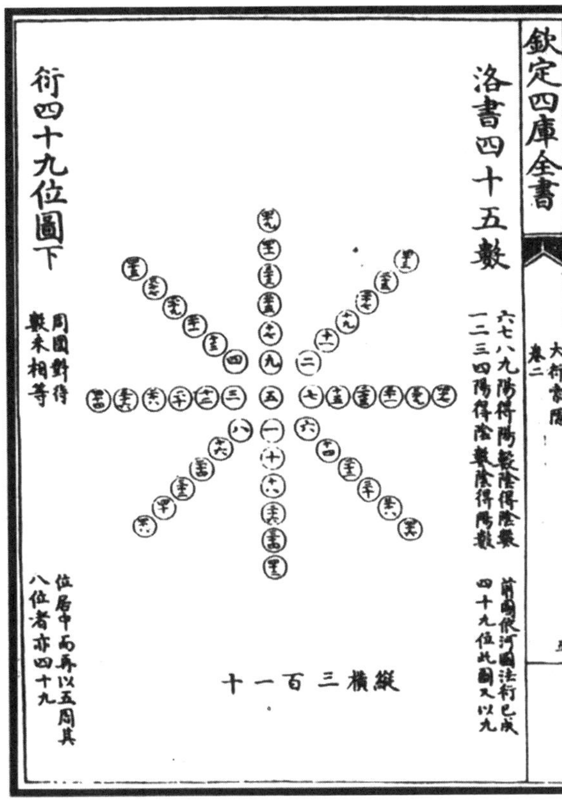

图 4 洛书四十五数衍四十九位图下
（丁易东《大衍索隐》）

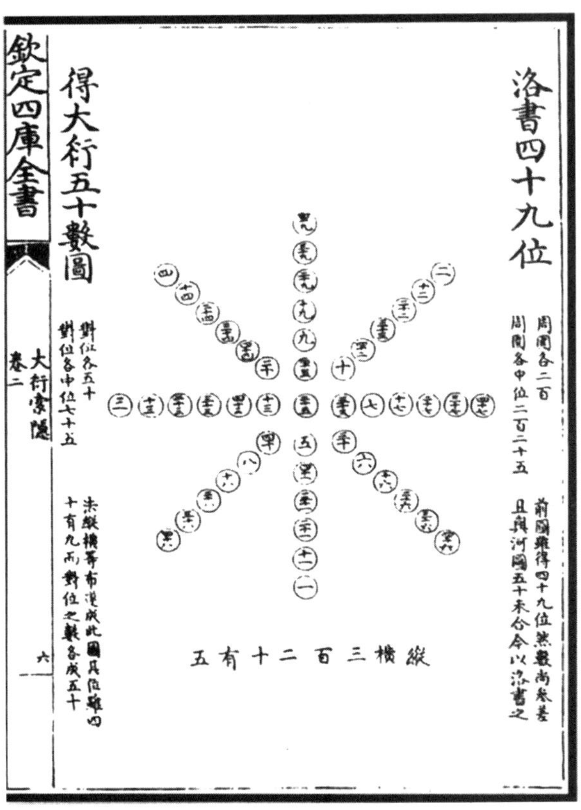

图 5 洛书四十九位得大衍五十数图
（丁易东《大衍索隐》）

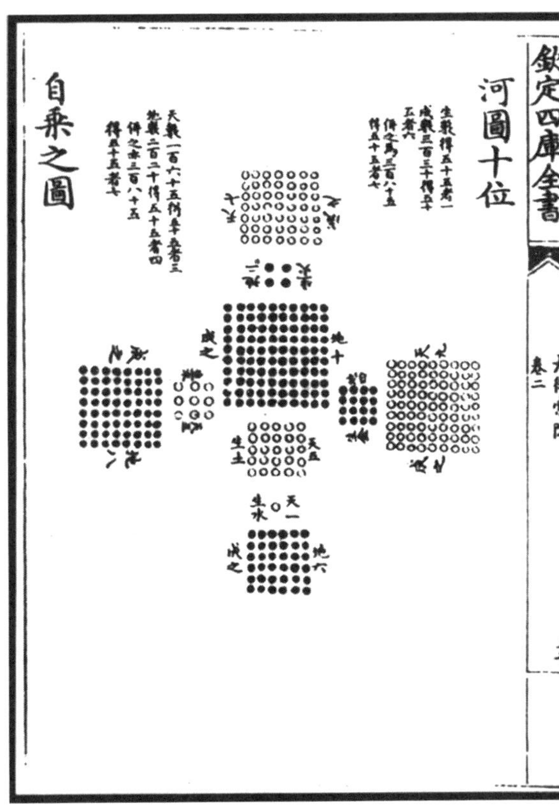

图 6 河图十位自乘之图
（丁易东《大衍索隐》）

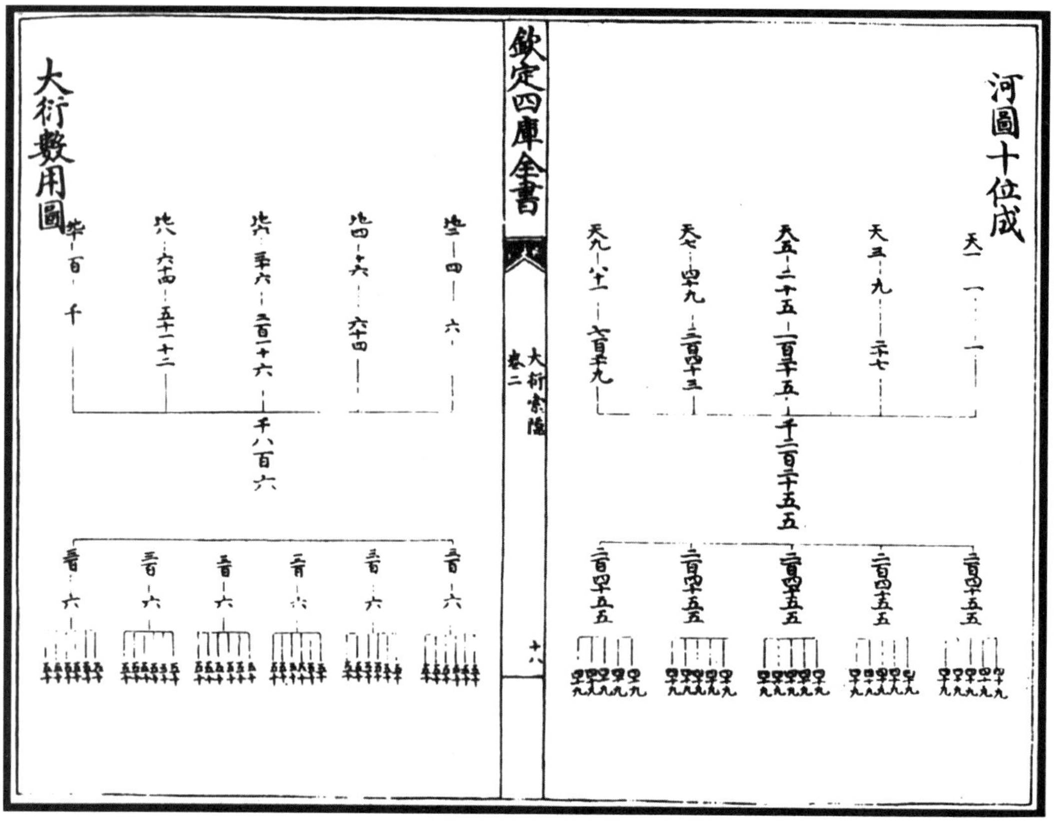

图 7　河图十位成大衍数用图
（丁易东《大衍索隐》）

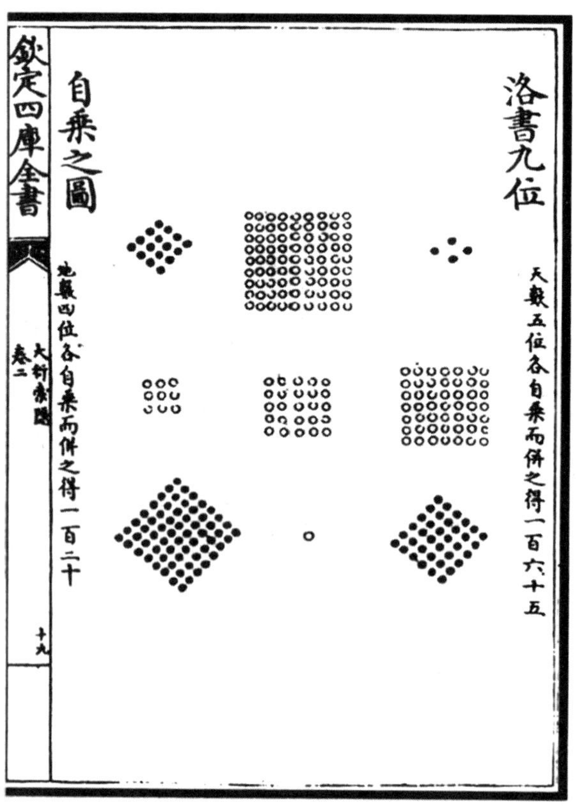

图 8　洛书九位自乘之图
（丁易东《大衍索隐》）

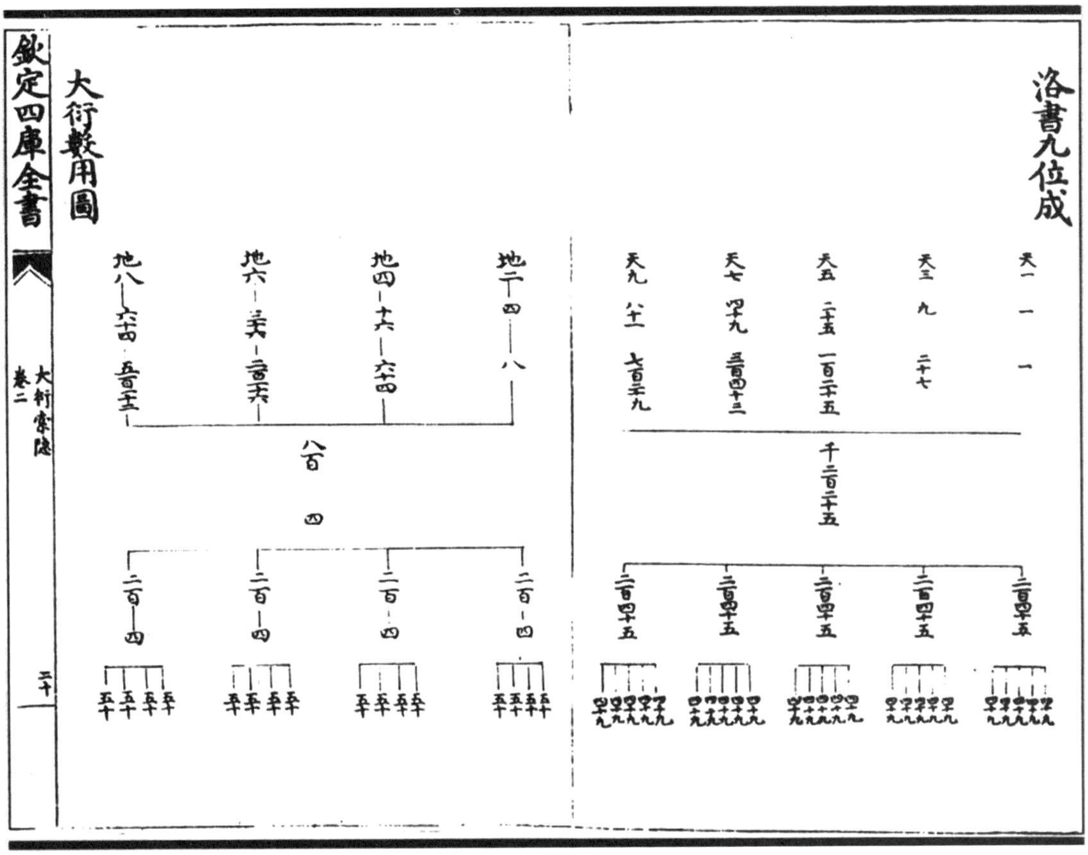

图9 洛书九位成大衍数用图
（丁易东《大衍索隐》）

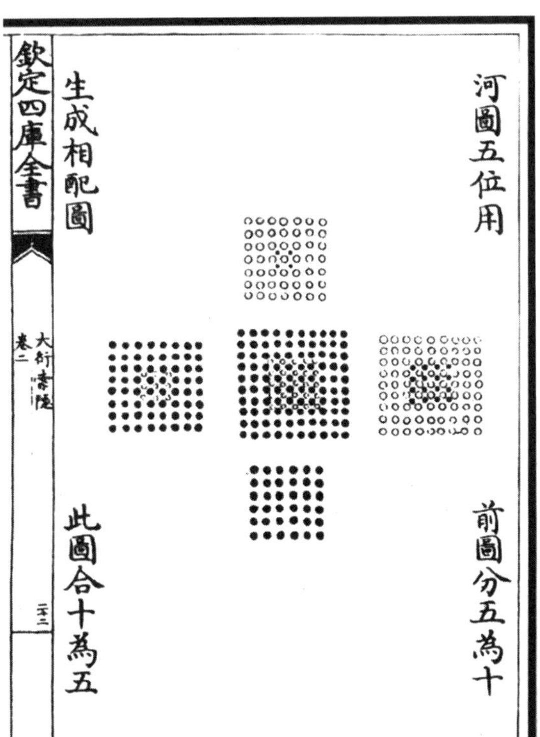

图10 河图五位用生成相配图
（丁易东《大衍索隐》）

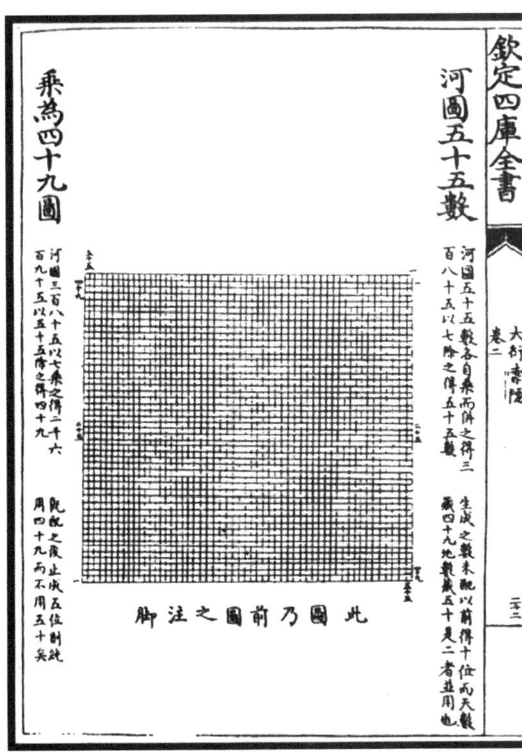

图11 河图五十五数乘为四十九图
（丁易东《大衍索隐》）

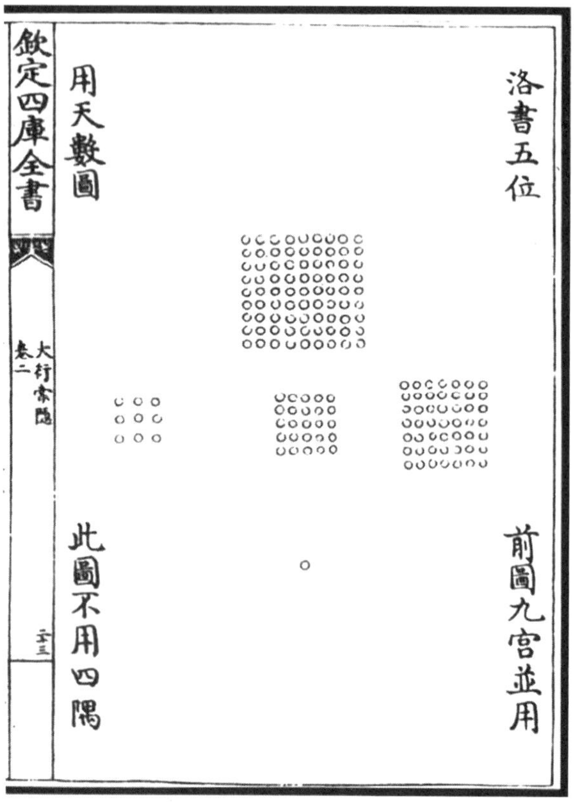

图 12　洛书五位用天数图
（丁易东《大衍索隐》）

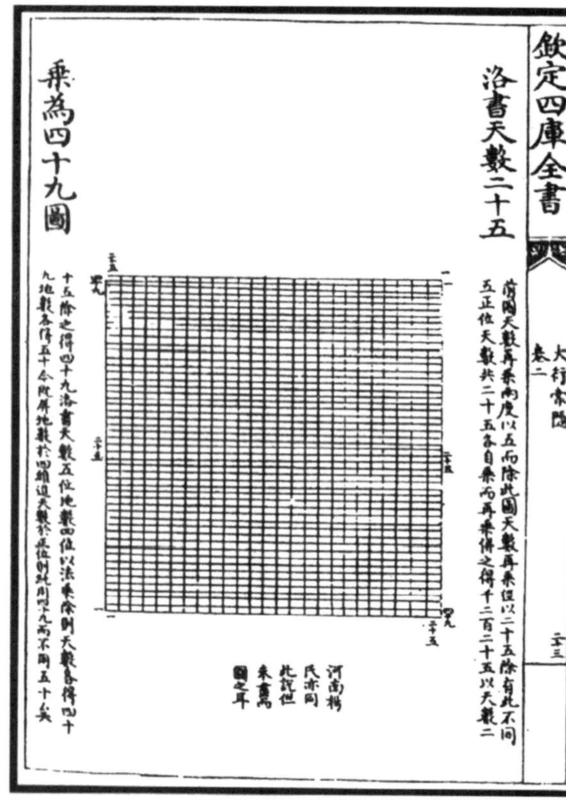

图 13　洛书天数二十五乘为四十九图
（丁易东《大衍索隐》）

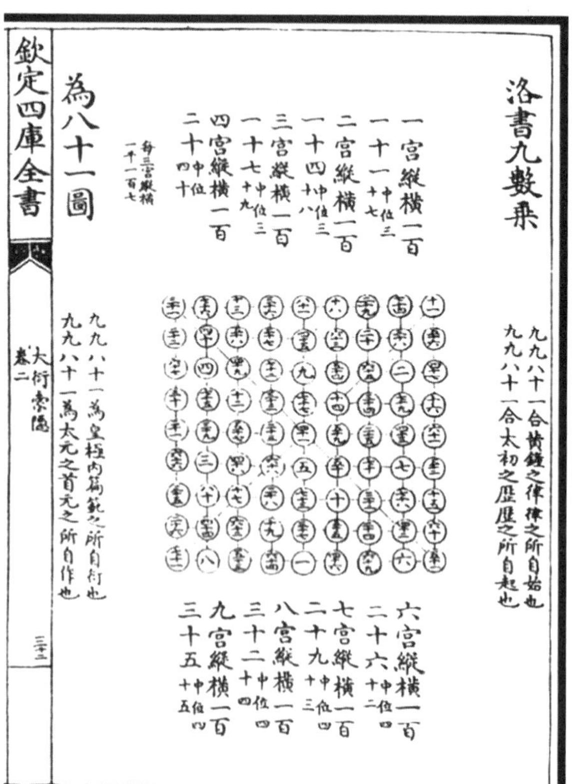

图 14　洛书九数乘为八十一图
（丁易东《大衍索隐》）

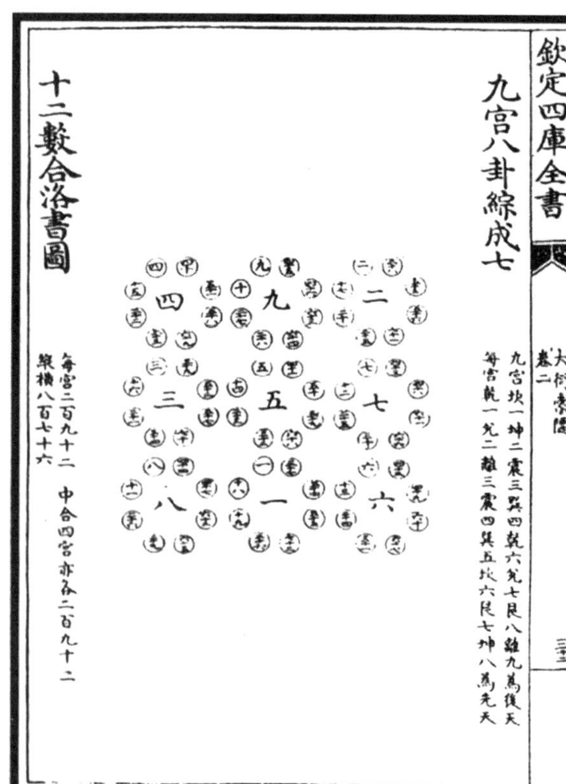

图 15　九宫八卦综成七十二数合洛书图
（丁易东《大衍索隐》）

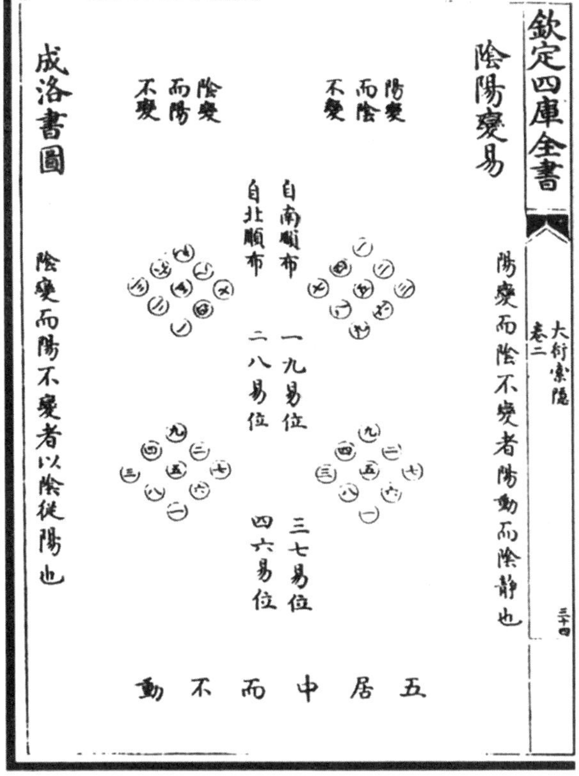

图 16　阴阳变易成洛书图
（丁易东《大衍索隐》）

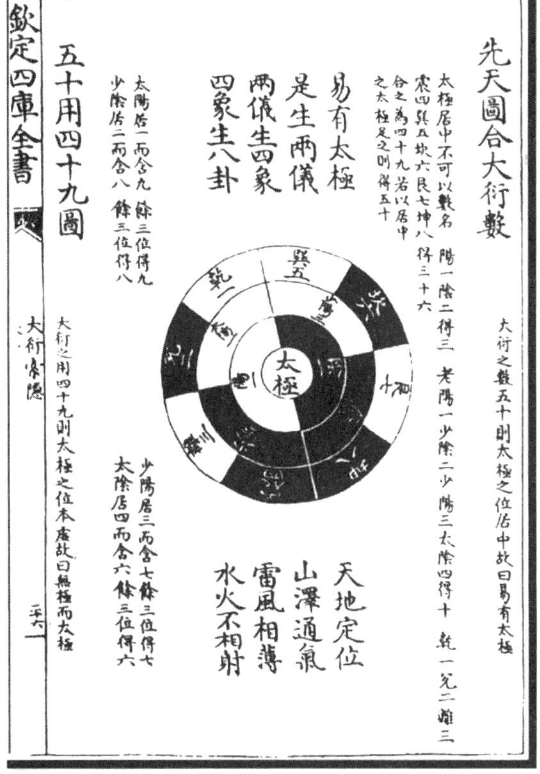

图 17　先天图合大衍数五十用四十九图
（丁易东《大衍索隐》）

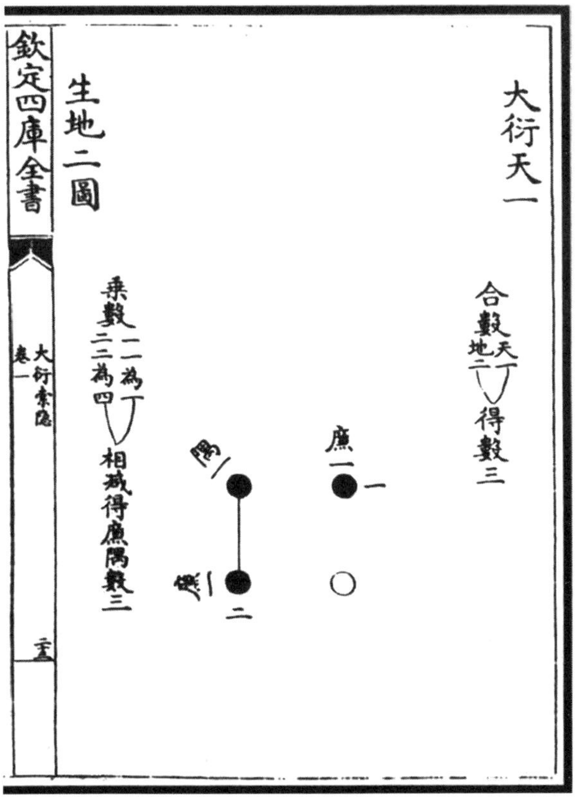

图 18　大衍天一生地二图
（丁易东《大衍索隐》）

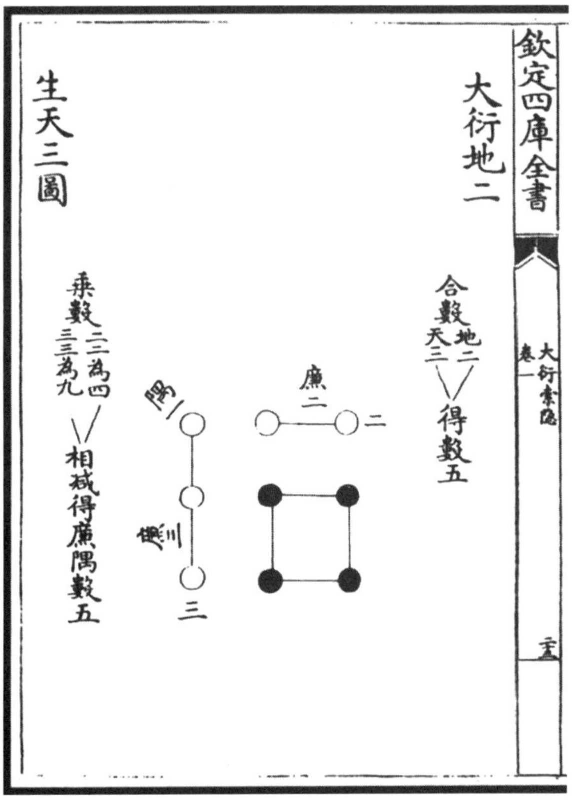

图 19　大衍地二生天三图
（丁易东《大衍索隐》）

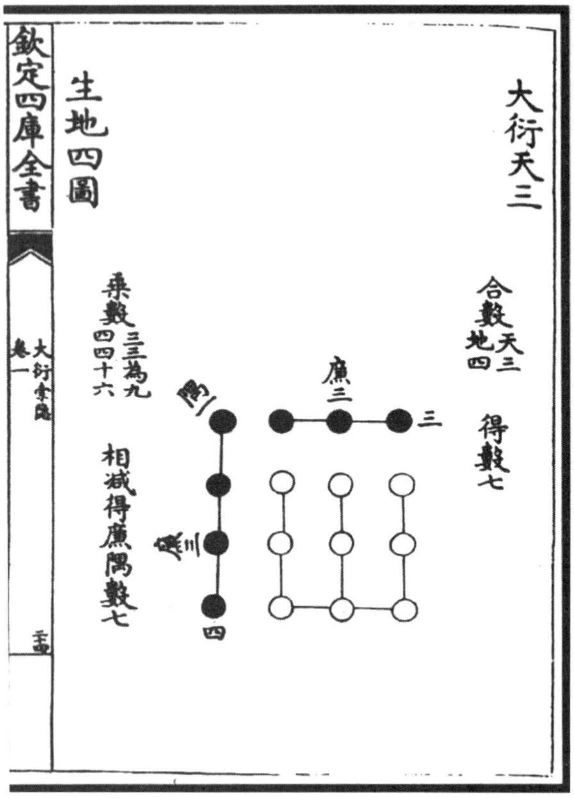

图 20　大衍天三生地四图
（丁易东《大衍索隐》）

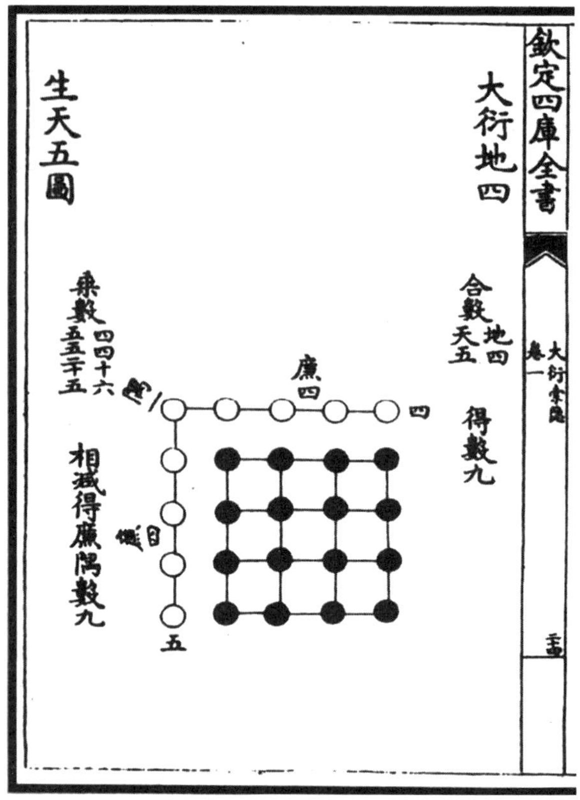

图 21　大衍地四生天五图
（丁易东《大衍索隐》）

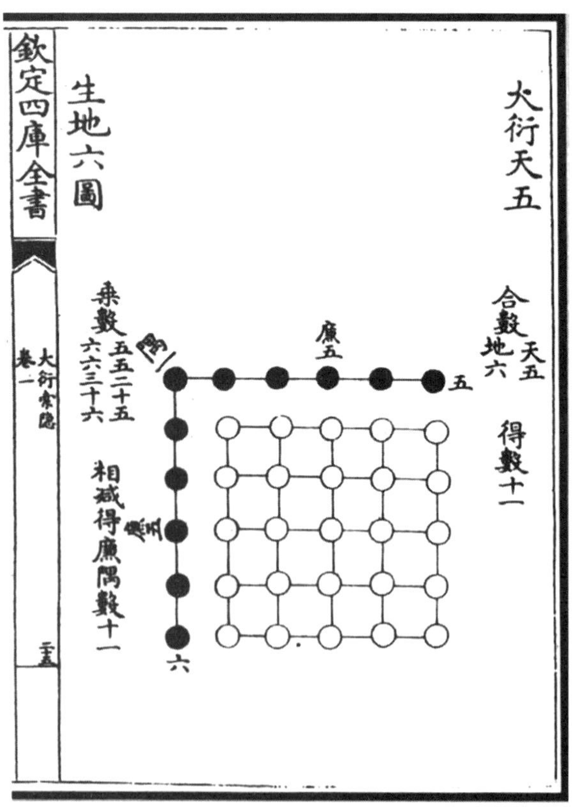

图 22　大衍天五生地六图
（丁易东《大衍索隐》）

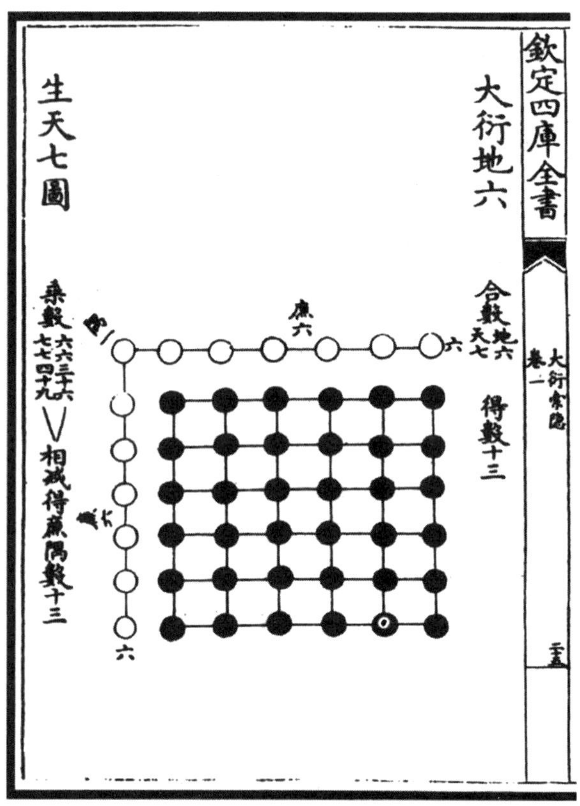

图 23　大衍地六生天七图
（丁易东《大衍索隐》）

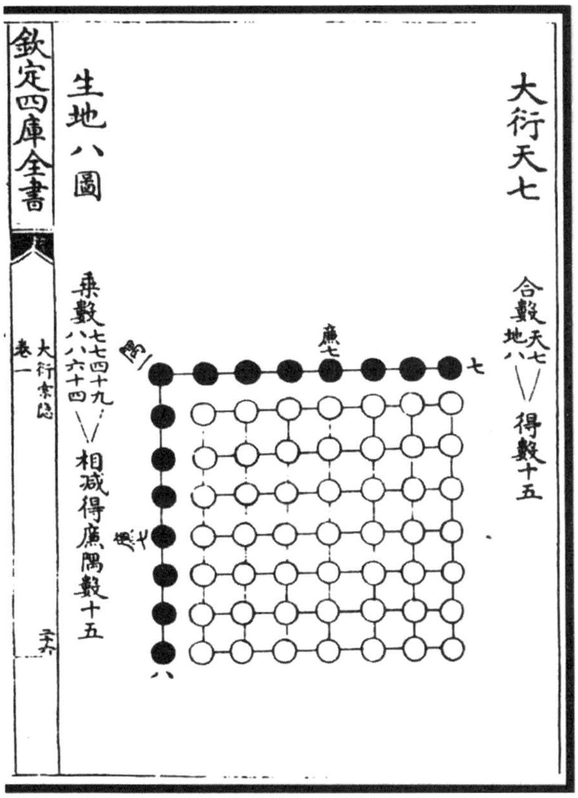

图 24　大衍天七生地八图
（丁易东《大衍索隐》）

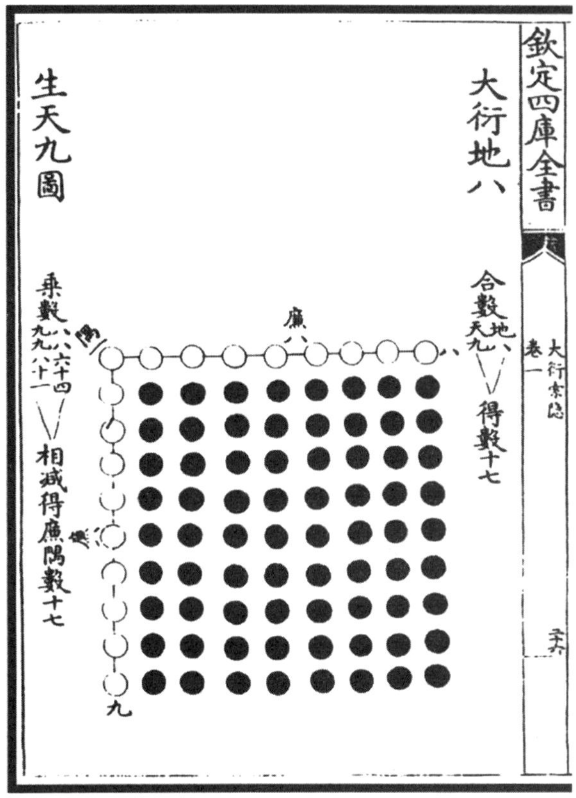

图 25　大衍地八生天九图
（丁易东《大衍索隐》）

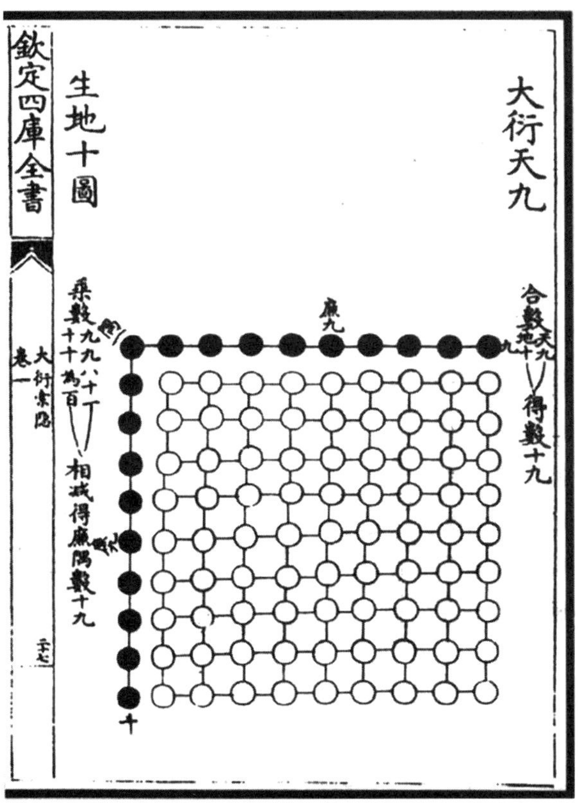

图 26　大衍天九生地十图
（丁易东《大衍索隐》）

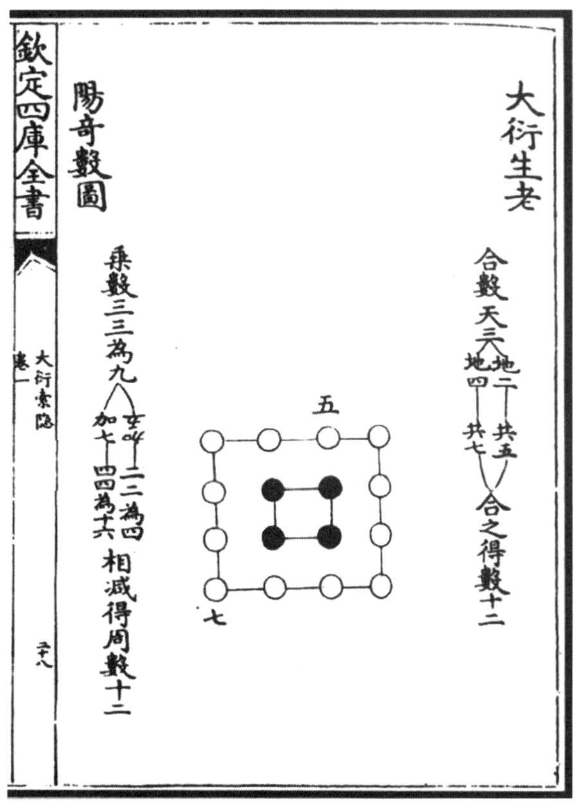

图 27　大衍生老阳奇数图
（丁易东《大衍索隐》）

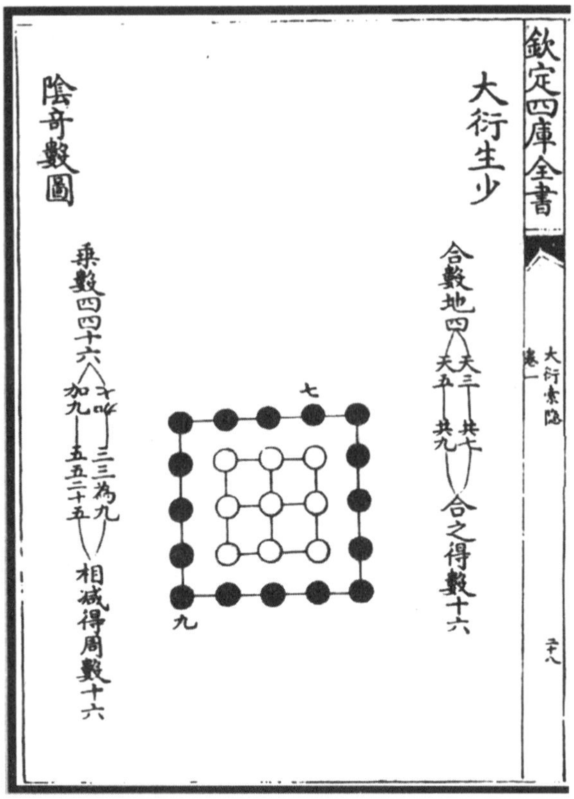

图 28　大衍生少阴奇数图
（丁易东《大衍索隐》）

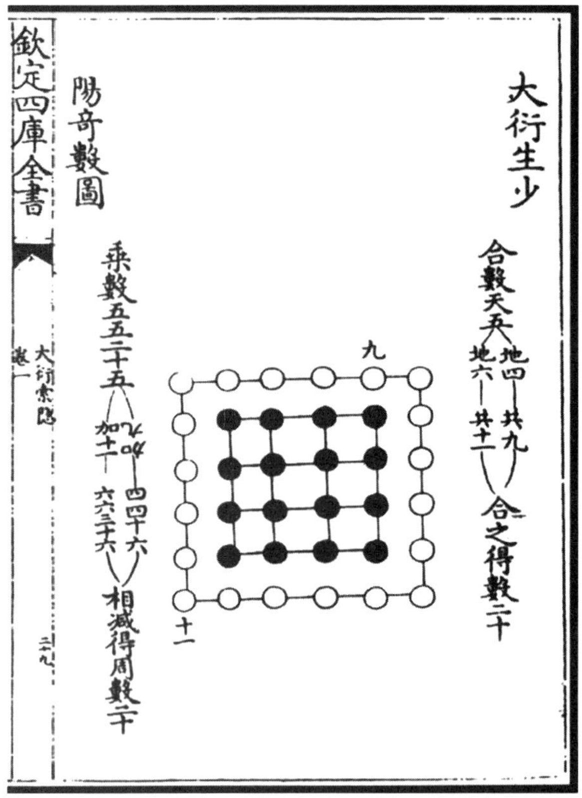

图 29　大衍生少阳奇数图
（丁易东《大衍索隐》）

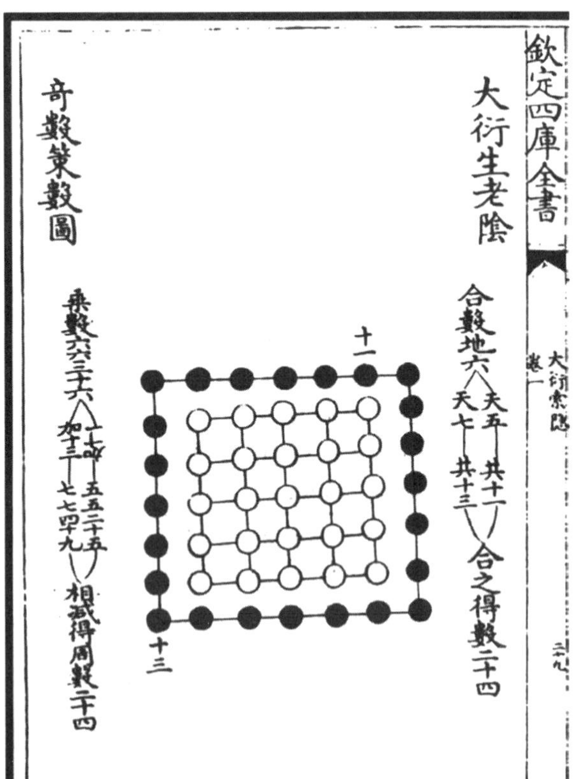

图 30　大衍生老阴奇数策数图
（丁易东《大衍索隐》）

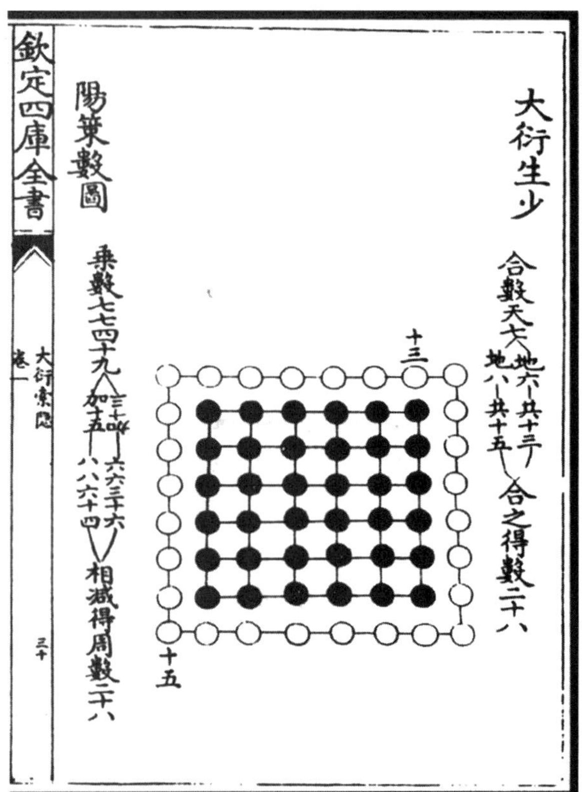

图 31　大衍生少阳策数图
（丁易东《大衍索隐》）

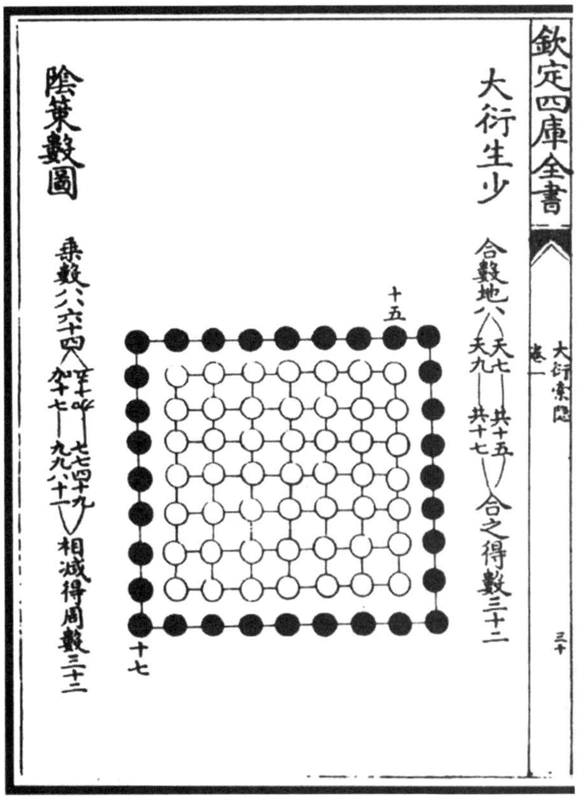

图32 大衍生少阴策数图
（丁易东《大衍索隐》）

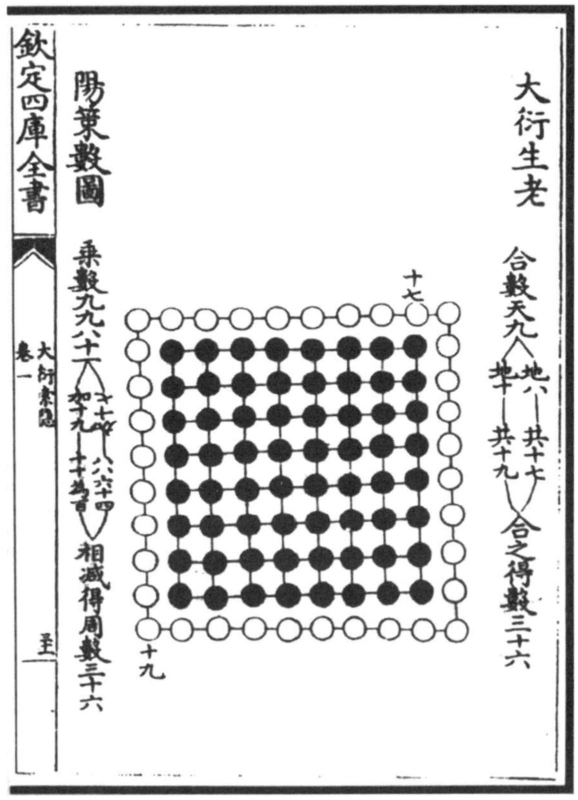

图33 大衍生老阳策数图
（丁易东《大衍索隐》）

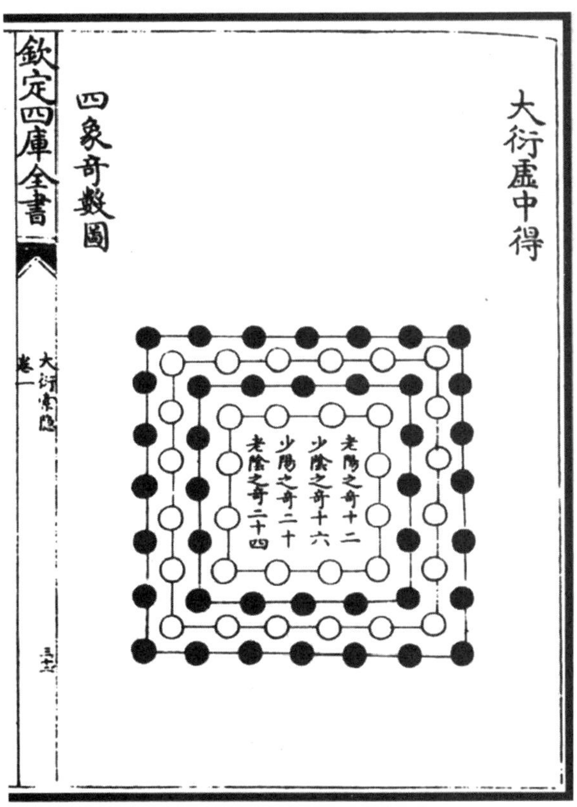

图34 大衍虚中得四象奇数图
（丁易东《大衍索隐》）

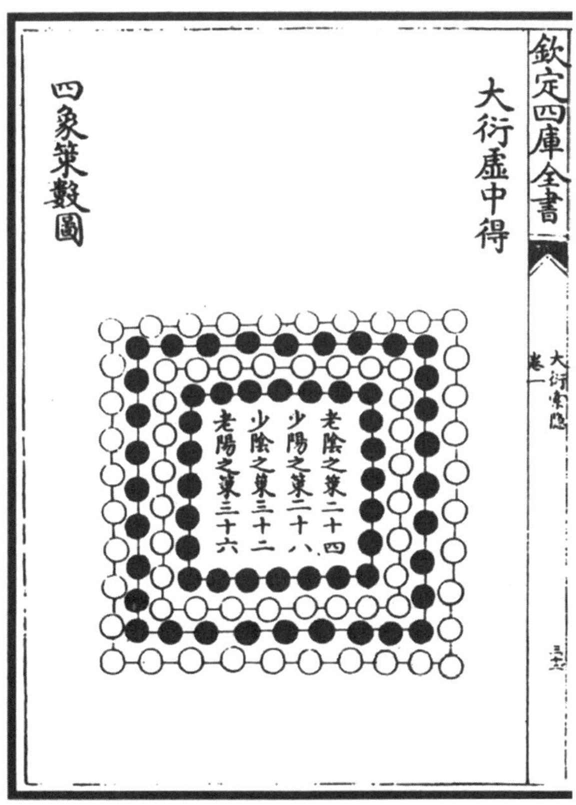

图35 大衍虚中得四象策数图
（丁易东《大衍索隐》）

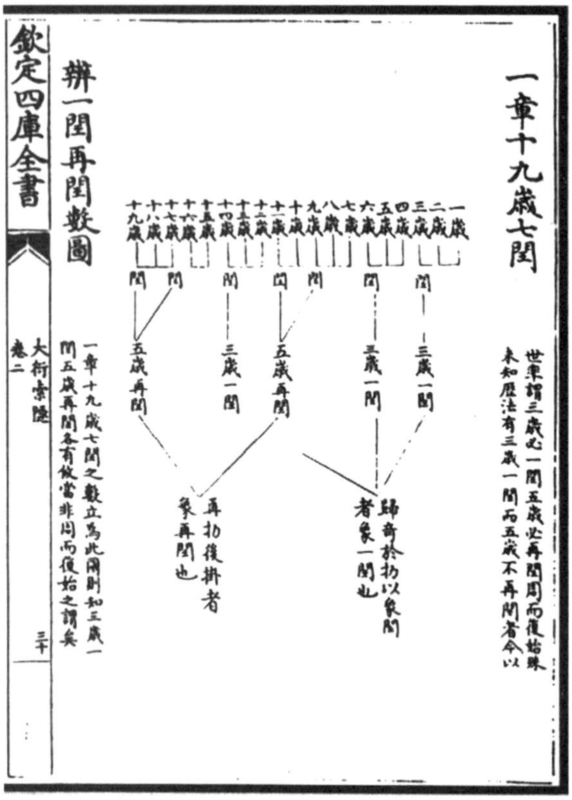

图36　一章十九岁七闰辨一闰再闰数图
（丁易东《大衍索隐》）

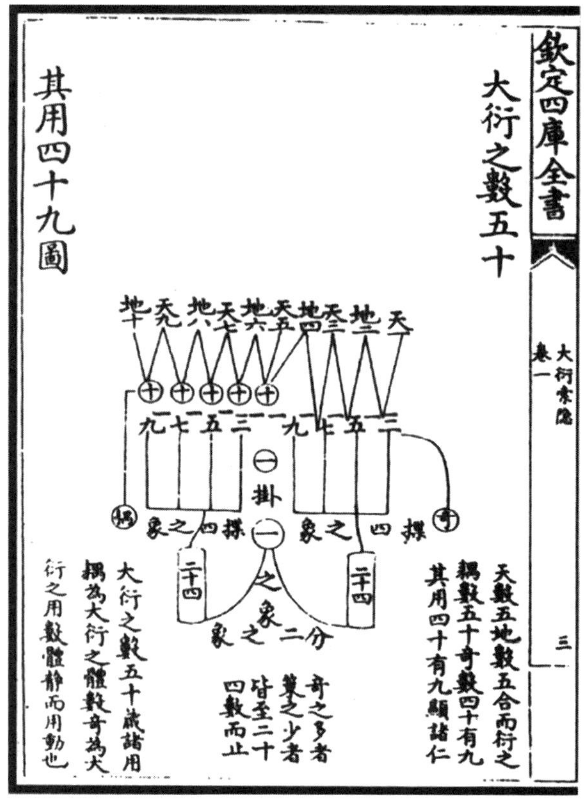

图37　大衍之数五十其用四十有九图
（丁易东《大衍索隐》）

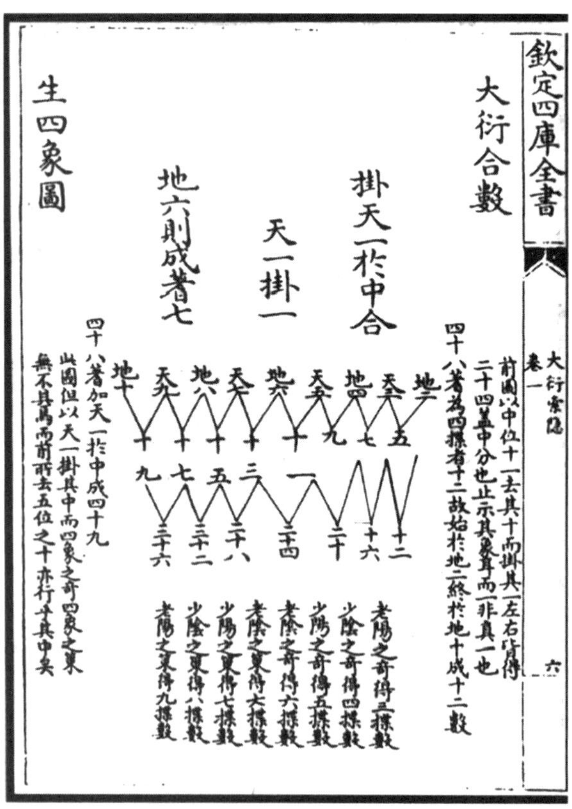

图38　大衍合数生四象图
（丁易东《大衍索隐》）

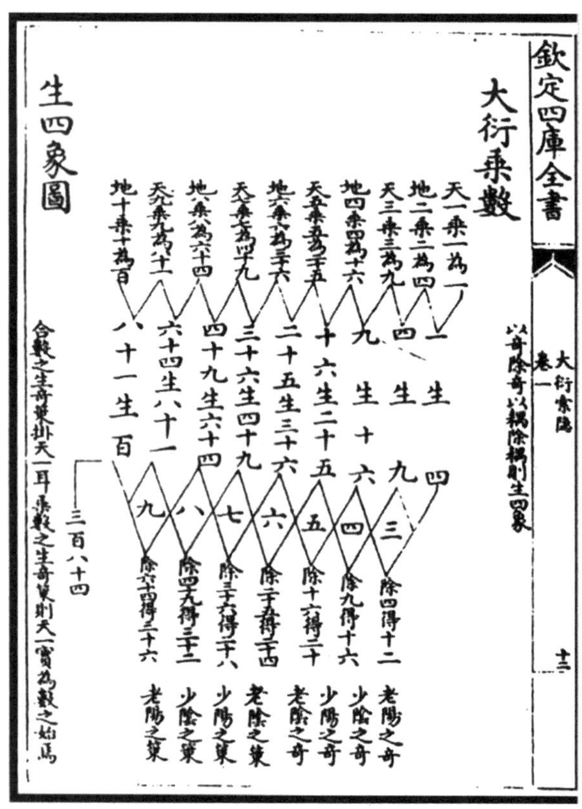

图39　大衍乘数生四象图
（丁易东《大衍索隐》）

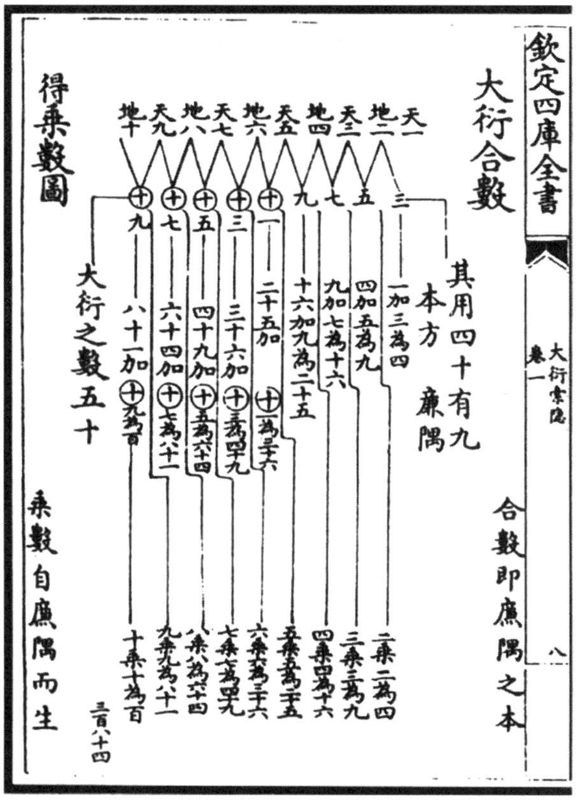

图 40　大衍合数得乘数图
（丁易东《大衍索隐》）

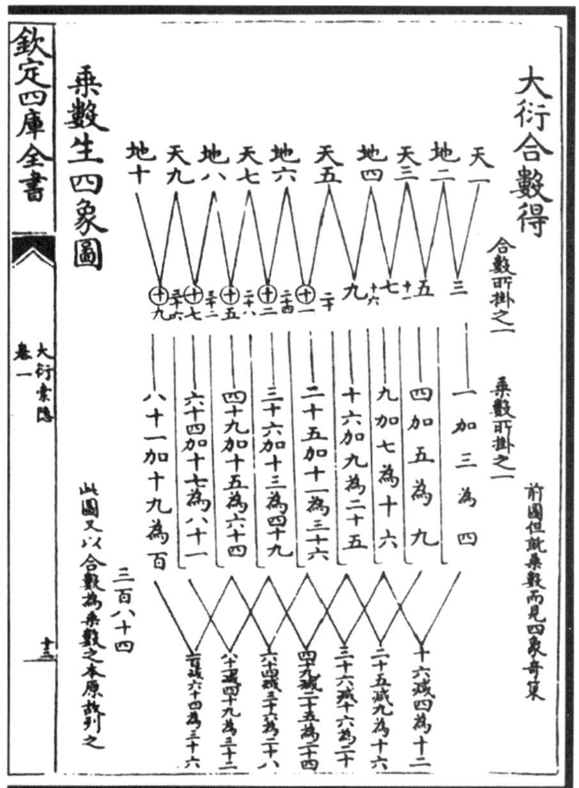

图 41　大衍合数得乘数生四象图
（丁易东《大衍索隐》）

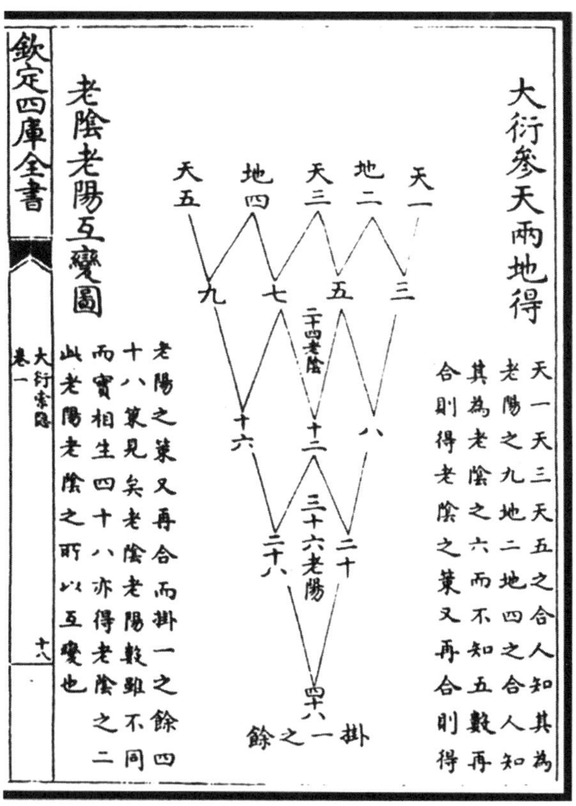

图 42　大衍参天两地得老阴老阳互变图
（丁易东《大衍索隐》）

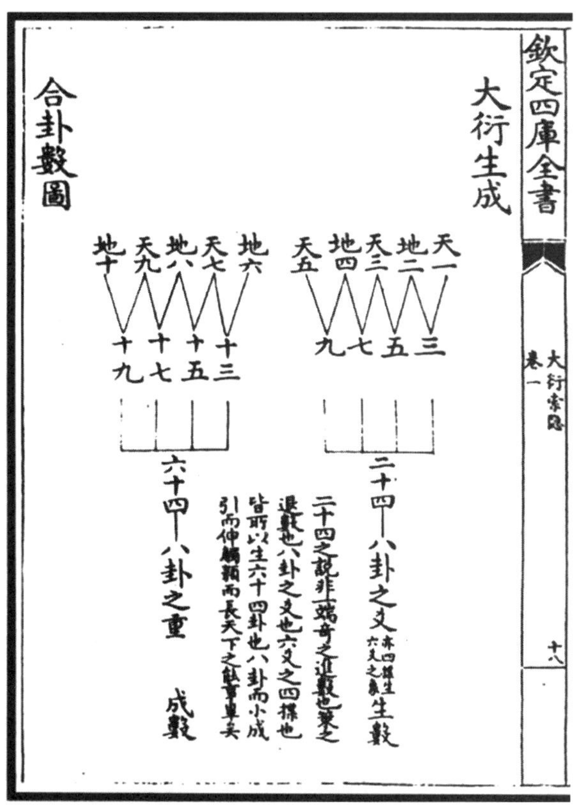

图 43　大衍生成合卦数图
（丁易东《大衍索隐》）

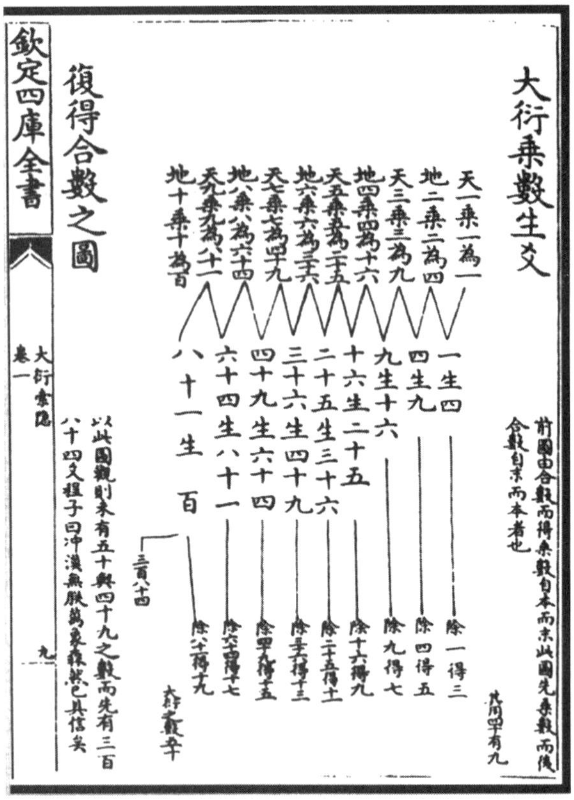

图44　大衍乘数生爻复得合数之图
（丁易东《大衍索隐》）

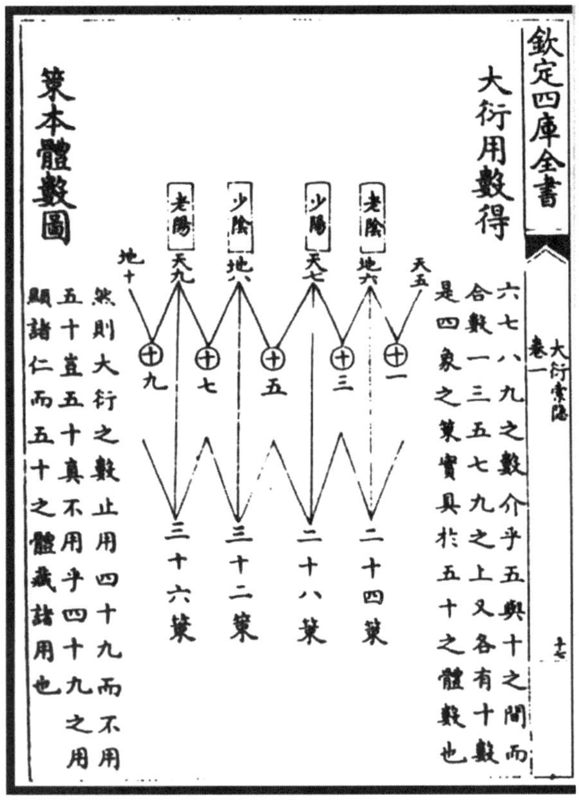

图45　大衍用数得策本体数图
（丁易东《大衍索隐》）

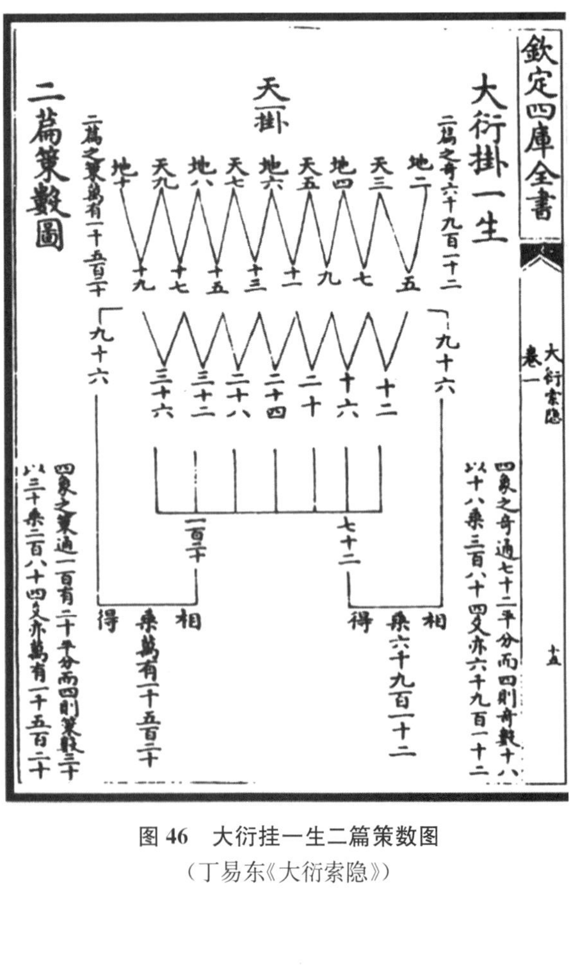

图46　大衍挂一生二篇策数图
（丁易东《大衍索隐》）

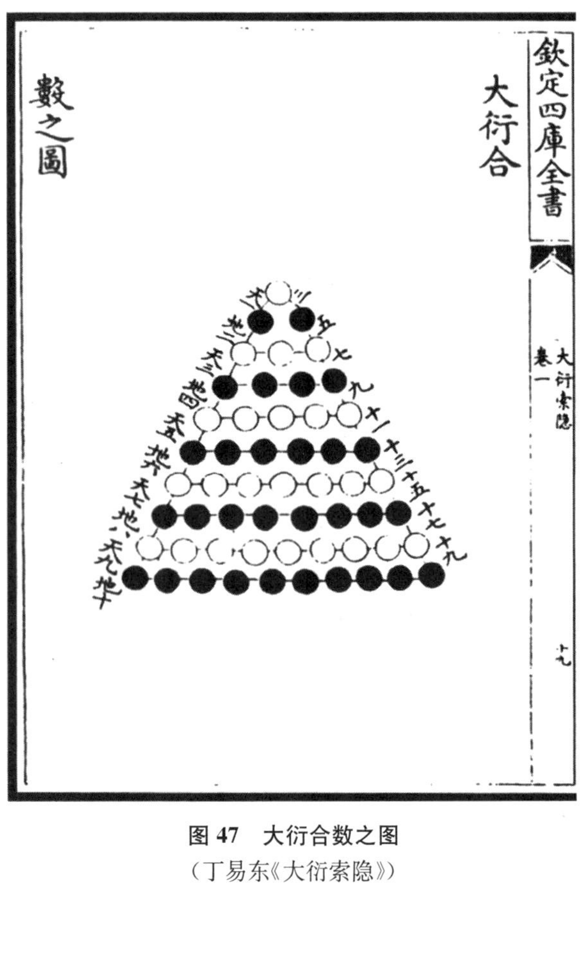

图47　大衍合数之图
（丁易东《大衍索隐》）

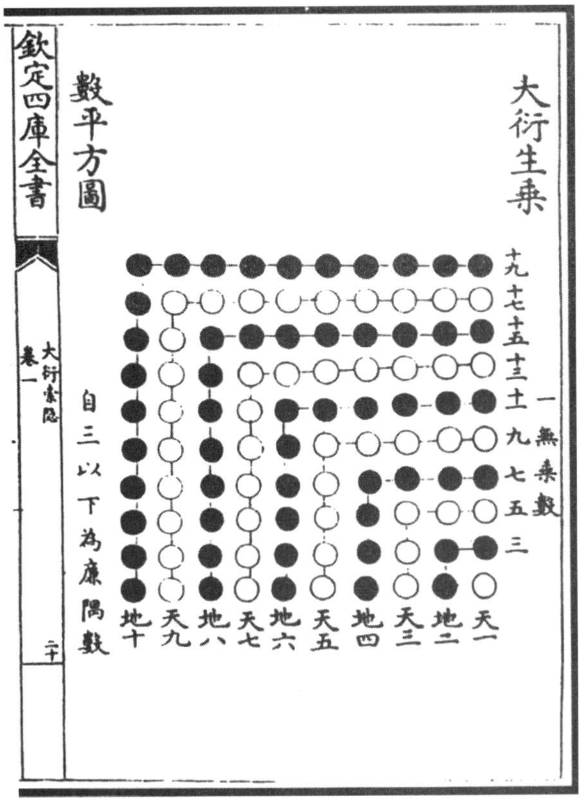

图 48　大衍生乘数平方图
（丁易东《大衍索隐》）

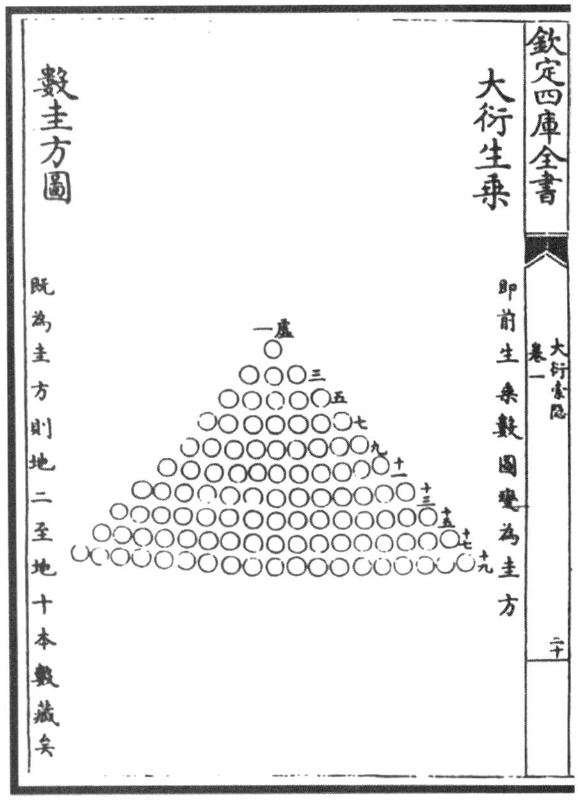

图 49　大衍生乘数圭方图
（丁易东《大衍索隐》）

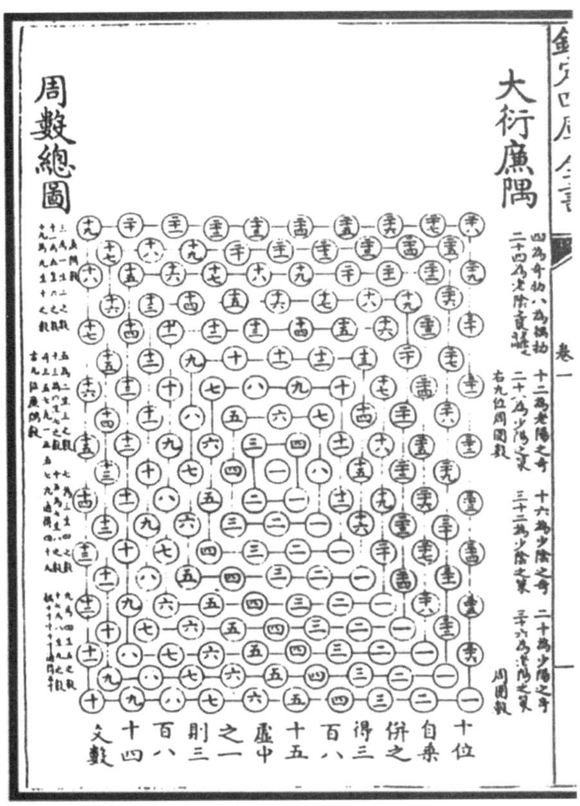

图 50　大衍廉隅周数总图
（丁易东《大衍索隐》）

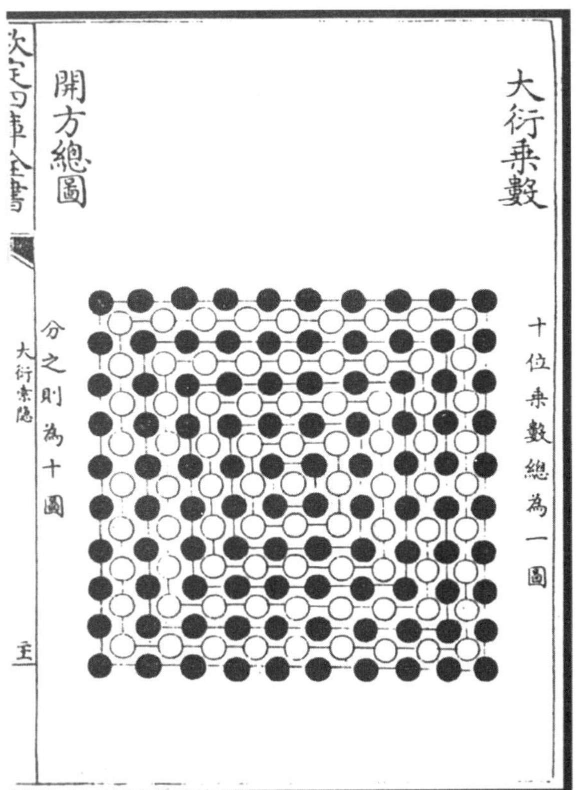

图 51　大衍乘数开方总图
（丁易东《大衍索隐》）

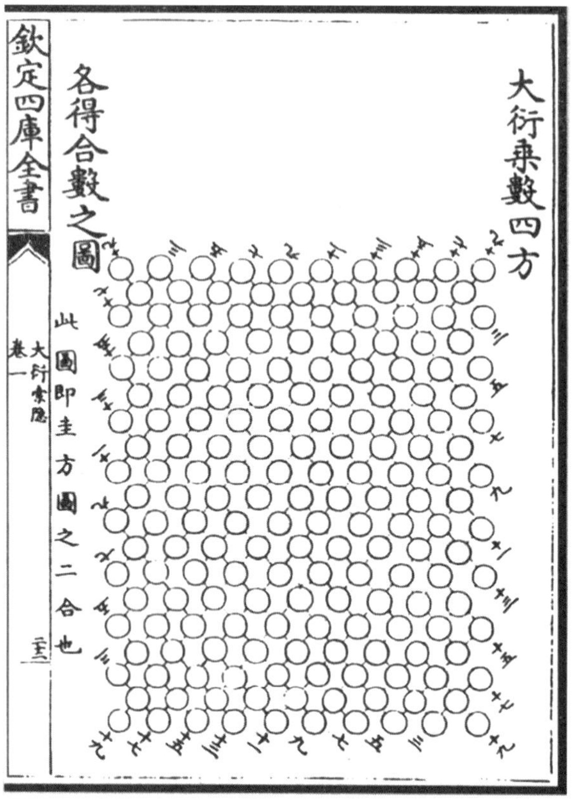

图 52 大衍乘数四方各得合数之图
（丁易东《大衍索隐》）

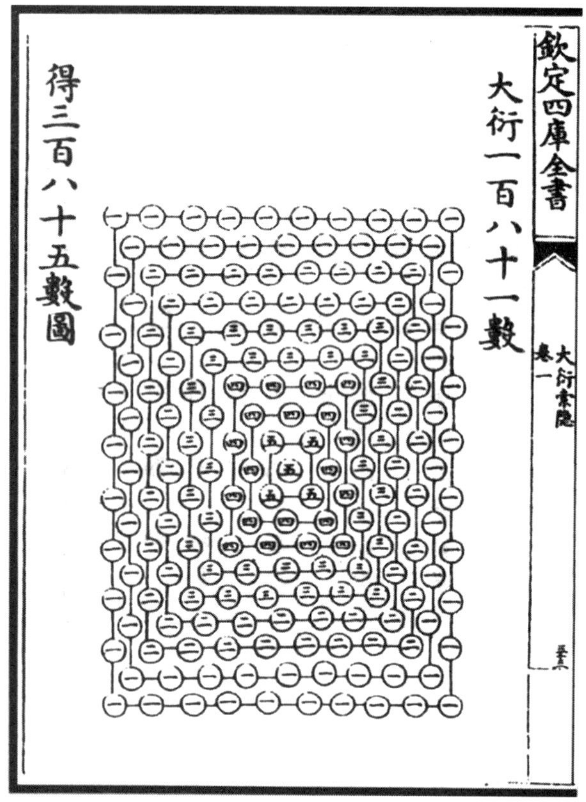

图 53 大衍一百八十一数得三百八十五数图
（丁易东《大衍索隐》）

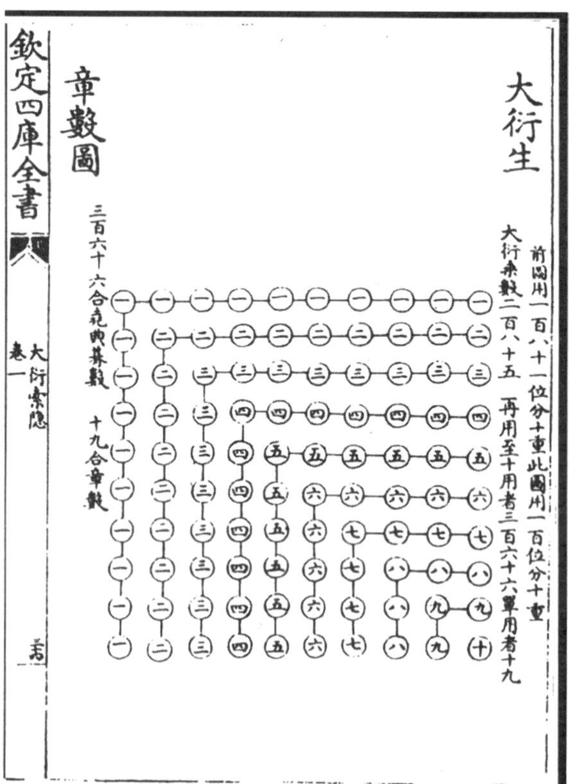

图 54 大衍生章图
（丁易东《大衍索隐》）

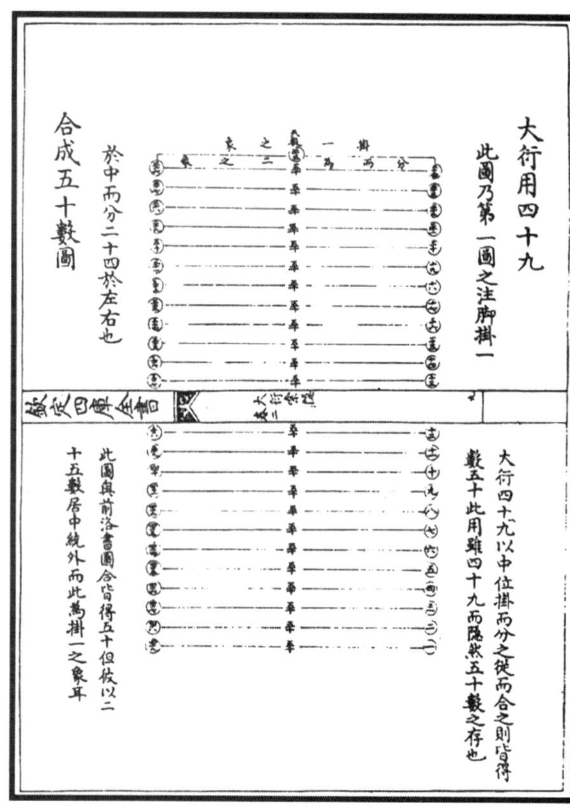

图 55 大衍用四十九合成五十数图
（丁易东《大衍索隐》）

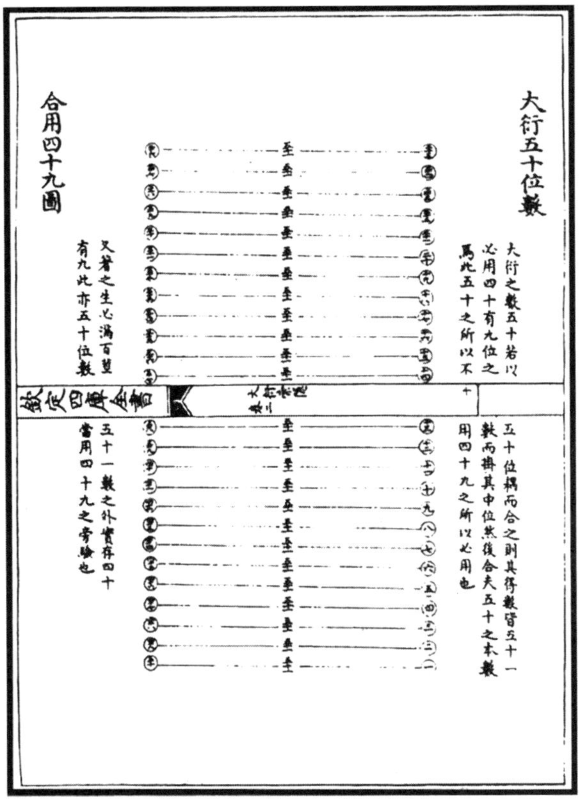

图 56　大衍五十位数合用四十九图
（丁易东《大衍索隐》）

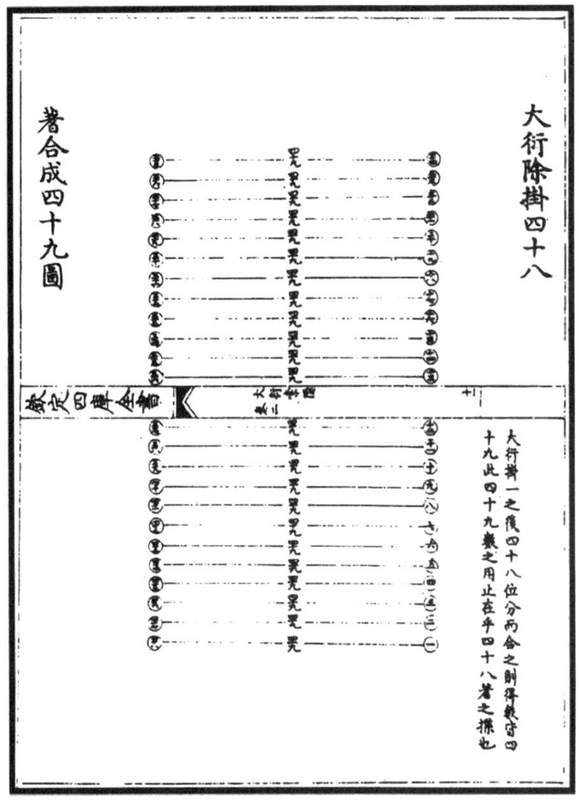

图 57　大衍除挂四十八蓍合成四十九图
（丁易东《大衍索隐》）

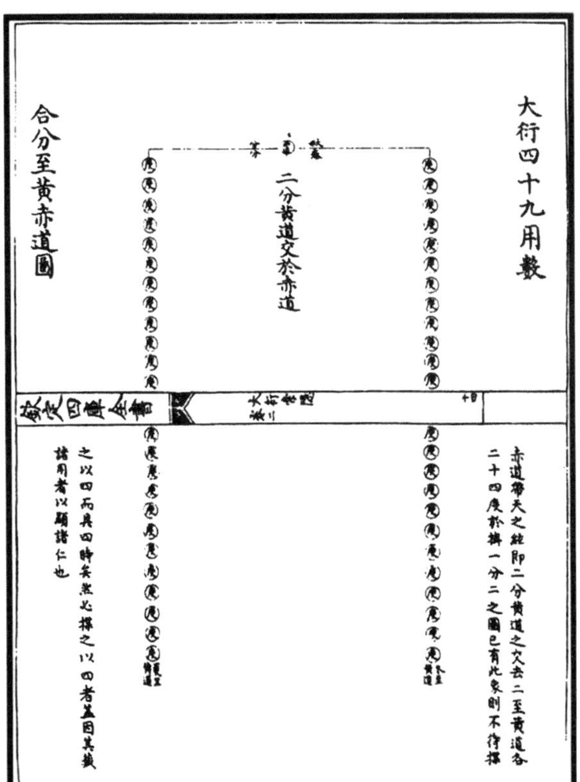

图 58　大衍四十九用数合分至黄赤道图
（丁易东《大衍索隐》）

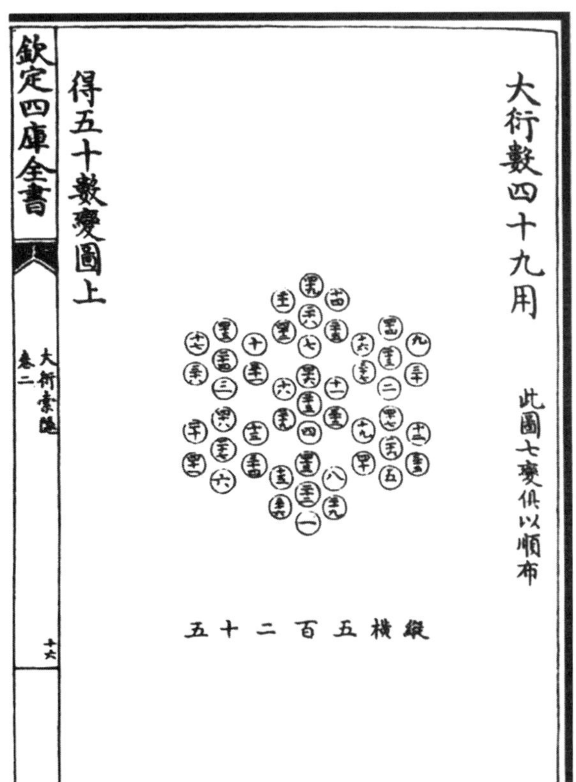

图 59　大衍数四十九用得五十数变图上
（丁易东《大衍索隐》）

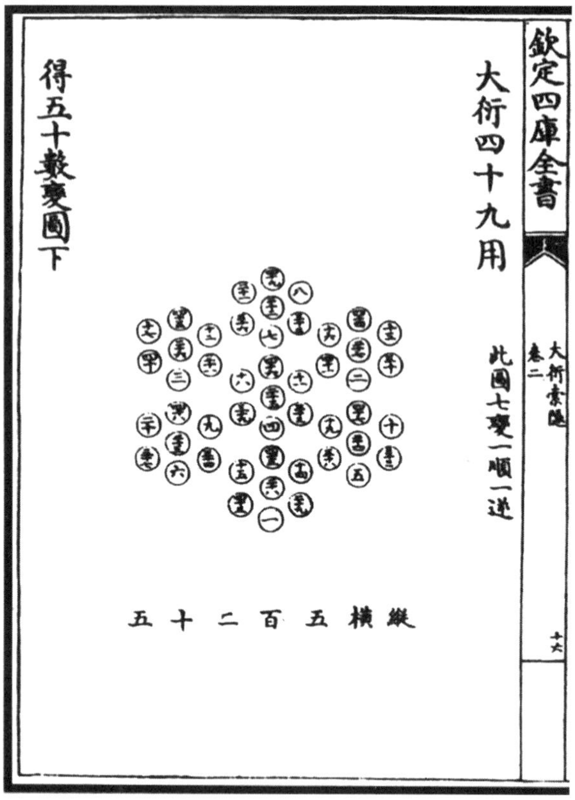

图 60　大衍数四十九用得五十数变图下
（丁易东《大衍索隐》）

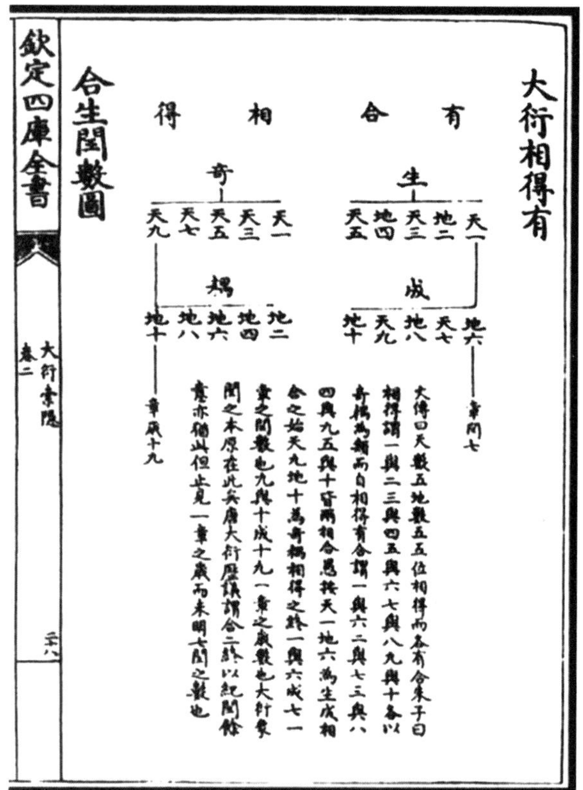

图 61　大衍相得有合生闰数图
（丁易东《大衍索隐》）

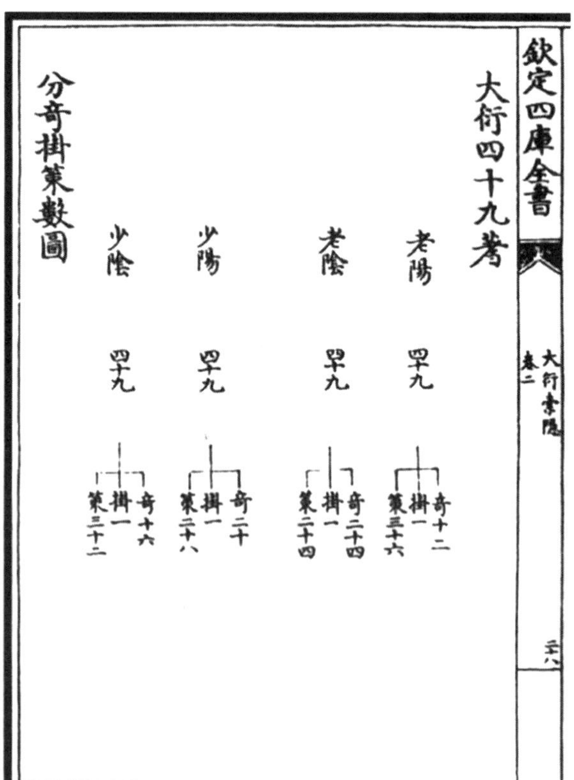

图 62　大衍四十九蓍分奇挂策数图
（丁易东《大衍索隐》）

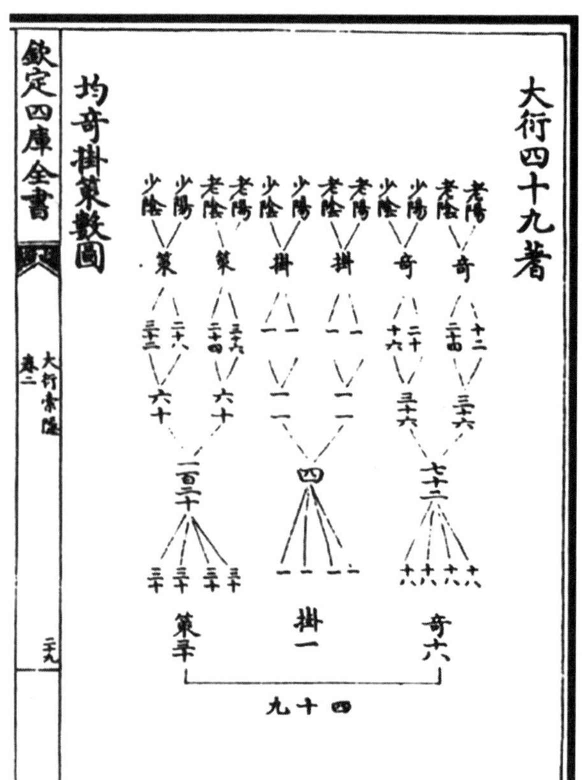

图 63　大衍四十九蓍均奇挂策数图
（丁易东《大衍索隐》）

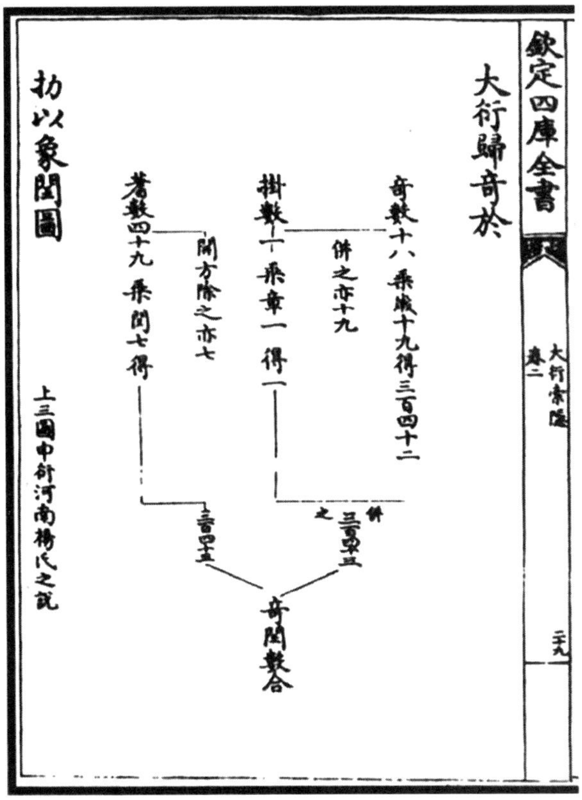

图 64　大衍归奇于扐以象闰图
（丁易东《大衍索隐》）

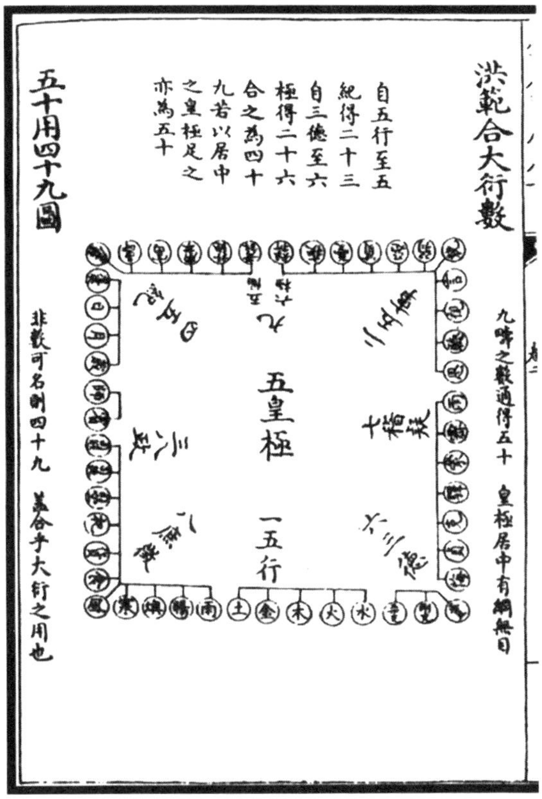

图 65　洪范合大衍数五十用四十九图
（丁易东《大衍索隐》）

史崧

生卒年不详,南宋成都府锦官(今四川成都)人。医家,校正家藏旧本《灵枢》九卷,刊印流传至今。著有《黄帝素问灵枢集注》二十三卷。现存有《周易》图像一幅。

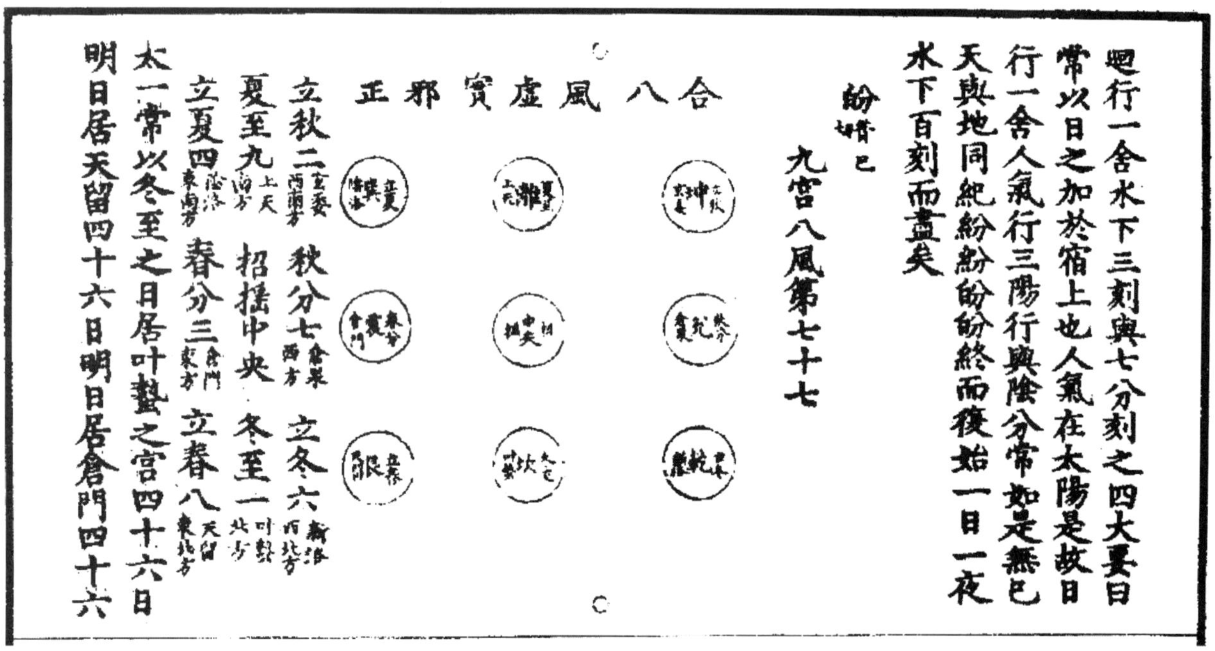

图1　九宫八风图
(史崧《黄帝素问灵枢集注》)

陈元靓

生卒年不详,自号广寒仙裔,南宋建宁府崇安(今福建崇安)人。因科场失意,遂隐居著述。著有《事林广记》《博闻录》《岁时广记》等。现存有《周易》图像七幅。

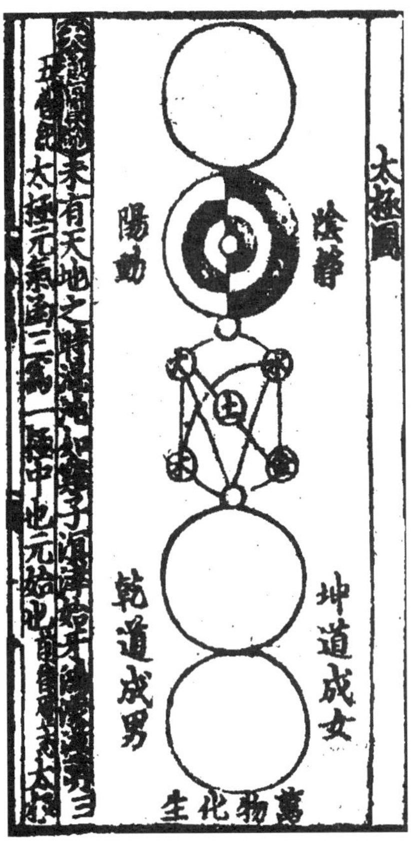

图1 太极图
(陈元靓《事林广记》)

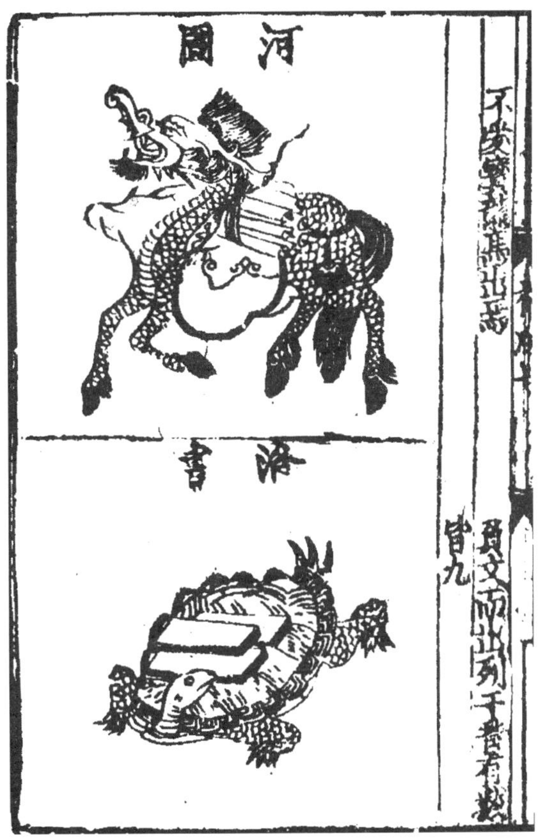

图2 河图
图3 洛书
(陈元靓《事林广记》)

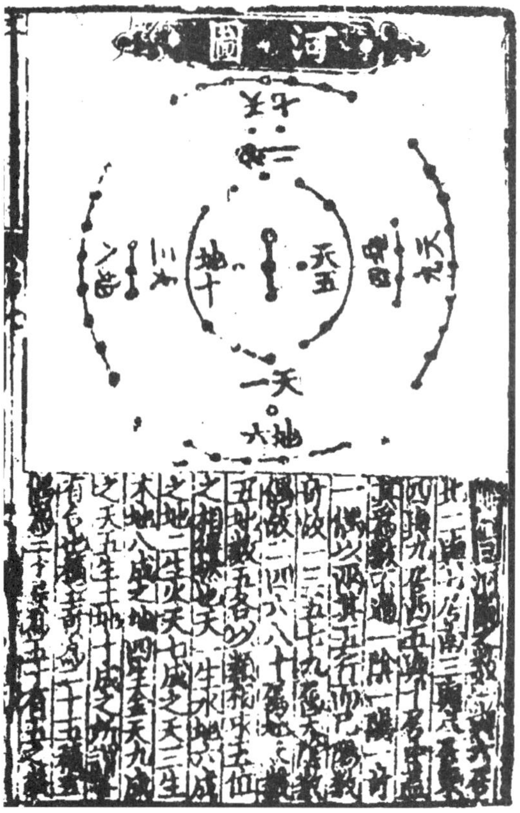

图 4 河图
（陈元靓《事林广记》）

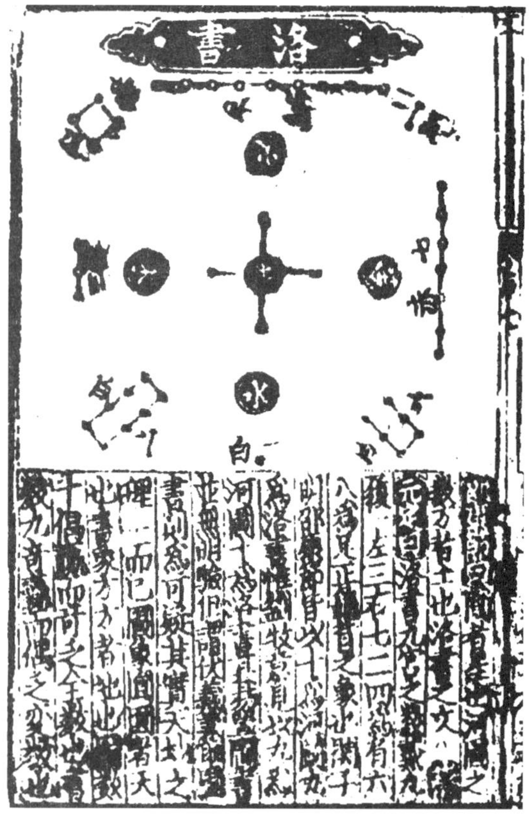

图 5 洛书
（陈元靓《事林广记》）

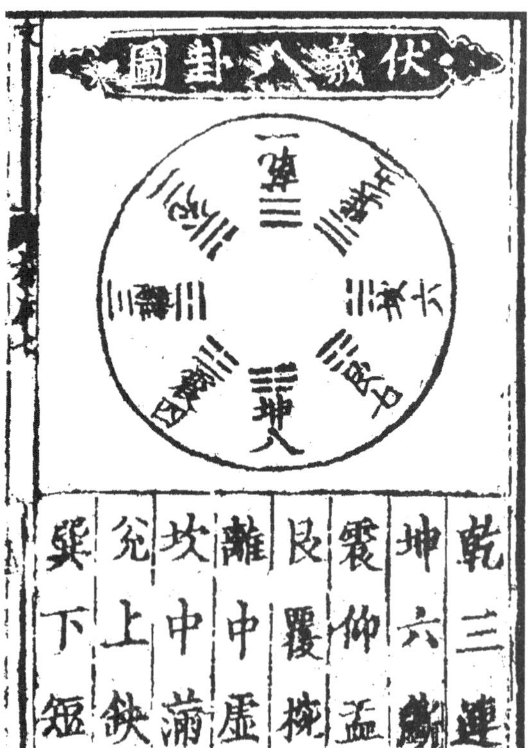

图 6 伏羲八卦图
（陈元靓《事林广记》）

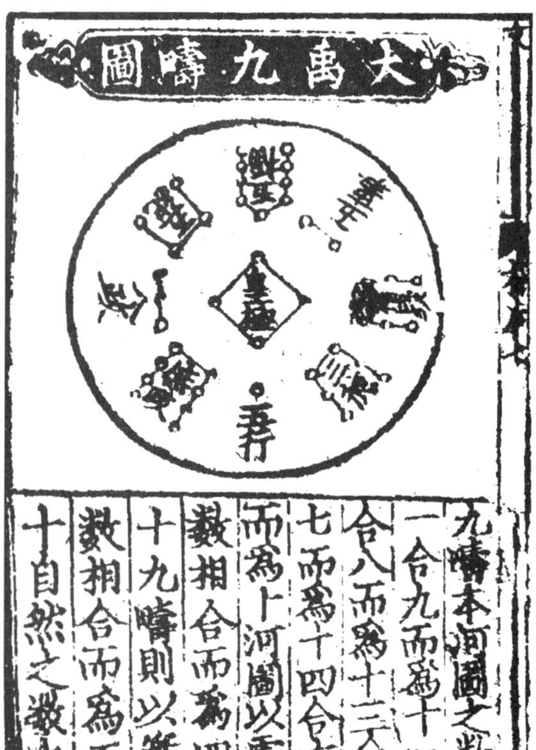

图 7 大禹九畴图
（陈元靓《事林广记》）

李简

生卒年不详,字仲敬,号蒙斋,学者称其"蒙斋先生",元信都(今河北冀县)人。金末元初曾与张特立、刘肃、王仲徽等人讲《易》论道于东平,研习《大易粹言》。著有《学易记》九卷。现存有《周易》图像九幅。

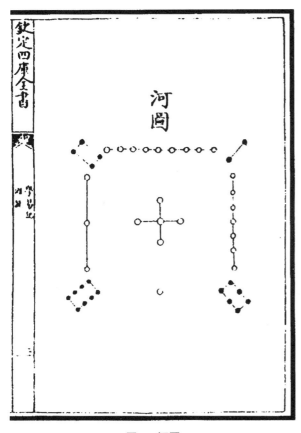

图1 河图
(李简《学易记》)

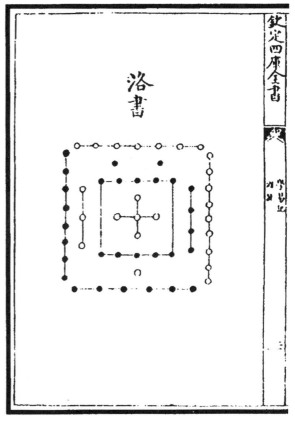

图2 洛书
(李简《学易记》)

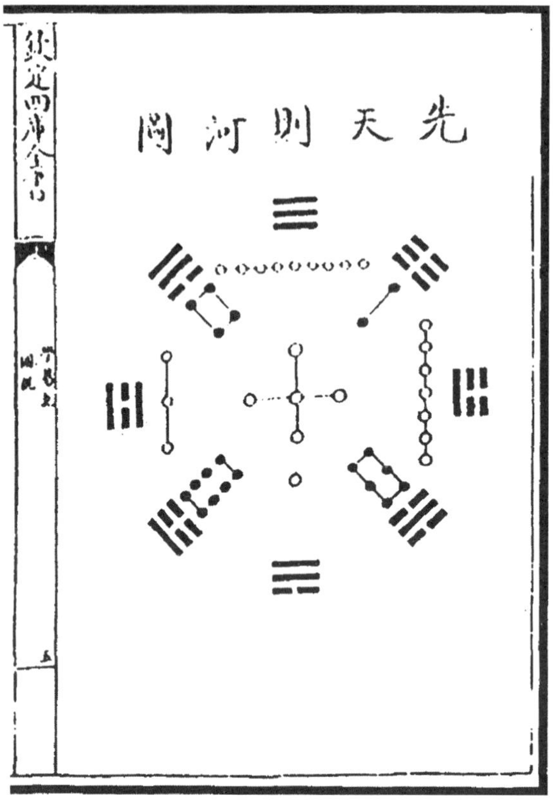

图 3 先天则河图图
（李简《学易记》）

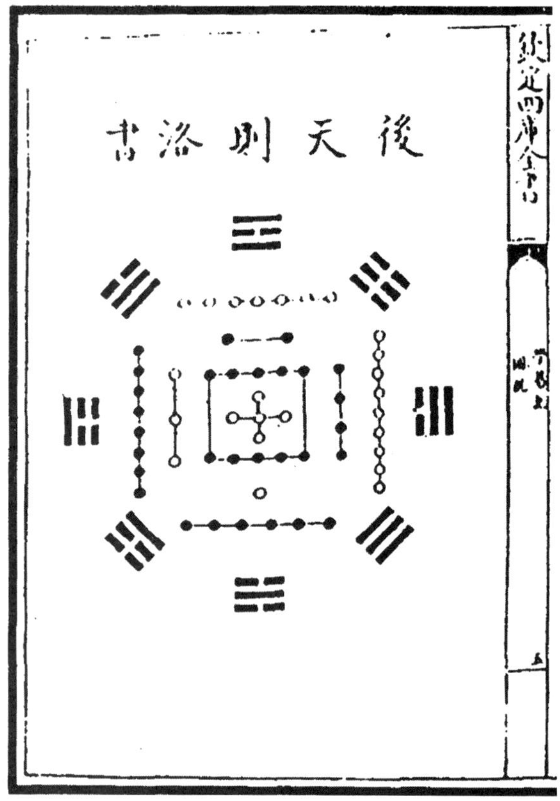

图 4 后天则洛书图
（李简《学易记》）

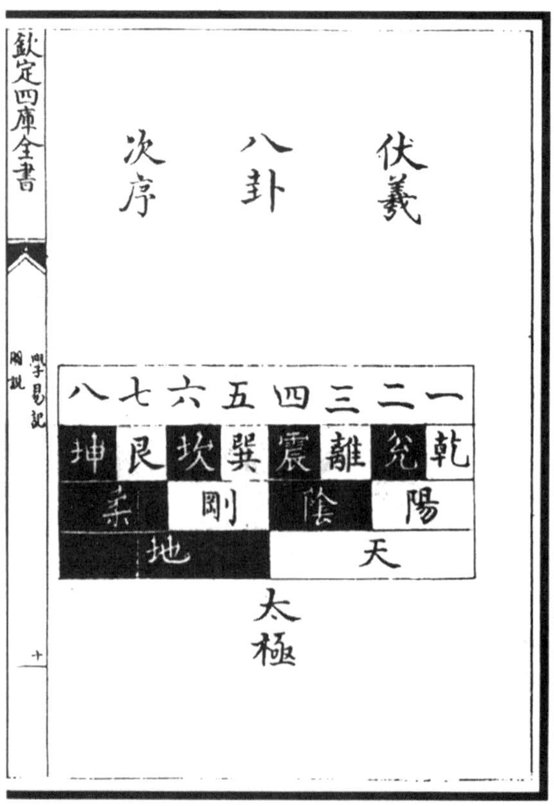

图 5 伏羲八卦次序图
（李简《学易记》）

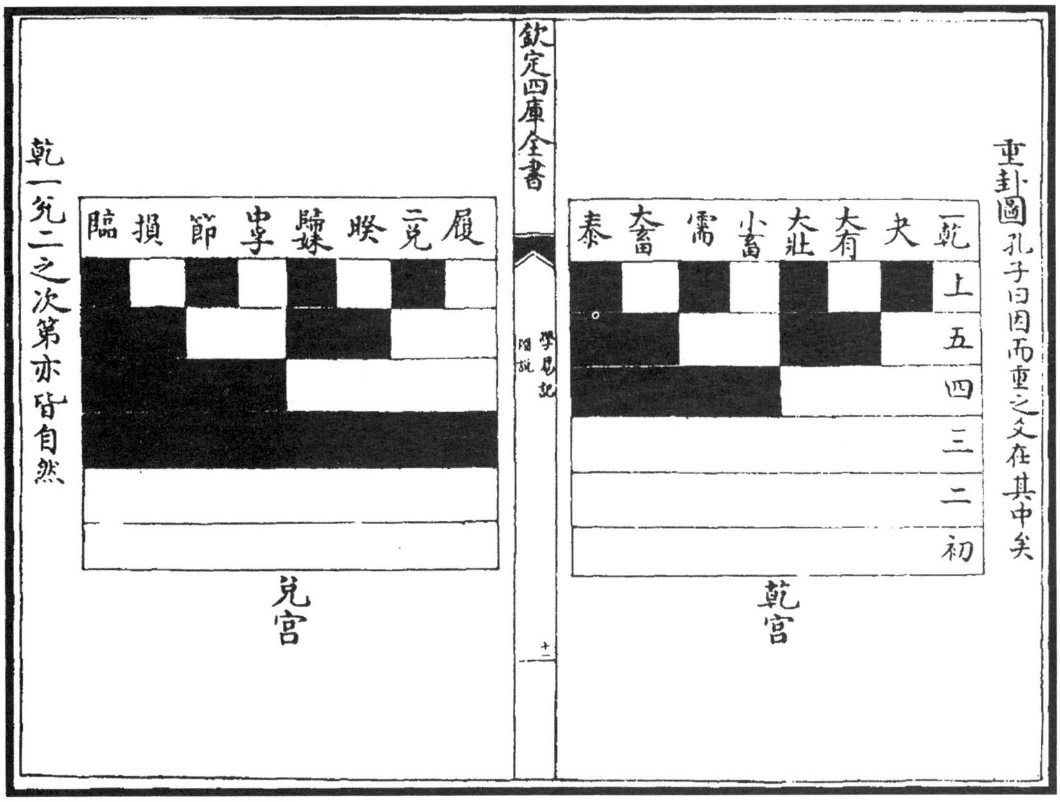

图6-1 重卦图
（李简《学易记》）

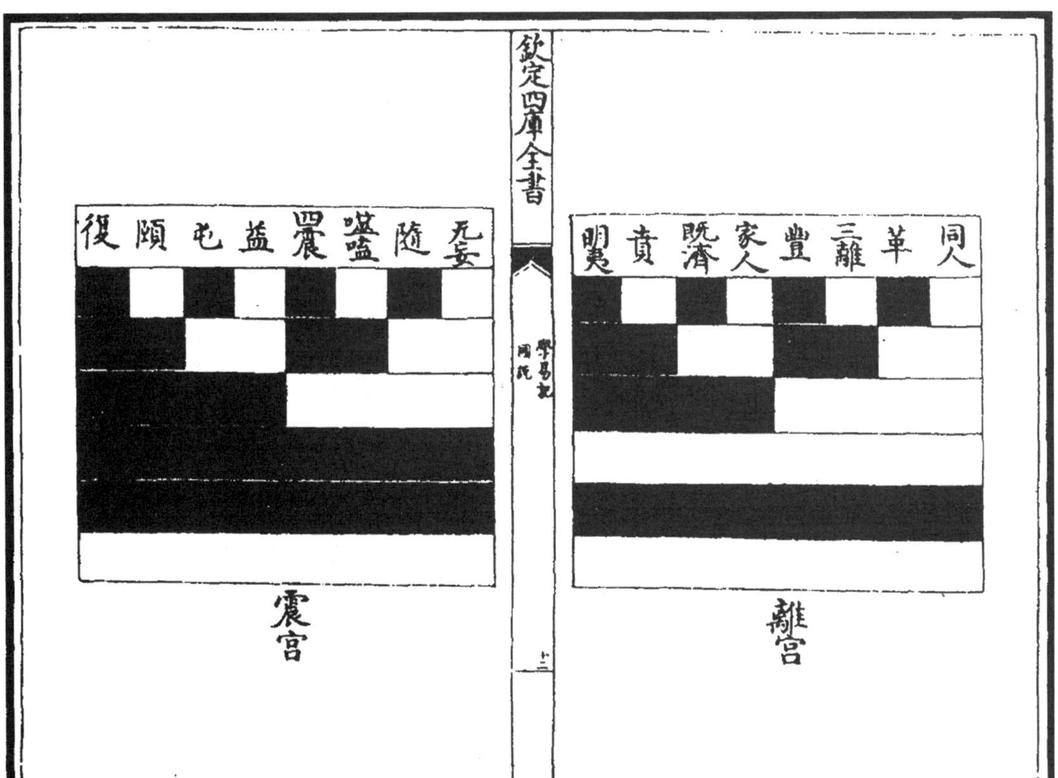

图6-2 重卦图
（李简《学易记》）

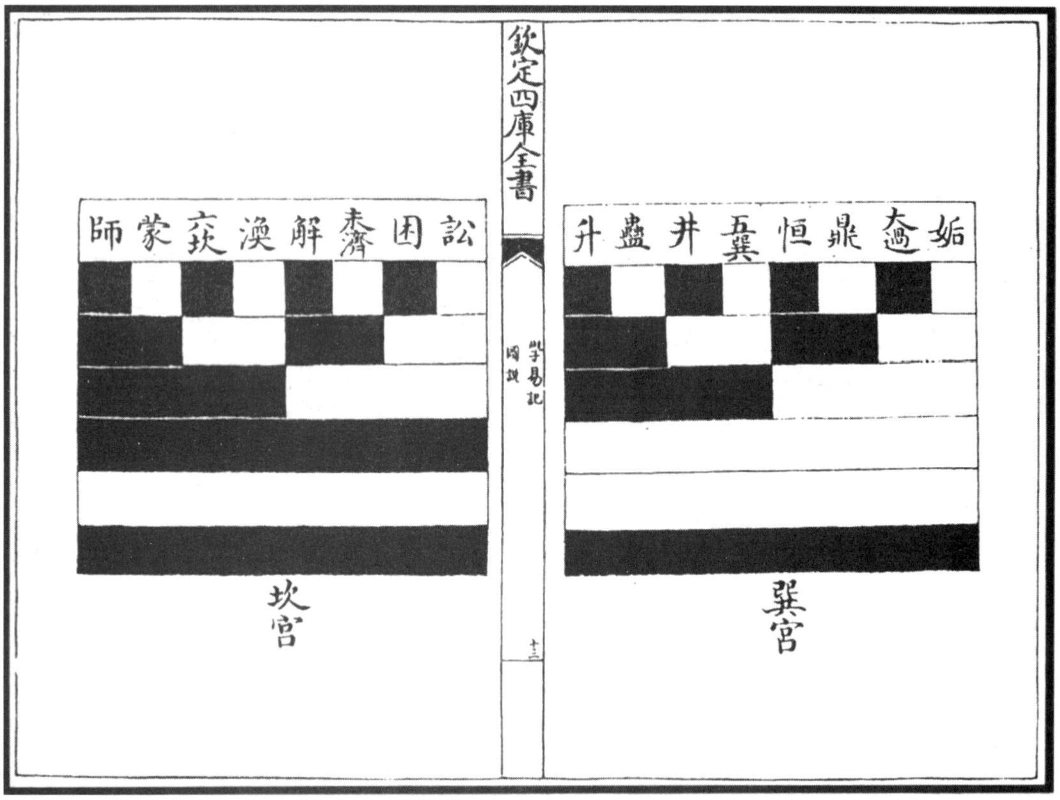

图 6-3 重卦图
（李简《学易记》）

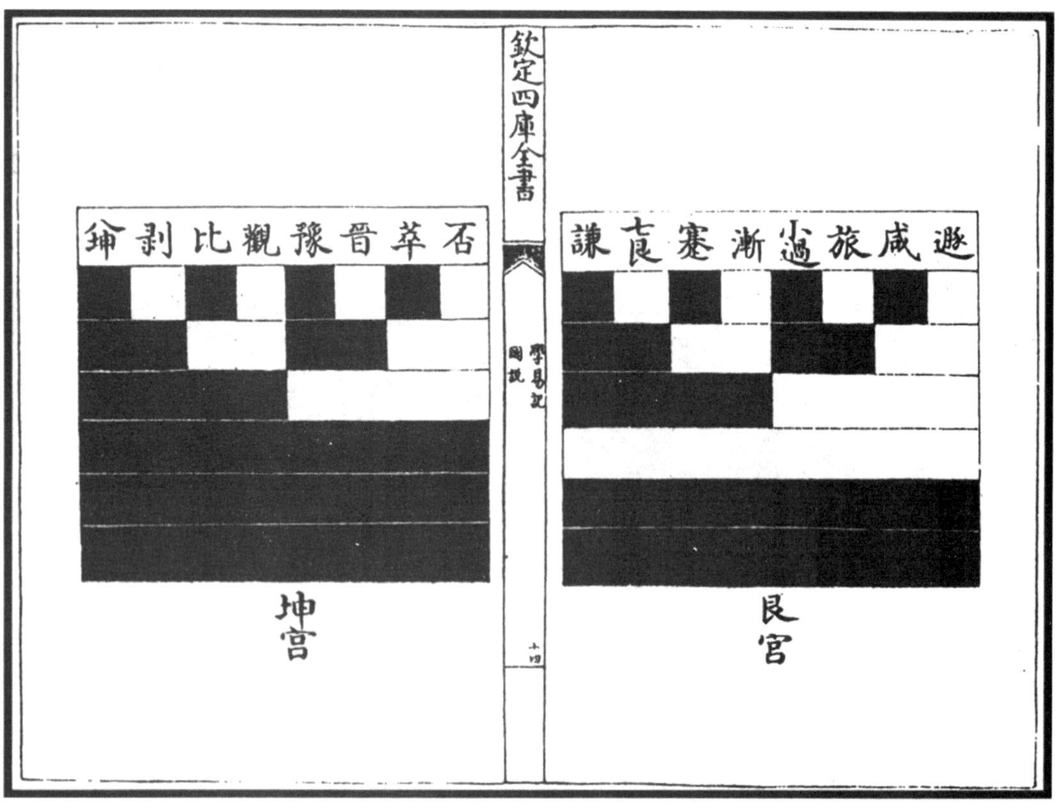

图 6-4 重卦图
（李简《学易记》）

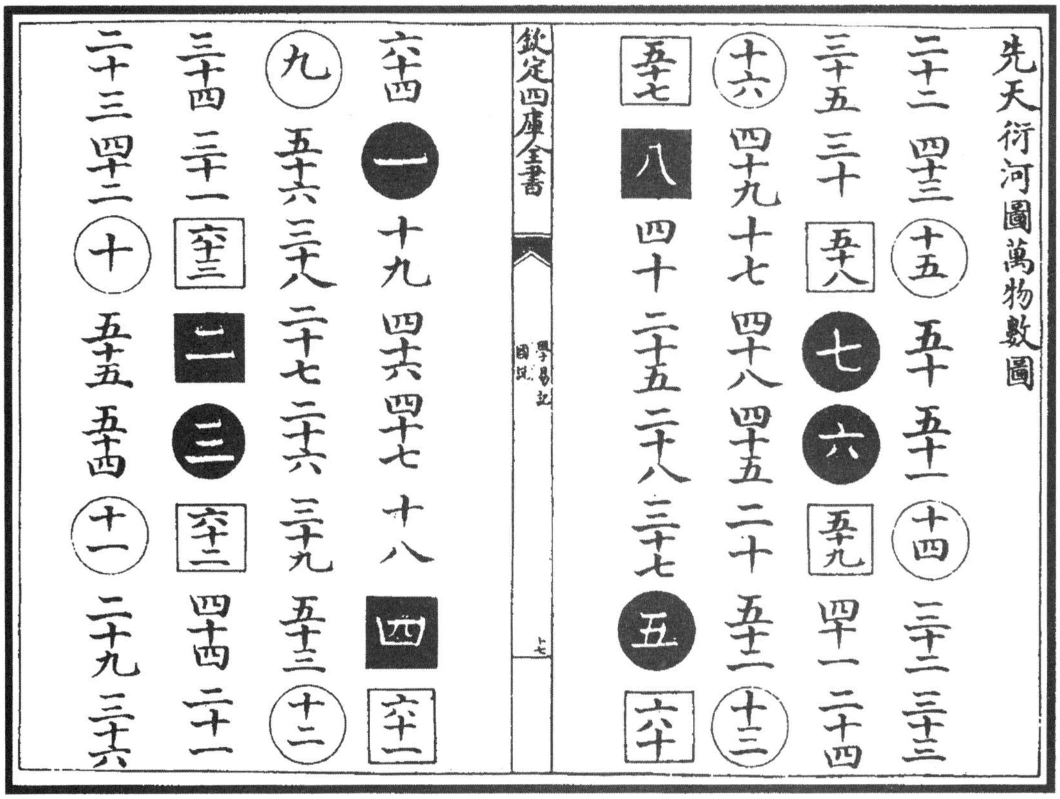

图 7-1 先天衍河图万物数图
（李简《学易记》）

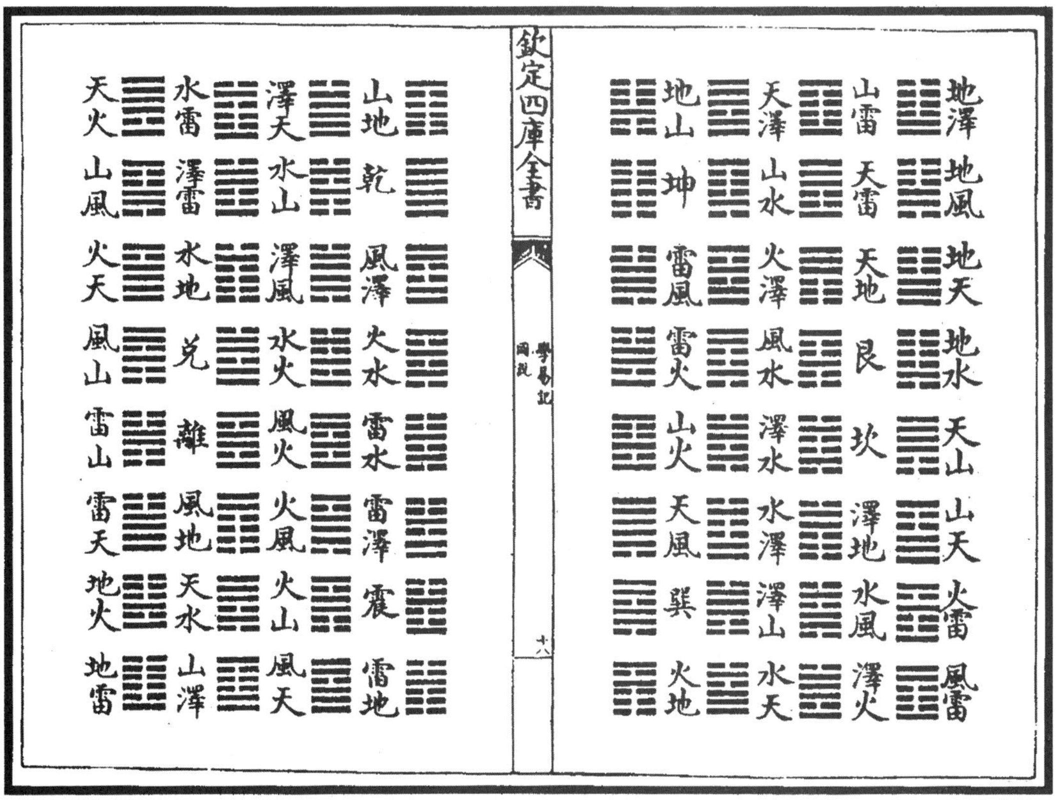

图 7-2 先天衍河图万物数图
（李简《学易记》）

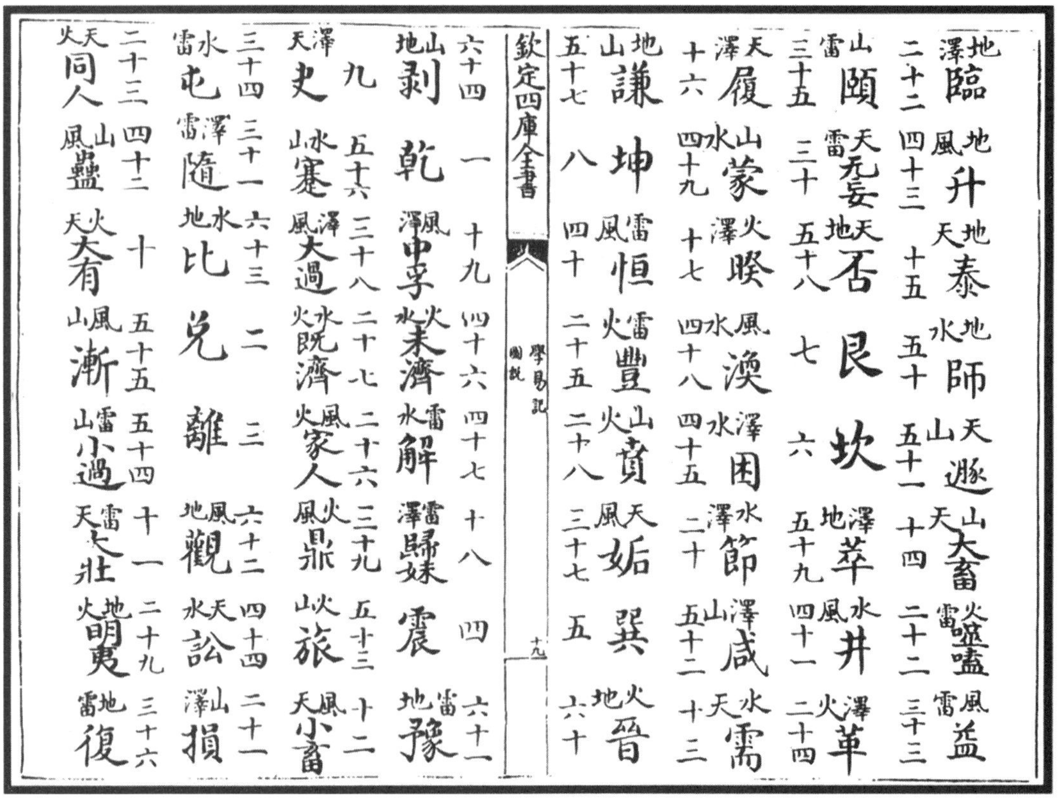

图 7-3 先天衍河图万物数图
（李简《学易记》）

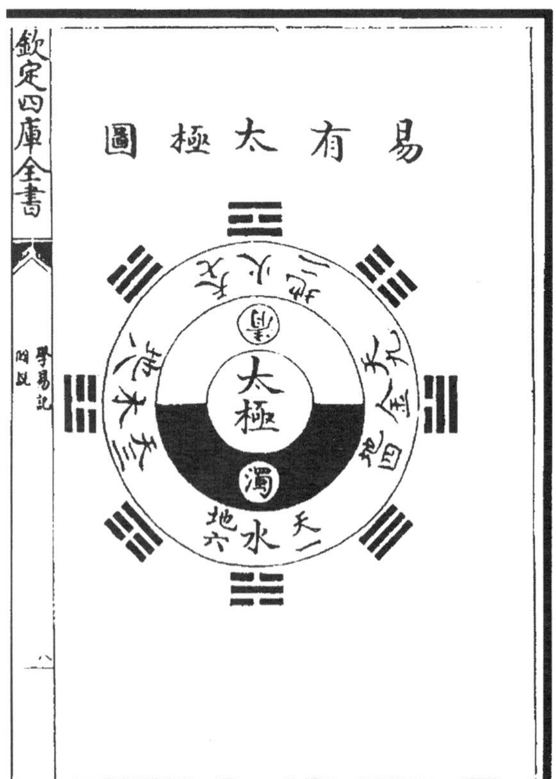

图 8 易有太极图
（李简《学易记》）

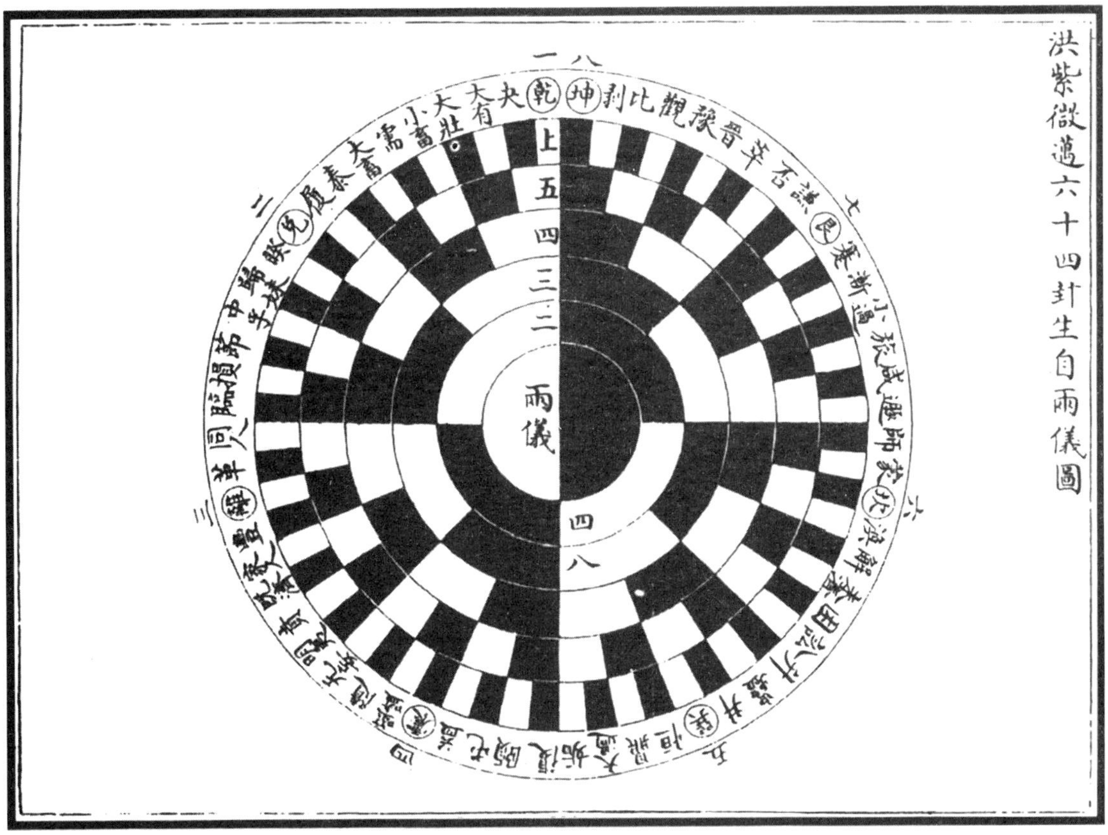

图9 洪紫微迈六十四卦生自两仪图
（李简《学易记》）

吴澄(1249—1333)

字幼清,人称"草庐先生",元抚州崇仁(今江西崇仁)人。南宋咸淳六年(1270)举人。入元,官江西儒业副提举。至大初,诏为国子监丞。皇庆初,升司业,拜集贤直学士。至治初,为翰林学士,进阶大中大夫。泰定初,为经筵讲官。卒于家,追封临川郡公,谥文正。论学与许衡并称"南吴北许"。著有《易纂言》《易纂言外翼》《易叙录》《草庐集》等。现存有《周易》图像七幅。

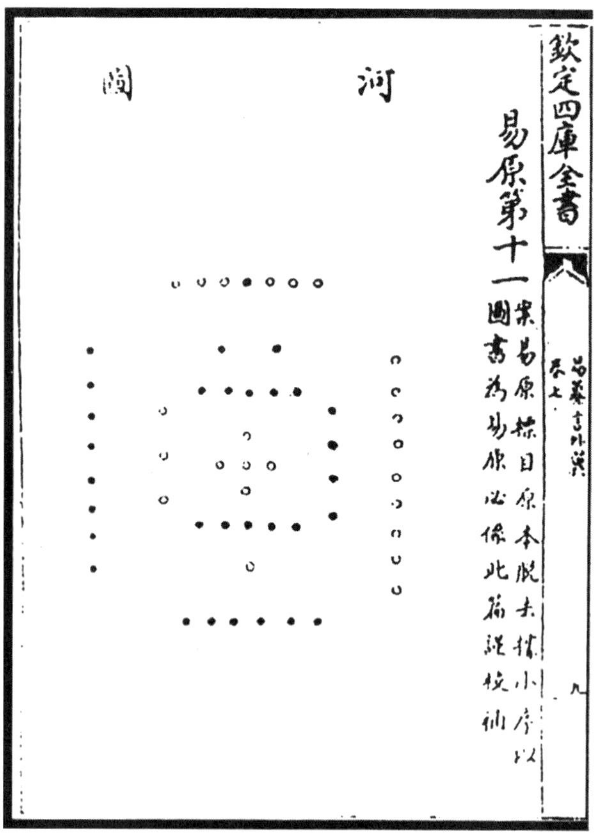

图1　河图
(吴澄《易纂言外翼》)

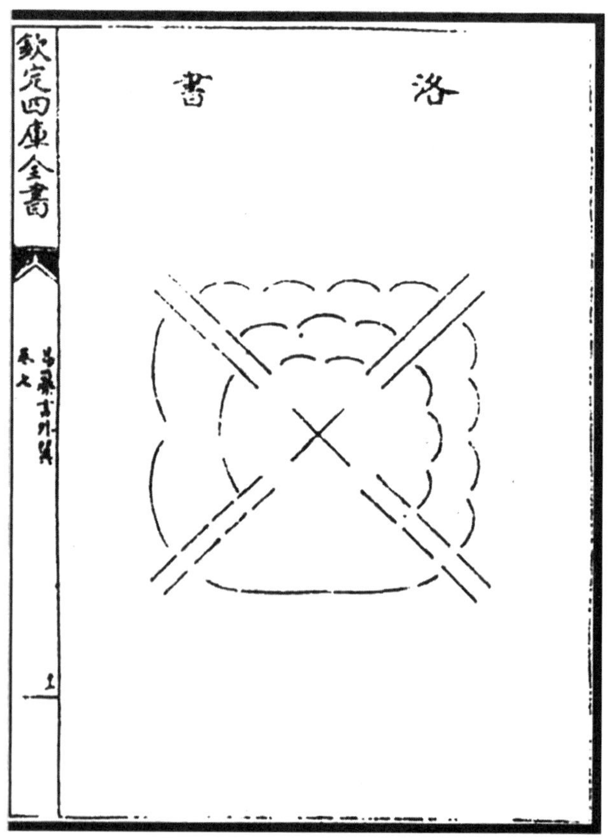

图2　洛书
(吴澄《易纂言外翼》)

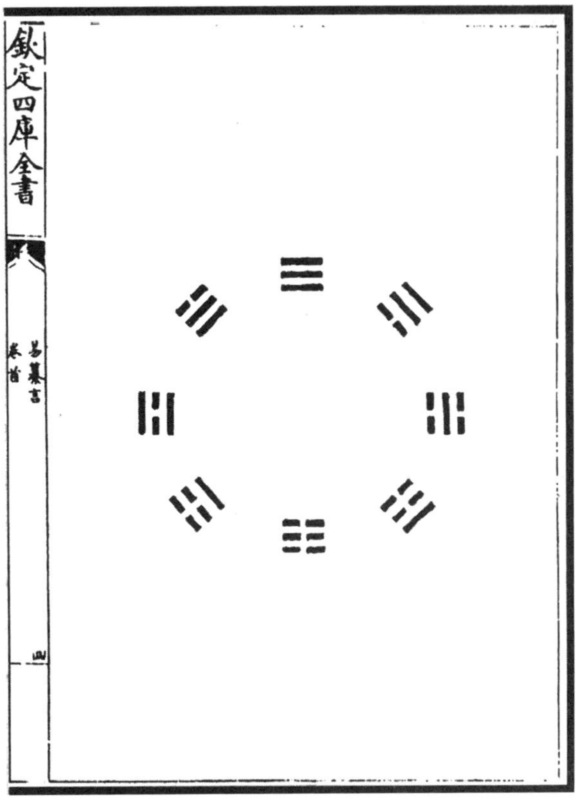

图3 伏羲八卦图
（吴澄《易纂言》）

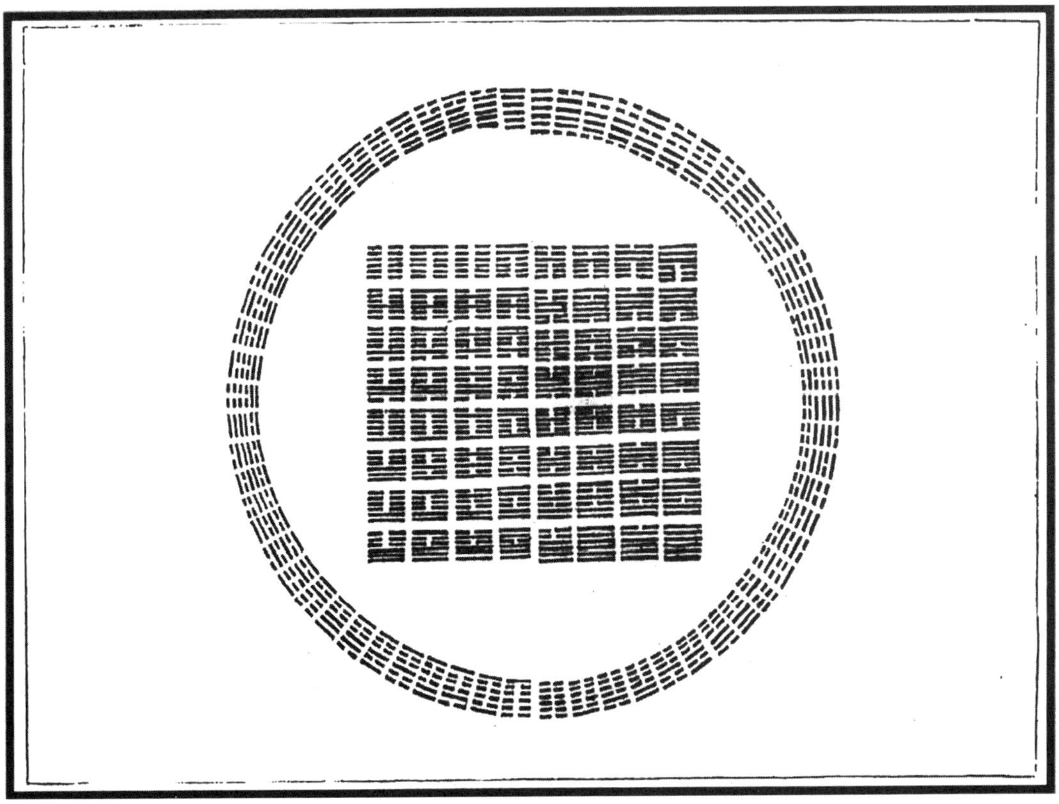

图4 伏羲六十四卦图
（吴澄《易纂言》）

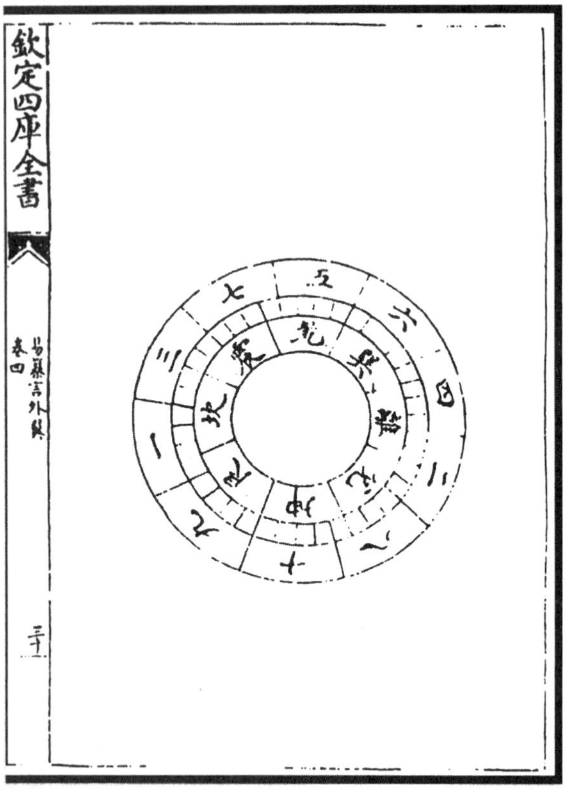

图 5　先天气行图
（吴澄《易纂言外翼》）

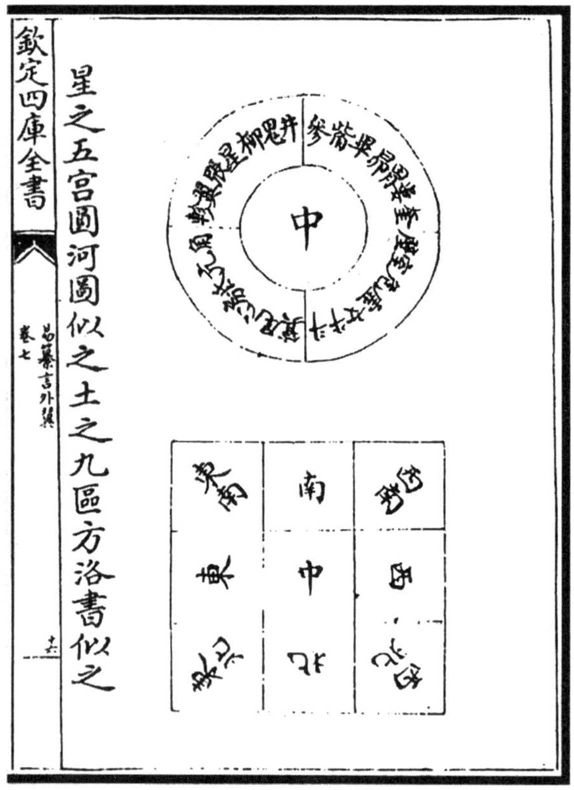

图 6　星之五宫与土之九区方图
（吴澄《易纂言外翼》）

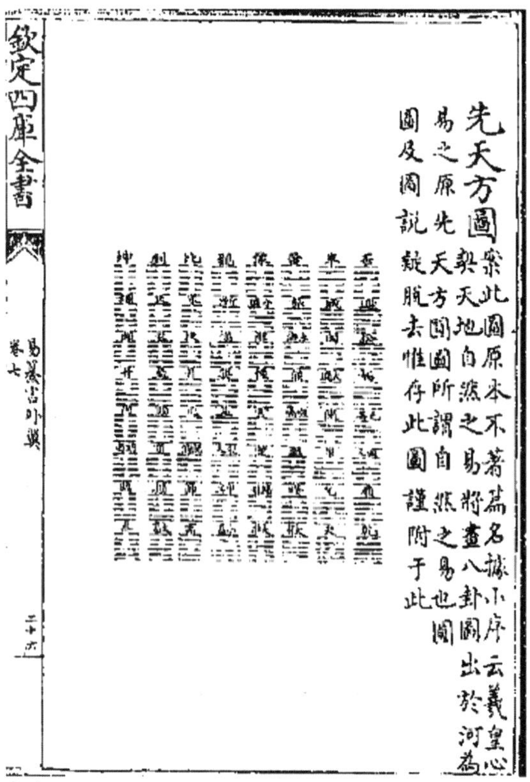

图 7　先天方图
（吴澄《易纂言外翼》）

俞琰(1258—1314)

字玉吾,号林屋山人、林屋洞天真逸、林屋洞天紫庭真逸、石涧道人,道号全阳子,学者尊称为"石涧先生",南宋平江府吴县(今江苏苏州)人。入元不仕,拒受朝廷所授温州学录,隐居研《易》三十余年。著有《周易集说》四十卷、《读易举要》四卷、《易图纂要》二卷、《大易会要》一百三十卷、《周易合璧连珠》、《易外别传》、《周易参同契发挥》、《周易参同契释疑》、《黄帝阴符经注》等多种。现存有《周易》图像四十四幅。

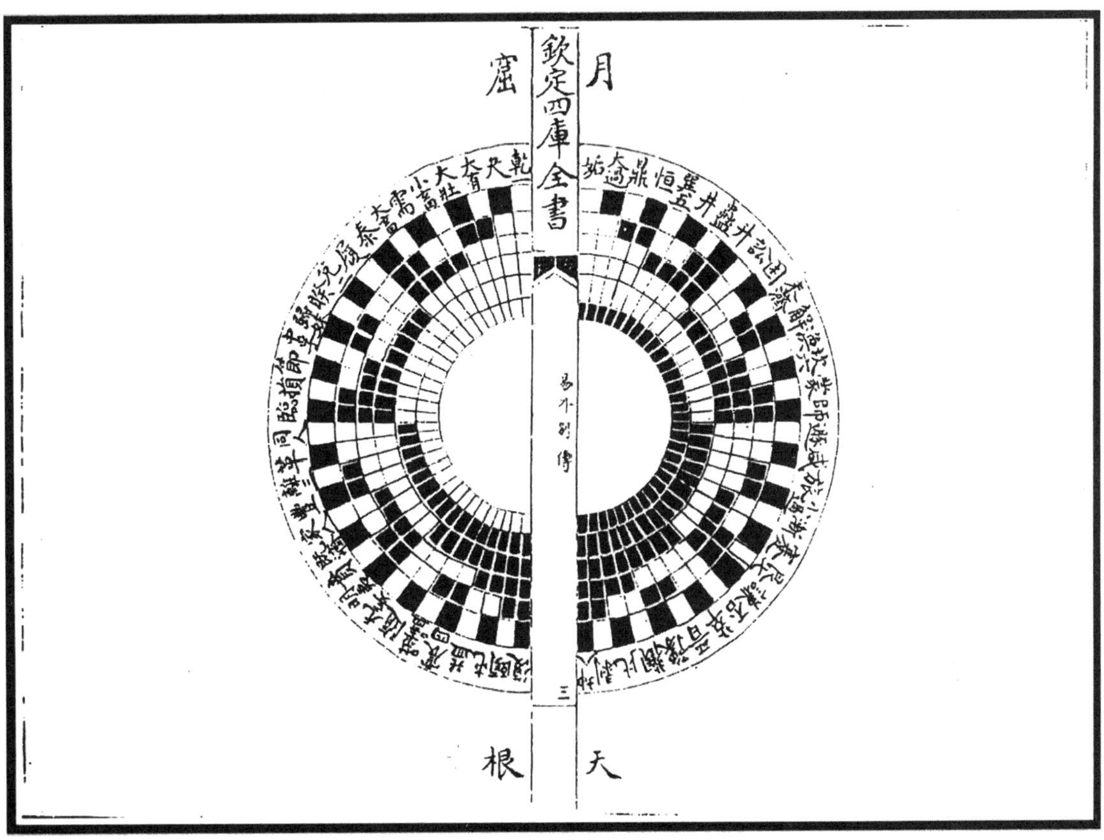

图1 先天天根月窟图
(俞琰《易外别传》)

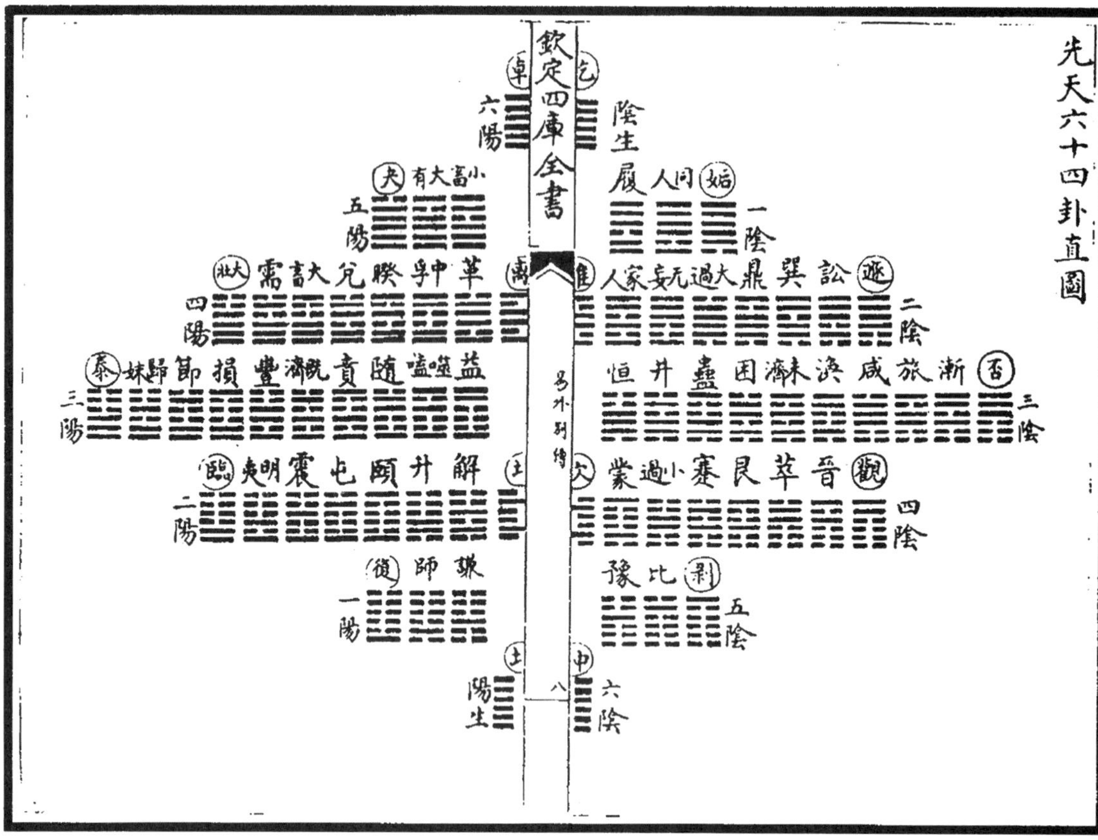

图 2　先天六十四卦直图
（俞琰《易外别传》）

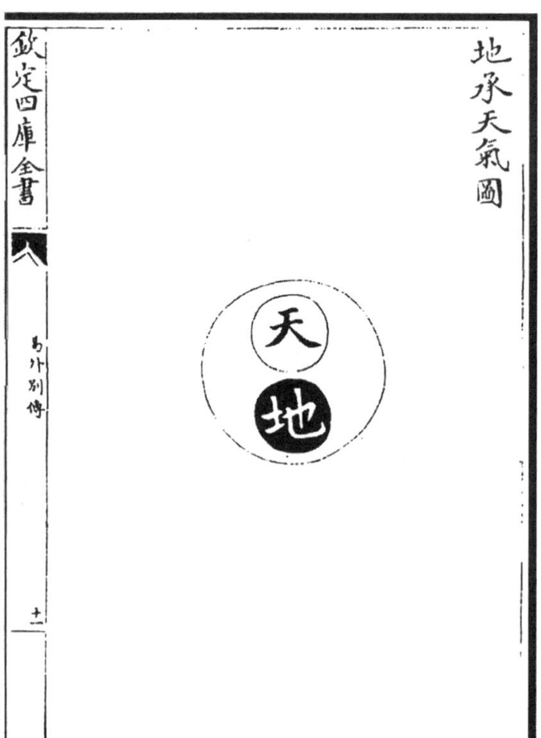

图 3　地承天气图
（俞琰《易外别传》）

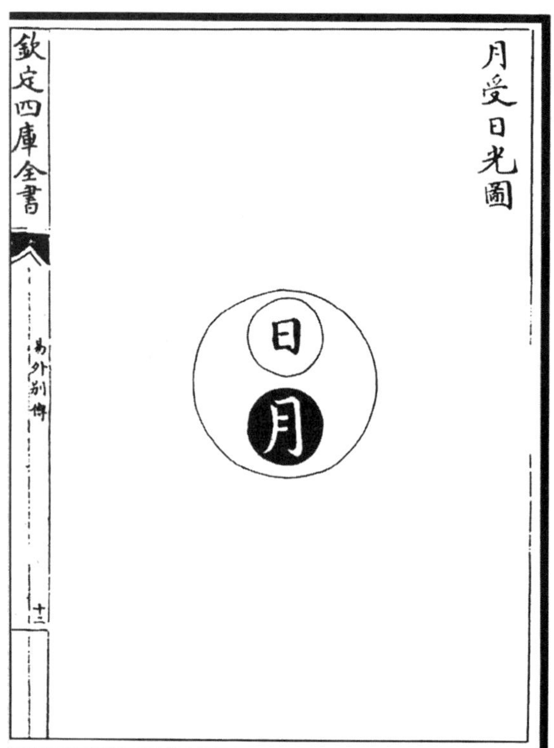

图 4　月受日光图
（俞琰《易外别传》）

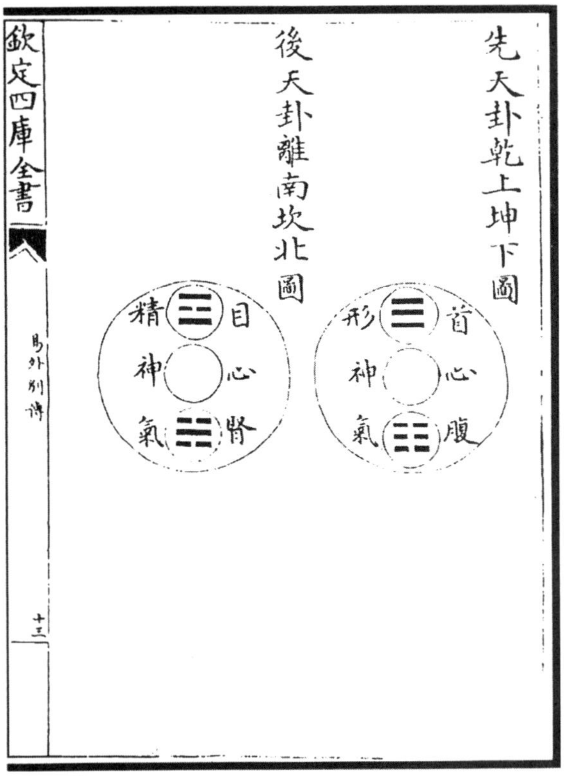

图 5　先天卦乾上坤下图
图 6　后天卦离南坎北图
（俞琰《易外别传》）

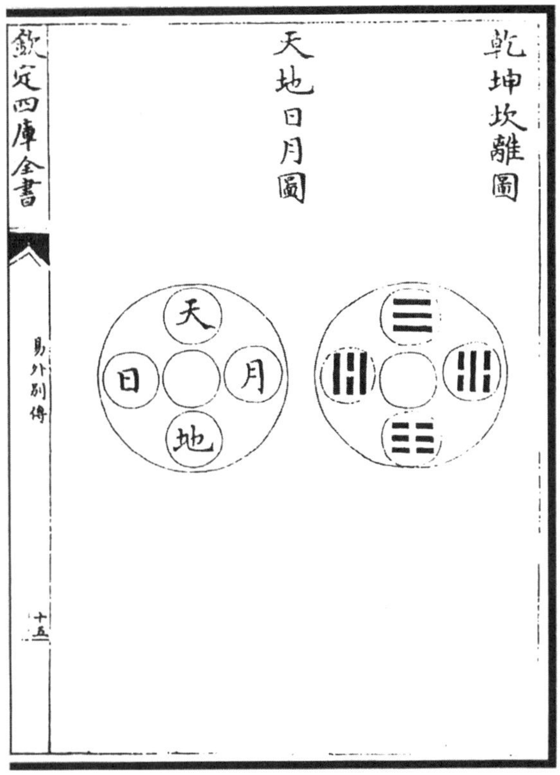

图 7　乾坤坎离图
图 8　天地日月图
（俞琰《易外别传》）

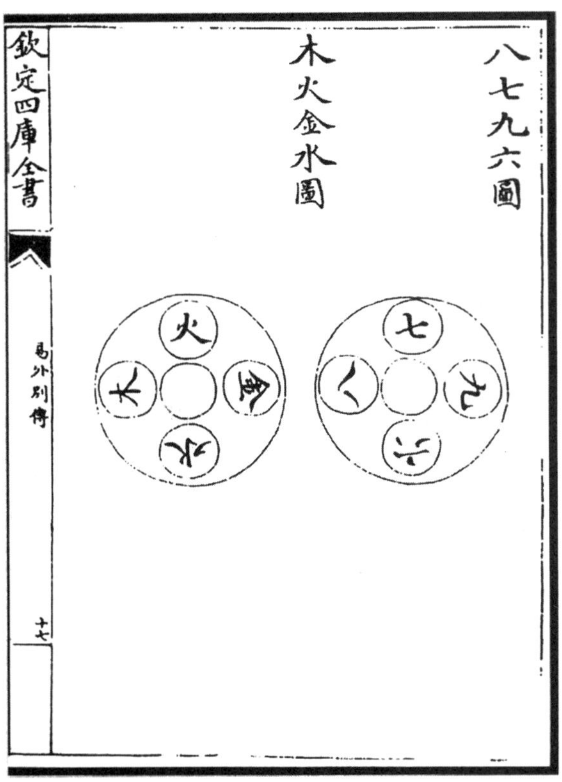

图 9　八七九六图
图 10　木火金水图
（俞琰《易外别传》）

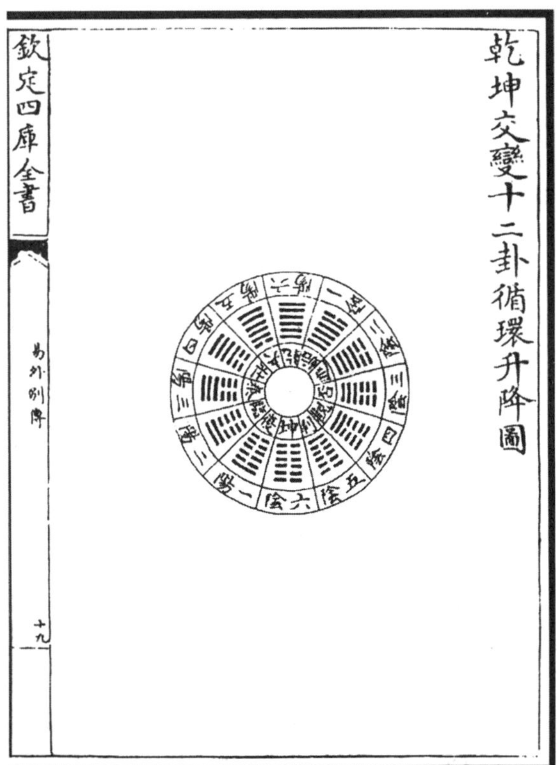

图 11　乾坤交变十二卦循环升降图
（俞琰《易外别传》）

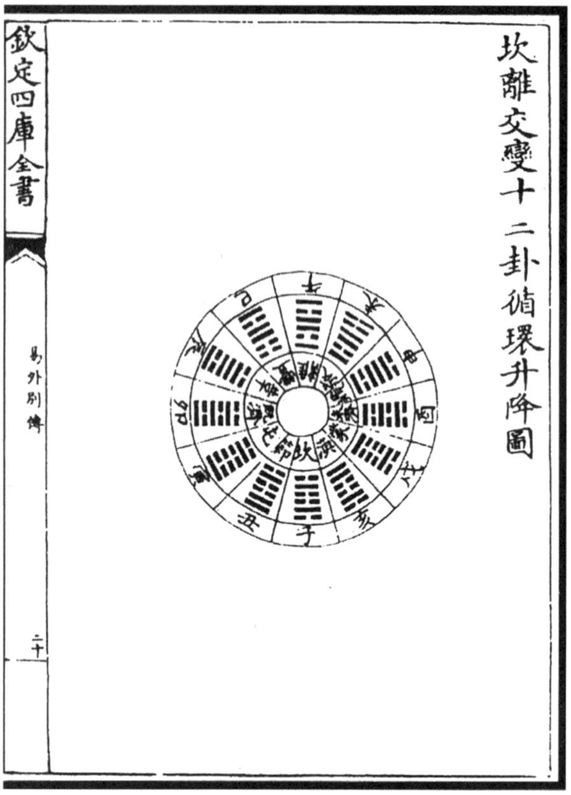

图 12　坎离交变十二卦循环升降图
（俞琰《易外别传》）

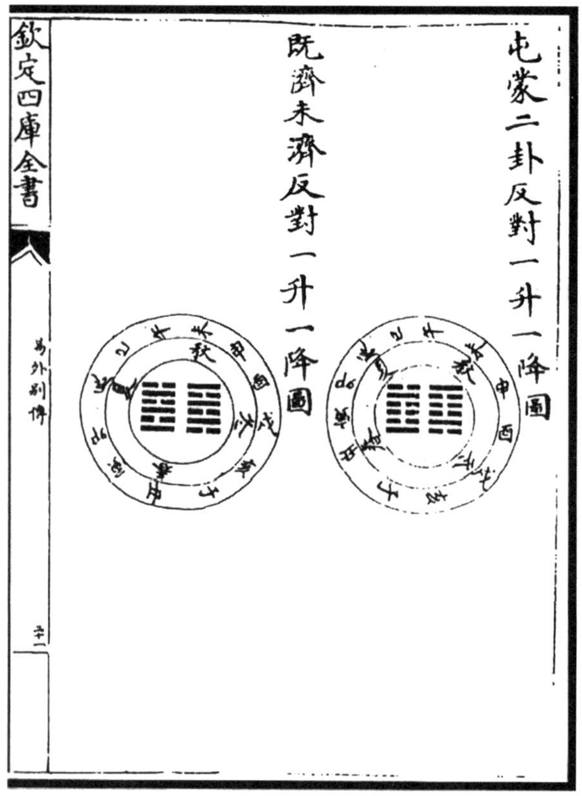

图 13　屯蒙二卦反对一升一降图
图 14　既济未济反对一升一降图
（俞琰《易外别传》）

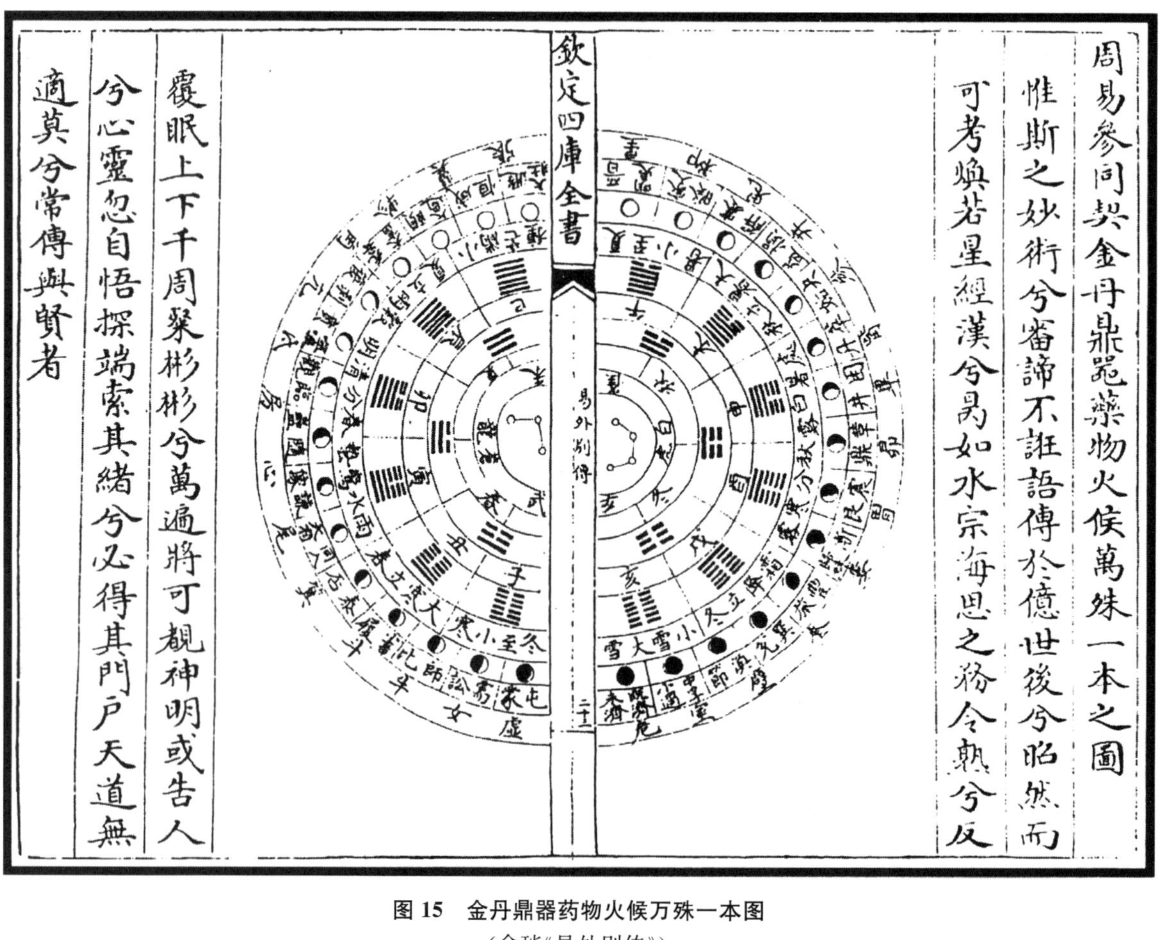

图 15　金丹鼎器药物火候万殊一本图
（俞琰《易外别传》）

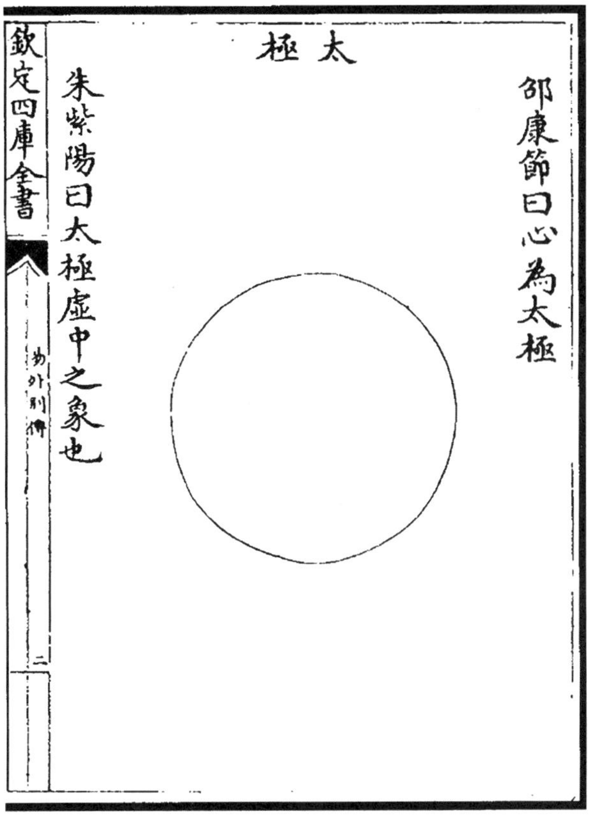

图16 太极图
（俞琰《易外别传》）

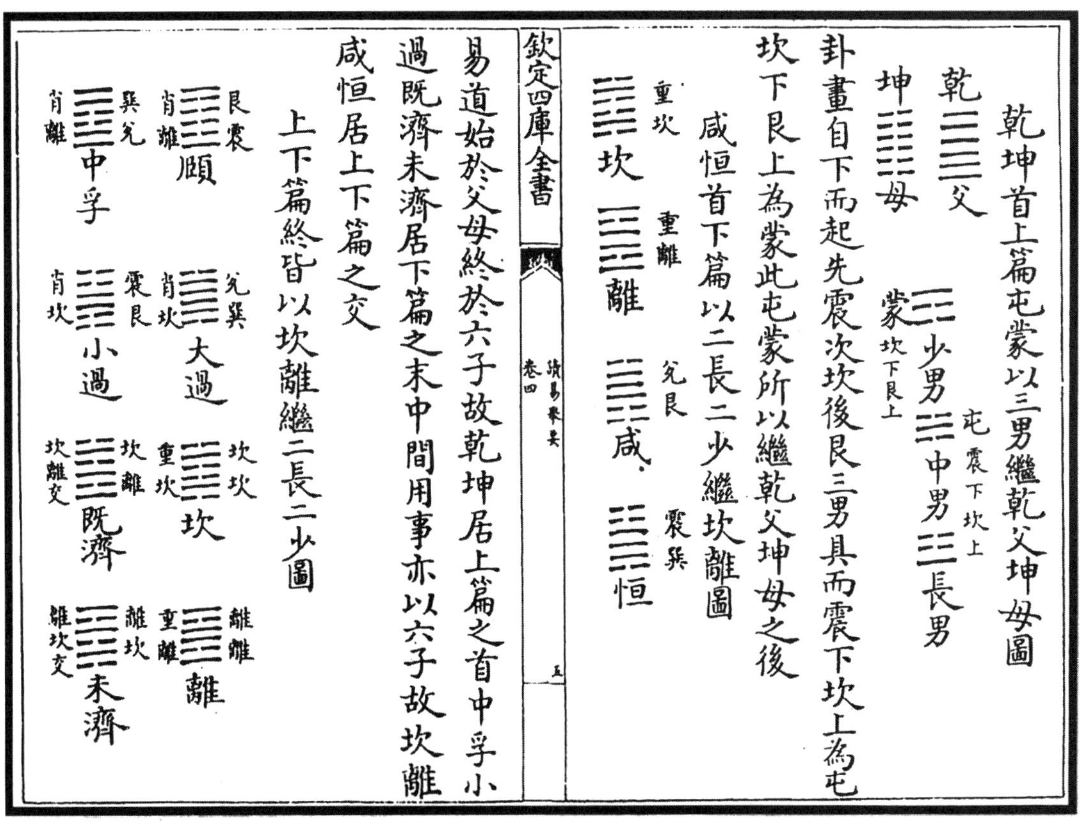

图17 乾坤首上篇屯蒙以三男继乾父坤母图
图18 咸恒首下篇以二长二少继坎离图
（俞琰《读易举要》）

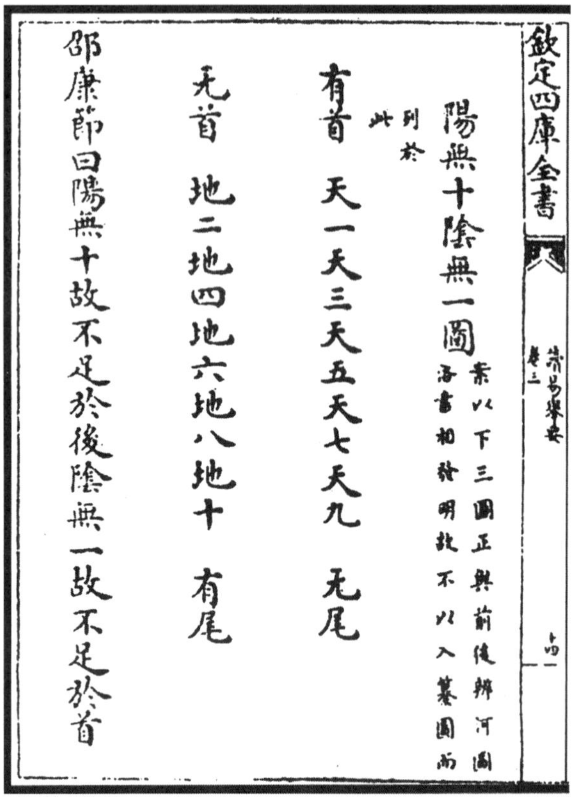

图 19　阳无十阴无一图
（俞琰《读易举要》）

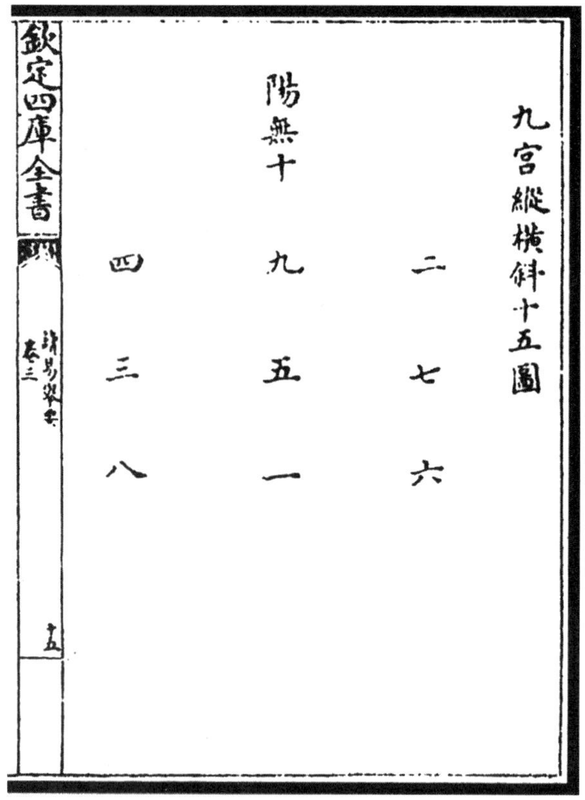

图 20　九宫纵横斜十五图
（俞琰《读易举要》）

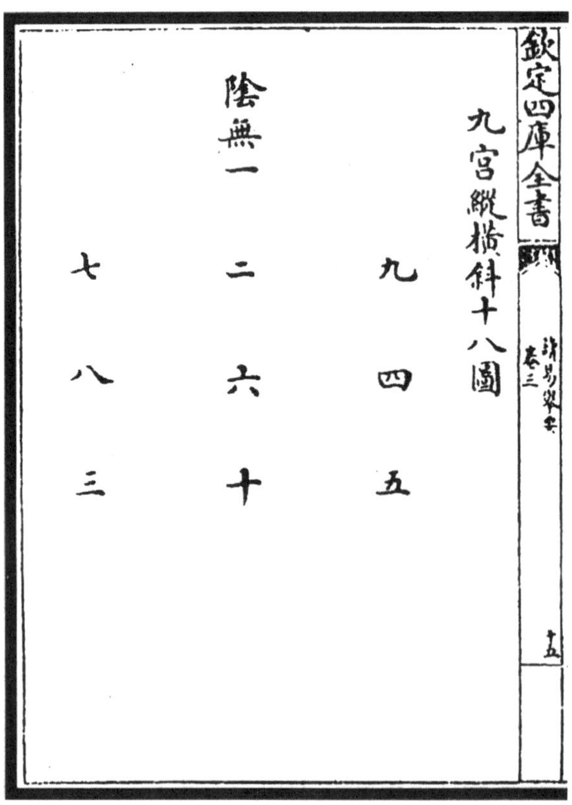

图 21　九宫纵横斜十八图
（俞琰《读易举要》）

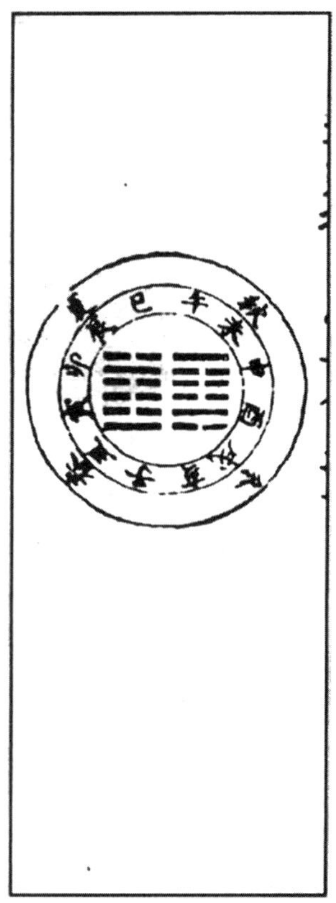

图 22　四季内体外用图
（俞琰《周易参同契发挥》）

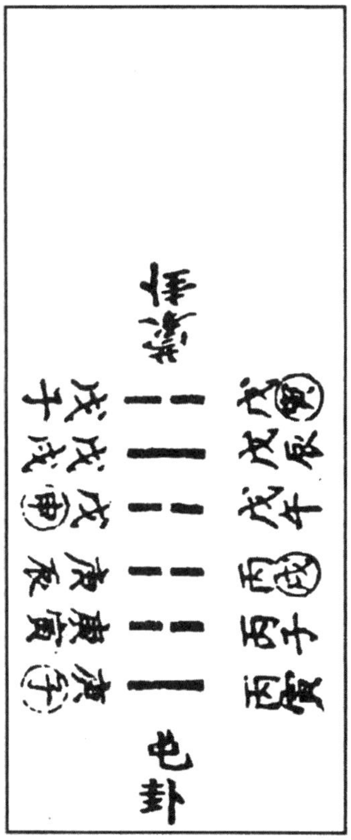

图 23　聊陈两象图
（俞琰《周易参同契发挥》）

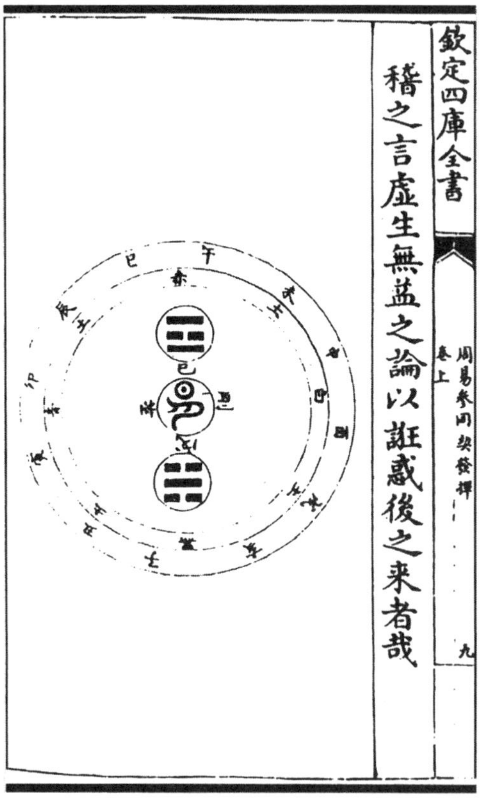

图 24　中宫戊己之功图
（俞琰《周易参同契发挥》）

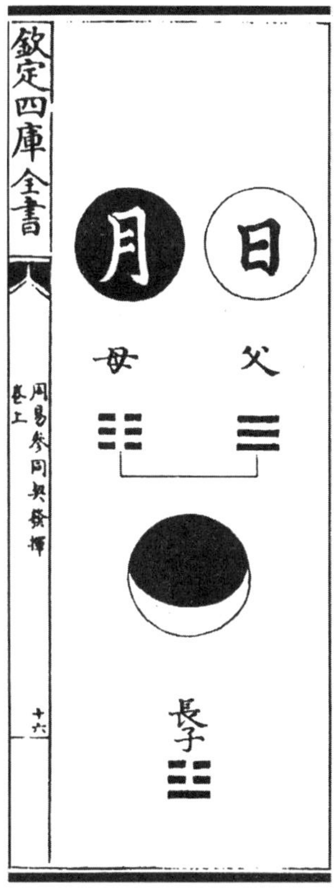

图 25　日父月母乾坤图
（俞琰《周易参同契发挥》）

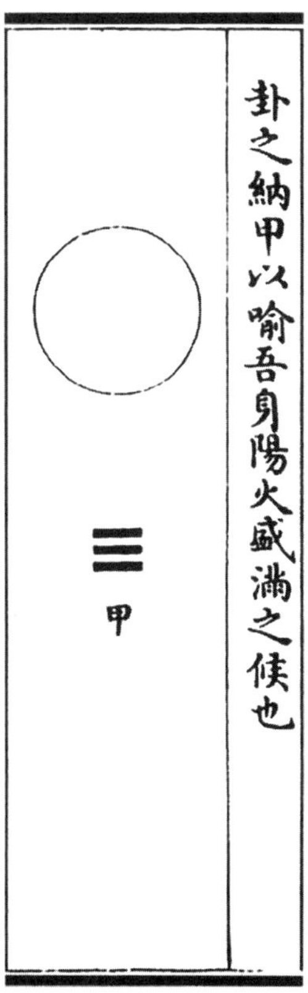

图 26　乾甲图
（俞琰《周易参同契发挥》）

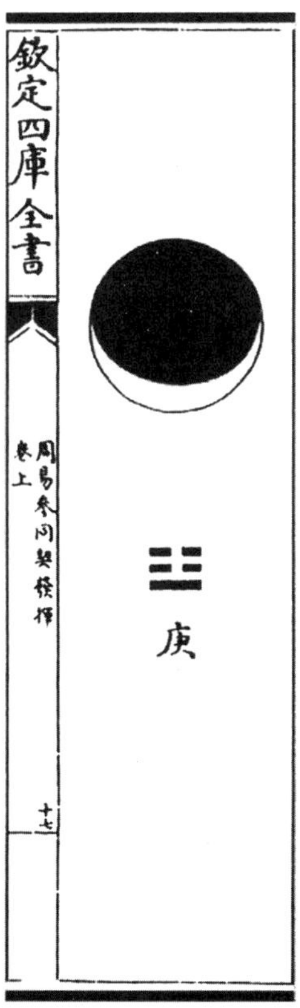

图 27　震庚图
（俞琰《周易参同契发挥》）

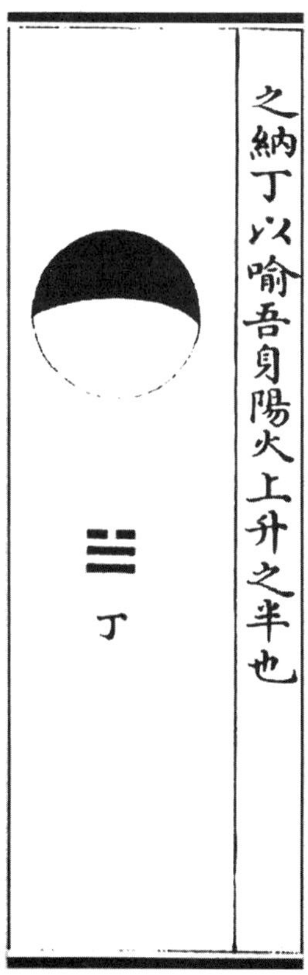

图 28　兑丁图
（俞琰《周易参同契发挥》）

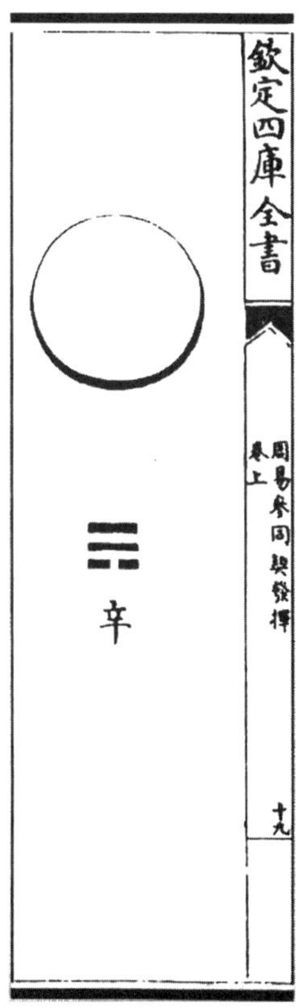

图 29　巽辛图
（俞琰《周易参同契发挥》）

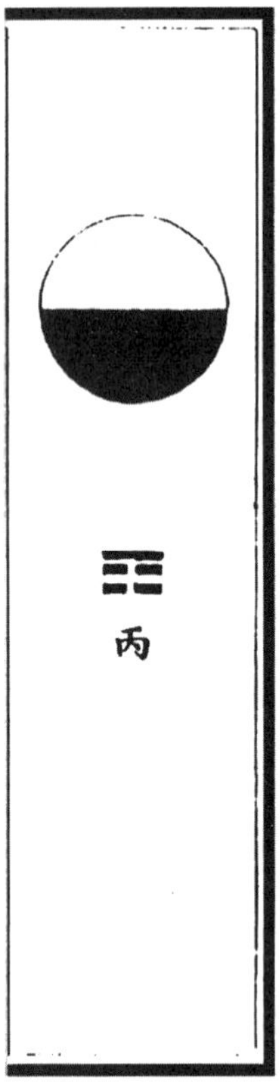
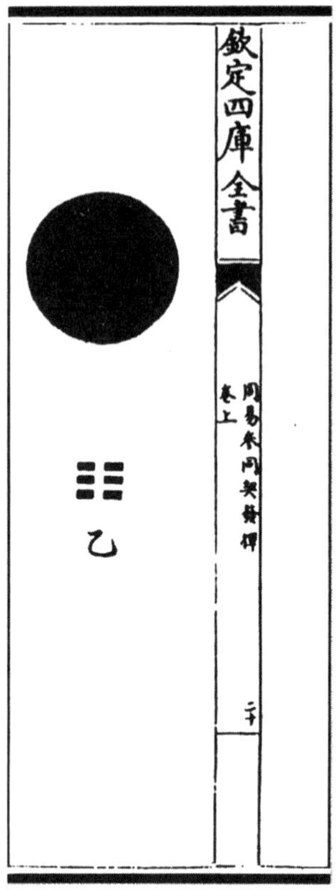
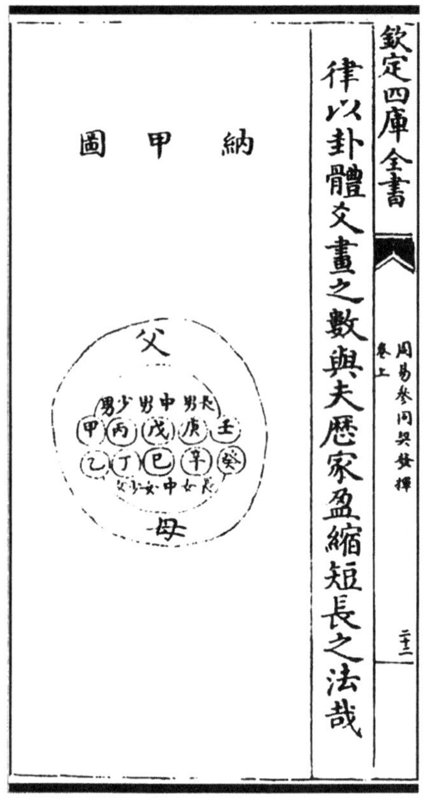

图 30　艮丙图
（俞琰《周易参同契发挥》）

图 31　坤乙图
（俞琰《周易参同契发挥》）

图 32　纳甲图
（俞琰《周易参同契发挥》）

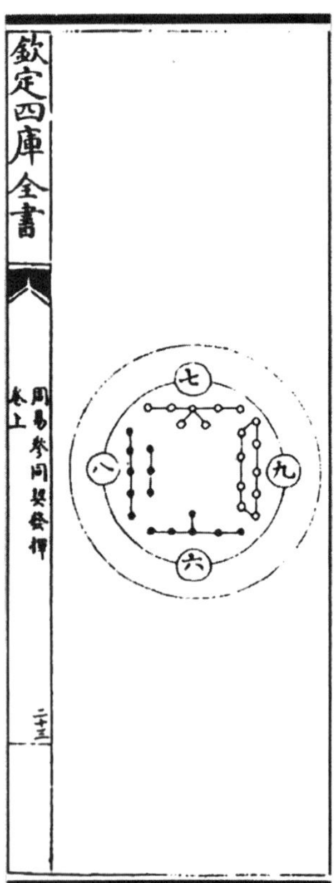
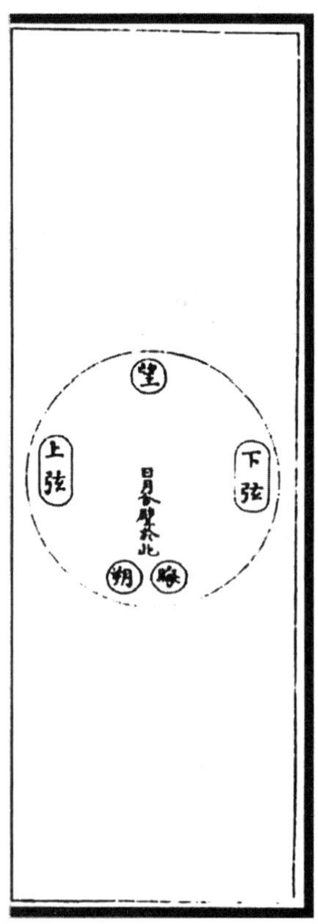
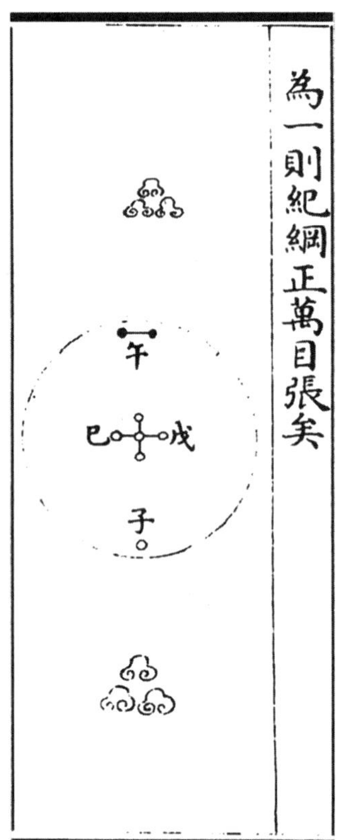

图 33　河图四象图
（俞琰《周易参同契发挥》）

图 34　日月合璧图
（俞琰《周易参同契发挥》）

图 35　子午三合图
（俞琰《周易参同契发挥》）

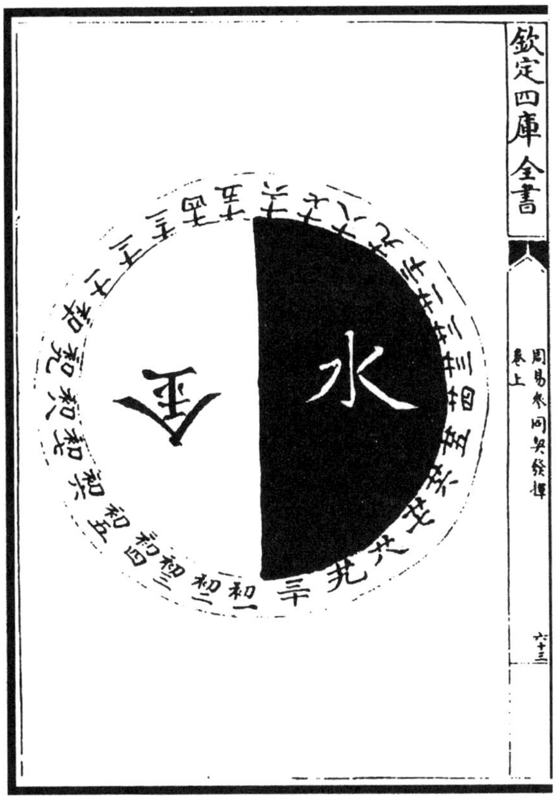

图 36 金水炼丹图
（俞琰《周易参同契发挥》）

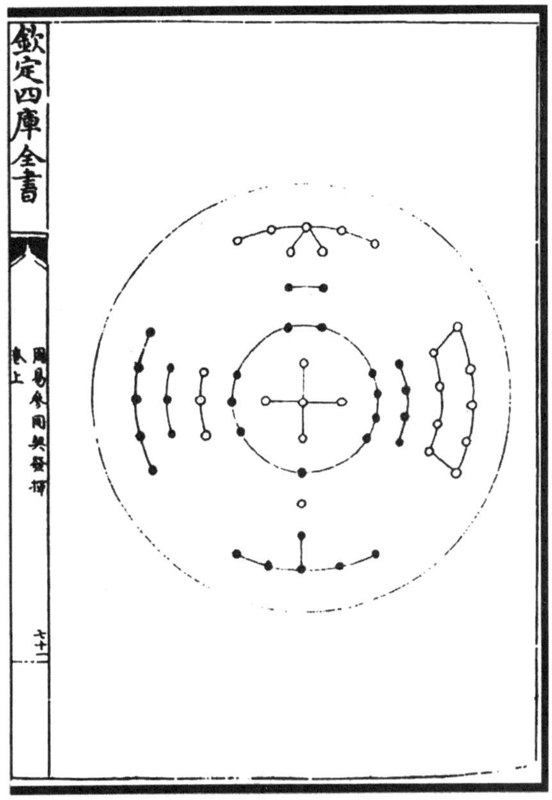

图 37 推演五行数图
（俞琰《周易参同契发挥》）

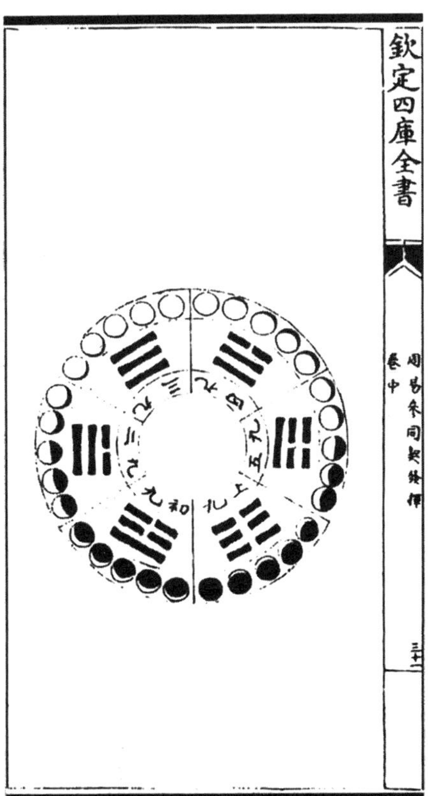

图 38 六卦月象图
（俞琰《周易参同契发挥》）

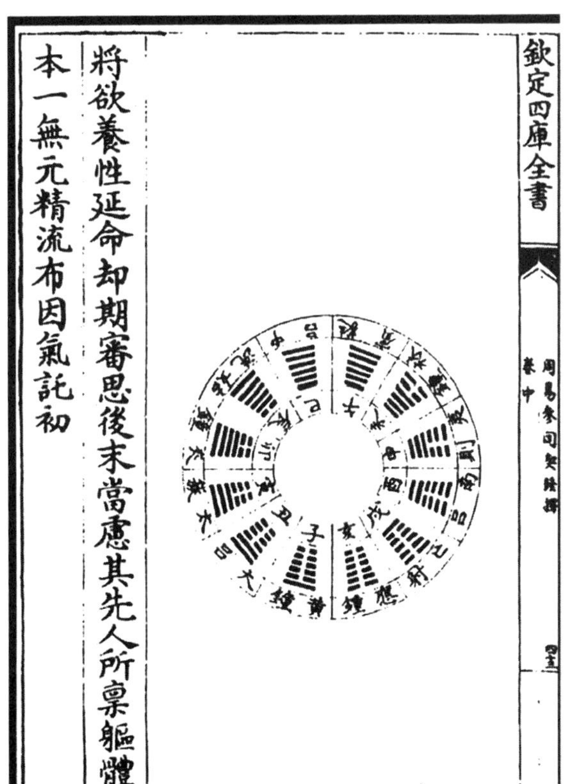

图 39 元气流布图
（俞琰《周易参同契发挥》）

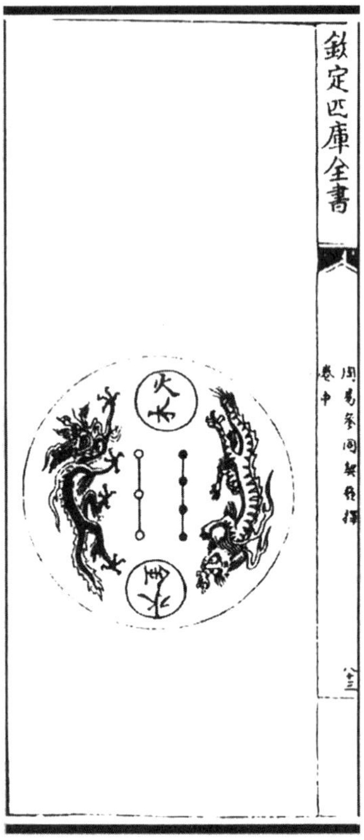

图40 龙阳虎阴图
（俞琰《周易参同契发挥》）

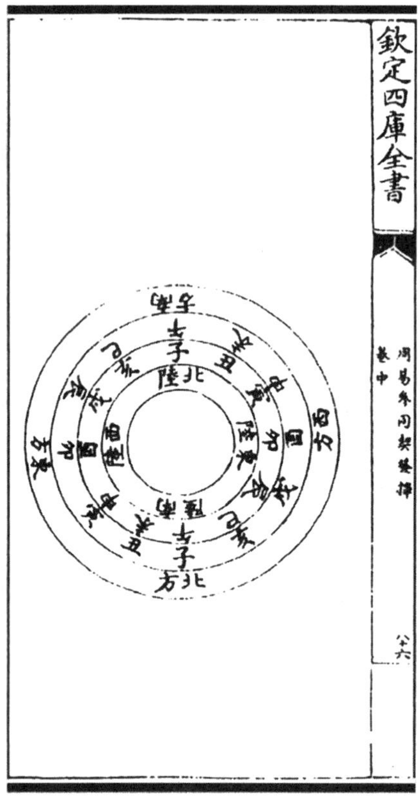

图41 南北互为纲纪图
（俞琰《周易参同契发挥》）

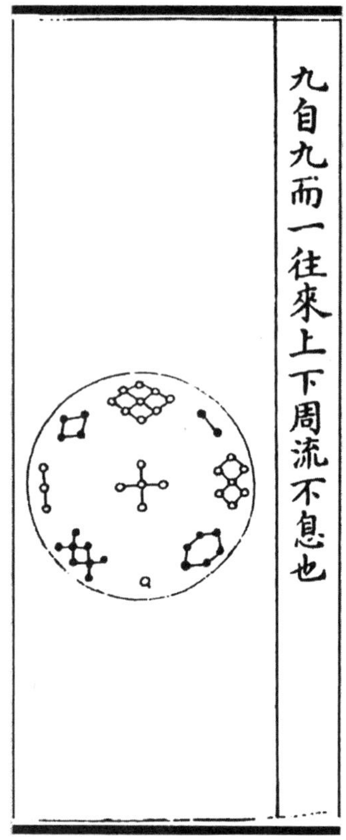

图42 九一周流不息图
（俞琰《周易参同契发挥》）

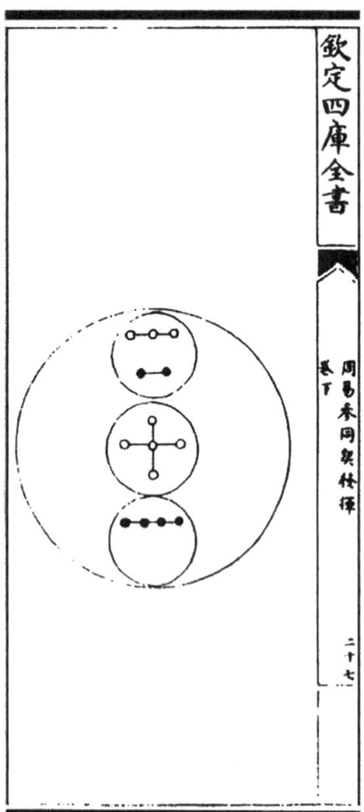

图43 鼎器歌图
（俞琰《周易参同契发挥》）

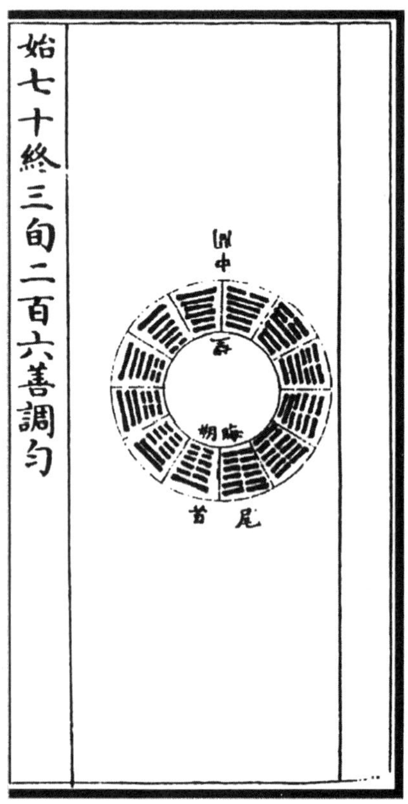

图44 文武火候图
（俞琰《周易参同契发挥》）

李鹏飞

生卒年不详,号澄心老人,元池州路(治今安徽池州)人。儒医、养生家。著有《三元延寿参赞书》五卷。现存有《周易》图像四幅。

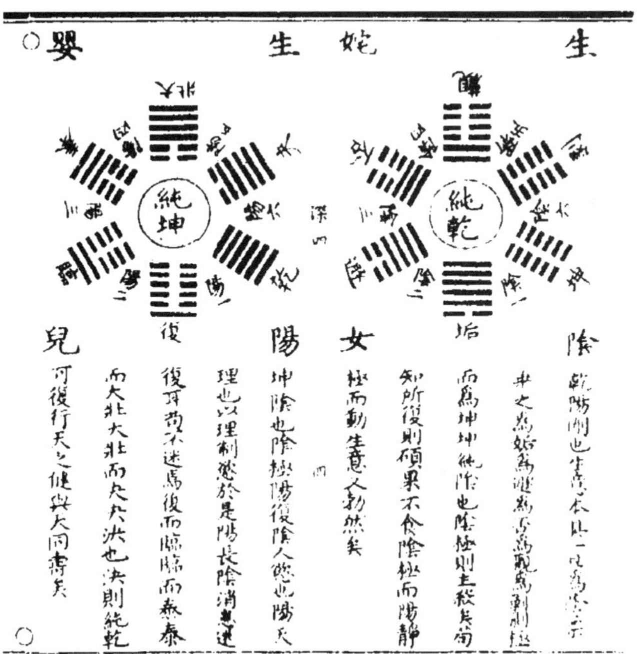

图1　生阴姹女
图2　生阳婴儿图
(李鹏飞《三元延寿参赞书》)

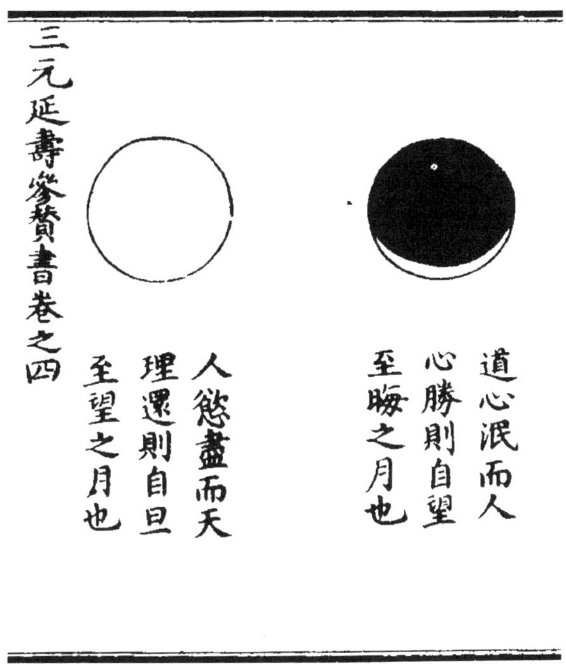

图3　道心人欲图
(李鹏飞《三元延寿参赞书》)

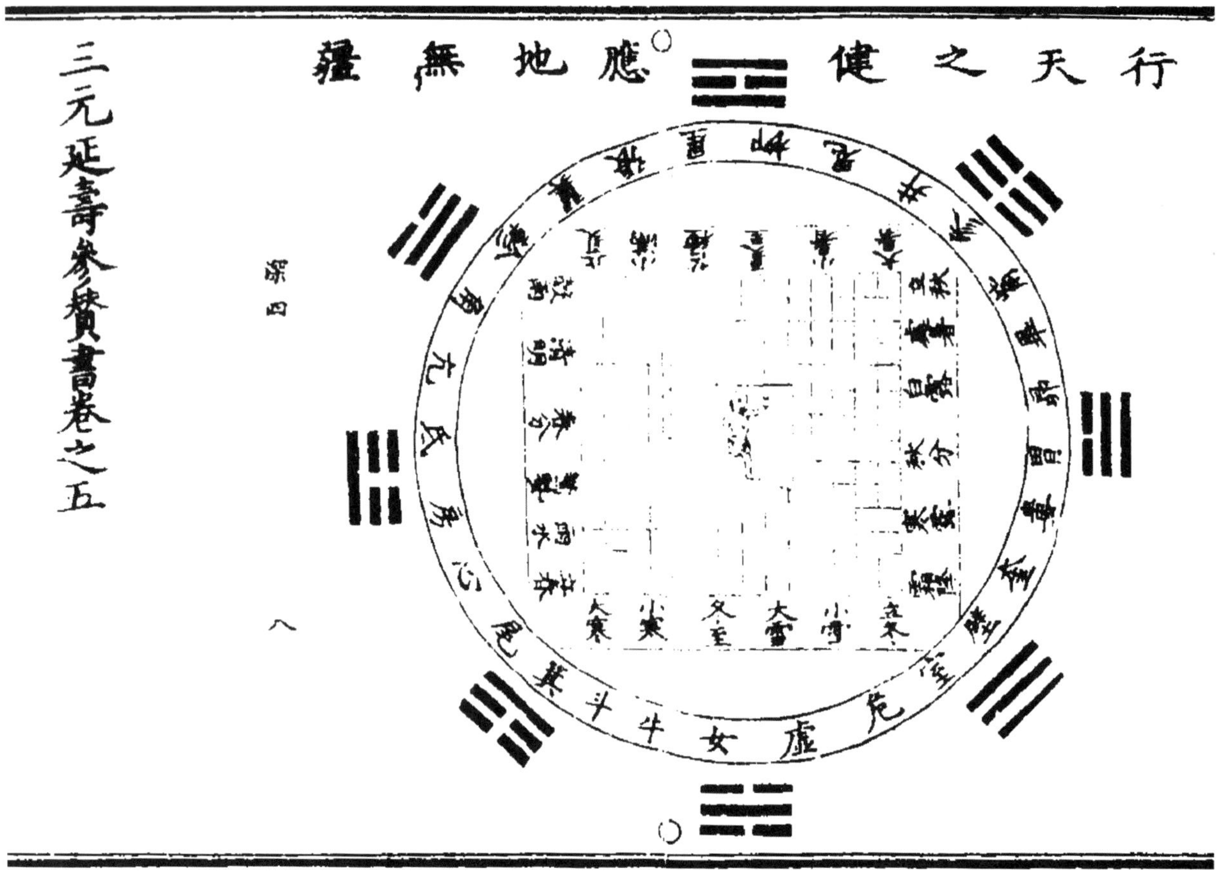

图 4　行天之健、应地无疆图
（李鹏飞《三元延寿参赞书》）

陈显微

生卒年不详,字宗道,号抱一子,南宋淮宁府淮阳(今河南淮阳)人。道士。著有《周易参同契解》三卷。现存有《周易》图像六幅。

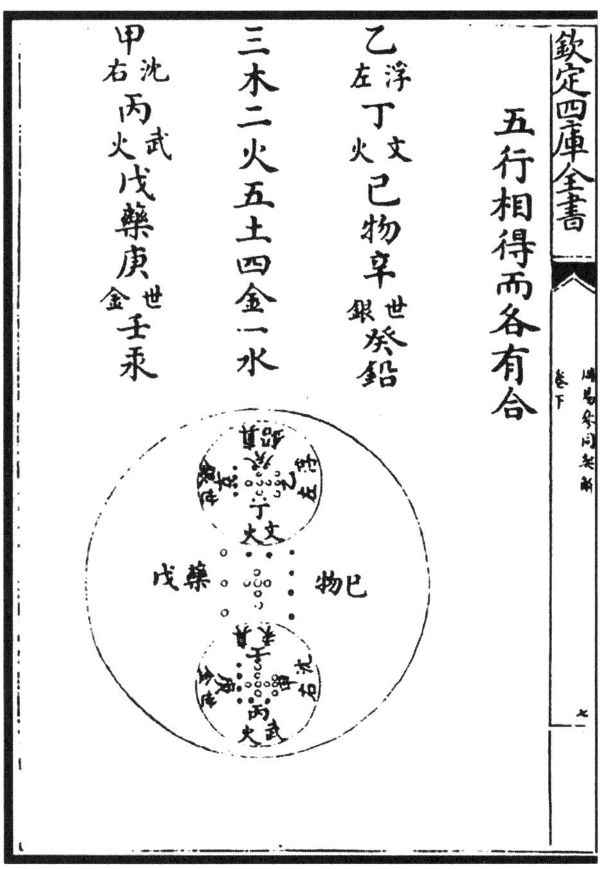

图1　五行相得各有合图
(陈显微《周易参同契解》)

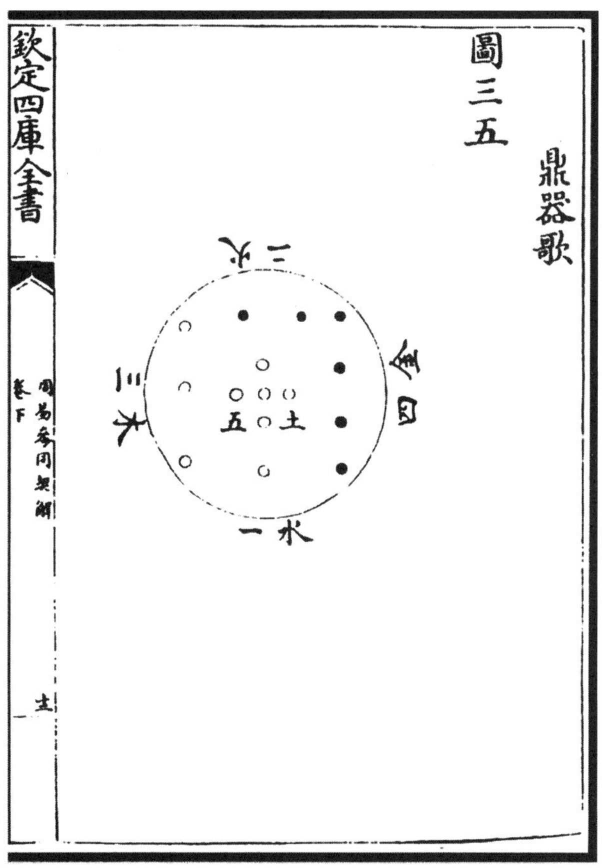

图2　鼎器三五图
(陈显微《周易参同契解》)

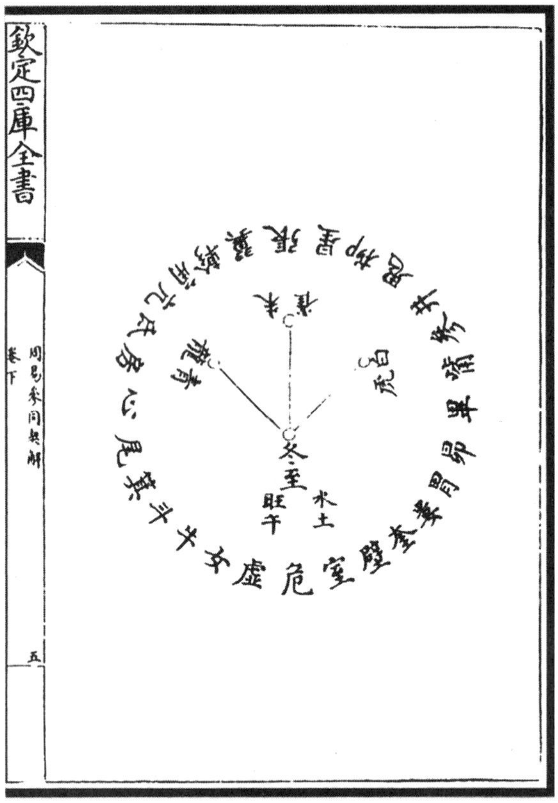

图 3 阴阳得其配图
（陈显微《周易参同契解》）

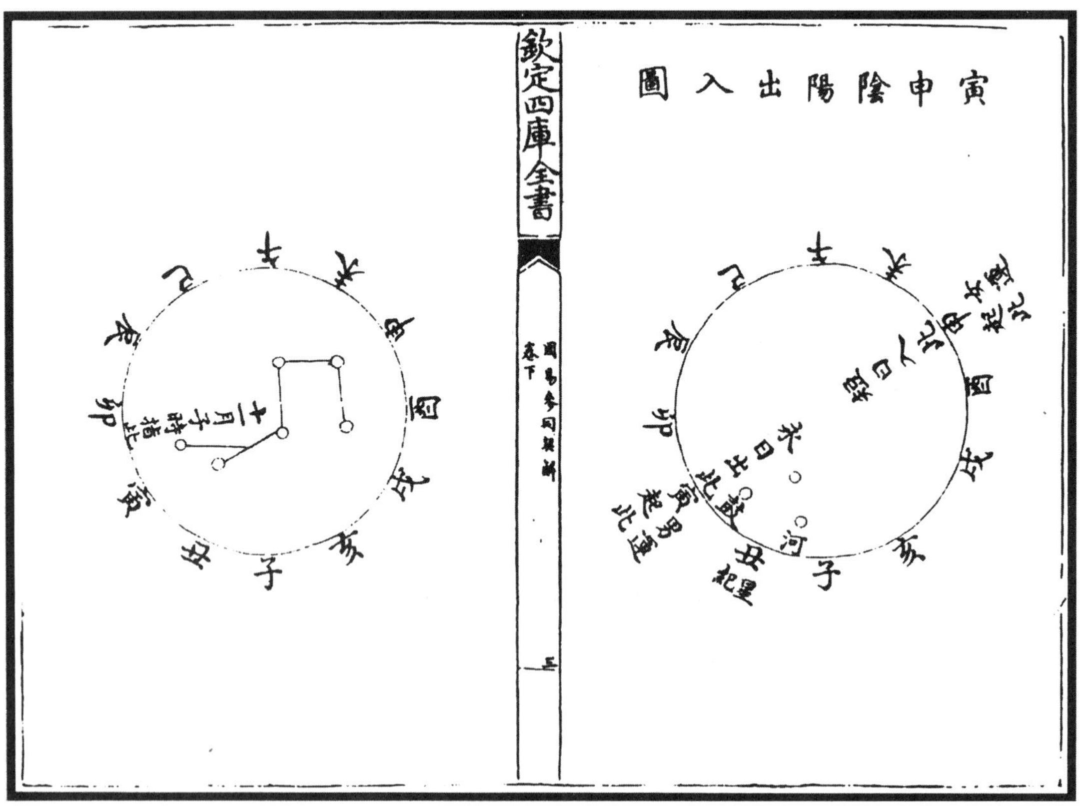

图 4 寅申阴阳出入图
（陈显微《周易参同契解》）

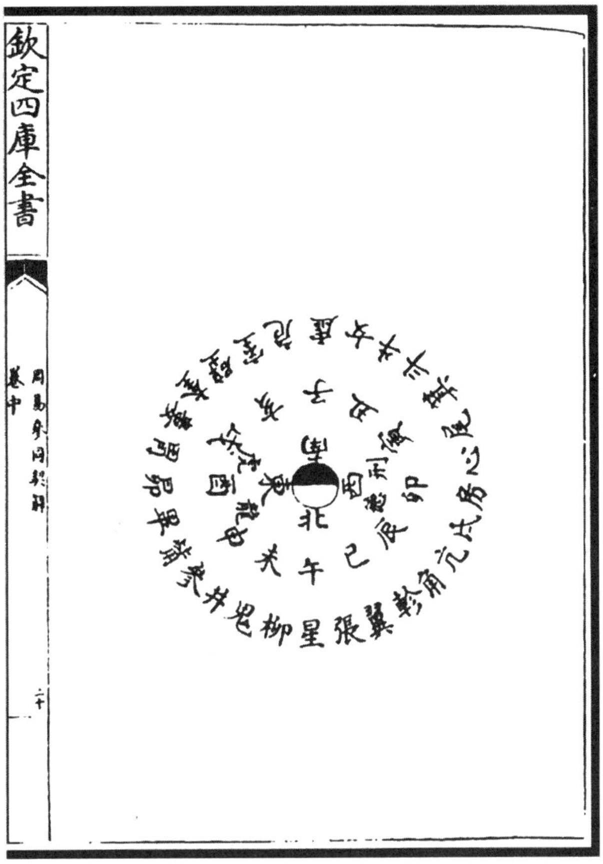

图5 刚柔迭兴图
（陈显微《周易参同契解》）

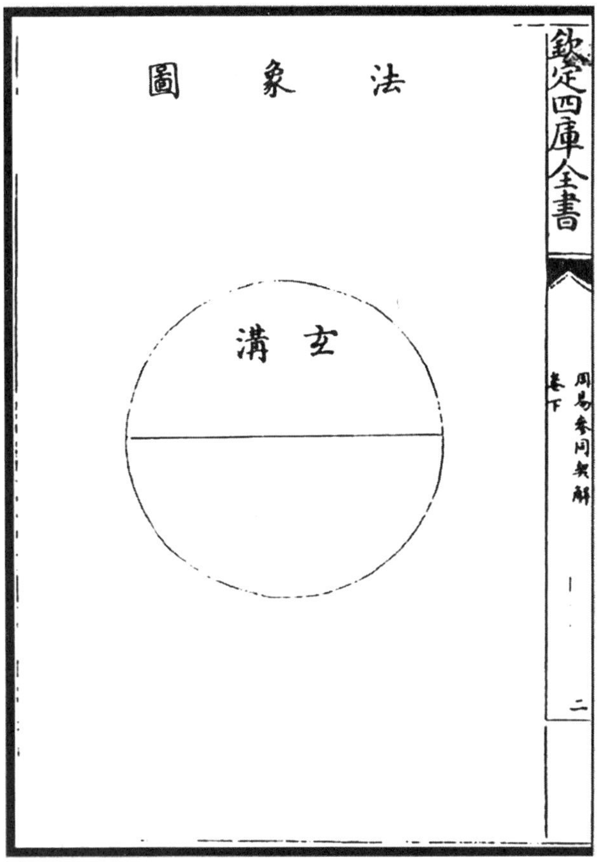

图6 法象图
（陈显微《周易参同契解》）

李駉

生卒年不详,字子野,号晞范子,南宋抚州临川(今江西抚州)人。著有《黄帝八十一难经纂图句解》七卷附《黄帝八十一难经注义图序论》一卷。现存有《周易》图像四幅。

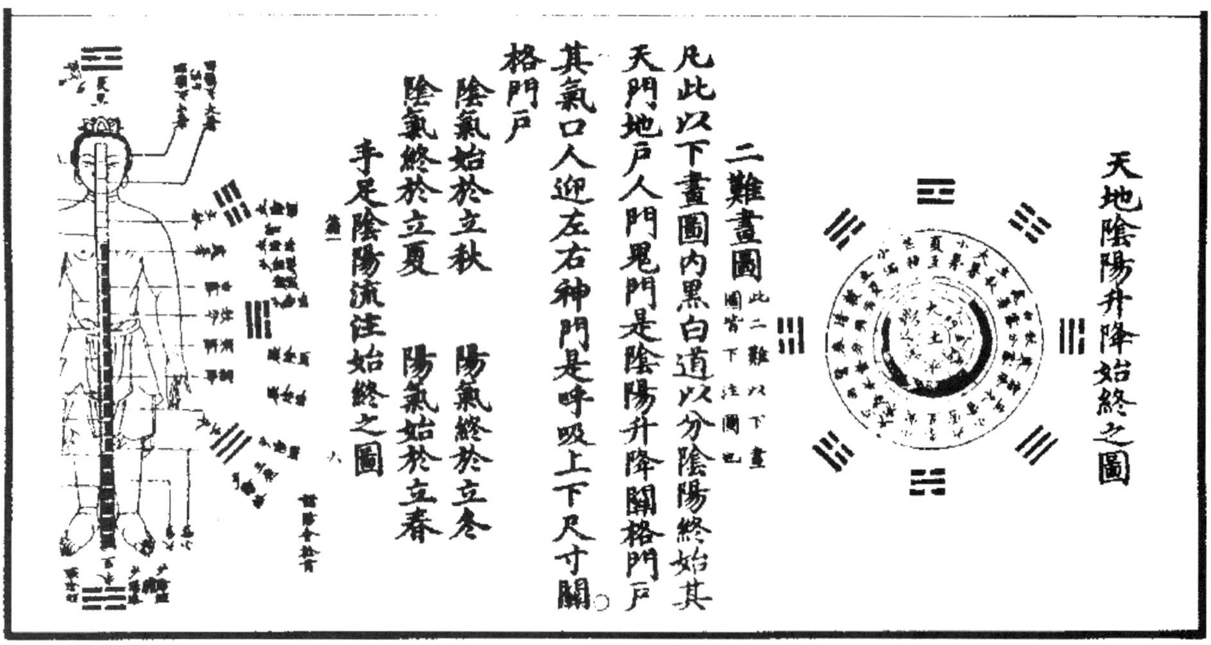

图1　天地阴阳升降始终之图
图2　手足阴阳流注始终之图
(李駉《黄帝八十一难经注义图序论》)

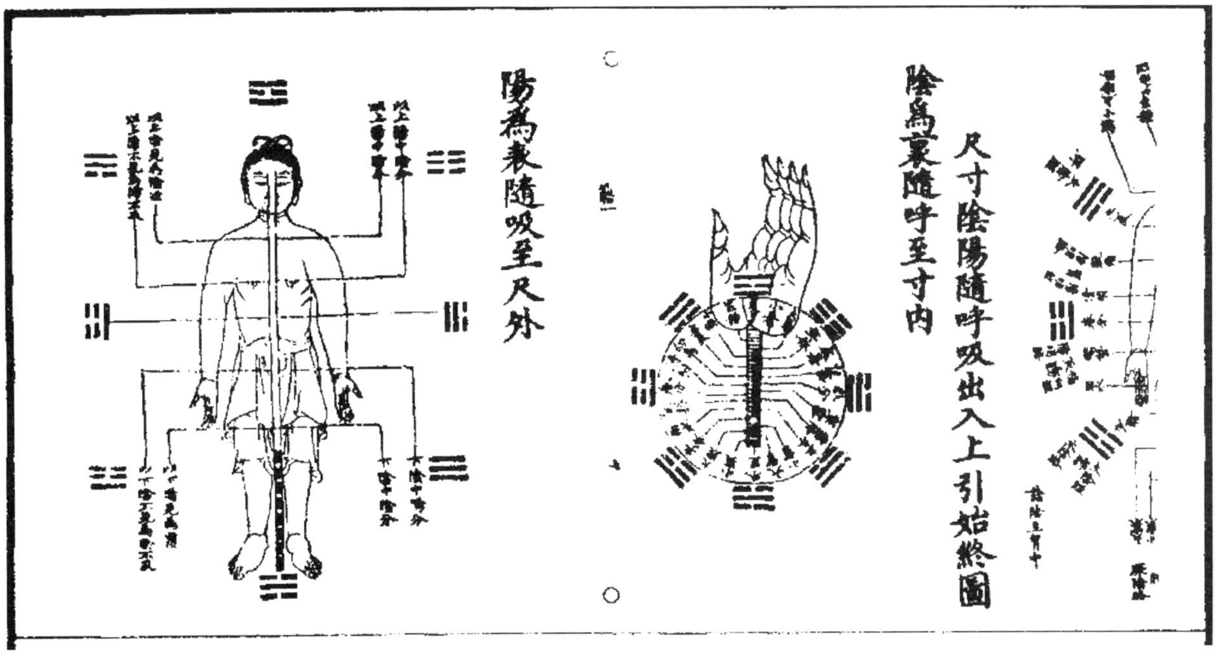

图 3 尺寸阴阳随呼吸出入上引始终图
（李驷《黄帝八十一难经注义图序论》）

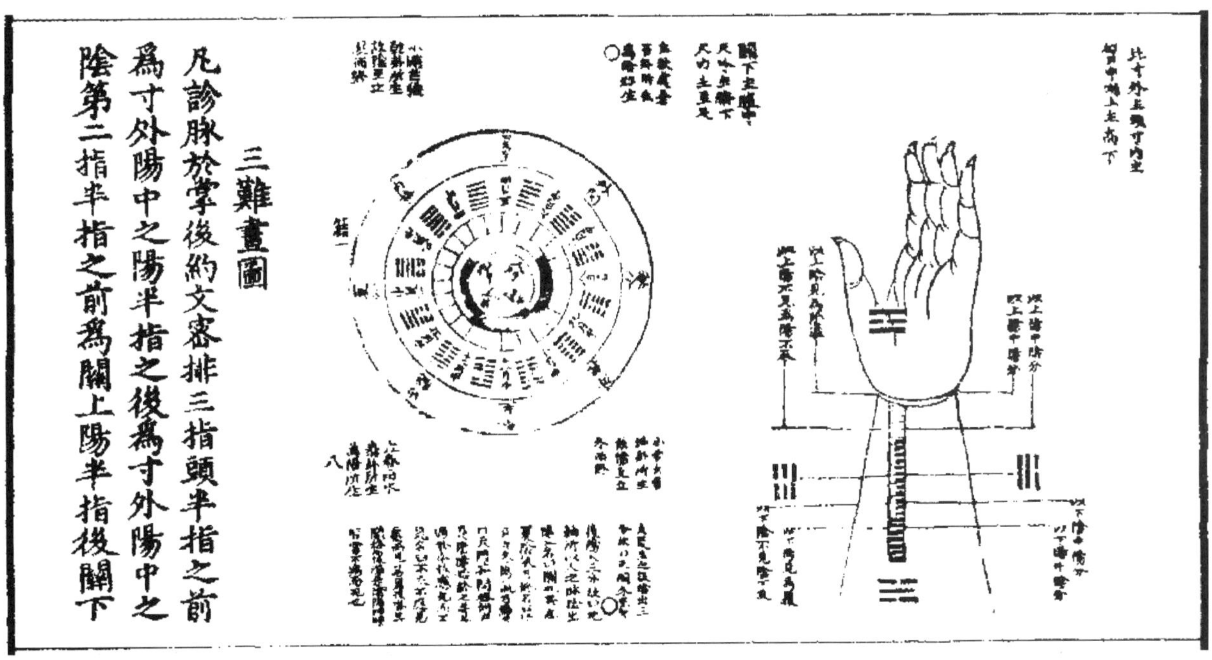

图 4-1 双手诊候图
（李驷《黄帝八十一难经注义图序论》）

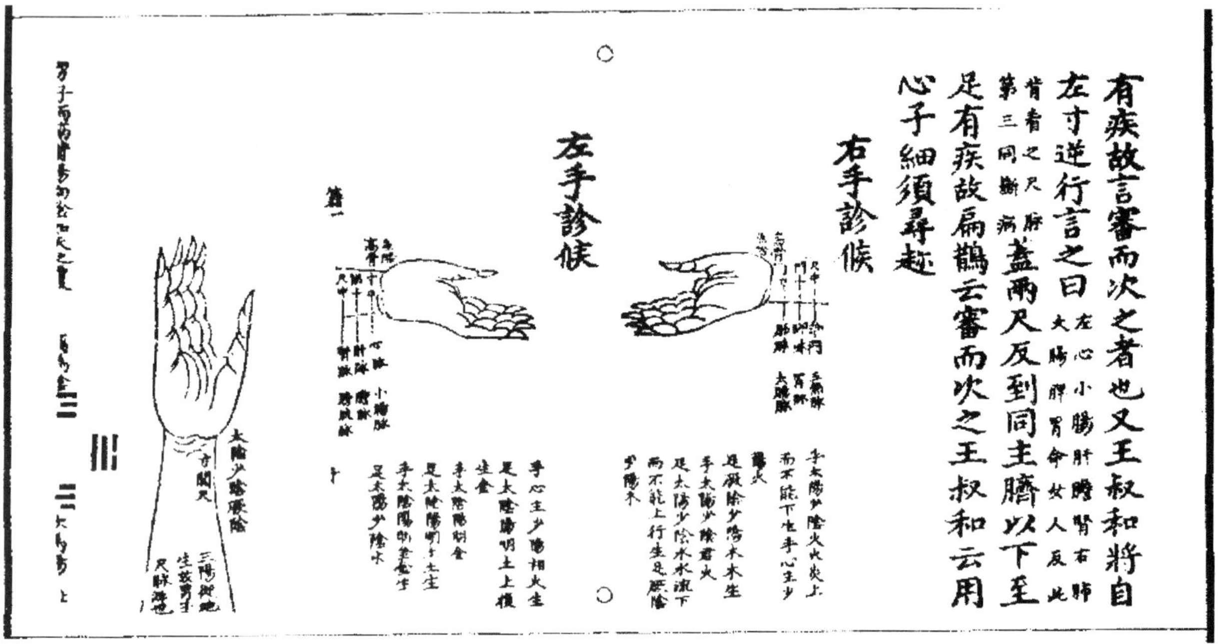

图 4-2 双手诊候图
（李駉《黄帝八十一难经注义图序论》）

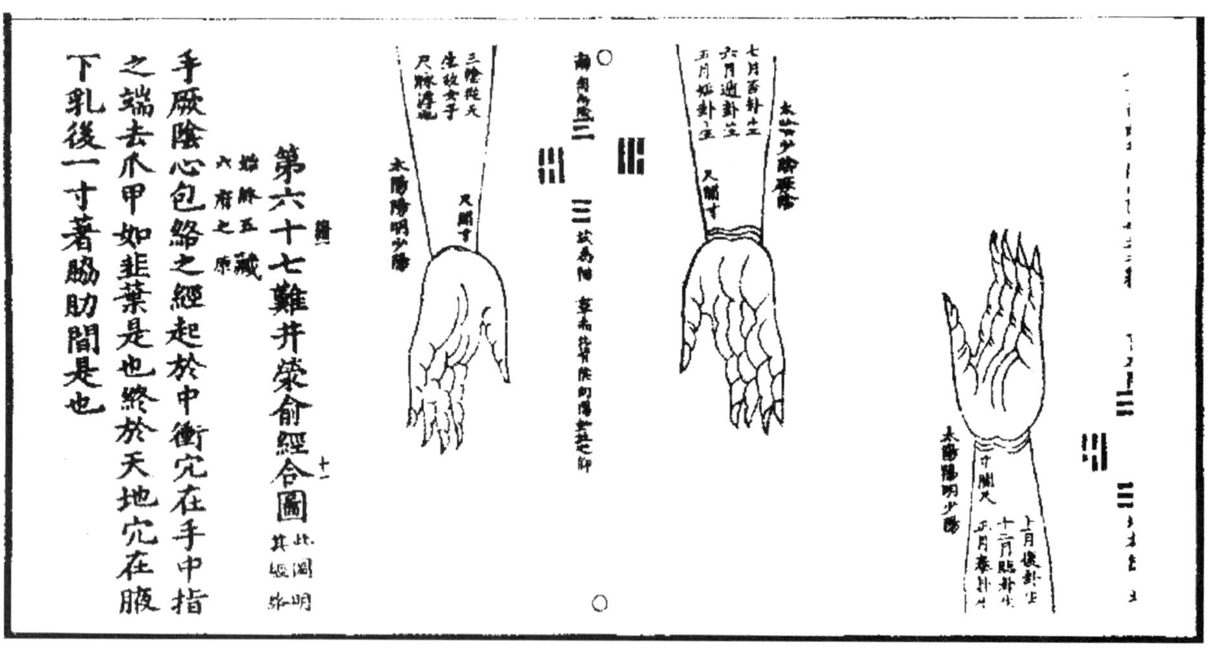

图 4-3 双手诊候图
（李駉《黄帝八十一难经注义图序论》）

余洞真

生卒年不详,宋末元初道士。云游杭州,得师传金丹道法,著有《悟玄篇》。现存有《周易》图像二幅。

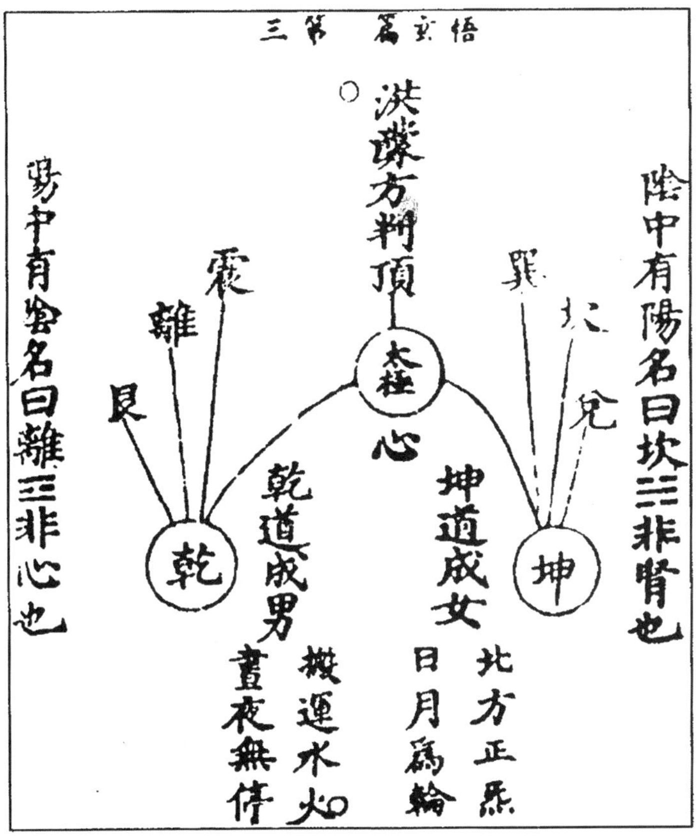

图1 悟玄图
(余洞真《悟玄篇》)

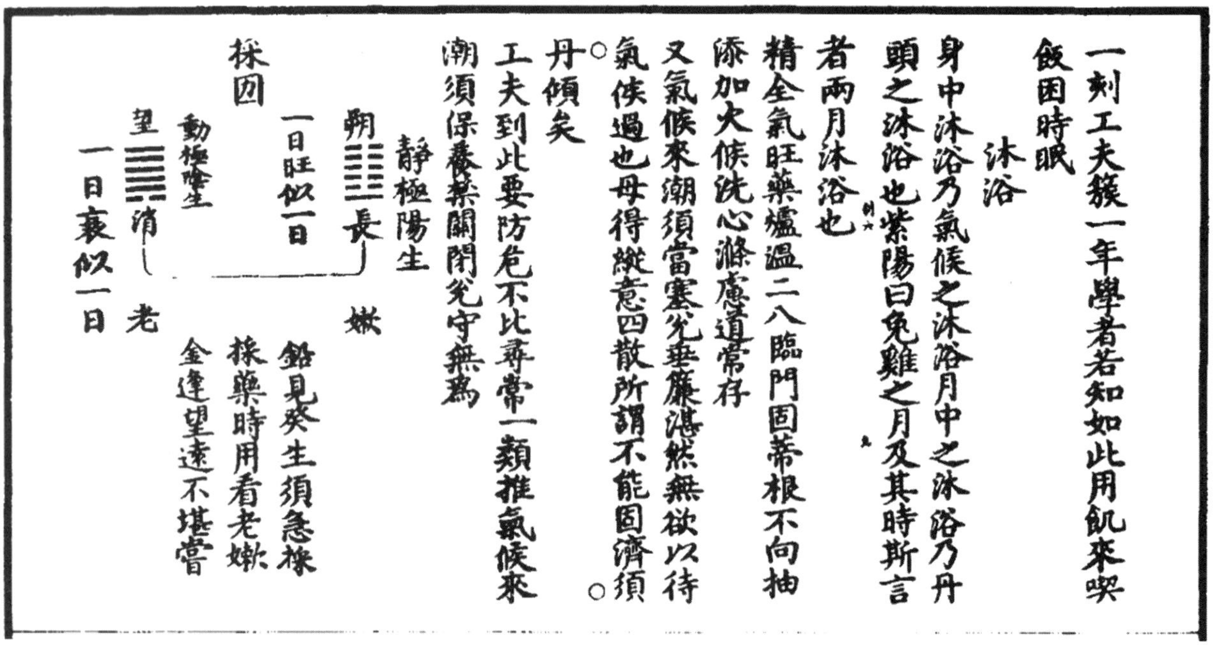

一刻工夫䇹一年學者若知如此用飢來喫
飯困時眠
　沐浴
身中沐浴乃氣候之沐浴月中之沐浴乃丹
頭之沐浴也紫陽曰兔雞之月及其時斯言
者兩月沐浴也
精全氣旺藥爐溫二八臨門固蒂根不向抽
添加大候洗心滌慮道常存
又氣候來潮須當塞兌藥籐湛然無欲以待
氣候過也毋得縱意四散所謂不能固濟須
丹傾矣
工夫到此要要防危不比尋常一類推氣候來
潮須保養禁關閉兌守無爲
　採囡
　朔☷☷長　嫩
　一日旺似一日　鉛見癸生須急採
　　　　　　　採藥時用看老嫩
　望☰☰消　老
　一日衰似一日　金逢望遠不堪嘗
　動極陰生
　靜極陽生

图 2　采囡图
（余洞真《悟玄篇》）

杨辉

生卒年不详，字谦光，南宋临安府钱塘（今浙江杭州）人。宋元四大数学家之一。著有《详解九章算法》十二卷，对北宋贾宪《黄帝九章算经细草》进行注释和补充。还著有《日用算法》二卷、《乘除通变本末》、《田亩比类乘除捷法》二卷、《续古摘奇算法》二卷，合称《杨辉算法》。现存有《周易》图像四幅。

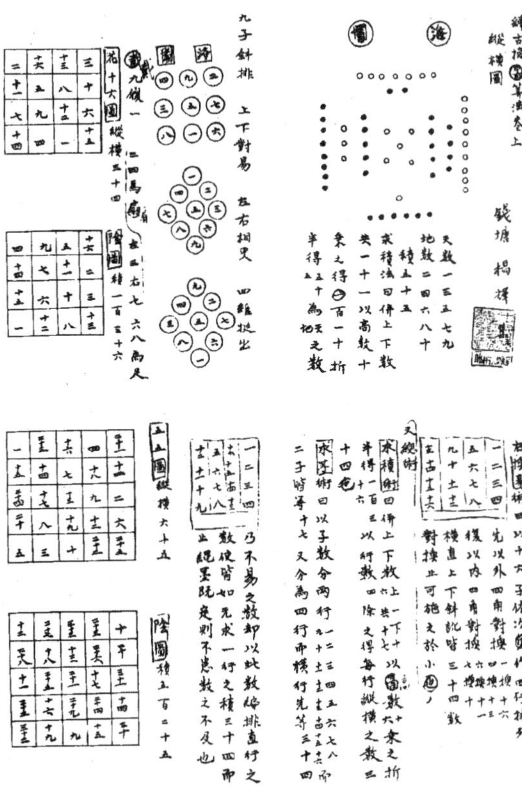

图1　河图
图2　洛书
（杨辉《续古摘奇算法》）

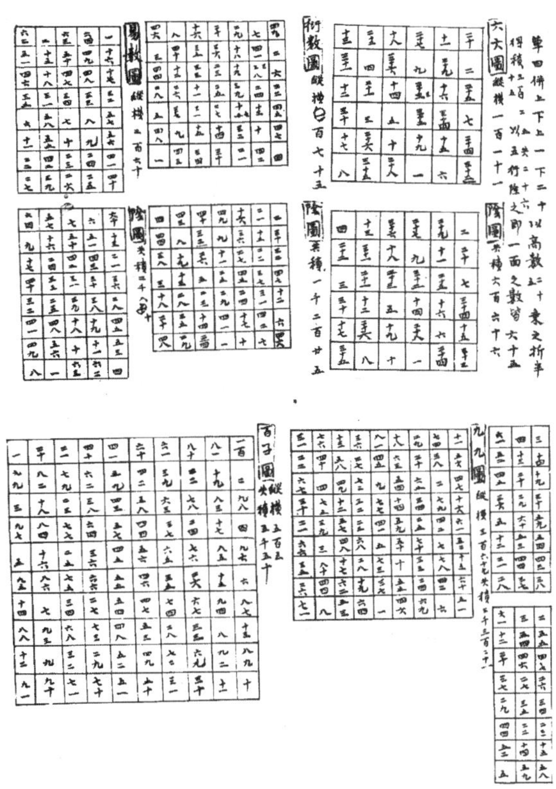

图3　衍数图及阴图
图4　易数图及阴图
（杨辉《续古摘奇算法》）

陈冲素

生卒年不详，字虚白，号真放道人，宋末元初人。长年隐居武夷山，著有《规中指南》。现存有《周易》图像四幅。

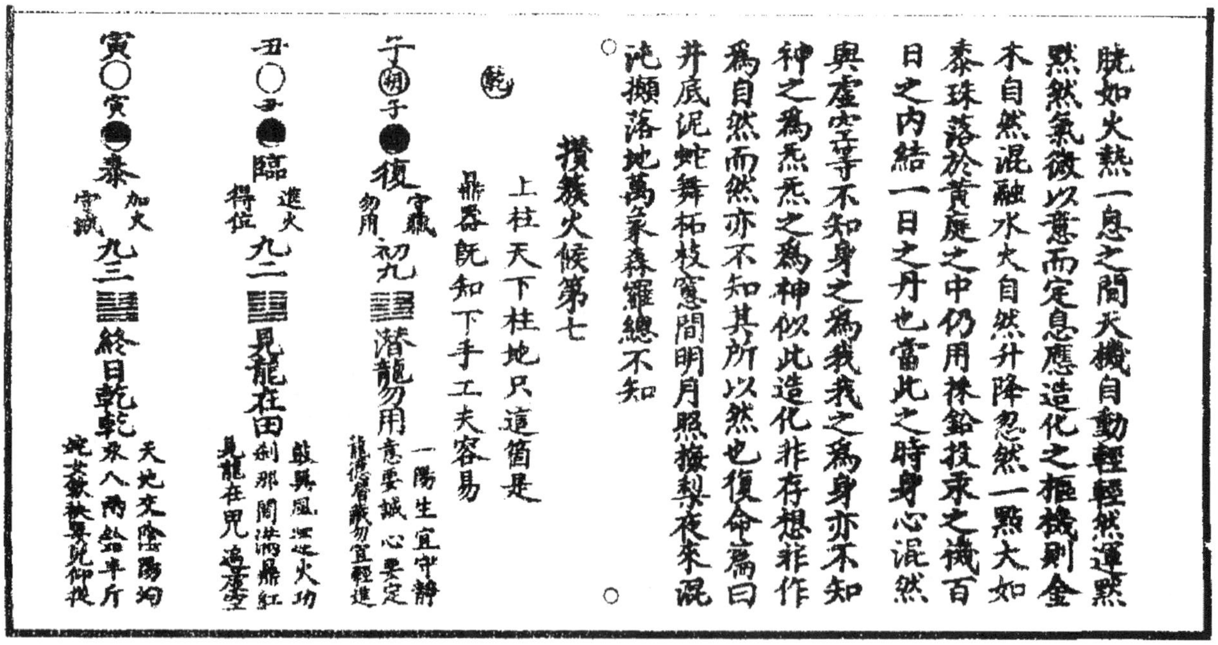

图 1-1　攒簇火候图
（陈冲素《规中指南》）

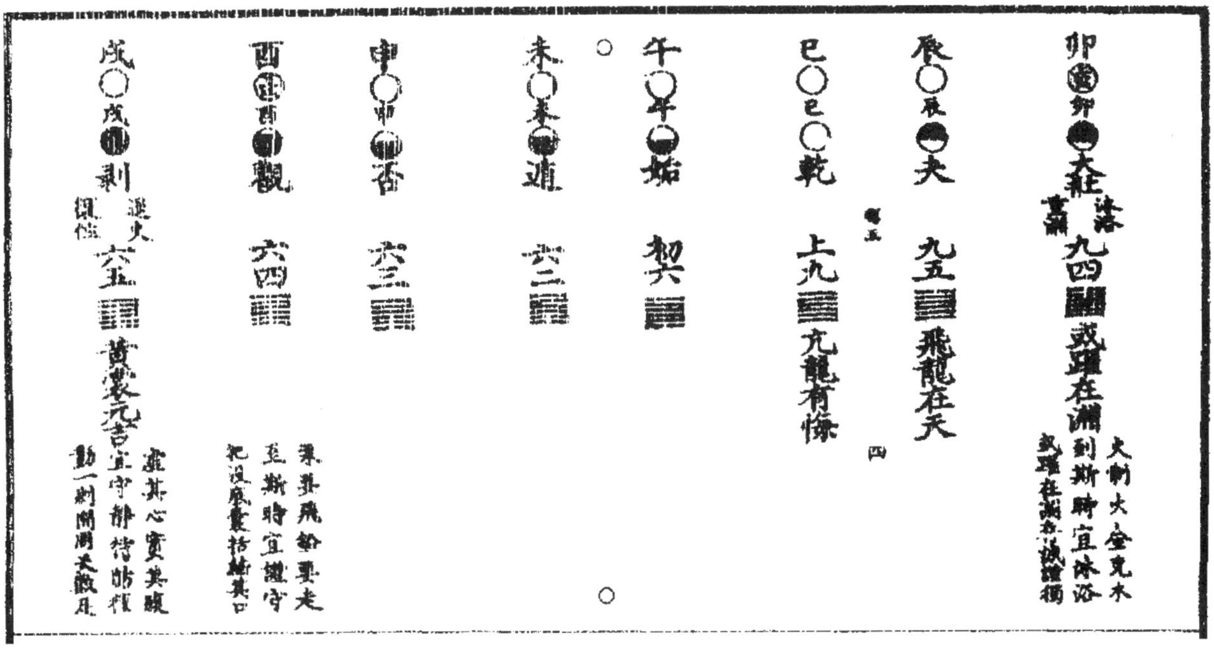

图 1-2　攒簇火候图

（陈冲素《规中指南》）

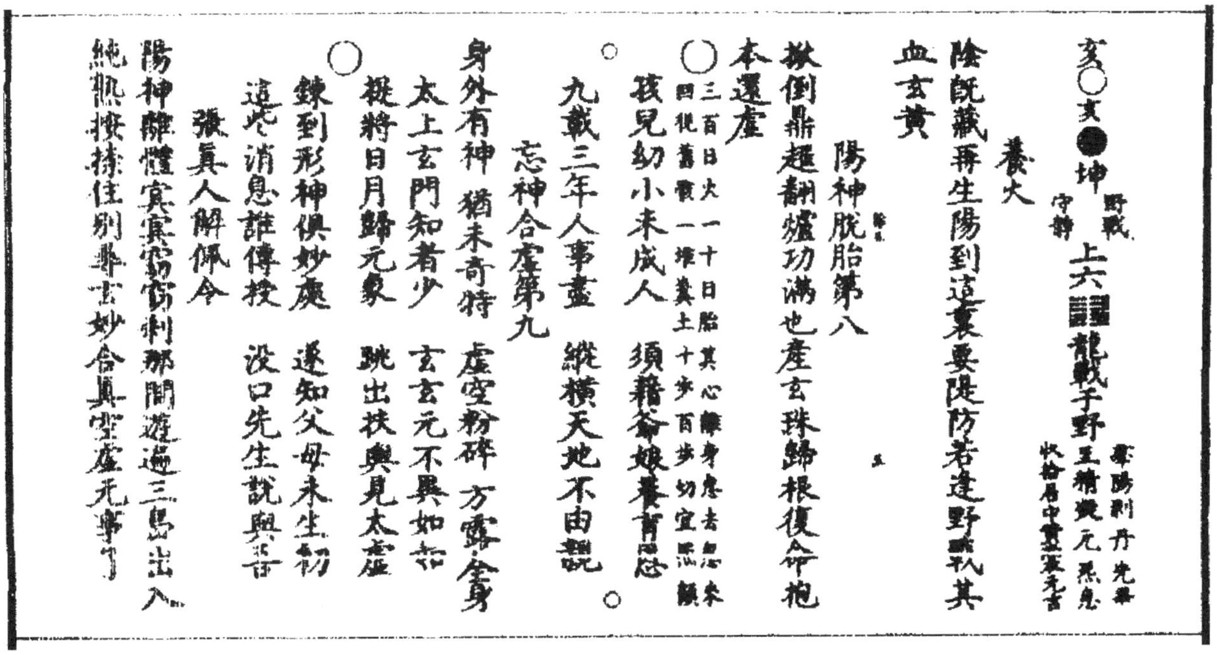

图 1-3　攒簇火候图

（陈冲素《规中指南》）

陳虛白規中指南卷下

內丹三要

內丹之要有三曰玄牝藥物火候丹經冺云摘為隱語黃絹幼婦讀者惑之愚今滿口饒舌真為天下說破言雖觀縷意在發明六字字古真為天下說破言雖觀縷意在發明六字字之骨髓古今不傳之秘盡在是矣鯨吞海水盡露出珊瑚枝

玄牝圖

妙在師真一句傳
雲散碧空山色靜
鶴歸丹闕月輪秋

詩曰

混沌生前混沌圓　簡中消息不容傳
擘開竅內竅中竅　踏破天中天外天
斗柄逆旋方有象　臺光返照始成仙
一朝撈得潭心月　覷破胡僧面壁禪

藥物圖

承魁玄牝我一家
從此變成乾坤體
性由自悟命由師

龍虎陰陽同一性
清虛飛躍畫由心

火候圖

詩曰

五蘊山頭多白雪　白雲深處藥苗芳
歲音王佛隨時種　元始天尊下手耘
石女騎龍探雨實　木人駕虎摘霜芸
不論貧富家家有　採得歸來共一斤

無位真人煉大丹　倚空長劍過人寒
玉爐火煖天尊祖　金鼎湯煎佛祖肝
百刻寒溫忙裏准　六爻文武靜中看
有人要問真爐鼎　坎離而今赤肉團

玄牝

悟真篇云要得谷神長不死須憑玄牝立根基真精既返黃金室一顆明珠永不離夫身中一竅名曰玄牝受炁以生實為神府三元所聚更無分別精神魂魄會於此穴刀金丹返還之根神仙凝結聖胎之地也古人謂之太極之蒂先天之柄產無之宗混沌之根太

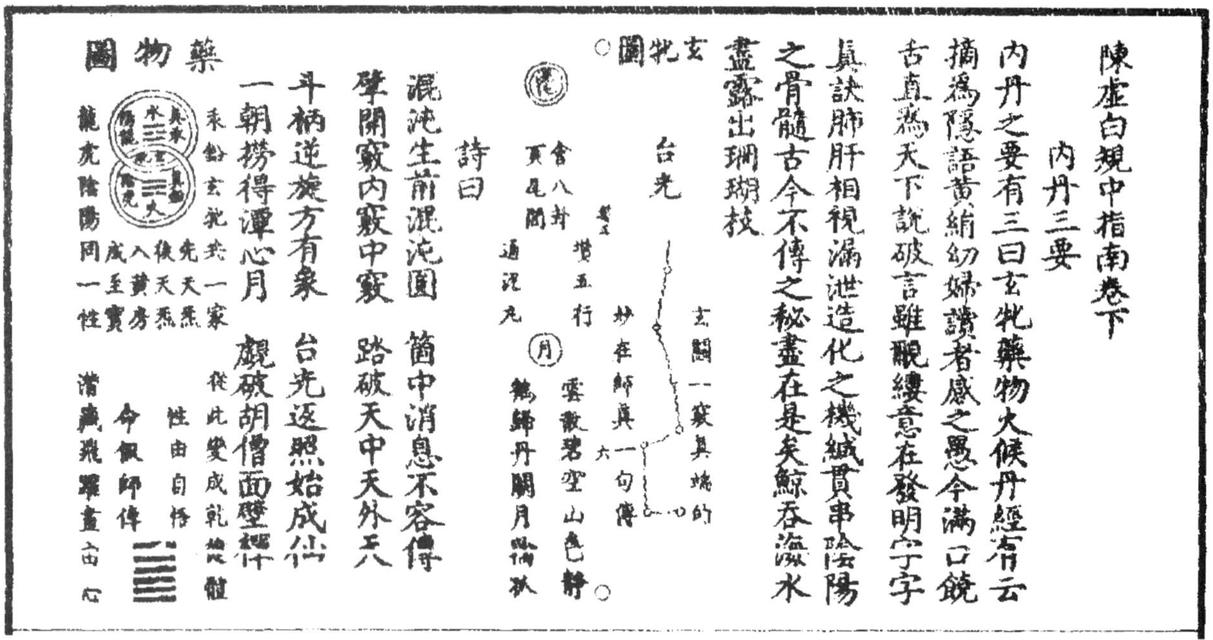

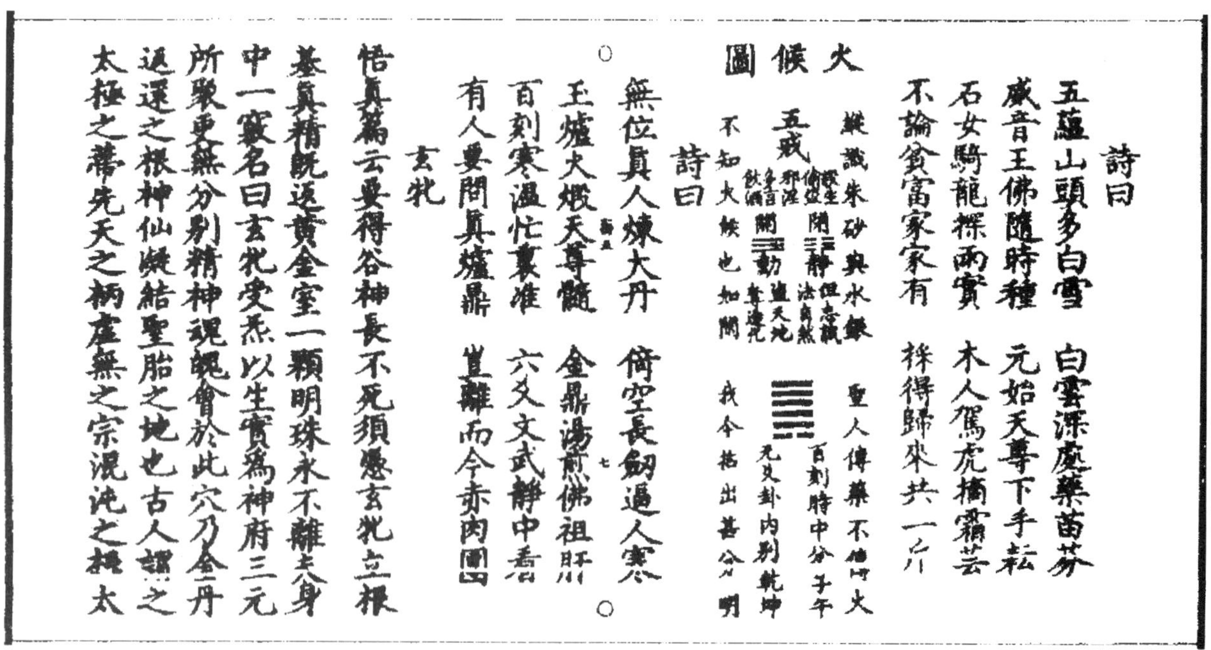

牧常晁

生卒年不详，宋末元初人。全真道士。在福建建安创立仰山道院，隐居修真。著有《玄宗直指万法同归》七卷。现存有《周易》图像二幅。

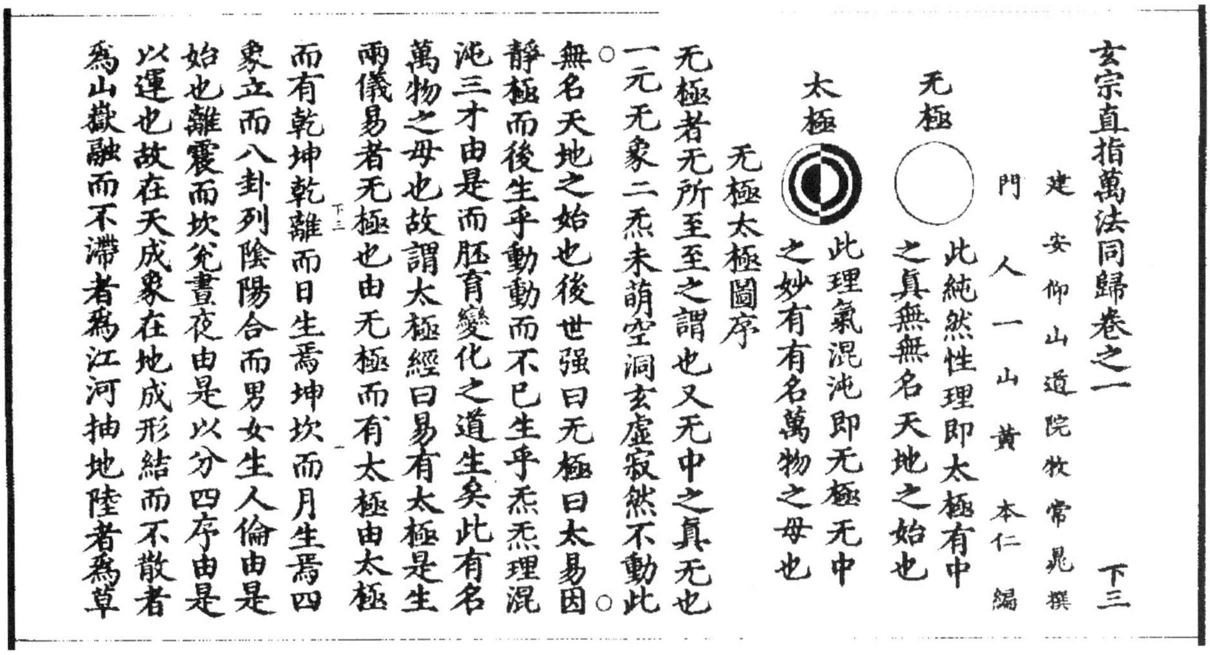
玄宗直指萬法同歸卷之一　下三
建安仰山道院牧常晁撰
門人一山黄本仁編

无極
此純然性理即太極有中
之真無無名天地之始也
太極
此理氣混沌即无極无中
之妙有有名萬物之母也

无極太極圖序

无極者无所至至之謂也又无中之真无也一元无象二炁未萌空洞玄虚寂然不動此○無名天地之始也後世强曰无極曰太易因○静極而後生乎動動而不已生乎炁炁理混沌三才由是而胚育變化之道生矣此有名萬物之母也故謂太極經曰易有太極是生兩儀易者无極也由无極而有太極由太極而有乾坤乾離而日生焉坤坎而月生焉四象立而八卦列陰陽合而男女生人倫由是始也離震而坎兑晝夜由是以分四序由是以運也故在天成象在地成形結而不散者爲山嶽融而不滯者爲江河抽地陸者爲草

图 1　无极太极图
（牧常晁《玄宗直指万法同归》）

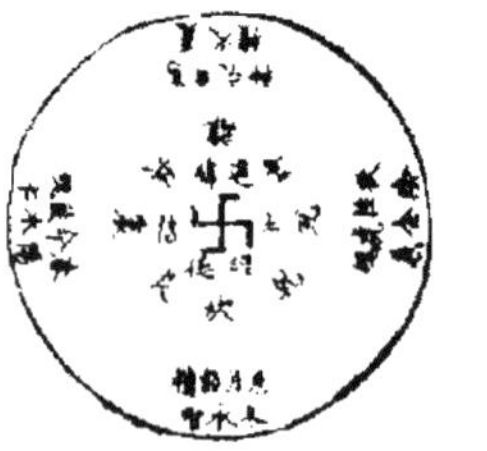

陳通齋曰此圖甚妙由釋氏之閫奥造儒者之門庭從前大善知識開示未嘗及此

佛氏以卐字書于胷中者表法也謂其如輪兩相交互均於四象齊爲八卦交爲經緯互爲始終會於中爲五行爲五常五炁五戒在經爲四句在人爲四大陰陽性命道德仁義精神魂魄汞鉛龍虎乾離坤坎之妙莫不均○○於其中也其進亦平其退亦平順可行逆可行可以四五可以八九縱亦無窮橫亦無窮天人之理無不該載所以佛氏書之於胷象法輪於心中轉運不已也其音曰萬言萬物莫不由是道也推其本乃十字也始於一成於五圓於十包於萬卐字乃十字委曲也曲直兩通之義也所以華嚴經自始及末每事舉十取其上下平等體用互換無欠無餘無高無下猶應輪寶藏周匝莊嚴一切義理無不宗之意義甚深非言可盡

图 2　佛氏卐字心轮图

（牧常晁《玄宗直指万法同归》）

卫琪（1259—?）

自号中阳子。元代著名学者，曾任南平綦江等处军民长官。幼好道术，在东蜀蓬莱山著《玉清无极总真大洞文昌仙经注》十卷，至大三年(1310)献于元朝廷，为洞经音乐诞生立下汗马功劳。现存有《周易》图像一幅。

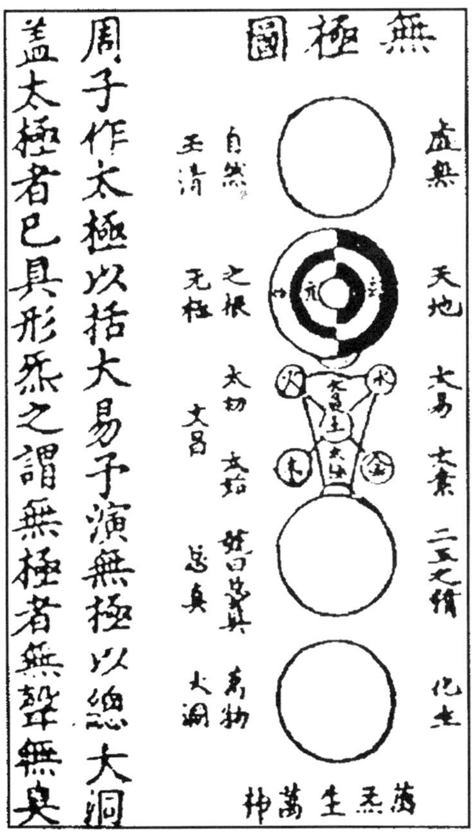

图1 无极图
（卫琪《玉清无极总真大洞文昌仙经注》）

保巴（？—1311）

字公孟，号普庵，居于洛阳，里贯未详，元蒙古人（一说色目人）。元初任侍郎。至元十四年（1277）升任黄州路总管兼管内劝农事。至元十八年迁太中大夫。大德十一年（1307）奉诏入东宫为太子爱育黎拔力八达（后立为仁宗）师，讲授易学。至大二年（1309）官拜尚书右丞。至大四年春，武宗崩，仁宗即位，罢尚书省。后以"变乱旧章，流毒百姓"的罪名被诛。著有《易源奥义》一卷、《周易原旨》六卷等。现存有《周易》图像七幅。

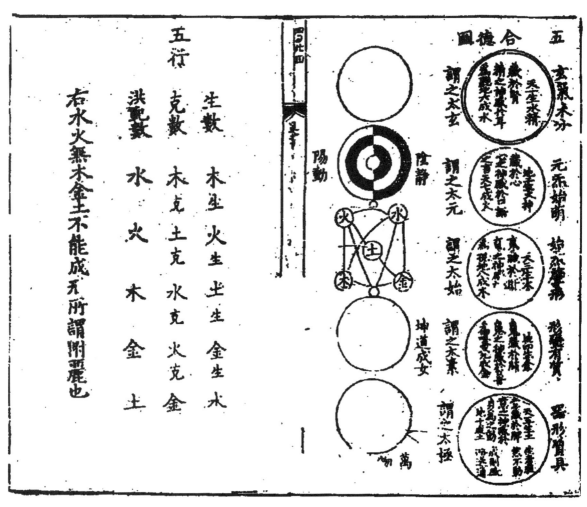

图1 太极合德图
（保巴《周子通书训义》）

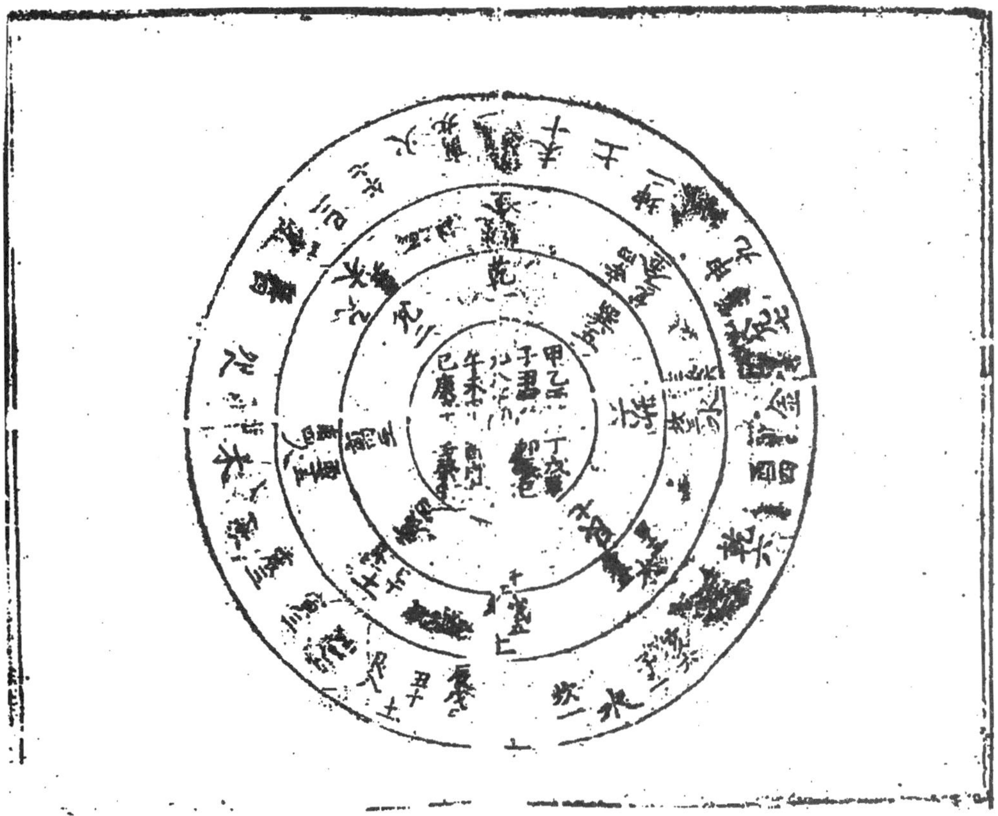

图 2　先天数图
（保巴《周子通书训义》）

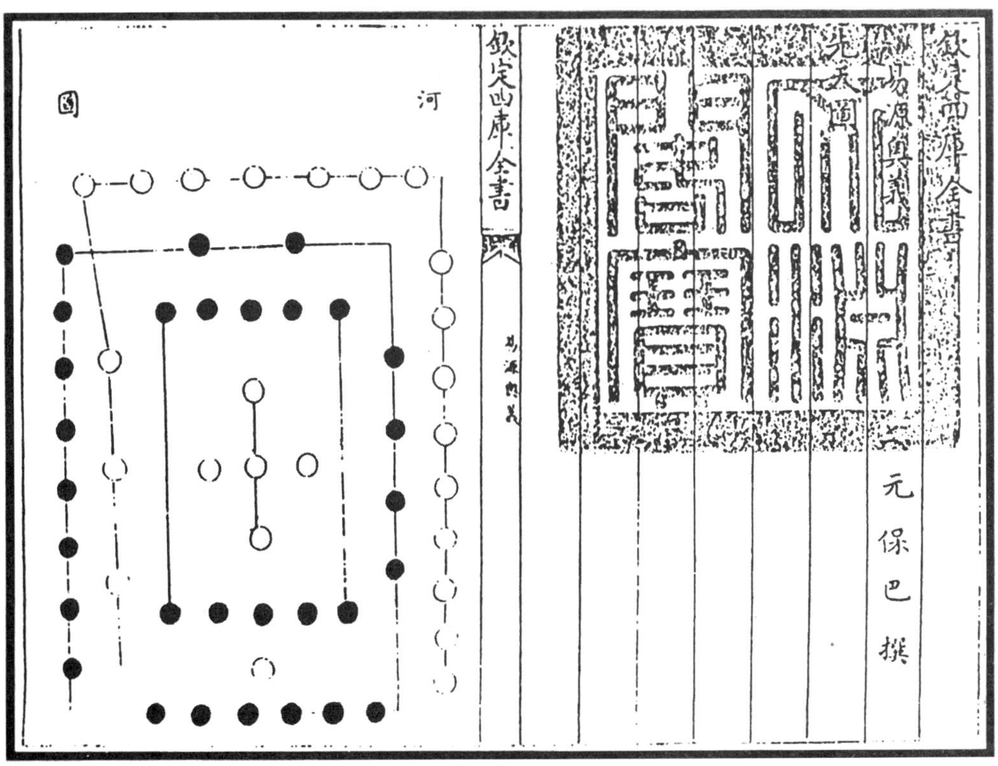

图 3　先天图
（保巴《易源奥义》）

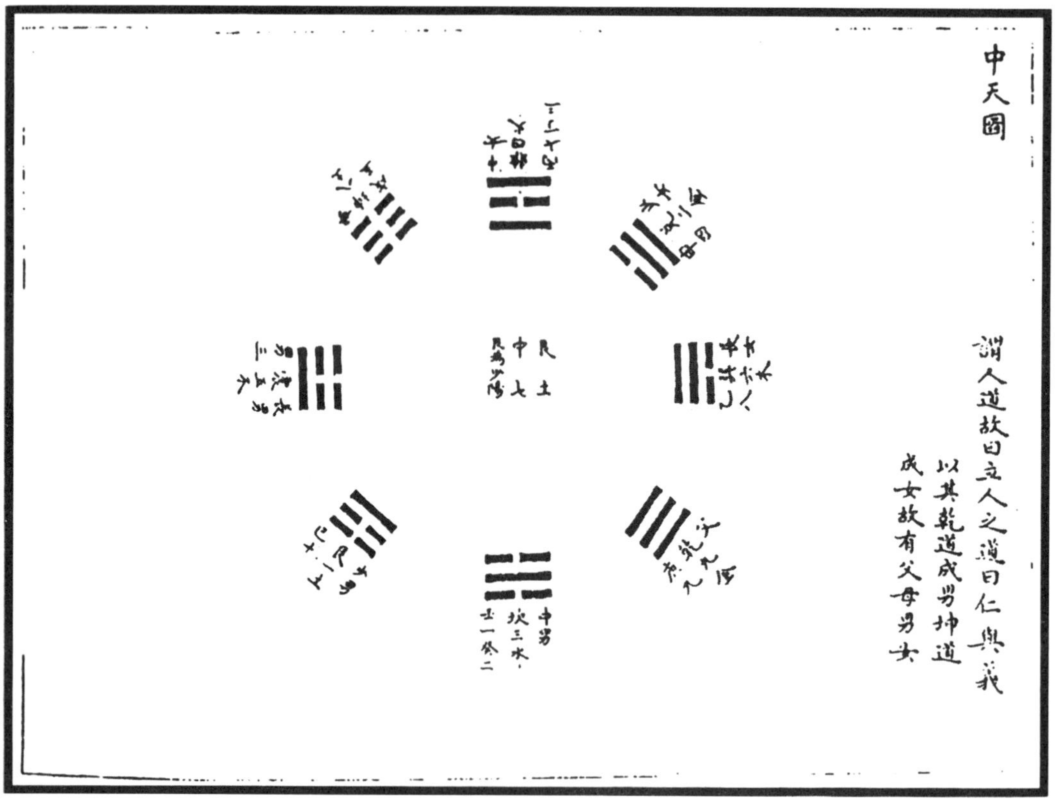

图 4 中天图
（保巴《易源奥义》）

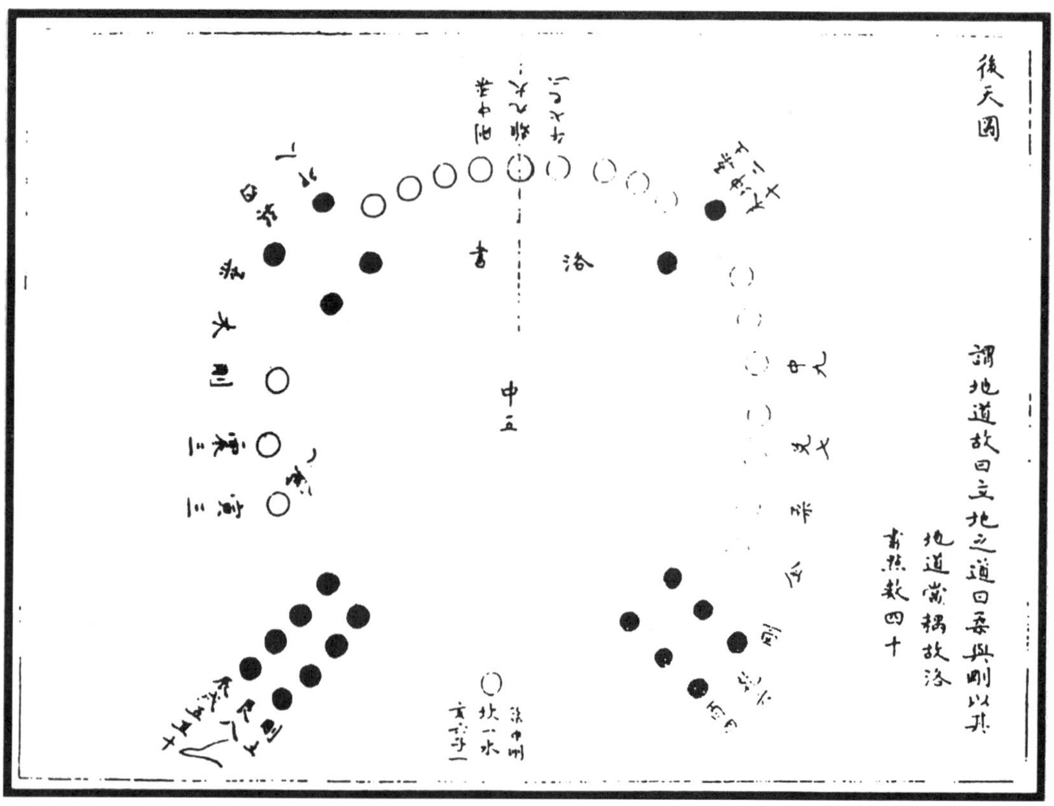

图 5 后天图
（保巴《易源奥义》）

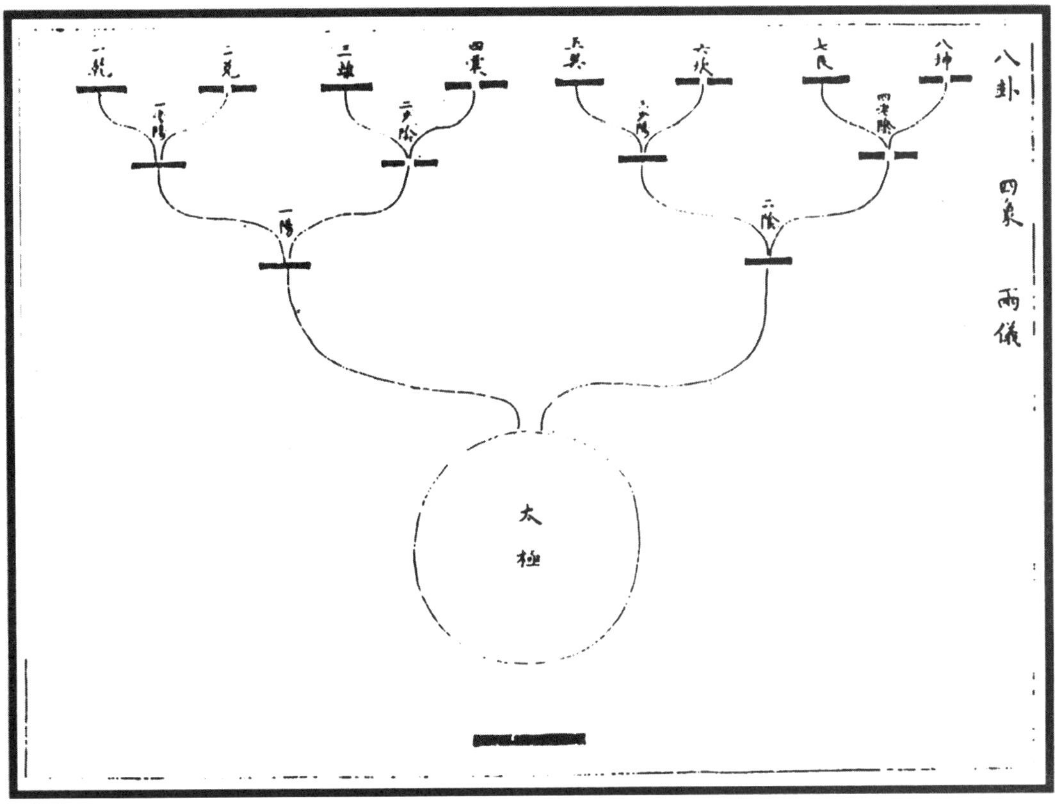

图 6　太极图
（保巴《易源奥义》）

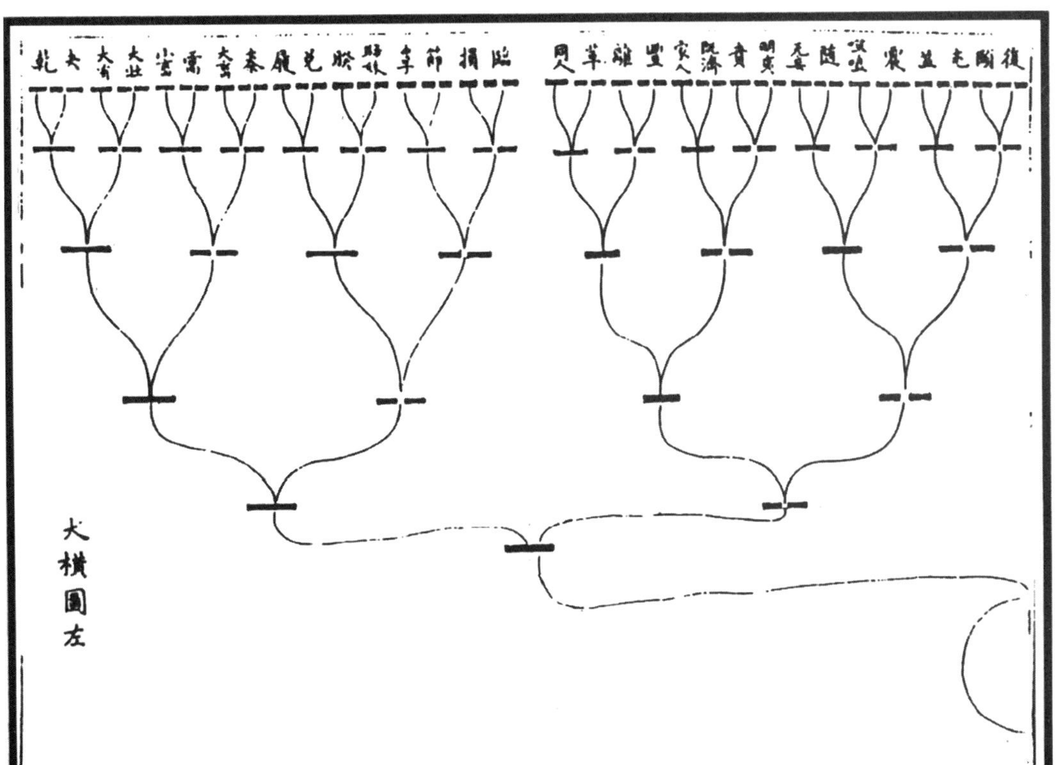

图 7-1　大横图
（保巴《易源奥义》）

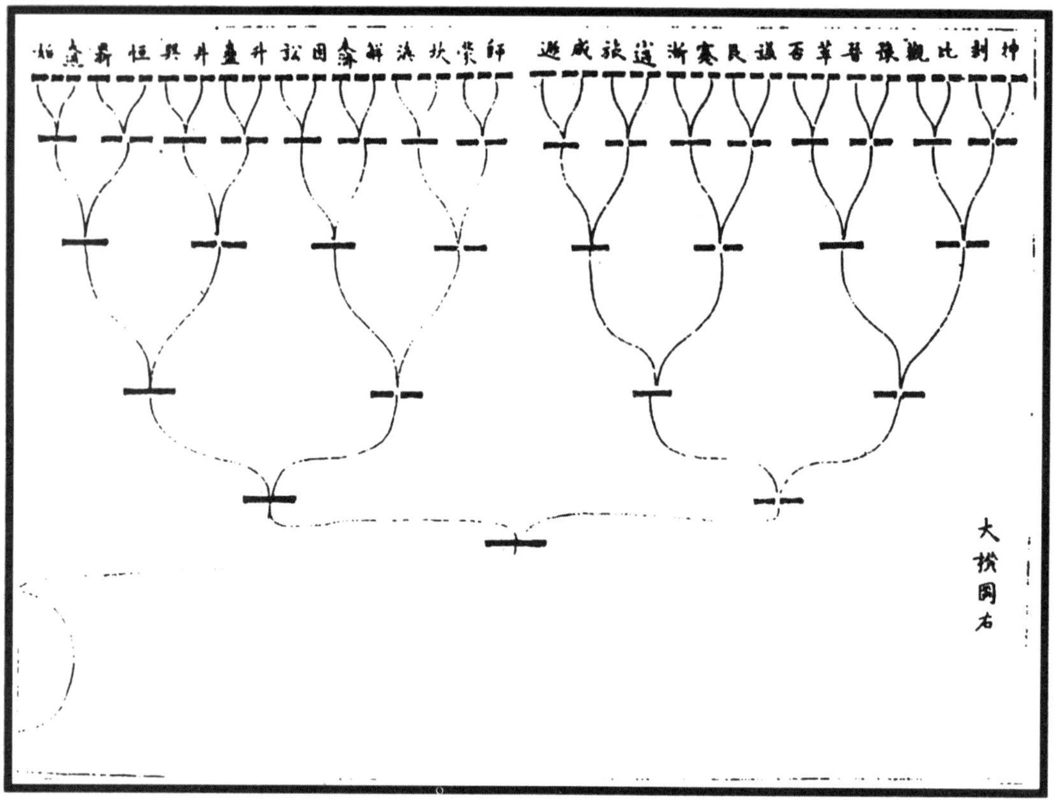

图 7-2 大横图
（保巴《易源奥义》）

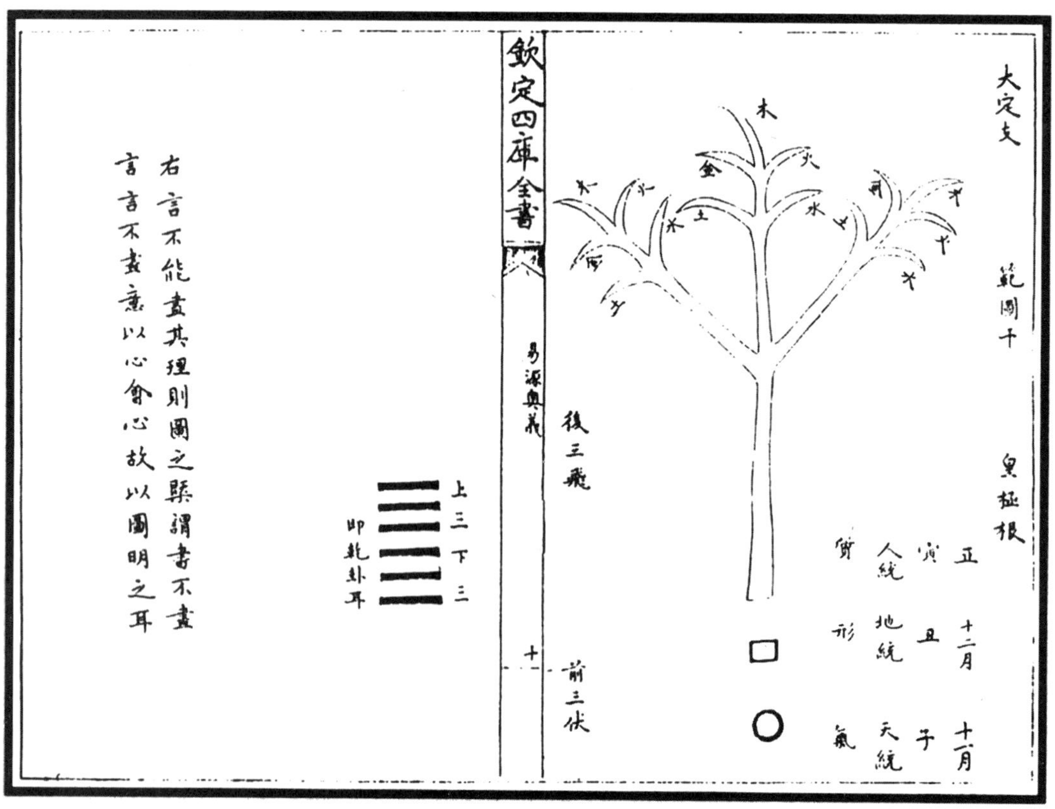

图 8 气形质生五行图
（保巴《易源奥义》）

黄公望（1269—1354）

字子久，号大痴、大痴道人、一峰道人，元平江路常熟州（今江苏常熟）人。元朝画家，与吴镇、倪瓒、王蒙合称"元四家"。现存有《周易》图像九幅。

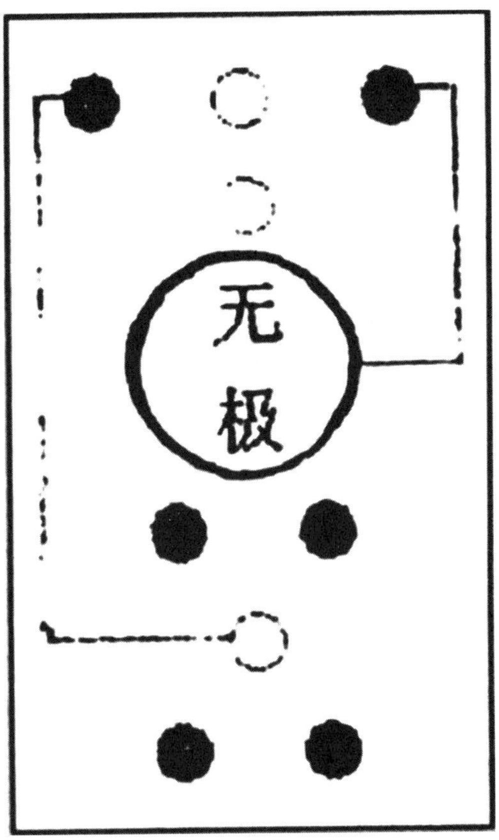

图1 造化玄机复归无极之图
（黄公望《抱一函三秘诀》）

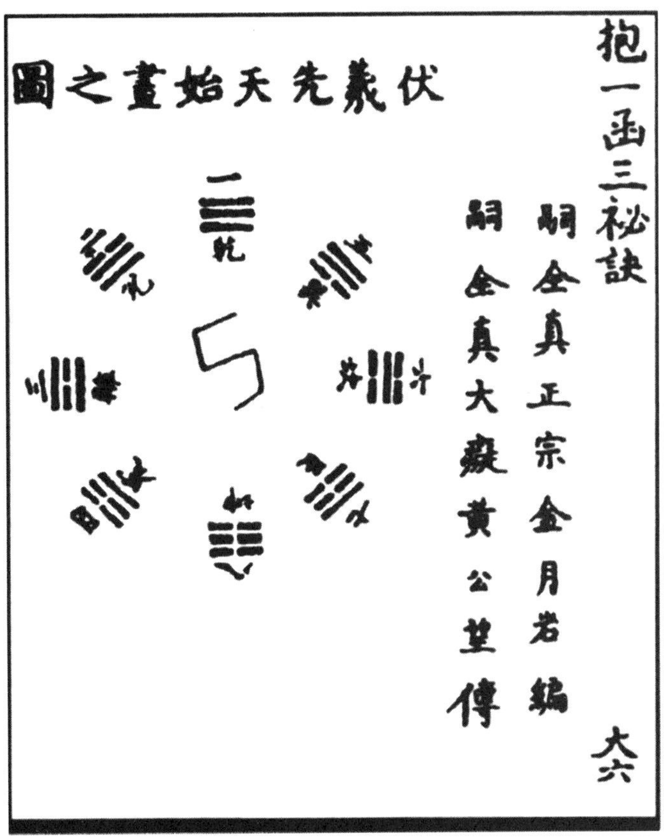

图2 伏羲先天始画之图
（黄公望《抱一函三秘诀》）

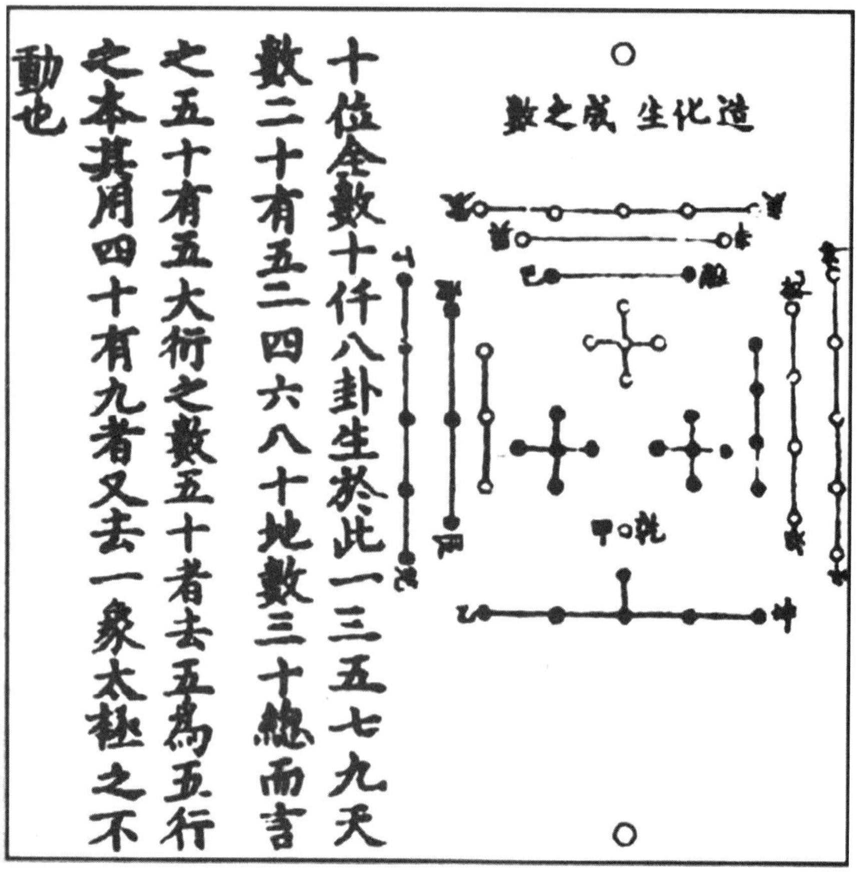

图 3　造化生成之数图
（黄公望《抱一函三秘诀》）

十位全数十仟八卦生於此一三五七九天数二十有五二四六八十地数三十总而言之五十有五大衍之数五十者去五为五行之本其用四十有九者又去一象太极之不动也

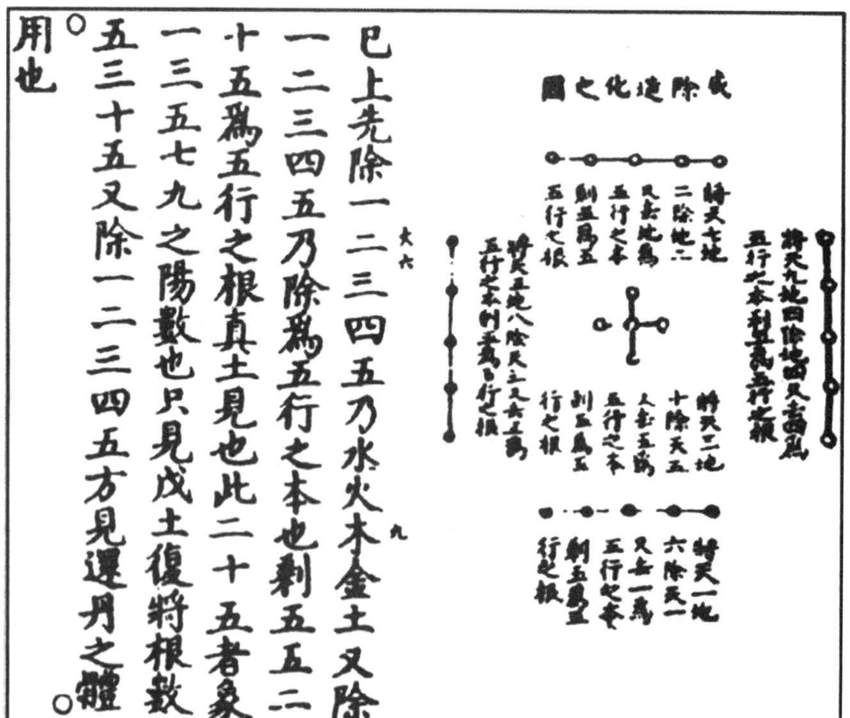

图 4　成除造化之图
（黄公望《抱一函三秘诀》）

已上先除一二三四五乃水火木金土又除一二三四五乃除为五行之本也剩五五二十五为五行之根真土见也此二十五者象一三五七九之阳数也只见戊土复将根数五三十五又除一二三四五方见还月之体用也

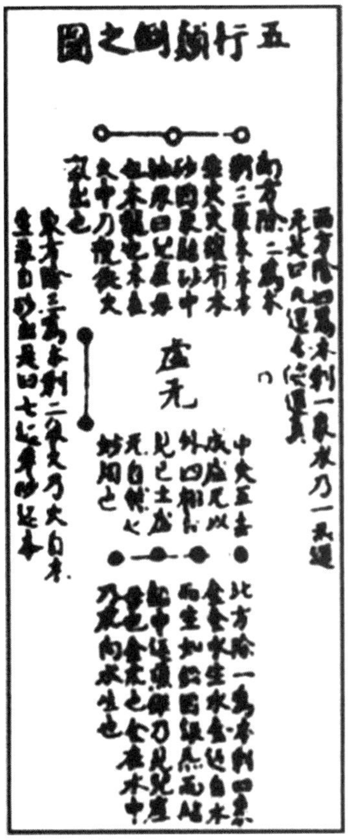

图 5　五行颠倒之图
（黄公望《抱一函三秘诀》）

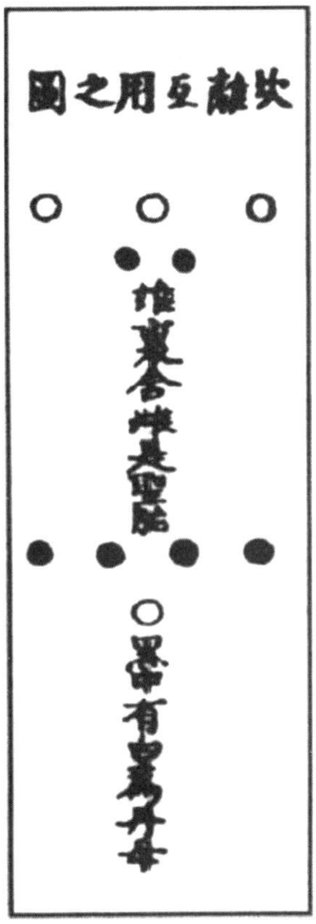

图 6　坎离互用之图
（黄公望《抱一函三秘诀》）

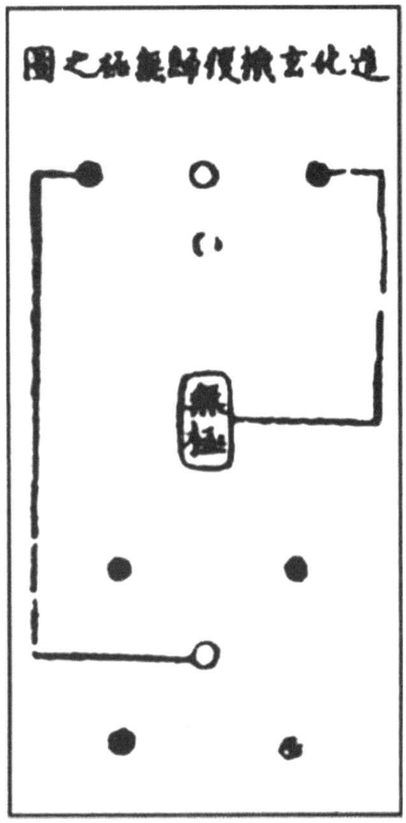

图 7　造化玄机复归无极之图
（黄公望《抱一函三秘诀》）

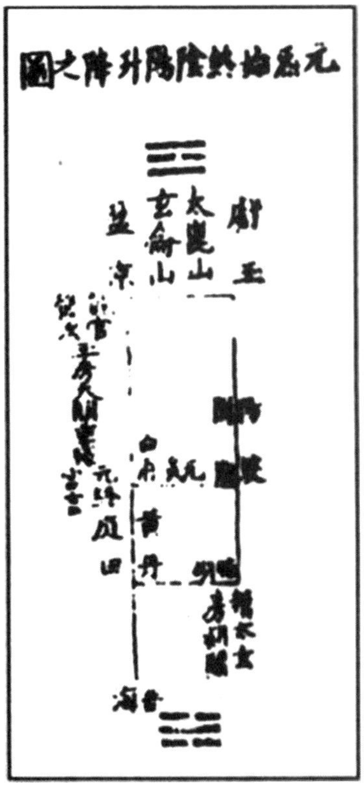

图 8　元气始终阴阳升降之图
（黄公望《抱一函三秘诀》）

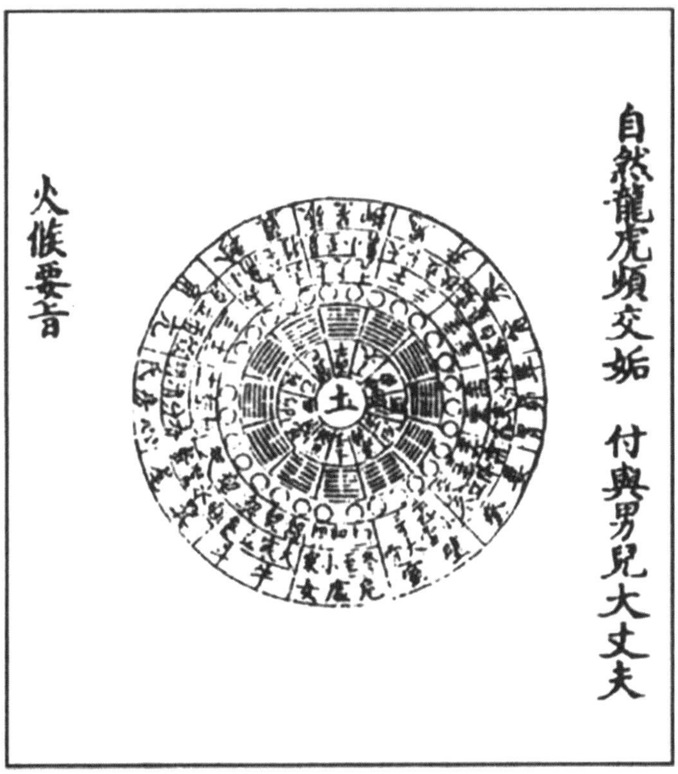

图 9　龙虎交媾火候图
（黄公望《抱一函三秘诀》）

王申子

生卒年不详,原名王申,字巽卿,号秋山,元嘉定府路邛州(今四川邛崃)人。仁宗皇庆中(1312—1313)征为武昌路南阳书院山长。隐居慈利州天门山(今湖南张家界天门山)。著有《大易缉说》十卷、《春秋类传》等。现存有《周易》图像十八幅。

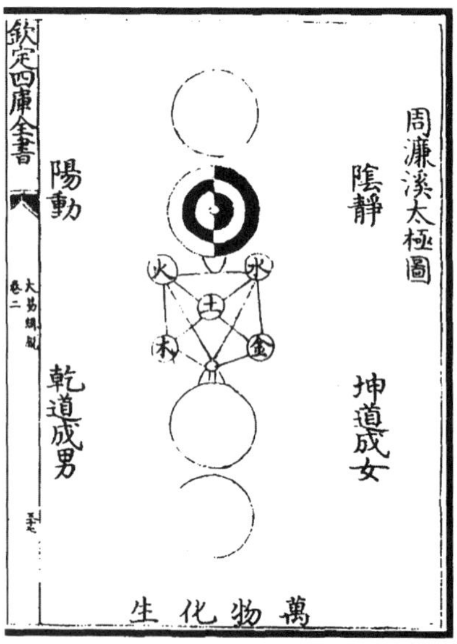

图1　周濂溪太极图
(王申子《大易缉说》)

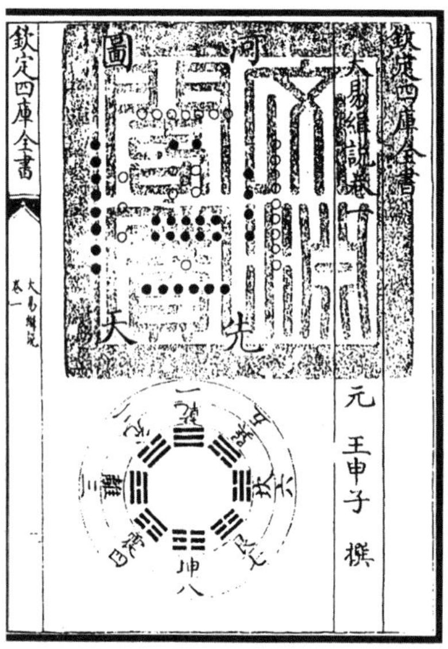

图2　河图
(王申子《大易缉说》)

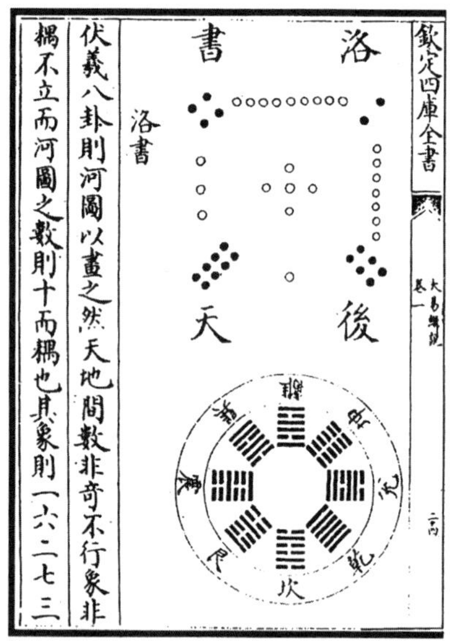

图3　洛书
(王申子《大易缉说》)

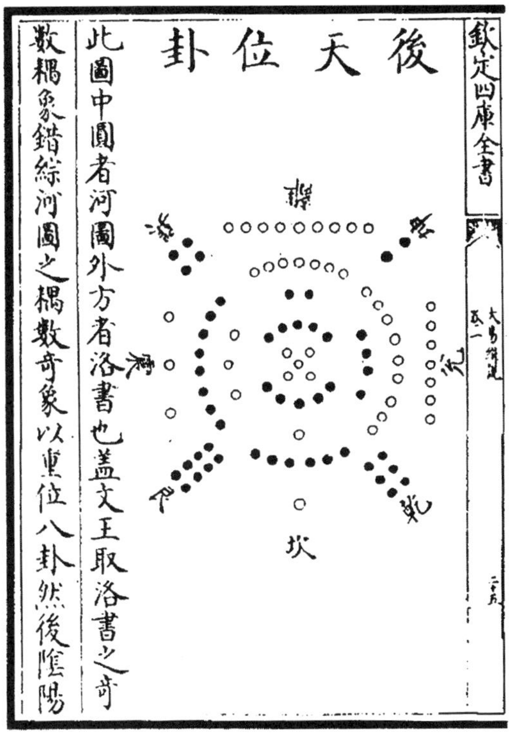

图4　后天位卦图
（王申子《大易缉说》）

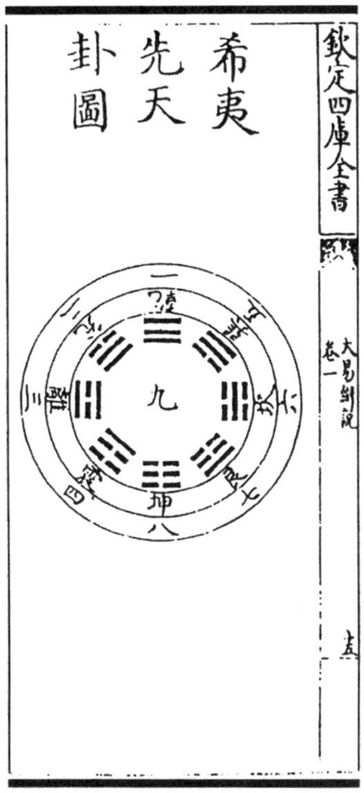

图5　希夷先天卦图
（王申子《大易缉说》）

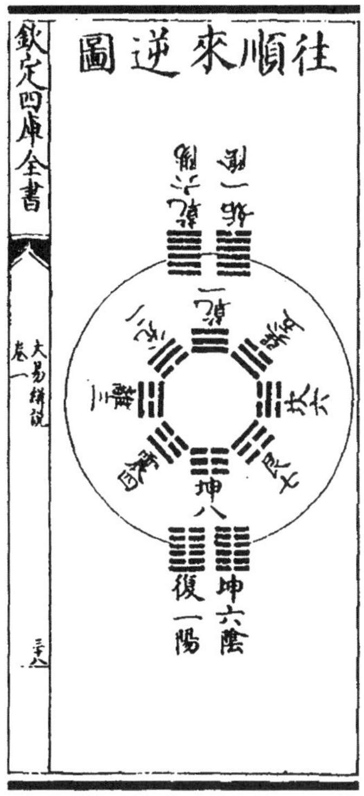

图6　往顺来逆图
（王申子《大易缉说》）

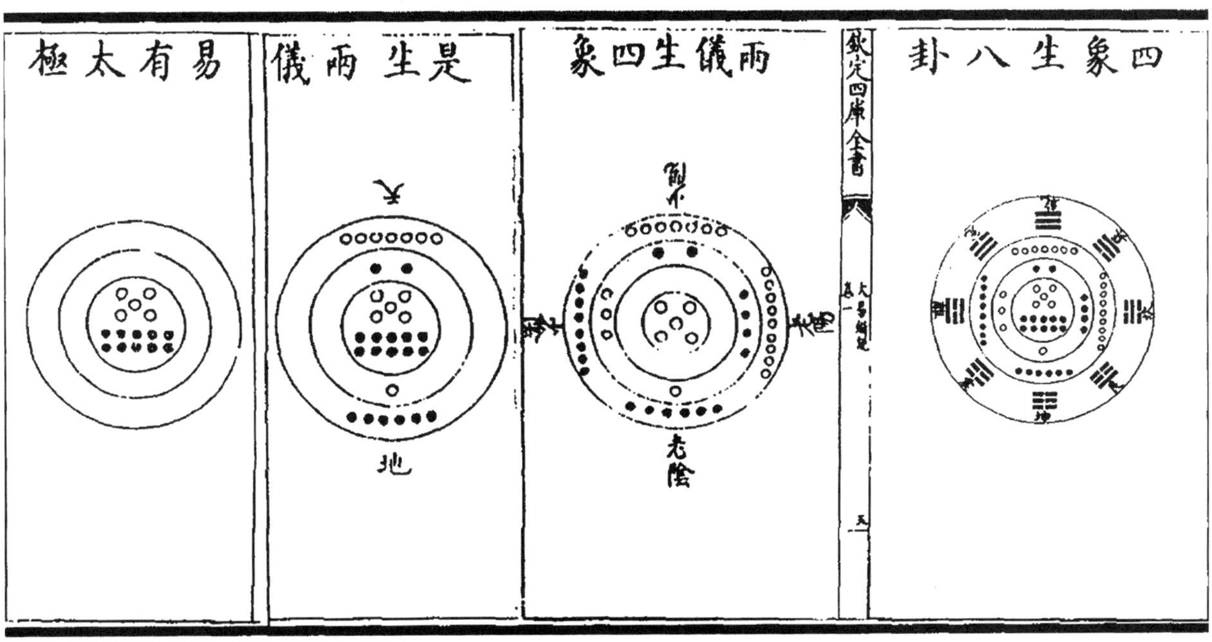

图7　太极生八卦图
（王申子《大易缉说》）

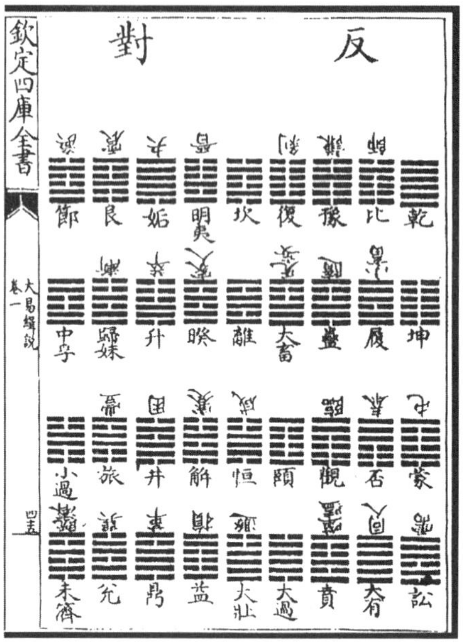

图 8　反对图
（王申子《大易缉说》）

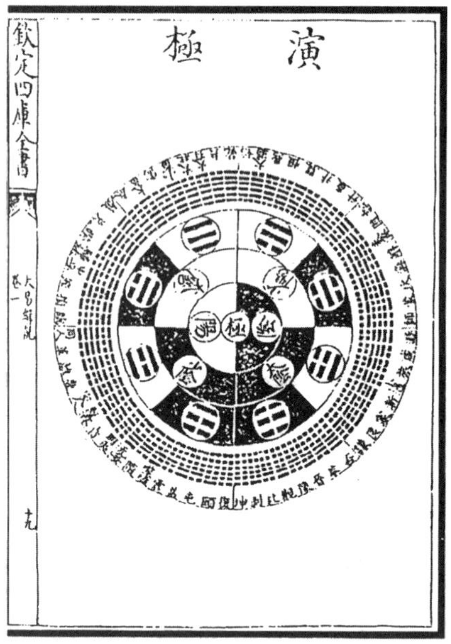

图 9　演极图
（王申子《大易缉说》）

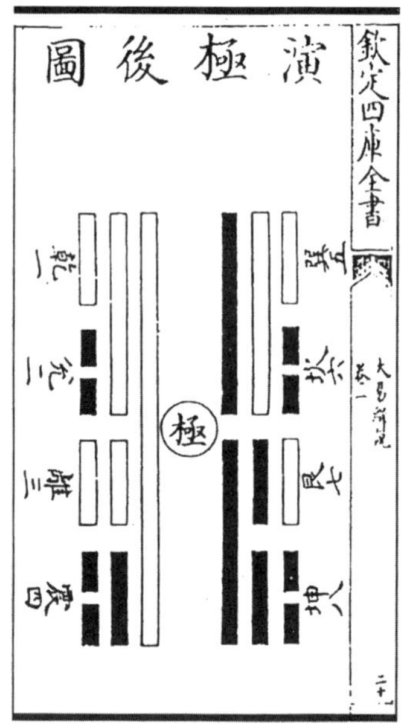

图 10　演极后图
（王申子《大易缉说》）

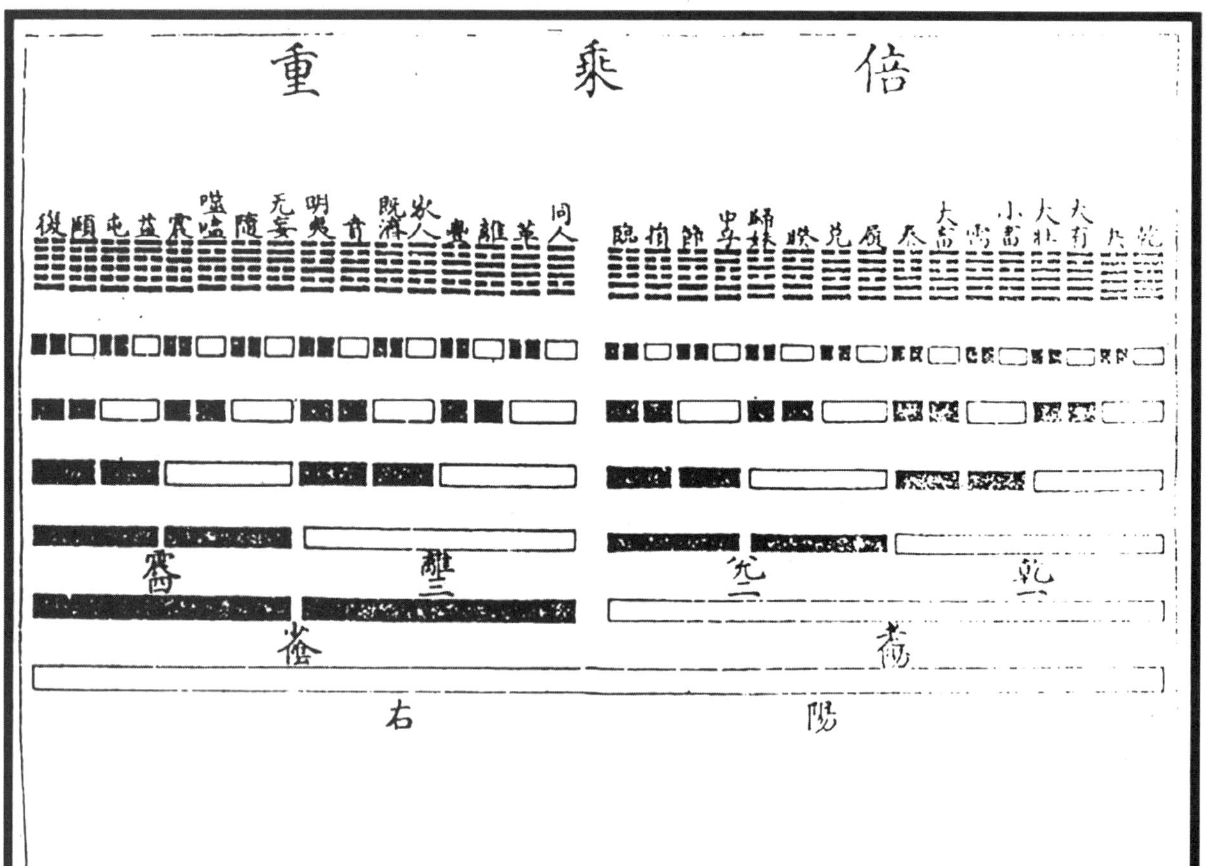

图 11-1　倍乘重卦之图
（王申子《大易缉说》）

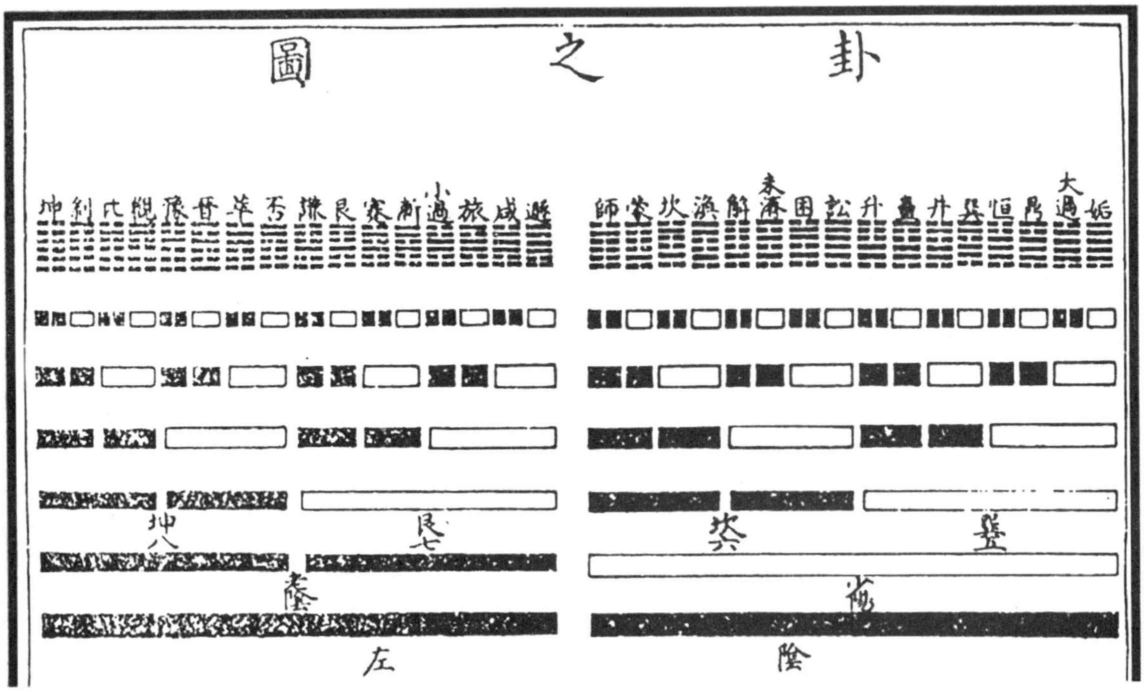

图 11-2　倍乘重卦之图
（王申子《大易缉说》）

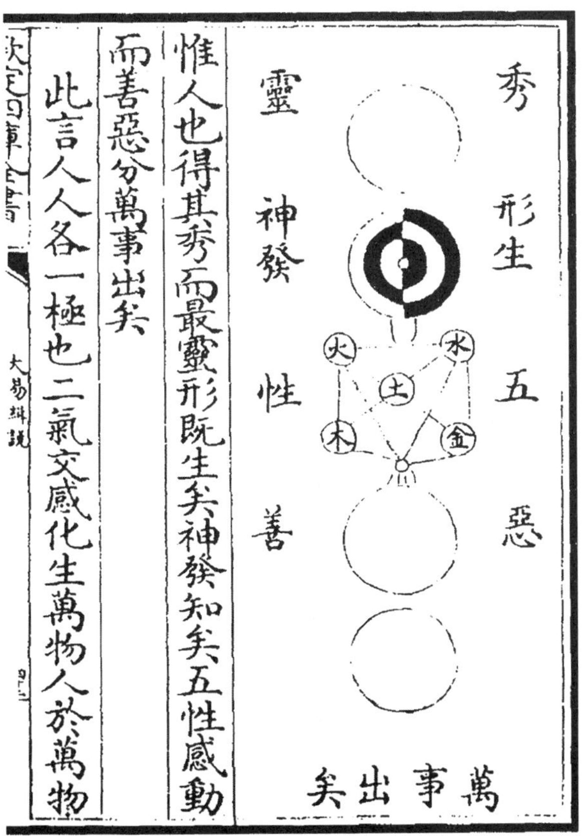

图 12　秀灵图
（王申子《大易缉说》）

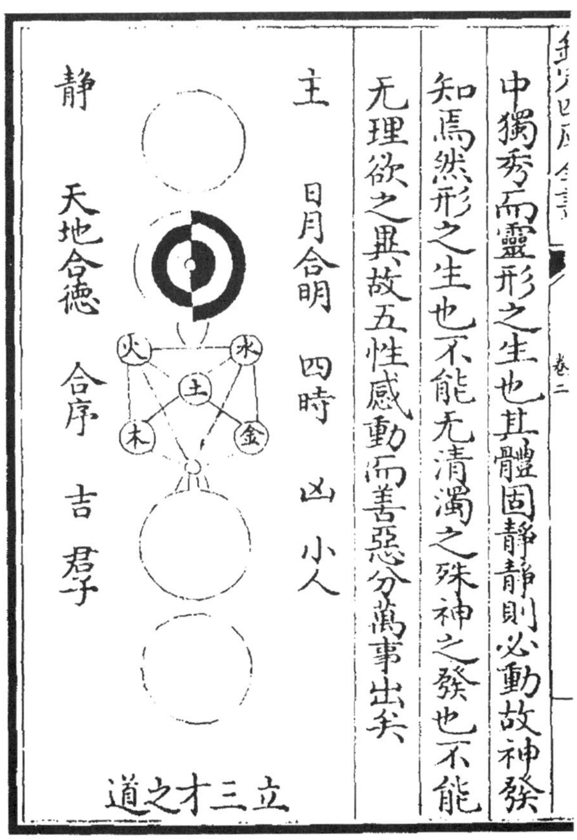

图 13　主静图
（王申子《大易缉说》）

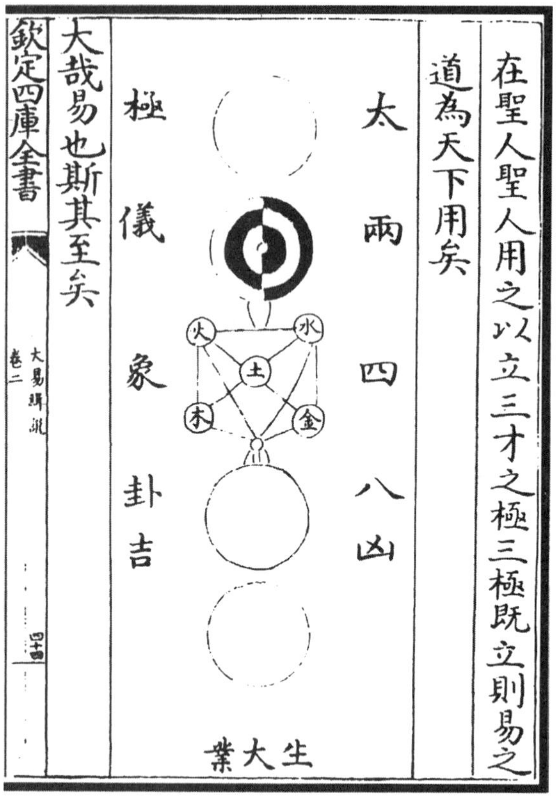

图14 太极图
（王申子《大易缉说》）

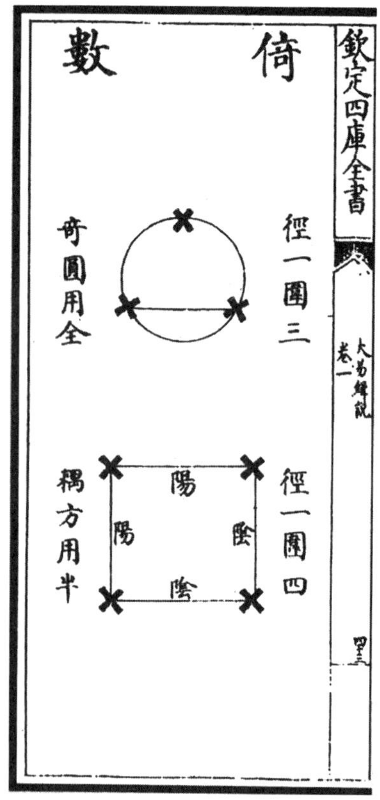

图15 倚数图
（王申子《大易缉说》）

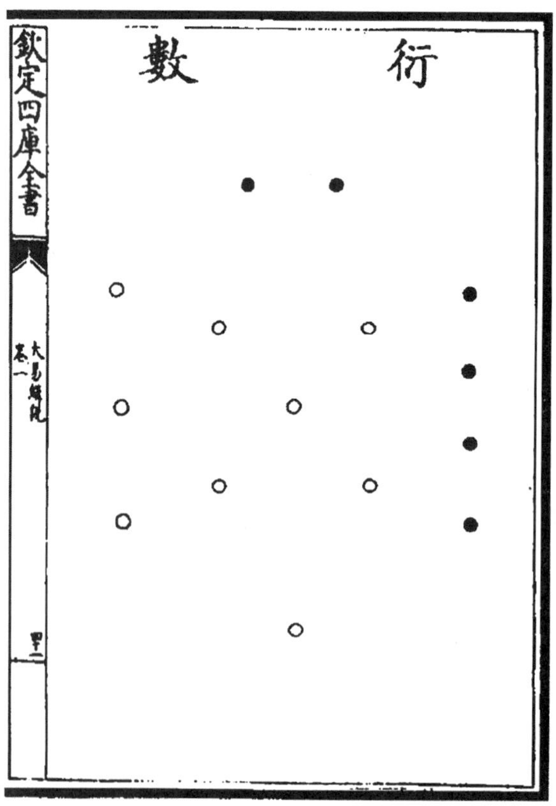

图16 衍数图
（王申子《大易缉说》）

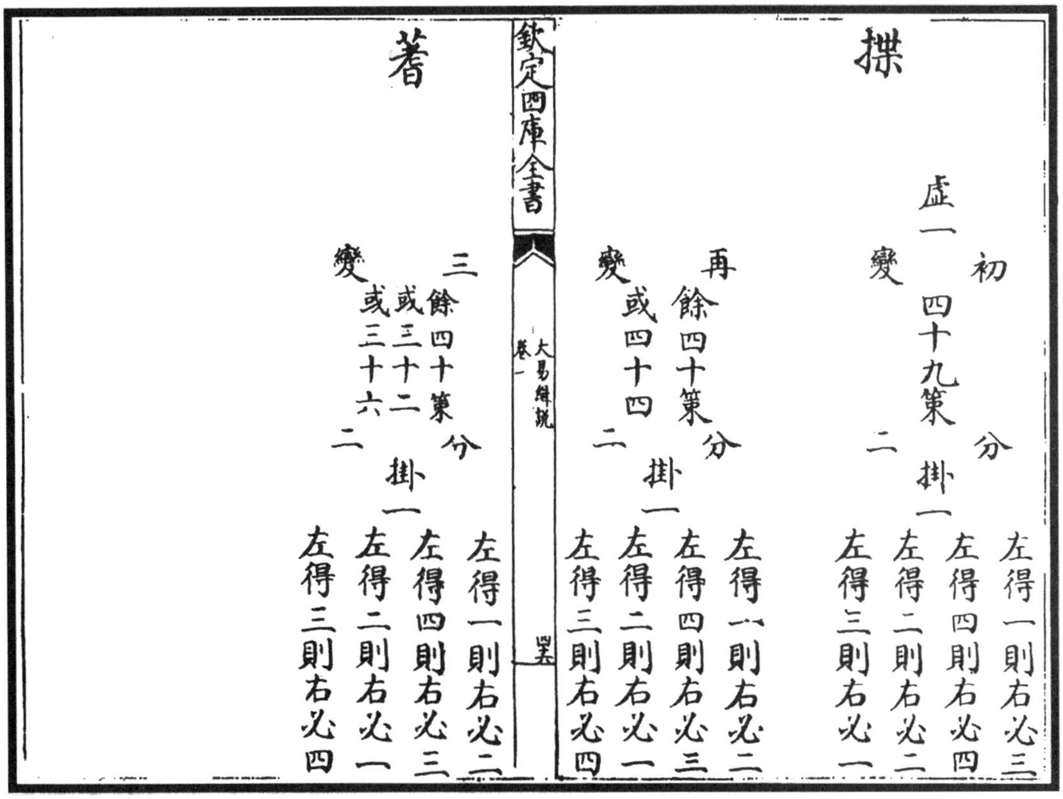

欽定四庫全書

揲蓍

初變

虛一 四十九策 分二 掛一

左得一則右必三

左得四則右必四

左得二則右必二

左得三則右必一

再變

餘四十策 或四十四 分二 掛一

左得一則右必二

左得四則右必三

左得二則右必一

左得三則右必四

三變

餘四十策 或三十二 或三十六 分二 掛一

左得一則右必二

左得四則右必三

左得二則右必一

左得三則右必四

大易緝說 卷一

图 17 揲蓍图

（王申子《大易缉说》）

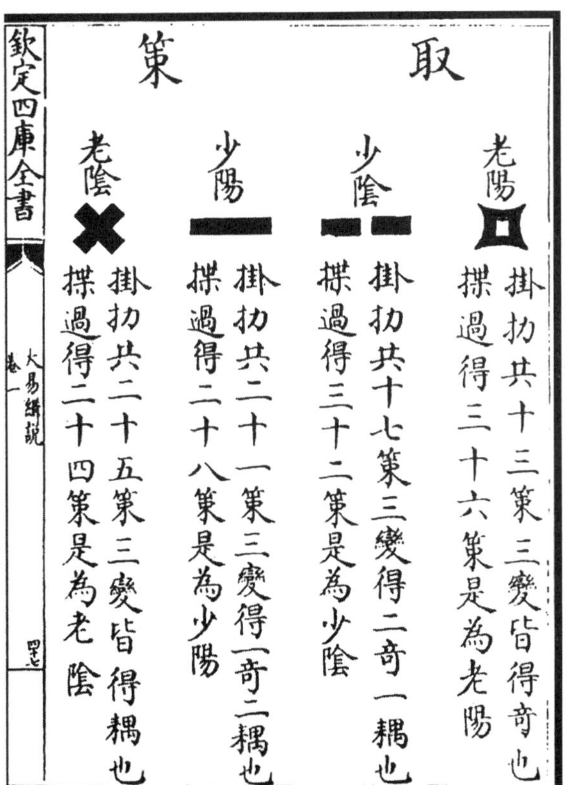

欽定四庫全書

取策

老陽

掛扐共十三策三變皆得奇也

揲過得三十六策是為老陽

少陰

掛扐共十七策三變得二奇一耦也

揲過得三十二策是為少陰

少陽

掛扐共二十一策三變得一奇二耦也

揲過得二十八策是為少陽

老陰

掛扐共二十五策三變皆得耦也

揲過得二十四策是為老陰

大易緝說 卷一

图 18 取策图

（王申子《大易缉说》）

萧汉中

生卒年不详,字景元,元吉安路庐陵(今江西吉安)人。泰定间著成《读易考原》一卷,对明代易学颇有影响。现存有《周易》图像一幅。

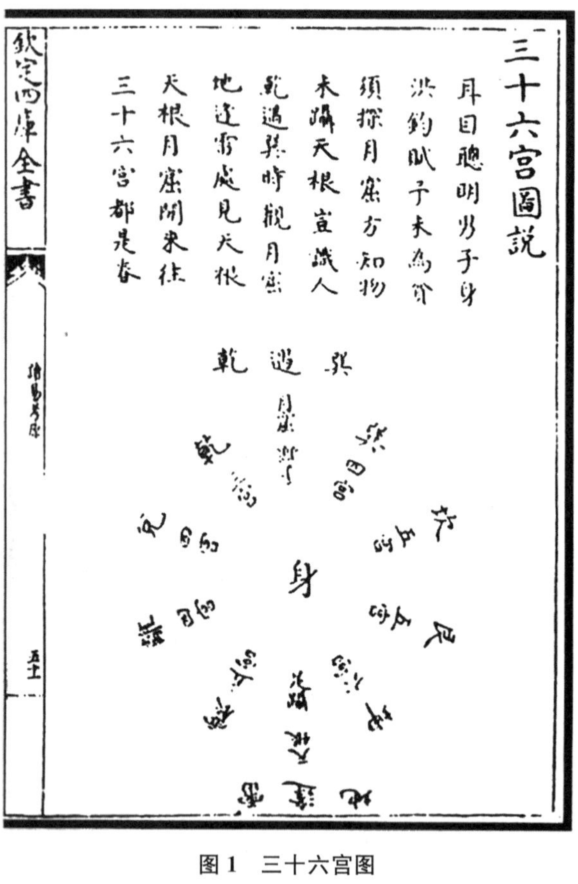

图1　三十六宫图
(萧汉中《读易考原》)

陈致虚(1290—?)

字观吾,自号上阳子,元吉安路庐陵(今江西吉安)人。论学师承马钰、黄房公、李珏、张模、赵友钦、青城至人等,游历江南大部分地区,融合南、北二宗丹法理论,发扬金丹大道。著有《上阳子金丹大要》《上阳子金丹大要仙派》《上阳子金丹大要图》《上阳子金丹大要列仙志》《元始无量度人上品妙经注解》《紫阳真人〈悟真篇〉三注》《周易参同契分章注》等。现存有《周易》图像十五幅。

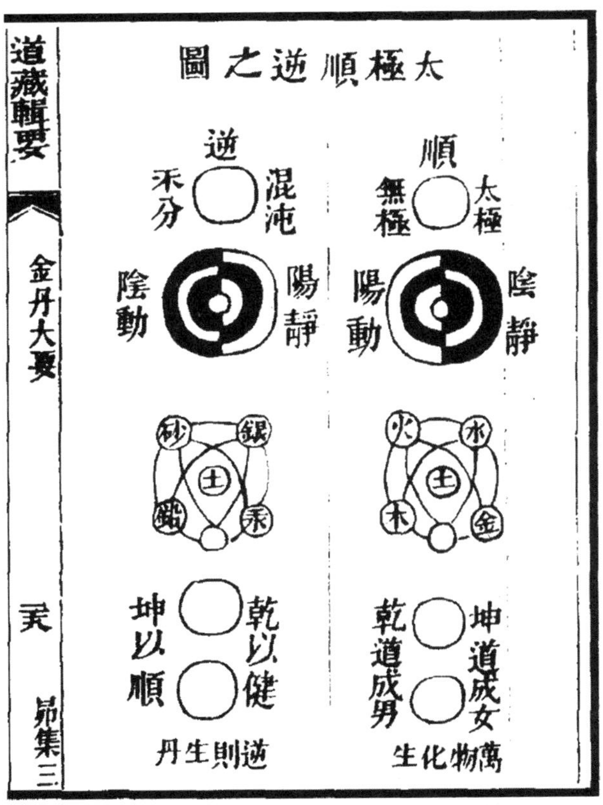

图1　太极顺逆之图
(陈致虚《金丹大要》)

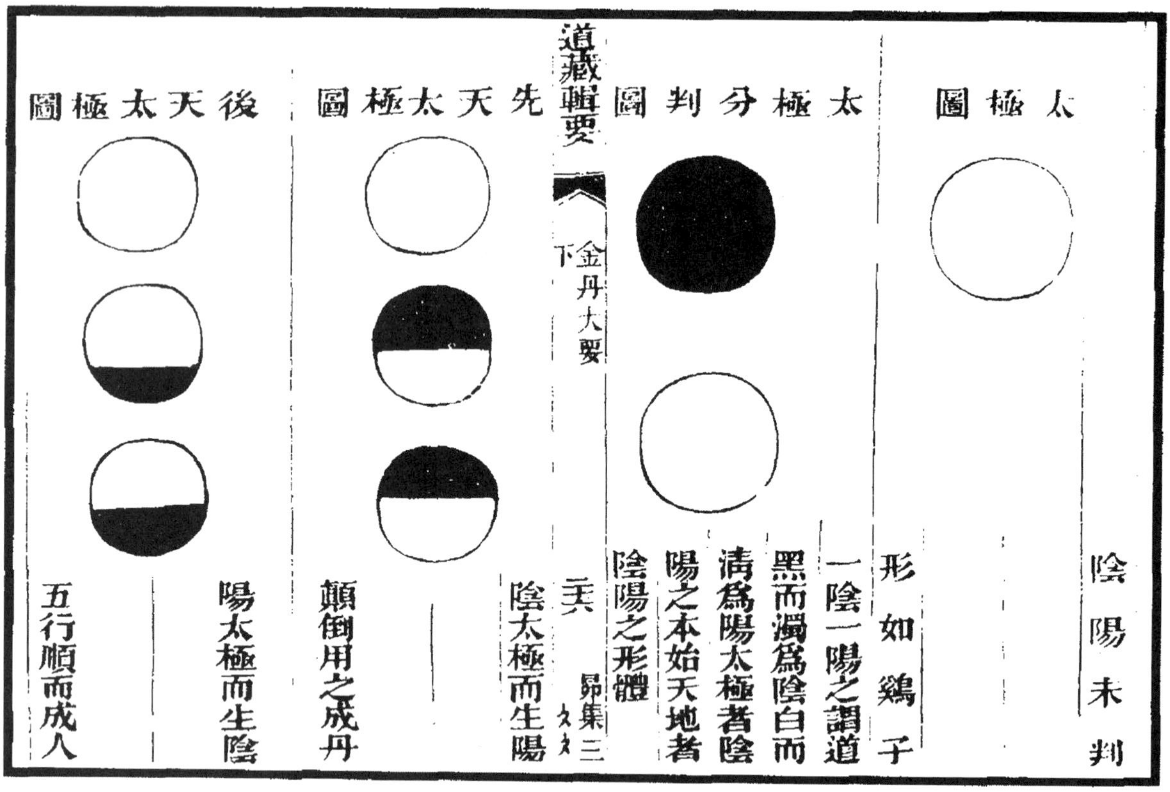

图 2　太极图　　　图 3　太极分判图
图 4　先天太极图　图 5　后天太极图
（陈致虚《金丹大要》）

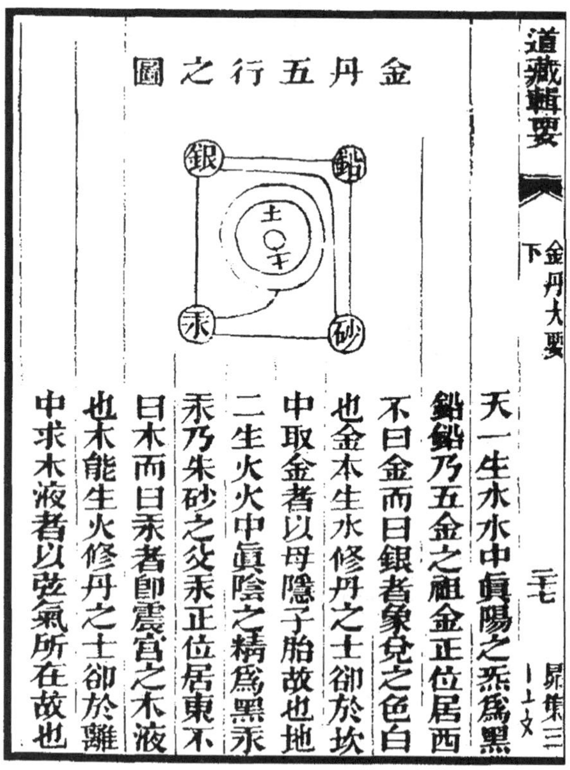

图 6　金丹五行之图
（陈致虚《金丹大要》）

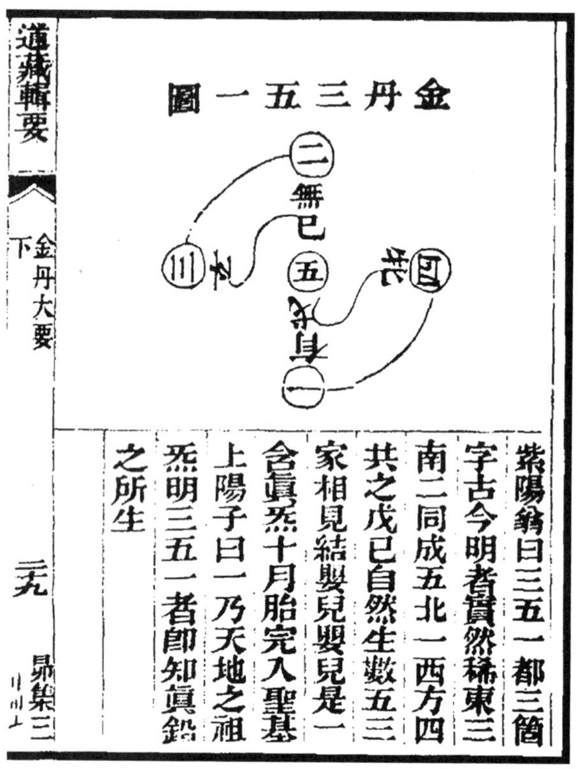

图 7　金丹三五一图
（陈致虚《金丹大要》）

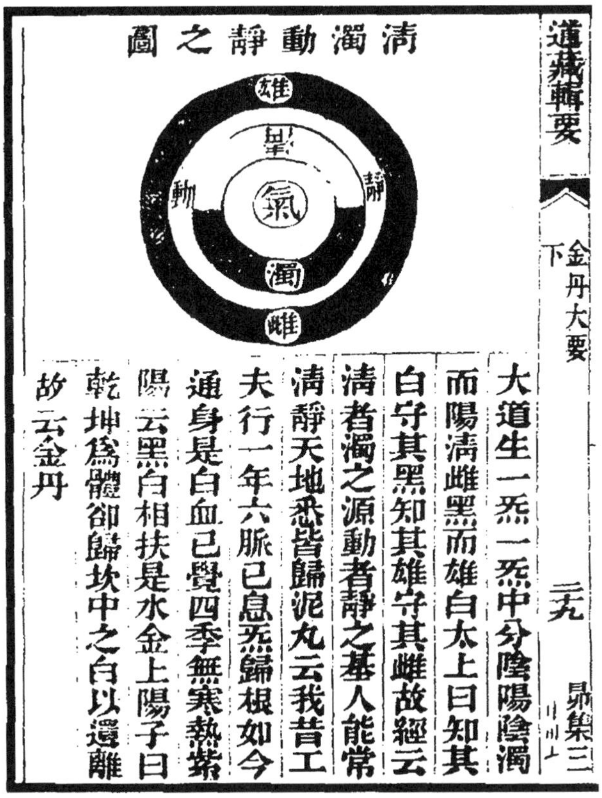

图 8 清浊动静之图
（陈致虚《金丹大要》）

图 9 宝珠之图
（陈致虚《金丹大要》）

图 10 金丹四象之图
（陈致虚《金丹大要》）

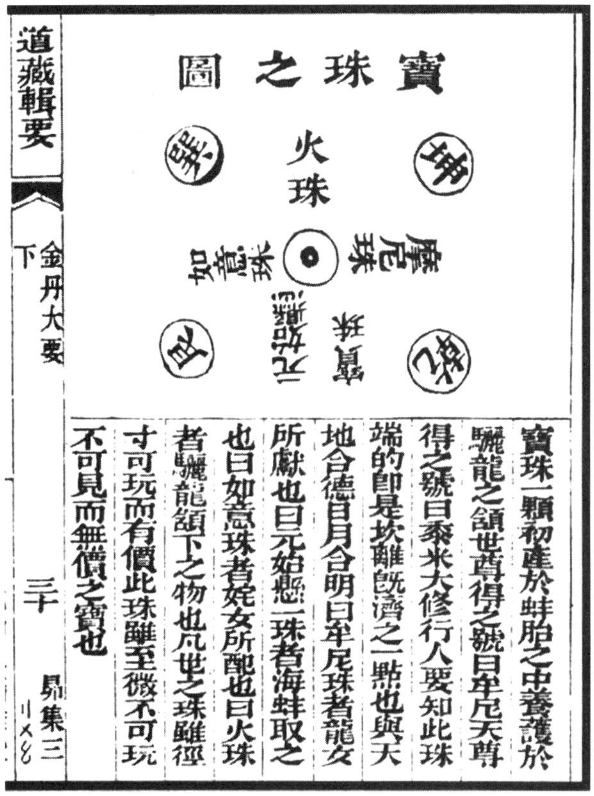

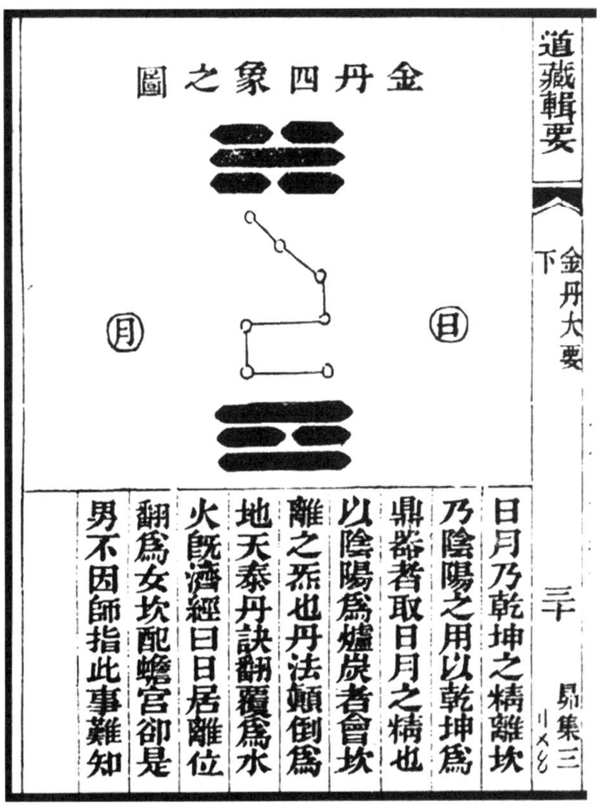

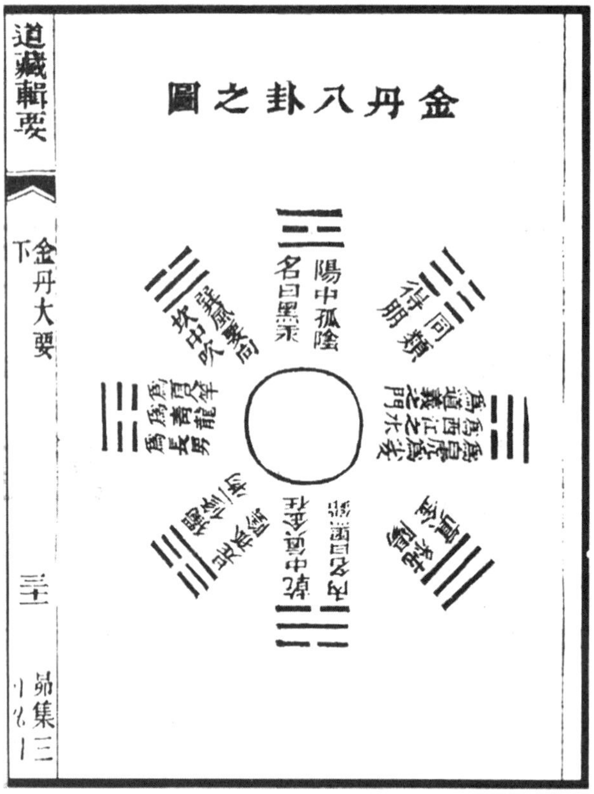

图 11　金丹八卦之图
（陈致虚《金丹大要》）

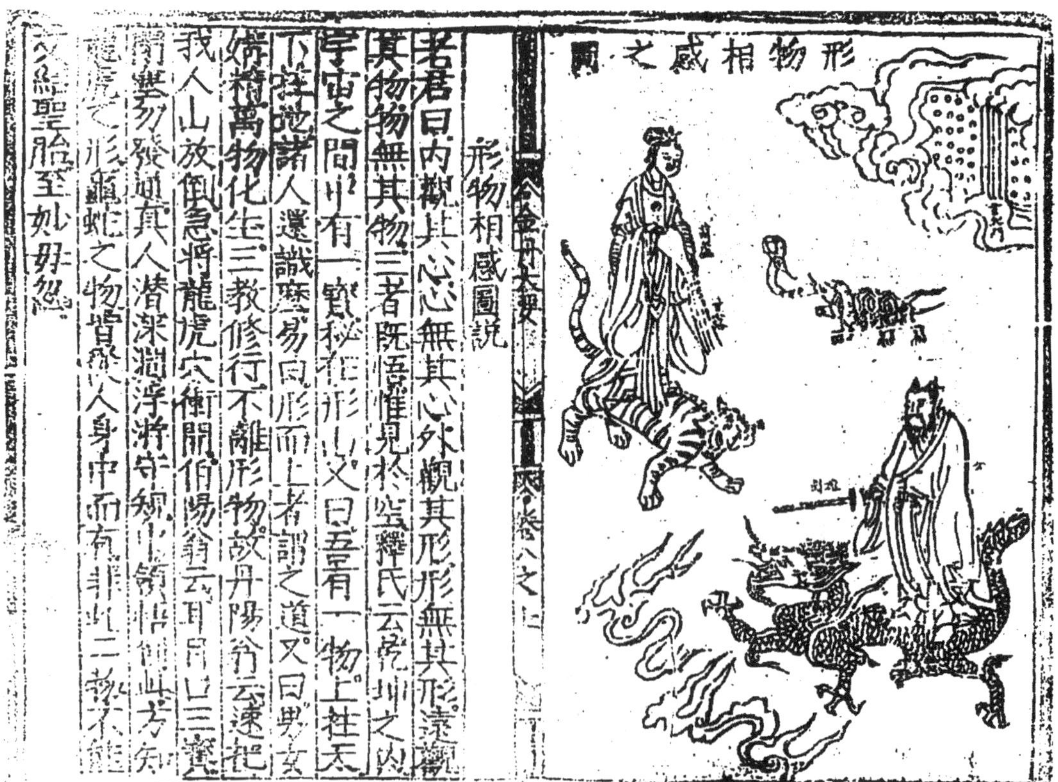

图 12　形物相感之图
（陈致虚《金丹大要》）

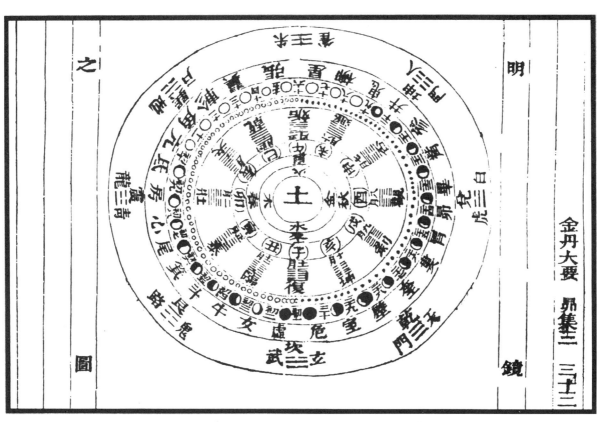

图 13 明镜之图
（陈致虚《金丹大要》）

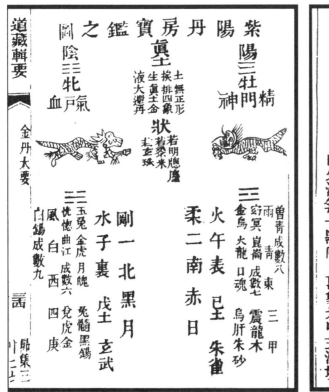

图 14 紫阳丹房宝鉴之图
（陈致虚《金丹大要》）

图 15 紫清金丹火候之诀图
（陈致虚《金丹大要》）

陈应润

生卒年不详,字泽云,自号天台遗逸,元台州路天台(今浙江天台)人。仁宗延祐年间(1314—1320)由黄岩文学起为郡曹掾,至元间(1335—1340)为缙云县伊,至正五年(1345)调任桐江幕僚。传其父陈邦彦《易》学。著有《周易爻变易蕴》四卷。现存有《周易》图像四幅。

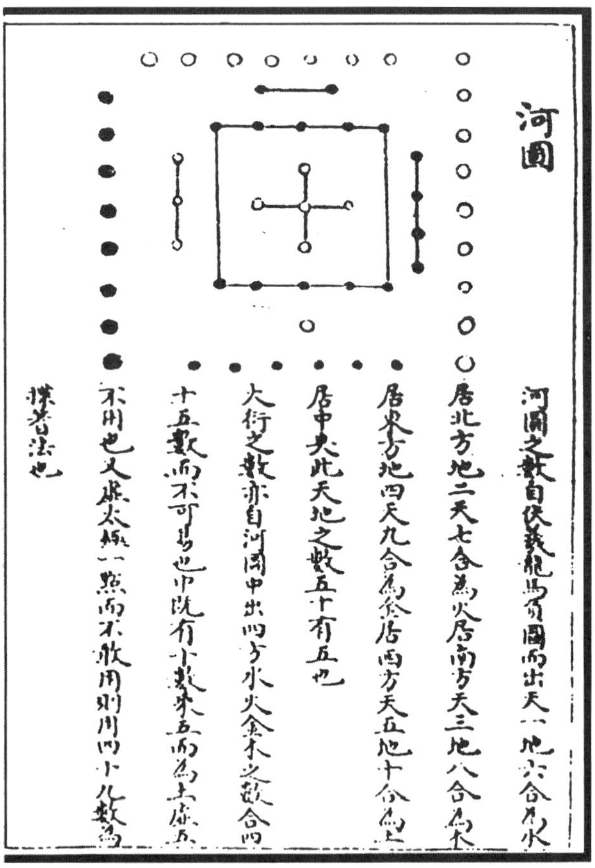

图1　河图
(陈应润《周易爻变易蕴》)

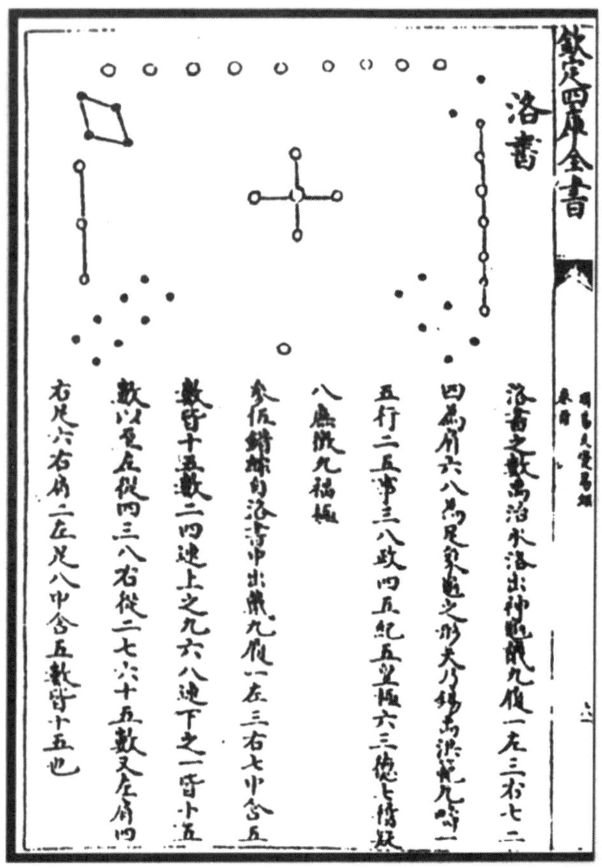

图2　洛书
(陈应润《周易爻变易蕴》)

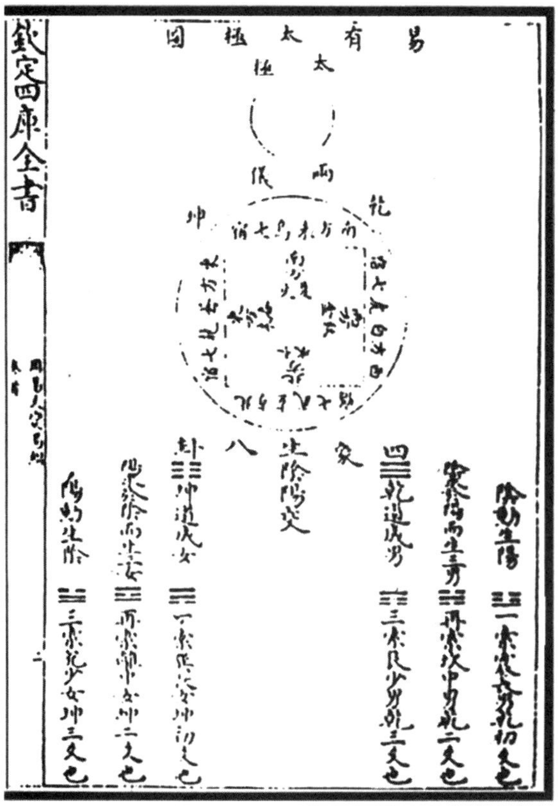

图 3　易有太极图
（陈应润《周易爻变易蕴》）

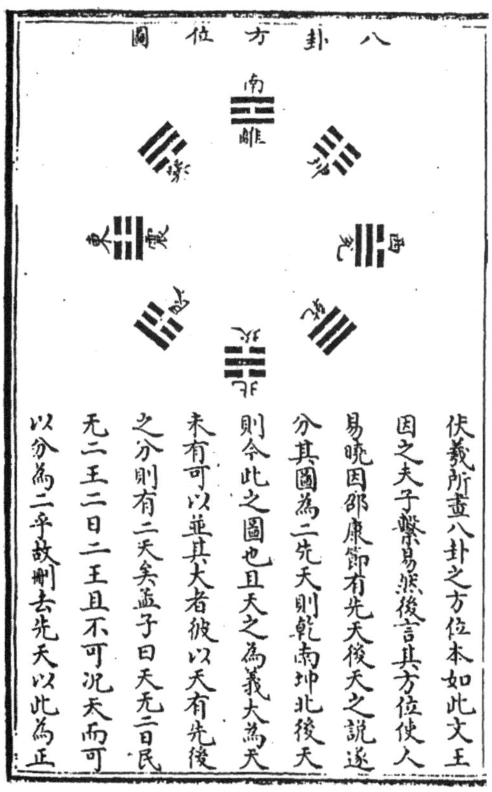

图 4　八卦方位图
（陈应润《周易爻变易蕴》）

王元晖

生卒年不详,号终南隐微子,元至大年间道士。著有《太上老君说常清静经注》。现存有《周易》图像二幅。

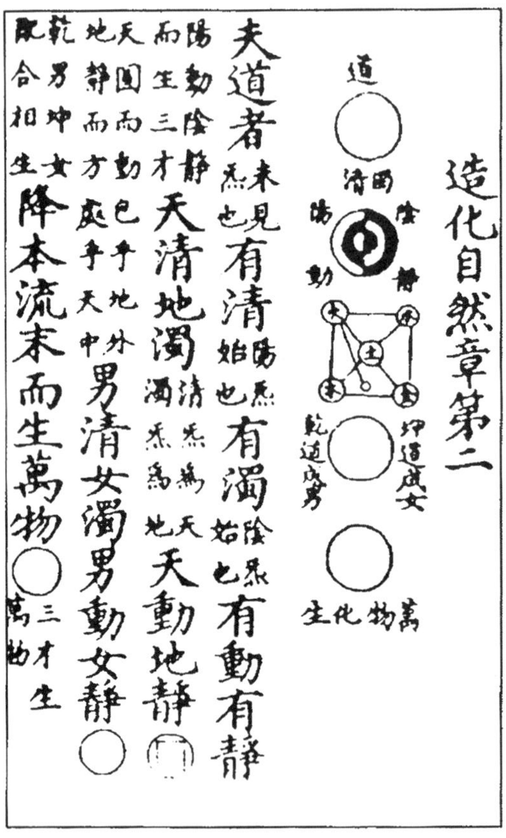

图1 道生万物图
(王元晖《太上老君说常清静经注》)

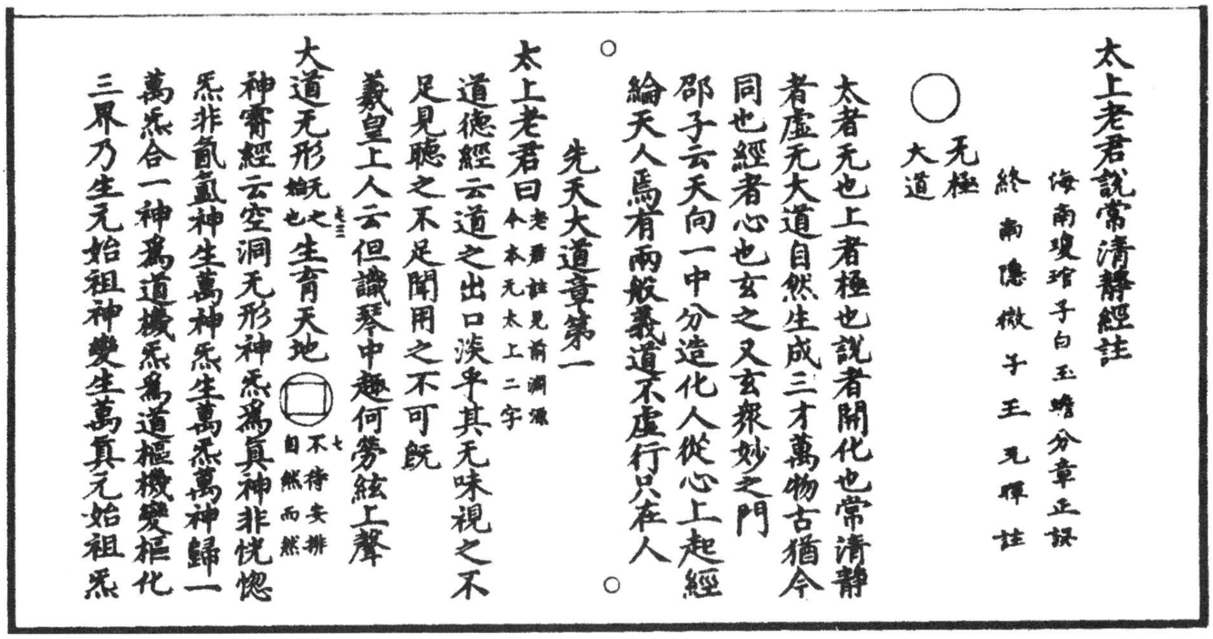
太上老君說常清靜經註

海南瓊琯子白玉蟾分章正誤

終南隱微子王元暉註

无極大道

太者无也上者極也説者開化也常清靜者虛无大道自然生成三才萬物古猶今同也經者心也玄之又玄衆妙之門

邵子云天向一中分造化人從心上起經綸天人焉有兩般義道不虛行只在人

先天大道章第一

太上老君曰老君註見前淵源今本无太上二字

道德經云道之出口淡乎其无味視之不足見聽之不足聞用之不可旣

羲皇上人云但識琴中趣何勞絃上聲

大道无形无之始也生育天地不待安排自然而然

神霄經云空洞无形神炁爲眞神非恍惚炁非氤氳神生萬神炁生萬炁萬神歸一萬炁合一神爲道機炁爲道樞機變樞化三界乃生元始祖神變生萬眞元始祖炁

图 2　无极大道图

（王元晖《太上老君说常清静经注》）

张理

生卒年不详,字仲纯,元临江路清江(今江西樟树市临江镇)人。曾举茂才异等,历任泰宁教谕,勉斋书院山长等。延祐间(1314—1320)为福建儒学副提举。早年师从杜本学《易》于武夷山,尽得其图数之学。著有《大易象数钩深图》六卷、《易象图说》六卷、《周易图》三卷等。现有《周易》图像一百七十一幅。

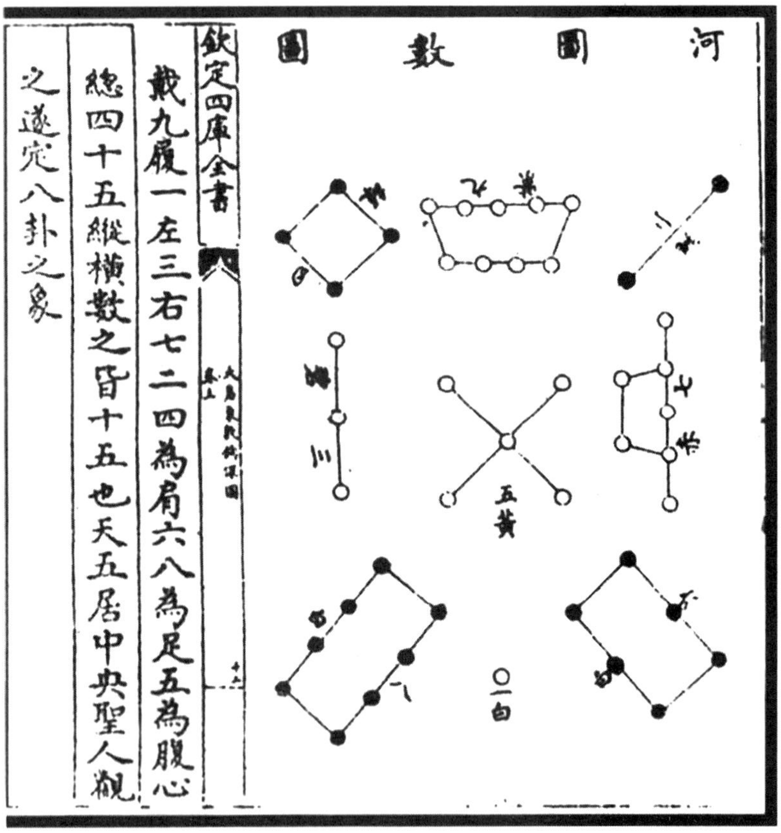

图1 河图数图
(张理《大易象数钩深图》)

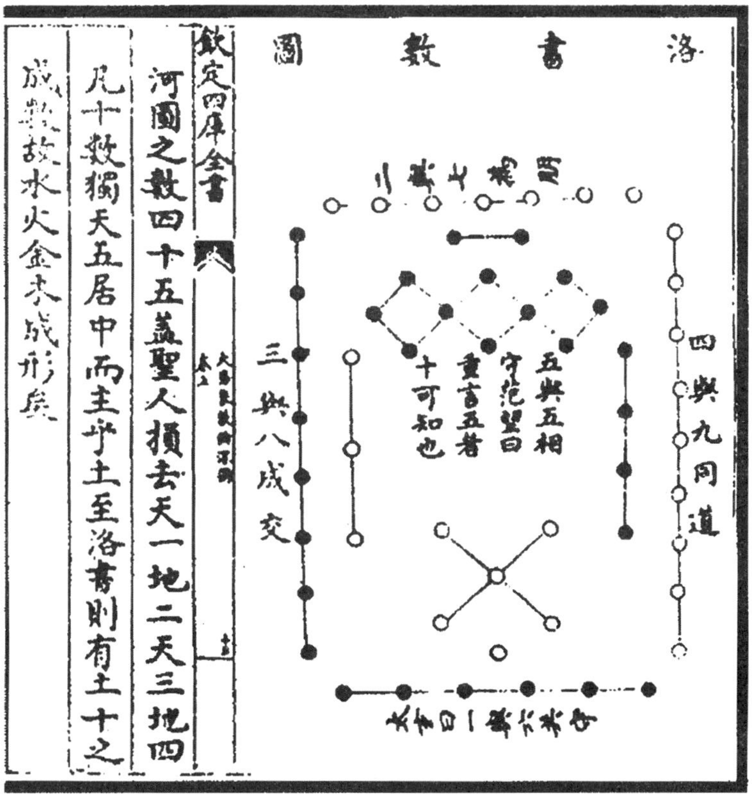

图 2 洛书数图
（张理《大易象数钩深图》）

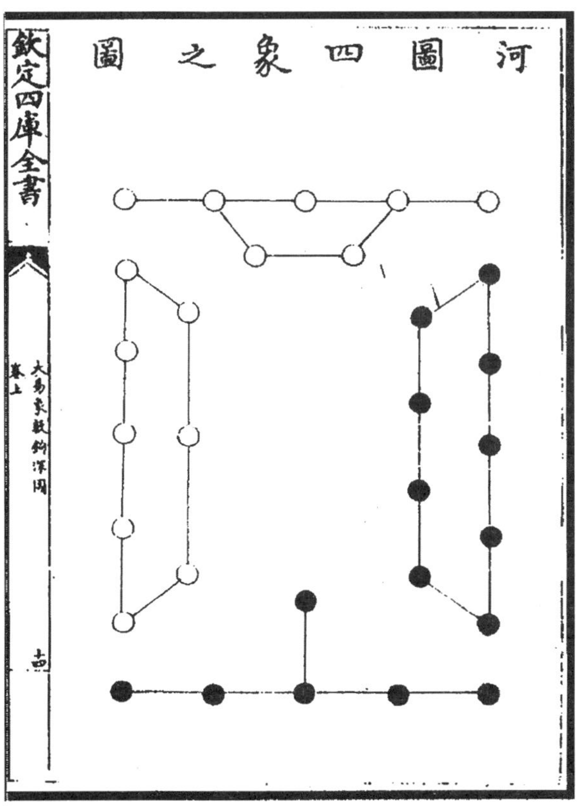

图 3 河图四象之图
（张理《大易象数钩深图》）

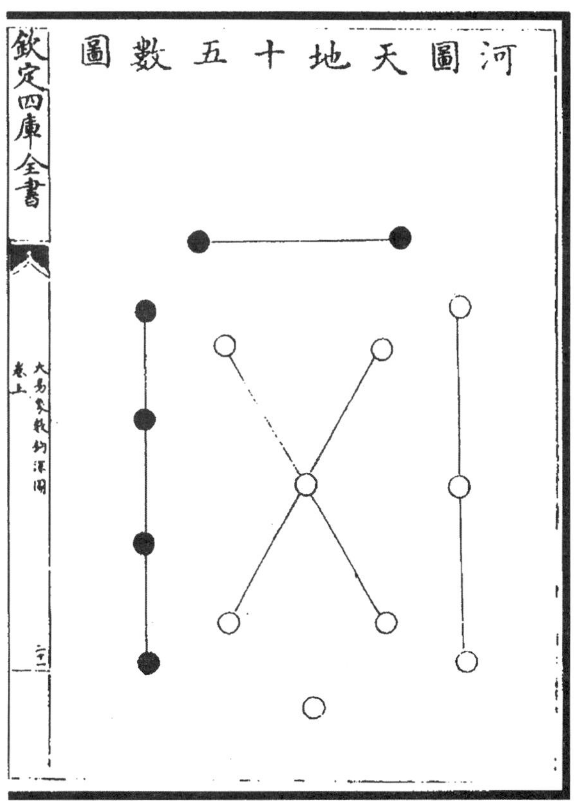

图 4 河图天地十五数图
（张理《大易象数钩深图》）

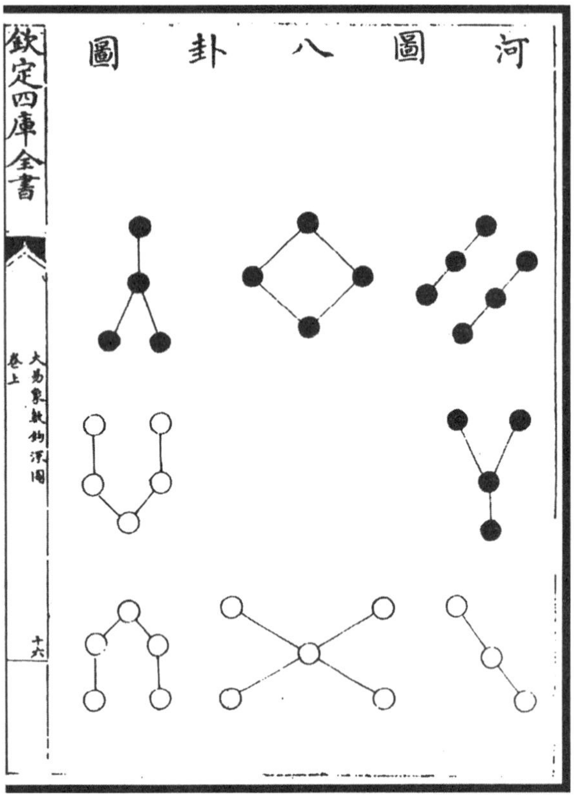

图 5 河图八卦图
(张理《大易象数钩深图》)

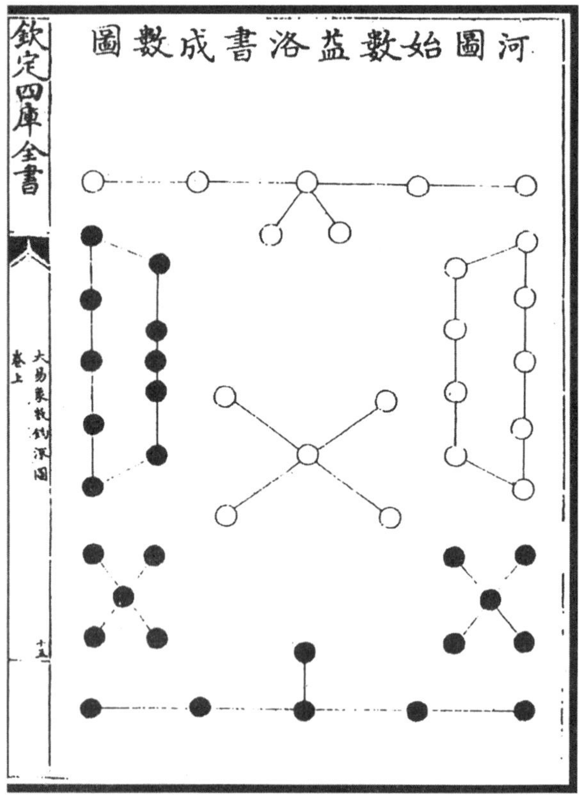

图 6 河图始数益洛书成数图
(张理《大易象数钩深图》)

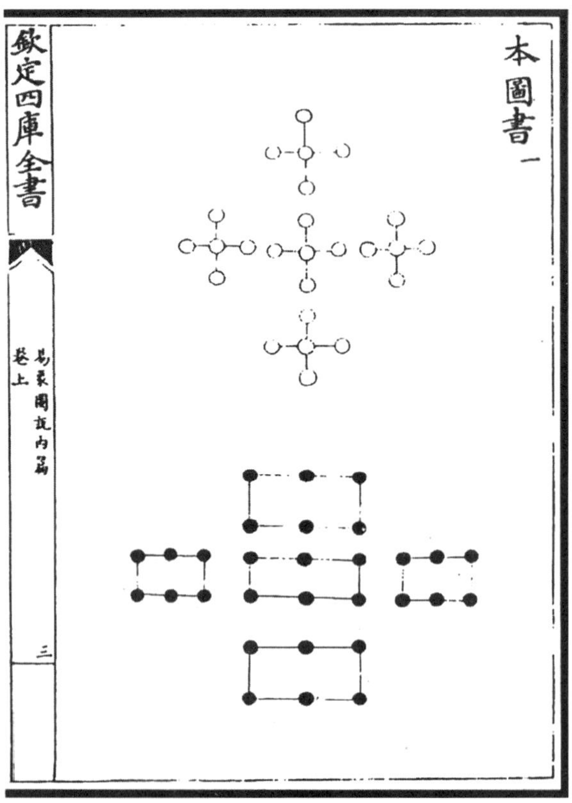

图 7 龙图天地未合之数图
(张理《易象图说》)

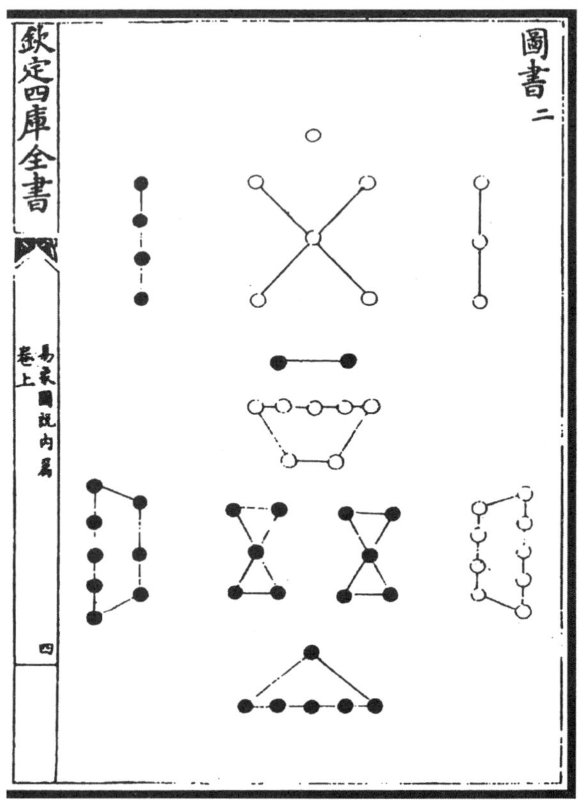

图 8 龙图天地已合之位图
(张理《易象图说》)

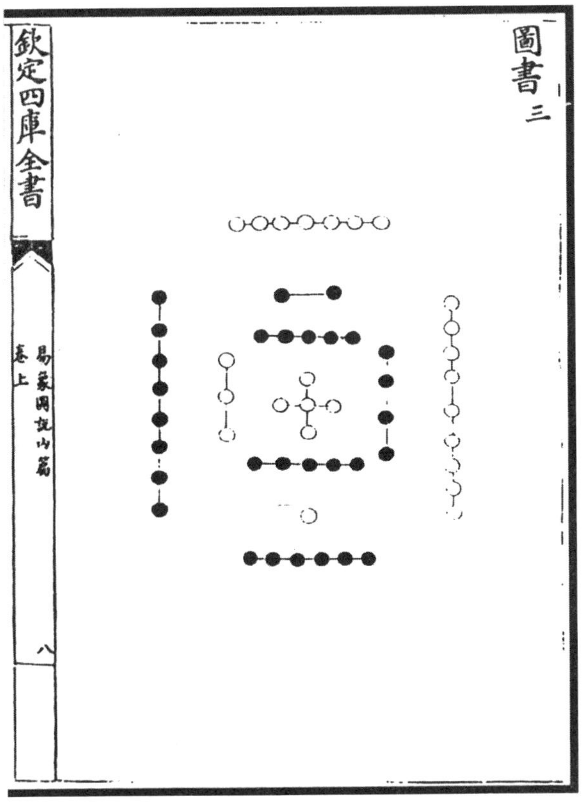

图 9　龙图天地生成数图
（张理《易象图说》）

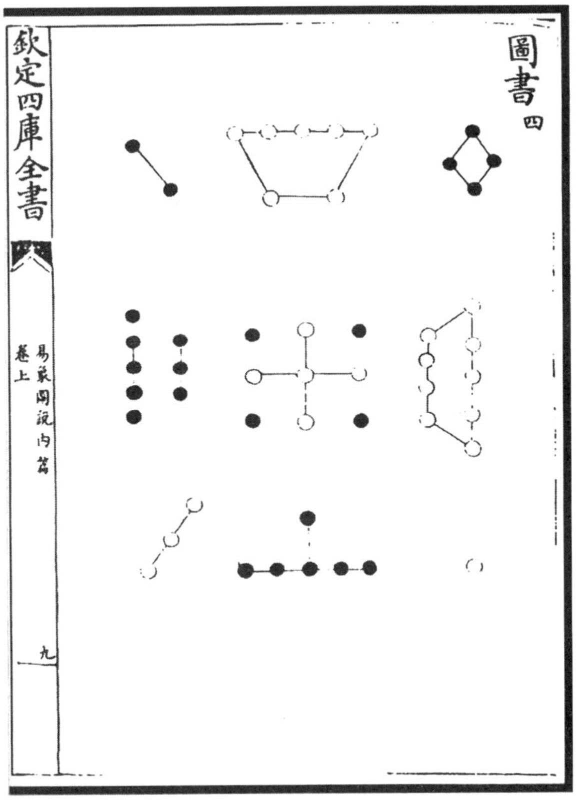

图 10　洛书天地交午数图
（张理《易象图说》）

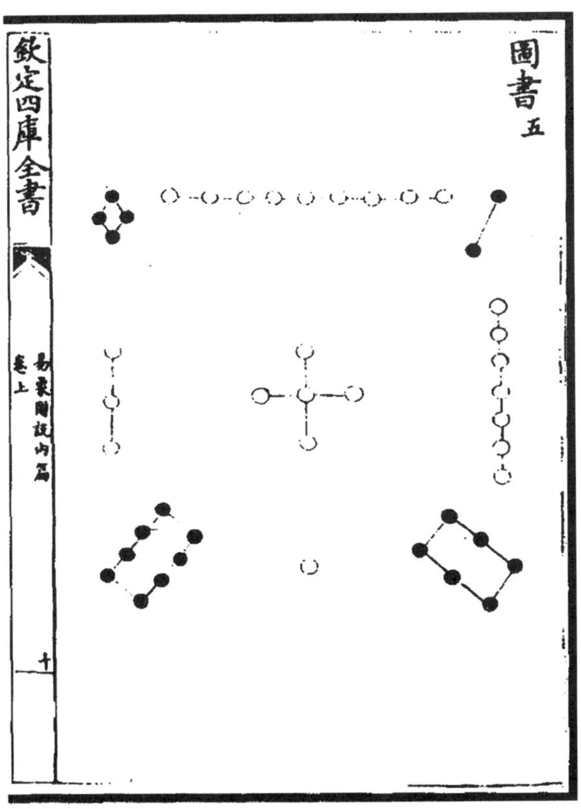

图 11　洛书纵横十五数图
（张理《易象图说》）

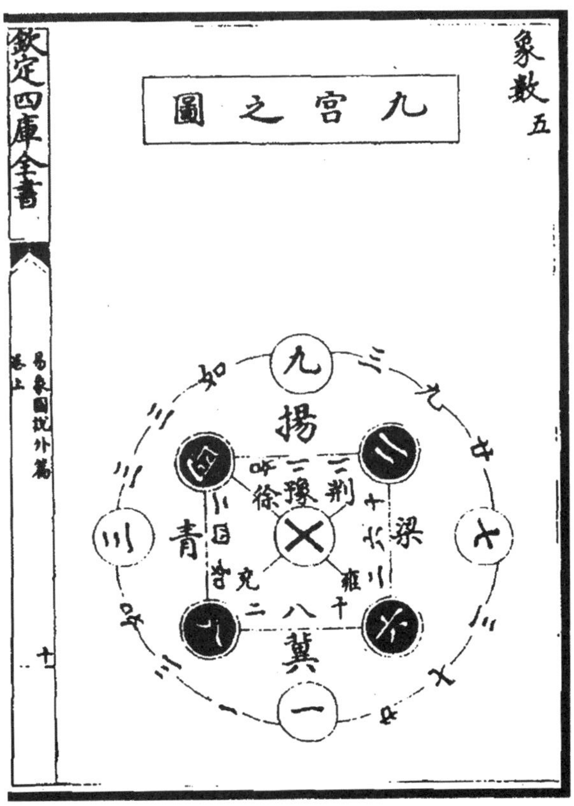

图 12　九宫之图
（张理《易象图说》）

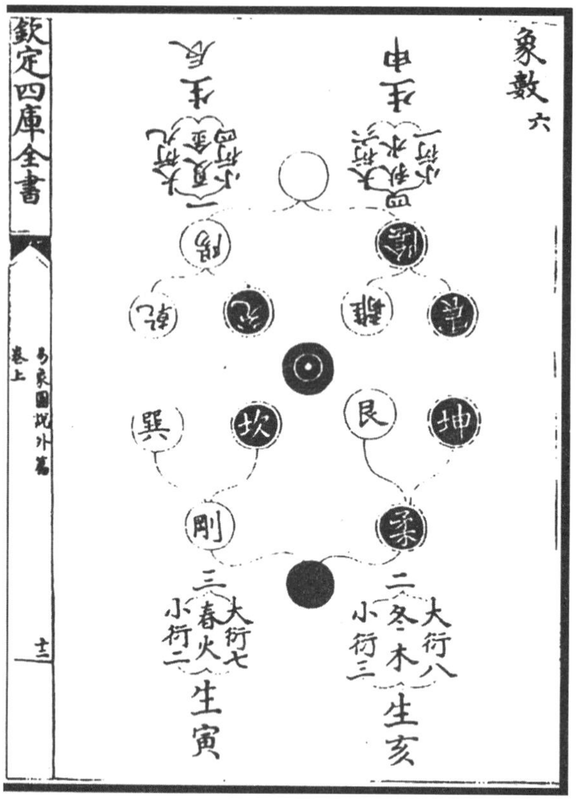

图 13 河洛十五生成之象图
（张理《易象图说》）

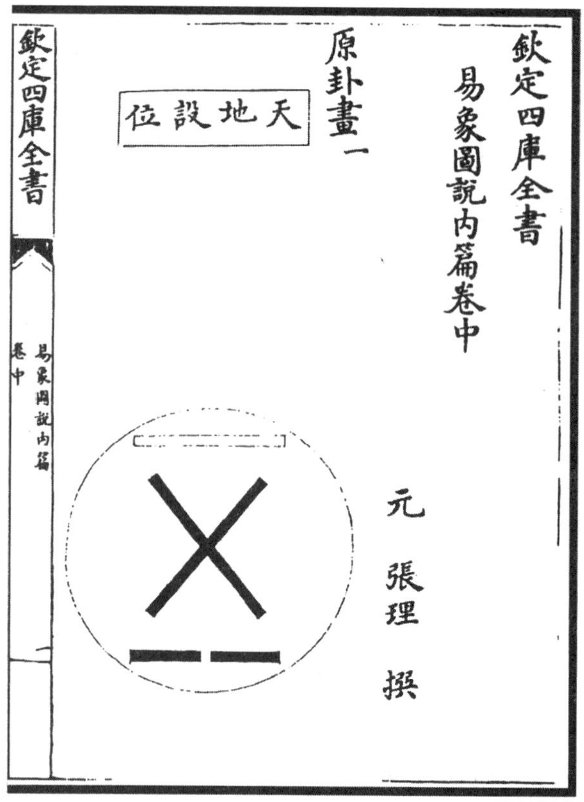

图 14 天地设位图
（张理《易象图说》）

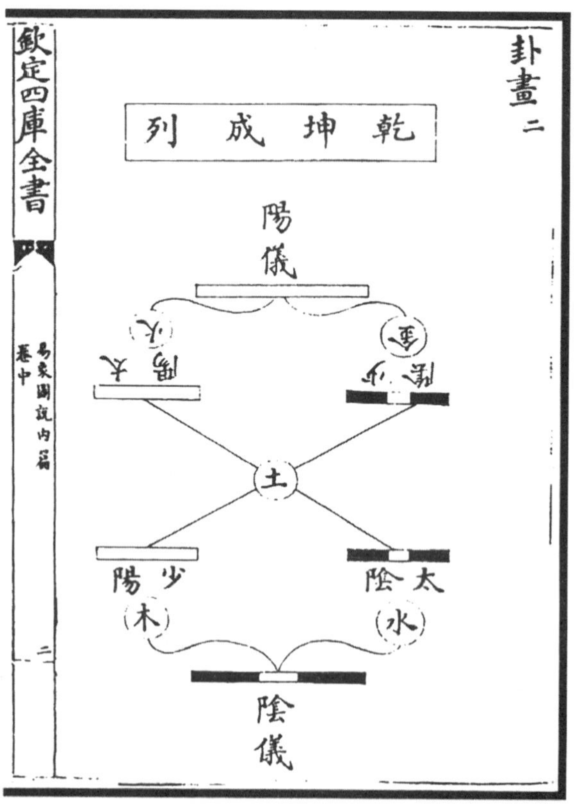

图 15 乾坤成列图
（张理《易象图说》）

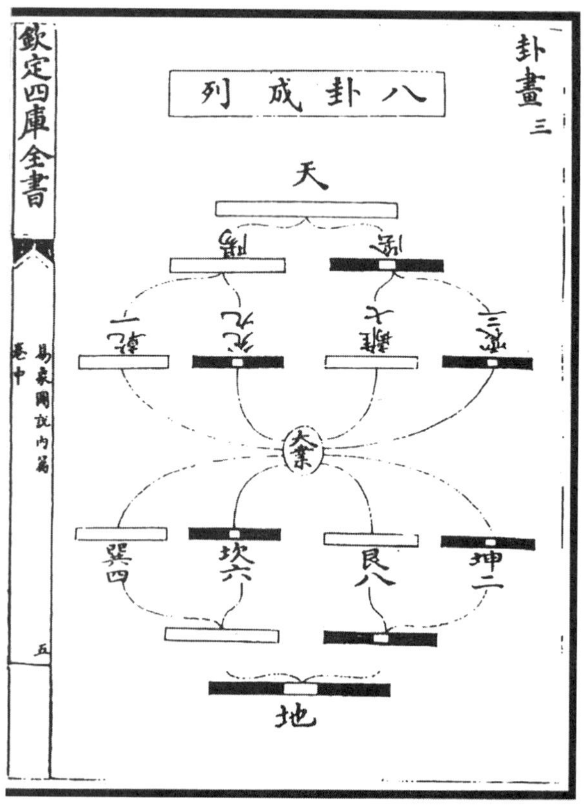

图 16 八卦成列图
（张理《易象图说》）

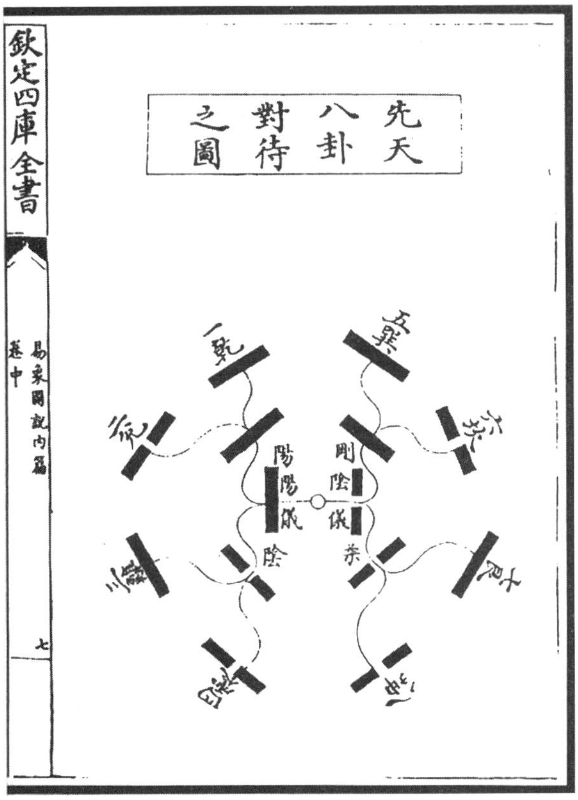

图 17　先天八卦对待之图
（张理《易象图说》）

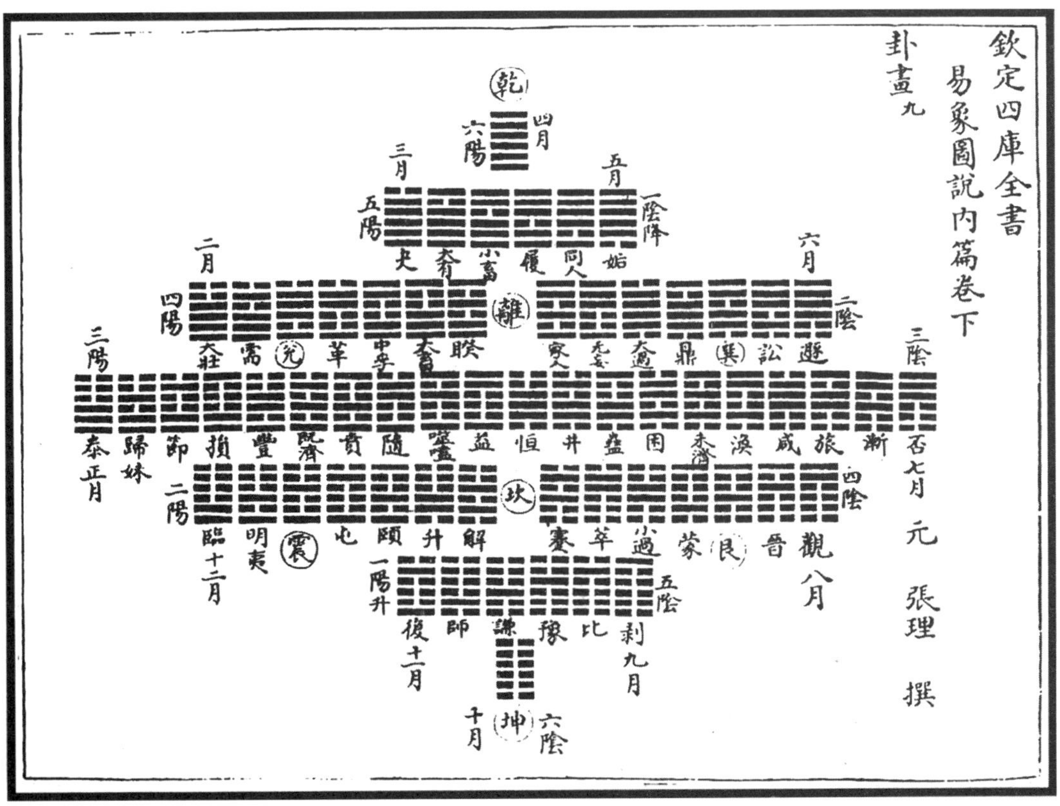

图 18　六十四卦变通图
（张理《易象图说》）

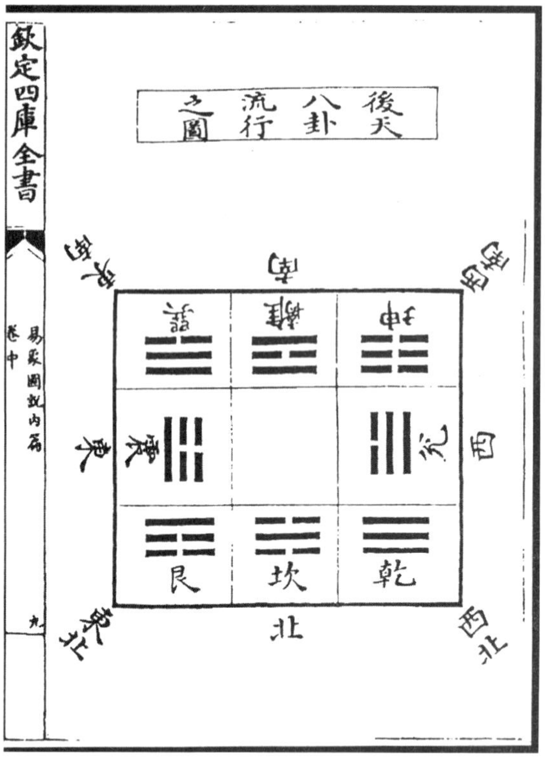

图 19　后天八卦流行之图
（张理《易象图说》）

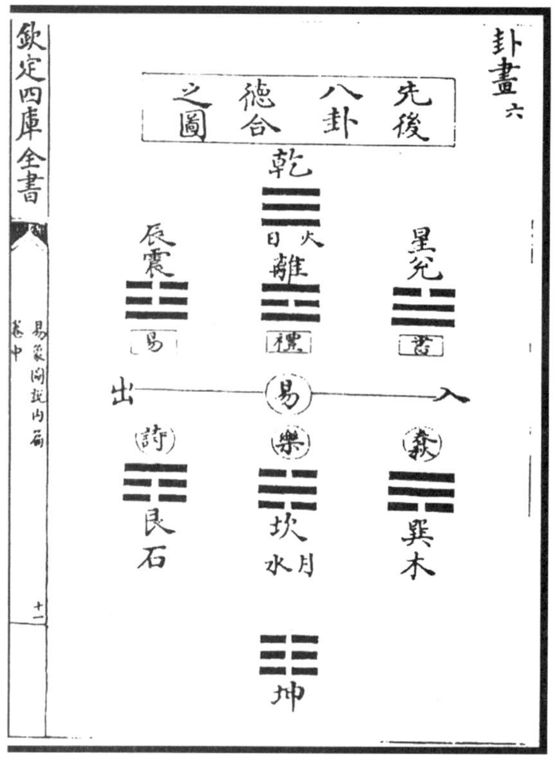

图 20　先后八卦德合之图
（张理《易象图说》）

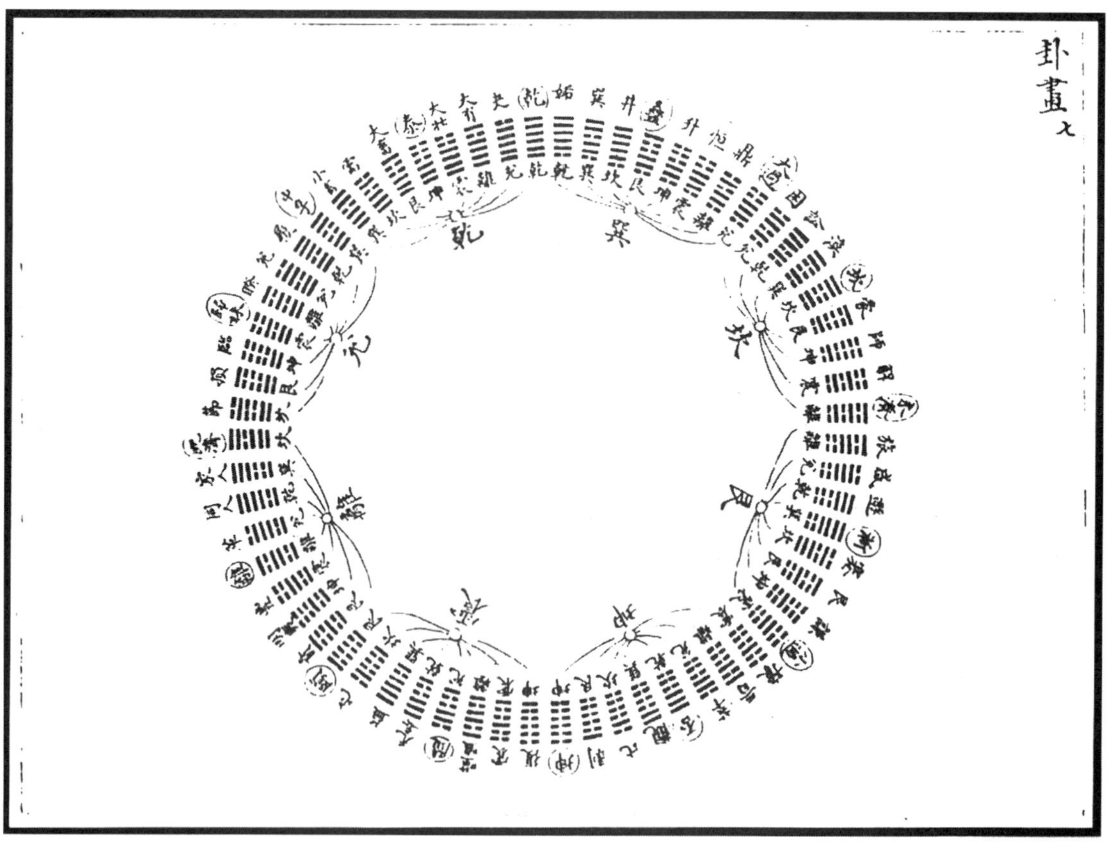

图 21　六十四卦循环之图
（张理《易象图说》）

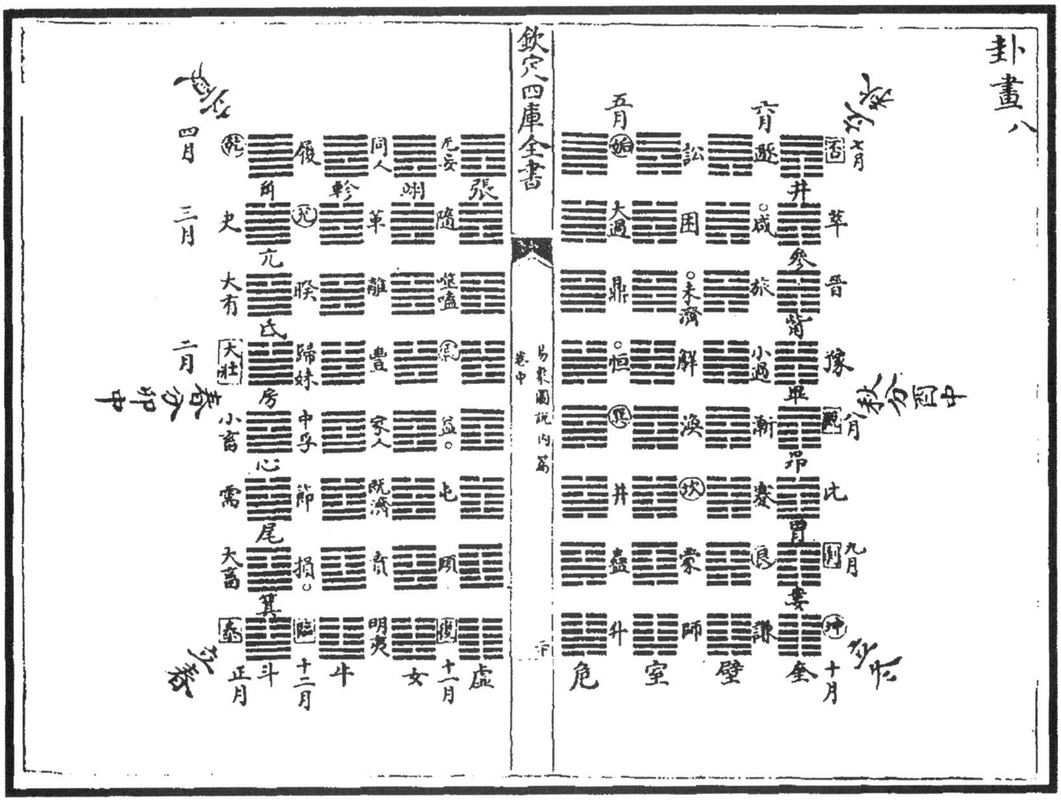

图 22　六十四卦因重之图
（张理《易象图说》）

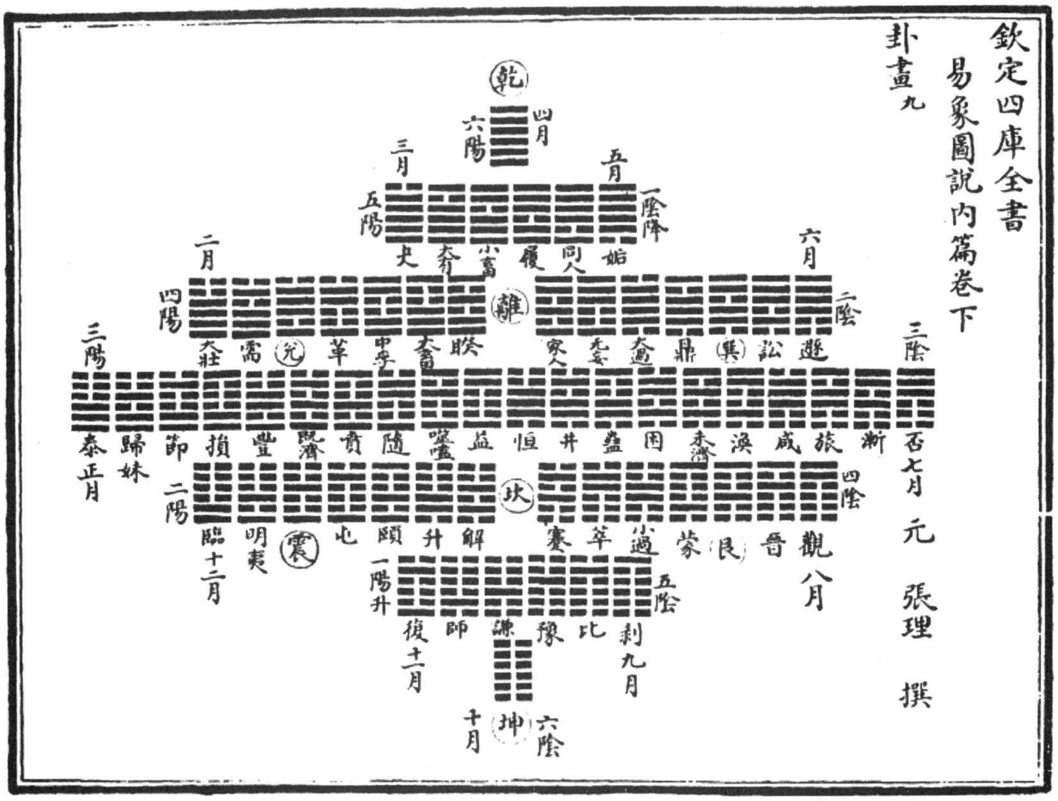

图 23-1　卦画图
（张理《易象图说》）

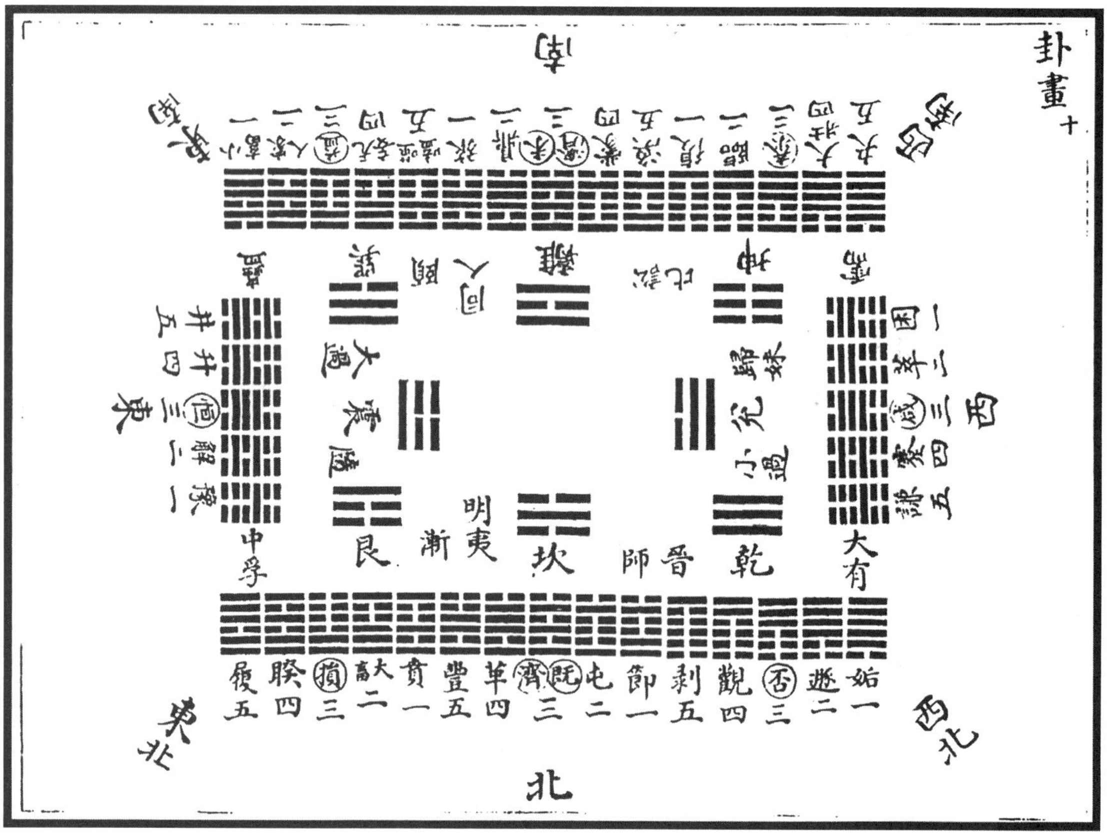

图 23-2 卦画图
（张理《易象图说》）

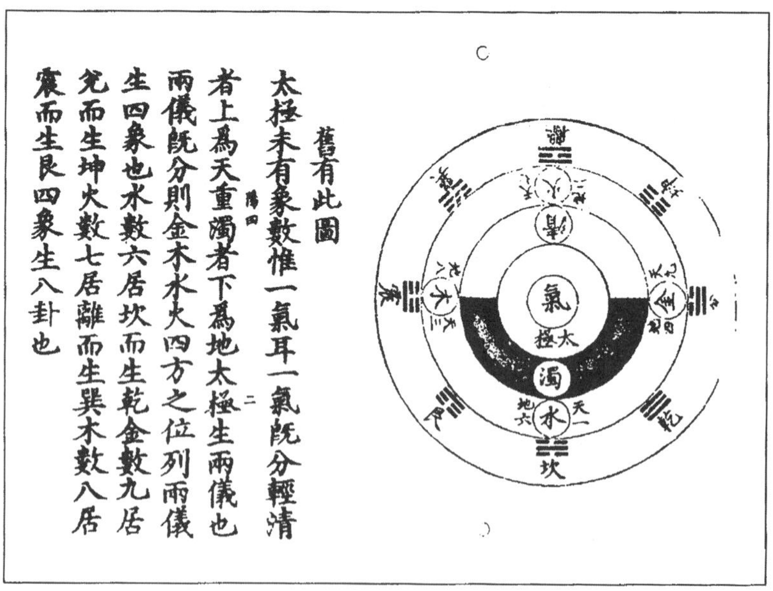

图 24 旧有此图
（张理《大易象数钩深图》）

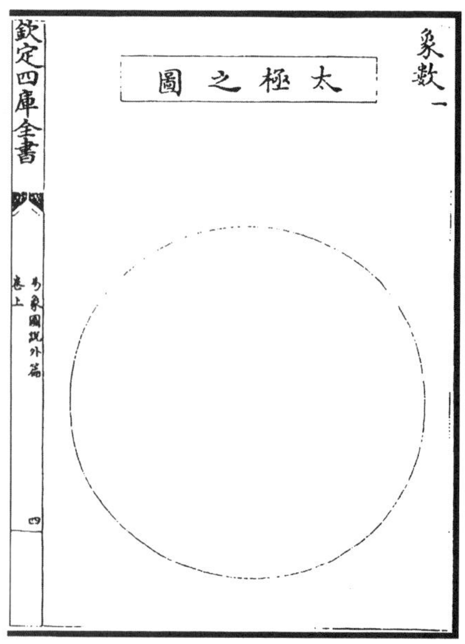

图 25 太极之图
（张理《易象图说》）

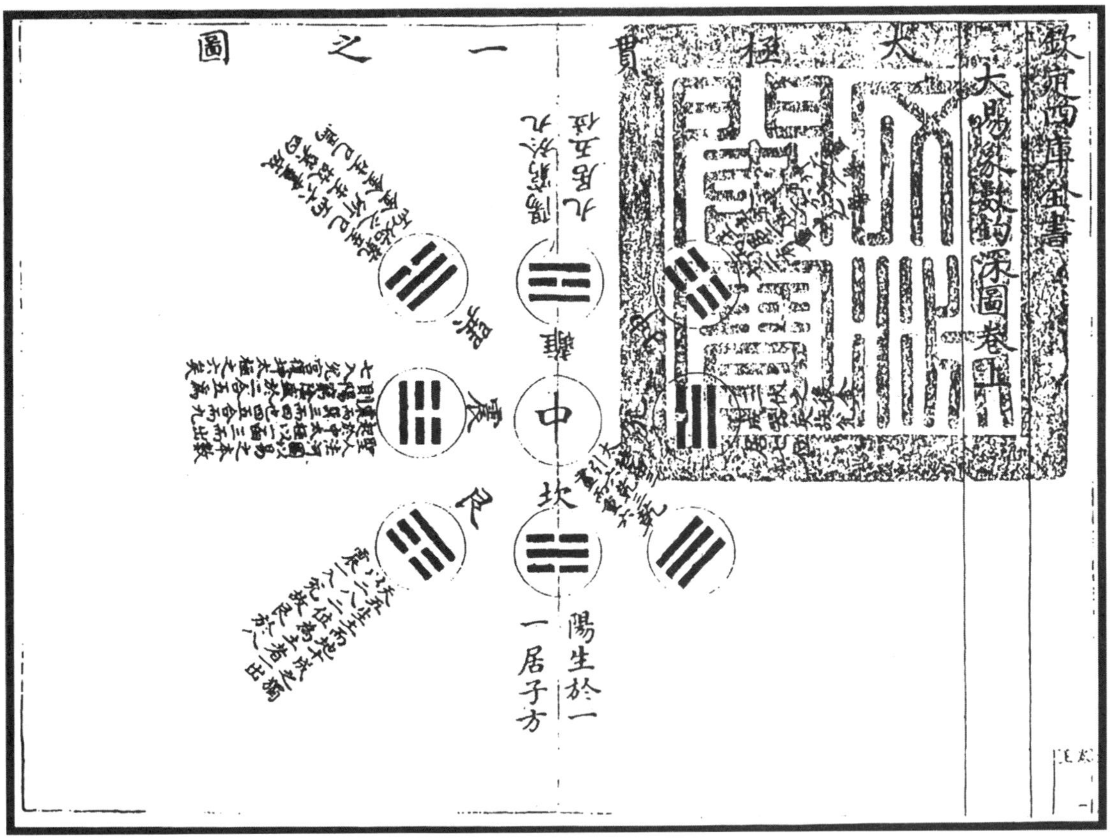

图 26　太极贯一之图
（张理《大易象数钩深图》）

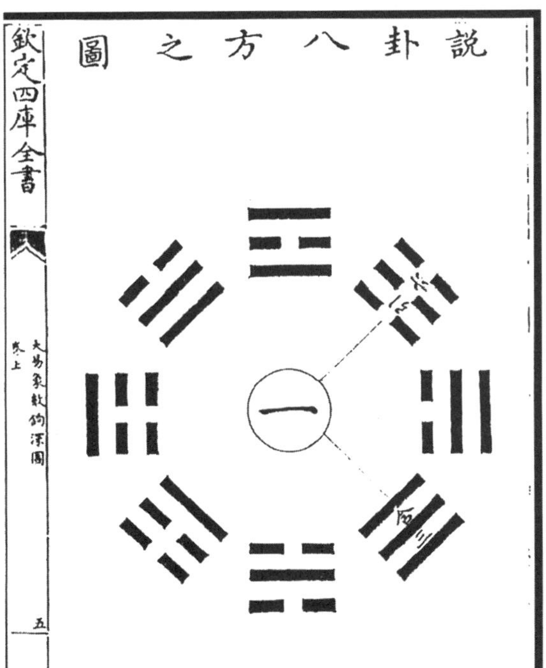

图 27　说卦八方之图
（张理《大易象数钩深图》）

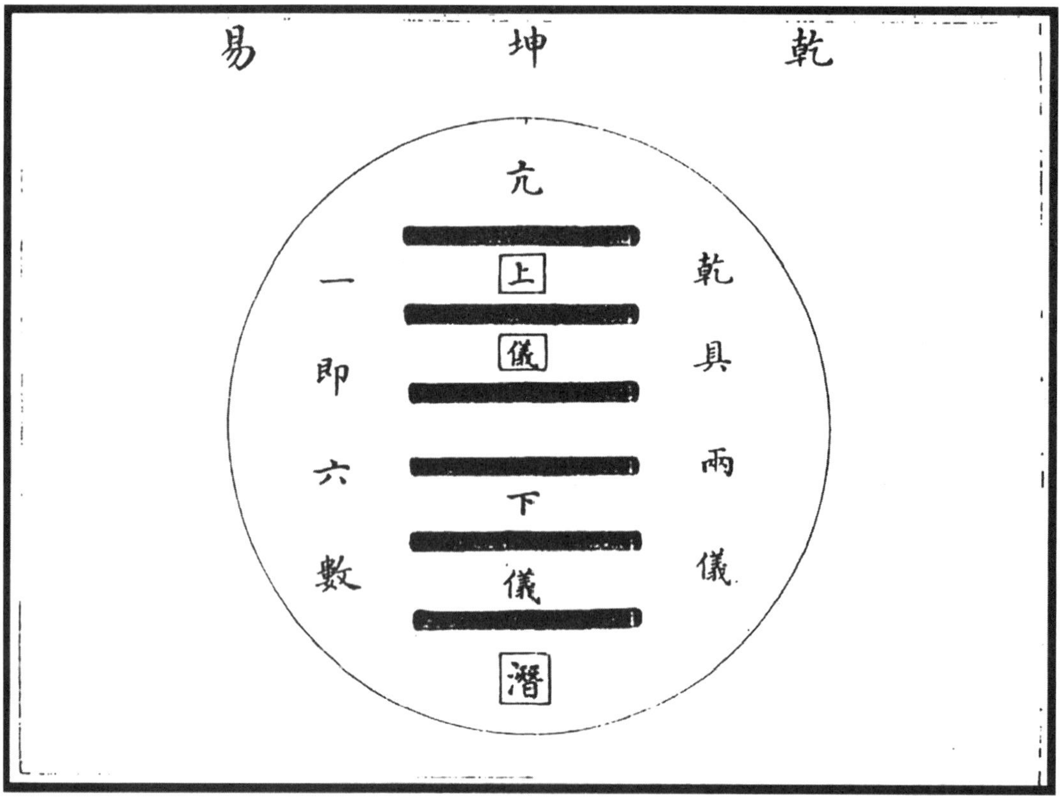

图 28-1 乾坤易简之图
(张理《大易象数钩深图》)

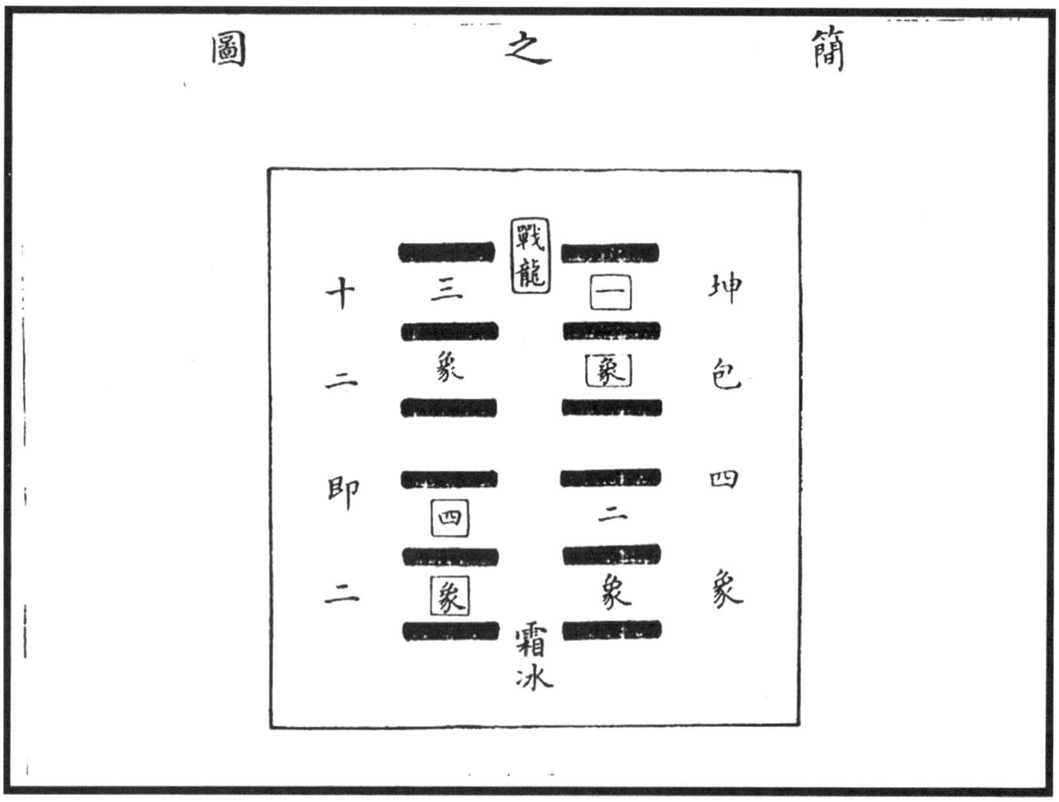

图 28-2 乾坤易简之图
(张理《大易象数钩深图》)

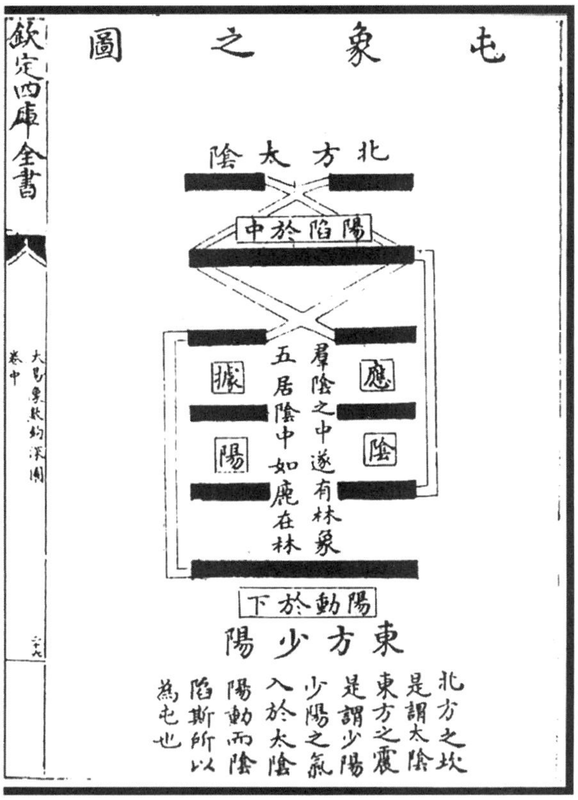

图 29　屯象之图
（张理《大易象数钩深图》）

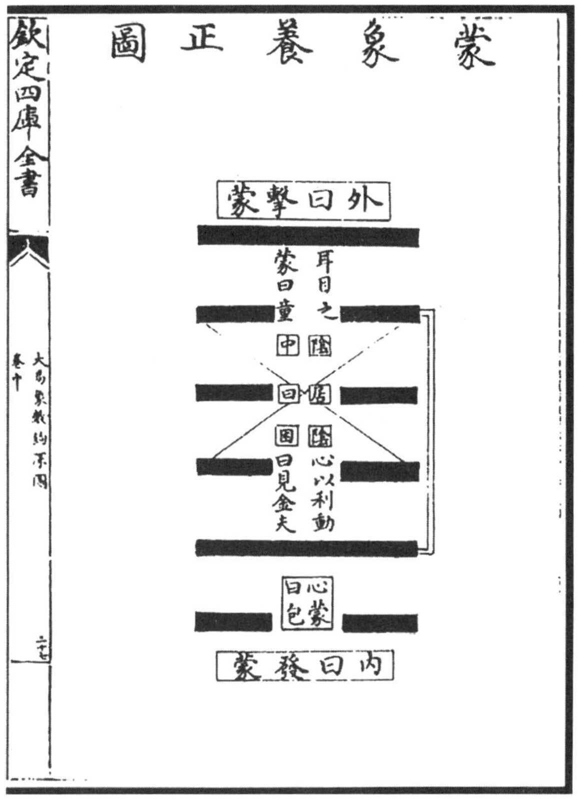

图 30　蒙象养正图
（张理《大易象数钩深图》）

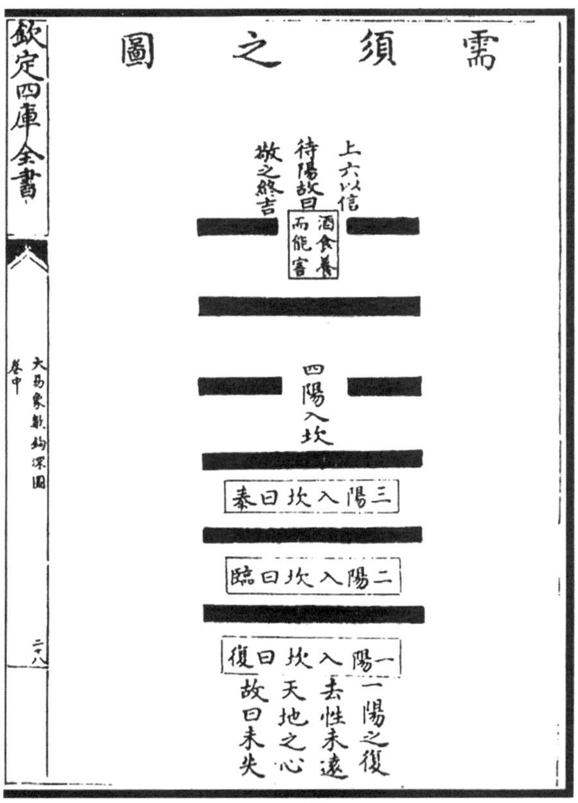

图 31　需须之图
（张理《大易象数钩深图》）

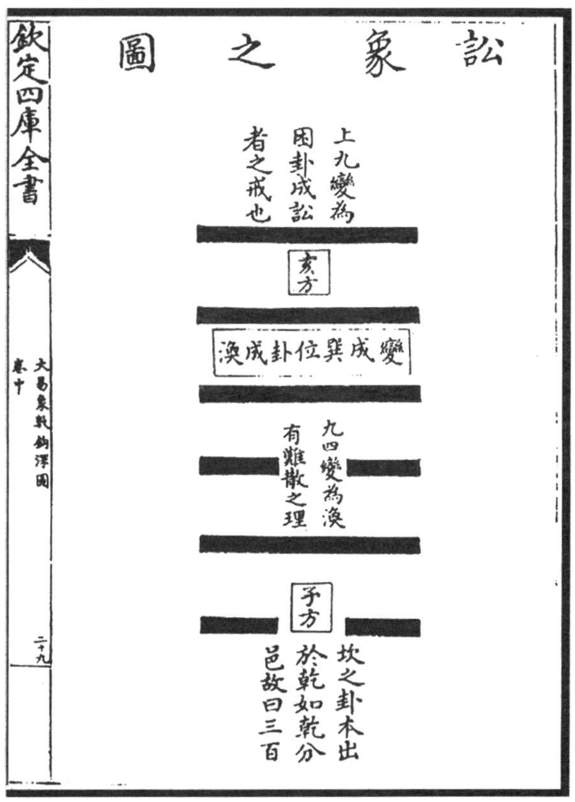

图 32　讼象之图
（张理《大易象数钩深图》）

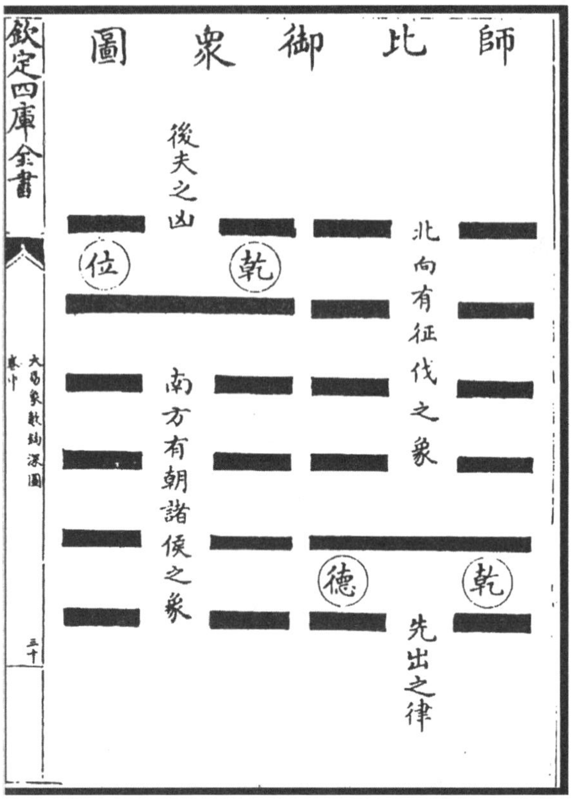

图 33　师比御众图
（张理《大易象数钩深图》）

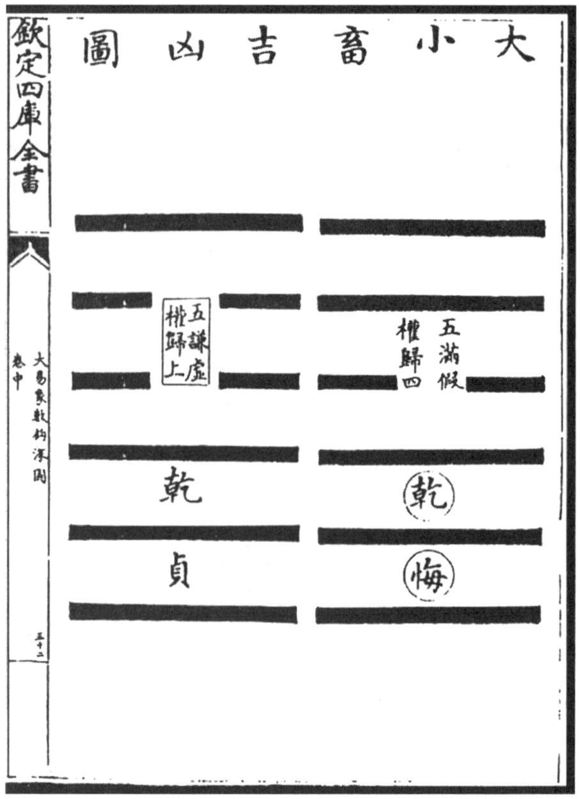

图 34　大小畜吉凶图
（张理《大易象数钩深图》）

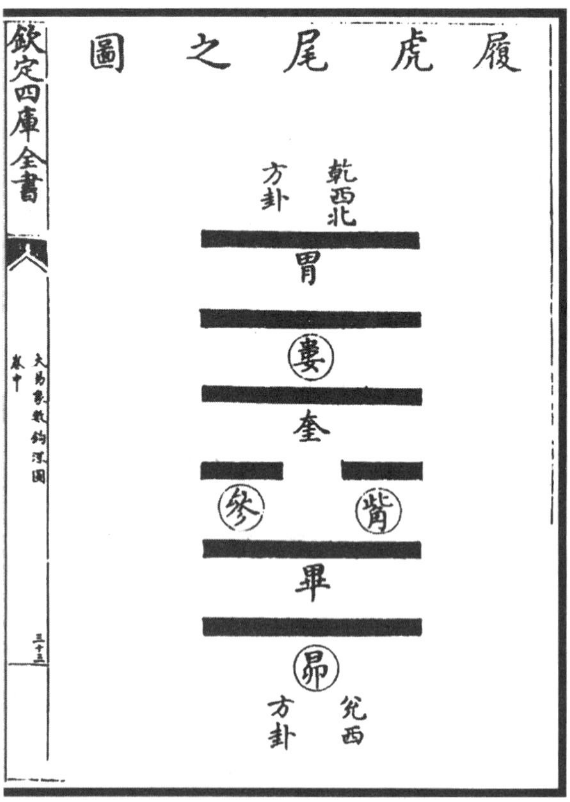

图 35　履虎尾之图
（张理《大易象数钩深图》）

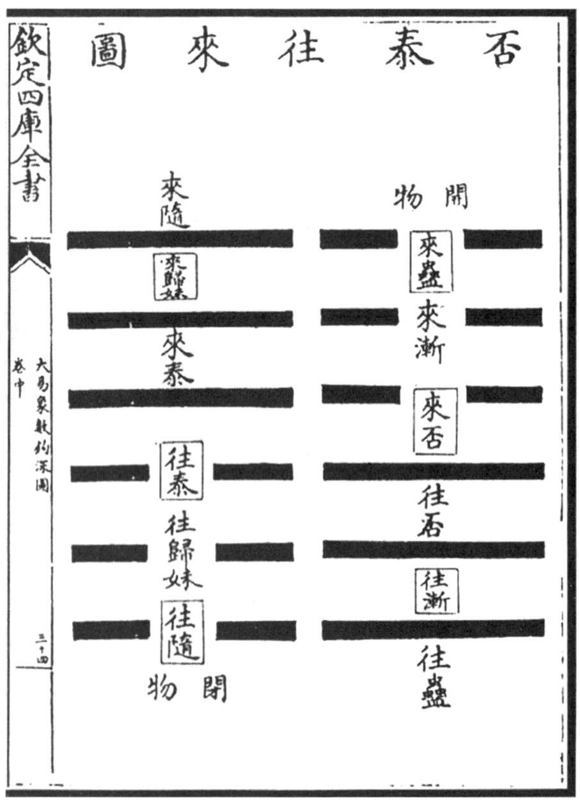

图 36　否泰往来图
（张理《大易象数钩深图》）

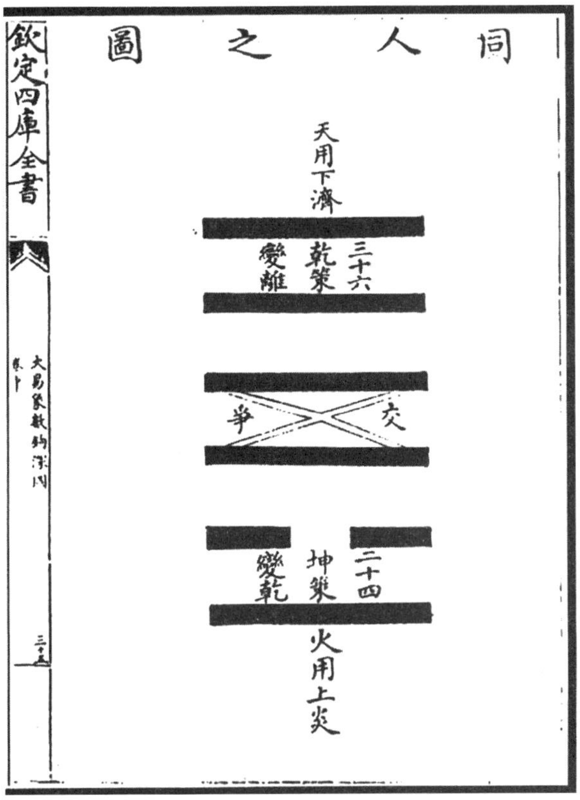

图 37 同人之图
（张理《大易象数钩深图》）

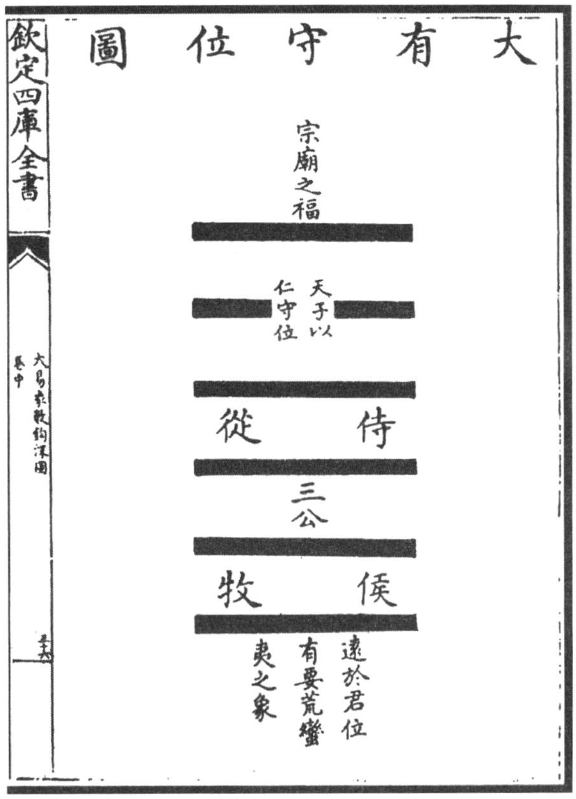

图 38 大有守位图
（张理《大易象数钩深图》）

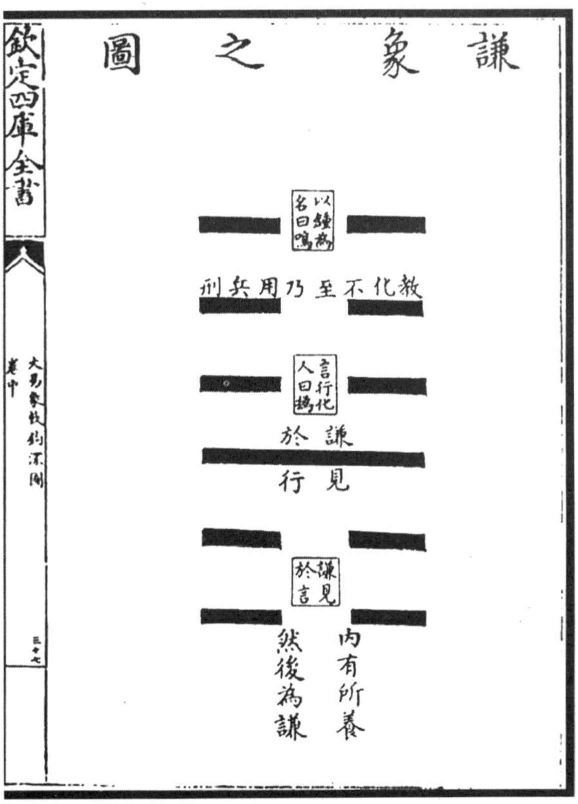

图 39 谦象之图
（张理《大易象数钩深图》）

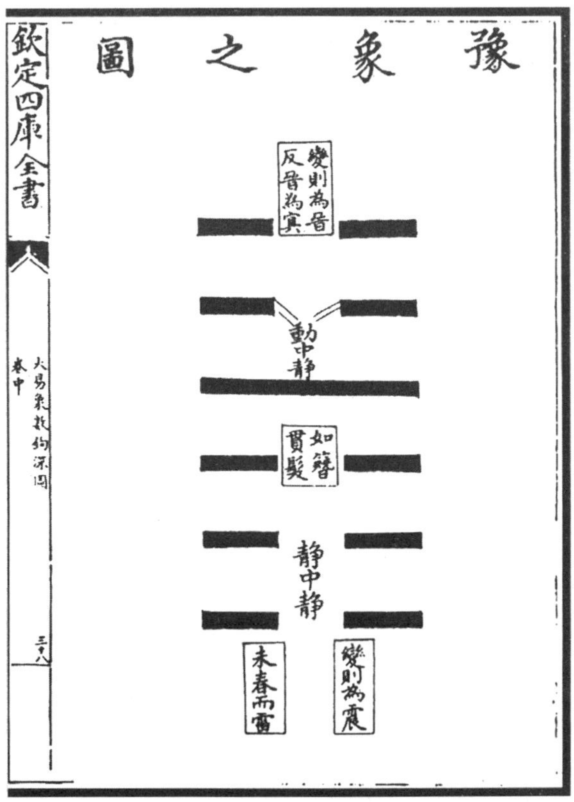

图 40 豫象之图
（张理《大易象数钩深图》）

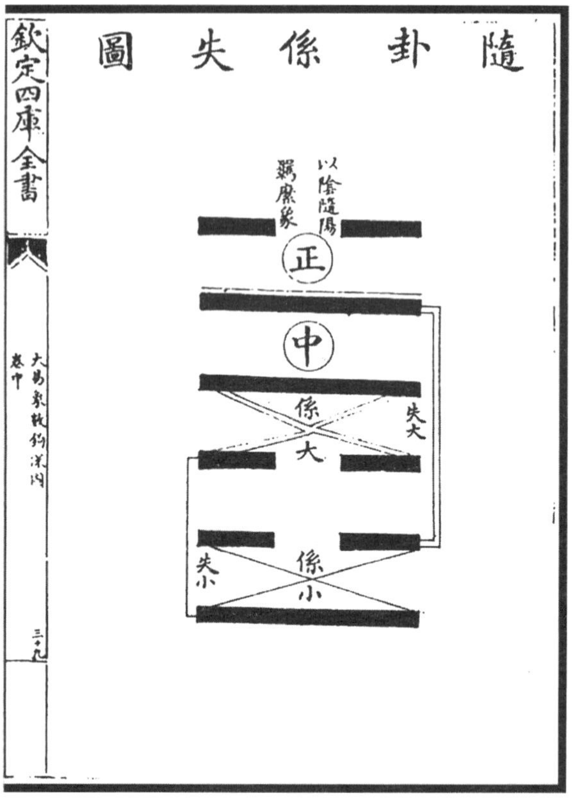

图 41　随卦系失图
（张理《大易象数钩深图》）

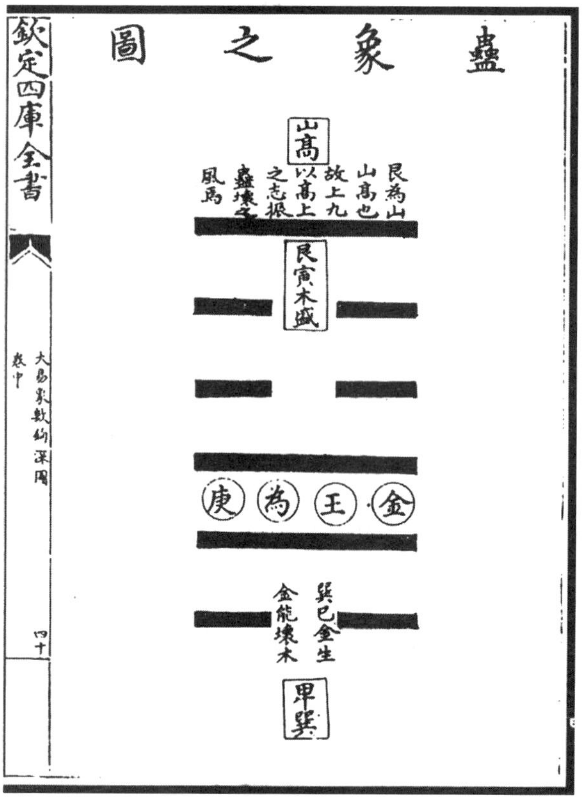

图 42　蛊象之图
（张理《大易象数钩深图》）

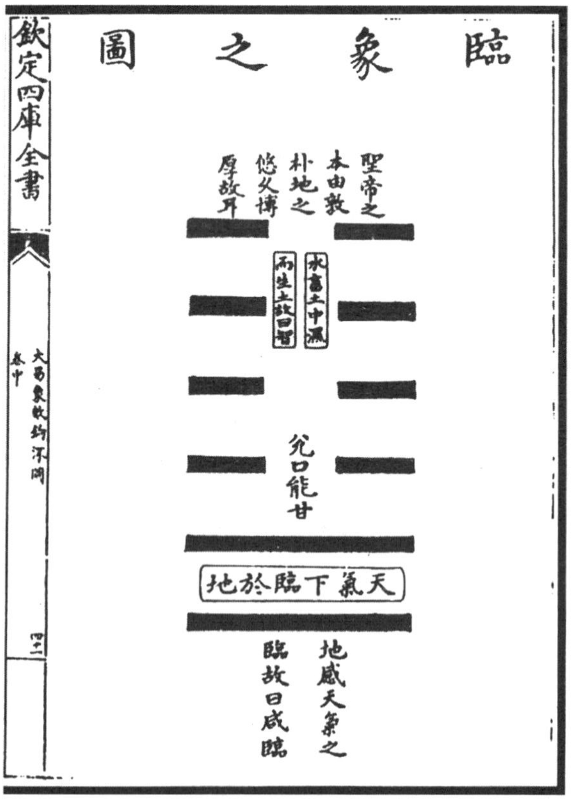

图 43　临象之图
（张理《大易象数钩深图》）

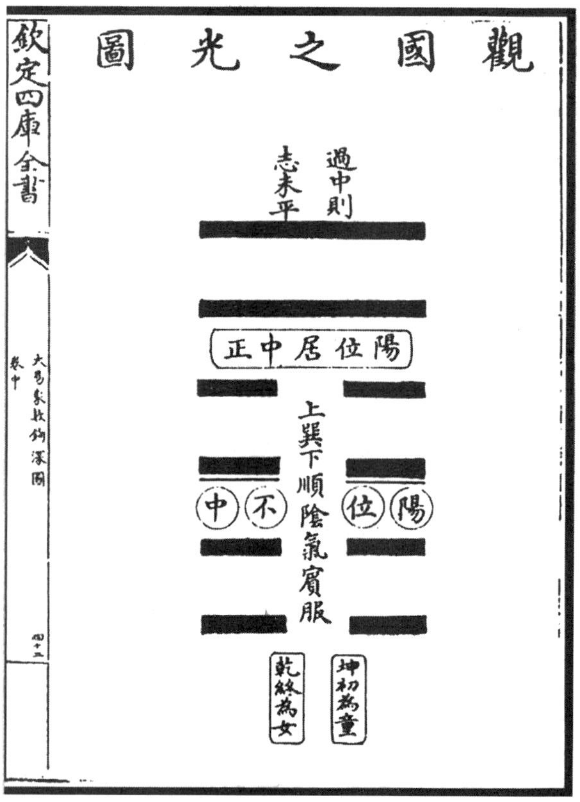

图 44　观国之光图
（张理《大易象数钩深图》）

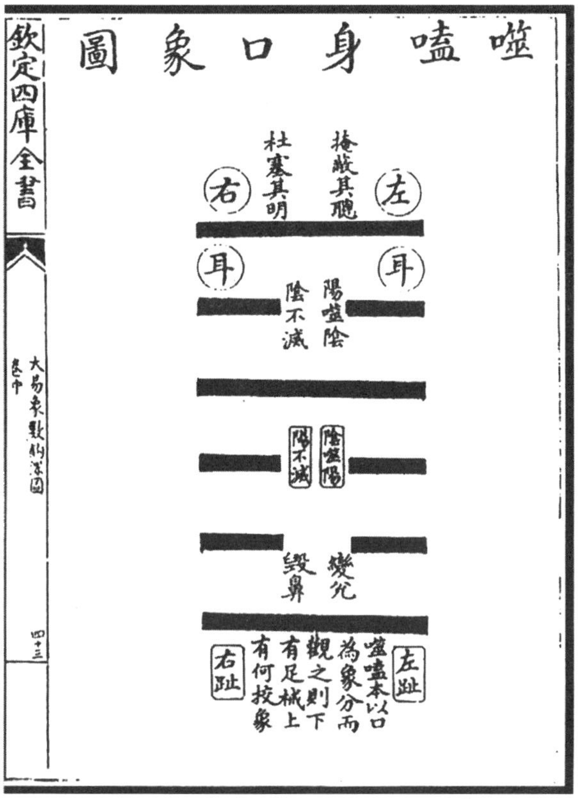

图 45　噬嗑身口象图
（张理《大易象数钩深图》）

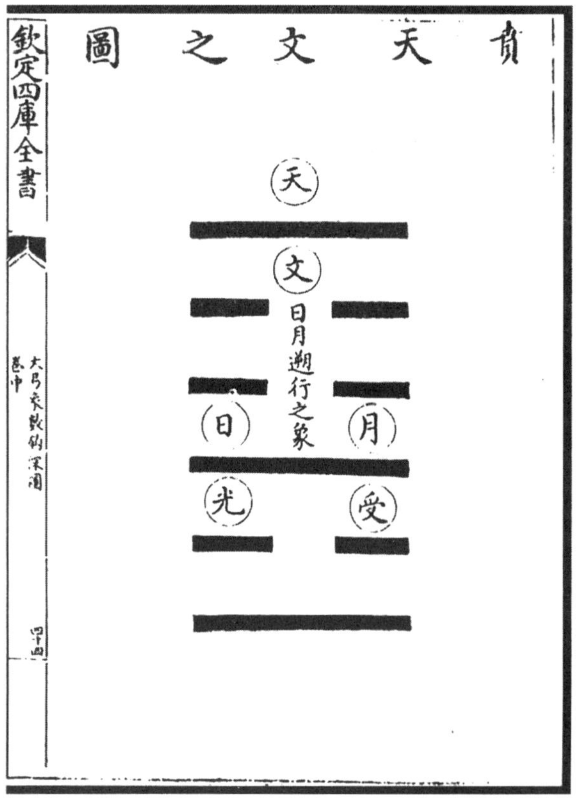

图 46　贲天文之图
（张理《大易象数钩深图》）

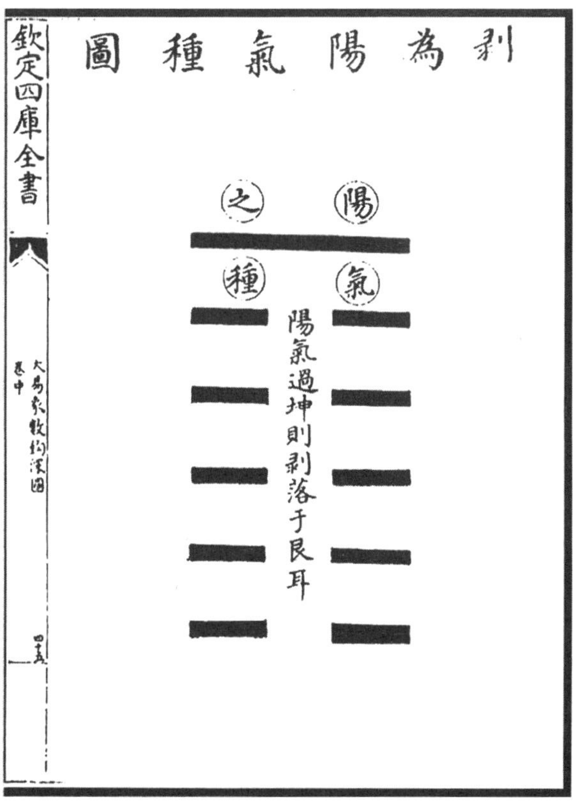

图 47　剥为阳气种图
（张理《大易象数钩深图》）

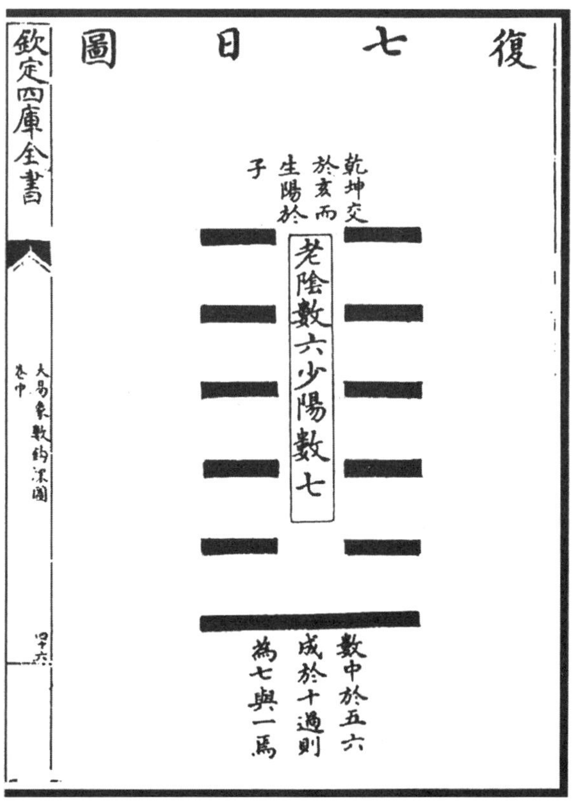

图 48　复七日图
（张理《大易象数钩深图》）

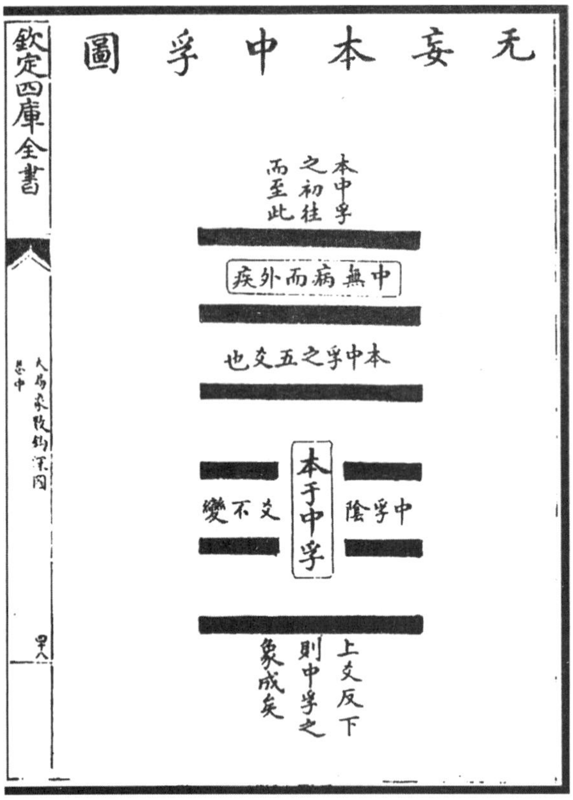

图 49　无妄本中孚图
（张理《大易象数钩深图》）

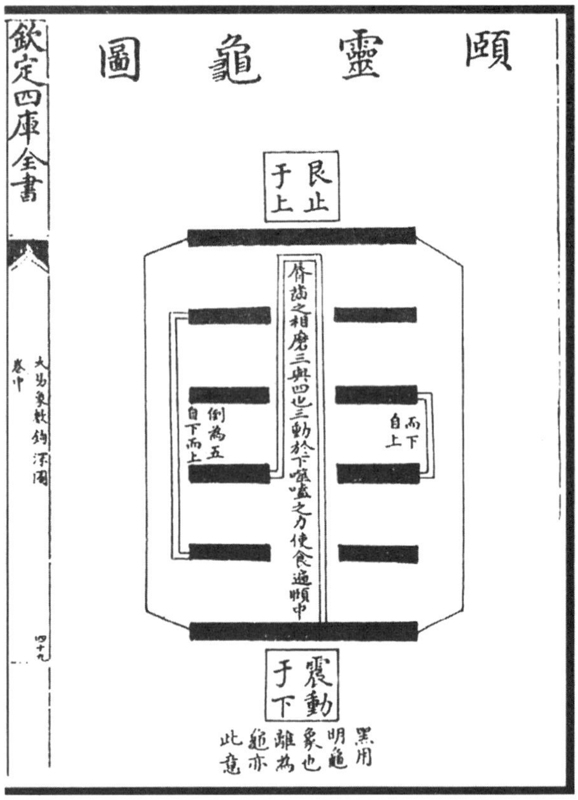

图 50　颐灵龟图
（张理《大易象数钩深图》）

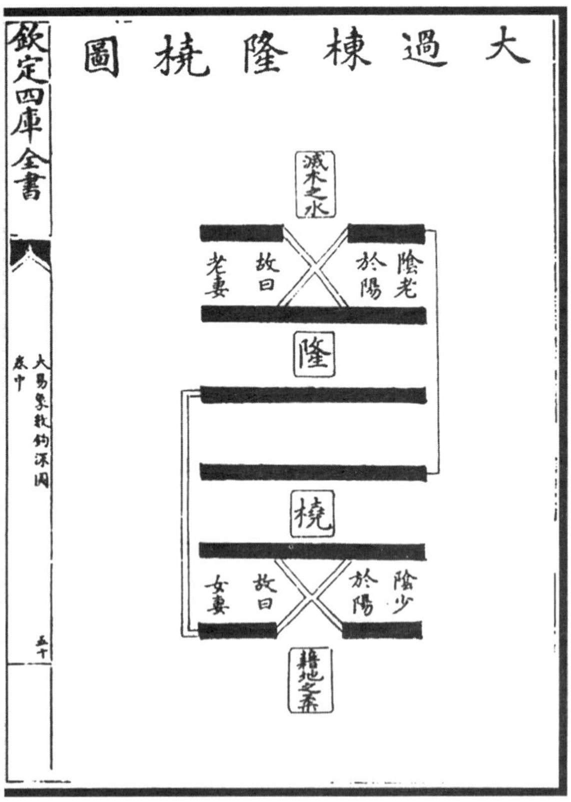

图 51　大过栋隆桡图
（张理《大易象数钩深图》）

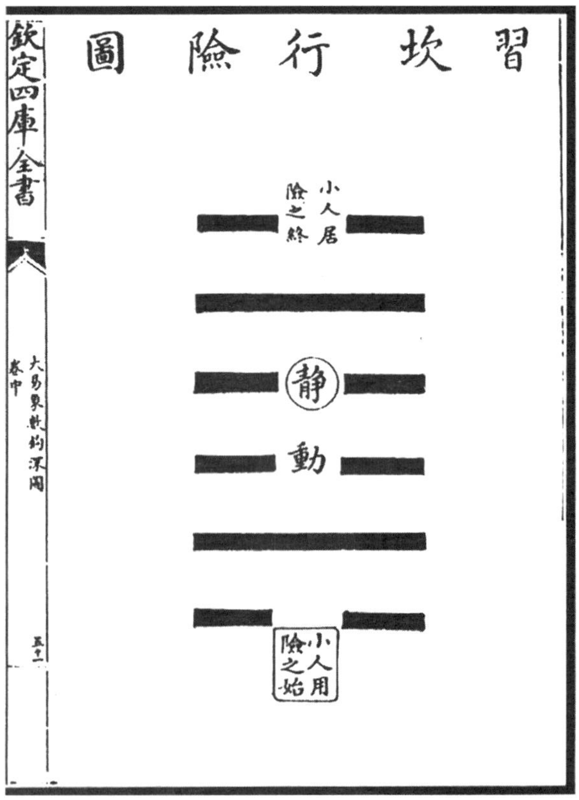

图 52　习坎行险图
（张理《大易象数钩深图》）

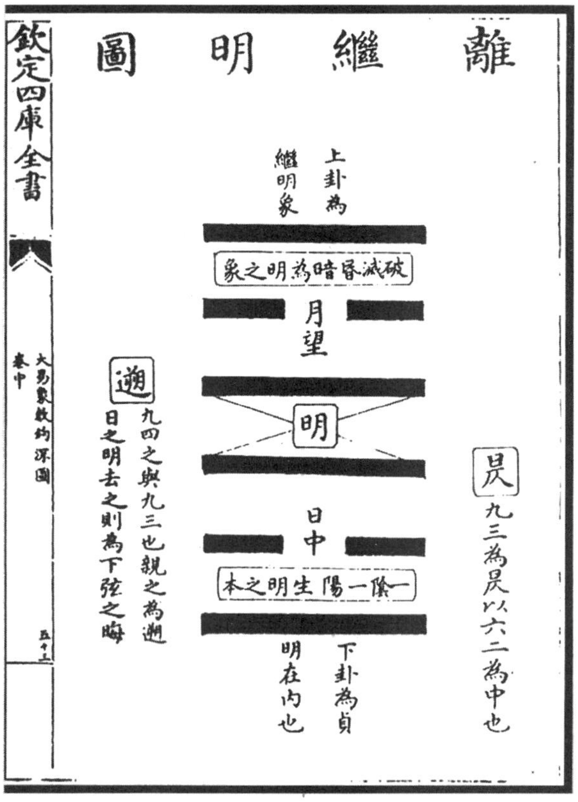

图 53 离继明图
（张理《大易象数钩深图》）

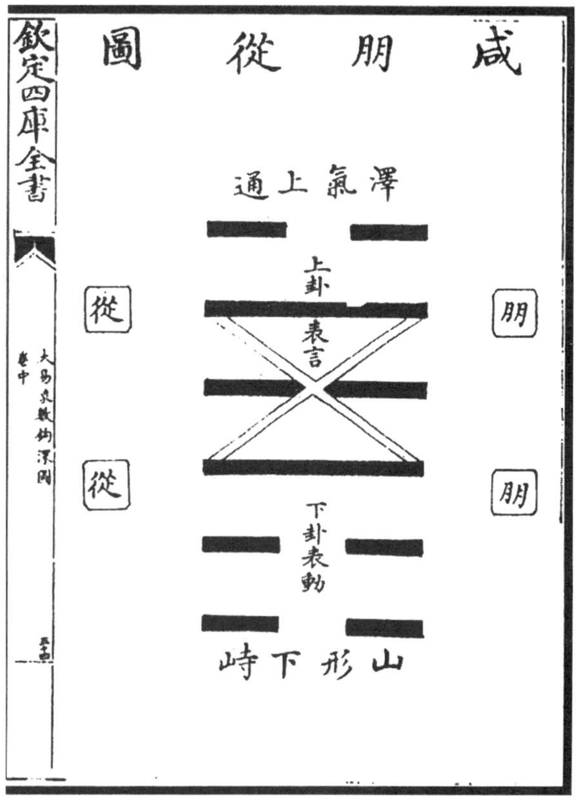

图 54 咸朋从图
（张理《大易象数钩深图》）

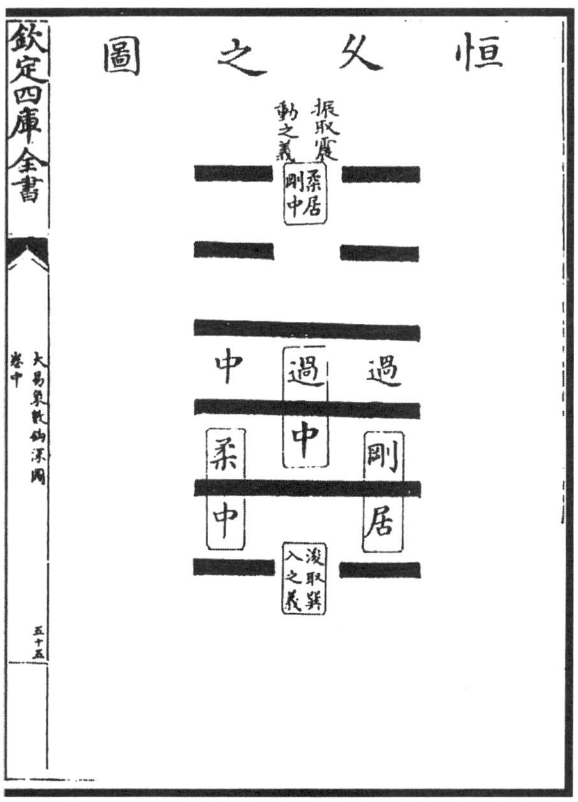

图 55 恒久之图
（张理《大易象数钩深图》）

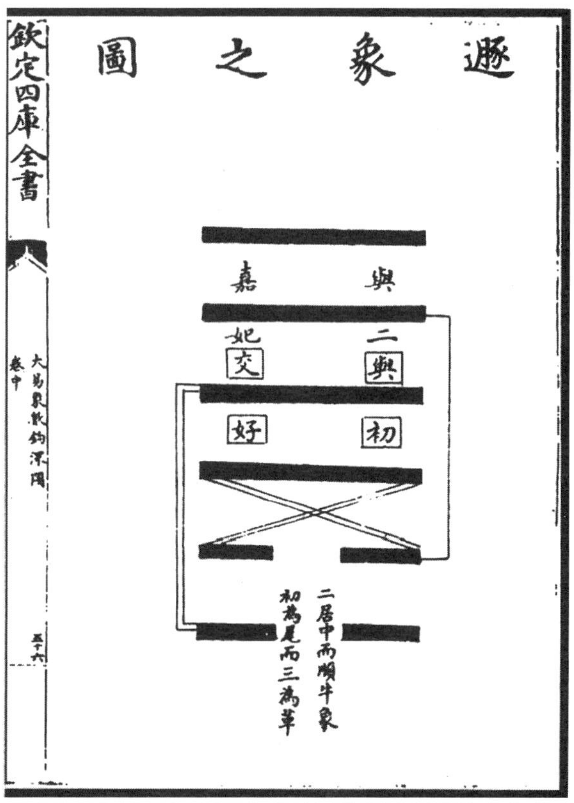

图 56 遯象之图
（张理《大易象数钩深图》）

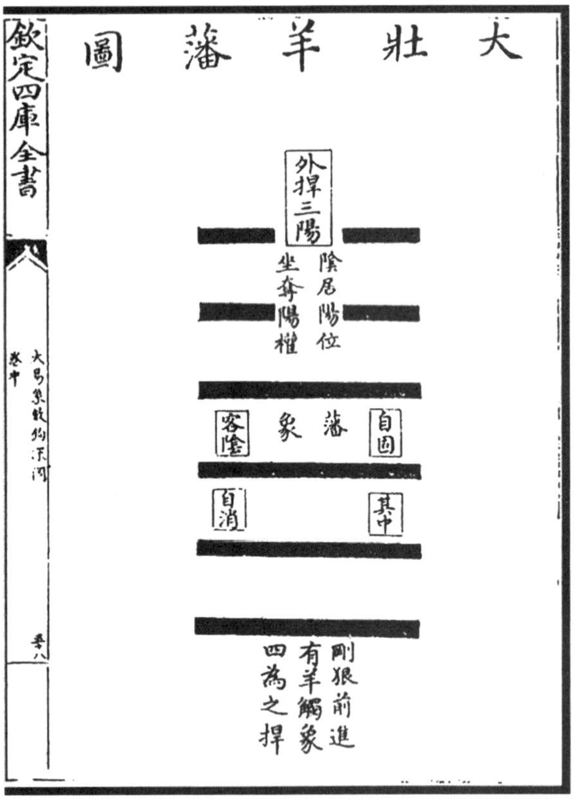

图 57　大壮羊藩图
（张理《大易象数钩深图》）

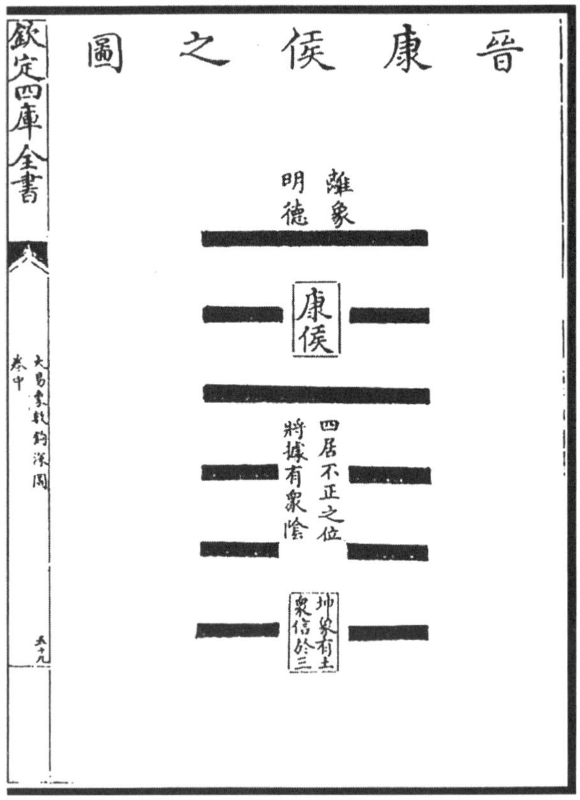

图 58　晋康侯之图
（张理《大易象数钩深图》）

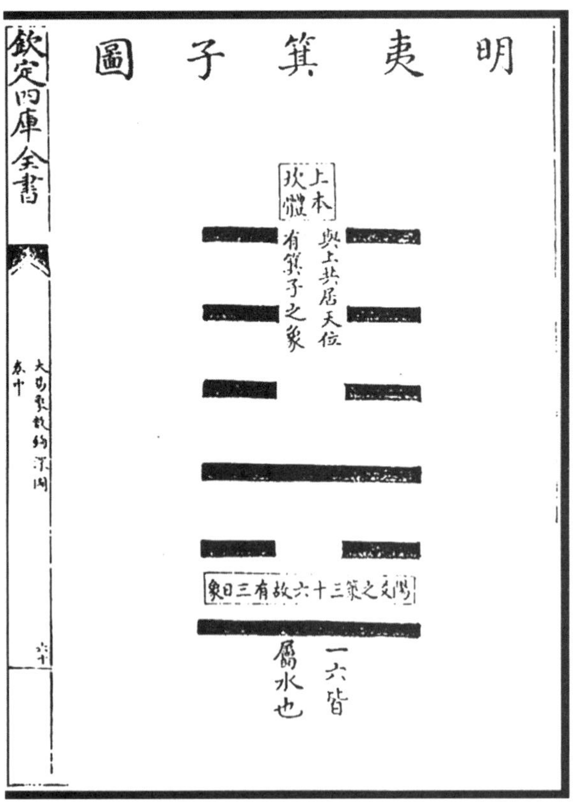

图 59　明夷箕子图
（张理《大易象数钩深图》）

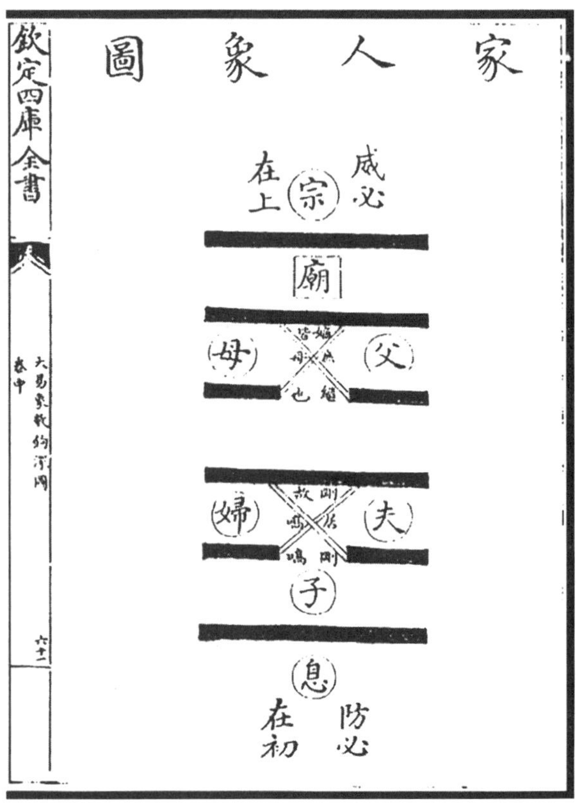

图 60　家人象图
（张理《大易象数钩深图》）

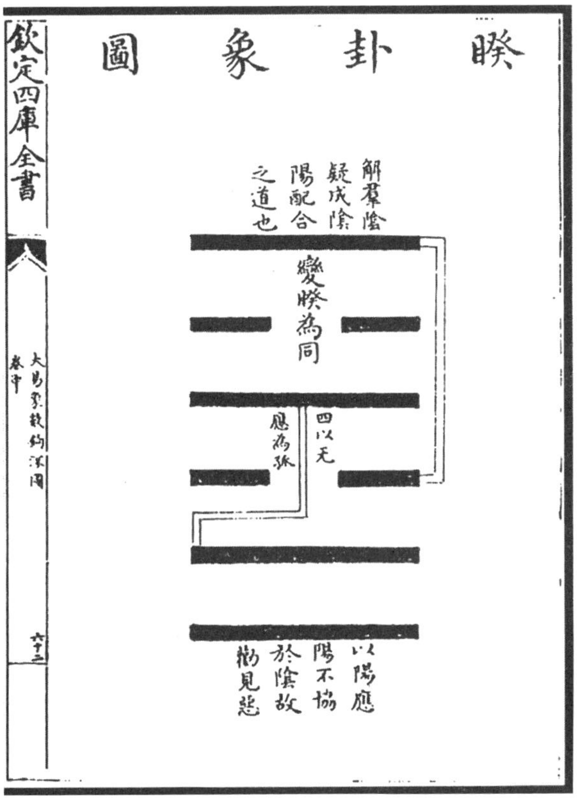

图 61　睽卦象图
（张理《大易象数钩深图》）

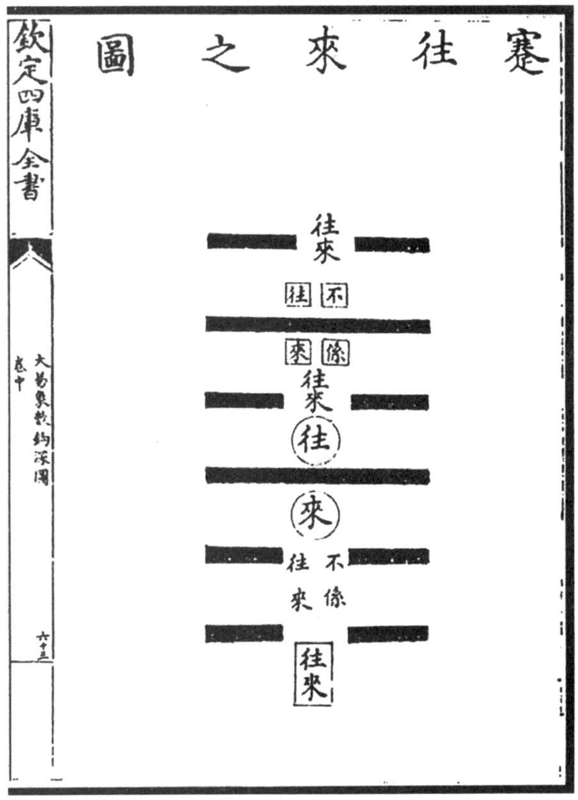

图 62　蹇往来之图
（张理《大易象数钩深图》）

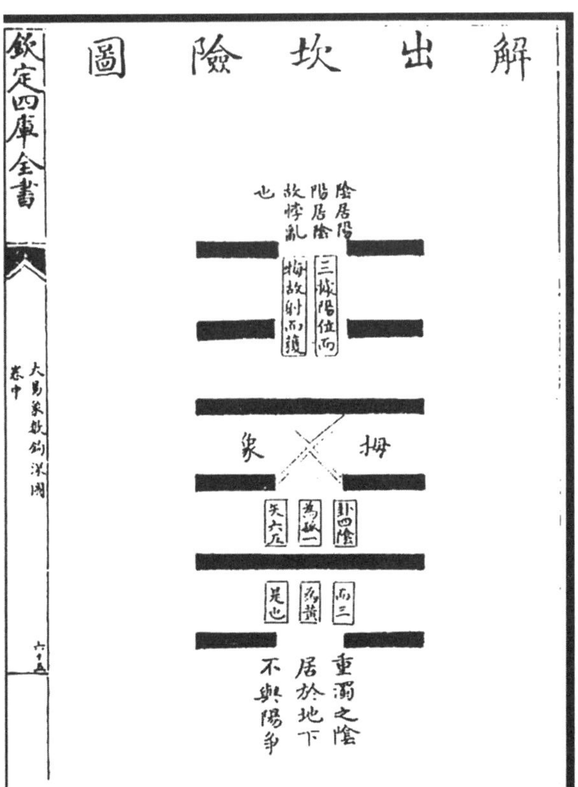

图 63　解出坎险图
（张理《大易象数钩深图》）

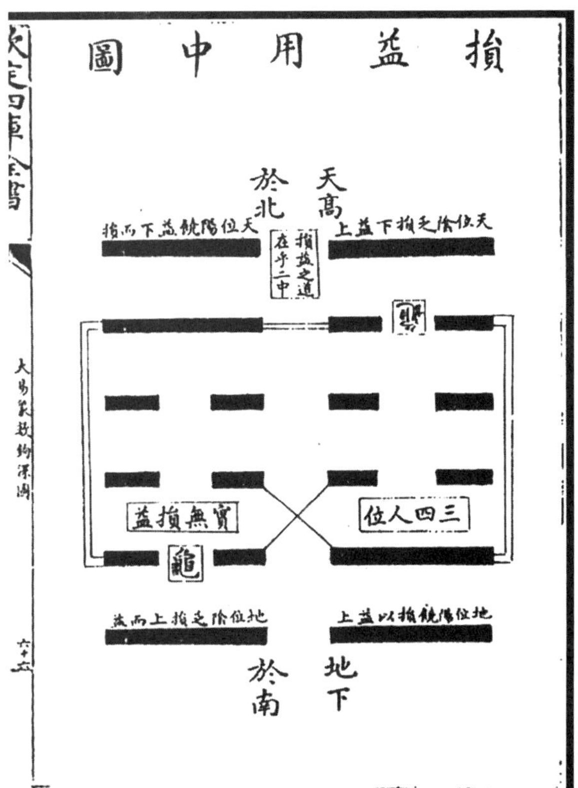

图 64　损益用中图
（张理《大易象数钩深图》）

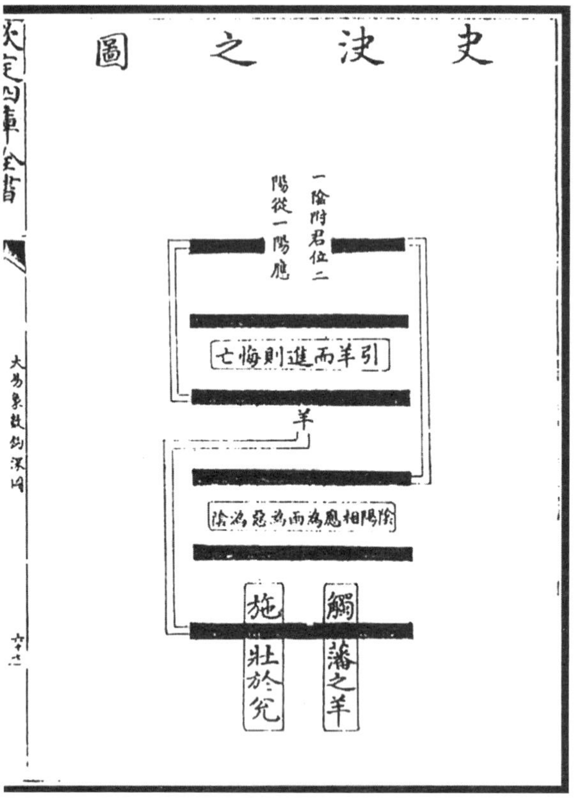

图 65　夬决之图
（张理《大易象数钩深图》）

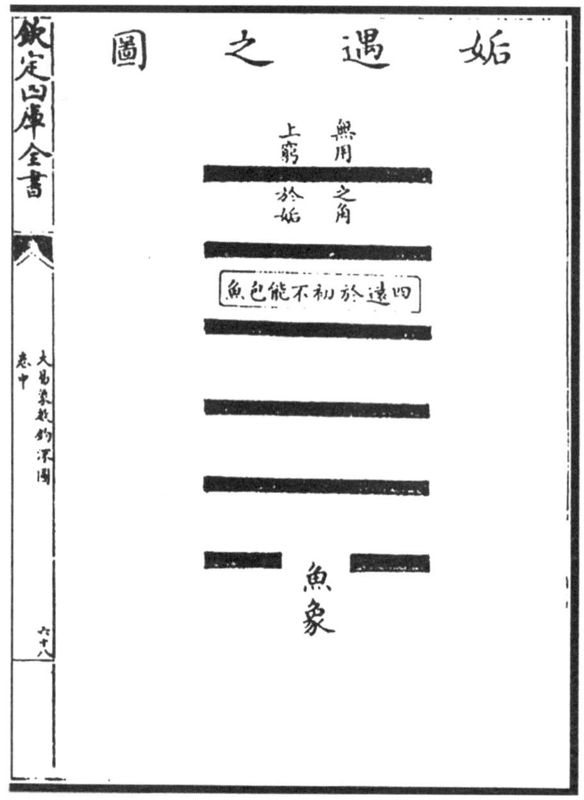

图 66　姤遇之图
（张理《大易象数钩深图》）

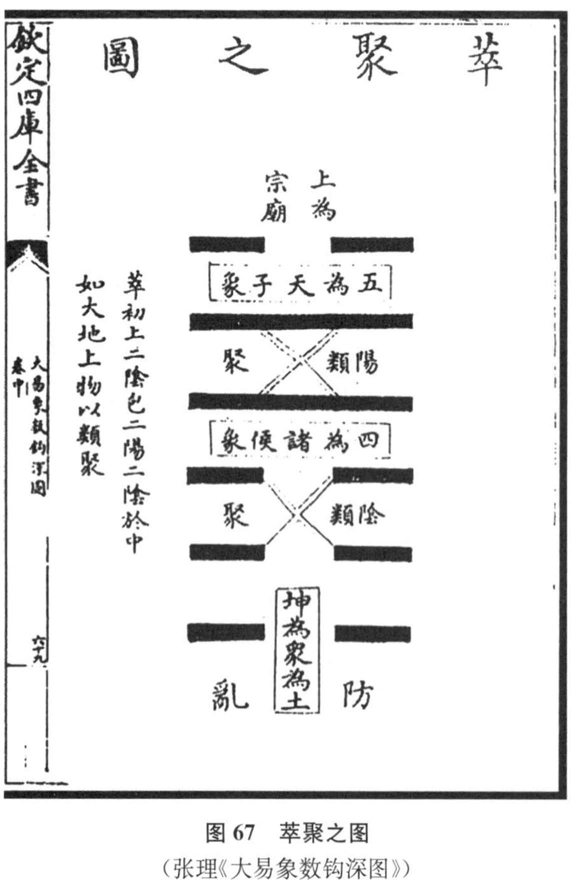

图 67　萃聚之图
（张理《大易象数钩深图》）

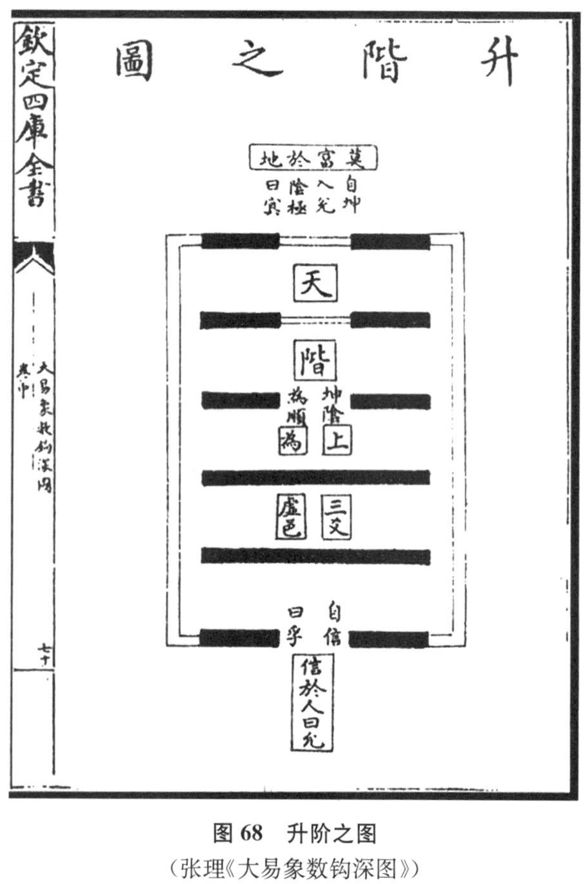

图 68　升阶之图
（张理《大易象数钩深图》）

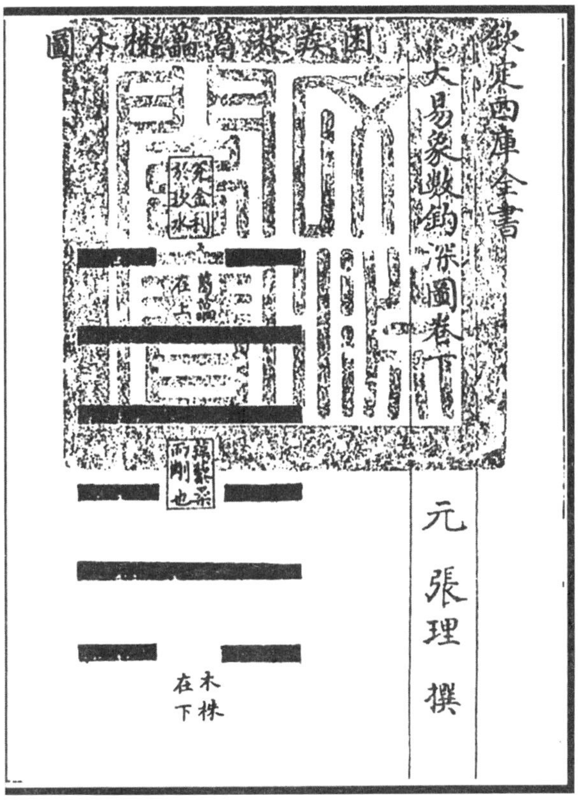

图 69　困蒺藜葛藟株木图
（张理《大易象数钩深图》）

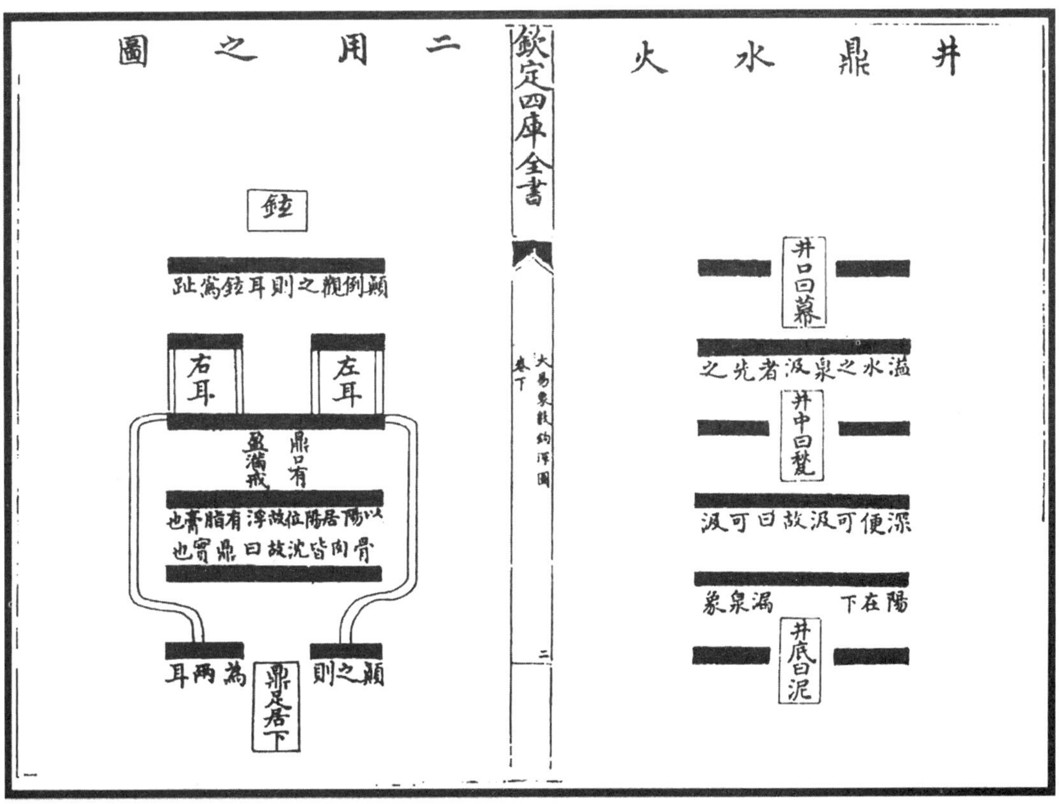

图 70　井鼎水火二用之图
（张理《大易象数钩深图》）

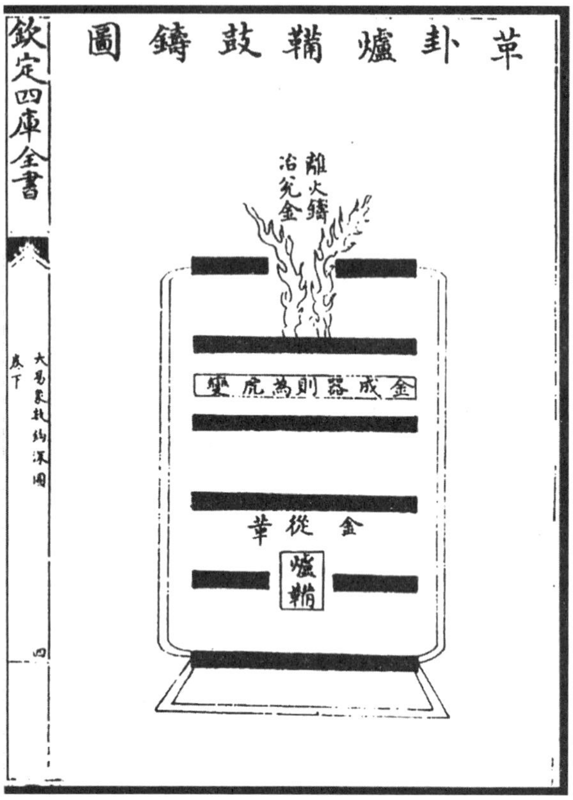

图 71　革卦炉鞴鼓铸图
（张理《大易象数钩深图》）

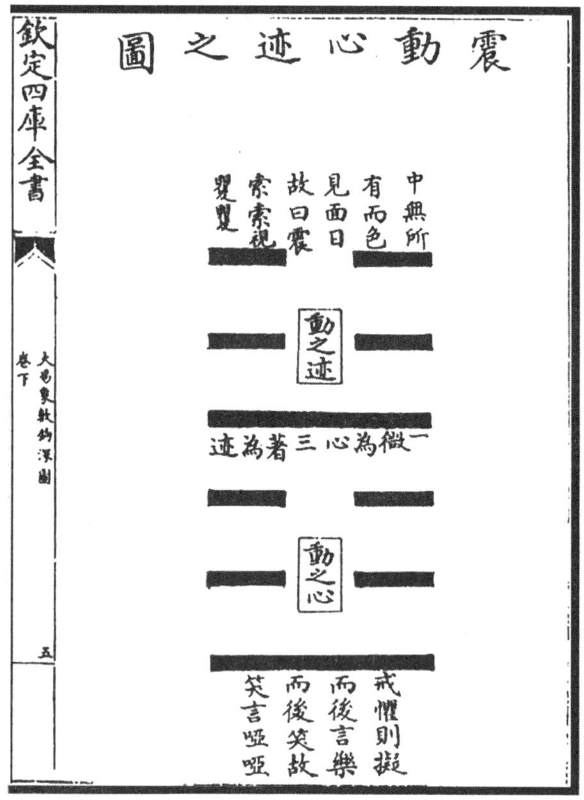

图 72　震动心迹之图
（张理《大易象数钩深图》）

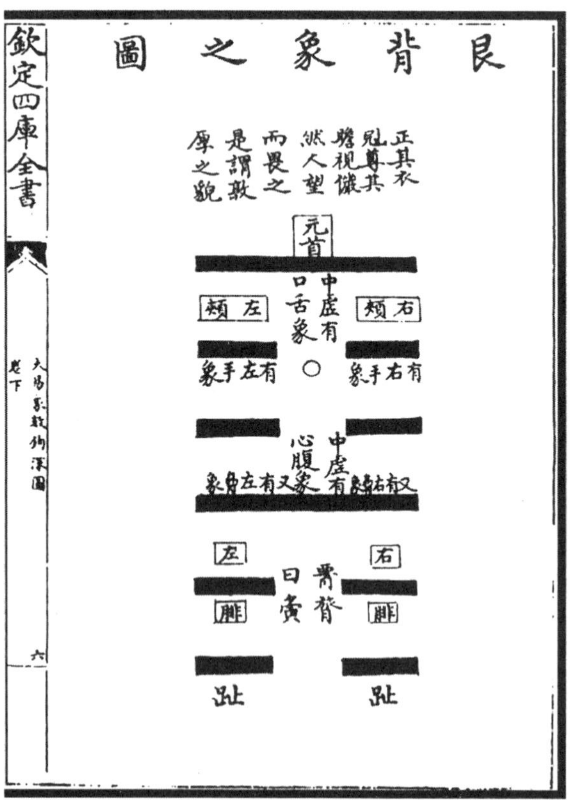

图 73　艮背象之图
（张理《大易象数钩深图》）

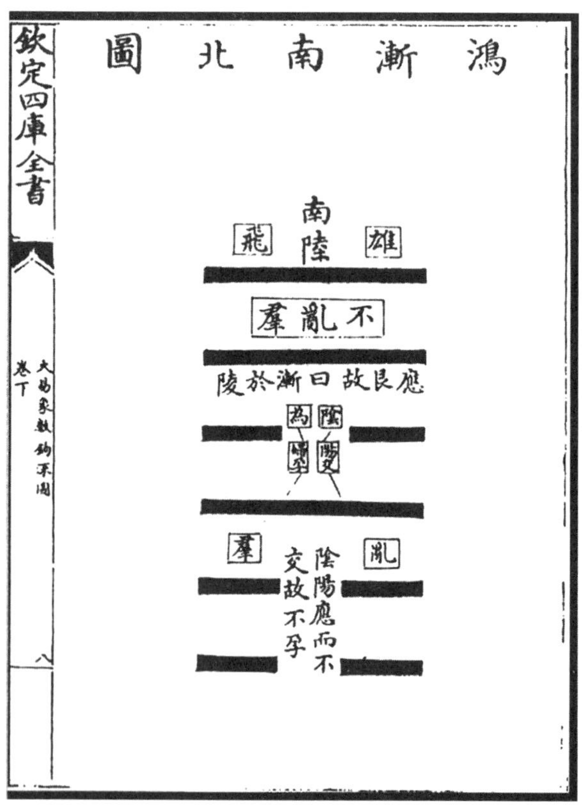

图 74　鸿渐南北图
（张理《大易象数钩深图》）

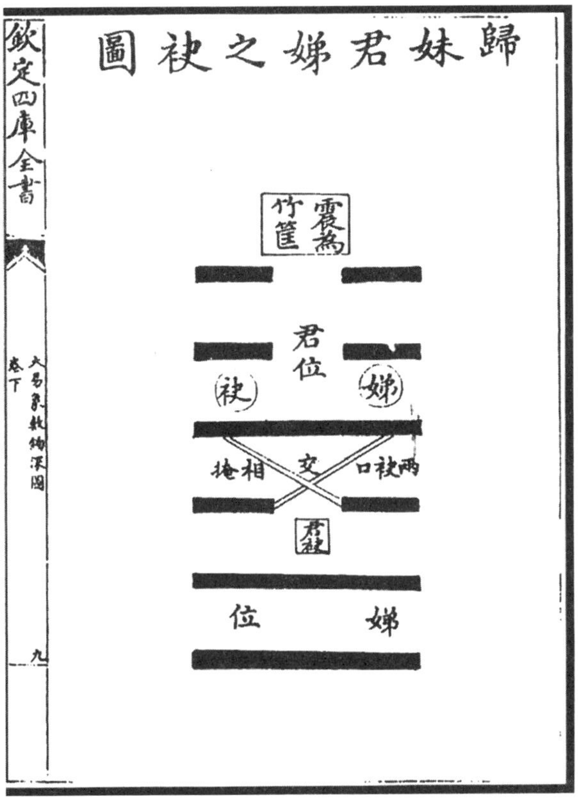

图 75　归妹君娣之袂图
（张理《大易象数钩深图》）

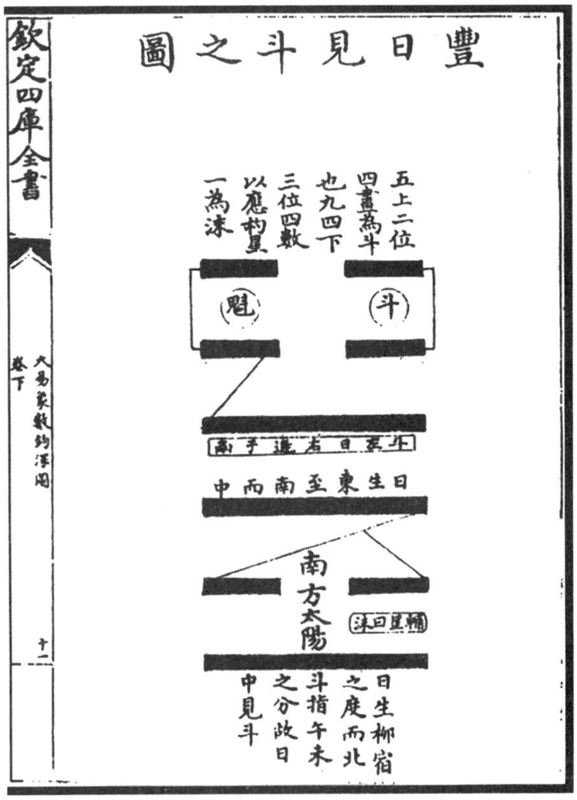

图 76　丰日见斗之图
（张理《大易象数钩深图》）

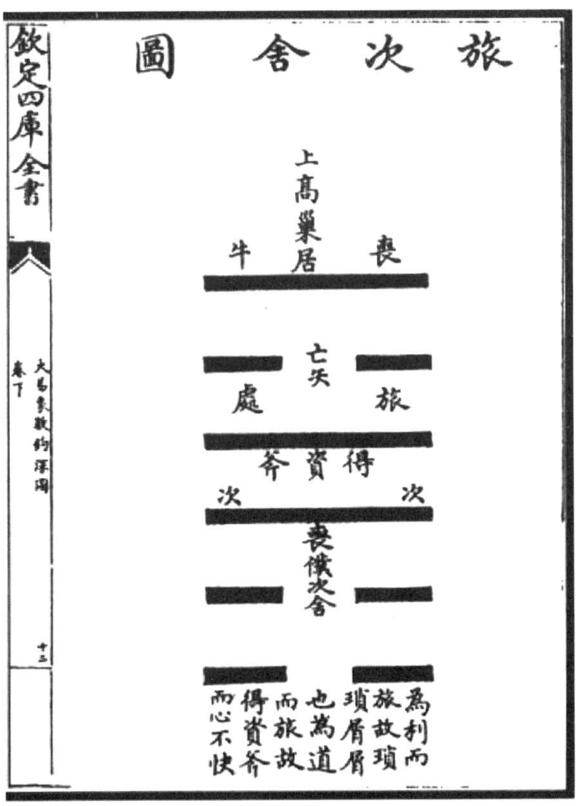

图 77　旅次舍图
（张理《大易象数钩深图》）

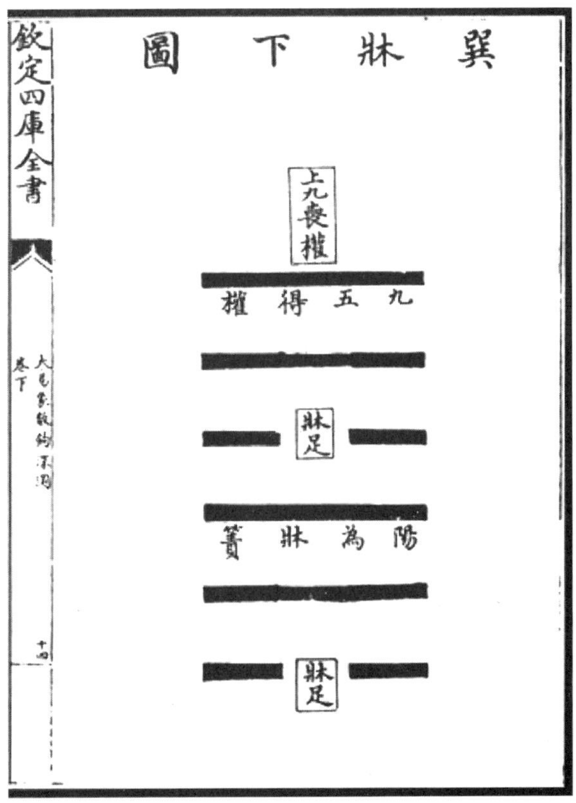

图 78　巽床下图
（张理《大易象数钩深图》）

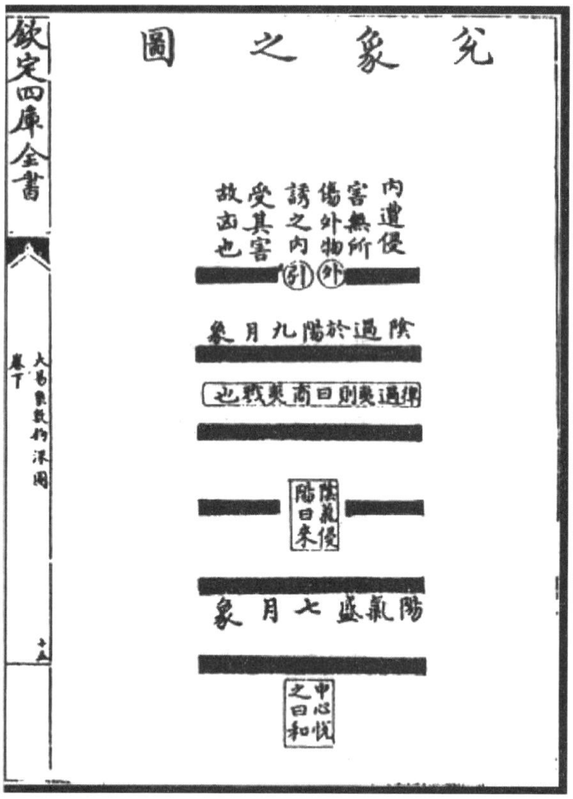

图 79　兑象之图
（张理《大易象数钩深图》）

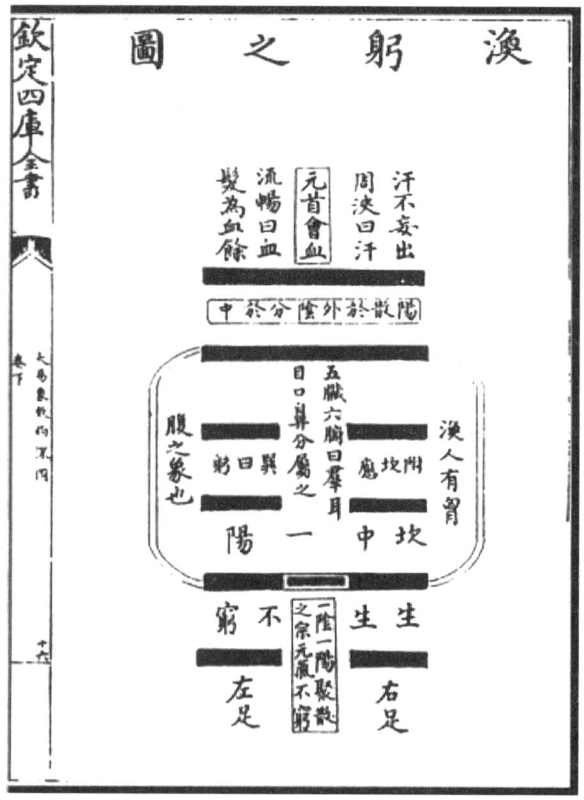

图 80　涣躬之图
（张理《大易象数钩深图》）

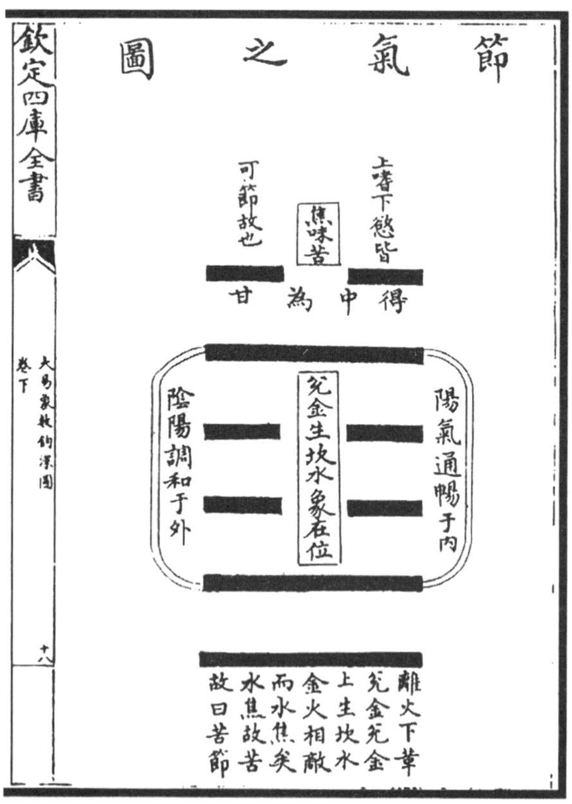

图 81　节气之图
（张理《大易象数钩深图》）

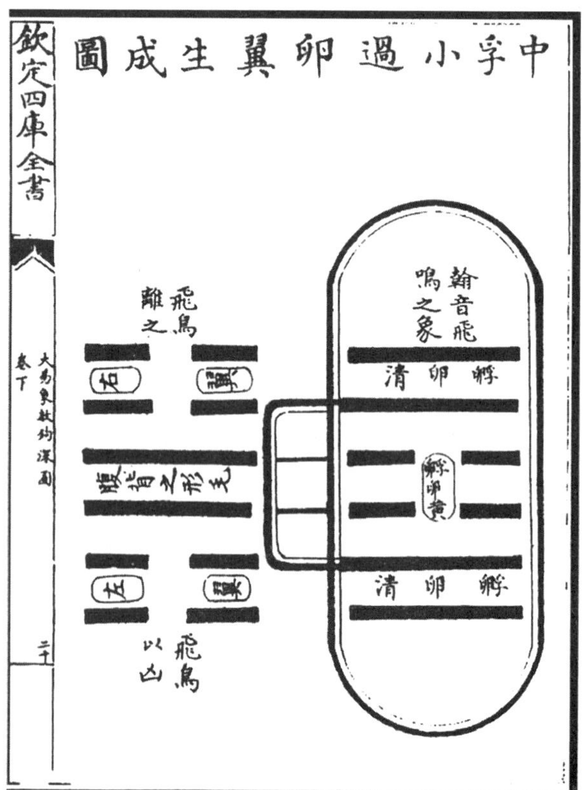

图 82　中孚小过卵翼生成图
（张理《大易象数钩深图》）

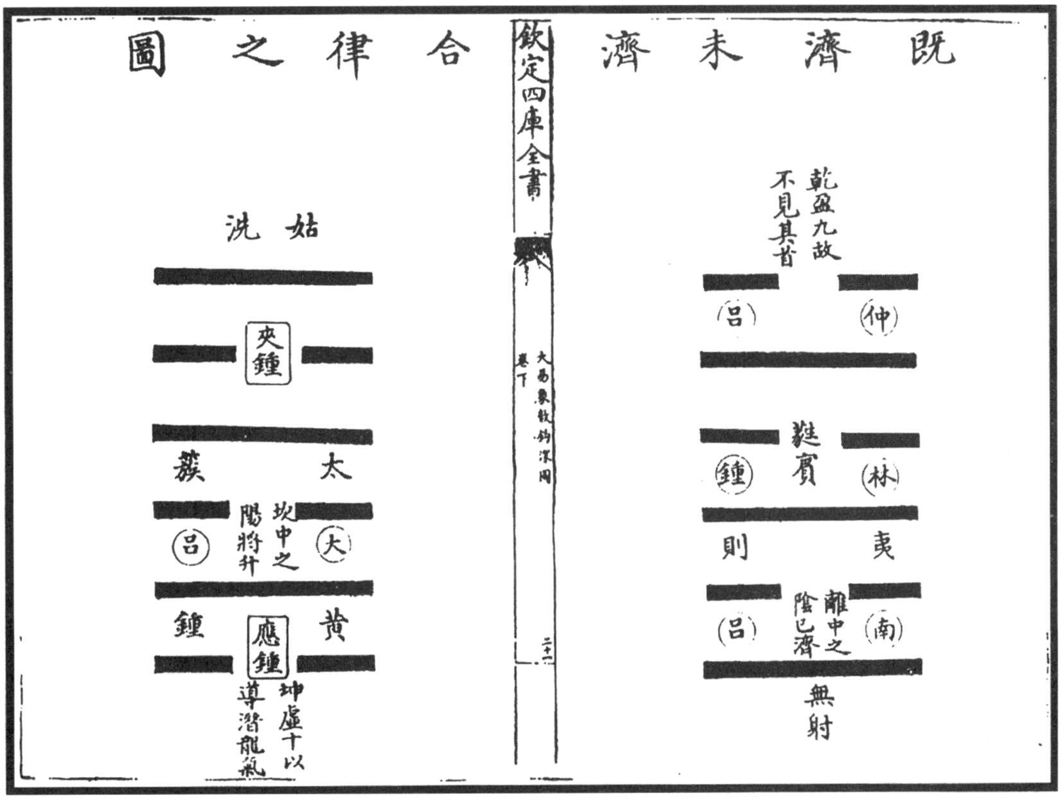

图 83　既济未济合律之图
（张理《大易象数钩深图》）

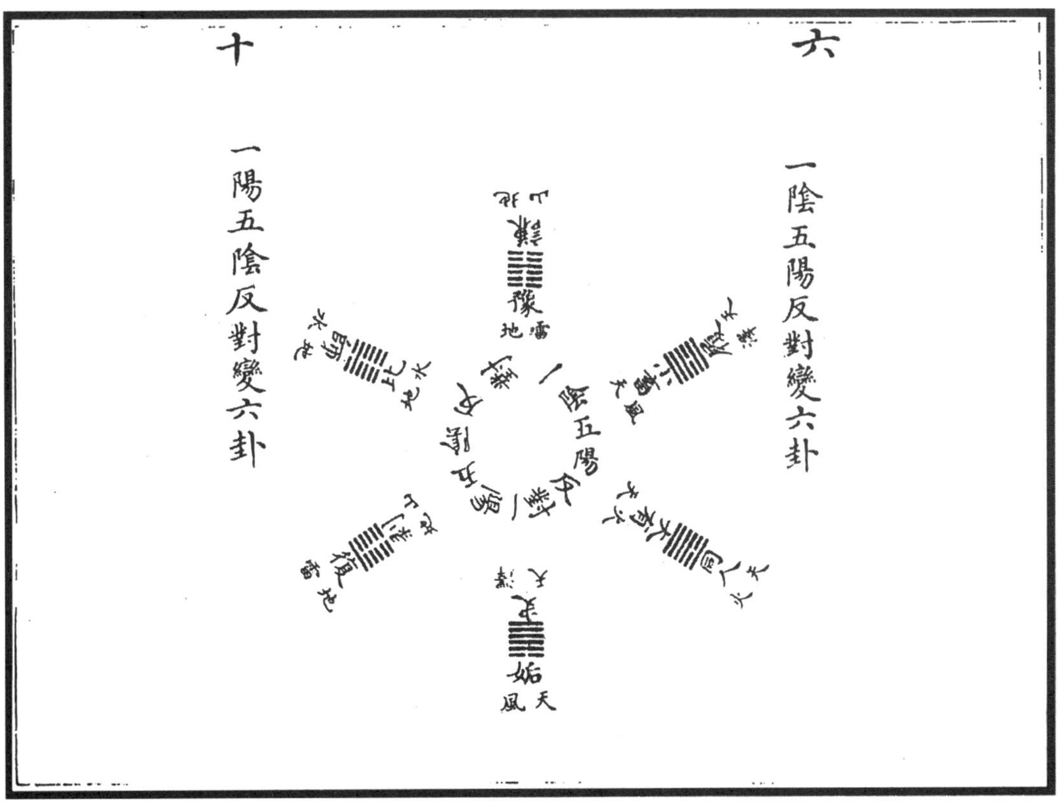

图 84-1　六十四卦反对变图
（张理《大易象数钩深图》）

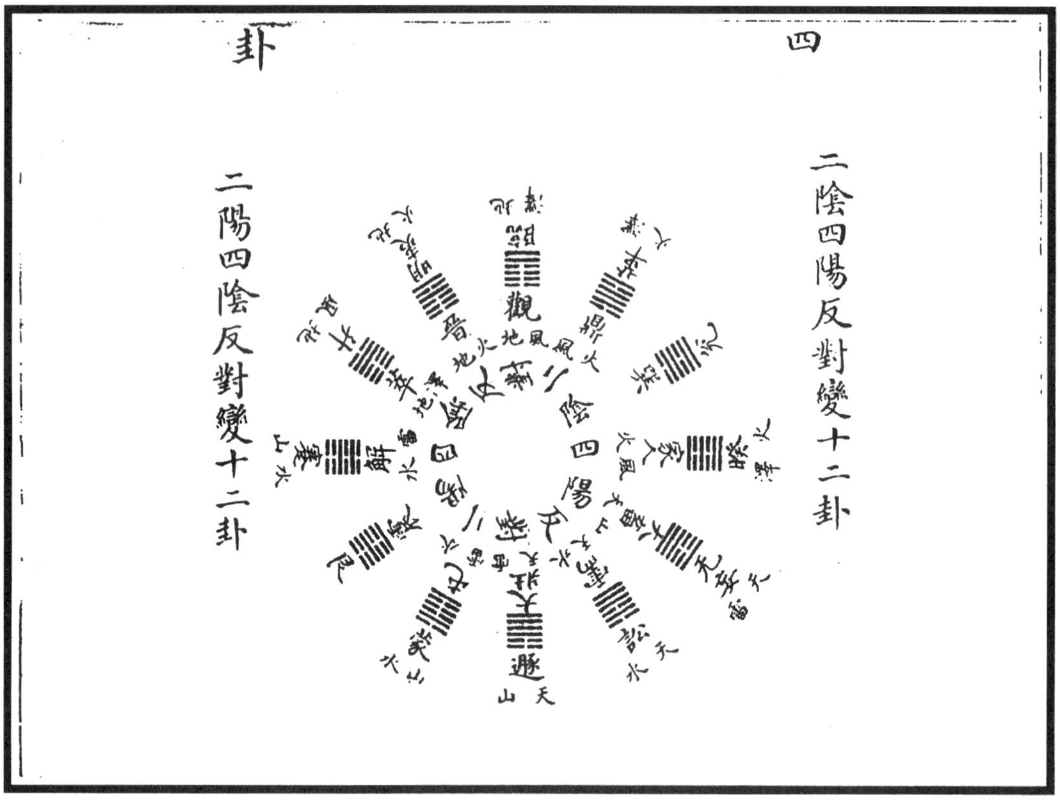

图 84-2 六十四卦反对变图
（张理《大易象数钩深图》）

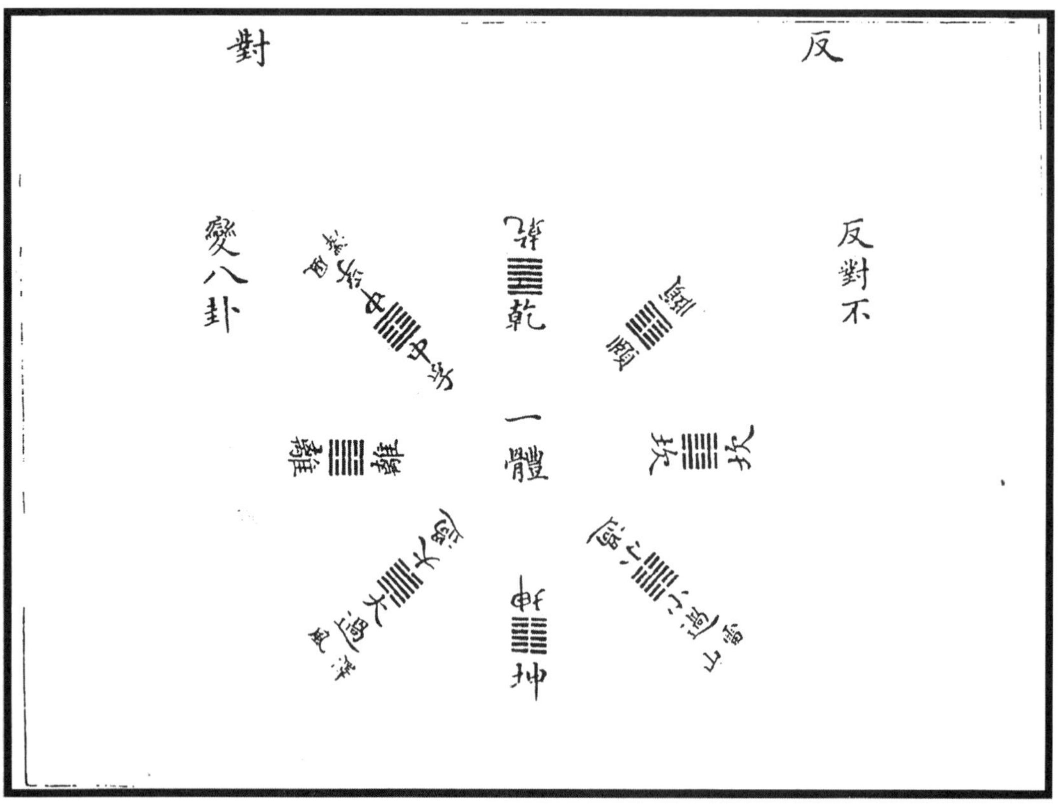

图 84-3 六十四卦反对变图
（张理《大易象数钩深图》）

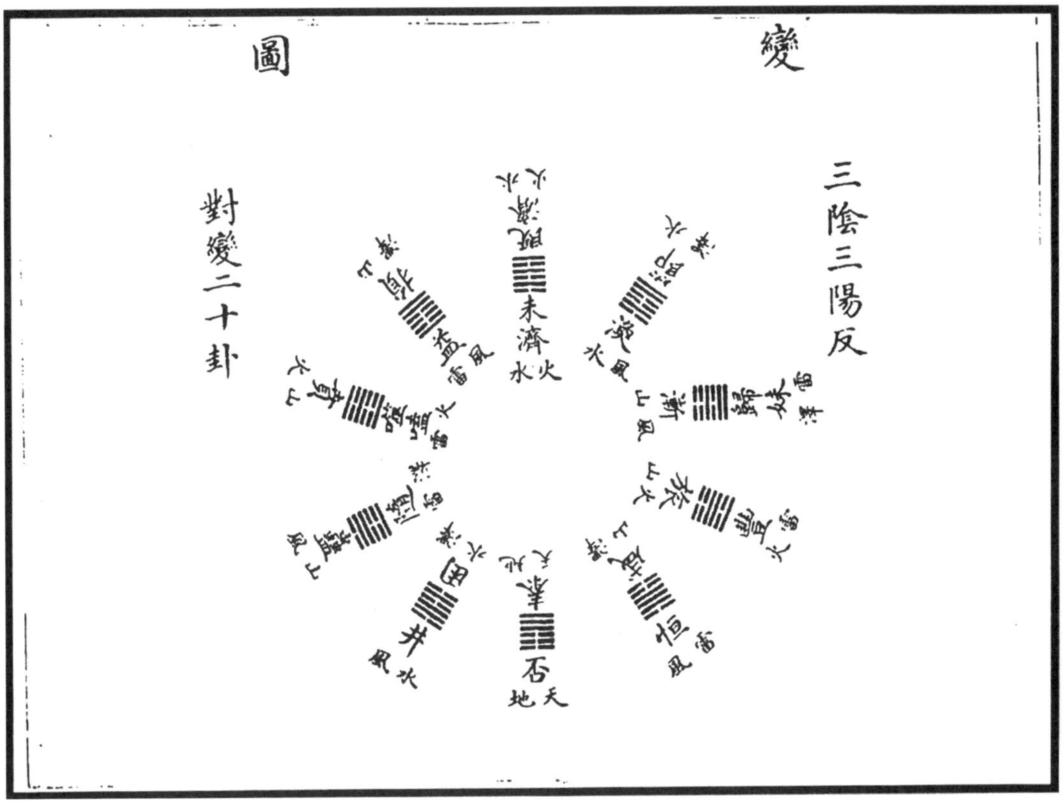

图 84-4　六十四卦反对变图
（张理《大易象数钩深图》）

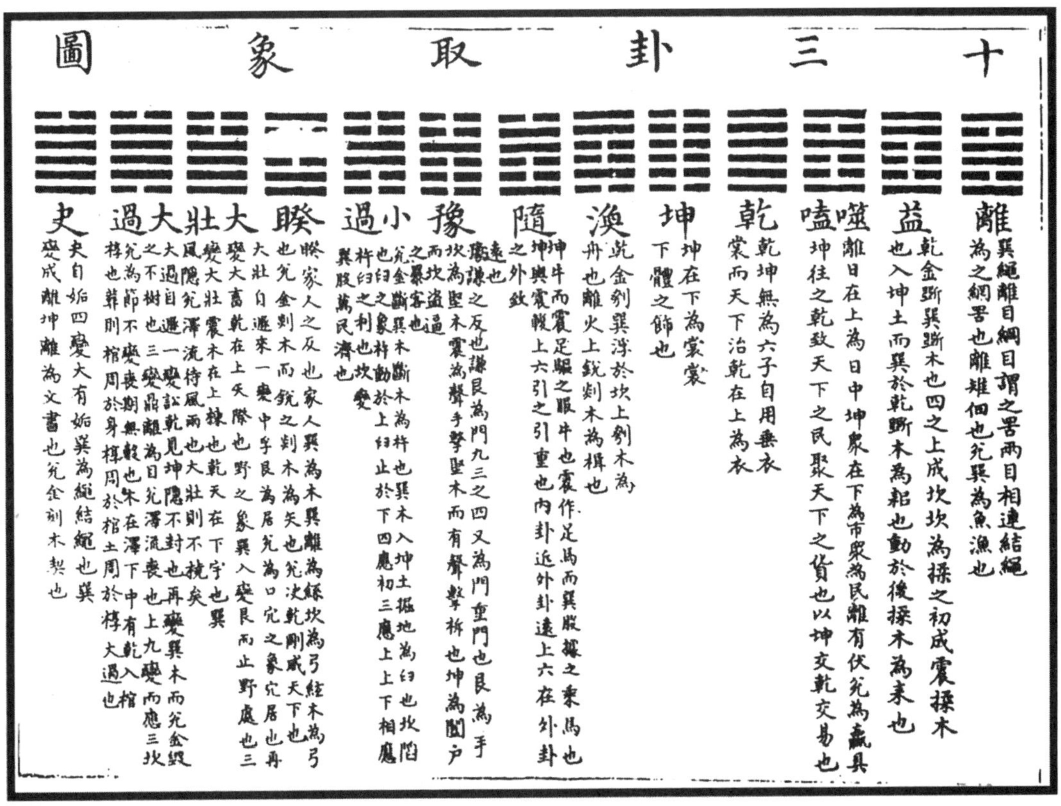

图 85　十三卦取象图
（张理《大易象数钩深图》）

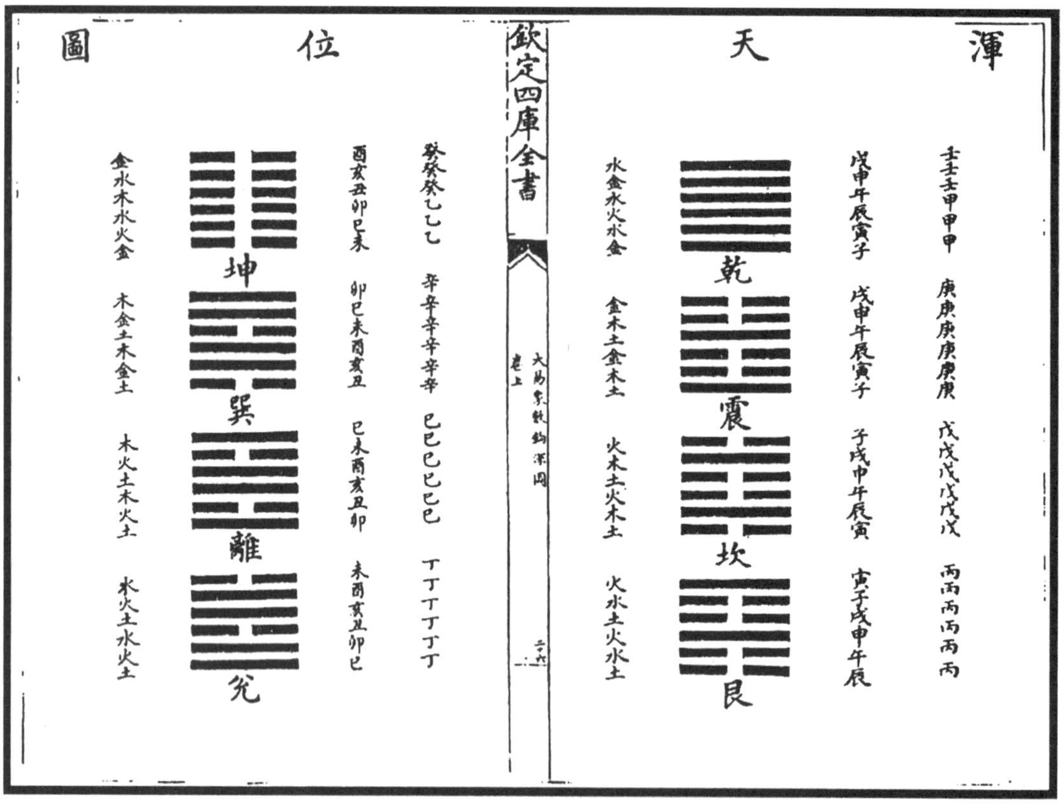

图 86　浑天位图
（张理《大易象数钩深图》）

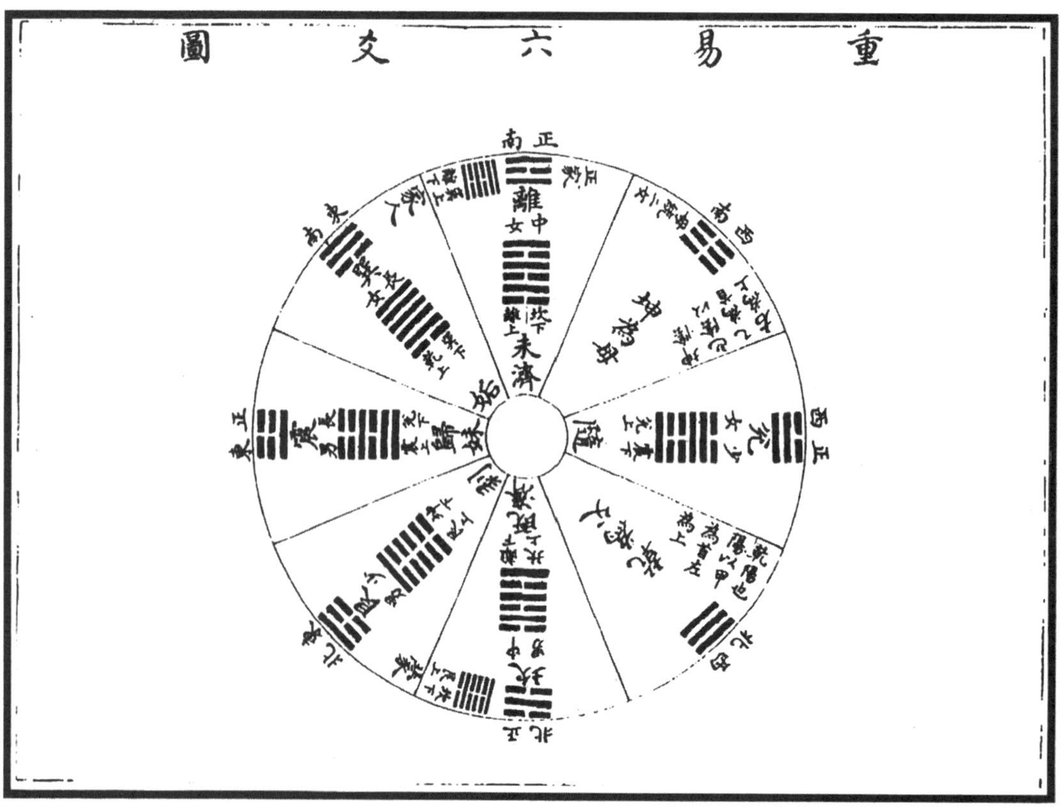

图 87　重易六爻图
（张理《大易象数钩深图》）

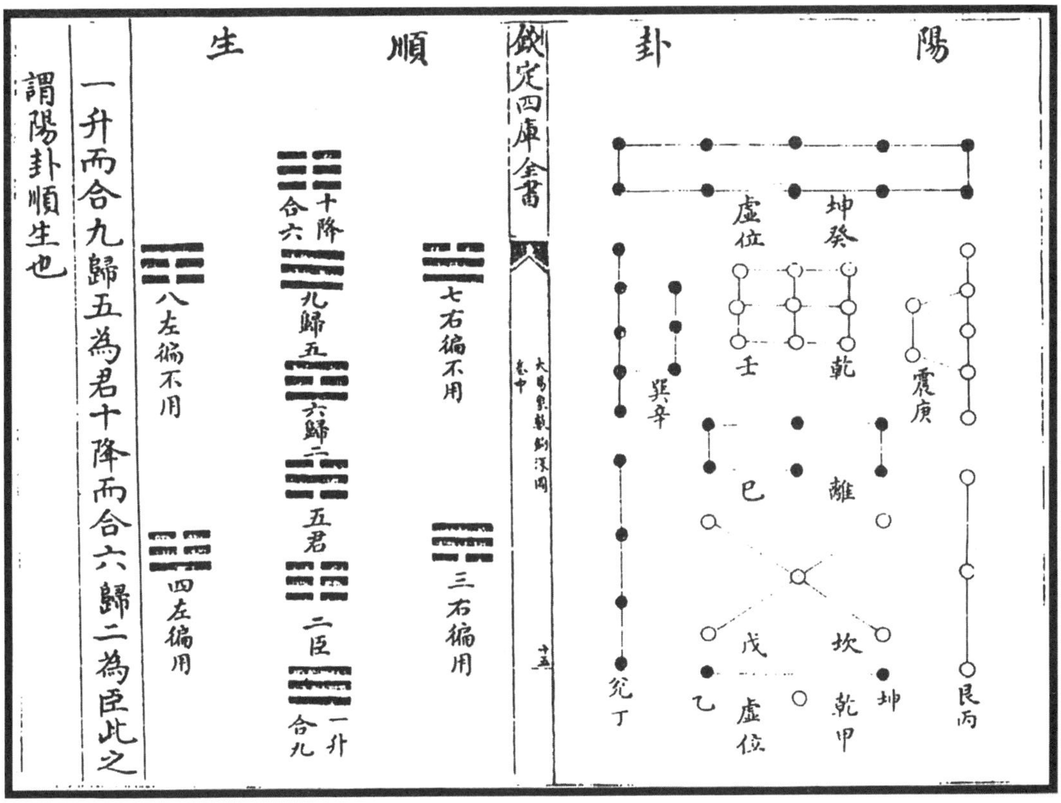

图88 阳卦顺生图
（张理《大易象数钩深图》）

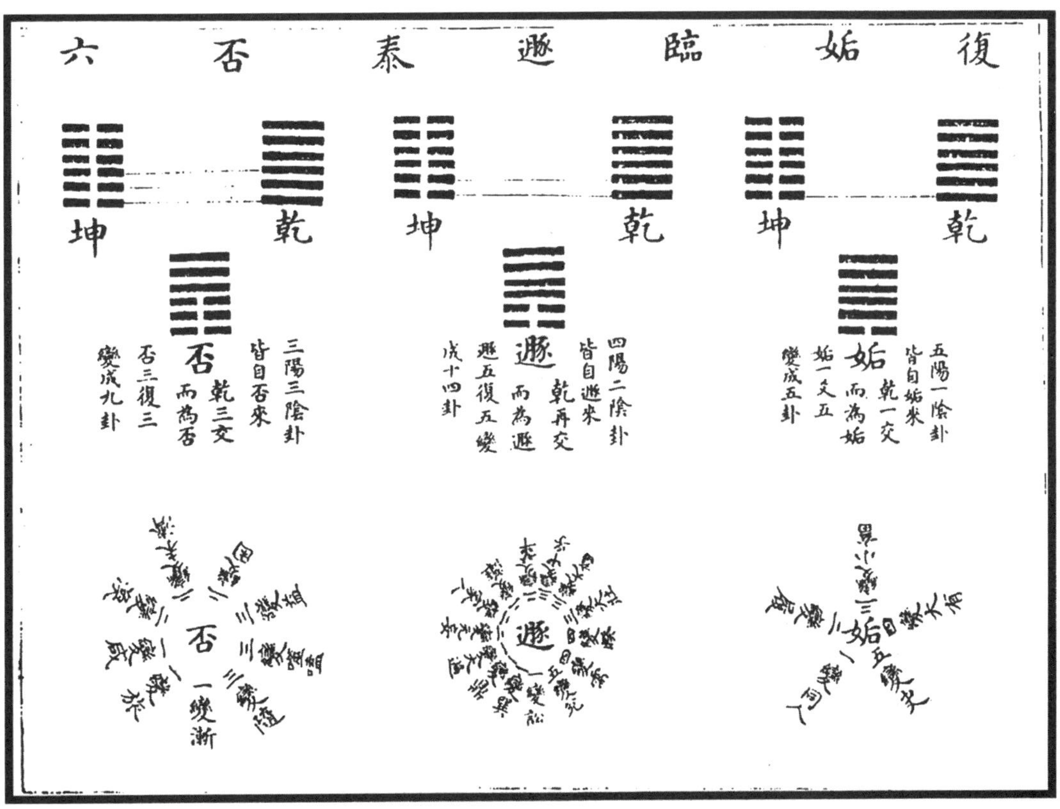

图89-1 复姤临遁泰否六卦生六十四卦图
（张理《大易象数钩深图》）

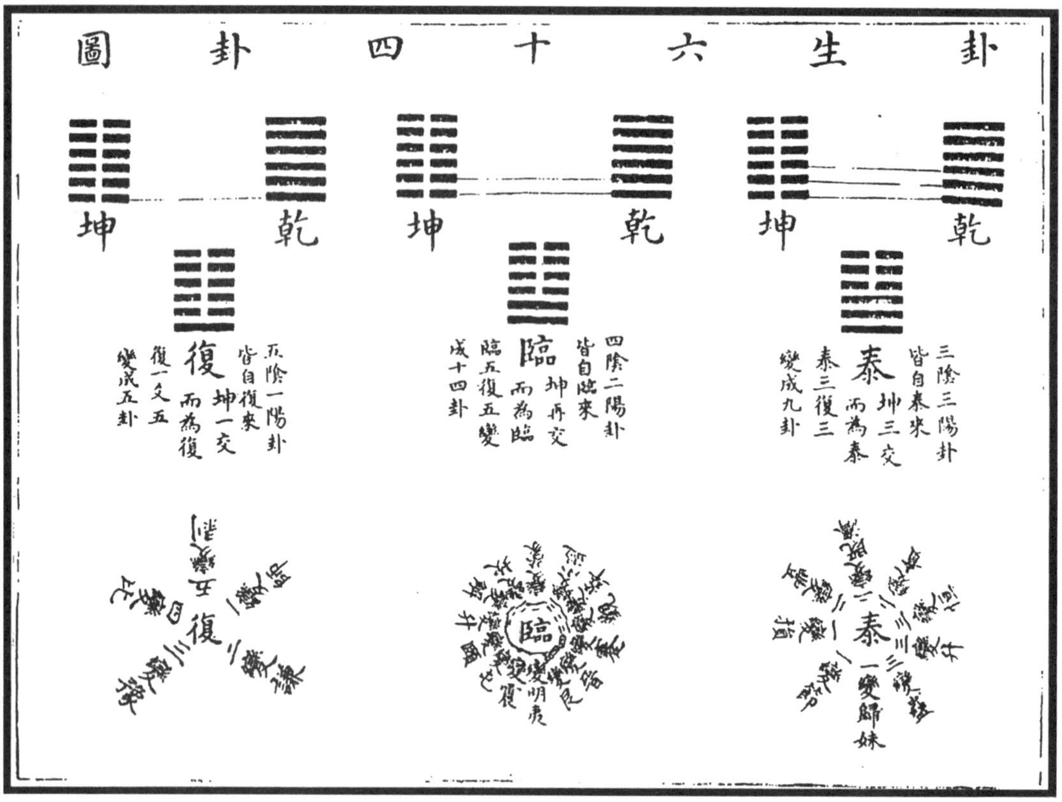

图 89-2 复姤临遁泰否六卦生六十四卦图
（张理《大易象数钩深图》）

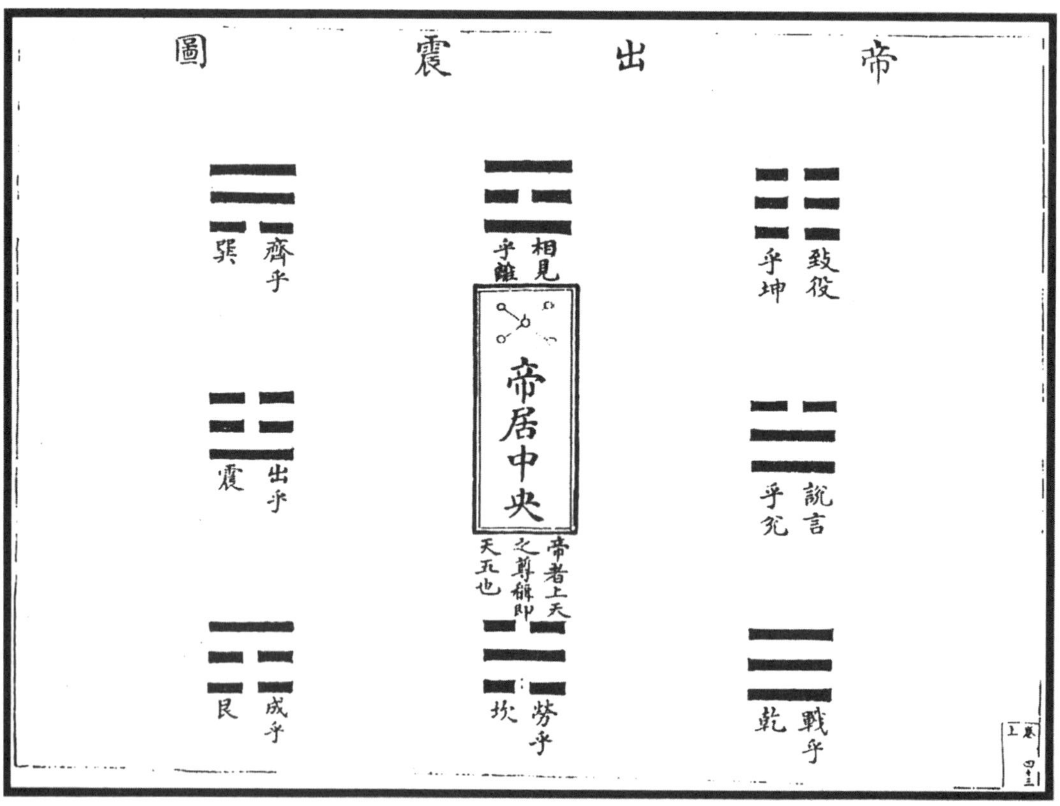

图 90 帝出震图
（张理《大易象数钩深图》）

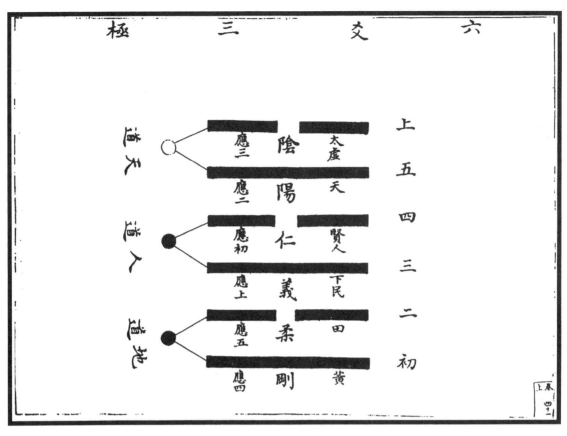

图91　六爻三极图
（张理《大易象数钩深图》）

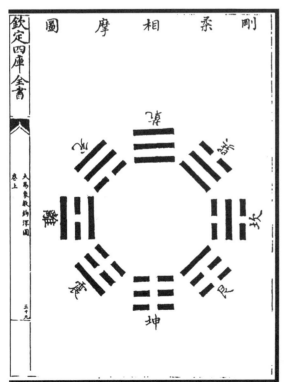

图92　刚柔相摩图
（张理《大易象数钩深图》）

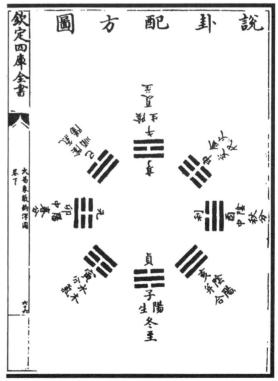

图93　说卦配方图
（张理《大易象数钩深图》）

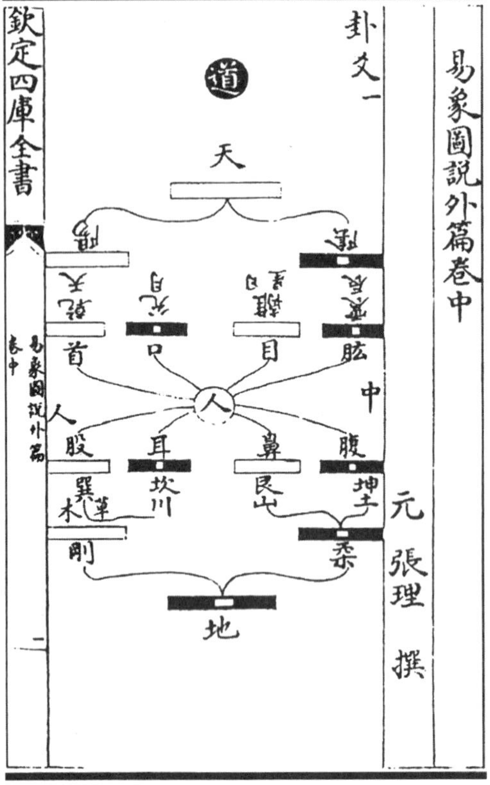

图94 四象八卦六位之图
（张理《易象图说》）

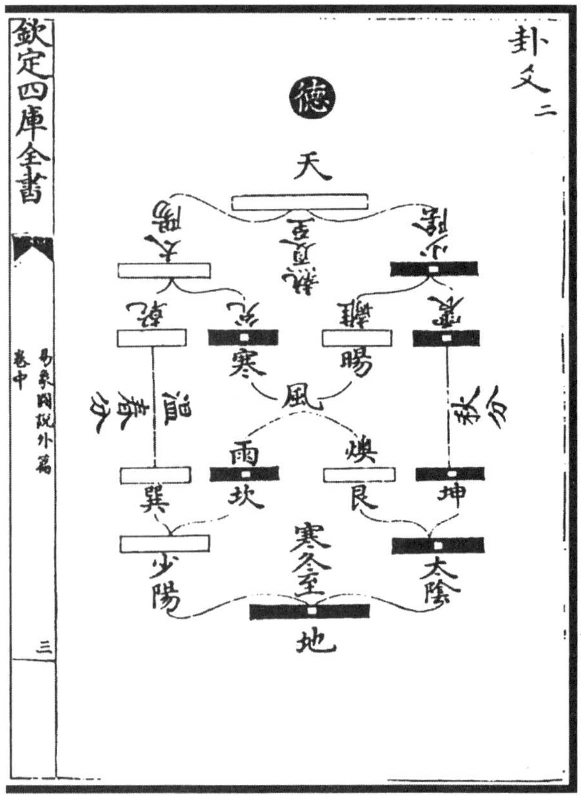

图95 四时八卦六节之图
（张理《易象图说》）

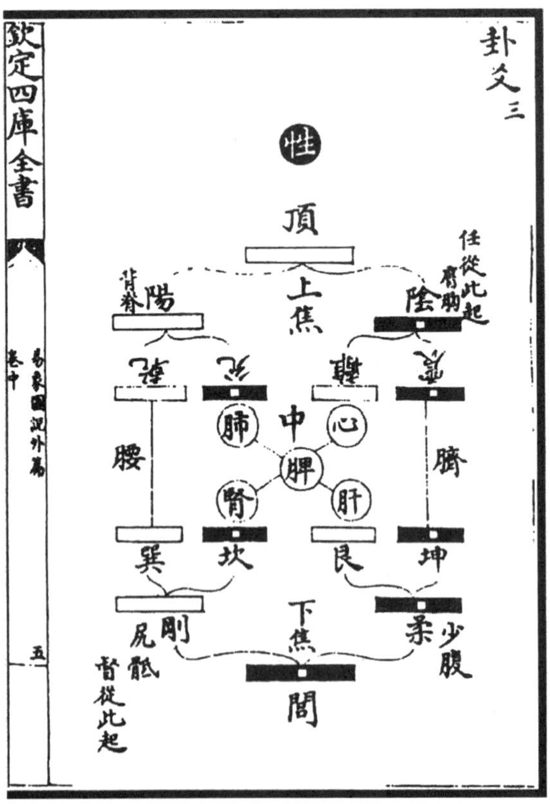

图96 四象八卦六体之图
（张理《易象图说》）

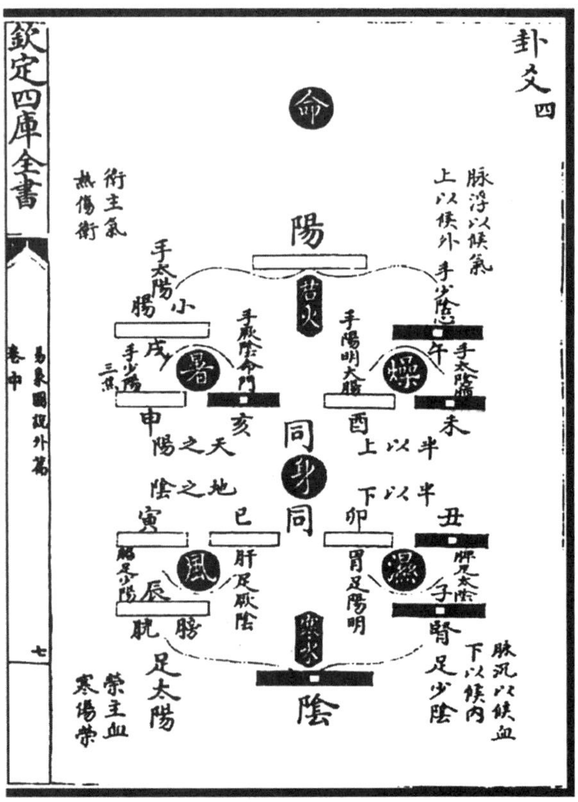

图97 四象八卦六脉之图
（张理《易象图说》）

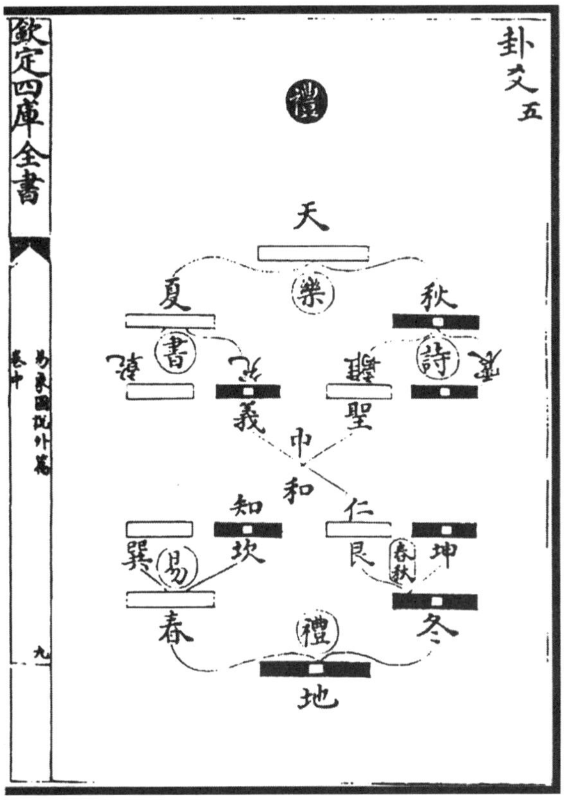

图 98　四象八卦六经之图
（张理《易象图说》）

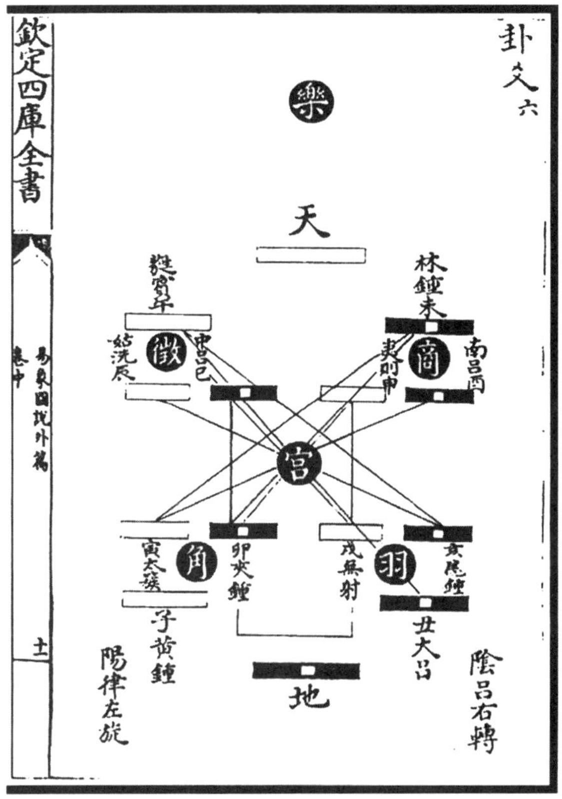

图 99　四象八卦六律之图
（张理《易象图说》）

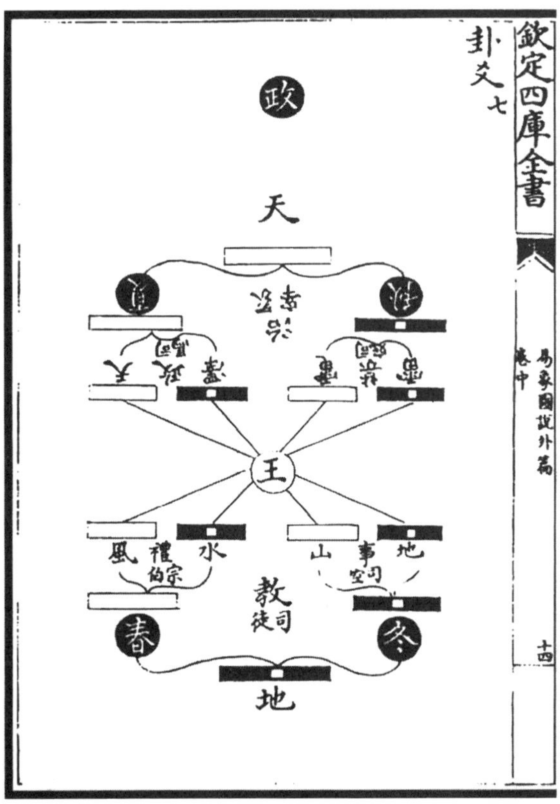

图 100　四象八卦六典之图
（张理《易象图说》）

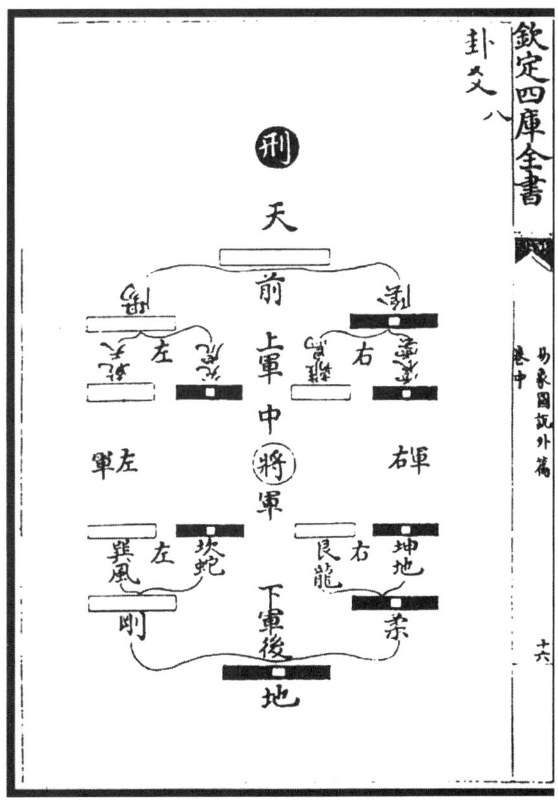

图 101　四象八卦六师之图
（张理《易象图说》）

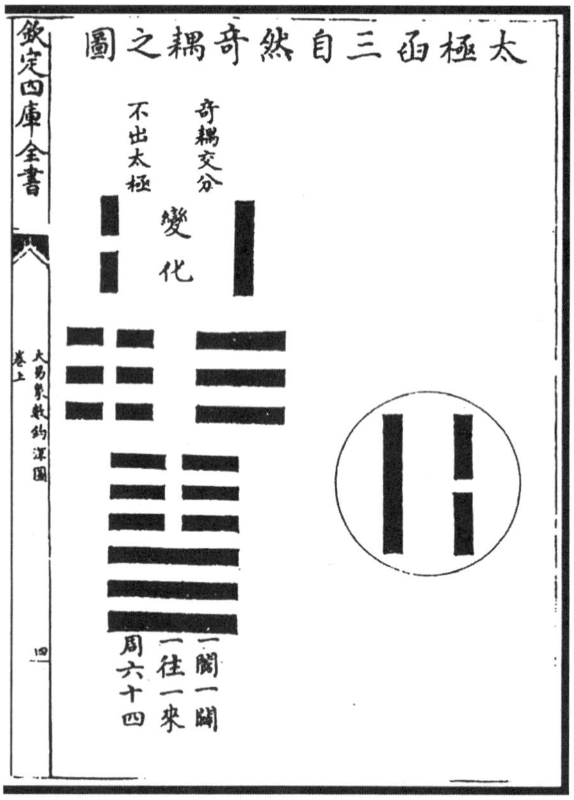

图 102 太极函三自然奇偶之图
(张理《大易象数钩深图》)

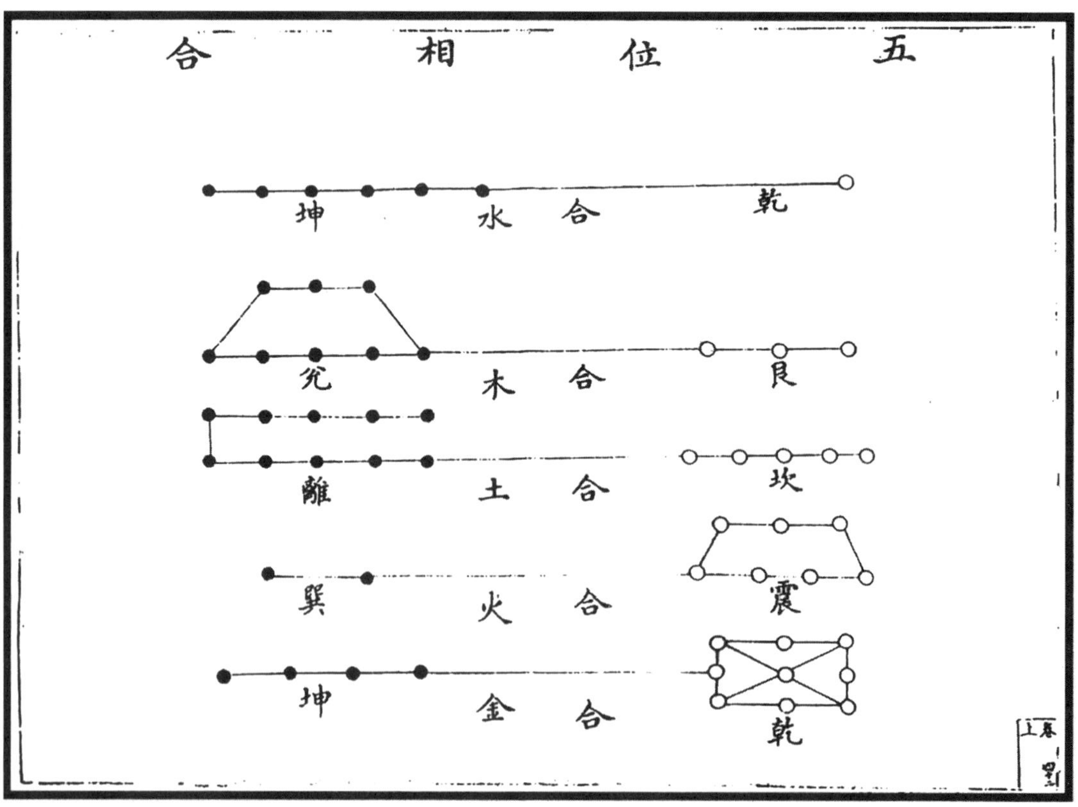

图 103 五位相合图
(张理《大易象数钩深图》)

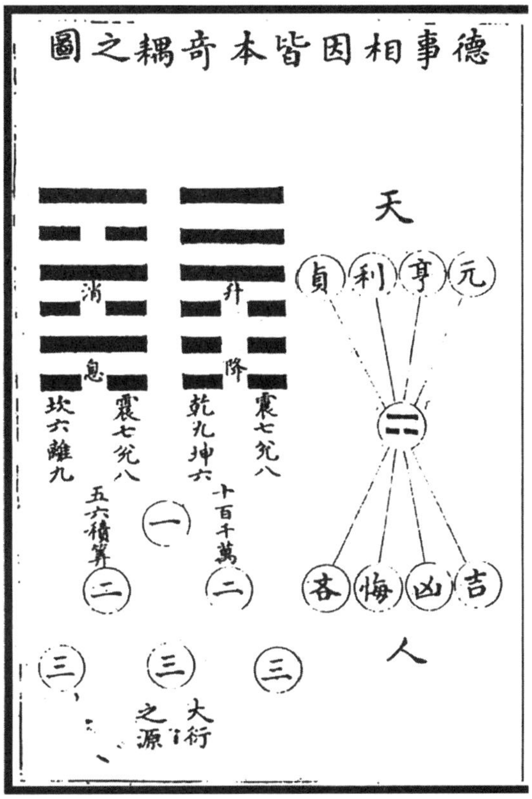

图 104　德事相因皆本奇偶之图
（张理《大易象数钩深图》）

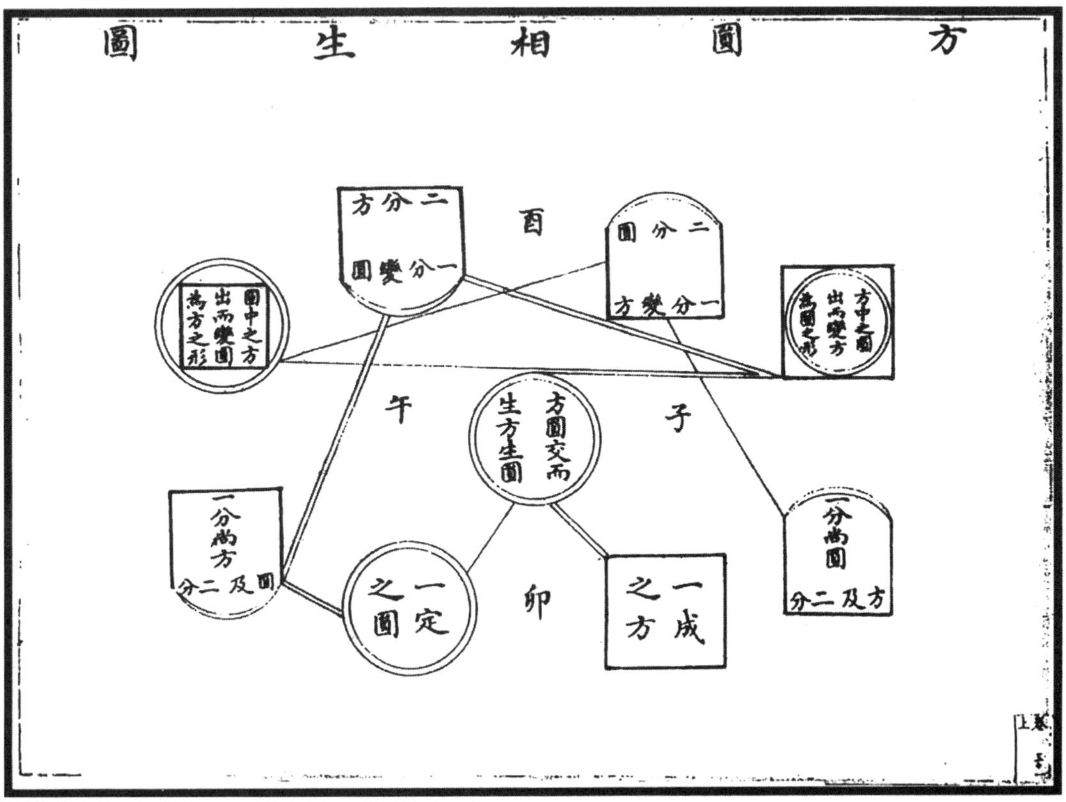

图 105　方圆相生图
（张理《大易象数钩深图》）

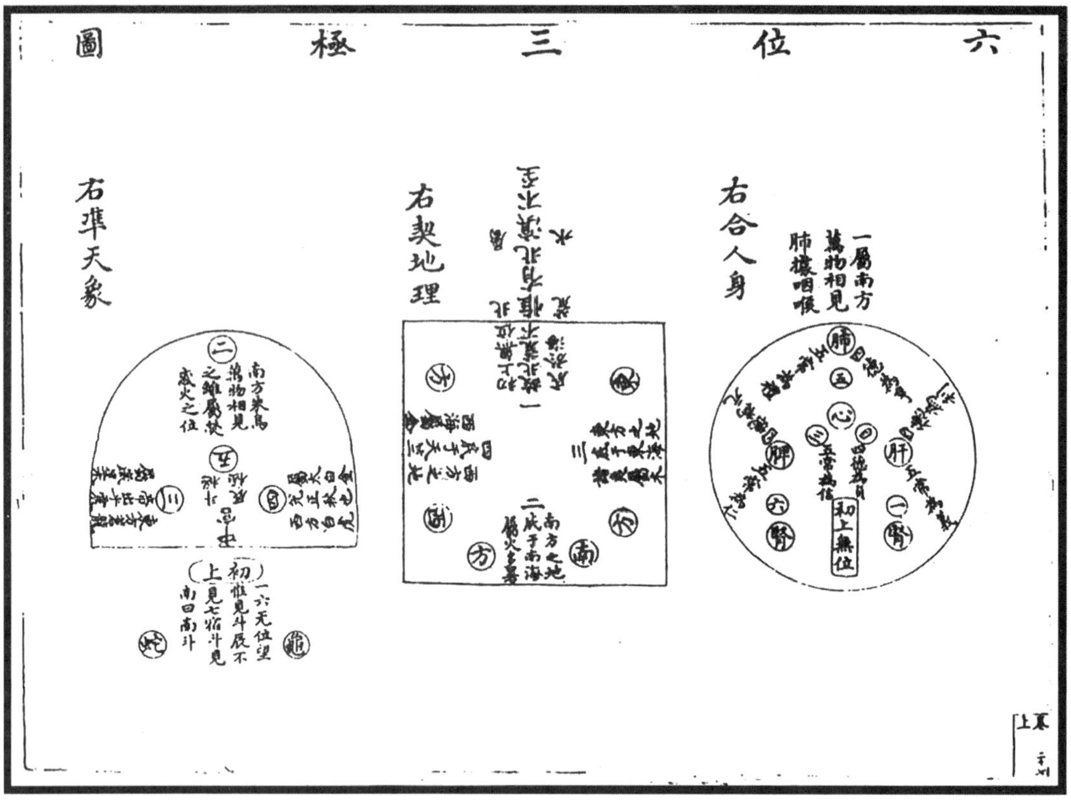

图 106 六位三极图
（张理《大易象数钩深图》）

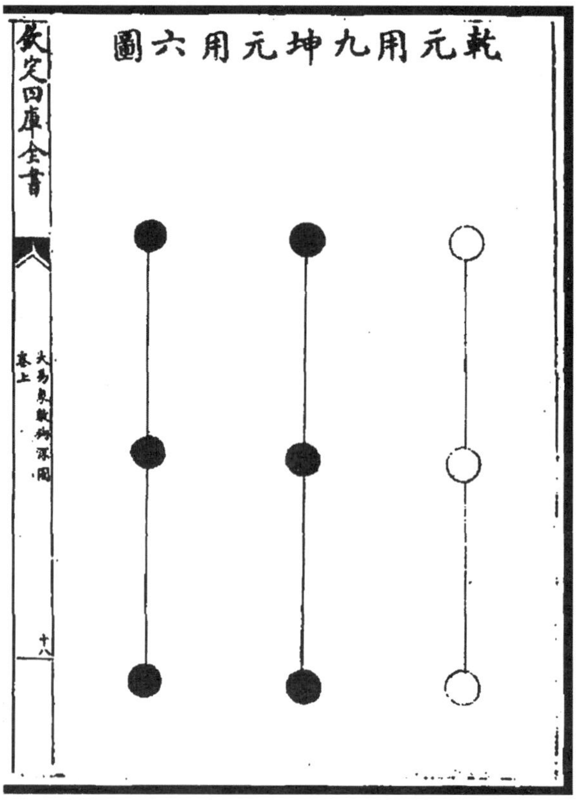

图 107 乾元用九坤元用六图
（张理《大易象数钩深图》）

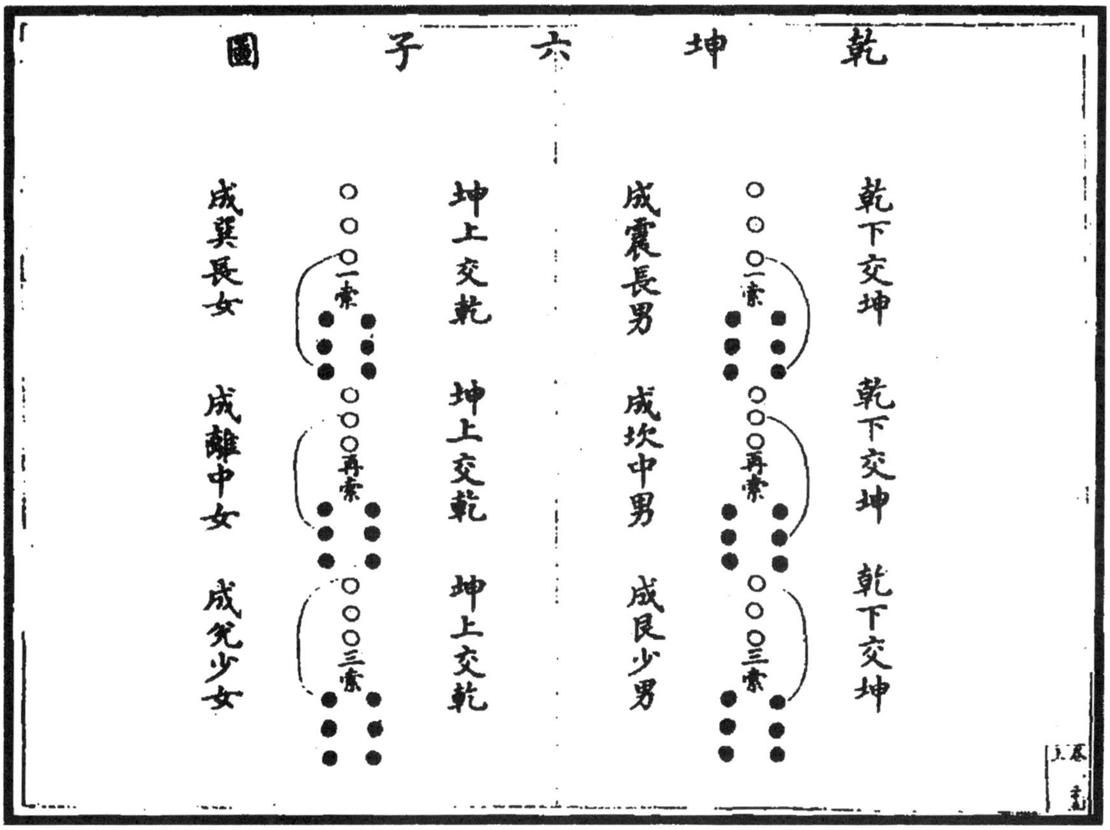

图 108　乾坤六子图
（张理《大易象数钩深图》）

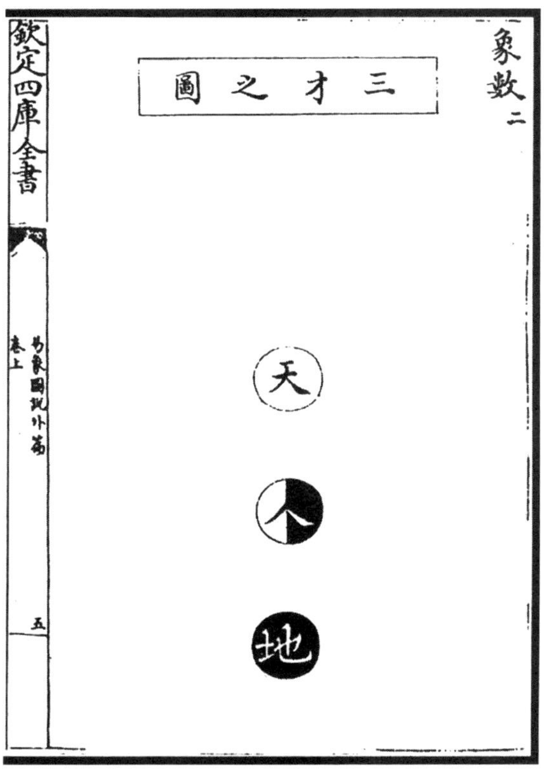

图 109　三才之图
（张理《易象图说》）

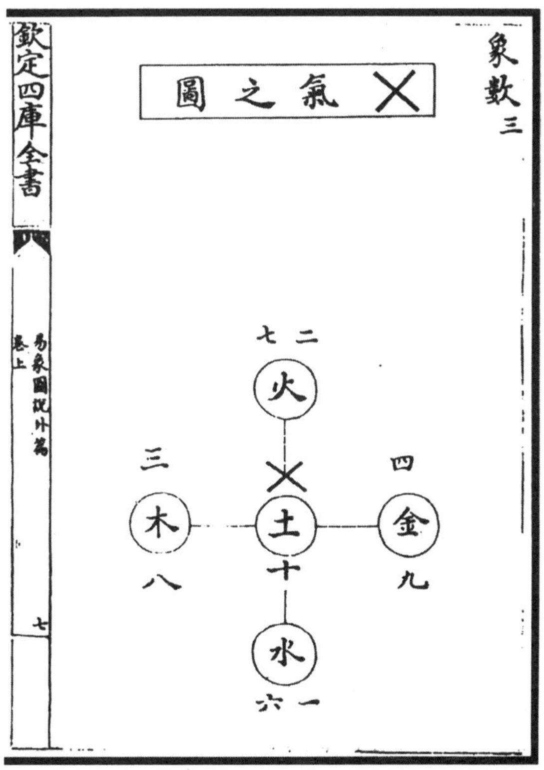

图 110　五气之图
（张理《易象图说》）

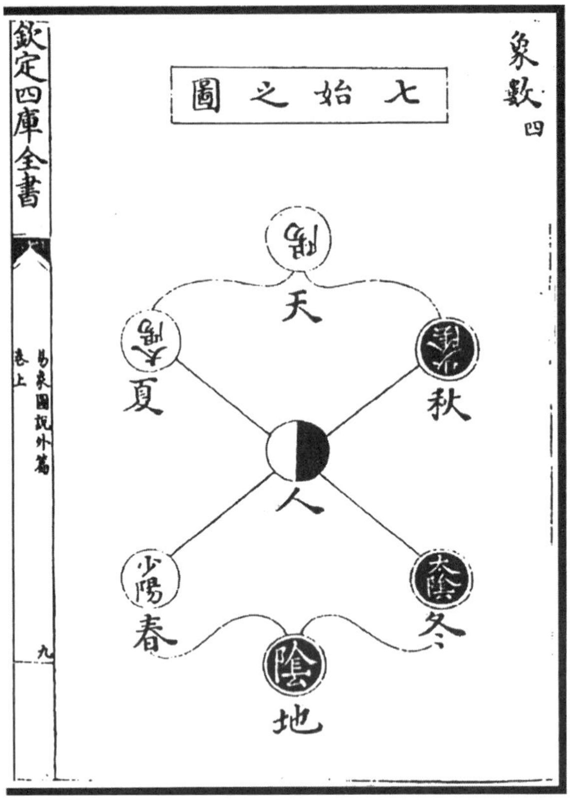

图 111　七始之图
（张理《易象图说》）

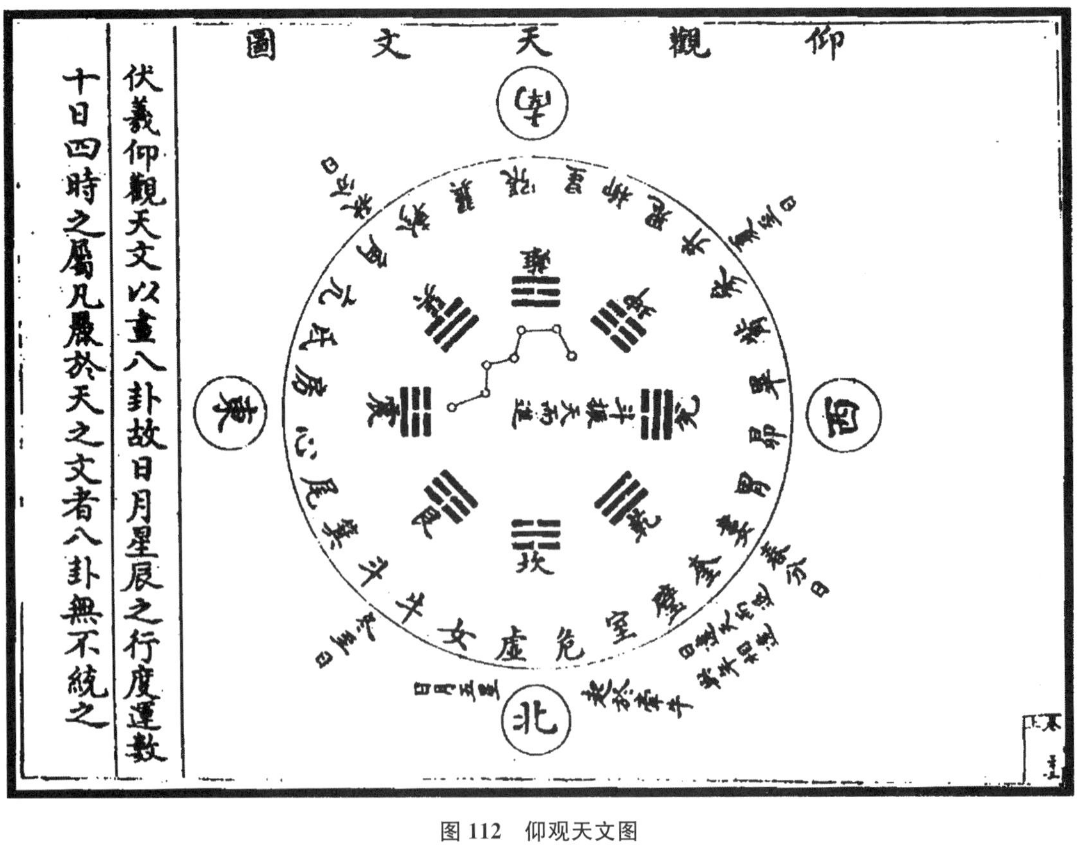

图 112　仰观天文图
（张理《大易象数钩深图》）

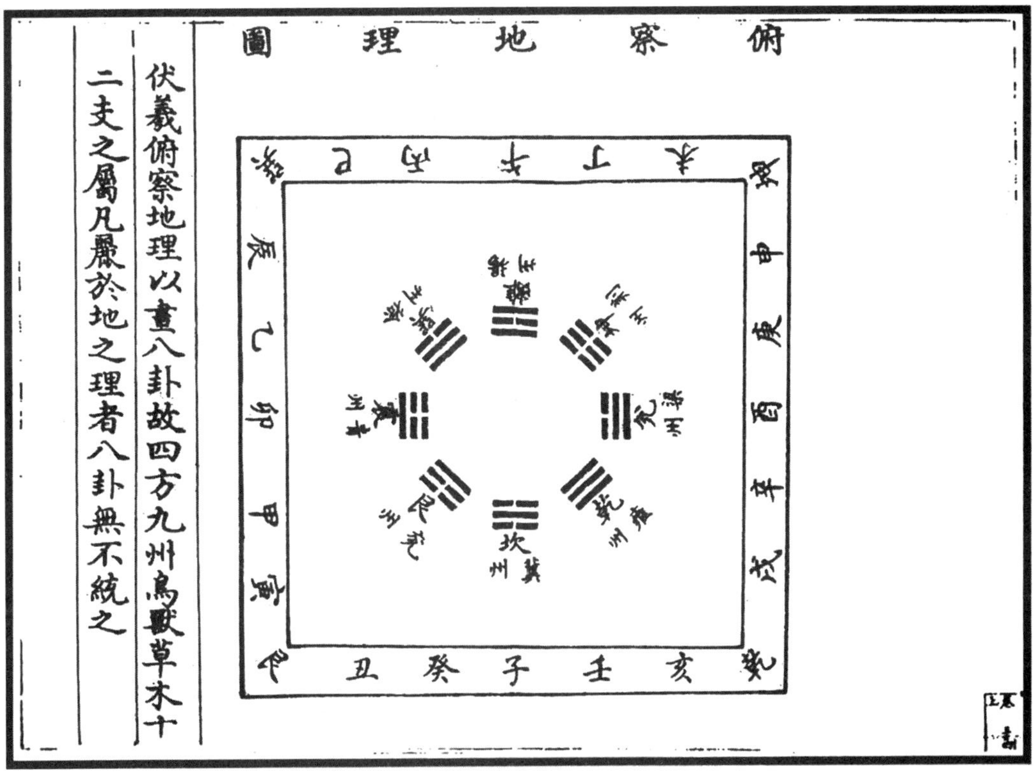

图113 俯察地理图
（张理《大易象数钩深图》）

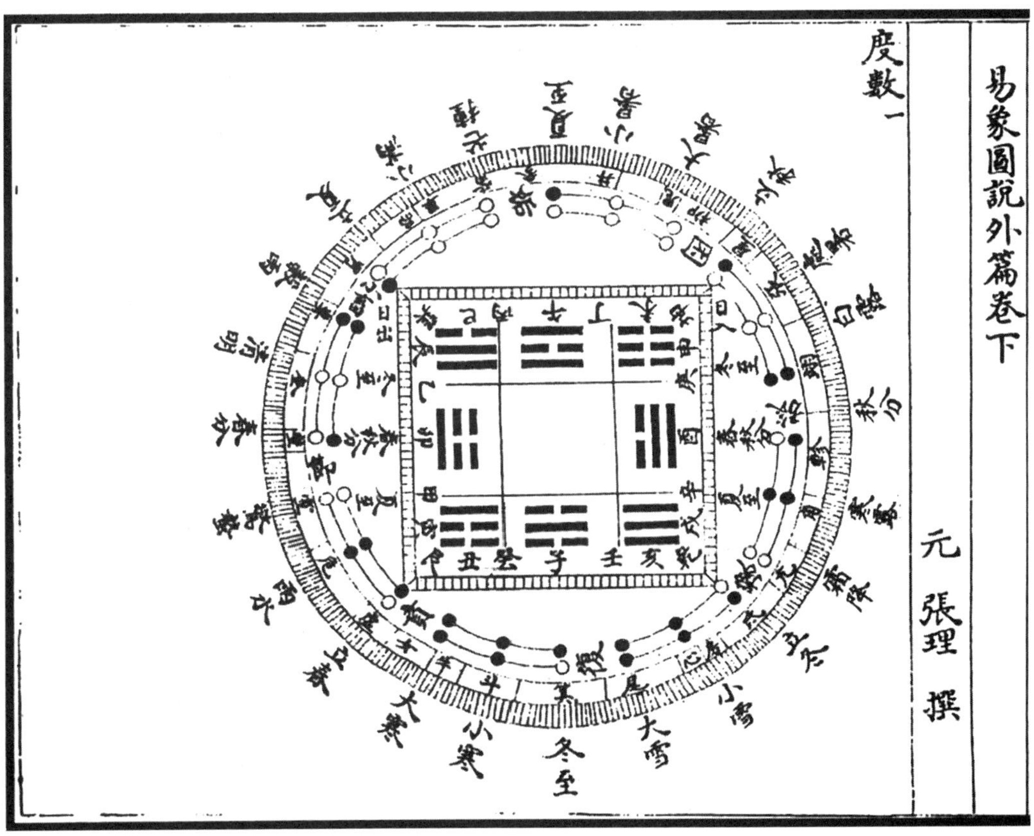

图114 度数一图
（张理《易象图说》）

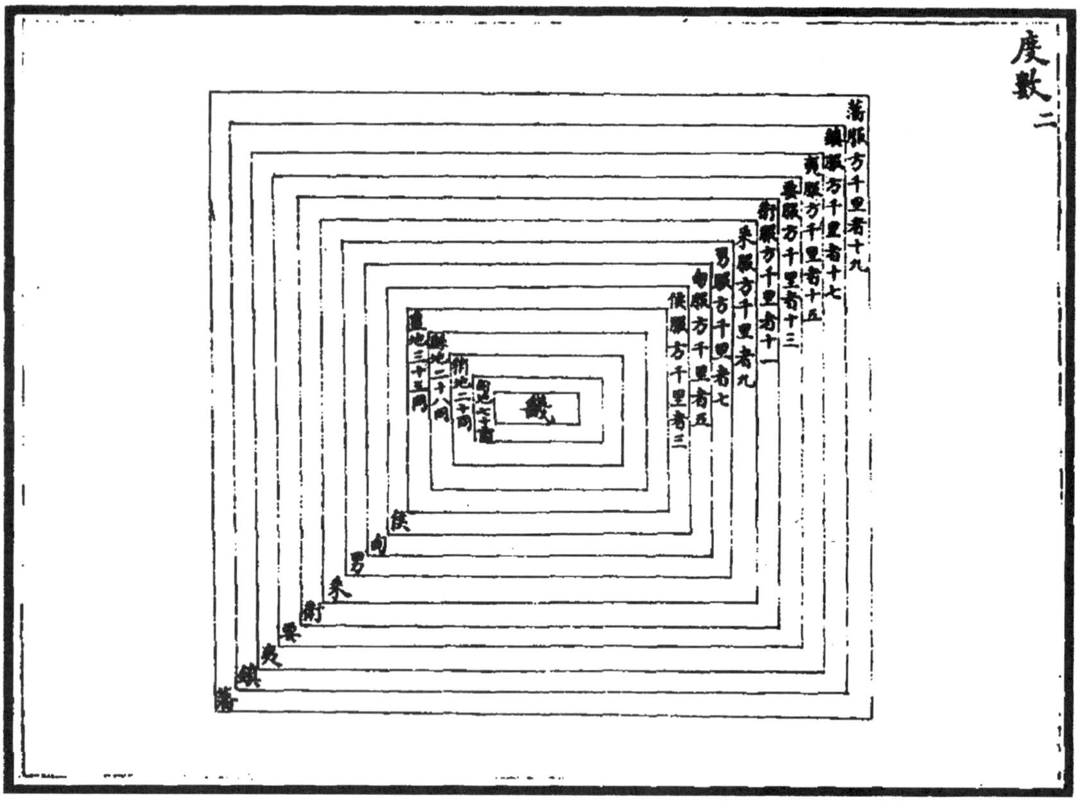

图 115　度数二图
（张理《易象图说》）

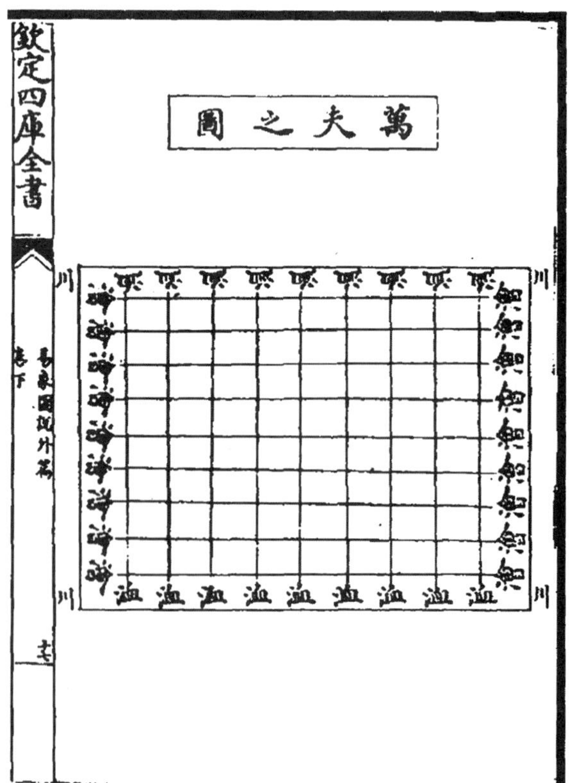

图 116　万夫之图
（张理《易象图说》）

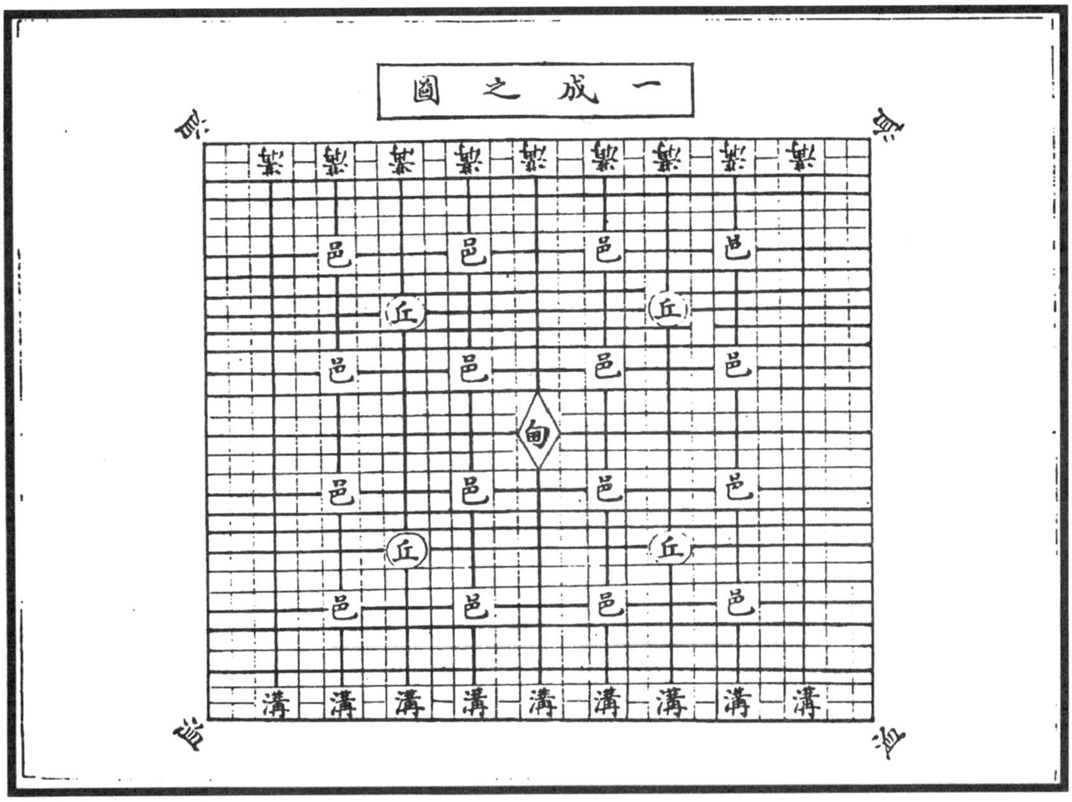

图 117 一成之图
（张理《易象图说》）

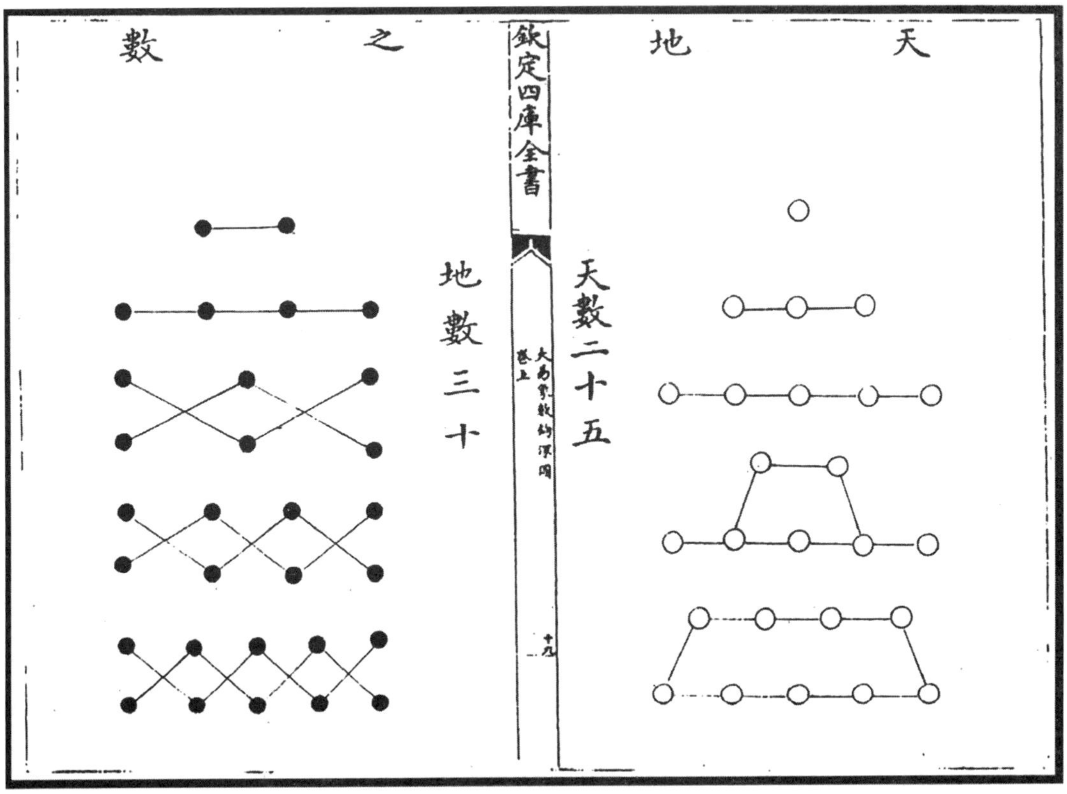

图 118 天地之数图
（张理《大易象数钩深图》）

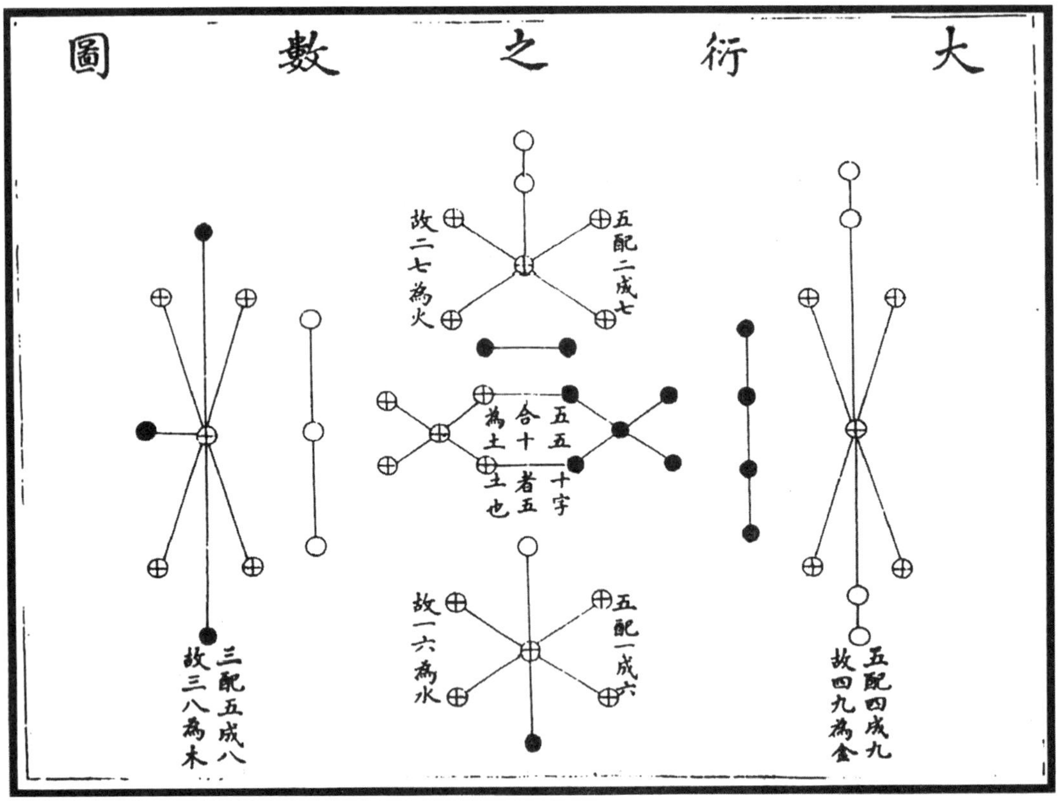

图 119 大衍之数图
（张理《大易象数钩深图》）

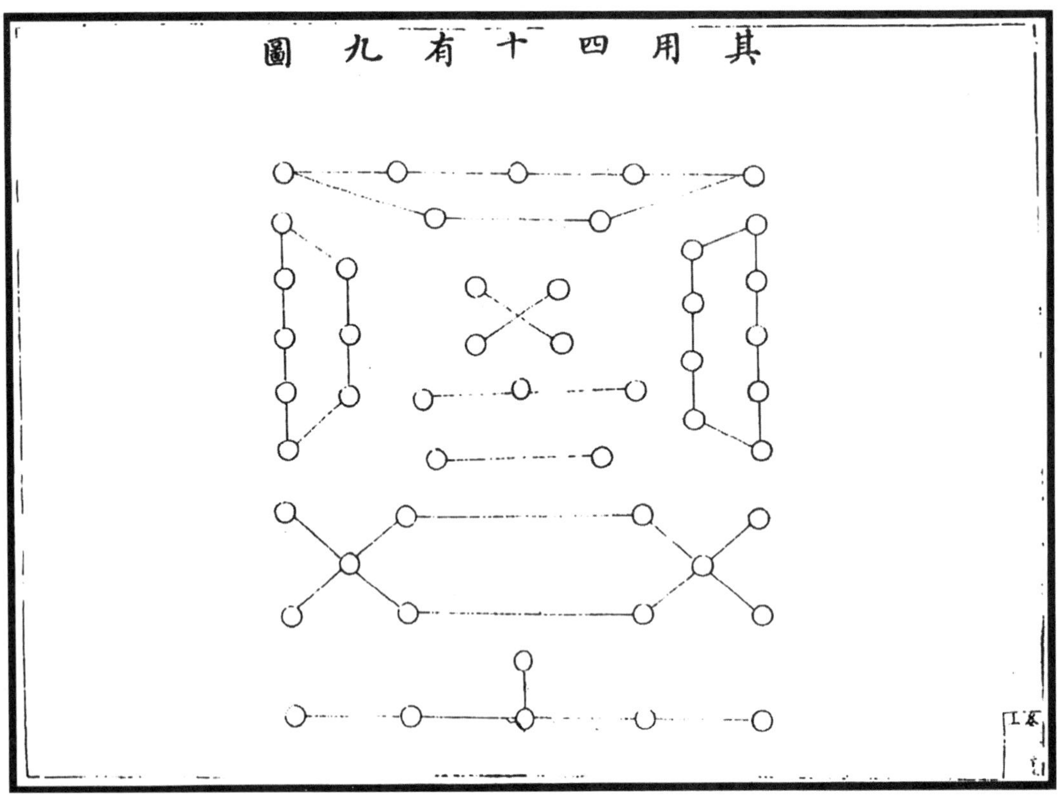

图 120 其用四十有九图
（张理《大易象数钩深图》）

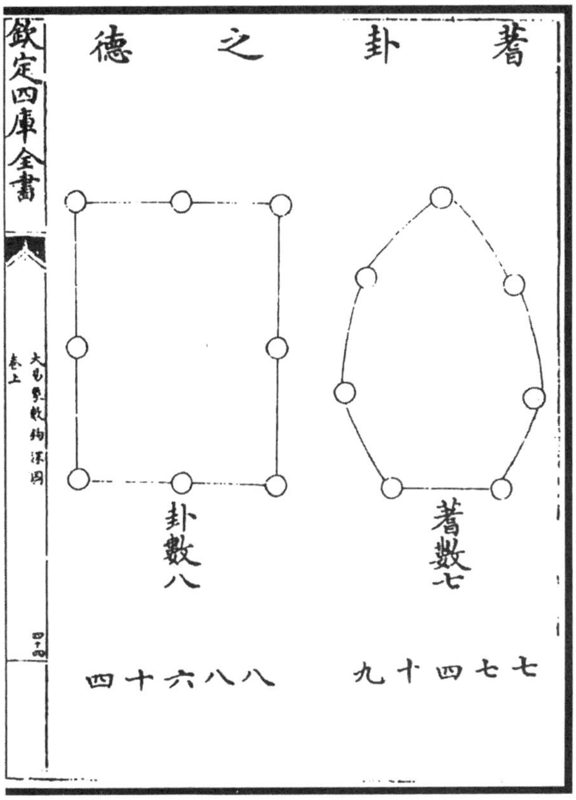

图 121　蓍卦之德图
（张理《大易象数钩深图》）

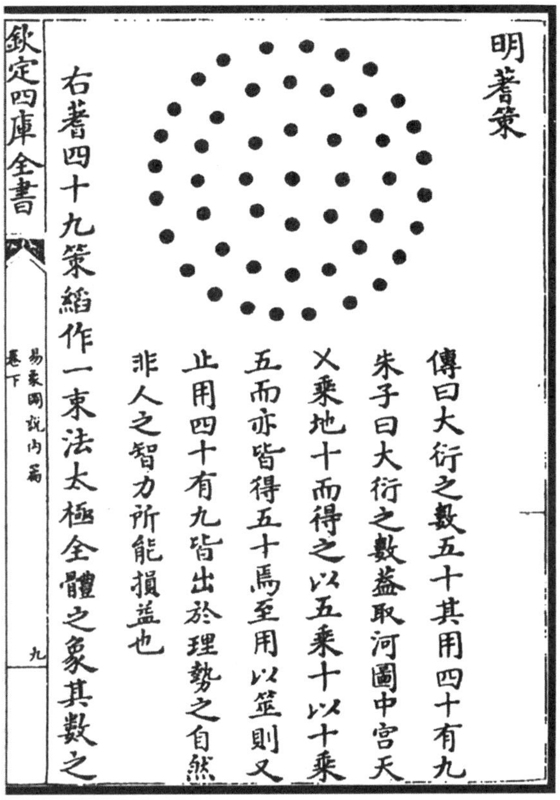

图 122　明蓍策图
（张理《易象图说》）

图 123　分两挂一图
（张理《易象图说》）

图 124　揲四归奇图
（张理《易象图说》）

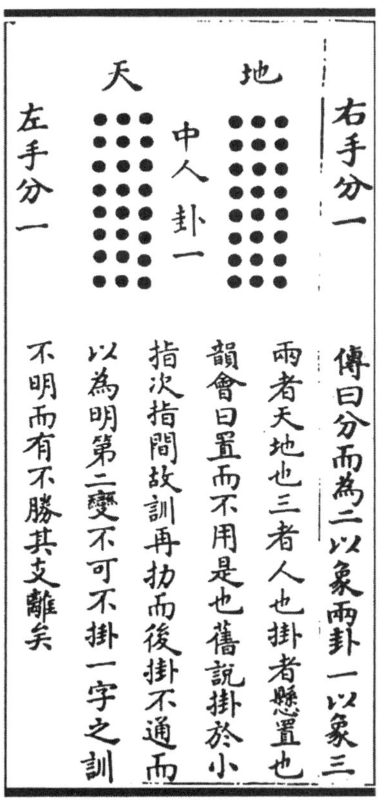

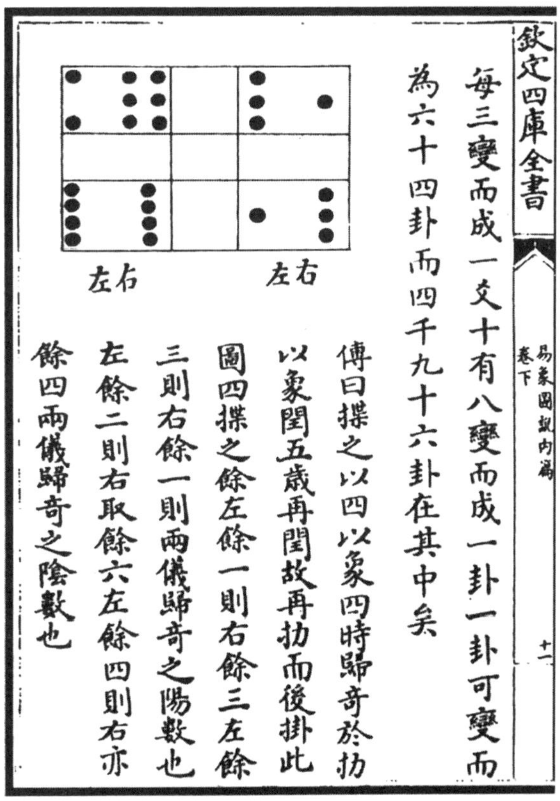

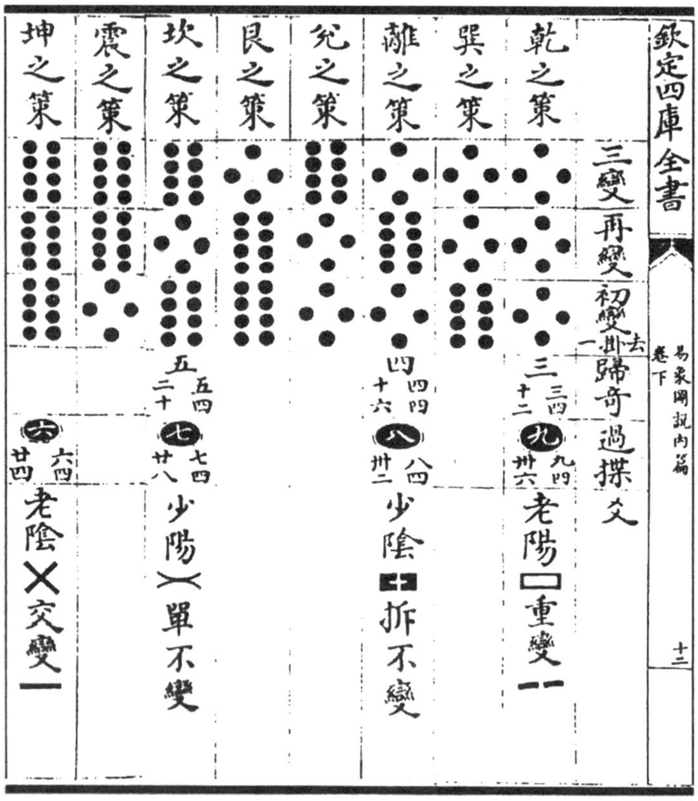

图125 三变八卦之策图
（张理《易象图说》）

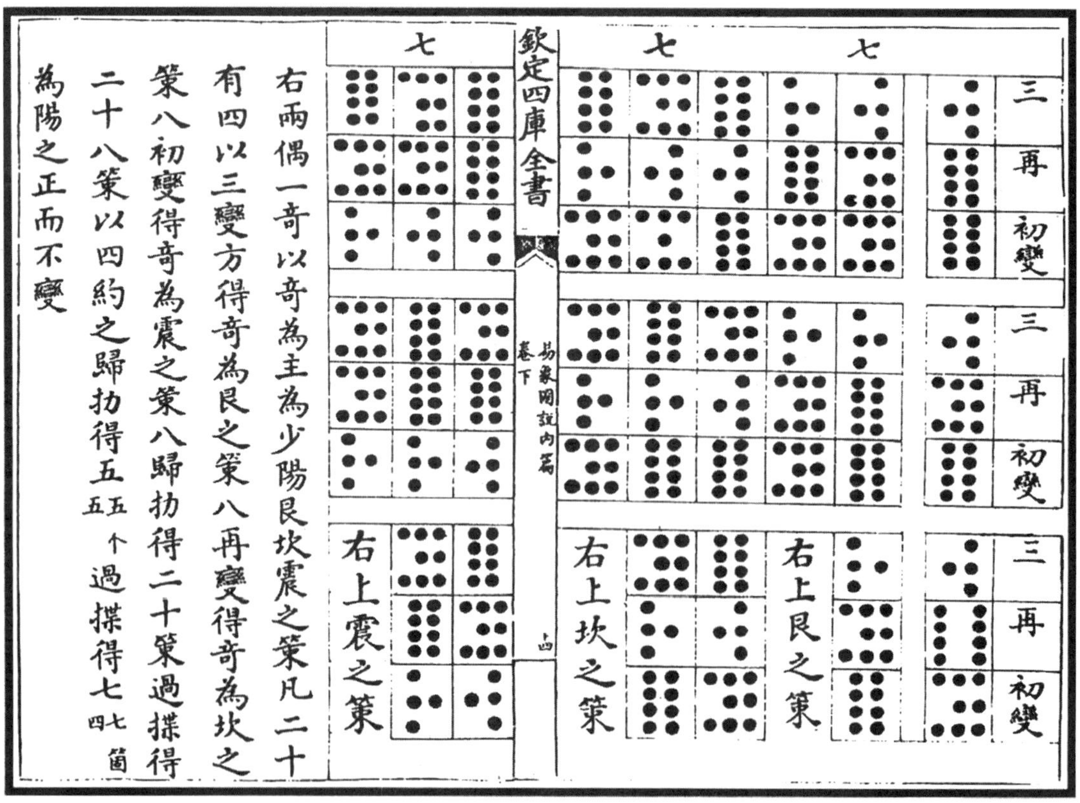

图126 三变成少阳图
（张理《易象图说》）

右兩奇一偶以偶為主為少陰巽離兌之策凡二十有四以初變即得偶為巽之策八再變得偶為離之策八三變得偶為兌之策八歸扐得十六策過揲得三十二策以四約之歸扐得四四箇過揲得八八箇為陰之正而不變

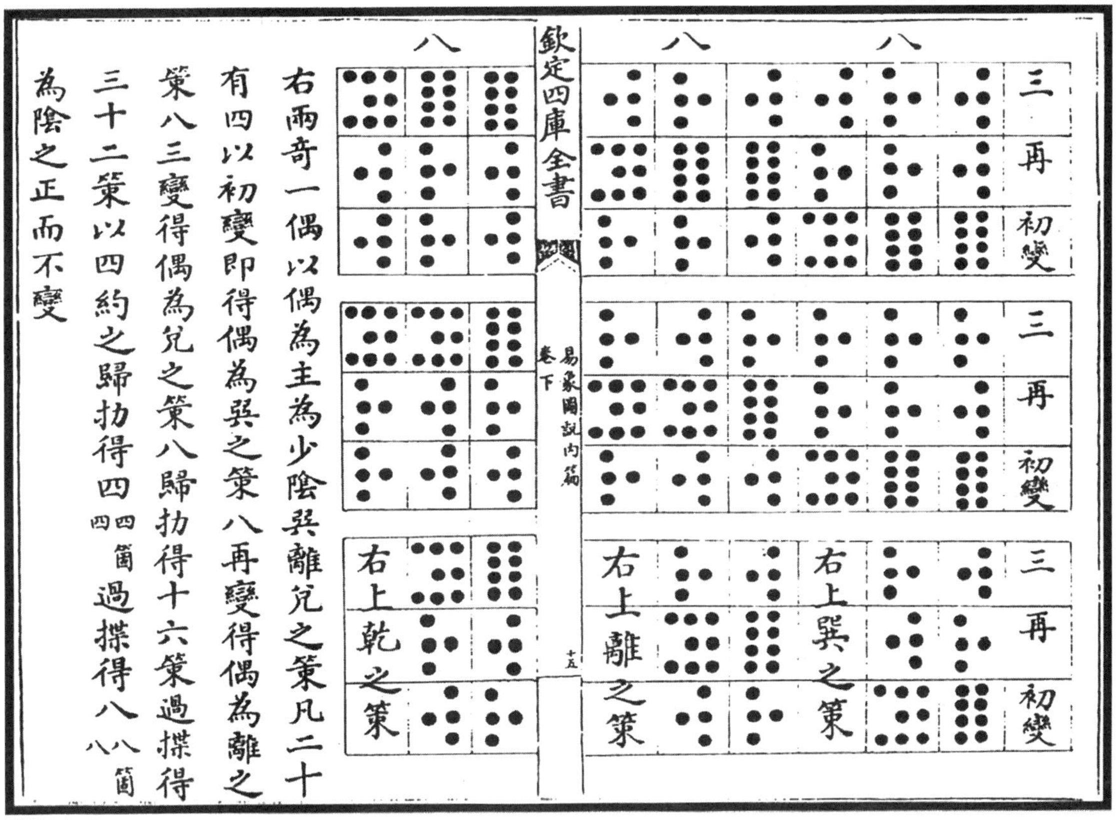

图127 三变成少阴图
（张理《易象图说》）

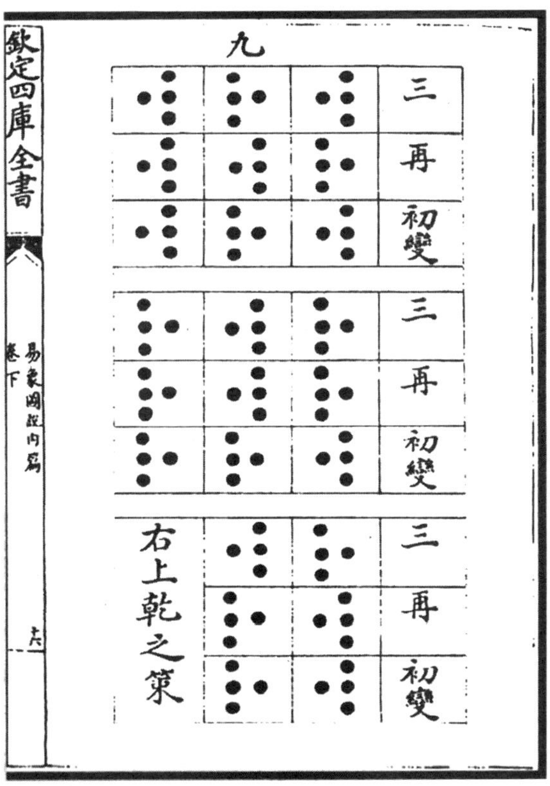

图128 三变成老阳图
（张理《易象图说》）

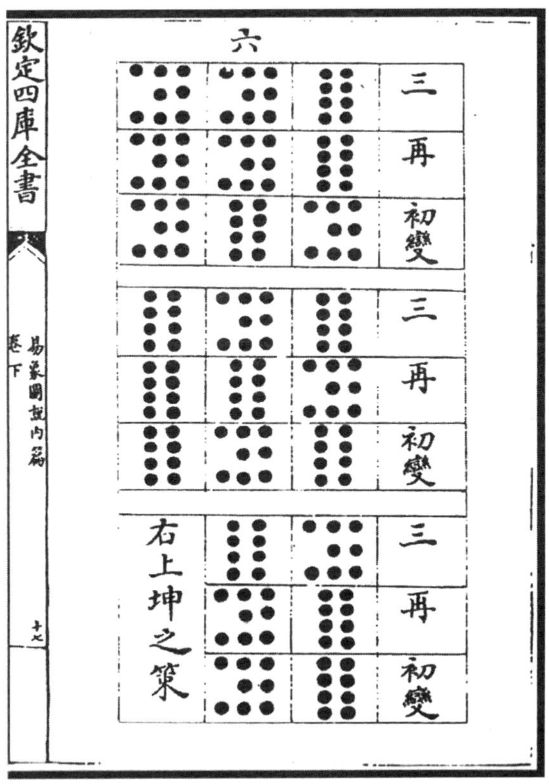

图129 三变成老阴图
（张理《易象图说》）

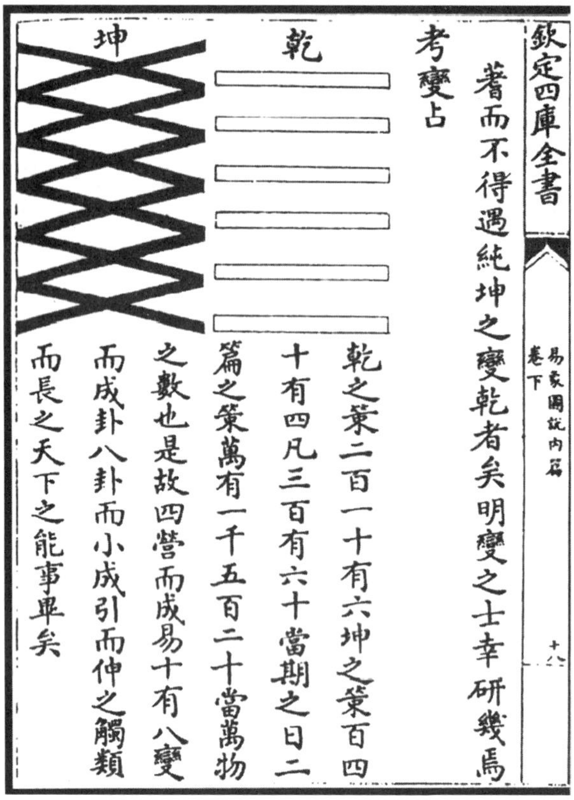

图 130 考变占乾坤图
（张理《易象图说》）

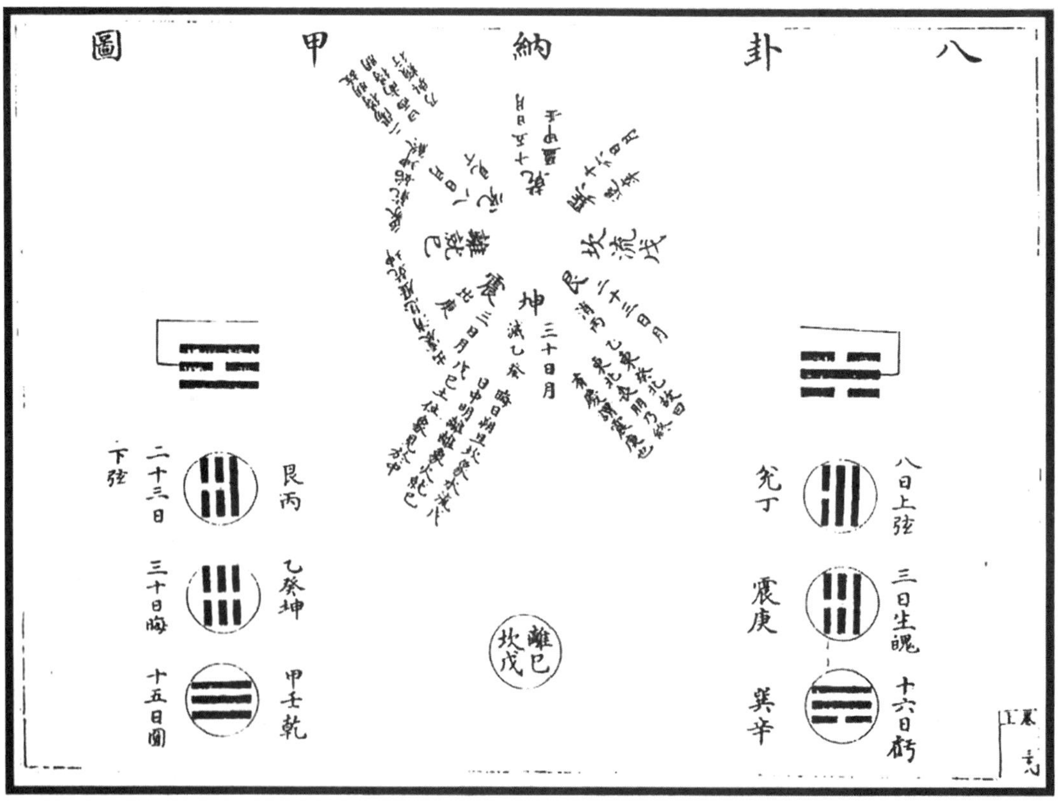

图 131 八卦纳甲图
（张理《大易象数钩深图》）

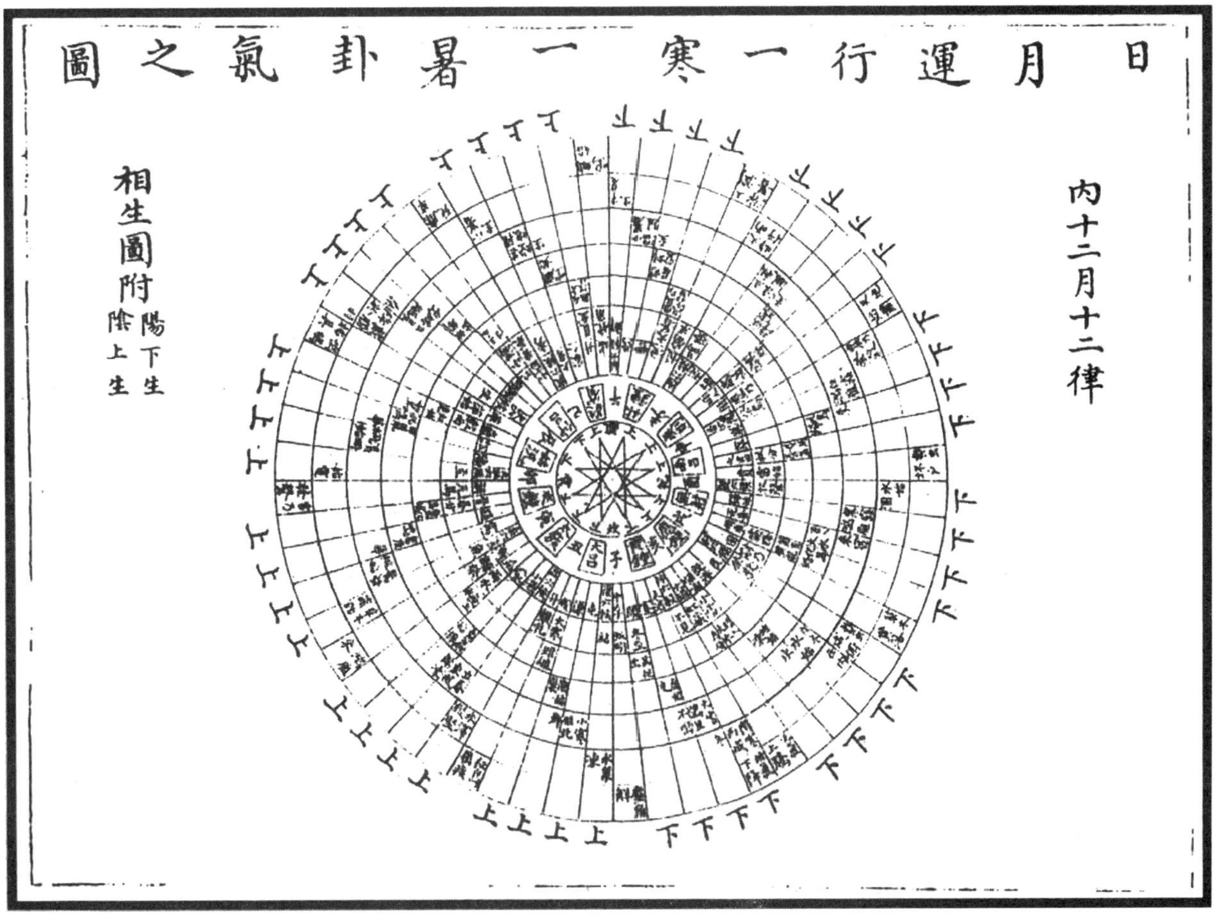

图 132　日月运行一寒一暑卦气之图
（张理《大易象数钩深图》）

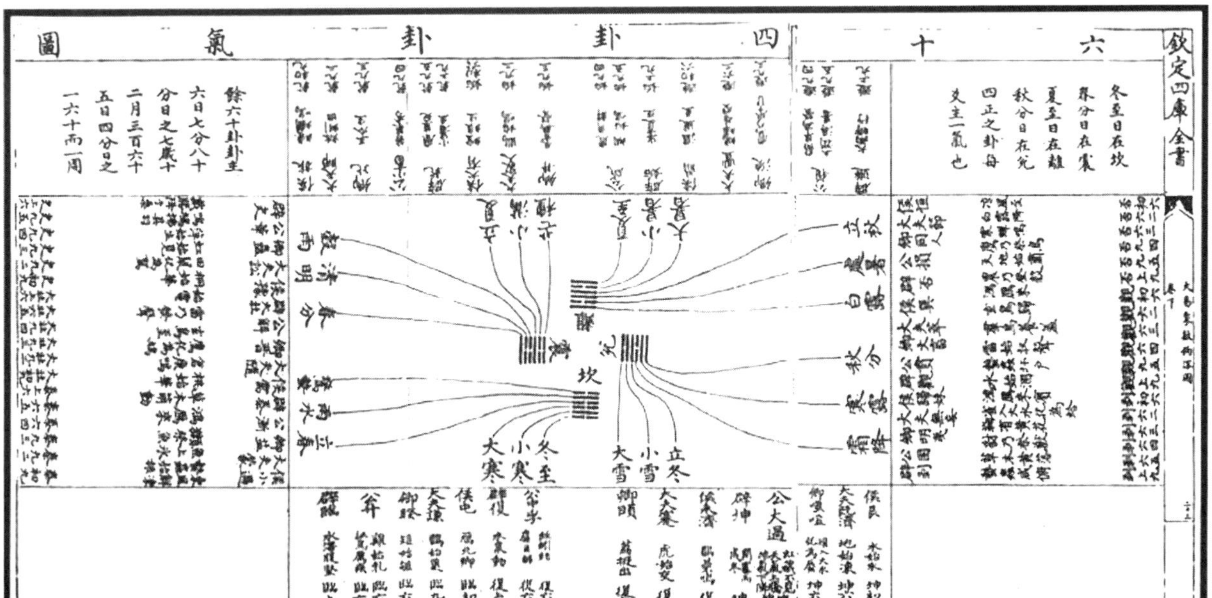

图 133　六十四卦卦气图
（张理《大易象数钩深图》）

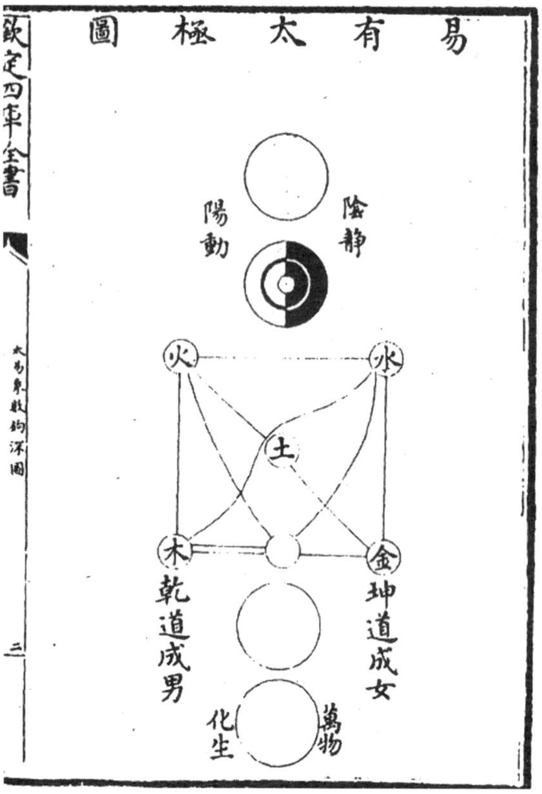

图 134 易有太极图
（张理《大易象数钩深图》）

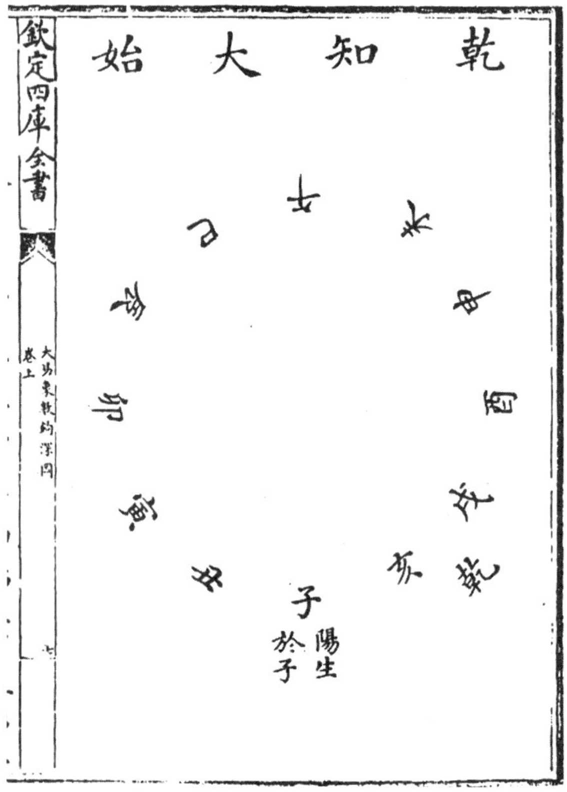

图 135 乾知大始图
（张理《大易象数钩深图》）

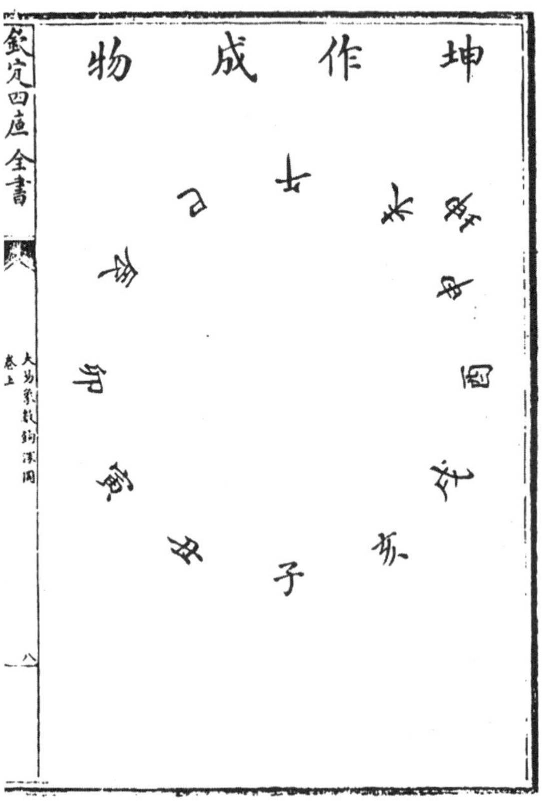

图 136 坤作成物图
（张理《大易象数钩深图》）

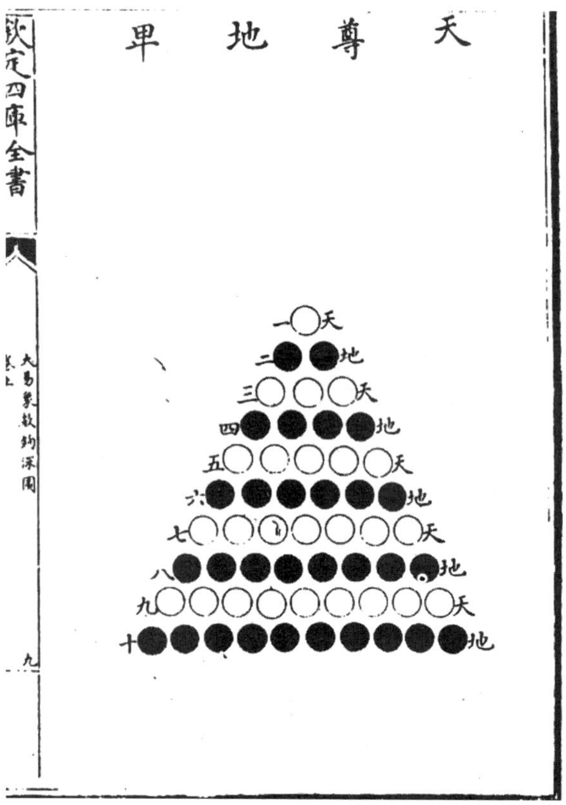

图 137 天尊地卑图
（张理《大易象数钩深图》）

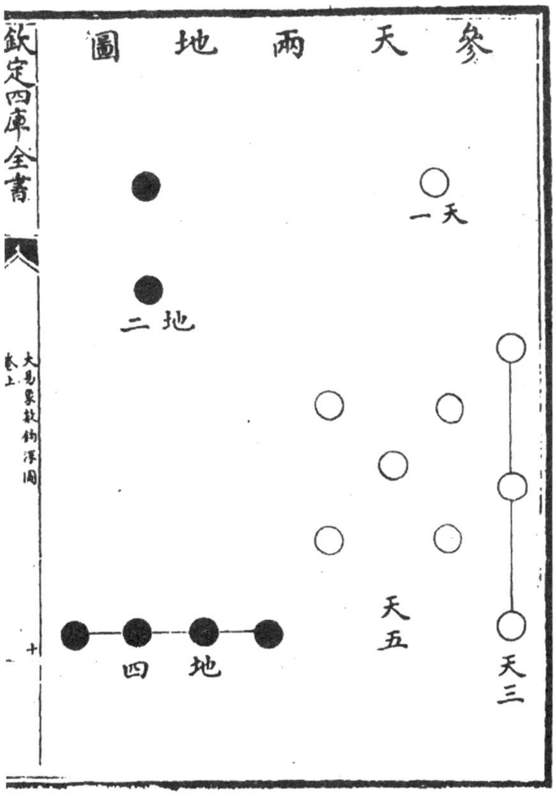

图 138　参天两地图
（张理《大易象数钩深图》）

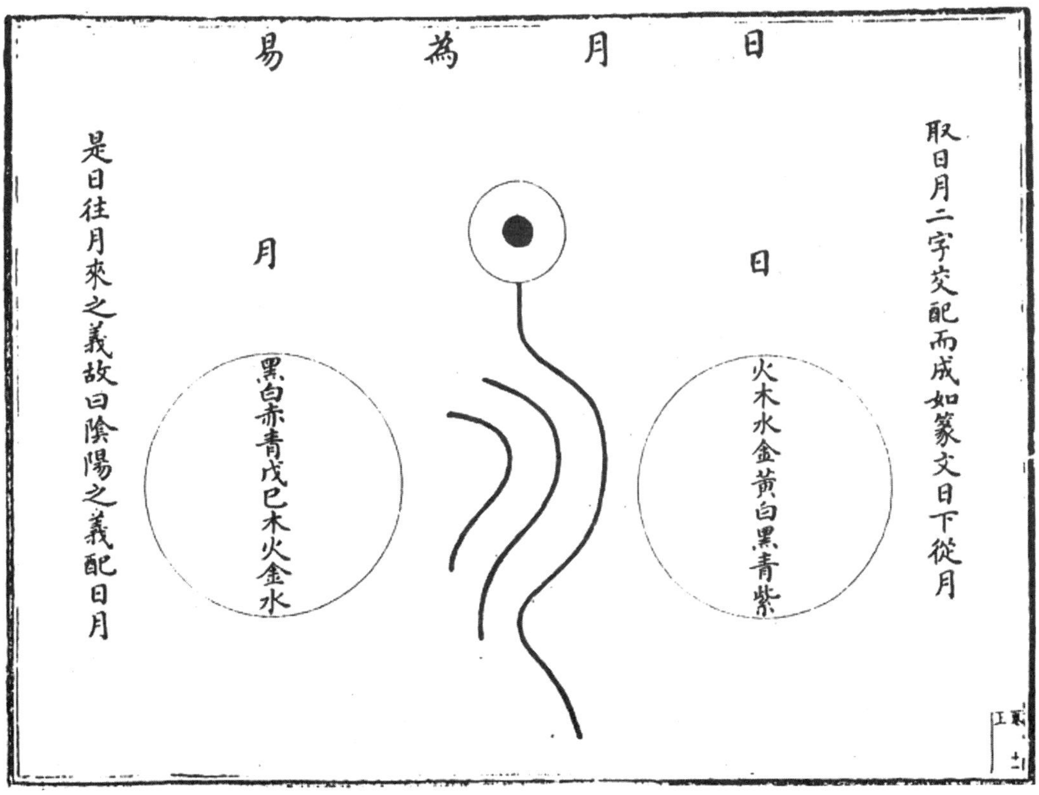

图 139　日月为易图
（张理《大易象数钩深图》）

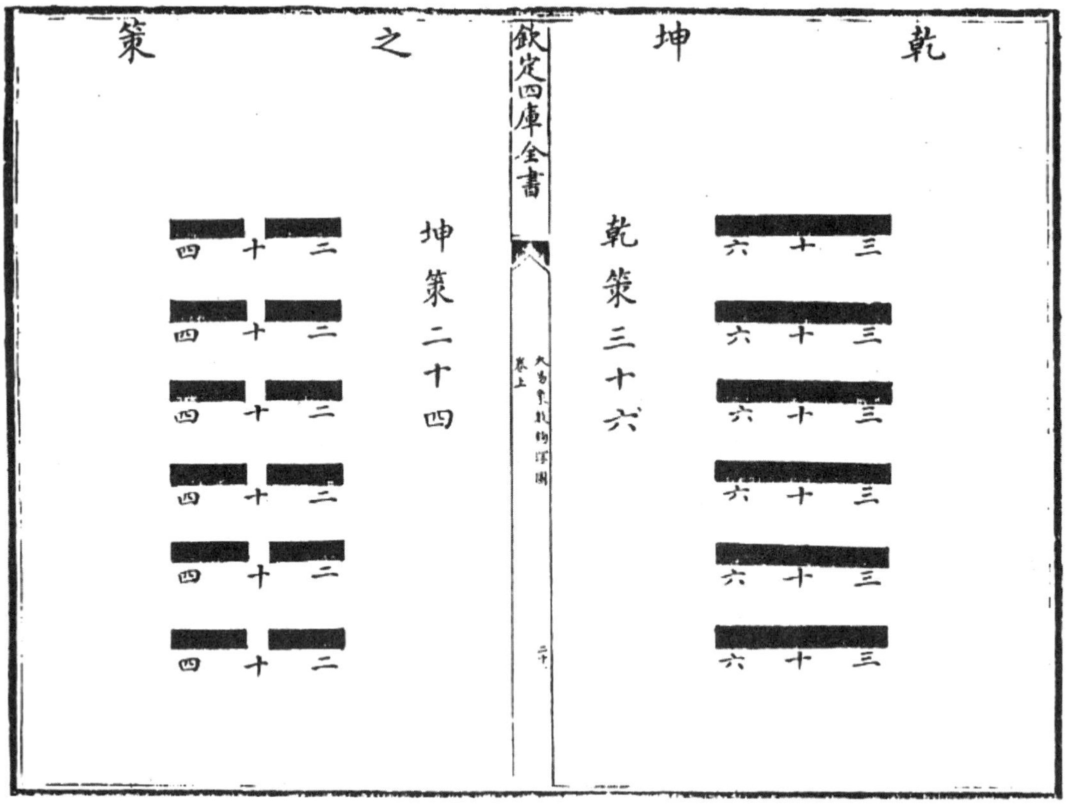

图 140　乾坤之策图
（张理《大易象数钩深图》）

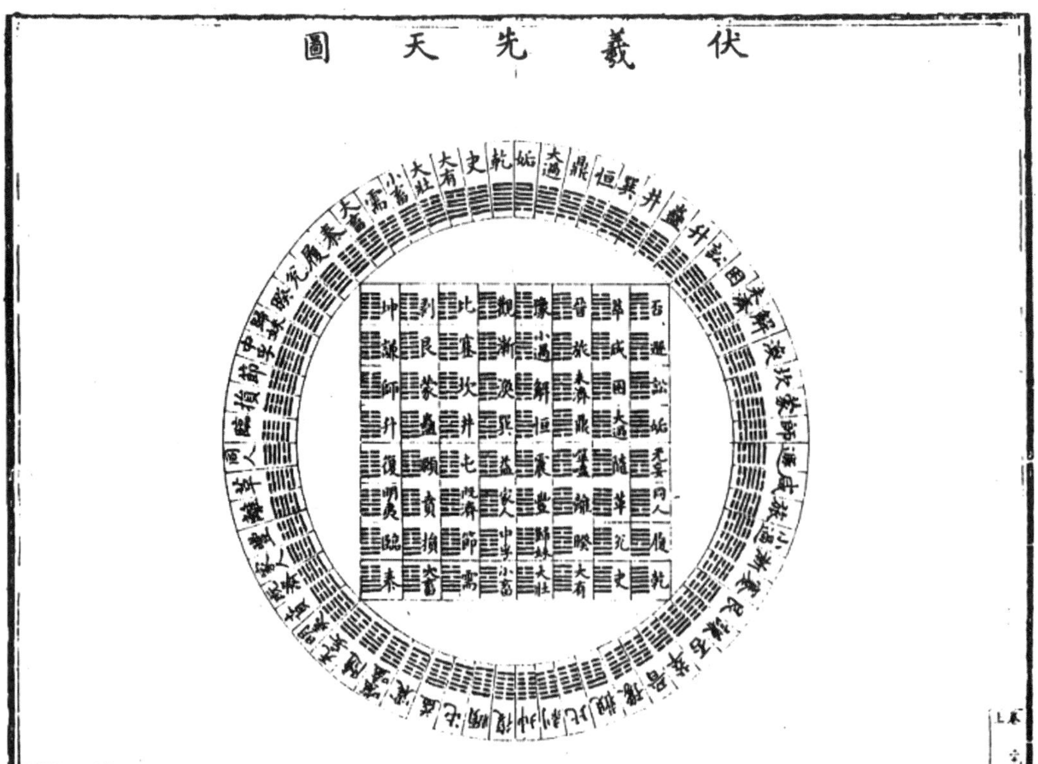

图 141　伏羲先天图
（张理《大易象数钩深图》）

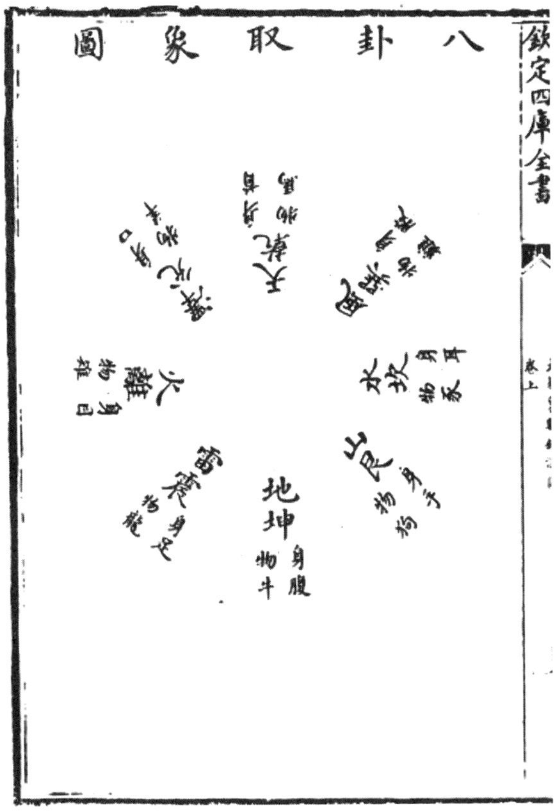

图 142 八卦取象图
（张理《大易象数钩深图》）

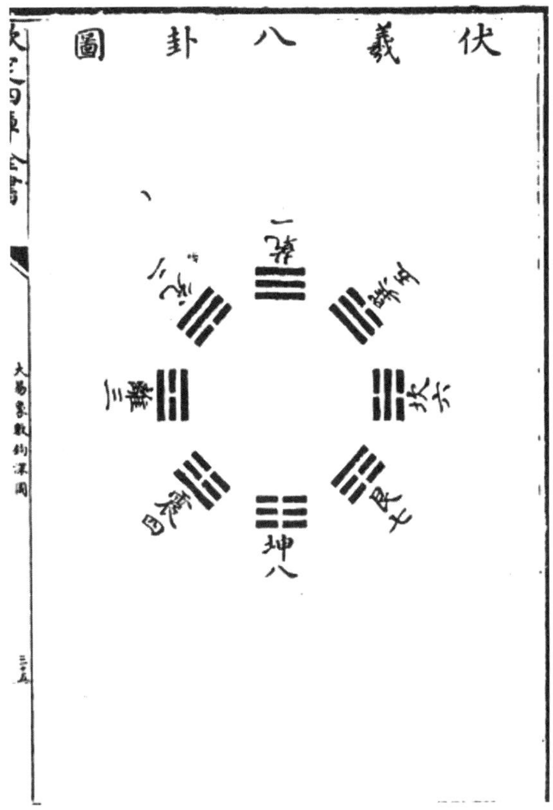

图 143 伏羲八卦图
（张理《大易象数钩深图》）

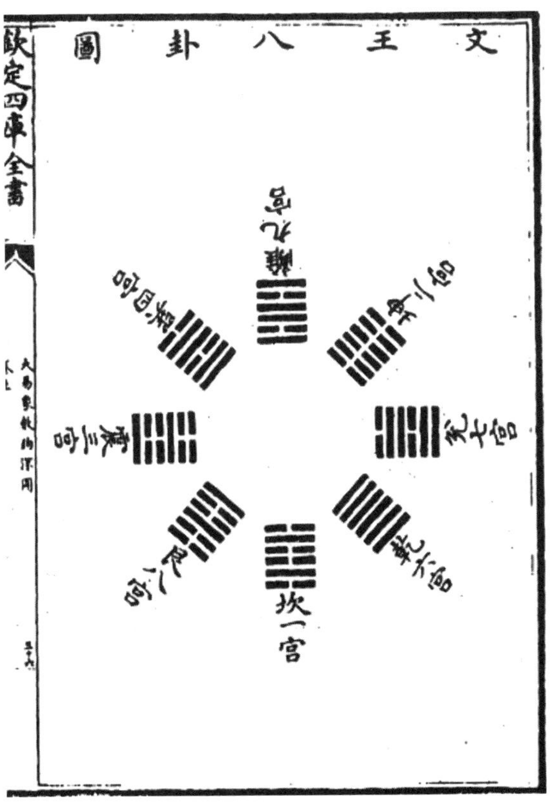

图 144 文王八卦图
（张理《大易象数钩深图》）

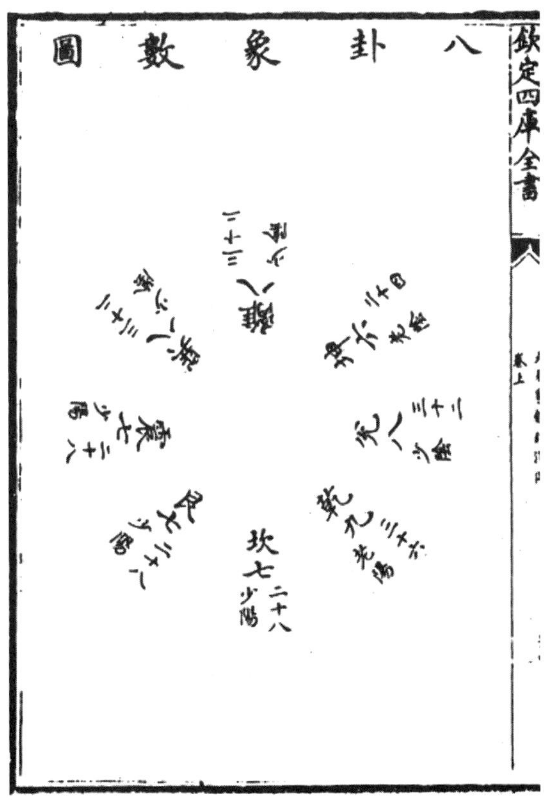

图 145 八卦象数图
（张理《大易象数钩深图》）

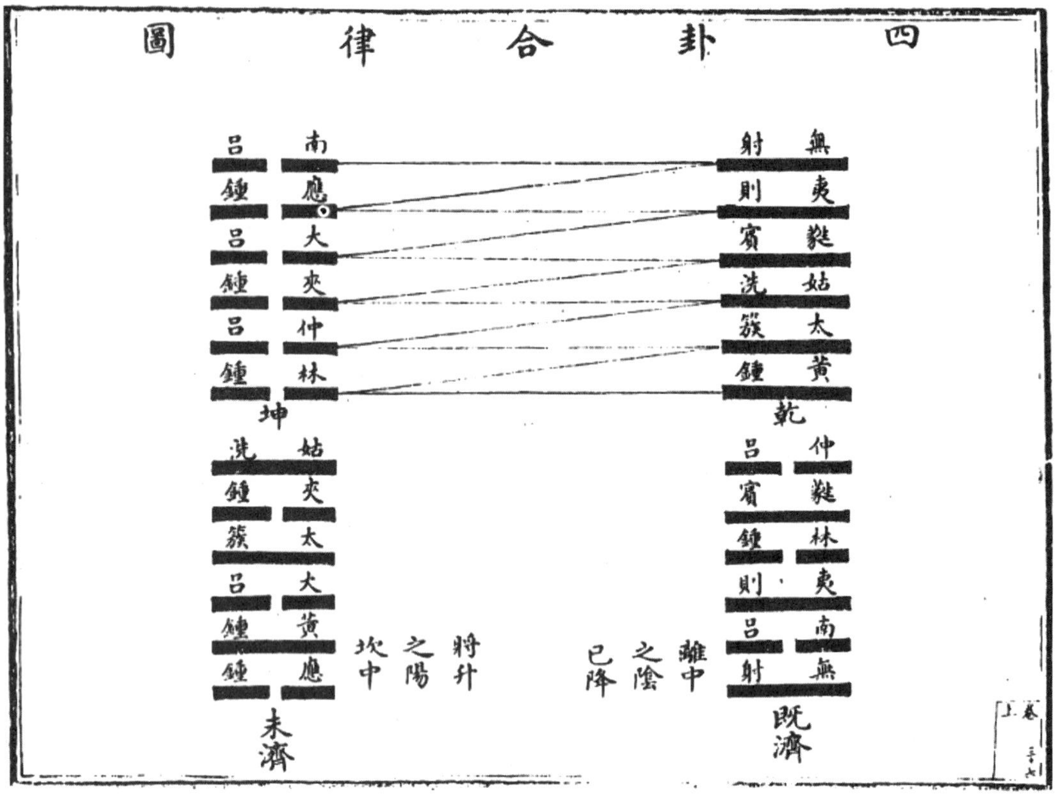

图146 四卦合律图
（张理《大易象数钩深图》）

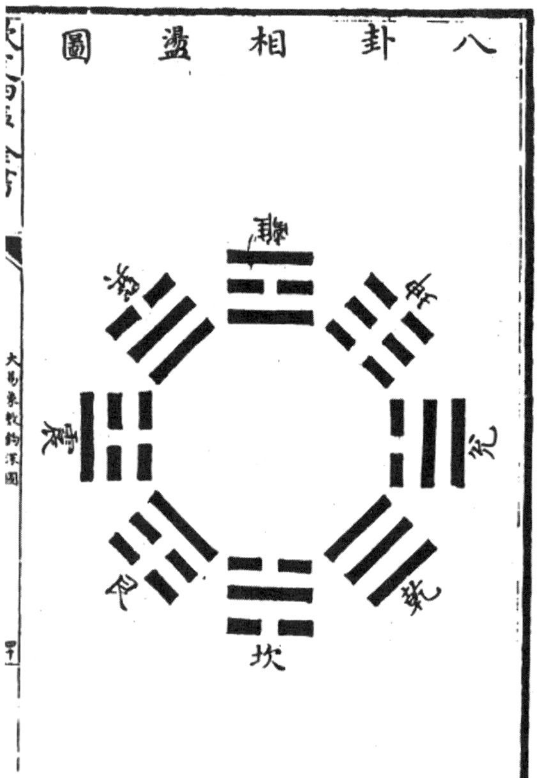

图147 八卦相荡图
（张理《大易象数钩深图》）

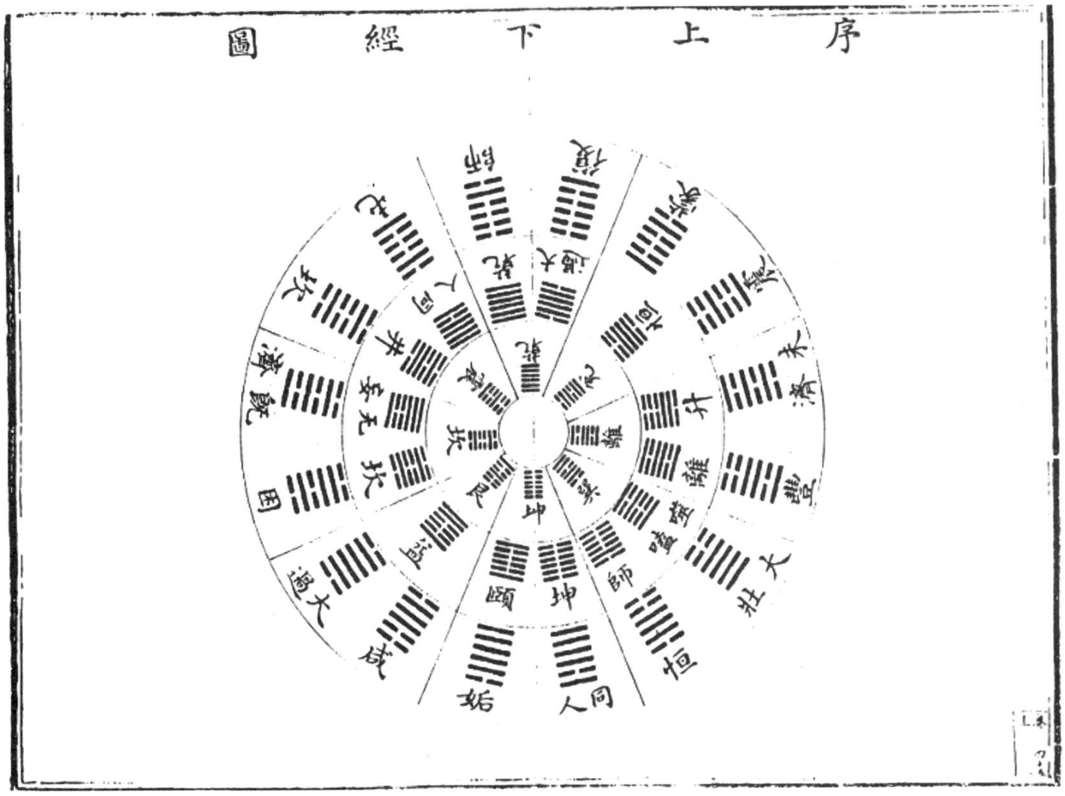

图 148 序上下经图
（张理《大易象数钩深图》）

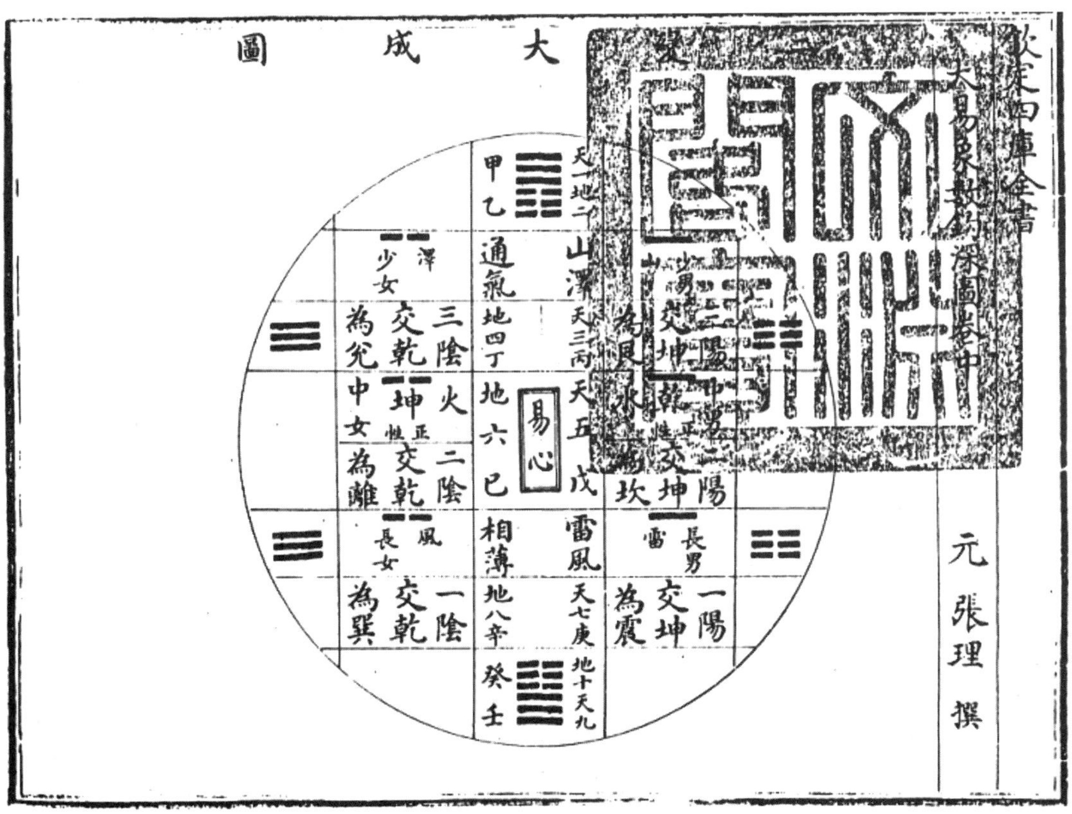

图 149 三变大成图
（张理《大易象数钩深图》）

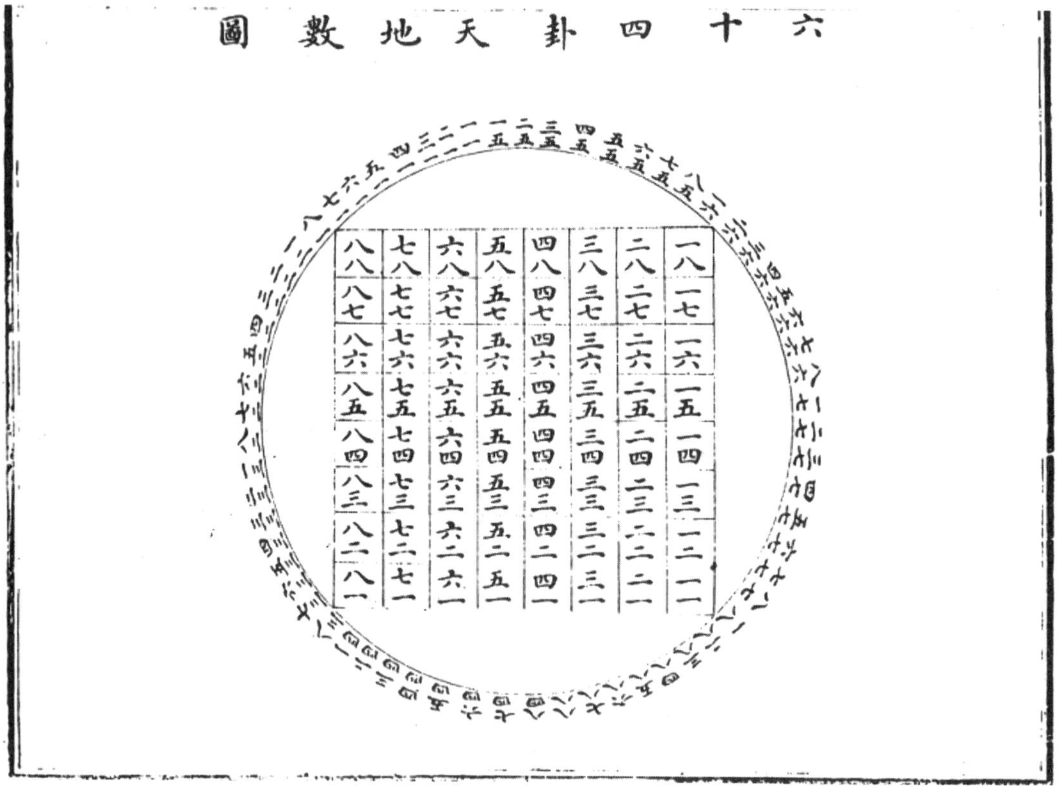

图 150　六十四卦天地数图
（张理《大易象数钩深图》）

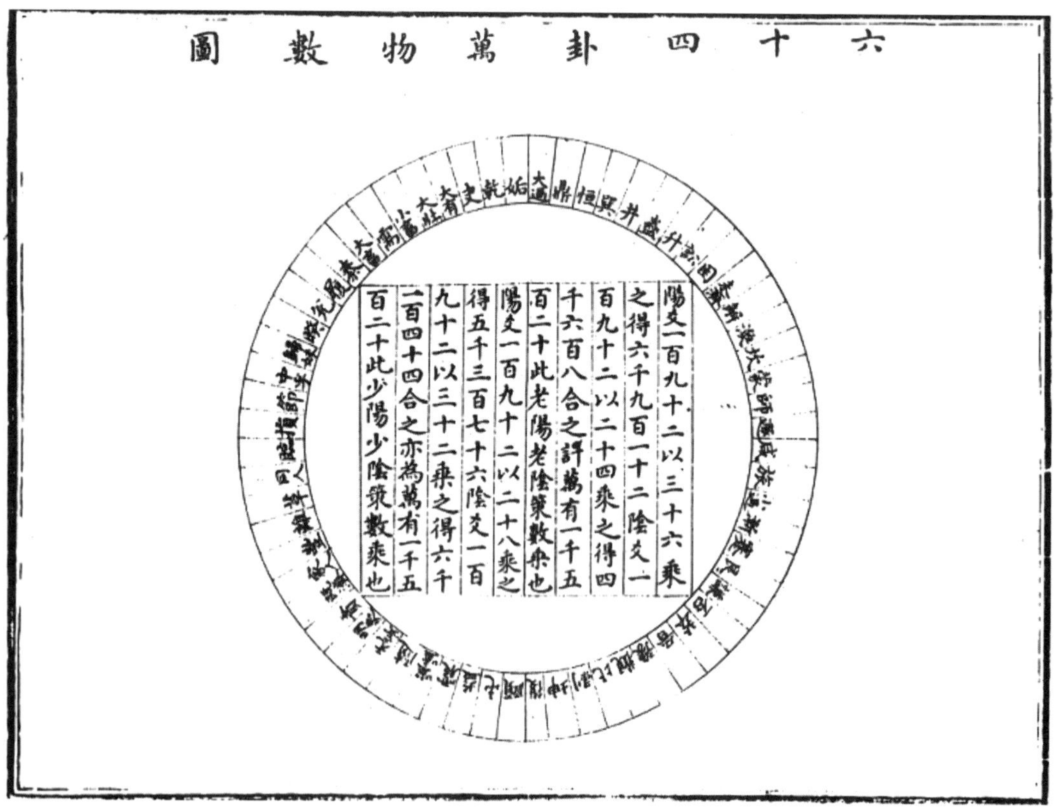

图 151　六十四卦万物数图
（张理《大易象数钩深图》）

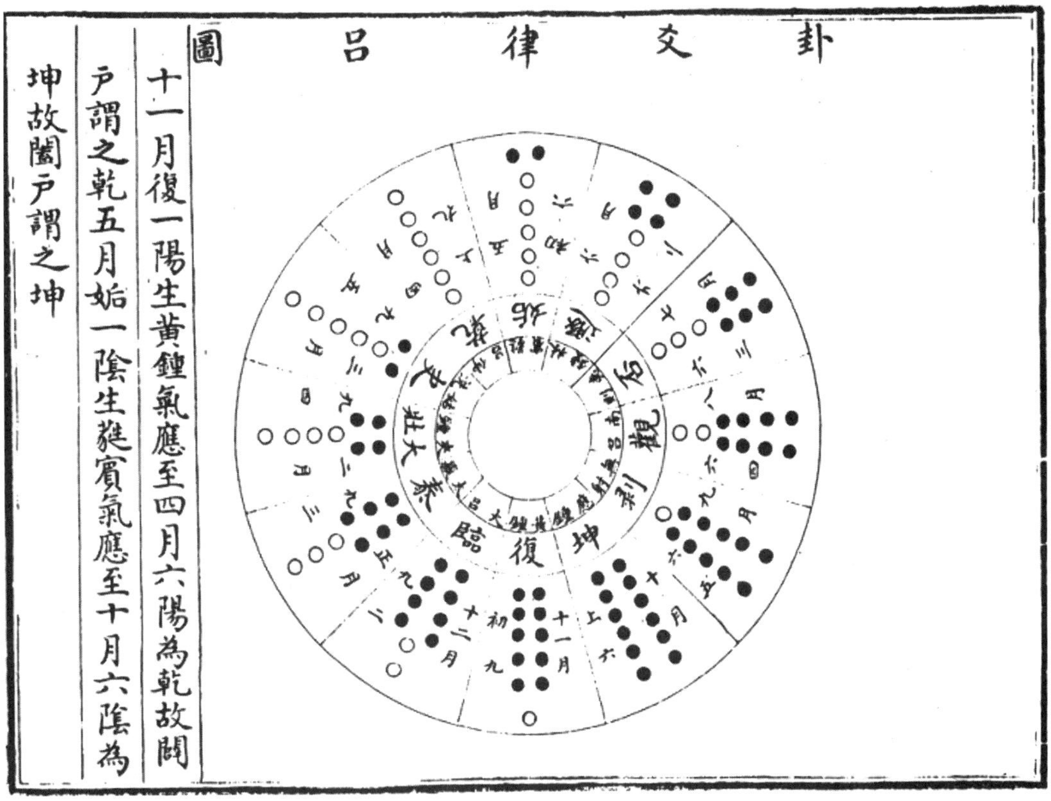

图 152　卦爻律吕图
（张理《大易象数钩深图》）

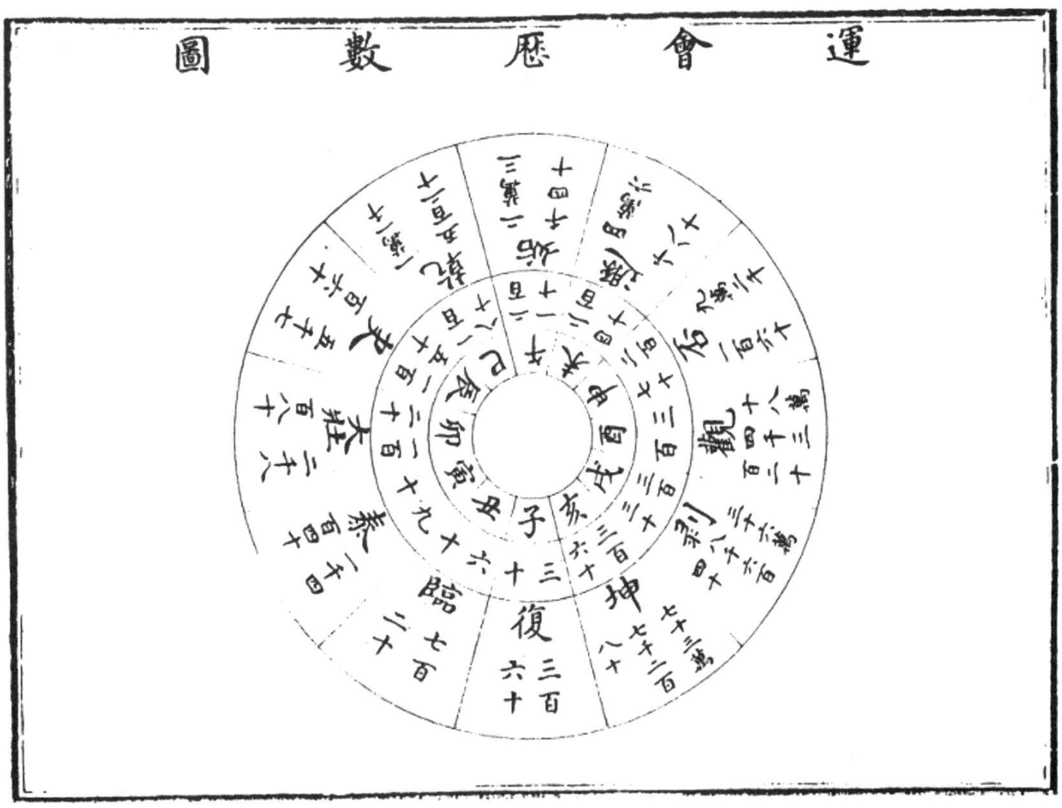

图 153　运会历数图
（张理《大易象数钩深图》）

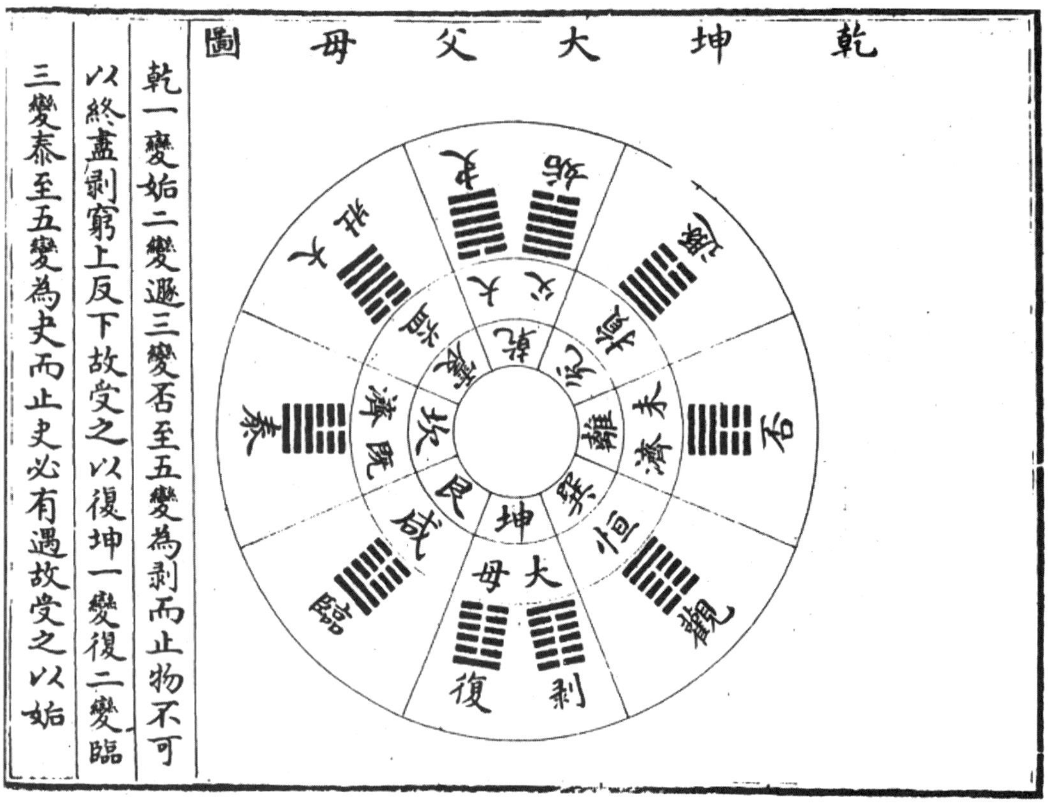

图154 乾坤大父母图
（张理《大易象数钩深图》）

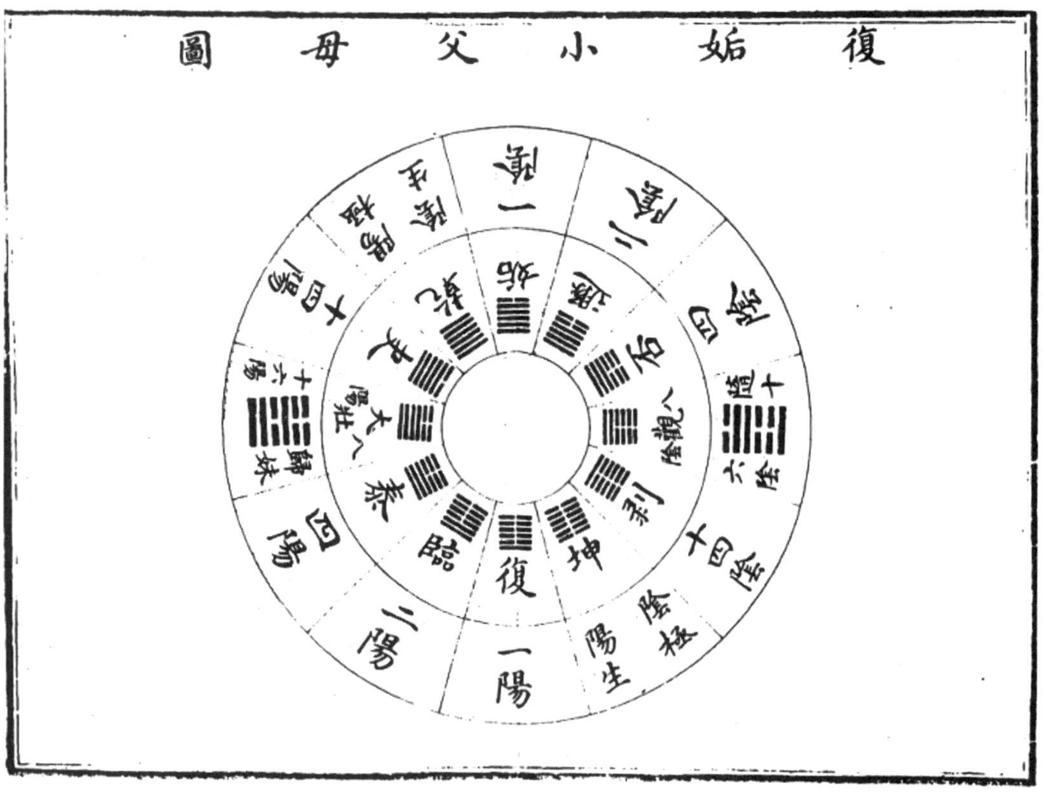

图155 复姤小父母图
（张理《大易象数钩深图》）

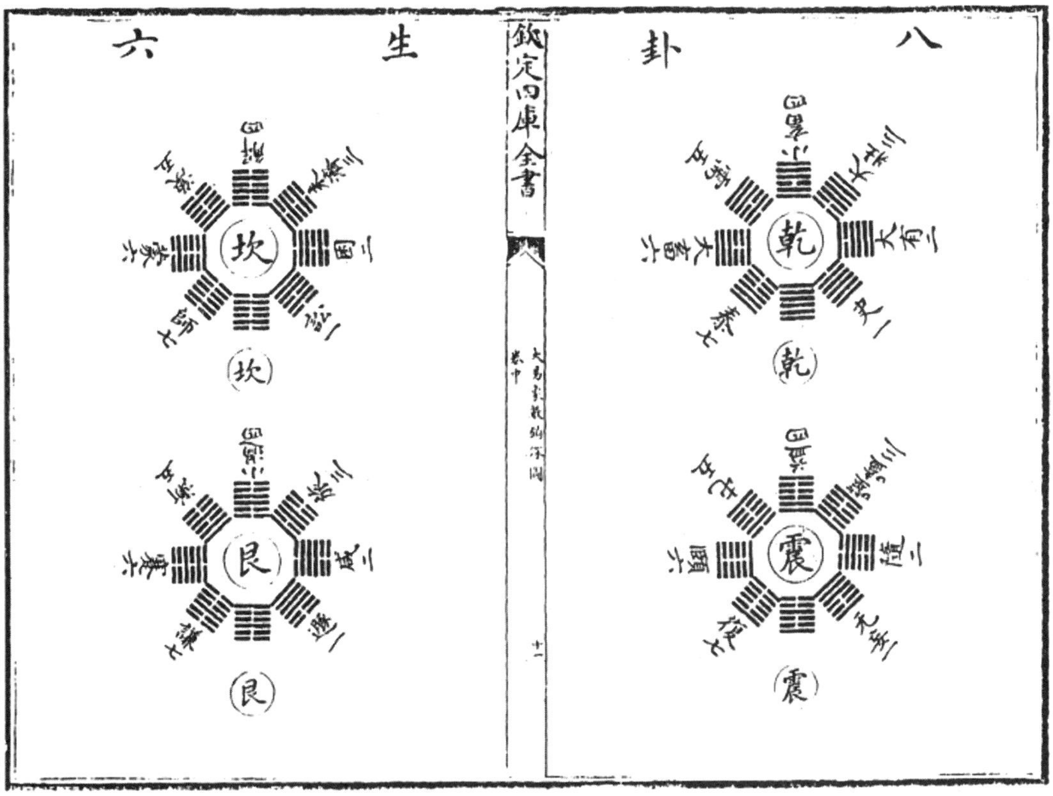

图 156-1 八卦生六十四卦图
（张理《大易象数钩深图》）

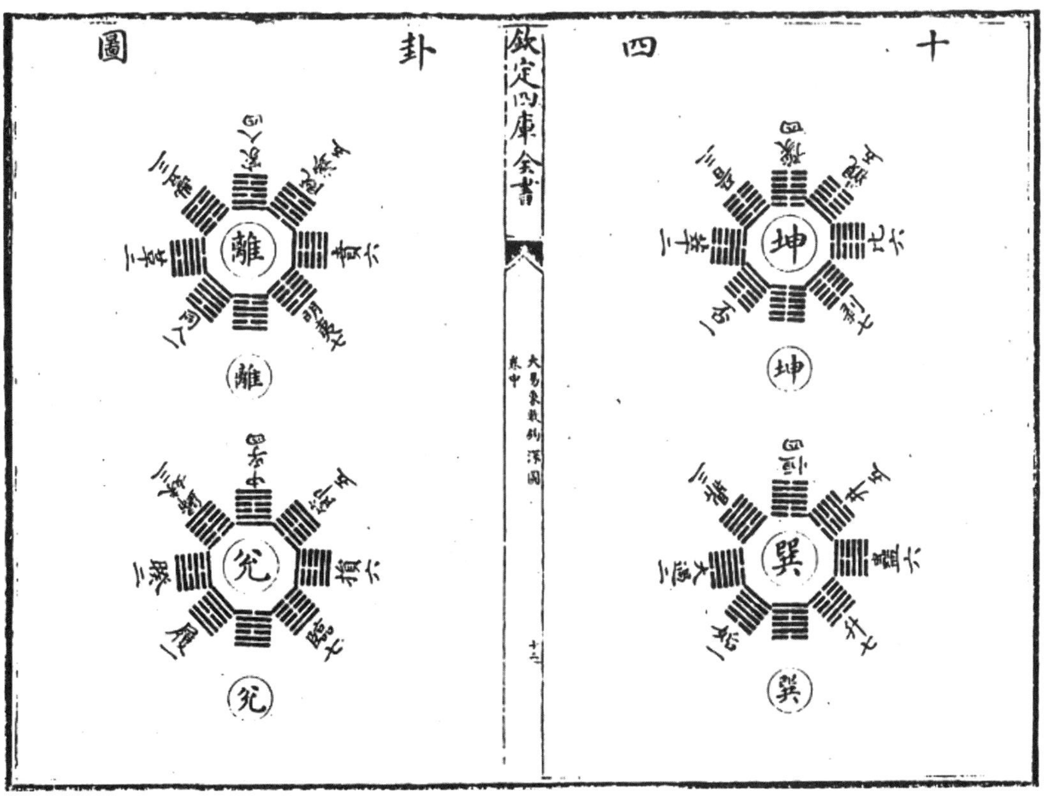

图 156-2 八卦生六十四卦图
（张理《大易象数钩深图》）

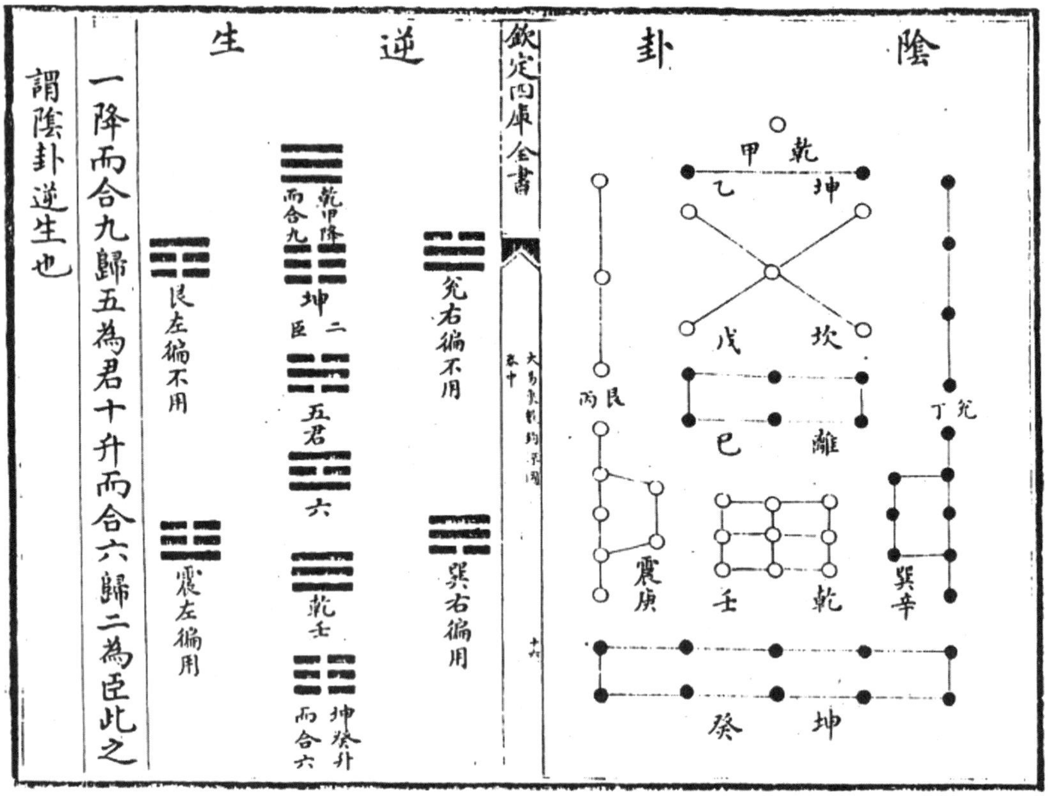

图157　阴卦逆生图
（张理《大易象数钩深图》）

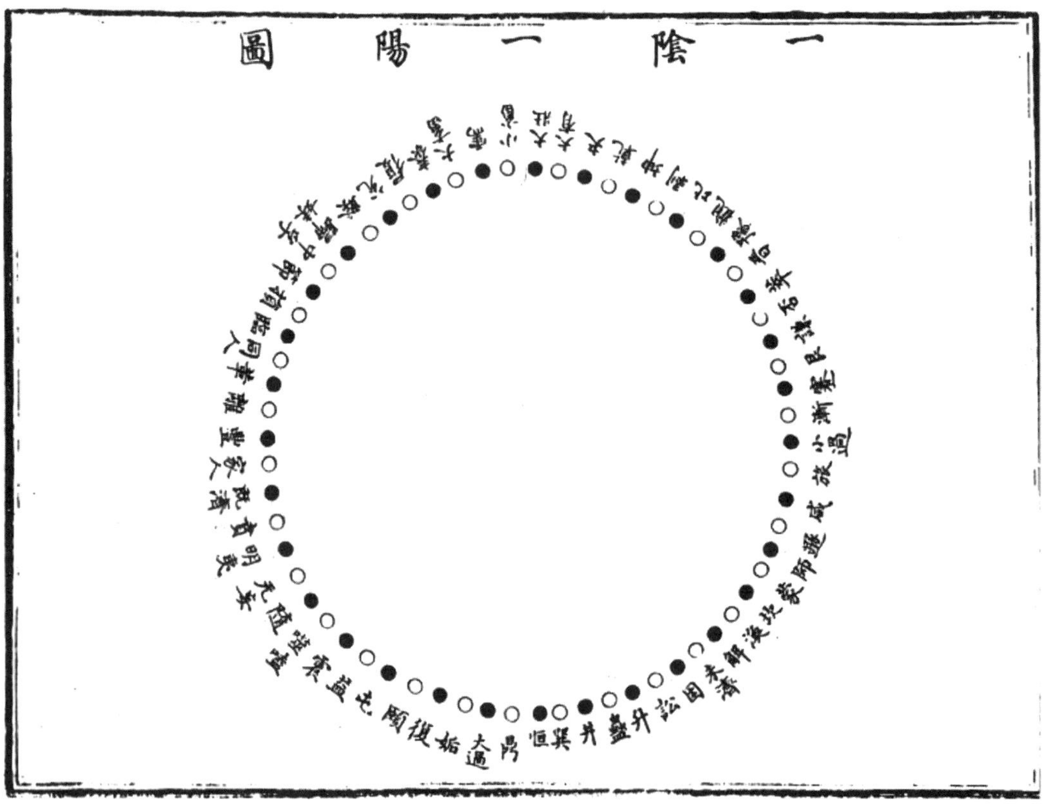

图158　一阴一阳图
（张理《大易象数钩深图》）

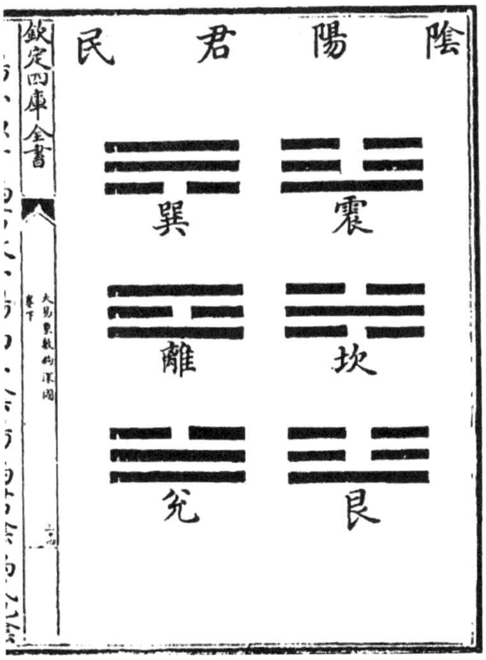

图 159　阴阳君民图
（张理《大易象数钩深图》）

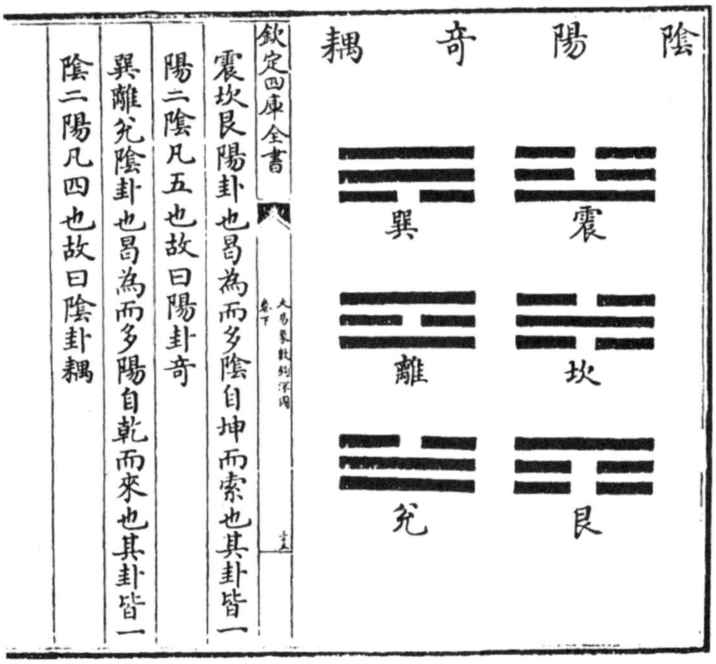

图 160　阴阳奇偶图
（张理《大易象数钩深图》）

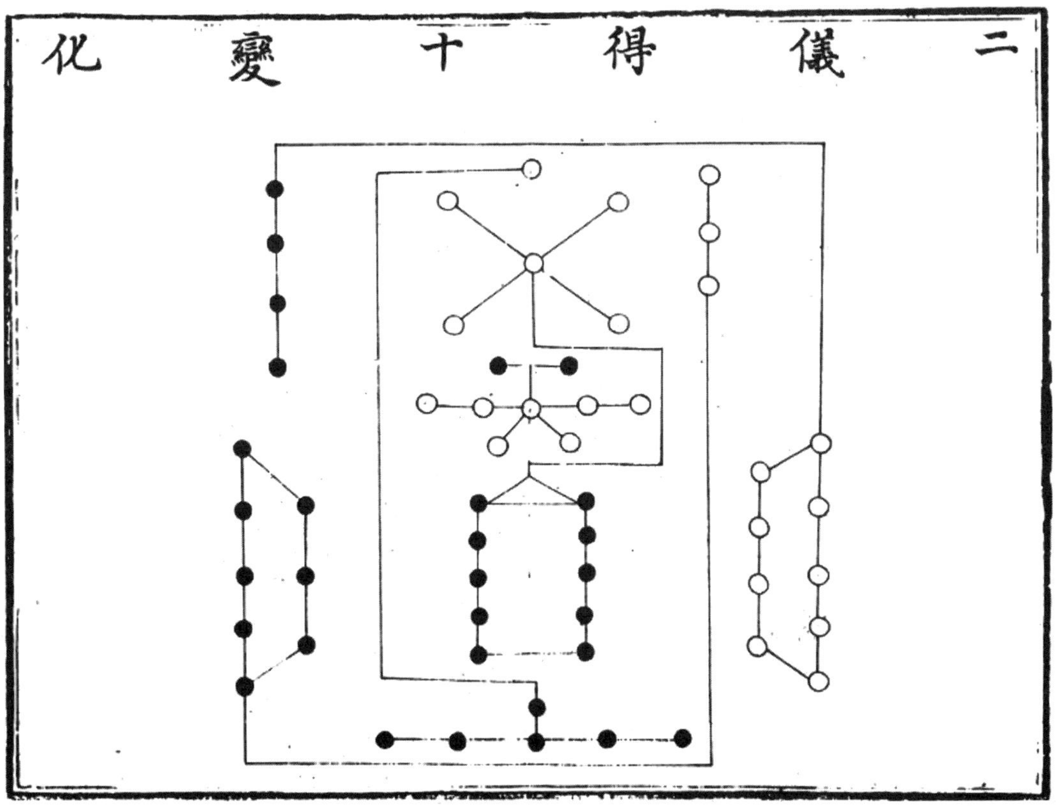

图 161　二仪得十变化图
（张理《大易象数钩深图》）

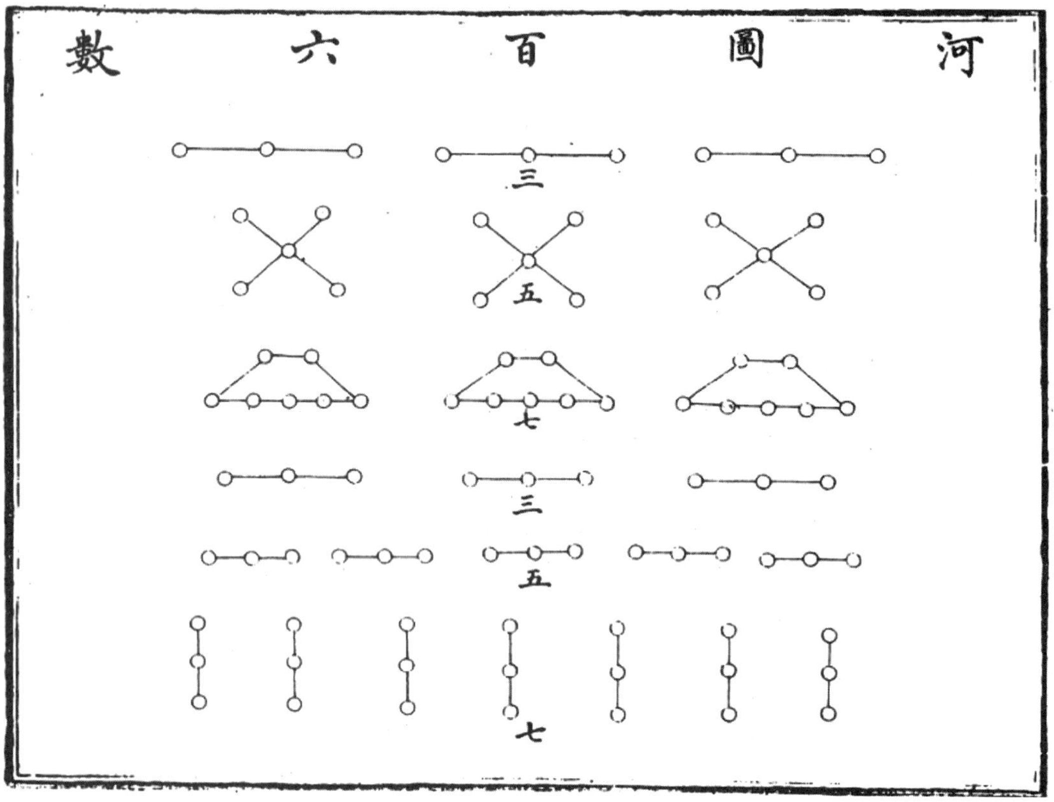

图 162　河图百六数图
（张理《大易象数钩深图》）

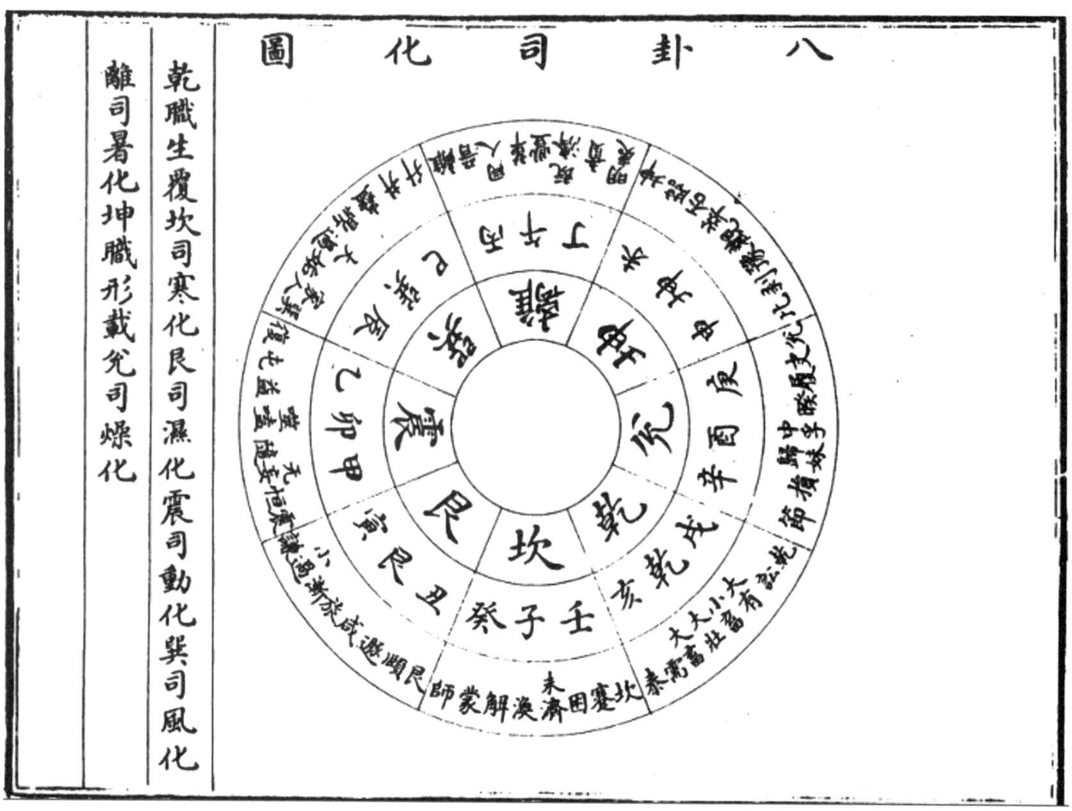

图 163　八卦司化图
（张理《大易象数钩深图》）

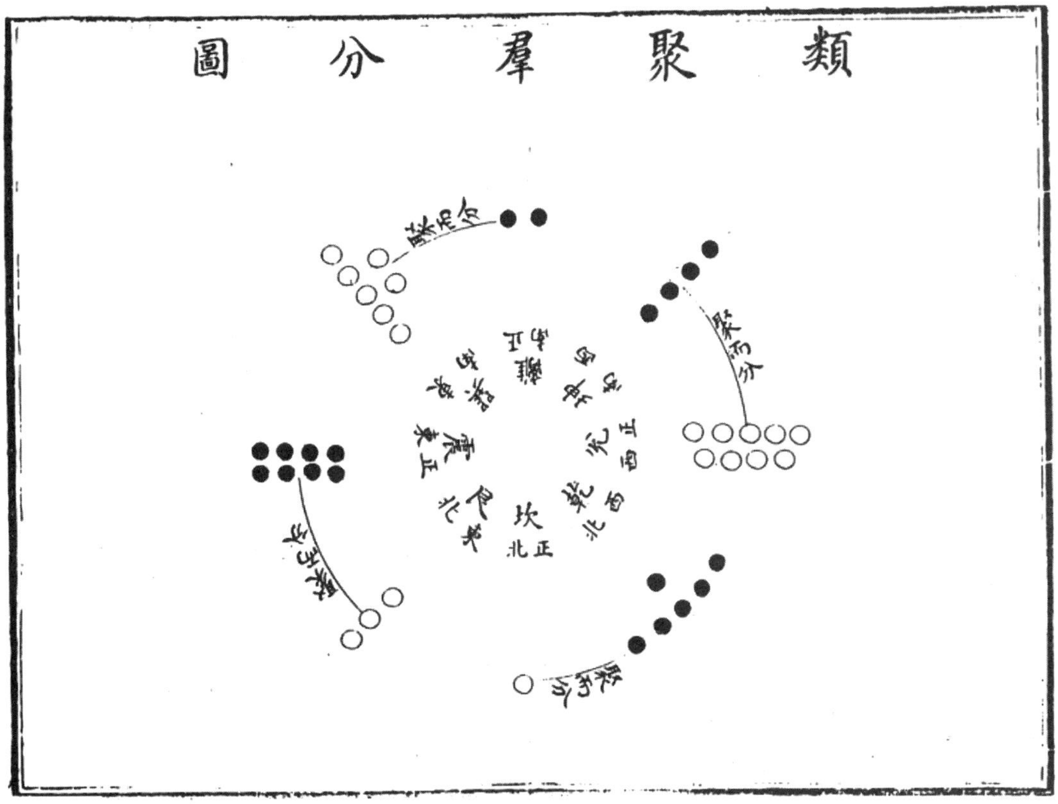

图 164 类聚群分图
（张理《大易象数钩深图》）

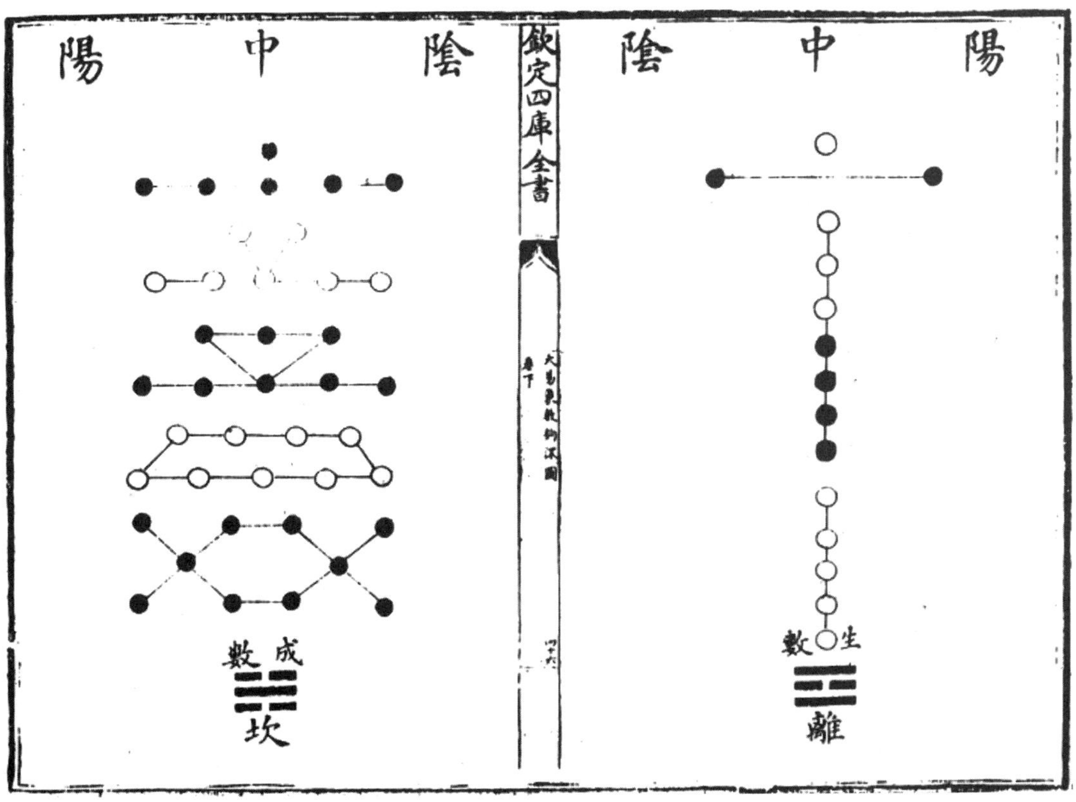

图 165 阳中阴阴中阳图
（张理《大易象数钩深图》）

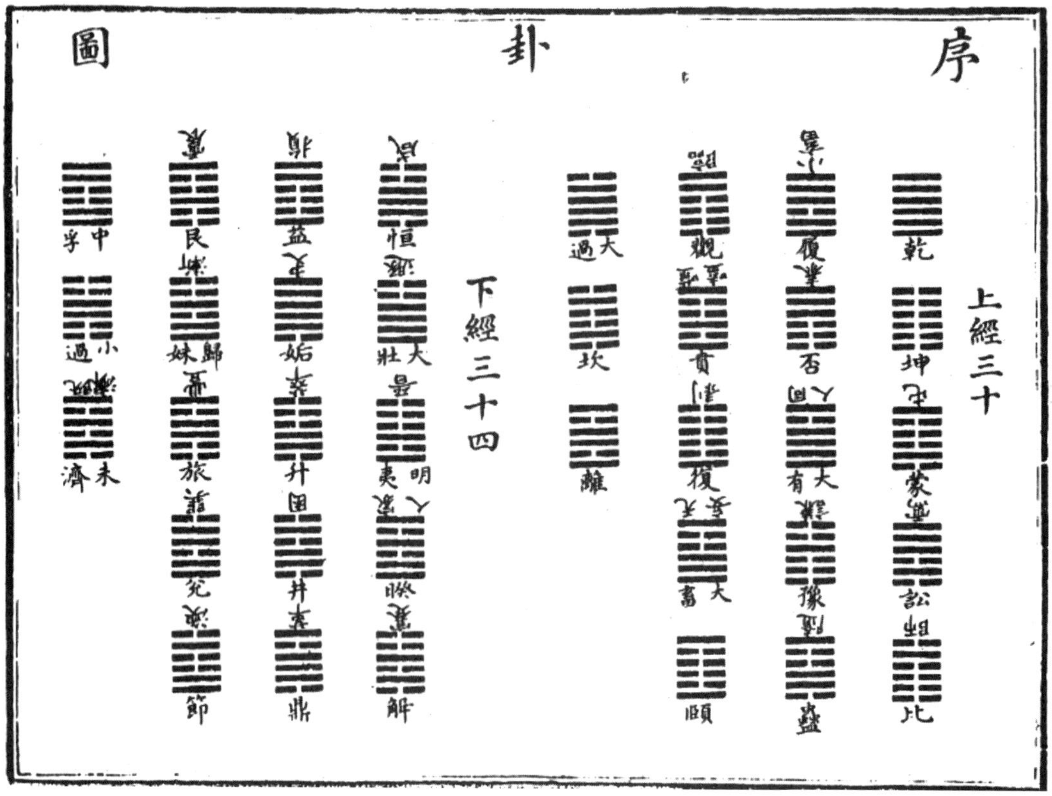

图 166　序卦图
（张理《大易象数钩深图》）

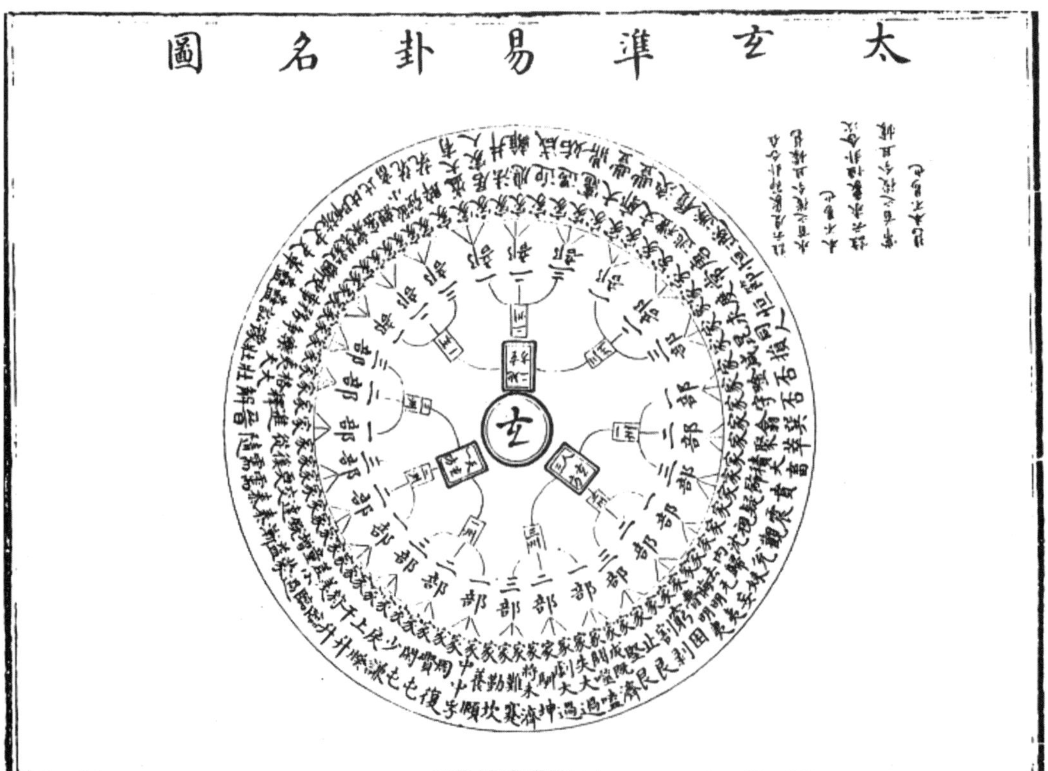

图 167　太玄准易卦名图
（张理《大易象数钩深图》）

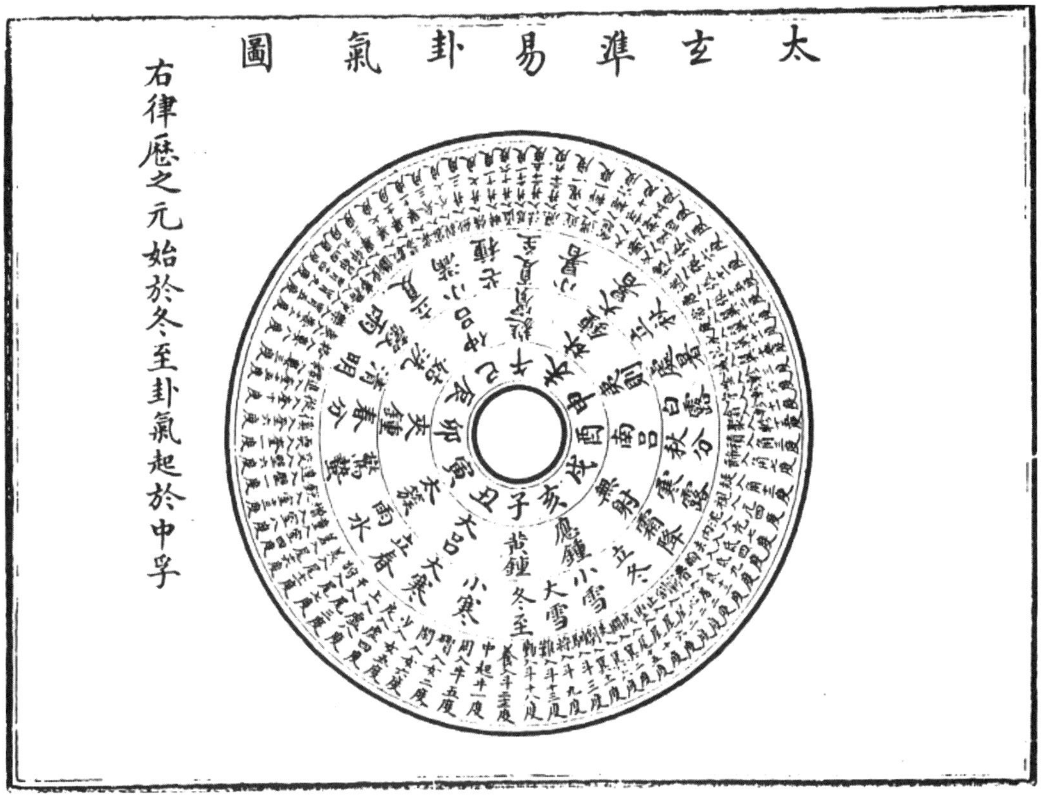

图 168　太玄准易卦气图
（张理《大易象数钩深图》）

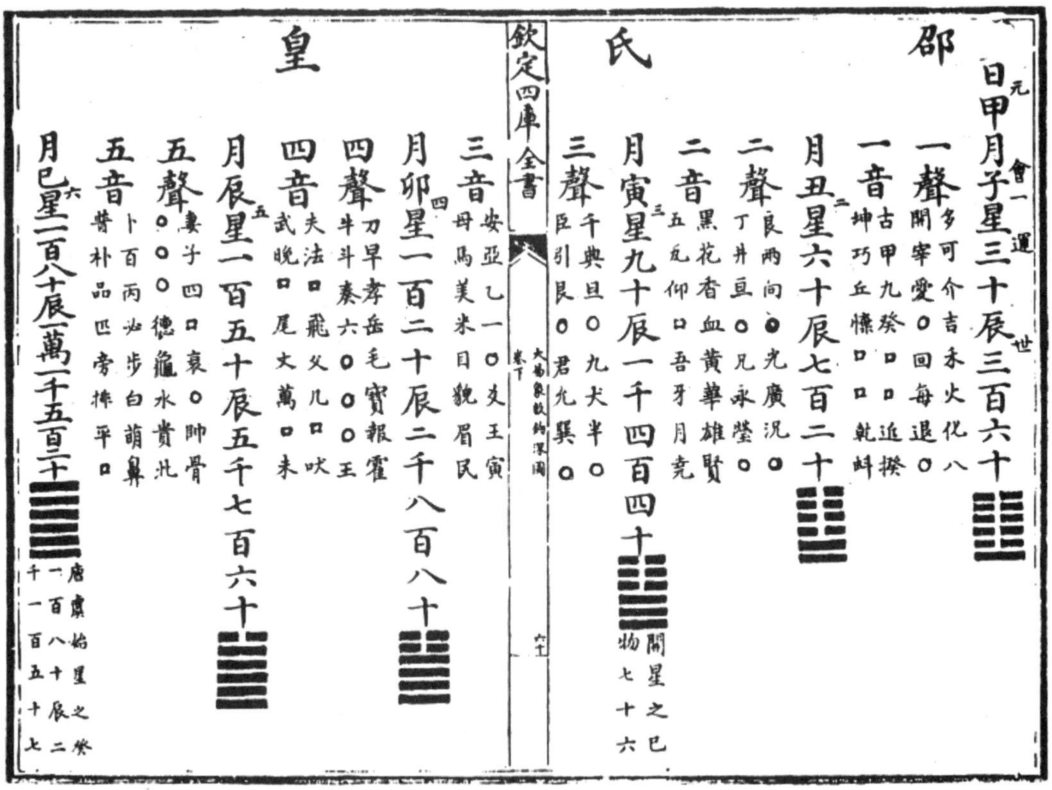

图 169-1　邵氏皇极经世图
（张理《大易象数钩深图》）

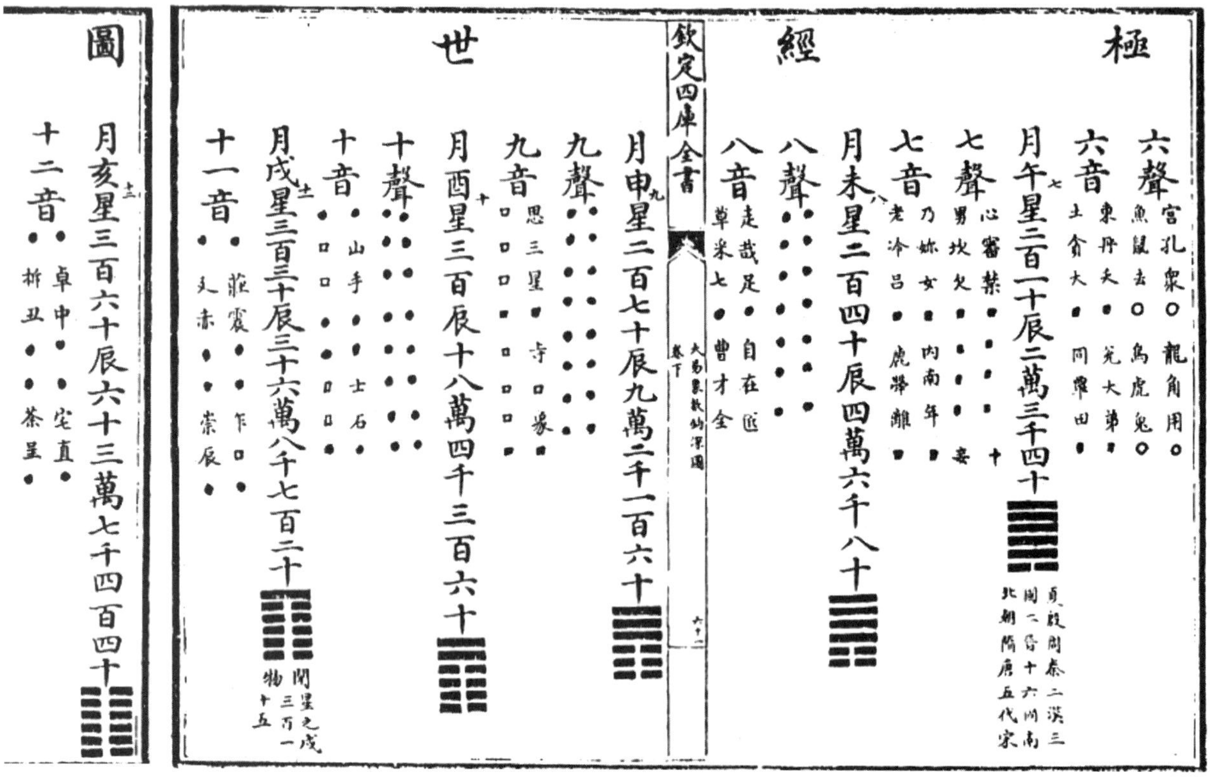

图169-2　邵氏皇极经世图
（张理《大易象数钩深图》）

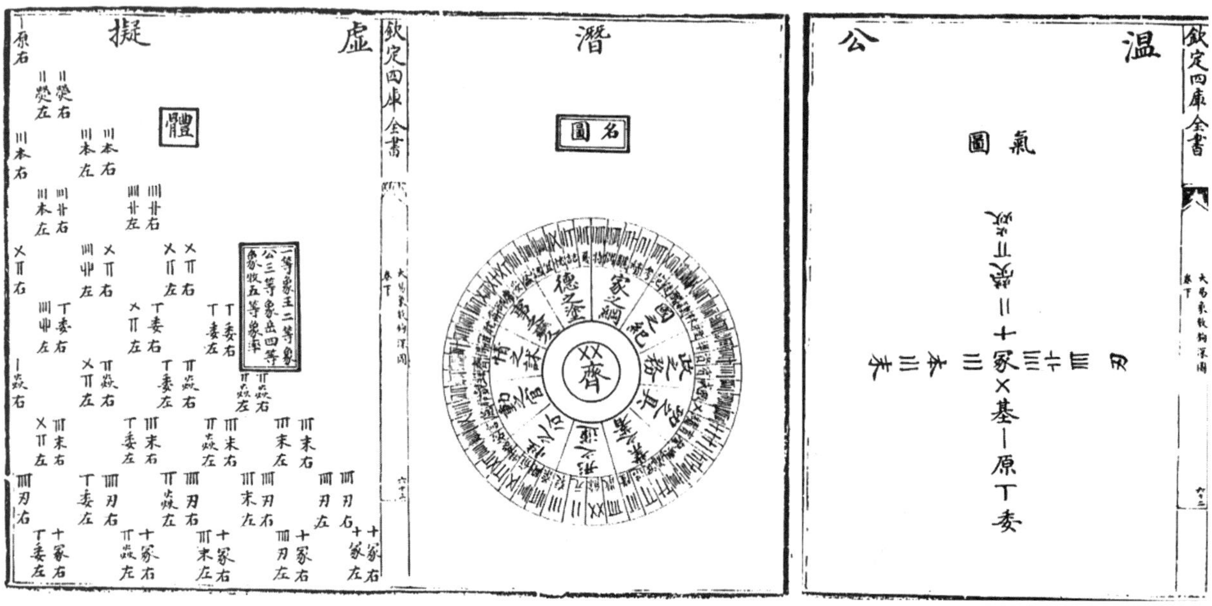

图170-1　温公潜虚拟玄图
（张理《大易象数钩深图》）

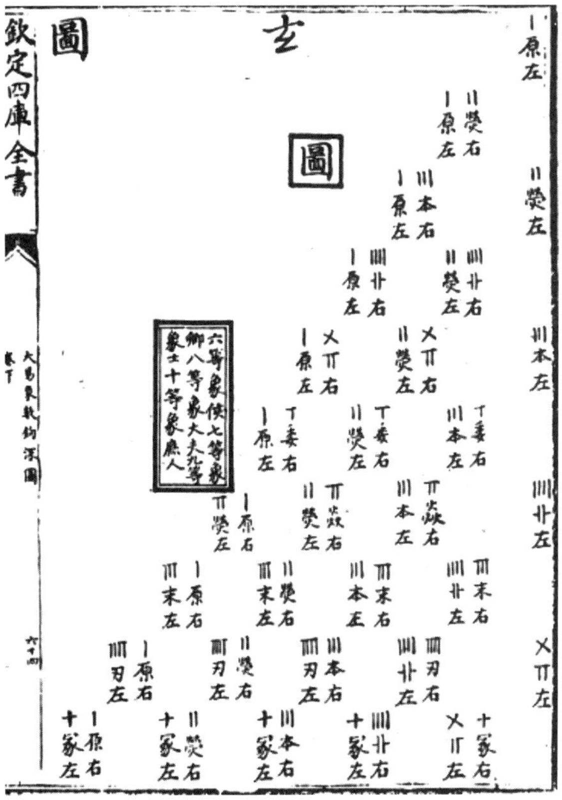

图 170-2 温公潜虚拟玄图
（张理《大易象数钩深图》）

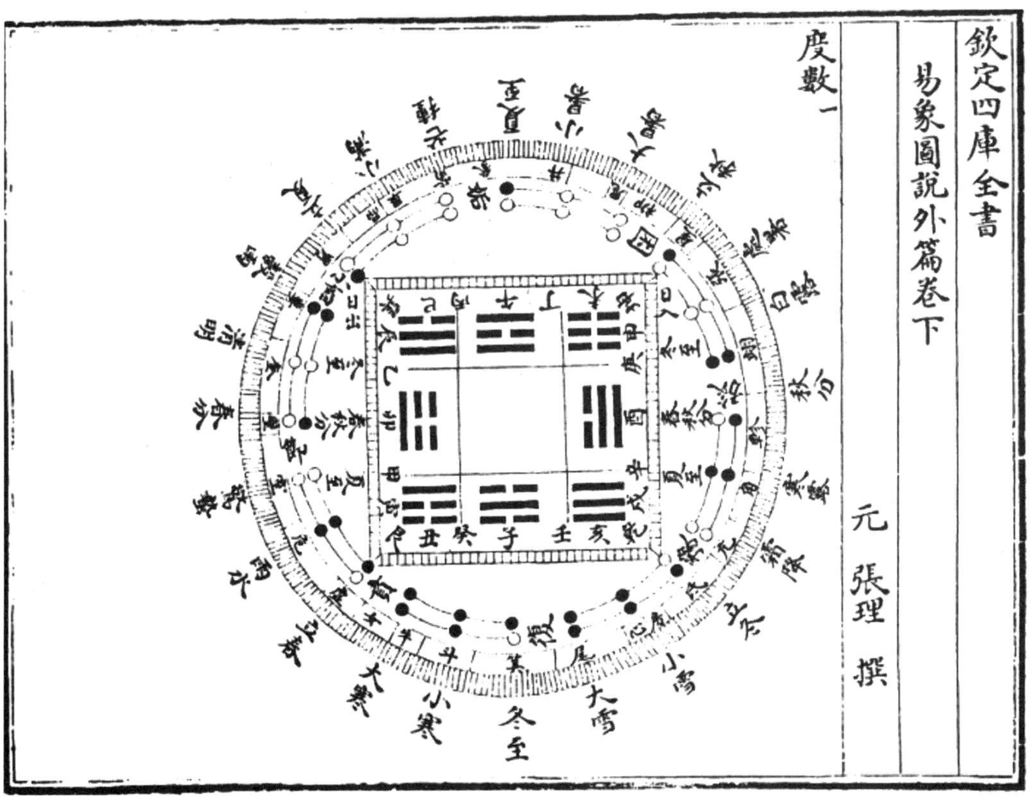

图 171 周天历象节气之图
（张理《易象图说》）